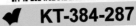

ÍNDICE

CONTENTS

Marcas Registradas

As palavras que acreditamos constituir marcas registradas foram assim denominadas. Todavia, não se deve supor que a presença ou a ausência dessa denominação possa afetar o status legal de qualquer marca.

Note on trademarks

Words which we have reason to believe constitute trademarks have been designated as such. However, neither the presence nor the absence of such designation should be regarded as affecting the legal status of any trademark.

INTRODUÇÃO

Ficamos felizes com a sua decisão de comprar o Dicionário Inglês-Português Collins e esperamos que a sua utilização seja útil e agradável quer na escola, em casa, de férias ou no trabalho.

Esta introdução lhe fornecerá algumas sugestões de como utilizar da melhor maneira possível o seu dicionário — não somente a partir da ampla lista de palavras mas também a partir das informações fornecidas em cada verbete. Este sistema visa a ajudá-lo a ler e a entender o inglês moderno assim como a expressar-se e comunicar-se eficazmente.

No início do Dicionário Collins Gem aparecem as abreviaturas utilizadas e a ilustração dos sons através de símbolos fonéticos. Você encontrará quadros de verbos portugueses e verbos irregulares ingleses na parte final do dicionário, seguidos por uma seção contendo números e expressões de tempo.

COMO UTILIZAR O SEU DICIONARIO COLLINS

Um grande volume de informações pode ser encontrado neste dicionário. Vários tipos e tamanhos de letras, símbolos, abreviaturas e parênteses foram utilizados. As convenções e símbolos usados são explicados nas seçoes seguintes.

Verbetes

As palavras que você procurar no dicionário — os verbetes — estão em ordem alfabética. Eles sao impressos **em negrito** para uma rápida identificação. Os dois verbetes que aparecem no topo de cada página indicam a primeira e a última palavras encontradas na página em questão.

Informações sobre a utilização ou forma de certos verbetes são dadas entre parênteses após a ortografia fonética e, em geral, aparecem numa forma abreviada e em itálico (p. ex.: *(inf)*, *(COMM)*).

Quando for apropriado, palavras derivadas aparecem agrupadas no mesmo verbete (**enfeitar, enfeite; accept, acceptance**) num formato ligeiramente menor do que o verbete.

As expressões comuns nas quais o verbete aparece são impressas num tipo diferente de negrito romano (p. ex.: **to be cold**).

Ortografia fonética

A ortografia fonética de cada verbete (indicando a sua pronúncia) aparece entre colchetes logo após o verbete (p. ex.: **knead [ni:d]**). A lista destes símbolos é dada na página xiv.

iv

Significados

A tradução para o verbete aparece em letra normal e quando houver mais do que um significado ou utilização, estes são separados por um ponto e vírgula. Freqüentemente, você encontrará outras palavras em itálico e em parênteses antes da tradução, sugerindo contextos nos quais o verbete pode aparecer (p. ex.: **rough** (*voice*) ou (*weather*)) ou fornecer sinônimos (p. ex.: **rough** (*violent*)).

Palavras "chaves"

Atenção especial foi dada a certas palavras em inglês e em português consideradas palavras "chaves" em cada língua. Elas podem, por exemplo, ser usadas com muita freqüência ou ter muitos tipos de utilização (p. ex.: **querer, mais; get, that**). Verbetes destacados com barras e números ajudam a distinguir as categorias gramaticais e diferentes significados. Informações complementares são fornecidas entre parênteses e em itálico na língua relevante para o consulente.

Informação gramatical

As categorias gramticais são dadas em itálico e abreviadas após a ortografia fonética do verbete (p. ex.: *vt*, *adj*, *vi*).

Os gêneros de substantivos em inglês, são indicados da seguinte forma: *nm* para o substantivo masculino e *nf* para o substantivo feminino. As formas irregulares de substantivos feminino ou plural também são indicadas (**imperador, triz; material, ais**).

Os adjetivos aparecem em ambos os gêneros quando forem diferentes (**negro/a**). Distinção também é feita quando os adjetivos tiverem uma forma irregular no feminino ou no plural (p. ex.: **comilao/lona; child,** *pl* ~**ren**).

INTRODUCTION

We are delighted you have decided to buy the Collins Portuguese Dictionary and hope you will enjoy and benefit from using it at school, at home, on holiday or at work.

This introduction gives you a few tips on how to get the most out of your dictionary — not simply from its comprehensive wordlist but also from the information provided in each entry. This will help you to read and understand modern Portuguese, as well as communicate and express yourself in the language.

The Collins Gem Portuguese Dictionary begins by listing the abbreviations used in the text and illustrating the sounds shown by the phonetic symbols. You will find Portuguese verb tables and English irregular verbs at the back, followed by a final section on numbers, time and date expressions.

USING YOUR COLLINS DICTIONARY

A wealth of information is presented in the dictionary, using various typefaces, sizes of type, symbols, abbreviations and brackets. The conventions and symbols used are explained in the following sections.

Headwords

The words you look up in the dictionary — "headwords" — are listed alphabetically. They are printed in **bold type** for rapid identification. The two headwords appearing at the top of each page indicate the first and last word dealt with on the page in question.

Information about the usage or form of certain headwords is given in brackets after the phonetic spelling. This usually appears in abbreviated form and in italics. (e.g. (*fam*), (*COMM*)).

Where appropriate, words related to headwords are grouped in the same entry (**enfeitar, enfeite; accept, acceptance**) in a slightly smaller bold type than the headword.

Common expressions in which the headword appears are shown in a different bold roman type (e.g. **lá em cima**).

Phonetic spellings

The phonetic spelling of each headword (indicating its pronunciation) is given in square brackets immediately after the headword (e.g. função |fu'saw|). A list of these symbols is given on page xi.

Meanings
Headword translations are given in ordinary type and, where more than one meaning or usage exists, they are separated by a semi-colon. You will often find other words in italics in brackets before the translations. These offer suggested contexts in which the headword might appear (e.g. **intenso** (*emoção*)) or provide synonyms (e.g. **cândido** (*inocente*)).

"Key" words
Special status is given to certain Portuguese and English words which are considered as "key" words in each language. They may, for example, occur very frequently or have several types of usage (e.g. **bem, ficar**). A combination of lozenges and numbers helps you to distinguish different parts of speech and different meanings. Further helpful information is provided in brackets and in italics in the relevant language for the user.

Grammatical information
Parts of speech are given in abbreviated form in italics after the phonetic spellings of headwords (e.g. *vt, adj, prep*).
Genders of Portuguese nouns are indicated as follows: *m* for a masculine and *f* for a feminine noun. Feminine and irregular plural forms of nouns are also shown (**imperador, triz; material, ais**). Adjectives are given in both masculine and feminine forms where these forms are different (**comilao/lona; child**, *pl* ~**ren**).

ABREVIATURAS

ABBREVIATIONS

abreviatura	ab(b)r	abbreviation
adjetivo	adj	adjective
administração	ADMIN	administration
advérbio, locução adverbial	adv	adverb, adverbial phrase
aeronáutica	AER	flying, air travel
agricultura	AGR	agriculture
anatomia	ANAT	anatomy
arquitetura	ARQ, ARCH	architecture
artigo definido	art def	definite article
artigo indefinido	art indef	indefinite article
uso atributivo do substantivo	atr	compound element
automobilismo	AUT(O)	the motor car and motoring
auxiliar	aux	auxiliary
aeronáutica	AVIAT	flying, air travel
biologia	BIO	biology
botânica, flores	BOT	botany
português do Brasil	BR	Brazilian
inglês britânico	BRIT	British English
química	CHEM	chemistry
linguagem coloquial (!chulo)	col(!)	colloquial (!offensive)
comércio, finanças, bancos	COM(M)	commerce, finance, banking
comparativo	compar	comparative
computação	COMPUT	computing
conjunção	conj	conjunction
construção	CONSTR	building
uso atributivo do substantivo	cpd	compound element
cozinha	CULIN	cookery
artigo definido	def art	definite article
economia	ECON	economics
educação, escola e universidade	EDUC	schooling, schools and universities
eletricidade, eletrônica	ELET, ELEC	electricity, electronics
especialmente	esp	especially
exclamação	excl	exclamation
feminino	f	feminine
ferrovia	FERRO	railways
uso figurado	fig	figurative use
física	FIS	physics
fotografia	FOTO	photography

ABREVIATURAS

ABBREVIATIONS

(verbo inglês) do qual a partícula é inseparável	**fus**	(phrasal verb) where the particle is inseparable
geralmente	**gen**	generally
geografia, geologia	**GEO**	geography, geology
geralmente	**ger**	generally
impessoal	**impess, impers**	impersonal
artigo indefinido	**indef art**	indefinite article
linguagem coloquial (! chulo)	**inf (!)**	informal (! offensive)
infinitivo	**infin**	infinitive
invariável	**inv**	invariable
irregular	**irreg**	irregular
jurídico	**JUR**	law
gramática, lingüística	**LING**	grammar, linguistics
masculino	**m**	masculine
matemática	**MAT(H)**	mathematics, calculus
medicina	**MED**	medicine
ou masculino ou feminino, dependendo do sexo da pessoa	**m/f**	masculine/feminine
militar, exército	**MIL**	military matters
música	**MÚS, MUS**	music
substantivo	**n**	noun
navegação, náutica	**NÁUT, NAUT**	sailing, navigation
adjetivo ou substantivo numérico	**num**	numeral adjective or noun
	o.s.	oneself
pejorativo	**pej**	pejorative
fotografia	**PHOT**	photography
física	**PHYS**	physics
fisiologia	**PHYSIO**	physiology
plural	**pl**	plural
política	**POL**	politics
particípio passado	**pp**	past participle
preposição	**prep**	preposition
pronome	**pron**	pronoun
português de Portugal	**PT**	European Portuguese
pretérito	**pt**	past tense
química	**QUÍM**	chemistry
religião e cultos	**REL**	religion, church services
	sb	somebody
educação, escola e universidade	**SCH**	schooling, schools and universities

ix

ABREVIATURAS

ABBREVIATIONS

singular	**sg**	singular
	sth	something
sujeito (gramatical)	**su(b)j**	(grammatical) subject
subjuntivo, conjuntivo	**sub(jun)**	subjunctive
superlativo	**superl**	superlative
também	**tb**	also
técnica, tecnologia	**TEC(H)**	technical term, technology
telecomunicações	**TEL**	telecommunications
tipografia, imprensa	**TIP**	typography, printing
televisão	**TV**	television
tipografia, imprensa	**TYP**	typography, printing
inglês americano	**US**	American English
ver	**V**	see
verbo	**vb**	verb
verbo intransitivo	**vi**	intransitive verb
verbo reflexivo	**vr**	reflexive verb
verbo transitivo	**vt**	transitive verb
zoologia	**ZOOL**	zoology
marca registrada	**®**	registered trademark
indica um equivalente cultural	**≈**	introduces a cultural equivalent

PORTUGUESE PRONUNCIATION

The rules given below refer to Portuguese as spoken in the city and surrounding region of Rio de Janeiro, Brazil.

Consonants

c	[k]	café	c before a, o, u is pronounced as in cat
ce, ci	[s]	cego	c before e or i, as in receive
ç	[s]	raça	ç is pronounced as in receive
ch	[ʃ]	chave	ch is pronounced as in shock
d	[d]	data	as in English EXCEPT
de, di	[dʒ]	difícil	d before an i sound or final unstressed e is pronounced as in judge
		cidade	
g	[g]	gado	g before a, o or u, as in gap
ge, gi	[ʒ]	gíria	g before e or i, as s in leisure
h		humano	h is always silent in Portuguese
j	[ʒ]	jogo	j is pronounced as s in leisure
l	[l]	limpo, janela	as in English, EXCEPT
	[w]	falta, total	l after a vowel tends to become w
lh	[ʎ]	trabalho	lh is pronounced like the lli in million
m	[m]	animal, massa	as in English EXCEPT
	[ãw]	cantam	m at the end of a syllable preceded by a
	[ĩ]	sim	vowel nasalizes the preceding vowel
n	[n]	nadar, penal	as in English EXCEPT
	[ã]	cansar	n at the end of a syllable, preceded by a
	[ẽ]	alento	vowel and followed by a consonant, nasalizes the preceding vowel
nh	[ɲ]	tamanho	nh is pronounced like the ni in onion
q	[k]	queijo	qu before e or i is pronounced as in kick
q	[kw]	quanto	qu before a or o, or qü before e or i, is
		cinqüenta	pronounced as in quoits
-r-	[r]	compra	r preceded by a consonant (except n) and followed by a vowel is pronounced with a single trill
r-, -r-	[x]	rato, arpão	initial r, r followed by a consonant and rr are
rr	[x]	borracha	pronounced similar to the Scottish ch in loch

xi

-r	[*]	pintar, dizer	word-final *r* before a word beginning with a consonant or at the end of a sentence is pronounced [x]; before a word beginning with a vowel it is pronounced [r]. In colloquial speech this variable sound is often not pronounced at all.
s-	[s]	sol	as in English *EXCEPT*
-s-	[z]	mesa	intervocalic *s* is pronounced as in rose
-s-	[ʒ]	rasgar, desmaio	*s* before *b, d, g, l, m, n, r* and *v*, as in leisure
-s-, -s	[ʃ]	escada, livros	*s* before *c, f, p, qu, t* and finally, as in sugar
-ss-	[s]	nosso	double *s* is always pronounced as in boss
t	[t]	todo	as in English, *EXCEPT*
te, ti	[tʃ]	amante	*t* followed by an *i* sound or final unstressed *e* is pronounced as *ch* in cheer
x-	[ʃ]	xarope	initial *x* or *x* before a consonant (except *c*) is pronounced as in sugar
-xce-, -xci-	[s]	explorar	
		exceto, excitar	*x* before *ce* or *ci* is unpronounced
ex-	[z]	exame	*x* in the prefix *ex* before a vowel is pronounced as *z* in squeeze
-x-	[ʃ]	relaxar	*x* in any other position may be pronounced
	[ks]	fixo	as in sugar, axe or sail
	[s]	auxiliar	
z-, -z-	[z]	zangar	as in English *EXCEPT*
-z	[ʒ]	cartaz	final *z* is pronounced as in leisure

b, f, k, p, v, w are pronounced as in English.

Vowels

a, á, à, â	[a]	mata	*a* is normally pronounced as in father
ã	[ã]	irmã	*ã* is pronounced approximately as in sung
e	[e]	vejo	unstressed (except final) *e* is pronounced like *e* in they; stressed *e* is pronounced either as in they or as in bet
-e	[i]	fome	final *e* is pronounced as in money
é	[ɛ]	miséria	*é* is pronounced as in bet

xii

ê	[e]	p*ê*lo	*ê* is pronounced as in th*ey*
i	[i]	v*i*da	*i* is pronounced as in m*ea*n
o	[o]	l*o*comotiva	unstressed (except final) *o* is
	[ɔ]	l*o*ja	pronounced as in l*o*cal; stressed *o* can
	[o]	gl*o*bo	be pronounced either as in l*o*cal or as in r*o*ck
-o	[u]	livr*o*	final *o* is pronounced as in f*oo*t
ó	[ɔ]	*ó*leo	*ó* is pronounced as in r*o*ck
ô	[o]	col*ô*nia	*ô* is pronounced as in l*o*cal
u	[u]	l*u*va	*u* is pronounced as in r*u*le; it is silent in *gue*, *gui*, *que* and *qui*

Diphthongs

ãe	[ãj]	m*ãe*	nasalized, approximately as in fl*y*ing
ai	[aj]	v*ai*	as in r*i*de
ao, au	[aw]	*ao*s, *au*xílio	as in sh*ou*t
ão	[ãw]	v*ão*	nasalized, approximately as in r*ou*nd
ei	[ej]	f*ei*ra	as in th*ey*
eu	[ew]	d*eu*sa	both elements pronounced
oi	[oj]	b*oi*	as in t*oy*
ou	[o]	cen*ou*ra	as in l*o*cal
õe	[õj]	avi*õe*s	nasalized, approximately as in "b*oing*;"

Stress

The rules of stress in Portuguese are as follows:

(a) when a word ends in *a*, *e*, *o*, *m* (except *im*, *um* and their plural forms) or *s*, the second last syllable is stressed; cama*ra*da, cama*ra*das, *par*te, *par*tem

(b) when a word ends in *i*, *u*, *im* (and plural), *um* (and plural), *n* or a consonant other than *m* or *s*, the stress falls on the last syllable: ven*di*, al*gum*, al*guns*, fa*lar*

(c) when the rules set out in (a) and (b) are not applicable, an acute or circumflex accent appears over the stressed vowel: *ó*tica, *â*nimo, in*glês*

In the phonetic transcription, the symbol ['] precedes the syllable on which the stress falls.

PRONÚNCIA INGLESA

Vogais e ditongos

	Exemplo Inglês	*Explicação*
[a:]	*fa*ther	Entre o *a* de pa*dr*e e o *o* de *nó*; como en *fada*
[ʌ]	b*u*t, c*o*me	Aproximadamente como o primeiro *a* de *cama*
[æ]	m*a*n, c*a*t	Som entre o *a* de *lá* e o *e* de *pé*
[ə]	father, *a*go	Som parecido com o *e* final pronunciado em Portugal
[əː]	b*i*rd, h*ea*rd	Entre o *e* aberto e o *o* fechado
[ɛ]	g*e*t, b*e*d	Como em *pé*
[ı]	*i*t, b*i*g	Mais breve do que em *si*
[iː]	t*ea*, s*ee*	Como em *fino*
[ɔ]	h*o*t, w*a*sh	Como em *pó*
[ɔː]	s*aw*, *a*ll	Como o *o* de *porte*
[u]	p*u*t, b*oo*k	Som breve e mais fechado do que em *burro*
[uː]	t*oo*, y*ou*	Som aberto como em *juro*
[aı]	fl*y*, h*igh*	Como em *baile*
[au]	h*ow*, h*ou*se	Como em *causa*
[ɛə]	th*ere*, b*ear*	Como o *e* de a*e*roporto
[eı]	d*ay*, ob*ey*	Como o *ei* de *lei*
[ıə]	h*ere*, h*ear*	Como *ia* de compan*hia*
[əu]	g*o*, n*o*te	[ə] seguido de um *u* breve
[ɔı]	b*oy*, *oi*l	Como em *bóia*
[uə]	p*oor*, s*ure*	Como *ua* em *sua*

Consoantes

	Exemplo Inglés	Explicação
[d]	men*d*ed	Como em *d*ado, an*d*ar
[g]	*g*et, bi*g*	Como em *g*rande
[dʒ]	*g*in, ju*dg*e	Como em i*d*ade
[ŋ]	si*ng*	Como em ci*n*co
[h]	*h*ouse, *h*e	*h* aspirado
[j]	*y*oung, *y*es	Como em *i*ogurte
[k]	*c*ome, mo*ck*	Como em *c*ama
[r]	*r*ed, t*r*ead	*r* como em pa*r*a, mas pronunciado no céu da boca
[s]	*s*and, ye*s*	Como em *s*ala
[z]	ro*s*e, *z*ebra	Como em *z*ebra
[ʃ]	*sh*e, ma*ch*ine	Como em *ch*apéu
[tʃ]	*ch*in, ri*ch*	Como *t* em *t*imbre
[w]	*w*ater, *wh*ich	Como o *u* em ág*u*a
[ʒ]	vi*s*ion	Como em *j*á
[θ]	*th*ink, my*th*	Sem equivalente, aproximadamente como um *s* pronunciado entre os dentes
[ð]	*th*is, *th*e	Sem equivalente, aproximadamente como um *z* pronunciado entre os dentes

b, f, l, m, n, p, t, v pronunciam-se como em português.

O signo [*] indica que o *r* final escrito pronuncia-se apenas em inglês britânico, excepto quando a palavra seguinte começa por uma vogal. O signo ['] indica a sílaba acentuada.

EUROPEAN PORTUGUESE ORTHOGRAPHY

The spelling of European Portuguese differs significantly from that of Brazilian. The differences, which affect consonant groups and accents, follow general patterns but do not on the whole conform to fixed rules. Limited space makes it impossible to cover all European forms in the dictionary text, but major differences in spelling and vocabulary have been included. In addition, the following guide is intended as a broad outline of these differences.

The following orthographic changes are consistent:

Brazilian *gü* and *qü* become European *gu* and *qu*, e.g. agüentar (BR), aguentar (PT), cinqüenta (BR), cinquenta (PT)
Brazilian *-éia* becomes European *-eia*, e.g. idéia (BR), ideia (PT)
European spelling links forms of the verb *haver de* with a hyphen, e.g. hei de (BR), hei-de (PT)
The numbers dezesseis (BR), dezessete (BR), dezenove (BR) become dezasseis (PT), dezassete (PT), dezanove (PT)
Adverbial forms of adjectives ending in *m* take double *m* in European spelling, single *m* in Brazilian, e.g. comumente (BR), comummente (PT)
European spelling adds an acute accent to the final *a* in first person plural preterite forms of regular *-ar* verbs to distinguish them from the present tense, e.g. amamos (BR), amámos (PT)
Brazilian conosco becomes European connosco

The following changes may take place, but are not consistent:

Consonant changes

Brazilian *c* and *ç* double to *cc* and *cç*, e.g. acionista (BR), accionista (PT), seção (BR), secção (PT)
Brazilian *t* becomes *ct*, e.g. fato (BR), facto (PT), edito (BR), edicto (PT)
European spelling adds *b* to certain words, e.g. súdito (BR), súbdito (PT), sutilizar (BR), subtilizar (PT)
European spelling changes *ç*, *t* to *pç*, *pt*, e.g. exceção (BR), excepção (PT), ótico (BR), óptico (PT)
Brazilian *-n-* becomes *-mn-*, e.g. anistia (BR), amnistia (PT)
Brazilian *tr* becomes *t*, e.g. registro (BR), registo (PT)

Accentuation changes

Brazilian *ôo* loses circumflex accent, e.g. vôo (BR), voo (PT)
European spelling changes circumflex accent on *e* and *o* to acute, e.g. tênis (BR), ténis (PT), abdômen (BR), abdómen (PT)

ENGLISH–PORTUGUESE
INGLÊS–PORTUGUÊS

A

A [eɪ] n (MUS) lá m

a [eɪ,ə] indef art (before vowel or silent h: an) **1** um(a); ~ **book/girl** um livro/uma menina; **an apple** uma maçã; **she's** ~ **doctor** ela é médica **2** (instead of the number "one") um(a); ~ **year ago** há um ano, um ano atrás; ~ **hundred/thousand** etc **pounds** cem/mil etc libras **3** (in expressing ratios, prices etc): **3** ~ **day/week** 3 por dia/semana; **10 km an hour** 10 km por hora; **30p** ~ **kilo** 30p o quilo

AA n abbr (= Alcoholics Anonymous) AA m; (BRIT: = Automobile Association) ≈ TCB m (BR), ≈ ACP m (PT)

AAA n abbr (= American Automobile Association) ≈ TCB m (BR), ≈ ACP m (PT)

aback [ə'bæk] adv: **to be taken** ~ ficar surpreendido, sobressaltar-se

abandon [ə'bændən] vt abandonar ♦ n: **with** ~ com desenfreio

abashed [ə'bæʃt] adj envergonhado

abate [ə'beɪt] vi acalmar-se

abattoir ['æbətwɑ:*] (BRIT) n matadouro

abbey ['æbɪ] n abadia, mosteiro

abbot ['æbət] n abade m

abbreviate [ə'bri:vɪeɪt] vt (essay) resumir; (word) abreviar; **abbreviation** n abreviatura

abdicate ['æbdɪkeɪt] vt abdicar, renunciar a ♦ vi abdicar, renunciar ao trono

abdomen ['æbdəmən] n abdômen m

abduct [æb'dʌkt] vt seqüestrar

abet [ə'bet] vt see **aid**

abeyance [ə'beɪəns] n: **in** ~ (law) em desuso; (matter) suspenso

abhor [əb'hɔ:*] vt detestar, odiar

abide [ə'baɪd] vt: **I can't** ~ **him** eu não o suporto; ~ **by** vt fus ater-se a

ability [ə'bɪlɪtɪ] n habilidade f, capacidade f; (talent) talento; (skill) perícia

abject ['æbdʒekt] adj (poverty) miserável; (apology) humilde

ablaze [ə'bleɪz] adj em chamas

able ['eɪbl] adj capaz; (skilled) hábil, competente; **to be** ~ **to do sth** poder fazer algo; ~**-bodied** adj são/sã; **ably** adv habilmente

abnormal [æb'nɔ:məl] adj anormal

aboard [ə'bɔ:d] adv a bordo ♦ prep a bordo de

abode [ə'bəud] n (LAW): **of no fixed** ~ sem domicílio fixo

abolish [ə'bɔlɪʃ] vt abolir

abominable [ə'bɔmɪnəbl] adj abominável, detestável

aborigine [æbə'rɪdʒɪnɪ] n aborígene m/f

abort [ə'bɔ:t] vt (MED) abortar; (plan) cancelar; ~**ion** n aborto; **to have an** ~**ion** fazer um aborto, abortar; ~**ive** adj fracassado

abound [ə'baund] vi: **to** ~ (**in** or **with**) abundar (em)

about [ə'baut] adv **1** (approximately) aproximadamente; **it takes** ~ **10 hours** leva mais ou menos 10 horas; **it's just** ~ **finished** está quase terminado **2** (referring to place) por toda parte, por todo lado; **to run/walk** etc ~ correr/andar etc por todos os lados **3**: **to be** ~ **to do sth** estar a ponto de fazer algo ♦ prep **1** (relating to) acerca de, sobre; **what is it** ~? do que se trata?, é sobre o quê?; **what** or **how** ~ **doing**

this? que tal se fizermos isso?
2 (place) em redor de, por

about face n (MIL) meia-volta;
(fig) reviravolta
about turn n = about face
above [ə'bʌv] adv em or por cima,
acima; (greater) acima ♦ prep acima de, por cima de; (greater than:
in rank) acima de; (: in number)
mais de; ~ all sobretudo; ~board
adj legítimo, limpo
abrasive [ə'breɪzɪv] adj abrasivo;
(fig) cáustico, mordaz
abreast [ə'brɛst] adv lado a lado; to
keep ~ of (fig) estar a par de
abridge [ə'brɪdʒ] vt resumir, abreviar
abroad [ə'brɔːd] adv (be) no estrangeiro; (go) ao estrangeiro
abrupt [ə'brʌpt] adj (sudden) brusco; (curt) ríspido; ~**ly** adv bruscamente
abscess ['æbsɪs] n abscesso (BR),
abcesso (PT)
abscond [əb'skɔnd] vi: to ~ with
sumir com; to ~ from fugir de
absence ['æbsəns] n ausência
absent ['æbsənt] adj ausente; ~**ee**
n ausente m/f; ~**-minded** adj distraído
absolute ['æbsəluːt] adj absoluto;
~**ly** adv absolutamente
absolve [əb'zɔlv] vt: to ~ sb
(from) (sin etc) absolver alguém
(de); (blame) isentar alguém (de)
absorb [əb'zɔːb] vt absorver; (business) incorporar; (changes) assimilar; (information) digerir; ~**ent cotton** (US) n algodão m hidrófilo; ~**ing**
adj absorvente
abstain [əb'steɪn] vi: to ~ (from)
abster-se (de)
abstemious [æb'stiːmɪəs] adj absti-
nente
abstract ['æbstrækt] adj abstrato
absurd [əb'sɜːd] adj absurdo
abuse [n ə'bjuːs, vt ə'bjuːz] n (in-
sults) insultos mpl; (ill-treatment)
maus-tratos mpl; (misuse) abuso ♦
vt insultar; (ill-treatment): maltratar; abusar de;

abusive adj ofensivo
abysmal [ə'bɪzməl] adj (ignorance)
profundo, total; (failure) péssimo
abyss [ə'bɪs] n abismo
AC abbr (= alternating current) CA
academic [ækə'dɛmɪk] adj aca-
dêmico; (pej: issue) teórico ♦ n
universitário/a; ~ **year** n ano letivo
academy [ə'kædəmɪ] n (learned
body) academia; ~ **of music** conservatório
accelerate [æk'sɛləreɪt] vt, vi acelerar; **accelerator** n acelerador m
accent ['æksɛnt] n (written) acento;
(pronunciation) sotaque m; (fig:
emphasis) ênfase f
accept [ək'sɛpt] vt aceitar; (responsibility) assumir; ~**able** adj (offer)
bem-vindo; (risk) aceitável; ~**ance**
n aceitação f
access ['æksɛs] n acesso; ~**ible** adj
acessível; (available) disponível
accessory [æk'sɛsərɪ] n acessório,
(LAW): ~ to cúmplice m/f de
accident ['æksɪdənt] n acidente m;
(chance) casualidade f; by ~ (unin-
tentionally) sem querer; (by coincidence) por acaso; ~**al** adj acidental;
~**ally** adv sem querer; ~**-prone** adj
com tendência para sofrer or causar
acidente, desastrado
acclaim [ə'kleɪm] n aclamação f
accolade ['ækəleɪd] n louvor m, honra
accommodate [ə'kɔmədeɪt] vt alojar; (subj: car, hotel, etc) acomodar;
(oblige, help) comprazer a; **accom-
modating** adj serviçal; **accommodation** n alojamento; **accommodations**
(US) npl = accommodation
accompany [ə'kʌmpənɪ] vt acompanhar
accomplice [ə'kʌmplɪs] n cúmplice
m/f
accomplish [ə'kʌmplɪʃ] vt (task)
concluir; (goal) alcançar; ~**ed** adj
(person) talentoso; (performance)
brilhante; ~**ment** n realização f
accord [ə'kɔːd] n tratado ♦ vt conceder; **of his own** ~ por sua iniciati-

va; **~ance** *n*: **in ~ance with** de acordo com; **~ing: ~ing to** *prep* segundo, conforme; **~ingly** *adv* por conseguinte; (*appropriately*) do modo devido

accordion [əˈkɔːdɪən] *n* acordeão *m*

accost [əˈkɔst] *vt* abordar

account [əˈkaunt] *n* conta; (*report*) relato; **~s** *npl* (*books, department*) contabilidade *f*; **of no ~** sem importância; **on ~** por conta; **on no ~** de modo nenhum; **on ~ of** por causa de; **to take into ~, take ~ of** levar em conta; **~ for** *vt fus* (*explain*) explicar; (*represent*) representar; **~able** *adj*: **~able (to)** responsável (por); **~ancy** *n* contabilidade *f*; **~ant** *n* contador(a) *m/f* (*BR*), contabilista *m/f* (*PT*); **~ number** *n* número de conta

accredited [əˈkredɪtd] *adj* autorizado

accrued interest [əˈkruːd-] *n* juros *mpl* acumulados

accumulate [əˈkjuːmjuleɪt] *vt* acumular ♦ *vi* acumular-se

accuracy [ˈækjurəsɪ] *n* exatidão *f*, precisão *f*

accurate [ˈækjurɪt] *adj* (*description*) correto; (*person, device*) preciso; **~ly** *adv* com precisão

accusation [ækjuˈzeɪʃən] *n* (*act*) incriminação *f*; (*instance*) acusação *f*

accuse [əˈkjuːz] *vt* acusar; **~d** *n*: **the ~d** o/a acusado/a

accustom [əˈkʌstəm] *vt* acostumar; **~ed** *adj*: **~ed to** acostumado a

ace [eɪs] *n* ás *m*

ache [eɪk] *n* dor *f* ♦ *vi* (*yearn*): **to ~ to do sth** ansiar por fazer algo; **my head ~s** dói-me a cabeça

achieve [əˈtʃiːv] *vt* alcançar; (*victory, success*) obter; **~ment** *n* realização *f*; (*success*) proeza

acid [ˈæsɪd] *adj* (*taste*) azedo ♦ *n* ácido; **~ rain** *n* chuva ácida

acknowledge [əkˈnɔlɪdʒ] *vt* (*fact*) reconhecer; (*also*: **~ receipt of**) acusar o recebimento de (*BR*) or a recepção de (*PT*); **~ment** *n* notificação *f* de recebimento

acne [ˈæknɪ] *n* acne *f*

acorn [ˈeɪkɔːn] *n* bolota

acoustic [əˈkuːstɪk] *adj* acústico; **~s** *n, npl* acústica

acquaint [əˈkweɪnt] *vt*: **to ~ sb with sth** pôr alguém ao corrente de algo; **to be ~ed with** conhecer; **~ance** *n* conhecimento; (*person*) conhecido/a

acquiesce [ækwɪˈɛs] *vi*: **to ~ (to)** condescender (a); (*request*) ceder (a)

acquire [əˈkwaɪə*] *vt* adquirir; **acquisition** *n* aquisição *f*

acquit [əˈkwɪt] *vt* absolver; **to ~ o.s. well** desempenhar-se bem; **~tal** *n* absolvição *f*

acre [ˈeɪkə*] *n* acre *m* (= 4047m²)

acrid [ˈækrɪd] *adj* acre

acrimonious [ækrɪˈməunɪəs] *adj* (*remark*) mordaz; (*argument*) acrimonioso

acrobat [ˈækrəbæt] *n* acrobata *m/f*

across [əˈkrɔs] *prep* (*on the other side of*) no outro lado de; (*crosswise*) através de ♦ *adv*: **to go** (*or* **walk**) **~** atravessar; **the lake is 12km ~** o lago tem 12km de largura; **~ from** em frente de

acrylic [əˈkrɪlɪk] *adj* acrílico ♦ *n* acrílico

act [ækt] *n* ação *f*; (*THEATRE*) ato; (*in show*) número; (*LAW*) lei *f* ♦ *vi* tomar ação; (*behave, have effect, THEATRE*) agir; (*pretend*) fingir ♦ *vt* (*part*) representar; **in the ~ of** no ato de; **to ~ as** servir de; **~ing** *adj* interino ♦ *n*: **to do some ~ing** fazer teatro

action [ˈækʃən] *n* ação *f*; (*MIL*) batalha, combate *m*; (*LAW*) ação judicial; **out of ~** (*person*) fora de combate; (*thing*) com defeito; **to take ~** tomar atitude; **~ replay** *n* (*TV*) replay *m*

activate [ˈæktɪveɪt] *vt* acionar

active [ˈæktɪv] *adj* ativo; (*volcano*) em atividade; **~ly** *adv* ativamente; **activist** *n* ativista *m/f*, militante *m/f*

activity n atividade f

actor ['æktə'] n ator m

actress ['æktrıs] n atriz f

actual ['æktjuəl] adj real; (emphatic use) em si; **~ly** adv realmente; (in fact) na verdade; (even) mesmo

acumen ['ækjumən] n perspicácia

acute [ə'kju:t] adj agudo ♦ (person) perspicaz

ad [æd] n abbr = **advertisement**

A.D. adv abbr (= Anno Domini) d.C.

adamant ['ædəmənt] adj inflexível

adapt [ə'dæpt] vt adaptar ♦ vi: to ~ (to) adaptar-se (a); **~able** adj (device) ajustável; (person) adaptável; **~er** n (ELEC) adaptador m; **~or** = **adapter**

add [æd] vt acrescentar; (figures: also: ~ **up**) somar ♦ vi: to ~ to aumentar

adder ['ædə'] n víbora

addict ['ædıkt] n viciado/a; **drug ~** toxicômano/a; **~ed** adj: to be **~ed** to ser viciado em; (fig) ser fanático por; **~ion** n dependência; **~ive** adj que causa dependência

addition [ə'dıʃən] n adição f; (thing added) acréscimo; in ~ além disso; in ~ to além de; **~al** adj adicional

additive ['ædıtıv] n aditivo

address [ə'dres] n endereço; (speech) discurso ♦ vt (letter) endereçar; (speak to) dirigir-se a, dirigir a palavra a; to ~ (o.s. to) enfocar

adept ['ædept] adj: ~ **at** hábil or competente em

adequate ['ædıkwıt] adj (enough) suficiente; (satisfactory) satisfatório

adhere [əd'hıə'] vi: to ~ **to** aderir a; (abide by) ater-se a

adhesive [əd'hi:zıv] n adesivo; ~ **tape** n (BRIT) durex ® m, fita adesiva; (US) esparadrapo

adjective ['ædʒektıv] n adjetivo

adjoining [ə'dʒɔınıŋ] adj adjacente

adjourn [ə'dʒə:n] vt (session) suspender ♦ vi ser suspenso

adjust [ə'dʒʌst] vt (change) ajustar; (clothes) arrumar; (machine) regular ♦ vi: to ~ (to) adaptar-se (a);

~ment n ajuste m; (of engine) regulagem f; (of prices, wages) reajuste m; (of person) adaptação f

ad-lib [-lıb] vi improvisar ♦ adv: ad lib à vontade

administer [əd'mınıstə'] vt administrar; (justice) aplicar; (drug) ministrar; **administration** n administração f; (management) gerência; (government) governo; **administrative** adj administrativo

admiral ['ædmərəl] n almirante m; **A~ty** (BRIT) n (also: A~ty Board) Ministério da Marinha, Almirantado

admire [əd'maıə'] vt (respect) respeitar; (appreciate) admirar

admission [əd'mıʃən] n (admittance) entrada; (fee) ingresso; (confession) confissão f

admit [əd'mıt] vt admitir; (accept) aceitar; (confess) confessar; ~ **to** vt fus confessar; **~tance** n entrada; **~tedly** adv evidentemente

admonish [əd'monıʃ] vt admoestar

ad nauseam [æd'nɔ:sıæm] adv sem parar

ado [ə'du:] n: **without** (any) **more** ~ sem mais cerimônias

adolescent [ædə'lesnt] adj, n adolescente m/f

adopt [ə'dopt] vt adotar; **~ed** adj adotivo; **~ion** n adoção f; **~ive** adj adotivo

adore [ə'dɔ:'] vt adorar

Adriatic (Sea) [eıdrı'ætık-] n (mar m) Adriático

adrift [ə'drıft] adv à deriva

adult ['ædʌlt] n adulto/a ♦ adj adulto; (literature, education) para adultos

adultery [ə'dʌltərı] n adultério

advance [əd'vɑ:ns] n avanço; (money) adiantamento ♦ adj antecipado ♦ vt (money) adiantar ♦ vi (move forward) avançar; (progress) progredir; in ~ com antecedência; to **make** ~s **to sb** (gen) fazer propostas a alguém; **~d** adj (studies, country) adiantado

advantage [əd'vɑ:ntıdʒ] n (gen,

TENNIS) vantagem *f*; (*supremacy*) supremacia; **to take ~ of** aproveitar-se de, levar vantagem de

advent ['ædvənt] *n* advento; **A~** (*REL*) Advento

adventure [əd'ventʃə*] *n* façanha; (*excitement in life*) aventura

adverb ['ædvə:b] *n* advérbio

adverse ['ædvə:s] *adj* (*effect*) contrário; (*weather, publicity*) desfavorável

advert ['ædvə:t] *n abbr* = **advertisement**

advertise ['ædvətaɪz] *vi* anunciar ♦ *vt* (*event, job*) anunciar; (*product*) fazer a propaganda de; **to ~ for** (*staff*) procurar; **~ment** (*classified*) anúncio; (*display, TV*) propaganda, anúncio; **~r** *n* anunciante *m/f*; **advertising** *n* publicidade *f*

advice [əd'vaɪs] *n* conselhos *mpl*; (*notification*) aviso; **piece of ~** conselho; **to take legal ~** consultar um advogado

advise [əd'vaɪz] *vt* aconselhar; (*inform*): **to ~ sb of sth** avisar alguém de algo; **to ~ sb against sth/doing sth** desaconselhar algo a alguém/ aconselhar alguém a não fazer algo; **~dly** *adv* de propósito; **~r** *or* **advisor** *n* conselheiro/a; (*consultant*) consultor/a *m/f*; **advisory** *adj* consultivo; **in an advisory capacity** na qualidade de assessor ou consultor

advocate [*vt* 'ædvəkeɪt, *n* 'ædvəkɪt] *vt* defender; (*recommend*) advogar ♦ *n* [ə'dvɔkɪt] (*supporter*) defensor/a *m/f*

Aegean [iː'dʒiːən] *n*: **the ~ (Sea)** o (mar) Egeu

aerial ['ɛərɪəl] *n* antena ♦ *adj* aéreo

aerobics [ɛə'rəubɪks] *n* ginástica

aeroplane ['ɛərəpleɪn] (*BRIT*) *n* avião *m*

aerosol ['ɛərəsɔl] *n* aerossol *m*

aesthetic [iːs'θetɪk] *adj* estético

afar [ə'fɑː*] *adv*: **from ~** de longe

affair [ə'fɛə*] *n* (*matter*) assunto; (*business*) negócio; (*question*) questão *f*; (*also*: **love ~**) caso

affect [ə'fekt] *vt* afetar; (*move*) co-

mover; **~ed** *adj* afetado

affection [ə'fekʃən] *n* afeto, afeição *f*; **~ate** *adj* afetuoso

affiliated [ə'fɪlɪeɪtɪd] *adj*: **~ (to)** afiliado (a); **~ company** filial *f*

affix [ə'fɪks] *vt* (*stamp*) colar

afflict [ə'flɪkt] *vt* afligir

affluence ['æfluəns] *n* riqueza; **affluent** *adj* rico; **the affluent society** a sociedade de abundância

afford [ə'fɔːd] *vt* (*provide*) fornecer; (*goods etc*) ter dinheiro suficiente para; (*permit o.s.*): **I can't ~ the time/to take that risk** não tenho tempo/não posso correr esse risco

affront [ə'frʌnt] *n* ofensa

afield [ə'fiːld] *adv*: **far ~** muito longe

afloat [ə'fləut] *adv* flutuando

afoot [ə'fut] *adv*: **there is something ~** está acontecendo algo

afraid [ə'freɪd] *adj* assustado; **to be ~ of/to** ter medo de; **I am ~ that** lamento que; **I'm ~ so/not** receio que sim/não

afresh [ə'freʃ] *adv* de novo

Africa ['æfrɪkə] *n* África; **~n** *adj*, *n* africano/a

aft [ɑːft] *adv* a ré

after ['ɑːftə*] *prep* depois de ♦ *adv* depois ♦ *conj* depois que; **a quarter ~ two** (*US*) duas e quinze; **what/ who are you ~?** o que você quer?/ quem procura?; **~ having done this** tendo feito isto; **he was named ~ his grandfather** ele recebeu o nome do avô; **to ask ~ sb** perguntar por alguém; **~ all** afinal (de contas); **~ you!** passe primeiro!; **~-effects** *npl* efeitos *mpl* secundários; **~math** *n* conseqüências *fpl*; **~noon** *n* tarde *f*; **~s** (*inf*) *n* sobremesa; **~-sales service** (*BRIT*) *n* serviço pós-vendas; **~shave (lotion)** *n* loção *f* após-barba; **~thought** *n* reflexão *f* posterior ou tardia; **~wards** *adv* depois

again [ə'gɛn] *adv* (*once more*) outra vez; (*repeatedly*) de novo; **to do sth ~** voltar a fazer algo; **not ... ~!** ... de novo!; **~ and ~** repetidas vezes

against [ə'gɛnst] *prep* contra; (*compared to*) em contraste com

age [eɪdʒ] *n* idade *f*; (*period*) época ♦ *vt, vi* envelhecer; **he's 20 years of ~** ele tem 20 anos de idade; **to come of ~** atingir a maioridade; **it's been ~s since I saw him** faz muito tempo que eu não o vejo; **~d¹** [eɪdʒd] *adj*: **~d 10 de 10 anos de idade**; **~d²** ['eɪdʒɪd] *adj* idoso ♦ *npl*: **the ~d** os idosos; **~ group** *n* faixa etária; **~ limit** *n* idade *f* mínima/máxima

agency ['eɪdʒənsɪ] *n* agência; (*government body*) órgão *m*

agenda [ə'dʒɛndə] *n* ordem *f* do dia

agent ['eɪdʒənt] *n* agente *m/f*

aggravate ['ægrəveɪt] *vt* agravar; (*annoy*) irritar

aggregate ['ægrɪgət] *n* conjunto

aggressive [ə'grɛsɪv] *adj* agressivo

aggrieved [ə'griːvd] *adj* aflito

aghast [ə'gɑːst] *adj* horrorizado

agitate ['ædʒɪteɪt] *vt* agitar ♦ *vi*: **to ~ for** fazer agitação a favor de

AGM *n abbr* (= *annual general meeting*) AGO *f*

ago [ə'gəu] *adv*: **2 days ~** há 2 dias (atrás); **not long ~** há pouco tempo; **how long ~?** há quanto tempo?

agog [ə'gɔg] *adj* (*eager*) ávido; (*excited*) entusiasmado

agonizing ['ægənaɪzɪŋ] *adj* (*pain*) agudo; (*wait*) angustiante

agony ['ægənɪ] *n* (*pain*) dor *f*; **to be in ~** sofrer dores terríveis

agree [ə'griː] *vt* combinar ♦ *vi* (*correspond*) corresponder; **to ~ (with)** concordar (com); **to ~ to sth/to do sth** consentir algo/aceitar fazer algo; **to ~ that** concordar or admitir que; **~able** *adj* agradável; (*willing*) disposto; **~d** *adj* combinado; **~ment** *n* acordo; (*COMM*) contrato; **in ~ment** de acordo

agricultural [ægrɪ'kʌltʃərəl] *adj* (*of crops*) agrícola; (*of crops and cattle*) agropecuário

agriculture ['ægrɪkʌltʃə*] *n* (*of crops*) agricultura; (*of crops and cat-*

tle) agropecuária

aground [ə'graund] *adv*: **to run ~** encalhar

ahead [ə'hɛd] *adv* adiante; **go right** or **straight ~** siga em frente; **go ~!** (*fig*) vá em frente!; **~ of** na frente de

aid [eɪd] *n* ajuda; (*device*) aparelho ♦ *vt* ajudar; **in ~ of** em benefício de; **to ~ and abet** (*LAW*) ser cúmplice de

aide [eɪd] *n* assessor(a) *m/f*

AIDS [eɪdz] *n abbr* (= *acquired immune deficiency syndrome*) AIDS *f* (*BR*), SIDA *f* (*PT*)

ailing ['eɪlɪŋ] *adj* enfermo

ailment ['eɪlmənt] *n* achaque *m*

aim [eɪm] *vt*: **to ~ sth (at)** apontar algo (para); (*remark*) dirigir algo (a) ♦ *vi* (*also*: **take ~**) apontar ♦ *n* (*skill*) pontaria; (*objective*) objetivo; **to ~ at** mirar; **to ~ to do** pretender fazer

ain't [eɪnt] (*inf*) = **am not**; **aren't**; **isn't**

air [ɛə*] *n* ar *m*; (*appearance*) aparência, aspeto; (*tune*) melodia ♦ *vt* arejar; (*grievances, ideas*) discutir ♦ *cpd* aéreo; **to throw sth into the ~** jogar algo para cima; **by ~** (*travel*) de avião; **on the ~** (*RADIO, TV*) no ar; **~bed** (*BRIT*) *n* colchão *m* de ar; **~ conditioning** *n* ar condicionado; **~craft** *n inv* aeronave *f*; **~craft carrier** *n* porta-aviões *m inv*; **~field** *n* campo de aviação; **A~ Force** *n* Força Aérea, Aeronáutica; **~ freshener** *n* perfumador *m* de ar; **~gun** *n* espingarda de ar comprimido; **~ hostess** (*BRIT*) *n* aeromoça (*BR*), hospedeira (*PT*); **~ letter** (*BRIT*) *n* aerograma *m*; **~lift** *n* ponte *f* aérea; **~line** *n* linha aérea; **~liner** *n* avião *m* de passageiros; **~mail** *n*: **by ~mail** por via aérea; **~plane** (*US*) *n* avião *m*; **~port** *n* aeroporto; **~ raid** *n* ataque *m* aéreo; **~sick** *adj*: **to be ~sick** enjoar (no avião); **~ terminal** *n* terminal *m* aéreo; **~tight** *adj* hermético; **~ traffic controller** *n* controlador(a) m/f de tráfego aéreo; **~y** adj (room) arejado; (manner) leviano

aisle [aɪl] n (of church) nave f; (of theatre etc) corredor m

ajar [ə'dʒɑː*] adj entreaberto

akin [ə'kɪn] adj: **~ to** parecido com

alacrity [ə'lækrɪtɪ] n alacridade f

alarm [ə'lɑːm] n alarme m; (anxiety) inquietação f ♦ vt alarmar; **~ call** n (in hotel etc) chamada para acordar alguém; **~ clock** n despertador m

alas [ə'læs] excl ai, ai de mim

albeit [ɔːl'biːɪt] conj embora

album ['ælbəm] n (for stamps etc) álbum m; (record) elepê m

alcohol ['ælkəhɔl] n álcool m; **~ic** adj alcoólico ♦ n alcoólatra m

ale [eɪl] n cerveja

alert [ə'lɜːt] adj atento; (to danger, opportunity) alerta ♦ n alerta ♦ vt alertar; **to be on the ~** estar alerta; (MIL) ficar de prontidão

Algarve [æl'gɑːv] m: the **~** o Algarve

algebra ['ældʒɪbrə] n álgebra

Algeria [æl'dʒɪərɪə] n Argélia

alias ['eɪlɪəs] adv também chamado ♦ n (of criminal) alcunha; (of writer) pseudônimo

alibi ['ælɪbaɪ] n álibi m

alien ['eɪlɪən] n estrangeiro/a; (from space) alienígena m/f ♦ adj: **~ to** alheio a; **~ate** vt alienar

alight [ə'laɪt] adj em chamas; (eyes) aceso; (expression) intenso ♦ vi (passenger) descer (de um veículo); (bird) pousar

align [ə'laɪn] vt alinhar

alike [ə'laɪk] adj semelhante ♦ adv similarmente, igualmente; **to look ~** parecer-se

alimony ['ælɪmənɪ] n (payment) pensão f alimentícia

alive [ə'laɪv] adj vivo; (lively) alegre

KEYWORD

all [ɔːl] adj (sg) todo/a; (pl) todos/as; **~ day/night** o dia inteiro/a noite inteira; **~ five came** todos os cinco vieram; **~ the books/food** todos os livros/toda a comida

♦ pron **1** tudo; **~ of us/the boys** went todos nós fomos/todos os meninos foram; **is that ~?** é só isso?; (in shop) mais alguma coisa?

2 (in phrases): **above ~** sobretudo; **after ~** afinal (de contas); **at ~:** **not at ~** (in answer to question) em absoluto, absolutamente não; **I'm not at ~ tired** não estou nada cansado; **anything at ~ will do** qualquer coisa serve; **~ in ~** ao todo

♦ adv todo, completamente; **~ alone** completamente só; **it's not as hard as ~ that** não é tão difícil assim; **~ the more** ainda mais; **~ the better** tanto melhor, melhor ainda; **~ but** quase; **the score is 2 ~** o escore é 2 a 2

allay [ə'leɪ] vt (fears) acalmar

all clear n sinal m de tudo limpo; (after air raid) sinal de fim de alerta aérea

allege [ə'ledʒ] vt alegar; **~dly** adv segundo dizem

allegiance [ə'liːdʒəns] n lealdade f

allergic [ə'lɜːdʒɪk] adj: **~ (to)** alérgico (a)

alleviate [ə'liːvɪeɪt] vt (pain) aliviar; (difficulty) minorar

alley ['ælɪ] n viela

alliance [ə'laɪəns] n aliança

all-in (BRIT) adj, adv (charge) tudo incluído; **~ wrestling** (BRIT) n luta livre

all-night adj (café) aberto toda a noite; (party) que dura toda a noite

allocate ['æləkeɪt] vt destinar

allot [ə'lɔt] vt: **to ~** to designar para; **~ment** n partilha; (garden) lote m

all-out adj (effort etc) máximo ♦ adv: all out com toda a força

allow [ə'lau] vt permitir; (claim, goal) admitir; (sum, time) calcular; (concede): **to ~ that** reconhecer que; **to ~ sb to do** permitir a alguém fazer; **~ for** vt fus levar em conta; ~**ance** n ajuda de custo; (*welfare payment*) pensão f, auxílio; (*TAX*) abatimento; (*pocket money*) mesada; **to make** ~**ances for** levar em consideração

alloy ['ælɔɪ] n liga

all: ~ **right** adv (*well*) bem; (*correctly*) corretamente; (*as answer*) está bem!; ~**-rounder** adj adj n: **to be a good** ~**-rounder** ser homem/mulher para tudo; ~**-time** adj de todos os tempos

allude [ə'luːd] vi: **to** ~ **to** aludir a

alluring [ə'ljuərɪŋ] adj tentador(a)

ally [n 'ælaɪ, vt ə'laɪ] n aliado ♦ vt: **to** ~ **o.s. with** aliar-se com

almighty [ɔːl'maɪtɪ] adj onipotente; (*row etc*) a maior

almond ['ɑːmənd] n amêndoa

almost ['ɔːlməust] adv quase

alms [ɑːmz] npl esmolas fpl, esmola

aloft [ə'lɔft] adv em cima

alone [ə'ləun] adj só, sozinho; (*unaided*) sozinho ♦ adv só, somente, sozinho; **to leave sb** ~ deixar alguém em paz; **to leave sth** ~ não tocar em algo; **let** ~ ... sem falar em ...

along [ə'lɔŋ] prep por, ao longo de ♦ adv: **is he coming** ~? ele vem conosco?; **he was hopping/limping** ~ ele ia pulando/coxeando; ~ **with** junto com; **all** ~ o tempo todo; ~**side** prep ao lado de ♦ adv encostado

aloof [ə'luːf] adj afastado, altivo ♦ adv: **to stand** ~ afastar-se

aloud [ə'laud] adv em voz alta

alphabet ['ælfəbet] n alfabeto

Alps [ælps] npl: **the** ~ os Alpes

already [ɔːl'rɛdɪ] adv já

alright ['ɔːl'raɪt] (*BRIT*) adv = **all right**

Alsatian [æl'seɪʃən] (*BRIT*) n (*dog*) pastor m alemão

also ['ɔːlsəu] adv também, (*moreover*) além disso

altar ['ɔltə*] n altar m

alter ['ɔltə*] vt alterar ♦ vi modificar-se

alternate [adj ɔl'təːnɪt, vi 'ɔltəneɪt] adj alternado, (*US: alternative*) al-

ternativo ♦ vi alternar-se; **alternating** adj: **alternating current** corrente f alternada

alternative [ɔl'təːnətɪv] adj alternativo ♦ n alternativa; ~**ly** adv: **one could** ... por outro lado se podia ...

alternator ['ɔltəneɪtə*] n (*AUT*) alternador m

although [ɔːl'ðəu] conj embora, (*given that*) se bem que

altitude ['æltɪtjuːd] n altitude f

alto ['æltəu] n (*female*) contralto f; (*male*) alto

altogether [ɔːltə'geðə*] adv totalmente; (*on the whole*) no total

aluminium [ælju'mɪnɪəm] (*US* **aluminum**) n alumínio

always ['ɔːlweɪz] adv sempre

Alzheimer's (**disease**) ['ælts-haɪməz] n doença de Alzheimer

am [æm] vb see **be**

a.m. adv abbr (= *ante meridiem*) da manhã

amalgamate [ə'mælgəmeɪt] vi amalgamar-se ♦ vt amalgamar

amass [ə'mæs] vt acumular

amateur ['æmətə*] adj, n amador(a) m/f; ~**ish** adj amador(a)

amaze [ə'meɪz] vt pasmar; **to be** ~**d** (**at**) espantar-se (de or com); ~**ment** n pasmo, espanto; **amazing** adj surpreendente; (*fantastic*) fantástico

Amazon ['æməzən] n Amazonas m

ambassador [æm'bæsədə*] n embaixador/embaixatriz m/f

amber ['æmbə*] n âmbar m; **at** ~ (*BRIT: AUT*) em amarelo

ambiguous [æm'bɪgjuəs] adj ambíguo

ambition [æm'bɪʃən] n ambição f; **ambitious** adj ambicioso

amble ['æmbl] vi (*also:* ~ **along**) andar a furta-passo

ambulance ['æmbjuləns] n ambulância

ambush ['æmbuʃ] n emboscada ♦ vt emboscar

amen ['ɑː'mɛn] excl amém

amenable [əˈmiːnəbl] *adj*: ~ to (*advice etc*) receptivo a

amend [əˈmɛnd] *vt* emendar; to make ~s (for) compensar; ~ment *n* (*to text*) correção *f*

amenities [əˈmiːnɪtɪz] *npl* atrações *fpl*, comodidades *fpl*

America [əˈmɛrɪkə] *n* (*continent*) América; (*USA*) Estados Unidos *mpl*; ~n *adj* americano; norte-americano, estadunidense ♦ *n* americano/a; norte-americano/a

amiable [ˈeɪmɪəbl] *adj* amável

amicable [ˈæmɪkəbl] *adj* amigável

amid(st) [əˈmɪd(st)] *prep* em meio a

amiss [əˈmɪs] *adv*: to take sth ~ levar algo a mal; there's something ~ aí tem coisa

ammonia [əˈməunɪə] *n* amoníaco

ammunition [æmjuˈnɪʃən] *n* munição *f*

amok [əˈmɔk] *adv*: to run ~ enlouquecer

among(st) [əˈmʌŋ(st)] *prep* entre, no meio de

amorous [ˈæmərəs] *adj* amoroso

amount [əˈmaunt] *n* quantidade *f*; (*of money etc*) quantia ♦ *vi*: to ~ to (*total*) montar a; (*be same as*) equivaler a, significar

amp(ère) [ˈæmp(εəʳ)] *n* ampère *m*

ample [ˈæmpl] *adj* amplo; (*abundant*) abundante; (*enough*) suficiente

amplifier [ˈæmplɪfaɪəʳ] *n* amplificador *m*

amuck [əˈmʌk] *adv* = amok

amuse [əˈmjuːz] *vt* divertir; (*distract*) distrair; ~ment *n* diversão *f*; (*pleasure*) divertimento; (*pastime*) passatempo; ~ment arcade ♦ fliperama

an [æn, ən, n] *indef art see* a

anaemic [əˈniːmɪk] (*US* anemic) *adj* anêmico

anaesthetic [ænɪsˈθɛtɪk] (*US* anesthetic) *n* anestésico

analog(ue) [ˈænəlɔg] *adj* analógico

analyse [ˈænəlaɪz] (*US* **analyze**) *vt* analizar; **analysis** (*pl* **analyses**) *n*

análise *f*; **analyst** *n* analista *m/f*; (*psychoanalyst*) psicanalista *m/f*

analyze [ˈænəlaɪz] (*US*) *vt* = analyse

anarchist [ˈænəkɪst] *n* anarquista *m/f*

anarchy [ˈænəkɪ] *n* anarquia

anathema [əˈnæθɪmə] *n*: it is ~ to him ele tem horror disso

anatomy [əˈnætəmɪ] *n* anatomia

ancestor [ˈænsɪstəʳ] *n* antepassado

anchor [ˈæŋkəʳ] *n* âncora ♦ *vi* (*also*: to drop ~) ancorar, fundear ♦ *vt* (*fig*): to ~ sth to firmar algo em; to weigh ~ levantar âncoras

anchovy [ˈæntʃəvɪ] *n* enchova

ancient [ˈeɪnʃənt] *adj* antigo; (*person, car*) velho

ancillary [ænˈsɪlərɪ] *adj* auxiliar

and [ænd] *conj* e; ~ so on e assim por diante; try ~ come tente vir; he talked ~ talked ele falou sem parar; better ~ better cada vez melhor

Andes [ˈændiːz] *npl*: the ~ os Andes

anemic [əˈniːmɪk] (*US*) *n* = anaemic

anesthetic [ænɪsˈθɛtɪk] (*US*) *n* = anaesthetic

anew [əˈnjuː] *adv* de novo

angel [ˈeɪndʒəl] *n* anjo

anger [ˈæŋgəʳ] *n* raiva

angina [ænˈdʒaɪnə] *n* angina (de peito)

angle [ˈæŋgl] *n* ângulo; (*viewpoint*): from their ~ do ponto de vista deles

Anglican [ˈæŋglɪkən] *adj*, *n* anglicano/a

angling [ˈæŋglɪŋ] *n* pesca à vara (*BR*) or à linha (*PT*)

Anglo- [ˈæŋgləu] *prefix* anglo-

Angola [æŋˈgəulə] *n* Angola (*no article*)

angrily [ˈæŋgrɪlɪ] *adv* com raiva

angry [ˈæŋgrɪ] *adj* zangado; to be ~ with sb/at sth estar zangado com alguém/algo; to get ~ zangar-se

anguish [ˈæŋgwɪʃ] *n* (*physical*) dor *f*, sofrimento; (*mental*) angústia

animal [ˈænɪməl] *n* animal *m*, bicho

♦ *adj* animal

animate ['ænɪmɪt] *adj* animado; **~d**
adj animado

aniseed ['ænɪsiːd] *n* erva-doce *f*, anis
f

ankle ['æŋkl] *n* tornozelo; ~ **sock** *n*
(meia) soquete *f*

annex [*n* 'æneks, *vt* æ'neks] *n* (*also*:
BRIT: *annexe*: *building*) anexo ♦ *vt*
anexar

annihilate [ə'naɪəleɪt] *vt* aniquilar

anniversary [ænɪ'vɜːsərɪ] *n* aniversário

announce [ə'naʊns] *vt* anunciar;
~**ment** *n* anúncio; (*official*) comunicação *f*; (*in letter etc*) aviso; ~**r** *n*
(RADIO, TV) locutor/a *m/f*

annoy [ə'nɔɪ] *vt* aborrecer; don't
get ~**ed**! não se aborreça!; ~**ance** *n*
aborrecimento; ~**ing** *adj* irritante

annual ['ænjuəl] *adj* anual ♦ *n*
(BOT) anual *m*; (*book*) anuário

annul [ə'nʌl] *vt* anular

annum ['ænəm] *n*: **per** ~ por ano

anonymous [ə'nɒnɪməs] *adj*
anônimo

anorak ['ænəræk] *n* anoraque *m*
(BR), anorak *m* (PT)

another [ə'nʌðə*] *adj*: ~ **book** (*one
more*) outro livro, mais um livro; (*a
different one*) um outro livro, um livro diferente ♦ *pron* outro; *see also*
one

answer ['ɑːnsə*] *n* resposta; (*to problem*) solução *f* ♦ *vi* responder ♦ *vt*
(*reply to*) responder a; (*problem*) resolver; **in** ~ **to your letter** em resposta ao sua carta; **to** ~
~ **the phone** atender o telefone; **to**
~ **the bell** or **the door** atender à
porta; ~ **back** *vi* replicar, retrucar;
~ **for** *vt fus* responder por, res-
ponsabilizar-se por; ~ **to** *vt fus* (*description*) corresponder a; ~**able**
adj: ~**able** (**to sb/for sth**) responsável (perante alguém/por algo); ~**ing
machine** *n* secretária eletrônica

ant [ænt] *n* formiga

antagonism [æn'tægənɪzəm] *n* anta-
gonismo

antagonize [æn'tægənaɪz] *vt* contrariar, hostilizar

Antarctic [ænt'ɑːktɪk] *n*: **the** ~ o
Antártico

antenatal ['æntɪ'neɪtl] *adj* pré-natal;
~ **clinic** *n* clínica pré-natal

anthem ['ænθəm] *n*: **national** ~
hino nacional

anthology [æn'θɒlədʒɪ] *n* antologia

anti... [æntɪ] *prefix* anti...; ~**aircraft**
adj antiaéreo; ~**biotic** *adj* antibiótico
♦ *n* antibiótico; ~**body** *n* anticorpo

anticipate [æn'tɪsɪpeɪt] *vt* prever;
(*expect*) esperar; (*look forward to*)
aguardar, esperar; **anticipation** *n* expectativa; (*eagerness*) entusiasmo

anticlimax [æntɪ'klaɪmæks] *n* desapontamento

anticlockwise [æntɪ'klɒkwaɪz]
(BRIT) *adv* em sentido anti-horário

antics ['æntɪks] *npl* bobices *fpl*; (*of
child*) travessuras *fpl*

antifreeze ['æntɪfriːz] *n* anticongelante *m*

antihistamine [æntɪ'hɪstəmiːn] *n*
anti-histamínico

antiquated ['æntɪkweɪtɪd] *adj* antiquado

antique [æn'tiːk] *n* antiguidade *f* ♦
adj antigo; ~ **dealer** *n* antiquário/a;
~ **shop** *n* loja de antiguidades

antiquity [æn'tɪkwɪtɪ] *n* antiguidade *f*

anti-Semitism [-'semɪtɪzəm] *n* anti-
semitismo

antiseptic [æntɪ'septɪk] *n* anti-séptico

antisocial [æntɪ'səʊʃəl] *adj* antisocial

antlers ['æntləz] *npl* esgalhos *mpl*,
chifres *mpl*

anvil ['ænvɪl] *n* bigorna

anxiety [æŋ'zaɪətɪ] *n* (*worry*) inqui-
etude *f*; (MED) ansiedade *f*; (*eagerness*): ~ **to do** ânsia de fazer

anxious ['æŋkʃəs] *adj* (*worried*)
preocupado; (*worrying*) angustiante;
(*keen*): ~ **to do** ansioso para fazer;
to be ~ **that** desejar que

┌──────────────┐
│ **KEYWORD** │
└──────────────┘

any ['enɪ] *adj* **1** (*in questions etc*) algum(a); **have you ~ butter/children?** você tem manteiga/filhos?; **if there are ~ tickets left** se houver alguns bilhetes sobrando **2** (with negative) nenhum(a); **I haven't ~ money/books** não tenho dinheiro/livros

3 (no matter which) qualquer; **choose ~ book you like** escolha qualquer livro que quiser **4** (in phrases): **in ~ case** em todo o caso; **~ day now** qualquer dia desses; **at ~ moment** a qualquer momento; **at ~ rate** de qualquer modo; **~ time** a qualquer momento; (whenever) quando quer que seja

♦ pron **1** (in questions etc) algum(a); **have you got ~?** tem algum? **2** (with negative) nenhum(a); **I haven't ~ (of them)** não tenho nenhum (deles) **3** (no matter which one(s)): **take ~ of those books (you like)** leve qualquer um desses livros (que você quiser)

♦ adv **1** (in questions etc) algo; **do you want ~ more soup/sandwiches?** quer mais sopa/sanduíches?; **are you feeling ~ better?** você está se sentindo melhor? **2** (with negative) nada; **I can't hear him ~ more** não consigo mais ouvi-lo

anybody ['enɪbɔdɪ] pron = **anyone**
anyhow ['enɪhau] adv (at any rate) de qualquer modo, de qualquer maneira; (haphazard) de qualquer jeito; **I shall go ~** eu irei de qualquer jeito; **to do it ~ you like** faça do jeito que você quiser; **she leaves things just ~** ela deixa as coisas de qualquer maneira
anyone ['enɪwʌn] pron (in questions etc) alguém; (with negative) ninguém; (no matter who) quem quer que seja; **can you see ~?** você pode ver alguém?; **if ~ should phone ...**

se alguém telefonar ...; **~ could do it** qualquer um(a) poderia fazer isso
anything ['enɪθɪŋ] pron (in questions etc) alguma coisa; (with negative) nada; (no matter what) qualquer coisa; **can you see ~?** você pode ver alguma coisa?
anyway ['enɪweɪ] adv (at any rate) de qualquer modo; (besides) além disso; **I shall go ~** eu irei de qualquer jeito
anywhere ['enɪwɛə*] adv (in questions etc) em algum lugar; (with negative) em parte nenhuma; (no matter where) não importa onde, onde quer que seja; **can you see him ~?** você pode vê-lo em algum lugar?; **I can't see him ~** não o vejo em parte nenhuma; **~ in the world** em qualquer lugar do mundo
apart [ə'pɑːt] adv à parte, à distância; (separately) separado; (movement): **to move ~** distanciar-se; (aside): **... ~, ...** de lado, além de ...; **10 miles ~** separados por 10 milhas; **to take ~** desmontar; **~ from** com exceção de; (in addition to) além de
apartheid [ə'pɑːteɪt] n apartheid m
apartment [ə'pɑːtmənt] (US) n apartamento
apathetic [æpə'θetɪk] adj apático
ape [eɪp] n macaco ♦ vt macaquear, imitar
aperitif [ə'perɪtɪv] n aperitivo
aperture ['æpətfjuə*] n orifício; (PHOT) abertura
apex ['eɪpɛks] n ápice m
apiece [ə'piːs] adv (for each person) cada um, por cabeça; (for each item) cada
aplomb [ə'plɔm] n desenvoltura
apologetic [əpɔlə'dʒetɪk] adj cheio de desculpas
apologize [ə'pɔlədʒaɪz] vi: **to ~ (for sth to sb)** desculpar-se or pedir desculpas (por or de algo a alguém); **apology** n desculpas fpl
apostle [ə'pɔsl] n apóstolo
apostrophe [ə'pɔstrəfɪ] n apóstrofo

appal [əˈpɔːl] vt horrorizar; ~**ling** adj horrível; (ignorance) terrível

apparatus [æpəˈreitəs] n aparelho; (in gym) aparelhos mpl; (organization) aparato

apparel [əˈpærəl] (US) n vestuário, roupa

apparent [əˈpærənt] adj aparente; (obvious) claro, patente; ~**ly** adv aparentemente, pelo(s) visto(s)

apparition [æpəˈrifən] n (ghost) fantasma m

appeal [əˈpiːl] vi (LAW) apelar, recorrer ♦ n (LAW) recurso, apelação f; (request) pedido; (plea) súplica; (charm) atração f; to ~ (to sb) for sth (request) pedir algo (a alguém); (plead) suplicar algo (a alguém); to ~ to atrair; ~**ing** adj atraente

appear [əˈpiə'] vi aparecer; (LAW) apresentar-se, comparecer; (publication) ser publicado; (seem) parecer; to ~ **in** "Hamlet" trabalhar em "Hamlet"; to ~ **on** TV (person, news item) sair na televisão; (programme) passar na televisão; ~**ance** n aparecimento; (presence) comparecimento; (look) aparência

appease [əˈpiːz] vt apaziguar

appendices [əˈpendisiːz] npl of appendix

appendicitis [əpendiˈsaitis] n apendicite f

appendix [əˈpendiks] (pl appendices) n apêndice m

appetite [ˈæpitait] n apetite m; (fig) desejo; **appetizer** n (food) tira-gosto; (drink) aperitivo

applaud [əˈplɔːd] vi aplaudir ♦ vt aplaudir; (praise) admirar; **applause** n aplausos mpl

apple [ˈæpl] n maçã f; ~ **tree** n macieira

appliance [əˈplaiəns] n aparelho; **electrical** or **domestic** ~s eletrodomésticos mpl

applicant [ˈæplikənt] n (for post) candidato/a; (for benefit etc) requerente m/f

application [æpliˈkeifən] n aplicação

f; (for a job, a grant etc) candidatura, requerimento; (hard work) esforço; ~ **form** n (formulário de) requerimento

applied [əˈplaid] adj aplicado

apply [əˈplai] vt (paint etc) usar; (law etc) pôr em prática ♦ vi: to ~ **to** (be suitable for) ser aplicável a; (be relevant to) valer para; (ask) pedir; to ~ **for** (permit, grant) solicitar, pedir; (job) candidatar-se a; to ~ **o.s. to** aplicar-se a, dedicar-se a

appoint [əˈpɔint] vt (to post) nomear; ~**ed: at the ~ed time** na hora marcada; ~**ment** n (engagement) encontro marcado, compromisso; (at doctor's etc) hora marcada; (act) nomeação f; (post) cargo; **to make an ~ment (with sb)** marcar um encontro (com alguém)

appraisal [əˈpreizl] n avaliação f

appreciate [əˈpriːfieit] vt (like) apreciar, estimar; (be grateful for) agradecer a; (understand) compreender ♦ vi (COMM) valorizar-se; **appreciation** n apreciação f, estima; (understanding) compreensão f; (gratitude) agradecimento; (COMM) valorização f; **appreciative** adj (person) agradecido; (comment) elogioso

apprehend [æpriˈhend] vt (arrest) prender; **apprehension** n apreensão f; **apprehensive** adj apreensivo, receoso

apprentice [əˈprentis] n aprendiz m/f; ~**ship** n aprendizado, aprendizagem f

approach [əˈprəutf] vi aproximar-se ♦ vt aproximar-se de; (ask, speak to) dirigir-se a; (subject, passer-by) abordar ♦ n aproximação f; (access) acesso; (to problem, situation) enfoque m; ~**able** adj (person) tratável; (place) acessível

appropriate [adj əˈprəupriət, vt əˈprəuprieit] adj (apt) apropriado; (relevant) adequado ♦ vt apropriar-se de

approval [əˈpruːvəl] n aprovação f; **on** ~ (COMM) a contento

approve [ə'pru:v] vt (publication, product) autorizar; (motion, decision) aprovar; ~ **of** vt fus aprovar

approximate [ə'prɔksɪmɪt] adj aproximado; ~**ly** adv aproximadamente

apricot ['eɪprɪkɔt] n damasco

April ['eɪprəl] n abril m; ~ **Fool's Day** n Primeiro-de-abril m

apron ['eɪprən] n avental m

apt [æpt] adj (suitable) adequado; (appropriate) apropriado; (likely): ~ **to do** sujeito a fazer

aptitude ['æptɪtjuːd] n aptidão f, talento

aqualung ['ækwəlʌŋ] n aparelho respiratório autônomo

aquarium [ə'kwɛərɪəm] n aquário

Aquarius [ə'kwɛərɪəs] n Aquário

Arab ['ærəb] adj, n árabe m/f

Arabian [ə'reɪbɪən] adj árabe

Arabic ['ærəbɪk] adj árabe ♦ n (LING) árabe m; (numerals) arábico

arbitrary ['ɑːbɪtrərɪ] adj arbitrário

arbitration [ɑːbɪ'treɪʃən] n arbitragem f

arcade [ɑː'keɪd] n arcos mpl; (passage with shops) galeria

arch [ɑːtʃ] n arco; (of foot) curvatura ♦ vt arquear, curvar

archaeologist [ɑːkɪ'ɔlədʒɪst] (US archeologist) n arqueólogo/a

archaeology [ɑːkɪ'ɔlədʒɪ] (US archeology) n arqueologia

archbishop [ɑːtʃ'bɪʃəp] n arcebispo

arch-enemy n arquiinimigo/a

archeology etc [ɑːkɪ'ɔlədʒɪ] (US) = **archaeology** etc

archery ['ɑːtʃərɪ] n tiro de arco

architect ['ɑːkɪtekt] n arquiteto/a; ~**ural** adj arquitetônico; ~**ure** n arquitetura

archives ['ɑːkaɪvz] npl arquivo

Arctic ['ɑːktɪk] adj ártico ♦ n: **the** ~ o Ártico

ardent ['ɑːdənt] adj (admirer) ardente; (discussion) acalorado

are [ɑː*] vb see **be**

area ['ɛərɪə] n (zone) zona, região f; (part of place) região; (in room, of knowledge, experience) área; (MAT)

superfície f, extensão f

aren't [ɑːnt] = **are not**

Argentina [ɑːdʒən'tiːnə] n Argentina

arguably ['ɑːgjuəblɪ] adv possivelmente

argue ['ɑːgjuː] vi (quarrel) discutir; (reason) argumentar; **to** ~ **that** sustentar que

argument ['ɑːgjumənt] n (reasons) argumento; (quarrel) briga, discussão f; ~**ative** adj briguento

Aries ['ɛərɪz] n Áries m

arise [ə'raɪz] (pt **arose**, pp **arisen**) vi (emerge) surgir

arisen [ə'rɪzn] pp of **arise**

aristocrat ['ærɪstəkræt] n aristocrata m/f

arithmetic [ə'rɪθmətɪk] n aritmética

ark [ɑːk] n: **Noah's A**~ arca de Noé

arm [ɑːm] n braço; (of clothing) manga; (of organization etc) divisão f ♦ vt armar; ~**s** npl (weapons) armas fpl; (HERALDRY) brasão m; ~ **in** ~ de braços dados

armaments ['ɑːməmənts] npl armamento

arm: ~**chair** n poltrona; ~**ed** adj armado; ~**ed robbery** n assalto à mão armada

armour ['ɑːmə*] (US armor) n armadura; ~**ed car** n carro blindado

armpit ['ɑːmpɪt] n sovaco

armrest ['ɑːmrest] n braço (de poltrona)

army ['ɑːmɪ] n exército

aroma [ə'rəumə] n aroma

arose [ə'rəuz] pt of **arise**

around [ə'raund] adv em volta; (in the area) perto ♦ prep em volta de; (near) perto de; (fig: about) cerca de

arouse [ə'rauz] vt (sleeper) despertar; (anger) provocar

arrange [ə'reɪndʒ] vt (organize) organizar; (put in order) arrumar; **to** ~ **to do sth** combinar em or ficar de fazer algo; ~**ment** n (agreement) acordo; (order, layout) disposição f; ~**ments** npl (plans) planos mpl; (preparations) preparativos mpl; **home deliveries by** ~**ment** entre-

gas a domicílio por convênio; **I'll
make all the necessary ~ments**
eu vou tomar todas as providências
necessárias

array [ə'reɪ] *n*: ~ **of** variedade *f* de

arrears [ə'rɪəz] *npl* atrasos *mpl*; **to
be in ~ with one's rent** atrasar o
aluguel

arrest [ə'rest] *vt* prender, deter; (*sb's
attention*) chamar, prender ♦ *n* detenção *f*, prisão *f*; **under ~** preso

arrival [ə'raɪvl] *n* chegada *f*; **new ~**
recém-chegado; (*baby*) recém-
nascido

arrive [ə'raɪv] *vi* chegar

arrogant [ˈærəgənt] *adj* arrogante

arrow [ˈærəu] *n* flecha *f*; (*sign*) seta

arse [ɑːs] (*BRIT: inf!*) *n* cu *m* (!)

arson [ˈɑːsn] *n* incêndio premeditado

art [ɑːt] *n* arte *f*; (*skill*) habilidade *f*,
jeito; **A~s** *npl* (*SCH*) letras *fpl*

artefact [ˈɑːtɪfækt] *n* artefato

artery [ˈɑːtərɪ] *n* (*MED*) artéria *f*;
(*fig*) estrada principal

artful [ˈɑːtful] *adj* ardiloso, esperto

art gallery *n* museu *m* de belas artes; (*small, private*) galeria de arte

arthritis [ɑː'θraɪtɪs] *n* artrite *f*

artichoke [ˈɑːtɪtʃəuk] *n* (*also*: **globe
~**) alcachofra *f*; (*also*: **Jerusalem
~**) topinambo

article [ˈɑːtɪkl] *n* artigo; **~s** *npl*
(*BRIT: LAW*: *training*) contrato de
aprendizagem; **~s of clothing** peças
fpl de vestuário

articulate [*adj* ɑː'tɪkjulɪt, *vt*
ɑː'tɪkjuleɪt] *adj* (*speech*) bem articulado; (*writing*) bem escrito; (*person*)
eloqüente ♦ *vt* expressar; **~d lorry**
(*BRIT*) *n* caminhão *m* (*BR*) ou caminhão *m* (*PT*) articulado, jamanta

artificial [ɑːtɪ'fɪʃəl] *adj* artificial;
(*manner*) afetado

artillery [ɑː'tɪlərɪ] *n* artilharia

artisan [ɑː'tɪzæn] *n* artesão/ã *m/f*

artist [ˈɑːtɪst] *n* artista *m/f*; (*MUS*)
intérprete *m/f*; **~ic** *adj* artístico; **~ry**
n arte *f*, mestria

artless [ˈɑːtlɪs] *adj* natural, simples

art school *n* ≈ escola de artes

as [æz, əz] *conj* **1** (*time*) quando; ~
the years went by no decorrer dos
anos; **he came in ~ I was leaving**
ele chegou quando eu estava saindo;
~ **from tomorrow** a partir de amanhã

2 (*in comparisons*) tão ... (como),
tanto(s) ... (como); ~ **big ~ tão**
grande como; **twice ~ big ~** duas
vezes maior que; ~ **much/many ~**
tanto/tantos como; ~ **much money/
many books** ~ tanto dinheiro
quanto/tantos livros quanto; ~ **soon
~** logo que, assim que

3 (*since, because*) como

4 (*referring to manner, way*) como;
do ~ **you wish** faça como quiser

5 (*concerning*): ~ **for** or **to** that
quanto a isso

6: ~ **if** or **though** como se; **he
looked** ~ **if he was ill** ele parecia
doente

♦ *prep* (*in the capacity of*): **he
works** ~ **a driver** ele trabalha como
motorista; **he gave it to me** ~ **a
present** ele me deu isso de presente;
see also **long**; **such**; **well**

a.s.a.p. *abbr* = **as soon as possible**

asbestos [æz'bɛstəs] *n* asbesto,
amianto

ascend [ə'sɛnd] *vt* subir; (*throne*)
ascender; **~ancy** *n* predomínio, ascendência

ascent [ə'sɛnt] *n* subida; (*slope*)
rampa

ascertain [æsə'teɪn] *vt* averiguar, verificar

ascribe [ə'skraɪb] *vt*: **to ~ sth to**
atribuir algo a

ash [æʃ] *n* cinza; (*tree, wood*) freixo

ashamed [ə'ʃeɪmd] *adj* envergonhado; **to be ~ of** ter vergonha de

ashen [ˈæʃn] *adj* cinzento

ashore [ə'ʃɔː] *adv* em terra; **to go**
~ descer à terra, desembarcar

ashtray [ˈæʃtreɪ] *n* cinzeiro

Ash Wednesday *n* quarta-feira de

cinzas

Asia ['eɪʃə] n Ásia; **~n** adj, n asiático/a

aside [ə'saɪd] adv à parte, de lado ♦ n aparte m

ask [ɑːsk] vt perguntar; (invite) convidar; **to ~ sb sth/to do sth** perguntar algo a alguém/pedir para alguém fazer algo; **to ~ (sb) a question** fazer uma pergunta (a alguém); **to ~ sb out to dinner** convidar alguém para jantar; **~ after** vt fus perguntar por; **~ for** vt fus pedir; **it's just ~ing for trouble** é procurar encrenca

askance [ə'skɑːns] adv de soslaio

askew [ə'skjuː] adv torto

asleep [ə'sliːp] adj dormindo; **to fall ~** dormir, adormecer

asparagus [ə'pærəgəs] n aspargo (BR), espargo (PT)

aspect ['æspekt] n aspecto; (direction in which a building etc faces) direção f

aspersions [əs'pəːʃənz] npl: **to cast ~ on** difamar, caluniar

asphyxiation [æsfɪksɪ'eɪʃən] n asfixia

aspire [əs'paɪə*] vi: **to ~** to aspirar a

aspirin ['æsprɪn] n aspirina

ass [æs] n jumento, burro; (inf) imbecil m/f; (US: inf!) cu m (!)

assailant [ə'seɪlənt] n assaltante m/f, atacante m/f

assassinate [ə'sæsɪneɪt] vt assassinar; **assassination** n assassinato, assassínio

assault [ə'sɔːlt] n assalto; (MIL, fig) ataque m ♦ vt assaltar, atacar; (sexually) agredir, violar

assemble [ə'sembl] vt (people) reunir; (objects) juntar; (TECH) montar ♦ vi reunir-se

assembly [ə'semblɪ] n reunião f; (institution) assembléia; **~ line** linha de montagem

assent [ə'sent] n aprovação f

assert [ə'səːt] vt afirmar; **~ion** n afirmação f

assess [ə'ses] vt avaliar; (tax, damages) calcular; **~ment** n avaliação f, cálculo

asset ['æset] n vantagem f, trunfo; **~s** npl (property, funds) bens mpl

assign [ə'saɪn] vt (date) fixar; **to ~ (to)** (task) designar (a); (resources) destinar (a); **~ment** n tarefa

assist [ə'sɪst] vt ajudar; **~ance** n ajuda, auxílio; **~ant** n assistente m/f, auxiliar m/f; (BRIT: also: **shop ~ant**) vendedor(a) m/f

associate [adj, n ə'səuʃɪɪt, vt, vi ə'səuʃɪeɪt] adj associado; (professor etc) adjunto ♦ n sócio/a ♦ vi: **to ~ with** associar-se com ♦ vt associar; **association** n associação f; (link) ligação f

assorted [ə'sɔːtɪd] adj sortido

assortment [ə'sɔːtmənt] n (of shapes, colours) sortimento; (of books, people) variedade f

assume [ə'sjuːm] vt (suppose) supor, presumir; (responsibilities etc) assumir; (attitude, name) adotar, tomar; **~d name** n nome m falso; **assumption** n suposição f, presunção f

assurance [ə'fuərəns] n garantia; (confidence) confiança; (insurance) seguro

assure [ə'fuə*] vt assegurar; (guarantee) garantir

asthma ['æsmə] n asma

astonish [ə'stɒnɪʃ] vt assombrar, espantar; **~ment** n assombro, espanto

astound [ə'staund] vt pasmar, estarrecer

astray [ə'streɪ] adv: **to go ~** extraviar-se; **to lead ~** desencaminhar

astride [ə'straɪd] prep montado

astrology [əs'trɒlədʒɪ] n astrologia

astronaut ['æstrənɔːt] n astronauta m/f

astronomy [əs'trɒnəmɪ] n astronomia

astute [əs'tjuːt] adj astuto

asylum [ə'saɪləm] n (refuge) asilo; (hospital) manicômio

KEYWORD

at [æt] *prep* **1** (*referring to position*) em; (*referring to direction*) a; ~ the top em cima; ~ **home** em casa; to look ~ sth olhar para algo **2** (*referring to time*): ~ 4 o'clock às quatro horas; ~ **night** à noite; ~ Christmas no Natal; ~ **times** às vezes **3** (*referring to rates, speed etc*): ~ £1 a kilo a uma libra o quilo; two ~ a time de dois em dois **4** (*referring to manner*): ~ **a stroke** de um golpe; ~ **peace** em paz **5** (*referring to activity*): to be ~ **work** estar no trabalho; to **play** ~ cowboys brincar de mocinho **6** (*referring to cause*): to be shocked/surprised/annoyed ~ sth ficar chocado/surpreso/chateado com algo; I **went** ~ his suggestion eu fui por causa da sugestão dele

ate [eɪt] *pt* of **eat**
atheist ['eɪθɪɪst] *n* ateu/atéia *m/f*
Athens ['æθɪnz] *n* Atenas
athlete ['æθliːt] *n* atleta *m/f*; **athletic** *adj* atlético; **athletics** *n* atletismo
Atlantic [ət'læntɪk] *adj* atlântico ♦ *n*: the ~ (**Ocean**) o (oceano) Atlântico
atlas ['ætləs] *n* atlas *m* inv
atmosphere ['ætməsfɪə] *n* atmosfera; (*of place*) ambiente *m*
atom ['ætəm] *n* átomo; ~**ic** *adj* atómico; ~ (**ic**) **bomb** *n* bomba atómica; ~**izer** *n* atomizador *m*, pulverizador *m*
atone [ə'təun] *vi*: to ~ **for** (*sin*) expiar; (*mistake*) reparar
atrocious [ə'trəuʃəs] *adj* péssimo
attach [ə'tætʃ] *vt* prender; (*document*) juntar, anexar; (*importance etc*) dar; to be ~ed to sb/sth (*like*) ter afeição por alguém/algo
attaché [ə'tæʃeɪ] *n* adido/a; ~ **case** *n* pasta
attachment [ə'tætʃmənt] *n* (*tool*) acessório; (*love*): ~ (**to**) afeição *f* (por)

attack [ə'tæk] *vt* atacar; (*subj: criminal*) assaltar; (*task etc*) empreender ♦ *n* ataque *m*; (*on sb's life*) atentado; **heart** ~ ataque cardíaco *or* de coração; ~**er** *n* agressor(a) *m/f*; (*criminal*) assaltante *m/f*
attain [ə'teɪn] *vt* (*also*: ~ **to**): happiness, results) alcançar, atingir; (: *knowledge*) obter; ~**ment** *n* feito
attempt [ə'tempt] *n* tentativa ♦ *vt* tentar; to **make an** ~ **on sb's life** atentar contra a vida de alguém; ~**ed** *adj*: ~ed theft tentativa de roubo
attend [ə'tend] *vt* (*lectures*) assistir a; (*school*) cursar; (*church*) ir a; (*course*) fazer; (*patient*) tratar; ~ to *vt fus* (*matter*) encarregar-se de; (*needs, customer*) atender a; (*patient*) tratar de; ~**ance** *n* comparecimento; (*people present*) assistência; ~**ant** *n* servidor(a) *m/f* ♦ *adj* concomitante
attention [ə'tenʃən] *n* atenção *f*; (*care*) cuidados *mpl* ♦ *excl* (MIL) sentido!; **for the** ~ **of ...** (ADMIN) atenção ...
attentive [ə'tentɪv] *adj* atento; (*polite*) cortês
attic ['ætɪk] *n* sótão *m*
attitude ['ætɪtjuːd] *n* atitude *f*
attorney [ə'tɜːnɪ] *n* (US: *lawyer*) advogado/a; **A~ General** *n* (BRIT) procurador(a) *m/f* geral da Justiça; (US) Secretário de Justiça
attract [ə'trækt] *vt* atrair, chamar; ~**ion** *n* atração *f*; ~**ive** *adj* atraente; (*idea, offer*) interessante
attribute [*n* 'ætrɪbjuːt, *vt* ə'trɪbjuːt] *n* atributo ♦ *vt*: to ~ **sth to** atribuir algo a
attrition [ə'trɪʃən] *n*: **war of** ~ guerra de atrição
aubergine ['əubəʒiːn] *n* berinjela
auburn ['ɔːbən] *adj* castanho-avermelhado
auction ['ɔːkʃən] *n* (*also*: sale by ~) leilão *m* ♦ *vt* leiloar; ~**eer** *n* leiloeiro/a
audible ['ɔːdɪbl] *adj* audível

audience ['ɔːdɪəns] n audiência; (at concert, theatre) platéia; (public) público

audio-typist ['ɔːdɪəʊ-] n datilógrafo/a (de textos ditados em fita)

audio-visual ['ɔːdɪəʊ-] adj audiovisual; ~ **aid** n recurso audiovisual

audit ['ɔːdɪt] vt fazer a auditoria de

audition [ɔː'dɪʃən] n audição f

auditor ['ɔːdɪtə*] n m/f

augment [ɔːg'ment] vt aumentar

augur ['ɔːgə*] vi: it ~s well é de bom augúrio

August ['ɔːgəst] n agosto

aunt [ɑːnt] n tia; ~ie n titia; ~y n titia

au pair ['əʊ'pɛə*] n (also: ~ **girl**) au pair f

aura ['ɔːrə] n ar m, aspecto

auspicious [ɔːs'pɪʃəs] adj favorável; (occasion) propício

austerity [ɔs'terɪtɪ] n simplicidade f; (ECON) privação f

Australia [ɔs'treɪlɪə] n Austrália; ~n adj, n australiano/a

Austria ['ɔstrɪə] n Áustria; ~n adj, n austríaco/a

authentic [ɔː'θentɪk] adj autêntico

author ['ɔːθə*] n autor/a m/f

authoritarian [ɔːθɔrɪ'tɛərɪən] adj autoritário

authoritative [ɔː'θɔrɪtətɪv] adj (account) autorizado; (manner) autoritário

authority [ɔː'θɔrɪtɪ] n autoridade f; (government body) jurisdição f; (permission) autorização f; **the authorities** npl (ruling body) as autoridades

authorize ['ɔːθəraɪz] vt autorizar

auto ['ɔːtəʊ] n (US) n carro, automóvel m

autobiography [ɔːtəbaɪ'ɔgrəfɪ] n autobiografia

autograph ['ɔːtəgrɑːf] n autógrafo ♦ vt (photo etc) autografar

automata [ɔː'tɔmətə] npl of **automaton**

automatic [ɔːtə'mætɪk] adj automático ♦ n (gun) pistola automática;

(washing machine) máquina de lavar roupa automática; (car) carro automático

automaton [ɔː'tɔmətən] (pl **automata**) n autômato

automobile ['ɔːtəməbiːl] (US) n carro, automóvel m

autonomy [ɔː'tɔnəmɪ] n autonomia

autumn ['ɔːtəm] n outono

auxiliary [ɔːg'zɪlɪərɪ] adj, n auxiliar m/f

avail [ə'veɪl] vt: to ~ o.s. of aproveitar, valer-se de ♦ n: to no ~ em vão, inutilmente

available [ə'veɪləbl] adj disponível; (time) livre

avalanche ['ævəlɑːnʃ] n avalanche f

avant-garde ['ævɑ̃'gɑːd] adj de vanguarda

Ave. abbr (= avenue) Av., Avda.

avenge [ə'vendʒ] vt vingar

avenue ['ævənjuː] n avenida; (drive) caminho; (means) solução f

average ['ævərɪdʒ] n média ♦ adj (mean) médio; (ordinary) regular ♦ vt alcançar uma média de; on ~ em média; ~ **out** vi: to ~ out at dar uma média de

averse [ə'vɜːs] adj averso

avert [ə'vɜːt] vt prevenir; (blow, one's eyes) desviar

aviary ['eɪvɪərɪ] n aviário, viveiro de aves

avid ['ævɪd] adj ávido

avocado [ævə'kɑːdəʊ] n (also: BRIT: ~ **pear**) abacate m

avoid [ə'vɔɪd] vt evitar

avuncular [ə'vʌŋkjʊlə*] adj paternal

await [ə'weɪt] vt esperar, aguardar

awake [ə'weɪk] (pt **awoke**, pp **awoken** or ~d) adj acordado ♦ vt, vi despertar, acordar; ~ **to** atento a; ~**ning** n despertar m

award [ə'wɔːd] n prêmio, condecoração f; (LAW) indenização f ♦ vt outorgar, conceder; indenizar

aware [ə'wɛə*] adj: ~ **of** (conscious) consciente de; (informed) informado de or sobre; **to become** ~ **of** reparar em, saber de; ~**ness** n consciência

awash [ə'wɔʃ] *adj:* ~ **with** (*also fig*) inundado de

away [ə'weɪ] *adv* fora; (*far~*) muito longe; **two kilometres** ~ a dois quilómetros de distância; ~ **the holiday was two weeks** ~ faltavam duas semanas para as férias; **he's** ~ **for a week** está ausente uma semana; **to take** ~ levar; **to work** *etc* ~ trabalhar *etc* sem parar; **to fade** ~ (*colour*) desbotar; (*enthusiasm, sound*) diminuir; ~ **game** *n* (*SPORT*) jogo de fora

awe [ɔ:] *n* temor *m* respeitoso; ~-**inspiring** *adj* imponente; ~**some** *adj* = ~-**inspiring**

awful ['ɔ:fəl] *adj* terrível, horrível; (*quantity*): **an** ~ **lot of** um monte de; ~**ly** *adv* (*very*) muito

awhile [ə'waɪl] *adv* por algum tempo, um pouco

awkward ['ɔ:kwəd] *adj* (*person, movement*) desajeitado; (*shape*) incômodo; (*problem*) difícil; (*situation*) embaraçoso, delicado

awning ['ɔ:nɪŋ] *n* toldo

awoke [ə'wəuk] *pt* of **awake**; ~**n** *pp* of **awake**

awry [ə'raɪ] *adv:* **to be** ~ estar de viés *or* a esguelha; **to go** ~ sair mal

axe [æks] (*US* **ax**) *n* machado ♦ *vt* (*project etc*) abandonar; (*jobs*) reduzir

axes ['æksɪz] *npl* of **axis**

axis ['æksɪs] (*pl* **axes**) *n* eixo

axle ['æksl] *n* (*also:* ~ **tree:** *AUT*) eixo

aye(o) [aɪ] *excl* sim

Azores [ə'zɔːz] *npl:* **the** ~ os Açores

B

B [bi:] *n* (*MUS*) si *m*

BA *n abbr* = **Bachelor of Arts**

babble ['bæbl] *vi* balbuciar; (*brook*) murmurinhar

baby ['beɪbɪ] *n* neném *m/f*, nenê *m/f*,

bebê *m/f*; (*US: inf*) querido/a; ~ **carriage** (*US*) *n* carrinho de bebê; ~**sit** (*irreg*) *vi* tomar conta da(s) criança(s); ~**sitter** *n* baby-sitter *m/f*

bachelor ['bætʃələ*] *n* solteiro; **B**~ **of Arts/Science** ≈ bacharel *m* em Letras/Ciências

back [bæk] *n* (*of person*) costas *fpl*; (*of animal*) lombo; (*of hand*) dorso; (*of car, train*) parte *f* traseira; (*of house*) fundos *mpl*; (*of chair*) encosto; (*of page*) verso; (*of book*) lombada; (*of crowd*) fundo; (*FOOTBALL*) zagueiro (*BR*), defesa *m* (*PT*) ♦ *vt* (*candidate: also:* ~ **up**) apoiar; (*horse: at races*) apostar em; (*car*) recuar ♦ *vi* (*car etc: also:* ~ **up**) dar marcha-ré (*BR*), fazer marcha atrás (*PT*) ♦ *cpd* (*payment*) atrasado; (*AUT: seats, wheels*) de trás ♦ *adv* (*not forward*) para trás; (*returned*): **he's** ~ ele voltou; (*restitution*): **throw the ball** ~ devolva a bola; (*again*): **he called** ~ chamou de novo; **he ran** ~ recuou correndo; ~ **down** *vi* desistir; ~ **out** *vi* (*of promise*) voltar atrás, recuar; ~ **up** *vt* (*support*) apoiar; (*COMPUT*) tirar um backup de; ~**bencher** (*BRIT*) *n* membro do parlamento sem pasta; ~**bone** *n* coluna vertebral; (*fig*) esteio; ~**cloth** (*BRIT*) *n* o pano de fundo; ~**date** *vt* (*letter*) antedatar; ~**dated pay rise** aumento de vencimento com efeito retroativo; ~**drop** *n* = ~**cloth**; ~**fire** *vi* (*AUT*) engasgar; (*plan*) sair pela culatra; ~**ground** *n* fundo; (*of events*) antecedentes *mpl*; (*basic knowledge*) bases *fpl*; (*experience*) conhecimentos *mpl*, experiência; **family** ~**ground** antecedentes *mpl* familiares; ~**hand** *n* (*TENNIS: also:* ~**hand stroke**) revés *m*; ~**handed** *adj* (*fig*) ambíguo; ~**hander** (*BRIT*) *n* (*bribe*) propina, peita (*PT*); ~**ing** *n* apoio; ~**lash** *n* reação *f*; ~**log** *n:* ~**log of work** atrasos *mpl*; ~ **number** *n* (*of magazine etc*) número atrasado; ~**pack** *n* mochila; ~ **pay** *n* salário atrasado; ~**side** (inf) n traseiro; ~**stage** adv nos bastidores; ~**stroke** n nado de costas; ~**up** adj (train, plane) reserva inv; (COMPUT) de backup ♦ n (support) apoio; (COMPUT: also: ~**up file**) backup m; ~**ward** adj (movement) para trás; (person, country) atrasado; ~**wards** adv (move, go) para trás; (read a list) às avessas; (fall) de costas; ~**water** n (fig) lugar m atrasado; ~**yard** n quintal m

bacon ['beɪkən] n toucinho, bacon m
bad [bæd] adj mau/má, ruim; (child) levado; (mistake, injury) grave; (meat, food) estragado; **his** ~ **leg** sua perna machucada; **to go** ~ estragar-se

bade [bæd] pt of **bid**
badge [bædʒ] n (of school etc) emblema m; (policeman's) crachá m
badger ['bædʒə'] n texugo
badly ['bædlɪ] adv mal; ~ **wounded** gravemente ferido; **he needs it** ~ faz-lhe grande falta; **to be** ~ **off** (for money) estar com pouco dinheiro

badminton ['bædmɪntən] n badminton m
bad-tempered [-'tɛmpəd] adj mal humorado; (temporary) de mau humor
baffle ['bæfl] vt (puzzle) deixar perplexo, desconcertar
bag [bæg] n saco, bolsa; (handbag) bolsa; (satchel) sacola; (case) mala; ~**s of** ... (inf: lots of) ... de sobra; ~**gage** n bagagem f; ~**gy** adj folgado, largo; ~**pipes** npl gaita de foles
bail [beɪl] n (payment) fiança; (release) liberdade f sob fiança ♦ vt (prisoner: gen: grant ~ **to**) libertar sob fiança; (boat: also: ~ **out**) baldear a água de; **on** ~ sob fiança; see also **bale**; ~ **out** vt (prisoner) afiançar
bailiff ['beɪlɪf] n (LAW: BRIT) oficial m/f de justiça (BR) or de diligências (PT); (: US) funcionário encarregado de acompanhar presos no tribunal
bait [beɪt] n isca, engodo; (for crimi-

nal etc) atrativo, chamariz m ♦ vt iscar, cevar; (person) apoquentar
bake [beɪk] vt cozinhar ao forno; (TECH: clay etc) cozer ♦ vi assar; ~**d beans** npl feijão m cozido com molho de tomate; ~**r** n padeiro/a; ~**ry** n (for bread) padaria; (for cakes) confeitaria; **baking** n (act) cozimento; (batch) fornada ♦ adj (inf: hot) escaldante; **baking powder** n fermento em pó
balance ['bæləns] n equilíbrio; (scales) balança; (COMM) balanço; (remainder) resto, saldo ♦ vt equilibrar; (budget) nivelar; (account) fazer o balanço de; ~ **of trade/payments** balança comercial/balanço de pagamentos; ~**d** adj (report) objetivo; (personality, diet) equilibrado; ~ **sheet** n balanço geral
balcony ['bælkənɪ] n varanda; (closed) galeria; (in theatre) balcão m
bald [bɔːld] adj calvo, careca; (tyre) careca
bale [beɪl] n (AGR) fardo; ~ **out** vi (of a plane) atirar-se de pára-quedas
baleful ['beɪlful] adj (look) triste
ball [bɔːl] n bola; (of wool, string) novelo; (dance) baile m; **to play** ~ **with sb** jogar bola com alguém; (fig) fazer o jogo de alguém
ballast ['bæləst] n lastro
ball bearings npl rolimã m
ballerina [bælə'riːnə] n bailarina
ballet ['bæleɪ] n balé m; ~ **dancer** n bailarino/a
balloon [bə'luːn] n balão m
ballot ['bælət] n votação f; ~ **paper** n cédula eleitoral
ballpoint (pen) ['bɔːlpɔɪnt-] n (caneta) esferográfica
ballroom ['bɔːlrum] n salão m de baile
balm [bɑːm] n bálsamo
ban [bæn] n proibição f, interdição f; (suspension) exclusão f ♦ vt proibir, interditar; excluir
banana [bə'nɑːnə] n banana
band [bænd] n (group) orquestra; (MIL) banda; (strip) faixa, cinta; ~

together *vi* juntar-se, associar-se

bandage ['bændɪdʒ] *n* atadura (*BR*), ligadura (*PT*) ♦ *vt* enfaixar

bandaid ['bændeɪd] ® (*US*) *n* esparadrapo

bandwagon ['bændwægən] *n*: **to jump on the ~** (*fig*) entrar na roda, ir na onda

bandy ['bændɪ] *vt* trocar; **~-legged** *adj* cambaio, de pernas tortas

bang [bæŋ] *n* estalo; (*of door*) estrondo; (*of gun, exhaust*) explosão *f*; (*blow*) pancada ♦ *excl* bum!, bumba! ♦ *vt* (*one's head etc*) bater; (*door*) fechar com violência ♦ *vi* produzir estrondo; (*door*) bater; (*fireworks*) soltar

bangle ['bæŋgl] *n* bracelete *m*

bangs [bæŋz] (*US*) *npl* (*fringe*) franja

banish ['bænɪʃ] *vt* banir

banister(s) ['bænɪstə(z)] *n*(*pl*) corrimão *m*

bank [bæŋk] *n* banco; (*of river, lake*) margem *f*; (*of earth*) rampa, ladeira ♦ *vi* (*AVIAT*) ladear-se; **~ on** *vt fus* contar com, apostar em; **~ account** *n* conta bancária; **~ card** *n* cartão *m* de garantia de cheques; **~er** *n* banqueiro/a; **~er's card** (*BRIT*) *n* = **~ card**; **B~ holiday** (*BRIT*) *n* feriado nacional; **~ing** *n* transações *fpl* bancárias; **~note** *n* nota (bancária); **~ rate** *n* taxa bancária

bankrupt ['bæŋkrʌpt] *adj* falido, quebrado; **to go ~** falir; **~cy** *n* falência

bank statement *n* extrato bancário

banner ['bænə*] *n* faixa

banns [bænz] *npl* proclamas *fpl*

baptism ['bæptɪzəm] *n* batismo

bar [bɑ:*] *n* barra; (*rod*) vara; (*of window etc*) grade *f*; (*fig: hindrance*) obstáculo; (*prohibition*) impedimento; (*pub*) bar *m*; (*counter: in pub*) balcão *m* ♦ *vt* (*road*) obstruir; (*person*) excluir; (*activity*) proibir ♦ *prep*: **~ none** sem exceção; **behind ~s** (*prisoner*) atrás das grades; **the B~** (*LAW*) a advocacia

barbaric [bɑ:'bærɪk] *adj* bárbaro

barbecue ['bɑ:bɪkju:] *n* churrasco

barbed wire ['bɑ:bd-] *n* arame *m* farpado

barber ['bɑ:bə*] *n* barbeiro, cabeleireiro

bar code *n* código de barras

bare [bɛə*] *adj* despido; (*head*) descoberto; (*trees*) sem vegetação; (*minimum*) básico ♦ *vt* mostrar; **~back** *adv* em pêlo, sem arreios; **~faced** *adj* descarado; **~foot** *adj, adv* descalço; **~ly** *adv* apenas, mal

bargain ['bɑ:gɪn] *n* negócio; (*agreement*) acordo; (*good buy*) pechincha ♦ *vi* (*haggle*) regatear; (*negotiate*): **to ~ (with sb)** pechinchar (com alguém); **into the ~** ainda por cima; **~ for** *vt fus*: **he got more than he ~ed for** ele conseguiu mais do que pediu

barge [bɑ:dʒ] *n* barcaça; **~ in** *vi* irromper

bark [bɑ:k] *n* (*of tree*) casca; (*of dog*) latido ♦ *vi* latir

barley ['bɑ:lɪ] *n* cevada

barmaid ['bɑ:meɪd] *n* garçonete *f* (*BR*), empregada (de bar) (*PT*)

barman ['bɑ:mən] (*irreg*) *n* garçom *m* (*BR*), empregado (de bar) (*PT*)

barn [bɑ:n] *n* celeiro

barometer [bə'rɒmɪtə*] *n* barômetro

baron ['bærən] *n* barão *m*; (*of press, industry*) magnata *m*; **~ess** *n* baronesa

barracks ['bærəks] *npl* quartel *m*, caserna

barrage ['bærɑ:ʒ] *n* (*MIL*) fogo de barragem; (*dam*) barragem *f*; (*fig*): **a ~ of questions** uma saraivada de perguntas

barrel ['bærəl] *n* barril *m*; (*of gun*) cano

barren ['bærən] *adj* (*land*) árido

barricade [bærɪ'keɪd] *n* barricada

barrier ['bærɪə*] *n* barreira; (*fig: to progress etc*) obstáculo

barring ['bɑ:rɪŋ] *prep* exceto, salvo

barrister ['bærɪstə*] (*BRIT*) *n* advogado/a, causídico/a

barrow ['bærəu] n (wheel~) carrinho (de mão)

bartender ['bɑːtɛndə*] (US) n garçom m (BR), empregado (de bar) (PT)

barter ['bɑːtə*] vt: to ~ sth for sth trocar algo por algo

base [beɪs] n base f ♦ vt (opinion, belief): to ~ sth on basear or fundamentar algo em ♦ adj (thoughts) sujo; ~**ball** n beisebol m

basement ['beɪsmənt] n porão m

bases[1] ['beɪsɪz] npl of base

bases[2] ['beɪsiːz] npl of basis

bash [bæʃ] (inf) vt (with fist) dar soco or murro em; (with object) bater em

bashful ['bæʃful] adj tímido, envergonhado

basic ['beɪsɪk] adj básico; (facilities) mínimo; ~**ally** adv basicamente; (really) no fundo; ~**s** npl: the ~s o essencial

basil ['bæzl] n manjericão m

basin ['beɪsn] n (vessel, GEO) bacia; (also: **wash**~) pia

basis ['beɪsɪs] (pl bases) n base f; on a part-time ~ num esquema de meio-expediente; on a trial ~ em experiência

bask [bɑːsk] vi: to ~ in the sun tomar sol

basket ['bɑːskɪt] n cesto; (with handle) cesta; ~**ball** n basquete(bol) m

bass [beɪs] n (MUS) baixo

bassoon [bə'suːn] n fagote m

bastard ['bɑːstəd] n bastardo/a; (inf!) filho-da-puta m (!)

bat [bæt] n (ZOOL) morcego; (for ball games) bastão m; (BRIT: for table tennis) raquete f ♦ vt: he didn't ~ an eyelid ele nem pestanejou

batch [bætʃ] n (of bread) fornada; (of papers) monte m

bated ['beɪtɪd] adj: with ~ breath contendo a respiração

bath [bɑːθ] n (action) banho; (bathtub) banheira ♦ vt banhar; to have a ~ tomar banho (de banheira); see also **baths**

bathe [beɪð] vi banhar-se; (US: have a bath) tomar um banho ♦ vt (wound) lavar; ~**r** n banhista m/f; **bathing** n banho; **bathing cap** n touca de banho; **bathing costume** (US **bathing suit**) n (woman's) maiô m (BR), fato de banho (PT)

bathrobe ['bɑːθrəub] n roupão m de banho

bathroom ['bɑːθrum] n banheiro (BR), casa de banho (PT)

baths [bɑːðz] npl banhos mpl públicos

baton ['bætən] n (MUS) batuta; (ATHLETICS) bastão m; (truncheon) cassetete m

batter ['bætə*] vt espancar; (subj: wind, rain) castigar ♦ n massa (mole); ~**ed** adj (hat, pan) amassado, surrado

battery ['bætərɪ] n bateria; (of torch) pilha

battle ['bætl] n batalha; (fig) luta ♦ vi lutar; ~**field** n campo de batalha; ~**ship** n navio de guerra (BR), couraçado (PT)

bawdy ['bɔːdɪ] adj indecente; (joke) imoral

bawl [bɔːl] vi gritar; (child) berrar

bay [beɪ] n (GEO) baía; to hold sb at ~ manter alguém à distância; ~ **leaf** n louro; ~ **window** n janela saliente

bazaar [bə'zɑː*] n bazar m

B & B n abbr = bed and breakfast

BBC n abbr (= British Broadcasting Corporation) companhia britânica de rádio e televisão

B.C. adv abbr (= before Christ) a.C.

KEYWORD

be [biː] (pt was or were, pp been) aux vb **1** (with present participle: forming continuous tense) estar; what are you doing? o que você está fazendo (BR) or a fazer (PT)?; it is raining está chovendo (BR) or a chover (PT); I've been waiting for you for hours há horas que eu espero por você

2 (with pp: forming passives): to ~ killed ser morto; **the box had been opened** a caixa tinha sido aberta; **the thief was nowhere to** ~ **seen** ninguém viu o ladrão
3 (in tag questions): it was fun, wasn't it? foi divertido, não foi?; **she's back again, is she?** ela voltou novamente, é?
4 (+ to + infin): **the house is to** ~ sold a casa está à venda; **you're to** ~ **congratulated for all your work** você devia ser cumprimentado pelo seu trabalho; **he's not to open it** ele não pode abrir isso
♦ vb + complement **1** (gen): **I'm English** sou inglês; **I'm tired** estou cansado; **2 and 2 are 4** dois e dois são quatro; ~ **careful!** tome cuidado!; ~ **quiet!** fique quieto!, fique calado!; ~ **good!** seja bonzinho!
2 (of health) estar; **how are you?** como está?
3 (of age): **how old are you?** quantos anos você tem?; **I'm twenty (years old)** tenho vinte anos
4 (cost) ser; **how much was the meal?** quanto foi a refeição?; **that'll** ~ **£5.75, please** são £5.75, por favor
♦ vi **1** (exist, occur etc) existir, haver; **the best singer that ever was** o maior cantor de todos os tempos; **is there a God?** Deus existe?; ~ **that as it may** ... de qualquer forma ...; **so** ~ **it** que seja assim
2 (referring to place) estar; **I won't** ~ **here tomorrow** eu não estarei aqui amanhã; **Edinburgh is in Scotland** Edinburgo é or fica na Escócia
3 (referring to movement) ir; **where have you been?** onde você foi?; **I've been in the garden** estava no quintal
♦ impers vb **1** (referring to time) ser; **it's 8 o'clock** são 8 horas; **it's the 28th of April** é 28 de abril
2 (referring to distance) ficar; **it's 10 km to the village** fica a 10 km do lugarejo

3 (referring to the weather) estar; **it's too hot/cold** está quente/frio demais
4 (emphatic): **it's only me** sou eu!; **it was Maria who paid the bill** foi Maria quem pagou a conta

beach [biːtʃ] n praia ♦ vt puxar para a terra or praia, encalhar
beacon [ˈbiːkən] n (lighthouse) farol m; (marker) baliza
bead [biːd] n (of necklace) conta; (of sweat) gota
beak [biːk] n bico
beaker [ˈbiːkəʳ] n copo com tiras
beam [biːm] n (ARCH) viga; (of light) raio ♦ vi (smile) sorrir
bean [biːn] n feijão m; (of coffee) grão m; **runner/broad** ~ vagem f/ fava
beansprouts [ˈbiːnsprauts] npl brotos mpl de feijão
bear [bɛəʳ] (pt **bore**, pp **borne**) n urso ♦ vt (carry, support) arcar com; (tolerate) suportar ♦ vi: **to** ~ **right/left** virar à direita/à esquerda; ~ **out** vt (theory, suspicion) confirmar, corroborar; ~ **up** vi agüentar, resistir
beard [biəd] n barba; ~ed adj barbado, barbudo
bearer [ˈbɛərəʳ] n portador(a) m/f; (of title) detentor(a) m/f
bearing [ˈbɛərɪŋ] n porte m, comportamento; (connection) relação f; ~s npl (also: **ball** ~s) rolimã m; **to take a** ~ fazer marcação
beast [biːst] n bicho; (inf) fera; ~ly adj horrível
beat [biːt] (pt **beat**, pp **beaten**) n (of heart) batida; (MUS) ritmo, compasso; (of policeman) ronda ♦ vt (hit) bater em; (eggs) bater; (defeat) vencer, derrotar ♦ vi (heart) bater; **to** ~ **it** (inf) cair fora; **off the** ~ **en track** fora de mão; ~ **off** vt repelir; ~ **up** vt (inf: person) espancar; (eggs) bater; ~**ing** [biːt] n (thrashing) surra
beautiful [ˈbjuːtɪful] adj belo, lindo,

formoso; **~ly** adv admiravelmente

beauty ['bju:tɪ] n beleza; (person) beldade f, beleza; **~ salon** n salão m de beleza; **~ spot** (BRIT) n (TOURISM) lugar m de beleza excepcional

beaver ['bi:vəʳ] n castor m

became [bɪ'keɪm] pt of **become**

because [bɪ'kɒz] conj porque; **~ of** por causa de

beck [bek] n: **to be at sb's ~** and call estar às ordens de alguém

beckon ['bekən] vt (also: **~ to**) chamar com sinais, acenar para

become [bɪ'kʌm] vi (irreg: like come) vi (+ n) virar, fazer-se, tornar-se; (+ adj) tornar-se, ficar; **becoming** adj (behaviour) decoroso; (clothes) favorecedor(a), elegante

BEd n abbr (= Bachelor of Education) habilitação ao magistério

bed [bed] n cama; (of flowers) canteiro; (of coal, clay) camada, base f; (of sea, lake) fundo; (of river) leito; **to go to ~** ir dormir, deitar(-se); **~ and breakfast** n (place) pensão f; (terms) cama e café da manhã (BR) or pequeno almoço (PT); **~clothes** npl roupa de cama; **~ding** n roupa de cama

bedlam ['bedləm] n confusão f

bedraggled [bɪ'drægld] adj molhado, ensopado

bed: **~ridden** adj acamado; **~room** n quarto, dormitório; **~side** n: at sb's **~side** à cabeceira de alguém; **~sit(ter)** (BRIT) n conjugado; **~spread** n colcha; **~time** n hora de ir para cama

bee [bi:] n abelha

beech [bi:tʃ] n faia

beef [bi:f] n carne f de vaca; **roast ~** rosbife m; **~burger** n hambúrguer m; **~eater** n alabardeiro (da guarda da Torre de Londres)

beehive ['bi:haɪv] n colméia

beeline ['bi:laɪn] n: **to make a ~** for ir direto a

been [bi:n] pp of **be**

beer [bɪəʳ] n cerveja

beet [bi:t] n (US) beterraba

beetle ['bi:tl] n besouro

beetroot ['bi:tru:t] (BRIT) n beterraba

before [bɪ'fɔ:ʳ] prep (of time) antes de; (of space) diante de ♦ conj antes que ♦ adv antes, anteriormente; à frente, na dianteira; **~ going** antes de sair; **the week ~** a semana anterior; **I've never seen it ~** nunca vi isso antes; **~hand** adv antes

beg [beg] vi mendigar, pedir esmola ♦ vt (also: **~ for**) mendigar; **to ~ sb to do sth** implorar a alguém para fazer algo; see also **pardon**

began [bɪ'gæn] pt of **begin**

beggar ['begəʳ] n mendigo/a

begin [bɪ'gɪn] (pt began, pp begun) vt, vi começar, iniciar; **to ~ doing** or **to do sth** começar a fazer algo; **~ner** n principiante m/f; **~ning** n início, começo

begun [bɪ'gʌn] pp of **begin**

behalf [bɪ'hɑ:f] n: **on** or **in** (US) **~ of** (as representative of) em nome de; (for benefit of) no interesse de

behave [bɪ'heɪv] vi comportar-se; (well: also: **~ o.s.**) comportar-se (bem); **behaviour** (US **behavior**) n comportamento

behead [bɪ'hed] vt decapitar, degolar

beheld [bɪ'held] pt, pp of **behold**

behind [bɪ'haɪnd] prep atrás de ♦ adv atrás; (move) para trás ♦ n traseiro; **to be ~ (schedule) with sth** estar atrasado or com atraso em algo; **~ the scenes** nos bastidores

behold [bɪ'həʊld] (irreg) vt contemplar

beige [beɪʒ] adj bege

Beijing [beɪ'ʒɪŋ] m Pequim

being ['bi:ɪŋ] n (state) existência; (entity) ser m

belated [bɪ'leɪtɪd] adj atrasado

belch [beltʃ] vi arrotar ♦ vt (also: **~ out**: smoke etc) vomitar

belfry ['belfrɪ] n campanário

Belgian ['beldʒən] adj, n belga m/f

Belgium ['beldʒəm] n Bélgica

belie [bɪ'laɪ] vt (give false impression

of) esconder; *(disprove)* desmentir

belief [bɪ'liːf] *n (opinion)* opinião *f*; *(trust, faith)* fé *f*

believe [bɪ'liːv] *vt*: to ~ sth/sb acreditar algo/em alguém ♦ *vi*: to ~ **in** *(God)* crer em; *(method, person)* acreditar em; ~r *n (REL)* crente *m/ f*, fiel *m/f*; *(in idea)* partidário/a

belittle [bɪ'lɪtl] *vt* diminuir, depreciar

Belize [bɛ'liːz] *n* Belize *m (no article)*

bell [bɛl] *n* sino; *(small, door~)* campainha

belligerent [bɪ'lɪdʒərənt] *adj* agressivo

bellow ['bɛləʊ] *vi* mugir; *(person)* bramar

bellows ['bɛləʊz] *npl* fole *m*

belly ['bɛlɪ] *n* barriga, ventre *m*

belong [bɪ'lɒŋ] *vi*: to ~ **to** pertencer a; *(club etc)* ser sócio de; the book ~s **here** o livro fica guardado aqui; ~ings *npl* pertences *mpl*

beloved [bɪ'lʌvɪd] *adj* querido, amado

below [bɪ'ləʊ] *prep (beneath)* embaixo de; *(less than)* abaixo de ♦ *adv* em baixo; see ~ ver abaixo

belt [bɛlt] *n* cinto; *(of land)* faixa; *(TECH)* correia ♦ *vt (thrash)* surrar; ~**way** *(US) n* via circular

bemused [bɪ'mjuːzd] *adj* bestificado, estupidificado

bench [bɛntʃ] *n* banco; *(work ~)* bancada (de carpinteiro); *(BRIT: POL)* assento no Parlamento; the B~ *(LAW: judge)* o magistrado; *(: judges)* os magistrados, o corpo de magistrados

bend [bɛnd] *(pt, pp bent) vt (leg, arm)* dobrar; *(pipe)* curvar ♦ *vi* dobrar-se, inclinar-se ♦ *n* curva; *(in pipe)* curvatura; ~ **down** *vi* abaixar-se; ~ **over** *vi* debruçar-se

beneath [bɪ'niːθ] *prep* abaixo de; *(unworthy of)* indigno de ♦ *adv* em baixo

benefactor ['bɛnɪfæktə*] *n* benfeitor(a) *m/f*

beneficial [bɛnɪ'fɪʃəl] *adj*: ~ **(to)**

benéfico (a)

benefit ['bɛnɪfɪt] *n* benefício, vantagem *f*; *(money)* subsídio, auxílio ♦ *vt* beneficiar ♦ *vi*: to ~ **from** sth beneficiar-se de algo

benevolent [bɪ'nɛvələnt] *adj* benévolo

benign [bɪ'naɪn] *adj (person, smile)* afável, bondoso; *(MED)* benigno

bent [bɛnt] *pt, pp of* bend ♦ *n* inclinação *f* ♦ *adj*: to be ~ **on** estar empenhado em

bequest [bɪ'kwɛst] *n* legado

bereaved [bɪ'riːvd] *npl*: the ~ os enlutados

beret ['bɛreɪ] *n* boina

Berlin [bɜː'lɪn] *n* Berlim

berm [bɜːm] *(US) n* acostamento *(BR)*, berma *(PT)*

berry ['bɛrɪ] *n* baga

berserk [bə'sɜːk] *adj*: to go ~ perder as estribeiras

berth [bɜːθ] *n (bed)* beliche *m; (cabin)* cabine *f; (on train)* leito; *(for ship)* ancoradouro ♦ *vi (in harbour)* atracar, encostar-se; *(at anchor)* ancorar

beseech [bɪ'siːtʃ] *(pt, pp besought)* *vt* suplicar, implorar

beset [bɪ'sɛt] *(pt, pp beset) vt* acossar

beside [bɪ'saɪd] *prep (next to)* junto de, ao lado de, ao pé de; to be ~ **o.s.** **(with anger)** estar fora de si; that's ~ **the point** isso não tem nada a ver

besides [bɪ'saɪdz] *adv* além disso; *(in any case)* de qualquer jeito ♦ *prep (as well as)* além de

besiege [bɪ'siːdʒ] *vt (town)* sitiar, pôr cerco a; *(fig)* assediar

besought [bɪ'sɔːt] *pt, pp of* beseech

best [bɛst] *adj* melhor ♦ *adv* o melhor; the ~ **part of** *(quantity)* a maior parte de; at ~ na melhor das hipóteses; to make the ~ **of** sth tirar o maior partido possível de algo; to do one's ~ fazer o possível; to the ~ **of my knowledge** que eu saiba; to the ~ **of my ability** o melhor que eu puder; ~ **man** n padrinho de casamento

bestow [bɪ'stəu] vt: to ~ sth on sb outorgar algo a alguém

bet [bet] (pt, pp **bet** or ~ted) n aposta ♦ vt, vi apostar

betray [bɪ'treɪ] vt trair; (denounce) delatar; ~**al** n traição f

better ['betə*] adj, adv melhor ♦ vt melhorar; (go above) superar ♦ n: to get the ~ of vencer; you had ~ do it é melhor você fazer isso; he thought ~ of it pensou melhor, mudou de opinião; to get ~ melhorar; ~ off adj mais rico; (fig): you'd be ~ off this way seria melhor para você assim

betting ['betɪŋ] n jogo; ~ **shop** (BRIT) n agência de apostas

between [bɪ'twi:n] prep no meio de, entre ♦ adv no meio

beverage ['bevərɪdʒ] n bebida

beware [bɪ'weə*] vi: to ~ (of) precaver-se (de), ter cuidado (com); "~ of the dog" "cuidado com o cachorro"

bewildered [bɪ'wɪldəd] adj atordeado; (confused) confuso

bewitching [bɪ'wɪtʃɪŋ] adj encantador(a), sedutor(a)

beyond [bɪ'jɒnd] prep (in space) além de; (exceeding) acima de, fora de; (date) mais tarde que; (above) acima de ♦ adv além; (in time) mais longe, mais adiante; ~ **doubt** fora de qualquer dúvida; to be ~ repair não ter conserto

bias ['baɪəs] n (prejudice) preconceito; ~**(s)ed** adj parcial

bib [bɪb] n babadouro, babador m

Bible ['baɪbl] n Bíblia

bicarbonate of soda [baɪ'kɑ:bənɪt-] n bicarbonato de sódio

bicker ['bɪkə*] vi brigar

bicycle ['baɪsɪkl] n bicicleta

bid [bɪd] (pt **bade** or **bid**, pp **bidden** or **bid**) n oferta; (at auction) lance m; (attempt) tentativa ♦ vi fazer lance ♦ vt oferecer; to ~ sb good day dar bom dia a alguém; ~**der** n:

the highest ~**der** quem oferece mais; ~**ding** n (at auction) lances mpl

bide [baɪd] vt: to ~ one's time esperar o momento adequado

bifocals [baɪ'fəuklz] npl óculos mpl bifocais

big [bɪg] adj grande; (bulky) volumoso; ~ **brother/sister** irmão/irmã mais velho/a

big dipper [-'dɪpə*] n montanha-russa

bigheaded [bɪg'hedɪd] adj convencido

bigot ['bɪgət] n fanático/a, intolerante m/f

big top n tenda de circo

bike [baɪk] n bicicleta

bikini [bɪ'ki:nɪ] n biquíni m

bilingual [baɪ'lɪŋgwəl] adj bilíngüe

bill [bɪl] n conta; (invoice) fatura; (POL) projeto de lei; (US: banknote) bilhete m, nota; (in restaurant) conta, notinha; (of bird) bico; (THEATRE) cartaz m; to fit or fill the ~ (fig) servir; ~**board** n quadro para cartazes

billet ['bɪlɪt] n alojamento

billfold ['bɪlfəuld] (US) n carteira

billiards ['bɪljədz] n bilhar m

billion ['bɪljən] n (BRIT) trilhão m; (US) bilhão m

bin [bɪn] n caixa; (BRIT: for rubbish) lata de lixo

bind [baɪnd] (pt, pp **bound**) vt atar, amarrar; (oblige) obrigar; (book) encadernar ♦ n (inf) saco; (nuisance) chatice f; ~**ing** adj (contract) sujeitante

binge [bɪndʒ] (inf) n: to go on a ~ tomar uma bebedeira

bingo ['bɪŋgəu] n bingo

binoculars [bɪ'nɒkjuləz] npl binóculo

bio... [baɪəu] prefix bio...; ~**chemistry** n bioquímica; ~**graphy** n biografia; ~**logy** n biologia

birch [bə:tʃ] n bétula

bird [bə:d] n ave f, pássaro m; (BRIT: inf: girl) gatinha; ~'s-eye view n vista aérea; (overview) vista geral;

~-watcher n ornitófilo/a

Biro ['baɪərəʊ] ® n (caneta) esferográfica

birth [bɜːθ] n nascimento; **to give** ~ to dar à luz, parir; ~ **control** n controle m de natalidade; (methods) métodos mpl anticoncepcionais; *see also* **day** n aniversário (BR), dia m de anos (PT) ♦ cpd de aniversário; **see also happy;** ~ **rate** n (índice m de) natalidade f

biscuit ['bɪskɪt] n (BRIT) bolacha, biscoito; (US) pão m doce

bisect [baɪˈsɛkt] vt dividir ao meio

bishop ['bɪʃəp] n bispo; (CHESS) peça de jogo de xadrez

bit [bɪt] pt of **bite** ♦ n pedaço, bocado; (of horse) freio; (COMPUT) bit m; **a** ~ **of** (a little) um pouco de; ~ **by** ~ pouco a pouco

bitch [bɪtʃ] n (dog) cadela, cachorra; (inf!) cadela (!), vagabunda (!)

bite [baɪt] (pt **bit**, pp **bitten**) vt, vi morder; (insect etc) picar ♦ n (of insect ~) picada; (mouthful) bocado; **to** ~ **one's nails** roer as unhas; **let's have a ~ (to eat)** (inf) vamos fazer uma boquinha; **bitten** pp of **bite**

bitter ['bɪtə*] adj amargo; (wind, criticism) cortante, penetrante; (weather) horrível ♦ n (BRIT: beer) cerveja amarga; ~**ness** n amargor m; (anger) rancor m

blab [blæb] vi dar ou bater com a língua nos dentes

black [blæk] adj preto; (humour) negro ♦ n (colour) cor f preta; (person) B~ negro/a, preto/a ♦ vt (BRIT: INDUSTRY) boicotar; **to give sb a** ~ **eye** esmurrar alguém e deixá-lo de olho roxo; ~ **and blue** adj contuso, contundido; **to be in the** ~ (in credit) estar com saldo credor; ~**berry** n amora silvestre; ~**bird** n melro; ~**board** n quadro(-negro); ~ **coffee** n café m preto, bica (PT); ~**currant** n groselha negra; ~**en** vt (fig) denegrir; ~**leg** n (BRIT) fura-greve m/f; ~**list** n lista negra; ~**mail**

n chantagem f ♦ vt fazer chantagem a; ~ **market** n mercado or câmbio negro; ~**out** n blecaute m; (fainting) desmaio; (of radio signal) desvanecimento; B~ **Sea** n: **the** B~ **Sea** o mar Negro; ~ **sheep** n (fig) ovelha negra; ~**smith** n ferreiro; ~ **spot** n (AUT) lugar m perigoso

bladder ['blædə*] n bexiga

blade [bleɪd] n lâmina; (of oar) pá f; **a** ~ **of grass** uma folha de relva

blame [bleɪm] n culpa ♦ vt: **to** ~ **sb for sth** culpar alguém por algo; **to be to** ~ ser a culpa; ~**less** adj inocente

bland [blænd] adj (taste) brando

blank [blæŋk] adj em branco; (look) sem expressão ♦ n (of memory): **to go** ~ dar um branco; (on form) espaço em branco; (cartridge) bala de festim; ~ **cheque** (US ~ **check**) n cheque m em branco

blanket ['blæŋkɪt] n cobertor m

blare [blɛə*] vi (horn, radio) clangorar

blast [blɑːst] n (of wind) rajada; (of explosive) explosão f ♦ vt fazer voar; ~**-off** n (SPACE) lançamento

blatant ['bleɪtənt] adj descarado

blaze [bleɪz] n (fire) fogo; (in building etc) incêndio; (fig: of colour) esplendor m; (: of glory, publicity) explosão f ♦ vi (fire) arder; (guns) descarregar; (eyes) brilhar ♦ vt: **to** ~ **a trail** (fig) abrir (um) caminho

blazer ['bleɪzə*] n casaco esportivo, blazer m

bleach [bliːtʃ] n (also: **household** ~) água sanitária ♦ vt (linen) branquear; ~**ed** adj (hair) oxigenado; ~**ers** (US) npl (SPORT) arquibancada descoberta

bleak [bliːk] adj (countryside) desolado; (prospect) desanimador(a), sombrio; (weather) ruim

bleary-eyed ['blɪərɪaɪd] adj de olhos injetados

bleat [bliːt] vi balir

bled [blɛd] pt, pp of **bleed**

bleed [bliːd] (pt, pp **bled**) vi sangrar

bleeper ['bli:pə⁺] n (of doctor) bip m

blemish ['blemɪʃ] n mancha; (on reputation) mácula

blend [blend] n mistura ♦ vt misturar ♦ vi (colours etc: also: ~ **in**) combinar-se, misturar-se

bless [bles] (pt, pp ~ed or blest) vt abençoar; ~ **you!** (after sneeze) saúde!; ~**ing** n bênção f; (godsend) graça, dádiva; (approval) aprovação f

blew [blu:] pt of **blow**

blight [blaɪt] vt frustrar, gorar

blimey ['blaɪmɪ] (BRIT: inf) excl nossa!

blind [blaɪnd] adj cego ♦ n (for window) persiana; (: also: **Venetian** ~) veneziana ♦ vt cegar; (dazzle) deslumbrar; **the** ~ npl (~ people) os cegos; ~ **alley** n beco-sem-saída m; ~ **corner** (BRIT) n curva sem visibilidade; ~**fold** n venda ♦ adj, adv com os olhos vendados, às cegas ♦ vt vendar os olhos a; ~**ly** adv às cegas; (without thinking) cegamente; ~**ness** n cegueira; ~ **spot** n (AUT) local m pouco visível; (fig) ponto fraco

blink [blɪŋk] vi piscar; ~**ers** npl antolhos mpl

bliss [blɪs] n felicidade f

blister ['blɪstə⁺] n (on skin) bolha; (in paint, rubber) empola ♦ vi empolar-se

blithely ['blaɪðlɪ] adv tranqüilamente

blitz [blɪts] n bombardeio aéreo

blizzard ['blɪzəd] n nevasca

bloated ['bləutɪd] adj (swollen) inchado; (full) empanturrado

blob [blɔb] n (drop) gota; (indistinct shape) ponto

bloc [blɔk] n (POL) bloco

block [blɔk] n (of wood) bloco; (of stone) laje f; (in pipes) entupimento; (of buildings) quarteirão m ♦ vt obstruir, bloquear; (progress) impedir; ~ **of flats** (BRIT) prédio de apartamentos); **mental** ~ bloqueio; ~**age** n obstrução f; ~**buster** n grande sucesso; ~ **letters** npl letras fpl maiúsculas

bloke [bləuk] (BRIT: inf) n cara m (BR), gajo (PT)

blond(e) [blɔnd] adj, n louro/a

blood [blʌd] n sangue m; ~ **donor** n doador(a) m/f de sangue; ~ **group** n grupo sangüíneo; ~**hound** n sabujo; ~ **poisoning** n toxemia; ~ **pressure** n pressão f arterial or sangüínea; ~**shed** n matança, carnificina; ~**shot** adj (eyes) injetado; ~**stream** n corrente f sangüínea; ~ **test** n exame m de sangue; ~**thirsty** adj sangüinário; ~ **vessel** n vaso sangüíneo; ~**y** adj sangrento; (nose) ensangüentado; (BRIT: inf!): **this** ~**y** ... essa droga de ..., esse maldito ...; ~**y strong/good** forte/bom pra burro; ~**y-minded** (BRIT: inf) adj espírito de porco inv

bloom [blu:m] n flor f ♦ vi florescer

blossom ['blɔsəm] n flor f ♦ vi florescer; (fig): **to** ~ **into** (fig) tornar-se

blot [blɔt] n borrão m; (fig) mancha ♦ vt borrar; ~ **out** vt (view) tapar; (memory) apagar

blotchy ['blɔtʃɪ] adj (complexion) cheio de manchas

blotting paper ['blɔtɪŋ-] n mata-borrão m

blouse [blauz] n blusa

blow [bləu] (pt blew, pp blown) n golpe m; (punch) soco ♦ vi soprar ♦ vt (subj: wind) soprar; (instrument) tocar; (fuse) queimar; **to** ~ **one's nose** assoar o nariz; ~ **away** vt levar, arrancar ♦ vi ser levado pelo vento; ~ **down** vt derrubar; ~ **off** vt levar; ~ **out** vi (candle) apagar; ~ **over** vi (storm, crisis) passar; ~ **up** vi explodir ♦ vt explodir; (tyre) encher; (PHOT) ampliar; ~**dry** n escova; ~**lamp** (BRIT) n maçarico; ~**n** pp of **blow**; ~**out** n (of tyre) furo; ~**torch** n = ~**lamp**

blue [blu:] adj azul; (depressed) deprimido; ~**s** n (MUS): **the** ~**s** o blues; ~ **film/joke** filme/anedota picante; **out of the** ~ (fig) de estalo, inesperadamente; ~**bell** n campai-

nha; ~**bottle** n varejeira azul;
~**print** n (fig): ~ **print** (for) esquema m (de)

bluff [blʌf] vi blefar ♦ n blefe m; **to call sb's** ~ pagar para ver alguém

blunder ['blʌndə*] n gafe f ♦ vi cometer or fazer uma gafe

blunt [blʌnt] adj (knife) cego; (pencil) rombudo; (person) franco, direto

blur [blə:*] n borrão m ♦ vt (vision) embaçar; (distinction) reduzir, diminuir

blurb [blə:b] n dizeres mpl de propaganda

blurt out [blə:t-] vt (say) balbuciar

blush [blʌʃ] vi corar, ruborizar-se ♦ n rubor m, vermelhidão f

blustering ['blʌstərɪŋ] adj (person) fanfarrão/rona

blustery ['blʌstərɪ] adj (weather) borrascoso, tormentoso

boar [bɔ:*] n javali m

board [bɔ:d] n tábua; (card~) quadro; (notice ~) quadro de avisos; (for chess etc) tabuleiro; (committee) junta, conselho; (in firm) diretoria, conselho administrativo; (NAUT, AVIAT): **on** ~ a bordo ♦ vt embarcar em; **full** ~ (BRIT) pensão f completa; **half** ~ (BRIT) meia-pensão f; ~ **and lodging** casa e comida; **to go by the** ~ ficar abandonado, dançar (inf); ~ **up** vt entabuar; ~**er** n interno/a; ~**ing card** n = ~**ing pass**; ~**ing house** n pensão m; ~**ing pass** (BRIT) n cartão m de embarque; ~**ing school** n internato; ~ **room** n sala da diretoria

boast [bəust] vi: **to** ~ (**about** or **of**) gabar-se (de), jactar-se (de)

boat [bəut] n (small) bote m; (big) navio; ~**er** n (hat) chapéu m de palha; ~**swain** n contramestre m

bob [bɔb] vi balouçar-se; ~ **up** vi aparecer, surgir

bobby ['bɔbɪ] (BRIT: inf) n policial m/f (BR), polícia m (PT)

bobsleigh ['bɔbsleɪ] n bob m, trenó m duplo

bode [bəud] vi: **to** ~ **well/ill** (for)

ser de bom/mau agouro (para)

bodily ['bɔdɪlɪ] adj corporal; (needs) material ♦ adv (lift) em peso

body ['bɔdɪ] n corpo; (corpse) cadáver m; (of car) carroceria; (fig: group) grupo; (: organization) organização f; (quantity) conjunto; (of wine) corpo; ~**building** n musculação f; ~**guard** n guarda-costas m inv; ~**work** n lataria

bog [bɔg] n pântano, atoleiro ♦ vt: **to get** ~**ged down** (fig) atolar-se

boggle ['bɔgl] vi: **the mind** ~**s** (wonder) não dá para imaginar; (innuendo) nem quero pensar

bogus ['bəugəs] adj falso

boil [bɔɪl] vt ferver; (CULIN) cozer, cozinhar ♦ vi ferver ♦ n (MED) furúnculo; **to come to the** (BRIT) or **a** (US) ~ começar a ferver; ~ **down to** vt fus (fig) reduzir-se a; ~ **over** vi transbordar; ~**ed egg** n ovo cozido; ~**ed potatoes** npl batatas fpl cozidas; ~**er** n caldeira; (for central heating) boiler m; ~**er suit** (BRIT) n macação m (BR), fato macaco (PT); ~**ing point** n ponto de ebulição

boisterous ['bɔɪstərəs] adj (noisy) barulhento; (excitable) agitado; (crowd) turbulento

bold [bəuld] adj corajoso; (pej) atrevido, insolente; (outline, colour) forte

Bolivia [bə'lɪvɪə] n Bolívia

bollard ['bɔləd] (BRIT) n (AUT) poste m de sinalização

bolster ['bəulstə*] n travesseiro; ~ **up** vt sustentar

bolt [bəult] n (lock) trinco, ferrolho; (with nut) parafuso, cavilha ♦ adv: ~ **upright** direito como um fuso ♦ vt (door) fechar a ferrolho, trancar; (food) engolir às pressas ♦ vi fugir; (horse) disparar

bomb [bɔm] n bomba ♦ vt bombardear

bomber ['bɔmə*] n (AVIAT) bombardeiro

bombshell ['bɔmʃel] n (fig) bomba

bona fide ['bəunə'faɪdɪ] adj genuíno, autêntico

bond [bɔnd] n (binding promise) compromisso; (link) vínculo, laço; (FINANCE) obrigação f; (COMM): **in ~** (goods) retido sob caução na alfândega; **~age** n escravidão f

bone [bəun] n osso; (of fish) espinha ♦ vt desossar; tirar as espinhas de; ~ **idle** adj preguiçoso

bonfire ['bɔnfaɪə*] n fogueira

bonnet ['bɔnɪt] n toucado; (BRIT: of car) capô m

bonus ['bəunəs] n (payment) bônus m; (fig) gratificação f

bony ['bəunɪ] adj ossudo; (meat) cheio de ossos; (fish) cheio de espinhas

boo [bu:] vt vaiar ♦ excl ruuh!, bu!

booby trap ['bu:bɪ-] n armadilha explosiva

book [buk] n livro; (of stamps, tickets) talão m ♦ vt reservar; (driver) autuar; (football player) mostrar o cartão amarelo a; **~s** npl (COMM) contas fpl, contabilidade f; ~**case** n estante f (para livros); ~**ing office** n (BRIT) (RAIL, THEATRE) bilheteria (BR), bilheteira (PT); ~**keeping** n escrituração f, contabilidade f; ~**let** n livrinho, brochura; ~**maker** n book(maker) m (BR), agenciador m de apostas (PT); ~**seller** n livreiro/a; ~**shop**, ~**store** n livraria

boom [bu:m] n (noise) barulho, estrondo; (in sales) aumento rápido ♦ vi retumbar; (business) tomar surto

boon [bu:n] n dádiva, benefício

boost [bu:st] n estímulo ♦ vt estimular; ~**er** n (MED) revacinação f; ~**er cushion** n (AUT) almofada para crianças

boot [bu:t] n bota; (for football) chuteira; (BRIT: of car) porta-malas m (BR), porta-bagagem m (PT) ♦ vt (COMPUT) dar carga em; **to ~ ...** (in addition) ainda por cima ...

booth [bu:ð] n (at fair) barraca; (telephone, voting ~) cabine f

booty ['bu:tɪ] n despojos mpl, pilhagem f

booze [bu:z] (inf) n bebida alcoólica

border ['bɔ:də*] n margem f; (for flowers) borda; (of a country) fronteira; (on cloth etc) debrum m, remate m ♦ vt (also: ~ **on**) limitar-se com; ~ **on** vt fus (fig) chegar às raias de; ~**line** n fronteira; ~**line case** n caso-limite m; **B~s** n: the **B~s** a região fronteiriça entre a Escócia e a Inglaterra

bore [bɔ:*] pt of **bear** ♦ vt (hole) abrir; (well) cavar; (person) aborrecer ♦ n (person) chato/a, maçante m/f; (of gun) calibre m; **to be ~d** estar entediado; ~**dom** n tédio, aborrecimento; **boring** adj chato, maçante

born [bɔ:n] adj: **to be ~** nascer

borne [bɔ:n] pp of **bear**

borough ['bʌrə] n município

borrow ['bɔrəu] vt: **to ~ sth (from sb)** pedir algo emprestado a alguém

Bosnia (and) Herzegovina ['bɔznɪə hɜːtsəɡəu'viːnə] n Bósnia e Herzegovina

bosom ['buzəm] n peito; ~ **friend** n amigo/a íntimo/a or do peito

boss [bɔs] n (employer) patrão/troa m/f ♦ vt (also: ~ **about**; ~ **around**) mandar em; ~**y** adj mandão/dona

bosun ['bəusn] n contramestre m

botany ['bɔtənɪ] n botânica

botch [bɔtʃ] vt (also: ~ **up**) estropiar, atamancar

both [bəuθ] adj, pron ambos/as, os dois/as duas ♦ adv: ~ **A and B** tanto A como B; ~ **of us went, we ~ went** nós dois fomos, ambos fomos

bother ['bɔðə*] vt (worry) preocupar; (disturb) atrapalhar ♦ vi (also: ~ **o.s.**) preocupar-se ♦ n preocupação f; (nuisance) amolação f, inconveniente m

bottle ['bɔtl] n garrafa; (of perfume, medicine) frasco; (baby's) mamadeira (BR), biberão m (PT) ♦ vt engarrafar; ~ **up** vt conter, refrear; ~**neck** n (traffic) engarrafamento; (fig) obstáculo, problema m; ~**opener** n abridor m (de garrafas) (BR), abre-garrafas m inv (PT)

bottom ['bɒtəm] n fundo; (buttocks) traseiro; (of page, list) pé m; (of class) nível m mais baixo ♦ adj (low) inferior, mais baixo; (last) último; **~less** adj (funds) ilimitado

bough [bau] n ramo

bought [bɔːt] pt, pp of **buy**

boulder ['bəuldə*] n pedregulho, matacão m

bounce [bauns] vi saltar, quicar; (cheque) ser devolvido ♦ vt fazer saltar ♦ n (rebound) salto; **~r** (inf) n leão-de-chácara m

bound [baund] pt, pp of **bind** ♦ n (leap) pulo, salto; (gen pl: limit) limite m ♦ vi (leap) pular, saltar ♦ vt (border) demarcar ♦ adj: ~ by sth (obliged) ter a obrigação de fazer algo; (likely) na certa ir fazer algo; ~ for com destino a

boundary ['baundri] n limite m, fronteira

boundless ['baundlɪs] adj ilimitado

bouquet ['bukeɪ] n (of flowers) buquê m, ramalhete m

bourgeois ['buəʒwɑː] adj burguês/guesa

bout [baut] n (of malaria etc) ataque m; (of activity) explosão f; (BOXING etc) combate m

bow¹ [bəu] n (knot) laço; (weapon, MUS) arco

bow² [bau] n (of the body) reverência; (of the head) inclinação f; (NAUT: also: ~s) proa ♦ vi curvar-se, fazer uma reverência; (yield): to ~ to or before ceder ante, submeter-se a

bowels ['bauəlz] npl intestinos mpl, tripas fpl; (fig) entranhas fpl

bowl [bəul] n tigela; (ball) bola ♦ vi (CRICKET) arremessar a bola

bow-legged ['bəu'legɪd] adj cambaio, de pernas tortas

bowler ['bəulə*] n (CRICKET) lançador m (da bola); (BRIT: also: ~ hat) chapéu-coco m

bowling ['bəulɪŋ] n (game) boliche m; ~ **alley** n boliche m; ~ **green** n gramado (BR) or relvado (PT) para jogo de bolas

bowls [bəulz] n jogo de bolas

bow tie ['bəu-] n gravata-borboleta

box [bɒks] n caixa; (THEATRE) camarote m ♦ vt encaixotar; (SPORT) boxear contra ♦ vi (SPORT) boxear; **~er** n (person) boxeador m, pugilista m; **~ing** n (SPORT) boxe m, pugilismo; **B~ing Day** (BRIT) n Dia de Santo Estêvão (26 de dezembro); **~ing ring** n ringue m de boxe; **~ office** n bilheteria (BR), bilheteira (PT); **~room** n quarto pequeno

boy [bɔɪ] n (young) menino, garoto; (older) moço, rapaz m; (son) filho

boycott ['bɔɪkɒt] n boicote m, boicotagem f ♦ vt boicotar

boyfriend ['bɔɪfrɛnd] n namorado

boyish ['bɔɪʃ] adj (man) jovial; (looks) pueril; (woman) com ares de menino

BR abbr = **British Rail**

bra [brɑː] n sutiã m (BR), soutien m (PT)

brace [breɪs] n (on teeth) aparelho; (tool) arco de pua ♦ vt retesar; **~s** npl (BRIT) suspensórios mpl; to ~ o.s. (also fig) preparar-se

bracelet ['breɪslɪt] n pulseira

bracing ['breɪsɪŋ] adj tonificante

bracken ['brækən] n samambaia (BR), feto (PT)

bracket ['brækɪt] n (TECH) suporte m; (group) classe f, categoria; (range) faixa, parêntese m ♦ vt pôr entre parênteses; (fig) agrupar

brag [bræg] vi gabar-se, contar vantagem

braid [breɪd] n (trimming) galão m; (of hair) trança

brain [breɪn] n cérebro; ~s npl (CULIN) miolos mpl; (intelligence) inteligência, miolos; ~**child** n idéia original; ~**wash** vt fazer uma lavagem cerebral em; ~**wave** n inspiração f, idéia luminosa or brilhante; ~**y** adj inteligente

braise [breɪz] vt assar na panela

brake [breɪk] n freio (BR), travão m (PT) ♦ vt, vi frear (BR), travar

(PT); ~ **fluid** n óleo de freio (BR) or dos travões (PT); ~ **light** n farol m do freio (BR), farolim m de travagem (PT)

bramble ['bræmbl] n amora-preta

bran [bræn] n farelo

branch [brɑ:ntʃ] n ramo, galho; (COMM) sucursal f, filial f; ~ **out** vi (fig) diversificar suas atividades; **to** ~ **out into** estender suas atividades a

brand [brænd] n marca; (fig: type) tipo ♦ vt (cattle) marcar com ferro quente

brandish ['brændɪʃ] vt brandir

brand-new adj novo em folha, novinho

brandy ['brændɪ] n conhaque m

brash [bræʃ] adj (forward) descarado

Brasilia [brə'zɪlɪə] n Brasília

brass [brɑːs] n latão m; **the** ~ (MUS) os metais; ~ **band** n banda de música

brassiere ['bræsɪə*] n sutiã m (BR), soutien m (PT)

brat [bræt] (pej) n pirralho/a, fedelho/a, malcriado/a

bravado [brə'vɑːdəu] n bravata

brave [breɪv] adj valente, corajoso ♦ vt (face up to) desafiar; ~**ry** n coragem f, bravura

brawl [brɔːl] n briga, pancadaria

brawny ['brɔːnɪ] adj musculoso, carnudo

bray [breɪ] vi zurrar, ornejar

brazen ['breɪzn] adj descarado ♦ vt: **to** ~ **it out** defender-se descaradamente

brazier ['breɪzɪə*] n braseiro

Brazil [brə'zɪl] n Brasil m; ~**ian** adj, n brasileiro/a

Brazil nut n castanha-do-pará f

breach [briːtʃ] vt abrir brecha em ♦ n (gap) brecha; (breaking): ~ **of contract** inadimplência (BR), inadimplemento (PT); ~ **of the peace** perturbação f da ordem pública

bread [brɛd] n pão m; ~ **and butter** n pão m com manteiga; (fig) ganhapão m; ~**bin** (US ~ **box**) n caixa de

pão; ~**crumbs** npl migalhas fpl; (CULIN) farinha de rosca; ~**line** n: (BR) **to be on the** ~**line** viver na miséria

breadth [brɛtθ] n largura; (fig) amplitude f

breadwinner ['brɛdwɪnə*] n arrimo de família

break [breɪk] (pt **broke**, pp **broken**) vt quebrar (BR), partir (PT); (promise) quebrar; (law) violar, transgredir; (record) bater ♦ vi quebrarse, partir-se; (storm) começar subitamente; (weather) mudar; (dawn) amanhecer; (story, news) revelar ♦ n (gap) abertura; (fracture) fratura; (rest) descanso; (interval) intervalo; (at school) recreio; (chance) oportunidade f; **to** ~ **the news to sb** dar a notícia a alguém; **to** ~ **even** sair sem ganhar nem perder; **to** ~ **free** or **loose** soltar-se; **to** ~ **open** (door etc) arrombar; ~ **down** vt (figures, data) analisar ♦ vi (machine, AUT) enguiçar, pifar (inf); (MED) sofrer uma crise nervosa; (person: cry) desatar a chorar; (talks) fracassar; ~ **in** vt (horse etc) domar ♦ vi (burglar) forçar uma entrada; (interrupt) interromper; ~ **into** vt fus (house) arrombar; ~ **off** vi (speaker) parar, deter-se; (branch) partir; ~ **out** vi (war) estourar; (prisoner) libertar-se; **to** ~ **out in spots/a rash** aparecer coberto de manchas/brotvejas; ~ **up** vi (ship) partir-se; (partnership) acabar; (marriage) desmanchar-se ♦ vt (rocks) partir; (biscuit etc) quebrar; (journey) romper; (fight) intervir em; ~**age** n quebradura; ~**down** n (AUT) enguiço, avaria; (in communications) interrupção f; (of marriage) fracasso, término; (MED: also: **nervous** ~**down**) esgotamento nervoso; (of figures) discriminação f, desdobramento; ~**down van** (BRIT) n reboque m (BR), pronto socorro (PT); ~**er** n onda grande

breakfast ['brɛkfəst] n café m da manhã (BR), pequeno almoço (PT)

break: ~**-in** n roubo com arrombamento; ~**ing and entering** n (LAW) arrombamento; ~**through** vi (fig) avanço, novo progresso; ~**water** n quebra-mar m

breast [brɛst] n (of woman) peito, seio; (chest, meat) peito; ~**feed** (irreg: like feed) vt, vi amamentar; ~**stroke** n nado de peito

breath [brɛθ] n fôlego, respiração f; **out of** ~ ofegante, sem fôlego; **B~alyser** ® n bafômetro

breathe [briːð] vt, vi respirar; ~ **in** vt, vi inspirar; ~ **out** vt, vi expirar; ~**r** n pausa; **breathing** n respiração f; **breathing space** n (fig) descanso, repouso

breathless ['brɛθlɪs] adj sem fôlego

breathtaking ['brɛθteɪkɪŋ] adj comovedor(a), emocionante

bred [brɛd] pt, pp of **breed**

breed [briːd] (pt, pp **bred**) vt (animals) criar; (plants) multiplicar ♦ vi criar, reproduzir ♦ n raça; ~**ing** n (upbringing) educação f

breeze [briːz] n brisa, aragem f; **breezy** adj (person) despreocupado, animado; (weather) ventoso

brew [bruː] vt (tea) fazer; (beer) fermentar ♦ vi (storm, fig) armar-se; ~**ery** n cervejaria

bribe [braɪb] n suborno ♦ vt subornar; ~**ry** n suborno

brick [brɪk] n tijolo; ~**layer** n pedreiro

bridal ['braɪdl] adj nupcial

bride [braɪd] n noiva; ~**groom** n noivo; ~**smaid** n dama de honra

bridge [brɪdʒ] n ponte f; (NAUT) ponte de comando; (CARDS) bridge m; (of nose) cavalete m ♦ vt transpor

bridle ['braɪdl] n cabeçada, freio; ~**path** n senda

brief [briːf] adj breve ♦ n (LAW) causa; (task) tarefa ♦ vt (inform) informar; ~**s** npl (for men) cueca (BR), cuecas fpl (PT); (for women) calcinha (BR), cuecas fpl (PT); ~**case** n pasta; ~**ing** n instruções

fpl; (PRESS) informações fpl; ~**ly** adv (glance) rapidamente; (say) em poucas palavras

bright [braɪt] adj claro, brilhante; (weather) resplandecente; (person: clever) inteligente; (: lively) alegre, animado; (colour) vivo; (future) promissor(a), favorável; ~**en** (also: ~**en up**) vt (room) tornar mais alegre; (event) animar, alegrar ♦ vi (weather) clarear; (person) animar-se, alegrar-se; (face) iluminar-se; (prospects) tornar-se animado or favorável

brilliance ['brɪljəns] n brilho, claridade f

brilliant ['brɪljənt] adj brilhante; (inf: great) sensacional

brim [brɪm] n borda; (of hat) aba

brine [braɪn] n (CULIN) salmoura

bring [brɪŋ] (pt, pp **brought**) vt trazer; ~ about vt ocasionar, produzir; ~ **back** vt restabelecer; (return) devolver; ~ **down** vt (price) abaixar; (government, plane) derrubar; ~ **forward** vt adiantar; ~ **off** vt (plan) levar a cabo; ~ **out** vt (object) tirar; (meaning) salientar; (book etc) lançar; ~ **round** vt fazer voltar a si; ~ **up** vt (person) educar, criar; (carry up) subir; (question) introduzir; (food) vomitar

brink [brɪŋk] n beira

brisk [brɪsk] adj vigoroso; (tone, person) enérgico; (trade) ativo

bristle ['brɪsl] n (of animal) pêlo rijo; (of beard) pêlo de barba curta; (of brush) cerda ♦ vi (in anger) encolerizar-se

Britain ['brɪtən] n (also: Great ~) Grã-Bretanha

British ['brɪtɪʃ] adj britânico ♦ npl: **the** ~ os britânicos; ~ **Isles** npl: **the** ~ **Isles** as ilhas Britânicas; ~ **Rail** n companhia ferroviária britânica

Briton ['brɪtən] n britânico/a

brittle ['brɪtl] adj quebradiço, frágil

broach [brəʊtʃ] vt abordar, tocar em

broad [brɔːd] adj (street, range) amplo; (shoulders, smile) largo; (dis-

tinction) geral; (*accent*) carregado; **in ~ daylight** em plena luz do dia; **~cast** (*pt, pp* **~cast**) *n* transmissão *f* ♦ *vt, vi* transmitir; **~en** *vt* alargar ♦ *vi* alargar-se; **to ~en one's mind** abrir os horizontes; **~ly** *adv* em geral; **~-minded** *adj* tolerante, liberal

broccoli ['brɔkəlɪ] *n* brócolis *mpl*

brochure ['brəʊʃjʊə*] *n* folheto, brochura

broil [brɔɪl] *vt* grelhar

broke [brəʊk] *pt of* **break** ♦ *adj* (*inf*) sem um vintém, duro; (: *company*): **to go ~** quebrar

broken ['brəʊkən] *pp of* **break** ♦ *adj* quebrado; **in ~ English** num inglês mascavado; **~-hearted** *adj* com o coração partido

broker ['brəʊkə*] *n* corretor(a) *m/f*

brolly ['brɔlɪ] (*BRIT: inf*) *n* guarda-chuva *m*

bronchitis [brɔŋ'kaɪtɪs] *n* bronquite *f*

bronze [brɔnz] *n* bronze *m*

brooch [brəʊtʃ] *n* broche *m*

brood [bruːd] *n* ninhada ♦ *vi* (*person*) cismar, remoer

brook [brʊk] *n* arroio, ribeiro

broom [brʊm] *n* vassoura; (*BOT*) giesta-das-vassouras; **~stick** *n* cabo de vassoura

Bros. *abbr* (*COMM:* = *brothers*) Irmãos

broth [brɔθ] *n* caldo

brothel ['brɔθl] *n* bordel *m*

brother ['brʌðə*] *n* irmão *m*; **~-in-law** *n* cunhado

brought [brɔːt] *pt, pp of* **bring**

brow [braʊ] *n* (*forehead*) fronte *f*, testa; (*rare: gen: eye~*) sobrancelha; (*of hill*) cimo, cume *m*

brown [braʊn] *adj* marrom (*BR*), castanho (*PT*); (*hair*) castanho; (*tanned*) bronzeado, moreno ♦ *n* (*colour*) cor *f* marrom (*BR*) or castanha (*PT*) ♦ *vt* (*CULIN*) dourar; **~ bread** *n* pão *m* integral; **B~ie** *n* (*also:* **B~ie Guide**) fadinha de bandeirante; **~ie** (*US*) *n* (*cake*) docinho de chocolate com amêndoas; **~ paper** *n* papel *m* pardo; **~ sugar** *n* açúcar *m* mascavo

browse [braʊz] *vi* (*in shop*) dar uma olhada; **to ~ through a book** folhear um livro

bruise [bruːz] *n* hematoma *m*, contusão *f* ♦ *vt* machucar

brunette [bruː'net] *n* morena

brunt [brʌnt] *n*: **the ~ of** (*greater part*) a maior parte de

brush [brʌʃ] *n* escova; (*for painting, shaving*) pincel *m*; (*quarrel*) bate-boca *m* ♦ *vt* varrer; (*groom*) escovar; (*also:* **~ against**) tocar ao passar, roçar; **~ aside** *vt* afastar, não fazer caso de; **~ up** *vt* retocar, revisar; **~wood** *n* lenha, gravetos *mpl*

brusque [bruːsk] *adj* ríspido; (*apology*) abrupto

Brussels ['brʌslz] *n* Bruxelas; **~ sprout** *n* couve-de-bruxelas *f*

brutal ['bruːtl] *adj* brutal

brute [bruːt] *n* bruto; (*person*) animal *m* ♦ *adj*: **by ~ force** por força bruta

BSc *n abbr* = **Bachelor of Science**

bubble ['bʌbl] *n* bolha (*BR*), borbulha (*PT*) ♦ *vi* borbulhar; **~ bath** *n* banho de espuma; **~ gum** *n* chiclete *m* (de bola) (*BR*), pastilha elástica (*PT*)

buck [bʌk] *n* (*rabbit*) macho; (*deer*) cervo; (*US: inf*) dólar *m* ♦ *vi* corcovear; **to pass the ~** fazer o jogo de empurra; **~ up** *vi* (*cheer up*) animar-se, cobrar ânimo

bucket ['bʌkɪt] *n* balde *m*

buckle ['bʌkl] *n* fivela ♦ *vt* afivelar ♦ *vi* torcer-se, cambar-se

bud [bʌd] *n* broto; (*of flower*) botão *m* ♦ *vi* brotar, desabrochar

Buddhism ['budɪzəm] *n* budismo

budding ['bʌdɪŋ] *adj* em ascensão

buddy ['bʌdɪ] (*US*) *n* camarada *m*, companheiro

budge [bʌdʒ] *vt* mover ♦ *vi* mexer-se

budgerigar ['bʌdʒərɪgɑː*] *n* periquito

budget ['bʌdʒɪt] *n* orçamento ♦ *vi*: **to ~ for sth** incluir algo no orçamento

budgie ['bʌdʒɪ] n = budgerigar

buff [bʌf] adj (colour) cor de camurça ♦ n (inf: enthusiast) aficionado/a

buffalo ['bʌfələu] (pl ~ or ~es) n (BRIT) búfalo; (US: bison) bisão m

buffer ['bʌfə*] n pára-choque m; (COMPUT) buffer m, memória intermediária

buffet¹ ['bufeɪ] (BRIT) n (in station) bar m; (food) bufê m; ~ car (BRIT) n vagão-restaurante m

buffet² ['bʌfɪt] vt fustigar

bug [bʌg] n (esp US: insect) bicho; (fig: germ) micróbio; (spy device) microfone m oculto, escuta clandestina; (COMPUT: of program) erro ♦ vt (inf: annoy) apoquentar, incomodar; (room) colocar microfones em; (phone) grampear

buggy ['bʌgɪ] n (for baby) carrinho (desdobrável) de bebê

bugle ['bjuːgl] n trompa, corneta

build [bɪld] (pt, pp built) n (of person) talhe m, estatura ♦ vt construir, edificar; ~ up vt acumular; ~er n construtor(a) m/f, empreiteiro/a; ~ing n construção f; (a ~) edifício, prédio; ~ing society (BRIT) n sociedade f de crédito imobiliário, financiadora

built [bɪlt] pt, pp of build ♦ adj: ~-in embutido; ~-up area n zona urbanizada

bulb [bʌlb] n (BOT) bulbo; (ELEC) lâmpada

Bulgaria [bʌl'geərɪə] n Bulgária; ~n adj búlgaro ♦ n búlgaro/a

bulge [bʌldʒ] n bojo, saliência ♦ vi inchar-se; (pocket etc) fazer bojo

bulk [bʌlk] n (of building, object) volume m; (of person) corpanzil m; in ~ (COMM) a granel; the ~ of a maior parte de; ~y adj volumoso

bull [bul] n touro; ~dog n buldogue m

bulldozer ['buldəuzə*] n buldôzer m, escavadora

bullet ['bulɪt] n bala

bulletin ['bulɪtɪn] n noticiário; (journal) boletim m

bulletproof ['bulɪtpruːf] adj à prova de balas

bullfight ['bulfaɪt] n tourada; ~er n toureiro; ~ing n tauromaquia

bullion ['buljən] n ouro (or prata) em barras

bullock ['bulək] n boi m, novilho

bullring ['bulrɪŋ] n praça de touros

bull's-eye n centro do alvo, mosca (do alvo) (BR)

bully ['bulɪ] n fanfarrão m, valentão m ♦ vt intimidar, tiranizar

bum [bʌm] n (inf: backside) bumbum m; (esp US: tramp) vagabundo/a, vadio/a

bumblebee ['bʌmblbiː] n mamangaba

bump [bʌmp] n (in car) batida; (jolt) sacudida; (on head) galo; (on road) elevação f ♦ vt bater contra, dar encontrão em ♦ vi dar sacudidas; ~ into vt fus chocar-se com or contra, colidir com; (inf: person) dar com, topar com; ~er n (BRIT) pára-choque m ♦ adj: ~er crop supersafra; ~er cars npl carros mpl de trombada

bumptious ['bʌmpʃəs] adj presunçoso

bumpy ['bʌmpɪ] adj (road) acidentado, cheio de altos e baixos

bun [bʌn] n pão m doce (BR), pãozinho (PT); (in hair) coque m

bunch [bʌntʃ] n (of flowers) ramo; (of keys) molho; (of bananas) cacho; (of people) grupo; ~es npl (in hair) cachos mpl

bundle ['bʌndl] n trouxa, embrulho; (of sticks) feixe m; (of papers) maço ♦ vt (also: ~ up) embrulhar, atar; (put): to ~ sth/sb into meter or enfiar algo/alguém correndo em

bungalow ['bʌŋgələu] n bangalô m, chalé m

bungle ['bʌŋgl] vt estropear, estragar

bunion ['bʌnjən] n joanete m

bunk [bʌŋk] n beliche m; ~ beds npl beliche m, cama-beliche f

bunker ['bʌŋkə*] n (coal store) carvoeira; (*MIL*) abrigo, casamata; (*GOLF*) bunker *m*

bunny ['bʌnɪ] *n* (*also*: ~ **rabbit**) coelhinho

bunting ['bʌntɪŋ] *n* bandeiras *fpl*

buoy [bɔɪ] *n* bóia; ~ **up** *vt* (*fig*) animar; ~**ant** *adj* flutuante; (*person*) alegre; (*COMM*: *market*) animado

burden ['bɜːdn] *n* responsabilidade *f*, fardo; (*load*) carga ♦ *vt* sobrecarregar; (*trouble*): ~**to: to be a** ~ **to sb** ser um estorvo para alguém

bureau [bjuə'rəu] (*pl* ~x) *n* (*BRIT*: *desk*) secretária, escrivaninha; (*US*: *chest of drawers*) cômoda; (*office*) escritório, agência

bureaucracy [bjuə'rɔkrəsɪ] *n* burocracia

bureaux [bjuə'rəuz] *npl of* **bureau**

burglar ['bɜːglə*] *n* ladrão/ladrona *m/f*; ~ **alarm** *n* alarma de roubo; ~**y** *n* roubo

burial ['bɛrɪəl] *n* enterro

burly ['bɜːlɪ] *adj* robusto, forte

Burma ['bɜːmə] *n* Birmânia

burn [bɜːn] (*pt, pp* ~**ed** *or* **burnt**) *vt* queimar; (*house*) incendiar ♦ *vi* queimar-se, arder; (*sting*) arder, picar ♦ *n* queimadura; ~ **down** *vi* incendiar; ~**er** *n* (*on cooker, heater*) bico de gás, fogo; ~**ing** *adj* ardente; (*hot*: *sand etc*) abrasador(a); (*ambition*) grande; ~**t** *pt, pp of* **burn**

burrow ['bʌrəu] *n* toca, lura ♦ *vi* fazer uma toca, cavar; (*rummage*) esquadrinhar

bursary ['bɜːsərɪ] (*BRIT*) *n* (*SCH*) bolsa

burst [bɜːst] (*pt, pp* **burst**) *vt* arrebentar; (*banks etc*) romper ♦ *vi* estourar; (*tyre*) furar ♦ *n* rajada; **to** ~ **into flames** incendiar-se de repente; **to** ~ **into tears** desatar a chorar; **to** ~ **out laughing** cair na gargalhada; **to be** ~**ing with** (*subj*: *room, container*) estar abarrotado de; (: *person*: *emotion*) estar tomado de; **a** ~ **of energy** uma explosão de energia; ~ **into** *vt fus* (*room etc*) irromper em

bury ['bɛrɪ] *vt* enterrar; (*at funeral*)

sepultar; **to** ~ **one's head in one's hands** cobrir o rosto com as mãos; **to** ~ **one's head in the sand** (*fig*) bancar avestruz; **to** ~ **the hatchet** (*fig*) fazer as pazes

bus [bʌs] *n* ônibus *m inv* (*BR*), autocarro (*PT*)

bush [buʃ] *n* arbusto, mata; (*scrubland*) sertão *m*; **to beat about the** ~ ser evasivo

bushy ['buʃɪ] *adj* (*thick*) espesso

busily ['bɪzɪlɪ] *adv* atarefadamente

business ['bɪznɪs] *n* negócio; (*trading*) comércio, negócios *mpl*; (*firm*) empresa; (*occupation*) profissão *f*; **to be away on** ~ estar fora a negócios; **it's my** ~ **to** ... encarrego-me de ...; **it's none of my** ~ eu não tenho nada com isto; **he means** ~ fala a sério; ~**like** *adj* eficiente, metódico; ~**man/woman** (*irreg*) *n* homem *m*/mulher *f* de negócios; ~ **trip** *n* viagem *f* de negócios

busker ['bʌskə*] (*BRIT*) *n* artista *m/f* de rua

bus-stop *n* ponto de ônibus (*BR*), paragem *f* de autocarro (*PT*)

bust [bʌst] *n* (*ANAT*) busto ♦ *adj* (*inf*: *broken*) quebrado; **to go** ~ falir

bustle ['bʌsl] *n* animação *f*, movimento ♦ *vi* apressar-se, andar azafamado; **bustling** *adj* (*town*) animado, movimentado

busy ['bɪzɪ] *adj* (*person*) ocupado, atarefado; (*place*) movimentado; (*US*: *TEL*) ocupado (*BR*), impedido (*PT*) ♦ *vt*: **to** ~ **o.s. with** ocupar-se em *or* de; ~**body** *n* intrometido/a

---

KEYWORD

but [bʌt] *conj* **1** (*yet*) mas, porém; **he's tired** ~ **Paul isn't** ele está cansado mas Paul não; **the trip was enjoyable** ~ **tiring** a viagem foi agradável porém cansativa

2 (*however*) mas; **I'd love to come,** ~ **I'm busy** eu adoraria vir, mas estou ocupado

3 (*showing disagreement, surprise*

etc) mas; ~ **that's far too expensive!** mas isso é caro demais!

♦ *prep* (*apart from, except*) exceto, menos; **he was nothing ~ trouble** ele só deu problema; **no-one ~ him** só ele, ninguém a não ser ele; ~ **for** sem, se não fosse; **(I'll do) anything ~ that** (eu faria) qualquer coisa menos isso

♦ *adv* (*just, only*) apenas; **had I ~ known** se eu soubesse; **I can ~ try** a única coisa que eu posso fazer é tentar; **all ~** quase

butcher ['butʃə*] *n* açougueiro (*BR*), homem *m* do talho (*PT*) ♦ *vt* (*prisoners etc*) chacinar, massacrar; (*cattle etc for meat*) abater e carnear; ~**'s (shop)** *n* açougue *m* (*BR*), talho (*PT*)

butler ['bʌtlə*] *n* mordomo

butt [bʌt] *n* (*cask*) tonel *m*; (*of gun*) coronha; (*of cigarette*) toco (*BR*), ponta (*PT*); (*BRIT: fig: target*) alvo ♦ *vt* (*subj: goat*) marrar; (*: person*) dar uma cabeçada em; ~ **in** *vi* (*interrupt*) interromper

butter ['bʌtə*] *n* manteiga ♦ *vt* untar com manteiga; ~**cup** *n* botão-de-ouro *m*, ranúnculo

butterfly ['bʌtəflaɪ] *n* borboleta; (*SWIMMING: also:* ~ **stroke**) nado borboleta

buttocks ['bʌtəks] *npl* nádegas *fpl*

button ['bʌtn] *n* botão *m*; (*US: badge*) emblema *m* ♦ *vt* (*also:* ~ **up**) abotoar ♦ *vi* ter botões

buttress ['bʌtrɪs] *n* contraforte *m*

buxom ['bʌksəm] *adj* rechonchudo

buy [baɪ] (*pt, pp* **bought**) *vt* comprar ♦ *n* compra; **to ~ sb sth/sth from sb** comprar algo para alguém/algo a alguém; **to ~ sb a drink** pagar um drinque para alguém; ~**er** *n* comprador(a) *m/f*

buzz [bʌz] *n* zumbido; (*inf: phone call*) **to give sb a ~** dar uma ligada para alguém ♦ *vi* zumbir; ~**er** *n* cigarra, vibrador *m*

buzz word *n* modismo

KEYWORD

by [baɪ] *prep* **1** (*referring to cause, agent*) por, de; **killed ~ lightning** morto por um raio; **a painting ~ Picasso** um quadro de Picasso

2 (*referring to method, manner, means*) de, com; ~ **bus/car/train** de ônibus/carro/trem; **to pay ~ cheque** pagar com cheque; ~ **moonlight/candlelight** sob o luar/à luz de vela; ~ **saving hard, he ...** economizando muito, ele ...

3 (*via, through*) por, via; **we came ~ Dover** viemos por *ou* via Dover

4 (*close to*) perto de, ao pé de; **a holiday ~ the sea** férias à beira-mar; **she sat ~ his bed** ela sentou-se ao lado de seu leito

5 (*past*) por; **she rushed ~ me** ela passou por mim correndo

6 (*not later than*): ~ **4 o'clock** antes das quatro; ~ **this time tomorrow** esta mesma hora amanhã; ~ **the time I got here it was too late** quando eu cheguei aqui, já era tarde demais

7 (*during*): ~ **daylight** durante o dia

8 (*amount*) por; ~ **the kilometre** por quilômetro

9 (*MATH, measure*) por; **it's broader ~ a metre** tem um metro a mais de largura

10 (*according to*) segundo, de acordo com; **it's all right ~ me** por mim tudo bem

11: (**all**) ~ **oneself** *etc* (completamente) só, sozinho; **he did it (all) ~ himself** ele fêz tudo sozinho

12: ~ **the way** a propósito

♦ *adv* **1** *see* **go**; **pass by**

2: ~ **and** ~ logo, mais tarde; ~ **and large** em geral

bye(-bye) ['baɪ('baɪ)] *excl* até logo (*BR*), tchau (*BR*), adeus (*PT*)

by(e)-law *n* lei *f* de município

by-election (*BRIT*) *n* eleição *f* parlamentar complementar

bygone ['baɪgɒn] *adj* passado, antigo

♦ *n*: let ~s be ~s o que passou passou

bypass ['baɪpɑːs] *n* via secundária, desvio; (*MED*) ponte *f* de safena ♦ *vt* evitar

by-product *n* subproduto, produto derivado; (*of situation*) subprodução

bystander ['baɪstændə*] *n* circunstante *m/f*; (*observer*) espectador(a) *m/f*

byte [baɪt] *n* (*COMPUT*) byte *m*

byword ['baɪwəːd] *n*: to be a ~ for ser sinónimo de

by-your-leave *n*: without so much as a ~ sem mais aquela

C

C [siː] *n* (*MUS*) dó *m*

C. *abbr* (= *Celsius or centigrade*) C.

CA *n abbr* = **chartered accountant**

cab [kæb] *n* táxi *m*; (*of truck etc*) boléia; (*of train*) cabina de maquinista

cabaret ['kæbəreɪ] *n* cabaré *n*

cabbage ['kæbɪdʒ] *n* repolho (*BR*), couve *f* (*PT*)

cabin ['kæbɪn] *n* cabana; (*on ship*) camarote *m*; (*on plane*) cabina de passageiros; ~ **cruiser** *n* lancha a motor com cabine

cabinet ['kæbɪnɪt] *n* (*POL*) gabinete *m*; (*furniture*) armário; (*also*: **display** ~) armário com vitrina

cable ['keɪbl] *n* cabo; (*telegram*) cabograma *m* ♦ *vt* enviar cabograma para; ~**car** *n* bonde *m* (*BR*), teleférico (*PT*)

cache [kæʃ] *n* esconderijo; a ~ **of arms** etc um depósito secreto de armas *etc*

cackle ['kækl] *vi* gargalhar; (*hen*) cacarejar

cactus ['kæktəs] (*pl* **cacti**) *n* cacto

caddie ['kædɪ] *n* carregador *m* de tacos

caddy ['kædɪ] *n* = **caddie**

cadet [kə'dɛt] *n* (*MIL*) cadete *m*

cadge [kædʒ] (*inf*) *vt* filar

café ['kæfeɪ] *n* café *m*

cafeteria [kæfɪ'tɪərɪə] *n* lanchonete *f*

cage [keɪdʒ] *n* (*bird* ~) gaiola; (*for large animals*) jaula; (*of lift*) cabina

cagey ['keɪdʒɪ] (*inf*) *adj* cuidadoso, reservado, desconfiado

cagoule [kə'guːl] *n* casaco de náilon

Cairo ['kaɪərəu] *n* o Cairo

cajole [kə'dʒəul] *vt* lisonjear

cake [keɪk] *n* (*large*) bolo; (*small*) doce *m*, bolinho; ~ **of soap** sabonete *m*; ~**d** *adj*: ~**d with** encrostado de

calculate ['kælkjuleɪt] *vt* calcular; (*estimate*) avaliar; **calculation** *n* cálculo; **calculator** *n* calculador *m*, calculadora

calendar ['kæləndə*] *n* calendário; ~ **month/year** mês *m*/ano civil

calf [kɑːf] (*pl* **calves**) *n* (*of cow*) bezerro, vitela; (*of other animals*) cria; (*also*: ~**skin**) pele *f* ou couro de bezerro; (*ANAT*) barriga-da-perna

calibre ['kælɪbə*] (*US* **caliber**) *n* (*of person*) capacidade *f*, calibre *m*

call [kɔːl] *vt* chamar; (*label*) qualificar, descrever; (*TEL*) telefonar a, ligar para; (*witness*) citar; (*meeting*) convocar ♦ *n* chamar; (*shout*) gritar; (*TEL*) telefonar; (*visit*: *also*: ~ **in**; ~ **round**) dar um pulo ♦ *n* (*shout*) chamada; (*also*: **telephone** ~) chamada, telefonema *m*; (*of bird*) canto; **to be ~ed** chamar-se; **on** ~ de plantão; ~ **back** *vi* (*return*) voltar, passar de novo; (*TEL*) ligar de volta; ~ **for** *vt fus* (*demand*) requerer, exigir; (*fetch*) ir buscar; ~ **off** *vt* (*cancel*) cancelar; ~ **on** *vt fus* (*visit*) visitar; (*appeal to*) pedir; ~ **out** *vi* gritar, bradar; ~ **up** *vt* (*MIL*) chamar às fileiras; (*TEL*) dar uma ligada; ~**box** (*BRIT*) *n* cabine *f* telefónica; ~**er** *n* visita *m/f*; (*TEL*) chamador(a) *m/f*; ~ **girl** *n* call girl *f*, prostituta; ~**-in** (*US*) *n* (*RADIO*) *programa com participação dos ouvintes*; (*TV*) *programa com participação dos espectadores*; ~**ing** *n* vocação *f*; (*trade*) prolissão *f*; ~**ing card** (*US*) *n* cartão *m* de visita

callous ['kæləs] *adj* cruel, insensível

calm [kɑːm] *adj* calmo; *(peaceful)* tranquilo; *(weather)* estável ♦ *n* calma ♦ *vt* acalmar; *(fears, grief)* abrandar; ~ **down** *vt* acalmar, tranquilizar ♦ *vi* acalmar-se

Calor gas [ˈkælə-] ® *n* butano

calorie [ˈkælərɪ] *n* caloria

calves [kɑːvz] *npl of* **calf**

camber [ˈkæmbə] *n* abaulamento

Cambodia [kæmˈbəudjə] *n* Camboja

camcorder [ˈkæmkɔːdə] *n* filmadora, máquina de filmar

came [keɪm] *pt of* **come**

camel [ˈkæməl] *n* camelo

camera [ˈkæmərə] *n* máquina fotográfica; *(CINEMA, TV)* câmera; **in ~** *(LAW)* em câmara; **~man** *(irreg)* *n* cinegrafista *m*

camouflage [ˈkæməflɑːʒ] *n* camuflagem *f* ♦ *vt* camuflar

camp [kæmp] *n* campo, acampamento; *(MIL)* acampamento; *(for prisoners)* campo; *(faction)* facção *f* ♦ *vi* acampar ♦ *adj* afeminado

campaign [kæmˈpeɪn] *n* *(MIL, POL etc)* campanha ♦ *vi* fazer campanha

camp bed *(BRIT)* *n* cama de campanha

camper [ˈkæmpə] *n* campista *m/f*; *(vehicle)* reboque *m*

camping [ˈkæmpɪŋ] *n* camping *n* *(BRIT)*, campismo *(PT)*; **to go ~** acampar

campsite [ˈkæmpsaɪt] *n* camping *m* *(BRIT)*, parque *m* de campismo *(PT)*

campus [ˈkæmpəs] *n* campus *m*, cidade *f* universitária

can[1] [kæn] *n* lata ♦ *vt* enlatar

KEYWORD

can[2] [kæn] *(negative* **cannot** *or* **can't**, *pt, conditional* **could**) *aux vb* 1 *(be able to)* poder; **you ~ do it if you try** se você tentar, você consegue fazê-lo; **I'll help you and I ~** ajudarei você em tudo que eu puder; **she couldn't sleep that night** ela não conseguiu dormir aquela noite; **~ you hear me?** você está me ouvindo?

2 *(know how to)* saber; **I ~ swim** sei nadar; **~ you speak Portuguese?** você fala português?

3 *(may)* **could I have a word with you?** será que eu podia falar com você?

4 *(expressing disbelief, puzzlement):* **it CAN'T be true!** não pode ser verdade!; **what CAN he want?** o que é que ele quer?

5 *(expressing possibility, suggestion etc):* **he could be in the library** ele talvez esteja na biblioteca; **they could have forgotten** eles podiam ter esquecido

Canada [ˈkænədə] *n* Canadá *m*; **Canadian** *adj, n* canadense *m/f*

canary [kəˈneərɪ] *n* canário

cancel [ˈkænsəl] *vt* cancelar; *(contract)* anular; *(cross out)* riscar, invalidar; **~lation** *n* cancelamento

cancer [ˈkænsə] *n* câncer *m* *(BR)*, cancro *(PT)*; **C~** *(ASTROLOGY)* Câncer

candid [ˈkændɪd] *adj* franco, sincero

candidate [ˈkændɪdeɪt] *n* candidato/a

candle [ˈkændl] *n* vela; *(in church)* círio; **~light** *n*: **by ~light** à luz de vela; **~stick** *n* *(plain)* castiçal *m*; *(bigger, ornate)* candelabro, lustre *m*

candour [ˈkændə] *(US* **candor**) *n* franqueza

candy [ˈkændɪ] *n* *(also:* **sugar-~**) açúcar *m* cristalizado; *(US)* bala *(BR)*, rebuçado *(PT)*; **~-floss** *(BRIT)* *n* algodão-doce *m*

cane [keɪn] *n* *(BOT)* cana; *(stick)* bengala ♦ *vt* *(BRIT: SCH)* castigar (com bengala)

canister [ˈkænɪstə] *n* lata

cannabis [ˈkænəbɪs] *n* maconha

canned [kænd] *adj* *(food)* em lata, enlatado

cannon [ˈkænən] *(pl inv or* **~s**) *n* canhão *m*

cannot [ˈkænɒt] = **can not**

canny [ˈkænɪ] *adj* astuto

canoe [kəˈnuː] *n* canoa

canon [ˈkænən] *n* *(clergyman)*

cónego; (*standard*) cânone *m*
can opener *n* abridor *m* de latas
(BR), abre-latas *m inv* (PT)
canopy ['kænəpı] *n* dossel *m*
can't [kɑːnt] = can not
cantankerous [kæn'tæŋkərəs] *adj*
rabugento, irritável
canteen [kæn'tiːn] *n* cantina; (BRIT:
of cutlery) jogo (de talheres)
canter ['kæntə*] *vi* ir a meio galope
canvas ['kænvəs] *n* (*material*) lona;
(*for painting*) tela; (NAUT) velas *fpl*
canvass ['kænvəs] *vi* (POL): to ~
for fazer campanha por ♦ *vt* sondar
canyon ['kænjən] *n* cânhão *m*, garganta, desfiladeiro
cap [kæp] *n* gorro, (*of pen, bottle*)
tampa; (*contraceptive: also:* Dutch
~) diafragma *m*; (*for toy gun*) cartucho ♦ *vt* (*outdo*) superar; (*put limit on*) limitar
capability [keɪpə'bılıtı] *n* capacidade *f*
capable ['keɪpəbl] *adj* (*of sth*) capaz; (*competent*) competente, hábil
capacity [kə'pæsıtı] *n* capacidade *f*;
(*of stadium etc*) lotação *f*; (*role*) condição *f*, posição *f*
cape [keɪp] *n* capa; (GEO) cabo
caper ['keɪpə*] *n* (CULIN: *gen:* ~s)
alcaparra; (*prank*) travessura
capital ['kæpıtl] *n* (*also:* ~ city) capital *f*; (*money*) capital *m*; (*also:* ~
letter) maiúscula; ~ **gains tax** *n*
imposto sobre ganhos de capital;
~**ism** *n* capitalismo; ~**ist** *adj, n* capitalista *m/f*; ~**ize** *vi:* to ~**ize on**
aproveitar, explorar; ~ **punishment**
n pena de morte
Capricorn ['kæprıkɔːn] *n* Capricórnio
capsize [kæp'saɪz] *vt, vi* emborcar,
virar
capsule ['kæpsjuːl] *n* cápsula
captain ['kæptın] *n* capitão *m*
caption ['kæpʃən] *n* legenda
captivate ['kæptıveıt] *vt* cativar
captive ['kæptıv] *adj, n* cativo/a;
captivity *n* cativeiro
capture ['kæptʃə*] *vt* prender, aprisionar; (*person*) capturar; (*place*) to-

mar; (*attention*) atrair, chamar ♦ *n*
captura; (*of place*) tomada
car [kɑː*] *n* carro, automóvel *m*;
(RAIL) vagão *m*
carafe [kə'ræf] *n* garrafa de mesa
caramel ['kærəməl] *n* (*sweet*) caramelo; (*burnt sugar*) caramelado
carat ['kærət] *n* quilate *m*
caravan ['kærəvæn] *n* reboque *m*
(BR), trailer *m* (BR), rulote *f* (PT);
(*in desert*) caravana; ~ **site** (BRIT)
n parque *m* de campismo
carbohydrate [kɑːbəʊ'haɪdreɪt] *n* hidrato de carbono; (*food*) carboidrato
carbon ['kɑːbən] *n* carbono
carburettor [kɑːbju'retə*] (US **carburetor**) *n* carburador *m*
card [kɑːd] *n* (*also:* **playing** ~) carta; (*visiting* ~) cartão *m*; (*thin cardboard*) cartolina; ~**board** *n* cartão
m, papelão *m*
cardiac ['kɑːdıæk] *adj* cardíaco
cardigan ['kɑːdıgən] *n* casaco de lã,
cardigã *m*
cardinal ['kɑːdınl] *adj* cardeal;
(MATH) cardinal ♦ *n* (REL) cardeal *m*
card index *n* index *m* fichário
care [kɛə*] *n* cuidado; (*worry*) preocupação *f*; (*charge*) encargo, custódia ♦ *vi:* to ~ **about** (*person, animal*) preocupar-se com; (*thing, idea*)
ter interesse em; ~ **of** (*on letter*) aos
cuidados de; **in sb's** ~ a cargo de alguém; **to take** ~ (**to do**) ter o cuidado (de fazer); **to take** ~ **of** (*person*) cuidar de; (*situation*)
encarregar-se de; **I don't** ~ não me
importa; **I couldn't** ~ **less** não dou
a mínima; ~ **for** *vt fus* cuidar de;
(*like*) gostar de
career [kə'rıə*] *n* carreira ♦ *vi* (*also:*
~ **along**) correr a toda velocidade
carefree ['kɛəfriː] *adj* despreocupado
careful ['kɛəful] *adj* (*thorough*) cuidadoso; (*cautious*) cauteloso; (*be*)
~! tenha cuidado!; ~**ly** *adv* cuidadosamente; cautelosamente
careless ['kɛəlıs] *adj* descuidado;
(*heedless*) desatento

caress [kə'rɛs] n carícia ♦ vt acariciar

caretaker ['kɛəteɪkə°] n zelador(a) m/f

car-ferry n barca para carros (BR), barco de passagem (PT)

cargo ['kɑːgəu] (pl ~es) n carga

car hire (BRIT) n aluguel m (BR) or aluguer m (PT) de carros

Caribbean [kærɪ'biːən] n the ~ (Sea) o Caribe

caring ['kɛərɪŋ] adj (person) bondoso; (society) humanitário

carnage ['kɑːnɪdʒ] n carnificina, matança

carnation [kɑː'neɪʃən] n cravo

carnival ['kɑːnɪvəl] n carnaval m; (US: funfair) parque m de diversões

carol ['kærəl] n: (Christmas) ~ cântico de Natal

carp [kɑːp] n inv (fish) carpa; ~ **at** vt fus criticar

car park (BRIT) n estacionamento

carpenter ['kɑːpɪntə°] n carpinteiro

carpet ['kɑːpɪt] n tapete m ♦ vt atapetar; ~ **slippers** npl chinelos mpl; ~ **sweeper** n limpador de tapetes

car phone n telefone m de carro

carriage ['kærɪdʒ] n carruagem f; (BRIT: RAIL) vagão m; (of goods) transporte m; (: cost) porte m; ~ **return** n retorno do carro; ~**way** (BRIT) n (part of road) pista

carrier ['kærɪə°] n transportador(a) m/f; (company) empresa de transportes, transportadora; (MED) portador(a) m/f; ~ **bag** (BRIT) n saco, sacola

carrot ['kærət] n cenoura

carry ['kærɪ] vt levar; (transport) transportar; (involve: responsibilities etc) implicar ♦ vi (sound) projetar-se; **to get carried away** (fig) exagerar; ~ **on** vi seguir, continuar ♦ vt prosseguir, continuar; ~ **out** vt (orders) cumprir; (investigation) levar a cabo, realizar; ~**cot** (BRIT) n moisés m inv; ~**on** (inf) n alvoroço, rebuliço

cart [kɑːt] n carroça, carreta ♦ vt

transportar (em carroça)

carton ['kɑːtən] n (box) caixa (de papelão); (of yogurt) pote m; (of milk) caixa; (packet) pacote m

cartoon [kɑː'tuːn] n (drawing) desenho; (BRIT: comic strip) história em quadrinhos (BR), banda desenhada (PT); (film) desenho animado

cartridge ['kɑːtrɪdʒ] n cartucho; (of record player) cápsula

carve [kɑːv] vt (meat) trinchar; (wood, stone) cinzelar, esculpir; (initials, design) gravar; ~ **up** dividir, repartir; **carving** n (object) escultura; (design) talha, entalhe m; **carving knife** (irreg) n trinchante m, faca de trinchar

cascade [kæs'keɪd] n cascata

case [keɪs] n caso; (for spectacles etc) estojo; (LAW) causa; (BRIT: also: **suit**~) mala; (of wine etc) caixa; **in** ~ (of) em caso (de); **in any** ~ em todo o caso; **just in** ~ se por acaso ♦ adv por via das dúvidas

cash [kæʃ] n dinheiro (em espécie) ♦ vt descontar; **to pay (in)** ~ pagar em dinheiro; ~ **on delivery** pagamento contra entrega; ~**book** n livro-caixa m; ~ **card** (BRIT) n cartão m de saque; ~ **desk** (BRIT) n caixa; ~ **dispenser** n caixa automática or eletrônica

cashew [kæ'ʃuː] n (also: ~ **nut**) castanha de caju

cashier [kæ'ʃɪə°] n caixa m/f

cash register n caixa registradora

casing ['keɪsɪŋ] n invólucro

casino [kə'siːnəu] n cassino

cask [kɑːsk] n barril m

casket ['kɑːskɪt] n cofre m, porta-jóias m inv; (US: coffin) caixão m

casserole ['kæsərəul] n panela de ir ao forno; (food) ensopado (BR) no forno, guisado (PT) no forno

cassette [kæ'sɛt] n fita-cassete f; ~ **player** n toca-fitas m inv; ~ **recorder** n gravador m

cast [kɑːst] (pt, pp cast) vt (throw) lançar, atirar; (THEATRE): **to** ~ **sb as Hamlet** dar a alguém o papel de

Hamlet ♦ n (THEATRE) elenco; (also: **plaster ~**) gesso; **to ~ one's vote** votar; **~ off** vi (NAUT) soltar o cabo; (KNITTING) rematar os pontos; **~ on** vi montar os pontos

castaway ['kɑːstəweɪ] n náufrago/a

caster sugar ['kɑːstə*-] (BRIT) n açúcar m branco refinado

casting vote ['kɑːstɪŋ-] (BRIT) n voto decisivo, voto de minerva

cast iron n ferro fundido

castle ['kɑːsl] n castelo; (CHESS) torre f

castor ['kɑːstə*] n (wheel) rodízio; **~ oil** n óleo de rícino

casual ['kæʒjul] adj (by chance) fortuito; (work) eventual; (unconcerned) despreocupado; (clothes) descontraído, informal; **~ly** adv casualmente; (dress) informalmente

casualty ['kæʒjultɪ] n ferido/a; (dead) morto/a; (of situation) vítima; (department) pronto-socorro

cat [kæt] n gato

catalogue ['kætəlɒg] (US **catalog**) n catálogo ♦ vt catalogar

catalyst ['kætəlɪst] n catalisador m

catalytic convertor [kætə'lɪtɪk kən'vɜːtə*] n conversor m catalítico

catapult ['kætəpʌlt] (BRIT) n (sling) atiradeira

cataract ['kætərækt] n catarata

catarrh [kə'tɑː*] n catarro

catastrophe [kə'tæstrəfɪ] n catástrofe f

catch [kætʃ] (pt, pp **caught**) vt pegar (BR), apanhar (PT); (fish) pescar; (arrest) prender, deter; (person: by surprise) flagrar, surpreender; (attention) atrair; (hear) ouvir; (also: **~ up**) alcançar ♦ vi (fire) pegar; (in branches etc) ficar preso, prender-se ♦ n (fish) pesca; (game) manha, armadilha; (of lock) trinco, lingüeta; **to ~ fire** pegar fogo; (building) incendiar-se; **to ~ sight of** avistar; **~ on** vi (understand) entender (BR), perceber (PT); (grow popular) pegar; **~ up** vi equiparar-se ♦ vt (also: **~ up with**) alcançar; **~ing**

adj (MED) contagioso; **~ment area** (BRIT) n área atendida por um hospital, uma escola etc; **~phrase** n clichê m, slogan m; **~y** adj que pega fácil, que gruda no ouvido

category ['kætɪgərɪ] n categoria

cater ['keɪtə*] vi preparar comida; **~ for** vt fus (needs) atender a; (consumers) satisfazer; **~er** n (service) serviço de bufê; **~ing** n serviço de bufê; (trade) abastecimento

caterpillar ['kætəpɪlə*] n lagarta; **~ track** ® n lagarta

cathedral [kə'θiːdrəl] n catedral f

catholic ['kæθəlɪk] adj eclético; **C~** adj, n (REL) católico/a

cat's-eye (BRIT) n (AUT) catadióptrico

cattle ['kætl] npl gado

catty ['kætɪ] adj malicioso

caucus ['kɔːkəs] n (POL: group) panelinha (de políticos); (: US) comitê m eleitoral (para indicar candidatos)

caught [kɔːt] pt, pp of **catch**

cauliflower ['kɒlɪflauə*] n couve-flor f

cause [kɔːz] n causa; (reason) motivo, razão f ♦ vt causar, provocar

caustic ['kɔːstɪk] adj cáustico; (fig) mordaz

caution ['kɔːʃən] n cautela, prudência; (warning) aviso ♦ vt acautelar, avisar

cautious ['kɔːʃəs] adj cauteloso, prudente, precavido

cavalry ['kævəlrɪ] n cavalaria

cave [keɪv] n caverna, gruta; **~ in** vi (roof etc) ceder; **~man** (irreg) n troglodita m, homem m das cavernas

cavity ['kævɪtɪ] n cavidade f; (in tooth) cárie f

cavort [kə'vɔːt] vi cabriolar

CB n abbr (= Citizens' Band (Radio)

CBI n abbr (= Confederation of British Industry) federação de indústria

cc abbr (= cubic centimetre) cc; (on letter etc) = **carbon copy**

CD n abbr (= compact disc (player); **~-ROM** n abbr (=compact disc read-only memory) CD-ROM m

cease [si:s] vt, vi cessar; ~**fire** n cessar-fogo m; ~**less** adj contínuo, incessante

cedar ['si:də°] n cedro

ceiling ['si:lɪŋ] n (also fig) teto

celebrate ['sɛlɪbreɪt] vt celebrar ♦ vi celebrar; (birthday, anniversary etc) festejar; (REL: mass) rezar; ~**d** adj célebre; **celebration** n (party) festa

celery ['sɛlərɪ] n aipo

cell [sɛl] n cela; (BIO) célula; (ELEC) pilha, elemento

cellar ['sɛlə°] n porão m; (for wine) adega

'cello ['tʃɛləu] n violoncelo

cellphone ['sɛlfəun] n telefone m celular

Celt [kɛlt, sɛlt] n celta m/f; ~**ic** adj celta

cement [sə'mɛnt] n cimento; ~ **mixer** n betoneira

cemetery ['sɛmɪtrɪ] n cemitério

censor ['sɛnsə°] n censor(a) m/f ♦ vt censurar; ~**ship** n censura

censure ['sɛnʃə°] vt criticar

census ['sɛnsəs] n censo

cent [sɛnt] n cêntimo; see also **per**

centenary [sɛn'ti:nərɪ] n centenário

center ['sɛntə°] (US) = **centre**

centigrade ['sɛntɪgreɪd] adj centígrado

centimetre ['sɛntɪmi:tə°] (US **centimeter**) n centímetro

centipede ['sɛntɪpi:d] n centopéia

central ['sɛntrəl] adj central; **C~ America** n América Central; ~ **heating** n aquecimento central; ~ **reservation** (BRIT) n (AUT) canteiro divisor

centre ['sɛntə°] (US **center**) n centro; (of room, circle etc) meio ♦ vt centrar; ~**forward** n centro-avante m, centro; ~**half** n centro médio

century ['sɛntjʊrɪ] n século; **20th** ~ século vinte

ceramic [sɪ'ræmɪk] adj cerâmico

ceremony ['sɛrɪmənɪ] n cerimônia; (ritual) rito; **to stand on** ~ fazer cerimônia

certain ['sə:tən] adj (sure) seguro;

(person): **a** ~ **Mr Smith** um certo Sr. Smith; (particular): ~ **days/ places** certos dias/lugares; (some): **a** ~ **coldness/pleasure** uma certa frieza/um certo prazer; **for** ~ com certeza; ~**ly** adv certamente, com certeza; ~**ty** n certeza

certificate [sə'tɪfɪkɪt] n certidão f

certified mail ['sə:tɪfaɪd-] (US) n correio registrado

certified public accountant ['sə:tɪfaɪd-] (US) n perito-contador m

certify ['sə:tɪfaɪ] vt certificar

cervical ['sə:vɪkl] adj: ~ **cancer** câncer m (BR) or cancro (PT) do colo do útero

cervix ['sə:vɪks] n cérvice f

cesspit ['sɛspɪt] n fossa séptica

cf. abbr (= compare) cf.

CFC n abbr (= chlorofluorocarbon) CFC m

ch. abbr (= chapter) cap.

chafe [tʃeɪf] vt (rub) roçar

chagrin ['ʃægrɪn] n desgosto

chain [tʃeɪn] n corrente f; (of islands) grupo; (of mountains) cordilheira; (of shops) cadeia; (of events) série f ♦ vt (also: ~ **up**) acorrentar; ~**smoke** vi fumar um (cigarro) atrás do outro; ~ **store** n magazine m (BR), grande armazém f (PT)

chair [tʃeə°] n cadeira; (armchair) poltrona; (of university) cátedra; (of meeting) presidência, mesa ♦ vt (meeting) presidir; ~**lift** n teleférico; ~**man** (irreg) n presidente m

chalice ['tʃælɪs] n cálice m

chalk [tʃɔ:k] n (GEO) greda; (for writing) giz m

challenge ['tʃælɪndʒ] n desafio ♦ vt desafiar; (right) disputar, contestar; **challenging** adj desafiante; (tone) de desafio

chamber ['tʃeɪmbə°] n câmara; (BRIT: LAW: gen pl) sala de audiências; ~ **of commerce** câmara de comércio; ~**maid** n arrumadeira (BR), empregada (PT); ~ **music** n música de câmara

chamois ['ʃæmwɑ:] n camurça

champagne [ʃæm'peɪn] n champanhe m or f

champion ['tʃæmpɪən] n campeão/peã m/f; (of cause) defensor(a) m/f; **~ship** n campeonato

chance [tʃɑːns] n (opportunity) oportunidade, ocasião f; (likelihood) chance f; (risk) risco ♦ vt arriscar ♦ adj fortuito, casual; to **take a** ~ arriscar-se; **by** ~ por acaso; to ~ **it** arriscar-se

chancellor ['tʃɑːnsələ*] n chanceler m; **C~ of the Exchequer** (BRIT) Ministro da Economia (Fazenda e Planejamento)

chandelier [ʃændə'lɪə*] n lustre m

change [tʃeɪndʒ] vt (alter) mudar; (wheel, money) trocar; (replace) substituir; (clothes, house) mudar de, trocar de; (nappy) mudar, trocar; (transform): to ~ **sb into** transformar alguém em ♦ vi mudar(-se); (change clothes) trocar-se; (trains) fazer baldeação (BR), mudar (PT); (be transformed): to ~ **into** transformar-se em ♦ n mudança; (exchange) troca; (difference) diferença; (of clothes) muda; (coins) trocado; to ~ **gear** (AUT) trocar de marcha; to ~ **one's mind** mudar de idéia; **for a** ~ para variar; **~able** adj (weather, mood) instável; ~ **machine** n máquina que fornece trocado; **~over** n mudança

changing ['tʃeɪndʒɪŋ] adj variável; ~ **room** (BRIT) n (in shop) cabine f de provas

channel ['tʃænl] n canal m; (of river) leito; (groove) ranhura; (fig: medium) meio, via ♦ vt canalizar; **the (English) C~** o Canal da Mancha; **C~ Islands** npl: **the C~ Islands** as ilhas Anglo-Normandas

chant [tʃɑːnt] n canto; (REL) cântico ♦ vt cantar; (slogan) entoar

chaos ['keɪɔs] n caos m

chap [tʃæp] n (BRIT: inf: man) sujeito (BR), tipo (PT)

chapel ['tʃæpl] n capela

chaperon(e) ['ʃæpərəʊn] n mulher f acompanhante ♦ vt acompanhar

chaplain ['tʃæplɪn] n capelão m

chapped [tʃæpt] adj ressecado

chapter ['tʃæptə*] n capítulo

char [tʃɑː*] vt (burn) tostar, queimar ♦ n (BRIT) = **charlady**

character ['kærɪktə*] n caráter m; (in novel, film) personagem m/f; (letter) letra; ~**istic** adj característico

charcoal ['tʃɑːkəʊl] n carvão m de lenha; (ART) carvão m

charge [tʃɑːdʒ] n (LAW) encargo, acusação f; (fee) preço, custo; (responsibility) encargo ♦ vt (battery) carregar; (MIL) atacar; (customer) cobrar dinheiro de; (LAW): to ~ **sb (with)** acusar alguém (de) ♦ vi precipitar-se; ~ **s** npl: **bank ~s** taxas fpl cobradas pelo banco; to **reverse the ~s** (BRIT: TEL) ligar a cobrar; **how much do you** ~? quanto você cobra?; to ~ **an expense (up) to sb's account** pôr a despesa na conta de alguém; to **take** ~ **of** encarregar-se de, tomar conta de; to **be in** ~ **of** estar a cargo de or encarregado de; ~ **card** n cartão m de crédito (emitido por uma loja)

charitable ['tʃærɪtəbl] adj beneficente

charity ['tʃærɪtɪ] n caridade f; (organization) obra de caridade; (kindness) compaixão f; (money, gifts) donativo

charlady ['tʃɑːleɪdɪ] (BRIT) n diarista

charm [tʃɑːm] n (quality) charme m; (talisman) amuleto; (on bracelet) berloque m ♦ vt encantar, deliciar; ~**ing** adj encantador(a)

chart [tʃɑːt] n (graph) gráfico; (diagram) diagrama m; (map) carta de navegação ♦ vt traçar; ~**s** npl (MUS) paradas fpl (de sucesso)

charter ['tʃɑːtə*] n vt fretar ♦ n (document) carta, alvará m; ~**ed account-ant** (BRIT) n perito-contador m/perita-contadora f; ~ **flight** n vôo charter or fretado

charwoman ['tʃɑːwʊmən] (irreg) n

= charlady

chase [tʃeɪs] vt perseguir; (also: ~ away) enxotar ♦ n perseguição f, caça

chasm [ˈkæzəm] n abismo

chassis [ˈʃæsɪ] n chassi m

chastity [ˈtʃæstɪtɪ] n castidade f

chat [tʃæt] vi (also: **have a** ~) conversar, bater papo (BR); cavaquear (PT) ♦ n conversa, bate-papo m (BR), cavaqueira (PT); ~ **show** (BRIT) n programa m de entrevistas

chatter [ˈtʃætə*] vi (person) tagarelar; (animal) emitir sons; (teeth) tiritar ♦ n tagarelice f; emissão f de sons; (of birds) chilro; ~**box** n tagarela m/f

chatty [ˈtʃætɪ] adj (style) informal; (person) conversador/a

chauffeur [ˈʃəʊfə*] n (also: **male** ~) chofer m, motorista m/f

chauvinist [ˈʃəʊvɪnɪst] n (also: **male** ~) machista m/f; (nationalist) chauvinista m/f

cheap [tʃiːp] adj barato; (poor quality) barato, de pouca qualidade; (behaviour) vulgar; (joke) de mau gosto ♦ adv barato; ~**ly** adv barato, por baixo preço

cheat [tʃiːt] vi trapacear; (at cards) roubar (BR), fazer batota (PT); (in exam) colar (BR), cabular (PT) ♦ vt: **to** ~ **sb** (**out of sth**) passar o conto do vigário em alguém ♦ n fraude f; (person) trapaceiro/a

check [tʃek] vt (examine) controlar; (facts) verificar; (halt) conter, impedir; (restrain) parar, refrear ♦ n controle m, inspeção f; (curb) freio; (US: bill) conta; (pattern: gen pl) xadrez m; (US) = **cheque** ♦ adj (pattern, cloth) xadrez inv; ~ **in** vi (in hotel) registrar-se; (in airport) apresentar-se ♦ vt (luggage) entregar; ~ **out** vi pagar a conta e sair; ~ **up** vi: **to** ~ **up on sth** verificar algo; **to** ~ **up on sb** investigar alguém; ~**ered** (US) adj = **chequered**; ~**ers** (US) n (jogo de damas) fpl; ~-**in** (**desk**) n check-in m; ~**ing**

account (US) n conta corrente; ~**mate** n xeque-mate m; ~**out** n caixa; ~**point** n (ponto de) controle m; ~**room** (US) n depósito de bagagem; ~**up** n (MED) check-up m

cheek [tʃiːk] n bochecha; (impudence) folga, descaramento; ~**bone** n maçã f do rosto; ~**y** adj insolente, descarado

cheep [tʃiːp] vi piar

cheer [tʃɪə*] vt dar vivas a, aplaudir; (gladden) alegrar, animar ♦ vi gritar com entusiasmo ♦ n (gen pl) gritos mpl de entusiasmo; ~**s** npl (of crowd) aplausos mpl; ~**s!** saúde!; ~ **up** vi animar-se, alegrar-se ♦ vt alegrar, animar; ~**ful** adj alegre; ~**io** (BRIT) excl tchau (BR), adeus (PT)

cheese [tʃiːz] n queijo; ~**board** n (in restaurant) sortimento de queijos

cheetah [ˈtʃiːtə] n chitá n

chef [ʃef] n cozinheiro-chefe/cozinheira-chefe m/f

chemical [ˈkemɪkəl] adj químico ♦ n produto químico

chemist [ˈkemɪst] n (BRIT: pharmacist) farmacêutico/a; (scientist) químico/a; ~**ry** n química; ~**'s** (**shop**) (BRIT) n farmácia

cheque [tʃek] (BRIT) n cheque m; ~**book** n talão m (BR) ou livro (PT) de cheques; ~ **card** (BRIT) n cartão m (de garantia) de cheques

chequered [ˈtʃekəd] (US **checkered**) adj (fig) variado, acidentado

cherish [ˈtʃerɪʃ] vt (person) tratar com carinho; (memory) lembrar (com prazer)

cherry [ˈtʃerɪ] n cereja; (also: ~ tree) cerejeira

chess [tʃes] n xadrez m; ~**board** n tabuleiro de xadrez

chest [tʃest] n (ANAT) peito; (box) caixa, cofre m; ~ **of drawers** n cômoda

chestnut [ˈtʃesnʌt] n castanha

chew [tʃuː] vt mastigar; ~**ing gum** n chiclete m (BR), pastilha elástica (PT)

chic [ʃɪk] adj elegante

chick [tʃɪk] n pinto; (inf: girl) broto
chicken ['tʃɪkɪn] n galinha; (food) galinha, frango; (inf: coward) covarde m/f, galinha; ~ **out** (inf) vi agalinhar-se; ~**pox** n catapora (BR), varicela (PT)
chief [tʃiːf] n (of tribe) cacique m, morubixaba m; (of organization) chefe m/f ♦ adj principal; ~ **executive** (US ♦ **executive officer**) n diretor(a) m/f geral; ~**ly** adv principalmente
chiffon ['ʃɪfɔn] n gaze f
chilblain ['tʃɪlbleɪn] n frieira
child [tʃaɪld] (pl ~**ren**) n criança; (offspring) filho/a; ~**birth** n parto; ~**hood** n infância; ~**ish** adj infantil; ~**like** adj infantil, ingênuo; ~**minder** (BRIT) n cuidadora de crianças
Chile ['tʃɪli] n Chile m
chill [tʃɪl] n frio, friagem f; (MED) resfriamento ♦ vt (CULIN) semicongelar; (person) congelar
chilli ['tʃɪli] (US **chili**) n pimentão m picante
chilly ['tʃɪli] adj frio; (person) friorento
chime [tʃaɪm] n (of bell) repique m; (of clock) soar m ♦ vi repicar; soar
chimney ['tʃɪmnɪ] n chaminé f; ~ **sweep** n limpador m de chaminés
chimpanzee [tʃɪmpæn'ziː] n chimpanzé m
chin [tʃɪn] n queixo
China ['tʃaɪnə] n China
china ['tʃaɪnə] n porcelana; (crockery) louça fina
Chinese [tʃaɪ'niːz] adj inv chinês/esa ♦ n inv chinês/esa m/f; (LING) chinês m
chink [tʃɪŋk] n (opening) fenda, fissura; (noise) tinir m
chip [tʃɪp] n (gen pl: CULIN) batata frita; (: US: also: **potato** ~) batatinha frita; (of wood) lasca; (of glass, stone) lasca, pedaço; (COMPUT: also: **micro~**) chip m ♦ vt (cup, plate) lascar; ~ **in** (inf) vi interromper; (contribute) compartilhar as despesas
chiropodist [kɪ'rɔpədɪst] (BRIT) n

pedicuro/a
chirp [tʃəːp] vi chilrar, piar
chisel ['tʃɪzl] n (for wood) formão m; (for stone) cinzel m
chit [tʃɪt] n talão m
chitchat ['tʃɪtʃæt] n conversa fiada
chivalry ['ʃɪvəlrɪ] n cavalheirismo
chives [tʃaɪvz] npl cebolinha
chlorine ['klɔːriːn] n cloro
chock-a-block [tʃɔk-] adj abarrotado, apinhado
chock-full [tʃɔk-] adj = **chock-a-block**
chocolate ['tʃɔklɪt] n chocolate m
choice [tʃɔɪs] n (selection) seleção f; (option) escolha; (preference) preferência ♦ adj seleto, escolhido
choir ['kwaɪə*] n coro
choke [tʃəuk] vi sufocar-se; (on food) engasgar ♦ vt estrangular; (block) obstruir ♦ n (AUT) afogador m (BR), ar m (PT)
cholera ['kɔlərə] n cólera m
cholesterol [kə'lestərɔl] n colesterol m
choose [tʃuːz] (pt **chose**, pp **chosen**) vt escolher; **to ~ to do** optar por fazer; **choosy** adj exigente
chop [tʃɔp] vt (wood) cortar, talhar; (CULIN: also: ~ **up**) cortar em pedaços; (meat) picar ♦ n golpe m; (CULIN) costeleta; ~**s** npl (inf: jaws) beiços mpl
chopper ['tʃɔpə*] n helicóptero
choppy ['tʃɔpɪ] adj (sea) agitado
chopsticks ['tʃɔpstɪks] npl pauzinhos mpl, palitos mpl
choral ['kɔːrəl] adj coral
chord [kɔːd] n (MUS) acorde m
chore [tʃɔː*] n tarefa; (routine task) trabalho de rotina
choreographer [kɔrɪ'ɔgrəfə*] n coreógrafo/a
chortle ['tʃɔːtl] vi rir, gargalhar
chorus ['kɔːrəs] n (group) coro; (song) coral m; (refrain) estribilho
chose [tʃəuz] pt of **choose**; ~**n** pp of **choose**
Christ [kraɪst] n Cristo
christen ['krɪsn] vt batizar; (nick-

name) apelidar

Christian ['krɪstɪən] *adj, n* cristão/tã *m/f;* ~**ity** *n* cristianismo; ~ **name** *n* prenome *m,* nome *m* de batismo

Christmas ['krɪsməs] *n* Natal *m;* Happy *or* Merry ~! Feliz Natal!; ~ **card** *n* cartão *m* de Natal; ~ **Day** *n* dia *m* de Natal; ~ **Eve** *n* véspera de Natal; ~ **tree** *n* árvore *f* de Natal

chrome [krəum] *n* = **chromium**

chromium ['krəumɪəm] *n* cromo

chronic ['krɔnɪk] *adj* crônico; *(fig: drunkenness)* inveterado

chronicle ['krɔnɪkl] *n* crônica

chubby ['tʃʌbɪ] *adj* roliço, gorducho

chuck [tʃʌk] *vt* jogar *(BR),* deitar *(PT); (BRIT: also:* ~ **up, in:** *job)* largar; (: *person)* acabar com; ~ **out** *vt (thing)* jogar *(BR)* or deitar *(PT)* fora; *(person)* expulsar

chuckle ['tʃʌkl] *vi* rir

chug [tʃʌg] *vi* mover-se fazendo ruído de descarga; *(car, boat: also:* ~ **along)** ir indo

chum [tʃʌm] *n* camarada *m/f*

chunk [tʃʌŋk] *n* pedaço, naco

church [tʃəːtʃ] *n* igreja; ~**yard** *n* adro, cemitério

churlish ['tʃəːlɪʃ] *adj (silence)* constrangedor(a); *(behaviour)* grosseiro, rude

churn [tʃəːn] *n (for butter)* batedeira; *(also:* **milk** ~) lata, vasilha; ~ **out** *vt* produzir em série

chute [ʃuːt] *n* rampa; *(also:* **rubbish** ~) despejador *m*

chutney ['tʃʌtnɪ] *n* conserva picante

CIA *(US) n abbr = Central Intelligence Agency)* CIA *f*

CID *(BRIT) n abbr =* **Criminal Investigation Department**

cider ['saɪdə*] *n* sidra

cigar [sɪ'gɑː*] *n* charuto

cigarette [sɪgə'rɛt] *n* cigarro; ~ **case** *n* cigarreira; ~ **end** *n* ponta de cigarro, guimba *(BR)*

Cinderella [sɪndə'rɛlə] *n* Gata Borralheira

cinders ['sɪndəz] *npl* cinzas *fpl*

cine-camera ['sɪnɪ-] *(BRIT) n*

câmera (cinematográfica)

cine-film ['sɪnɪ-] *(BRIT) n* filme *m* cinematográfico

cinema ['sɪnəmə] *n* cinema *m*

cinnamon ['sɪnəmən] *n* canela

cipher ['saɪfə*] *n* cifra

circle ['səːkl] *n* círculo; *(in cinema)* balcão *m* ♦ *vi* dar voltas ♦ *vt (surround)* rodear, cercar; *(move round)* dar a volta de

circuit ['səːkɪt] *n* circuito; *(lap)* volta; *(track)* pista; ~**ous** *adj* tortuoso

circular ['səːkjulə*] *adj* circular ♦ *n (carta)* circular *f*

circulate ['səːkjuleɪt] *vt, vi* circular; **circulation** *n* circulação *f; (of newspaper, book etc)* tiragem *f*

circumcise ['səːkəmsaɪz] *vt* circuncidar

circumflex ['səːkəmflɛks] *n (also:* ~ **accent)** (acento) circunflexo

circumspect ['səːkəmspɛkt] *adj* prudente, cauteloso

circumstances ['səːkəmstənsɪz] *npl* circunstâncias *fpl; (conditions)* condições *fpl; (financial condition)* situação *f* econômica

circumvent [səːkəm'vɛnt] *vt (rule etc)* driblar, burlar

circus ['səːkəs] *n* circo

CIS *n abbr (= Commonwealth of Independent States)* CEI *f*

cistern ['sɪstən] *n* tanque *m; (in toilet)* caixa d'água

cite [saɪt] *vt* citar; *(LAW)* intimar

citizen ['sɪtɪzn] *n (of country)* cidadão/dã *m/f; (of town)* habitante *m/f;* ~**ship** *n* cidadania

citrus fruit ['sɪtrəs-] *n* citrino

city ['sɪtɪ] *n* cidade *f;* **the C**~ centro financeiro de Londres

civic ['sɪvɪk] *adj* cívico, municipal; ~ **centre** *(BRIT) n* sede *f* do município

civil ['sɪvɪl] *adj* civil; *(polite)* delicado, cortês; ~**ian** *adj, n* civil *m/f*

civilized ['sɪvɪlaɪzd] *adj* civilizado

civil: ~ **law** *n* direito civil; ~ **servant** *n* funcionário/a público/a; **C**~ **Service** *n* administração *f* pública; ~ **war** *n* guerra civil

clad [klæd] *adj*: ~ (**in**) vestido (de)

claim [kleɪm] *vt* exigir, reclamar; (*rights etc*) reivindicar; (*responsibility, credit*) assumir; (*assert*): **to ~ that/to be** afirmar que/ser ♦ *n* (*for insurance*) reclamação *f*; (*assertion*) afirmação *f*; (*wage ~ etc*) reivindicação *f*; **~ant** *n* (*ADMIN, LAW*) requerente *m/f*

clairvoyant [kleə'vɔɪənt] *n* clarividente *m/f*

clam [klæm] *n* molusco

clamber ['klæmbə*] *vi* subir; (*up hill etc*) escalar

clammy ['klæmɪ] *adj* (*hands, face*) úmido e pegajoso

clamour ['klæmə*] (*US* **clamor**) *vi*: **to ~** clamar por

clamp [klæmp] *n* grampo ♦ *vt* (*two things together*) grampear; (*put: one thing on another*) prender; **~ down on** *vt fus* suprimir, proibir

clan [klæn] *n* clã *m*

clang [klæŋ] *vi* retinir

clap [klæp] *vi* bater palmas, aplaudir; **~ping** *n* aplausos *mpl*, palmas *fpl*

clarify ['klærɪfaɪ] *vt* esclarecer

clarinet [klærɪ'nɛt] *n* clarinete *m*

clarity ['klærɪtɪ] *n* clareza

clash [klæʃ] *n* (*fight*) confronto; (*disagreement*) desavença; (*of beliefs*) divergência; (*of colours, styles*) choque *m*; (*of dates*) coincidência; (*noise*) estrondo ♦ *vi* (*gangs, beliefs*) chocar-se; (*disagree*) entrar em conflito, ter uma desavença; (*colours*) não combinar; (*dates*) coincidir; (*weapons, cymbals etc*) estrefitar

clasp [klɑːsp] *n* fecho; (*embrace*) abraço ♦ *vt* prender; abraçar

class [klɑːs] *n* classe *f*; (*lesson*) aula; (*type*) tipo ♦ *vt* classificar

classic ['klæsɪk] *adj* clássico ♦ *n* clássico; **~al** *adj* clássico

classified ['klæsɪfaɪd] *adj* secreto; **~ advertisement** *n* classificado

classmate ['klɑːsmeɪt] *n* colega *m/f* de aula

classroom ['klɑːsrum] *n* sala de aula

clatter ['klætə*] *n* ruído, barulho; (*of hooves*) tropel *m* ♦ *vi* fazer barulho or ruído

clause [klɔːz] *n* cláusula; (*LING*) oração *f*

claw [klɔː] *n* (*of animal*) pata; (*of bird of prey*) garra; (*of lobster*) pinça; **~ at** *vt fus* arranhar; (*tear*) rasgar

clay [kleɪ] *n* argila

clean [kliːn] *adj* limpo; (*story*) inocente ♦ *vt* limpar; (*hands etc*) lavar; **~ out** *vt* limpar; **~ up** *vt* limpar, assear; **~-cut** *adj* alinhado; **~** *n* faxineiro/a; (*product*) limpador *m*; **~er's** *n* (*also*: **dry ~er's**) tinturaria; **~ing** *n* limpeza; **~liness** *n* limpeza

cleanse [klɛnz] *vt* limpar; (*purify*) purificar; **~r** *n* (*for face*) creme *m* de limpeza

clean-shaven [-'ʃeɪvn] *adj* sem barba, de cara raspada

cleansing department ['klɛnzɪŋ-] (*BRIT*) *n* departamento de limpeza

clear [klɪə*] *adj* claro; (*footprint, photograph*) nítido; (*obvious*) evidente; (*glass, water*) transparente; (*road, way*) limpo, livre; (*conscience*) tranqüilo; (*skin*) macio ♦ *vt* (*space*) abrir; (*room*) esvaziar; (*LAW: suspect*) absolver; (*fence*) saltar, transpor; (*cheque*) compensar ♦ *vi* (*weather*) abrir; (*sky*) clarear; (*fog etc*) dissipar-se ♦ *adv*: **~ of** a salvo de; **to ~ the table** tirar a mesa; **~ up** *vt* limpar; (*mystery*) resolver, esclarecer; **~ance** *n* remoção *f*; (*permission*) permissão *f*; **~-cut** *adj* bem definido, nítido; **~ing** *n* (*in wood*) clareira; **~ing bank** (*BRIT*) *n* câmara de compensação; **~ly** *adv* distintamente; (*obviously*) claramente; (*coherently*) coerentemente; **~way** (*BRIT*) *n* estrada onde não se pode estacionar

cleaver ['kliːvə*] *n* cutelo (de açougueiro)

clef [klɛf] *n* (*MUS*) clave *f*

cleft [klɛft] *n* (*in rock*) fissura

clench [klɛntʃ] *vt* apertar, cerrar; (*teeth*) trincar

clergy ['klɜːdʒɪ] n clero; **~man** (ir-reg) n clérigo, pastor m

clerical ['klerɪkəl] adj de escritório; (REL) clerical

clerk [klɑːk, (US) klɜːrk] n auxiliar m/f de escritório; (US: sales person) balconista m/f

clever ['klevə*] adj inteligente; (deft) hábil; (arrangement) engenhoso

click [klɪk] vt (tongue) estalar; (heels) bater ♦ vi estalar

client ['klaɪənt] n cliente m/f

cliff [klɪf] n penhasco

climate ['klaɪmɪt] n clima m

climax ['klaɪmæks] n clímax m, ponto culminante; (sexual) clímax

climb [klaɪm] vi subir; (plant) tre-par; (plane) ganhar altitude; (prices etc) escalar ♦ vt (stairs) subir; (tree) trepar em; (hill) escalar ♦ n subida; (of prices etc) escalada; ~ **down** n retração f; ~ **er** n alpinista m/f; (plant) trepadeira; **~ing** n alpinismo

clinch [klɪntʃ] vt (deal) fechar; (ar-gument) decidir, resolver

cling [klɪŋ] (pt, pp **clung**) vi: to ~ to pegar-se a, aderir a; (support, idea) agarrar-se a; (clothes) ajustar-se a

clinic ['klɪnɪk] n clínica; **~al** adj clínico; (fig) frio, impessoal

clink [klɪŋk] vi tinir

clip [klɪp] n (for hair) grampo (BR), gancho (PT); (also: **paper ~**) mola, clipe m; (TV, CINEMA) clipe ♦ vt (cut) aparar; (fasten) grampear; **~pers** npl (for gardening) podadei-ra; (also: **nail ~pers**) alicate m de unhas; **~ping** n recorte m

clique [kliːk] n panelinha

cloak [kləuk] n capa, manto ♦ vt (fig) encobrir; **~room** n vestiário; (BRIT: WC) sanitários mpl (BR), lava-tórios mpl (PT)

clock [klɔk] n relógio; ~ **in** or **on** (BRIT) vi assinar o ponto na entra-da; ~ **off** or **out** (BRIT) vi assinar o ponto na saída; **~wise** adv em senti-do horário; **~work** n mecanismo de

relógio ♦ adj de corda

clog [klɔg] n tamanco ♦ vt entupir ♦ vi (also: ~ **up**) entupir-se

cloister ['klɔɪstə*] n claustro

close¹ [kləus] adj: ~ (to) próximo (a); (friend) íntimo; (examination) minucioso; (watch) atento; (contest) apertado; (weather) abafado ♦ adv perto; ~ **to** perto de; ~ **by**, perto, pertinho; ~ **at hand** = ~ **by**; to **have a ~ shave** (fig) livrar-se por um triz

close² [kləuz] vt fechar; (end) en-cerrar ♦ vi fechar; (end) concluir-se, terminar-se ♦ n (end) fim m, conclu-são f, terminação f; ~ **down** vi fe-char definitivamente; **~d shop** n es-tabelecimento industrial que só admi-te empregados sindicalizados

close-knit adj muito unido

closely ['kləuslɪ] adv (watch) de per-to; (connected, related) intimamente; (resemble) muito

closet ['klɔzɪt] n (cupboard) armário

close-up ['kləus-] n close m, close-up m

closure ['kləuʒə*] n fechamento

clot [klɔt] n (gen: blood ~) coágulo; (inf: idiot) imbecil m/f ♦ vi coagular-se

cloth [klɔθ] n (material) tecido, fa-zenda; (rag) pano

clothe [kləuð] vt vestir

clothes [kləuðz] npl roupa; **~ brush** n escova (para a roupa); **~ line** n corda (para estender a roupa); **~ peg** (US = **pin**) n pregador m

clothing ['kləuðɪŋ] n = **clothes**

cloud [klaud] n nuvem f; **~burst** n aguaceiro; **~y** adj nublado; (liquid) turvo

clout [klaut] vt dar uma bofetada em

clove [kləuv] n cravo; ~ **of garlic** dente m de alho

clover ['kləuvə*] n trevo

clown [klaun] n palhaço ♦ vi (also: ~ **about**; ~ **around**) fazer palha-çadas

cloying ['klɔɪɪŋ] adj (taste, smell) enjoativo, nauseabundo

club [klʌb] n (society) clube m; (weapon) cacete m; (also: **golf ~**) taco ♦ vt esbordoar ♦ vi: **to ~ together** cotizar-se; **~s** npl (CARDS) paus mpl; **~ car** (US) n (RAIL) vagão-restaurante m; **~house** n sede f do clube

cluck [klʌk] vi cacarejar

clue [klu:] n indício, pista; (in crossword) definição f; **I haven't a ~** não faço idéia

clump [klʌmp] n (of trees etc) grupo

clumsy ['klʌmzɪ] adj (person) desajeitado; (movement) deselegante, mal-feito; (attempt) inábil

clung [klʌŋ] pt, pp of **cling**

cluster ['klʌstə*] n grupo; (of flowers) ramo ♦ vi agrupar-se, apinhar-se

clutch [klʌtʃ] n (grip, grasp) garra; (AUT) embreagem f (BR), embraiagem f (PT) ♦ vt empunhar, pegar em

clutter ['klʌtə*] vt (also: **~ up**) abarrotar, encher desordenadamente

cm abbr (= centimetre) cm

CND n abbr = **Campaign for Nuclear Disarmament**

Co. abbr (= county; (= company) Cia.

c/o abbr (= care of) a/c

coach [kəutʃ] n (bus) ônibus m (BR), autocarro (PT); (horse-drawn) carruagem f, coche m; (of train) vagão m; (SPORT) treinador(a) m/f, instrutor(a) m/f; (US) professor(a) m/f particular ♦ vt (SPORT) treinar; (student) preparar, ensinar; **~ trip** n passeio de ônibus (BR) or autocarro (PT)

coal [kəul] n carvão m; **~field** n região f carbonífera

coalition [kəuə'lɪʃən] n (POL) coalizão f

coal: **~man** (irreg) n carvoeiro; **~ merchant** n = **~man**; **~mine** n mina de carvão

coarse [kɔ:s] adj grosso, áspero; (vulgar) grosseiro, ordinário

coast [kəust] n costa, litoral m ♦ vi (AUT) ir em ponto morto; **~al** adj

costeiro; **~guard** n (person) guarda m que policia a costa; (service) guarda costeira; **~line** n litoral m

coat [kəut] n (overcoat) sobretudo; (of animal) pelo; (of paint) demão f, camada ♦ vt cobrir, revestir; **hanger** n cabide m; **~ing** n camada; **~ of arms** n brasão m

coax [kəuks] vt persuadir com meiguice

cob [kɔb] n see **corn**

cobbler ['kɔblə*] n sapateiro

cobbles ['kɔblz] npl pedras fpl arredondadas

cobblestones ['kɔblstəunz] npl = **cobbles**

cobweb ['kɔbwɛb] n teia de aranha

cocaine [kə'keɪn] n cocaína

cock [kɔk] n (rooster) galo; (male bird) macho ♦ vt (gun) engatilhar; **~erel** n frango, galo pequeno; **~eyed** adj (fig: idea etc) absurdo

cockle ['kɔkl] n berbigão m

cockney ['kɔknɪ] n londrino/a (nativo dos bairros populares do leste de Londres)

cockpit ['kɔkpɪt] n (in aircraft) cabina; (in racing car) compartimento do piloto

cockroach ['kɔkrəutʃ] n barata

cocktail ['kɔkteɪl] n coquetel m (BR), cocktail m (PT); **~ cabinet** n móvel-bar m; **~ party** n coquetel (BR), cocktail (BR)

cocoa ['kəukəu] n cacau m; (drink) chocolate m

coconut ['kəukənʌt] n coco

cocoon [kə'ku:n] n casulo

COD abbr = **cash** (BRIT) or (US) **collect on delivery**

cod [kɔd] n inv bacalhau m

code [kəud] n cifra; (dialling **~**, post **~**) código; **~ of practice** deontologia

coercion [kəu'ə:ʃən] n coerção f

coffee ['kɔfɪ] n café m; **~ bar** (BRIT) n café m, lanchonete f; **~ break** n hora do café; **~pot** n cafeteira; **~ table** n mesinha de centro

coffin ['kɔfɪn] n caixão m

cog [kɔg] n (tooth) dente m; (wheel) roda dentada

cogent ['kəudʒənt] adj convincente

coherent [kəu'hiərənt] adj coerente

coil [kɔil] n rolo; (ELEC) bobina; (contraceptive) DIU m ♦ vt enrolar

coin [kɔin] n moeda ♦ vt (word) cunhar, criar; ~**age** n moeda, sistema m monetário; ~ **box** (BRIT) n telefone m público

coincide [kəuin'said] vi coincidir; ~**nce** n coincidência

Coke [kəuk] ® n (drink) coca

coke [kəuk] n (coal) coque m

colander ['kɔləndə*] n coador m, passador m

cold [kəuld] adj frio ♦ n frio; (MED) resfriado (BR), constipação f (PT); it's ~ está frio; to be or feel ~ (person) estar com frio; (object) estar frio; to catch ~ resfriar-se (BR), apanhar constipação (PT); to catch a ~ apanhar um resfriado (BR) or uma constipação (PT); in ~ blood a sangue frio; ~**ly** adv friamente; ~-**shoulder** vt tratar com frieza; ~ **sore** n herpes m labial

coleslaw ['kəulslɔ:] n salada de repolho cru

collapse [kə'læps] vi cair, tombar; (building) desabar; (resistance, government) sucumbir; (MED) desmaiar ♦ n desabamento, desmoronamento; (of government) queda; (MED) colapso; **collapsible** adj dobrável

collar ['kɔlə*] n (of shirt) colarinho; (of coat etc) gola; (for dog) coleira; (TECH) aro, colar m; ~**bone** n clavícula

collateral [kə'lætərəl] n garantia subsidiária or pignoratícia

colleague ['kɔli:g] n colega m/f

collect [kə'lɛkt] vt (as a hobby) colecionar; (gather) recolher; (wages, debts) cobrar; (donations, subscriptions) colher; (mail) coletar; (BRIT: call for) (ir) buscar, vir apanhar ♦ vi (people) reunir-se ♦ adv: to call ~ (US: TEL) ligar a cobrar; ~**ion** n

coleção f; (of people) grupo; (of donations) arrecadação f; (of post, for charity) coleta; (of writings) coletânea; ~**or** n colecionador(a) m/f; (of taxes etc) cobrador(a) m/f

college ['kɔlidʒ] n (of university) faculdade f; (of technology, agriculture) escola de nível superior

collide [kə'laid] vi: to ~ (with) colidir (com)

colliery ['kɔliəri] (BRIT) n mina de carvão

collision [kə'liʒən] n colisão f

Colombia [kə'lɔmbiə] n Colômbia f

colon ['kəulən] n (sign) dois pontos; (MED) cólon m

colonel ['kə:nl] n coronel m

colony ['kɔləni] n colônia f

colour ['kʌlə*] (US **color**) n cor f ♦ vt colorir; (with crayons) colorir, pintar; (dye) tingir; (fig: account) falsear ♦ vi (blush) corar; ~s npl (of party, club) cores fpl; in ~ (photograph etc) a cores; ~ **in** vt (drawing) colorir; ~ **bar** n discriminação f racial; ~-**blind** adj daltônico; ~**ed** adj colorido; (person) de cor; ~**film** n filme m a cores; ~**ful** adj colorido; (account) vivo, animado; ~**ing** n colorido; (complexion) tez f; (in food) corante m; ~ **scheme** n distribuição f de cores; ~ **television** n televisão f a cores

colt [kəult] n potro

column ['kɔləm] n coluna; (of smoke) faixa; (of people) fila; ~**ist** n cronista m/f

coma ['kəumə] n coma

comb [kəum] n pente m; (ornamental) crista ♦ vt pentear; (area) vasculhar

combat ['kɔmbæt] n combate m ♦ vt combater

combination [kɔmbi'neiʃən] n combinação f; (of safe) segredo

combine [vt, vi kəm'bain, n 'kɔmbain] vt combinar; (qualities) reunir ♦ vi combinar-se ♦ n (ECON) associação f; ~ (**harvester**) n ceifeira debulhadora

KEYWORD

come [kʌm] (pt **came**, pp **come**) vi
1 (movement towards) vir; ~ **with**
me vem comigo; to ~ **running** vir
correndo
2 (arrive) chegar; **she's** ~ **here to
work** ela veio aqui para trabalhar;
to ~ **home** chegar em casa
3 (reach): to ~ to chegar a; **the
bill came to £40** a conta deu £40;
her hair came to her waist o cabelo dela batia na cintura
4 (occur): **an idea came to me**
uma idéia me ocorreu
5 (be, become) ficar; to ~ **loose/
undone** soltar-se/desfazer-se; **I've** ~
to like him passei a gostar dele
come about vi suceder, acontecer
come across vt fus (person) topar
com; (thing) encontrar
come away vi (leave) ir se embora;
(become detached) desprender-se,
soltar-se
come back vi (return) voltar
come by vt fus (acquire) conseguir
come down vi (price) baixar; (tree)
cair; (building) desmoronar-se
come forward vi apresentar-se
come from vt fus (subj: person) ser
de; (: thing) originar-se de
come in vi entrar; (on deal) participar; (be involved) estar envolvido
come in for vt fus (criticism) merecer
come into vt fus (money) herdar;
(fashion) ser; (be involved) estar envolvido em
come off vi (button) desprender-se,
soltar-se; (attempt) dar certo
come on vi (pupil, work, project)
avançar; (lights, electricity) ser ligado; ~ **on!** vamos!, vai!
come out vi (fact) vir à tona;
(book) ser publicado; (stain, sun)
sair
come round vi voltar a si
come to vi voltar a si
come up vi (sun) nascer; (in conversation) surgir; (event) acontecer

come up against vt fus (resistance,
difficulties) tropeçar com, esbarrar
em
come up with vt fus (idea) propor,
sugerir; (money) contribuir
come upon vt fus encontrar, achar

comeback ['kʌmbæk] n volta
comedian [kə'mi:dɪən] n cômico, humorista m; **comedienne** n cômica,
humorista
comedy ['kɒmɪdɪ] n comédia
comeuppance [kʌm'ʌpəns] n: to
get one's ~ pagar
comfort ['kʌmfət] n (well-being)
bem-estar m; (relief) alívio ♦ vt consolar, confortar; ~s npl (of home
etc) conforto; ~**able** adj confortável;
(financially) tranquilo; (walk, climb
etc) fácil; ~**ably** adv confortavel-
mente; ~ **station** (US) n banheiro
(BR), lavatórios npl (PT)
comic ['kɒmɪk] adj (also: ~**al**)
cômico ♦ n (person) humorista m/f;
(BRIT: magazine) revista em quadrinhos (BR), revista de banda desenhada (PT), gibi m (BR: inf); ~ **strip** n
história em quadrinhos (BR), banda
desenhada (PT)
coming ['kʌmɪŋ] n vinda, chegada ♦
adj que vem, vindouro; ~(**s**) **and
going(s)** n(pl) vaivém m, azáfama
comma ['kɒmə] n vírgula
command [kə'mɑ:nd] n ordem f,
mandado; (control) controle m;
(MIL: authority) comando; (mastery) domínio ♦ vt mandar; ~**er** vt
requisitar; ~**er** n (MIL) comandante
m/f; ~**ment** n (REL) mandamento;
~**o** n (group) comando; (soldier) soldado
commemorate [kə'meməreɪt] vt
(with monument) comemorar; (with
celebration) celebrar
commence [kə'mens] vt, vi começar, iniciar
commend [kə'mend] vt elogiar, louvar; (recommend) recomendar
commensurate [kə'menʃərɪt] adj:
~ **with/to** compatível com

comment ['kɔmɛnt] n comentário ♦ vi: to ~ (on) comentar (sobre); "no ~" "sem comentário"; ~ary n comentário; ~ator n comentarista m/f

commerce ['kɔmɔːs] n comércio

commercial [kə'mɔːʃəl] adj comercial ♦ n anúncio, comercial m; ~ radio/television n rádio/televisão f comercial

commiserate [kə'mɪzəreɪt] vi: to ~ with comiserar-se de, condoer-se de

commission [kə'mɪʃən] n comissão f; (order) empreitada, encomenda f, vt (work of art) encomendar; out of ~ com defeito; ~aire (BRIT) n porteiro; ~er n comissário/a

commit [kə'mɪt] vt cometer; (resources) alocar; (to sb's care) entregar; to ~ o.s. (to do) comprometer-se (a fazer); to ~ suicide suicidar-se; ~ment n compromisso; (political etc) engajamento; (undertaking) promessa

committee [kə'mɪtɪ] n comitê m

commodity [kə'mɔdɪtɪ] n mercadoria

common ['kɔmən] adj comum; (vulgar) vulgar ♦ n área verde aberta ao público; C~s npl (BRIT: POL): the (House of) C~s a Câmara dos Comuns; in ~ em comum; ~er n plebeu/béia m/f; ~ law n lei f consuetudinária; ~ly adv geralmente; C~ Market n Mercado Comum; ~place adj vulgar; ~ room n (SCH) sala dos professores (or estudantes); ~ sense n bom senso; C~wealth n: the C~wealth a Comunidade Britânica

commotion [kə'məuʃən] n tumulto, confusão f

communal ['kɔmjuːnl] adj comum

commune [n 'kɔmjuːn, vi kə'mjuːn] n (group) comuna ♦ vi: to ~ with comunicar-se com

communicate [kə'mjuːnɪkeɪt] vt comunicar ♦ vi: to ~ (with) comunicar-se (com); **communication** n comunicação f; (letter, call) mensagem f; **communication cord**

(BRIT) n sinal m de alarme

communion [kə'mjuːnɪən] n (also: Holy C~) comunhão f

communiqué [kə'mjuːnɪkeɪ] n comunicado

communism ['kɔmjunɪzəm] n comunismo; **communist** adj, n comunista m/f

community [kə'mjuːnɪtɪ] n comunidade f; ~ centre n centro social; ~ chest (US) n fundo de assistência social; ~ home (BRIT) n reformatório

commutation ticket [kɔmju'teɪʃən-] (US) n passe m, bilhete m de assinatura

commute [kə'mjuːt] vi viajar diariamente ♦ vt comutar; ~r n viajante m/f habitual

compact [adj kəm'pækt, n 'kɔmpækt] adj compacto ♦ n (also: powder ~) estojo; ~ disc n disco laser, CD m; ~ disc player n som cd m

companion [kəm'pænɪən] n companheiro/a; ~ship n companhia, companheirismo

company ['kʌmpənɪ] n companhia; (COMM) sociedade f, companhia; to keep sb ~ fazer companhia a alguém; ~ secretary (BRIT) n (COMM) secretário/a geral (de uma companhia)

comparative [kəm'pærətɪv] adj (study) comparativo; (peace, safety) relativo; (stranger) meio; ~ly adv relativamente

compare [kəm'pɛə*] vt comparar ♦ vi: to ~ with comparar-se com; **comparison** n comparação f

compartment [kəm'pɑːtmənt] n compartimento; (of wallet) divisão f

compass ['kʌmpəs] n bússola; ~es npl compasso

compassion [kəm'pæʃən] n compaixão f

compatible [kəm'pætɪbl] adj compatível

compel [kəm'pɛl] vt obrigar; ~ling adj (fig: argument) convincente

compensate ['kɔmpənseɪt] vt indenizar ♦ vi: to ~ for compensar;

compensation n compensação f; (damages) indenização f

compère ['kɒmpeə*] n apresentador(a) m/f

compete [kəm'piːt] vi (take part) competir; (vie): to ~ (with) competir (com), fazer competição f

competent ['kɒmpɪtənt] adj competente

competition [kɒmpɪ'tɪʃən] n (contest) concurso; (ECON) concorrência; (rivalry) competição f

competitive [kəm'petɪtɪv] adj competitivo; (person) competidor(a)

competitor [kəm'petɪtə*] n (rival) competidor(a) m/f; (participant, ECON) concorrente m/f

complacency [kəm'pleɪsnsɪ] n satisfação f consigo mesmo

complain [kəm'pleɪn] vi queixar-se; to ~ of (pain) queixar-se de; ~t n (objection) objeção f; (criticism) queixa; (MED) achaque m, doença

complement ['kɒmplɪmənt] n complemento; (esp ship's crew) tripulação f ♦ vt complementar; ~ary adj complementar

complete [kəm'pliːt] adj completo; (finished) acabado ♦ vt (finish: building, task) acabar; (: set, group) completar; (a form) preencher; ~ly adv completamente; **completion** n conclusão f, término; (of contract etc) realização f

complex ['kɒmpleks] adj complexo ♦ n complexo; (of buildings) conjunto

complexion [kəm'plekʃən] n (of face) cor f, tez f

compliance [kəm'plaɪəns] n submissão f; (agreement) conformidade f; **in ~ with** de acordo com, conforme

complicate ['kɒmplɪkeɪt] vt complicar; ~d adj complicado; **complication** n problema m; (MED) complicação f

compliment [n 'kɒmplɪmənt, vt 'kɒmplɪment] n (praise) elogio ♦ vt elogiar; ~s npl (regards) cumprimentos mpl; **to pay sb a ~** elogiar alguém; ~**ary** adj lisonjeiro; (free)

gratuito

comply [kəm'plaɪ] vi: to ~ with cumprir com

component [kəm'pəunənt] adj componente ♦ n (part) peça

compose [kəm'pəuz] vt compor; to be ~d of compor-se de; to ~ o.s. tranquilizar-se; ~d adj calmo; ~r n (MUS) compositor(a) m/f; **composition** n composição f

composure [kəm'pəuʒə*] n serenidade f, calma

compound [n, adj 'kɒmpaund] n (CHEM, LING) composto; (enclosure) recinto ♦ adj composto

comprehend [kɒmprɪ'hend] vt compreender

comprehensive [kɒmprɪ'hensɪv] adj abrangente; (INSURANCE) total; ~ (school) (BRIT) n escola secundária de amplo programa

compress [vt kəm'pres, n 'kɒmpres] vt comprimir; (text, information etc) reduzir ♦ n (MED) compressa

comprise [kəm'praɪz] vt (also: be ~d of) compreender, constar de; (constitute) constituir

compromise ['kɒmprəmaɪz] n meiotermo ♦ vt comprometer ♦ vi chegar a um meiotermo

compulsion [kəm'pʌlʃən] n compulsão f; (force) coação f, força

compulsive [kəm'pʌlsɪv] adj compulsório

compulsory [kəm'pʌlsərɪ] adj obrigatório; (retirement) compulsório

computer [kəm'pjuːtə*] n computador m; ~ **game** n video game m; ~**ize** vt informatizar, computadorizar; ~ **progra(m)mer** n programador(a) m/f; ~ **program(m)ing** n programação f; ~ **science** n informática; **computing** n computação f; (science) informática

comrade ['kɒmrɪd] n camarada m/f; ~**ship** n camaradagem f

con [kɒn] vt enganar; (cheat) trapacear ♦ n vigarice f

conceal [kən'siːl] vt ocultar; (infor-

mation) omitir

concede [kən'siːd] *vt* (*admit*) reconhecer, admitir

conceit [kən'siːt] *n* presunção *f*; **~ed** *adj* vaidoso

conceive [kən'siːv] *vt* conceber ♦ *vi* conceber, engravidar

concentrate ['kɔnsəntreɪt] *vi* concentrar-se ♦ *vt* concentrar; **concentration** *n* concentração *f*; **concentration camp** *n* campo de concentração

concept ['kɔnsɛpt] *n* conceito; **~ion** *n* (*idea*) conceito, idéia; (*BIO*) concepção *f*

concern [kən'səːn] *n* (*COMM*) empresa; (*anxiety*) preocupação *f* ♦ *vt* preocupar; (*involve*) envolver; (*relate to*) dizer respeito a; **to be ~ed** (*about*) preocupar-se (com); **~ing** *prep* sobre, a respeito de, acerca de

concert ['kɔnsət] *n* concerto; **~ed** *adj* (*joint*) conjunto; **~ hall** *n* sala de concertos

concertina [kɔnsə'tiːnə] *n* sanfona

concession [kən'sɛʃən] *n* concessão *f*; **tax ~** redução no imposto

conclude [kən'kluːd] *vt* (*finish*) acabar, concluir; (*treaty etc*) firmar; (*agreement*) chegar a; (*decide*) decidir; **conclusive** *adj* conclusivo, decisivo

concoct [kən'kɔkt] *vt* (*excuse*) fabricar; (*plot*) tramar; (*meal*) preparar; **~ion** *n* (*mixture*) mistura

concourse ['kɔŋkɔːs] *n* (*hall*) saguão *m*

concrete ['kɔnkriːt] *n* concreto (*BR*), betão *m* (*PT*) ♦ *adj* concreto

concur [kən'kəː] *vi* estar de acordo, concordar

concurrently [kən'kʌrntlɪ] *adv* ao mesmo tempo, simultaneamente

concussion [kən'kʌʃən] *n* (*MED*) concussão *f* cerebral

condemn [kən'dɛm] *vt* denunciar; (*prisoner, building*) condenar

condensation [kɔndɛn'seɪʃən] *n* condensação *f*

condense [kən'dɛns] *vi* condensar-se

♦ *vt* condensar; **~d milk** *n* leite *m* condensado

condition [kən'dɪʃən] *n* condição *f*; (*MED: illness*) doença ♦ *vt* condicionar; **~s** *npl* (*circumstances*) circunstâncias *fpl*; **on ~ that** com a condição (de) que; **~er** *n* (*for hair*) condicionador *m*; (*for fabrics*) amaciante *m*

condolences [kən'dəulənsɪz] *npl* pêsames *mpl*

condom ['kɔndəm] *n* preservativo, camisinha, camisa-de-Vénus *f*

condominium [kɔndə'mɪnɪəm] (*US*) *n* (*building*) edifício

condone [kən'dəun] *vt* admitir, aceitar

conducive [kən'djuːsɪv] *adj*: **~ to** conducente para *or* a

conduct [*n* 'kɔndʌkt, *vt* kən'dʌkt] *n* conduta, comportamento ♦ *vt* (*research etc*) fazer; (*heat, electricity*) conduzir; (*MUS*) reger; **to ~ o.s.** comportar-se; **~ed tour** *n* viagem *f* organizada; **~or** *n* (*of orchestra*) regente *m/f*; (*on bus*) cobrador(a) *m/f*; (*US: RAIL*) revisor(a) *m/f*; (*ELEC*) condutor *m*; **~ress** *n* cobradora

cone [kəun] *n* cone *m*; (*BOT*) pinha; (*for ice-cream*) casquinha; (*on road*) cone colorido para sinalizar obras

confectioner [kən'fɛkʃənə°] *n* confeiteiro/a (*BR*), pasteleiro/a (*PT*); **~'s (shop)** *n* confeitaria (*BR*), pastelaria (*PT*); (*sweet shop*) confeitaria; **~y** *n* (*sweetmeats*) doces *mpl*; (*sweets*) balas *fpl*

confer [kən'fəː°] *vt*: **to ~ sth on** conferir algo a; (*advantage*) conceder algo a ♦ *vi* conferenciar

conference ['kɔnfərns] *n* congresso

confess [kən'fɛs] *vt* confessar ♦ *vi* (*admit*) admitir; **~ion** *n* admissão *f*; (*REL*) confissão *f*

confetti [kən'fɛtɪ] *n* confete *m*

confide [kən'faɪd] *vi*: **to ~ in** confiar em, fiar-se em

confidence ['kɔnfɪdns] *n* confiança; (*faith*) fé *f*; (*secret*) confidência; **in ~** em confidência; **~ trick** *n* o conto do vigário; **confident** *adj* confiante, convicto; (*positive*) seguro; **confidential** *adj* confidencial

confine [kən'faɪn] *vt* (*shut up*) encarcerar; (*limit*): **to ~ (to)** confinar (a); **~d** *adj* (*space*) reduzido; **~ment** *n* prisão *f*; **~s** *npl* confins *mpl*

confirm [kən'fə:m] *vt* confirmar; **~ation** *n* confirmação *f*; (*REL*) crisma; **~ed** *adj* inveterado

confiscate ['kɒnfɪskeɪt] *vt* confiscar

conflict [*n* 'kɒnflɪkt, *vi* kən'flɪkt] *n* (*disagreement*) divergência; (*of interests, loyalties etc*) conflito; (*fighting*) combate *m* ♦ *vi* estar em conflito; (*opinions*) divergir; **~ing** *adj* (*reports*) divergente; (*interests*) oposto

conform [kən'fɔ:m] *vi* conformar-se; **to ~** to ajustar-se a, acomodar-se a

confound [kən'faʊnd] *vt* confundir

confront [kən'frʌnt] *vt* (*problems*) enfrentar; (*enemy, danger*) defrontar-se com; **~ation** *n* confrontação *f*

confuse [kən'fju:z] *vt* (*perplex*) desconcertar; (*mix up*) confundir, misturar; (*complicate*) complicar; **~d** *adj* confuso; **confusing** *adj* confuso; **confusion** *n* (*mix-up*) mal-entendido; (*perplexity*) perplexidade *f*; (*disorder*) confusão *f*

congeal [kən'dʒi:l] *vi* coagular-se

congenial [kən'dʒi:nɪəl] *adj* simpático, agradável

congestion [kən'dʒestʃən] *n* (*MED*) congestão *f*; (*traffic*) congestionamento

congratulate [kən'grætjuleɪt] *vt* parabenizar; **congratulations** *npl* parabéns *mpl*

congregate ['kɒŋgrɪgeɪt] *vi* reunir-se; **congregation** *n* (*in church*) fiéis *mpl*

congress ['kɒŋgrɛs] *n* congresso; (*US*): **C~** Congresso; **~man** (*US*: *irreg*) *n* deputado

conjunctivitis [kəndʒʌŋktɪ'vaɪtɪs] *n* conjuntivite *f*

conjure ['kʌndʒə*] *vi* fazer truques; **~ up** *vt* (*ghost, spirit*) fazer aparecer, invocar; (*memories*) evocar; **~r** *n* mágico/a, prestidigitador(a) *m/f*

conk out [kɒŋk-] (*inf*) *vi* pifar

con man ['kɒn-] (*irreg*) *n* vigarista *m*

connect [kə'nekt] *vt* (*ELEC, TEL*) ligar; (*fig: associate*) associar; (*join*): **to ~ sth (to)** juntar ou unir algo (a) ♦ *vi*: **to be ~ed with** estar relacionado com; **I'm trying to ~ you** (*TEL*) estou tentando completar a ligação; **~ion** *n* ligação *f*; (*ELEC, RAIL, fig*) conexão *f*; (*TEL*) ligação *f*

connive [kə'naɪv] *vi*: **to ~ at** ser conivente em

connoisseur [kɒnɪ'sə*] *n* conhecedor(a) *m/f*, apreciador(a) *m/f*

conquer ['kɒŋkə*] *vt* conquistar; (*enemy*) vencer; (*feelings*) superar; **conquest** *n* conquista

cons [kɒnz] *npl* see convenience

conscience ['kɒnʃəns] *n* consciência

conscientious [kɒnʃɪ'ɛnʃəs] *adj* consciencioso

conscious ['kɒnʃəs] *adj* consciente; (*deliberate*) intencional; **~ness** *n* consciência; (*MED*): **to lose/regain ~ness** perder/recuperar os sentidos

conscript ['kɒnskrɪpt] *n* recruta *m/f*; **~ion** *n* serviço militar obrigatório

consent [kən'sent] *n* consentimento ♦ *vi*: **to ~** to consentir em

consequence ['kɒnsɪkwəns] *n* consequência; (*significance*): **of ~** de importância; **consequently** *adv* por conseguinte

conservation [kɒnsə'veɪʃən] *n* conservação *f*; (*of the environment*) preservação *f*

conservative [kən'sə:vətɪv] *adj* conservador(a); (*cautious*) moderado; (*BRIT: POL*): **C~** conservador(a) ♦ *n* (*BRIT: POL*) conservador(a) *m/f*

conservatory [kən'sə:vətrɪ] *n* (*MUS*) conservatório; (*greenhouse*) estufa

conserve [kən'sɜːv] vt (preserve) preservar; (supplies, energy) poupar ♦ n conserva

consider [kən'sɪdə*] vt considerar; (take into account) levar em consideração; (study) estudar, examinar; **to ~ doing sth** pensar em fazer algo

considerable [kən'sɪdərəbl] adj considerável; (sum) importante

considerate [kən'sɪdərɪt] adj atencioso; **consideration** n consideração f; (deliberation) deliberação f; (factor) fator m

considering [kən'sɪdərɪŋ] prep em vista de

consign [kən'saɪn] vt: **to ~ to** (place) relegar para; (care) confiar a; **~ment** n consignação f

consist [kən'sɪst] vi: **to ~ of** (comprise) consistir em

consistency [kən'sɪstənsɪ] n coerência; (thickness) consistência

consistent [kən'sɪstənt] adj (person) coerente, estável; (idea) sólido

consolation [kɔnsə'leɪʃən] n conforto

console [vt kən'səul, n 'kɔnsəul] vt confortar ♦ n consolo

consommé [kən'sɔmeɪ] n consomé m, caldo

consonant ['kɔnsənənt] n consoante f

consortium [kən'sɔːtɪəm] (pl ~s or **consortia**) n consórcio

conspicuous [kən'spɪkjuəs] adj conspícuo

conspiracy [kən'spɪrəsɪ] n conspiração f, trama

constable ['kʌnstəbl] (BRIT) n policial m/f (BR), polícia m/f (PT); **chief ~** chefe m/f de polícia; **constabulary** n polícia (distrital)

constant ['kɔnstənt] adj constante

constipated ['kɔnstɪpeɪtɪd] adj com prisão de ventre

constipation [kɔnstɪ'peɪʃən] n prisão f de ventre

constituency [kən'stɪtjuənsɪ] n (POL) distrito eleitoral; (people) eleitorado; **constituent** n (POL) elei-

tor(a) m/f; (component) componente m

constitute ['kɔnstɪtjuːt] vt (represent: challenge) representar; (: emergency) constituir; (make up) constituir

constitution [kɔnstɪ'tjuːʃən] n constituição f; (health) compleição f

constraint [kən'streɪnt] n coação f, pressão f; (restriction) limitação f

construct [kən'strʌkt] vt construir; **~ion** n construção f; (structure) estrutura

construe [kən'struː] vt interpretar

consul ['kɔnsl] n cônsul m/f; **~ate** n consulado

consult [kən'sʌlt] vt consultar; **~ant** n (MED) (médico/a) especialista m/f; (other specialist) assessor(a) m/f, consultor(a) m/f; **~ation** n (MED) consulta; (discussion) discussão f; **~ing room** (BRIT) n consultório

consume [kən'sjuːm] vt (eat) comer; (drink) beber; (fire etc, COMM) consumir; **~r** n consumidor(a) m/f; **~r goods** npl bens mpl de consumo; **~r society** n sociedade f de consumo

consumption [kən'sʌmpʃən] n consumação f; (buying, amount) consumo

cont. abbr = **continued**

contact ['kɔntækt] n contato ♦ vt entrar or pôr-se em contato com; **~ lenses** npl lentes fpl de contato

contagious [kən'teɪdʒəs] adj contagioso; (fig: laughter etc) contagiante

contain [kən'teɪn] vt conter; **to ~ o.s.** conter-se; **~er** n recipiente m; (for shipping etc) container m, cofre m de carga

contaminate [kən'tæmɪneɪt] vt contaminar

cont'd abbr = **continued**

contemplate ['kɔntəmpleɪt] vt (idea) considerar; (person etc) contemplar

contemporary [kən'tempərərɪ] adj (account) contemporâneo; (design) moderno ♦ n contemporâneo/a

contempt [kən'tɛmpt] n desprezo; ~ **of court** (LAW) desacato à autoridade do tribunal; ~**ible** adj desprezível; ~**uous** adj desdenhoso

contend [kən'tɛnd] vt (assert): to ~ **that** afirmar que ♦ vi: to ~ **with** (struggle) lutar com; (difficulty) enfrentar; (compete): to ~ **for** competir por; ~**er** n contendor(a) m/f

content [adj, vt kən'tɛnt, n 'kɔntɛnt] adj (happy) contente; (satisfied) satisfeito ♦ vt contentar, satisfazer ♦ n conteúdo; (fat ~, moisture ~ etc) quantidade f; ~**s** npl (of packet, book) conteúdo; ~**ed** adj contente, satisfeito

contention [kən'tɛnʃən] n (assertion) asserção f; (disagreement) contenda

contentment [kən'tɛntmənt] n contentamento

contest [n 'kɔntɛst, vt kən'tɛst] n contenda; (competition) concurso ♦ vt (legal case) defender; (POL) ser candidato a; (competition) disputar; (statement) contestar; ~**ant** n competidor(a) m/f; (in fight) adversário/a

context ['kɔntɛkst] n contexto

continent ['kɔntɪnənt] n continente m; **the C~** (BRIT) o continente europeu; ~**al** adj continental; ~**al quilt** (BRIT) n edredom m

contingency [kən'tɪndʒənsɪ] n contingência; **contingent** n contingente m

continual [kən'tɪnjuəl] adj contínuo; ~**ly** adv constantemente

continuation [kəntɪnju'eɪʃən] n prolongamento

continue [kən'tɪnju:] vi prosseguir, continuar ♦ vt continuar; (start again) recomeçar, retomar; **continuous** adj contínuo; **continuous stationery** (COMPUT) formulários mpl contínuos

contort [kən'tɔ:t] vt contorcer

contour ['kɔntuə*] n contorno; (also: ~ **line**) curva de nível

contraband ['kɔntrəbænd] n contra-

bando

contraceptive [kɔntrə'sɛptɪv] adj anticoncepcional ♦ n anticoncepcional f

contract [n'kɔntrækt, vi, vt kən'trækt] n contrato ♦ vi (become smaller) contrair-se, encolher-se; (COMM): to ~ **to do sth** comprometer-se por contrato a fazer algo ♦ vt contrair; ~**ion** n contração f; ~**or** n contratante m/f

contradict [kɔntrə'dɪkt] vt contradizer, desmentir

contraption [kən'træpʃən] (pej) n engenhoca, geringonça

contrary¹ ['kɔntrərɪ] adj contrário ♦ n contrário; **on the** ~ muito pelo contrário; **unless you hear to the** ~ salvo aviso contrário

contrary² [kən'trɛərɪ] adj teimoso

contrast [n 'kɔntrɑ:st, vt kən'trɑ:st] n contraste m ♦ vt comparar; **in** ~ **to** em contraste com, ao contrário de

contravene [kɔntrə'vi:n] vt infringir

contribute [kən'trɪbju:t] vt contribuir ♦ vi dar; to ~ **to** (charity) contribuir para; (newspaper) escrever para; (discussion) participar de; **contribution** n (donation) doação f; (BRIT: for social security) contribuição f; (to debate) intervenção f; (to journal) colaboração f; **contributor** n (to appeal) contribuinte m/f; (to newspaper) colaborador(a) m/f

contrive [kən'traɪv] vt: to ~ **to do** chegar a fazer

control [kən'trəul] vt controlar; (machinery) regular; (temper) dominar ♦ n controle m; (of car) direção f (BR), condução f (PT); (check) freio, controle; ~**s** npl (of vehicle) instrumentos mpl de controle; (on radio, television etc) controle; (governmental) medidas fpl de controle; **to be in** ~ **of** ter o controle de; (in charge of) ser responsável por; ~ **panel** n painel m de instrumentos; ~ **room** n sala de comando; ~ **tower** n (AVIAT) torre f de controle

controversial [kɔntrə'və:ʃl] adj controvertido, polêmico

controversy ['kɔntrəvə:sɪ] n controvérsia, polêmica

convalesce [kɔnvə'lɛs] vi convalescer

convector [kən'vɛktə] n (heater) aquecedor m de convecção

convene [kən'vi:n] vt convocar ♦ vi convocar-se

convenience [kən'vi:nɪəns] n (easiness) facilidade f; (suitability) conveniência; (advantage) vantagem f, conveniência; **at your ~** quando lhe convier; **all modern ~s** (also: BRIT: all mod cons) com todos os confortos

convenient [kən'vi:nɪənt] adj conveniente

convent ['kɔnvənt] n convento

convention [kən'vɛnʃən] n (custom) costume m; (agreement) convenção f; (meeting) assembléia; **~al** adj convencional

conversant [kən'və:snt] adj: to be **~ with** estar familiarizado com

conversation [kɔnvə'seɪʃən] n conversação f, conversa; **~al** adj de conversa

converse [n 'kɔnvə:s, vi kən'və:s] n inverso ♦ vi conversar; **~ly** adv pelo contrário, inversamente

convert [vt kən'və:t, n 'kɔnvə:t] vt converter ♦ n convertido/a; **~ible** n conversível m

convey [kən'veɪ] vt transportar, levar; (thanks) expressar; (information) exprimir; **~ or belt** n correia transportadora

convict [vt kən'vɪkt, n 'kɔnvɪkt] vt condenar ♦ n presidiário/a; **~ion** n condenação f; (belief) convicção f; (certainty) certeza

convince [kən'vɪns] vt (assure) assegurar; (persuade) convencer; **convincing** adj convincente

convoluted ['kɔnvəlu:tɪd] adj (argument) complicado

convoy ['kɔnvɔɪ] n escolta

convulse [kən'vʌls] vt: to be **~d with laughter/pain** morrer de rir/

dor

coo [ku:] vi arrulhar; (person) falar suavemente

cook [kuk] vt cozinhar; (meal) preparar ♦ vi cozinhar ♦ n cozinheiro/a; **~book** n livro de receitas; **~er** n fogão m; **~ery** n culinária; **~ery book** (BRIT) n = **~book**; **~ie** (US) n bolacha, biscoito; **~ing** n cozinha

cool [ku:l] adj fresco; (calm) calmo; (unfriendly) frio ♦ vt resfriar ♦ vi esfriar; **~ness** n frescura

coop [ku:p] n (for poultry) galinheiro; (for rabbits) capoeira; **~ up** vt (fig) confinar

cooperate [kəu'ɔpəreɪt] vi colaborar; (assist) ajudar; **cooperative** adj cooperativo ♦ n cooperativa

coordinate [vt kəu'ɔ:dɪneɪt, n kəu'ɔ:dɪnət] vt coordenar ♦ n (MATH) coordenada; **~s** npl (clothes) coordenados mpl

co-ownership [kəu-] n co-propriedade f, condomínio

cop [kɔp] (inf) n polícia m/f, policial m/f (BR), tira m (inf)

cope [kəup] vi: to ~ **with** poder com, arcar com; (problem) estar à altura de

copper ['kɔpə] n (metal) cobre m; (BRIT: inf: policeman/woman) polícia m/f, policial m/f (BR); **~s** npl (coins) moedas fpl de pouco valor

coppice ['kɔpɪs] n bosque m

copse [kɔps] n = **coppice**

copy ['kɔpɪ] n duplicata; (of book etc) exemplar m ♦ vt copiar; (imitate) imitar; **~right** n direitos mpl autorais, copirraite m

coral ['kɔrəl] n coral m

cord [kɔ:d] n corda; (ELEC) fio, cabo; (fabric) veludo cotelê

cordial ['kɔ:dɪəl] adj cordial ♦ n (BRIT: drink) bebida à base de fruta

cordon ['kɔ:dn] n cordão m; **~ off** vt isolar

corduroy ['kɔ:dərɔɪ] n veludo cotelê

core [kɔ:*] n centro; (of fruit) caroço; (of problem) âmago ♦ vt descaroçar

coriander [kɒrɪˈændə*] n coentro

cork [kɔːk] n rolha; (tree) cortiça; **~screw** n saca-rolhas m inv

corn [kɔːn] n (BRIT) trigo; (US: maize) milho; (on foot) calo; **~ on the cob** (CULIN) espiga de milho

corned beef [ˈkɔːnd-] n carne f de boi enlatada

corner [ˈkɔːnə*] n (outside) esquina; (inside) canto; (in road) curva; (FOOTBALL, BOXING) córner m ♦ vt (trap) encurralar; (COMM) açambarcar, monopolizar ♦ vi fazer uma curva; **~stone** n (also fig) base f, fundamento

cornet [ˈkɔːnɪt] n (MUS) cornetim m; (BRIT: of ice-cream) casquinha

cornflakes [ˈkɔːnfleɪks] npl flocos mpl de milho

cornflour [ˈkɔːnflaʊə*] (BRIT) n farinha de milho, maisena ®

cornstarch [ˈkɔːnstɑːtʃ] (US) n = cornflour

Cornwall [ˈkɔːnwəl] n Cornualha

corny [ˈkɔːnɪ] (inf) adj (joke) gasto

coronary [ˈkɒrənərɪ] n: **~ (thrombosis)** trombose f (coronária)

coronation [kɒrəˈneɪʃən] n coroação f

coroner [ˈkɒrənə*] n magistrado que investiga mortes suspeitas

coronet [ˈkɒrənɪt] n coroa aberta, diadema m

corporal [ˈkɔːpərl] n cabo ♦ adj: **~ punishment** castigo corporal

corporate [ˈkɔːpərɪt] adj coletivo; (finance) corporativo; (image) de empresa

corporation [kɔːpəˈreɪʃən] n (of town) município, junta; (COMM) sociedade f

corps [kɔː*, pl kɔːz] (pl **corps**) n (MIL) unidade f; (diplomatic) corpo; **the press ~** a imprensa

corpse [kɔːps] n cadáver m

corral [kəˈrɑːl] n curral m

correct [kəˈrɛkt] adj exato; (proper) correto ♦ vt corrigir

correspond [kɒrɪsˈpɒnd] vi (write): **to ~ (with)** corresponder-se (com);

(be equal to): **to ~ to** corresponder a; (be in accordance): **to ~ (with)** corresponder a; **~ence** n correspondência; **~ent** n correspondente m/f

corridor [ˈkɔːrɪdɔː*] n corredor m

corrode [kəˈrəʊd] vt corroer ♦ vi corroer-se; **corrosion** n corrosão f

corrugated [ˈkɒrəgeɪtɪd] adj corrugado; **~ iron** n chapa ondulada or corrugada

corrupt [kəˈrʌpt] adj corrupto; (COMPUT) corrupto, danificado ♦ vt corromper; corromper, danificar; **~ion** n corrupção f; corrupção, danificação f

corset [ˈkɔːsɪt] n espartilho; (MED) colete m

Corsica [ˈkɔːsɪkə] n Córsega

cosh [kɒʃ] (BRIT) n cassetete m

cosmetic [kɒzˈmetɪk] n cosmético ♦ adj (fig) simbólico, artificial

cosmos [ˈkɒzmɒs] n cosmo

cosset [ˈkɒsɪt] vt paparicar

cost [kɒst] (pt, pp **cost**) n (price) preço ♦ vt custar; **~s** npl (COMM: overheads) custos mpl; (LAW) custas fpl; **at all ~s** custe o que custar

co-star [kəʊ-] n co-estrela m/f

Costa Rica [ˈkɒstəˈriːkə] n Costa Rica

cost-effective adj rentável

costly [ˈkɒstlɪ] adj caro

cost-of-living adj: **~ allowance** ajuda de custo; **~ index** índice m de preços ao consumidor

costume [ˈkɒstjuːm] n traje m; (BRIT: also: **swimming ~**: woman's) maiô m (BR), fato de banho (PT); (: man's) calção m (de banho) (BR), calções mpl de banho (PT); **~ jewellery** n bijuteria

cosy [ˈkəʊzɪ] (US **cozy**) adj aconchegante; (person) confortável

cot [kɒt] n (BRIT) cama (de criança), berço; (US) cama de lona

cottage [ˈkɒtɪdʒ] n casa de campo; **~ cheese** n ricota (BR), queijo creme (PT)

cotton [ˈkɒtn] n algodão m; (thread) fio, linha; **~ on** (inf) vi: **to ~ on (to**

sth) sacar (algo); ~ **candy** (US) n
algodão m doce; ~ **wool** (BRIT) n
algodão m (hidrófilo)
couch [kautʃ] n sofá m; (doctor's)
cama; (psychiatrist's) divã m
couchette [kuːˈʃet] n leito
cough [kɔf] vi tossir ♦ n tosse f; ~
drop n pastilha para a tosse
could [kud] pt, conditional of can[2]
couldn't ['kudnt] = could not
council ['kaunsl] n conselho; **city** or
town ~ câmara municipal; ~ **estate**
(BRIT) n conjunto habitacional; ~
house (BRIT) n casa popular; ~**lor**
n vereador(a) m/f
counsel ['kaunsl] n (advice) conselho; (lawyer) advogado/a ♦ vt aconselhar; ~**lor** (US **counselor**) n
conselheiro/a; (US: LAW) advoga-
do/a
count [kaunt] vt contar; (include) incluir ♦ vi contar ♦ n (of votes etc)
contagem f; (of pollen, alcohol) nível
m; (nobleman) conde m; ~ **on** vt
fus (expect) esperar; (depend on)
contar com; ~**down** n contagem f
regressiva
countenance ['kauntɪnəns] n expressão f ♦ vt tolerar
counter ['kauntə*] n (in shop) balcão
m; (in post office etc) guichê m; (in
games) ficha ♦ vt contrariar ♦ adv:
~ **to** ao contrário de; ~**act** vt neutralizar
counterfeit ['kauntəfɪt] n falsificação f ♦ vt falsificar ♦ adj falso, fal-
sificado
counterfoil ['kauntəfɔɪl] n canhoto
(BRIT), talão m (PT)
countermand ['kauntəmɑːnd] vt revogar
counterpart ['kauntəpɑːt] n (of person) homólogo/a; (of company etc)
equivalente m/f
counterproductive ['kauntəprə-
dʌktɪv] adj contraproducente
countersign ['kauntəsaɪn] vt auten-
ticar
countess ['kauntɪs] n condessa
countless ['kauntlɪs] adj inumerável

country ['kʌntrɪ] n país m; (nation)
nação f; (native land) terra; (as opposed to town) campo; (region) região f, terra; ~ **dancing** (BRIT) n
dança regional; ~ **house** n casa de
campo; ~**man** n (national) compatriota m; (rural) camponês m;
~**side** n campo
county ['kauntɪ] n condado
coup [kuː] n golpe m de mestre;
(also: ~ **d'état**) golpe (de estado)
couple ['kʌpl] n (of things, people)
par m; (married ~) casal m; **a** ~ **of**
um par de; (a few) alguns/algumas
coupon ['kuːpɔn] n cupom m (BR),
cupão m (PT); (voucher) vale m
courage ['kʌrɪdʒ] n coragem f
courgette [kuəˈʒet] (BRIT) n
abobrinha
courier ['kurɪə*] n correio; (for tourists) guia m/f, agente m/f de turismo
course [kɔːs] n (direction) direção f;
(process) desenvolvimento f; (of river,
SCH) curso; (of ship) rumo; (GOLF)
campo; (part of meal) prato; **of**
treatment tratamento; **of** ~ naturalmente; (certainly) certamente; **of**
~! claro!, lógico!
court [kɔːt] n (royal) corte f; (LAW)
tribunal m; (TENNIS etc) quadra ♦
vt (woman) cortejar, namorar; **to**
take to ~ demandar, levar a julgamento
courteous ['kɔːtɪəs] adj cortês/esa
courtesan [kɔːtɪˈzæn] n cortesã f
courtesy ['kɔːtəsɪ] n cortesia; (by)
~ **of** com permissão de
court-house (US) n palácio de justiça
courtier ['kɔːtɪə*] n cortesão m
court martial (pl **courts martial**)
n conselho de guerra
courtroom ['kɔːtrum] n sala de tribunal
courtyard ['kɔːtjɑːd] n pátio
cousin ['kʌzn] n primo/a m/f; **first** ~
primo/a irmão/mã
cove [kəuv] n angra, enseada
covenant ['kʌvənənt] n compromisso
cover ['kʌvə*] vt cobrir; (with lid)

tapar; (*chairs etc*) revestir; (*distance*) percorrer; (*include*) abranger; (*protect*) abrigar; (*issues*) tratar ♦ *n* (*lid*) tampa; (*for chair etc*) capa; (*for bed*) cobertor *m*; (*of book, magazine*) capa; (*shelter*) abrigo; (*INSURANCE: also: of spy*) cobertura; **to take** ~ abrigar-se; **under** ~ (*indoors*) abrigado; **under separate** ~ (*COMM*) em separado; ~ **up** *vi*: **to** ~ **up for sb** cobrir alguém; ~**age** *n* cobertura; ~ **charge** *n* couvert *m*; ~**ing** *n* cobertura; (*of snow, dust etc*) camada; ~**ing letter** (*US* ~ **letter**) *n* carta de cobertura; ~ **note** *n* nota de cobertura

covert [ˈkʌvəːt] *adj* (*threat*) velado

cover-up *n* encobrimento (dos fatos)

covet [ˈkʌvɪt] *vt* cobiçar

cow [kau] *n* vaca ♦ *vt* intimidar

coward [ˈkauəd] *n* covarde *m/f*; ~**ice** *n* covardia; ~**ly** *adj* covarde

cowboy [ˈkaubɔɪ] *n* vaqueiro

cower [ˈkauə*] *vi* encolher-se (de medo)

coxswain [ˈkɔksn] *n* (*abbr: cox*) timoneiro/a

coy [kɔɪ] *adj* tímido

cozy [ˈkəuzɪ] (*US*) *adj* = **cosy**

CPA (*US*) *n abbr* = **certified public accountant**

crab [kræb] *n* caranguejo; ~ **apple** *n* maçã ácida

crack [kræk] *n* rachadura; (*gap*) brecha; (*noise*) estalo; (*drug*) crack *m* ♦ *vt* quebrar; (*nut*) partir, descascar; (*wall*) rachar; (*whip etc*) estalar; (*joke*) soltar; (*mystery*) resolver; (*code*) decifrar ♦ *adj* (*expert*) de primeira classe; ~ **down on** *vt fus* (*crime*) ser linha dura com; ~ **up** *vi* (*PSYCH*) sofrer um colapso nervoso; ~**er** *n* (*biscuit*) biscoito; (*Christmas* ~) busca-pé-surpresa *m*

crackle [ˈkrækl] *vi* crepitar

cradle [ˈkreɪdl] *n* berço

craft [krɑːft] *n* (*skill*) arte *f*; (*trade*) ofício; (*boat: pl inv*) barco; (*plane: pl inv*) avião; ~**sman** (*irreg*) *n* artífice *m*, artesão *m*; ~**smanship** *n* qua-

lidade *f*; ~**y** *adj* astuto, esperto

crag [kræg] *n* penhasco

cram [kræm] *vt* (*fill*): **to** ~ **sth with** encher *or* abarrotar algo de; (*put*): **to** ~ **sth into** enfiar algo em ♦ *vi* (*for exams*) estudar na última hora

cramp [kræmp] *n* (*MED*) cãibra; ~**ed** *adj* apertado, confinado

crampon [ˈkræmpən] *n* gato de ferro

cranberry [ˈkrænbərɪ] *n* oxicoco

crane [kreɪn] *n* (*TECH*) guindaste *m*; (*bird*) grou *m*

crank [kræŋk] *n* manivela; (*person*) excêntrico/a; ~**shaft** *n* virabrequim *m*

cranny [ˈkrænɪ] *n see* **nook**

crash [kræʃ] *n* (*noise*) estrondo; (*of car*) batida; (*of plane*) desastre *m* de avião; (*COMM*) falência, quebra; (*STOCK EXCHANGE*) craque *m* ♦ *vt* (*car*) colidir; (*plane*) espatifar ♦ *vi* bater; cair, espatifar-se; (*cars*) colidir, bater; (*COMM*) falir, quebrar; ~ **course** *n* curso intensivo; ~ **helmet** *n* capacete *m*; ~ **landing** *n* aterrissagem *f* forçada (*BR*), aterragem *f* forçosa (*PT*)

crate [kreɪt] *n* caixote *m*; (*for bottles*) engradado

cravat [krəˈvæt] *n* gravata

crave [kreɪv] *vt, vi*: **to** ~ **for** ansiar por

crawl [krɔːl] *vi* arrastar-se; (*child*) engatinhar; (*insect*) andar; (*vehicle*) arrastar-se a passo de tartaruga ♦ *n* (*SWIMMING*) crawl *m*

crayfish [ˈkreɪfɪʃ] *n inv* (*freshwater*) camarão-d'água-doce *m*; (*saltwater*) lagostim *m*

crayon [ˈkreɪən] *n* lápis *m* de cera, crayon *m*

craze [kreɪz] *n* (*fashion*) moda

crazy [ˈkreɪzɪ] *adj* louco, maluco, doido; ~ **paving** (*BRIT*) *n* pavimento irregular

creak [kriːk] *vi* chiar, ranger

cream [kriːm] *n* (*of milk*) nata; (*artificial* ~, *cosmetic*) creme *m*; (*élite*): **the** ~ **of** a fina flor de ♦ *adj* (*colour*) creme *inv*; ~ **cake** *n* bolo de creme; ~ **cheese** n ricota (BR); queijo creme (PT); ~**y** adj (colour) creme inv; (taste) cremoso

crease [kri:s] n (fold) dobra, vinco; (in trousers) vinco; (wrinkle) ruga ♦ vt (wrinkle) amassar, amarrotar ♦ vi amassar-se, amarrotar-se

create [kri:'eɪt] vt criar; (produce) produzir; **creator** n criador(a) m/f; (inventor) inventor(a) m/f

creature ['kri:tʃə*] n (animal) animal m, bicho; (living thing) criatura

credence ['kri:dns] n: **to lend or give** ~ **to** dar crédito a

credible ['krɛdɪbl] adj acreditável; (trustworthy) digno de crédito

credit ['krɛdɪt] n crédito; (merit) mérito ♦ vt (also: **give** ~ **to**) acreditar; (COMM) creditar; ~**s** npl (CINEMA, TV) crédito; **to** ~ **sb with sth** (fig) atribuir algo a alguém; **to be in** ~ ter fundos; ~ **card** n cartão m de crédito; ~**or** n credor(a) m/f

creed [kri:d] n credo

creek [kri:k] n enseada; (US) riacho

creep [kri:p] (pt, pp **crept**) vi (animal) rastejar; (person) deslizar(-se); ~**er** n trepadeira; ~**y** adj horripilante

cremate [krɪ'meɪt] vt cremar; **cremation** n cremação f; **crematoria** npl of **crematorium**; **crematorium** (pl **crematoria**) n crematório

crêpe [kreɪp] n (fabric) crepe m; (rubber) borracha; ~ **bandage** (BRIT) n atadura de crepe

crept [krɛpt] pt, pp of **creep**

crescent ['krɛsnt] n meia-lua; (street) rua semicircular

cress [krɛs] n agrião m

crest [krɛst] n (of bird) crista; (of hill) cimo, topo; (of coat of arms) timbre m; ~**fallen** adj abatido, cabisbaixo

Crete [kri:t] n Creta

crevice ['krɛvɪs] n fenda; (gap) greta

crew [kru:] n (of ship) tripulação f; (CINEMA) equipe f; ~**-cut** n corte m à escovinha; ~**-neck** n gola arredondada

crib [krɪb] n manjedoira, presépio; (US: cot) berço ♦ vt (inf) colar

crick [krɪk] n cãibra; ~ **in the neck** torcicolo

cricket ['krɪkɪt] n (insect) grilo; (game) criquete m, cricket m

crime [kraɪm] n (no pl: illegal activities) crime m; (offence) delito; (fig) pecado, maldade f; **criminal** n criminoso ♦ adj criminal; (morally wrong) imoral

crimson ['krɪmzn] adj carmesim inv

cringe [krɪndʒ] vi encolher-se

crinkle ['krɪŋkl] vt amassar, enrugar

cripple ['krɪpl] n aleijado/a ♦ vt aleijar

crises ['kraɪsi:z] npl of **crisis**

crisis ['kraɪsɪs] (pl **crises**) n crise f

crisp [krɪsp] adj fresco; (bacon etc) torrado; (manner) seco; ~**s** (BRIT) npl batatinhas fpl fritas

criss-cross [krɪs-] adj (design) entrecruzado; (pattern) em xadrez; ~ **pattern** (padrão m em) xadrez m

criteria [kraɪ'tɪərɪə] npl of **criterion**

criterion [kraɪ'tɪərɪən] (pl **criteria**) n critério

critic ['krɪtɪk] n crítico/a; ~**al** adj crítico; (illness) grave; **to be** ~**al of sth/sb** criticar algo/alguém; ~**ally** adv (examine) criteriosamente; (speak) criticamente; (ill) gravemente; ~**ism** n crítica; ~**ize** vt criticar

croak [krəuk] vi (frog) coaxar; (bird) crocitar; (person) estar rouco

Croatia [krəu'eɪʃə] n Croácia

crochet ['krəuʃeɪ] n crochê m

crockery ['krɔkərɪ] n louça

crocodile ['krɔkədaɪl] n crocodilo

crocus ['krəukəs] n açafrão-da-primavera m

croft [krɔft] (BRIT) n pequena chácara

crony ['krəunɪ] (inf: pej) n camarada m/f, compadre m

crook [kruk] n (inf: criminal) vigarista m/f; (of shepherd) cajado; ~**ed** adj torto; (dishonest) desonesto

crop [krɔp] n (produce) colheita; (amount produced) safra; (riding ~)

chicotinho ♦ *vt* cortar; ~ **up** *vi* surgir

cross [krɔs] *n* cruz *f*; *(hybrid)* cruzamento ♦ *vt* cruzar; *(street etc)* atravessar; *(thwart)* contrariar ♦ *adj* zangado, mal-humorado; ~ **out** *vt* riscar; ~ **over** *vi* atravessar; ~**bar** *n* (SPORT) barra transversal; ~**country (race)** *n* corrida pelo campo; ~**examine** *vt* (LAW) reperguntar; ~**eyed** *adj* vesgo; ~**fire** *n* fogo cruzado; ~**ing** *n* (sea passage) travessia; (also: **pedestrian** ~**ing**) faixa (para pedestres) (BR), passadeira (PT); ~**ing guard** (US) *n* guarda *m/f* para pedestres; ~**purposes** *npl*: to be at ~**purposes** não entender-se; ~**reference** *n* referência remissiva; ~**roads** *n* cruzamento; ~ **section** *n* (of object) corte *m* transversal; (of population) grupo representativo; ~**walk** (US) *n* faixa (para pedestres) (BR), passadeira (PT); ~**wind** *n* vento costal; ~**word** *n* palavras *fpl* cruzadas

crotch [krɔtʃ] *n* (ANAT) local *em que as pernas se destacam do tronco*; (of garment) fundilho

crotchet [ˈkrɔtʃɪt] *n* (MUS) semínima

crotchety [ˈkrɔtʃɪtɪ] *adj* rabugento

crouch [krautʃ] *vi* agachar-se

crow [krəu] *n* (bird) corvo; (of cock) canto, cocoricó *m* ♦ *vi* (cock) cantar, cocoricar

crowbar [ˈkrəubɑːˈ] *n* pé-de-cabra *m*

crowd [kraud] *n* multidão *f* ♦ *vt* (fill) apinhar ♦ *vi* (gather): to ~ **round** reunir-se; (cram): to ~ **in** apinhar-se em; ~**ed** *adj* (full) lotado; (densely populated) superlotado

crown [kraun] *n* coroa; (of head, hill) topo ♦ *vt* coroar; (fig) rematar; ~ **jewels** *npl* jóias *fpl* reais; ~ **prince** *n* príncipe *m* herdeiro

crow's-feet *npl* pés-de-galinha *mpl*

crucial [ˈkruːʃl] *adj* (decision) vital; (vote) decisivo

crucifix [ˈkruːsɪfɪks] *n* crucifixo; ~**ion** *n* crucificação *f*

crude [kruːd] *adj* (materials) bruto; (fig: basic) tosco; (: vulgar) grosseiro; ~ **(oil)** *n* petróleo em bruto

cruel [ˈkruəl] *adj* cruel

cruise [kruːz] *n* cruzeiro ♦ *vi* (ship) fazer um cruzeiro; (car): to ~ **at** ... **km/h** ir a ... km por hora; ~**r** *n* (motorboat) barco a motor; (warship) cruzador *m*

crumb [krʌm] *n* (of bread) migalha; (of cake) farelo

crumble [ˈkrʌmbl] *vt* esfarelar ♦ *vi* (building) desmoronar-se; (plaster, earth) esfacelar-se; (fig) desintegrar-se; **crumbly** *adj* farelento

crumpet [ˈkrʌmpɪt] *n* bolo leve

crumple [ˈkrʌmpl] *vt* (paper) amassar; (material) amarrotar

crunch [krʌntʃ] *n* (of food etc) mastigar; (underfoot) esmagar ♦ *n* (fig): **the** ~ *o* momento decisivo; ~**y** *adj* crocante

crusade [kruːˈseɪd] *n* (campaign) campanha

crush [krʌʃ] *n* (crowd) aglomeração *f*; (love): to **have a** ~ **on sb** ter um rabicho por alguém; (drink): **lemon** ~ limonada ♦ *vt* (press) esmagar; (squeeze) espremer; (paper) amassar; (cloth) enrugar; (army, opposition) aniquilar; (hopes) destruir; (person) arrasar

crust [krʌst] *n* (of bread) casca; (of snow) crosta; (of earth) camada

crutch [krʌtʃ] *n* muleta

crux [krʌks] *n* ponto crucial

cry [kraɪ] *vi* chorar; (shout: also: ~ **out**) gritar ♦ *n* grito; (of bird) pio; (of animal) voz *f*; ~ **off** *vi* desistir

cryptic [ˈkrɪptɪk] *adj* enigmático

crystal [ˈkrɪstl] *n* cristal *m*; ~**clear** *adj* cristalino, claro

cub [kʌb] *n* filhote *m*; (also: ~ **scout**) lobinho

Cuba [ˈkjuːbə] *n* Cuba

cubbyhole [ˈkʌbɪhəul] *n* esconderijo

cube [kjuːb] *n* cubo ♦ *vt* (MATH) elevar ao cubo; ~ **root** *n* raiz *f* cúbica; **cubic** *adj* cúbico; **cubic capacity** *n* (AUT) cilindrada

cubicle ['kju:bɪkl] *n* cubículo

cuckoo ['kuku:] *n* cuco; ~ **clock** *n* relógio de cuco

cucumber ['kju:kʌmbə*] *n* pepino

cuddle ['kʌdl] *vt* abraçar ♦ *vi* abraçar-se

cue [kju:] *n* (SNOOKER) taco; (THEATRE etc) deixa

cuff [kʌf] *n* (of shirt, coat etc) punho; (US: on trousers) bainha; (blow) bofetada; **off the** ~ de improviso; ~ **links** *npl* abotoaduras *fpl*

cuisine [kwɪ'zi:n] *n* cozinha

cul-de-sac ['kʌldəsæk] *n* beco sem saída

cull [kʌl] *vt* (story, idea) escolher, selecionar ♦ *n* matança seletiva

culminate ['kʌlmɪneɪt] *vi*: **to ~ in** terminar em; **culmination** *n* (of career) auge *m*; (of process) conclusão *f*

culottes [kju:'lɒts] *npl* saia-calça

culprit ['kʌlprɪt] *n* culpado/a

cult [kʌlt] *n* culto

cultivate ['kʌltɪveɪt] *vt* cultivar; **cultivation** *n* cultivo

culture ['kʌltʃə*] *n* cultura; ~**d** *adj* culto

cumbersome ['kʌmbəsəm] *adj* pesado, desajeitado; (person) lente, ineficiente

cunning ['kʌnɪŋ] *n* astúcia ♦ *adj* astuto, malandro; (device, idea) engenhoso

cup [kʌp] *n* xícara (BR), chávena (PT); (prize, of bra) taça

cupboard ['kʌbəd] *n* armário

cup tie (BRIT) *n* jogo eliminatório

curate ['kjuərɪt] *n* coadjutor *m*

curator [kjuə'reɪtə*] *n* diretor(a) *m/f*

curb [kə:b] *vt* refrear ♦ *n* freio; (US: kerb) meio-fio (BR), borda do passeio (PT)

curdle ['kə:dl] *vi* coalhar

cure [kjuə*] *vt* curar ♦ *n* (MED) tratamento, cura; (solution) remédio

curfew ['kə:fju:] *n* toque *m* de recolher

curio ['kjuərɪəu] *n* antiguidade *f*

curious ['kjuərɪəs] *adj* curioso;

(nosy) abelhudo; (unusual) estranho

curl [kə:l] *n* (of hair) cacho ♦ *vt* (loosely: tightly) encrespar ♦ *vi* (hair) encaracolar; ~ **up** *vi* encaracolar-se; ~**er** *n* rolo, bobe *m*; ~**y** *adj* cacheado, crespo

currant ['kʌrnt] *n* passa de corinto; (black~, red~) groselha

currency ['kʌrnsɪ] *n* moeda; **to gain** ~ (fig) consagrar-se

current ['kʌrnt] *n* corrente *f* ♦ *adj* corrente; (present) atual; ~ **account** (BRIT) *n* conta corrente; ~ **affairs** *npl* atualidades *fpl*; ~**ly** *adv* atualmente

curriculum [kə'rɪkjuləm] (*pl* ~**s** *or* **curricula**) *n* programa *m* de estudos; ~ **vitae** *n* curriculum vitae *m*, currículo

curry ['kʌrɪ] *n* caril *m* ♦ *vt*: **to ~ favour with** captar simpatia de; ~ **powder** *n* pós *mpl* de caril, curry *m*

curse [kə:s] *vi* xingar (BR), praguejar (PT) ♦ *vt* (swear at) xingar (BR); (bemoan) amaldiçoar ♦ *n* maldição *f*; (swearword) palavrão *m* (BR), baixo calão *m* (PT); (problem) castigo

cursor ['kə:sə*] *n* (COMPUT) cursor *m*

cursory ['kə:sərɪ] *adj* rápido, superficial

curt [kə:t] *adj* seco, brusco

curtail [kə:'teɪl] *vt* (freedom, rights) restringir; (visit etc) abreviar, encurtar; (expenses etc) reduzir

curtain ['kə:tn] *n* cortina; (THEATRE) pano

curts(e)y ['kə:tsɪ] *vi* fazer reverência

curve [kə:v] *n* curva ♦ *vi* encurvar-se, torcer-se; (road) fazer (uma) curva

cushion ['kuʃn] *n* almofada; (of air) colchão ♦ *vt* amortecer

custard ['kʌstəd] *n* nata, creme *m*

custodian [kʌs'təudɪən] *n* guarda *m/f*

custody ['kʌstədɪ] *n* custódia; to

take into ~ deter
custom ['kʌstəm] n (tradition) tradição f; (convention) costume m; (habit) hábito; (COMM) clientela; ~**ary** adj costumeiro; ~**er** n cliente m/f; ~**ized** adj (car etc) feito sob encomenda; ~**made** adj (car) feito sob encomenda; (clothes) feito sob medida
customs ['kʌstəmz] npl alfândega; ~ **duty** n imposto alfandegário; ~ **officer** n inspetor(a) m/f da alfândega, aduaneiro/a
cut [kʌt] (pt, pp **cut**) vt cortar; (reduce) reduzir ♦ vi cortar ♦ n corte m; (in spending) redução f; (of garment) talho; ~ **down** vt (tree) derrubar; (consumption) reduzir; ~ **off** vt (piece, TEL) cortar; (person, village) isolar; (supply) suspender; ~ **out** vt (shape) recortar; (activity etc) suprimir; (remove) remover; ~ **up** vt cortar em pedaços; ~**back** n redução f, corte m
cute [kjuːt] adj bonitinho, gracinha
cuticle ['kjuːtɪkl] n cutícula
cutlery ['kʌtlərɪ] n talheres mpl
cutlet ['kʌtlɪt] n costeleta; (vegetable ~, nut ~) medalhão m
cut: ~**out** n (shape) figura para recortar; (switch) interruptor m; ~-**price** (US ~-**rate**) adj a preço reduzido; ~-**throat** n assassino/a ♦ adj feroz; ~**ting** adj cortante ♦ n (BRIT: from newspaper) recorte m; (from plant) muda
CV n abbr = curriculum vitae
cwt abbr = hundredweight
cyanide ['saɪənaɪd] n cianeto
cycle ['saɪkl] n ciclo; (bicycle) bicicleta ♦ vi andar de bicicleta
cycling ['saɪklɪŋ] n ciclismo
cyclist ['saɪklɪst] n ciclista m/f
cygnet ['sɪgnɪt] n cisne m novo
cylinder ['sɪlɪndə'] n cilindro; (of gas) bujão m; ~-**head gasket** n culatra
cymbals ['sɪmblz] npl pratos mpl
cynic ['sɪnɪk] n cínico/a; ~**al** adj cínico; ~**ism** n cinismo

Cyprus ['saɪprəs] n Chipre f
cyst [sɪst] n cisto; ~**itis** n cistite f
czar [zɑː'] n czar m
Czech [tʃɛk] adj tcheco ♦ n tcheco/a; (LING) tcheco
Czechoslovakia [tʃɛkəslə'vækɪə] n Tchecoslováquia, Tcheco-Eslováquia; ~**n** adj, n tchecoslovaco/a

D

D [diː] n (MUS) ré m
dab [dæb] vt (eyes, wound) tocar (de leve); (paint, cream) aplicar de leve
dabble ['dæbl] vi: to ~ in interessar-se por
dad [dæd] (inf) n papai m
daddy ['dædɪ] n = **dad**
daffodil ['dæfədɪl] n narciso-dos-prados m
daft [dɑːft] adj bobo, besta
dagger ['dægə'] n punhal m, adaga
daily ['deɪlɪ] adj diário ♦ n (paper) jornal m, diário ♦ adv diariamente
dainty ['deɪntɪ] adj delicado
dairy ['dɛərɪ] n leiteria; ~ **farm** n fazenda de gado leiteiro; ~ **products** npl laticínios mpl; ~ **store** (US) n leiteria
dais ['deɪs] n estrado
daisy ['deɪzɪ] n margarida; ~ **wheel** n (on printer) margarida
dale [deɪl] (BRIT) n vale m
dam [dæm] n represa, barragem f ♦ vt represar
damage ['dæmɪdʒ] n (harm) prejuízo; (dents etc) avaria ♦ vt danificar; (harm) prejudicar; ~**s** npl (LAW) indenização f por perdas e danos
damn [dæm] vt condenar; (curse) maldizer ♦ n (inf): I don't give a ~ não dou a mínima, estou me lixando ♦ adj (inf: also: ~**ed**) danado, maldito; ~ (it)! (que) droga!; ~**ing** adj (evidence) prejudicial
damp [dæmp] adj úmido ♦ n umidade f ♦ vt (also: ~**en**: cloth, rag) umedecer; (: enthusiasm etc) jogar água fria em

damson ['dæmzən] n ameixa pequena

dance [dɑːns] n dança; (party etc) baile m ♦ vi dançar; ~ **hall** n salão m de baile; ~**r** n dançarino/a; (professional) bailarino/a; **dancing** n dança

dandelion ['dændılaıən] n dente-de-leão m

dandruff ['dændrəf] n caspa

Dane [deın] n dinamarquês/esa m/f

danger ['deındʒə*] n perigo; (risk) risco; "~!" (on sign) "perigo!"; to **be in ~ of** correr o risco de; **in ~** em perigo; ~**ous** adj perigoso

dangle ['dæŋgl] vt balançar ♦ vi pender balançando

Danish ['deınıʃ] adj dinamarquês/esa ♦ n (LING) dinamarquês m

dapper ['dæpə*] adj garboso; (appearance) esmerado

dare [dɛə*] vt: to ~ sb to do sth desafiar alguém a fazer algo ♦ vi: to ~ (to) do sth atrever-se a fazer algo, ousar fazer algo; I ~ **say** (I suppose) acho provável que; ~**devil** n intrépido, atrevido; **daring** adj audacioso; (bold) ousado ♦ n coragem f, destemor m

dark [dɑːk] adj escuro; (complexion) moreno ♦ n escuro; to **be in the ~ about** (fig) estar no escuro sobre; **after ~** depois de escurecer; ~**en** vt escurecer; (colour) fazer mais escuro ♦ vi escurecer(-se); ~ **glasses** npl óculos mpl escuros; ~**ness** n escuridão f; ~**room** n câmara escura

darling ['dɑːlıŋ] adj, n querido/a

darn [dɑːn] vt cerzir

dart [dɑːt] n dardo; (in sewing) alinhavo ♦ vi precipitar-se, correr para; to ~ **away/along** ir-se/seguir precipitadamente; ~**board** n alvo (para jogo de dardos); ~**s** n (game) jogo de dardos

dash [dæʃ] n (sign) hifen m; (: long) travessão m; (quantity) pontinha ♦ vt arremessar; (hopes) frustrar ♦ vi correr para, ir depressa; ~ **away** vi sair apressado; ~ **off** vi = ~ **away**

dashboard ['dæʃbɔːd] n painel m de instrumentos

dashing ['dæʃıŋ] adj arrojado

data ['deıtə] npl dados mpl; ~**base** n banco de dados; ~ **processing** n processamento de dados

date [deıt] n data; (with friend) encontro; (fruit) tâmara ♦ vt datar; (person) namorar; to ~ até agora; **out of** ~ fora de moda; (expired) desatualizado; **up to** ~ moderno; ~**d** adj antiquado

daub [dɔːb] vt borrar

daughter ['dɔːtə*] n filha; ~**-in-law** (pl ~**s-in-law**) n nora

daunting ['dɔːntıŋ] adj desanimador(a)

dawdle ['dɔːdl] vi (go slow) vadiar

dawn [dɔːn] n alvorada, amanhecer m; (of period, situation) surgimento, início ♦ vi (day) amanhecer; (fig): it ~**ed on him that ...** começou a perceber que ...

day [deı] n dia m; (working ~) jornada, dia útil; (heyday) apogeu m; **the ~ before** a véspera; **the ~ before yesterday** anteontem; **the ~ after tomorrow** depois de amanhã; **by ~** de dia; ~**break** n amanhecer m; ~**dream** vi devanear; ~**light** n luz f (do dia); ~**return** (BRIT) n bilhete m de ida e volta no mesmo dia; ~**time** n dia m; ~**-to-~** adj cotidiano

daze [deız] vt (stun) aturdir ♦ vt: **in a ~** aturdido

dazzle ['dæzl] vt (bewitch) deslumbrar; (blind) ofuscar

DC abbr (ELEC) = direct current

D-day ['diːdeı] n o dia D

dead [dɛd] adj morto; (numb) dormente; (telephone) cortado; (ELEC) sem corrente ♦ adv completamente; (exactly) absolutamente ♦ npl: **the ~** os mortos; **to shoot sb** ~ matar alguém a tiro; ~ **tired** morto de cansado; **to stop** ~ estacar; ~**en** vt (blow, sound) amortecer; (pain) anestesiar; ~ **end** n beco sem saída; ~ **heat** n (SPORT): **to finish in a** ~ **heat** ser empatado; ~**line** n prazo final; ~**lock** n impasse m; ~ **loss** (inf) n: to be a ~ loss não ser de nada; ~**ly** adj mortal, fatal; (accuracy, insult) devastador(a); (weapon) mortífero; ~**pan** adj sem expressão

deaf [def] adj surdo; ~**en** vt ensurdecer; ~**ness** n surdez f

deal [di:l] (pt, pp **dealt**) n (agreement) acordo ♦ vt (cards, blows) dar; a good or great ~ (of) bastante, muito; ~ **in** vt fus (COMM) negociar em or com; ~ **with** vt fus (people) tratar com; (problem) ocupar-se de; (subject) tratar de; ~**er** n negociante m/f; ~**ings** npl transações fpl; ~**t** pt, pp of **deal**

dean [di:n] n (REL) decano; (SCH: BRIT) reitor(a) m/f; (: US) orientador(a) m/f de estudos

dear [dɪə*] adj querido, caro; (expensive) caro ♦ n: **my** ~ meu querido/ minha querida ♦ excl: ~ **me!** ai, meu Deus!; D~ **Sir/Madam** (in letter) Ilmo. Senhor/Exma. Senhora (BR), Exmo. Senhor/Exma. Senhora (PT); D~ **Mr/Mrs X** Caro Sr./Cara Sra. X; ~**ly** adv (love) ternamente; (pay) caro

death [deθ] n morte f; (ADMIN) óbito; ~ **certificate** n certidão f de óbito; ~**ly** adj (colour) pálido; (silence) profundo; ~ **penalty** n pena de morte; ~ **rate** n (índice m de) mortalidade f; ~ **toll** n número de mortos (em acidentes)

debacle [deɪˈbɑːkl] n fracasso

debar [dɪˈbɑː*] vt: to ~ **sb from** doing proibir a alguém fazer or que faça

debase [dɪˈbeɪs] vt degradar; (value) desvalorizar; (quality) piorar

debatable [dɪˈbeɪtəbl] adj discutível

debate [dɪˈbeɪt] n debate m ♦ vt debater

debauchery [dɪˈbɔːtʃərɪ] n decadência

debit [ˈdebɪt] n débito ♦ vt: to ~ **a** sum to sb or to sb's account lançar uma quantia ao débito de alguém or

à conta de alguém; see also **direct** ~

debris [ˈdebriː] n escombros mpl

debt [det] n dívida; (state) endividamento; to be in ~ ter dívidas, estar endividado; ~**or** n devedor(a) m/f

debunk [dɪˈbʌŋk] vt desmascarar

début [ˈdeɪbjuː] n estréia

decade [ˈdekeɪd] n década

decadence [ˈdekədəns] n decadência

decaffeinated [dɪˈkæfɪneɪtɪd] adj descafeinado

decanter [dɪˈkæntə*] n garrafa ornamental

decay [dɪˈkeɪ] n ruína; (also: **tooth** ~) cárie f ♦ vi (rot) apodrecer-se

deceased [dɪˈsiːst] n falecido/a

deceit [dɪˈsiːt] n engano; (duplicity) fraude f; ~**ful** adj enganador(a)

deceive [dɪˈsiːv] vt enganar

December [dɪˈsembə*] n dezembro

decent [ˈdiːsənt] adj (proper) decente; (kind, honest) honesto, amável

deception [dɪˈsepʃən] n engano; (deceitful act) fraude f; **deceptive** adj enganador(a)

decide [dɪˈsaɪd] vt (person) convencer; (question) resolver ♦ vi decidir; to ~ **on** sth decidir-se por algo; ~**d** adj decidido; (definite) claro, definido; ~**dly** adv claramente; (emphatically) decididamente

decimal [ˈdesɪməl] adj decimal ♦ n decimal m; ~ **point** n vírgula de decimais

decision [dɪˈsɪʒən] n (choice) escolha; (act of choosing) decisão f; (decisiveness) resolução f

decisive [dɪˈsaɪsɪv] adj (action) decisivo; (person) decidido

deck [dek] n (NAUT) convés m; (of bus): **top** ~ andar m de cima; (of cards) baralho; **record** ~ toca-discos m inv; ~**chair** n cadeira de lona, espreguiçadeira

declaration [deklǝˈreɪʃən] n declaração f; (public) pronunciamento

declare [dɪˈkleə*] vt (intention) revelar; (result) divulgar; (income, at customs) declarar

decline [dɪˈklaɪn] n declínio; (lessen-

ing) diminuição *f*, baixa *f* ♦ *vt* recusar ♦ *vi* diminuir

decode [diːˈkəʊd] *vt* decifrar

decompose [diːkəmˈpəʊz] *vi* decompor-se

décor [ˈdeɪkɔːˀ] *n* decoração *f*; (*THEATRE*) cenário

decorate [ˈdekəreɪt] *vt* (*adorn*) adornar; (*paint*) pintar; (*paper*) decorar com papel; **decoration** *n* enfeite *m*; (*act*) decoração *f*; (*medal*) condecoração *f*; **decorative** *adj* decorativo; **decorator** *n* (*painter*) pintor(a) *m/f*

decorum [dɪˈkɔːrəm] *n* decoro

decoy [ˈdiːkɔɪ] *n* (*person*) armadilha; (*object*) engodo, chamariz *m*

decrease [*n* ˈdiːkriːs, *vt, vi* diːˈkriːs] *n*: ~ (**in**) diminuição *f* (de) ♦ *vt* reduzir ♦ *vi* diminuir

decree [dɪˈkriː] *n* decreto; ~ **nisi** *n* ordem *f* provisória de divórcio

dedicate [ˈdedɪkeɪt] *vt* dedicar; **dedication** *n* dedicação *f*; (*in book*) dedicatória; (*on radio*) mensagem *f*

deduce [dɪˈdjuːs] *vt* deduzir

deduct [dɪˈdʌkt] *vt* deduzir; ~**ion** *n* (*deducting*) redução *f*; (*amount*) subtração *f*; (*deducing*) dedução *f*

deed [diːd] *n* feito; (*LAW*) escritura, título

deem [diːm] *vt* julgar, estimar

deep [diːp] *adj* profundo; (*voice*) baixo, grave; (*breath*) fundo; (*colour*) forte, carregado ♦ *adv*: **the spectators stood 20** ~ os espectadores formaram-se em 20 fileiras; **to be 4 metres** ~ ter 4 metros de profundidade; ~**en** *vt* aprofundar ♦ *vi* aumentar; ~**freeze** *n* congelador *m*, freezer *m* (*BR*); ~**fry** *vt* fritar em recipiente fundo; ~**ly** *adv* fundo; (*moved*) profundamente; ~**-sea** *cpd*: ~**-sea diver** escafandrista *m/f*; ~**-sea diving** mergulho com escafandro; ~**-sea fishing** pesca de altomar; ~**-seated** *adj* arraigado

deer [dɪəˀ] *n inv* veado, cervo; ~**skin** *n* camurça, pele *f* de cervo

deface [dɪˈfeɪs] *vt* desfigurar

default [dɪˈfɔːlt] *n* (*COMPUT: also*:

~ **value**) valor *m* de default; **by** ~ (*win*) por desistência

defeat [dɪˈfiːt] *n* derrota; (*failure*) malogro ♦ *vt* derrotar, vencer; ~**ist** *adj, n* derrotista *m/f*

defect [*n* diːˈfekt, *vi* dɪˈfekt] *n* defeito ♦ *vi*: **to** ~ **to the enemy** desertar para se juntar ao inimigo; ~**ive** *adj* defeituoso

defence [dɪˈfens] (*US* **defense**) *n* defesa, justificação *f*; ~**less** *adj* indefeso

defend [dɪˈfend] *vt* defender; (*LAW*) contestar; ~**ant** *n* acusado/a; (*in civil case*) réu/ré *m/f*; ~**er** *n* defensor(a) *m/f*; (*SPORT*) defesa

defense [dɪˈfens] (*US*) *n* = **defence**

defensive [dɪˈfensɪv] *adj* defensivo ♦ *n*: **on the** ~ na defensiva

defer [dɪˈfɜːˀ] *vt* (*postpone*) adiar

defiance [dɪˈfaɪəns] *n* desafio, rebeldia; **in** ~ **of** a despeito de

defiant [dɪˈfaɪənt] *adj* desafiador(a)

deficiency [dɪˈfɪʃənsɪ] *n* (*lack*) deficiência, falta; (*defect*) defeito

deficit [ˈdefɪsɪt] *n* déficit *m*

defile [dɪˈfaɪl] *vt* (*memory*) desonrar; (*statue etc*) profanar

define [dɪˈfaɪn] *vt* definir

definite [ˈdefɪnɪt] *adj* (*fixed*) definitivo; (*clear, obvious*) claro, categórico; (*certain*) certo; **he was** ~ **about it** ele foi categórico; ~**ly** *adv* sem dúvida

definitive [dɪˈfɪnɪtɪv] *adj* conclusivo

deflate [diːˈfleɪt] *vt* esvaziar

deflect [dɪˈflekt] *vt* desviar

defogger [diːˈfɒɡəˀ] (*US*) *n* = **demister**

deform [dɪˈfɔːm] *vt* distorcer

defraud [dɪˈfrɔːd] *vt*: **to** ~ **sb** (**of sth**) trapacear alguém (por causa de algo)

defrost [diːˈfrɒst] *vt* descongelar

deft [deft] *adj* (*hands*) destro; (*movement*) hábil

defunct [dɪˈfʌŋkt] *adj* extinto

defuse [diːˈfjuːz] *vt* tirar o estopim *or* a espoleta de; (*situation*) neutralizar

defy [dɪˈfaɪ] vt desafiar; (resist) opor-se a

degenerate [vi dɪˈdʒɛnəreɪt, adj dɪˈdʒɛnərɪt] vi degenerar ♦ adj degenerado

degree [dɪˈgriː] n grau m; (SCH) diploma m, título; ~ **in maths** formatura em matemática; **by** ~s (gradually) pouco a pouco; **to some** ~, **to a certain** ~ até certo ponto

dehydrated [diːhaɪˈdreɪtɪd] adj desidratado; (eggs, milk) em pó

de-ice vt (windscreen) descongelar

deign [deɪn] vi: **to** ~ **to do** dignar-se a fazer

deity [ˈdiːɪtɪ] n divindade f, deidade f

dejected [dɪˈdʒɛktɪd] adj deprimido

delay [dɪˈleɪ] vt (decision etc) retardar, atrasar; (train, person) atrasar ♦ vi hesitar ♦ n demora; (postponement) adiamento; **to be** ~**ed** estar atrasado; **without** ~ sem demora or atraso

delectable [dɪˈlɛktəbl] adj (person) gostoso; (food) delicioso

delegate [n ˈdɛlɪgɪt, vt ˈdɛlɪgeɪt] n delegado/a ♦ vt (person) autorizar; (task) delegar; **delegation** n (group) delegação f; (by leader) autorização f

delete [dɪˈliːt] vt eliminar, riscar; (COMPUT) deletar

deliberate [adj dɪˈlɪbərɪt, vi dɪˈlɪbəreɪt] adj (intentional) intencional; (slow) pausado, lento ♦ vi considerar; ~**ly** adv (on purpose) de propósito

delicacy [ˈdɛlɪkəsɪ] n delicadeza; (of problem) dificuldade f; (food) iguaria

delicate [ˈdɛlɪkɪt] adj delicado; (health) frágil

delicatessen [dɛlɪkəˈtɛsn] n delicatessen m

delicious [dɪˈlɪʃəs] adj delicioso; (food) saboroso

delight [dɪˈlaɪt] n prazer m, deleite m; (person) encanto; (experience) delícia ♦ vt encantar, deleitar; **to take (a)** ~ **in** deleitar-se com; ~**ed** adj: ~**ed (at** or **with)** encantado

(com); ~**ful** adj encantador(a), delicioso

delinquent [dɪˈlɪŋkwənt] adj, n delinquente m/f

delirious [dɪˈlɪrɪəs] adj delirante; **to be** ~ delirar

deliver [dɪˈlɪvə*] vt (distribute) distribuir; (hand over) entregar; (message) comunicar; (speech) proferir; (MED) partejar; ~**y** n distribuição f; (of speaker) enunciação f; (MED) parto; **to take** ~**y of** receber

delude [dɪˈluːd] vt iludir, enganar

deluge [ˈdɛljuːdʒ] n dilúvio; (fig) enxurrada

delusion [dɪˈluːʒən] n ilusão f

delve [dɛlv] vi: **to** ~ **into** (subject) investigar, pesquisar; (cupboard etc) vasculhar

demand [dɪˈmɑːnd] vt exigir; (rights) reivindicar, reclamar ♦ n exigência; (claim) reivindicação f; (ECON) procura; **to be in** ~ estar em demanda; **on** ~ à vista; ~**ing** adj (boss) exigente; (work) absorvente

demean [dɪˈmiːn] vt: **to** ~ **o.s.** rebaixar-se

demeanour [dɪˈmiːnə*] (US **demeanor**) n conduta, comportamento

demented [dɪˈmɛntɪd] adj demente, doido

demise [dɪˈmaɪz] n falecimento

demister [diːˈmɪstə*] (BRIT) n (AUT) desembaçador m de pára-brisa

demo [ˈdɛməu] (inf) n abbr (= demonstration) passeata

democracy [dɪˈmɒkrəsɪ] n democracia; **democrat** n democrata m/f; **democratic** adj democrático

demolish [dɪˈmɒlɪʃ] vt demolir, derrubar; (argument) refutar, contestar

demonstrate [ˈdɛmənstreɪt] vt demonstrar ♦ vi: **to** ~ **(for/against)** manifestar-se (a favor de/contra); **demonstration** n (POL) manifestação f; (: march) passeata; (proof) demonstração f; (exhibition) exibição f; **demonstrator** n manifestante m/f

demote [dɪˈməut] vt rebaixar de posto

demure [dɪˈmjuə*] adj recatado

den [dɛn] n (of animal) covil m; (of thieves) antro, esconderijo; (room) aposento privado, cantinho

denatured alcohol [diːˈneɪtʃəd-] n álcool m desnaturado

denial [dɪˈnaɪəl] n refutação f; (refusal) negativa

denim [ˈdɛnɪm] n brim m, zuarte m; ~s npl jeans m (BR), jeans mpl (PT)

Denmark [ˈdɛnmɑːk] n Dinamarca

denomination [dɪnɔmɪˈneɪʃən] n valor m, denominação f; (REL) confissão f, seita

denounce [dɪˈnauns] vt denunciar

dense [dɛns] adj denso, espesso; (inf: stupid) estúpido, bronco; ~ly adv: ~ly populated com grande densidade de população

density [ˈdɛnsɪtɪ] n densidade f; single/double ~ disk (COMPUT) disco de densidade simples/dupla

dent [dɛnt] n amolgadura, depressão f ♦ vt amolgar, dentar

dental [ˈdɛntl] adj (treatment) dentário; (hygiene) dental; ~ surgeon n cirurgião/giã m/f dentista

dentist [ˈdɛntɪst] n dentista m/f; ~ry n odontologia

dentures [ˈdɛntʃəz] npl dentadura

deny [dɪˈnaɪ] vt negar; (refuse) recusar

deodorant [diːˈəudərənt] n desodorante m (BR), desodorizante m (PT)

depart [dɪˈpɑːt] vi ir-se, partir; (train etc) sair; to ~ from (fig: differ from) afastar-se de

department [dɪˈpɑːtmənt] n (SCH) departamento; (COMM) seção f, (POL) repartição f; ~ store n magazine m (BR), grande armazém m (PT)

departure [dɪˈpɑːtʃə*] n partida, ida; (of train etc) saída; (of employee) saída; a new ~ uma nova orientação; ~ lounge n sala de embarque

depend [dɪˈpɛnd] vi: to ~ (up)on

depender de; (rely on) contar com; it ~s depende; ~ing on the result ... dependendo do resultado ...; ~able adj (person) de confiança, seguro; (car) confiável; ~ant n dependente m/f; ~ent adj: to be ~ent (on) depender (de), ser dependente (de) ♦ n = ~ant

depict [dɪˈpɪkt] vt (in picture) retratar, representar; (describe) descrever

depleted [dɪˈpliːtɪd] adj esgotado

deploy [dɪˈplɔɪ] vt dispor

depopulation [diːpɔpjuˈleɪʃən] n despovoamento

deport [dɪˈpɔːt] vt deportar

deportment [dɪˈpɔːtmənt] n comportamento; (way of walking) (modo de) andar m

depose [dɪˈpəuz] vt depor

deposit [dɪˈpɔzɪt] n (COMM, GEO) depósito; (CHEM) sedimento; (of ore, oil) jazida; (down payment) sinal m ♦ vt depositar; (luggage) guardar; ~ account n conta de depósito a prazo

depot [ˈdɛpəu] n (storehouse) depósito, armazém m; (for vehicles) garagem f, parque m; (US) estação f

depreciate [dɪˈpriːʃɪeɪt] vi depreciar-se, desvalorizar-se

depress [dɪˈprɛs] vt deprimir; (wages) reduzir; (press down) apertar; ~ed adj deprimido; (area) em depressão; ~ing adj deprimente; ~ion n depressão f; (hollow) achatamento

deprivation [dɛprɪˈveɪʃən] n privação f

deprive [dɪˈpraɪv] vt: to ~ sb of privar alguém de; ~d adj carente

depth [dɛpθ] n profundidade f; (of feeling) intensidade f; in the ~s of despair no auge do desespero; to be out of one's ~ (BRIT: swimmer) estar sem pé; (fig) estar voando

deputation [dɛpjuˈteɪʃən] n delegação f

deputize [ˈdɛpjutaɪz] vi: to ~ for sb substituir alguém

deputy [ˈdɛputɪ] adj: ~ chairman

vice-presidente/a m/f ♦ n (assistant) adjunto/a; (POL: MP) deputado/a; ~head (BRIT: SCH) diretor adjunto/ diretora adjunta m/f

derail [dɪˈreɪl] vt: to be ~ed descarrilhar; ~**ment** n descarrilhamento

deranged [dɪˈreɪndʒd] adj (person) louco, transtornado

derby [ˈdɑːbɪ] (US) n chapéu-coco

derelict [ˈderɪlɪkt] adj abandonado

deride [dɪˈraɪd] vt ridicularizar, zombar de; **derisory** adj (sum) irrisório; (person, smile) zombeteiro

derive [dɪˈraɪv] vt: to ~ (from) obter or tirar (de) ♦ vi: to ~ from derivar-se de

derogatory [dɪˈrɔgətərɪ] adj depreciativo

derv [dɜːv] (BRIT) n gasóleo

descend [dɪˈsɛnd] vi, vt descer; to ~ from descer de; to ~ to descambar em; ~**ant** n descendente m/f; **descent** n descida; (origin) descendência

describe [dɪsˈkraɪb] vt descrever; **description** n descrição f; (sort) classe f, espécie f; **descriptive** adj descritivo

desecrate [ˈdesɪkreɪt] vt profanar

desert [n ˈdezət, vi, vt dɪˈzəːt] n deserto ♦ vt (place) desertar; (partner, family) abandonar ♦ vi (MIL) desertar; ~**er** n desertor m; ~**ion** n (MIL) deserção f; (LAW) abandono do lar; ~ **island** n ilha deserta; ~**s** npl: to get one's just ~s receber o que merece

deserve [dɪˈzəːv] vt merecer; **deserving** adj (person) merecedor(a), digno; (action, cause) meritório

design [dɪˈzaɪn] n (sketch) desenho, esboço; (layout, shape) plano, projeto; (pattern) desenho, padrão m; (art) design m; (intention) propósito, intenção f ♦ vt (plan) projetar

designate [vt ˈdezɪgneɪt, adj ˈdezɪgnɪt] vt (appoint) nomear ♦ adj designado

designer [dɪˈzaɪnəˈ] n (ART) artista m/f gráfico/a; (TECH) desenhista m/

f, projetista m/f; (fashion ~) estilista m/f

desire [dɪˈzaɪəˈ] n anseio; (sexual) desejo ♦ vt querer, desejar, cobiçar

desk [desk] n (in office) mesa, secretária; (for pupil) carteira f; (at airport) balcão m; (in hotel) recepção f; (BRIT: in shop, restaurant) caixa f

desolate [ˈdesəlɪt] adj (place) deserto; (person) desolado

despair [dɪsˈpeəˈ] n desesperança ♦ vi: to ~ of desesperar-se de

despatch [dɪsˈpætʃ] n, vt = **dispatch**

desperate [ˈdespərɪt] adj desesperado; (situation) desesperador(a); (fugitive) violento; **to be ~ for sth** to do star louco por algo/para fazer; **~ly** adv desesperadamente; (very unhappy) terrivelmente; (: ill) gravemente; **desperation** n desespero, desesperança; **in (sheer) desperation** desesperado

despise [dɪsˈpaɪz] vt desprezar

despite [dɪsˈpaɪt] prep apesar de, a despeito de

despondent [dɪsˈpɔndənt] adj abatido, desanimado

dessert [dɪˈzəːt] n sobremesa

destination [destɪˈneɪʃən] n destino

destined [ˈdestɪnd] adj: to be ~ to do sth estar destinado a fazer algo; ~ **for** com destino a

destiny [ˈdestɪnɪ] n destino

destitute [ˈdestɪtjuːt] adj indigente, necessitado

destroy [dɪsˈtrɔɪ] vt destruir; (animal) sacrificar; ~**er** n (NAUT) contratorpedeiro; **destruction** n destruição f

detach [dɪˈtætʃ] vt separar; (unstick) desprender; ~**ed** adj (attitude) imparcial, objetivo; (house) independente, isolado; ~**ment** n distanciamento; (MIL) destacamento

detail [ˈdiːteɪl] n detalhe m; (trifle) bobagem f ♦ vt detalhar; **in ~** pormenorizado, em detalhe

detain [dɪˈteɪn] vt deter; (in captivity) prender; (in hospital) hospitalizar

detect [dɪ'tɛkt] vt perceber; (MED, POLICE) identificar; (MIL, RADAR, TECH) detectar; ~**ion** n descoberta; ~**ive** n detetive m/f; ~**ive story** n romance m policial; ~**or** n detetor m

détente [deɪ'taːnt] n distensão f (de relações), détente f

detention [dɪ'tɛnʃən] n detenção f, prisão f; (SCH) castigo

deter [dɪ'təː*] vt (discourage) desanimar; (dissuade) dissuadir

detergent [dɪ'təːdʒənt] n detergente m

deteriorate [dɪ'tɪərɪəreɪt] vi deteriorar-se

determine [dɪ'təːmɪn] vt descobrir; (limits) demarcar; ~**d** adj (person) resoluto; ~**d to do** decidido a fazer

detour ['diːtuə*] n desvio

detract [dɪ'trækt] vi: to ~ from diminuir

detriment ['detrɪmənt] n: to the ~ of em detrimento de; ~**al** adj: ~**al (to)** prejudicial (a)

devalue [dɪ'væljuː] vt desvalorizar

devastate ['devəsteɪt] vt devastar; (fig): to be ~**d** by estar arrasado com

develop [dɪ'vɛləp] vt desenvolver; (PHOT) revelar; (disease) contrair; (resources) explotar ♦ vi (advance) progredir; (evolve) evoluir; (appear) aparecer; ~**er** n empresário de imóveis; ~**ing country** país m em desenvolvimento; (advance) progresso; (of land) urbanização f

device [dɪ'vaɪs] n aparelho, dispositivo

devil ['dɛvl] n diabo; ~**ish** adj diabólico

devious ['diːvɪəs] adj (person) malandro, esperto

devise [dɪ'vaɪz] vt (plan) criar; (machine) inventar

devoid [dɪ'vɔɪd] adj: ~ **of** destituído de

devolution [diːvə'luːʃən] n (POL) descentralização f

devote [dɪ'vəut] vt: to ~ **sth to** de-

dicar algo a; ~**d** adj (friendship) leal; (partner) fiel; **to be** ~**d to** estar devotado a; **the book is** ~**d to** politics o livro trata de política; ~**e** n adepto/a, entusiasta m/f; (REL) devoto/a; **devotion** n devoção f; (to duty) dedicação f

devour [dɪ'vauə*] vt devorar

devout [dɪ'vaut] adj devoto

dew [djuː] n orvalho

dexterity [deks'tɛrɪtɪ] n (manual) destreza; (mental) habilidade f

diabetes [daɪə'biːtiːz] n diabete f

diabetic [daɪə'bɛtɪk] (inf) adj (dreadful) horrível

diabolical [daɪə'bɔlɪkl] (inf) adj (dreadful) horrível

diagnoses [daɪəg'nəusiːz] npl of **diagnosis**

diagnosis [daɪəg'nəusɪs] (pl **diagnoses**) n diagnóstico

diagonal [daɪ'ægənl] adj diagonal ♦ n diagonal f

diagram ['daɪəgræm] n diagrama m, esquema m

dial ['daɪəl] n disco ♦ vt (number) discar (BR), marcar (PT)

dialect ['daɪəlɛkt] n dialeto

dialling code ['daɪəlɪŋ-] (US **dial code**) n código de discagem

dialling tone ['daɪəlɪŋ-] (US **dial tone**) n sinal m de discagem (BR) or de marcar (PT)

dialogue ['daɪəlɔg] (US **dialog**) n diálogo; (conversation) conversa

diameter [daɪ'æmɪtə*] n diâmetro

diamond ['daɪəmənd] n diamante m; (shape) losango, rombo; ~**s** npl (CARDS) ouros mpl

diaper ['daɪəpə*] (US) n fralda

diaphragm ['daɪəfræm] n diafragma m

diarrhoea [daɪə'riːə] (US **diarrhea**) n diarréia

diary ['daɪərɪ] n (daily account) diário; (engagements book) agenda

dice [daɪs] n inv dado ♦ vt (CULIN) cortar em cubos

Dictaphone ['dɪktəfəun] ® n ditafone ® m, máquina de ditar

dictate [dɪk'teɪt] vt ditar; **dictation** n (of letter) ditado; (of orders) ordem f

dictator [dɪk'teɪtə*] n ditador(a) m/f; ~ship n ditadura

dictionary ['dɪkʃənrɪ] n dicionário

did [dɪd] pt of **do**

didn't ['dɪdnt] = did not

die [daɪ] vi morrer; (fig: fade) murchar; to be dying for sth/to do sth estar louco por algo/para fazer algo; ~ away vi (sound, light) extinguir-se lentamente; ~ down vi (fire) apagar-se; (wind) abrandar; (excitement) diminuir; ~ out vi desaparecer; ~hard n reacionário/a, reaça m/f (inf)

diesel [ˈdiːzl] n diesel m; (also: ~ oil) óleo diesel; ~ engine [ˈdiːzəl-]n motor m diesel

diet ['daɪət] n dieta; (restricted food) regime m ♦ vi (also: be on a ~) estar de dieta, fazer regime

differ ['dɪfə*] vi (be different): to ~ from sth ser diferente de algo, diferenciar-se de algo; (disagree): to ~ (about) discordar (sobre); ~ence n diferença; (disagreement) divergência; ~ent adj diferente; ~entiate vi: to ~entiate (between) distinguir (entre); ~ently adv de outro modo, de forma diferente

difficult ['dɪfɪkəlt] adj difícil; ~y n dificuldade f

diffident ['dɪfɪdənt] adj tímido

diffuse [adj dɪ'fjuːs, vt dɪ'fjuːz] adj difuso ♦ vt difundir

dig [dɪg] (pt, pp dug) vt cavar ♦ n (prod) pontada; (archaeological) escavação f; (remark) alfinetada; to ~ one's nails into sth cravar as unhas em algo; ~ into vt fus (savings) gastar; ~ up vt (plant) arrancar; (information) trazer à tona

digest [vt daɪˈdʒɛst, n ˈdaɪdʒɛst] vt (food) digerir; (facts) assimilar ♦ n sumário; ~ion n digestão f; ~ive adj digestivo

digit ['dɪdʒɪt] n (MATH) dígito; (finger) dedo; ~al adj digital

dignified ['dɪgnɪfaɪd] adj digno

dignity ['dɪgnɪtɪ] n dignidade f

digress [daɪ'grɛs] vi: to ~ from afastar-se de

digs [dɪgz] (BRIT: inf) npl pensão f, alojamento

dike [daɪk] n = **dyke**

dilapidated [dɪ'læpɪdeɪtɪd] adj arruinado

dilemma [daɪ'lɛmə] n dilema m

diligent ['dɪlɪdʒənt] adj (worker) diligente; (research) cuidadoso

dilute [daɪ'luːt] vt diluir

dim [dɪm] adj fraco; (outline) indistinto; (room) escuro; (inf: person) burro ♦ vt diminuir; (US: AUT) baixar

dime [daɪm] (US) n dez centavos

dimension [dɪ'mɛnʃən] n dimensão f; (measurement) medida; (also: ~s: scale, size) tamanho

diminish [dɪ'mɪnɪʃ] vi diminuir

diminutive [dɪ'mɪnjutɪv] adj diminuto ♦ n (LING) diminutivo

dimmers ['dɪməz] (US) npl (AUT: headlights) faróis mpl baixos

dimple ['dɪmpl] n covinha

din [dɪn] n zoeira

dine [daɪn] vi jantar; ~r n comensal m/f; (US: eating place) lanchonete f

dinghy ['dɪŋgɪ] n dingue m; (also: rubber ~) bote m; (: sailing ~) bote de borracha

dingy ['dɪndʒɪ] adj (room) sombrio, lúgubre; (clothes, curtains etc) sujo

dining car ['daɪnɪŋ-] (BRIT) n (RAIL) vagão-restaurante m

dining room ['daɪnɪŋ-] n sala de jantar

dinner ['dɪnə*] n (evening meal) jantar m; (lunch) almoço; (banquet) banquete m; ~ jacket n smoking m; ~ party n jantar m; ~ time n (midday) hora de almoçar; (evening) hora de jantar

dint [dɪnt] n: by ~ of à força de

dip [dɪp] n (slope) inclinação f; (in sea) mergulho; (CULIN) pasta para servir com salgadinhos ♦ vt (in water) mergulhar; (ladle) meter; (BRIT: AUT: lights) baixar ♦ vi descer subitamente

diphthong ['dɪfθɔŋ] n ditongo

diploma [dɪ'pləumə] n diploma m

diplomat ['dɪpləmæt] n diplomata m/f

dipstick ['dɪpstɪk] (US **diprod**) n (AUT) vareta medidora

dipswitch ['dɪpswɪtʃ] (BRIT) n (AUT) interruptor m de luz alta e baixa

dire [daɪə*] adj terrível

direct [daɪ'rɛkt] adj direto; (route) reto; (manner) franco, sincero ♦ vt dirigir; (order): to ~ sb to do sth ordenar alguém para fazer algo ♦ adv direto; **can you ~ me to ...?** pode me indicar o caminho a ...?; ~ **debit** (BRIT) n (BANKING) débito direto; ~**ion** n (way) indicação f; (TV, RADIO, CINEMA) direção f; ~**ions** npl (instructions) instruções fpl; ~**ions for use** modo de usar; ~**ly** adv diretamente; (at once) imediatamente; ~**or** n diretor/a m/f

directory [dɪ'rɛktərɪ] n (TEL) lista (telefônica); (also: COMM) anuário comercial; (COMPUT) diretório

dirt [dɔ:t] n sujeira (BR), sujidade (PT); ~**-cheap** adj baratíssimo; ~**y** adj sujo; (joke) indecente ♦ vt sujar; ~**y trick** n golpe m baixo, sujeira

disability [dɪsə'bɪlɪtɪ] n incapacidade f

disabled [dɪs'eɪbld] adj deficiente ♦ npl: **the** ~ os deficientes

disadvantage [dɪsəd'vɑ:ntɪdʒ] n desvantagem f; (prejudice) inconveniente m

disaffection [dɪsə'fɛkʃən] n descontentamento

disagree [dɪsə'gri:] vi (differ) diferir; (be against, think otherwise): **to ~ (with)** não concordar (com), discordar (de); ~**able** adj desagradável; ~**ment** n desacordo; (quarrel) desavença

disallow ['dɪsə'lau] vt (LAW) vetar, proibir

disappear [dɪsə'pɪə*] vi desaparecer, sumir; (custom etc) acabar; ~**ance** n desaparecimento, desaparição f

disappoint [dɪsə'pɔɪnt] vt decepcionar; ~**ment** n decepção f; (cause) desapontamento

disapproval [dɪsə'pru:vəl] n desaprovação f

disapprove [dɪsə'pru:v] vi: **to ~ of** desaprovar

disarm [dɪs'ɑ:m] vt desarmar; ~**ament** n desarmamento

disarray [dɪsə'reɪ] n: **in ~** (troops) desbaratado; (organization) desorganizado, caótico; (thoughts) confuso; (clothes) em desalinho

disaster [dɪ'zɑ:stə*] n (accident) desastre m; (natural) catástrofe f

disband [dɪs'bænd] vt dispersar ♦ vi dispersar-se, desfazer-se

disbelief [dɪsbə'li:f] n incredulidade f

disc [dɪsk] n disco; (COMPUT) = disk

discard [dɪs'kɑ:d] vt (old things) desfazer-se de; (fig) descartar

discern [dɪ'sə:n] vt perceber; (distinguish) identificar; ~**ing** adj perspicaz

discharge [vt dɪs'tʃɑ:dʒ, n 'dɪstʃɑ:dʒ] vt (duties) cumprir, desempenhar; (patient) dar alta a; (employee) despedir; (soldier) dar baixa em, dispensar; (defendant) pôr em liberdade; (waste etc) descarregar, despejar ♦ n (ELEC, CHEM) descarga; (dismissal) despedida; (of duty) desempenho; (of debt) quitação f; (from hospital) alta; (from army) baixa; (LAW) absolvição f; (MED) secreção f

disciple [dɪ'saɪpl] n discípulo/a

discipline ['dɪsɪplɪn] n disciplina ♦ vt disciplinar; (punish) punir

disc jockey n (on radio) radialista m/f; (in disco) discotecário/a

disclaim [dɪs'kleɪm] vt negar

disclose [dɪs'kləuz] vt revelar; **disclosure** n revelação f

disco ['dɪskəu] n abbr discoteca

discoloured [dɪs'kʌləd] (US **discolored**) adj descolorido; (teeth) amarelado

discomfort [dɪs'kʌmfət] n (unease)

inquietação f; (physical) desconforto
disconcert [dɪskən'sɜːt] vt desconcertar
disconnect [dɪskə'nɛkt] vt desligar; (pipe, tap) desmembrar
discontent [dɪskən'tɪnju] n descontentamento; **~ed** adj descontente
discontinue [dɪskən'tɪnjuː] vt interromper; (payments) suspender; **"~d"** (COMM) "fora de linha"
discord ['dɪskɔːd] n discórdia; (MUS) dissonância
discount [n 'dɪskaʊnt, vt dɪs'kaʊnt] n desconto ♦ vt descontar; (idea) ignorar
discourage [dɪs'kʌrɪdʒ] vt (dishearten) desanimar; (advise against): to ~ sth/sb from doing desaconselhar algo/alguém a fazer
discourteous [dɪs'kəːtɪəs] adj descortês
discover [dɪs'kʌvə*] vt descobrir; (missing person) encontrar; (mistake) achar; **~y** n descoberta
discredit [dɪs'krɛdɪt] vt desacreditar; (claim) desmerecer
discreet [dɪs'kriːt] adj discreto; (careful) cauteloso
discrepancy [dɪ'skrɛpənsɪ] n diferença
discretion [dɪ'skrɛʃən] n discrição f; at the ~ of ao arbítrio de
discriminate [dɪ'skrɪmɪneɪt] vi: to ~ between fazer distinção entre; to ~ against discriminar contra; **discriminating** adj criterioso; **discrimination** [dɪskrɪmɪ'neɪʃən] n (discernment) discernimento; (bias) discriminação f
discuss [dɪs'kʌs] vt discutir; (analyse) analisar; **~ion** n discussão f; (debate) debate m
disdain [dɪs'deɪn] n desdém m
disease [dɪ'ziːz] n doença
disembark [dɪsɪm'bɑːk] vt, vi desembarcar
disengage [dɪsɪn'geɪdʒ] vt (AUT): to ~ the clutch desembrear
disentangle [dɪsɪn'tæŋgl] vt desvencilhar; (wool, wire) desembaraçar
disfigure [dɪs'fɪgə*] vt (person) desfigurar; (object) estragar, enfear
disgrace [dɪs'greɪs] n ignomínia; (shame) desonra ♦ vt (family) envergonhar; (name, country) desonrar; **~ful** adj vergonhoso; (behaviour) escandaloso
disgruntled [dɪs'grʌntld] adj descontente
disguise [dɪs'gaɪz] n disfarce m ♦ vt: to ~ (as) disfarçar (de); in ~ disfarçado
disgust [dɪs'gʌst] n repugnância ♦ vt repugnar a, dar nojo em; **~ing** adj repugnante; (unacceptable) inaceitável
dish [dɪʃ] n prato; (serving ~) travessa; to do or wash the ~es lavar os pratos or a louça; **~ up** vt servir; **~ out** vt repartir; **~cloth** n pano de prato or de louça
dishearten [dɪs'hɑːtn] vt desanimar
dishevelled [dɪ'ʃɛvld] (US **disheveled**) adj (hair) despenteado; (clothes) desalinhado
dishonest [dɪs'ɔnɪst] adj (person) desonesto; (means) fraudulento
dishonour [dɪs'ɔnə*] (US **dishonor**) n desonra; **~able** adj (person) desonesto, vil; (behaviour) desonroso
dishtowel ['dɪʃtaʊəl] (US) n pano de prato
dishwasher ['dɪʃwɔʃə*] n máquina de lavar louça or pratos
disillusion [dɪsɪ'luːʒən] vt desiludir
disinfectant [dɪsɪn'fɛktənt] n desinfetante m
disintegrate [dɪs'ɪntɪgreɪt] vi desintegrar-se
disjointed [dɪs'dʒɔɪntɪd] adj desconexo
disk [dɪsk] n (COMPUT) disco; **single-/double-sided ~** disquete de face simples/dupla; **~ drive** n unidade f de disco; **~ette** (US) n = disk
dislike [dɪs'laɪk] n (feeling) desagrado; (gen pl: object of ~) antipatia, aversão f ♦ vt antipatizar com, não gostar de
dislocate ['dɪsləkeɪt] vt deslocar
dislodge [dɪs'lɔdʒ] vt mover, deslo-

car

disloyal [dɪsˈlɔɪəl] *adj* desleal

dismal [ˈdɪzml] *adj* (*depressing*) deprimente; (*very bad*) horrível

dismantle [dɪsˈmæntl] *vt* desmontar, desmantelar

dismay [dɪsˈmeɪ] *n* consternação *f* ♦ *vt* consternar

dismiss [dɪsˈmɪs] *vt* (*worker*) despedir; (*pupils*) dispensar; (*soldiers*) dar baixa a; (*LAW, possibility*) rejeitar; ~**al** *n* demissão *f*

dismount [dɪsˈmaunt] *vi* (*from horse*) desmontar; (*from bicycle*) descer; **disobedient** *adj* desobediente

disobey [dɪsəˈbeɪ] *vt* desobedecer a; (*rules*) transgredir

disorder [dɪsˈɔːdə*] *n* desordem *f*; (*rioting*) distúrbios *mpl*, tumulto; (*MED*) distúrbio; ~**ly** *adj* (*untidy*) desarrumado; (*meeting*) tumultuado; (*behaviour*) escandaloso

disown [dɪsˈəun] *vt* repudiar; (*child*) rejeitar

disparaging [dɪsˈpærɪdʒɪŋ] *adj* depreciativo

disparate [ˈdɪspərɪt] *adj* (*groups*) diverso; (*levels*) desigual

disparity [dɪsˈpærɪtɪ] *n* desigualdade *f*

dispassionate [dɪsˈpæʃənət] *adj* imparcial

dispatch [dɪsˈpætʃ] *vt* (*send: parcel etc*) expedir; (*: messenger*) enviar ♦ *n* (*sending*) remessa, urgência; (*PRESS*) comunicado, (*MIL*) parte *f*

dispel [dɪsˈpel] *vt* dissipar

dispense [dɪsˈpens] *vt* (*medicine*) preparar (e vender); ~ **with** *vt fus* prescindir de; ~**r** *n* (*device*) distribuidor *m* automático; **dispensing chemist** (*BRIT*) *n* farmácia

disperse [dɪsˈpəːs] *vt* espalhar; (*crowd*) dispersar ♦ *vi* dispersar-se

dispirited [dɪsˈpɪrɪtɪd] *adj* desanimado

displace [dɪsˈpleɪs] *vt* (*shift*) deslocar; ~**d person** *n* (*POL*) deslocado/a de guerra

display [dɪsˈpleɪ] *n* (*in shop*) mostra;

(*exhibition*) exposição *f*; (*COMPUT, TECH: information*) apresentação *f* visual; (*: device*) display *m*; (*of feeling*) manifestação *f* ♦ *vt* mostrar; (*ostentatiously*) ostentar

displease [dɪsˈpliːz] *vt* (*offend*) ofender; (*annoy*) aborrecer; ~**d** *adj*: ~**d with** descontente com; (*disappointed*) aborrecido com; **displeasure** *n* desgosto

disposable [dɪsˈpəuzəbl] *adj* descartável; (*income*) disponível

disposal [dɪsˈpəuzl] *n* (*of rubbish*) destruição *f*; (*of property etc*) venda, traspasse *m*; **at sb's** ~ à disposição de alguém

dispose of [dɪsˈpəuz-] *vt fus* (*unwanted goods*) desfazer-se de; (*problem, task*) lidar

disposed [dɪsˈpəuzd] *adj*: **to be ~ to do sth** estar disposto a fazer algo; **to be well** ~ **towards sb** estar predisposto a favor de alguém; **disposition** *n* disposição *f*; (*temperament*) índole *f*

disprove [dɪsˈpruːv] *vt* refutar

dispute [dɪsˈpjuːt] *n* (*domestic*) briga; (*also: industrial* ~) conflito, disputa ♦ *vt* (*fact, statement*) questionar; (*ownership*) contestar

disqualify [dɪsˈkwɔlɪfaɪ] *vt* (*SPORT*) desclassificar; **to** ~ **sb for sth/from doing sth** desqualificar alguém para algo/de fazer algo

disquiet [dɪsˈkwaɪət] *n* inquietação *f*

disregard [dɪsrɪˈgɑːd] *vt* ignorar

disrepair [dɪsrɪˈpɛə*] *n*: **to fall into** ~ ficar dilapidado

disreputable [dɪsˈrepjutəbl] *adj* (*person*) de má fama; (*behaviour*) vergonhoso

disrupt [dɪsˈrʌpt] *vt* (*plans*) desfazer; (*conversation*) perturbar, interromper; ~**ion** *n* interrupção *f*; (*disturbance*) perturbação *f*

dissatisfaction [dɪssætɪsˈfækʃən] *n* descontentamento

dissect [dɪˈsekt] *vt* dissecar

dissent [dɪˈsent] *n* dissensão *f*

dissertation [dɪsəˈteɪʃən] *n* (*also:*

SCH) dissertação *f*, tese *f*

disservice [dɪs'sɜːvɪs] *n*: to do sb a ~ prejudicar alguém

dissimilar [dɪ'sɪmɪlə*] *adj*: ~ (to) dessemelhante (de), diferente (de)

dissipate ['dɪsɪpeɪt] *vt* dissipar; (*money, effort*) desperdiçar

dissolve [dɪ'zɔlv] *vt* dissolver ♦ *vi* dissolver-se; to ~ in(to) tears debulhar-se em lágrimas

distance ['dɪstns] *n* distância; **in the** ~ ao longe

distant ['dɪstnt] *adj* distante; (*manner*) afastado, reservado

distaste [dɪs'teɪst] *n* repugnância; ~**ful** *adj* repugnante

distended [dɪs'tɛndɪd] *adj* inchado

distil [dɪs'tɪl] (*US* **distill**) *vt* destilar; ~**lery** *n* destilaria

distinct [dɪs'tɪŋkt] *adj* (*clear*) claro; (*unmistakable*) nítido; **as** ~ **from** em oposição a; ~**ion** *n* diferença; (*honour*) honra; (*in exam*) distinção *f*

distinguish [dɪs'tɪŋgwɪʃ] *vt* (*differentiate*) diferenciar; (*identify*) identificar; to ~ o.s. distinguir-se; ~**ed** *adj* (*eminent*) eminente; (*in appearance*) distinto; ~**ing** *adj* (*feature*) distintivo

distort [dɪs'tɔːt] *vt* distorcer

distract [dɪs'trækt] *vt* distrair; (*attention*) desviar; ~**ed** *adj* distraído; (*anxious*) aturdido; ~**ion** *n* distração *f*; (*confusion*) aturdimento, perplexidade *f*; (*amusement*) divertimento

distraught [dɪs'trɔːt] *adj* desesperado

distress [dɪs'trɛs] *n* angústia ♦ *vt* afligir; ~**ing** *adj* angustiante; ~ **signal** *n* sinal *m* de socorro

distribute [dɪs'trɪbjuːt] *vt* distribuir; (*share out*) repartir, dividir; **distribution** *n* distribuição *f*; (*of profits*) repartição *f*; **distributor** *n* (*AUT*) distribuidor *m*; (*COMM*) distribuidor(a) *m/f*

district ['dɪstrɪkt] *n* (*of country*) região *f*; (*of town*) zona; (*ADMIN*) distrito; ~ **attorney** (*US*) *n* promo-

tor(a) *m/f* público/a; ~ **nurse** (*BRIT*) *n* enfermeiro/a do Serviço Nacional que visita os pacientes em casa

distrust [dɪs'trʌst] *n* desconfiança ♦ *vt* desconfiar de

disturb [dɪs'tɜːb] *vt* (*disorganize*) perturbar; (*upset*) incomodar; (*interrupt*) atrapalhar; ~**ance** *n* (*upheaval*) convulsão *f*; (*political, violent*) distúrbio; (*of mind*) transtorno; ~**ed** *adj* perturbado; (*childhood*) infeliz; **to be emotionally** ~**ed** ter problemas emocionais; ~**ing** *adj* perturbador(a)

disuse [dɪs'juːs] *n*: **to fall into** ~ cair em desuso; ~**d** *adj* abandonado

ditch [dɪtʃ] *n* fosso; (*irrigation* ~) rego ♦ *vt* (*inf: partner*) abandonar; (: *car, plan etc*) desfazer-se de

dither ['dɪðə*] *vi* vacilar

ditto ['dɪtəu] *adv* idem

divan [dɪ'væn] *n* (*also*: ~ **bed**) divã *m*

dive [daɪv] *n* (*from board*) salto; (*underwater*) mergulho ♦ *vi* mergulhar; to ~ **into** (*bag, drawer*) enfiar a mão em; (*shop, car*) enfiar-se em; ~**r** *n* mergulhador(a) *m/f*

diverse [daɪ'vɜːs] *adj* diverso; **diversion** *n* (*BRIT: AUT*) desvio; (*distraction*) diversão *f*; (*of funds*) desvio

divert [daɪ'vɜːt] *vt* desviar

divide [dɪ'vaɪd] *vt* (*MATH*) dividir; (*separate*) separar; (*share out*) repartir ♦ *vi* dividir-se; (*road*) bifurcar-se; ~**d highway** (*US*) *n* pista dupla

dividend ['dɪvɪdɛnd] *n* dividendo; (*fig*): **to pay** ~**s** valer a pena

divine [dɪ'vaɪn] *adj* (*also fig*) divino

diving ['daɪvɪŋ] *n* salto; (*underwater*) mergulho; ~ **board** *n* trampolim *m*

divinity [dɪ'vɪnɪtɪ] *n* divindade *f*; (*SCH*) teologia

division [dɪ'vɪʒən] *n* divisão *f*; (*sharing out*) repartição *f*; (*disagreement*) discórdia; (*FOOTBALL*) grupo

divorce [dɪ'vɔːs] *n* divórcio ♦ *vt*

divorciar-se de; (*dissociate*) dissociar; ~**d** *adj* divorciado; ~**e** *n*
divorciado/a

DIY *n abbr* = do-it-yourself

dizzy ['dızı] *adj* tonto

DJ *n abbr* = disc jockey

KEYWORD

do [du:] (*pt* did, *pp* done) *vb aux* **1**
(*in negative constructions*): **I don't
understand** eu não compreendo
2 (*to form questions*): **didn't you
know?** você não sabia?; **what ~
you think?** o que você acha?
3 (*for emphasis, in polite expressions*) **she does seem rather late**
ela está muito atrasada; ~ **sit
down/help yourself** sente-se/sirva-
se; ~ **take care!** tome cuidado!
4 (*used to avoid repeating vb*): **she
swims better than I** ~ ela nada
melhor que eu; ~ **you agree? -
yes, I ~/no, I don't** você concorda?
- sim, concordo/não, não concordo;
she lives in Glasgow - so ~ I ela
mora em Glasgow - eu também;
who broke it? - I did quem quebrou isso? - (fui) eu
5 (*in question tags*): **you like him,
don't you?** você gosta dele, não é?;
he laughed, didn't he? ele riu, não
foi?

♦ *vt* **1** (*gen: carry out, perform etc*)
fazer; **what are you ~ing tonight?**
o que você vai fazer hoje à noite?; **to
~ the washing-up/cooking** lavar a
louça/cozinhar; **to ~ one's teeth/
nails** escovar os dentes/fazer as
unhas; **to ~ one's hair** (*comb*)
pentear-se; (*style*) fazer um penteado; **we're ~ing Othello at school**
(*studying*) nós estamos estudando
Otelo na escola; (*performing*) nós vamos encenar Otelo na escola
2 (*AUT etc*): **the car was ~ing 100**
o carro estava a 100 por hora; **we've
done 200 km already** nós já fizemos
200 km; **he can ~ 100 in that car**
ele consegue dar 100 nesse carro

♦ *vi* **1** (*act, behave*) fazer; ~ **as I ~**

faça como eu faço
2 (*get on, fare*) ir; **how ~ you ~?**
como você está indo?
3 (*suit*) servir; **will it ~?** serve?
4 (*be sufficient*) bastar; **will £10 ~?**
£10 dá?; **that'll ~** é suficiente;
that'll ~! (*in annoyance*) basta!,
chega!; **to make ~ (with)**
contentar-se (com)

♦ *n* (*inf: party etc*) festa; **it was
rather a ~** foi uma festança

do away with *vt fus* (*kill*) matar;
(*law etc*) abolir; (*withdraw*) retirar

do up *vt* (*laces*) atar; (*zip*) fechar;
(*dress, skirt*) abotoar; (*renovate:
room, house*) arrumar, renovar

do with *vt fus* (*need*): **I could ~
with a drink/some help** eu bem que
gostaria de tomar alguma coisa/eu
bem que precisaria de uma ajuda;
(*be connected*) ter a ver com; **what
has it got to ~ with you?** o que é
que isso tem a ver com você?

do without *vi*: **if you're late for
tea then you'll ~ without** se você
chegar atrasado ficará sem almoço

♦ *vt fus* passar sem

dock [dɔk] *n* (*NAUT*) doca; (*LAW*)
banco (dos réus) ♦ *vi* (*NAUT: enter
~*) entrar no estaleiro; (*SPACE*)
unir-se no espaço; ~**s** *npl* docas *fpl*;
~**er** *n* portuário, estivador *m*; ~**yard**
n estaleiro

doctor [dɔktə*] *n* médico/a; (*PhD
etc*) doutor/a *m/f* ♦ *vt* (*drink etc*)
falsificar; **D~ of Philosophy** *n* (*degree*) doutorado; (*person*) doutor/a
m/f

doctrine ['dɔktrın] *n* doutrina

document ['dɔkjumənt] *n* documento; ~**ary** *adj* documental ♦ *n* docu-
mentário

dodge [dɔdʒ] *n* (*trick*) trapaça ♦ *vt*
esquivar-se de, evitar; (*tax*) sonegar;
(*blow*) furtar-se a

dodgems ['dɔdʒəmz] (*BRIT*) *npl*
carros *mpl* de choque

doe [dəu] *n* (*deer*) corça; (*rabbit*)
coelha

does [dʌz] vb see do; **~n't** = does not

dog [dɔg] n cachorro, cão m ♦ vt (subj: person) seguir; (: bad luck) perseguir; **~ collar** n coleira de cachorro; (of priest) gola de padre; **~eared** adj surrado

dogged ['dɔgɪd] adj tenaz, persistente

dogsbody ['dɔgzbɔdɪ] (BRIT: inf) n faz-tudo m/f

doings ['duːɪŋz] npl atividades fpl

do-it-yourself n sistema m faça-você-mesmo

doldrums ['dɔldrəmz] npl: **to be in the ~** (person) estar abatido; (business) estar parado or estagnado

dole [dəul] (BRIT) n (payment) subsídio de desemprego; **on the ~** desempregado; **~ out** vt distribuir

doleful ['dəulful] adj triste, lúgubre

doll [dɔl] n boneca; (US: inf: woman) mulher f jovem e bonita

dollar ['dɔlə*] n dólar m

dolled up [dɔld-] (inf) adj embonecado

dolphin ['dɔlfɪn] n golfinho

domain [də'meɪn] n domínio

dome [dəum] n (ARCH) cúpula

domestic [də'mestɪk] adj doméstico; (national) nacional; **~ated** adj domesticado; (home-loving) prendado

dominate ['dɔmɪneɪt] vt dominar

domineering [dɔmɪ'nɪərɪŋ] adj dominante, mandão/dona

dominion [də'mɪnɪən] n domínio; (territory) império

domino ['dɔmɪnəu] (pl **~es**) n peça de dominó; **~es** n (game) dominó m

don [dɔn] (BRIT) n professor(a) m/f universitário/a

donate [də'neɪt] vt: **to ~ (to)** doar (para)

done [dʌn] pp of do

donkey ['dɔŋkɪ] n burro

donor ['dəunə*] n doador(a) m/f

don't [dəunt] = do not

doodle ['duːdl] vi rabiscar

doom [duːm] n (fate) destino ♦ vt: **to be ~ed to failure** estar destinado or fadado ao fracasso; **~sday** n o Juízo Final

door [dɔː*] n porta; **~bell** n campainha; **~ handle** n maçaneta (BR), puxador m (PT); (of car) maçaneta; **~man** (irreg) n porteiro; **~mat** n capacho; **~step** n degrau m da porta, soleira; **~way** n vão m da porta, entrada

dope [dəup] n (inf: person) imbecil m/f; (: drug) maconha ♦ vt (horse etc) dopar; **~y** (inf) adj (groggy) zonzo; (stupid) imbecil

dormant ['dɔːmənt] adj inativo

dormice ['dɔːmaɪs] npl of dormouse

dormitory ['dɔːmɪtrɪ] n dormitório; (US) residência universitária

dormouse ['dɔːmaus] (pl **dormice**) n rato (de campo)

dosage ['dəusɪdʒ] n dosagem, posologia

dose [dəus] n dose f

doss house ['dɔs-] (BRIT) n pensão f barata or de malta (PT)

dot [dɔt] n ponto; (speck) marca pequena ♦ vt: **~ted with** salpicado de; **on the ~** em ponto

dote [dəut]: **to ~ on** vt fus adorar, idolatrar

dot-matrix printer n impressora matricial

dotted line ['dɔtɪd-] n linha pontilhada

double ['dʌbl] adj duplo ♦ adv (twice): **to cost ~ (sth)** custar o dobro (de algo) ♦ n (person) duplo/a ♦ vt dobrar ♦ vi dobrar; at the **~ (BRIT)**, **on the ~** em passo acelerado; **~ bass** n contrabaixo; **~ bed** n cama de casal; **~-breasted** adj trespassado; **~cross** vt (trick) enganar; (betray) atraiçoar; **~-decker** n ônibus m (BR) or autocarro (PT) de dois andares; **~ glazing** (BRIT) n (janelas fpl de) vidro duplo; **~ room** n quarto de casal; **~s** n (TENNIS) dupla; **doubly** adv duplamente

doubt [daut] n dúvida ♦ vt duvidar; (suspect) desconfiar de; **to ~ if** or **whether** duvidar que; **~ful** adj duvidoso; ~**less** adv sem dúvida

dough [dəu] n massa; ~**nut** (US donut) n sonho (BR), bola de Berlim (PT)

douse [dauz] vt (with water) encharcar de; (flames) apagar

dove [dʌv] n pomba; ~**tail** vi (fig) encaixar-se

dowdy ['daudɪ] adj (clothes) desalinhado; (person) deselegante, pouco elegante

down [daun] n (feathers) penugem f ♦ adv (~wards) para baixo; (on the ground) por terra ♦ prep (towards lower level) embaixo de; (movement along) ao longo de ♦ vt (inf: drink) tomar de um gole só; ~ **with X!** abaixo X!; ~**-and-out** n (tramp) vagabundo/a; ~**-at-heel** adj descuidado, desmazelado; (appearance) deselegante; ~**cast** adj abatido; ~**fall** n queda, ruína; ~**hearted** adj desanimado; ~**hill** adv: **to go** ~**hill** descer, ir morro abaixo; (fig: business) degringolar; ~ **payment** n entrada, sinal m; ~**pour** n aguaceiro; ~**right** adj (lie) patente; (refusal) categórico; ~**stairs** adv (below) (lá) em baixo; (~wards) para baixo; ~**stream** adv água ou rio abaixo; ~**-to-earth** adj prático, realista; ~**town** adv no centro da cidade; ~ **under** adv na Austrália or Nova Zelândia); ~**ward** adj, adv para baixo; ~**wards** adv = ~**ward**

dowry ['dauɪ] n dote m

doz. abbr (= dozen) dz.

doze [dəuz] vi dormitar; ~ **off** vi cochilar

dozen ['dʌzn] n dúzia; **a** ~ **books** uma dúzia de livros; ~**s of** milhares de

Dr abbr (= doctor) Dr(a) m/f

drab [dræb] adj sombrio

draft [drɑ:ft] n (first copy) rascunho; (POL: of bill) projeto de lei; (bank ~) saque m, letra; (US: call-up) recrutamento ♦ vt (plan) esboçar; (speech, letter) rascunhar; see also **draught**

drag [dræg] vt arrastar; (river) dragar ♦ vi arrastar-se ♦ n (inf) chatice f (BR), maçada (PT); (women's clothing): **in** ~ em travesti; ~ **on** vi arrastar-se

dragon ['drægən] n dragão m

dragonfly ['drægənflaɪ] n libélula

drain [dreɪn] n bueiro; (source of loss) sorvedouro ♦ vt (glass) esvaziar; (land, marshes) drenar; (vegetables) coar ♦ vi (water) escorrer, escoar-se; ~**age** n (act) drenagem f; (system) esgoto; ~**board** (US) n = ~**ing board**; ~**ing board** n escorredor m; ~**pipe** n cano de esgoto

drama ['drɑ:mə] n (art) teatro; (play) drama m; ~**tic** adj dramático; (theatrical) teatral; ~**tist** n dramaturgo/a

drank [dræŋk] pt of **drink**

drape [dreɪp] vt ornar, cobrir; ~**s** (US) npl cortinas fpl

drastic ['dræstɪk] adj drástico

draught [drɑ:ft] (US **draft**) n (of air) corrente f; (NAUT) calado; (beer) chope m; **on** ~ (beer) de barril; ~**board** (BRIT) n tabuleiro de damas; ~**s** (BRIT) n (jogo de damas fpl

industrial

draw [drɔ:] (pt **drew**, pp **drawn**) vt desenhar; (cart) puxar; (curtain) fechar; (gun) sacar; (attract) atrair; (money) tirar; (: from bank) sacar ♦ vi empatar ♦ n empate m; (lottery) sorteio; **to** ~ **near** aproximar-se; ~ **out** vt (money) sacar; ~ **up** vi (stop) parar(-se) ♦ vt (chair etc) puxar; (document) redigir; ~**back** n inconveniente m, desvantagem f; ~**bridge** n ponte f levadiça; ~**er** n gaveta; ~**ing** n desenho; ~**ing board** n prancheta; ~**ing pin** (BRIT) n tachinha (BR), pionés m (PT); ~**ing room** n sala de visitas

drawl [drɔːl] n fala arrastada

drawn [drɔːn] pp of **draw**

dread [drɛd] n medo, pavor m ♦ vt temer, recear, ter medo de; **~ful** adj terrível

dream [driːm] (pt, pp **~ed** or **~t**) n sonho ♦ vt, vi sonhar; **~t** pt, pp of **dream**; **~y** adj sonhador(a), distraído; (music) sentimental

dreary ['drɪərɪ] adj (talk, time) monótono; (weather) sombrio

dredge [drɛdʒ] vt dragar

dregs [drɛgz] npl lia; (of humanity) escória, ralé f

drench [drɛntʃ] vt encharcar

dress [drɛs] n vestido; (no pl: clothing) traje m ♦ vt vestir; (wound) fazer curativo em ♦ vi vestir-se; to get **~ed** vestir-se; **~ up** vi vestir-se com elegância; (in fancy dress) fantasiar-se; **~ circle** (BRIT) n balcão m nobre; **~er** n (BRIT: cupboard) aparador m; (US: chest of drawers) cômoda de espelho; **~ing** n (MED) curativo; (CULIN) molho; **~ing gown** (BRIT) n roupão m; (woman's) peignoir m; **~ing room** n (THEATRE) camarim m; (SPORT) vestiário; **~ing table** n penteadeira (BRIT), toucador m (PT); **~maker** n costureiro(a); **~ rehearsal** n ensaio geral; **~y** (inf) adj (clothes) chique

drew [druː] pt of **draw**

dribble ['drɪbl] vi (baby) babar ♦ vt (ball) driblar

dried [draɪd] adj (fruit, beans) seco; (eggs, milk) em pó

drier ['draɪə*] n = **dryer**

drift [drɪft] n (of current etc) força; (of snow) monte m; (meaning) sentido ♦ vi (boat) derivar; (sand, snow) amontoar-se; **~wood** n madeira flutuante

drill [drɪl] n furadeira; (of dentist) broca; (for mining etc) broca, furadeira; (MIL) exercícios mpl militares ♦ vt furar, brocar; (MIL) exercitar ♦ vi (for oil) perfurar

drink [drɪŋk] (pt **drank**, pp **drunk**) n bebida; (sip) gole m ♦ vt, vi beber;

a **~ of water** um copo d'água; **~er** n bebedor(a) m/f; **~ing water** n água potável

drip [drɪp] n gotejar m; (one **~**) gota, pingo; (MED) gota a gota m ♦ vi gotejar; (tap) pingar; **~-dry** adj de lavar e vestir; **~ping** n gordura

drive [draɪv] (pt **drove**, pp **driven**) n passeio (de automóvel); (journey) trajeto, percurso; (also: **~way**) entrada; (energy) energia, vigor m; (campaign) campanha; (COMPUT: also: **disk ~**) unidade f de disco ♦ vt (car) dirigir (BR), guiar (PT); (push) empurrar; (TECH: motor) acionar; (nail etc) cravar ♦ vi (AUT: at controls) dirigir (BR), guiar (PT); (: travel) ir de carro; **left-/right-hand ~** direção à esquerda/direita; to **~ sb mad** deixar alguém louco

drivel ['drɪvl] (inf) n bobagem f, besteira

driven ['drɪvn] pp of **drive**

driver ['draɪvə*] n motorista m/f; (RAIL) maquinista m; **~'s license** (US) n carteira de motorista (BR), carta de condução (PT)

driveway ['draɪvweɪ] n entrada

driving ['draɪvɪŋ] n direção f (BR), condução f (PT); **~ instructor** n instrutor(a) m/f de auto-escola (BR) or de condução (PT); **~ lesson** n aula de direção (BR) or de condução (PT); **~ licence** (BRIT) n carteira de motorista (BR), carta de condução (PT); **~ mirror** (BRIT) n retrovisor m; **~ school** n auto-escola f; **~ test** n exame m de motorista

drizzle ['drɪzl] n chuvisco

drone [drəʊn] n (sound) zumbido; (male bee) zangão m

drool [druːl] vi babar(-se)

droop [druːp] vi pender

drop [drɒp] n (of water) gota; (lessening) diminuição f; (fall: distance) declive m ♦ vt (allow to fall) deixar cair; (voice, eyes, price) baixar; (set down from car) deixar (saltar/descer); (omit) omitir ♦ vi cair;

(wind) parar; ~s npl (MED) gotas fpl; ~ off vi (sleep) cochilar ♦ vt (passenger) deixar (saltar); ~ out vi (withdraw) retirar-se; ~out n pessoa que abandona o trabalho, os estudos etc; ~per n conta-gotas m inv; ~pings npl fezes fpl (de animal)

drought [draut] n seca

drove [drəuv] pt of **drive**

drown [draun] vt afogar; (also: ~ out: sound) encobrir ♦ vi afogar-se

drowsy ['drauzı] adj sonolento

drudgery ['drʌdʒərı] n trabalho enfadonho

drug [drʌg] n remédio, medicamento; (narcotic) droga ♦ vt drogar; to be on ~s estar viciado em drogas; (MED) estar sob medicação; ~ addict n toxicômano/a; ~gist (US) n farmacêutico/a; ~store (US) n drogaria

drum [drʌm] n tambor m; (for oil, petrol) tambor, barril m; ~s npl (kit) bateria; ~mer n baterista m/f

drunk [drʌŋk] pp of **drink** ♦ adj bêbado ♦ n (also: ~ard) bêbado/a; ~en adj (laughter) de bêbado; (party) cheio de bêbado; (person) bêbado

dry [draı] adj seco; (day) sem chuva; (humour) irônico ♦ vt secar, enxugar; (tears) limpar ♦ vi secar; ~ up vi secar completamente; ~-cleaner's n tinturaria; ~-cleaning n lavagem f a seco; ~er n secador m; (US: spin-~) secadora; ~ness n secura; ~ rot n putrefação f fungosa

DSS (BRIT) n abbr (= Department of Social Security) = INAMPS m

dual ['djuəl] adj dual, duplo; ~ carriageway (BRIT) n pista dupla; ~-purpose adj de duplo uso

dubbed [dʌbld] adj (CINEMA) dublado

dubious ['djuːbiəs] adj duvidoso; (reputation, company) suspeitoso

Dublin ['dʌblın] n Dublin

duchess ['dʌtʃıs] n duquesa

duck [dʌk] n pato ♦ vi abaixar-se repentinamente; ~ling n patinho

duct [dʌkt] n conduto, canal m; (ANAT) ducto

dud [dʌd] n (object, tool): it's a ~ não presta ♦ adj (BRIT): ~ cheque cheque m sem fundos, cheque m voador (inf)

due [dju:] adj (proper) devido; (expected) esperado ♦ n: to give sb his (or her) ~ ser justo com alguém ♦ adv: ~ north exatamente ao norte; ~s npl (for club, union) quota; (in harbour) direitos mpl; in ~ course no devido tempo; (eventually) no final; ~ to devido a

duet [dju:'et] n dueto

duffel bag ['dʌfl-] n mochila

duffel coat ['dʌfl-] n casaco de baeta

dug [dʌg] pt, pp of **dig**

duke [dju:k] n duque m

dull [dʌl] adj (light) sombrio; (wit) lento; (boring) enfadonho; (sound, pain) surdo; (weather) nublado, carregado ♦ vt (pain) aliviar; (mind, senses) entorpecer

duly ['dju:lı] adv devidamente; (on time) no devido tempo

dumb [dʌm] adj mudo; (pej: stupid) estúpido; ~founded adj pasmado

dummy ['dʌmı] n (tailor's model) manequim m; (mock-up) modelo; (BRIT: for baby) chupeta ♦ adj falso

dump [dʌmp] n (also: rubbish ~) depósito de lixo; (inf: place) chiqueiro ♦ vt (put down) depositar, descarregar; (get rid of) desfazer-se de; (COMPUT) tirar um dump de

dumpling ['dʌmplıŋ] n bolinho cozido

dumpy ['dʌmpı] adj gorducho

dunce [dʌns] n burro, ignorante m/f

dung [dʌŋ] n estrume m

dungarees [dʌŋgə'riːz] npl macacão m (BR), fato macaco (PT)

dungeon ['dʌndʒən] n calabouço

dupe [dju:p] n (victim) otário/a, trouxa m/f ♦ vt enganar

duplex ['dju:plɛks] (US) n casa geminada; (also: ~ apartment) duplex m

duplicate [n 'dju:plɪkət, vt 'dju:-
plɪkeɪt] n (of document) duplicata; (of key) cópia ♦ vt duplicar;
(photocopy) multigrafar; (repeat) reproduzir

duplicity [dju:'plɪsɪtɪ] n falsidade f

durable ['djuərəbl] adj durável;
(clothes, metal) resistente

duress [djuə'rɛs] n: **under ~** sob
coação

during ['djuərɪŋ] prep durante

dusk [dʌsk] n crepúsculo, anoitecer
m

dust [dʌst] n pó m, poeira ♦ vt (furniture) tirar o pó de; (cake etc) to
~ **with** polvilhar com; **~bin** n
(BRIT) lata de lixo; **~er** n pano de
pó; **~man** (BRIT: irreg) n lixeiro,
gari m (BR: inf); **~y** adj empoeira-
do

Dutch [dʌtʃ] adj holandês/esa ♦ n
(LING) holandês m ♦ adv: **let's go
~** (inf) cada um paga o seu, vamos
rachar; **the ~** npl (people) os holan-
deses; **~man** (irreg) n holandês m;
~woman (irreg) n holandesa

dutiful ['dju:tɪful] adj respeitoso

duty ['dju:tɪ] n dever m; (tax) taxa;
on ~ de serviço; **off ~** de folga; **~-
free** adj livre de impostos

duvet ['du:veɪ] (BRIT) n edredom m
(BR), edredão m (PT)

dwarf [dwɔ:f] (pl **dwarves**) n anão/
anã m/f ♦ vt ananicar

dwell [dwel] (pt, pp **dwelt**) vi morar; **~ on** vt fus estender-se sobre;
~ing n residência; **dwelt** pt, pp of
dwell

dwindle ['dwɪndl] vi diminuir

dye [daɪ] n tintura, tinta ♦ vt tingir

dyke [daɪk] (BRIT) n (embankment)
dique m, represa

dynamite ['daɪnəmaɪt] n dinamite f

dynamo ['daɪnəməu] n dínamo m

E

E [i:] n (MUS) mi m

each [i:tʃ] adj cada inv ♦ pron cada
um(a); **~ other** um ao outro; **they
hate ~ other** (eles) se odeiam

eager ['i:gə*] adj ávido; **to be ~ for/
to do** sth ansiar por/por fazer algo

eagle ['i:gl] n águia

ear [ɪə*] n (external) orelha; (inner,
fig) ouvido; (of corn) espiga; **~ache**
n dor f de ouvidos; **~drum** n timpa-
no

earl [ə:l] (BRIT) n conde m

earlier ['ə:lɪə*] adj mais adiantado;
(edition) anterior ♦ adv mais cedo

early ['ə:lɪ] adv cedo; (before time)
com antecedência ♦ adj cedo;
(sooner than expected) prematuro;
(reply) pronto; (Christians, settlers)
primeiro; (man) primitivo; (life,
work) juvenil; **in the ~ or ~ in the
spring/19th century** no princípio da
primavera/do século dezenove; **~
tirement** n aposentadoria antecipada

earmark ['ɪəmɑːk] vt: **to ~ sth for**
reservar or destinar algo para

earn [ə:n] vt ganhar; (COMM: interest) render; (praise) merecer

earnest ['ə:nɪst] adj (wish) intenso;
(manner) sério; **in ~** a sério

earnings ['ə:nɪŋz] npl (personal)
vencimentos mpl, salário, ordenado;
(of company) lucro

ear: ~phones npl fones mpl de ouvido; **~ring** n brinco; **~shot** n: **within
~shot** ao alcance do ouvido or da
voz

earth [ə:θ] n terra; (BRIT: ELEC)
fio terra ♦ vt (BRIT: ELEC) ligar à
terra; **~enware** n louça de barro ♦
adj de barro; **~quake** n terremoto
(BR), terramoto (PT); **~y** adj grosseiro

ease [i:z] n facilidade f; (relaxed
state) sossego; (comfort) conforto ♦
vt facilitar; (pain, tension) aliviar;
(help pass): **to ~ sth in/out** meter/

tirar algo com cuidado; **at ~!** (*MIL*) descansar!; **~ off** *vi* acalmar-se; (*wind*) baixar; (*rain*) moderar-se; **~ up** *vi* = **~ off**

easel ['i:zl] *n* cavalete *m*

easily ['i:zılı] *adv* facilmente, fácil (*inf*)

east [i:st] *n* leste *m* ♦ *adj* (*region*) leste; (*wind*) do leste ♦ *adv* para o leste; **the E~** o Oriente; (*POL*) o leste

Easter ['i:stə*] *n* Páscoa; **~ egg** *n* ovo de Páscoa

easterly ['i:stəlı] *adj* (*to the east*) para o leste; (*from the east*) do leste

eastern ['i:stən] *adj* do leste, oriental

East Germany *n* Alemanha Oriental

eastward(s) ['i:stwəd(z)] *adv* ao leste

easy ['i:zı] *adj* fácil; (*comfortable*) folgado, cômodo; (*relaxed*) natural, complacente; (*victim, prey*) desprotegido ♦ *adv*: **to take it** or **things ~** (*not worry*) levar as coisas com calma; (*go slowly*) ir devagar; (*rest*) descansar; **~ chair** *n* poltrona; **~going** *adj* pacato, fácil

eat [i:t] (*pt* **ate**, *pp* **eaten**) *vt, vi* comer; **~ away** *vt* corroer; **~ away at** *vt fus* corroer; **~ into** *vt fus* = **~ away at**

eaves [i:vz] *npl* beira, beiral *m*

eavesdrop ['i:vzdrop] *vi*: **to ~ (on)** escutar às escondidas

ebb [eb] *n* refluxo ♦ *vi* baixar; (*fig: also*: **~ away**) declinar

ebony ['ebənı] *n* ébano

EC *n abbr* (= *European Community*) CE *f*

eccentric [ɪk'sɛntrɪk] *adj*, *n* excêntrico/a

echo ['ekəu] (*pl* **~es**) *n* eco *m* ♦ *vt* ecoar, repetir ♦ *vi* ressoar, repetir

éclair [eɪ'klɛə*] *n* (*CULIN*) bomba

eclipse [ɪ'klıps] *n* eclipse *m*

ecology [ɪ'kɔlədʒı] *n* ecologia

economic [i:kə'nɔmık] *adj* econômico; (*business etc*) rentável; **~al**

adj econômico; **~s** *n* economia ♦ *npl* aspectos *mpl* econômicos

economize [ɪ'kɔnəmaız] *vi* economizar, fazer economia

economy [ɪ'kɔnəmı] *n* economia; **~ class** *n* (*AVIAT*) classe *f* econômica; **~ size** *n* tamanho econômico

ecstasy ['ekstəsı] *n* êxtase *m*; **ecstatic** *adj* extasiado

ECU [eı'kju] *n abbr* (= *European Currency Unit*) ECU *m*

Ecuador ['ekwədɔ:*] *n* Equador *m*

edge [edʒ] *n* (*of knife etc*) fio; (*of table, chair etc*) borda; (*of lake etc*) margem *f* ♦ *vt* (*trim*) embainhar; **on ~** (*fig*) = **edgy**; **to ~ away from** afastar-se pouco a pouco de; **~ways** *adv* lateralmente; **he can't get a word in ~ways** não pôde entrar na conversa; **edgy** *adj* nervoso, inquieto

edible ['edıbl] *adj* comestível

Edinburgh ['edınbərə] *n* Edimburgo

edit ['edıt] *vt* editar; (*be editor of*) dirigir; (*cut*) cortar, redigir; (*COMPUT, TV*) editar; (*CINEMA*) montar; **~ion** *n* edição *f*; **~or** *n* redator(a) *m/f*; (*of newspaper*) diretor(a) *m/f*; (*of column*) editor(a) *m/f*; (*of book*) organizador(a) *m/f* da edição; **~orial** *adj* editorial

educate ['edjukeıt] *vt* educar

education [edju'keıʃən] *n* educação *f*; (*schooling*) ensino; (*teaching*) pedagogia; **~al** *adj* (*policy, experience*) educacional; (*toy etc*) educativo

EEC *n abbr* (= *European Economic Community*) CEE *f*

eel [i:l] *n* enguia

eerie ['ıərı] *adj* (*strange*) estranho; (*mysterious*) misterioso

effect [ı'fekt] *n* efeito ♦ *vt* (*repairs*) fazer; (*savings*) efetuar; **to take ~** (*law*) entrar em vigor; (*drug*) fazer efeito; **in ~** na realidade; **~ive** *adj* eficaz; (*actual*) efetivo; **~iveness** *n* eficácia

effeminate [ı'femınıt] *adj* efeminado

efficiency [ı'fıʃənsı] *n* eficiência

efficient [ı'fıʃənt] *adj* eficiente; (*machine*) rentável

effort [ˈefət] n esforço; **~less** adj fácil

effrontery [ɪˈfrʌntərɪ] n descaramento

effusive [ɪˈfjuːsɪv] adj efusivo; (welcome) caloroso

e.g. adv abbr (= exempli gratia) p. ex.

egg [ɛg] n ovo; **hard-boiled/soft-boiled ~** ovo duro/mole; **~ on** vt incitar; **~cup** n oveiro; **~plant** (esp US) n beringela; **~shell** n casca de ovo

ego [ˈiːgəʊ] n ego; **~tism** n egotismo m

Egypt [ˈiːdʒɪpt] n Egito; **~ian** adj, n egípcio/a

eiderdown [ˈaɪdədaʊn] n edredom m (BR), edredão m (PT)

eight [eɪt] num oito; **~een** num dezoito; **~h** num oitavo; **~y** num oitenta

Eire [ˈɛərə] n (República da) Irlanda

either [ˈaɪðə*] adj (one or other) um ou outro; (each) cada; (both) ambos ♦ pron: **~** (of them) qualquer (dos dois) ♦ adv: no, I don't **~** eu também não ♦ conj: **~** yes or no ou sim ou não

eject [ɪˈdʒɛkt] vt expulsar

eke [iːk]: to **~ out** vt fazer durar, esticar; (money) economizar; (food) economizar em

elaborate [adj ɪˈlæbərɪt, vt, vi ɪˈlæbəreɪt] adj complicado ♦ vt (expand) expandir; (refine) aperfeiçoar ♦ vi: to **~** on accrescentar detalhes a

elapse [ɪˈlæps] vi transcorrer

elastic [ɪˈlæstɪk] adj elástico; (adaptable) flexível, adaptável ♦ n elástico; **~ band** (BRIT) n elástico

elated [ɪˈleɪtɪd] adj: to be **~** rejubilar-se; **elation** n exaltação f

elbow [ˈelbəʊ] n cotovelo

elder [ˈeldə*] adj mais velho ♦ n (tree) sabugueiro; (person) o/a mais velho/a; **~ly** adj idoso, de idade ♦ npl: the **~ly** as pessoas de idade, os idosos

eldest [ˈeldɪst] adj mais velho ♦ n o/

a mais velho/a

elect [ɪˈlekt] vt eleger ♦ adj: the **president ~** o presidente eleito; to **~ to do** (choose) optar por fazer; **~ion** n (voting) votação f; (installation) eleição f; **~ioneering** n campanha or propaganda eleitoral; **~or** n eleitor(a) m/f; **~orate** n eleitorado

electric [ɪˈlektrɪk] adj elétrico; **~al** adj elétrico; **~ blanket** n cobertor m elétrico; **~ fire** lareira elétrica

electrician [ɪlekˈtrɪʃən] n eletricista m/f

electricity [ɪlekˈtrɪsɪtɪ] n eletricidade f

electrify [ɪˈlektrɪfaɪ] vt (fence, RAIL) eletrificar; (audience) eletrizar

electrocute [ɪˈlektrəkjuːt] vt eletrocutar

electronic [ɪlekˈtrɔnɪk] adj eletrônico; **~ mail** n correio eletrônico; **~s** n eletrônica

elegant [ˈelɪgənt] adj (person, building) elegante; (idea) refinado

element [ˈelɪmənt] n elemento; **~ary** adj (gen) elementar; (primitive) rudimentar; (school, education) primário

elephant [ˈelɪfənt] n elefante/a m/f

elevation [elɪˈveɪʃən] n elevação f; (height) altura

elevator [ˈelɪveɪtə*] (US) n elevador m

eleven [ɪˈlevn] num onze; **~ses** (BRIT) npl refeição ligeira da manhã; **~th** num décimo-primeiro

elf [elf] (pl elves) n elfo, duende m

elicit [ɪˈlɪsɪt] vt: to **~** (from) (information) extrair (de); (response, reaction) provocar (de)

eligible [ˈelɪdʒəbl] adj elegível, apto; to be **~ for sth** (job etc) ter qualificações para algo

elm [elm] n olmo

elongated [ˈiːlɔŋgeɪtɪd] adj alongado

elope [ɪˈləʊp] vi fugir; **~ment** n fuga do lar paterno

eloquent [ˈelɔkwənt] adj eloqüente

El Salvador [el ˈsælvədɔː*] n El Salvador

else [els] adv outro, mais; some-thing ~ outra coisa; **nobody** ~ spoke ninguém mais falou; **~where** adv (be) em outro lugar (BR), noutro sítio (PT); (go) para outro lugar (BR), a outro sítio (PT)

elucidate [ɪˈluːsɪdeɪt] vt esclarecer, elucidar

elude [ɪˈluːd] vt escapar de, esquivar-se de; (subj: idea) evadir

elusive [ɪˈluːsɪv] adj esquivo; (qual-ity) indescritível

elves [elvz] npl of elf

emaciated [ɪˈmeɪsɪeɪtɪd] adj emacia-do, macilento

emanate [ˈemaneɪt] vi: **to ~ from** emanar de

emancipate [ɪˈmænsɪpeɪt] vt liber-tar; (women) emancipar

embankment [ɪmˈbæŋkmənt] n aterro; (of river) dique m

embargo [ɪmˈbɑːgəʊ] (pl **~es**) n (COMM) proibição f

embark [ɪmˈbɑːk] vi embarcar ♦ vt embarcar; **to ~ on** (fig) empreen-der, começar; **~ation** n embarque m

embarrass [ɪmˈbærəs] vt constran-ger; (politician) embaraçar; **~ed** adj descomfortável; **~ing** adj embara-çoso, constrangedor(a); **~ment** n embaraço, constrangimento

embassy [ˈembəsɪ] n embaixada

embedded [ɪmˈbedɪd] adj encravado

embellish [ɪmˈbelɪʃ] vt embelezar; (story) florear

embers [ˈembəz] npl brasa, borralho, cinzas fpl

embezzle [ɪmˈbezl] vt desviar

embitter [ɪmˈbɪtə*] vt (person) amargurar; (relations) azedar

embody [ɪmˈbɔdɪ] vt (features) in-corporar; (ideas) expressar

embossed [ɪmˈbɒst] adj realçado

embrace [ɪmˈbreɪs] vt abraçar, dar um abraço em; (include) abarcar, abranger ♦ vi abraçar-se ♦ n abraço

embroider [ɪmˈbrɔɪdə*] vt bordar; **~y** n bordado

embryo [ˈembrɪəʊ] n embrião m

emerald [ˈemərəld] n esmeralda

emerge [ɪˈmɜːdʒ] vi sair; (from sleep) acordar; (fact, idea) emergir

emergency [ɪˈmɜːdʒənsɪ] n emer-gência; **in an** ~ em caso de ur-gência; **~ cord** (US) n sinal m de alarme; **~ exit** n saída de emer-gência; **~ landing** n aterrissagem f forçada (BR), aterragem f forçosa (PT)

emery board [ˈeməri-] n lixa de unhas

emigrate [ˈemɪɡreɪt] vi emigrar

eminent [ˈemɪnənt] adj eminente

emissions [ɪˈmɪʃənz] npl emis-são f

emit [ɪˈmɪt] vt (smoke) soltar; (smell) exalar; (sound) produzir

emotion [ɪˈməʊʃən] n emoção f; **~al** adj (needs) emocional; (person) senti-mental, emotivo; (scene) comoven-te; (tone) emocionante

emperor [ˈempərə*] n imperador m

emphasis [ˈemfəsɪs] (pl **emphases**) n ênfase f

emphasize [ˈemfəsaɪz] vt (word, point) enfatizar, acentuar; (feature) salientar

emphatic [emˈfætɪk] adj (statement) vigoroso, expressivo; (person) con-vincente; (manner) enfático; **~ally** adv com ênfase; (certainly) certa-mente

empire [ˈempaɪə*] n império

employ [ɪmˈplɔɪ] vt empregar; (tool) utilizar; **~ee** n empregado/a; **~er** n empregador(a) m/f, patrão/troa m/f; **~ment** n (gen) emprego; (work) tra-balho; **~ment agency** n agência de empregos

empower [ɪmˈpaʊə*] vt: **to ~ sb to do sth** autorizar alguém para fazer algo

empress [ˈemprɪs] n imperatriz f

emptiness [ˈemptɪnɪs] n vazio, vá-cuo

empty [ˈemptɪ] adj vazio; (place) de-serto; (house) desocupado; (threat) vão/vã ♦ vt esvaziar; (place) esva-cuar ♦ vi esvaziar-se; (place) ficar deserto; **~-handed** adj de mãos vazias

emulate [ˈemjuleɪt] vt emular com

emulsion [ɪˈmʌlʃən] n emulsão f; (also: ~ paint) tinta plástica

enable [ɪˈneɪbl] vt: to ~ sb to do sth (allow) permitir a alguém faça algo; (make possible) tornar possível que alguém faça algo

enact [ɪnˈækt] vt (law) pôr em vigor, promulgar; (play) representar; (role) fazer

enamel [ɪˈnæməl] n esmalte m

enamel paint n esmalte m

enamoured [ɪˈnæməd] adj: to be ~ of (person) estar apaixonado por; (activity etc) ser louco por; (idea) encantar-se com

encased [ɪnˈkeɪst] adj: ~ in (enclosed) encaixado em; (covered: plaster, shell) revestido de

enchant [ɪnˈtʃɑːnt] vt encantar; **~ed** adj encantado; **~ing** adj encantador(a)

encircle [ɪnˈsɜːkl] vt cercar, circundar

enc(l). abbr (in letters etc) = enclosed; enclosure

enclave [ˈenkleɪv] n encrave m

enclose [ɪnˈkləʊz] vt (land) cercar; (with letter) anexar (BR), enviar junto (PT); please find **~d** segue junto

enclosure [ɪnˈkləʊʒə*] n cercado m

encompass [ɪnˈkʌmpəs] vt abranger, encerrar

encore [ɔŋˈkɔː*] excl bis!, outra! ♦ n bis m

encounter [ɪnˈkaʊntə*] n encontro ♦ vt encontrar, topar com; (difficulty) enfrentar

encourage [ɪnˈkʌrɪdʒ] vt (activity) encorajar; (growth) estimular; (person): to ~ sb to do sth animar alguém a fazer algo; **~ment** n estímulo

encroach [ɪnˈkrəʊtʃ] vi: to ~ (up)on invadir; (time) ocupar

encumber [ɪnˈkʌmbə*] vt: to be ~ed with (carry) estar carregado de; (debts) estar sobrecarregado de

encyclop(a)edia [ensaɪkləʊˈpiːdɪə] n enciclopédia

end [end] n fim m; (of table, rope etc) ponta; (of street, town) final m ♦ vt acabar, terminar; (also: bring to an ~, put an ~ to) acabar com, pôr fim a ♦ vi terminar, acabar; in the ~ ao fim, por fim, finalmente; on ~ na ponta; to stand on ~ (hair) arrepiar-se; for hours on ~ por horas a fio; ~ up vi: to ~ up in terminar em; (place) ir parar em

endanger [ɪnˈdeɪndʒə*] vt pôr em risco

endearing [ɪnˈdɪərɪŋ] adj simpático, atrativo

endeavour [ɪnˈdevə*] (US **endeavor**) n esforço; (attempt) tentativa ♦ vi: to ~ to do esforçar-se para fazer; (try) tentar fazer

ending [ˈendɪŋ] n fim m, conclusão f; (of book) desenlace m; (LING) terminação f

endive [ˈendaɪv] n (curly) endívia; (smooth) chicória

endless [ˈendlɪs] adj interminável; (possibilities) infinito

endorse [ɪnˈdɔːs] vt (cheque) endossar; (approve) aprovar; **~ment** n (BRIT: on driving licence) descrição f das multas; (approval) aval m

endow [ɪnˈdaʊ] vt (provide with money) dotar; (: institution) fundar; to be ~ed with ser dotado de

endurance [ɪnˈdjʊərəns] n resistência

endure [ɪnˈdjʊə*] vt (bear) agüentar, suportar ♦ vi (last) durar

enemy [ˈenəmɪ] adj, n inimigo/a

energy [ˈenədʒɪ] n energia

enforce [ɪnˈfɔːs] vt (LAW) fazer cumprir

engage [ɪnˈgeɪdʒ] vt (attention) chamar; (interest) atrair; (lawyer) contratar; (clutch) engrenar ♦ vi engrenar; to ~ in dedicar-se a, ocupar-se com; to ~ sb in conversation travar conversa com alguém; **~d** adj (BRIT: phone) ocupado (BR), impedido (PT); (: toilet) ocupado; (be-

trothed) noivo; **to get ~d** ficar noivo; **~d tone** (*BRIT*) n (*TEL*) sinal m de ocupado (*BR*) or de impedido (*PT*); **~ment** n encontro; (*booking*) contrato; (*to marry*) noivado; **~ment ring** n aliança de noivado

engaging [ɪnˈɡeɪdʒɪŋ] *adj* atraente, simpático

engine [ˈɛndʒɪn] n (*AUT*) motor m; (*RAIL*) locomotiva; **~ driver** n maquinista m/f

engineer [ɛndʒɪˈnɪə*] n engenheiro/a; (*US: RAIL*) maquinista m/f; (*BRIT: for repairs*) técnico/a; (*on ship*) engenheiro/a naval; **~ing** n engenharia

England [ˈɪŋɡlənd] n Inglaterra

English [ˈɪŋɡlɪʃ] *adj* inglês/esa ♦ n (*LING*) inglês m; **the ~** npl (*people*) os ingleses; **~ Channel** n: **the ~ Channel** o Canal da Mancha; **~man/woman** (*irreg*) n inglês/inglesa m/f

engraving [ɪnˈɡreɪvɪŋ] n gravura

engrossed [ɪnˈɡrəust] *adj*: **~ in** absorto em

engulf [ɪnˈɡʌlf] *vt* (*subj: fire, water*) englofar, tragar; (: *panic, fear*) tomar conta de

enhance [ɪnˈhɑːns] *vt* (*gen*) ressaltar, salientar; (*enjoyment*) aumentar; (*beauty*) realçar; (*reputation*) melhorar; (*add to*) aumentar

enjoy [ɪnˈdʒɔɪ] *vt* gostar de; (*health, privilege*) desfrutar de; **~ o.s.** divertir-se; **~able** *adj* agradável; **~ment** n prazer m

enlarge [ɪnˈlɑːdʒ] *vt* aumentar; (*PHOT*) ampliar ♦ *vi*: **to ~ on** (*subject*) desenvolver, estender-se sobre

enlighten [ɪnˈlaɪtn] *vt* (*inform*) informar, instruir; **~ed** *adj* sábio; (*cultured*) culto; (*knowledgeable*) bem informado; (*tolerant*) compreensivo; **~ment** n esclarecimento; (*HISTORY*): **the E~ment** o Século das Luzes

enlist [ɪnˈlɪst] *vt* alistar; (*support*) conseguir, aliciar ♦ *vi* alistar-se

enmity [ˈɛnmɪtɪ] n inimizade f

enormous [ɪˈnɔːməs] *adj* enorme

enough [ɪˈnʌf] *adj*: **~ time/books** tempo suficiente/livros suficientes ♦ *pron*: **have you got ~?** você tem o suficiente? ♦ *adv*: **big ~** suficientemente grande; **~!** basta!, chega!; **that's ~, thanks** chega, obrigado; **I've had ~ of him** estou farto dele; **which, funnily** or **oddly ~** ... o que, por estranho que pareça ...

enquire [ɪnˈkwaɪə*] *vt, vi* = **inquire**

enrage [ɪnˈreɪdʒ] *vt* enfurecer, enraivecer

enrich [ɪnˈrɪtʃ] *vt* enriquecer

enrol [ɪnˈrəul] (*US* **enroll**) *vt* inscrever; (*SCH*) matricular ♦ *vi* inscrever-se; matricular-se; **~ment** n inscrição f; (*SCH*) matrícula

en route [ɔn–] *adv* no caminho

ensue [ɪnˈsjuː] *vi* seguir-se

ensure [ɪnˈʃuə*] *vt* assegurar

entail [ɪnˈteɪl] *vt* implicar

enter [ˈɛntə*] *vt* entrar em; (*club*) ficar or fazer-se sócio de; (*army*) alistar-se em; (*competition*) inscrever-se em; (*sb for a competition*) inscrever; (*write down*) completar; (*COMPUT*) entrar com ♦ *vi* entrar; **~ for** *vt fus* inscrever-se em; **~ into** *vt fus* estabelecer; (*plans*) fazer parte de; (*debate*) entrar em; (*agreement*) chegar a, firmar

enterprise [ˈɛntəpraɪz] n empresa; (*undertaking*) empreendimento; (*initiative*) iniciativa; **enterprising** *adj* empreendedor(a)

entertain [ɛntəˈteɪn] *vt* divertir, entreter; (*guest*) receber (em casa); (*idea*) estudar; **~er** n artista m/f; **~ing** *adj* divertido; **~ment** n (*amusement*) entretenimento, diversão f; (*show*) espetáculo

enthralled [ɪnˈθrɔːld] *adj* encantado, cativado

enthusiasm [ɪnˈθuːzɪæzəm] n entusiasmo

enthusiast [ɪnˈθuːzɪæst] n entusiasta m/f; **~ic** *adj* entusiasmado; **to be ~ic about** entusiasmar-se por

entice [ɪnˈtaɪs] *vt* atrair, tentar

entire [ɪn'taɪə*] adj inteiro; ~**ly** adv totalmente, completamente; ~**ty** n: in its ~**ty** na sua totalidade

entitle [ɪn'taɪtl] vt: to ~ sb to sth dar a alguém direito a algo; ~**d** adj (book etc) intitulado; to be ~**d** to do ter direito de fazer

entity ['entɪtɪ] n ente m

entourage [ɔntu'rɑ:ʒ] n séquito

entrails ['entreɪlz] npl entranhas fpl

entrance [n 'entrəns, vt ɪn'trɑːns] n entrada; (arrival) chegada ♦ vt encantar, fascinar; to gain ~ to (university etc) ser admitido em; ~ **examination** n exame m de admissão; ~ **fee** n jóia; ~ **ramp** (US) n (AUT) entrada (para a rodovia)

entrant ['entrənt] n participante m/f; (BRIT: in exam) candidato/a

entreat [en'triːt] vt: to ~ sb to do suplicar com alguém para fazer

entrenched [en'trentʃd] adj (position) fortalecido; (idea) arraigado

entrepreneur [ɔntrəprə'nə:*] n empresário/a

entrust [ɪn'trʌst] vt: to ~ sth to sb confiar algo a alguém

entry ['entrɪ] n entrada; (in competition) participante m/f; (in register) registro, assentamento; (in account) lançamento; (in dictionary) verbete m; (arrival) chegada; "no ~" "entrada proibida"; (AUT) "contramão" (BR), "entrada proibida" (PT); ~ **form** n formulário de inscrição; ~ **phone** (BRIT) n interfone m (em apartamento)

envelop [ɪn'veləp] vt envolver

envelope ['envələup] n envelope m

envious ['envɪəs] adj invejoso; (look) de inveja

environment [ɪn'vaɪərnmənt] n meio ambiente m; ~**al** adj ambiental

envisage [ɪn'vɪzɪdʒ] vt prever

envoy ['envɔɪ] n enviado/a

envy ['envɪ] n inveja ♦ vt ter inveja de; to ~ sb sth invejar alguém por algo, cobiçar algo de alguém

epic ['epɪk] n epopéia ♦ adj épico

epidemic [epɪ'demɪk] n epidemia

epilepsy ['epɪlepsɪ] n epilepsia

episode ['epɪsəud] n episódio

epistle [ɪ'pɪsl] n epístola

epitome [ɪ'pɪtəmɪ] n epítome m; **epitomize** vt epitomar, resumir

equable ['ekwəbl] adj (climate) uniforme; (temper, reply) equânime

equal ['iːkwl] adj igual; (treatment) equitativo, equivalente ♦ n igual m/f ♦ vt ser igual a; to be ~ to (task) estar à altura de; ~**ity** n igualdade f; ~**ize** vi (SPORT) igualar; ~**ly** adv igualmente; (share etc) por igual

equate [ɪ'kweɪt] vt: to ~ sth with equiparar algo com

equator [ɪ'kweɪtə*] n equador m

equilibrium [iːkwɪ'lɪbrɪəm] n equilíbrio

equip [ɪ'kwɪp] vt equipar; (person) prover, munir; to be well ~**ped** estar bem preparado ou equipado; ~**ment** n equipamento; (machines) equipamentos mpl, aparelhagem f

equitable ['ekwɪtəbl] adj equitativo

equities ['ekwɪtɪz] (BRIT) npl (COMM) ações fpl ordinárias

equivalent [ɪ'kwɪvələnt] adj: ~ (to) equivalente (a) ♦ n equivalente m

equivocal [ɪ'kwɪvəkl] adj equívoco; (open to suspicion) ambíguo

era ['ɪərə] n era, época

eradicate [ɪ'rædɪkeɪt] vt erradicar, eliminar

erase [ɪ'reɪz] vt apagar; ~**r** n borracha (de apagar)

erect [ɪ'rekt] adj (posture) ereto; (tail, ears) levantado ♦ vt erigir, levantar; (assemble) montar; ~**ion** n construção f; (of tent, PHYSIO) ereção f; (assembly) montagem f

ERM n abbr (= Exchange Rate Mechanism) SME m

ermine ['əːmɪn] n arminho

erode [ɪ'rəud] vt (GEO) causar erosão em; (confidence) minar

erotic [ɪ'rɔtɪk] adj erótico

err [əː*] vi errar, enganar-se

errand ['ernd] n recado, mensagem f

erratic [ɪ'rætɪk] adj imprevisível

error ['ɛrəʳ] n erro
erupt [ı'rʌpt] vi entrar em erupção;
(fig) explodir, estourar; ~ion n erupção f; explosão f

escalate ['ɛskəleɪt] vi intensificar-se
escalator ['ɛskəleɪtəʳ] n escada rolante
escapade [ɛskə'peɪd] n peripécia
escape [ı'skeɪp] n fuga; (of gas) escapatória ♦ vi escapar; (flee) fugir, evadir-se; (leak) vazar, escapar ♦ vt fugir de; (elude): his name ~s me o nome dele me foge a memória; to ~ from (place) escapar de; (person) escapulir de
escort [n 'ɛskɔːt, vt ı'skɔːt] n acompanhante m/f; (MIL) escolta ♦ vt acompanhar
Eskimo ['ɛskɪməu] n esquimó m/f
especially [ı'spɛʃlɪ] adv (above all) sobretudo; (particularly) em particular
espionage ['ɛspɪənɑːʒ] n espionagem f
esplanade [ɛsplə'neɪd] n (by sea) avenida beira-mar, esplanada
Esquire [ı'skwaɪəʳ] n (abbr Esq.): J. Brown, ~ Sr. J. Brown
essay ['ɛseɪ] n ensaio
essence ['ɛsns] n essência
essential [ı'sɛnʃl] adj (necessary) indispensável; (basic) essencial ♦ n elemento essencial
establish [ı'stæblɪʃ] vt estabelecer; (facts) verificar; (proof) demonstrar; (reputation) firmar; ~ed adj consagrado; (business) estabelecido; ~ment n estabelecimento; the E~ment a classe dirigente
estate [ı'steɪt] n (land) fazenda (BR), propriedade f (PT); (fig) herança; (POL) estado; (BRIT: also: housing ~) conjunto habitacional; ~ agent (BRIT) n corretor/a m/f de imóveis (BR), agente m/f imobiliário/a (PT); ~ car (BRIT) n perua (BR), canadiana (PT)
esteem [ı'stiːm] n: to hold sb in high ~ estimar muito alguém
esthetic [ıs'θɛtɪk] (US) adj =

aesthetic
estimate [n 'ɛstɪmət, vt, vi 'ɛstɪmeɪt] n (assessment) avaliação f; (calculation) cálculo; (COMM) orçamento ♦ vt estimar, avaliar, calcular; **estimation** n opinião f; cálculo
estranged [ı'streɪndʒd] adj separado
etc. abbr (= et cetera) etc.
etching ['ɛtʃɪŋ] n água-forte f
eternal [ı'tɔːnl] adj eterno
eternity [ı'tɔːnɪtɪ] n eternidade f
ether ['iːθəʳ] n éter m
ethical ['ɛθɪkl] adj ético
ethics ['ɛθɪks] n ética ♦ npl moral f
Ethiopia [iːθı'əupıə] n Etiópia
ethnic ['ɛθnɪk] adj étnico; (culture) folclórico
ethos ['iːθɔs] n sistema m de valores
etiquette ['ɛtɪkɛt] n etiqueta
Eurocheque ['juərəutʃɛk] n eurocheque m
Europe ['juərəp] n Europa; **~an** adj, n europeu/péia
evacuate [ı'vækjueɪt] vt evacuar
evade [ı'veɪd] vt (person) evitar; (question, duties) evadir; (tax) sonegar
evaluate [ı'væljueɪt] vt avaliar
evaporate [ı'væpəreɪt] vi evaporar-se
evasion [ı'veɪʒən] n fuga; (of tax) sonegação f; **evasive** adj evasivo
eve [iːv] n: on the ~ of na véspera de
even ['iːvn] adj (level) plano; (smooth) liso; (equal) igual; (number) par ♦ adv até, mesmo; (showing surprise) até (mesmo); (introducing a comparison) ainda; ~ if mesmo que; ~ though mesmo que, embora; ~ more ainda mais; ~ so mesmo assim; not ~ nem; to get ~ with sb ficar quite com alguém; ~ out vi nivelar-se
evening ['iːvnɪŋ] n (early) tarde f; (late) noite f; (event) noitada; **in the** ~ à noite; ~ **class** n aula noturna; ~ **dress** n (man's) traje m de rigor (BR) or de cerimónia (PT); (woman's) vestido de noite

event [ɪ'vent] *n* acontecimento; (*SPORT*) prova; **in the ~ of** no caso de; **~ful** *adj* movimentado, cheio de acontecimentos; (*game etc*) cheio de emoção, agitado

eventual [ɪ'ventʃuəl] *adj* final; **~ly** *adv* finalmente; (*in time*) por fim

ever ['evə'] *adv* (*always*) sempre; (*at any time*) em qualquer momento; (*in question*): **why ~ not?** por que não?; **the best ~** o melhor que já se viu; **have you ~ seen it?** você alguma vez já viu isto?; **better than ~** melhor que nunca; **~ since ♦** *adv* desde então **♦** *conj* depois que; **~green** *n* sempre-verde *f*; **~lasting** *adj* eterno, perpétuo

KEYWORD

every ['evrɪ] *adj* **1** (*each*) cada; ~ **one of them** cada um deles; ~ **shop in the town was closed** todas as lojas da cidade estavam fechadas
2 (*all possible*) todo/a; **I have ~ confidence in her** tenho absoluta confiança nela; **we wish you ~ success** desejamo-lhe o maior sucesso; **he's ~ bit as clever as his brother** ele é tão inteligente quanto o irmão
3 (*showing recurrence*) todo/a; ~ **other car had been broken into** cada dois carros foram arrombados; **she visits me ~ other/third day** ele me visita cada três dias; ~ **now and then** de vez em quando

everybody ['evrɪbɔdɪ] *pron* todos, todo mundo (*BR*), toda a gente (*PT*)
everyday ['evrɪdeɪ] *adj* (*daily*) diário; (*usual*) corrente; (*common*) comum
everyone ['evrɪwʌn] *pron* = **everybody**
everything ['evrɪθɪŋ] *pron* tudo
everywhere ['evrɪweə'] *adv* (*be*) em todo lugar (*BR*), em toda a parte (*PT*); (*go*) a todo lugar (*BR*), a toda a parte (*PT*); (*wherever*): ~ **you go you meet ...** aonde quer que se vá,

encontra-se ...

evict [ɪ'vɪkt] *vt* despejar
evidence ['evɪdəns] *n* (*proof*) depoimento; (*indication*) sinal *m*; **to give ~** testemunhar, prestar depoimento
evident ['evɪdənt] *adj* evidente; **~ly** *adv* evidentemente; (*apparently*) aparentemente
evil ['iːvl] *adj* mau/má **♦** *n* mal *m*, maldade *f*
evoke [ɪ'vəuk] *vt* evocar
evolution [iːvə'luːʃən] *n* evolução *f*; (*development*) desenvolvimento
evolve [ɪ'vɔlv] *vt* desenvolver **♦** *vi* desenvolver-se
ewe [juː] *n* ovelha
ex- [eks] *prefix* ex-
exacerbate [eks'æsəbeɪt] *vt* agravar
exact [ɪg'zækt] *adj* exato; (*person*) meticuloso **♦** *vt*: **to ~ sth (from)** exigir algo (de); **~ing** *adj* exigente; (*conditions*) difícil; **~ly** *adv* exatamente; (*indicating agreement*) isso mesmo
exaggerate [ɪg'zædʒəreɪt] *vt, vi* exagerar; **exaggeration** *n* exagero
exam [ɪg'zæm] *n abbr* = **examination**
examination [ɪgzæmɪ'neɪʃən] *n* exame *m*; (*inquiry*) investigação *f*
examine [ɪg'zæmɪn] *vt* examinar; (*inspect*) inspecionar; **~r** *n* examinador(a) *m/f*
example [ɪg'zɑːmpl] *n* exemplo; **for ~** por exemplo
exasperate [ɪg'zɑːspəreɪt] *vt* exasperar, irritar; **exasperating** *adj* irritante
excavate ['ekskəveɪt] *vt* escavar
exceed [ɪk'siːd] *vt* exceder; (*number*) ser superior a; (*speed limit*) ultrapassar; (*limits*) ir além de; (*powers*) exceder-se em; (*hopes*) superar; **~ingly** *adv* extremamente
excel [ɪk'sel] *vi*: **to ~** sobressair em, distinguir-se em
excellent ['eksələnt] *adj* excelente
except [ɪk'sept] *prep* (*also*: ~ **for,** ~**ing**) exceto, a não ser **♦** *vt* excluir; ~ **if/when** a menos que, a não ser

que; **~ion** n exceção f; **to take ~ion**
to ressentir-se de

excerpt ['eksə:pt] n trecho

excess [ik'sɛs] n excesso; **~ baggage** n excesso de bagagem; **~ fare**
(BRIT) n (RAIL) sobretaxa de excesso; **~ive** adj excessivo

exchange [iks'tʃeindʒ] n troca; (of
teachers, students) intercâmbio;
(also: **telephone ~**) estação f telefônica (BR), central f telefónica (PT)
♦ vt: **to ~ (for)** trocar (por); **~
rate** n (taxa de) câmbio

Exchequer [iks'tʃekə*] (BRIT) n:
the ~ = o Tesouro Nacional

excise ['eksaiz] n imposto de consumo

excite [ik'sait] vt excitar; **to get ~d**
entusiasmar-se; **~ment** n emoções
fpl; (agitation) agitação f; **exciting**
adj emocionante, empolgante

exclaim [ik'skleim] vi exclamar; **exclamation** n exclamação f; **exclamation mark** n ponto de exclamação
(BR) or de admiração (PT)

exclude [ik'sklu:d] vt excluir

exclusive [ik'sklu:siv] adj exclusivo;
~ of tax sem incluir os impostos

excommunicate [ekskə'mju:nikeit]
vt excomungar

excruciating [ik'skru:ʃieitiŋ] adj doloroso, martirizante

excursion [ik'skə:ʃən] n excursão f

excuse [n ik'skju:s, vt ik'skju:z] n
desculpa ♦ vt desculpar, perdoar; **to
~ sb from doing sth** dispensar alguém de fazer algo; **~ me!** desculpe!; **if you will ~ me ...** com a
sua licença ...

ex-directory (BRIT) adj: **~
(phone) number** número que não
figura na lista telefônica

execute ['eksikju:t] vt (plan) realizar; (order) cumprir; (person, movement) executar; **execution** n realização f; (killing) execução f; **executioner** n verdugo, carrasco

executive [ig'zɛkjutiv] adj, n
executivo/a

executor [ig'zɛkjutə*] n executor(a)

m/f testamentário/a, testamenteiro/a

exempt [ig'zempt] adj isento ♦ vt:
to ~ sb from dispensar or isentar
alguém de; **~ion** n (from taxes)
isenção f; (from duty) dispensa

exercise ['eksəsaiz] n exercício ♦ vt
exercer; (right) valer-se de; (dog)
levar para passear; (mind) ocupar ♦
vi (also: **to take ~**) fazer exercício;
~ bike n bicicleta do exercício; **~
book** n caderno

exert [ig'zə:t] vt exercer; **to ~ o.s.**
esforçar-se, empenhar-se; **~ion** n esforço

exhale [eks'heil] vt expirar; (air)
exalar; (smoke) emitir ♦ vi expirar

exhaust [ig'zɔ:st] n (AUTO: also: ~
pipe) escape m, exaustor m;
(fumes) escapamento (de gás) ♦ vt
esgotar; **~ion** n exaustão f

exhibit [ig'zibit] n (ART) obra expos-
ta; (LAW) objeto exposto ♦ vt (courage) manifestar, mostrar; (quality,
emotion) demonstrar; (paintings) expor; **~ion** n exposição f; (of talent
etc) mostra

exhilarating [ig'ziləreitiŋ] adj estimulante, tônico

exile ['eksail] n exílio; (person)
exilado/a ♦ vt desterrar, exilar

exist [ig'zist] vi existir; (live) viver;
~ence n existência; vida; **~ing** adj
atual

exit ['eksit] n saída ♦ vi (COMPUT,
THEATRE) sair; **~ ramp** (US) n
(AUT) saída da rodovia

exodus ['eksədəs] n êxodo

exonerate [ig'zɔnəreit] vt: **to ~
from** desobrigar de; (guilt) isentar
de

exotic [ig'zɔtik] adj exótico

expand [ik'spænd] vt aumentar ♦ vi
aumentar; (gas etc) expandir-se;
(metal) dilatar-se

expanse [ik'spæns] n extensão f

expansion [ik'spænʃən] n (of town)
desenvolvimento; (of trade) expansão
f; (of population) aumento

expect [ik'spekt] vt esperar; (suppose) supor; (require) exigir ♦ vi: **to

be ~ing estar grávida; ~ancy n expectativa; life ~ancy expectativa de vida; ~ant mother n gestante f; ~ation n esperança; (belief) expectativa

expedience [ɛk'spiːdɪəns] n = expediency

expediency [ɛk'spiːdɪənsɪ] n conveniência

expedient [ɛk'spiːdɪənt] adj conveniente, oportuno ♦ n expediente m, recurso

expedition [ɛkspə'dɪʃən] n expedição f

expel [ɪk'spɛl] vt expelir; (from place, school) expulsar

expend [ɪk'spɛnd] vt gastar; ~able adj prescindível; ~iture n gastos mpl; (of energy) consumo

expense [ɪk'spɛns] n gasto, despesa; (expenditure) despesas fpl; ~s npl (costs) despesas fpl; at the ~ of à custa de; ~ account n relatório de despesas

expensive [ɪk'spɛnsɪv] adj caro

experience [ɪk'spɪərɪəns] n experiência ♦ vt (situation) enfrentar; (feeling) sentir; ~d adj experiente

experiment [ɪk'spɛrɪmənt] n experimento, experiência ♦ vi: to ~ (with/on) fazer experiências (com/em)

expert ['ɛkspɜːt] adj hábil, perito ♦ n especialista m/f; ~ise n perícia

expire [ɪk'spaɪə*] vi expirar; (run out) vencer; **expiry** n expiração f, vencimento

explain [ɪk'spleɪn] vt explicar; (clarify) esclarecer; **explanatory** adj explicativo

explicit [ɪk'splɪsɪt] adj explícito

explode [ɪk'spləud] vi estourar, explodir

exploit [n 'ɛksplɔɪt, vt ɪk'splɔɪt] n façanha ♦ vt explorar; ~ation n exploração f

explore [ɪk'splɔː*] vt explorar; (fig) examinar, pesquisar; ~r n explorador(a) m/f

explosion [ɪk'spləuʒən] n explosão f

explosive [ɪk'spləusɪv] adj explosivo ♦ n explosivo

exponent [ɪk'spəunənt] n (of theory etc) representante m/f, defensor(a) m/f; (of skill) expoente m/f

export [vt ɛk'spɔːt, n, cpd 'ɛkspɔːt] vt exportar ♦ n exportação f ♦ cpd de exportação; ~er n exportador(a) m/f

expose [ɪk'spəuz] vt expor; (unmask) desmascarar; ~d adj (house etc) desabrigado

exposure [ɪk'spəuʒə*] n exposição f; (publicity) publicidade f; (PHOT) revelação f; **to die from** ~ (MED) morrer de frio; ~ meter n fotômetro

expound [ɪk'spaund] vt expor, explicar

express [ɪk'sprɛs] adj expresso, explícito; (BRIT: letter etc) urgente ♦ n rápido ♦ vt exprimir, expressar; (quantity) representar; ~ion n expressão f; ~ly adv expressamente; ~way (US) n rodovia (BR), autoestrada (PT)

expulsion [ɪk'spʌlʃən] n expulsão f; (of gas, liquid) emissão f

expurgate ['ɛkspəːgeɪt] vt expurgar

exquisite [ɛk'skwɪzɪt] adj requintado

extend [ɪk'stɛnd] vt (visit, street) prolongar; (building) aumentar; (offer) fazer; (hand) estender

extension [ɪk'stɛnʃən] n (ELEC) extensão f; (building) acréscimo, expansão f; (of time) prorrogação f; (of rights) ampliação f; (TEL) ramal m (BR), extensão f (PT); (of deadline) prolongamento, prorrogação f

extensive [ɪk'stɛnsɪv] adj extenso; (damage) considerável; (coverage) amplo; (broad range) amplo; ~ly adv: he's travelled ~ly ele já viajou bastante

extent [ɪk'stɛnt] n (breadth) extensão f; (of damage etc) dimensão f; (scope) alcance m; to some ~ até certo ponto

extenuating [ɪks'tɛnjueɪtɪŋ] adj: ~ **circumstances** circunstâncias fpl atenuantes

exterior [ɛk'stɪərɪəʳ] adj externo ♦ n exterior m; (appearance) aspecto

external [ɛk'stəːnl] adj externo

extinct [ɪk'stɪŋkt] adj extinto

extinguish [ɪk'stɪŋgwɪʃ] vt extinguir; ~**er** n (also: **fire ~er**) extintor m

extort [ɪk'stɔːt] vt extorquir; ~**ionate** adj extorsivo, excessivo

extra ['ɛkstrə] adj adicional ♦ adv adicionalmente ♦ n (luxury) luxo; (surcharge) extra m, suplemento; (CINEMA, THEATRE) figurante m/f

extra... [ɛkstrə] prefix extra...

extract [vt ɪk'strækt, n 'ɛkstrækt] vt tirar, extrair; (tooth) arrancar; (mineral) extrair; (money) extorquir; (promise) conseguir, obter ♦ n extrato

extradite ['ɛkstrədaɪt] vt (from country) extraditar; (to country) obter a extradição de

extramarital [ɛkstrə'mærɪtl] adj extramatrimonial

extramural [ɛkstrə'mjuərl] adj de extensão universitária

extraordinary [ɪk'strɔːdnrɪ] adj extraordinário; (odd) estranho

extravagance [ɪk'strævəgəns] n extravagância; (no pl: spending) esbanjamento

extravagant [ɪk'strævəgənt] adj (lavish) extravagante; (wasteful) gastador(a), esbanjador(a)

extreme [ɪk'striːm] adj extremo ♦ n extremo; ~**ly** adv muito, extremamente

extricate ['ɛkstrɪkeɪt] vt: to ~ sb/ sth (from) (trap) libertar alguém/ algo de; (situation) livrar alguém/ algo de

extrovert ['ɛkstrəvəːt] n extrovertido/a

exude [ɪg'zjuːd] vt exsudar; (confidence) esbanjar

eye [aɪ] n olho; (of needle) buraco ♦ vt olhar, observar; to keep an ~ on vigiar, ficar de olho em; ~**ball** n globo ocular; ~**bath** n (BRIT) copinho (para lavar o olho); ~**brow** n so-

brancelha; ~**brow pencil** n lápis m de sobrancelha; ~**drops** npl gotas fpl para os olhos; ~**lash** n cílio; ~**lid** n pálpebra; ~**liner** n delineador m; ~**opener** n revelação f, grande surpresa; ~**shadow** n sombra de olhos; ~**sight** n vista, visão f; ~**sore** n monstruosidade f; ~**witness** n testemunha m/f ocular

F

F [ɛf] n (MUS) fá m ♦ abbr = **Fahrenheit**

fable ['feɪbl] n fábula

fabric ['fæbrɪk] n tecido, pano

fabrication [fæbrɪ'keɪʃən] n invencionice f

façade [fə'sɑːd] n fachada

face [feɪs] n cara, rosto; (grimace) careta; (of clock) mostrador m; (side) superfície f; (of building) frente f, fachada ♦ vt (facts) enfrentar; (direction) dar para; ~ **down** de bruços; (card) virado para baixo; to **lose** ~ perder o prestígio; to **save** ~ salvar as aparências; to **make** or **pull a** ~ fazer careta; in **the** ~ of diante de, à vista de; on **the** ~ of it a julgar pelas aparências, à primeira vista; ~ **up to** vt fus enfrentar; ~ **cloth** (BRIT) n toalhinha de rosto; ~ **cream** n creme m facial; ~ **lift** n (operação f) plástica; (of façade) remodelamento; ~ **powder** n pó m de arroz; ~**saving** adj para salvar as aparências

facetious [fə'siːʃəs] adj jocoso

face value n (of coin, stamp) valor m nominal; to **take sth at** ~ (fig) tomar algo em sentido literal

facile ['fæsaɪl] adj superficial

facilities [fə'sɪlɪtɪz] npl facilidades fpl, instalações fpl; **credit** ~ crediário

facsimile [fæk'sɪmɪlɪ] n fac-símile m

fact [fækt] n fato; in ~ realmente, na verdade

factor ['fæktə*] n fator m

factory ['fæktərɪ] n fábrica

factual ['fæktjuəl] adj real, fatual

faculty ['fækəltɪ] n faculdade f; (US) corpo docente

fad [fæd] (inf) n mania, modismo

fade [feɪd] vi desbotar; (sound, hope) desvanecer-se; (light) apagar-se; (flower) murchar

fag [fæg] (BRIT: inf) n cigarro

fail [feɪl] vt (candidate) reprovar; (exam) não passar em, ser reprovado em; (subj: leader) fracassar; (: courage): **his courage ~ed him** faltou-lhe coragem; (: memory) falhar ♦ vi fracassar; (brakes) falhar; (health) deteriorar; (light) desaparecer; **to ~ to do sth** deixar de fazer algo; (be unable) não conseguir fazer algo; **without ~** sem falta; **~ing** n defeito ♦ prep na ou à falta de; **~ing that** senão; **~ure** n fracasso; (mechanical) falha

faint [feɪnt] adj fraco; (recollection) vago; (mark) indistinto; (smell) leve ♦ n desmaio ♦ vi desmaiar; **to feel ~** sentir tonteira

fair [feə*] adj justo; (hair) louro; (complexion) branco; (weather) bom; (good enough) razoável; (sizeable) considerável ♦ adv: **to play ~** fazer jogo limpo ♦ n (also: **trade ~**) feira; (BRIT: funfair) parque m de diversões; **~ly** adv (justly) com justiça; (quite) bastante; **~ness** n justiça; (impartiality) imparcialidade f; **~ play** n jogo limpo

fairy ['feərɪ] n fada

faith [feɪθ] n fé f; (trust) confiança; (denomination) seita; **~ful** adj fiel; (account) exato; **~fully** adv fielmente; **yours ~fully** (BRIT: in letters) atenciosamente

fake [feɪk] n (painting etc) falsificação f; (person) impostor(a) m/f ♦ adj falso ♦ vt fingir; (painting etc) falsificar

falcon ['fɔːlkən] n falcão m

fall [fɔːl] (pt **fell**, pp **fallen**) n queda; (US: autumn) outono ♦ vi cair;

(price) baixar; (country) render-se; **~s** npl (waterfall) cascata, queda d'água; **to ~ flat** cair de cara no chão; (plan) falhar; (joke) não agradar; **~ back** vi retroceder; **~ back on** vt fus recorrer a; **~ behind** vi ficar para trás; **~ down** vi (person) cair; (building) desabar; **~ for** vt fus (trick) cair em; (person) enamorar-se de; **~ in** vi ruir; (MIL) alinhar-se; **~ off** vi cair; (diminish) declinar, diminuir; **~ out** vi (hair) cair; (friends etc) brigar; **~ through** vi furar

fallacy ['fæləsɪ] n erro; (misconception) falácia

fallen ['fɔːlən] pp of **fall**

fallout ['fɔːlaut] n chuva radioativa

fallow ['fæləu] adj alqueivado, de pousio

false [fɔːls] adj falso; **under ~ pretences** por meios fraudulentos; **~ teeth** (BRIT) npl dentadura postiça

falter ['fɔːltə*] vi (engine) falhar; (person) vacilar

fame [feɪm] n fama

familiar [fə'mɪlɪə*] adj (well-known) conhecido; (tone) familiar, íntimo; **to be ~ with** (subject) estar familiarizado com; **~ize** vt: **to ~ize o.s. with** familiarizar-se com

family ['fæmɪlɪ] n família

famine ['fæmɪn] n fome f

famished ['fæmɪʃt] adj faminto

famous ['feɪməs] adj famoso, célebre; **~ly** adv (get on) maravilhosamente

fan [fæn] n (hand-held) leque m; (ELEC) ventilador m; (person) fã m/f (BR), fan m/f (PT) ♦ vt abanar; (fire, quarrel) atiçar; **~ out** vi espalhar-se

fanatic [fə'nætɪk] n fanático/a

fan belt n correia do ventilador (BR) ou da ventoinha (PT)

fanciful ['fænsɪful] adj (notion) irreal; (design) extravagante

fancy ['fænsɪ] n capricho; (imagination) imaginação f; (fantasy) fantasia ♦ adj ornamental; (clothes) extravagante; (food) elaborado; (luxury) luxoso ♦ vt desejar, querer; (imagine) imaginar; (think) acreditar, achar; **to take a** ~ **to** tomar gosto por; **he fancies her** (inf) ele está a fim dela; ~ **dress** n fantasia

fang [fæŋ] n presa

fantastic [fæn'tæstɪk] adj fantástico

fantasy ['fæntəsɪ] n (dream) sonho; (unreality) fantasia; (imagination) imaginação f

far [fɑ:ᵇ] adj (distant) distante ♦ adv muito; (also: ~ **away**, ~ **off**) longe; **at the** ~ **side/end** do lado mais afastado/do extremo mais afastado; ~ **better** muito melhor; ~ **from** longe de; **by** ~ de longe; **go as** ~ **as the farm** vá até a (BR) or à (PT) fazenda; **as** ~ **as I know** que eu saiba; **how** ~? até onde?; (fig) até que ponto?; ~**away** adj remoto, distante

farce [fɑ:s] n farsa; **farcical** adj ridículo

fare [fɛəᵇ] n (on trains, buses) preço (da passagem); (in taxi: cost) tarifa; (food) comida; **half/full** ~ meia/inteira passagem

Far East n: **the** ~ o Extremo Oriente

farewell [fɛə'wɛl] excl adeus ♦ n despedida

farm [fɑ:m] n fazenda (BR), quinta (PT) ♦ vt cultivar; ~**er** n fazendeiro/a, agricultor m; ~**hand** n lavrador(a) m/f, trabalhador(a) m/f rural; ~**house** n casa da fazenda (BR) or da quinta (PT); ~**ing** n agricultura; (tilling) cultura; (of animals) criação f; ~**land** n terra de cultivo; ~ **worker** n = ~**hand**; ~**yard** n curral m

far-reaching [-'ri:tʃɪŋ] adj de grande alcance, abrangente

fart [fɑ:t] (inf!) vi soltar um peido (!), peidar (!)

farther ['fɑ:ðəᵇ] adv mais longe ♦ adj mais distante, mais afastado

farthest ['fɑ:ðɪst] superl of **far**

fascinate ['fæsɪneɪt] vt fascinar; **fascination** n fascinação f, fascínio

fascism ['fæʃɪzəm] n fascismo

fashion ['fæʃən] n moda; (~ **industry**) indústria da moda; (manner) maneira ♦ vt modelar, dar feitio a; **in** ~ na moda; ~**able** adj da moda, elegante; ~ **show** n desfile m de modas

fast [fɑ:st] adj rápido; (dye, colour) firme, permanente; (clock): **to be** ~ estar adiantado ♦ adv rápido, rapidamente, depressa; (stuck, held) firmemente ♦ n jejum m ♦ vi jejuar; ~ **asleep** dormindo profundamente

fasten ['fɑ:sn] vt fixar, prender; (coat) fechar; (belt) apertar ♦ vi prender-se, fixar-se; ~**er** n presilha, fecho; ~**ing** n = ~**er**

fast food n fast food f

fastidious [fæs'tɪdɪəs] adj meticuloso

fat [fæt] adj gordo; (book) grosso; (wallet) recheado; (profit) grande ♦ n gordura; (lard) banha, gordura

fatal ['feɪtl] adj fatal; (injury) mortal; ~**ity** n (death) vítima m/f; ~**ly** adv fatalmente; (injured) mortalmente

fate [feɪt] n destino; (of person) sorte f; ~**ful** adj fatídico

father ['fɑ:ðəᵇ] n pai m; ~**-in-law** n sogro; ~**ly** adj paternal

fathom ['fæðəm] n braça ♦ vt compreender

fatigue [fə'ti:g] n fadiga, cansaço

fatten ['fætn] vt, vi engordar

fatty ['fætɪ] adj (food) gorduroso ♦ n (inf) gorducho/a

fatuous ['fætjuəs] adj fátuo

faucet ['fɔ:sɪt] (US) n torneira

fault [fɔ:lt] n (blame) culpa; (defect) defeito; (GEO) falha; (TENNIS) falta, bola fora ♦ vt criticar; **to find** ~ **with** criticar, queixar-se de; **at** ~ culpado; ~**y** adj defeituoso

fauna ['fɔ:nə] n fauna

faux pas ['fəu'pɑ:] n inv gafe f

favour ['feɪvəᵇ] (US **favor**) n favor m ♦ vt favorecer; (assist) auxiliar; **to do sb a** ~ fazer favor a alguém; **to find** ~ **with** cair nas boas graças de; **in** ~ **of** em favor de; ~**ite** adj predileto ♦ n favorito/a

fawn [fɔːn] n cervo novo, cervato ♦ adj (also: ~-**coloured**) castanho-claro inv ♦ vi: to ~ (**up)on** bajular

fax [fæks] n fax m, fac-símile m ♦ vt enviar por fax or fac-símile

FBI n abbr (= Federal Bureau of Investigation) FBI m

fear [fɪə*] n medo ♦ vt ter medo de, temer; **for ~ of** com medo de; ~**ful** adj medonho, temível; (cowardly) medroso; (awful) terrível

feasible ['fiːzəbl] adj viável

feast [fiːst] n banquete m; (REL: also: ~ **day**) festa ♦ vi banquetear-se

feat [fiːt] n façanha, feito

feather ['fɛðə*] n pena, pluma

feature ['fiːtʃə*] n característica; (article) reportagem f ♦ vt (subj: film) apresentar ♦ vi: to ~ **in** figurar em; ~s npl (of face) feições fpl; ~ **film** n longa-metragem m

February ['fɛbruəri] n fevereiro

fed [fɛd] pt, pp of **feed**

federal ['fɛdərəl] adj federal

fed up adj: to be ~ estar (de saco) cheio (BR), estar farto (PT)

fee [fiː] n taxa (BR), propina (PT); (of school) matrícula; (of doctor, lawyer) honorários mpl

feeble ['fiːbl] adj fraco; (attempt) ineficaz

feed [fiːd] (pt, pp **fed**) n (of baby) alimento infantil; (of animal) ração f; (on printer) mecanismo alimentador ♦ vt alimentar; (baby) amamentar; (animal) dar de comer a; (data): to ~ **into** introduzir em; to ~ **on** vt fus alimentar-se de; ~**back** n reação f; ~**ing bottle** (BRIT) n mamadeira

feel [fiːl] (pt, pp **felt**) n sensação f; (sense) tato; (impression) impressão f ♦ vt tocar, apalpar; (anger, pain etc) sentir; (think) achar, acreditar; to ~ **hungry/cold** estar com fome/frio (BR), ter fome/frio (PT); to ~ **lonely/better** sentir-se só/melhor; **I don't ~ well** não estou me sentindo

bem; **it ~s soft** é macio; to ~ **like** querer; to ~ **about** or **around** tatear; ~**er** n (of insect) antena; to **put out ~ers** or a ~**er** (fig) sondar opiniões, lançar um balão-de-ensaio; ~**ing** n sensação f; (emotion) sentimento; (impression) impressão f

feet [fiːt] npl of **foot**

feign [feɪn] vt fingir

fell [fɛl] pt of **fall** ♦ vt (tree) lançar por terra, derrubar

fellow ['fɛləu] n camarada m/f; (inf: man) cara m (BR), tipo (PT); (of learned society) membro ♦ cpd: ~ **students** colegas m/fpl de curso; ~ **citizen** n concidadão/dã m/f; ~ **countryman** (irreg) n compatriota m; ~ **men** npl semelhantes mpl; ~**ship** n amizade f; (grant) bolsa de estudo; (society) associação f

felony ['fɛlənɪ] n crime m

felt [fɛlt] pt, pp of **feel** ♦ n feltro; ~**-tip pen** n caneta pilot ® (BR) or de feltro (PT)

female ['fiːmeɪl] n (ZOOL) fêmea; (pej: woman) mulher f ♦ adj fêmeo/a; (sex, character) feminino; (vote) das mulheres; (child) do sexo feminino

feminine ['fɛmɪnɪn] adj feminino

feminist ['fɛmɪnɪst] n feminista m/f

fence [fɛns] n cerca ♦ vt (also: ~ **in**) cercar ♦ vi esgrimir; **fencing** n (sport) esgrima

fend [fɛnd] vi: to ~ **for o.s.** defender-se, virar-se; ~ **off** vt defender-se de

fender ['fɛndə*] n (of fireplace) guarda-fogo m; (on boat) defesa de embarcação; (US: AUT) pára-lama m

ferment [vi fə'mɛnt, n 'fɜːmɛnt] vi fermentar ♦ n (fig) agitação f

fern [fɜːn] n samambaia (BR), feto (PT)

ferocious [fə'rəuʃəs] adj feroz

ferret ['fɛrɪt] n furão m; ~ **out** vt (information) desenterrar, descobrir

ferry ['fɛrɪ] n (small) barco (de travessia); (large: also: ~**boat**) balsa

♦ *vt* transportar

fertile ['fɜ:taɪl] *adj* fértil; *(BIO)* fecundo; **fertilizer** *n* adubo, fertilizante *m*

fervent ['fɜ:vənt] *adj* ardente

fester ['fɛstə*] *vi* inflamar-se

festival ['fɛstɪvəl] *n* (REL) festa; (ART, MUS) festival *m*

festive ['fɛstɪv] *adj* festivo; the **~ season** (BRIT: Christmas) a época do Natal

festivities [fɛs'tɪvɪtɪz] *npl* festas *fpl*, festividades *fpl*

festoon [fɛs'tu:n] *vt*: **to ~ with** engrinaldar de *or* com

fetch [fɛtʃ] *vt* ir buscar, trazer; *(sell for)* alcançar

fetching ['fɛtʃɪŋ] *adj* atraente

fête [feɪt] *n* festa

fetish ['fɛtɪʃ] *n* fetiche *m*

fetus ['fi:təs] (US) *n* = **foetus**

feud [fju:d] *n* disputa, rixa

fever ['fi:və*] *n* febre *f*; **~ish** *adj* febril

few [fju:] *adj*, *pron* poucos/as; **a ~** ... alguns/algumas ...; **~er** *adj* menos; **~est** *adj* o menor número de

fiancé(e) [fɪ'ɑ:ŋseɪ] *n* noivo/a

fib [fɪb] *n* lorota

fibre ['faɪbə*] (US **fiber**) *n* fibra; **~-glass** *n* fibra de vidro

fickle ['fɪkl] *adj* inconstante; *(weather)* instável

fiction ['fɪkʃən] *n* ficção *f*; **~al** *adj* de ficção; **fictitious** *adj* fictício

fiddle ['fɪdl] *n* (MUS) violino; *(swindle)* trapaça ♦ *vt* (BRIT: accounts) falsificar; **~ with** *vt fus* brincar com

fidget ['fɪdʒɪt] *vi* estar irrequieto, mexer-se

field [fi:ld] *n* campo; *(fig)* área, esfera, especialidade *f*; **~ marshal** *n* marechal-de-campo; **~work** *n* trabalho de campo

fiend [fi:nd] *n* demônio; **~ish** *adj* diabólico

fierce [fɪəs] *adj* feroz; *(wind)* violento; *(heat)* intenso

fiery ['faɪərɪ] *adj* ardente; *(temperament)* fogoso

fifteen [fɪf'ti:n] *num* quinze

fifth [fɪfθ] *num* quinto

fifty ['fɪftɪ] *num* cinqüenta; **~-~** *adv*: **to share** *or* **go ~-~ with sb** dividir meio a meio com alguém, rachar com alguém ♦ *adj*: **to have a ~-~ chance** ter 50% de chance

fig [fɪg] *n* figo

fight [faɪt] *(pt, pp* **fought**) *n* briga; *(MIL)* combate *m*; *(struggle: against illness etc)* luta ♦ *vt* lutar contra; *(cancer, alcoholism)* combater; *(election)* competir ♦ *vi* lutar, brigar, bater-se; **~er** *n* combatente *m/f*; *(plane)* caça *m*; **~ing** *n* batalha; *(brawl)* briga

figment ['fɪgmənt] *n*: **a ~ of the imagination** um produto da imaginação

figurative ['fɪgjurətɪv] *adj* (expression) figurado; *(style)* figurativo

figure ['fɪgə*] *n* (DRAWING, MATH) figura, desenho; *(number)* número, cifra; *(outline)* forma; *(person)* personagem *m* ♦ *vt* (esp US) imaginar ♦ *vi* figurar; **~ out** *vt* compreender; **~head** *n* (NAUT) carranca de proa; *(pej: leader)* chefe *m* nominal; **~ of speech** *n* figura de linguagem

filch [fɪltʃ] *(inf) vt* surripiar, afanar

file [faɪl] *n* (tool) lixa; *(dossier)* dossiê *m*, pasta; *(folder)* pasta; *(COMPUT)* arquivo; *(row)* fila, coluna ♦ *vt* (wood, nails) lixar; *(papers)* arquivar; *(LAW: claim)* apresentar, dar entrada em ♦ *vi*: **to ~ in/out** entrar/sair em fila

filing cabinet *n* fichário, arquivo

fill [fɪl] *vt*: **to ~ with** encher com; *(vacancy)* preencher; *(need)* satisfazer ♦ *n*: **to eat one's ~** encher-se *or* fartar-se de comer; **~ in** *vt* (form) preencher; *(hole)* tapar; *(time)* encher; **~ up** *vt* encher ♦ *vi* (AUT) abastecer o carro

fillet ['fɪlɪt] *n* filete *m*, filé *m*; **~ steak** *n* filé *m*

filling ['fɪlɪŋ] *n* (CULIN) recheio; *(for tooth)* obturação *f* (BR), chumbo (PT); **~ station** *n* posto de gasolina

film [fɪlm] *n* filme *m*; *(of liquid)* camada, veu *m* ♦ *vt* rodar, filmar ♦ *vi* filmar; ~ **star** *n* astro/estrela do cinema; ~ **strip** *n* diafilme *m*

filter ['fɪltə*] *n* filtro ♦ *vt* filtrar; ~-**lane** *(BRIT)* (*in* *(AUT)*) pista para se dobrar à esquerda (*or* à direita); ~-**tipped** *adj* filtrado

filth [fɪlθ] *n* sujeira *(BR)*, sujidade *f* *(PT)*; ~y *adj* sujo; *(language)* indecente, obsceno

fin [fɪn] *n* barbatana

final ['faɪnl] *adj* final, último; (*ultimate*) maior; (*definitive*) definitivo ♦ *n* *(SPORT)* final *f*; ~**s** *npl* *(SCH)* exames *mpl* finais; ~**e** *n* final *m*; ~**ize** *vt* concluir, completar; ~**ly** *adv* finalmente, por fim

finance [faɪˈnæns] *n* fundos *mpl*; *(money management)* finanças *fpl* ♦ *vt* financiar; ~**s** *npl* (*personal* ~s) finanças; **financial** *adj* financeiro; **financier** *n* financiador(a) *m/f*

find [faɪnd] (*pt*, *pp* **found**) *vt* encontrar, achar; *(discover)* descobrir ♦ *n* achado, descoberta; **to** ~ **sb guilty** *(LAW)* declarar alguém culpado; ~ **out** *vt* descobrir; *(person)* desmascarar ♦ *vi*: **to** ~ **out about** *(by chance)* saber de; ~**ings** *npl* *(LAW)* veredito, decisão *f*; *(of report)* constatações *fpl*

fine [faɪn] *adj* fino; *(excellent)* excelente; *(subtle)* sutil ♦ *adv* muito bem ♦ *n* *(LAW)* multa ♦ *vt* *(LAW)* multar; **to be** ~ *(person)* estar bem; *(weather)* estar bom; ~ **arts** *npl* belas artes *fpl*

finery ['faɪnərɪ] *n* enfeites *mpl*

finesse [fɪˈnɛs] *n* sutileza

finger ['fɪŋgə*] *n* dedo ♦ *vt* manusear; ~**nail** *n* unha; ~**print** *n* impressão *f* digital; ~**tip** *n* ponta do dedo

finicky ['fɪnɪkɪ] *adj* fresco, cheio de coisas

finish ['fɪnɪʃ] *n* fim *m*; *(SPORT)* chegada; *(on wood etc)* acabamento *vt*, *vi* terminar, acabar; **to** ~ **doing sth** terminar de fazer algo; **to** ~

third chegar no terceiro lugar; ~ **off** *vt* terminar; *(kill)* liquidar; ~ **up** *vt* acabar ♦ *vi* ir parar; ~**ing line** *n* linha de chegada, meta; ~**ing school** *n* escola de aperfeiçoamento (para moças)

Finland ['fɪnlənd] *n* Finlândia

Finn [fɪn] *n* finlandês/esa *m/f*; ~**ish** *adj* finlandês/esa ♦ *n* *(LING)* finlandês *m*

fir [fə:*] *n* abeto

fire ['faɪə*] *n* fogo; *(accidental)* incêndio; *(gas* ~, *electric* ~) aquecedor *m* ♦ *vt* *(gun)* disparar; *(arrow)* atirar; *(interest)* estimular; *(dismiss)* despedir ♦ *vi* disparar; **on** ~ em chamas; ~ **alarm** *n* alarme *m* de incêndio; ~**arm** *n* arma de fogo; ~ **brigade** *(US* = **department**) *n* (corpo de) bombeiros *mpl*; ~ **engine** *n* carro de bombeiro; ~ **escape** *n* escada de incêndio; ~ **extinguisher** *n* extintor *m* de incêndio; ~**man** *(irreg)* *n* bombeiro; ~**place** *n* lareira; ~**side** *n* lugar *m* junto à lareira; ~ **station** *n* posto de bombeiros; ~**wood** *n* lenha; ~**works** *npl* fogos *mpl* de artifício

firing squad *n* pelotão *m* de fuzilamento

firm [fə:m] *adj* firme ♦ *n* firma; ~**ly** *adv* firmemente

first [fə:st] *adj* primeiro ♦ *adv* *(before others)* primeiro; *(listing reasons)* em primeiro lugar ♦ *n* *(in race)* primeiro/a; *(AUT)* primeira; *(BRIT: SCH)* menção *f* honrosa; **at** ~ no início; ~ **of all** antes de tudo, antes de mais nada; ~ **aid** *n* primeiros socorros *mpl*; ~**aid kit** *n* estojo de primeiros socorros; ~-**class** *adj* de primeira classe; ~-**hand** *adj* de primeira mão; ~ **lady** *(US)* *n* primeira dama; ~**ly** *adv* primeiramente, em primeiro lugar; ~ **name** *n* primeiro nome *m*; ~-**rate** *adj* de primeira categoria

fish [fɪʃ] *n inv* peixe *m* ♦ *vt*, *vi* pescar; **to go** ~**ing** ir pescar; ~**erman** *(irreg)* *n* pescador *m*; ~ **farm** *n* viveiro (de piscicultura); ~ **fingers**

(BRIT) npl filezinhos mpl de peixe; ~ing boat n barco de pesca; ~ing line n linha de pesca; ~ing rod n vara (de pesca); ~monger n peixeiro/a; ~monger's (shop) n peixaria; ~ sticks (US) npl = ~ fingers; ~y (inf) adj (tale) suspeito

fist [fɪst] n punho

fit [fɪt] adj em (boa) forma; (suitable) adequado, apropriado ♦ vt (subj: clothes) caber em; (put in) colocar; (equip) equipar; (suit) assentar a ♦ vi (clothes) servir; (parts) ajustar-se; (in space) caber ♦ n (MED) ataque m; (of anger) acesso; ~ to bom para; ~ for adequado para; by ~s and starts espasmodicamente; ~ in vi encaixar-se; (person) dar-se bem (com todos); ~ful adj espasmódico, intermitente; ~ment n móvel m; ~ness n (MED) saúde f, boa forma; ~ted adj (BRIT: kitchen) com armários embutidos; ~ted carpet carpete m; ~ter n ajustador/a m/f, montador/a m/f; ~ting adj apropriado ♦ n (of dress) prova; ~tings npl (in building) instalações fpl, acessórios mpl; ~ting room n cabine f (para experimentar roupa)

five [faɪv] num cinco; ~r (inf) n (BRIT) nota de cinco libras; (US) nota de cinco dólares

fix [fɪks] vt (secure) fixar, colocar; (arrange) arranjar; (mend) consertar; (meal, drink) preparar ♦ n: to be in a ~ estar em apuros; ~ up vt (meeting) marcar; to ~ sb up with sth arranjar algo para alguém; ~ation n fixação f; ~ed adj (prices, smile) fixo; ~ture n (furniture) móvel m fixo; (SPORT) desafio, encontro

fizzle out ['fɪzl-] vi fracassar; (interest) diminuir

fizzy ['fɪzɪ] adj com gás, gasoso

flabbergasted ['flæbəgɑːstɪd] adj pasmado

flabby ['flæbɪ] adj flácido

flag [flæg] n bandeira; (for signalling)

bandeirola; (~stone) laje f ♦ vi acabar-se, descair; ~ down vt: to ~ sb down fazer sinais a alguém para que pare

flagpole ['flægpəul] n mastro de bandeira

flagship ['flægʃɪp] n nau f capitânia; (fig) carro-chefe m

flair [flɛə°] n (talent) talento; (style) inf: criticism críticas fpl

flak [flæk] n (MIL) fogo antiaéreo; inf: criticism críticas fpl

flake [fleɪk] n (of rust, paint) lasca; (of snow, soap powder) floco ♦ vi (also: ~ off) lascar, descamar-se

flamboyant [flæm'bɔɪənt] adj (dress) espalhafatoso; (person) extravagante

flame [fleɪm] n chama

flammable ['flæməbl] adj inflamável

flan [flæn] n (BRIT) torta

flank [flæŋk] n flanco ♦ vt ladear

flannel ['flænl] n (BRIT: also: face ~) toalhinha de rosto; (fabric) flanela; ~s npl calça (BR) or calças fpl (PT) de flanela

flap [flæp] n (of pocket) aba; (of envelope) dobra ♦ vt (arms) oscilar; (wings) bater ♦ vi (sail, flag) ondular; (inf: also: be in a ~) estar atarantado

flare [flɛə°] n fogacho, chama; (MIL) artifício de sinalização; (in skirt etc) folga; ~ up vi chamejar; (fig: person) encolerizar-se; (: violence) irromper

flash [flæʃ] n (of lightning) clarão m; (also: news ~) notícias fpl de última hora; (PHOT) flash m ♦ vt (light, news, message) transmitir; (look, smile) brilhar ♦ vi brilhar; (light on ambulance, eyes etc) piscar; in a ~ num instante; to ~ by or past passar como um raio; ~bulb n lâmpada de flash; ~cube n cubo de flash; ~light n lanterna de bolso

flashy ['flæʃɪ] (pej) adj espalhafatoso

flask [flɑːsk] n frasco; (also: vacuum ~) garrafa térmica (BR), termo (PT)

flat [flæt] *adj* plano; (*battery*) descarregado; (*tyre*) vazio; (*beer*) choco; (*denial*) categórico; (*MUS*) abemolado; (: *voice*) desafinado; (*rate*) único; (*fee*) fixo ♦ *n* (*BRIT: apartment*) apartamento; (*MUS*) bemol *m*; (*AUT*) pneu *m* furado; to ~ out (*work*) a toque de caixa; ~**ly** *adv* terminantemente; ~**ten** *vt* (*also*: ~**ten out**) aplanar; (*demolish*) arrasar

flatter ['flætə*] *vt* lisonjear; ~**ing** *adj* lisonjeiro; (*clothes etc*) favorecedor(a); ~**y** *n* bajulação *f*

flaunt [flɔ:nt] *vt* ostentar, pavonear

flavour ['fleivə*] (*US* **flavor**) *n* sabor *m* ♦ *vt* condimentar, aromatizar; **strawberry-~ed** com sabor de morango; ~**ing** *n* condimento; (*synthetic*) aromatizante *m*

flaw [flɔ:] *n* defeito; (*in character*) falha; ~**less** *adj* impecável

flax [flæks] *n* linho; ~**en** *adj* da cor de linho

flea [fli:] *n* pulga

fleck [flek] *n* mancha, sinal *m*

flee [fli:] (*pt, pp* **fled**) *vt* fugir de ♦ *vi* fugir

fleece [fli:s] *n* tosão *m*; (*wool*) lã *f*; (*coat*) velo ♦ *vt* (*inf*) espoliar

fleet [fli:t] *n* (*of lorries etc*) frota; (*of ships*) esquadra

fleeting ['fli:tiŋ] *adj* (*glimpse, happiness*) fugaz; (*visit*) passageiro

Flemish ['flemiʃ] *adj* flamengo

flesh [fleʃ] *n* carne *f*; (*of fruit*) polpa; ~ **wound** *n* ferimento de superfície

flew [flu:] *pt of* **fly**

flex [fleks] *n* fio ♦ *vt* (*muscles*) flexionar; ~**ible** *adj* flexível

flick [flik] *n* pancada leve; (*with finger*) peteleco, piparote *m*; (*with whip*) chicotada ♦ *vt* dar um peteleco; (*towel*) dar uma lambada; (*whip*) dar uma chicotada; (*switch*) apertar; ~ **through** *vt fus* folhear

flicker ['flikə*] *vi* tremular; (*eyelids*) tremer

flier ['flaiə*] *n* aviador(a) *m/f*

flight [flait] *n* vôo *m*; (*escape*) fuga; (*of steps*) lance *m*; ~ **attendant**

(*US*) *n* comissário/a de bordo; ~ **deck** *n* (*AVIAT*) cabine *f* do piloto; (*NAUT*) pista de aterrissagem (*BR*) *or* aterragem (*PT*)

flimsy ['flimzi] *adj* (*thin*) delgado, franzino; (*shoes*) ordinário; (*clothes*) de tecido fino; (*building*) barato; (*weak*) débil; (*excuse*) fraco

flinch [flintʃ] *vi* encolher-se; to ~ **from sth/from doing sth** vacilar diante de algo/em fazer algo

fling [fliŋ] (*pt, pp* **flung**) *vt* lançar

flint [flint] *n* pederneira; (*in lighter*) pedra

flip [flip] *vt* (*turn over*) dar a volta em; (*throw*) jogar; (*switch*) mover; to ~ **a coin** tirar cara ou coroa

flippant ['flipənt] *adj* petulante, irreverente

flipper ['flipə*] *n* (*of animal*) nadadeira; (*for swimmer*) pé-de-pato, nadadeira

flirt [flə:t] *vi* flertar ♦ *n* namorador(a) *m/f*, paquerador(a) *m/f*

flit [flit] *vi* esvoaçar

float [fləut] *n* (*in procession*) carro alegórico; (*sum of money*) caixa ♦ *vi* flutuar; (*swimmer*) boiar

flock [flɔk] *n* rebanho; (*of birds*) bando ♦ *vi*: to ~ **to** afluir a

flog [flɔg] *vt* açoitar

flood [flʌd] *n* enchente *f*, inundação *f*; (*of letters, imports etc*) enxurrada ♦ *vt* inundar, alagar ♦ *vi* (*place*) alagar; (*people, goods*): to ~ **into** inundar; ~**ing** *n* inundação *f*; ~**light** *n* refletor *m*, holofote *m*

floor [flɔ:*] *n* chão *m*; (*storey*) andar *m*; (*of sea*) fundo ♦ *vt* (*fig: confuse*) confundir, pasmar; (*subj: blow*) derrubar; (: *question, remark*) aturdir; ~ **ground** ~ (*BRIT*) *or* **first** ~ (*US*) andar térreo (*BR*), rés-do-chão (*PT*); **first** ~ (*BRIT*) *or* **second** ~ (*US*) primeiro andar; ~**board** *n* tábua de assoalho; ~ **show** *n* show *m*

flop [flɔp] *n* fracasso ♦ *vi* fracassar; (*into chair*) cair pesadamente

floppy ['flɔpi] *adj* frouxo, mole; ~ (**disk**) *n* disquete *m*

flora ['flɔːrə] n flora

florid ['florid] adj (style) florido; (complexion) corado

florist ['florist] n florista m/f; ~'s (shop) n floricultura

flounce [flauns] n babado, debrum m; ~ out vi sair indignado

flounder ['flaundə*] (pl ~ or ~s) n (ZOOL) linguado ♦ vi (swimmer) debater-se; (fig: speaker) atrapalhar-se; (: economy) flutuar

flour ['flauə*] n farinha

flourish ['flʌrɪʃ] vi florescer ♦ vt brandir, menear ♦ n gesto floreado; ~ing adj próspero

flout [flaut] vt (law) desrespeitar

flow [fləu] n fluxo; (of river, ELEC) corrente f; (of blood) circulação f ♦ vi correr; (traffic) fluir; (blood, ELEC) circular; (clothes, hair) ondular; ~ chart n fluxograma m

flower ['flauə*] n flor f ♦ vi florescer, florir; ~ bed n canteiro; ~pot n vaso; ~y adj (perfume) à base de flor; (pattern) florido; (speech) floreado

flown [fləun] pp of fly

flu [fluː] n gripe f

fluctuate ['flʌktjueɪt] vi flutuar; (temperature) variar

fluent ['fluːənt] adj fluente; he speaks ~ French, he's ~ in French ele fala francês fluentemente

fluff [flʌf] n felpa, penugem f; ~y adj macio, fofo; (toy) de pelúcia

fluid ['fluːɪd] adj fluido ♦ n fluido

fluke [fluːk] (inf) n sorte f

flung [flʌŋ] pt, pp of fling

fluoride ['fluərɑid] n fluoreto; ~ toothpaste n creme m dental com flúor

flurry ['flʌrɪ] n (of snow) lufada; ~ of activity muita atividade

flush [flʌʃ] n (on face) rubor m; (fig) resplendor m ♦ vt lavar com água ♦ vi ruborizar-se ♦ adj: ~ with neto com; to ~ the toilet dar descarga; ~ out vt levantar; ~ed adj ruborizado, corado

flustered ['flʌstəd] adj atrapalhado

flute [fluːt] n flauta

flutter ['flʌtə*] n agitação f; (of wings) bater m ♦ vi esvoaçar

flux [flʌks] n: in a state of ~ mudando continuamente

fly [flai] (pt flew, pp flown) n mosca; (on trousers: also: flies) braguilha ♦ vt (plane) pilotar; (passengers, cargo) transportar (de avião); (distances) percorrer ♦ vi voar; (passengers) ir de avião; (escape) fugir; (flag) hastear-se; ~ away or off vi voar; ~ing n aviação f ♦ adj: ~ing visit visita de médico; with ~ing colours brilhantemente; ~ing saucer n disco voador; ~ing start n: to get off to a ~ing start começar muito bem; ~over (BRIT) n viaduto; ~sheet n duplo teto

foal [fəul] n potro

foam [fəum] n espuma; (also: ~ rubber) espuma de borracha ♦ vi espumar

fob [fɔb] vt: to ~ sb off despachar alguém

focal point ['fəukəl-] n foco

focus ['fəukəs] (pl ~es) n foco ♦ vt enfocar ♦ vi: to ~ on enfocar, focalizar; in/out of ~ em foco/fora de foco

fodder ['fɔdə*] n forragem f

foe [fəu] n inimigo

foetus ['fiːtəs] (US fetus) n feto

fog [fɔg] n nevoeiro; ~gy adj: it's ~gy está nevoento; ~ lamp (US ~ light) n farol m de neblina

foil [fɔil] vt frustrar ♦ n folha metálica; (also: kitchen ~) folha or papel m de alumínio; (complement) contraste m, complemento; (FENCING) florete m

fold [fəuld] n dobra, vinco, prega; (of skin) ruga; (AGR) redil m, curral m ♦ vt dobrar; (arms) cruzar; ~ up vi dobrar; (business) abrir falência ♦ vt dobrar; ~er n pasta; ~ing adj dobrável

foliage ['fəulɪɪdʒ] n folhagem f

folk [fəuk] npl gente f ♦ cpd popular, folclórico; ~s npl (family) família,

parentes *mpl*; (*parents*) pais *mpl*;
~**lore** *n* folclore *m*; ~ **song** *n* canção
f popular *or* folclórica

follow ['fɒləu] *vt* seguir; (*event,
story*) acompanhar ♦ *vi* seguir; (*person, period of time*) acompanhar;
(*result*) resultar; **to ~ suit** fazer o
mesmo; ~ **up** *vt* (*letter*) responder
a; (*offer*) levar adiante; (*case*)
acompanhar; ~**er** *n* seguidor(a) *m/f*;
~**ing** *adj* seguinte ♦ *n* adeptos
mpl

folly ['fɒlɪ] *n* loucura

fond [fɒnd] *adj* carinhoso; (*hopes*)
absurdo, descabido; **to be ~ of** gostar de

fondle ['fɒndl] *vt* acariciar

font [fɒnt] *n* (*REL*) pia batismal;
(*TYP*) fonte *f*, família

food [fu:d] *n* comida; ~ **mixer** *n* batedeira; ~ **poisoning** *n* intoxicação *f*
alimentar; ~ **processor** *n* multiprocessador *m* de cozinha; ~**stuffs** *npl*
gêneros *mpl* alimentícios

fool [fu:l] *n* tolo/a; (*CULIN*) purê *m*
de frutas com creme ♦ *vt* enganar ♦
vi (*gen*: ~ *around*) brincar; ~**hardy**
adj temerário; ~**ish** *adj* burro;
(*careless*) imprudente; ~**proof** *adj*
infalível

foot [fut] (*pl* **feet**) *n* pé *m*; (*of animal*) pata; (*measure*) pé (304 *mm*;
12 *inches*) ♦ *vt* (*bill*) pagar; **on ~** a
pé; ~**age** *n* (*CINEMA*: *length*) ≈
metragem *f*; (: *material*) sequências
fpl; ~**ball** *n* bola; (*game*: *BRIT*) futebol *m*; (: *US*) futebol norte-
americano; ~**ball player** *n* (*BRIT*:
also: ~**baller**) jogador *m* de futebol;
~**brake** *n* freio (*BR*) *or* travão *m*
(*PT*) de pé; ~**bridge** *n* passarela;
~**hills** *npl* contraforte *m*; ~**hold** *n*
apoio para o pé; ~**ing** *n* (*fig*) posição
f; **to lose one's** ~**ing** *n* escorregar;
~**lights** *npl* ribalta; ~**man** (*irreg*) *n*
lacaio; ~**note** *n* nota ao pé da
página, nota de rodapé; ~**path** *n*
caminho, atalho; ~**print** *n* pegada;
~**step** *n* passo; ~**wear** *n* calçados
mpl

for [fɔː*] *prep* **1** (*indicating destination, direction*) para; **he went ~ the
paper** foi pegar o jornal; **is this ~
me?** é para mim?; **it's time ~
lunch** é hora de almoçar

2 (*indicating purpose*) para; **what's
it ~?** para quê serve?; **to pray ~
peace** orar pela paz

3 (*on behalf of, representing*) por; **he
works ~ the government/a local
firm** ele trabalha para o governo/
uma firma local; **G ~ George** G de
George

4 (*because of*) por; ~ **this reason**
por esta razão; ~ **fear of being criticised** com medo de ser criticado

5 (*with regard to*) para; **it's cold ~
July** está frio para julho

6 (*in exchange for*) por; **it was sold
~ £5** foi vendido por £5

7 (*in favour of*) a favor de; **are you
~ or against us?** você está a favor
de ou contra nós?; **I'm all ~ it** concordo plenamente, tem todo o meu
apoio; **vote ~ X** vote em X

8 (*referring to distance*): **there are
roadworks ~ 5 km** há obras na estrada por 5 quilômetros; **we walked
~ miles** andamos quilômetros

9 (*referring to time*) **she will be
away ~ a month** ela ficará fora um
mês; **I have known her ~ years** eu
a conheço há anos; **can you do it ~
tomorrow?** você pode fazer isso
para amanhã?

10 (*with infinite clause*): **it is not ~
me to decide** não cabe a mim decidir; **it would be best ~ you to
leave** seria melhor que você fosse
embora; **there is still time ~ you
to do it** ainda há tempo para você
fazer isso; ~ **this to be possible ...**
para que isso seja possível ...

11 (*in spite of*) apesar de
♦ *conj* (*since, as: rather formal*)
pois, porque

forage ['fɒrɪdʒ] *vi* ir à procura de alimentos

foray ['fɔreɪ] n incursão f

forbad(e) [fə'bæd] pt of **forbid**

forbid [fə'bɪd] (pt forbad(e), pp forbidden) vt proibir; to ~ sb to do sth proibir alguém de fazer algo; ~**den** pp of forbid; ~**ding** adj (prospect) sombrio; (look) severo

force [fɔːs] n força ♦ vt forçar; the F~s npl (BRIT) as Forças Armadas; **in** ~ em vigor; ~**-feed** (irreg) vt alimentar à força; ~**ful** adj enérgico, vigoroso

forceps ['fɔːseps] npl fórceps m inv

forcibly ['fɔːsəblɪ] adv à força

ford [fɔːd] n vau m

fore [fɔː⁺] n: to come to the ~ salientar-se

forearm ['fɔːrɑːm] n antebraço

foreboding [fɔː'bəudɪŋ] n mau presságio

forecast ['fɔːkɑːst] (irreg: like cast) n previsão f; (also: weather ~) previsão do tempo ♦ vt prognosticar, prever

forecourt ['fɔːkɔːt] n (of garage) área de estacionamento

forefathers ['fɔːfɑːðəz] npl antepassados mpl

forefinger ['fɔːfɪŋgə⁺] n (dedo) indicador m

forefront ['fɔːfrʌnt] n: **in the** ~ **of** em primeiro plano em

forego (irreg: like go) vt renunciar a; (go without) abster-se de

foregone ['fɔːgɔn] pp of **forego** adj: **it's a** ~ **conclusion** é uma conclusão inevitável

foreground ['fɔːgraund] n primeiro plano

forehead ['fɔrɪd] n testa

foreign ['fɔrɪn] adj estrangeiro; (trade) exterior; (object, matter) estranho; ~**er** n estrangeiro/a; ~ **exchange** n câmbio; F~ **Office** (BRIT) n Ministério das Relações Exteriores; F~ **Secretary** (BRIT) n Ministro das Relações Exteriores

foreleg ['fɔːleg] n perna dianteira

foreman ['fɔːmən] (irreg) n capataz

m; (in construction) contramestre m

foremost ['fɔːməust] adj principal ♦ adv: **first and** ~ antes de mais nada

forensic [fə'rensɪk] adj forense; ~ **medicine** medicina legal

forerunner ['fɔːrʌnə⁺] n precursor(a) m/f

foresee [fɔː'siː] (irreg: like see) vt prever; ~**able** adj previsível

foreshadow [fɔː'ʃædəu] vt prenunciar

foresight ['fɔːsaɪt] n previdência

forest ['fɔrɪst] n floresta

forestall [fɔː'stɔːl] vt prevenir

forestry ['fɔrɪstrɪ] n silvicultura

foretaste ['fɔːteɪst] n amostra

foretell [fɔː'tel] (irreg: like tell) vt predizer, profetizar; **foretold** pt, pp of foretell

forever [fə'revə⁺] adv para sempre

forewent pt of forego

foreword ['fɔːwəːd] n prefácio

forfeit ['fɔːfɪt] vt perder (direito a)

forgave [fə'geɪv] pt of forgive

forge [fɔːdʒ] n ferraria ♦ vt falsificar; (metal) forjar; ~ **ahead** vi avançar constantemente; ~**r** n falsificador(a) m/f; ~**ry** n falsificação f

forget [fə'get] (pt forgot, pp forgotten) vt, vi esquecer; ~**ful** adj esquecido; ~**-me-not** n miosótis m

forgive [fə'gɪv] (pt forgave, pp ~n) vt perdoar; to ~ **sb for sth** perdoar algo a alguém, perdoar alguém de algo; ~**ness** n perdão m

forgo (irreg) vt = **forego**

forgot [fə'gɔt] pt of forget

forgotten [fə'gɔtn] pp of forget

fork [fɔːk] n (for eating) garfo; (for gardening) forquilha; (of roads etc) bifurcação f ♦ vi bifurcar-se; ~ **out** (inf) vt (pay) desembolsar, morrer em; ~**lift truck** n empilhadeira

forlorn [fə'lɔːn] adj desolado; (attempt) desesperado; (hope) último

form [fɔːm] n forma; (type) tipo; (SCH) série f; (questionnaire) formulário ♦ vt formar; (organization) criar; to ~ **a queue** (BRIT) fazer fila; **in top** ~ em plena forma

formal ['fɔːməl] adj (offer) oficial; (person) cerimonioso; (occasion, education) formal; (dress) a rigor (BR), de cerimônia (PT); (garden) simétrico; **~ities** npl (procedures) formalidades fpl; **~ity** n formalidade f; (behaviour, education) formalismo; (garden) simetria; (ceremony) cerimônia; **~ly** adv formalmente

format ['fɔːmæt] n formato ♦ vt (COMPUT) formatar

former ['fɔːmə*] adj anterior; (earlier) antigo; the ~ ... the latter ... aquele ... este ...; **~ly** adv anteriormente

formidable ['fɔːmɪdəbl] adj terrível, temível

formula ['fɔːmjulə] (pl ~s or ~e) n fórmula

forsake [fə'seɪk] (pt forsook, pp forsaken) vt abandonar

fort [fɔːt] n forte m

forth [fɔːθ] adv para adiante; back and ~ de cá para lá; and so ~ e assim por diante; **~coming** adj próximo, que está para aparecer; (help) disponível; (person) comunicativo; **~right** adj franco; **~with** adv em seguida

fortify ['fɔːtɪfaɪ] vt (city) fortificar; (person) fortalecer

fortitude ['fɔːtɪtjuːd] n fortaleza

fortnight ['fɔːtnaɪt] (BRIT) n quinzena, quinze dias mpl; **~ly** adj quinzenal ♦ adv quinzenalmente

fortress ['fɔːtrɪs] n fortaleza

fortunate ['fɔːtʃənɪt] adj (event) feliz; (person): to be ~ ter sorte; it is ~ that ... é uma sorte que ...; **~ly** adv felizmente

fortune ['fɔːtʃən] n sorte f; (wealth) fortuna; **~teller** n adivinho/a

forty ['fɔːtɪ] num quarenta

forum ['fɔːrəm] n foro

forward ['fɔːwəd] adj (movement) para a frente; (position) avançado; (in time) futuro; (not shy) atrevido, presunçoso ♦ n (SPORT) atacante m ♦ vt (letter) remeter; (goods, parcel) expedir; (career) promover;

(plans) ativar; **to move ~** avançar; **~(s)** adv para a frente

fossil ['fɔsl] n fóssil m

foster ['fɔstə*] vt adotar (por um tempo limitado); (activity) promover; **~ child** (irreg) n filho adotivo (por um tempo limitado)

fought [fɔːt] pt, pp of **fight**

foul [faul] adj horrível; (language) obsceno ♦ n (SPORT) falta ♦ vt sujar; **~ play** n (LAW) crime m

found [faund] pt, pp of **find** ♦ vt (establish) fundar; **~ation** n (act, organization) fundação f; (base) base f; (also: **~ation cream**) creme m base; **~ations** npl (of building) alicerces mpl

founder ['faundə*] n fundador(a) m/f ♦ vi naufragar

foundry ['faundrɪ] n fundição f

fountain ['fauntɪn] n chafariz m; **~ pen** n caneta-tinteiro f

four [fɔː*] num quatro; **on all ~s** de quatro; **~poster** n (also: **~poster bed**) dossel m; **~some** n grupo de quatro pessoas; **~teen** num catorze; **~th** num quarto

fowl [faul] n ave f (doméstica)

fox [fɔks] n raposa ♦ vt deixar perplexo

foyer ['fɔɪeɪ] n saguão m

fraction ['frækʃən] n fração f

fracture ['fræktʃə*] n fratura ♦ vt fraturar

fragile ['frædʒaɪl] adj frágil

fragment ['frægmənt] n fragmento

fragrant ['freɪgrənt] adj fragrante, perfumado

frail [freɪl] adj frágil

frame [freɪm] n (of building) estrutura; (body) corpo; (of picture, door) moldura; (of spectacles: also: **~s**) armação f, aro ♦ vt (picture) emoldurar; **~ of mind** n estado de espírito; **~work** n armação f

France [frɑːns] n França

franchise ['fræntʃaɪz] n (POL) direito de voto; (COMM) concessão f

frank [fræŋk] adj franco ♦ vt (letter)

franquear; **~ly** adv francamente; (candidly) abertamente; **~ness** n franqueza

frantic ['fræntɪk] adj frenético; (person) fora de si

fraternity [frə'tɜːnɪtɪ] n (feeling) fraternidade f; (club) confraria

fraternize ['frætənaɪz] vi confraternizar

fraud [frɔːd] n fraude f; (person) impostor(a) m/f

fraught [frɔːt] adj tenso; **~ with** repleto de

fray [freɪ] n guerra ♦ vi esfiapar-se; tempers were **~ed** estavam com os nervos em frangalhos

freak [friːk] n (person) anormal m/f; (event) anomalia

freckle ['frekl] n sarda

free [friː] adj livre; (seat) desocupado; (costing nothing) gratis, gratuito ♦ vt pôr em liberdade; (jammed object) soltar; **~ (of charge)** grátis, de graça; **~dom** n liberdade f; **~for-all** n quebra-quebra m; **~ gift** n brinde m; **~hold** n propriedade f livre e alodial; **~ kick** n (tiro) livre m; **~lance** adj autônomo; **~ly** adv livremente; **F~mason** n maçom m; **F~post** ® n porte m pago; **~-range** n (egg) caseiro; **~ trade** n livre comércio; **~way** (US) n auto-estrada; **~ will** n livre arbítrio; of one's own **~ will** por sua própria vontade

freeze [friːz] (pt **froze**, pp **frozen**) vi gelar(-se), congelar-se ♦ vt congelar ♦ n geada; (on arms, wages) congelamento; **~-dried** adj liofilizado; **~r** n congelador m, freezer m (BR)

freezing adj: **freezing (cold)** (weather) glacial; (water) gelado; **3 degrees below freezing** 3 graus abaixo de zero; **freezing point** n ponto de congelamento

freight [freɪt] n (goods) carga; (money charged) frete m; **~ train** (US) n trem m de carga

French [frentʃ] adj francês/esa ♦ n (LING) francês m; **the ~** npl (people) os franceses; **~ bean** (BRIT) n

feijão m comum; **~ fried potatoes** (US **~ fries**) npl batatas fpl fritas; **~man** (irreg) n francês m; **~ window** n porta-janela, janela de batente; **~woman** (irreg) n francesa

frenzy ['frenzɪ] n frenesi m

frequent [adj 'friːkwənt, vt frɪ'kwent] adj freqüente ♦ vt freqüentar; **~ly** adv freqüentemente, a miúdo

fresh [freʃ] adj fresco; (new) novo; (cheeky) atrevido; **~en** vi (wind, air) tornar-se mais forte; **~en up** vi (person) lavar-se, refrescar-se; **~er** (BRIT: inf) n (SCH) calouro/a; **~ly** adv recentemente, há pouco; **~man** (US: irreg) n = **~er**; **~ness** n frescor m; **~water** adj de água doce

fret [fret] vi afligir-se

friar ['fraɪə*] n frade m

friction ['frɪkʃən] n fricção f; (between people) atrito

Friday ['fraɪdɪ] n sexta-feira f

fridge [frɪdʒ] (BRIT) n geladeira (BR), frigorífico (PT)

fried [fraɪd] adj frito; **~ egg** ovo estrelado or frito

friend [frend] n amigo/a; **~ly** adj simpático; (match) amistoso; **~ship** n amizade f

frieze [friːz] n friso

fright [fraɪt] n terror m; (scare) pavor m; **to take ~** assustar-se; **~en** vt assustar; **~ened** adj: **to be ~ened of** ter medo de; **~ening** adj assustador(a); **~ful** adj terrível, horrível

frigid ['frɪdʒɪd] adj frígido, frio

frill [frɪl] n babado

fringe [frɪndʒ] n franja; (on shawl etc) beira, orla; (edge: of forest etc) margem f; **~ benefits** npl benefícios mpl adicionais

frisk [frɪsk] vt revistar

frisky ['frɪskɪ] adj alegre, animado

fritter ['frɪtə*] n bolinho frito; **~ away** vt desperdiçar

frivolous ['frɪvələs] adj frívolo; (activity) fútil

frizzy ['frɪzɪ] adj frisado

fro [frəu] adj see **to**

frock 107 **full**

frock [frɔk] n vestido
frog [frɔg] n rã f; ~**man** (irreg) n homem-rã m
frolic ['frɔlɪk] vi brincar

KEYWORD
---

from [frɔm] prep **1** (indicating starting place) de; **where do you come ~?** de onde você é?; ~ **London to Glasgow** de Londres para Glasgow; **to escape ~ sth/sb** escapar de algo/alguém
2 (indicating origin etc) de; **a letter/telephone call ~ my sister** uma carta/um telefonema da minha irmã; **tell him ~ me that ...** diga a ele que da minha parte ...; **to drink ~ the bottle** beber na garrafa
3 (indicating time): ~ **one o'clock to** or **until** or **till two** da uma hora até às duas; ~ **January (on)** a partir de janeiro
4 (indicating distance): **we're still a long way ~ home** ainda estamos muito longe de casa
5 (indicating price, number etc) de; **prices range ~ £10 to £50** os preços vão de £10 a £50
6 (indicating difference) de; **he can't tell red ~ green** ele não pode diferenciar vermelho do verde
7 (because of/on the basis of): ~ **what he says** pelo que ele diz; **to act ~ conviction** agir por convicção; **weak ~ hunger** fraco de fome

front [frʌnt] n frente f; (of vehicle) parte f dianteira; (of house, fig) fachada; (also: **sea ~**) orla marítima ♦ adj da frente; **in ~ (of)** em frente (de); ~**age** n fachada; ~ **door** n porta principal; ~**ier** n fronteira; ~ **page** n primeira página; ~ **room** (BRIT) n salão m, sala de estar; ~**wheel drive** n tração f dianteira

frost [frɔst] n geada; (also: **hoar~**) gelo; ~**bite** n ulceração f produzida pelo frio; ~**ed** adj (glass) fosco; ~**y** adj (window) coberto de geada; (welcome) glacial

froth [frɔθ] n espuma
frown [fraun] vi franzir as sobrancelhas, amarrar a cara
froze [frəuz] pt of **freeze**
frozen ['frəuzn] pp of **freeze**
fruit [fru:t] n inv fruta; (fig: pl ~s) fruto; ~**erer** n fruteiro/a; ~**ful** adj proveitoso; ~**ion** n: **to come to ~ion** realizar-se; ~ **juice** n suco (BR) or sumo (PT) de frutas; ~ **machine** (BRIT) n caça-níqueis m inv (BR), máquina de jogo (PT)
frustrate [frʌs'treɪt] vt frustrar
fry [fraɪ] (pt, pp **fried**) vt fritar; see also **small**; ~**ing pan** n frigideira
ft. abbr = **foot; feet**
fuddy-duddy ['fʌdɪdʌdɪ] n careta m/f
fudge [fʌdʒ] n (CULIN) = doce m de leite
fuel [fjuəl] n (for heating) combustível m; (for propelling) carburante m; ~ **oil** n óleo combustível; ~ **tank** n depósito de combustível
fugitive ['fju:dʒɪtɪv] n fugitivo/a
fulfil [ful'fɪl] (US **fulfill**) vt (function) cumprir; (condition) satisfazer; (wish, desire) realizar; ~**ment** n satisfação f; (of wish, desire) realização f
full [ful] adj cheio; (use, volume) máximo; (complete) completo; (information) detalhado; (price) integral; (skirt) folgado ♦ adv: ~ **well** perfeitamente; **I'm ~ (up)** estou satisfeito; ~ **employment** n pleno emprego; **a ~ two hours** duas horas completas; **at ~ speed** a toda a velocidade; **in ~** integralmente; ~-**length** adj (novel) de tamanho normal; (portrait) de corpo inteiro; (coat) longo; ~-**length (feature) film** longa-metragem m; ~ **moon** n lua cheia; ~-**scale** adj (model) em tamanho natural; (war) em grande escala; ~ **stop** n ponto (final); ~-**time** adj, adv (work) de tempo completo or integral; ~**y** adv completamente; (at least) pelo menos; ~**y-fledged** adj (teacher etc) diplomado

fulsome ['fulsəm] (*pej*) *adj* extravagante

fumble ['fʌmbl] *vi*: **to ~ with** ♦ *vt fus* atrapalhar-se com

fume [fju:m] *vi* fumegar; (*be angry*) estar com raiva; **~s** *npl* gases *mpl*

fun [fʌn] *n* divertimento; **to have ~** divertir-se; **for ~** de brincadeira; **to make ~ of** fazer troça de, zombar de

function ['fʌŋkʃən] *n* função *f*; (*reception, dinner*) recepção *f* ♦ *vi* funcionar; **~al** *adj* funcional; (*practical*) prático

fund [fʌnd] *n* fundo; (*source, store*) fonte *f*; **~s** *npl* (*money*) fundos *mpl*

fundamental [fʌndə'mɛntl] *adj* fundamental; **~ist** *n* fundamentalista *m/f*

funeral ['fju:nərəl] *n* (*burial*) enterro; **~ parlour** *n* casa funerária; **~ service** *n* missa fúnebre

funfair ['fʌnfɛə*] (*BRIT*) *n* parque *m* de diversões

fungus ['fʌŋgəs] (*pl* **fungi**) *n* fungo; (*mould*) bolor *m*, mofo

funnel ['fʌnl] *n* funil *m*; (*of ship*) chaminé *m*

funny ['fʌnı] *adj* engraçado, divertido; (*strange*) esquisito, estranho

fur [fə:*] *n* pele *f*; (*BRIT: in kettle etc*) depósito, crosta; **~ coat** *n* casaco de peles

furious ['fjuərıəs] *adj* furioso; (*effort*) incrível

furlong ['fə:lɔŋ] *n* = 201.17m

furlough ['fə:ləu] *n* licença

furnace ['fə:nıs] *n* forno

furnish ['fə:nıʃ] *vt* mobiliar (*BR*), mobilar (*PT*); (*supply*): **to ~ sb with sth** fornecer algo a alguém; **~ings** *npl* mobília

furniture ['fə:nıtʃə*] *n* mobília, móveis *mpl*; **piece of ~** móvel *m*

furrow ['fʌrəu] *n* (*in field*) rego; (*in skin*) sulco

furry ['fə:rı] *adj* peludo

further ['fə:ðə*] *adj* novo, adicional ♦ *adv* mais longe; (*more*) mais; (*moreover*) além disso ♦ *vt* promover; **~**

education (*BRIT*) *n* educação *f* superior; **~more** *adv* além disso

furthest ['fə:ðıst] *superl* of **far**

fury ['fjuərı] *n* fúria

fuse [fju:z] *n* fusível *m*; (*for bomb etc*) espoleta, mecha ♦ *vt* fundir; (*fig*) unir ♦ *vi* (*metal*) fundir-se; unir-se; **to ~ the lights** (*BRIT: ELEC*) queimar as luzes; **~ box** *n* caixa de fusíveis

fuselage ['fju:zəla:ʒ] *n* fuselagem *f*

fuss [fʌs] *n* estardalhaço; (*complaining*) escândalo; **to make a ~** criar caso; **to make a ~ of sb** paparicar alguém; **~y** *adj* (*person*) exigente; (*dress, style*) espalhafatoso

futile ['fju:taıl] *adj* (*existence*) fútil; (*attempt*) inútil

future ['fju:tʃə*] *adj* futuro ♦ *n* futuro; **in ~** no futuro

fuze [fju:z] (*US*) = **fuse**

fuzzy ['fʌzı] *adj* (*PHOT*) indistinto; (*hair*) frisado, encrespado

G

G [dʒi:] *n* (*MUS*) sol *m*

g *abbr* (= *gram(s)*) g

G7 *n abbr* (= *Group of 7*) G7

gabble ['gæbl] *vi* tagarelar

gable ['geıbl] *n* cumeeira

gadget ['gædʒıt] *n* aparelho, engenhoca

Gaelic ['geılık] *adj* gaélico/a ♦ *n* (*LING*) gaélico

gag [gæg] *n* (*on mouth*) mordaça; (*joke*) piada ♦ *vt* amordaçar

gaiety ['geıtı] *n* alegria

gaily ['geılı] *adv* alegremente; (*coloured*) vivamente

gain [geın] *n* ganho; (*profit*) lucro ♦ *vt* ganhar ♦ *vi* (*watch*) adiantar-se; (*benefit*): **to ~ from sth** tirar proveito de algo; **to ~ on sb** aproximar-se de alguém; **to ~ 3lbs** (**in weight**) engordar 3 libras

gait [geıt] *n* modo de andar

gal. *abbr* = **gallon**

gala ['gɑ:lə] *n* festa, gala

Galapagos (Islands) [gə'læpəgəs-] *npl*: the ~ as ilhas Galápagos

galaxy ['gæləksɪ] *n* galáxia

gale [geɪl] *n* ventania; ~ **force 10** vento de força 10

gallant ['gælənt] *adj* valente; (*polite*) galante; ~**ry** *n* valentia; galantaria

gall bladder [gɔːl-] *n* vesícula biliar

gallery ['gælərɪ] *n* (*in theatre etc*) galeria; (*also*: **art** ~: *public*) museu *m*; (: *private*) galeria (de arte)

galley ['gælɪ] *n* (*ship's kitchen*) cozinha

gallon ['gælən] *n* galão *m* (= 8 *pints*; BRIT = 4.5l; US = 3.8l)

gallop ['gæləp] *n* galope *m* ♦ *vi* galopar

gallows ['gæləʊz] *n* forca

gallstone ['gɔːlstəʊn] *n* cálculo biliar

galore [gə'lɔː*] *adv* à vontade

galvanize ['gælvənaɪz] *vt* arrebatar

gambit ['gæmbɪt] *n* (*fig*): (**opening**) ~ início de conversa

gamble ['gæmbl] *n* risco *m* ♦ *vt* apostar ♦ *vi* jogar, arriscar; ~**r** *n* jogador(a) *m/f*; **gambling** *n* jogo

game [geɪm] *n* jogo; (*match*) partida; (*esp TENNIS*) jogada; (*strategy*) plano, esquema *m*; (*HUNTING*) caça ♦ *adj* (*willing*): to be ~ for anything topar qualquer parada; **big** ~ caça grossa; ~**keeper** *n* guarda-caça *m*

gammon ['gæmən] *n* (*bacon*) toucinho (defumado); (*ham*) presunto

gamut ['gæmət] *n* gama

gang [gæŋ] *n* bando, grupo; (*of criminals*) gangue (*br*); (*of workmen*) turma ♦ *vi*: to ~ up on sb conspirar contra alguém

gangster ['gæŋstə*] *n* gângster *m*, bandido

gangway ['gæŋweɪ] *n* (BRIT: *in cinema, bus*) corredor *m*; (*on ship*) passadiço

gaol [dʒeɪl] (BRIT) *n, vt* = **jail**

gap [gæp] *n* brecha, fenda; (*in trees, traffic*) abertura; (*in time*) intervalo; (*difference*) diferença

gape [geɪp] *vi* (*person*) estar or ficar boquiaberto; (*hole*) abrir-se; **gaping** *adj* (*hole*) muito aberto

garage ['gærɑːʒ] *n* garagem *f*; (*for car repairs*) oficina (mecânica)

garbage ['gɑːbɪdʒ] *n* (US) lixo; (*inf: nonsense*) disparates *mpl*; ~ **can** (US) *n* lata de lixo

garbled ['gɑːbld] *adj* deturpado, destorcido

garden ['gɑːdn] *n* jardim *m*; ~s *npl* (*public park*) jardim público, parque *m*; ~**er** *n* jardineiro/a; ~**ing** *n* jardinagem *f*

gargle ['gɑːgl] *vi* gargarejar

garish ['gɛərɪʃ] *adj* (*colour*) berrante; (*light*) brilhante

garland ['gɑːlənd] *n* guirlanda

garlic ['gɑːlɪk] *n* alho

garment ['gɑːmənt] *n* peça de roupa

garnish ['gɑːnɪʃ] *vt* (*food*) enfeitar

garrison ['gærɪsn] *n* guarnição *f*

garrulous ['gærjʊləs] *adj* tagarela

garter ['gɑːtə*] *n* liga

gas [gæs] *n* (US: *gasoline*) gasolina ♦ *vt* asfixiar com gás; ~ **cooker** (BRIT) *n* fogão *m* a gás; ~ **cylinder** *n* bujão *m* de gás; ~ **fire** (BRIT) *n* aquecedor *m* a gás

gash [gæʃ] *n* talho; (*tear*) corte *m* ♦ *vt* talhar; cortar

gasket ['gæskɪt] *n* (AUT) junta, gaxeta

gas mask *n* máscara antigás

gas meter *n* medidor *m* de gás

gasoline ['gæsəliːn] (US) *n* gasolina

gasp [gɑːsp] *n* arfada ♦ *vi* arfar; ~ **out** *vt* dizer com voz entrecortada

gas station (US) *n* posto de gasolina

gassy ['gæsɪ] *adj* gasoso

gate [geɪt] *n* portão *m*; ~**crash** (BRIT) *vt* entrar de penetra em; ~**way** *n* portão *m*, passagem *f*

gather ['gæðə*] *vt* colher; (*assemble*) reunir; (SEWING) franzir; (*understand*) compreender ♦ *vi* reunir-se; to ~**speed** acelerar(-se); ~**ing** *n* reunião *f*, assembléia

gauche [gəʊʃ] *adj* desajeitado

gaudy ['gɔːdɪ] *adj* chamativo

gauge [geɪdʒ] n (*instrument*) medidor m ♦ vt (*fig: character*) avaliar

gaunt [gɔ:nt] adj descarnado; (*bare, stark*) desolado

gauntlet ['gɔ:ntlɪt] n luva; (*fig*): to run the ~ expor-se (à crítica); to throw down the ~ lançar um desafio

gauze [gɔ:z] n gaze f

gave [geɪv] pt of give

gay [geɪ] adj (*homosexual*) gay; (*old-fashioned: cheerful*) alegre; (*colour*) vistoso; (*music*) vivo

gaze [geɪz] n olhar m fixo ♦ vi: to ~ at sth fitar algo

gazetteer [gæzə'tɪə*] n dicionário geográfico

gazumping [gə'zʌmpɪŋ] (*BRIT*) n o fato de um vendedor quebrar uma promessa de venda para conseguir um preço mais alto

GB abbr = **Great Britain**

GCE (*BRIT*) n abbr = **General Certificate of Education**

GCSE (*BRIT*) n abbr = **General Certificate of Secondary Education**

gear [gɪə*] n equipamento; (*TECH*) engrenagem f; (*AUT*) velocidade f, marcha (*BR*), mudança (*PT*) ♦ vt (*fig: adapt*): to ~ sth to preparar algo para; top (*BRIT*) or high (*US*) low ~ quarta/primeira (marcha); in ~ engrenado; ~box n caixa de mudanças (*BR*) or de velocidades (*PT*); ~ lever (*US* = **shift**) n alavanca de mudança (*BR*) or mudanças (*PT*)

geese [gi:s] npl of **goose**

gel [dʒel] n gel m

gem [dʒem] n jóia, gema

Gemini ['dʒemɪnaɪ] n Gêminis m, Gêmeos mpl

gender ['dʒendə*] n gênero

general ['dʒenərl] n general m ♦ adj geral; in ~ em geral; ~ delivery (*US*) n posta-restante f; ~ election n eleições fpl gerais; ~ly adv geralmente; ~ practitioner n clínico/a geral

generate ['dʒenəreɪt] vt gerar

generator ['dʒenəreɪtə*] n gerador m

generous ['dʒenərəs] adj generoso; (*measure etc*) abundante

genetic engineering [dʒɪ'netɪk-] n engenharia genética

Geneva [dʒɪ'ni:və] n Genebra

genial ['dʒi:nɪəl] adj cordial, simpático

genitals ['dʒenɪtlz] npl órgãos mpl genitais

genius ['dʒi:nɪəs] n gênio

genteel [dʒen'ti:l] adj fino

gentle ['dʒentl] adj (*touch*) leve, suave; (*landscape*) suave; (*animal*) manso

gentleman ['dʒentlmən] (*irreg*) n senhor m; (*social position*) fidalgo; (*well-bred man*) cavalheiro

gentleness ['dʒentlnɪs] n doçura, meiguice f; (*of touch*) suavidade f; (*of animal*) mansidão f

gently ['dʒentlɪ] adv suavemente

gentry ['dʒentrɪ] n pequena nobreza

gents [dʒents] n banheiro de homens (*BR*), casa de banho dos homens (*PT*)

genuine ['dʒenjuɪn] adj autêntico; (*person*) sincero

geography [dʒɪ'ɔgrəfɪ] n geografia

geology [dʒɪ'ɔlədʒɪ] n geologia

geometry [dʒɪ'ɔmətrɪ] n geometria

geranium [dʒɪ'reɪnjəm] n gerânio

geriatric [dʒerɪ'ætrɪk] adj geriátrico

germ [dʒə:m] n micróbio, bacilo

German ['dʒə:mən] adj alemão/mã ♦ n alemão/mã m/f; (*LING*) alemão m; ~ measles n rubéola

Germany ['dʒə:mənɪ] n Alemanha

gesture ['dʒestʃə*] n gesto

KEYWORD

---

get [get] (*pt, pp* **got**) (*US: pp* **gotten**) vi 1 (*become, be*) ficar, tornar-se; to ~ old/tired/cold envelhecer/cansar-se/resfriar-se; to ~ annoyed/bored aborrecer-se/amuar-se; to ~ drunk embebedar-se; to ~ dirty sujar-se; to ~ killed/married ser morto/casar-se; when do I ~ paid? quando eu recebo?, quando eu vou ser pago?; **it's** ~ **ting late** está ficando tarde

2 (go): **to** ~ **to/from** ir para/de; **to** ~ **home** chegar em casa

3 (begin) começar a; **let's** ~ **going or started** vamos lá!

♦ **modal aux vb: you've got to do it** você tem que fazê-lo

♦ **vt 1: to** ~ **sth done** (do) fazer algo; (have done) mandar fazer algo; **to** ~ **one's hair cut** cortar o cabelo; **to** ~ **the car going or to go** fazer o carro andar; **to** ~ **sb to do sth** convencer alguém a fazer algo; **to** ~ **sth/sb ready** preparar algo/ arrumar alguém

2 (obtain) ter; (find) achar; (fetch) buscar; **to** ~ **sth for sb** arranjar algo para alguém; (fetch) ir buscar algo para alguém; ~ **me Mr Jones, please** (TEL) pode chamar o Sr Jones por favor; **can I** ~ **you a drink?** você está servido?

3 (receive: present, letter) receber; (acquire: reputation, prize) ganhar

4 (catch) agarrar; (hit: target etc) pegar; **to** ~ **sb by the arm/throat** agarrar alguém pelo braço/pela garganta; ~ **him!** pega ele!

5 (take, move) levar; **to** ~ **sth to sb** levar algo para alguém; **I can't** ~ **it in/out/through** não consigo enfiá-lo/ tirá-lo/passá-lo; **do you think we'll** ~ **it through the door?** você acha que conseguiremos passar isto na porta?

6 (plane, bus etc) pegar, tomar

7 (understand) entender; (hear) ouvir; **I've got it** entendi; **I don't** ~ **your meaning** não entendo o que você quer dizer

8 (have, possess): **to have got** ter

get about vi (news) espalhar-se

get along vi (agree) entender-se; (depart) ir embora; (manage) = **get by**

get around = **get round**

get at vt fus (attack, criticize) ata-

car; (reach) alcançar; **what are you** ~ **ting at?** o que você está querendo dizer?

get away vi (leave) partir; (escape) escapar

get away with vt fus conseguir fazer impunemente

get back vi (return) regressar, voltar ♦ vt receber de volta, recobrar

get by vi (pass) passar; (manage) virar-se

get down vi descer ♦ vt fus abaixar ♦ vt (object) abaixar, descer; (depress: person) deprimir

get down to vt fus (work) pôr-se a (fazer)

get in vi entrar; (train) chegar; (arrive home) voltar para casa

get into vt fus entrar em; (vehicle) subir em; (clothes) pôr, vestir, enfiar; **to** ~ **into bed/a rage** meter-se na cama/ficar com raiva

get off vi (from train etc) saltar (BR), descer (PT); (depart) sair; (escape) escapar ♦ vt (remove: clothes, stain) tirar; (send off) mandar ♦ vt fus (train, bus) saltar de (BR), sair de (PT)

get on vi (at exam etc): **how are you** ~ **ting on?** como vai?; (agree): **to** ~ **on** (with) entender-se (com) ♦ vt fus (train etc) subir em (BR), subir para (PT); (horse) montar em

get out vi (of place, vehicle) sair ♦ vt (take out) tirar

get out of vt fus (duty etc) escapar de

get over vt fus (illness) restabelecer-se de

get round vt fus rodear; (fig: person) convencer

get through vi (TEL) completar a ligação

get through to vt fus (TEL) comunicar-se com

get together vi (people) reunir-se ♦ vt reunir

get up vi levantar-se ♦ vt fus levantar

get up to vt fus (reach) chegar a; (BRIT: prank etc) fazer

getaway ['getǝweɪ] n fuga, escape m

geyser ['giːzǝ*] n (GEO) gêiser m; (BRIT) aquecedor m de água

ghastly ['gɑːstlɪ] adj horrível; (building) medonho; (appearance) horripilante; (pale) pálido

gherkin ['gǝːkɪn] n pepino em vinagre

ghost [gǝust] n fantasma m

giant ['dʒaɪǝnt] n gigante m ♦ adj gigantesco, gigante

gibberish ['dʒɪbǝrɪʃ] n algaravia

gibe [dʒaɪb] n deboche m

giblets ['dʒɪblɪts] npl miúdos mpl

Gibraltar [dʒɪˈbrɔːltǝ*] n Gibraltar m (no article)

giddy ['gɪdɪ] adj (dizzy): **to be** or **feel ~** estar com vertigem

gift [gɪft] n presente m, dádiva; (ability) dom m, talento; **~ed** adj bemdotado; **~ token** n vale m para presente; **~ voucher** n = **~ token**

gigantic [dʒaɪˈgæntɪk] adj gigantesco

giggle ['gɪgl] vi dar risadinha boba

gill [dʒɪl] n (measure) = 0.25 pints (BRIT = 0.148l, US = 0.118l)

gills [gɪlz] npl (of fish) guelras fpl, brânquias fpl

gilt [gɪlt] adj dourado ♦ n dourado; **~-edged** adj (stocks, securities) do Estado, de toda confiança

gimmick ['gɪmɪk] n truque m ou macete m (publicitário)

gin [dʒɪn] n gim m, genebra

ginger ['dʒɪndʒǝ*] n gengibre m; **~ ale** n cerveja de gengibre; **~ beer** n cerveja de gengibre; **~bread** n (cake) pão m de gengibre; (biscuit) biscoito de gengibre

gingerly ['dʒɪndʒǝlɪ] adv cuidadosamente

gipsy ['dʒɪpsɪ] n cigano

giraffe [dʒɪˈrɑːf] n girafa

girder ['gǝːdǝ*] n viga, trave f

girdle ['gǝːdl] n (corset) cinta

girl [gǝːl] n (small) menina (BR), rapariga (PT); (young woman) jovem

f, moça; (daughter) filha; **~friend** n (of girl) amiga; (of boy) namorada; **~ish** adj ameninado, de menina

giro ['dʒaɪrǝu] n (bank) ~ transferência bancária; (post office ~) transferência postal; (BRIT: welfare cheque) cheque do governo destinado a desempregados

girth [gǝːθ] n circunferência; (of horse) cilha

gist [dʒɪst] n essencial m

KEYWORD

give [gɪv] (pt gave, pp given) vt **1** (hand over) dar; **to ~ sb sth**, **~ sth to sb** dar algo a alguém

2 (used with n to replace a vb): **to ~ a cry/sigh/push** etc dar um grito/suspiro/empurrão etc; **to ~ a speech/a lecture** fazer um discurso/uma palestra

3 (tell, deliver: news, advice, message etc) dar; **to ~ the right/wrong answer** dar a resposta certa/errada

4 (supply, provide: opportunity, job etc) dar; (bestow: title, right) conceder; **the sun ~s warmth and light** o sol fornece calor e luz

5 (dedicate: time, one's life/ attention) dedicar; **she gave it all her attention** ela dedicou toda sua atenção a isto

6 (organize): **to ~ a party/dinner** etc dar uma festa/jantar etc

♦ vi **1** (also: **~ way**: break, collapse) dar folga; **his legs gave beneath him** suas pernas bambearam; **the roof/floor gave as I stepped on it** o telhado/chão desabou quando eu pisei nele

2 (stretch: fabric) dar de si

give away vt (money, opportunity) dar; (secret, information) revelar

give back vt devolver

give in vi (yield) ceder ♦ vt (essay etc) entregar

give off vt (heat, smoke) soltar

give out vt (distribute) distribuir; (make known) divulgar

give up vi (surrender) desistir, dar-se por vencido ♦ vt (job, boyfriend, habit) renunciar a; (idea, hope) abandonar; **to ~ up smoking** deixar de fumar; **to ~ o.s. up** entregar-se (to); **to ~ way** vi (yield) ceder; (break, collapse: rope) arrebentar; (: ladder) quebrar; (BRIT: AUT) dar a preferência (BR), dar prioridade (PT)

glacier ['glæsɪə°] n glaciar m, geleira f
glad [glæd] adj contente
gladly ['glædlɪ] adv com muito prazer
glamorous ['glæmərəs] adj encantador(a), glamouroso
glamour ['glæmə°] n encanto, glamour m
glance [glɑːns] n relance m, vista de olhos ♦ vi: **to ~ at** olhar (de relance); **~ off** vt fus (bullet) ricochetear de; **glancing** adj (blow) oblíquo
gland [glænd] n glândula
glare [glɛə°] n (of anger) olhar m furioso; (of light) luminosidade f; (of publicity) foco ♦ vi brilhar; **to ~ at** olhar furiosamente para; **glaring** adj (mistake) notório
glass [glɑːs] n vidro, cristal m; (for drinking) copo; **~es** npl (spectacles) óculos mpl; **~house** n estufa; **~ware** n objetos mpl de cristal
glaze [gleɪz] vt (door) envidraçar; (pottery) vitrificar ♦ n verniz m; **~d** adj (eye) vidrado; (pottery) vitrificado
glazier ['gleɪzɪə°] n vidraceiro/a
gleam [gliːm] vi brilhar
glean [gliːn] vt (information) colher
glee [gliː] n alegria, regozijo
glen [glɛn] n vale m
glib [glɪb] adj (answer) pronto; (person) labioso
glide [glaɪd] vi deslizar; (AVIAT, birds) planar; **~r** n (AVIAT) planador m; **gliding** n (AVIAT) vôo sem motor
glimmer ['glɪmə°] n luz f trêmula; (of interest, hope) lampejo
glimpse [glɪmps] n vista rápida, vislumbre m ♦ vt vislumbrar, ver de re-

lance
glint [glɪnt] vi cintilar
glisten ['glɪsn] vi brilhar
glitter ['glɪtə°] vi reluzir, brilhar
gloat [gləʊt] vi: **to ~ (over)** exultar (com)
global ['gləʊbl] adj mundial
globe [gləʊb] n globo, esfera
gloom [gluːm] n escuridão f; (sadness) tristeza; **~y** adj escuro; triste
glorious ['glɔːrɪəs] adj (weather) magnífico; (future) glorioso
glory ['glɔːrɪ] n glória
gloss [glɒs] n (shine) brilho; (also: ~ paint) pintura brilhante, esmalte m; **~ over** vt fus encobrir
glossary ['glɒsərɪ] n glossário
glossy ['glɒsɪ] adj lustroso
glove [glʌv] n luva; **~ compartment** n (AUT) porta-luvas an inv
glow [gləʊ] vi (shine) brilhar; (fire) arder
glower ['glaʊə°] vi: **to ~ at** (sb) olhar (alguém) de modo ameaçador
glucose ['gluːkəʊs] n glicose f
glue [gluː] n cola ♦ vt colar
glum [glʌm] adj (mood) abatido; (person, tone) triste
glut [glʌt] n abundância, fartura
glutton ['glʌtn] n glutão/ona m/f; **a ~ for work** um(a) trabalhador(a) incansável; **~y** n gula
gnarled [nɑːld] adj nodoso, retorcido
gnat [næt] n mosquito
gnaw [nɔː] vt roer

KEYWORD

go [gəʊ] (pt **went**, pp **gone**, pl **~es**) vi 1 ir; (travel, move) viajar; **a car went by** um carro passou; **he has gone to Aberdeen** ele foi para Aberdeen
2 (depart) partir, ir-se
3 (attend) ir; **she went to university in Rio** ela foi à universidade no Rio; **he ~es to the local church** ele frequenta a igreja local
4 (take part in an activity) ir; **to ~ for a walk** ir passear
5 (work) funcionar; **the bell went**

just then a campainha acabou de tocar

6 (become): **to ~ pale/mouldy** ficar pálido/mofado

7 (be sold): **to ~ for £10** ser vendido por £10

8 (fit, suit): **to ~ with** acompanhar, combinar com

9 (be about to, intend to): **he's ~ing to do it** ele vai fazê-lo; **are you ~ing to come?** você vem?

10 (time) passar

11 (event, activity) ser; **how did it ~?** como foi?

12 (be given): **the job is to ~ to someone else** o emprego vai ser dado para outra pessoa

13 (break) romper-se; **the fuse went** o fusível queimou; **the leg of the chair went** a perna da cadeira quebrou

14 (be placed): **where does this cup ~?** onde é que põe esta xícara?; **the milk ~es in the fridge** pode guardar o leite na geladeira

♦ **n 1** (try): **to have a ~** (at) tentar a sorte (com)

2 (turn) vez f

3 (move): **to be on the ~** ter muito para fazer

go about vi (also: ~ **around**: rumour) espalhar-se ♦ vt fus: **how do I ~ about this?** como é que eu faço isto?

go ahead vi (make progress) progredir; (get going) ir em frente

go along vi ir ♦ vt fus ladear; **to ~ along with** concordar com

go away vi (leave) ir-se, ir embora

go back vi (return) voltar; (go again) ir de novo

go back on vt fus (promise) faltar com

go by vi (years, time) passar ♦ vt fus (book, rule) guiar-se por

go down vi (descend) descer, baixar; (ship) afundar; (sun) pôr-se ♦ vt fus (stairs, ladder) descer

go for vt fus (fetch) ir buscar; (like) gostar de; (attack) atacar

go in vi (enter) entrar

go in for vt fus (competition) inscrever-se em; (like) gostar de

go into vt fus (enter) entrar em; (investigate) investigar; (embark on) embarcar em

go off vi (leave) ir-se; (food) estragar, apodrecer; (bomb, gun) explodir; (event) realizar-se ♦ vt fus (person, food etc) deixar de gostar de

go on vi (continue) seguir, continuar; (happen) acontecer, ocorrer

go out vi (leave); (for entertainment): **are you ~ing out tonight?** você vai sair hoje à noite?; (couple): **they went out for 3 years** eles namoraram 3 anos; (fire, light) apagar-se

go over vi (ship) soçobrar ♦ vt fus (check) revisar

go round vi (news, rumour) circular

go through vt fus (town etc) atravessar; (search through) vasculhar; (examine) percorrer de cabo a rabo

go up vi subir; (price) aumentar

go without vt fus passar sem

goad [gəʊd] vt aguilhoar

go-ahead adj empreendedor(a) ♦ n luz f verde

goal [gəʊl] n meta, alvo; (SPORT) gol m (BR), golo (PT); **~keeper** n goleiro/a (BR), guarda-redes m/f inv (PT); **~post** n trave f

goat [gəʊt] n cabra

gobble ['gɒbl] vt (also: ~ **down**, ~ **up**) engolir rapidamente, devorar

go-between n intermediário/a

god [gɒd] n deus m; G~ Deus; **~child** n afilhado/a; **~daughter** n afilhada; **~dess** n deusa; **~father** n padrinho; **~forsaken** adj abandonado; **~mother** n madrinha; **~send** n dádiva do céu; **~son** n afilhado

goggles ['gɒglz] npl óculos mpl de proteção

going ['gəʊŋ] n (conditions) estado do terreno ♦ adj: **the ~ rate** tarifa corrente or em vigor

gold [gəʊld] n ouro ♦ adj de ouro; **~en** adj (made of ~) de ouro; (~ in _colour_) dourado; **~fish** _n inv_ peixe-dourado _m_; **~mine** _n_ mina de ouro; **~plated** _adj_ plaquê _inv_; **~smith** _n_ ourives _m/f inv_

golf [gɒlf] _n_ golfe _m_; **~ ball** _n_ bola de golfe; _(on typewriter)_ esfera; **~ club** _n_ clube _m_ de golfe; _(stick)_ taco; **~ course** _n_ campo de golfe; **~er** _n_ jogador(a) _m/f_ de golfe, golfista _m/f_

gone [gɒn] _pp of_ go

gong [gɒŋ] _n_ gongo

good [gud] _adj_ bom/boa; _(kind)_ bom, bondoso; _(well-behaved)_ educado ♦ _n_ bem _m_; **~s** _npl_ (COMM) mercadorias _fpl_; **~!** bom!; **to be ~** at ser bom em; **to be ~** for servir para; **it's ~** for you faz-lhe bem; **a ~ deal (of)** muito; **a ~** many muitos; **to make ~** reparar; **it's no ~ complaining** não adianta se queixar; **for ~** para sempre, definitivamente; **~ morning/afternoon/evening!** bom dia/boa tarde/boa noite!; **~ night!** boa noite!; **~bye** _excl_ até logo (BR), adeus (PT); **to say ~bye** despedir-se; **G~ Friday** _n_ Sexta-Feira Santa; **~-looking** _adj_ bonito; **~-natured** _adj (person)_ de bom gênio; _(pet)_ de boa índole; **~ness** _n (of person)_ bondade _f_; **for ~ness sake!** pelo amor de Deus!; **~ness gracious!** meu Deus do céu!, nossa (senhora)!; **~s train** (BRIT) _n_ trem _m_ de carga; **~will** _n_ boa vontade _f_

goose [guːs] _(pl geese)_ _n_ ganso

gooseberry [ˈguzbərɪ] _n_ groselha; **to play ~** (BRIT) ficar de vela

gooseflesh [ˈguːsfleʃ] _n_, **goose pimples** _npl_ pele _f_ arrepiada

gore [gɔː*] _vt_ escornar ♦ _n_ sangue _m_

gorge [gɔːdʒ] _n_ desfiladeiro ♦ _vt_: **to ~ o.s. (on)** empanturrar-se (de)

gorgeous [ˈgɔːdʒəs] _adj_ magnífico, maravilhoso; _(person)_ lindo

gorilla [gəˈrɪlə] _n_ gorila _m_

gorse [gɔːs] _n_ tojo

gory [ˈgɔːrɪ] _adj_ sangrento

go-slow (BRIT) _n_ greve _f_ de trabalho lento, operação _f_ tartaruga

gospel [ˈgɒspl] _n_ evangelho

gossip [ˈgɒsɪp] _n (scandal)_ fofocas _fpl_ (BR), mexericos _mpl_ (PT); _(chat)_ conversa; _(scandalmonger)_ fofoqueiro/a (BR), mexeriqueiro/a (PT) ♦ _vi (chat)_ bater (um) papo (BR), cavaquear (PT)

got [gɒt] _pt, pp of_ get

gotten [ˈgɒtn] (US) _pp of_ get

gout [gaut] _n_ gota

govern [ˈgʌvn] _vt_ governar; _(event)_ controlar

governess [ˈgʌvənɪs] _n_ governanta

government [ˈgʌvnmənt] _n_ governo

governor [ˈgʌvənə*] _n_ governador(a) _m/f_; _(of school, hospital, jail)_ diretor(a) _m/f_

gown [gaun] _n_ vestido; _(of teacher, judge)_ toga

GP _n abbr_ (MED) = **general practitioner**

grab [græb] _vt_ agarrar ♦ _vi_: **to ~ at** tentar agarrar

grace [greɪs] _n_ (REL) graça; _(gracefulness)_ elegância, fineza ♦ _vt (honour)_ honrar; _(adorn)_ adornar; **5 days' ~** um prazo de 5 dias; **~ful** _adj_ elegante, gracioso; **gracious** _adj_ gracioso, afável

grade [greɪd] _n (quality)_ classe _f_, qualidade _f_; _(degree)_ grau _m_; (US: SCH) série _f_, classe ♦ _vt_ classificar; **~ crossing** (US) _n_ passagem _f_ de nível; **~ school** (US) _n_ escola primária

gradient [ˈgreɪdɪənt] _n_ declive _m_

gradual [ˈgrædjuəl] _adj_ gradual, gradativo; **~ly** _adv_ gradualmente, gradativamente, pouco a pouco

graduate [_n_ ˈgrædjuət, _vi_ ˈgrædjueɪt] _n_ graduado, licenciado ♦ (US) diplomado do colégio ♦ _vi_ formar-se, licenciar-se; **graduation** _n_ formatura

graffiti [grəˈfiːtɪ] _n, npl_ pichações _fpl_

graft [grɑːft] _n_ (AGR, MED) enxerto; (BRIT: _inf_) trabalho pesado; _(bribery)_ suborno ♦ _vt_ enxertar

grain [greɪn] _n_ grão _m_; _(no pl: cereals)_ cereais _mpl_; _(in wood)_ veio, fibra

gram [græm] _n_ grama _m_

grammar ['græmə*] n gramática; ~
school n (BRIT) ≈ liceo; **grammatical** adj gramatical

gramme [græm] n = **gram**

grand [grænd] adj esplêndido; (inf: wonderful) ótimo, formidável; ~**child** (irreg) n neto/a; ~**dad** n vovô m; ~**daughter** n neta; ~**eur** n grandeza, magnificência; ~**father** n avô m; ~**iose** adj grandioso; (pej) pomposo; (house) imponente; ~**ma** n avó f, vovó f; ~**mother** n avó f; ~**pa** n = ~**dad**; ~**parents** npl avós mpl; ~
piano n piano de cauda; ~**son** n neto; ~**stand** n (SPORT) tribuna principal

granite ['grænɪt] n granito

granny ['grænɪ] (inf) n avó f, vovó f

grant [grɑːnt] vt (concede) conceder; (a request etc) anuir a; (admit) admitir ♦ n (SCH) bolsa; (ADMIN) subvenção f, subsídio; **to take sth for** ~ed dar algo por certo

granulated sugar ['grænjuleɪtɪd-] n açúcar m granulado

granule ['grænjuːl] n grânulo

grape [greɪp] n uva

grapefruit ['greɪpfruːt] (pl inv or ~s) n toranja, grapefruit m (BR)

graph [grɑːf] n gráfico; ~**ic** adj gráfico; ~**ics** n (art) artes fpl gráficas ♦ npl (drawings) desenhos mpl

grapple ['græpl] vi: **to** ~ **with sth** estar às voltas com algo

grasp [grɑːsp] vt agarrar, segurar; (understand) compreender, entender ♦ n aperto de mão; (understanding) compreensão f; ~**ing** adj avaro

grass [grɑːs] n grama (BR), relva (PT); ~**hopper** n gafanhoto m; ~**roots** adj popular

grate [greɪt] n (fireplace) lareira ♦ vi ranger ♦ vt (CULIN) ralar

grateful ['greɪtful] adj agradecido, grato

grater ['greɪtə*] n ralador m

grating ['greɪtɪŋ] n (iron bars) grade f ♦ adj (noise) áspero

gratitude ['grætɪtjuːd] n agradecimento

gratuity [grə'tjuːɪtɪ] n gratificação f, gorjeta

grave [greɪv] n cova, sepultura ♦ adj sério; (mistake) grave

gravel ['grævl] n cascalho

gravestone ['greɪvstəun] n lápide f

graveyard ['greɪvjɑːd] n cemitério

gravity ['grævɪtɪ] n (PHYS) gravidade f; (seriousness) seriedade f, gravidade

gravy ['greɪvɪ] n molho (de carne)

gray [greɪ] (US) adj = **grey**

graze [greɪz] vi pastar ♦ vt (touch lightly) roçar; (scrape) raspar ♦ n (MED) esfoladura, arranhadura

grease [griːs] n (fat) gordura; (lubricant) graxa, lubrificante m ♦ vt untar, lubrificar, engraxar; ~**proof paper** (BRIT) n papel m de cera (vegetal); **greasy** adj gordurento, gorduroso; (skin, hair) oleoso

great [greɪt] adj grande; (inf) genial; (pain, heat) forte; (important) importante; **G~ Britain** n Grã-Bretanha; ~**grandfather** n bisavô m; ~**grandmother** n bisavó f; ~**ly** adv imensamente, muito; ~**ness** n grandeza

Greece [griːs] n Grécia

greed [griːd] n (also: ~**iness**) avidez f, cobiça; ~**y** adj avarento; (for food) guloso

Greek [griːk] adj grego ♦ n grego/a; (LING) grego

green [griːn] adj verde; (inexperienced) inexperiente, ingênuo ♦ n verde m; (stretch of grass) gramado (BR), relvado (PT); (on golf course) green m; ~**s** npl (vegetables) verduras fpl; ~ **belt** n (round town) cinturão m verde; ~ **card** n (BRIT: AUT) carta verde; (US) autorização f de residência; ~**ery** n verdura; ~**grocer** (BRIT) n verdureiro/a; ~**house** n estufa; ~**house effect** n efeito estufa; ~**house gas** n gás provocado pelo efeito estufa; ~**ish** adj esverdeado

Greenland ['griːnlənd] n Groenlândia

greet [griːt] vt (welcome) acolher;

(*news*) receber; ~**ing** *n* acolhimento; ~**ing(s) card** *n* cartão *m* comemorativo

gregarious [grəˈgɛəriəs] *adj* gregário

grenade [grəˈneɪd] *n* granada

grew [gruː] *pt of* **grow**

grey [greɪ] (*US* **gray**) *adj* cinzento; (*dismal*) sombrio; ~**-haired** *adj* grisalho; ~**hound** *n* galgo

grid [grɪd] *n* grade *f*; (*ELEC*) rede *f*

grief [griːf] *n* dor *f*, pesar *m*

grievance [ˈgriːvəns] *n* motivo de queixa, agravo

grieve [griːv] *vi* sofrer ♦ *vt* dar pena a, afligir; **to ~ for** chorar por

grievous [ˈgriːvəs] *adj*: ~ **bodily harm** (*LAW*) lesão *f* corporal (grave)

grill [grɪl] *n* (*on cooker*) grelha; (*also*: **mixed** ~) prato de grelhados ♦ *vt* (*BRIT*) grelhar; (*inf*: *question*) interrogar cerradamente

grille [grɪl] *n* grade *f*; (*AUT*) grelha

grim [grɪm] *adj* desagradável; (*unattractive*) feio; (*stern*) severo

grimace [grɪˈmeɪs] *n* careta ♦ *vi* fazer caretas

grime [graɪm] *n* sujeira (*BR*), sujidade *f* (*PT*)

grin [grɪn] *n* sorriso largo ♦ *vi*: **to ~** (**at**) dar um sorriso largo (para)

grind [graɪnd] (*pt, pp* **ground**) *vt* triturar; (*coffee etc*) moer; (*make sharp*) afiar; (*US*: *meat*) picar ♦ *n* (*work*) trabalho (repetitivo e maçante)

grip [grɪp] *n* (*of person*) aperto de mão; (*of animal*) força; (*handle*) punho; (*of tyre, shoe*) aderência; (*holdall*) valise *f* ♦ *vt* agarrar; (*attention*) prender; **to come to ~s with** arcar com

gripping [ˈgrɪpɪŋ] *adj* absorvente, emocionante

grisly [ˈgrɪzlɪ] *adj* horrendo, medonho

gristle [ˈgrɪsl] *n* (*on meat*) nervo

grit [grɪt] *n* areia, grão *m* de areia; (*courage*) coragem *f* ♦ *vt* (*road*) pôr areia em; **to ~ one's teeth** cerrar

os dentes

groan [grəun] *n* gemido ♦ *vi* gemer

grocer [ˈgrəusə*] *n* dono/a de mercearia; ~**ies** *npl* comestíveis *mpl*; ~'**s** (**shop**) *n* mercearia

groggy [ˈgrɔgɪ] *adj* grogue

groin [grɔɪn] *n* virilha

groom [gruːm] *n* cavalariço; (*also*: **bride**~) noivo ♦ *vt* (*horse*) tratar; (*fig*): **to ~ sb for sth** preparar alguém para algo; **well-~ed** bem-posto

groove [gruːv] *n* ranhura, entalhe *m*

grope [grəup] *vi*: **to ~ for** procurar às cegas

gross [grəus] *adj* (*flagrant*) grave; (*vulgar*) vulgar; (: *building*) de mau-gosto; (*COMM*) bruto; ~**ly** *adv* (*greatly*) enormemente, gritantemente

grotesque [grəˈtɛsk] *adj* grotesco

grotto [ˈgrɔtəu] *n* gruta

grotty [ˈgrɔtɪ] (*BRIT*: *inf*) *adj* vagabundo

ground [graund] *pt, pp of* **grind** ♦ *n* terra, chão *m*; (*SPORT*) campo; (*land*) terreno; (*reason*: *gen pl*) motivo, razão *f*; (*US*: *also*: ~**wire**) (ligação *f* à) terra, fio-terra *m* ♦ *vt* (*plane*) manter em terra; (*US*: *ELEC*) ligar à terra; ~**s** *npl* (*of coffee etc*) borra; (*gardens etc*) jardins *mpl*, parque *m*; **on the ~** no chão; **to the ~** por terra; ~ **cloth** (*US*) *n* = ~**sheet**; ~**ing** *n* (*SCH*) conhecimentos *mpl* básicos; ~**less** *adj* infundado; ~**sheet** (*BRIT*) *n* capa impermeável; ~ **staff** *n* pessoal *m* de terra; ~**swell** *n* (*of opinion*) onda; ~**work** *n* base *f*, preparação *f*

group [gruːp] *n* grupo; (*also*: **pop** ~) conjunto ♦ *vt* (*also*: ~ **together**) agrupar ♦ *vi* (*also*: ~ **together**) agrupar-se

grouse [graus] *n inv* (*bird*) tetraz *m*, galo-silvestre *m* ♦ *vi* (*complain*) queixar-se, resmungar

grove [grəuv] *n* arvoredo

grovel [ˈgrɔvl] *vi* (*fig*): **to ~** (**before**) abaixar-se (diante de)

grow [grəu] (*pt* **grew**, *pp* **grown**) *vi*

crescer; (increase) aumentar; (develop): to ~ (out of/from) originar-se; (become): to ~ rich/weak enriquecer(-se)/enfraquecer-se ♦ vt plantar, cultivar; (beard) deixar crescer; ~ up vi crescer, fazer-se homem/mulher; ~er n cultivador/a m/f, produtor/a m/f; ~ing adj crescente

growl [graul] vi rosnar

grown [grəun] pp of **grow**

grown-up n adulto/a, pessoa mais velha

growth [grəuθ] n crescimento; (increase) aumento; (MED) abcesso, tumor m

grub [grʌb] n larva, lagarta; (inf: food) comida, rango (BR)

grubby ['grʌbɪ] adj encardido

grudge [grʌdʒ] n motivo de rancor ♦ vt: to ~ sb sth dar algo a alguém de má vontade, invejar algo a alguém; to bear sb a ~ for sth guardar rancor de alguém por algo

gruelling ['gruəlɪŋ] (US **grueling**) adj duro, árduo

gruesome ['gru:səm] adj horrível

gruff [grʌf] adj (voice) rouco; (manner) brusco

grumble ['grʌmbl] vi resmungar, bufar

grumpy ['grʌmpɪ] adj rabugento

grunt [grʌnt] vi grunhir

G-string n tapa-sexo m

guarantee [gærən'ti:] n garantia ♦ vt garantir

guard [gɑ:d] n guarda; (one person) guarda m; (BRIT: RAIL) guarda-freio; (on machine) dispositivo de segurança; (also: fire~) guarda-fogo ♦ vt (protect): to ~ (against) proteger (contra); (prisoner) vigiar; to be on one's ~ estar prevenido; ~ against vi fus prevenir-se contra; ~ed adj (statement) cauteloso; ~ian n protetor/a m/f; (of minor) tutor/a m/f; ~'s van (BRIT) n (RAIL) vagão m de freio

Guatemala [gwɑtɪ'mɑ:lə] n Guatemala

guerrilla [gə'rɪlə] n guerrilheiro/a

guess [ges] vt, vi (estimate) avaliar, conjeturar; (answer) adivinhar; (US) achar, supor ♦ n suposição f, conjetura; to take or have a ~ adivinhar, chutar (inf); ~work n conjeturas fpl

guest [gest] n convidado/a; (in hotel) hóspede m/f; ~-house n pensão f; ~ room n quarto de hóspedes

guffaw [gʌ'fɔ:] vi dar gargalhadas

guidance ['gaɪdəns] n conselhos mpl

guide [gaɪd] n (person) guia m/f; (book, fig) guia m; (BRIT: also: **girl** ~) escoteira ♦ vt guiar; ~**book** n guia m; ~ **dog** n cão m de guia; ~**lines** npl (advice) orientação f

guild [gɪld] n grêmio

guile [gaɪl] n astúcia

guillotine ['gɪləti:n] n guilhotina

guilt [gɪlt] n culpa; ~y adj culpado

guinea ['gɪnɪ] (BRIT) n guinéu m (21 shillings: antiga unidade monetária)

guinea pig n porquinho-da-índia m, cobaia; (fig) cobaia

guise [gaɪz] n: in or under the ~ of sob a aparência de, sob o pretexto de

guitar [gɪ'tɑ:] n violão m

gulf [gʌlf] n golfo; (abyss: also fig) abismo

gull [gʌl] n gaivota

gullet ['gʌlɪt] n esôfago

gullible ['gʌlɪbl] adj crédulo

gully ['gʌlɪ] n barranco

gulp [gʌlp] vi engolir em seco ♦ vt (also: ~ **down**) engolir

gum [gʌm] n (ANAT) gengiva; (glue) goma; (also: ~ **drop**) bala de goma; (also: **chewing-**~) chiclete m (BR), pastilha elástica (PT) ♦ vt colar; ~**boots** (BRIT) npl botas fpl de borracha, galochas fpl

gumption ['gʌmpʃən] n juízo, bom senso

gun [gʌn] n (gen) arma (de fogo); (revolver) revólver m; (small) pistola; (rifle) espingarda; (cannon) canhão m; ~**boat** n canhoneira; ~**fire** n tiroteio; ~**man** (irreg) n pistoleiro; ~**point** n: at ~**point** sob a ameaça de uma arma; ~**powder** n pólvora;

~**shot** n tiro (de arma de fogo)

gurgle ['gə:gl] vi (baby) balbuciar; (water) gorgolejar

guru ['guru:] n guru m

gush [gʌʃ] vi jorrar; (fig) alvoroçar-se

gusset ['gʌsɪt] n nesga

gust [gʌst] n (of wind) rajada

gusto ['gʌstəu] n: **with** ~ com garra

gut [gʌt] n intestino, tripa; ~**s** npl (ANAT) entranhas fpl; (inf: courage) coragem f, raça (inf)

gutter ['gʌtə*] n (of roof) calha; (in street) sarjeta

guy [gaɪ] n (also: ~**rope**) corda; (inf: man) cara m (BR), tipo (PT)

Guyana [gaɪ'ænə] n Guiana

guzzle ['gʌzl] vt engolir com gula

gym [dʒɪm] n (also: **gymnasium**) ginásio; (also: **gymnastics**) ginástica

gymnast ['dʒɪmnæst] n ginasta m/f

gymnastics [dʒɪm'næstɪks] n ginástica

gym shoes npl tênis mpl

gym slip (BRIT) n uniforme m escolar

gynaecologist [gaɪnɪ'kɔlədʒɪst] (US **gynecologist**) n ginecologista m/f

gypsy ['dʒɪpsɪ] n = **gipsy**

gyrate [dʒaɪ'reɪt] vi girar

H

haberdashery ['hæbə'dæʃərɪ] (BRIT) n armarinho

habit ['hæbɪt] n hábito, costume m; (addiction) vício; (REL) hábito

habitual [hə'bɪtjuəl] adj habitual, costumeiro; (drinker, liar) inveterado

hack [hæk] vt (cut) cortar; (chop) talhar ♦ n (pej: writer) escrevinhador(a) m/f; ~**er** n (COMPUT) pirata m (de dados de computador)

hackneyed ['hæknɪd] adj corriqueiro, batido

had [hæd] pt, pp of **have**

haddock ['hædək] (pl inv or ~**s**) n hadoque m (BR), eglefim m (PT)

hadn't ['hædnt] = **had not**

haemorrhage ['hemərɪdʒ] (US **hemorrhage**) n hemorragia

haemorrhoids ['hemərɔɪdz] (US **hemorrhoids**) npl hemorróidas fpl

haggard ['hægəd] adj emaciado, macilento

haggle ['hægl] vi pechinchar, regatear

Hague [heɪg] n: **The** ~ Haia

hail [heɪl] n granizo; (of objects) chuva; (of criticism) torrente f ♦ vt (greet) cumprimentar; (taxi) chamar; (person, event) saudar ♦ vi chover granizo; ~**stone** n pedra de granizo

hair [hɛə*] n (of human) cabelo; (of animal) pêlo; **to do one's** ~ pentear-se; ~**brush** n escova de cabelo; ~**cut** n corte m de cabelo; ~**do** n penteado; ~**dresser** n cabeleireiro/a; ~**dresser's** n cabeleireiro; ~**dryer** n secador m de cabelo; ~**grip** n grampo (BR), gancho (PT); ~**net** n rede f de cabelo; ~**pin** n grampo (BR), gancho (PT), pinça; ~**pin bend** (US ~**pin curve**) n curva fechada; ~**raising** adj horripilante, de arrepiar os cabelos; ~ **remover** n (creme m) depilatório; ~ **spray** n laquê m (BR), laca (PT); ~**style** n penteado; ~**y** adj cabeludo, peludo; (inf: situation) perigoso

hake [heɪk] (pl inv or ~**s**) n abrótea

half [hɑːf] (pl **halves**) n metade f; (RAIL, bus, of beer etc) meio ♦ adj meio ♦ adv meio, pela metade; ~ **a pound** meia libra; **two** and **a** ~ dois e meio; ~ **a dozen** meia-dúzia; **to cut sth in** ~ cortar algo ao meio; ~ **asleep/empty/closed** meio adormecido/vazio/fechado; ~**-baked** (inf) adj (idea, scheme) mal planejado; ~**-caste** n mestiço/a; ~**-hearted** adj irresoluto, indiferente; ~**-hour** n meia hora; ~**-mast** n: **at** ~-**mast** adv (flag) a meio-pau; ~**-penny** n meio pêni m; ~**-price** adj, adv pela metade do preço; ~ **term** (BRIT) n (SCH) dias de folga no meio do se-

mestre; ~**-time** n meio tempo; ~**way** *adv* a meio caminho; (*in time*) no meio

halibut ['hælɪbət] n inv hipoglosso

hall [hɔːl] n (*for concerts*) sala; (*entrance way*) hall m, entrada

hallmark ['hɔːlmɑːk] n (*also fig*) marca

hallo [hə'ləu] *excl* = **hello**

hall of residence (*BRIT: pl* **halls of residence**) n residência universitária

Hallowe'en ['hæləu'iːn] n Dia m das Bruxas (*31 de outubro*)

hallway ['hɔːlweɪ] n hall m, entrada

halo ['heɪləu] n (*of saint etc*) auréola

halt [hɔːlt] n parada (*BR*), paragem *f* (*PT*) ♦ *vi* parar ♦ *vt* deter; (*process*) interromper

halve [hɑːv] *vt* (*divide*) dividir ao meio; (*reduce by half*) reduzir à metade

halves [hɑːvz] *npl of* **half**

ham [hæm] n presunto, fiambre m (*PT*)

hamburger ['hæmbɜːgə*] n hambúrguer m

hamlet ['hæmlɪt] n aldeola, lugarejo

hammer ['hæmə*] n martelo ♦ *vi* martelar ♦ *vi* (*on door*) bater insistentemente

hammock ['hæmək] n rede *f*

hamper ['hæmpə*] *vt* dificultar, atrapalhar ♦ n cesto

hamster ['hæmstə*] n hámster m

hand [hænd] n mão *f*; (*of clock*) ponteiro; (*writing*) letra; (*of cards*) cartas *fpl*; (*worker*) trabalhador m ♦ *vt* dar, passar; **to give** *or* **lend sb a** ~ dar uma mãozinha a alguém, dar uma ajuda a alguém; **at** ~ à mão, disponível; **in** ~ livre; (*situation*) sob controle; **to be on** ~ (*person*) estar disponível; (*emergency services*) estar num estado de prontidão; **on the one** ~ ..., **on the other** ~ ... por um lado ..., por outro (lado) ...; ~ **in** *vt* entregar; ~ **out** *vt* distribuir; ~ **over** *vt* entregar; (*responsibility*) transferir; ~**bag** n bolsa;

~**book** n manual m; ~**brake** n freio (*BR*) *or* travão m (*PT*) de mão; ~**cuffs** *npl* algemas *fpl*; ~**ful** n punhado; (*of people*) grupo

handicap ['hændɪkæp] n (*MED*) incapacidade *f*; (*disadvantage*) desvantagem *f*; (*SPORT*) handicap m ♦ *vt* prejudicar; **mentally/physically** ~**ped** deficiente mental/físico

handicraft ['hændɪkrɑːft] n artesanato, trabalho manual

handiwork ['hændɪwɜːk] n obra

handkerchief ['hæŋkətʃɪf] n lenço

handle ['hændl] n (*of door etc*) maçaneta; (*of cup etc*) asa; (*of knife etc*) cabo; (*for winding*) manivela ♦ *vt* manusear; (*deal with*) tratar de; (*treat: people*) lidar com; "~ **with care**" "cuidado - frágil"; **to fly off the** ~ perder as estribeiras; ~**bar(s)** n(pl) guidom m (*BR*), guidão m (*PT*)

hand: ~**luggage** n bagagem *f* de mão; ~**made** *adj* feito à mão; ~**out** n (*money, food*) doação *f*; (*leaflet*) folheto; (*at lecture*) apostila; ~**rail** n corrimão m; ~**shake** n aperto de mão

handsome ['hænsəm] *adj* bonito, elegante; (*profit*) considerável

handwriting ['hændraɪtɪŋ] n letra, caligrafia

handy ['hændɪ] *adj* (*close at hand*) à mão; (*useful*) útil; (*skilful*) habilidoso, hábil; ~**man** (*irreg*) n faz-tudo m; (*in hotel etc*) biscateiro

hang [hæŋ] (*pt, pp* **hung**) *vt* pendurar; (*criminal: pt, pp* ~**ed**) enforcar ♦ *vi* estar pendurado; (*hair, drapery*) cair ♦ n (*inf*): **to get the** ~ **of sth** pegar o jeito de algo; ~ **about** *or* **around** *vi* vadiar, vagabundear; ~ **on** *vi* (*wait*) esperar; ~ **up** *vi* (*coat*) pendurar ♦ *vi* (*TEL*) desligar; **to** ~ **up on sb** bater o telefone na cara de alguém

hangar ['hæŋə*] n hangar m

hanger ['hæŋə*] n cabide m

hanger-on n parasita *m/f*, filão/lona *m/f*

hang-gliding *n* vôo livre

hangover ['hæŋəuvə*] *n* ressaca

hang-up *n* grilo

hanker ['hæŋkə*] *vi*: to ~ after (*long for*) ansiar por

hankie ['hæŋkɪ] *n abbr* = **handkerchief**

hanky ['hæŋkɪ] *n abbr* = **handkerchief**

haphazard [hæp'hæzəd] *adj* desorganizado

happen ['hæpən] *vi* acontecer; to ~ to do sth fazer algo por acaso; as it ~s ... acontece que ...; ~**ing** *n* acontecimento, ocorrência

happily ['hæpɪlɪ] *adv* (*luckily*) felizmente; (*cheerfully*) alegremente

happiness ['hæpɪnɪs] *n* felicidade *f*

happy ['hæpɪ] *adj* feliz; (*cheerful*) contente; **to be ~ (with)** estar contente (com); **to be ~ to do** (*willing*) estar disposto a fazer; ~ **birthday!** feliz aniversário; ~**-go-lucky** *adj* despreocupado

harangue [hə'ræŋ] *vt* arengar

harass ['hærəs] *vt* importunar; ~**ment** *n* perseguição *f*

harbour ['hɑːbə*] (*US* **harbor**) *n* porto ♦ *vt* (*hope etc*) abrigar; (*hide*) esconder

hard [hɑːd] *adj* duro; (*difficult*) difícil; (*work*) árduo; (*person*) severo, cruel; (*facts*) verdadeiro ♦ *adv* (*work*) muito, diligentemente; (*think, try*) seriamente; **to look ~ at** olhar firme *ou* fixamente para; **no ~ feelings!** sem ressentimentos!; **to be ~ of hearing** ser surdo; **to be ~ done by** ser tratado injustamente; ~**back** *n* livro de capa dura; ~ **cash** *n* dinheiro vivo *ou* em espécie; ~ **disk** *n* (*COMPUT*) disco rígido; ~**en** *vt* endurecer; (*steel*) temperar; (*fig*) tornar insensível ♦ *vi* endurecer-se; ~**headed** *adj* prático; ~ **labour** *n* trabalhos *mpl* forçados

hardly ['hɑːdlɪ] *adv* (*scarcely*) apenas; (*no sooner*) mal; ~ **ever/anywhere** quase nunca/em lugar nenhum

hardship ['hɑːdʃɪp] *n* privação *f*

hard up (*inf*) *adj* duro (*BR*), liso (*PT*)

hardware ['hɑːdwɛə*] *n* ferragens *fpl*; (*COMPUT*) hardware *m*; ~ **shop** *n* loja de ferragens

hard-wearing [-'wɛərɪŋ] *adj* resistente

hard-working *adj* trabalhador(a); (*student*) aplicado

hardy ['hɑːdɪ] *adj* forte; (*plant*) resistente

hare [hɛə*] *n* lebre *f*; ~**-brained** *adj* maluco, absurdo

harm [hɑːm] *n* mal *m*; (*damage*) dano ♦ *vt* (*person*) fazer mal a, prejudicar; (*thing*) danificar; **out of ~'s way** a salvo; ~**ful** *adj* prejudicial, nocivo; ~**less** *adj* inofensivo

harmonica [hɑː'mɔnɪkə] *n* gaita de boca, harmônica

harmonious [hɑː'məunɪəs] *adj* harmonioso

harmony ['hɑːmənɪ] *n* harmonia

harness ['hɑːnɪs] *n* (*for horse*) arreios *mpl*; (*for child*) correia; (*safety* ~) correia de segurança ♦ *vt* (*horse*) arrear, pôr arreios em; (*resources*) aproveitar

harp [hɑːp] *n* harpa ♦ *vi*: **to ~ on about** bater sempre na mesma tecla sobre

harpoon [hɑː'puːn] *n* arpão *m*

harrowing ['hærəuɪŋ] *adj* doloroso, pungente

harsh [hɑːʃ] *adj* (*life*) duro; (*sound*) desarmonioso; (*light*) forte

harvest ['hɑːvɪst] *n* colheita ♦ *vt* colher

has [hæz] *vb see* **have**

hash [hæʃ] *n* (*CULIN*) picadinho; (*fig*: *mess*) confusão *f*

hashish ['hæʃɪʃ] *n* haxixe *m*

hasn't ['hæznt] = **has not**

hassle ['hæsl] (*inf*) *n* complicação *f*

haste [heɪst] *n* pressa; ~**n** *vt* acelerar ♦ *vi*: **to ~n to do** sth apressar-se em fazer algo; **hastily** *adv* depressa; **hasty** *adj* apressado; (*rash*) precipitado

hat [hæt] n chapéu m

hatch [hætʃ] n (NAUT: also: ~way) escotilha; (also: **service** ~) comunicação f entre a cozinha e a sala de jantar ♦ vi sair do ovo, chocar

hatchback [ˈhætʃbæk] n (AUT) camionete f, baleia m

hatchet [ˈhætʃɪt] n machadinha

hate [heɪt] vt odiar, detestar ♦ n ódio; ~**ful** adj odioso; **hatred** n ódio

haughty [ˈhɔːtɪ] adj soberbo, arrogante

haul [hɔːl] vt puxar ♦ n (of fish) redada; (of stolen goods etc) pilhagem f, presa; ~**age** n transporte m (rodoviário); (costs) gasto com transporte; ~**ier** (BRIT) n (firm) transportadora; (person) transportador(a) m/f

haunch [hɔːntʃ] n anca, quadril m; (of meat) quarto traseiro

haunt [hɔːnt] vt (subj: ghost) assombrar; (: problem, memory) perseguir ♦ n reduto; (~ed house) casa mal-assombrada

---

KEYWORD

have [hæv] (pt, pp **had**) aux vb 1 (gen) ter; to ~ **gone/eaten** ter ido/comido; **he has been kind/promoted** ele foi bondoso/promovido; **having finished** or **when he had finished**, he left quando ele terminou, foi embora

2 (in tag questions): **you've done it, ~n't you?** você fez isto, não foi?; **he hasn't done it, has he?** ele não fez isto, fez?

3 (in short questions and answers): **you've made a mistake – no I ~n't/so I ~** você fez um erro – não, eu não fiz/sim, eu fiz; **we've been there before, ~ you?** eu já estive lá, e você?

♦ modal aux vb (be obliged): to ~ (got) to do sth ter que fazer algo; I ~**n't got** or **I don't** ~ to wear glasses eu não preciso usar óculos

♦ vt 1 (possess): **he has (got) blue eyes/dark hair** ele tem olhos azuis/cabelo escuro

2 (referring to meals etc): to ~ **breakfast** tomar café (BR), tomar o pequeno almoço (PT); to ~ **lunch/dinner** almoçar/jantar; to ~ **a drink/a cigarette** tomar um drinque/fumar um cigarro

3 (receive, obtain etc): **may I ~ your address?** pode me dar seu endereço?; **you can** ~ **it for 5 pounds** você pode levá-lo por 5 libras; to ~ **a baby** dar à luz (BR), ter um nenê or bebê (PT)

4 (maintain, allow): **he will** ~ **it that he is right** ele vai insistir que ele está certo; **I won't** ~ **it/this nonsense!** não vou agüentar isso/este absurdo!; **we can't** ~ **that** não podemos permitir isto

5: to ~ **sth done** mandar fazer algo; to ~ **one's hair cut** ir cortar o cabelo; to ~ **sb do sth** mandar alguém fazer algo

6 (experience, suffer): to ~ **a cold/flu** estar resfriado (BR) or constipado (PT)/com gripe; **she had her bag stolen** ela teve sua bolsa roubada; to ~ **an operation** fazer uma operação

7 (+ n: take, hold etc): to ~ **a swim/walk/bath/rest** ir nadar/passear/tomar um banho/descansar; **let's** ~ **a look** dar uma olhada; to ~ **a party** fazer uma festa

8 (inf: dupe): **he's been had** ele comprou gato por lebre

have out vt: to ~ **it out with sb** (settle a problem) explicar-se com alguém

haven [ˈheɪvn] n porto; (fig) abrigo, refúgio

haven't [ˈhævnt] = **have not**

haversack [ˈhævəsæk] n mochila

havoc [ˈhævək] n destruição f; to **play** ~ **with** (fig) estragar

Hawaii [həˈwaɪiː] n Havaí m

hawk [hɔːk] n falcão m

hay [heɪ] n feno; ~ **fever** n febre f do feno; ~**stack** n palheiro

haywire [ˈheɪwaɪəʳ] (inf) adj: **to go**

~ desorganizar-se, degringolar

hazard ['hæzəd] n perigo, risco ♦ vt aventurar, arriscar; ~**ous** adj perigoso; ~ **warning lights** npl (AUT) pisca-alerta m

haze [heɪz] n névoa

hazelnut ['heɪzlnʌt] n avelã f

hazy ['heɪzɪ] adj nublado; (idea) confuso

he [hiː] pron ele; ~ **who ...** quem ..., aquele que ...

head [hɛd] n cabeça; (of table) cabeceira; (of queue) frente f; (of organization) chefe m/f; (of school) diretor(a) m/f ♦ vt (list) encabeçar; (group) liderar; (ball) cabecear; ~**s or tails** cara ou coroa; ~ **first** de cabeça; ~ **over heels** de pernas para o ar; ~ **over heels in love** apaixonadíssimo; ~ **for** vt fus dirigir-se a; (disaster) estar procurando; ~**ache** n dor f de cabeça; ~**dress** n cocar m; ~**ing** n título, cabeçalho; ~**lamp** (BRIT) n = ~**light**; ~**land** n promontório; ~**light** n farol m; ~**line** n manchete f; ~**long** adv (fall) de cabeça; (rush) precipitadamente; ~**master** n diretor m (de escola); ~**mistress** n diretora (de escola); ~ **office** n matriz f; ~**-on** adj (collision) de frente; (confrontation) direto; ~**phones** npl fones mpl de ouvido; ~**quarters** npl sede f; (MIL) quartel m general; ~**rest** n apoio para a cabeça; ~**room** n (in car) espaço (para a cabeça); (under bridge) vão m livre; ~**scarf** (irreg) n lenço de cabeça; ~**strong** adj voluntarioso, teimoso; ~ **waiter** n maitre m (BR), chefe m de mesa (PT); ~**way** n: to **make** ~**way** avançar; ~**wind** n vento contrário; ~**y** adj emocionante; (intoxicating) estonteante

heal [hiːl] vt curar ♦ vi cicatrizar

health [hɛlθ] n saúde f; **good** ~! saúde!; ~ **food(s)** n(pl) alimentos mpl naturais; **H~ Service** (BRIT) n: **the H~ Service** o Serviço Nacional da Saúde; ~**y** adj (person) saudável; (air, walk) sadio; (economy) próspero, forte

heap [hiːp] n pilha, montão m ♦ vt: to ~ **sth with** encher algo de; ~**s (of)** (inf) um monte (de); to ~ **sth on** empilhar algo em

hear [hɪə*] (pt, pp ~**d** [hɜːd]) vt ouvir; (listen to) escutar; (news) saber; to ~ **about** ouvir falar de; to ~ **from sb** ter notícias de alguém; ~**d** pt, pp of **hear**; ~**ing** n (sense) audição f; (LAW) audiência; ~**ing aid** n aparelho para a surdez; ~**say** n boato, ouvir-dizer m

hearse [hɜːs] n carro fúnebre

heart [hɑːt] n coração m; (of problem, city) centro; ~**s** npl (CARDS) copas fpl; to **lose/take** ~ perder o ânimo/criar coragem; **at** ~ no fundo; **by** ~ (learn, know) de cor; ~ **attack** n ataque m de coração; ~**beat** n batida do coração; ~**breaking** adj desolador(a); ~**broken** adj: to **be** ~**broken** estar inconsolável; ~**burn** n azia; ~ **failure** n parada cardíaca; ~**felt** adj sincero

hearth [hɑːθ] n lareira

heartland ['hɑːtlænd] n coração m (do país)

heartless ['hɑːtlɪs] adj cruel, sem coração

hearty ['hɑːtɪ] adj (person) energético; (laugh) animado; (appetite) bom/boa; (welcome) sincero; (dislike) absoluto

heat [hiːt] n calor m; (excitement) ardor m; (SPORT: also: **qualifying** ~) (prova) eliminatória f ♦ vt esquentar; (room, house) aquecer; ~ **up** vi aquecer-se, esquentar ♦ vt aquecer, esquentar; ~**ed** adj aquecido; (fig) acalorado; ~**er** n aquecedor m

heath [hiːθ] (BRIT) n charneca

heathen ['hiːðn] adj, n pagão/pagã m/f

heather ['hɛðə*] n urze f

heating ['hiːtɪŋ] n aquecimento, calefação f

heatstroke ['hiːtstrəuk] n insolação f

heatwave ['hiːtweɪv] n onda de calor

heave [hiːv] vt (pull) puxar; (push)

empurrar (com esforço); (*lift*) levantar (com esforço) ♦ *vi* (*chest*) palpitar; (*retch*) ter ânsias de vômito ♦ *n* puxão *m*; empurrão *m*; **to ~ a sigh** soltar um suspiro

heaven ['hɛvn] *n* céu *m*, paraíso; **~ly** *adj* celestial; (*REL*) divino

heavily ['hɛvɪlɪ] *adv* pesadamente; (*drink, smoke*) excessivamente; (*sleep, depend*) profundamente

heavy ['hɛvɪ] *adj* pesado; (*work*) duro; (*responsibility*) grande; (*rain, meal*) forte; (*drinker, smoker*) inveterado; (*weather*) carregado; **~ goods vehicle** (*BRIT*) *n* caminhão *m* de carga pesada; **~weight** *n* (*SPORT*) peso-pesado

Hebrew ['hi:bru:] *adj* hebreu/hebréia ♦ *n* (*LING*) hebraico

Hebrides ['hɛbrɪdi:z] *npl*: **the ~ as** (*ilhas*) Hébridas

heckle ['hɛkl] *vt* apartear

hectic ['hɛktɪk] *adj* agitado

he'd [hi:d] = **he would; he had**

hedge [hɛdʒ] *n* cerca viva, sebe *f* ♦ *vi* dar evasivas ♦ *vt*: **to ~ one's bets** (*fig*) resguardar-se

hedgehog ['hɛdʒhɔg] *n* ouriço

heed [hi:d] *vt* (*also*: **take ~ of**) prestar atenção a

heel [hi:l] *n* (*of shoe*) salto; (*of foot*) calcanhar *m* ♦ *vt* (*shoe*) pôr salto em

hefty ['hɛftɪ] *adj* (*person*) robusto; (*parcel*) pesado; (*profit*) alto

heifer ['hɛfə*] *n* novilha, bezerra

height [haɪt] *n* (*of person*) estatura; (*of building, tree*) altura; (*altitude, of plane*) altitude *f*; (*high ground*) monte *m*; (*fig: of power*) auge *m*; (: *of luxury*) máximo; (: *of stupidity*) cúmulo; **~en** *vt* elevar; (*fig*) aumentar

heir [ɛə*] *n* herdeiro; **~ess** *n* herdeira; **~loom** *n* relíquia de família

held [hɛld] *pt, pp of* **hold**

helicopter ['hɛlɪkɔptə*] *n* helicóptero

heliport ['hɛlɪpɔ:t] *n* heliporto

helium ['hi:lɪəm] *n* hélio

hell [hɛl] *n* inferno; **~!** (*inf*) droga!

he'll [hi:l] = **he will; he shall**

hellish ['hɛlɪʃ] (*inf*) *adj* terrível

hello [hə'ləu] *excl* oi! (*BR*), olá! (*PT*); (*surprise*) ora essa!

helm [hɛlm] *n* (*NAUT*) timão *m*, leme *m*

helmet ['hɛlmɪt] *n* capacete *m*

help [hɛlp] *n* ajuda; (*charwoman*) faxineira ♦ *vt* ajudar; **~!** socorro!; **~ yourself** sirva-se; **he can't ~ it** não tem culpa; **~er** *n* ajudante *m/f*; **~ful** *adj* prestativo; (*advice*) útil; **~ing** *n* porção *f*; **~less** *adj* (*incapable*) incapaz; (*defenceless*) indefeso

hem [hɛm] *n* bainha ♦ *vt* embainhar; **~ in** *vt* cercar, encurralar

hemisphere ['hɛmɪsfɪə*] *n* hemisfério

hemorrhage ['hɛmərɪdʒ] (*US*) *n* = **haemorrhage**

hemorrhoids ['hɛmərɔɪdz] (*US*) *npl* = **haemorrhoids**

hen [hɛn] *n* galinha; (*female bird*) fêmea

hence [hɛns] *adv* daí, portanto; **2 years ~** daqui a 2 anos; **~forth** *adv* de agora em diante, doravante

henchman ['hɛntʃmən] (*pej: irreg*) *n* jagunço, capanga *m*

henpecked ['hɛnpɛkt] *adj* dominado pela esposa

hepatitis [hɛpə'taɪtɪs] *n* hepatite *f*

her [hə:*] *pron* (*direct*) a; (*indirect*) lhe; (*stressed, after prep*) ela ♦ *adj* seu/sua, dela; *see also* **me; my**

herald ['hɛrəld] *n* precursor(a) *m/f* ♦ *vt* anunciar

heraldry ['hɛrəldrɪ] *n* heráldica

herb [hə:b] *n* erva

herd [hə:d] *n* rebanho

here [hɪə*] *adv* aqui; (*at this point*) nesse ponto; **~!** (*present*) presente!; **~ is/are** aqui está/estão; **~ she is!** aqui está ela!; **~after** *adv* daqui por diante; **~by** *adv* (*in letter*) por este meio

heredity [hɪ'rɛdɪtɪ] *n* hereditariedade *f*

heresy ['hɛrəsɪ] *n* heresia

heretic ['hɛrətɪk] *n* herege *m/f*

heritage ['hɛrɪtɪdʒ] n patrimônio
hermetically [hɜː'mɛtɪklɪ] adv: ~
sealed hermeticamente fechado
hermit ['hɜːmɪt] n eremita m/f
hernia ['hɜːnɪə] n hérnia
hero ['hɪərəʊ] (pl ~es) n herói m;
(of book, film) protagonista m
heroin ['hɛrəʊɪn] n heroína
heroine ['hɛrəʊɪn] n heroína; (of
book, film) protagonista f
heron ['hɛrən] n garça
herring ['hɛrɪŋ] (pl inv or ~s) n
arenque m
hers [hɜːz] pron (o) seu/(a) sua, (o/a)
dela; see also **mine¹**
herself [hɜː'sɛlf] pron (reflexive) se;
(emphatic) ela mesma; (after prep)
si (mesma); see also **oneself**
he's [hiːz] = he is; he has
hesitant ['hɛzɪtənt] adj hesitante, indeciso
hesitate ['hɛzɪteɪt] vi hesitar; **hesitation** n hesitação f, indecisão f
heterosexual ['hɛtərəʊ'sɛksjuəl] adj
heterossexual
hew [hjuː] (pp ~ed or ~n) vt cortar
(com machado)
heyday ['heɪdeɪ] n: the ~ of o auge
or apogeu de
HGV (BRIT) n abbr = **heavy goods
vehicle**
hi [haɪ] excl oi!
hiatus [haɪ'eɪtəs] n hiato
hibernate ['haɪbəneɪt] vi hibernar
hiccough ['hɪkʌp] vi soluçar ♦ npl:
~s: to have (the) ~s estar com soluço
hiccup ['hɪkʌp] = **hiccough**
hid [hɪd] pt of **hide**; ~**den** pp of **hide**
hide [haɪd] (pt hid, pp hidden) n
(skin) pele f ♦ vt esconder, ocultar;
(view) obscurecer ♦ vi: to ~ (from
sb) esconder-se or ocultar-se (de alguém); ~-**and-seek** n esconde-
esconde m; ~**away** n esconderijo
hideous ['hɪdɪəs] adj horrível
hiding ['haɪdɪŋ] n (beating) surra; to
be in ~ (concealed) estar escondido
hierarchy ['haɪərɑːkɪ] n hierarquia
hi-fi ['haɪfaɪ] n alta-fidelidade f;

(system) som m ♦ adj de alta-
fidelidade
high [haɪ] adj alto; (number) grande; (price) alto, elevado; (wind) forte; (voice) agudo; (opinion) ótimo;
(principles) nobre ♦ adv alto, a grande altura; **it is** 20 m ~ tem 20 m de
altura; ~ **in the air** nas alturas;
~**brow** adj intelectual, erudito;
~**chair** n cadeira alta (para criança); ~**er education** n ensino superior; ~-**handed** adj despótico; ~-
heeled adj de salto alto; ~ **jump** n
(SPORT) salto em altura; **the
H~lands** npl a Alta Escócia; ~**light**
n (fig) ponto alto; (in hair) mecha ♦
vt realçar, ressaltar; ~**ly** adv: ~**ly
paid** muito bem pago; (a lot): to
speak/think ~**ly** of falar elogiosa-
mente de/pensar muito bem de; ~**ly
strung** adj tenso, irritadiço; ~**ness**
n: **Her** (or **His**) **H~ness** Sua Alteza;
~-**pitched** adj agudo; ~-**rise** adj
alto; ~-**school** n (BRIT) escola secundária; (US) científico; ~ **season**
(BRIT) n alta estação f; ~ **street**
(BRIT) n rua principal; ~**way** (US)
n estrada; (main road) rodovia;
H~way Code (BRIT) n Código Nacional de Trânsito
hijack ['haɪdʒæk] vt seqüestrar; ~**er**
n seqüestrador (a) m/f (de avião)
hike [haɪk] vi caminhar ♦ n caminhada, excursão f a pé; ~**r** n caminhante
m/f, andarilho/a
hilarious [hɪ'lɛərɪəs] adj hilariante
hill [hɪl] n colina; (high) montanha;
(slope) ladeira, rampa; ~**side** n vertente f; ~**y** adj montanhoso
hilt [hɪlt] n (of sword) punho, guarda;
to the ~ (fig: support) plenamente
him [hɪm] pron (direct) o; (indirect)
lhe; (stressed, after prep) ele; see
also **me**; ~**self** pron (reflexive) se;
(emphatic) ele mesmo; (after prep)
si (mesmo); see also **oneself**
hind [haɪnd] adj traseiro
hinder ['hɪndə] vt retardar; **hindrance** n (nuisance) estorvo; (interruption) impedimento

hindsight ['haɪndsaɪt] n: with ~ em retrospecto

Hindu ['hɪnduː] adj hindu

hinge [hɪndʒ] n dobradiça ♦ vi (fig): to ~ **on** depender de

hint [hɪnt] n (suggestion) insinuação f; (advice) palpite m, dica; (sign) sinal m ♦ vt: to ~ **that** insinuar que ♦ vi: to ~ **at** fazer alusão a

hip [hɪp] n quadril m

hippopotamus [hɪpə'pɔtəməs] (pl ~es or **hippopotami**) n hipopótamo

hire ['haɪə*] vt (BRIT: car, equipment) alugar; (worker) contratar ♦ n (aluguel m (BR), aluguer m (PT); **for** ~ aluga-se; (taxi) livre; ~ **purchase** (BRIT) n compra a prazo

his [hɪz] pron (o) seu/(a) sua, (o/a) dele ♦ adj seu/sua, dele; see also **my**; **mine**[1]

hiss [hɪs] vi (snake, fat) assoviar; (gas) silvar; (boo) vaiar

historian [hɪ'stɔːrɪən] n historiador(a) m/f

historic(al) [hɪ'stɔrɪk(l)] adj histórico

history ['hɪstərɪ] n história

hit [hɪt] (pt, pp **hit**) vt bater em; (target) acertar, alcançar; (car) bater em, colidir com; (fig: affect) atingir ♦ n golpe m; (success) sucesso; to ~ **it off with** sb dar-se bem com alguém; ~**-and-run driver** n motorista que atropela alguém e foge da cena do acidente

hitch [hɪtʃ] vt (fasten) atar, amarrar; (also: ~ **up**) levantar ♦ n (difficulty) dificuldade f; to ~ **a lift** pegar uma carona (BRIT), arranjar uma boleia (PT)

hitch-hike vi pegar carona (BR), andar à boleia (PT); ~**r** n pessoa que pega carona (BRIT) ou anda à boleia (PT)

hi-tech adj tecnologicamente avançado ♦ n alta tecnologia

hitherto [hɪðə'tuː] adv até agora

HIV abbr: ~**-negative/-positive** adj HIV negativo/positivo

hive [haɪv] n colméia; ~ **off** (inf) vt transferir

HMS (BRIT) abbr = His (or Her) Majesty's Ship

hoard [hɔːd] n provisão f; (of money) tesouro ♦ vt acumular; ~**ing** (BRIT) n tapume m, outdoor m

hoarfrost ['hɔːfrɔst] n geada

hoarse [hɔːs] adj rouco

hoax [həuks] n trote m

hob [hɔb] n parte de cima do fogão

hobble ['hɔbl] vi mancar

hobby ['hɔbɪ] n hobby m, passatempo predileto; ~**-horse** n (fig) tema m favorito

hobo ['həubəu] (US) n vagabundo

hockey ['hɔkɪ] n hóquei m

hoe [həu] n enxada

hog [hɔg] n porco ♦ vt (fig) monopolizar; to go the whole ~ ir até o fim

hoist [hɔɪst] vt içar

hold [həuld] (pt, pp **held**) vt segurar; (contain) conter; (have) ter; (record etc: meeting) realizar; (detain) deter; (consider): to ~ sb responsible (for sth) responsabilizar alguém (por algo); (keep in certain position): to ~ one's head up manter a cabeça erigida ♦ vi (withstand pressure) resistir; (be valid) ser válido ♦ n (grasp) pressão f; (: fig) influência, domínio; (of ship) porão m; (of plane) compartimento para carga; (control) controle m; ~ the line! (TEL) não desligue!; to ~ one's own (fig) virar-se, sair-se bem; to catch or get (a) ~ of agarrar, pegar; ~ back vt reter; (secret) manter, guardar; ~ down vt (person) segurar; (job) manter; ~ off vt (enemy) afastar, repelir; ~ on vi agarrar-se; (wait) esperar; ~ on! espera aí!; (TEL) não desligue!; ~ on to vt fus agarrar-se a; (keep) guardar, ficar com; ~ out vt (hand) estender; (hope) ter ♦ vi (resist) resistir; ~ up vt (raise) levantar; (support) apoiar; (delay) atrasar; (rob) assaltar; ~**all** (BRIT) n bolsa de viagem; ~**er** n (container) recipiente m; (of ticket) portador(a) m/f; (of record) detentor(a) m/f; (of

office, title) titular *m/f*; **~ing** *n*
(*share*) participação *f*; (*small farm*)
pequena fazenda; **~-up** *n* (*robbery*)
assalto; (*delay*) demora; (*BRIT:
in traffic*) engarrafamento

hole [həʊl] *n* buraco; (*small: in sock
etc*) furo ♦ *vt* esburacar

holiday ['hɔlədɪ] *n* (*BRIT: vacation*)
férias *fpl*; (*day off*) dia *m* de folga;
(*public ~*) feriado; **on ~** de férias;
~ camp (*BRIT*) *n* colônia de férias;
~-maker (*BRIT*) *n* pessoa (que está)
de férias; **~ resort** *n* local *m* de férias

holiness ['həʊlɪnɪs] *n* santidade *f*

Holland ['hɔlənd] *n* Holanda

hollow ['hɔləʊ] *adj* oco, vazio;
(*cheeks*) côncavo; (*eyes*) fundo;
(*sound*) surdo; (*laugh, claim*) falso ♦
n (*in ground*) cavidade *f*, depressão *f*
♦ *vt*: **to ~ out** escavar

holly ['hɔlɪ] *n* azevinho

holocaust ['hɔləkɔːst] *n* holocausto

holster ['həʊlstə*] *n* coldre *m*

holy ['həʊlɪ] *adj* sagrado; (*person*)
santo, bento

homage ['hɔmɪdʒ] *n* homenagem *f*;
to pay ~ to prestar homenagem a,
homenagear

home [həʊm] *n* casa, lar *m*;
(*country*) pátria; (*institution*) asilo ♦
cpd caseiro, doméstico; (*ECON,
POL*) nacional, interno; (*SPORT:
team*) de casa; (*: game*) no próprio
campo ♦ *adv* (*direction*) para casa;
(*right in: nail etc*) até o fundo ♦ *n*:
em casa; **make yourself at ~** fique
à vontade; **~ address** *n* endereço residencial; **~ computer** *n* computador
m residencial; **~land** *n* terra (natal); **~less** *adj* sem casa, desabrigado; **~ly** *adj* (*simple*) simples *inv*;
~-made *adj* caseiro; **H~ Office**
(*BRIT*) *n* Ministério do Interior; **~
rule** *n* autonomia; **H~ Secretary**
(*BRIT*) *n* Ministro/a do Interior;
~sick *adj*: **to be ~sick** estar com
saudades (do lar); **~ town** *n* cidade
f natal; **~ward** *adj* para casa, para
a terra natal; **~work** *n* dever *m* de

casa

homogeneous [hɔməʊ'dʒiːnɪəs] *adj*
homogêneo

homosexual [hɔməʊ'sɛksjuəl] *adj*, *n*
homossexual *m/f*

Honduras [hɔn'djuərəs] *n* Honduras
f (*no article*)

honest ['ɔnɪst] *adj* (*truthful*) franco;
(*trustworthy*) honesto; (*sincere*) sincero; **~ly** *adv* honestamente; **~y** *n*
honestidade *f*, sinceridade *f*

honey ['hʌnɪ] *n* mel *m*; **~comb** *n*
favo de mel; **~moon** *n* lua-de-mel *f*;
(*trip*) viagem *f* de lua-de-mel;
~suckle *n* madressilva

honk [hɔŋk] *vi* buzinar

honor ['ɔnə*] (*US*) = **honour**

honorary ['ɔnərərɪ] *adj* (*unpaid*) não
remunerado; (*duty, title*) honorário

honour ['ɔnə*] (*US* **honor**) *vt* honrar ♦ *n* honra; **~able** *adj* honrado;
~s degree *n* (*SCH*) diploma *m* com
distinção

hood [hud] *n* capuz *m*; (*of cooker*)
tampa; (*BRIT: AUT*) capota; (*US:
AUT*) capô *m*

hoodlum ['huːdləm] *n* pinta-braba *m*

hoodwink ['hudwɪŋk] *vt* tapear

hoof [huːf] (*pl* **hooves**) *n* casco, pata

hook [huk] *n* gancho; (*on dress*) gancho, colchete *m*; (*for fishing*) anzol *m*
♦ *vt* prender com gancho (*or* colchete); (*fish*) fisgar

hooligan ['huːlɪgən] *n* desordeiro/a,
bagunceiro/a

hoop [huːp] *n* arco

hooray [huː'reɪ] *excl* = **hurrah**

hoot [huːt] *vi* (*AUT*) buzinar; (*siren*)
tocar; (*owl*) piar; **~er** *n* (*BRIT:
AUT*) buzina; (*NAUT, factory*) sirena

hoover ['huːvə*] ® (*BRIT*) *n* aspirador *m* (de pó) ♦ *vt* passar o aspirador em

hooves [huːvz] *npl* of **hoof**

hop [hɔp] *vi* saltar, pular; (*on one
foot*) pular num pé só

hope [həʊp] *vt*, *vi* esperar ♦ *n* esperança; **I ~ so/not** espero que sim/
não; **~ful** *adj* (*person*) otimista, es-

perançoso; (situation) promissor(a);
~**fully** adv esperançosamente;
~**fully**, they'll come back e de esperar or esperamos que voltem;
~**less** adj desesperado, irremediável;
(useless) inútil

hops [hɒps] npl lúpulo

horde [hɔːd] n multidão f

horizon [həˈraɪzn] n horizonte m;
~**tal** adj horizontal

hormone [ˈhɔːməʊn] n hormônio

horn [hɔːn] n corno, chifre m; (material) chifre; (MUS) trompa;
(AUT) buzina

hornet [ˈhɔːnɪt] n vespão m

horny [ˈhɔːnɪ] (inf) adj excitado (sexualmente), com tesão (BR: inf!)

horoscope [ˈhɒrəskəʊp] n horóscopo

horrendous [həˈrɛndəs] adj horrendo

horrible [ˈhɒrɪbl] adj horrível; (terrifying) terrível

horrid [ˈhɒrɪd] adj horrível

horrify [ˈhɒrɪfaɪ] vt horrorizar

horror [ˈhɒrə*] n horror m; ~ **film** n filme m de terror

hors d'œuvre [ɔːˈdəːvrə] n entrada

horse [hɔːs] n cavalo; ~**back**: on ~**back** adj, adv a cavalo; ~ **chestnut** n castanha-da-índia; ~**man** (irreg) n cavaleiro; (skilled) ginete m; ~**power** n cavalo-vapor m; ~**racing** n corridas fpl de cavalo, turfe m; ~**radish** n rábano-bastardo; ~**shoe** n ferradura

horticulture [ˈhɔːtɪkʌltʃə*] n horticultura

hose [həʊz] n (also: ~**pipe**) mangueira

hosiery [ˈhəʊzɪərɪ] n meias fpl e roupa de baixo

hospice [ˈhɒspɪs] n asilo

hospitable [ˈhɒspɪtəbl] adj hospitaleiro

hospital [ˈhɒspɪtl] n hospital m

hospitality [hɒspɪˈtælɪtɪ] n hospitalidade f

host [həʊst] n anfitrião m; (TV, RADIO) apresentador(a) m/f; (REL) hóstia; (large number): **a** ~ **of** uma

multidão de

hostage [ˈhɒstɪdʒ] n refém m/f

hostel [ˈhɒstl] n albergue m, abrigo;
(also: **youth** ~) albergue da juventude

hostess [ˈhəʊstɪs] n anfitriã f;
(BRIT: **air** ~) aeromoça (BR), hospedeira de bordo (PT); (TV, RADIO) apresentadora

hostile [ˈhɒstaɪl] adj hostil

hostility [hɒsˈtɪlɪtɪ] n hostilidade f

hot [hɒt] adj quente; (as opposed to only warm) muito quente; (spicy) picante; (fierce) ardente; **to be** ~ (person) estar com calor; (thing, weather) estar quente; ~**bed** n (fig) foco, ninho; ~ **dog** n cachorro-quente m

hotel [həʊˈtɛl] n hotel m; ~**ier** n hoteleiro/a; (manager) gerente m/f (de hotel)

hot: ~**headed** adj impetuoso;
~**house** n estufa; ~ **line** n (POL) telefone m vermelho, linha direta; ~**ly** adv ardentemente, apaixonadamente;
~**plate** n (on cooker) chapa elétrica;
~**water bottle** n bolsa de água quente

hound [haʊnd] vt acossar, perseguir ♦ n cão m de caça, sabujo

hour [ˈaʊə*] n hora; ~**ly** adj de hora em hora; (rate) por hora

house [n haʊs, pl ˈhaʊzɪz, vt haʊz] n (gen, firm) casa; (POL) câmara; (THEATRE) assistência, lotação f ♦ vt (person) alojar; (collection) abrigar; **on the** ~ (fig) por conta da casa; ~ **arrest** n prisão f domiciliar;
~**boat** n casa flutuante; ~**bound** adj confinado em casa (por invalidez);
~**breaking** n arrombamento de domicílio; ~**coat** n roupão m; ~**hold** n família; (house) casa; ~**keeper** n governanta; ~**keeping** n (work) trabalhos mpl domésticos; (money) economia doméstica; ~**warming (party)** n festa de inauguração de uma casa;
~**wife** (irreg) n dona de casa;
~**work** n trabalhos mpl domésticos.

housing [provision] n alojamento,

(*houses*) residências *fpl*; **housing development** (*BRIT* **housing estate**) *n* conjunto residencial

hovel ['hɔvl] *n* casebre *m*

hover ['hɔvə*] *vi* pairar; **~craft** *n* aerobarco

KEYWORD

how [hau] *adv* **1** (*in what way*) como; **~ was the film?** que tal o filme?; **~ are you?** como vai? **2** (*to what degree*) quanto; **~ much milk/many people?** quanto de leite/quantas pessoas?; **~ long have you been here?** quanto tempo você está aqui?; **~ old are you?** quantos anos você tem?; **~ tall is he?** qual é a altura dele?; **~ lovely/awful!** que ótimo/terrível!

however [hau'evə*] *adv* de qualquer modo; (+ *adj*) por mais ... que; (*in questions*) como ♦ *conj* no entanto, contudo

howl [haul] *vi* uivar

H.P. (*BRIT*) *n abbr* = **hire purchase**

h.p. *abbr* (*AUT*) (= *horsepower*) CV

HQ *n abbr* (= *headquarters*) QG *m*

hub [hʌb] *n* cubo; (*fig*) centro

hubbub ['hʌbʌb] *n* algazarra, vozerio

hubcap ['hʌbkæp] *n* (*AUT*) calota

huddle ['hʌdl] *vi*: **to ~ together** aconchegar-se

hue [hju:] *n* cor *f*, matiz *m*; **~ and cry** *n* clamor *m* público

huff [hʌf] *n*: **in a ~** com raiva

hug [hʌg] *vt* abraçar; (*thing*) agarrar, prender

huge [hju:dʒ] *adj* enorme, imenso

hulk [hʌlk] *n* (*wreck*) navio velho, carcaça; (*person*) brutamontes *m inv*; (*building*) trambolho

hull [hʌl] *n* (*of ship*) casco

hullo [hə'ləu] *excl* = **hello**

hum [hʌm] *vt* cantarolar ♦ *vi* cantarolar; (*insect, machine etc*) zumbir

human ['hju:mən] *adj* humano ♦ *n* (*also*: **~ being**) ser *m* humano

humane [hju:'meɪn] *adj* humano

humanitarian [hju:mænɪ'tɛərɪən] *adj* humanitário

humanity [hju:'mænɪtɪ] *n* humanidade *f*

humble ['hʌmbl] *adj* humilde ♦ *vt* humilhar

humbug ['hʌmbʌg] *n* embuste *m*; (*BRIT*: *sweet*) bala de hortelã

humdrum ['hʌmdrʌm] *adj* monótono, enfadonho

humid ['hju:mɪd] *adj* úmido

humiliate [hju:'mɪlɪeɪt] *vt* humilhar

humility [hju:'mɪlɪtɪ] *n* humildade *f*

humor ['hju:mə*] (*US*) *n* = **humour**

humorous ['hju:mərəs] *adj* humorístico; (*person*) engraçado

humour ['hju:mə*] (*US* **humor**) *n* humorismo, senso *m* de humor; (*mood*) humor *m* ♦ *vt* fazer a vontade de

hump [hʌmp] *n* (*in ground*) elevação *f*; (*camel's*) corcova, giba; (*deformity*) corcunda; **~backed**, **~-backed bridge** ponte pequena e muito arqueada

hunch [hʌntʃ] *n* (*premonition*) pressentimento, palpite *m*; **~back** *n* corcunda *m/f*; **~ed** *adj* corcunda

hundred ['hʌndrəd] *num* cem; (*before lower numbers*) cento; **~s of people** centenas de pessoas; **~weight** *n* (*BRIT*) = 50.8 kg; 112 lb; (*US*) = 45.3 kg; 100 lb

hung [hʌŋ] *pt*, *pp* of **hang**

Hungarian [hʌŋ'gɛərɪən] *adj* húngaro ♦ *n* húngaro/a; (*LING*) húngaro

Hungary ['hʌŋgərɪ] *n* Hungria

hunger ['hʌŋgə*] *n* fome *f* ♦ *vi*: **to ~ for** (*desire*) desejar ardentemente; **~ strike** *n* greve *f* de fome

hungry ['hʌŋgrɪ] *adj* faminto, esfomeado; (*keen*): **~ for** (*fig*) ávido de, ansioso por; **to be ~** estar com fome

hunk [hʌŋk] *n* naco

hunt [hʌnt] *vt* buscar; (*criminal, fugitive*) perseguir; (*SPORT, for food*) caçar ♦ *vi* caçar; (*search*) **to ~ (for)** procurar por; *n* caça, caçada; **~er** *n* caçador(a) *m/f*; **~ing** *n* caça

hurdle ['hə:dl] *n* (*SPORT*) barreira;

(fig) obstáculo

hurl [hə:l] *vt* arremessar, lançar; *(abuse)* gritar

hurrah [hu'rɑ:] *excl* oba!, viva!

hurray [hu'reɪ] *excl* = **hurrah**

hurricane ['hʌrɪkən] *n* furacão *m*

hurried ['hʌrɪd] *adj* apressado; *(rushed)* feito às pressas; **~ly** *adv* depressa, apressadamente

hurry ['hʌrɪ] *n* pressa ♦ *vi (also: ~ up)* apressar-se ♦ *vt (also: ~ up: person)* apressar; *(: work)* acelerar; **to be in a ~** estar com pressa

hurt [hə:t] *(pt, pp* **hurt)** *vt* machucar; *(injure)* ferir; *(fig)* magoar ♦ *vi* doer; **~ful** *adj (remark)* que magoa, ofensivo

hurtle ['hə:tl] *vi*: **to ~ past/down** passar como um raio/cair com violência

husband ['hʌzbənd] *n* marido, esposo

hush [hʌʃ] *n* silêncio, quietude *f* ♦ *vt* silenciar, fazer calar; **~!** silêncio!, psiu!; **~ up** *vt* abafar, encobrir

husk [hʌsk] *n (of wheat)* casca; *(of maize)* palha

husky ['hʌskɪ] *adj* rouco ♦ *n* cão *m* esquimó

hustle ['hʌsl] *vt* apressar ♦ *n*: **~ and bustle** grande movimento

hut [hʌt] *n* cabana, choupana; *(shed)* alpendre *m*

hutch [hʌtʃ] *n* coelheira

hyacinth ['haɪəsɪnθ] *n* jacinto

hybrid ['haɪbrɪd] *n* híbrido; *(mixture)* combinação *f*

hydrant ['haɪdrənt] *n (also: fire ~)* hidrante *m*

hydraulic [haɪ'drɔ:lɪk] *adj* hidráulico

hydroelectric [haɪdrəʊ'lektrɪk] *(…)* hidroelétrico

hydrofoil ['haɪdrəfɔɪl] *n* hidrofoil *m*, aliscafo

hydrogen ['haɪdrədʒən] *n* hidrogênio

hyena [haɪ'i:nə] *n* hiena

hygiene ['haɪdʒi:n] *n* higiene *f*

hymn [hɪm] *n* hino

hype [haɪp] *(inf)* *n* tititi *m*, falatório

hypermarket ['haɪpəmɑ:kɪt] *(BRIT)*

n hipermercado

hyphen ['haɪfn] *n* hífen *m*

hypnosis [hɪp'nəʊsɪs] *n* hipnose *f*; **hypnotist** *n* hipnotizador(a) *m/f*; **hypnotize** *vt* hipnotizar

hypocrite ['hɪpəkrɪt] *n* hipócrita *m/f*; **hypocritical** *adj* hipócrita

hypothermia [haɪpə'θə:mɪə] *n* hipotermia

hypothesis [haɪ'pɔθɪsɪs] *(pl* **hypotheses)** *n* hipótese *f*

hysterical [hɪ'stɛrɪkl] *adj* histérico; *(funny)* hilariante; **hysterics** *npl (nervous)* crise *f* histérica; *(laughter)* ataque *m* de riso; **to be in** *or* **have hysterics** *(anger, panic)* ter uma crise histérica; *(laughter)* ter um ataque de riso

I

I [aɪ] *pron* eu

ice [aɪs] *n* gelo; *(~ cream)* sorvete *m* ♦ *vt (cake)* cobrir com glacê ♦ *vi (also: ~ over, ~ up)* gelar; **~berg** *n* iceberg *m*; **~box** *n (US)* geladeira; *(BRIT: in fridge)* congelador *m*; *(insulated box)* geladeira portátil; **~ cream** *n* sorvete *m (BR)*, gelado *(PT)*; **~ cube** *n* pedra de gelo; **~d** *adj (drink)* gelado; *(cake)* glaçado; **~ hockey** *n* hóquei *m* sobre o gelo

Iceland ['aɪslənd] *n* Islândia

ice: **~ lolly** *(BRIT)* *n* picolé *m*; **~ rink** *n* pista de gelo, rinque *m*; **~ skating** *n* patinação *f* no gelo

icicle ['aɪsɪkl] *n* pingente *m* de gelo

icing ['aɪsɪŋ] *n (CULIN)* glacê *m*; **~ sugar** *n (BRIT)* açúcar *m* glacê

icy ['aɪsɪ] *adj* gelado

I'd [aɪd] = **I would**; **I had**

idea [aɪ'dɪə] *n* idéia

ideal [aɪ'dɪəl] *n* ideal *m* ♦ *adj* ideal

identical [aɪ'dɛntɪkl] *adj* idêntico

identification [aɪdɛntɪfɪ'keɪʃən] *n* identificação *f*; **means of ~** documentos pessoais

identify [aɪ'dɛntɪfaɪ] *vt* identificar

Identikit [aɪ'dɛntɪkɪt] ® *n*: **~ pic-**

ture retrato falado

identity [aɪ'dɛntɪtɪ] n identidade f; ~ **card** n carteira de identidade

idiom ['ɪdɪəm] n expressão f idiomática; (style) idioma m, linguagem f

idiosyncrasy [ɪdɪəʊ'sɪŋkrəsɪ] n idiossincrasia

idiot ['ɪdɪət] n idiota m/f; ~**ic** adj idiota

idle ['aɪdl] adj ocioso; (lazy) preguiçoso; (unemployed) desempregado; (question, conversation) fútil; (pleasure) descontraído ♦ vi (machine) funcionar com a transmissão desligada; ~ **away** vt: to ~ **away** the time perder or desperdiçar tempo

idol ['aɪdl] n ídolo; ~**ize** vt idolatrar

idyllic [ɪ'dɪlɪk] adj idílico

i.e. abbr (= id est: that is) i.e., isto é

KEYWORD

---

if [ɪf] conj **1** (conditional use) se; ~ **necessary** se necessário; ~ **I were you** se eu fôsse você

2 (whenever) quando

3 (although): (even) ~ mesmo que

4 (whether) se

5: ~ **so/not** sendo assim/do contrário; ~ **only** se pelo menos; see also **as**

---

ignite [ɪg'naɪt] vt incendiar ♦ vi acender

ignition [ɪg'nɪʃən] n (AUT) ignição f; to **switch on/off the** ~ ligar/desligar o motor; ~ **key** n (AUT) chave f de ignição

ignorant ['ɪgnərənt] adj ignorante; to be ~ of ignorar

ignore [ɪg'nɔ:ʳ] vt (person) não fazer caso de; (fact) não levar em consideração, ignorar

I'll [aɪl] = **I will**; **I shall**

ill [ɪl] adj doente; (harmful: effects) nocivo ♦ n mal m ♦ adv: to **speak/think** ~ **of sb** falar/pensar mal de alguém; to be **taken** ~ ficar doente; ~-**advised** adj pouco recomendado; (person) imprudente; ~-**at-ease** adj constrangido, pouco à vontade

illegal [ɪ'li:gl] adj ilegal

illegible [ɪ'lɛdʒɪbl] adj ilegível

illegitimate [ɪlɪ'dʒɪtɪmət] adj ilegítimo

ill-fated adj malfadado

ill feeling n má vontade f, rancor m

illiterate [ɪ'lɪtərət] adj analfabeto

ill-mannered [-'mænəd] adj mal-educado, grosseiro

illness ['ɪlnɪs] n doença

illogical [ɪ'lɔdʒɪkl] adj ilógico

ill-treat vt maltratar

illuminate [ɪ'lu:mɪneɪt] vt iluminar, clarear; **illumination** n iluminação f; **illuminations** npl (decorative lights) luminárias fpl

illusion [ɪ'lu:ʒən] n ilusão f

illusory [ɪ'lu:sərɪ] adj ilusório

illustrate ['ɪləstreɪt] vt ilustrar; (point) exemplificar; **illustration** n ilustração f; (example) exemplo; (explanation) esclarecimento

ill will n animosidade f

I'm [aɪm] = **I am**

image ['ɪmɪdʒ] n imagem f; ~**ry** n imagens fpl

imaginary [ɪ'mædʒɪnərɪ] adj imaginário

imagination [ɪmædʒɪ'neɪʃən] n imaginação f; (inventiveness) inventividade f

imagine [ɪ'mædʒɪn] vt imaginar

imbalance [ɪm'bæləns] n desigualdade f

imbecile ['ɪmbəsi:l] n imbecil m/f

imbue [ɪm'bju:] vt: to ~ **sb/sth with** imbuir alguém/algo de

imitate ['ɪmɪteɪt] vt imitar; **imitation** n imitação f; (copy) cópia; (mimicry) mímica

immaculate [ɪ'mækjulət] adj impecável; (REL) imaculado

immaterial [ɪmə'tɪərɪəl] adj irrelevante

immature [ɪmə'tjuəʳ] adj imaturo; (fruit) verde; (cheese) fresco

immediate [ɪ'mi:dɪət] adj imediato; (pressing) urgente, premente; (neighbourhood, family) próximo; ~**ly** adv imediatamente; (directly) diretamente; ~**ly** next to bem junto a

immense [ɪ'mɛns] adj imenso; (importance) enorme

immerse [ɪ'mɜːs] vt submergir; to be ~d in (fig) estar absorto em

immersion heater [ɪ'mɜːʃn-] (BRIT) n aquecedor m de imersão

immigrant ['ɪmɪgrənt] n imigrante m/f

immigration [ɪmɪ'greɪʃən] n imigração f

imminent ['ɪmɪnənt] adj iminente

immobile [ɪ'məʊbaɪl] adj imóvel

immoral [ɪ'mɒrl] adj imoral

immortal [ɪ'mɔːtl] adj imortal

immune [ɪ'mjuːn] adj: ~ to imune a, imunizado contra; **immunity** n imunidade f

immunize ['ɪmjunaɪz] vt imunizar

imp [ɪmp] n (small devil) diabinho; (child) criança levada

impact ['ɪmpækt] n impacto (BR), impacte m (PT)

impair [ɪm'pɛəʳ] vt prejudicar

impale [ɪm'peɪl] vt perfurar, empalar

impart [ɪm'pɑːt] vt (make known) comunicar; (bestow)

impartial [ɪm'pɑːʃl] adj imparcial

impassable [ɪm'pɑːsəbl] adj (river) intransponível; (road) intransitável

impassive [ɪm'pæsɪv] adj impassível

impatience [ɪm'peɪʃəns] n impaciência

impatient [ɪm'peɪʃənt] adj impaciente; to get or grow ~ impacientar-se

impeccable [ɪm'pɛkəbl] adj impecável

impede [ɪm'piːd] vt impedir, estorvar

impediment [ɪm'pɛdɪmənt] n obstáculo; (also: speech ~) defeito (de fala)

impending [ɪm'pɛndɪŋ] adj iminente, próximo

impenetrable [ɪm'pɛnɪtrəbl] adj impenetrável; (fig) incompreensível

imperative [ɪm'pɛrətɪv] adj (tone) imperioso, obrigatório; (need) vital; (necessary) indispensável ♦ n (LING)

imperativo

imperfect [ɪm'pɜːfɪkt] adj imperfeito; (goods etc) defeituoso ♦ n (LING: also: ~ **tense**) imperfeito

imperial [ɪm'pɪərɪəl] adj imperial

impersonal [ɪm'pɜːsənl] adj impessoal

impersonate [ɪm'pɜːsəneɪt] vt fazer-se passar por, personificar; (THEATRE) imitar

impertinent [ɪm'pɜːtɪnənt] adj impertinente, insolente

impervious [ɪm'pɜːvɪəs] adj (fig): ~ to insensível a

impetuous [ɪm'pɛtjʊəs] adj impetuoso, precipitado

impetus ['ɪmpətəs] n ímpeto; (fig) impulso

impinge [ɪm'pɪndʒ]: to ~ on vt fus impressionar, impingir em; (affect) afetar

implacable [ɪm'plækəbl] adj implacável, impiedoso

implement [n 'ɪmplɪmənt, 'ɪmplɪmɛnt] n instrumento, ferramenta; (for cooking) utensílio ♦ vt efetivar

implicate ['ɪmplɪkeɪt] vt (compromise) comprometer; (involve) implicar, envolver; **implication** n implicação f, conseqüência; (involvement) involvimento

implicit [ɪm'plɪsɪt] adj implícito; (complete) absoluto

implore [ɪm'plɔːʳ] vt implorar, suplicar

imply [ɪm'plaɪ] vt (mean) significar; (hint) dar a entender que

impolite [ɪmpə'laɪt] adj indelicado, mal-educado

import [vt ɪm'pɔːt, n 'ɪmpɔːt] vt importar ♦ n importação f; (article) mercadoria importada

importance [ɪm'pɔːtəns] n importância

important [ɪm'pɔːtənt] adj importante; **it's not** ~ não tem importância, não importa

importer [ɪm'pɔːtəʳ] n importador(a) m/f

impose [ɪmˈpəuz] vt impor ♦ vi: to ~ **on sb** abusar de alguém; **imposing** adj imponente; **imposition** n (of tax etc) imposição f; **to be an imposition on sb** (person) abusar de alguém

impossible [ɪmˈpɒsɪbl] adj impossível; (situation) inviável; (person) insuportável

impotent [ˈɪmpətənt] adj impotente

impound [ɪmˈpaund] vt confiscar

impoverished [ɪmˈpɒvərɪʃt] adj empobrecido; (land) esgotado

impracticable [ɪmˈpræktɪkəbl] adj impraticável, inexequível

impractical [ɪmˈpræktɪkl] adj pouco prático

imprecise [ɪmprɪˈsaɪs] adj impreciso, inexato

impregnable [ɪmˈpregnəbl] adj (castle) inexpugnável

impregnate [ˈɪmpregneɪt] vt embeber

impress [ɪmˈpres] vt impressionar; (mark) imprimir; to ~ **sth on sb** inculcar algo em alguém

impression [ɪmˈpreʃən] n impressão f; (imitation) caricatura; to be under the ~ that estar com a impressão de que; ~**ist** n (ART) impressionista m/f; (entertainer) caricaturista m/f

impressive [ɪmˈpresɪv] adj impressionante

imprint [ˈɪmprɪnt] n impressão f, marca; (PUBLISHING) nome m (da coleção)

imprison [ɪmˈprɪzn] vt encarcerar; ~**ment** n prisão f

improbable [ɪmˈprɒbəbl] adj improvável; (story) inverossímil (BR), inverosímil (PT)

impromptu [ɪmˈprɒmptju:] adj improvisado

improper [ɪmˈprɒpə*] adj (unsuitable) impróprio; (dishonest) desonesto

improve [ɪmˈpruːv] vt melhorar ♦ vi melhorar; (pupils) progredir; ~**ment** n melhora; progresso

improvise [ˈɪmprəvaɪz] vt, vi impro-

visar

imprudent [ɪmˈpruːdnt] adj imprudente

impudent [ˈɪmpjudnt] adj insolente, impudente

impulse [ˈɪmpʌls] n impulso; on ~ sem pensar, num impulso

impunity [ɪmˈpjuːnɪtɪ] n: with ~ impunemente

impure [ɪmˈpjuə*] adj impuro; (adulterated) adulterado

in [ɪn] prep **1** (indicating place, position) em; ~ **the house/garden** na casa/no jardim; **I have it** ~ **my hand** eu estou assegurando isto; ~ **here/there** aqui dentro/lá dentro

2 (with place names: of town, country, region) em; ~ **London/Rio** em Londres/no Rio; ~ **England/Japan/the United States** na Inglaterra/no Japão/nos Estados Unidos

3 (indicating time: during) em; ~ **spring/autumn** na primavera/outono; ~ **1988** em 1988; ~ **May** em maio; **I'll see you** ~ **July** até julho; ~ **the morning** de manhã; **at 4 o'clock** ~ **the afternoon** às 4 da tarde

4 (indicating time: in the space of) em; **I did it** ~ **3 hours/days** fiz isto em 3 horas/dias; ~ **2 weeks** or ~ **2 weeks' time** daqui a 2 semanas

5 (indicating manner etc): ~ **a loud/soft voice** em voz alta/numa voz suave; **written** ~ **pencil/ink** escrito a lápis/à caneta; ~ **English/Portuguese** em inglês/português; **the boy** ~ **the blue shirt** o menino de camisa azul

6 (indicating circumstances): **the sun** ao sol or sob o sol; ~ **the rain** na chuva; **a rise** ~ **prices** um aumento nos preços

7 (indicating mood, state): ~ **tears** aos prantos; ~ **anger/despair** com raiva/desesperado; ~ **good condition** em boas condições

8 (*with ratios, numbers*): **1 ~ 10** 1 em 10, 1 em cada 10; **20 pence ~ the pound** vinte pénis numa libra; **they lined up ~ twos** eles se alinharam dois a dois

9 (*referring to people, works*) em

10 (*indicating profession etc*): **to be ~ teaching/publishing** ser professor/trabalhar numa editora

11 (*after superl*): **the best pupil ~ the class** o melhor aluno da classe; **the biggest/smallest ~ Europe** o maior/menor na Europa

12 (*with present participle*): **~ saying this** ao dizer isto

♦ *adv*: **to be ~** (*person: at home*) estar em casa; (: *at work*) estar no trabalho; (*fashion*) estar na moda; (*ship, plane, train*): **it's ~** chegou; **is he ~?** ele está?; **to ask sb ~** convidar alguém para entrar; **to run/limp** *etc* **~** entrar correndo/ mancando *etc*

♦ *n*: **the ~s and outs** (*of proposal, situation etc*) os cantos e recantos, os pormenores

in. *abbr* = **inch(es)**

inability [ɪnəˈbɪlɪtɪ] *n*: **~ (to do)** incapacidade *f* (de fazer)

inaccurate [ɪnˈækjurət] *adj* inexato, impreciso

inadequate [ɪnˈædɪkwət] *adj* insuficiente; (*person*) impróprio

inadvertently [ɪnədˈvɜːtɪntlɪ] *adv* inadvertidamente, sem querer

inadvisable [ɪnədˈvaɪzəbl] *adj* desaconselhável, inoportuno

inane [ɪˈneɪn] *adj* tolo

inanimate [ɪnˈænɪmət] *adj* inanimado

inappropriate [ɪnəˈprəuprɪət] *adj* inadequado; (*word, expression*) impróprio

inarticulate [ɪnɑːˈtɪkjulət] *adj* (*person*) incapaz de expressar-se (bem); (*speech*) inarticulado

inasmuch as [ɪnəzˈmʌtʃ-] *adv* na medida em que

inaudible [ɪnˈɔːdɪbl] *adj* inaudível

inauguration [ɪnɔːgjuˈreɪʃən] *n* inauguração *f*; (*of president, official*) posse *f*

in-between *adj* intermediário

inborn [ɪnˈbɔːn] *adj* inato

inbred [ɪnˈbrɛd] *adj* inato; (*family*) de procriação consangüínea

Inc. (*US*) *abbr* = **incorporated**

incalculable [ɪnˈkælkjuləbl] *adj* incalculável

incapable [ɪnˈkeɪpəbl] *adj* incapaz

incapacitate [ɪnkəˈpæsɪteɪt] *vt* incapacitar

incense [*n* ˈɪnsɛns, *vt* ɪnˈsɛns] *n* incenso ♦ *vt* (*anger*) exasperar, enraivecer

incentive [ɪnˈsɛntɪv] *n* incentivo

incessant [ɪnˈsɛsnt] *adj* incessante, contínuo; **~ly** *adv* constantemente

inch [ɪntʃ] *n* polegada (= 25 mm; 12 *in a foot*); **to be within an ~ of** estar a um passo de; **he didn't give an ~** ele não cedeu nem um milímetro; **~ forward** *vi* avançar palmo a palmo

incidence [ˈɪnsɪdns] *n* incidência

incident [ˈɪnsɪdnt] *n* incidente *m*, evento

incidental [ɪnsɪˈdɛntl] *adj* adicional; **~ to** relacionado com; **~ly** *adv* (*by the way*) a propósito

incite [ɪnˈsaɪt] *vt* (*rioters*) incitar; (*violence*) provocar

inclination [ɪnklɪˈneɪʃən] *n* (*tendency*) tendência; (*disposition*) inclinação *f*

incline [*n* ˈɪnklaɪn, *vt, vi* ɪnˈklaɪn] *n* inclinação *f*, ladeira ♦ *vt* curvar, inclinar ♦ *vi* inclinar-se; **to be ~d to** tender a, ser propenso a

include [ɪnˈkluːd] *vt* incluir

including [ɪnˈkluːdɪŋ] *prep* inclusive

inclusive [ɪnˈkluːsɪv] *adj* incluído, inclusol; **~ of** incluindo

incoherent [ɪnkəuˈhɪərənt] *adj* incoerente

income [ˈɪŋkʌm] *n* (*earnings*) renda, rendimentos *mpl*; (*unearned*) renda; **~ tax** *n* imposto de renda (*BR*), imposto complementar (*PT*)

incoming [ˈɪnkʌmɪŋ] adj (flight) de chegada; (mail) de entrada; (government) novo; (tide) enchente

incompetent [ɪnˈkɒmpɪtənt] adj incompetente

incomplete [ɪnkəmˈpliːt] adj incompleto; (unfinished) por terminar

incongruous [ɪnˈkɒŋgruəs] adj incongruente; (remark, act) impróprio

inconsiderate [ɪnkənˈsɪdərət] adj sem consideração

inconsistent [ɪnkənˈsɪstnt] adj inconsistente; ~ **with** incompatível com

inconspicuous [ɪnkənˈspɪkjuəs] adj modesto, discreto

inconvenience [ɪnkənˈviːnjəns] n (quality) inconveniência; (problem) inconveniente m ♦ vt incomodar

inconvenient [ɪnkənˈviːnjənt] adj inconveniente, incômodo; (time, place) inoportuno

incorporate [ɪnˈkɔːpəreɪt] vt incorporar; (contain) compreender; **~d company** (US) n ≈ sociedade f anônima

incorrect [ɪnkəˈrɛkt] adj incorreto

incorruptible [ɪnkəˈrʌptɪbl] adj (not open to bribes) insubornável

increase [n ˈɪnkriːs, vi, vt ɪnˈkriːs] n aumento ♦ vi, vt aumentar; **increasing** adj crescente, em aumento; **increasingly** adv (more intensely) progressivamente; (more often) cada vez mais

incredible [ɪnˈkrɛdɪbl] adj inacreditável; (enormous) incrível

incredulous [ɪnˈkrɛdjuləs] adj incrédulo

increment [ˈɪnkrɪmənt] n aumento, incremento

incriminate [ɪnˈkrɪmɪneɪt] vt incriminar

incubator [ˈɪnkjubeɪtə*] n incubadora

incumbent [ɪnˈkʌmbənt] n titular m/f ♦ adj: it is ~ **on him to ...** cabe a ele ...

incur [ɪnˈkəː*] vt incorrer em; (expenses) contrair

indebted [ɪnˈdɛtɪd] adj: to be ~ **to sb** estar em dívida com alguém, dever obrigação a alguém

indecent [ɪnˈdiːsnt] adj indecente; ~ **assault** (BRIT) n atentado contra o pudor; ~ **exposure** n exibição f obscena, exibicionismo

indecisive [ɪndɪˈsaɪsɪv] adj indeciso

indeed [ɪnˈdiːd] adv de fato; (certainly) certamente; (furthermore) aliás; yes ~! claro que sim!

indefinite [ɪnˈdɛfɪnɪt] adj indefinido; (period, number) indeterminado; **~ly** adv indefinidamente

indemnity [ɪnˈdɛmnɪtɪ] n garantia, seguro; (compensation) indenização f

independence [ɪndɪˈpɛndns] n independência

independent [ɪndɪˈpɛndnt] adj independente; (enquiry) imparcial

index [ˈɪndɛks] (pl ~es) n (in book) índice m; (in library etc) catálogo; (pl: indices: ratio, sign) índice m, expoente m; ~ **card** n ficha de arquivo; ~ **finger** n dedo indicador; ~**linked** (US ~ed) adj vinculado ao índice (do custo de vida)

India [ˈɪndɪə] n Índia; **~n** adj, n (from India) indiano/a; (American, Brazilian) índio/a; **Red** ~n índio/a pele vermelha; **~n Ocean** n: the **~n Ocean** o oceano Índico

indicate [ˈɪndɪkeɪt] vt (show) sugerir; (point to, mention) indicar; **indication** n indício, sinal m; **indicative** adj: indicative of sintomático de ♦ n (LING) indicativo; **indicator** n indicador m; (AUT) pisca-pisca m

indices [ˈɪndɪsiːz] npl of **index**

indictment [ɪnˈdaɪtmənt] n acusação f, denúncia; (charge) indiciação f

indifference [ɪnˈdɪfrəns] n indiferença

indifferent [ɪnˈdɪfrənt] adj indiferente; (quality) mediocre

indigenous [ɪnˈdɪdʒɪnəs] adj indígena, nativo

indigestion [ɪndɪˈdʒɛstʃən] n indigestão f

indignant [ɪnˈdɪgnənt] adj: to be ~

about sth/with sb estar indignado com algo/alguém, indignar-se de algo/alguém; **indignation** n indignação f

indignity [ɪnˈdɪgnɪtɪ] n indignidade f

indigo [ˈɪndɪɡəʊ] n anil m

indirect [ɪndɪˈrɛkt] adj indireto

indiscreet [ɪndɪsˈkriːt] adj indiscreto

indiscriminate [ɪndɪsˈkrɪmɪnət] adj indiscriminado

indispensable [ɪndɪsˈpɛnsəbl] adj indispensável, imprescindível

indisposed [ɪndɪsˈpəʊzd] adj (unwell) indisposto

indisputable [ɪndɪsˈpjuːtəbl] adj incontestável

indistinct [ɪndɪsˈtɪŋkt] adj indistinto, (memory, noise) confuso, vago

individual [ɪndɪˈvɪdjuəl] n indivíduo ♦ adj individual; (personal) pessoal; (characteristic) particular; **~ly** adv individualmente, particularmente

indoctrinate [ɪnˈdɒktrɪneɪt] vt doutrinar

indolent [ˈɪndələnt] adj indolente, preguiçoso

Indonesia [ɪndəˈniːzɪə] n Indonésia f

indoor [ˈɪndɔː*] adj (inner) interno, interior; (inside) dentro de casa; (plant) para dentro de casa; (swimming pool) coberto; (games, sport) de salão; **~s** adv em lugar fechado

induce [ɪnˈdjuːs] vt (MED) induzir; (bring about) causar, produzir; **~ment** n incentivo

indulge [ɪnˈdʌldʒ] vt (desire) satisfazer; (whim) condescender com; (person) comprazer; (child) fazer a vontade de ♦ vi: to ~ in entregar-se a, satisfazer-se com; **~nce** n (of desire) satisfação f; (leniency) indulgência, tolerância; **~nt** adj indulgente

industrial [ɪnˈdʌstrɪəl] adj industrial; **~ action** n greve f; **~ estate** (BRIT) n zona industrial; **~ist** n industrial m/f; **~ park** (US) n = **~ estate**

industrious [ɪnˈdʌstrɪəs] adj trabalhador(a); (student) aplicado

industry [ˈɪndəstrɪ] n indústria; (dili-

gence) aplicação f, diligência

inebriated [ɪˈniːbrɪeɪtɪd] adj embriagado, bêbado

inedible [ɪnˈɛdɪbl] adj não-comestível

ineffective [ɪnɪˈfɛktɪv] adj ineficaz

ineffectual [ɪnɪˈfɛktʃuəl] adj = **ineffective**

inefficiency [ɪnɪˈfɪʃənsɪ] n ineficiência

inefficient [ɪnɪˈfɪʃənt] adj ineficiente

inept [ɪˈnɛpt] adj inepto

inequality [ɪnɪˈkwɔlɪtɪ] n desigualdade f

inert [ɪˈnəːt] adj inerte; (immobile) imóvel; **~ia** n (laziness) lerdeza

inescapable [ɪnɪˈskeɪpəbl] adj inevitável

inevitable [ɪnˈɛvɪtəbl] adj inevitável; **inevitably** adv inevitavelmente

inexcusable [ɪnɪksˈkjuːzəbl] adj imperdoável, indesculpável

inexhaustible [ɪnɪɡˈzɔːstɪbl] adj inesgotável, inexaurível

inexpensive [ɪnɪkˈspɛnsɪv] adj barato, econômico

inexperienced [ɪnɪkˈspɪərɪənst] adj inexperiente

infallible [ɪnˈfælɪbl] adj infalível

infamous [ˈɪnfəməs] adj infame, abominável

infancy [ˈɪnfənsɪ] n infância

infant [ˈɪnfənt] n (baby) bebê m; (young child) criança; **~ile** adj infantil; (pej) acriançado

infantry [ˈɪnfəntrɪ] n infantaria

infant school (BRIT) n pré-escola

infatuated [ɪnˈfætjueɪtɪd] adj: ~ with apaixonado por

infatuation [ɪnfætjuˈeɪʃən] n gamação f, paixão f louca

infect [ɪnˈfɛkt] vt (person) contagiar; (food) contaminar; **~ion** n infecção f; **~ious** adj contagioso; (fig) infeccioso

infer [ɪnˈfəː*] vt deduzir, inferir; **~ence** n dedução f, inferência

inferior [ɪnˈfɪərɪə*] adj (goods) de qualidade inferior ♦ n inferior m/f; (in rank) subalterno/a; **~ity** n inferioridade f; **~ity complex**

n complexo de inferioridade

inferno [ɪnˈfɜːnəʊ] *n* inferno

infertile [ɪnˈfɜːtaɪl] *adj* infértil; (*person, animal*) estéril

infested [ɪnˈfestɪd] *adj*: ~ (**with**) infestado (de), assolado (por)

in-fighting *n* lutas *fpl* internas, conflitos *mpl* internos

infiltrate [ˈɪnfɪltreɪt] *vt* infiltrar-se em

infinite [ˈɪnfɪnɪt] *adj* infinito

infinitive [ɪnˈfɪnɪtɪv] *n* infinitivo

infinity [ɪnˈfɪnɪtɪ] *n* (*also MATH*) infinito; (*an* ~) infinidade *f*

infirm [ɪnˈfɜːm] *adj* (*ill*) enfermo; (*weak*) fraco; ~**ary** *n* enfermaria, hospital *m*; ~**ity** *n* fraqueza; (*illness*) enfermidade *f*, achaque *m*

inflamed [ɪnˈfleɪmd] *adj* inflamado

inflammable [ɪnˈflæməbl] *adj* inflamável

inflammation [ɪnfləˈmeɪʃən] *n* inflamação *f*

inflatable [ɪnˈfleɪtəbl] *adj* inflável

inflate [ɪnˈfleɪt] *vt* (*tyre, balloon*) inflar, encher; (*price*) inflar; **inflation** *n* (*ECON*) inflação *f*

inflict [ɪnˈflɪkt] *vt*: **to** ~ **on** infligir em

influence [ˈɪnfluəns] *n* influência ♦ *vt* influir em, influenciar; **under the** ~ **of alcohol** sob o efeito do álcool; **influential** *adj* influente

influenza [ɪnfluˈenzə] *n* gripe *f*

influx [ˈɪnflʌks] *n* (*of refugees*) afluxo; (*of funds*) influxo

inform [ɪnˈfɔːm] *vt* informar ♦ *vi*: **to** ~ **on sb** delatar alguém

informal [ɪnˈfɔːml] *adj* informal; (*visit, discussion*) extra-oficial; ~**ity** *n* informalidade *f*

informant [ɪnˈfɔːmənt] *n* informante *m/f*

information [ɪnfəˈmeɪʃən] *n* informação *f*, informações *fpl*; (*knowledge*) conhecimento; **a piece of** ~ uma informação; ~ **office** *n* escritório de informações

informative [ɪnˈfɔːmətɪv] *adj* informativo

informer [ɪnˈfɔːmə⁺] *n* informante *m/f*

infringe [ɪnˈfrɪndʒ] *vt* infringir, transgredir ♦ *vi*: **to** ~ **on** violar; ~**ment** *n* transgressão *f*; (*of rights*) violação *f*

infuriating [ɪnˈfjʊərɪeɪtɪŋ] *adj* de dar raiva, enfurecedor(a)

ingenious [ɪnˈdʒiːnjəs] *adj* engenhoso; **ingenuity** *n* engenho, habilidade *f*

ingenuous [ɪnˈdʒenjuəs] *adj* ingênuo

ingot [ˈɪŋɡət] *n* lingote *m*

ingrained [ɪnˈɡreɪnd] *adj* arraigado, enraizado

ingratiate [ɪnˈɡreɪʃɪeɪt] *vt*: **to** ~ **o.s. with** cair nas (boas) graças de

ingredient [ɪnˈɡriːdɪənt] *n* ingrediente *m*; (*of situation*) fator *m*

inhabit [ɪnˈhæbɪt] *vt* habitar; ~**ant** *n* habitante *m*

inhale [ɪnˈheɪl] *vt* inalar ♦ *vi* (*in smoking*) tragar

inherent [ɪnˈhɪərənt] *adj*: ~ **in** or **to** inerente a

inherit [ɪnˈhɪrɪt] *vt* herdar; ~**ance** *n* herança

inhibit [ɪnˈhɪbɪt] *vt* inibir; ~**ed** *adj* inibido; ~**ion** *n* inibição *f*

inhospitable [ɪnhɔsˈpɪtəbl] *adj* (*person*) inospitaleiro; (*place*) inóspito

inhuman [ɪnˈhjuːmən] *adj* inumano, desumano

iniquity [ɪˈnɪkwɪtɪ] *n* iniqüidade *f*; (*injustice*) injustiça

initial [ɪˈnɪʃl] *adj* inicial ♦ *n* inicial *f* ♦ *vt* marcar com iniciais; ~**s** *npl* (*of name*) iniciais *fpl*; ~**ly** *adv* inicialmente, no início

initiate [ɪˈnɪʃɪeɪt] *vt* (*start*) iniciar, começar; (*person*) iniciar; **to** ~ **sb into a secret** revelar um segredo a alguém

initiation [ɪnɪʃɪˈeɪʃən] *n* iniciação *f*; (*beginning*) começo, início

initiative [ɪˈnɪʃətɪv] *n* iniciativa

inject [ɪnˈdʒekt] *vt* (*liquid, fig: money*) injetar; (*person*) dar uma injeção; ~**ion** *n* injeção *f*

injunction [ɪnˈdʒʌŋkʃən] *n* injunção *f*, ordem *f*

injure [ˈɪndʒə⁺] *vt* ferir; (*reputation*

etc) prejudicar; (*feelings*) ofender; ~**d** *adj* ferido; (*feelings*) ofendido, magoado; **injury** *n* ferida; **injury time** *n* (*SPORT*) desconto

injustice [ɪnˈdʒʌstɪs] *n* injustiça

ink [ɪŋk] *n* tinta

inkling [ˈɪŋklɪŋ] *n* vaga idéia

inlaid [ˈɪnleɪd] *adj* (*with gems*) incrustado; (*table etc*) marchetado

inland [*adj* ˈɪnlənd, *adv* ɪnˈlænd] *adj* interior, interno ♦ *adv* para o interior; **I~ Revenue** (*BRIT*) *n* ≈ fisco, ≈ receita federal (*BR*)

in-laws *npl* sogros *mpl*

inlet [ˈɪnlɛt] *n* (*GEO*) enseada, angra

inmate [ˈɪnmeɪt] *n* (*in prison*) presidiário/a; (*in asylum*) internado/a

inn [ɪn] *n* hospedaria, taberna

innate [ɪˈneɪt] *adj* inato

inner [ˈɪnə*] *adj* (*place*) interno; (*feeling*) interior; ~ **city** *n* aglomeração urbana, metrópole *f*; ~ **tube** *n* (*of tyre*) câmara de ar

innings [ˈɪnɪŋz] *n* (*SPORT*) turno

innocence [ˈɪnəsns] *n* inocência

innocent [ˈɪnəsnt] *adj* inocente

innocuous [ɪˈnɒkjuəs] *adj* inócuo

innovation [ɪnəˈveɪʃən] *n* inovação *f*, novidade *f*

innuendo [ɪnjuˈɛndəu] (*pl* ~**es**) *n* insinuação *f*, indireta

innumerable [ɪˈnjuːmrəbl] *adj* incontável

inoculation [ɪnɒkjuˈleɪʃən] *n* inoculação *f*, vacinação *f*

inordinately [ɪˈnɔːdɪnətlɪ] *adv* desmedidamente, excessivamente

in-patient *n* paciente *m/f* interno/a

input [ˈɪnput] *n* entrada; (*resources*) investimento

inquest [ˈɪnkwɛst] *n* inquérito judicial

inquire [ɪnˈkwaɪə*] *vi* pedir informação ♦ *vt* perguntar; ~ **about** *vt fus* pedir informações sobre; ~ **into** *vt fus* investigar, indagar; **inquiry** *n* pergunta; (*LAW*) investigação *f*, inquérito; **inquiry office** (*BRIT*) *n* seção *f* de informações

inquisitive [ɪnˈkwɪzɪtɪv] *adj* curioso,

perguntador(a)

inroads [ˈɪnrəudz] *npl*: **to make ~ into** consumir parte de

ins. *abbr* = **inches**

insane [ɪnˈseɪn] *adj* louco, doido; (*MED*) demente, insano; **insanity** *n* loucura; insanidade *f*, demência

inscription [ɪnˈskrɪpʃən] *n* inscrição *f*; (*in book*) dedicatória

inscrutable [ɪnˈskruːtəbl] *adj* inescrutável, impenetrável

insect [ˈɪnsɛkt] *n* inseto; ~**icide** *n* inseticida *m*

insecure [ɪnsɪˈkjuə*] *adj* inseguro; **insecurity** *n* insegurança

insemination [ɪnsɛmɪˈneɪʃən] *n*: **artificial ~** inseminação *f* artificial

insensible [ɪnˈsɛnsɪbl] *adj* inconsciente

insensitive [ɪnˈsɛnsɪtɪv] *adj* insensível

insert [ɪnˈsɜːt] *vt* (*between things*) intercalar; (*into sth*) introduzir, inserir; ~**ion** *n* inserção *f*

in-service *adj* (*training*) contínuo; (*course*) de aperfeiçoamento, de reciclagem

inshore [ɪnˈʃɔː*] *adj* perto da costa, costeiro ♦ *adv* (*be*) perto da costa; (*move*) em direção à costa

inside [ˈɪnˈsaɪd] *n* interior *m* ♦ *adj* interior, interno ♦ *adv* (*be*) dentro; (*go*) para dentro ♦ *prep* dentro de; (*of time*): ~ **10 minutes** em menos de 10 minutos; ~**s** *npl* (*inf*) entranhas *fpl*; ~ **forward** *n* (*SPORT*) centro avante; ~ **information** *n* informação *f* privilegiada; ~ **lane** *n* (*AUT: in Britain*) pista da esquerda; (: *in US, Europe etc*) pista da direita; ~ **out** *adv* às avessas; (*know*) muito bem; **to turn sth ~ out** virar algo pelo avesso; ~**r dealing**, ~**r trading** *n* (*STOCK EXCHANGE*) uso de informação privilegiada, insider dealing *m*

insight [ˈɪnsaɪt] *n* insight *m*

insignia [ɪnˈsɪgnɪə] *n inv* insígnias *fpl*

insignificant [ɪnsɪgˈnɪfɪknt] *adj* insignificante

insincere [ɪnsɪn'sɪəʳ] adj insincero

insinuate [ɪn'sɪnjueɪt] vt insinuar

insipid [ɪn'sɪpɪd] adj insípido, insosso; (person) sem graça

insist [ɪn'sɪst] vi insistir; to ~ on doing insistir em fazer; to ~ that insistir que; (claim) cismar que; ~ent adj insistente, pertinaz; (continual) persistente

insole ['ɪnsəul] n palmilha

insolent ['ɪnsələnt] adj insolente, atrevido

insomnia [ɪn'sɔmnɪə] n insônia

inspect [ɪn'spɛkt] vt inspecionar; (building) vistoriar; (BRIT: tickets) fiscalizar; (troops) passar revista em; ~ion n inspeção f; vistoria; fiscalização f; ~or n inspetor(a) m/f; (BRIT: on buses, trains) fiscal m

inspire [ɪn'spaɪəʳ] vt inspirar

install [ɪn'stɔːl] vt instalar; (official) nomear; ~ation n instalação f

instalment [ɪn'stɔːlmənt] (US installment) n (of money) prestação f; (of story) fascículo; (of TV serial etc) capítulo; in ~s (pay) em prestações; (receive) em várias vezes

instance ['ɪnstəns] n exemplo; for ~ por exemplo; in the first ~ em primeiro lugar

instant ['ɪnstənt] n instante m, momento ♦ adj mediato; (coffee) instantâneo; ~ly adv imediatamente

instead [ɪn'stɛd] adv em vez disso; ~ of em vez de, em lugar de

instep ['ɪnstɛp] n peito do pé; (of shoe) parte f de dentro

instigate ['ɪnstɪgeɪt] vt instigar

instil [ɪn'stɪl] vt: to ~ sth (into) infundir or incutir algo em

instinct ['ɪnstɪŋkt] n instinto

institute ['ɪnstɪtjuːt] n instituto; (professional body) associação f ♦ vt (inquiry) começar, iniciar; (proceedings) instituir, estabelecer

institution [ɪnstɪ'tjuːʃən] n instituição f; (organization) instituto; (MED: home) asilo; (asylum) manicômio; (custom) costume m

instruct [ɪn'strʌkt] vt: to ~ sb in sth instruir alguém em or sobre algo; to ~ sb to do sth dar instruções a alguém para fazer algo; ~ion n (teaching) instrução f; ~ions npl (orders) ordens fpl; ~ions (for use) modo de usar; ~ive adj instrutivo; ~or n instrutor(a) m/f

instrument ['ɪnstrumənt] n instrumento; ~al adj (MUS) instrumental; to be ~al in contribuir para

insufferable [ɪn'sʌfrəbl] adj insuportável

insufficient [ɪnsə'fɪʃənt] adj insuficiente

insular ['ɪnsjuləʳ] adj (outlook) estreito; (person) de mente limitada

insulate ['ɪnsjuleɪt] vt isolar; (protect) segregar; **insulation** n isolamento

insulin ['ɪnsjulɪn] n insulina

insult [n 'ɪnsʌlt, vt ɪn'sʌlt] n ofensa ♦ vt insultar, ofender; ~ing adj insultante, ofensivo

insuperable [ɪn'sjuːprəbl] adj insuperável

insurance [ɪn'ʃuərəns] n seguro; fire/life ~ seguro contra incêndio/de vida; ~ policy n apólice f de seguro

insure [ɪn'ʃuəʳ] vt segurar

intact [ɪn'tækt] adj intacto, íntegro; (unharmed) ileso, são e salvo

intake ['ɪnteɪk] n (of food) quantidade f ingerida; (BRIT: SCH): an ~ of 200 a year 200 matriculados por ano

integral ['ɪntɪgrəl] adj (part) integrante, essencial

integrate ['ɪntɪgreɪt] vt integrar ♦ vi integrar-se

integrity [ɪn'tɛgrɪtɪ] n integridade f

intellect ['ɪntəlɛkt] n intelecto; ~ual adj, n intelectual m/f

intelligence [ɪn'tɛlɪdʒəns] n inteligência; (MIL etc) informações fpl

intelligent [ɪn'tɛlɪdʒənt] adj inteligente

intelligible [ɪn'tɛlɪdʒɪbl] adj inteligível, compreensível

intend [ɪn'tɛnd] vt (gift etc) to ~ sth for destinar algo a; to ~ to do sth tencionar or pretender fazer algo; (*plan*) planejar fazer algo; **~ed** *adj* (*effect*) desejado; (*insult*) intencional; (*victim*) intencionado

intense [ɪn'tɛns] *adj* intenso; (*person*) muito emotivo; **~ly** *adv* (*very*) extremamente

intensive [ɪn'tɛnsɪv] *adj* intensivo; **~ care unit** *n* unidade *f* de tratamento intensivo

intent [ɪn'tɛnt] *n* intenção *f* ♦ *adj*: **to be ~ on doing sth** estar resolvido a fazer algo; **to all ~s and purposes** para todos os efeitos

intention [ɪn'tɛnʃən] *n* intenção *f*, propósito; **~al** *adj* intencional, propositado; **~ally** *adv* de propósito

intently [ɪn'tɛntlɪ] *adv* atentamente

inter [ɪn'tə:*] *vt* enterrar

interact [ɪntər'ækt] *vi* interagir; **~ion** *n* interação *f*, ação *f* recíproca; **~ive** *adj* (*COMPUT*) interactivo

intercept [ɪntə'sɛpt] *vt* interceptar; (*person*) deter

interchange ['ɪntətʃeɪndʒ] *n* intercâmbio; (*exchange*) troca, permuta; (*on motorway*) trevo; **~able** *adj* permutável

intercom ['ɪntəkɔm] *n* interfone *m*

intercourse ['ɪntəkɔ:s] *n*: **sexual ~** relações *fpl* sexuais

interest ['ɪntrɪst] *n* interesse *m*; (*COMM*: *sum*) juros *mpl*; (: *in company*) participação *f* ♦ *vt* interessar; **to be ~ed in** interessar-se por, estar interessado em; **~ing** *adj* interessante; **~ rate** *n* taxa de juros

interface ['ɪntəfeɪs] *n* (*COMPUT*) interface *f*

interfere [ɪntə'fɪə*] *vi*: **to ~ in** interferir *or* intrometer-se em; **to ~ with** (*objects*) mexer em; (*hinder*) impedir; (*plans*) interferir em

interference [ɪntə'fɪərəns] *n* intromissão *f*; (*RADIO*, *TV*) interferência

interim ['ɪntərɪm] *adj* interino, provisório ♦ *n*: **in the ~** neste interim, nesse meio tempo

interior [ɪn'tɪərɪə*] *n* interior *m* ♦ *adj* interno; (*ministry*) do interior; **~ designer** *n* arquiteto/a de interiores

interjection [ɪntə'dʒɛkʃən] *n* interrupção *f*; (*LING*) interjeição *f*, exclamação *f*

interlock [ɪntə'lɔk] *vi* entrelaçar-se

interloper ['ɪntələupə*] *n* intruso/a

interlude ['ɪntəlu:d] *n* interlúdio; (*rest*) descanso; (*THEATRE*) intervalo

intermarry [ɪntə'mærɪ] *vi* ligar-se por casamento

intermediate [ɪntə'mi:dɪət] *adj* intermediário

interminable [ɪn'tə:mɪnəbl] *adj* interminável

intermission [ɪntə'mɪʃən] *n* intervalo

intermittent [ɪntə'mɪtnt] *adj* intermitente; (*publication*) periódico

intern [*vt* ɪn'tə:n, *n* 'ɪntə:n] *vt* internar ♦ *n* (*US*) médico-interno/médica-interna

internal [ɪn'tə:nl] *adj* interno; **~ly** *adv*: **"not to be taken ~ly"** "uso externo"; **I~ Revenue (Service)** (*US*) *n* ≈ fisco, ≈ receita federal (*BR*)

international [ɪntə'næʃənl] *adj* internacional ♦ *n* (*BRIT*: *SPORT*: *game*) jogo internacional

interplay ['ɪntəpleɪ] *n* interação *f*

interpret [ɪn'tə:prɪt] *vt* interpretar; (*translate*) traduzir ♦ *vi* interpretar; **~er** *n* intérprete *m/f*

interrelated [ɪntərɪ'leɪtɪd] *adj* interrelacionado

interrogate [ɪn'tɛrəugeɪt] *vt* interrogar; **interrogation** *n* interrogatório; **interrogative** *adj* interrogativo

interrupt [ɪntə'rʌpt] *vt*, *vi* interromper; **~ion** *n* interrupção *f*

intersect [ɪntə'sɛkt] *vi* (*roads*) cruzar-se; **~ion** *n* cruzamento

intersperse [ɪntə'spə:s] *vt*: **to ~ with** entremear com *or* de

intertwine [ɪntə'twaɪn] *vi* entrelaçar-se

interval ['ɪntəvl] *n* intervalo

intervene [ɪntə'vi:n] *vi* intervir; (*event*) ocorrer; (*time*) decorrer; **intervention** *n* intervenção *f*

interview ['ɪntəvjuː] n entrevista ♦ vt entrevistar; **~er** n entrevistador(a) m/f

intestine [ɪn'testɪn] n intestino

intimacy ['ɪntɪməsɪ] n intimidade f

intimate [adj 'ɪntɪmət, vt 'ɪntɪmeɪt] adj íntimo; (knowledge) profundo ♦ vt insinuar, sugerir

into ['ɪntu] prep em; **she burst ~ tears** ela desatou a chorar; **come ~ the house** venha para dentro; **research ~ cancer** pesquisa sobre o câncer; **he worked late ~ the night** ele trabalhou até altas horas; **he was shocked ~ silence** ele ficou mudo de choque; **~ 3 pieces/French** em 3 pedaços/para o francês

intolerable [ɪn'tɔlərəbl] adj intolerável, insuportável

intolerant [ɪn'tɔlərənt] adj: **~ (of)** intolerante (com o para com)

intonation [ɪntəu'neɪʃən] n entonação f, inflexão f

intoxicated [ɪn'tɔksɪkeɪtɪd] adj embriagado

intoxication [ɪntɔksɪ'keɪʃən] n intoxicação f, embriaguez f

intractable [ɪn'træktəbl] adj (child) intratável; (problem) espinhoso

intransitive [ɪn'trænsɪtɪv] adj intransitivo

intravenous [ɪntrə'viːnəs] adj intravenoso

in-tray n cesta para correspondência de entrada

intricate ['ɪntrɪkət] adj complexo, complicado

intrigue [ɪn'triːg] n intriga ♦ vt intrigar; (fascinate) fascinar; **intriguing** adj curioso

intrinsic [ɪn'trɪnsɪk] adj intrínseco

introduce [ɪntrə'djuːs] vt introduzir; **to ~ sb (to sb)** apresentar alguém (a alguém); **to ~ sb to** (pastime, technique) iniciar alguém em; **introduction** n introdução f; (of person) apresentação f; **introductory** adj introdutório

introvert ['ɪntrəuvəːt] n introvertido/a ♦ adj (also: **~ed**) introvertido

intrude [ɪn'truːd] vi: **to ~ (on)** intrometer-se (em); **~r** n intruso/a

intuition [ɪntjuː'ɪʃən] n intuição f

inundate ['ɪnʌndeɪt] vt: **to ~ with** inundar de

invade [ɪn'veɪd] vt invadir

invalid [n 'ɪnvəlɪd, adj ɪn'vælɪd] n inválido/a ♦ adj inválido, nulo

invaluable [ɪn'væljuəbl] adj valioso, inestimável

invariably [ɪn'vɛərɪəblɪ] adv invariavelmente

invasion [ɪn'veɪʒən] n invasão f

invent [ɪn'vent] vt inventar; **~ion** n invenção f; (inventiveness) engenho; (lie) ficção f, mentira; **~or** n inventor(a) m/f

inventory ['ɪnvəntrɪ] n inventário, relação f

invert [ɪn'vəːt] vt inverter; **~ed commas** (BRIT) npl aspas fpl

invest [ɪn'vest] vt investir ♦ vi: **to ~ in** investir em; (acquire) comprar

investigate [ɪn'vestɪgeɪt] vt investigar; **investigation** n investigação f

investment [ɪn'vestmənt] n investimento

investor [ɪn'vestə*] n investidor(a) m/f

invidious [ɪn'vɪdɪəs] adj injusto; (task) desagradável

invigilator [ɪn'vɪdʒɪleɪtə*] n fiscal m/f (de exame)

invigorating [ɪn'vɪgəreɪtɪŋ] adj revigorante

invisible [ɪn'vɪzɪbl] adj invisível

invitation [ɪnvɪ'teɪʃən] n convite m

invite [ɪn'vaɪt] vt convidar; (opinions etc) incitar; **inviting** adj convidativo

invoice ['ɪnvɔɪs] n fatura ♦ vt faturar

invoke [ɪn'vəuk] vt invocar; (law) apelar para

involuntary [ɪn'vɔləntrɪ] adj involuntário

involve [ɪn'vɔlv] vt (entail) implicar; (require) exigir; (concern) envolver; **to ~ sb (in)** envolver alguém (em); **~d** adj (complex) complexo; **to be ~d in** estar envolvido em; **~ment** n envolvimento

inward ['ɪnwəd] *adj (movement)* interior, interno; *(thought, feeling)* íntimo; **~(s)** *adv* para dentro

I/O *abbr (COMPUT: = input/output)* E/S, I/O

iodine ['aɪəʊdiːn] *n* iodo

ion ['aɪən] *n* íon *m*, ião *m (PT)*

iota [aɪ'əʊtə] *n (fig)* pouquinho, tiquinho

IOU *n abbr (= I owe you)* vale *m*

IQ *n abbr (= intelligence quotient)* QI *m*

IRA *n abbr (= Irish Republican Army)* IRA *m*

Iran [ɪ'rɑːn] *n* Irã *m (BR)*, Irão *m (PT)*; **~ian** *adj, n* iraniano/a

Iraq [ɪ'rɑːk] *n* Iraque *m*; **~i** *adj, n* iraquiano/a

irate [aɪ'reɪt] *adj* irado, enfurecido

Ireland ['aɪələnd] *n* Irlanda

iris ['aɪrɪs] *(pl* **~es)** *n* íris *f*

Irish ['aɪrɪʃ] *adj* irlandês/esa ♦ *npl*: **the ~** os irlandeses; **~man** *(irreg) n* irlandês *m*; **~ Sea** *n*: **the ~ Sea** o mar da Irlanda; **~woman** *(irreg) n* irlandesa

irksome ['ɜːksəm] *adj* aborrecido

iron ['aɪən] *n* ferro *m; (for clothes)* ferro de passar roupa ♦ *adj* de ferro ♦ *vt (clothes)* passar; **~ out** *vt (problem)* resolver; **I~ Curtain** *n*: **the I~ Curtain** a cortina de ferro

ironic(al) [aɪ'rɒnɪk(l)] *adj* irônico

ironing ['aɪənɪŋ] *n (activity)* passar *m* roupa; *(clothes)* roupa passada; **~ board** *n* tábua de passar roupa

ironmonger ['aɪənmʌŋgə*] *n* ferreiro/a; **~'s (shop)** *(BRIT)* *n* loja de ferragens

irony ['aɪrənɪ] *n* ironia

irrational [ɪ'ræʃənl] *adj* irracional

irreconcilable [ɪrekən'saɪləbl] *adj* irreconciliável; *(ideas)* incompatível

irregular [ɪ'regjulə*] *adj* irregular; *(surface)* desigual

irrelevant [ɪ'reləvənt] *adj* irrelevante

irreplaceable [ɪrɪ'pleɪsəbl] *adj* insubstituível

irrepressible [ɪrɪ'presəbl] *adj* irre-

primível, irrefreável

irresistible [ɪrɪ'zɪstɪbl] *adj* irresistível

irrespective [ɪrɪ'spektɪv]: **~ of** *prep* independente de, sem considerar

irresponsible [ɪrɪ'spɒnsɪbl] *adj* irresponsável

irreverent [ɪ'revərnt] *adj* irreverente, desrespeitoso

irrigate ['ɪrɪgeɪt] *vt* irrigar; **irrigation** *n* irrigação *f*

irritable ['ɪrɪtəbl] *adj* irritável

irritate ['ɪrɪteɪt] *vt* irritar; **irritating** *adj* irritante; **irritation** *n* irritação *f*

IRS *(US) n abbr = Internal Revenue Service*

is [ɪz] *vb see* **be**

Islam ['ɪzlɑːm] *n* islamismo

island ['aɪlənd] *n* ilha; **~er** *n* ilhéu/ilhoa *m/f*

isle [aɪl] *n* ilhota, ilha

isn't ['ɪznt] = **is not**

isolate ['aɪsəleɪt] *vt* isolar; **~d** *adj* isolado

isolation [aɪsə'leɪʃən] *n* isolamento

Israel ['ɪzreɪl] *n* Israel *m (no article)*; **~i** *adj, n* israelense *m/f*

issue ['ɪʃuː] *n* questão *f*, tema *m; (of book)* edição *f; (of stamps)* emissão *f* ♦ *vt (statement)* fazer; *(rations, equipment)* distribuir; *(orders)* dar; **at ~** em debate; **to take ~ with sb (over sth)** discordar de alguém (sobre algo); **to make an ~ of sth** criar caso com algo

isthmus ['ɪsməs] *n* istmo

KEYWORD

it [ɪt] *pron* **1** *(specific: subject)* ele/ela; *(: direct object)* o/a; *(: indirect object)* lhe; **~'s on the table** está em cima da mesa; **I can't find ~** não consigo achá-lo; **give ~ to me** dê-mo; **about/from ~** sobre/de isto; **did you go to ~?** *(party, concert etc)* você foi?

2 *(impers)* isto, isso; *(after prep)* ele, ela; **~'s raining** está chovendo *(BR) or* a chover *(PT)*; **~'s six o'clock/the 10th of August** são seis horas/ hoje é (dia) 10 de agosto; **who is** ~? – **'s me** quem é? – sou eu

Italian [ɪˈtæljən] *adj* italiano ♦ *n* italiano/a; (*LING*) italiano
italics [ɪˈtælɪks] *npl* itálico
Italy [ˈɪtəlɪ] *n* Itália
itch [ɪtʃ] *n* comichão *f*, coceira *vi* (*person*) estar com *or* sentir comichão *or* coceira; (*part of body*) comichar, coçar; **I'm** ~**ing to do sth** estou louco para fazer algo; ~**y** *adj* que coça; **to be** ~**y** = **to itch**
it'd [ˈɪtd] = **it would**; **it had**
item [ˈaɪtəm] *n* item *m*; (*on agenda*) assunto; (*in programme*) número; (*also*: **news** ~) notícia; ~**ize** *vt* detalhar, especificar
itinerant [ɪˈtɪnərənt] *adj* itinerante
itinerary [aɪˈtɪnərərɪ] *n* itinerário
it'll [ˈɪtl] = **it will**; **it shall**
its [ɪts] *adj* seu/sua, dele/dela ♦ *pron* o seu/a sua, o dele/a dela
it's [ɪts] = **it is**; **it has**
itself [ɪtˈsɛlf] *pron* (*reflexive*) si mesmo/a; (*emphatic*) ele mesmo/ela mesma
ITV [aɪtiːˈviː] *n abbr* (= *Independent Television*) canal de televisão comercial
IUD *n abbr* (= *intra-uterine device*) DIU *m*
I've [aɪv] = **I have**
ivory [ˈaɪvərɪ] *n* marfim *m*
ivy [ˈaɪvɪ] *n* hera

J

jab [dʒæb] *vt* cutucar ♦ *n* cotovelada, murro; (*MED: inf*) injeção *f*; **to** ~ **sth into sth** cravar algo em algo
jack [dʒæk] *n* (*AUT*) macaco; (*CARDS*) valete *m*; ~ **up** *vt* (*AUT*) levantar com macaco
jackal [ˈdʒækl] *n* chacal *m*
jackdaw [ˈdʒækdɔː] *n* gralha
jacket [ˈdʒækɪt] *n* jaqueta, casaco curto, forro; (*of book*) sobrecapa
jack-knife *vi*: **the lorry** ~**d** o rebo-

que do caminhão deu uma guinada
jack plug *n* pino
jackpot [ˈdʒækpɔt] *n* bolada, sorte *f* grande
jade [dʒeɪd] *n* (*stone*) jade *m*
jaded [ˈdʒeɪdɪd] *adj* (*tired*) cansado; (*fed-up*) aborrecido, amolado
jagged [ˈdʒægɪd] *adj* dentado, dentado
jail [dʒeɪl] *n* prisão *f*, cadeia ♦ *vt* encarcerar
jam [dʒæm] *n* geléia; (*also*: **traffic** ~) engarrafamento; (*inf*) apuro ♦ *vt* obstruir, atravancar; (*mechanism*) emperrar; (*RADIO*) bloquear, interferir ♦ *vi* (*mechanism, drawer etc*) emperrar; **to** ~ **sth into sth** forçar algo dentro de algo
Jamaica [dʒəˈmeɪkə] *n* Jamaica
jangle [ˈdʒæŋgl] *vi* soar estridentemente
janitor [ˈdʒænɪtə*] *n* zelador *m*
January [ˈdʒænjuərɪ] *n* janeiro
Japan [dʒəˈpæn] *n* Japão *m*; ~**ese** *adj* japonês/esa ♦ *n inv* japonês/esa *m/f*; (*LING*) japonês *m*
jar [dʒɑː*] *n* jarro ♦ *vi* (*sound*) ranger, chiar; (*colours*) destoar
jargon [ˈdʒɑːgən] *n* jargão *m*
jasmin(e) [ˈdʒæzmɪn] *n* jasmim *m*
jaundice [ˈdʒɔːndɪs] *n* icterícia; ~**d** *adj* (*fig: unenthusiastic*) desanimado
jaunt [dʒɔːnt] *n* excursão *f*; ~**y** *adj* alegre, jovial; (*step*) lépido
javelin [ˈdʒævlɪn] *n* dardo de arremesso
jaw [dʒɔː] *n* mandíbula, maxilar *m*
jay [dʒeɪ] *n* gaio
jaywalker [ˈdʒeɪwɔːkə*] *n* pedestre *m/f* imprudente (*BR*), peão *m* imprudente (*PT*)
jazz [dʒæz] *n* jazz *m*; ~ **up** *vt* animar, avivar
jealous [ˈdʒɛləs] *adj* ciumento; ~**y** *n* ciúmes *mpl*
jeans [dʒiːnz] *npl* jeans *m* (*pl PT*)
jeep [dʒiːp] ® *n* jipe ® *m*
jeer [dʒɪə*] *vi*: **to** ~ (**at**) zombar (de)
jelly [ˈdʒɛlɪ] *n* gelatina; (*jam*) geléia;

~**fish** n inv água-viva

jeopardy ['dʒɛpədɪ] n: to be in ~ estar em perigo, estar correndo risco

jerk [dʒɜːk] n solavanco, sacudida; (wrench) puxão m; (inf: idiot) babaca m ♦ vt sacudir ♦ vi dar um solavanco

jerkin ['dʒɜːkɪn] n jaqueta

jersey ['dʒɜːzɪ] n suéter m or f (BR), camisola (PT); (fabric) jérsei m, malha

jest [dʒɛst] n gracejo, brincadeira

Jesus ['dʒiːzəs] n Jesus m

jet [dʒɛt] n (of gas, liquid) jato; (AVIAT) (avião m a) jato; (stone) azeviche m; ~-**black** adj da cor do azeviche; ~ **engine** n motor m a jato; ~ **lag** n cansaço devido à diferença de fuso horário

jettison ['dʒɛtɪsn] vt alijar

jetty ['dʒɛtɪ] n quebra-mar m, cais m

Jew [dʒuː] n judeu/dia m/f

jewel ['dʒuːəl] n jóia; ~**ler** (US ~**er**) n joalheiro/a; ~**ler's (shop)** n joalheria; ~**lery** (US ~**ry**) n jóias fpl

Jewess ['dʒuːɪs] n (offensive) judia

Jewish ['dʒuːɪʃ] adj judeu/judia

jibe [dʒaɪb] n = **gibe**

jiffy ['dʒɪfɪ] (inf) n: in a ~ num instante

jig [dʒɪg] n jiga

jigsaw ['dʒɪgsɔː] n (also: ~ **puzzle**) quebra-cabeça m

jilt [dʒɪlt] vt dar o fora em

jingle ['dʒɪŋgl] n (for advert) música de propaganda ♦ vi tilintar, retinir

jinx [dʒɪŋks] (inf) n caipora, pé m frio

jitters ['dʒɪtəz] (inf) npl: to get the ~ ficar muito nervoso

job [dʒɔb] n trabalho; (task) tarefa; (duty) dever m; (post) emprego; it's not my ~ não faz parte das minhas funções; it's a good ~ that ... ainda bem que ...; just the ~! justo o que queria!; ~ **centre** n agência de emprego; ~**less** adj desempregado

jockey ['dʒɔkɪ] n jóquei m ♦ vi: to ~ **for position** manobrar para conseguir uma posição

jocular ['dʒɔkjuləʳ] adj jocoso

jog [dʒɔg] vt empurrar, sacudir ♦ vi fazer jogging or cooper; ~ **along** vi ir levando; ~**ging** n jogging m

join [dʒɔɪn] vt (things) juntar, unir; (queue) entrar em; (become member of) associar-se a; (meet) encontrar-se com; (accompany) juntar-se a ♦ vi (roads, rivers) confluir ♦ n junção f; ~ **in** vi participar ♦ vt fus participar em; ~ **up** vi unir-se; (MIL) alistar-se

joiner ['dʒɔɪnəʳ] n marceneiro

joint [dʒɔɪnt] n (TECH) junta, união f; (wood) encaixe m; (ANAT) articulação f; (BRIT: CULIN) quarto; (inf: place) espelunca; (: of marijuana) baseado ♦ adj comum; (combined) conjunto; (committee) misto; ~ **account** n conta conjunta

joist [dʒɔɪst] n barrote m

joke [dʒəuk] n piada; (also: **practical ~**) brincadeira, peça ♦ vi brincar; to **play a ~ on** pregar uma peça em; ~**r** n (CARDS) curingão m

jolly ['dʒɔlɪ] adj (merry) alegre; (enjoyable) divertido ♦ adv (BRIT: inf) muito, extremamente

jolt [dʒəult] n (shake) sacudida, solavanco; (shock) susto ♦ vt sacudir; (emotionally) abalar

Jordan ['dʒɔːdən] n Jordânia; (river) Jordão m

jostle ['dʒɔsl] vt acotovelar, empurrar

jot [dʒɔt] n: **not one** ~ nem um pouquinho; ~ **down** vt anotar; ~**ter** (BRIT) n bloco de anotações)

journal ['dʒɜːnl] n jornal m; (magazine) revista; (diary) diário; ~**ism** n jornalismo; ~**ist** n jornalista m/f

journey ['dʒɜːnɪ] n viagem f; (distance covered) trajeto

jovial ['dʒəuvɪəl] adj jovial, alegre

joy [dʒɔɪ] n alegria; ~**ful** adj alegre; ~**ride** n passeio de carro; (illegal) passeio (com veículo roubado); ~**rider** n jovem que se diverte dirigindo carro roubado especificamente para este fim; **~stick** n (AVIAT) manche m, alavanca de controle; (COMPUT) joystick m

JP n abbr = **Justice of the Peace**

Jr abbr = **junior**

jubilee ['dʒuːbɪliː] n jubileu m

judge [dʒʌdʒ] n juiz/juíza m/f; (in competition) árbitro; (fig: expert) especialista m/f, conhecedor(a) m/f ♦ vt julgar; (competition) arbitrar; (estimate) avaliar; (consider) considerar; **judg(e)ment** n juízo; (opinion) opinião f; (discernment) discernimento

judicial [dʒuːˈdɪʃl] adj judicial

judiciary [dʒuːˈdɪʃɪərɪ] n poder m judiciário

judo ['dʒuːdəu] n judô m

jug [dʒʌg] n jarro

juggernaut ['dʒʌɡənɔːt] (BRIT) n (huge truck) jamanta

juggle ['dʒʌgl] vi fazer malabarismos; **~r** n malabarista m/f

Jugoslav etc ['juːgəuslɑːv] = **Yugoslav** etc

juice [dʒuːs] n suco (BR), sumo (PT); **juicy** adj suculento

jukebox ['dʒuːkbɔks] n juke-box m

July [dʒuˈlaɪ] n julho

jumble ['dʒʌmbl] n confusão f, mixórdia ♦ vt (also: **~ up**: mix up) misturar; **~ sale** (BRIT) n venda de objetos usados, bazar m

jumbo (jet) ['dʒʌmbəu-] n avião m jumbo

jump [dʒʌmp] vi saltar, pular; (start) sobressaltar-se; (increase) disparar ♦ vt pular, saltar ♦ n pulo, salto; (increase) alta; (fence) obstáculo; **to ~ the queue** (BRIT) furar a fila (BR), pôr-se à frente (PT)

jumper ['dʒʌmpə*] n (BRIT: pullover) suéter m (BR), camisola (PT); (US: pinafore dress) avental m; **~ cables** (US) npl = **jump leads**

jump leads (BRIT) npl cabos mpl para ligar a bateria

jumpy ['dʒʌmpɪ] adj nervoso

Jun. abbr = **junior**

junction ['dʒʌŋkʃən] (BRIT) n (of roads) cruzamento; (RAIL) entroncamento

juncture ['dʒʌŋktʃə*] n: at this ~ neste momento, nesta conjuntura

June [dʒuːn] n junho

jungle ['dʒʌŋgl] n selva, mato

junior ['dʒuːnɪə*] adj (in age) mais novo or moço; (position) subalterno ♦ n jovem m/f; **~ school** (BRIT) n escola primária

junk [dʒʌŋk] n (cheap goods) tranqueira, velharias fpl; (rubbish) lixo; **~ food** n comida pronta de baixo valor nutritivo; **~ie** (inf) n drogado/a; **~ shop** n loja de objetos usados

Junr abbr = **junior**

juror ['dʒuərə*] n jurado/a

jury ['dʒuərɪ] n júri m

just [dʒʌst] adj justo ♦ adv (exactly) justamente, exatamente; (only) apenas, somente; **he's ~ done it/left** ele acabou (BR) or acaba (PT) de fazê-lo/ir; **~ right** perfeito; **~ two o'clock** duas (horas) em ponto; **she's ~ as clever as you** ela é tão inteligente como você; **it's ~ as well that ...** ainda bem que ...; **~ as he was leaving** no momento em que ele saía; **~ before/enough** justo antes/o suficiente; **~ here** bem aqui; **he ~ missed** falhou por pouco; **~ listen** escute aqui!

justice ['dʒʌstɪs] n justiça; (US: judge) juiz/juíza m/f; **to do ~ to** (fig) apreciar devidamente; **J~ of the Peace** n juiz/juíza m/f de paz

justification [dʒʌstɪfɪˈkeɪʃən] n (reason) justificativa

justify ['dʒʌstɪfaɪ] vt justificar

jut [dʒʌt] vi (also: **~ out**) sobressair

juvenile ['dʒuːvənaɪl] adj juvenil; (court) de menores; (books) para adolescentes; (humour, mentality) infantil ♦ n menor m/f de idade

juxtapose [dʒʌkstəˈpəuz] vt justapor

K

K abbr (= kilobyte) K ♦ n abbr (= one thousand) mil

Kampuchea [kæmpu'tʃɪə] n Kampuchea m, Camboja m

kangaroo [kæŋgə'ruː] n canguru m

karate [kə'rɑːtɪ] n karatê m

kebab [kə'bæb] n churrasquinho, espetinho

keel [kiːl] n quilha; **on an even** ~ (fig) em equilíbrio

keen [kiːn] adj (interest, desire) grande, vivo; (eye, intelligence) penetrante; (competition) acirrado, intenso; (edge) afiado; (eager) entusiasmado; **to be** ~ **to do** or **on doing sth** sentir muita vontade de fazer algo; **to be** ~ **on sth/sb** gostar de algo/alguém

keep [kiːp] (pt, pp **kept**) vt guardar, ficar com; (house etc) cuidar; (detain) deter; (shop etc) tomar conta de; (preserve) conservar; (accounts, family) manter; (promise) cumprir; (chickens, bees etc) criar; (prevent): **to** ~ **sb from doing sth** impedir alguém de fazer algo ♦ vi (food) conservar-se; (remain) ficar ♦ n (of castle) torre f de menagem; (food etc): **to earn one's** ~ ganhar a vida; (inf): **for** ~**s** para sempre; **to** ~ **doing sth** continuar fazendo algo; **to** ~ **sb happy** manter alguém satisfeito; **to** ~ **a place tidy** manter um lugar limpo; ~ **on** vi: **to** ~ **on doing** continuar fazendo; **to** ~ **on (about sth)** falar sem parar sobre algo; ~ **out** vt impedir de entrar; **"**~ **out"** "entrada proibida"; ~ **up** vt manter ♦ vi não atrasar-se, acompanhar; **to** ~ **up with** (pace) acompanhar; (level) manter-se ao nível de; ~**er** n guarda m, guardião/dia m/f; ~ **fit** n ginástica; ~**ing** n (care) cuidado; **in** ~**ing with** de acordo com; ~**sake** n lembrança

kennel ['kɛnl] n casa de cachorro;

~**s** n (establishment) canil m

Kenya ['kɛnjə] n Quênia m

kept [kɛpt] pt, pp of **keep**

kerb [kɜːb] (BRIT) n meio-fio (BR), borda do passeio (PT)

kernel ['kɜːnl] n amêndoa; (fig) cerne m

ketchup ['kɛtʃəp] n molho de tomate, catsup m

kettle ['kɛtl] n chaleira; ~ **drums** npl tímpanos mpl

key [kiː] n chave f; (MUS) clave f; (of piano, typewriter) tecla ♦ cpd (issue etc) chave ♦ vt (also: ~ **in**) colocar; ~**board** n teclado; ~**ed up** adj: **to be (all)** ~**ed up** estar excitado or ligado (inf); ~**hole** n buraco da fechadura; ~**note** n (MUS) tônica; (fig) idéia fundamental; ~**ring** n chaveiro

khaki ['kɑːkɪ] adj cáqui

kick [kɪk] vt dar um pontapé em; (ball) chutar; (inf: habit) conseguir superar ♦ vi (horse) dar coices ♦ n (from person) pontapé m; (from animal) coice m, patada; (to ball) chute m; (inf: thrill): **he does it for** ~**s** faz isso para curtir; ~ **off** vi (SPORT) dar o chute inicial

kid [kɪd] n (inf: child) criança; (animal) cabrito; (leather) pelica ♦ vi (inf) brincar

kidnap ['kɪdnæp] vt seqüestrar; ~**per** n seqüestrador(a) m/f; ~**ping** n seqüestro

kidney ['kɪdnɪ] n rim m

kill [kɪl] vt matar; (murder) assassinar ♦ n ato de matar; ~**er** n assassino/a; ~**ing** n assassinato; **to make a** ~**ing** (inf) faturar uma boa nota; ~**joy** n desmancha-prazeres m inv

kiln [kɪln] n forno

kilo ['kiːləʊ] n quilo; ~**byte** n quilobyte m; ~**gram(me)** n quilograma m; ~**metre** (US ~**meter**) n quilômetro; ~**watt** n quilowatt m

kilt [kɪlt] n saiote m escocês

kin [kɪn] n see **kith**; **next**

kind [kaɪnd] adj (friendly) gentil;

(*generous*) generoso; (*good*) bom/boa, bondoso, amável; (*voice*) suave ♦ *n* espécie *f*, classe *f*; (*species*) gênero; **in ~** (*COMM*) em espécie

kindergarten ['kɪndəgɑːtn] *n* jardim *m* de infância

kind-hearted *adj* de bom coração, bondoso

kindle ['kɪndl] *vt* acender; (*emotion*) despertar

kindly ['kaɪndlɪ] *adj* bom/boa, bondoso; (*gentle*) gentil, carinhoso ♦ *adv* bondosamente, amavelmente; **will you ~ ...** você pode fazer o favor de ...

kindness ['kaɪndnɪs] *n* bondade *f*, gentileza

kindred spirit ['kɪndrɪd-] *n* pessoa com os mesmos gostos

kinetic [kɪ'nɛtɪk] *adj* cinético

king [kɪŋ] *n* rei *m*; **~dom** *n* reino; **~fisher** *n* martim-pescador *m*; **~size(d)** *adj* tamanho grande

kinky [kɪŋkɪ] (*pej*) *adj* excêntrico, esquisito; (*sexually*) pervertido

kiosk ['kiːɔsk] *n* banca (*BR*), quiosque *m* (*PT*); (*BRIT*: *TEL*) cabine *f*

kipper ['kɪpə'] *n* arenque defumado

kiss [kɪs] *n* beijo ♦ *vt* beijar; **to ~ (each other)** beijar-se; **~ of life** (*BRIT*) *n* respiração *f* artificial

kit [kɪt] *n* (*for sport etc*) kit *m*; (*equipment*) equipamento; (*tools*) caixa de ferramentas; (*for assembly*) kit *m* para montar

kitchen ['kɪtʃɪn] *n* cozinha; **~ sink** *n* pia (de cozinha)

kite [kaɪt] *n* (*toy*) papagaio, pipa

kith [kɪθ] *n*: **~ and kin** amigos e parentes *mpl*

kitten ['kɪtn] *n* gatinho

kitty ['kɪtɪ] *n* fundo comum, vaquinha

km *abbr* (*= kilometre*) km

knack [næk] *n* jeito

knapsack ['næpsæk] *n* mochila

knead [niːd] *vt* amassar

knee [niː] *n* joelho; **~cap** *n* rótula

kneel [niːl] (*pt, pp* **knelt**) *vi* (*also*: **~ down**) ajoelhar-se

knelt [nɛlt] *pt, pp* of **kneel**

knew [njuː] *pt* of **know**

knickers ['nɪkəz] (*BRIT*) *npl* calcinha (*BR*), cuecas *fpl* (*PT*)

knife [naɪf] (*pl* **knives**) *n* faca ♦ *vt* esfaquear

knight [naɪt] *n* cavaleiro; (*CHESS*) cavalo; **~hood** (*BRIT*) *n* (*title*): **to get a ~hood** receber o título de Sir

knit [nɪt] *vt* tricotar; (*brows*) franzir ♦ *vi* tricotar (*BR*), fazer malha (*PT*); (*bones*) consolidar-se; **~ting** *n* tricô *m*; **~ting machine** *n* máquina de tricotar; **~ting needle** *n* agulha de tricô (*BR*) or de malha (*PT*); **~wear** *n* roupa de malha

knives [naɪvz] *npl* of **knife**

knob [nɔb] *n* (*of door*) maçaneta; (*of stick*) castão *m*; (*on TV etc*) botão *m*

knock [nɔk] *vt* bater em; (*bump into*) colidir com; (*inf*) criticar, malhar ♦ *n* pancada, golpe *m*; (*on door*) batida ♦ *vi*: **to ~ at** or **on the door** bater à porta; **~ down** *vt* derrubar; (*pedestrian*) atropelar; **~ off** *vi* (*inf*: *finish*) terminar ♦ *vt* (*inf*: *steal*) abafar; (*from price*): **to ~ off £10** fazer um desconto de £10; **~ out** *vt* pôr nocaute, nocautear; (*defeat*) eliminar; **~ over** *vt* derrubar; (*pedestrian*) atropelar; **~er** *n* aldrava; **~out** *n* nocaute *m* ♦ *cpd* combinatórias

knot [nɔt] *n* nó *m* ♦ *vt* dar nó em; **~ty** *adj* (*fig*) cabeludo, espinhoso

know [nəu] (*pt* **knew**, *pp* **known**) *vt* saber; (*person, author, place*) conhecer; **to ~ how to swim** saber nadar; **to ~ about** or **of sth** saber de algo; **~all** (*BRIT*: *pej*) *n* sabichão/chona *m/f*; **~-how** *n* know-how *m*, experiência; **~ing** *adj* (*look*) de cumplicidade; **~ingly** *adv* (*purposely*) de propósito; (*spitefully*) maliciosamente

knowledge ['nɔlɪdʒ] *n* conhecimento; (*learning*) saber *m*, conhecimentos *mpl*; **~able** *adj* entendido, versado

known [nəun] *pp* of **know**

knuckle ['nʌkl] *n* nó *m*

K.O. n abbr = knockout
Koran [kɔ'rɑːn] n: the ~ o Alcorão
Korea [kə'rɪə] n Coréia
kosher ['kəʊʃəʳ] adj kosher inv

L

L (BRIT) abbr (AUT) of learner
l abbr (= litre) l
lab [læb] n abbr = laboratory
label ['leɪbl] n etiqueta, rótulo ♦ vt etiquetar, rotular
labor etc ['leɪbəʳ] (US) = labour etc
laboratory [lə'bɒrətərɪ] n laboratório
labour ['leɪbəʳ] (US labor) n trabalho; (workforce) mão-de-obra f; (MED): to be in ~ estar em trabalho de parto ♦ vi trabalhar ♦ vt insistir em; the L~ Party (BRIT) o Partido Trabalhista; ~ed adj forçado; ~er n operário; farm ~er trabalhador m rural, peão m
lace [leɪs] n renda; (of shoe etc) cadarço ♦ vt (shoe) amarrar
lack [læk] n falta ♦ vt (money, confidence) faltar; (intelligence) carecer de; **through** or **for** ~ of por falta de; **to be** ~**ing** faltar; **to be** ~**ing in** carecer de
lackadaisical [lækə'deɪzɪkl] adj apático, indiferente
lacquer ['lækəʳ] n laca; (hair ~) fixador m
lad [læd] n menino, rapaz m, moço
ladder ['lædəʳ] n escada f de mão; (BRIT: in tights) defeito (em forma de escada)
laden ['leɪdn] adj: ~ (with) carregado (de)
ladle ['leɪdl] n concha (de sopa)
lady ['leɪdɪ] n senhora; (distinguished, noble) dama; (in address): **ladies and gentlemen ...** senhoras e senhores ...; **young** ~ senhorita; **"ladies' (toilets)"** "senhoras"; ~**bird** (US ~**bug**) n joaninha; ~**like** adj elegante, refinado; ~**ship** n: **your** ~**ship** Sua Senhoria
lag [læg] n atraso, retardamento ♦ vi

(also: ~ **behind**) ficar para trás ♦ vt (pipes) revestir com isolante térmico
lager ['lɑːgəʳ] n cerveja leve e clara
lagoon [lə'guːn] n lagoa
laid [leɪd] pt, pp of lay; ~**back** (inf) adj descontraído; ~ **up** adj: **to be** ~ **up with flu** ficar de cama com gripe
lain [leɪn] pp of lie
lair [lɛəʳ] n covil m, toca
lake [leɪk] n lago
lamb [læm] n cordeiro
lame [leɪm] adj coxo, manco; (excuse, argument) pouco convincente, fraco
lament [lə'mɛnt] n lamento, queixa ♦ vt lamentar-se de
laminated ['læmɪneɪtɪd] adj laminado
lamp [læmp] n lâmpada; ~**post** (BRIT) n poste m; ~**shade** n abajur m, quebra-luz m
lance [lɑːns] n lança ♦ vt (MED) lancetar
land [lænd] n terra; (country) país m; (piece of ~) terreno; (estate) terras fpl, propriedades fpl ♦ vi (from ship) desembarcar; (AVIAT) pousar, aterrissar (BR), aterrar (PT); (fig: arrive) cair, terminar ♦ vt desembarcar; **to** ~ **sb with sth** (inf) sobrecarregar alguém com algo; ~**up** vi ir parar; ~**fill site** n local m de despejo de resíduos; ~**ing** n (AVIAT) pouso, aterrissagem f (BR), aterragem f (PT); (of staircase) patamar m; ~**ing gear** n trem m de aterrissagem (BR) or de aterragem (PT); ~**ing strip** n pista de aterrissagem (BR) or de aterragem (PT); ~**lady** n senhoria; (of pub) dona, proprietária; ~**locked** adj cercado de terra; ~**lord** n senhorio, locador m; (of pub) dono, proprietário; ~**mark** n lugar m conhecido; (fig) marco; ~**owner** n latifundiário/a
landscape ['lændskeɪp] n paisagem f; ~ **gardener** n paisagista m/f
landslide ['lændslaɪd] n (GEO) desmoronamento, desabamento; n (fig:)

POL) vitória esmagadora

lane [leɪn] *n* caminho, estrada estreita; (*AUT*) pista; (*in race*) raia

language ['læŋgwɪdʒ] *n* língua; (*way one speaks*) linguagem *f*; **bad** ~ palavrões *mpl*; ~ **laboratory** *n* laboratório de línguas

languid ['læŋgwɪd] *adj* lânguido

languish ['læŋgwɪʃ] *vi* elanguescer, debilitar-se

lank [læŋk] *adj* (*hair*) liso

lanky ['læŋkɪ] *adj* magricela

lantern ['læntn] *n* lanterna

lap [læp] *n* (*of track*) volta; (*of person*) colo ♦ *vt* (*also*: ~ **up**) lamber ♦ *vi* (*waves*) marulhar; ~ **up** *vt* (*fig*) receber com sofreguidão

lapel [lə'pɛl] *n* lapela

Lapland ['læplænd] *n* Lapônia

lapse [læps] *n* lapso; (*bad behaviour*) deslize *m* ♦ *vi* (*law*) prescrever; **to** ~ **into bad habits** adquirir maus hábitos

laptop (computer) ['læptɒp-] *n* laptop *m*

larceny ['lɑːsənɪ] *n* furto

larch [lɑːtʃ] *n* lariço

lard [lɑːd] *n* banha de porco

larder ['lɑːdə*] *n* despensa

large [lɑːdʒ] *adj* grande; **at** ~ (*free*) em liberdade; (*generally*) em geral; ~**ly** *adv* em grande parte; (*introducing reason*) principalmente; ~ **scale** *adj* (*map*) em grande escala; (*fig*) importante, de grande alcance

largesse [lɑː'dʒɛs] *n* generosidade *f*

lark [lɑːk] *n* (*bird*) cotovia; (*joke*) brincadeira, peça; ~ **about** *vi* divertir-se, brincar

laryngitis [lærɪn'dʒaɪtɪs] *n* laringite *f*

laser ['leɪzə*] *n* laser *m*; ~ **printer** *n* impressora a laser

lash [læʃ] *n* (*blow*) chicotada; (*also*: **eye**~) pestana, cílio ♦ *vt* chicotear, açoitar; (*subj*: *rain, wind*) castigar; (*tie*) atar; ~ **out** *vi*: **to** ~ **out at sb** atacar alguém violentamente; (*criticize*) atacar alguém verbalmente

lass [læs] *n* (*BRIT*) moça

lasso [læ'suː] *n* laço

last [lɑːst] *adj* último; (*final*) derradeiro ♦ *adv* em último lugar ♦ *vi* durar; (*continue*) continuar; ~ **night** ontem à noite/na semana passada; **at** ~ finalmente; ~ **but one** penúltimo; ~**-ditch** *adj* desesperado, derradeiro; ~**ing** *adj* duradouro; ~**ly** *adv* por fim, por último; (*finally*) finalmente; ~**-minute** *adj* de última hora

latch [lætʃ] *n* trinco, fecho, tranca

late [leɪt] *adj* (*not on time*) atrasado; (*far on in day etc*) tardio; (*former*) antigo, ex-, anterior; (*dead*) falecido ♦ *adv* tarde; (*behind time, schedule*) atrasado; **of** ~ recentemente; **in** ~ **May** no final de maio; ~**comer** *n* retardatário/a; ~**ly** *adv* ultimamente

later ['leɪtə*] *adj* (*date etc*) posterior; (*version etc*) mais recente ♦ *adv* mais tarde, depois; ~ **on** mais tarde

latest ['leɪtɪst] *adj* último; **at the** ~ no mais tardar

lathe [leɪð] *n* torno

lather ['lɑːðə*] *n* espuma (de sabão) ♦ *vt* ensaboar

Latin ['lætɪn] *n* (*LING*) latim *m* ♦ *adj* latino; ~ **America** *n* América Latina; ~ **American** *adj*, *n* latino-americano/a

latitude ['lætɪtjuːd] *n* latitude *f*

latter ['lætə*] *adj* último; (*of two*) segundo ♦ *n*: **the** ~ o último, este; ~**ly** *adv* ultimamente

lattice ['lætɪs] *n* treliça

laudable ['lɔːdəbl] *adj* louvável

laugh [lɑːf] *n* riso, risada ♦ *vi* rir, dar risada (*or* gargalhada); (**to do sth**) **for a** ~ (fazer algo) só de curtição; ~ **at** *vt fus* rir de; ~ **off** *vt* disfarçar sorrindo; ~**able** *adj* ridículo, absurdo; ~**ing stock** *n* alvo de riso; ~**ter** *n* riso, risada

launch [lɔːntʃ] *n* (*boat*) lancha; (*COMM, of rocket etc*) lançamento ♦ *vt* lançar; ~ **into** *vt fus* lançar-se a

launder ['lɔːndə*] *vt* lavar e passar; ~**ette** (*BRIT*) *n* lavanderia automática; **laundromat** ® (*US*) *n* = ~**ette**

laundry ['lɔːndrɪ] *n* lavanderia; (*clothes*) roupa para lavar

laureate ['lɔːrɪət] *adj see* poet

laurel ['lɔrl] *n* loureiro

lava ['lɑːvə] *n* lava

lavatory ['lævətərɪ] *n* privada (BR), casa de banho (PT)

lavender ['lævəndə*] *n* lavanda

lavish ['lævɪʃ] *adj* (*amount*) generoso; (*person*): ~ **with** pródigo em, generoso com ♦ *vt*: to ~ **sth on sb** encher *or* cobrir alguém de algo

law [lɔː] *n* lei *f*; (*rule*) regra; (SCH) direito; ~**-abiding** *adj* obediente à lei; ~ **and order** *n* a ordem pública; ~ **court** *n* tribunal *m* de justiça; ~**ful** *adj* legal, lícito; ~**less** *adj* ilegal

lawn [lɔːn] *n* gramado (BR), relvado (PT); ~**mower** *n* cortador *m* de grama (BR) *or* de relva (PT); ~ **tennis** *n* tênis *m* de gramado (BR) *or* de relvado (PT)

law school (US) *n* faculdade *f* de direito

lawsuit ['lɔːsuːt] *n* ação *f* judicial, processo

lawyer ['lɔːjə*] *n* advogado/a; (*for sales, wills etc*) notário/a, tabelião/liã *m/f*

lax [læks] *adj* (*discipline*) relaxado; (*person*) negligente

laxative ['læksətɪv] *n* laxante *m*

lay [leɪ] (*pt, pp* laid) *pt of* lie ♦ *adj* leigo ♦ *vt* colocar; (*eggs, table*) pôr; ~ **aside** *or* **by** *vt* pôr de lado; ~ **down** *vt* depositar; (*rules etc*) impor, estabelecer; to ~ **down the law** (*pej*) impor regras; to ~ **down one's life** sacrificar voluntariamente a vida; ~ **off** *vt* (*workers*) demitir; ~ **on** *vt* (*meal etc*) prover; ~ **out** *vt* (*spread out*) dispor em ordem; ~**about** (*inf*) *n* vadio/a, preguiçoso/a; ~**-by** (BRIT) *n* acostamento

layer ['leɪə*] *n* camada

layman ['leɪmən] (*irreg*) *n* leigo

layout ['leɪaut] *n* (*of garden, building*) desenho; (*of writing*) leiaute *m*

laze [leɪz] *vi* (*also*: ~ **about**) vadiar

lazy ['leɪzɪ] *adj* preguiçoso; (*movement*) lento

lb. *abbr* = **pound** (*weight*)

lead[1] [liːd] *n* (*front position*) dianteira; (SPORT) liderança; (*fig*) vantagem *f*; (*clue*) pista; (ELEC) fio; (*for dog*) correia; (*in play, film*) papel *m* principal ♦ *vt* levar; (*be leader of*) chefiar; (*start, guide: activity*) encabeçar ♦ *vi* encabeçar; to be in the ~ (SPORT: *in race*) estar à frente; (: *in match*) estar ganhando; to ~ **the way** assumir a direção; ~ **away** *vt* levar; ~ **back** *vt* levar de volta; ~ **on** *vt* (*tease*) provocar; ~ **to** *vt fus* levar a, conduzir a; ~ **up to** *vt fus* conduzir a

lead[2] [led] *n* chumbo; (*in pencil*) grafite *f*; ~**en** *adj* (*sky, sea*) cor de chumbo, cinzento

leader ['liːdə*] *n* líder *m/f*; ~**ship** *n* liderança; (*quality*) poder *m* de liderança

lead-free [led-] *adj* sem chumbo

leading ['liːdɪŋ] *adj* (*principal, role*) de destaque; (*first, front*) primeiro, dianteiro; ~ **lady** *n* (THEATRE) primeira atriz *f*; ~ **light** *n* (*person*) figura principal, destaque *m*; ~ **man** (*irreg*) *n* (THEATRE) ator *m* principal

lead singer *n* cantor(a) *m/f*

leaf [liːf] (*pl* **leaves**) *n* folha ♦ *vi*: to ~ **through** (*book*) folhear; to **turn over a new** ~ mudar de vida, partir para outra (*inf*)

leaflet ['liːflɪt] *n* folheto

league [liːg] *n* liga; to be in ~ **with** estar de comum acordo com

leak [liːk] *n* (*of liquid, gas*) escape *m*, vazamento; (*hole*) buraco, rombo; (*in roof*) goteira; (*fig: of information*) vazamento ♦ *vi* (*ship*) fazer água; (*shoe*) deixar entrar água; (*roof*) gotejar; (*pipe, container, liquid*) vazar; (*gas*) escapar ♦ *vt* (*news*) vazar

lean [liːn] (*pt, pp* ~**ed** *or* ~**t**) *adj* magro ♦ *vt*: to ~ **sth on** encostar *or* apoiar algo em ♦ *vi* inclinar-se; to ~ **against** encostar-se *or* apoiar-se contra; **to ~ on** encostar-se or apoiar-se em; **~ forward/back** vi inclinar-se para frente/para trás; **~ out** vi inclinar-se; **~ over** vi debruçar-se ♦ vt fus debruçar-se sobre; **~ing** n: **~ing (towards)** inclinação f (para); **~t** pt, pp of **lean**

leap [li:p] (pt, pp **~ed** or **~t**) n salto, pulo ♦ vi saltar; **~frog** n jogo de pular carniça; **~t** pt, pp of **leap**; **~ year** n ano bissexto

learn [lə:n] (pt, pp **~ed** or **~t**) vt aprender; (by heart) decorar ♦ vi aprender; **to ~ about sth** (SCH: hear, read) saber de algo; **~ed** adj erudito; **~er** n principiante m/f; (BRIT: also: **~er driver**) aprendiz m/f de motorista; **~ing** n (knowledge) saber m; **~t** pt, pp of **learn**

lease [li:s] n arrendamento ♦ vt arrendar

leash [li:ʃ] n correia

least [li:st] adj: **the ~ +** n o/a menor; (smallest amount of) a menor quantidade de ♦ adv: **the ~ +** adj o/a menos; **at ~** pelo menos; **not in the ~** de maneira nenhuma

leather [ˈlɛðə²] n couro

leave [li:v] (pt, pp **left**) vt deixar; (go away from) abandonar ♦ vi ir-se, sair; (train) sair ♦ n licença; **to ~ sth to sb** deixar algo para alguém; **to be left** sobrar; **~ behind** vt deixar para trás; (forget) esquecer; **~ out** vt omitir; **~ of absence** n licença excepcional

leaves [li:vz] npl of **leaf**

Lebanon [ˈlɛbənən] n Líbano

lecherous [ˈlɛtʃərəs] (pej) adj lascivo

lecture [ˈlɛktʃə²] n conferência, palestra; (SCH) aula ♦ vi dar aulas, lecionar ♦ vt (scold) passar um sermão em; **~r** (BRIT) n (at university) professor(a) m/f

led [lɛd] pt, pp of **lead¹**

ledge [lɛdʒ] n (of window) peitoril m; (of mountain) saliência, proeminência

ledger [ˈlɛdʒə²] n livro-razão m, ra-

zão m

lee [li:] n sotavento

leech [li:tʃ] n sanguessuga

leek [li:k] n alho-poró m

leer [liə²] vi: **to ~ at sb** olhar maliciosamente para alguém

leeway [ˈli:weɪ] n (fig): **to have some ~** ter certa liberdade de ação

left [lɛft] pt, pp of **leave** ♦ adj esquerdo ♦ n esquerda ♦ adv à esquerda; **on the ~** à esquerda; **to the ~** para a esquerda; **the L~** (POL) a Esquerda; **~-handed** adj canhoto; **~-hand side** n lado esquerdo; **~-luggage (office)** (BRIT) n depósito de bagagem; **~-overs** npl sobras fpl; **~-wing** adj (POL) de esquerda, esquerdista

leg [lɛg] n perna; (of animal) pata; (CULIN: of meat) perna; (of journey) etapa; **1st/2nd ~** (SPORT) primeiro/segundo turno

legacy [ˈlɛgəsɪ] n legado; (fig) herança

legal [ˈli:gl] adj legal; **~ holiday** (US) n feriado; **~ly** adv legalmente; (in terms of law) de acordo com a lei; **~ tender** n moeda corrente

legend [ˈlɛdʒənd] n lenda; (person) mito; **~ary** adj legendário

legislation [lɛdʒɪsˈleɪʃən] n legislação f

legislature [ˈlɛdʒɪslətʃə²] n legislatura

legitimate [lɪˈdʒɪtɪmət] adj legítimo

leg-room n espaço para as pernas

leisure [ˈlɛʒə²] n lazer m; **at ~** desocupado, livre; **~ centre** n centro de lazer; **~ly** adj calmo, vagaroso

lemon [ˈlɛmən] n limão(-galego) m; **~ade** n limonada; **~ tea** n chá m de limão

lend [lɛnd] (pt, pp **lent**) vt emprestar; **~ing library** n biblioteca circulante

length [lɛŋθ] n comprimento, extensão f; (amount of time) duração f; **at ~** (at last) finalmente, afinal; (lengthily) por extenso; **~en** vt encomprir dar, alongar ♦ vi encompridar-se;

~ways *adv* longitudinalmente, ao comprido; **~y** *adj* comprido, longo; *(meeting)* prolongado

lenient ['liːnɪənt] *adj* indulgente

lens [lenz] *n (of spectacles)* lente *f*; *(of camera)* objetiva

Lent [lent] *n* Quaresma

lent [lent] *pt, pp of* **lend**

lentil ['lentl] *n* lentilha

Leo ['liːəu] *n* Leão *m*

leotard ['liːətɑːd] *n* collant *m*

leprosy ['leprəsɪ] *n* lepra

lesbian ['lezbɪən] *n* lésbica

less [les] *adj, pron, adv* menos ♦ *prep*: ~ **tax/10% discount** menos imposto/10% de desconto; ~ **than ever** menos do que nunca; ~ **and** ~ cada vez menos; **the** ~ **he works ...** quanto menos trabalha ...

lessen ['lesn] *vi* diminuir, minguar ♦ *vt* diminuir, reduzir

lesser ['lesə*] *adj* menor; **to a** ~ **extent** nem tanto

lesson ['lesn] *n* aula; *(example, warning)* lição *f*; **to teach sb a** ~ *(fig)* dar uma lição em alguém

lest [lest] *conj*: ~ **it happen** para que não aconteça

let [let] *(pt, pp* let) *vt (allow)* deixar; *(BRIT: lease)* alugar; **to** ~ **sb know sth** avisar alguém de algo; ~**'s go!** vamos!; **"to** ~**"** "aluga-se"; ~ **down** *vt (tyre)* esvaziar; *(disappoint)* desapontar; ~ **go** *vt, vi* soltar; ~ **in** *vt* deixar entrar; *(visitor etc)* fazer entrar; ~ **off** *vt (culprit)* perdoar; *(firework etc)* soltar; ~ **on** *vi* revelar; ~ **out** *vt* deixar sair; *(scream)* soltar; ~ **up** *vi* cessar, afrouxar

lethal ['liːθl] *adj* letal

lethargic [le'θɑːdʒɪk] *adj* letárgico

letter ['letə*] *n (of alphabet)* letra; *(correspondence)* carta; ~ **bomb** *n* carta-bomba; ~**box** *(BRIT) n* caixa do correio; ~**ing** *n* letras *fpl*

lettuce ['letɪs] *n* alface *f*

let-up *n* diminuição *f*, afrouxamento

leukaemia [luːˈkiːmɪə] *(US* **leukemia)** *n* leucemia

level ['levl] *adj (flat)* plano ♦ *adv*: **to draw** ~ **with** alcançar ♦ *n* nível *m*; *(height)* altura ♦ *vt* aplanar; **"A"** ~**s** *(BRIT) npl* = vestibular *m*; **"O"** ~**s** *npl exames optativos feitos após o término do 10 Grau*; **to be** ~ **with** estar no mesmo nível que; **on the** ~ em nível; *(fig: honest)* sincero; ~ **off** *or* **out** *vi (prices etc)* estabilizar-se; ~ **crossing** *(BRIT) n* passagem *f* de nível; ~**-headed** *adj* sensato

lever ['liːvə*] *n* alavanca; *(fig)* estratagema *m*; ~**age** *n* força de uma alavanca; *(fig: influence)* influência

levity ['levɪtɪ] *n* leviandade *f*, frivolidade *f*

levy ['levɪ] *n* imposto, tributo ♦ *vt* arrecadar, cobrar

lewd [luːd] *adj* obsceno, lascivo

liability [laɪə'bɪlɪtɪ] *n* responsabilidade *f*; *(handicap)* desvantagem *f*; **liabilities** *npl (COMM)* exigibilidades *fpl*, obrigações *fpl*

liable ['laɪəbl] *adj (subject)*: ~ **to** sujeito a; *(responsible)*: ~ **for** responsável por; *(likely)*: ~ **to do** capaz de fazer

liaise [liːˈeɪz] *vi*: **to** ~ **(with)** cooperar (com)

liaison [liːˈeɪzɔn] *n (coordination)* ligação *f*; *(affair)* relação *f* amorosa

liar ['laɪə*] *n* mentiroso/a

libel ['laɪbl] *n* difamação *f* ♦ *vt* caluniar, difamar

liberal ['lɪbərl] *adj* liberal; *(generous)* generoso

liberate ['lɪbəreɪt] *vt* libertar; **liberation** *n* liberação *f*, libertação *f*

liberty ['lɪbətɪ] *n* liberdade *f*; *(criminal)*: **to be at** ~ estar livre; **to be at** ~ **to do** ser livre de fazer

Libra ['liːbrə] *n* Libra, Balança

librarian [laɪˈbreərɪən] *n* bibliotecário/a

library ['laɪbrərɪ] *n* biblioteca

Libya ['lɪbɪə] *n* Líbia; ~**n** *adj, n* líbio/a

lice [laɪs] *npl of* **louse**

licence ['laɪsns] *(US* **license)** *n (gen, COMM)* licença; *(AUT)* carta de motorista (BR), carta de condução (PT)

license ['laɪsns] n (US) = **licence** ♦ vt autorizar, dar licença a; **~d** adj (car) autorizado oficialmente; (for alcohol) autorizado para vender bebidas alcoólicas; **~ plate** (US) n (AUT) placa (de identificação) (do carro)

lick [lɪk] vt lamber; (inf: defeat) arrasar, surrar; **to ~ one's lips** (also fig) lamber os beiços

licorice ['lɪkərɪs] (US) n = **liquorice**

lid [lɪd] n tampa; (eye~) pálpebra

lie [laɪ] (pt **lay**, pp **lain**) vi (act) deitar-se; (state) estar deitado; (object: be situated) estar, encontrar-se; (fig: problem, cause) residir; (in race, league) ocupar; (tell ~s: pt, pp **~d**) mentir ♦ n mentira; **to ~ low** (fig) esconder-se; **~ about** or **around** vi (things) estar espalhado; (people) vadiar; **~down** (BRIT) n: **to have a ~down** descansar; **~-in** (BRIT) n: **to have a ~-in** dormir até tarde

lieu [luː]: **in ~ of** prep em vez de

lieutenant [lef'tɛnənt, (US) luː'tɛnənt] n (MIL) tenente m

life [laɪf] (pl **lives**) n vida; **to come to ~** animar-se; **~ assurance** (BRIT) n = **insurance**; **~belt** (BRIT) n cinto salva-vidas; **~boat** n barco salva-vidas; **~guard** n (guarda m/f) salva-vidas m/f inv; **~ imprisonment** n prisão f perpétua; **~ insurance** n seguro de vida; **~ jacket** n colete m salva-vidas; **~less** adj sem vida; **~like** adj natural; (realistic) realista; **~line** n corda salva-vidas; **~long** adj que dura toda a vida; **~ preserver** (US) n = **~belt**; **~ jacket**; **~ sentence** n pena de prisão perpétua; **~-size(d)** adj de tamanho natural; **~span** n vida, duração f; **~ style** n estilo de vida; **~ support system** n (MED) sistema m de respiração artificial; **~time** n vida

lift [lɪft] vt levantar ♦ vi (fog)

dispersar-se, dissipar-se ♦ n (BRIT: elevator) elevador m; **to give sb a ~** (BRIT) dar uma carona para alguém (BR), dar uma boleia a alguém (PT); **~-off** n decolagem f

light [laɪt] (pt, pp **lit**) n luz f; (AUT: headlight) farol m; (: rear ~) luz traseira; (for cigarette etc): **have you got a ~?** tem fogo? ♦ vt acender; (room) iluminar ♦ adj (colour, room) claro; (not heavy, fig) leve; (rain, traffic) fraco; (movement) delicado; **~s** npl (AUT) sinal m de trânsito; **to come to ~** vir à tona; **in the ~ of** à luz de; **~ up** vi iluminar-se ♦ vt iluminar; **~ bulb** n lâmpada; **~en** vt tornar mais leve; **~er** n (also: cigarette ~er) isqueiro, acendedor m; **~-headed** adj (dizzy) aturdido, tonto; (excited) exaltado; **~-hearted** adj alegre, despreocupado; **~house** n farol m; **~ing** n iluminação f; **~ly** adv ligeiramente; **to get off ~ly** conseguir se safar, livrar a cara (inf); **~ness** n (in weight) leveza

lightning ['laɪtnɪŋ] n relâmpago, raio; **~ conductor** n pára-raios m inv; **~ rod** (US) n = **~ conductor**

light: **~ pen** n caneta leitora; **~weight** adj (suit) leve; (BOXING) peso-leve; **~ year** n ano-luz m

like [laɪk] vt gostar de ♦ prep como; (such as) tal qual ♦ adj parecido, semelhante ♦ n: **the ~** coisas fpl parecidas; **his ~s and dislikes** seus gostos e aversões; **I would ~**, **I'd ~** (eu) gostaria de; **to be** or **look ~ sb/sth** parecer-se com alguém/algo, parecer alguém/algo; **do it ~ this** faça isso assim; **it is nothing ~ ...** não se parece nada com ...; **~able** adj simpático, agradável

likelihood ['laɪklɪhud] n probabilidade f

likely ['laɪklɪ] adj provável; **he's ~ to leave é** provável que ele se vá; **not ~!** (inf) nem morto!

likeness ['laɪknɪs] n semelhança; **that's a good ~** tem uma grande semelhança

likewise ['laɪkwaɪz] *adv* igualmente; to do ~ fazer o mesmo

liking ['laɪkɪŋ] *n* afeição *f*, simpatia; to be to sb's ~ ser ao gosto de alguém

lilac ['laɪlək] *n* lilás *m*

lily ['lɪlɪ] *n* lírio, açucena; ~ **of the valley** *n* lírio-do-vale *m*

limb [lɪm] *n* membro

limber up ['lɪmbə*-] *vi* (SPORT) fazer aquecimento

limbo ['lɪmbəʊ] *n*: to be in ~ (*fig*) viver na expectativa

lime [laɪm] *n* (*tree*) limeira; (*fruit*) limão *m*; (*also*: ~ **juice**) suco (BR) or sumo (PT) de limão; (GEO) cal *f*

limelight ['laɪmlaɪt] *n*: to be in the ~ ser o centro das atenções

limerick ['lɪmərɪk] *n* quintilha humorística

limestone ['laɪmstəʊn] *n* pedra calcária

limit ['lɪmɪt] *n* limite *m* ♦ *vt* limitar; ~**ed** *adj* limitado; to be ~ed to limitar-se a; ~**ed (liability) company** (BRIT) *n* = sociedade *f* anônima

limp [lɪmp] *n*: to have a ~ mancar, ser coxo ♦ *vi* mancar ♦ *adj* frouxo

limpet ['lɪmpɪt] *n* lapa

line [laɪn] *n* linha; (*rope*) corda; (*wire*) fio; (*row*) fila, fileira; (*on face*) ruga ♦ *vt* (*road, room*) encarreirar; (*container, clothing*) forrar; to ~ the streets ladear as ruas; in ~ with de acordo com; ~ **up** *vi* enfileirar-se ♦ *vt* enfileirar; (*set up, have ready*) preparar, arranjar

lined [laɪnd] *adj* (*face*) enrugado; (*paper*) pautado

linen ['lɪnɪn] *n* artigos de cama e mesa; (*cloth*) linho

liner ['laɪnə*] *n* navio de linha regular; (*also*: **bin** ~) saco para lata de lixo

linesman ['laɪnzmən] (*irreg*) *n* (SPORT) juiz *m* de linha

line-up *n* formação *f* em linha, alinhamento; (SPORT) escalação *f*

linger ['lɪŋgə*] *vi* demorar-se,

retardar-se; (*smell, tradition*) persistir

lingerie ['lænʒəriː] *n* lingerie *f*, roupa de baixo (de mulher)

lingo ['lɪŋgəʊ] (*inf*) (*pl* ~**es**) *n* língua

linguistics ['lɪŋgwɪstɪks] *n* lingüística

lining ['laɪnɪŋ] *n* forro; (ANAT) parede *f*

link [lɪŋk] *n* (*of a chain*) elo; (*connection*) conexão *f* ♦ *vt* vincular, unir; (*associate*): to ~ **with** or to unir a; ~**s** *npl* (GOLF) campo de golfe; ~ **up** *vt* acoplar ♦ *vi* unir-se

lino ['laɪnəʊ] *n* = **linoleum**

linoleum [lɪ'nəʊlɪəm] *n* linóleo

lion ['laɪən] *n* leão *m*; ~**ess** *n* leoa

lip [lɪp] *n* lábio; ~**read** (*irreg*) *vi* ler os lábios; ~ **salve** *n* pomada para os lábios; ~ **service** *n*: to pay ~ **service to sth** devotar-se a *or* elogiar algo falsamente; ~**stick** *n* batom *m*

liqueur [lɪ'kjʊə*] *n* licor *m*

liquid ['lɪkwɪd] *adj* líquido ♦ *n* líquido

liquidize ['lɪkwɪdaɪz] *vt* (CULIN) liquidificar, passar no liqüidificador; ~**r** (BRIT) *n* (CULIN) liqüidificador *m*

liquor ['lɪkə*] *n* licor *m*, bebida alcoólica

liquorice ['lɪkərɪs] (BRIT) *n* alcaçuz *m*

liquor store (US) *n* loja que vende bebidas alcoólicas

Lisbon ['lɪzbən] *n* Lisboa

lisp [lɪsp] *n* ceceio ♦ *vi* cecear, falar com a língua presa

list [lɪst] *n* lista ♦ *vt* (*write down*) fazer uma lista *or* relação de; (*enumerate*) enumerar; ~**ed building** (BRIT) *n* prédio tombado

listen ['lɪsn] *vi* escutar, ouvir; to ~ to escutar; ~**er** *n* ouvinte *m/f*

listless ['lɪstlɪs] *adj* apático, indiferente

lit [lɪt] *pt, pp of* **light**

liter ['liːtə*] (US) *n* = **litre**

literacy ['lɪtərəsɪ] *n* capacidade *f* de ler e escrever, alfabetização *f*

literal ['lɪtərl] *adj* literal

literary ['lɪtərərɪ] *adj* literário

literate ['lɪtərət] adj alfabetizado, instruido; (educated) culto, letrado

literature ['lɪtrɪtʃəˀ] n literatura; (brochures etc) folhetos mpl

lithe [laɪð] adj ágil

litigation [lɪtɪ'geɪʃən] n litígio

litre ['liːtəˀ] (US **liter**) n litro

litter ['lɪtəˀ] n (rubbish) lixo; (young animals) ninhada; ~ **bin** (BRIT) n lata de lixo; **~ed** adj: **~ed with** semeado de

little ['lɪtl] adj (small) pequeno; (not much) pouco ♦ often translated by suffix: eg: ~ **house** casinha ♦ adv pouco; **a ~** um pouco (de); **for a ~ while** por um instante; **as ~ as** possible o menos possível; **~ by ~** pouco a pouco; **~ finger** n dedo mindinho

live [vi lɪv, adj laɪv] vi viver; (reside) morar ♦ adj vivo; (wire) eletrizado; (broadcast) ao vivo; (shell) carregado; ~ **ammunition** munição de guerra; ~ **down** vt redimir; ~ **on** vt fus viver de, alimentar-se de; **to ~ on £50 a week** viver com £50 por semana; ~ **together** vi viver juntos; ~ **up to** vt fus (fulfil) cumprir

livelihood ['laɪvlɪhud] n meio de vida, subsistência

lively ['laɪvlɪ] adj vivo

liven up ['laɪvn-] vt animar ♦ vi animar-se

liver ['lɪvəˀ] n fígado

livery ['lɪvərɪ] n libré f

lives [laɪvz] npl of **life**

livestock ['laɪvstɔk] n gado

livid ['lɪvɪd] adj lívido; (inf: furious) furioso

living ['lɪvɪŋ] adj vivo ♦ n: **to earn** or **make a ~** ganhar a vida; ~ **conditions** npl condições fpl de vida; ~ **room** n sala de estar; ~ **standards** npl padrão m or nível m de vida; ~ **wage** n salário de subsistência

lizard ['lɪzəd] n lagarto

load [ləud] n carga; (weight) peso ♦ vt (gen, COMPUT) carregar; **a ~ of**, **~s of** (fig) um monte de, uma porção de; **~ed** adj (vehicle): **to be**

~ed with estar carregado de; (question) intencionado; (inf: rich) cheio da nota

loaf [ləuf] (pl **loaves**) n pão-de-forma m

loan [ləun] n empréstimo ♦ vt emprestar; **on ~** emprestado

loath [ləuθ] adj: **to be ~ to do sth** estar pouco inclinado a fazer algo, relutar em fazer algo

loathe [ləuð] vt detestar, odiar

loaves [ləuvz] npl of **loaf**

lobby ['lɔbɪ] n vestíbulo, saguão m; (POL: pressure group) grupo de pressão, lobby m ♦ vt pressionar

lobe [ləub] n lóbulo

lobster ['lɔbstəˀ] n lagostim m; (large) lagosta

local ['ləukl] adj local ♦ n (pub) bar m (local); **the ~s** npl (~ inhabitants) os moradores locais; ~ **authority** n município; ~ **call** n (TEL) ligação f local; ~ **government** n administração f municipal; **~ly** adv nos arredores, na vizinhança

locate [ləu'keɪt] vt (find) localizar, situar; (situate): **to be ~d in** estar localizado em

location [ləu'keɪʃən] n local m, posição f; **on ~** (CINEMA) em externas

loch [lɔx] n lago

lock [lɔk] n (of door, box) fechadura; (of canal) eclusa; (of hair) anel m, mecha ♦ vt (with key) trancar ♦ vi (door etc) fechar-se à chave; (wheels) travar-se; ~ **in** vt trancar dentro; ~ **out** vt trancar do lado de fora; ~ **up** vt (criminal, mental patient) prender; (house) trancar ♦ vi fechar tudo

locker ['lɔkəˀ] n compartimento com chave

locket ['lɔkɪt] n medalhão m

locksmith ['lɔksmɪθ] n serralheiro/a

lockup ['lɔkʌp] (US) n prisão f

locomotive [ləukə'məutɪv] n locomotiva

locum ['ləukəm] n (MED) (médico/a) interino/a

locust ['ləukəst] n gafanhoto

lodge [lɔdʒ] n casa do guarda, guarita; (hunting ~) pavilhão m de caça ♦ vi (person): **to ~ (with)** alojar-se (na casa de) ♦ vt (complaint) apresentar; ~r n inquilino/a, hóspede m/f

lodgings ['lɔdʒɪŋz] npl quarto (mobiliado)

loft [lɔft] n sótão m

lofty ['lɔftɪ] adj (haughty) altivo, arrogante; (sentiments, aims) nobre

log [lɔg] n (of wood) tora; (book) = **logbook** ♦ vt registrar

logbook ['lɔgbuk] n (NAUT) diário de bordo; (AVIAT) diário de vôo; (of car) documentação f (do carro)

loggerheads ['lɔgəhɛdz] npl: **at ~ (with)** às turras (com)

logic ['lɔdʒɪk] n lógica; **~al** adj lógico

logo ['ləugəu] n logotipo

loin [lɔɪn] n (CULIN) (carne f de) lombo

loiter ['lɔɪtə*] vi perder tempo

loll [lɔl] vi (also: **~ about**) refestelar-se, reclinar-se

lollipop ['lɔlɪpɔp] n pirulito (BR), chupa-chupa m (PT); **~ lady** (BRIT) n guarda para pedestres; **~ man** (BRIT: irreg) n guarda m para pedestres

London ['lʌndən] n Londres; **~er** n londrino/a

lone [ləun] adj (person) solitário; (thing) único

loneliness ['ləunlɪnɪs] n solidão f, isolamento

lonely ['ləunlɪ] adj (person) só; (place) solitário, isolado

long [lɔŋ] adj longo; (road, hair, table) comprido ♦ adv muito tempo ♦ vi: **to ~ for sth** ansiar or suspirar por algo; **how ~ is the street?** qual é a extensão da rua?; **how ~ is the lesson?** quanto dura a lição?; **all night ~** a noite inteira; **he no ~er comes** ele não vem mais; **~before/after** muito antes/depois; **before ~** (+ future) dentro de pouco; (+ past) pouco tempo depois; **at ~ last** por fim, no final; **so or as ~ as** contanto que; **~-distance** adj (travel) de longa distância; (call) interurbano; **~-haired** adj cabeludo; (animal) peludo; **~-hand** n escrita usual; **~ing** n desejo, anseio

longitude ['lɔŋgɪtjuːd] n longitude f

long: **~ jump** n salto em distância; **~-life** adj longa vida; **~-lost** adj perdido há muito (tempo); **~-playing record** n elepê m (BR), LP m (PT); **~-range** adj de longo alcance; (forecast) a longo prazo; **~-sighted** adj presbita; **~-standing** adj de muito tempo; **~-suffering** adj paciente, resignado; **~-term** adj a longo prazo; **~ wave** n (RADIO) onda longa; **~-winded** adj prolixo, cansativo

loo [luː] (BRIT) n banheiro (BR), casa de banho (PT)

look [luk] vi olhar; (seem) parecer; (building etc): **to ~ south/(out) onto the sea** dar para o sul/o mar ♦ n olhar m; (glance) olhada, vista de olhos; (appearance) aparência, aspecto; **~s** npl (good ~s) físico, aparência; **(here!)** (annoyance) escuta aqui!; **~!** (surprise) olha!; **~ after** vt fus cuidar de; (deal with) tomar conta de; **~ at** vt fus olhar (para); (read quickly) ler rapidamente; (consider) considerar; **~ back** vi: **to ~ back on** (remember) recordar, rever; **~ down on** vt fus (fig) desdenhar, desprezar; **~ for** vt fus procurar; **~ forward to** vt fus aguardar com prazer, ansiar por; (in letter): **we ~ forward to hearing from you** no aguardo de suas notícias; **~ into** vt fus investigar; **~ on** vi assistir; **~ out** vi (beware): **to ~ out (for)** tomar cuidado (com); **~ out for** vt fus (await) esperar; **~ round** vi virar a cabeça, voltar-se; **~ through** vt fus (papers, book) examinar; **~ to** vt fus (rely on) contar com; **~ up** vi levantar os olhos; (improve) melhorar ♦ vt (word) procurar; **~out** n (tower etc) posto de observação, guarita; (person) vigia m; **to be on the ~out for sth** estar na expectativa de algo

loom [lu:m] *n* tear *m* ♦ *vi* (*also*: ~ up) agigantar-se; (*event*) aproximar-se

loony ['lu:nɪ] (*inf*) *adj* meio doido ♦ *n* debil *m/f* mental

loop [lu:p] *n* laço *m* ♦ *vt*: **to ~ sth round sth** prender algo em torno de algo; **~hole** *n* escapatória

loose [lu:s] *adj* solto; (*not tight*) frouxo ♦ *n*: **to be on the ~** estar solto; **~ change** *n* trocado; **~ chippings** *npl* (*on road*) pedrinhas *fpl* soltas; **~ end** *n*: **to be at a ~ end** (*BRIT*) or **at ~ ends** (*US*) (*fig*) não ter o que fazer; **~ly** *adv* frouxamente, folgadamente; **~n** *vt* (*free*) soltar; (*slacken*) afrouxar

loot [lu:t] *n* saque *m*, despojo ♦ *vt* saquear, pilhar

lop off [lɔp-] *vt* cortar; (*branches*) podar

lopsided [lɔp'saɪdɪd] *adj* torto

lord [lɔ:d] *n* senhor *m*; **L~ Smith** Lord Smith; **the L~** (*REL*) o Senhor; **good L~!** Deus meu!; **the (House of) L~s** (*BRIT*) a Câmara dos Lordes; **~ship** *n*: **Your L~ship** Vossa senhoria

lore [lɔ:*] *n* sabedoria popular, tradições *fpl*

lorry ['lɔrɪ] (*BRIT*) *n* caminhão *m* (*BR*), camião *m* (*PT*); **~ driver** (*BRIT*) *n* caminhoneiro (*BR*), camionista *m/f* (*PT*)

lose [lu:z] (*pt, pp* **lost**) *vt, vi* perder; **to ~ (time)** (*clock*) atrasar-se; **~r** *n* perdedor(a) *m/f*; (*inf*: *failure*) derrotado(a), fracassado/a

loss [lɔs] *n* perda; (*COMM*): **to make a ~** sair com prejuízo; **heavy ~es** (*MIL*) grandes perdas; **to be at a ~** estar perplexo

lost [lɔst] *pt, pp of* **lose** ♦ *adj* perdido; **~ and found** (*US*) seção *f* de perdidos e achados *mpl*; **~ property** (*BRIT*) *n* (objetos *mpl*) perdidos e achados *mpl*

lot [lɔt] *n* (*set of things*) porção *f*; (*at auctions*) lote *m*; **the ~** tudo, todos/

as; **a ~ muito**, bastante; **a ~ of**, **~s of muito(s)**; **I read a ~** leio bastante; **to draw ~s** tirar à sorte

lotion ['ləuʃən] *n* loção *f*

lottery ['lɔtərɪ] *n* loteria

loud [laud] *adj* (*voice*) alto; (*shout*) forte; (*noise*) barulhento; (*support*, *condemnation*) veemente; (*gaudy*) berrante ♦ *adv* alto; **out ~** em voz alta; **~hailer** (*BRIT*) *n* megafone *m*; **~ly** *adv* ruidosamente; (*aloud*) em voz alta; **~speaker** *n* alto-falante *m*

lounge [laundʒ] *n* sala *f* de estar; (*of airport*) salão *m*; (*BRIT*: *also*: ~ **bar**) bar *m* social ♦ *vi* recostar-se, espreguiçar-se; **~ about** *vi* ficar à toa; **~ around** *vi* = **~ about**; **~ suit** (*BRIT*) *n* terno (*BR*), fato (*PT*)

louse [laus] (*pl* **lice**) *n* piolho

lousy ['lauzɪ] (*inf*) *adj* ruim, péssimo; (*ill*): **to feel ~** sentir-se mal

lout [laut] *n* rústico, grosseiro

lovable ['lʌvəbl] *adj* adorável, simpático

love [lʌv] *n* amor *m* ♦ *vt* amar; (*care for*) gostar; (*activity*): **to ~ to do** gostar (muito) de fazer; **~ (from) Anne** (*on letter*) um abraço or um beijo, Anne; **I ~ coffee** adoro o café; **"15 ~"** (*TENNIS*) "15 a zero"; **to be in ~ with** estar apaixonado por; **to fall in ~ with** apaixonar-se por; **to make ~** fazer amor; **~ affair** *n* aventura (amorosa), caso (de amor); **~ letter** *n* carta de amor; **~ life** *n* vida sentimental

lovely ['lʌvlɪ] *adj* encantador(a), delicioso; (*beautiful*) lindo, belo; (*holiday*) muito agradável, maravilhoso

lover ['lʌvə*] *n* amante *m/f*

loving ['lʌvɪŋ] *adj* carinhoso, afetuoso; (*actions*) dedicado

low [ləu] *adj* baixo; (*depressed*) deprimido; (*ill*) doente ♦ *adv* baixo ♦ *n* (*METEOROLOGY*) área de baixa pressão; **to be ~ on** (*supplies*) ter pouco; **to reach a new** *or* **an all-time ~** cair para o seu nível mais baixo; ~**alcohol** adj de baixo teor alcoólico; ~**cut** adj (dress) decotado; ~**er** adj mais baixo; (less important) inferior ♦ vt abaixar; (reduce) reduzir, diminuir; ~**fat** adj magro; ~**lands** npl planície f; ~**ly** adj humilde

loyal ['lɔɪəl] adj leal; ~**ty** n lealdade f

lozenge ['lɔzɪndʒ] n (MED) pastilha

LP n abbr = long-playing record

L-plates ['elpleɪts] (BRIT) npl placas fpl de aprendiz de motorista

Ltd (BRIT) abbr (= limited (liability) company) SA

lubricate ['lu:brɪkeɪt] vt lubrificar

luck [lʌk] n sorte f; **bad** ~ azar m; **good** ~! boa sorte!; **bad** or **hard** or **tough** ~! que azar!; ~**ily** adv por sorte, felizmente; ~**y** adj (person) sortudo; (situation) afortunado; (object) de sorte

ludicrous ['lu:dɪkrəs] adj ridículo

lug [lʌg] (inf) vt arrastar

luggage ['lʌgɪdʒ] n bagagem f; ~ **rack** n porta-bagagem m, bagageiro

lukewarm ['lu:kwɔ:m] adj morno, tépido; (fig) indiferente

lull [lʌl] n pausa, interrupção f ♦ vt: **to** ~ **sb to sleep** acalentar alguém; **to be** ~**ed into a false sense of security** ser acalmado com uma falsa sensação de segurança

lullaby ['lʌləbaɪ] n canção f de ninar

lumber ['lʌmbə*] n (junk) trastes mpl velhos; (wood) madeira serrada, tábua ♦ vt: **to** ~ **sb with sth/sb** empurrar algo/alguém para cima de alguém; ~**jack** n madeireiro, lenhador m

luminous ['lu:mɪnəs] adj luminoso

lump [lʌmp] n torrão m; (fragment) pedaço, torrão; (on body) galo, caroço; (also: **sugar** ~) cubo de açúcar ♦ vt: **to** ~ **together** amontoar; **a** ~ **sum** uma quantia global; ~**y** adj encaroçado

lunatic ['lu:nətɪk] adj louco/a

lunch [lʌntʃ] n almoço

luncheon ['lʌntʃən] n almoço formal; ~ **meat** n bolo de carne;

voucher (BRIT) n vale m para refeição, ticket m restaurante

lunch time n hora do almoço

lung [lʌŋ] n pulmão m

lunge [lʌndʒ] vi (also: ~ **forward**) dar estocada or bote; **to** ~ **at** arremeter-se contra

lurch [lɜ:tʃ] vi balançar ♦ n solavanco; **to leave sb in the** ~ deixar alguém em apuros, deixar alguém na mão (inf)

lure [luə*] n isca ♦ vt atrair, seduzir

lurid ['luərɪd] adj horrível

lurk [lɜ:k] vi (hide) esconder-se; (wait) estar à espreita

luscious ['lʌʃəs] adj (person, thing) atraente; (food) delicioso

lush [lʌʃ] adj exuberante

lust [lʌst] n luxúria; (greed) cobiça; ~ **after** or **for** vt fus cobiçar

lustre ['lʌstə*] (US **luster**) n lustre m, brilho

lusty ['lʌstɪ] adj robusto, forte

Luxembourg ['lʌksəmbə:g] n Luxemburgo

luxuriant [lʌg'zjuərɪənt] adj luxuriante, exuberante

luxurious [lʌg'zjuərɪəs] adj luxuoso

luxury ['lʌkʃərɪ] n luxo ♦ cpd de luxo

lying ['laɪɪŋ] n mentira(s) f(pl) ♦ adj mentiroso, falso

lynch [lɪntʃ] vt linchar

lyrical ['lɪrɪkəl] adj lírico

lyrics ['lɪrɪks] npl (of song) letra

M

m abbr (= metre) m; (= mile) mil.; = million

M.A. abbr (SCH) = Master of Arts

mac [mæk] (BRIT) n capa impermeável

Macao [mə'kau] n Macau

macaroni [mækə'rəʊnɪ] n macarrão m

machine [mə'ʃi:n] n máquina ♦ vt (dress etc) costurar à máquina; (TECH) usinar; ~ **gun** n metralhadora; ~ **language** n (COMPUT) linguagem *f* de máquina; **~ry** *n* maquinaria; *(fig)* máquina

macho ['mæt∫əʊ] *adj* machista

mackerel ['mækrl] *n inv* cavala

mackintosh ['mækɪntɔ∫] *(BRIT) n* capa impermeável

mad [mæd] *adj* louco; *(foolish)* tolo; *(angry)* furioso, brabo; *(keen):* to be ~ about ser louco por

madam ['mædəm] *n* senhora, madame *f*

madden ['mædn] *vt* exasperar

made [meɪd] *pt, pp of* **make**

Madeira [mə'dɪərə] *n (GEO)* Madeira; *(wine)* (vinho) Madeira *m*

made-to-measure *(BRIT) adj* feito sob medida

madly ['mædlɪ] *adv* loucamente; ~ in love louco de amor

madman ['mædmən] *(irreg) n* louco

madness ['mædnɪs] *n* loucura; *(foolishness)* tolice *f*

Madrid [mə'drɪd] *n* Madri (BR), Madrid (PT)

magazine [mægə'ziːn] *n (PRESS)* revista; *(RADIO, TV)* programa de atualidades

maggot ['mægət] *n* larva de inseto

magic ['mædʒɪk] *n* magia, mágica ♦ *adj* mágico; **~al** *adj* mágico; **~ian** *n* mago/a; *(entertainer)* mágico/a

magistrate ['mædʒɪstreɪt] *n* magistrado/a, juiz/juíza *m/f*

magnet ['mægnɪt] *n* ímã *m*; **~ic** *adj* magnético

magnificent [mæg'nɪfɪsnt] *adj* magnífico

magnify ['mægnɪfaɪ] *vt* aumentar; **~ing glass** *n* lupa, lente *f* de aumento

magnitude ['mægnɪtjuːd] *n* magnitude *f*

magpie ['mægpaɪ] *n* pega

mahogany [mə'hɔgənɪ] *n* mogno, acaju *m*

maid [meɪd] *n* empregada; **old ~** *(pej)* solteirona

maiden ['meɪdn] *n* moça, donzela ♦ *adj (aunt etc)* solteirona; *(speech, voyage)* inaugural; **~ name** *n* nome

m de solteira

mail [meɪl] *n* correio; *(letters)* cartas *fpl* ♦ *vt* pôr no correio; **~box** (US) *n* caixa do correio; **~ing list** *m;* ~ **order** *n* pedido por reembolso postal

maim [meɪm] *vt* mutilar, aleijar

main [meɪn] *adj* principal ♦ *n (pipe)* cano or esgoto principal; the **~s** *npl (ELEC, gas, water)* a rede; **in the** ~ na maior parte; **~frame** *n (COMPUT)* mainframe *m;* **~land** *n:* the **~land** o continente; **~ly** *adv* principalmente; ~ **road** *n* estrada principal; **~stay** *n (fig)* esteio; **~stream** *n* corrente *f* principal

maintain [meɪn'teɪn] *vt* manter; *(keep up)* conservar (em bom estado); *(affirm)* sustentar, afirmar; **maintenance** *n* manutenção *f; (alimony)* alimentos *mpl,* pensão *f* alimentícia

maize [meɪz] *n* milho

majestic [mə'dʒɛstɪk] *adj* majestoso

majesty ['mædʒɪstɪ] *n* majestade *f*

major ['meɪdʒə*] *n (MIL)* major *m* ♦ *adj (main)* principal; *(considerable)* importante; *(MUS)* maior

Majorca [mə'jɔːkə] *n* Maiorca

majority [mə'dʒɔrɪtɪ] *n* maioria

make [meɪk] *(pt, pp* **made)** *vt* fazer; *(manufacture)* fabricar, produzir; *(cause to be):* **to ~ sb sad** entristecer alguém, fazer alguém ficar triste; *(force):* **to ~ sb do sth** fazer com que alguém faça algo; *(equal):* **2** **and 2 ~ 4** dois e dois são quatro ♦ *n* marca; **to ~ a profit/loss** ter um lucro/uma perda; **to ~ it** *(arrive)* chegar; *(succeed)* ter sucesso; **what time do you ~ it?** que horas você tem?; **to ~ do with** contentar-se com; **~ for** *vt fus (place)* dirigir-se a; **~ out** *vt (decipher)* decifrar; *(understand)* compreender; *(see)* divisar, avistar; *(cheque)* preencher; **~ up** *vt (constitute)* constituir; *(invent)* inventar; *(parcel)* embrulhar ♦ *vi* reconciliar-se; *(with cosmetics)* maquilar-se (BR), maquilhar-se

(PT); ~ **up for** vt fus compensar;
~-**believe** n: **a world of** ~-**believe**
um mundo de faz-de-conta; ~**r** n (of
film etc) criador m; (manufacturer)
fabricante m/f; ~-**shift** adj provisório; ~-**up** n maquilagem f (BR), ma-
quilhagem f (PT); ~-**up remover** n
removedor m de maquilagem

making ['meɪkɪŋ] n (fig): **in the** ~**s**
em vias de formação; **he has the** ~**s**
of an actor ele tem tudo para ser
ator

malaise [mæ'leɪz] n mal-estar m, indisposição f

malaria [mə'lɛərɪə] n malária

Malaysia [mə'leɪzɪə] n Malaísia
(BR), Malásia (PT)

male [meɪl] n macho ♦ adj masculino; (child etc) do sexo masculino

malevolent [mə'lɛvələnt] adj malévolo

malfunction [mæl'fʌŋkʃən] n funcionamento defeituoso

malice ['mælɪs] n (ill will) malícia;
(rancour) rancor m; **malicious** adj
malevolente

malign [mə'laɪn] vt caluniar, difamar

malignant [mə'lɪgnənt] adj (MED)
maligno

mall [mɔːl] n (also: **shopping** ~)
shopping m

mallet ['mælɪt] n maço, marreta

malnutrition [mælnju:'trɪʃən] n desnutrição f

malpractice [mæl'præktɪs] n falta
profissional

malt [mɔːlt] n malte m

Malta ['mɔːltə] n Malta

mammal ['mæml] n mamífero

mammoth ['mæməθ] n mamute m
♦ adj gigantesco, imenso

man [mæn] (pl men) n homem m ♦
vt (NAUT) tripular; (MIL) guarnecer; (machine) operar; **an old** ~ um
velho; ~ **and wife** marido e mulher

manage ['mænɪdʒ] vi arranjar-se,
virar-se ♦ vt (be in charge of) dirigir, administrar; (business) gerenciar; (ship, person) controlar; ~**able**
adj manejável; (task etc) viável;

~**ment** n administração f, direção f,
gerência f; ~**r** n gerente m/f;
(SPORT) técnico/a; ~**ress** n gerente
f; ~**rial** adj administrativo, geren-
cial; **managing director** n diretor(a)
m/f geral, diretor-gerente/diretora-
gerente m/f

mandarin ['mændərɪn] n (fruit) tangerina; (person) mandarim m

mandatory ['mændətərɪ] adj obrigatório

mane [meɪn] n (of horse) crina; (of
lion) juba

maneuver [mə'nuːvə] (US) = manoeuvre

manfully ['mænfəlɪ] adv valentemen-
te

mangle ['mæŋgl] vt mutilar, estropiar

mango ['mæŋgəu] (pl ~es) n manga

mangy ['meɪndʒɪ] adj sarnento, esfarrapado

manhandle ['mænhændl] vt maltratar

manhole ['mænhəul] n poço de inspeção

manhood ['mænhud] n (age) idade f
adulta; (masculinity) virilidade f

man-hour n hora-homem f

manhunt ['mænhʌnt] n caça ao homem

mania ['meɪnɪə] n mania; ~**c** n
maníaco/a; (fig) louco/a

manic ['mænɪk] adj maníaco

manicure ['mænɪkjuə] n manicure f
(BR), manicura (PT); ~ **set** n estojo
de manicure (BR) ou manicura (PT)

manifest ['mænɪfɛst] vt manifestar,
mostrar ♦ adj manifesto, evidente;
~**ation** n manifestação f

manifesto [mænɪ'fɛstəu] (pl ~**s** or
~**es**) n manifesto

manipulate [mə'nɪpjuleɪt] vt manipular

mankind [mæn'kaɪnd] n humanidade
f, raça humana

manly ['mænlɪ] adj másculo, viril

man-made adj sintético, artificial

manner ['mænə] n modo, maneira;
(behaviour) conduta, comportamen-

to; (type): **all** ~ **of things** todos os
tipos de coisa; ~**s** npl (conduct) boas
maneiras fpl, educação f; **bad** ~**s**
falta de educação; **all** ~ **of** todo tipo
de; ~**ism** n maneirismo, hábito

manoeuvre [mə'nu:və⁰] (US **maneuver**) vt manobrar; (manipulate)
manipular ♦ vi manobrar ♦ n manobra

manor ['mænə⁰] n (also: ~ **house**)
casa senhorial, solar m

manpower ['mænpauə⁰] n potencial
m humano, mão-de-obra f

mansion ['mænʃən] n mansão f, pa-
lacete m

manslaughter ['mænslɔ:tə⁰] n homicídio involuntário

mantelpiece ['mæntlpi:s] n consolo
da lareira

manual ['mænjuəl] adj manual ♦ n
manual m

manufacture [mænju'fæktʃə⁰] vt
manufaturar, fabricar ♦ n fabricação
f; ~**r** n fabricante m/f

manure [mə'njuə⁰] n estrume m,
adubo

manuscript ['mænjuskrɪpt] n manus-
crito

many ['mɛnɪ] adj, pron muitos/as; **a
great** ~ muitíssimos; ~ **a time**
muitas vezes

map [mæp] n mapa m; ~ **out** vt traçar

maple ['meɪpl] n bordo

mar [mɑ:⁰] vt estragar

marathon ['mærəθɒn] n maratona

marauder [mə'rɔ:də⁰] n saquea-
dor(a) m/f

marble ['mɑ:bl] n mármore m; (toy)
bola de gude

March [mɑ:tʃ] n março

march [mɑ:tʃ] vi marchar; (demon-
strators) desfilar ♦ n marcha; passeata

mare [mɛə⁰] n égua

margarine [mɑ:dʒə'ri:n] n margarina

margin ['mɑ:dʒɪn] n margem f; ~**al**
adj marginal; ~**al seat** (POL) cadeira ganha por pequena maioria

marigold ['mærɪgəuld] n malmequer
m

marijuana [mærɪ'wɑ:nə] n maconha

marinate ['mærɪneɪt] vt marinar, pôr
em escabeche

marine [mə'ri:n] adj marinho; (engineer) naval ♦ n fuzileiro naval

marital ['mærɪtl] adj matrimonial,
marital; ~ **status** estado civil

maritime ['mærɪtaɪm] adj marítimo

marjoram ['mɑ:dʒərəm] n manjero-
na

mark [mɑ:k] n marca, sinal m; (imprint) impressão f; (stain) mancha;
(BRIT: SCH) nota; (currency) marco ♦ vt marcar; (stain) manchar;
(indicate) indicar; (commemorate)
comemorar; (BRIT: SCH) dar nota
em; (: correct) corrigir; to ~ **time**
marcar passo; ~**ed** adj acentuado;
~**er** n (sign) marcador m, marca;
(bookmark) marcador

market ['mɑ:kɪt] n mercado ♦ vt
(COMM) comercializar; ~ **garden**
(BRIT) n horta; ~**ing** n marketing
m; ~**place** n mercado; ~ **research** n
pesquisa de mercado

marksman ['mɑ:ksmən] (irreg) n
bom atirador m

marmalade ['mɑ:məleɪd] n geléia de
laranja

maroon [mə'ru:n] vt: **to be** ~**ed**
ficar abandonado (numa ilha) ♦ adj
de cor castanho-avermelhado, vinho
inv

marquee [mɑ:'ki:] n toldo, tenda

marquess ['mɑ:kwɪs] n marquês m

marquis ['mɑ:kwɪs] n = **marquess**

marriage ['mærɪdʒ] n casamento; ~
bureau n agência matrimonial; ~
certificate n certidão f de casamento

married ['mærɪd] adj casado; (life,
love) conjugal

marrow ['mærəu] n medula; (vegetable) abóbora

marry ['mærɪ] vt casar(-se) com;
(subj: father, priest etc) casar ♦ vi
(also: **get married**) casar(-se)

Mars [mɑ:z] n Marte m

marsh [mɑ:ʃ] n pântano; (salt ~)

marisma

marshal ['mɑːʃl] n (MIL: also: **field ~**) marechal m; (at sports meeting etc) oficial m ♦ vt (thoughts, support) organizar; (soldiers) formar

martyr ['mɑːtə*] n mártir m/f; **~dom** n martírio

marvel ['mɑːvl] n maravilha ♦ vi: to **~ (at)** maravilhar-se (de or com); **~lous** (US **~ous**) adj maravilhoso

Marxist ['mɑːksɪst] adj, n marxista m/f

marzipan ['mɑːzɪpæn] n maçapão m

mascara [mæs'kɑːrə] n rímel ® m

masculine ['mæskjulɪn] adj masculino

mash [mæʃ] vt (CULIN) fazer um purê de; (crush) amassar; **~ed potatoes** n purê m de batatas

mask [mɑːsk] n máscara ♦ vt (face) encobrir; (feelings) esconder, ocultar

mason ['meɪsn] n (also: **stone ~**) pedreiro/a; (also: **free~**) maçom m; **~ry** n alvenaria

masquerade [mæskə'reɪd] vi: to **~ as** disfarçar-se de, fazer-se passar por

mass [mæs] n quantidade f; (people) multidão f; (PHYS) massa; (REL) missa; (great quantity) montão m ♦ cpd de massa ♦ vi reunir-se; (MIL) concentrar-se; the **~es** npl (ordinary people) as massas; **~es of** (inf) montes de

massacre ['mæsəkə*] n massacre m, carnificina

massage ['mæsɑːʒ] n massagem f

masseur [mæ'sɜː*] n massagista m; **masseuse** n massagista

massive ['mæsɪv] adj (large) enorme; (support) massivo

mass media npl meios mpl de comunicação de massa, mídia

mass production n produção f em massa, fabricação f em série

mast [mɑːst] n (NAUT) mastro m; (RADIO etc) antena

master ['mɑːstə*] n mestre m; (fig: of situation) dono; (in secondary school) professor m; (title for boys):

M~ X o menino X ♦ vt controlar; (learn) conhecer a fundo; **~ key** n chave f mestra; **~ly** adj magistral; **~mind** n (fig) cabeça ♦ vt dirigir, planejar; **M~ of Arts/Science** n (degree) mestrado; **~piece** n obra-prima; **~y** n domínio

masturbate ['mæstəbeɪt] vi masturbar-se; **masturbation** n masturbação f

mat [mæt] n esteira; (also: **door~**) capacho; (also: **table~**) descanso ♦ adj = **matt**

match [mætʃ] n fósforo; (game) jogo, partida; (equal) igual m/f ♦ vt (also: **~ up**) casar, emparelhar; (go well with) combinar com; (equal) igualar; (correspond to) corresponder a ♦ vi combinar; (couple) formar um bom casal; **~box** n caixa de fósforos; **~ing** adj que combina (com)

mate [meɪt] n (inf) colega m/f; (assistant) ajudante m/f; (animal) macho/fêmea; (in merchant navy) imediato m ♦ vi acasalar-se

material [mə'tɪərɪəl] n (substance) matéria; (equipment) material m; (cloth) pano, tecido; (data) dados mpl ♦ adj material; **~s** npl (equipment) material; **~istic** adj materialista; **~ize** vi materializar-se, concretizar-se

maternal [mə'tɜːnl] adj maternal

maternity [mə'tɜːnɪtɪ] n maternidade f; **~ dress** n vestido de gestante; **~ hospital** n maternidade f

math [mæθ] (US) n = **maths**

mathematical [mæθə'mætɪkl] adj matemático

mathematics [mæθə'mætɪks] n matemática

maths [mæθs] (US **math**) n matemática

matinée ['mætɪneɪ] n matinê f

mating call ['meɪtɪŋ-] n chamado do macho

matrices ['meɪtrɪsiːz] npl of **matrix**

matriculation [mətrɪkjuˈleɪʃən] n matrícula

matrimony ['mætriməni] n matrimónio, casamento

matrix ['meitriks] (pl **matrices**) n matriz f

matron ['meitrən] n (in hospital) enfermeira-chefe f; (in school) inspetora

matt [mæt] adj fosco, sem brilho

matted ['mætid] adj embaraçado

matter ['mætə*] n questão f, assunto; (PHYS) matéria; (substance) substância; (reading ~ etc) material m; (MED: pus) pus m ♦ vi importar; ~s npl (affairs) questões fpl; it doesn't ~ não importa; (I don't mind) tanto faz; what's the ~? o que (é que) há?, qual é o problema?; no ~ what aconteça o que acontecer; as a ~ of course por rotina; as a ~ of fact na realidade, de fato; ~-of-fact adj prosaico, prático

mattress ['mætris] n colchão m

mature [mə'tjuə*] adj maduro; (cheese, wine) amadurecido ♦ vi amadurecer; **maturity** n maturidade f

maul [mɔ:l] vt machucar, maltratar

mauve [məuv] adj cor de malva inv

maverick ['mævrik] n (fig) dissidente m/f

maxim ['mæksim] n máxima

maximum ['mæksiməm] (pl **maxima** or ~s) adj máximo ♦ n máximo

May [mei] n maio

may [mei] (pt, conditional **might**) aux vb (indicating possibility): he ~ come pode ser que ele venha, é capaz de vir; (be allowed to): ~ I smoke? posso fumar?; (wishes): God bless you! que Deus lhe abençoe

maybe ['meibi:] adv talvez; ~ not talvez não

May Day n dia m primeiro de maio

mayhem ['meihem] n caos m

mayonnaise [meiə'neiz] n maionese f

mayor [mɛə*] n prefeito (BR), presidente m do município (PT); ~ess n prefeita (BR), presidenta do municí-

pio (PT)

maze [meiz] n labirinto

MBChB (BRIT) n abbr (= Bachelor of Medicine and Surgery) grau universitário

MBE (BRIT) n abbr (= Member of the Order of the British Empire) título honorífico

me [mi:] pron me; (stressed, after prep) mim; he heard ~ ele me ouviu; it's ~ sou eu; he gave ~ the money ele deu o dinheiro para mim; give it to ~ dê-mo; with ~ comigo; without ~ sem mim

meadow ['medəu] n prado, campina

meagre ['mi:gə*] (US **meager**) adj escasso

meal [mi:l] n refeição f; (flour) farinha; ~time n hora da refeição

mean [mi:n] (pt, pp ~t) adj (with money) sovina, avarento, pão-duro inv (BR); (unkind) mesquinho; (shabby) malcuidado, dilapidado; (average) médio ♦ vt (signify) significar, querer dizer; (refer to): I thought you ~t her eu pensei que você estivesse se referindo a ela; (intend): to ~ to do sth pretender ou tencionar fazer algo ♦ n meio, meio termo; ~s npl (way, money) meio; by ~s of por meio de, mediante; by all ~s! claro que sim!, pois não; do you ~ it? você está falando sério?

meander [mi'ændə*] vi serpentear

meaning ['mi:niŋ] n sentido, significado; ~ful adj significativo; (relationship) sério; ~less adj sem sentido

meant [ment] pt, pp of **mean**

meantime ['mi:ntaim] adv (also: in the ~) entrementes, enquanto isso

meanwhile ['mi:nwail] adv = **meantime**

measles ['mi:zlz] n sarampo

measly ['mi:zli] (inf) adj miserável

measure ['meʒə*] vt, vi medir ♦ n medida; (ruler: also: tape ~) fita métrica; ~d adj medido, calculado; (tone) ponderado; ~ments npl (size) medidas fpl

meat [mi:t] n carne f; **cold ~s**
(BRIT) frios; **~ball** n almôndega; **~
pie** n bolo de carne

Mecca ['mɛkə] n Meca; (fig): **a ~
(for)** a meca (de)

mechanic [mɪ'kænɪk] n mecânico;
~al adj mecânico; **~s** n mecânica ♦
npl mecanismo

mechanism ['mɛkənɪzəm] n mecanismo

medal ['mɛdl] n medalha; **~lion** n
medalhão m; **~list** (US **~ist**) n
(SPORT) ganhador(a) m/f de medalha

meddle ['mɛdl] vi: **to ~ in** meter-se
em, intrometer-se em; **to ~ with sth**
mexer em algo

media ['mi:dɪə] npl meios mpl de comunicação, mídia

mediaeval [mɛdɪ'i:vl] adj = medieval

median ['mi:dɪən] (US) n (also: **~
strip**) canteiro divisor

mediate ['mi:dɪeɪt] vi mediar; **mediator** n mediador(a) m/f

Medicaid ['mɛdɪkeɪd] (US) n programa de ajuda médica

medical ['mɛdɪkl] adj médico ♦ n
(examination) exame m médico

Medicare ['mɛdɪkeə*] (US) n sistema federal de seguro saúde

medicated ['mɛdɪkeɪtɪd] adj medici-
nal, higienizado

medication [mɛdɪ'keɪʃən] n medicação f

medicine ['mɛdsɪn] n medicina;
(drug) remédio, medicamento

medieval [mɛdɪ'i:vl] adj medieval

mediocre [mi:dɪ'əukə*] adj mediocre

meditate ['mɛdɪteɪt] vi meditar

Mediterranean [mɛdɪtə'reɪnɪən] adj
mediterrâneo; **the ~ (Sea)** o (mar)
Mediterrâneo

medium ['mi:dɪəm] (pl **media** or
~s) adj médio ♦ n (means) meio;
(pl **~s**: person) médium m/f; **~
wave** n (RADIO) onda média

medley ['mɛdlɪ] n mistura; (MUS)
pot-pourri m

meek [mi:k] adj manso, dócil

meet [mi:t] (pt, pp **met**) vt encontrar; (accidentally) topar com, dar
de cara com; (by arrangement)
encontrar-se com, ir ao encontro de;
(for the first time) conhecer; (go and
fetch) ir buscar; (opponent, problem)
enfrentar; (obligations) cumprir;
(need) satisfazer ♦ vi encontrar-se;
(for talks) reunir-se; (join) unir-se;
(get to know) conhecer-se; **~ with** vt
fus reunir-se com; (difficulty) encontrar; **~ing** n encontro; (session: of
club etc) reunião f; (assembly) assembléia; (SPORT) corrida

megabyte ['mɛgəbaɪt] n (COMPUT)
megabyte m

megaphone ['mɛgəfəun] n megafone m

melancholy ['mɛlənkəlɪ] n melancolia ♦ adj melancólico

mellow ['mɛləu] adj (sound) melodioso, suave; (colour, wine) suave ♦
vi (person) amadurecer

melody ['mɛlədɪ] n melodia

melon ['mɛlən] n melão m

melt [mɛlt] vi (metal) fundir-se;
(snow) derreter ♦ vt derreter; **~
down** vt fundir; **~down** n fusão f;
~ing pot n (fig) mistura

member ['mɛmbə*] n membro/a; (of
club) sócio/a; (ANAT) membro; **M~
of Parliament** (BRIT) deputado/a;
~ship n (state) adesão f; (members)
número de sócios; **~ship card** n carteira de sócio

memento [mə'mɛntəu] n lembrança

memo ['mɛmou] n memorando, nota

memoirs ['mɛmwɑːz] npl memórias
fpl

memorandum [mɛmə'rændəm] (pl
memoranda) n memorando

memorial [mɪ'mɔːrɪəl] n monumento
comemorativo ♦ adj comemorativo

memorize ['mɛmoraɪz] vt decorar,
aprender de cor

memory ['mɛmərɪ] n memória; (recollection) lembrança

men [mɛn] npl of **man**

menace ['mɛnəs] n ameaça; (nuisance) droga ♦ vt ameaçar;

menacing ['mɛnəsɪŋ] adj ameaçador(a)

mend [mɛnd] vt consertar, reparar; (darn) remendar ♦ n: to be on the ~ estar melhorando; **~ing** n conserto, reparo; (clothes) roupas fpl por consertar

menial ['miːnɪəl] adj (often pej) humilde, subalterno

meningitis [mɛnɪn'dʒaɪtɪs] n meningite f

menopause ['mɛnəʊpɔːz] n menopausa

menstruation [mɛnstru'eɪʃən] n menstruação f

mental ['mɛntl] adj mental; **~ity** n mentalidade f

menthol ['mɛnθəl] n mentol m

mention ['mɛnʃən] n menção f ♦ vt (speak of) falar de; **don't ~ it!** não tem de quê!, de nada!

menu ['mɛnjuː] n (set ~, COMPUT) menu m; (printed) cardápio (BR), ementa (PT)

MEP n abbr = Member of the European Parliament

mercenary ['mɜːsɪnərɪ] adj mercenário ♦ n mercenário

merchandise ['mɜːtʃəndaɪz] n mercadorias fpl

merchant ['mɜːtʃənt] n comerciante m/f; **~ bank** (BRIT) n banco mercantil; **~ navy** (US **~ marine**) n marinha mercante

merciful ['mɜːsɪful] adj (person) misericordioso, humano; (release) afortunado

merciless ['mɜːsɪlɪs] adj desumano, inclemente

mercury ['mɜːkjʊrɪ] n mercúrio

mercy ['mɜːsɪ] n piedade f; (REL) misericórdia; at the ~ of à mercê de

mere [mɪə*] adj mero, simples inv; **~ly** adv simplesmente, somente, apenas

merge [mɜːdʒ] vt unir ♦ vi unir-se; (COMM) fundir-se; **~r** n fusão f

meringue [mə'ræŋ] n suspiro, merengue m

merit ['mɛrɪt] n mérito; (advantage)

vantagem f ♦ vt merecer

mermaid ['mɜːmeɪd] n sereia

merry ['mɛrɪ] adj alegre; **M~ Christmas!** Feliz Natal!; **~-go-round** n carrossel m

mesh [mɛʃ] n malha

mesmerize ['mɛzməraɪz] vt hipnotizar

mess [mɛs] n confusão f; (in room) bagunça; (MIL) rancho; to be in a ~ ser uma bagunça, estar numa bagunça; **~ about** (inf) vi perder tempo; (pass the time) vadiar; **~ about with** (inf) vt fus mexer com; **~ around** (inf) vi = ~ about; **~ around with** (inf) vt fus = ~ about with; **~ up** vt (spoil) estragar; (dirty) sujar

message ['mɛsɪdʒ] n recado, mensagem f

messenger ['mɛsɪndʒə*] n mensageiro/a

Messrs ['mɛsəz] abbr (on letters: = messieurs) Srs

messy ['mɛsɪ] adj (dirty) sujo; (untidy) desarrumado

met [mɛt] pt, pp of **meet**

metal ['mɛtl] n metal m

metaphor ['mɛtəfə*] n metáfora

mete out [miːt-] vt infligir

meteorology [miːtɪə'rɔlədʒɪ] n meteorologia

meter ['miːtə*] n (instrument) medidor m; (also: **parking ~**) parcômetro; (US: unit) = **metre**

method ['mɛθəd] n método; **~ical** adj metódico

Methodist ['mɛθədɪst] n metodista m/f

meths [mɛθs] (BRIT) n = **methylated spirit**

methylated spirit ['mɛθɪleɪtɪd-] (BRIT) n álcool m metílico or desnaturado

meticulous [mɛ'tɪkjuləs] adj meticuloso

metre ['miːtə*] (US **meter**) n metro

metric ['mɛtrɪk] adj métrico

metropolitan [mɛtrə'pɔlɪtən] adj metropolitano; **M~ Police** (BRIT) n:

the M~ Police a polícia de Londres

mettle ['mɛtl] n: to be on one's ~ meter-se em brios

mew [mjuː] vi miar

mews [mjuːz] (BRIT) n: ~ cottage pequena casa resultante de reforma de antigos estábulos

Mexico ['mɛksɪkəʊ] n México

miaow [miːˈaʊ] vi miar

mice [maɪs] npl of mouse

micro... [maɪkrəʊ] prefix micro...; ~chip n microchip m; ~(computer) n micro(computador) m; ~film n microfilme m; (quantity, size) médio, mediano; ~-phone n microfone m; ~scope n microscópio; ~wave n (also: ~wave oven) forno microondas

mid [mɪd] adj: ~ May/afternoon meados de maio/meio da tarde; in ~ air em pleno ar; ~day n meio-dia m

middle ['mɪdl] n meio; (waist) cintura ♦ adj meio; (quantity, size) médio, mediano; ~-aged adj de meia-idade; M~ Ages npl: the M~ Ages a Idade Média; ~ class n: the ~ class(es) a classe média ♦ adj (also: ~-class) de classe média; M~ East n: the M~ East o Oriente Médio; ~man n intermediário; ~ name n segundo nome m; ~-of-the-road adj (policy) de meio-termo; (music) romântico; ~weight n (BOXING) peso médio

middling ['mɪdlɪŋ] adj mediano

midge [mɪdʒ] n mosquito

midget ['mɪdʒɪt] n anão/anã m/f

Midlands ['mɪdləndz] npl região central da Inglaterra

midnight ['mɪdnaɪt] n meia-noite f

midriff ['mɪdrɪf] n barriga

midst [mɪdst] n: in the ~ of no meio de, entre

midsummer [mɪdˈsʌmər] n: a ~ day um dia em pleno verão

midway [mɪdˈweɪ] adj, adv: ~ (between) no meio do caminho (entre)

midweek [mɪdˈwiːk] adv no meio da semana

midwife ['mɪdwaɪf] (pl midwives) n parteira

midwinter [mɪdˈwɪntər] n: in ~ em pleno inverno

might [maɪt] vb see may ♦ n poder m, força; ~y adj poderoso, forte

migraine ['miːgreɪn] n enxaqueca

migrant ['maɪgrənt] adj migratório; (worker) emigrante

migrate [maɪˈgreɪt] vi emigrar; (birds) arribar

mike [maɪk] n abbr = microphone

mild [maɪld] adj (character) pacífico; (climate) temperado; (taste) suave; (illness) leve, benigno; (interest) pequeno

mildew ['mɪldjuː] n mofo

mildly ['maɪldlɪ] adv brandamente; (slightly) ligeiramente, um tanto; to put it ~ (inf) para não dizer coisa pior

mile [maɪl] n milha (1609 m); ~age n número de milhas; (AUT) = quilometragem f

mileometer [maɪˈlɒmɪtər] (BRIT) n = conta-quilômetros m inv

milestone ['maɪlstəʊn] n marco miliário

milieu ['miːljəː] n meio, meio social

militant ['mɪlɪtnt] adj, n militante m/f

military ['mɪlɪtərɪ] adj militar

militate ['mɪlɪteɪt] vi: to ~ against militar contra

milk [mɪlk] n leite m ♦ vt (cow) ordenhar; (fig) explorar, chupar; ~ chocolate n chocolate m de leite; ~man (irreg) n leiteiro; ~ shake n milk-shake m, leite m batido com sorvete; ~y adj leitoso; M~y Way n Via Láctea

mill [mɪl] n (wind- etc) moinho; (coffee ~) moedor m de café; (factory) moinho, engenho ♦ vt moer ♦ vi (also: ~ about) aglomerar-se, remoinhar

miller ['mɪlər] n moleiro/a

milli... ['mɪlɪ] prefix: ~gram(me) n miligrama m; ~metre (US ~meter) n milímetro

millinery ['mɪlɪnərɪ] n chapelaria de senhoras

million ['miljən] n milhão m; a ~
times um milhão de vezes; **~aire** n
milionário/a

milometer [maɪ'lɔmɪtə*] n = **mileometer**

mime [maɪm] n mímo; (actor)
mímico/a, comediante m/f ♦ vt imitar ♦ vi fazer mímica

mimic ['mɪmɪk] n mímico/a, imita-
dor(a) m/f ♦ vt imitar, parodiar

min. abbr (= minute, minimum)
min

mince [mɪns] vt moer ♦ vi (in walking) andar com afetação ♦ n
(BRIT: CULIN) carne f moída;
~meat n recheio de sebo e frutas picadas; (US: meat) carne f moída; **~
pie** n pastel com recheio de sebo e
frutas picadas; **~r** n moedor m
de carne

mind [maɪnd] n mente f; (intellect)
intelecto; (opinion): to my ~ a meu
ver; (sanity): to be out of one's ~
estar fora de si ♦ vt (attend to, look
after) tomar conta de, cuidar de; (be
careful of) ter cuidado com; (object
to): I don't ~ the noise o barulho
não me incomoda; it is on my ~
não me sai da cabeça; to keep or
bear sth in ~ levar algo em consideração, não esquecer-se de algo; to
make up one's ~ decidir-se; I
don't ~ (it doesn't worry me) eu
nem ligo; (it's all the same to me)
para mim tanto faz; ~ you, ... se
bem que ...; **never** ~! não faz mal,
não importa!; (don't worry) não se
preocupe!; **"~ the step"** "cuidado
com o degrau"; **~er** n (child-~er)
pessoa que toma conta de crianças;
(inf: bodyguard) guarda-costas m/f
inv; **~ful** adj: **~ful of** consciente de,
atento a; **~less** adj (violence) insensato; (job) monótono

mine¹ [maɪn] pron (o) meu m/(a)
minha f; a friend of ~ um amigo
meu

mine² [maɪn] n mina ♦ vt (coal) extrair, explorar; (ship, beach) minar;
~field n campo minado; (fig) área

delicada

miner ['maɪnə*] n mineiro

mineral ['mɪnərəl] adj mineral ♦ n
mineral m; **~s** npl (BRIT: soft
drinks) refrigerantes mpl; **~ water**
n água mineral

mingle ['mɪŋgl] vi: to ~ with
misturar-se com

miniature ['mɪnətʃə*] adj em miniatura ♦ n miniatura

minibus ['mɪnɪbʌs] n microônibus m

minim ['mɪnɪm] n (MUS) mínima

minimal ['mɪnɪml] adj mínimo

minimum ['mɪnɪməm] (pl **minima**)
adj mínimo ♦ n mínimo

mining ['maɪnɪŋ] n exploração f de
minas

miniskirt ['mɪnɪskə:t] n minissaia

minister ['mɪnɪstə*] n (BRIT: POL)
ministro/a; (REL) pastor m ♦ vi: to
~ to sb prestar assistência a alguém; to ~ to sb's needs atender
às necessidades de alguém

ministry ['mɪnɪstrɪ] n (BRIT: POL)
ministério; (REL): to go into the ~
ingressar no sacerdócio

mink [mɪŋk] n marta

minnow ['mɪnəu] n peixinho (de
água doce)

minor ['maɪnə*] adj menor; (unimportant) de pouca importância;
(MUS) menor ♦ n (LAW) menor m/f
de idade

minority [maɪ'nɔrɪtɪ] n minoria

mint [mɪnt] n (plant) hortelã f;
(sweet) bala de hortelã ♦ vt (coins)
cunhar; the (Royal) M~ (BRIT) or
the (US) M~ (US) ≈ a Casa da Moeda; in ~ condition em perfeito estado

minus ['maɪnəs] n (also: ~ sign) sinal m de subtração ♦ prep menos

minute¹ [maɪ'nju:t] adj miúdo, diminuto; (search) minucioso

minute² ['mɪnɪt] n minuto; **~s** npl
(of meeting) atas fpl; at the last ~
no último momento

miracle ['mɪrəkl] n milagre m

mirage ['mɪrɑ:ʒ] n miragem f

mirror ['mɪrə*] n espelho; (in car)

retrovisor m

mirth [mɜːθ] n risada

misadventure [mɪsəd'ventʃə*] n desgraça, infortúnio

misapprehension [mɪsæprɪ'hɛnʃən] n mal-entendido, equívoco

misappropriate [mɪsə'prəuprɪeɪt] vt desviar

misbehave [mɪsbɪ'heɪv] vi comportar-se mal

miscarriage ['mɪskærɪdʒ] n (MED) aborto (espontâneo); (failure): ~ of justice erro judicial

miscellaneous [mɪsɪ'leɪnɪəs] adj (items, expenses) diverso; (selection) variado

mischance [mɪs'tʃɑːns] n infelicidade f, azar m

mischief ['mɪstʃɪf] n (naughtiness) travessura; (fun) diabrura; (maliciousness) malícia; **mischievous** adj (playful) traquino

misconception [mɪskən'sɛpʃən] n concepção f errada, conceito errado

misconduct [mɪs'kɒndʌkt] n comportamento impróprio; **professional** ~ má conduta profissional

misdemeanour [mɪsdɪ'miːnə*] (US **misdemeanor**) n má ação f, contravenção f

miser ['maɪzə*] n avaro, sovina m/f

miserable ['mɪzərəbl] adj triste; (wretched) miserável; (weather, person) deprimente; (contemptible: offer) desprezível; (: failure) humilhante

miserly ['maɪzəlɪ] adj avarento, mesquinho

misery ['mɪzərɪ] n (unhappiness) tristeza; (wretchedness) miséria

misfire [mɪs'faɪə*] vi falhar

misfit ['mɪsfɪt] n inadaptado/a, deslocado/a

misfortune [mɪs'fɔːtʃən] n desgraça, infortúnio

misgiving(s) [mɪs'gɪvɪŋ(z)] n(pl) mau pressentimento; **to have** ~s **about sth** ter desconfianças em relação a algo

misguided [mɪs'gaɪdɪd] adj engana-

do

mishandle [mɪs'hændl] vt manejar mal

mishap ['mɪshæp] n desgraça, contratempo

misinform [mɪsɪn'fɔːm] vt informar mal

misinterpret [mɪsɪn'tɜːprɪt] vt interpretar mal

misjudge [mɪs'dʒʌdʒ] vt fazer um juízo errado de, julgar mal

mislay [mɪs'leɪ] (irreg) vt extraviar, perder

mislead [mɪs'liːd] (irreg) vt induzir em erro, enganar; **~ing** adj enganoso, errôneo

mismanage [mɪs'mænɪdʒ] vt administrar mal; (situation) tratar de modo ineficiente

misnomer [mɪs'nəumə*] n termo impróprio or errado

misplace [mɪs'pleɪs] vt extraviar, perder

misprint ['mɪsprɪnt] n erro tipográfico

Miss [mɪs] n Senhorita (BR), a menina (PT)

miss [mɪs] vt (train, class, opportunity) perder; (fail to hit) errar, não acertar em; (fail to see): **you can't** ~ **it** é impossível não ver; (regret the absence of): **I** ~ **him** sinto a falta dele ♦ vi falhar ♦ n (shot) tiro perdido or errado; ~ **out** (BRIT) vt omitir

misshapen [mɪs'ʃeɪpən] adj disforme

missile ['mɪsaɪl] n míssil m; (object thrown) projétil m

missing ['mɪsɪŋ] adj (pupil) ausente; (thing) perdido; (removed) que está faltando; (MIL) desaparecido; **to be** ~ estar desaparecido; **to go** ~ desaparecer

mission ['mɪʃən] n missão f; (official representatives) delegação f; ~**ary** n missionário/a

misspent [mɪs'spɛnt] adj: **his** ~ **youth** sua juventude desperdiçada

mist [mɪst] n (light) neblina; (heavy)

névoa; (*at sea*) bruma ♦ *vi* (*eyes:*
also: ~ **over**) enevoar-se; (*BRIT:*
also: ~ **over,** ~ **up:** *windows*) embaçar

mistake [mɪsˈteɪk] (*irreg*) *n* erro, engano ♦ *vt* entender *or* interpretar
mal; **by** ~ por engano; **to make a**
~ fazer um erro; **to** ~ **A for B** confundir A com B; ~**n** *pp of* mistake
♦ *adj* errado; **to be** ~**n** enganar-se,
equivocar-se

mister [ˈmɪstə*] (*inf*) *n* senhor *m*; *see*
Mr

mistletoe [ˈmɪsltəʊ] *n* visco

mistook [mɪsˈtuk] *pt of* mistake

mistress [ˈmɪstrɪs] *n* (*lover*) amante
f; (*of house*) dona (da casa); (*BRIT:*
in school) professora, mestra; (*of*
situation) dona; *see* **Mrs**

mistrust [mɪsˈtrʌst] *vt* desconfiar de

misty [ˈmɪstɪ] *adj* (*day*) nublado;
(*glasses etc*) embaçado

misunderstand [ˌmɪsʌndəˈstænd]
(*irreg*) *vt, vi* entender *or* interpretar
mal; ~**ing** *n* mal-entendido; (*disagree-*
ment) desentendimento

misuse [*n* mɪsˈjuːs, *vt* mɪsˈjuːz] *n* uso
impróprio; (*of power*) abuso; (*of*
funds) desvio ♦ *vt* abusar de; desviar

mitigate [ˈmɪtɪgeɪt] *vt* mitigar, atenuar

mitt(en) [ˈmɪt(n)] *n* mitene *f*

mix [mɪks] *vt* misturar; (*combine*)
combinar ♦ *vi* (*people*) entrosar-se ♦
n mistura; (*combination*) combinação *f*; ~ **up** (*confuse: things*) misturar; (*: people*) confundir; ~**ed** *adj*
misto; ~**ed-up** *adj* confuso; ~**er** *n*
(*for food*) batedeira; (*person*) pessoa
sociável; ~**ture** *n* mistura; (*MED*)
preparado; ~**up** *n* trapalhada, confusão *f*

mm *abbr* (= millimetre) mm

moan [məʊn] *n* gemido ♦ *vi* gemer;
(*inf: complain*): **to** ~ (**about**)
queixar-se (de), bufar (sobre) (*inf*)

moat [məʊt] *n* fosso

mob [mɔb] *n* multidão *f* ♦ *vt* cercar

mobile [ˈməʊbaɪl] *adj* móvel ♦ *n* mó-

vel *m*; ~ **home** *n* trailer *m*, casa
móvel; ~ **phone** *n* telefone *m* celular

mock [mɔk] *vt* ridicularizar; (*laugh*
at) zombar de, gozar de ♦ *adj* falso,
fingido; (*exam: etc*) simulado; ~**ery**
n zombaria; **to make a** ~**ery of** ridicularizar; ~**up** *n* maqueta, modelo

mode [məʊd] *n* modo; (*of transport*)
meio

model [ˈmɔdl] *n* modelo; (*ARCH*)
maqueta; (*person: for fashion, ART*)
modelo *m/f* ♦ *adj* exemplar ♦ *vi* modelar ♦ *vi* servir de modelo; (*in fa-*
shion) trabalhar como modelo; **to** ~
o.s. **on** mirar-se em; ~ **railway** *n*
trenzinho de brinquedo

modem [ˈməʊdem] *n* modem *m*

moderate [*adj* ˈmɔdərət, *vi, vt*
ˈmɔdəreɪt] *adj* moderado ♦ *vi*
moderar-se, acalmar-se ♦ *vt* moderar

modern [ˈmɔdən] *adj* moderno; ~**ize**
vt modernizar, atualizar

modest [ˈmɔdɪst] *adj* modesto; ~**y** *n*
modéstia

modicum [ˈmɔdɪkəm] *n*: **a** ~ **of** um
mínimo de

modify [ˈmɔdɪfaɪ] *vt* modificar

mogul [ˈməʊgl] *n* (*fig*) magnata *m*

mohair [ˈməʊhɛə*] *n* mohair *m*, an-
gorá *m*

moist [mɔɪst] *adj* úmido (BR), húmido (PT), molhado; ~**en** *vt* umedecer
(BR), humedecer (PT); ~**ure** *n* umidade *f* (BR), humidade *f* (PT); ~**ur-**
izer *n* creme *m* hidratante

molar [ˈməʊlə*] *n* molar *m*

mold [məʊld] (*US*) *n, vt* = mould

mole [məʊl] *n* (*animal*) toupeira;
(*spot*) sinal *m*, lunar *m*; (*spy*)
espião/piã *m/f*

molest [məʊˈlɛst] *vt* molestar; (*at-*
tack sexually) atacar sexualmente

mollycoddle [ˈmɔlɪkɔdl] *vt* mimar

molt [məʊlt] (*US*) *n* = moult

molten [ˈməʊltən] *adj* fundido;
(*lava*) liquefeito

mom [mɔm] (*US*) *n* = mum

moment [ˈməʊmənt] *n* momento; **at**
the ~ neste momento; ~**ary** *adj* mo-

mentâneo; **~ous** adj importantíssimo

momentum [mou'mentəm] n momento; (fig) ímpeto; **to gather ~** ganhar ímpeto

mommy ['mɔmɪ] (US) n = **mummy**

Monaco ['mɔnəkəu] n Mónaco (no article)

monarch ['mɔnək] n monarca m/f; **~y** n monarquia

monastery ['mɔnəstərɪ] n mosteiro, convento

Monday ['mʌndɪ] n segunda-feira

monetary ['mʌnɪtərɪ] adj monetário

money ['mʌnɪ] n dinheiro; (currency) moeda; **to make ~** ganhar dinheiro; **~ order** n vale m (postal); **~-spinner** (inf) n mina

mongol ['mɔŋɡəl] adj, n (offensive) mongolóide m/f

mongrel ['mʌŋɡrəl] n (dog) vira-lata m

monitor ['mɔnɪtə*] n (TV, COMPUT) terminal m (de vídeo) ♦ vt (heartbeat, pulse) controlar; (broadcasts, progress) monitorar

monk [mʌŋk] n monge m

monkey ['mʌŋkɪ] n macaco; **~ nut** (BRIT) n amendoim m; **~ wrench** n chave f inglesa

mono ['mɔnəu] adj mono inv

monopoly [mə'nɔpəlɪ] n monopólio

monotone ['mɔnətəun] n: **to speak in a ~** falar num tom monótono

monotonous [mə'nɔtənəs] adj monótono

monsoon [mɔn'suːn] n monção f

monster ['mɔnstə*] n monstro

monstrous ['mɔnstrəs] adj (huge) descomunal; (atrocious) monstruoso

month [mʌnθ] n mês m; **~ly** adj mensal ♦ adv mensalmente

monument ['mɔnjumənt] n monumento; **~al** adj monumental; (terrific) terrível

moo [muː] vi mugir

mood [muːd] n humor m; (of crowd) atmosfera; **to be in a good/bad ~** estar de bom/mau humor; **~y** adj (variable) caprichoso, de veneta; (sullen) rabugento

moon [muːn] n lua; **~light** n luar m ♦ vi ter dois empregos, ter um bico; **~lighting** n trabalho adicional, bico; **~lit** adj: **a ~lit night** uma noite de lua

moor [muə*] n charneca ♦ vt (ship) amarrar ♦ vi fundear, atracar

moorland ['muələnd] n charneca

moose [muːs] n inv alce m

mop [mɔp] n esfregão m; (for dishes) esponja com cabeça; (of hair) grenha ♦ vt esfregar; **~ up** vt limpar

mope [məup] vi estar or andar deprimido or desanimado

moped ['məupɛd] n moto f pequena (BR), motorizada (PT)

moral ['mɔrəl] adj moral ♦ n moral f; **~s** npl (principles) moralidade f, costumes mpl

morale [mɔ'rɑːl] n moral f, estado de espírito

morality [mə'ralɪtɪ] n moralidade f; (correctness) retidão f, probidade f

morass [mə'ræs] n pântano, brejo

morbid ['mɔːbɪd] adj mórbido

KEYWORD

more [mɔː*] adj **1** (greater in number etc) mais; **~ people/work/letters than we expected** mais pessoas/trabalho/cartas do que esperávamos **2** (additional) mais; **do you want (some) ~ tea?** você quer mais chá?; **I have no or I don't have any ~ money** não tenho mais dinheiro ♦ pron **1** (greater amount) mais; **~ than 10** mais de 10; **it cost ~ than we expected** custou mais do que esperávamos **2** (further or additional amount) mais; **is there any ~?** tem ainda mais?; **there's no ~** não tem mais ♦ adv mais; **~ dangerous/difficult etc than** mais perigoso/difícil etc do que; **~ easily (than)** mais fácil (do que); **~ and ~** cada vez mais; **~ or less** mais ou menos; **~ than ever** mais do que nunca

moreover [mɔːˈrəʊvəⁿ] adv além do mais, além disso

morgue [mɔːg] n necrotério

moribund [ˈmɒrɪbʌnd] adj agonizante

Mormon [ˈmɔːmən] n mórmon m/f

morning [ˈmɔːnɪŋ] n manhã f; (early ~) madrugada ♦ cpd da manhã; **in the ~** de manhã; **7 o'clock in the ~** (as) 7 da manhã; **~ sickness** n náusea matinal

Morocco [məˈrɒkəʊ] n Marrocos m

moron [ˈmɔːrɒn] (inf) n débil mental m/f, idiota m/f

morose [məˈrəʊs] adj taciturno, rabugento

Morse [mɔːs] n (also: ~ code) código Morse

morsel [ˈmɔːsl] n (of food) bocado

mortal [ˈmɔːtl] adj, n mortal m/f

mortar [ˈmɔːtəⁿ] n (cannon) morteiro; (CONSTR) argamassa; (dish) pilão m, almofariz m

mortgage [ˈmɔːgɪdʒ] n hipoteca ♦ vt hipotecar; **~ company** (US) n sociedade f de crédito imobiliário

mortuary [ˈmɔːtjʊərɪ] n necrotério

mosaic [məʊˈzeɪɪk] n mosaico

Moscow [ˈmɒskəʊ] n Moscou (BR), Moscovo (PT)

Moslem [ˈmɒzləm] adj, n = **Muslim**

mosque [mɒsk] n mesquita

mosquito [mɒsˈkiːtəʊ] (pl ~es) n mosquito

moss [mɒs] n musgo

---KEYWORD---

most [məʊst] adj **1** (almost all: people, things etc) a maior parte de, a maioria de; **~ people** a maioria das pessoas

2 (largest, greatest: interest) máximo; (money): **who has the ~ money?** quem é que tem mais dinheiro?; **he derived the ~ pleasure from her visit** ele teve o maior prazer em recebê-la

♦ pron (greatest quantity, number) a maior parte, a maioria; **~ of it/them** a maioria dele/deles; **~ of the**

money a maior parte do dinheiro; **do the ~ you can** faça o máximo que você puder; **I saw the ~** vi mais; **to make the ~ of sth** aproveitar algo ao máximo; **at the (very) ~** quando muito, no máximo ♦ adv (+ vb) o mais; (+ adj): **the ~ intelligent/expensive** etc o mais inteligente/caro etc; (+ adv: carefully, easily etc) o mais; (very: polite, interesting etc) muito; **a ~ interesting book** um livro interessantíssimo

mostly [ˈməʊstlɪ] adv principalmente, na maior parte

MOT (BRIT) n abbr (= Ministry of Transport): **the ~ (test)** vistoria anual dos veículos automotores

motel [məʊˈtɛl] n motel m

moth [mɒθ] n mariposa; (clothes ~) traça; **~ball** n bola de naftalina

mother [ˈmʌðəⁿ] n mãe f ♦ adj materno ♦ vt (care for) cuidar de (como uma mãe); **~hood** n maternidade f; **~-in-law** n sogra; **~ly** adj maternal; **~-of-pearl** n madrepérola; **~-to-be** n futura mamãe f; **~ tongue** n língua materna

motif [məʊˈtiːf] n motivo

motion [ˈməʊʃən] n movimento; (gesture) gesto, sinal m; (at meeting) moção f ♦ vt, vi: **to ~ (to) sb to do sth** fazer sinal a alguém para que faça algo; **~less** adj imóvel; **~ picture** n filme m (cinematográfico)

motivated [ˈməʊtɪveɪtɪd] adj: **~ (by)** motivado (por)

motive [ˈməʊtɪv] n motivo

motley [ˈmɒtlɪ] adj variado, heterogêneo

motor [ˈməʊtəⁿ] n motor m; (BRIT: inf: vehicle) carro, automóvel m ♦ cpd (industry) de automóvel; **~bike** n moto(cicleta) f, motoca (inf); **~boat** n barco a motor; **~car** (BRIT) n carro, automóvel m; **~cycle** n motocicleta; **~cyclist** n motociclista m/f; **~ing** (BRIT) n automobilismo; **~ist** n motorista m/f;

racing (BRIT) n corrida de carros, automobilismo; ~ **vehicle** n automóvel m, veículo automotor; ~ **way** (BRIT) n rodovia (BR), autoestrada (PT)

mottled ['mɔtld] adj mosqueado, em furta-cores

motto ['mɔtəu] (pl ~es) n lema m

mould [məuld] (US **mold**) n molde m; (mildew) mofo, bolor m ♦ vt moldar; (fig) moldar; ~**y** adj mofado

moult [məult] (US **molt**) n muda (de penas etc)

mound [maund] n (of earth) monte m; (of blankets, leaves etc) pilha, montanha

mount [maunt] n monte m ♦ vt (horse etc) montar em, subir a; (stairs) subir; (exhibition) montar; (picture) emoldurar ♦ vi (increase) aumentar; ~ **up** vi aumentar

mountain ['mauntin] n montanha ♦ cpd de montanha; ~ **bike** n mountain bike f; ~**eer** n alpinista m/f, montanhista m/f; ~**eering** n alpinismo; ~**ous** adj montanhoso; ~ **rescue team** n equipe m de socorro para alpinistas; ~**side** n lado da montanha

mourn [mɔ:n] vt chorar, lamentar ♦ vi: **to** ~ **for** chorar ou lamentar a morte de; ~**er** n parente/a m/f (or amigo/a) do defunto; ~**ful** adj desolado, triste; ~**ing** n luto; **in** ~**ing** de luto

mouse [maus] (pl **mice**) n camundongo (BR), rato (PT); ~**trap** n ratoeira

mousse [mu:s] n musse f; (for hair) mousse f

moustache [məs'tɑ:ʃ] (US **mustache**) n bigode m

mousy ['mausi] adj pardacento

mouth [mauθ, pl mauðz] n boca; (of cave, hole) entrada; (of river) desembocadura; ~**ful** n bocado; ~ **organ** n gaita; ~**piece** n (of musical instrument) bocal m; (representative) porta-voz m/f; ~**wash** n colutório; ~**watering** adj de dar água na boca

movable ['mu:vəbl] adj móvel

move [mu:v] n movimento; (in game) lance m, jogada; (: turn to play) turno, vez f; (of house, job) mudança ♦ vt (change position of) mudar; (: in game) jogar; (emotionally) comover; (POL: resolution etc) propor ♦ vi mexer-se, mover-se; (traffic) circular; (also: ~ **house**) mudar-se; (develop: situation) desenvolver; **to** ~ **sb to do** sth convencer alguém a fazer algo; **to get a** ~ **on** apressar-se; ~ **about** or **around** vi (fidget) mexer-se; (travel) deslocar-se; ~ **along** vi avançar; ~ **away** vi afastar-se; ~ **back** vi retornar; ~ **forward** vi avançar; ~ **in** vi (to a house) instalar-se (numa casa); ~ **on** vi ir andando; ~ **out** vi sair (de uma casa); ~ **over** vi afastar-se; ~ **up** vi ser promovido

moveable ['mu:vəbl] adj = **movable**

movement ['mu:vmənt] n movimento; (gesture) gesto; (of goods) transporte m; (in attitude) mudança

movie ['mu:vi] n filme m; **to go to the** ~ ir ao cinema; ~ **camera** n câmera cinematográfica

moving ['mu:viŋ] adj (emotional) movente; (that moves) móvel

mow [məu] (pt ~**ed**, pp ~**ed** or ~**n**) vt (grass) cortar; (corn) ceifar; ~ **down** vt (massacre) chacinar; ~**er** n ceifeira; (also: **lawn**~**er**) cortador m de grama (BR) ou de relva (PT)

Mozambique [məuzəm'bi:k] n Moçambique m (no article)

MP n abbr = **Member of Parliament**

mph abbr = **miles per hour** (60 mph = 96 km/h)

Mr ['mɪstə*] (US **Mr.**) n: ~ **Smith** Sr. Smith

Mrs ['mɪsɪz] (US **Mrs.**) n: ~ **Smith** Sra. Smith

Ms [mɪz] (US **Ms.**) n (= Miss or Mrs): ~ **X** (a) Sa X

MSc n abbr = Master of Science

KEYWORD
---

much [mʌtʃ] adj muito; **how ~ money/time do you need?** quanto dinheiro/tempo você precisa?; **he's done so ~ work for the charity** ele trabalhou muito para a obra de caridade; **as ~ as** tanto como ♦ pron muito; **~ has been gained from our discussions** nossas discussões foram muito proveitosas; **how ~ does it cost?** – **too ~** quanto custa isso? – caro demais

♦ adv 1 (greatly) muito; **thank you very ~** muito obrigado/a; **we are very ~ looking forward to your visit** estamos aguardando a sua visita com muito ansiedade; **he is very ~ the gentleman/politician** ele é muito cavalheiro/político; **as ~ as** tanto como; **as ~ as you** tanto quanto você

2 (by far) de longe; **I'm ~ better now** estou bem melhor agora

3 (almost) quase; **how are you feeling?** – **~ the same** como você está (se sentindo)? – do mesmo jeito

---

muck [mʌk] n (dirt) sujeira (BR), sujidade f (PT); **~ about** or **around** (inf) vi fazer besteiras; **~ up** (inf) vt estragar

mucus ['mju:kəs] n muco

mud [mʌd] n lama

muddle ['mʌdl] n confusão f, bagunça; (mix-up) trapalhada ♦ vt (also: **~ up**: person, story) confundir; (: things) misturar; **~ through** vi virar-se

muddy ['mʌdɪ] adj (road) lamacento

mudguard ['mʌdgɑːd] n pára-lama m

muesli ['mju:zlɪ] muesli m

muffin ['mʌfɪn] n bolinho redondo e chato

muffle ['mʌfl] vt (sound) abafar; (against cold) agasalhar; **~d** adj abafado, surdo; **~r** (US) n (AUT) silencioso (BR), panela de escape (PT)

mug [mʌg] n (cup) caneca; (: for beer) caneco, canecão; (inf: face) careta; (: fool) bobo/a ♦ vt (assault) assaltar; **~ging** n assalto

muggy ['mʌgɪ] adj abafado

mule [mju:l] n mula

mull over [mʌl-] vt meditar sobre

multi-level ['mʌltɪ-] (US) adj = **multistorey**

multiple ['mʌltɪpl] adj múltiplo ♦ n múltiplo; **~ sclerosis** [-skləˈrəʊsɪs] n esclerose f múltipla

multiply ['mʌltɪplaɪ] vt multiplicar ♦ vi multiplicar-se

multistorey ['mʌltɪˈstɔːrɪ] (BRIT) adj de vários andares

multitude ['mʌltɪtjuːd] n multidão f; (large number): **a ~ of** um grande número de

mum [mʌm] n (BRIT: inf) mamãe f ♦ adj: **to keep ~** ficar calado

mumble ['mʌmbl] vt, vi resmungar, murmurar

mummy ['mʌmɪ] n (BRIT: mother) mamãe f; (embalmed) múmia

mumps [mʌmps] n caxumba

munch [mʌntʃ] vt, vi mascar

mundane [mʌnˈdeɪn] adj banal, mundano

municipal [mju:ˈnɪsɪpl] adj municipal

mural ['mjʊərl] n mural m

murder ['mɜːdə*] n assassinato ♦ vt assassinar; **~er** n assassino; **~ous** adj homicida

murky ['mɜːkɪ] adj escuro; (water) turvo

murmur ['mɜːmə*] n murmúrio ♦ vt, vi murmurar

muscle ['mʌsl] n músculo; (fig: strength) força (muscular); **~ in** vi imiscuir-se, impor-se; **muscular** adj muscular; (person) musculoso

muse [mju:z] vi meditar ♦ n musa

museum [mju:ˈzɪəm] n museu m

mushroom ['mʌʃrʊm] n cogumelo ♦ vi crescer da noite para o dia, pipocar

music ['mju:zɪk] n música; **~al** adj musical; (harmonious) melodioso ♦

n musical *m*; **~al instrument** *n* instrumento musical; **~ hall** *n* teatro de variedades; **~ian** *n* músico/a

musk [mʌsk] *n* almíscar *m*

Muslim ['mʌzlɪm] *adj, n* muçulmano/a

muslin ['mʌzlɪn] *n* musselina

mussel ['mʌsl] *n* mexilhão *m*

must [mʌst] *aux vb* (obligation): **I ~** do it tenho que or devo fazer isso; *(probability)*: **he ~ be there by now** ele já deve estar lá; *(suggestion, invitation)*: **you ~ come and see me soon** você tem que vir me ver em breve; *(indicating sth unwelcome)*: **why ~ he behave so badly?** por que ele tem que se comportar tão mal? ♦ *n (necessity)* necessidade *f*; **it's a ~** é imprescindível

mustache ['mʌstæʃ] (*US*) *n* = **moustache**

mustard ['mʌstəd] *n* mostarda

muster ['mʌstə*] *vt* (support) reunir; *(energy)* juntar; *(MIL)* formar

mustn't ['mʌsnt] = **must not**

musty ['mʌstɪ] *adj* mofado, com cheiro de bolor

mute [mju:t] *adj* mudo

muted ['mju:tɪd] *adj* (colour) suave; *(reaction)* moderado

mutilate ['mju:tɪleɪt] *vt* mutilar

mutiny ['mju:tɪnɪ] *n* motim *m*, rebelião *f*

mutter ['mʌtə*] *vt, vi* resmungar, murmurar

mutton ['mʌtn] *n* carne *f* de carneiro

mutual ['mju:tʃuəl] *adj* mútuo; *(shared)* comum; **~ly** *adv* mutuamente, reciprocamente

muzzle ['mʌzl] *n* (of animal) focinho; *(guard: for dog)* focinheira; *(of gun)* boca ♦ *vt* pôr focinheira em

my [maɪ] *adj* meu/minha; **this is ~ house/car/brother** esta é a minha casa/meu carro/meu irmão; **I've washed ~ hair/cut ~ finger** lavei meu cabelo/cortei meu dedo

myself [maɪ'self] *pron* (reflexive) me; *(emphatic)* eu mesmo; *(after*

prep) mim mesmo; *see also* **oneself**

mysterious [mɪs'tɪərɪəs] *adj* misterioso

mystery ['mɪstərɪ] *n* mistério

mystify ['mɪstɪfaɪ] *vt* mistificar

mystique [mɪs'ti:k] *n* mística

myth [mɪθ] *n* mito; **~ology** *n* mitologia

N

n/a *abbr* = **not applicable**

nag [næg] *vt* ralhar, apoquentar; **~ging** *adj* (doubt) persistente; *(pain)* contínuo

nail [neɪl] *n* (human) unha; (metal) prego ♦ *vt* pregar; **to ~ sb down to a date/price** conseguir que alguém se defina sobre a data/o preço; **~brush** *n* escova de unhas; **~file** *n* lixa de unhas; **~ polish** *n* esmalte *m* (BR) or verniz *m* (PT) de unhas; **~ polish remover** *n* removedor *m* de esmalte (BR) or verniz (PT); **~ scissors** *npl* tesourinha de unhas; **~ varnish** (BRIT) *n* = **~ polish**

naïve [naɪ'i:v] *adj* ingênuo

naked ['neɪkɪd] *adj* nu(a)

name [neɪm] *n* nome *m*; *(surname)* sobrenome *m*; *(reputation)* reputação *f*, fama ♦ *vt* (child) pôr nome em; *(criminal)* apontar; *(price)* fixar; *(date)* marcar; **what's your ~?** qual é o seu nome?, como (você) se chama?; **by ~** de nome; **in the ~ of** em nome de; **~less** *adj* (unknown) sem nome; *(anonymous)* anônimo; **~ly** *adv* a saber, isto é; **~sake** *n* xará *m/f* (BR), homónimo/a (PT)

nanny ['nænɪ] *n* babá *f*

nap [næp] *n* (sleep) soneca ♦ *vi*: **to be caught ~ping** ser pego de surpresa

nape [neɪp] *n*: **~ of the neck** nuca

napkin ['næpkɪn] *n* (also: **table ~**) guardanapo

nappy ['næpɪ] (BRIT) *n* fralda; **~ rash** *n* assadura

narcissus [nɑː'sɪsəs] (pl **narcissi**) *n*

narciso

narcotic [nɑː'kɒtɪk] adj narcótico ♦ n narcótico

narrative ['nærətɪv] n narrativa

narrow ['nærəu] adj estreito; (fig: majority) pequeno; (: ideas) tacanho ♦ vi (road) estreitar-se; (difference) diminuir; to have a ~ escape escapar por um triz; to ~ sth down to restringir or reduzir algo a; ~ly adv (miss) por pouco; ~-minded adj de visão limitada, bitolado

nasty ['nɑːstɪ] adj (remark) desagradável; (: person) mau, ruim; (malicious) maldoso; (rude) grosseiro, obsceno; (taste, smell) repugnante, asqueroso; (wound etc) grave, sério

nation ['neɪʃən] n nação f

national ['næʃənl] adj, n nacional m/f; ~ **dress** n traje m nacional; N~ **Health Service** (BRIT) n ≈ Instituto Nacional de Assistência Médica e Previdência Social; ≈ INAMPS m; N~ **Insurance** (BRIT) n previdência social; ~**ism** n nacionalismo; ~**ist** adj, n nacionalista m/f; ~**ity** n nacionalidade f; ~**ization** n nacionalização f; ~**ize** vt nacionalizar; ~**ly** adv (nationwide) de âmbito nacional; (as a nation) nacionalmente, como nação

nationwide ['neɪʃənwaɪd] adj de âmbito or a nível nacional ♦ adv em todo o país

native ['neɪtɪv] n natural m/f, nativo/ a; (in colonies) indígena m/f, nativo/a ♦ adj (indigenous) indígena; (of one's birth place) natal; (language) materno; (innate) inato, natural; a ~ **speaker of Portuguese** uma pessoa de língua (materna) portuguesa

Nativity [nə'tɪvɪtɪ] n (REL): the ~ a Natividade

NATO ['neɪtəu] n abbr (= North Atlantic Treaty Organization) OTAN f

natural ['nætʃrəl] adj natural; ~**ize** vt: to become ~**ized** (person) naturalizar-se; (plant) aclimatar-se; ~**ly** adv naturalmente; (of course) claro, evidentemente

nature ['neɪtʃə*] n natureza; (character) caráter m, índole f

naught [nɔːt] n = nought

naughty ['nɔːtɪ] adj travesso, levado

nausea ['nɔːsɪə] n náusea; ~**te** vt dar náuseas a; (fig) repugnar

nautical ['nɔːtɪkl] adj náutico

naval ['neɪvl] adj naval; ~ **officer** n oficial m de marinha

nave [neɪv] n nave f

navel ['neɪvl] n umbigo

navigate ['nævɪgeɪt] vi navegar; (AUT) ler o mapa; **navigation** n (action) navegação f; (science) náutica; **navigator** n navegador(a) m/f

navvy ['nævɪ] (BRIT) n trabalhador m braçal, cavouqueiro

navy ['neɪvɪ] n marinha (de guerra); ~**(-blue)** adj azul-marinho inv

Nazi ['nɑːtsɪ] n nazista m/f (BR), nazi m/f (PT)

NB abbr (= nota bene) NB

near [nɪə*] adj (place) vizinho; (time) próximo; (relation) íntimo ♦ adv perto ♦ prep (also: ~ to: space) perto de; (: time) perto de, quase ♦ vt aproximar-se de; ~**by** adj próximo, vizinho ♦ adv à mão, perto; ~**ly** adv quase; **I** ~**ly fell** quase que caí; ~ **miss** n: **to have a** ~ **miss** (narrow escape) escapar por pouco; ~**side** n (AUT: right-hand drive) lado esquerdo; (: left-hand drive) lado direito ♦ adj esquerdo; direito; ~**sighted** adj míope

neat [niːt] adj (place) arrumado, em ordem; (person) asseado, arrumado; (work) organizado; (plan) engenhoso, bem bolado; (spirits) puro; ~**ly** adv caprichosamente, com capricho; (skilfully) habilmente

necessarily ['nɛsɪsrɪlɪ] adv necessariamente

necessary ['nɛsɪsrɪ] adj necessário

necessitate [nɪ'sɛsɪteɪt] vt exigir, tornar necessário

necessity [nɪ'sɛsɪtɪ] n (thing needed) necessidade f, requisito; (compelling circumstances) necessidade; **necessities** npl (essentials) artigos mpl de primeira necessidade

neck [nɛk] n (ANAT) pescoço; (of garment) gola; (of bottle) gargalo ♦ vi (inf) ficar de agarramento; ~ **and** ~ emparelhados

necklace [ˈnɛklɪs] n colar m

neckline [ˈnɛklaɪn] n decote m

necktie [ˈnɛktaɪ] (esp US) n gravata

née [neɪ] adj: ~ Scott em solteira Scott

need [niːd] n (lack) falta, carência; (necessity) necessidade f; (thing) requisito, necessidade ♦ vt precisar de; **I** ~ **to do it** preciso fazê-lo

needle [ˈniːdl] n agulha ♦ vt (inf) provocar, alfinetar

needless [ˈniːdlɪs] adj inútil, desnecessário; ~ **to say** ... desnecessário dizer que ...

needlework [ˈniːdlwɜːk] n (item(s)) trabalho de agulha; (activity) costura

needn't [ˈniːdnt] = **need not**

needy [ˈniːdɪ] adj necessitado, carente

negative [ˈnɛgətɪv] adj negativo ♦ n (PHOT) negativo; (LING) negativa

neglect [nɪˈglɛkt] vt (one's duty) negligenciar, não cumprir com; (child) descuidar, esquecer-se de ♦ n (of child) descuido, desatenção f; (of house etc) abandono; (of duty) negligência

negligee [ˈnɛglɪʒeɪ] n négligé m

negligence [ˈnɛglɪdʒəns] n negligência, descuido

negligible [ˈnɛglɪdʒɪbl] adj insignificante, desprezível, ínfimo

negotiate [nɪˈgəʊʃɪeɪt] vi: **to** ~ (**with**) negociar (com) ♦ vt (treaty, transaction) negociar; (obstacle) contornar; (bend in road) fazer; **negotiation** n negociação f

Negress [ˈniːgrɪs] n negra

Negro [ˈniːgrəʊ] (pl ~**es**) adj, n negro/a

neigh [neɪ] vi relinchar

neighbour [ˈneɪbə*] (US **neighbor**) n vizinho/a; ~**hood** n (place) vizinhança, bairro; (people) vizinhos

mpl; ~**ing** adj vizinho; ~**ly** adj amistoso, prestativo

neither [ˈnaɪðə*] conj: **I didn't move and** ~ **did he** não me movi nem ele ♦ adj, pron nenhum (dos dois), nem um nem outro ♦ adv: ~ **good nor bad** nem bom nem mau; ~ **story is true** nenhuma das estórias é verdade

neon [ˈniːɒn] n neônio, néon m; ~ **light** n luz f de neônio

nephew [ˈnɛvjuː] n sobrinho

nerve [nɜːv] n (ANAT) nervo; (courage) coragem f; (impudence) descaramento, atrevimento; **to have a fit of** ~**s** ter uma crise nervosa; ~-**racking** adj angustiante

nervous [ˈnɜːvəs] adj (ANAT) nervoso; (anxious) apreensivo; (timid) tímido, acanhado; ~ **breakdown** n crise f nervosa

nest [nɛst] vi aninhar-se ♦ n (of bird) ninho; (of wasp) vespeiro; ~ **egg** n (fig) pé-de-meia m

nestle [ˈnɛsl] vi: **to** ~ **up to sb** aconchegar-se a alguém

net [nɛt] n rede f; (fabric) filó m; (fig) sistema m ♦ adj (COMM) líquido ♦ vt pegar na rede; (money: subj: person) faturar; (: deal, sale) render; ~**ball** n espécie de basquetebol; ~ **curtains** npl cortinas fpl de voile

Netherlands [ˈnɛðələndz] npl: **the** ~ **os** Países Baixos

nett [nɛt] adj = **net**

netting [ˈnɛtɪŋ] n rede(s) f(pl)

nettle [ˈnɛtl] n urtiga

network [ˈnɛtwɜːk] n rede f

neurotic [njuˈrɒtɪk] adj, n neurótico/a

neuter [ˈnjuːtə*] adj neutro ♦ vt (cat etc) castrar, capar

neutral [ˈnjuːtrəl] adj neutro ♦ n (AUT) ponto morto; ~**ize** vt neutralizar

never [ˈnɛvə*] adv nunca, jamais ou nunca; ~ **mind**; ~**ending** adj sem fim, interminável; ~**theless** adv todavia, contudo

new [nju:] *adj* novo; ~**born** *adj* recém-nascido; ~**comer** *n* recém-chegado/a, novato/a; ~**fangled** (*pej*) *adj* ultramoderno; ~**found** *adj* (*friend*) novo; (*enthusiasm*) recente; ~**ly** *adv* recém, novamente; ~**ly-weds** *npl* recém-casados *mpl*; ~ **moon** *n* lua nova

news [nju:z] *n* notícias *fpl*; (*RADIO, TV*) noticiário; **a piece of** ~ uma notícia; ~ **agency** *n* agência de notícias; ~**agent** (*BRIT*) *n* jornaleiro/a; ~**caster** *n* locutor(a) *m/f*; ~**dealer** (*US*) *n* =**agent**; ~ **flash** *n* notícia de última hora; ~**letter** *n* boletim *m* informativo; ~**paper** *n* jornal *m*; ~**print** *n* papel *m* de jornal; ~**reader** *n* = ~**caster**; ~**reel** *n* jornal *m* cinematográfico, atualidades *fpl*; ~**stand** *n* banca de jornais

newt [nju:t] *n* tritão *m*

New Year *n* ano novo; ~'s **Day** *n* dia *m* de ano novo; ~'s **Eve** *n* véspera de ano novo

New York [-jɔ:k] *n* Nova Iorque

New Zealand [-'zi:lənd] *n* Nova Zelândia; ~**er** *n* neozelandês/esa *m/f*

next [nɛkst] *adj* (*in space*) próximo, vizinho; (*in time*) seguinte, próximo ♦ *adv* depois; depois, logo; ~ **time** na próxima vez; ~ **year** o ano que vem; ~ **to** ao lado de; ~ **to nothing** quase nada; ~ **door** *adv* na casa do lado ♦ *adj* vizinho; ~**-of-kin** *n* parentes *mpl* mais próximos

NHS *n abbr* = **National Health Service**

nib [nɪb] *n* ponta *or* bico da pena

nibble [-'nɪbl] *vt* mordiscar, beliscar

Nicaragua [nɪkə'ræɡjuə] *n* Nicarágua

nice [naɪs] *adj* (*likeable*) simpático; (*kind*) amável, atencioso; (*pleasant*) agradável; (*attractive*) bonito; ~**ly** *adv* agradavelmente, bem

niceties ['naɪsɪtɪz] *npl* sutilezas *fpl*

nick [nɪk] *n* (*wound*) corte *m*; (*cut, indentation*) entalhe *m*, incisão *f* ♦ *vt* (*inf*: *steal*) furtar, arrochar; **in the** ~ **of time** na hora H, no momento

exato

nickel ['nɪkl] *n* níquel *m*; (*US*) moeda de 5 centavos

nickname ['nɪkneɪm] *n* apelido (*BR*), alcunha (*PT*) ♦ *vt* apelidar de (*BR*), alcunhar de (*PT*)

niece [niːs] *n* sobrinha

Nigeria [naɪ'dʒɪərɪə] *n* Nigéria

nigger ['nɪɡə*] (*inf!*) *n* (*highly offensive*) crioulo/a, baiano/a

niggling ['nɪɡlɪŋ] *adj* (*trifling*) insignificante, mesquinho; (*annoying*) irritante

night [naɪt] *n* noite *f*; **at** *or* **by** ~ à *or* de noite; **the** ~ **before last** anteontem à noite; ~**cap** *n* bebida tomada antes de dormir; ~**club** *n* boate *f*; ~**dress** *n* camisola (*BR*), camisa de noite (*PT*); ~**fall** *n* anoitecer *m*; ~**gown** *n* = ~**dress**; ~**ie** *n* = ~**dress**

nightingale ['naɪtɪŋɡeɪl] *n* rouxinol *m*

nightlife ['naɪtlaɪf] *n* vida noturna

nightly ['naɪtlɪ] *adj* noturno, de noite ♦ *adv* todas as noites, cada noite

nightmare ['naɪtmɛə*] *n* pesadelo

night: ~ **porter** *n* porteiro da noite; ~ **school** *n* escola noturna; ~ **shift** *n* turno da noite; ~**-time** *n* noite *f*; ~ **watchman** (*irreg*) *n* vigia *m*, guarda-noturno *m*

nil [nɪl] *n* nada; (*BRIT*: *SPORT*) zero

Nile [naɪl] *n*: **the** ~ o Nilo

nimble ['nɪmbl] *adj* (*agile*) ágil, ligeiro; (*skilful*) hábil, esperto

nine [naɪn] *num* nove; ~**teen** *num* dezenove (*BR*), dezanove (*PT*); ~**ty** *num* noventa; **ninth** *num* nono

nip [nɪp] *vt* (*pinch*) beliscar; (*bite*) morder

nipple ['nɪpl] *n* (*ANAT*) bico do seio, mamilo

nitrogen ['naɪtrədʒən] *n* nitrogênio

KEYWORD
---

no [nəu] (*pl* ~**es**) *adv* (*opposite of "yes"*) não; **are you coming?** – ~ **(I'm not)** você vem? – não (eu não) ♦ *adj* (*not any*) nenhum/a, não ...

algum(a); **I have ~ more money/time/books** não tenho mais dinheiro/tempo/livros; **"~ entry"** "entrada proibida"; **"~ smoking"** "é proibido fumar"
♦ *n* não *m*, negativa

nobility [nəʊ'bɪlɪtɪ] *n* nobreza
noble ['nəʊbl] *adj* (*person*) nobre; (*title*) de nobreza
nobody ['nəʊbədɪ] *pron* ninguém
nocturnal [nɔk'tɜːnl] *adj* noturno
nod [nɔd] *vi* (*greeting*) cumprimentar com a cabeça; (*in agreement*) acenar (que sim) com a cabeça; (*doze*) cochilar, dormitar ♦ *vt*: **to ~ one's head** inclinar a cabeça ♦ *n* inclinação *f* da cabeça; **~ off** *vi* cochilar
noise [nɔɪz] *n* barulho; **noisy** *adj* barulhento
nominate ['nɔmɪneɪt] *vt* (*propose*) propor; (*appoint*) nomear; **nomination** *n* proposta; nomeação *f*; **nominee** *n* pessoa nomeada, candidato/a
non... [nɔn] *prefix* não-, des..., in-, anti-...; **~alcoholic** *adj* não-alcoólico; **~aligned** *adj* não-alinhado
nonchalant ['nɔnʃələnt] *adj* despreocupado
non-committal [-kə'mɪtl] *adj* evasivo
nondescript ['nɔndɪskrɪpt] *adj* qualquer; (*pej*) medíocre
none [nʌn] *pron* ninguém; (*thing*) nenhum(a), nada; **~ of you** nenhum de vocês; **I've ~ left** não tenho mais
nonentity [nɔ'nentɪtɪ] *n* nulidade *f*, zero à esquerda *m*
nonetheless [nʌnðə'les] *adv* no entanto, apesar disso, contudo
non-existent [-ɪg'zɪstənt] *adj* inexistente
non-fiction *n* literatura de não-ficção
nonplussed [nɔn'plʌst] *adj* perplexo, pasmado
nonsense ['nɔnsəns] *n* disparate *m*, besteira, absurdo; **~!** bobagem!, que

nada!
non-: **~smoker** *n* não-fumante *m/f*; **~stick** *adj* tefal ®, não-aderente; **~stop** *adj* ininterrupto; (*RAIL*) direto; (*AVIAT*) sem escala ♦ *adv* sem parar

noodles ['nuːdlz] *npl* talharim *m*
nook [nuk] *n*: **~s and crannies** esconderijos *mpl*
noon [nuːn] *n* meio-dia *m*
no-one *pron* = **nobody**
noose [nuːs] *n* laço corrediço; (*hangman's*) corda da forca
nor [nɔː*] *conj* = **neither** ♦ *adv* see **neither**
norm [nɔːm] *n* (*convention*) norma; (*requirement*) regra
normal ['nɔːml] *adj* normal
north [nɔːθ] *n* norte *m* ♦ *adj* do norte, setentrional ♦ *adv* ao or para o norte; **N~ America** *n* América do Norte; **~-east** *n* nordeste *m*; **~erly** *adj* norte; **~ern** *adj* do norte, setentrional; **N~ern Ireland** *n* Irlanda do Norte; **N~ Pole** *n*: **the N~** Pólo *m* Norte; **N~ Sea** *n*: **the N~ Sea** o Mar do Norte; **~ward(s)** *adv* em direção norte; **~west** *n* noroeste *m*
Norway ['nɔːweɪ] *n* Noruega; **Norwegian** *adj* norueguês/esa ♦ *n* norueguês/esa *m/f*; (*LING*) norueguês *m*
nose [nəʊz] *n* (*ANAT*) nariz *m*; (*ZOOL*) focinho; (*sense of smell: of person*) olfato; (*: of animal*) faro; **~ about** *vi* bisbilhotar; **~ around** *vi* = **~ about**; **~bleed** *n* hemorragia nasal; **~dive** *n* (*deliberate*) vôo picado; (*involuntary*) parafuso; **~y** (*inf*) *adj* = **nosy**
nostalgia [nɔs'tældʒɪə] *n* nostalgia
nostril ['nɔstrɪl] *n* narina
nosy ['nəʊzɪ] (*inf*) *adj* intrometido, abelhudo
not [nɔt] *adv* não; **he is ~** or **isn't here** ele não está aqui; **it's too late, isn't it?** é muito tarde, não?; **he asked me ~ to do it** ele me pediu para não fazer isto; **~ yet/now** ainda/agora não; *see also* **all; only**

notably ['nəutəbli] adv (particularly) particularmente; (markedly) notavelmente

notary ['nəutəri] n (also: ~ public) tabelião/tabelioa m/f, notário/a

notch [nɔtʃ] n (in wood) entalhe m; (in blade) corte m

note [nəut] n (MUS, bank~) nota; (letter) bilhete m; (record) nota, anotação f; (tone) tom m ♦ vt (observe) observar, reparar em; (also: ~ down) anotar, tomar nota de; ~**book** n caderno; ~**d** adj célebre, conhecido; ~**pad** n bloco de anotações; ~**paper** n papel m de carta

nothing ['nʌθɪŋ] n nada; (zero) zero; **he does** ~ ele não faz nada; ~ **new/much** nada de novo/quase nada; **for** ~ de graça, grátis; (in vain) em vão, por nada

notice ['nəutɪs] n (sign) aviso, anúncio; (warning) aviso; (dismissal) demissão f; (of leaving) aviso prévio; (period of time) prazo ♦ vt reparar em, notar; **at short** ~ de repente, em cima da hora; **until further** ~ até nova ordem; **to hand in one's** ~ demitir, pedir a demissão; **to take** ~ **of** prestar atenção a, fazer caso de; **to bring sth to sb's** ~ levar algo ao conhecimento de alguém; ~**able** adj evidente, visível; ~ **board** (BRIT) n quadro de avisos

notify ['nəutɪfaɪ] vt: **to** ~ **sb of sth** avisar alguém de algo

notion ['nəuʃən] n noção f, idéia

notwithstanding [nɔtwɪθ'stændɪŋ] adv no entanto, não obstante ♦ prep: ~ **this** apesar disto

nougat ['nu:gɑ:] n torrone m, nugá m

nought [nɔ:t] n zero

noun [naun] n substantivo

nourish ['nʌrɪʃ] vt nutrir, alimentar; (fig) fomentar, alentar; ~**ing** adj nutritivo, alimentício; ~**ment** n alimento, nutrimento

novel ['nɔvl] n romance m ♦ adj novo, recente; ~**ist** n romancista m/f; ~**ty** n novidade f

November [nəu'vɛmbə*] n novembro

novice ['nɔvɪs] n principiante m/f, novato/a; (REL) noviço/a

now [nau] adv agora; (these days) atualmente, hoje em dia ♦ conj: ~ **(that)** agora que; **right** ~ agora mesmo; **by** ~ já; **just** ~ atualmente; ~ **and then**, ~ **and again** de vez em quando; **from** ~ **on** de agora em diante; ~**adays** adv hoje em dia

nowhere ['nəuwɛə*] adv (go) a lugar nenhum; (be) em nenhum lugar

nozzle ['nɔzl] n bocal m

nuance ['nju:ɑ:ns] n nuança, matiz m

nubile ['nju:baɪl] adj jovem e bela

nuclear ['nju:klɪə*] adj nuclear

nucleus ['nju:klɪəs] n (pl nuclei) n núcleo

nude [nju:d] adj nu(a) ♦ n (ART) nu m; **in the** ~ nu, pelado

nudge [nʌdʒ] vt acotovelar, cutucar (BR)

nudist ['nju:dɪst] n nudista m/f

nuisance ['nju:sns] n amolação f, aborrecimento; (person) chato; **what a** ~! que saco! (BR), que chatice! (PT)

null [nʌl] adj: ~ **and void** írrito e nulo

numb [nʌm] adj: ~ **with cold** duro de frio; ~ **with fear** paralisado de medo

number ['nʌmbə*] n número; (numeral) algarismo ♦ vt (pages etc) numerar; (amount to) montar a; **a** ~ **of** vários, muitos; **to be** ~**ed among** figurar entre; **they were ten in** ~ eram em número de dez; ~ **plate** (BRIT) n placa (do carro)

numeral ['nju:mərəl] n algarismo

numerate ['nju:mərɪt] (BRIT) adj: **to be** ~ ter uma noção básica da aritmética

numerical [nju:'mɛrɪkl] adj numérico

numerous ['nju:mərəs] adj numeroso

nun [nʌn] n freira

nurse [nə:s] n enfermeiro/a; (also: ~**maid**) ama-seca, babá f ♦ vt (patient) cuidar de, tratar de

nursery ['nə:sərı] n (institution) creche f; (room) quarto das crianças; (for plants) viveiro; ~ **rhyme** n poesia infantil; ~ **school** n escola maternal; ~ **slope** (BRIT) n (SKI) rampa para principiantes

nursing ['nə:sɪŋ] n (profession) enfermagem f; (care) cuidado, assistência; ~ **home** n sanatório, clínica de repouso; ~ **mother** n lactante f

nurture ['nə:tʃə*] vt alimentar

nut [nʌt] n (TECH) porca; (BOT) noz f; ~**crackers** npl quebra-nozes m inv

nutmeg ['nʌtmeg] n noz-moscada

nutrient ['nju:trɪənt] n nutrimento

nutritious [nju:'trɪʃəs] adj nutritivo

nuts [nʌts] (inf) adj: **he's** ~ ele é doido

nutshell ['nʌtʃɛl] n casca de noz; **in a** ~ (fig) em poucas palavras

nylon ['naɪlɔn] n náilon m (BR), nylon m (PT) ♦ adj de náilon

O

oak [əuk] n carvalho ♦ adj de carvalho

OAP (BRIT) n abbr = **old-age pensioner**

oar [ɔ:*] n remo

oasis [əu'eɪsɪs] (pl **oases**) n oásis m inv

oath [əuθ] n juramento; (swear word) palavrão m

oatmeal ['əutmi:l] n farinha or mingau m de aveia

oats [əuts] n aveia

obedience [ə'bi:dɪəns] n obediência

obedient [ə'bi:dɪənt] adj obediente

obey [ə'beɪ] vt obedecer a; (instructions, regulations) cumprir

obituary [ə'bɪtjuərɪ] n necrológio

object [n 'ɔbdʒɪkt, vi ə'dʒɛkt] n objeto; (purpose) objetivo ♦ vi: **to** ~ **to** (attitude) desaprovar, objetar a; (proposal) opor-se a; **I** ~! protesto!;

he ~**ed that** ... ele objetou que ...; **expense is no** ~ o preço não é problema; ~**ion** n objeção f; **I have no** ~**ion to** ... não tenho nada contra ...; ~**ionable** adj desagradável; (conduct) censurável; ~**ive** n objetivo

obligation [ɔblɪ'geɪʃən] n obrigação f; **without** ~ sem compromisso

obligatory [ə'blɪgətərı] adj obrigatório

oblige [ə'blaɪdʒ] vt (do a favour for) obsequiar, fazer um favor a; (force) obrigar, forçar; **to be** ~**d to sb for doing sth** ficar agradecido por alguém fazer algo; **obliging** adj prestativo

oblique [ə'bli:k] adj oblíquo; (allusion) indireto

obliterate [ə'blɪtəreɪt] vt (erase) apagar; (destroy) destruir

oblivion [ə'blɪvɪən] n esquecimento; **oblivious** adj: **oblivious of** inconsciente de, esquecido de

oblong ['ɔblɔŋ] adj oblongo, retangular ♦ n retângulo

obnoxious [əb'nɔkʃəs] adj odioso, detestável; (smell) enjoativo

oboe ['əubəu] n oboé m

obscene [əb'si:n] adj obsceno

obscure [əb'skjuə*] adj obscuro, desconhecido; (difficult to understand) pouco claro ♦ vt ocultar, escurecer; (hide: sun etc) esconder

obsequious [əb'si:kwɪəs] adj obsequioso, servil

observance [əb'zə:vns] n observância, cumprimento

observant [əb'zə:vnt] adj observador(a)

observation [ɔbzə'veɪʃən] n observação f; (MED) exame m

observatory [əb'zə:vətrı] n observatório

observe [əb'zə:v] vt observar; (rule) cumprir; ~**r** n observador(a) m/f

obsess [əb'sɛs] vt obsedar, obcecar; ~**ion** n obsessão f, idéia fixa

obsolescence [ɔbsə'lɛsns] n obsolescência

obsolete ['ɔbsəli:t] adj obsoleto

obstacle ['ɔbstəkl] *n* obstáculo; (*hindrance*) estorvo, impedimento

obstinate ['ɔbstɪnɪt] *adj* obstinado

obstruct [əb'strʌkt] *vt* obstruir; (*block*: *hinder*) estorvar; ~**ion** *n* obstrução *f*; (*object*) obstáculo

obtain [əb'teɪn] *vt* obter; (*achieve*) conseguir; ~**able** *adj* disponível

obvious ['ɔbvɪəs] *adj* óbvio; ~**ly** *adv* evidentemente; ~**ly not!** (é) claro que não!

occasion [ə'keɪʒən] *n* ocasião *f*; (*event*) acontecimento; ~**al** *adj* de vez em quando; ~**ally** *adv* de vez em quando

occult [ɔ'kʌlt] *n*: **the** ~ as ciências ocultas

occupant ['ɔkjupənt] *n* (*of house*) inquilino/a; (*of car*) ocupante *m/f*

occupation [ɔkju'peɪʃən] *n* ocupação *f*; (*job*) profissão *f*; ~**al hazard** *n* risco profissional

occupier ['ɔkjupaɪə*] *n* inquilino/a

occupy ['ɔkjupaɪ] *vt* ocupar; (*house*) morar em; **to** ~ **o.s. in doing** ocupar-se de fazer

occur [ə'kə:*] *vi* ocorrer; (*phenomenon*) acontecer; **to** ~ **to sb** ocorrer a alguém; ~**rence** *n* ocorrência, acontecimento; (*existence*) existência

ocean ['əuʃən] *n* oceano; ~**-going** *adj* de longo curso

ochre ['əukə*] (*US* **ocher**) *adj* cor de ocre *inv*

o'clock [ə'klɔk] *adv*: **it is 5** ~ são cinco horas

OCR *n abbr* = **optical character reader; optical character recognition**

octave ['ɔktɪv] *n* oitava

October [ɔk'təubə*] *n* outubro

octopus ['ɔktəpəs] *n* polvo

odd [ɔd] *adj* (*strange*) estranho, esquisito; (*number*) ímpar; (*sock etc*) desemparelhado; **60**~ 60 e tantos; **at** ~ **times** às vezes, de vez em quando; **to be the** ~ **one out** ficar sobrando, ser a exceção; ~**ity** *n* coisa estranha, esquisitice *f*; (*person*) excêntrico/a; ~**-job man** (*irreg*) *n* faz-tudo *m*; ~ **jobs** *npl* biscates *mpl*, bicos *mpl*; ~**ly** *adv* curiosamente; *see also* **enough**; ~**ments** (*BRIT*) *npl* (*COMM*) retalhos *mpl*; ~**s** *npl* (*in betting*) pontos *mpl* de vantagem; **it makes no** ~**s** dá no mesmo; **at** ~**s** brigados/as, de mal; ~**s and ends** *npl* miudezas *fpl*

odometer [əu'dɔmɪtə*] *n* contaquilômetros *m inv*

odour ['əudə*] (*US* **odor**) *n* odor *m*, cheiro; (*unpleasant*) fedor *m*

of [ɔv, əv] *prep* **1** (*gen*) de; **a friend** ~ **ours** um amigo nosso; **a boy** ~ **10** um menino de 10 anos; **that was very kind** ~ **you** foi muito gentil da sua parte

2 (*expressing quantity, amount, dates etc*) de; **how much** ~ **this do you need?** de quanto você precisa?; **3** ~ **them** 3 deles; **3** ~ **us went** 3 de nós foram; **the 5th** ~ **July** dia 5 de julho

3 (*from, out of*) de; **made** ~ **wood** feito de madeira

off [ɔf] *adv* **1** (*distance, time*): **it's a long way** ~ fica bem longe; **the game is 3 days** ~ o jogo é daqui a 3 dias

2 (*departure*): **I'm** ~ estou de partida; **to go** ~ **to Paris/Italy** ir para Paris/a Itália; **I must be** ~ devo ir-me

3 (*removal*): **to take** ~ **one's hat/coat/clothes** tirar o chapéu/o casaco/a roupa; **the button came** ~ o botão caiu; **10%** ~ (*COMM*) 10% de abatimento *or* desconto

4 (*not at work*): **to have a day** ~ tirar um dia de folga; (: *sick*): **to be** ~ **sick** estar ausente por motivo de saúde

♦ *adj* **1** (*not turned on: machine, water, gas*) desligado; (: *light*) apagado; (: *tap*) fechado

2 (*cancelled*) cancelado
3 (*BRIT: not fresh: food*) passado;
(: *milk*) talhado, anulado
4: on the ~ chance (*just in case*)
ao acaso; today I had an ~ day
(*not as good as usual*) hoje não foi o
meu dia
♦ *prep* **1** (*indicating motion, removal, etc*) de; the button came ~
my coat o botão do meu casaco caiu
2 (*distant from*) de; 5 km ~ (the
road) a 5 km (da estrada); ~ the
coast em frente à costa
3: to be ~ meat (*no longer eat it*)
não comer mais carne; (*no longer
like it*) enjoar de carne

offal ['ɔfl] *n* (*CULIN*) sobras *fpl*, restos *mpl*
off-colour (*BRIT*) *adj* (*ill*) indisposto
offence [ə'fɛns] (*US* **offense**) *n*
(*crime*) delito; to take ~ at
ofender-se com, melindrar-se com
offend [ə'fɛnd] *vt* ofender; ~er *n* delinqüente *m/f*
offensive [ə'fɛnsɪv] *adj* (*weapon, remark*) ofensivo; (*smell etc*) repugnante ♦ *n* (*MIL*) ofensiva
offer ['ɔfə*] *n* oferta; (*proposal*) proposta ♦ *vt* oferecer; (*opportunity*)
proporcionar; "on ~" (*COMM*) "em
oferta"; ~ing *n* oferenda
off-hand [ɔf'hænd] *adj* informal ♦
adv de improviso
office ['ɔfɪs] *n* (*place*) escritório;
(*room*) gabinete *m*; (*position*) cargo,
função *f*; to take ~ tomar posse;
doctor's ~ (*US*) consultório; ~
automation *n* automação *f* de escritórios; ~ block (*US* ~ **building**) *n*
conjunto de escritórios; ~ hours *npl*
(horas *fpl* de) expediente *m*; (*US:
MED*) horas *fpl* de consulta
officer ['ɔfɪsə*] *n* (*MIL etc*) oficial
m/f; (*of organization*) diretor(a) *m/f*;
(*also*: **police** ~) agente *m/f* policial
or de polícia
office worker *n* empregado/a or
funcionário/a de escritório

official [ə'fɪʃl] *adj* oficial ♦ *n* oficial
m/f; (*civil servant*) funcionário/a
(público/a); ~**dom** (*pej*) *n* burocracia
officiate [ə'fɪʃɪeɪt] *vi* oficiar
officious [ə'fɪʃəs] *adj* intrometido
offing ['ɔfɪŋ] *n*: in the ~ (*fig*) em
perspectiva
off: ~-**licence** (*BRIT*) *n* loja que vende bebidas alcoólicas; ~ **line** *adj,
adv* (*COMPUT*) fora de linha; ~-
peak *adj* (*heating etc*) de período de
pouco consumo; (*ticket, train*) de período de pouco movimento; ~-
putting (*BRIT*) *adj* desconcertante;
~-**season** *adj, adv* fora de estação or
temporada
offset ['ɔfset] (*irreg*) *vt* compensar,
contrabalançar
offshoot ['ɔfʃuːt] *n* (*fig*) desdobramento
offshore [ɔf'ʃɔː*] *adj* (*breeze*) de
terra; (*fishing*) costeiro; ~ **oilfield**
campo petrolífero ao largo
offside ['ɔf'saɪd] *adj* (*SPORT*) impedido; (*AUT*) do lado do motorista
offspring ['ɔfsprɪŋ] *n* descendência,
prole *f*
off: ~-**stage** *adv* nos bastidores; ~-
the-peg (*US* ~-**the-rack**) *adj* pronto;
~-**white** *adj* quase branco
often ['ɔfn] *adv* muitas vezes, freqüentemente; how ~ do you go?
quantas vezes você vai?
ogle ['əʊgl] *vt* comer com os olhos
oh [əʊ] *excl* oh!, ô!, ah!
oil [ɔɪl] *n* (*CULIN*) azeite *m*; (*petroleum*) petróleo; (*for heating*) óleo ♦
vt (*machine*) lubrificar; ~**can** *n* al-
motolia; ~**field** *n* campo petrolífero;
~ **filter** *n* (*AUT*) filtro de óleo; ~
painting *n* pintura a óleo; ~ **refinery**
n refinaria de petróleo; ~ **rig** *n* torre
f de perfuração; ~**skins** *npl* capa de
oleado; ~ **tanker** *n* (*ship*) petroleiro;
(*truck*) carro-tanque *m* de petróleo;
~ **well** *n* poço petrolífero; ~**y** *adj*
oleoso; (*food*) gorduroso
ointment ['ɔɪntmənt] *n* pomada
O.K. ['əʊ'keɪ] *excl* está bem, está

bom, tá (bem *or* bom) (*inf*) ♦ *adj* bom; (*correct*) certo ♦ *vt* aprovar

okay ['əʊ'keɪ] = O.K.

old [əʊld] *adj* velho; (*former*) antigo, anterior; **how ~ are you?** quantos anos você tem?; **he's 10 years ~** ele tem 10 anos; **~er brother** irmão mais velho; **~ age** n velhice *f*; **~ age pensioner** (*BRIT*) n aposentado/a (*BR*), reformado/a (*PT*); **~-fashioned** *adj* fora de moda; (*person*) antiquado; (*values*) absoleto, retrógrado

olive ['ɒlɪv] n (*fruit*) azeitona; (*tree*) oliveira ♦ *adj* (*also*: **~-green**) verde-oliva *inv*; **~ oil** n azeite *m* de oliva

Olympic [əʊ'lɪmpɪk] *adj* olímpico

omelet(te) ['ɒmlɪt] n omelete *f* (*BR*), omeleta (*PT*)

omen ['əʊmən] n presságio, agouro

ominous ['ɒmɪnəs] *adj* preocupante

omit [əʊ'mɪt] *vt* omitir

KEYWORD

on [ɒn] *prep* 1 (*indicating position*) sobre, em (cima de); **~ the wall** na parede; **~ the left** à esquerda
2 (*indicating means, method, condition etc*): **~ foot** a pé; **~ the train/plane** no trem/no avião; **~ the telephone/radio** no telefone/rádio; **~ television** na televisão; **to be ~ drugs** (*addicted*) ser viciado em drogas; (*MED*) estar sob medicação; **to be ~ holiday** estar de férias
3 (*referring to time*): **~ Friday** na sexta-feira; **a week ~ Friday** sem ser esta sexta-feira, a outra; **~ arrival** ao chegar; **~ seeing this** ao ver isto
4 (*about, concerning*) sobre
♦ *adv* 1 (*referring to dress, covering*): **to have one's coat ~** estar de casaco; **what's she got ~?** o que ela está usando?; **she put her boots ~** ela calçou as botas; **he put his gloves/hat ~** ele colocou as luvas/o chapéu; **screw the lid ~ tightly** atarraxar bem a tampa

3 (*further, continuously*): **to walk/drive ~** continuar andando/dirigindo; **to go ~** continuar (em frente); **to read ~** continuar a ler
♦ *adj* 1 (*functioning, in operation: machine*) em funcionamento; (*light*) aceso; (*radio*) ligado; (*tap*) aberto; (*brakes: of car etc*): **to be ~** estar freado; (*meeting*): **is the meeting still ~?** (*in progress*) a reunião ainda está sendo realizada?; (*not cancelled*) ainda vai haver reunião?; **there's a good film ~ at the cinema** tem um bom filme passando no cinema
2: **that's not ~!** (*inf: of behaviour*) isso não se faz!

once [wʌns] *adv* uma vez; (*formerly*) outrora ♦ *conj* depois que; **~ he had left/it was done** depois que ele saiu/foi feito; **at ~** imediatamente; (*simultaneously*) de uma vez, ao mesmo tempo; **~ more** mais uma vez; **~ and for all** uma vez por todas; **~ upon a time** era uma vez

oncoming ['ɒnkʌmɪŋ] *adj* (*traffic*) que vem de frente

KEYWORD

one [wʌn] *num* um(a); **~ hundred and fifty** cento e cinqüenta; **~ by ~** um por um
♦ *adj* 1 (*sole*) único; **the ~ book which ...** o único livro que ...
2 (*same*) mesmo; **they came in the ~ car** eles vieram no mesmo carro
♦ *pron* 1 um(a); **this ~** este/esta; **that ~** esse/essa, aquele/aquela; **I've already got ~/a red ~** eu já tenho um/um vermelho
2: **~ another** um ao outro; **do you two ever see ~ another?** vocês dois se vêem de vez em quando?
3 (*impers*): **~ never knows** nunca se sabe; **to cut ~'s finger** cortar o dedo; **~ needs to eat** é preciso comer

one: ~**-day excursion** (US) n bilhete m de ida e volta; ~**-man** adj (business) individual; ~**-man band** n homem-orquestra m; ~**-off** (BRIT: inf) n exemplar m único

oneself [wʌn'self] pron (reflexive) se; (after prep, emphatic) si (mesmo/a); **by** ~ sozinho/a; **to hurt** ~ ferir-se; **to keep sth for** ~ guardar algo para si mesmo; **to talk to** ~ falar consigo mesmo

one: ~**-sided** adj (argument) parcial; ~**-to-**~ adj (relationship) individual; ~**-upmanship** n the art of ~**-upmanship** a arte de aparentar ser melhor do que os outros; ~**-way** adj (street, traffic) de mão única (BR), de sentido único (PT)

ongoing ['ɔngəʊɪŋ] adj (project) em andamento; (situation) existente

onion ['ʌnjən] n cebola

on line adj (COMPUT) on-line, em linha ♦ adv em linha

onlooker ['ɔnlʊkə*] n espectador(a) m/f

only ['əʊnlɪ] adv somente, apenas ♦ adj único, só ♦ conj só que, porém; **an** ~ **child** um filho único; **not** ~ ... **but also** ... não só ... mas também ...

onset ['ɔnset] n começo

onshore ['ɔnʃɔː*] adj (wind) do mar

onslaught ['ɔnslɔːt] n investida, arremetida

onto ['ɔntu] prep = **on to**

onus ['əʊnəs] n responsabilidade f

onward(s) ['ɔnwəd(z)] adv (move) para diante, para a frente; **from this time** ~ de (ag)ora em diante

onyx ['ɔnɪks] n ônix m

ooze [uːz] vi ressumar, filtrar-se

opaque [əʊ'peɪk] adj opaco, fosco

OPEC ['əʊpek] n abbr (= Organization of Petroleum-Exporting Countries) OPEP f

open ['əʊpn] adj aberto; (car) descoberto; (road) livre; (fig: frank) aberto, franco; (meeting) aberto, sem restrições ♦ vt abrir ♦ vi abrir(-se); (book etc) começar; **in the** ~ (**air**)

ao ar livre; ~ **on to** vt fus (subj: room, door) dar para; ~ **up** vt (blocked road) desobstruir ♦ vi (COMM) abrir; ~**ing** adj de abertura ♦ n abertura; (start) início; (opportunity) oportunidade f; ~**ly** adv abertamente; ~**-minded** adj imparcial; ~**-necked** adj aberto no colo; ~**-plan** adj sem paredes divisórias

opera ['ɔpərə] n ópera

operate ['ɔpəreɪt] vt fazer funcionar, pôr em funcionamento ♦ vi funcionar; (MED): **to** ~ **on sb** operar alguém

operatic [ɔpə'rætɪk] adj lírico, operístico

operating ['ɔpəreɪtɪŋ] adj: ~ **table** mesa de operações; ~ **theatre** sala de operações

operation [ɔpə'reɪʃən] n operação f; (of machine) funcionamento; **to be in** ~ (system) estar em vigor; ~**al** adj operacional

operative ['ɔpərətɪv] adj em vigor

operator ['ɔpəreɪtə*] n (of machine) operador(a) m/f, manipulador(a) m/f; (TEL) telefonista m/f

opinion [ə'pɪnɪən] n opinião f; **in my** ~ na minha opinião, a meu ver; ~**ated** adj opinioso; ~ **poll** n pesquisa, levantamento

opium ['əʊpɪəm] n ópio

opponent [ə'pəʊnənt] n oponente m/f; (MIL, SPORT) adversário/a

opportunist [ɔpə'tjuːnɪst] n (pej) oportunista m/f

opportunity [ɔpə'tjuːnɪtɪ] n oportunidade f; **to take the** ~ **of doing** aproveitar a oportunidade para fazer

oppose [ə'pəʊz] vt opor-se a; **to be** ~**d to** sth opor-se a algo, estar contra algo; **as** ~**d to** em oposição a

opposing [ə'pəʊzɪŋ] adj oposto, contrário

opposite ['ɔpəzɪt] adj oposto; (house etc) em frente ♦ adv (up) em frente ♦ prep em frente de, defronte de ♦ n oposto, contrário

opposition [ɔpə'zɪʃən] n oposição f

oppress [ə'prɛs] vt oprimir

opt [ɔpt] vi: to ~ for optar por; to ~ to do optar por fazer; ~ out: to ~ out of doing sth optar por não fazer algo

optical ['ɔptɪkl] adj ótico

optician [ɔp'tɪʃən] n oculista m/f

optimist ['ɔptɪmɪst] n otimista m/f; ~ic adj otimista

optimum ['ɔptɪməm] adj ótimo

option ['ɔpʃən] n opção f; ~al adj opcional, facultativo

or [ɔː*] conj ou; (with negative): he hasn't seen ~ heard anything ele não viu nem ouviu nada; ~ else senão

oral ['ɔːrəl] adj oral ♦ n (exame m) oral f

orange ['ɔrɪndʒ] n (fruit) laranja ♦ adj cor de laranja inv, alaranjado

orator ['ɔrətə*] n orador(a) m/f

orbit ['ɔːbɪt] n órbita ♦ vt orbitar

orchard ['ɔːtʃəd] n pomar m

orchestra ['ɔːkɪstrə] n orquestra; (US: seating) platéia

orchid ['ɔːkɪd] n orquídea

ordain [ɔː'deɪn] vt ordenar, decretar

ordeal [ɔː'diːl] n experiência penosa, provação f

order ['ɔːdə*] n ordem f; (COMM) encomenda; (good ~) bom estado ♦ vt also: put in ~) pôr em ordem, arrumar; (in restaurant) pedir; (COMM) encomendar; (command) mandar, ordenar; in (working) ~ em bom estado; in ~ to/that para fazer/que + sub; on ~ (COMM) encomendado; out of ~ com defeito, enguiçado; ~ form n impresso para encomendas; ~ly n (MIL) ordenança m; (MED) servente m/f ♦ adj (room) arrumado, ordenado; (person) metódico

ordinary ['ɔːdnrɪ] adj comum, usual, (pej) ordinário, medíocre; out of the ~ fora do comum, extraordinário

Ordnance Survey ['ɔːdnəns-] (BRIT) n serviço oficial de topografia e cartografia

ore [ɔː*] n minério

organ ['ɔːgən] n órgão m; ~ic adj orgânico

organization [ɔːgənaɪ'zeɪʃən] n organização f

organize ['ɔːgənaɪz] vt organizar; ~r n organizador(a) m/f

orgasm ['ɔːgæzəm] n orgasmo

orgy ['ɔːdʒɪ] n orgia

Orient ['ɔːrɪənt] n: the ~ o Oriente; o~al adj, n oriental m/f

origin ['ɔrɪdʒɪn] n origem f

original [ə'rɪdʒɪnl] adj original ♦ n original m

originate [ə'rɪdʒɪneɪt] vi: to ~ from originar-se de, surgir de; to ~ in ter origem em

Orkneys ['ɔːknɪz] npl: the ~ (also: the Orkney Islands) as ilhas Órcadas

ornament ['ɔːnəmənt] n ornamento; (on dress) enfeite m; ~al adj decorativo, ornamental

ornate [ɔː'neɪt] adj enfeitado, requintado

orphan ['ɔːfn] n órfão/órfã m/f; ~age n orfanato

orthodox ['ɔːθədɔks] adj ortodoxo

orthopaedic [ɔːθə'piːdɪk] (US orthopedic) adj ortopédico

oscillate ['ɔsɪleɪt] vi oscilar; (person) vacilar, hesitar

ostensibly [ɔs'tɛnsɪblɪ] adv aparentemente

ostentatious [ɔstɛn'teɪʃəs] adj pomposo, espalhafatoso; (person) ostentoso

ostracize ['ɔstrəsaɪz] vt condenar ao ostracismo

ostrich ['ɔstrɪtʃ] n avestruz m/f

other ['ʌðə*] adj outro ♦ pron: the ~ (one) o outro/a outra ♦ adv (usually in negatives): ~ than (apart from) a não ser; (anything but) exceto; ~s (= people) outros; ~wise adv (in a different way) de outra maneira; (apart from that) do contrário, caso contrário ♦ conj (if not) senão

otter ['ɔtə*] n lontra

ouch [autʃ] excl ai!

ought [ɔːt] (pt **ought**) aux vb: I ~
to do it eu deveria fazê-lo; he ~ to
win (probability) ele deve ganhar

ounce [auns] n onça (= 28.35g; 16 in
a pound)

our ['auə*] adj nosso; see also my;
~s pron (o) nosso/(a) nossa etc; see
also mine[1]; ~selves pron pl (reflexive, after prep) nós; (emphatic) nós
mesmos/as; see also oneself

oust [aust] vt expulsar

out [aut] adv **1** (not in) fora; (to
stand) ~ in the rain/snow (estar
em pé) na chuva/neve; ~ loud em
voz alta
2 (not at home, absent) fora (de
casa); Mr Green is ~ at the moment Sr. Green não está no momento; to have a day/night ~ passar o
dia fora/sair à noite
3 (indicating distance): the boat
was 10 km ~ o barco estava a 10
km da costa
4 (SPORT): the ball is/has gone ~
a bola caiu fora; ~! (TENNIS) fora!
♦ adj **1**: to be ~ (unconscious) estar
inconsciente; (~ of game) estar fora;
(~ of fashion) estar fora de moda
2 (have appeared: news, secret) do
conhecimento público; (: flowers):
the flowers are ~ as flores desabro-
cham
3 (extinguished: light, fire) apagado;
before the week was ~ (finished)
antes da semana acabar
4: to be ~ to do sth (intend) pretender fazer algo; to be ~ in one's
calculations (wrong) enganar-se nos
cálculos
♦ prep: ~ of **1** (outside, beyond): ~
of fora de; to go ~ of the house
sair da casa; to look ~ of the window olhar pela janela
2 (cause, motive) por
3 (origin): to drink sth ~ of a cup
beber algo na xícara
4 (from among): 1 ~ of every 3 1

entre 3
5 (without) sem; to be ~ of milk/
sugar/petrol etc não ter leite/
açúcar/gasolina etc

out-and-out adj (liar etc) completo, rematado

outback ['autbæk] n (in Australia):
the ~ o interior

outboard ['autbɔːd] n (also: ~ motor) motor m de popa

outbreak ['autbreik] n (of war) de-
flagração f; (of disease) surto; (of
violence etc) explosão f

outburst ['autbɜːst] n explosão f

outcast ['autkɑːst] n pária m/f

outcome ['autkʌm] n resultado

outcrop ['autkrɔp] n afloramento

outcry ['autkraɪ] n clamor m (de protesto)

outdated [aut'deɪtɪd] adj antiquado,
fora de moda

outdo [aut'duː] (irreg) vt ultrapassar, exceder

outdoor [aut'dɔː*] adj ao ar livre;
(clothes) de sair; ~s adv ao ar livre

outer ['autə*] adj exterior, externo;
~ space n espaço (exterior)

outfit ['autfɪt] n roupa, traje m

outgoing ['autgəuɪŋ] adj de saída;
(character) extrovertido, sociável;
~s npl despesas fpl

outgrow [aut'grəu] (irreg) vt: he
has ~n his clothes a roupa ficou pequena para ele

outhouse ['authaus] n anexo

outing ['autɪŋ] n excursão f

outlaw ['autlɔː] n fora-da-lei m/f ♦ vt
(person) declarar fora da lei; (practice) declarar ilegal

outlay ['autleɪ] n despesas fpl

outlet ['autlet] n saída, escape m; (of
pipe) desagüe m, escoadouro; (US:
ELEC) tomada; (also: retail ~) posto de venda

outline ['autlaɪn] n (shape) contorno,
perfil m; (of plan) traçado; (sketch)
esboço, linhas fpl gerais ♦ vt
(theory, plan) traçar, delinear

outlive [aut'lɪv] vt sobreviver a

outlook ['autluk] n (attitude) ponto de vista; (fig: prospects) perspectiva; (: for weather) previsão f

outlying ['autlaıŋ] adj afastado, remoto

outmoded [aut'məudıd] adj antiquado, fora de moda, obsoleto

outnumber [aut'nʌmbə*] vt exceder em número

out-of-date adj (passport, ticket) sem validade; (clothes) fora de moda

out-of-the-way adj remoto, afastado

outpatient ['autpeıʃənt] n paciente m/f externo/a or de ambulatório

outpost ['autpəust] n posto avançado

output ['autput] n (volume m de) produção f; (COMPUT) saída ♦ vt (COMPUT) liberar

outrage ['autreıdʒ] n escândalo; (atrocity) atrocidade f ♦ vt ultrajar; **~ous** adj ultrajante, escandaloso

outright [adv aut'raıt, adj 'autraıt] adv (kill, win) completamente; (ask, refuse) abertamente ♦ adj completo, franco

outset ['autset] n início, princípio

outside [aut'saıd] n exterior m ♦ adj exterior, externo ♦ adv (lá) fora ♦ prep fora de; (beyond) além (dos limites) de; **at the ~** (fig) no máximo; **~ lane** n (AUT: in Britain) pista da direita; (: in US, Europe) pista da esquerda; **~ left** n (FOOTBALL) extremo-esquerdo; **~ line** n (TEL) linha de saída; **~r** n (stranger) estranho/a, forasteiro/a

outsize ['autsaız] adj (clothes) de tamanho extra-grande or especial

outskirts ['autskə:ts] npl arredores mpl, subúrbios mpl

outspoken [aut'spəukən] adj franco, sem rodeios

outstanding [aut'stændıŋ] adj excepcional; (work, debt) pendente

outstay [aut'steı] vt: **to ~ one's welcome** abusar da hospitalidade (demorando mais tempo)

outstretched [aut'stretʃt] adj (hand) estendido

outstrip [aut'strıp] vt ultrapassar

out tray n cesta de saída

outward ['autwəd] adj externo; (journey) de ida; **~ly** adv para fora

outweigh [aut'weı] vt ter mais valor do que

outwit [aut'wıt] vt passar a perna em

oval ['əuvl] adj ovalado ♦ n oval m

ovary ['əuvərı] n ovário

oven ['ʌvn] n forno; **~proof** adj refratário

over ['əuvə*] adv 1 (across: walk, jump, fly etc) por cima; **to cross ~ to the other side of the road** atravessar para o outro lado da rua; **~ here** por aqui, cá; **~ there** por ali, lá; **to ask sb ~** (to one's home) convidar alguém

2: **to fall ~** cair; **to knock ~** derrubar; **to turn ~** virar; **to bend ~** curvar-se, debruçar-se

3 (finished): **to be ~** estar acabado

4 (excessively: clever, rich, fat etc) muito, demais; **she's not ~ intelligent** ela não é superdotada

5 (remaining: money, food etc): **there are 3 ~** tem 3 sobrando/ sobraram 3

6: **all ~** (everywhere) por todos os lados; **~ and ~ (again)** repetidamente

♦ prep 1 (on top of) sobre; (above) acima de

2 (on the other side of) no outro lado de; **he jumped ~ the wall** ele pulou o muro

3 (more than) mais de; **~ and above** além de

4 (during) durante

overall [n, adj 'əuvərɔ:l, adv əuvər'ɔ:l] adj (length) total; (study) global ♦ adv (view) globalmente; (measure, paint) totalmente ♦ n (also: **~s**) macacão m (BR), (fato) macaco (PT)

overawe [əuvər'ɔ:] vt intimidar

overbalance [əuvə'bæləns] vi perder o equilíbrio, desequilibrar-se

overbearing [əuvə'beəriŋ] adj autoritário, dominador(a)

overboard ['əuvəbɔːd] adv (NAUT) ao mar

overbook [əuvə'buk] vi reservar em excesso

overcast ['əuvəkɑːst] adj nublado, fechado

overcharge [əuvə'tʃɑːdʒ] vt: **to ~ sb** cobrar em excesso a alguém

overcoat ['əuvəkəut] n sobretudo

overcome [əuvə'kʌm] (irreg) vt vencer, dominar; (difficulty) superar

overcrowded [əuvə'kraudid] adj superlotado

overdo [əuvə'duː] (irreg) vt exagerar; (overcook) cozinhar demais; **to ~ it** (work too hard) exceder-se

overdose ['əuvədəus] n overdose f, dose f excessiva

overdraft ['əuvədrɑːft] n saldo negativo

overdrawn [əuvə'drɔːn] adj (account) sem fundos, a descoberto

overdue [əuvə'djuː] adj atrasado; (change) tardio

overestimate [əuvər'estimeit] vt sobrestimar

overflow [vi əuvə'fləu, n 'əuvəfləu] vi transbordar ♦ n (also: ~ **pipe**) tubo de descarga, ladrão m

overgrown [əuvə'grəun] adj (garden) coberto de vegetação

overhaul [vt əuvə'hɔːl, n 'əuvəhɔːl] vt revisar ♦ n revisão f

overhead [adv əuvə'hed, n 'əuvəhed] adv por cima, em cima; (in the sky) no céu ♦ adj (lighting) superior; (railway) suspenso ♦ n (US = ~**s**; ~**s** npl (expenses) despesas fpl gerais

overhear [əuvə'hiə*] (irreg) vt ouvir por acaso

overheat [əuvə'hiːt] vi (engine) aquecer demais

overjoyed [əuvə'dʒɔid] adj: **to be ~ (at)** estar muito alegre (com)

overkill [əuvə'kil] n (fig): it would

be ~ seria exagero, seria matar mosquito com tiro de canhão

overland ['əuvəlænd] adj, adv por terra

overlap [əuvə'læp] vi (edges) sobrepor-se em parte; (fig) coincidir

overleaf [əuvə'liːf] adv no verso

overload [əuvə'ləud] vt sobrecarregar

overlook [əuvə'luk] vt (have view on) dar para; (miss) omitir; (forgive) fazer vista grossa a

overnight [adv əuvə'nait, adj 'əuvənait] adv durante a noite; (fig) da noite para o dia ♦ adj de uma (or de) noite; **to stay ~** passar a noite, pernoitar

overpass ['əuvəpɑːs] (esp US) n viaduto

overpower [əuvə'pauə*] vt dominar, subjugar; (fig) assolar; **~ing** adj (heat, stench) sufocante

overrate [əuvə'reit] vt sobrestimar, supervalorizar

override [əuvə'raid] (irreg) vt (order, objection) não fazer caso de, ignorar; **overriding** adj primordial

overrule [əuvə'ruːl] vt (decision) anular; (claim) indeferir

overrun [əuvə'rʌn] (irreg) vt (country etc) invadir; (time limit) ultrapassar, exceder

overseas [əuvə'siːz] adv (abroad) no estrangeiro, no exterior ♦ adj (trade) exterior; (visitor) estrangeiro

overshadow [əuvə'ʃædəu] vt ofuscar

overshoot [əuvə'ʃuːt] (irreg) vt ultrapassar

oversight ['əuvəsait] n descuido

oversleep [əuvə'sliːp] (irreg) vi dormir além da hora

overstate [əuvə'steit] vt exagerar

overstep [əuvə'step] vt: **to ~ the mark** ultrapassar o limite

overt [əu'vəːt] adj aberto, indissimulado

overtake [əuvə'teik] (irreg) vt ultrapassar

overthrow [əuvə'θrəu] (irreg) vt

(*government*) derrubar

overtime ['əuvətaɪm] *n* horas *fpl* extras

overtone ['əuvətəun] *n* (*fig: also:* ~**s**) implicação *f*, tom *m*

overture ['əuvətʃuə•] *n* (*MUS*) abertura; (*fig*) proposta, oferta

overturn [əuvə'tə:n] *vt* virar; (*system*) derrubar; (*decision*) anular ♦ *vi* (*car etc*) capotar

overweight [əuvə'weɪt] *adj* gordo demais, com excesso de peso

overwhelm [əuvə'welm] *vt* assoberar, assolar; ~**ing** *adj* (*victory, defeat*) esmagador(a); (*heat*) sufocante; (*desire*) irresistível

overwork [əuvə'wə:k] *n* excesso de trabalho

overwrought [əuvə'rɔ:t] *adj* extenuado, superexcitado

owe [əu] *vt*: **to** ~ **sb sth, to** ~ **sth to sb** dever algo a alguém; **owing to** *prep* devido a, por causa de

owl [aul] *n* coruja

own [əun] *adj* próprio ♦ *vt* possuir, ter; **a room of my** ~ meu próprio quarto; **to get one's** ~ **back** ir à forra; **on one's** ~ sozinho; ~ **up** *vi*: **to** ~ **up to sth** confessar algo; ~**er** *n* dono/a, proprietário/a; ~**ership** *n* posse *f*

ox [ɔks] (*pl* ~**en**) *n* boi *m*

oxtail ['ɔksteɪl] *n*: ~ **soup** sopa de rabada

oxygen ['ɔksɪdʒən] *n* oxigênio *m*; ~ **mask** *n* máscara de oxigênio

oyster ['ɔɪstə•] *n* ostra

oz. *abbr* = **ounce(s)**

ozone ['əuzəun] *n* ozônio; ~ **hole** *n* buraco (na camada) de ozônio; ~ **layer** *n* camada de ozônio

P

p [pi:] *abbr* (= *page*) p; (*BRIT*) = **penny; pence**

PA *n abbr* = **personal assistant; public address system**

pa [pɑ:] (*inf*) *n* papai *m*

p.a. *abbr* (= *per annum*) p.a.

pace [peɪs] *n* passo; (*speed*) velocidade *f* ♦ *vi*: **to** ~ **up and down** andar de um lado para o outro; **to keep** ~ **with** acompanhar o passo de; ~ **maker** *n* (*MED*) marcapasso *m*

Pacific [pə'sɪfɪk] *n*: **the** ~ (**Ocean**) o (Oceano) Pacífico

pacify ['pæsɪfaɪ] *vt* acalmar, serenar

pack [pæk] *n* pacote *m*, embrulho; (*US: of cigarettes*) maço; (*of hounds*) matilha; (*of thieves*) bando, quadrilha; (*of cards*) baralho; (*back~*) mochila ♦ *vt* encher; (*in suitcase*) arrumar (na mala); (*cram*): **to** ~ **into** entupir de, entulhar com; **to** ~ (**one's bags**) fazer as malas; **to** ~ **sb off** despedir alguém; ~ **it in!** pára com isso!

package ['pækɪdʒ] *n* pacote *m*; (*bulky*) embrulho, fardo; (*also:* ~ **deal**) acordo global, pacote; ~ **holiday** (*BRIT*) *n* pacote *m* (de férias); ~ **tour** (*BRIT*) *n* excursão *f* organizada

packed lunch ['pækt-] (*BRIT*) *n* merenda

packet ['pækɪt] *n* pacote *m*; (*of cigarettes*) maço; (*of washing powder etc*) caixa

packing ['pækɪŋ] *n* embalagem *f*; (*act*) empacotamento

pad [pæd] *n* (*of paper*) bloco; (*to prevent friction*) acolchoado; (*inf: home*) casa ♦ *vt* acolchoar, enchumaçar; ~**ding** *n* enchimento

paddle ['pædl] *n* remo curto; (*US: for table tennis*) raquete *f* ♦ *vt* remar ♦ *vi* patinhar; ~ **steamer** *n* vapor *m* movido a rodas; **paddling pool** (*BRIT*) *n* lago de recreação

paddock ['pædək] *n* cercado; (*at race course*) paddock *m*

paddy field ['pædɪ-] *n* arrozal *m*

padlock ['pædlɔk] *n* cadeado

paediatrics [piːdɪ'ætrɪks] (*US* **pediatrics**) *n* pediatria

pagan ['peɪgən] *adj, n* pagão/pagã *m/f*

page [peɪdʒ] *n* página; (*also:* ~ **boy**)

mensageiro ♦ *vt* mandar chamar

pageant ['pædʒənt] *n* (*procession*) cortejo suntuoso; (*show*) desfile *m* alegórico; **~ry** *n* pompa, fausto

pager ['peɪdʒə*], **paging device** ['peɪdʒɪŋ-] *n* bip *m*

paid [peɪd] *pt, pp of* **pay** ♦ *adj* (*work*) remunerado; (*holiday*) pago; (*official*) assalariado; **to put ~ to** (*BRIT*) acabar com

pail [peɪl] *n* balde *m*

pain [peɪn] *n* dor *f*; **to be in ~** sofrer *or* sentir dor; **to take ~s to do sth** dar-se ao trabalho de fazer algo; **~ed** *adj* magoado, aflito; **~ful** *adj* doloroso; (*laborious*) penoso; (*unpleasant*) desagradável; **~fully** *adv* (*fig*) terrivelmente; **~killer** *n* analgésico; **~less** *adj* sem dor, indolor; **~staking** *adj* (*work*) esmerado; (*person*) meticuloso

paint [peɪnt] *n* pintura ♦ *vt* pintar; **~brush** *n* (*artist's*) pincel *m*; (*decorator's*) broxa; **~er** *n* (*artist*) pintor(a) *m/f*; (*decorator*) pintor,a de paredes; **~ing** *n* pintura; (*picture*) tela, quadro; **~work** *n* pintura

pair [peə*] *n* par *m*; **a ~ of scissors** uma tesoura; **a ~ of trousers** uma calça (*BR*), umas calças (*PT*)

pajamas [pɪˈdʒɑːməz] (*US*) *npl* pijama *m*

Pakistan [pɑːkɪˈstɑːn] *n* Paquistão *m*; **~i** *adj, n* paquistanês/esa *m/f*

pal [pæl] (*inf*) *n* camarada *m/f*, colega *m/f*

palace ['pæləs] *n* palácio

palatable ['pælɪtəbl] *adj* saboroso, apetitoso

palate ['pælɪt] *n* paladar *m*

palatial [pəˈleɪʃəl] *adj* suntuoso, magnífico

palaver [pəˈlɑːvə*] (*inf*) *n* confusão *f*

pale [peɪl] *adj* pálido; (*colour*) claro; (*light*) fraco ♦ *vi* empalidecer ♦ *n*: **to be beyond the ~** passar dos limites

Palestine ['pælɪstaɪn] *n* Palestina; **Palestinian** [-ˈstɪnɪən] *adj, n* palestino/a

palette ['pælɪt] *n* palheta

palings ['peɪlɪŋz] *npl* (*fence*) cerca

pall [pɔːl] *n* (*of smoke*) manto ♦ *vi* perder a graça

pallid ['pælɪd] *adj* pálido, descorado

palm [pɑːm] *n* (*of hand*) palma; (*also: ~ tree*) palmeira ♦ *vt*: **to palm sth off on sb** (*inf*) impingir algo a alguém; **P~ Sunday** *n* Domingo de Ramos

paltry ['pɔːltrɪ] *adj* irrisório

pamper ['pæmpə*] *vt* paparicar, mimar

pamphlet ['pæmflɪt] *n* panfleto

pan [pæn] *n* (*also: sauce~*) panela (*BR*), caçarola (*PT*); (*also: frying ~*) frigideira

panache [pəˈnæʃ] *n* desenvoltura

Panama ['pænəmɑː] *n* Panamá *m*

pancake ['pænkeɪk] *n* panqueca

panda ['pændə] *n* panda *m/f*; **~ car** (*BRIT*) *n* patrulhinha, carro policial

pander ['pændə*] *vi*: **to ~ to** favorecer

pane [peɪn] *n* vidraça, vidro

panel ['pænl] *n* (*of wood, RADIO, TV*) painel *m*; **~ling** (*US* **~ing**) *n* painéis *mpl*

pang [pæŋ] *n*: **a ~ of regret** uma sensação de pesar; **~s of hunger** fome aguda

panic ['pænɪk] *n* pânico ♦ *vi* entrar em pânico; **~ky** *adj* (*person*) assustadiço, apavorado; **~-stricken** *adj* tomado de pânico

pansy ['pænzɪ] *n* (*BOT*) amor-perfeito; (*inf: pej*) bicha (*BR*), maricas *m* (*PT*)

pant [pænt] *vi* arquejar, ofegar

panther ['pænθə*] *n* pantera

panties ['pæntɪz] *npl* calcinha (*BR*), cuecas *fpl* (*PT*)

pantihose ['pæntɪhəuz] (*US*) *n* meia-calça (*BR*), collants *mpl* (*PT*)

pantomime ['pæntəmaɪm] (*BRIT*) *n* pantomima, *revista musical montada na época de Natal, baseada em contos de fada*

pantry ['pæntrɪ] *n* despensa

pants [pænts] *npl* (*BRIT: underwear: woman's*) calcinha (*BR*), cuecas *fpl*

(PT); (: man's) cueca (BR), cuecas (PT); (US: trousers) calça (BR), calças fpl (PT)

paper ['peɪpə*] n papel m; (also: news~) jornal m; (also: wall~) papel de parede; (study, article) artigo, dissertação f; (exam) exame m, prova ♦ adj de papel ♦ vt (room) revestir (com papel de parede); ~s npl (also: identity ~s) documentos mpl; ~**back** n livro de capa mole; ~ **bag** n saco de papel; ~ **clip** n clipe m; ~ **hankie** n lenço de papel; ~**weight** n pesa-papéis m inv; ~**work** n trabalho burocrático; (pej) papelada

papier-mâché ['pæpɪeɪ'mæʃeɪ] n papel m machê

paprika ['pæprɪkə] n páprica, pimentão-doce m

par [paː*] n paridade f, igualdade f; (GOLF) média f; **on a ~ with** em pé de igualdade com

parable ['pærəbl] n parábola

parachute ['pærəʃuːt] n pára-quedas m inv

parade [pə'reɪd] n desfile m ♦ vt (show off) exibir ♦ vi (MIL) passar revista

paradise ['pærədaɪs] n paraíso

paradox ['pærədɒks] n paradoxo; ~**ically** adv paradoxalmente

paraffin ['pærəfɪn] (BRIT) n: ~ (**oil**) querosene m

paragon ['pærəgən] n modelo

paragraph ['pærəgrɑːf] n parágrafo

Paraguay ['pærəgwaɪ] n Paraguai m

parallel ['pærəlɛl] adj (lines etc) paralelo; (fig) correspondente n em paralela; correspondência

paralyse ['pærəlaɪz] (BRIT) vt paralisar

paralysis [pə'rælɪsɪs] (pl **paralyses**) n paralisia

paralyze ['pærəlaɪz] (US) vt = **paralyse**

paramount ['pærəmaunt] adj primordial; **of ~ importance** de suma importância

paranoid ['pærənɔɪd] adj paranóico

parapet ['pærəpɪt] n parapeito, ba-

laustrada

parasol ['pærəsɔl] n guarda-sol m, sombrinha

paratrooper ['pærətruːpə*] n pára-quedista m/f

parcel ['pɑːsl] n pacote m ♦ vt (also: ~ up) embrulhar, empacotar

parch [pɑːtʃ] vt secar, ressecar; ~**ed** adj (person) morto de sede

parchment ['pɑːtʃmənt] n pergaminho

pardon ['pɑːdn] n (LAW) indulto ♦ vt perdoar; ~ **me!**, **I beg your ~** (apologizing) desculpe(-me); (**I beg your**) ~? (BRIT), ~ **me?** (US) (not hearing) como?, como disse?

parent ['pɛərənt] n (father) pai m; (mother) mãe f; ~**s** npl (mother and father) pais mpl; ~**al** adj paternal (or maternal), dos pais

parenthesis [pə'rɛnθɪsɪs] (pl **parentheses**) n parêntese m

Paris ['pærɪs] n Paris

parish ['pærɪʃ] n paróquia, freguesia

park [pɑːk] n parque m ♦ vt, vi estacionar

parking ['pɑːkɪŋ] n estacionamento; "**no ~**" "estacionamento proibido"; ~ **lot** (US) n (parque m de) estacionamento; ~ **meter** n parquímetro; ~ **ticket** n multa por estacionamento proibido

parlance ['pɑːləns] n linguagem f

parliament ['pɑːləmənt] (BRIT) n parlamento; ~**ary** adj parlamentar

parlour ['pɑːlə*] (US **parlor**) n sala de visitas, salão m, saleta

parochial [pə'rəukɪəl] (pej) adj provinciano

parole [pə'rəul] n: **on ~** em liberdade condicional, sob promessa

paroxysm ['pærəksɪzəm] n (of anger, coughing) acesso

parquet ['pɑːkeɪ] n: ~ **floor(ing)** parquete m, assoalho de tacos

parrot ['pærət] n papagaio

parry ['pærɪ] vt aparar, desviar

parsley ['pɑːslɪ] n salsa

parsnip ['pɑːsnɪp] n cheriria, pastinaga

parson ['pɑːsn] n padre m, clérigo; (in Church of England) pastor m

part [pɑːt] n parte f; (of machine) peça; (THEATRE etc) papel m; (of serial) capítulo; (US: in hair) risca, repartido ♦ adv = **partly** ♦ vt dividir; (hair) repartir ♦ vi (people) separar-se; (crowd) dispersar-se; **to take ~** in participar de, tomar parte em; **to take sb's ~** defender alguém; **for my ~** pela minha parte; **for the most ~** na maior parte; **to take sth in good ~** não se ofender com algo; **~ with** vt fus ceder, entregar; (money) pagar; **~ exchange** (BRIT): **in ~ exchange** como parte do pagamento

partial ['pɑːʃl] adj parcial; **to be ~ to** gostar de, ser apreciador(a) de

participate [pɑːˈtɪsɪpeɪt] vi: **to ~ in** participar de; **participation** n participação f

participle ['pɑːtɪsɪpl] n particípio

particle ['pɑːtɪkl] n partícula; (of dust) grão m

particular [pəˈtɪkjuləʳ] adj (special) especial; (specific) específico; (fussy) exigente, minucioso; **in ~** em particular; **~ly** adv em particular, especialmente; **~s** npl detalhes mpl; (personal details) dados mpl pessoais

parting ['pɑːtɪŋ] n (act) separação f; (farewell) despedida; (BRIT: in hair) risca, repartido ♦ adj de despedida

partisan [pɑːtɪˈzæn] adj partidário ♦ n partidário/a; (in war) guerrilheiro/a

partition [pɑːˈtɪʃən] n (POL) divisão f; (wall) tabique m, divisória

partly ['pɑːtlɪ] adv em parte

partner ['pɑːtnəʳ] n (COMM) sócio/a; (SPORT) parceiro/a; (at dance) par m; (spouse) cônjuge m/f; **~ship** n associação f, parceria, (COMM) sociedade f

partridge ['pɑːtrɪdʒ] n perdiz f

part-time adj, adv de meio expediente

party ['pɑːtɪ] n (POL) partido; (cel-

ebration) festa; (group) grupo; (LAW) parte f interessada, litigante m/f ♦ cpd (POL) do partido, partidário; **~ dress** n vestido de gala; **~ line** n (TEL) linha compartilhada

pass [pɑːs] vt passar; (exam) passar em; (place) passar por; (overtake) ultrapassar; (approve) aprovar ♦ vi passar; (SCH) ser aprovado, passar ♦ n (permit) passe m; (membership card) carteira; (in mountains) desfiladeiro; (SPORT) passe m; (SCH): **to get a ~ in** ser aprovado em; **to make a ~ at sb** tomar liberdade com alguém; **~ away** vi falecer; **~ by** vi passar ♦ vt passar por cima de; **~ for** vt fus passar por; **~ on** vt (news, illness) transmitir; (object) passar para; **~ out** vi desmaiar; **~ up** vt deixar passar; **~able** adj (road) transitável; (work) aceitável

passage ['pæsɪdʒ] n (also: **~way**: indoors) corredor m; (: outdoors) passagem f; (ANAT) via; (act of passing) trânsito; (in book) passagem, trecho; (by boat) travessia

passbook ['pɑːsbuk] n caderneta

passenger ['pæsɪndʒəʳ] n passageiro/a

passer-by ['pɑːsəʳ-] (pl passers-by) n transeunte m/f

passing ['pɑːsɪŋ] adj (fleeting) passageiro, fugaz; **in ~** de passagem; **~ place** n trecho de ultrapassagem

passion ['pæʃən] n paixão f; **~ate** adj apaixonado

passive ['pæsɪv] adj passivo; **~ smoking** n fumo passivo

Passover ['pɑːsəuvəʳ] n Páscoa (dos judeus)

passport ['pɑːspɔːt] n passaporte m

password ['pɑːswɜːd] n senha, contra-senha

past [pɑːst] prep (in front of) por; (beyond) mais além de; (later than) depois de ♦ adj passado; (president etc) ex-, anterior ♦ n passado; **he's ~ forty** ele tem mais de quarenta anos; **ten/quarter ~ four** quatro e dez/quinze; **for the ~ few/3 days**

nos últimos/3 dias

pasta ['pæstə] n massa

paste [peist] n pasta; (glue) grude m, cola ♦ vt grudar; **tomato ~** massa de tomate

pasteurized ['pæstəraizd] adj pasteurizado

pastille ['pæstl] n pastilha

pastime ['pɑːstaim] n passatempo

pastry ['peistri] n massa; (cake) bolo

pasture ['pɑːstʃə*] n pasto

pasty [n 'pæsti, adj 'peisti] n empadão m de carne ♦ adj (complexion) pálido

pat [pæt] vt dar palmadinhas em; (dog etc) fazer festa em

patch [pætʃ] n retalho; (eye ~) tapa-olho m, tampão m; (area) área pequena; (mend) remendo ♦ vt remendar; **(to go through) a bad ~** (passar por) um mau pedaço; **~ up** vt consertar provisoriamente; (quarrel) resolver; **~work** n colcha de retalhos; **~y** adj (colour) desigual; (information) incompleto

pâté ['pætei] n patê m

patent ['peitnt] n patente f ♦ vt patentear ♦ adj patente, evidente; **~ leather** n verniz m

paternal [pə'tɜːnl] adj paternal; (relation) paterno

path [pɑːθ] n caminho, (trail, track) trilha, senda; (trajectory) trajetória

pathetic [pə'θɛtik] adj (pitiful) patético, digno de pena; (very bad) péssimo

pathology [pə'θɔlədʒi] n patologia

pathos ['peiθɔs] n patos m, patético

pathway ['pɑːθwei] n caminho, trilha

patience ['peifns] n paciência

patient ['peifnt] adj, n paciente m/f

patio ['pætiəu] n pátio

patriot ['peitriət] n patriota m/f

patrol [pə'trəul] n patrulha f ♦ vt patrulhar; **~ car** n carro de patrulha; **~man** (US: irreg) guarda m, policial m (BR), polícia m (PT)

patron ['peitrən] n (customer) cliente m/f, freguês/esa m/f; (of charity)

benfeitor(a) m/f; **~ of the arts** mecenas m; **~ize** vt (pej) tratar com ar de superioridade; (shop) ser cliente de; (business, artist) patrocinar; **~ saint** n (santo/a) padroeiro/a

patter ['pætə*] n (of rain) tamborilada; (of feet) passos miúdos mpl; (sales talk) jargão m profissional ♦ vi correr dando passinhos; (rain) tamborilar

pattern ['pætən] n (SEWING) molde m; (design) desenho

paunch [pɔːntʃ] n pança, barriga

pauper ['pɔːpə*] n pobre m/f

pause [pɔːz] n pausa ♦ vi fazer uma pausa

pave [peiv] vt pavimentar; **to ~ the way for** preparar o terreno para

pavement ['peivmənt] n (BRIT) n calçada (BR), passeio (PT)

pavilion [pə'viliən] n (SPORT) barraca

paving ['peiviŋ] n pavimento, calçamento; **~ stone** n laje f, paralelepípedo

paw [pɔː] n pata; (of cat) garra

pawn [pɔːn] n (CHESS) peão m; (fig) títere m ♦ vt empenhar; **~broker** n agiota m/f; **~shop** n loja de penhores

pay [pei] (pt, pp paid) n salário; (of manual worker) paga ♦ vt pagar; (debt) liquidar, saldar; (visit) fazer ♦ vi valer a pena, render; **to ~ attention (to)** prestar atenção (a); **to ~ one's respects to sb** fazer uma visita de cortesia a alguém; **~ back** vt (money) devolver; (person) pagar; **~ for** vt fus pagar a; (fig) recompensar; **~ in** vt depositar; **~ off** vt (debts) saldar, liquidar; (creditor) pagar, reembolsar ♦ vi (plan) valer a pena; **~ up** vt pagar; **~able** adj pagável; (cheque) ~**able to** nominal em favor de; **~ day** n dia m do pagamento; **~ee** n beneficiário/a; **~ envelope** (US) n = ~ **packet**; **~ment** n pagamento; **monthly ~ment** pagamento mensal; **~ packet** (BRIT) n envelope m de pagamento; ~ **phone** n telefone m público; ~**roll** n folha de pagamento; ~ **slip** (BRIT) n contracheque m

PC n abbr (= personal computer) PC m

pc abbr = per cent

pea [piː] n ervilha

peace [piːs] n paz f; (calm) tranquilidade f, quietude f; ~**ful** adj (person) tranquilo, pacífico; (place, time) tranquilo, sossegado

peach [piːtʃ] n pêssego

peacock [ˈpiːkɔk] n pavão m

peak [piːk] n (of mountain: top) cume m; (of cap) pala, viseira; (fig) apogeu m; ~ **hours** npl horário de maior movimento; ~ **period** n período de pique

peal [piːl] n (of bells) repique m, toque m; ~ **of laughter** gargalhada

peanut [ˈpiːnʌt] n amendoim m

pear [pɛəˈ] n pêra

pearl [pɜːl] n pérola

peasant [ˈpɛznt] n camponês/esa m/f

peat [piːt] n turfa

pebble [ˈpɛbl] n seixo, calhau m

peck [pɛk] vt (also: ~ **at**) bicar, dar bicadas em ♦ n bicada; (kiss) beijoca; ~**ing order** n ordem f de hierarquia; ~**ish** (BRIT: inf) adj: I feel ~**ish** estou a fim de comer alguma coisa

peculiar [pɪˈkjuːlɪəˈ] adj (strange) estranho, esquisito; (belonging to): ~ **to** próprio de

pedal [ˈpɛdl] n pedal m ♦ vi pedalar

peddler [ˈpɛdləˈ] n (also: drugs ~) mascate m/f, camelô m

pedestrian [pɪˈdɛstrɪən] n pedestre m/f (BR), peão m (PT) ♦ adj prosaico; ~ **crossing** (BRIT) n passagem f para pedestres (BR), passadeira (PT)

pediatrics [piːdɪˈætrɪks] (US) n = **paediatrics**

pedigree [ˈpɛdɪgriː] n raça; (fig) genealogia ♦ cpd (animal) de raça

pee [piː] (inf) vi fazer xixi, mijar

peek [piːk] vi: to ~ espiar, espreitar

peel [piːl] n casca ♦ vt descascar ♦ vi (paint, skin) descascar; (wallpaper) desprender-se

peep [piːp] n (BRIT: look) espiadela; (sound) pio ♦ vi espreitar; ~ **out** (BRIT) vi mostrar-se, surgir; ~**hole** n vigia, olho mágico

peer [pɪəˈ] vi: to ~ **at** perscrutar, fitar ♦ n (noble) par m/f; (equal) igual m/f; (contemporary) contemporâneo/a; ~**age** n pariato

peeved [piːvd] adj irritado

peevish [ˈpiːvɪʃ] adj rabugento

peg [pɛg] n (for coat etc) cabide m; (BRIT: also: **clothes** ~) pregador m

Peking [piːˈkɪŋ] n Pequim

pelican [ˈpɛlɪkən] n pelicano; ~ **crossing** (BRIT) n (AUT) passagem f sinalizada para pedestres (BR), passadeira para peões (PT)

pellet [ˈpɛlɪt] n bolinha; (for shotgun) pelota de chumbo

pelt [pɛlt] vt: to ~ **sb** with sth atirar algo em alguém ♦ vi (rain: also: ~ **down**) chover a cântaros; (inf: run) correr ♦ n pele f (não curtida)

pelvis [ˈpɛlvɪs] n pelvis f, bacia

pen [pɛn] n (also: fountain ~) caneta; (for sheep etc) redil m, cercado

penal [ˈpiːnl] adj penal; ~**ize** vt impor penalidade a; (SPORT) penalizar

penalty [ˈpɛnltɪ] n pena, penalidade f; (fine) multa; (SPORT) punição f; ~ **kick** n (RUGBY) chute m de pênalti; (FOOTBALL) cobrança de pênalti

penance [ˈpɛnəns] n penitência

pence [pɛns] (BRIT) npl of **penny**

pencil [ˈpɛnsl] n lápis m; ~ **case** n lapiseira, porta-lápis m inv; ~ **sharpener** n apontador m (de lápis) (BR), apara-lápis m inv (PT)

pendant [ˈpɛndnt] n pingente m

pending [ˈpɛndɪŋ] prep, adj pendente

pendulum [ˈpɛndjuləm] n pêndulo

penetrate [ˈpɛnɪtreɪt] vt penetrar

penfriend [ˈpɛnfrɛnd] (BRIT) n amigo/a por correspondência, correspondente m/f

penguin ['pɛŋgwɪn] n pingüim m

peninsula [pə'nɪnsjulə] n península

penis ['pi:nɪs] n pênis m

penitent ['pɛnɪtnt] adj arrependido

penitentiary [pɛnɪ'tɛnʃərɪ] (US) n penitenciária, presídio

penknife ['pɛnnaɪf] (irreg) n canivete m

pen name n pseudônimo

penniless ['pɛnɪlɪs] adj sem dinheiro, sem um tostão

penny ['pɛnɪ] (pl pennies or (BRIT) pence) n pêni m; (US) cêntimo

penpal ['pɛnpæl] n amigo/a por correspondência, correspondente m/f

pension ['pɛnʃən] n pensão f; (old-age ~) aposentadoria, pensão do governo; **~er** (BRIT) n aposentado/a (BR), reformado/a (PT)

pensive ['pɛnsɪv] adj pensativo

Pentecost ['pɛntɪkɔst] n Pentecostes m

penthouse ['pɛnthaus] n cobertura

pent-up [pɛnt-] adj reprimido

people ['pi:pl] npl gente f, pessoas fpl; (inhabitants) habitantes m/fpl; (citizens) povo; (POL): the ~ o povo ♦ n povo; several ~ came vieram várias pessoas; ~ say that ... dizem que ...

pep [pɛp] (inf) n pique m, energia, dinamismo; ~ **up** vt animar

pepper ['pɛpə*] n pimenta; (vegetable) pimentão m ♦ vt apimentar; (fig): to ~ with salpicar de; **~mint** n (sweet) bala de hortelã

peptalk ['pɛptɔ:k] (inf) n conversa para levantar o espírito

per [pə:*] prep por; ~ **capita** adj, adv per capita, por pessoa

perceive [pə'si:v] vt perceber; (notice) notar; (realize) compreender

per cent n por cento

percentage [pə'sɛntɪdʒ] n porcentagem f, percentagem f

perceptive [pə'sɛptɪv] adj perceptivo

perch [pə:tʃ] (pl ~es) n (for bird) poleiro; (pl: inv or ~es: fish) perca ♦ vi: to ~ (on) (bird) empoleirar-se

(em); (person) encarapitar-se (em)

percolator ['pə:kəleɪtə*] n (also: coffee ~) cafeteira de filtro

peremptory [pə'rɛmptərɪ] adj peremptório; (imperious) autoritário

perennial [pə'rɛnɪəl] adj perene; (fig) constante

perfect [adj, n 'pə:fɪkt, vt pə'fɛkt] adj perfeito; (utter) completo ♦ n (also: ~ **tense**) perfeito ♦ vt aperfeiçoar; **~ly** adv perfeitamente

perforate ['pə:fəreɪt] vt perfurar

perform [pə'fɔ:m] vt (carry out) realizar, fazer; (piece of music) interpretar ♦ vi (well, badly) interpretar; **~ance** n desempenho; (of play, by artist) atuação f; (of car) performance f; **~er** n (actor) artista m/f, ator/atriz m/f; (MUS) intérprete m/f

perfume ['pə:fju:m] n perfume m

perfunctory [pə'fʌŋktərɪ] adj superficial, negligente

perhaps [pə'hæps] adv talvez

peril ['pɛrɪl] n perigo, risco

perimeter [pə'rɪmɪtə*] n perímetro

period ['pɪərɪəd] n período; (SCH) aula; (full stop) ponto final; (MED) menstruação f, regra ♦ adj (costume, furniture) da época; **~ic(al)** adj periódico; **~ical** n periódico

peripheral [pə'rɪfərəl] adj periférico ♦ n (COMPUT) periférico

perish ['pɛrɪʃ] vi perecer; (decay) deteriorar-se; **~able** adj perecível, deteriorável

perjury ['pə:dʒərɪ] n (LAW) perjúrio, falso testemunho

perk [pə:k] (inf) n mordomia, regalia; ~ **up** vi (cheer up) animar-se; **~y** adj (cheerful) animado, alegre

perm [pə:m] n permanente f

permanent ['pə:mənənt] adj permanente

permeate ['pə:mɪeɪt] vi difundir-se ♦ vt penetrar; (subj: idea) difundir

permissible [pə'mɪsɪbl] adj permissível, lícito

permission [pə'mɪʃən] n permissão f; (authorization) autorização f

permit [n 'pə:mɪt, vt pə'mɪt] n licen-

ça; (to enter) passe m ♦ vt permitir;
(authorize) autorizar

pernicious [pəˈnɪʃəs] adj nocivo;
(MED) pernicioso, maligno

perpetrate [ˈpəːpɪtreɪt] vt cometer

perpetual [pəˈpetjuəl] adj perpétuo

perpetuate [pəˈpetjuett] vt perpetuar

perplex [pəˈpleks] vt deixar perplexo

persecute [ˈpəːsɪkjuːt] vt importunar

persevere [pəːsɪˈvɪəˈ] vi perseverar

Persian [ˈpəːʃən] adj persa ♦ n
(LING) persa m; **the** (~) **Gulf** n
golfo Pérsico

persist [pəˈsɪst] vi: to ~ (in) persistir (em); ~ent adj persistente; (determined) teimoso

person [ˈpəːsn] n pessoa; **in** ~ em
pessoa; ~al adj pessoal; (private)
particular; (visit) em pessoa, pessoal; ~al assistant n secretário/a
particular; ~al call n (TEL) chamada pessoal; ~al column n anúncios
mpl pessoais; ~al computer n computador m pessoal; ~ality n personalidade f; ~ally adv pessoalmente; to
take sth ~ally ofender-se; ~al organizer n agenda

personnel [pəːsəˈnel] n pessoal m

perspective [pəˈspektɪv] n perspectiva

Perspex [ˈpəːspeks] ® (BRIT) n
Blindex ® m

perspiration [pəːspɪˈreɪʃən] n transpiração f

persuade [pəˈsweɪd] vt: to ~ sb to
do sth persuadir alguém a fazer algo

pertaining [pəˈteɪnɪŋ]: ~ to prep
relativo a

pertinent [ˈpəːtɪnənt] adj pertinente,
a propósito

perturb [pəˈtəːb] vt inquietar

Peru [pəˈruː] n Peru m

peruse [pəˈruːz] vt ler com atenção,
examinar

pervade [pəˈveɪd] vt impregnar, penetrar em

pervert [n ˈpəːvəːt, vt pəˈvəːt] n
pervertido/a ♦ vt perverter, corromper; (truth) distorcer

pessimist [ˈpesɪmɪst] n pessimista
m/f; **pessimistic** adj pessimista

pest [pest] n (insect) inseto nocivo;
(fig) peste f

pester [ˈpestəˈ] vt incomodar

pet [pet] n animal m de estimação ♦
cpd predileto ♦ vt acariciar ♦ vi
(inf) acariciar-se; **teacher's** ~ (favourite) preferido/a do professor

petal [ˈpetl] n pétala

peter out [ˈpiːtə*-] vi (conversation)
esgotar-se; (road etc) acabar-se

petite [pəˈtiːt] adj delicado, mignon

petition [pəˈtɪʃən] n petição f; (list
of signatures) abaixo-assinado

petrified [ˈpetrɪfaɪd] adj (fig) petrificado, paralisado

petrol [ˈpetrəl] (BRIT) n gasolina;
two/four-star ~ gasolina de duas/
quatro estrelas; ~ **can** n lata de
gasolina

petroleum [pəˈtrəʊlɪəm] n petróleo

petrol: ~ **pump** (BRIT) n bomba de
gasolina; ~ **station** (BRIT) n posto
(BR) or bomba (PT) de gasolina; ~
tank (BRIT) n tanque m de gasolina

petticoat [ˈpetɪkəʊt] n anágua

petty [ˈpetɪ] adj (mean) mesquinho;
(unimportant) insignificante; ~ **cash**
n fundo para despesas miúdas, caixa
pequena, fundo de caixa; ~ **officer**
n suboficial m da marinha

petulant [ˈpetjulənt] adj irascível

pew [pjuː] n banco (de igreja)

pewter [ˈpjuːtəˈ] n peltre m

phantom [ˈfæntəm] n fantasma m

pharmacist [ˈfɑːməsɪst] n farmacêutico/a

pharmacy [ˈfɑːməsɪ] n farmácia

phase [feɪz] n fase f ♦ vt: to ~ **in/**
out introduzir/retirar por etapas

PhD n abbr = Doctor of Philosophy

pheasant [ˈfeznt] n faisão m

phenomenon [fəˈnɔmɪnən] (pl phenomena) n fenômeno

philanthropist [fɪˈlænθrəpɪst] n
filantropo/a

Philippines [ˈfɪlɪpiːnz] npl: **the** ~ as
Filipinas

philosophical [fɪləˈsɔfɪkl] adj filo-

sófico; *(fig)* calmo, sereno
philosophy [fɪ'lɔsəfɪ] *n* filosofia
phlegm [flem] *n* fleuma
phobia ['fəubjə] *n* fobia
phone [fəun] *n* telefone ♦ *vt* telefonar para, ligar para; **to be on the** ~ ter telefone; *(be calling)* estar no telefone; ~ **back** *vt, vi* ligar de volta; ~ **up** *vt* telefonar para ♦ *vi* telefonar; ~ **book** *n* lista telefônica; ~ **booth** *n* cabine *f* telefônica; ~ **box** *(BRIT)* *n* cabine *f* telefônica; ~ **call** *n* telefonema *m*, ligada; ~**card** *n* cartão para uso em telefone público; ~**in** *(BRIT)* *n* *(RADIO)* programa com participação dos ouvintes; *(TV)* programa com participação dos espectadores
phonetics [fə'nɛtɪks] *n* fonética
phoney ['fəunɪ] *adj* falso; *(person)* fingido
phonograph ['fəunəɡrɑːf] *(US)* *n* vitrola
photo ['fəutəu] *n* foto *f*
photo... ['fəutəu] *prefix* foto...; ~**copier** *n* fotocopiadora *f*; ~**copy** *n* fotocópia, xerox *m* ® ♦ *vt* fotocopiar, xerocar
photograph ['fəutəɡrɑːf] *n* fotografia ♦ *vt* fotografar; ~**er** *n* fotógrafo/a; ~**ic** *adj* fotográfico; ~**y** *n* fotografia
phrase [freɪz] *n* frase *f* ♦ *vt* expressar; ~ **book** *n* livro de expressões idiomáticas *(para turistas)*
physical ['fɪzɪkl] *adj* físico; ~ **education** *n* educação *f* física
physician [fɪ'zɪʃən] *n* médico/a
physicist ['fɪzɪsɪst] *n* físico/a
physics ['fɪzɪks] *n* física
physique [fɪ'ziːk] *n* físico
pianist ['piːənɪst] *n* pianista *m/f*
piano [pɪ'ænəu] *n* piano
piccolo ['pɪkələu] *n* flautim *m*
pick [pɪk] *n* *(tool: also:* ~**axe)** picareta ♦ *vt* *(select)* escolher, selecionar; *(gather)* colher; *(remove)* tirar; *(lock)* forçar; **take your** ~ a escolha o que quiser; **the** ~ **of** o melhor de; **to** ~ **one's nose** colocar o dedo no na-

riz; **to** ~ **one's teeth** palitar os dentes; **to** ~ **a quarrel with sb** comprar uma briga com alguém; ~ **at** *vt fus (food)* beliscar; ~ **on** *vt fus (person: criticize)* criticar; *(: treat badly)* azucrinar, aporrinhar; ~ **out** *vt* escolher; *(distinguish)* distinguir; ~ **up** *vi (improve)* melhorar ♦ *vt (from floor, AUT)* apanhar; *(PO-LICE)* prender; *(collect)* buscar; *(for sexual encounter)* paquerar; *(learn)* aprender; *(RADIO)* pegar; **to** ~ **up speed** acelerar; **to** ~ **o.s. up** levantar-se
picket ['pɪkɪt] *n (in strike)* piquete *m* ♦ *vt* formar piquete em frente de
pickle ['pɪkl] *n (also:* ~**s:** *as condiment)* picles mpl; *(fig: mess)* apuro ♦ *vt (in vinegar)* conservar em vinagre; *(in salt)* conservar em sal e água
pickpocket ['pɪkpɔkɪt] *n* batedor(a) *m/f* de carteira *(BR)*, carteirista *m/f (PT)*
pickup ['pɪkʌp] *n (also:* ~ **truck,** ~ **van)** camioneta, pick-up *m*
picnic ['pɪknɪk] *n* piquenique *m*
picture ['pɪktʃə*] *n (painting)* quadro; *(drawing)* desenho; *(etching)* água-forte *f*; *(photograph)* foto(grafia) *f*; *(TV)* imagem *f*; *(film)* filme *m*; *(fig: description)* descrição *f*; *(: situation)* conjuntura ♦ *vt* imaginar-se; **the** ~**s** *npl (BRIT: inf)* cinema; ~ **book** *n* livro de figuras
pie [paɪ] *n (vegetable)* pastelão *m*; *(fruit)* torta; *(meat)* empadão *m*
piece [piːs] *n* pedaço; *(portion)* fatia; *(item):* **a** ~ **of clothing/furniture/advice** uma roupa/um móvel/um conselho ♦ *vt:* **to** ~ **together** juntar; **to take to** ~**s** desmontar; ~**meal** *adv* pouco a pouco; ~**work** *n* trabalho por empreitada *or* peça
pie chart *n* gráfico de setores
pier [pɪə*] *n* cais *m*; *(jetty)* embarcadouro, molhe *m*
pierce [pɪəs] *vt* furar, perfurar
piercing ['pɪəsɪŋ] *adj (cry)* penetrante, agudo; *(stare)* penetrante; *(wind)*

cortante

pig [pɪg] n porco; (fig) porcalhão/lhona m/f; (pej: unkind person) grosseiro/a; (: greedy person) ganancioso/a

pigeon ['pɪdʒən] n pombo; ~hole n escaninho

piggy bank ['pɪgɪ-] n cofre em forma de porquinho

pig-headed [-'hɛdɪd] (pej) adj teimoso, cabeçudo

piglet ['pɪglɪt] n porquinho, leitão m

pigskin ['pɪgskɪn] n couro de porco

pigsty ['pɪgstaɪ] n chiqueiro

pigtail ['pɪgteɪl] n rabo-de-cavalo, trança

pike [paɪk] n (pl inv or ~s) (fish) lúcio

pilchard ['pɪltʃəd] n sardinha

pile [paɪl] n (heap) monte m; (of carpet) pêlo; (of cloth) lado felpudo ♦ vt (also: ~ **up**) empilhar ♦ vi (also: ~ **up**: objects) empilhar-se; (: problems, work) acumular-se; ~ **into** vt fus (car) apinhar-se

piles [paɪlz] npl hemorróidas fpl

pile-up n (AUT) engavetamento

pilfering ['pɪlfərɪŋ] n furto

pilgrim ['pɪlgrɪm] n peregrino/a; ~**age** n peregrinação ♦, romaria

pill [pɪl] n pílula; **the** ~ a pílula

pillage ['pɪlɪdʒ] n pilhagem f

pillar ['pɪlə*] n pilar m; ~ **box** (BRIT) n caixa coletora (do correio) (BRIT), marco do correio (PT)

pillion ['pɪljən] n: **to ride** ~ andar na garupa

pillory ['pɪlərɪ] vt expor ao ridículo

pillow ['pɪləu] n travesseiro (BRIT), almofada (PT); ~**case** n fronha

pilot ['paɪlət] n piloto/a ♦ cpd (scheme etc) piloto inv ♦ vt pilotar; ~ **light** n piloto

pimp [pɪmp] n cafetão m (BRIT), cáften m (PT)

pimple ['pɪmpl] n espinha

pin [pɪn] n alfinete m ♦ vt alfinetar; ~**s and needles** comichão f, sensação f de formigueiro; **to** ~ **sth on sb** (fig) culpar alguém de algo; ~

down vt (fig): **to** ~ **sb down** conseguir que alguém se defina or tome atitude

pinafore ['pɪnəfɔ:*] n (also: ~ **dress**) avental m

pinball ['pɪnbɔ:l] n fliper m, fliperama m

pincers ['pɪnsəz] npl pinça, tenaz f

pinch [pɪntʃ] n (of salt etc) pitada ♦ vt beliscar; (inf: steal) afanar; **at a** ~ em último caso

pincushion ['pɪnkuʃən] n alfineteira

pine [paɪn] n pinho ♦ vi: **to** ~ **for** ansiar por; ~ **away** vi consumir-se, definhar

pineapple ['paɪnæpl] n abacaxi m (BR), ananás m (PT)

ping [pɪŋ] n (noise) silvo, sibilo; ~**pong** ® n pingue-pongue m

pink [pɪŋk] adj cor de rosa inv ♦ n (colour) cor f de rosa; (BOT) cravo, cravina

pinnacle ['pɪnəkl] n cume m; (fig) auge m

pinpoint ['pɪnpɔɪnt] vt (discover) descobrir; (explain) identificar; (locate) localizar com precisão

pint [paɪnt] n quartilho (BRIT: = 568cc; US: = 473cc)

pin-up n pin-up f, retrato de mulher atraente

pioneer [paɪə'nɪə*] n pioneiro/a

pious ['paɪəs] adj pio, devoto

pip [pɪp] n (seed) caroço, semente f; **the** ~**s** npl (BRIT: time signal on radio) = o toque de seis segundos

pipe [paɪp] n cano; (for smoking) cachimbo ♦ vt canalizar, encanar; ~**s** npl (also: bag~s) gaita de foles; ~ **down** (inf) vi calar o bico, meter a viola no saco; ~ **cleaner** n limpacachimbo; ~ **dream** n sonho impossível, castelo no ar; ~**line** n (for oil) oleoduto; (for gas) gaseoduto; ~**r** n (gen) flautista m/f; (of bagpipes) gaiteiro/a

piping ['paɪpɪŋ] adv: ~ **hot** chiando de quente

pique [pi:k] n ressentimento, melindre m

pirate ['paiərət] n pirata m ♦ vt piratear

Pisces ['paisi:z] n Pisces or, Peixes mpl

piss [pis] (inf!) vi mijar; ~**ed** (inf!) adj (drunk) bêbado, de porre

pistol ['pistl] n pistola

piston ['pistən] n pistão m, êmbolo

pit [pit] n cova, fossa; (quarry, hole in surface of sth) buraco; (also: coal ~) mina de carvão ♦ vt: **to ~ one's wits against sb** competir em conhecimento or inteligência contra alguém; ~**s** npl (AUT) box m

pitch [pitʃ] n (MUS) tom m; (fig: degree) intensidade f; (BRIT: SPORT) campo; (tar) piche m, breu m ♦ vt (throw) arremessar, lançar; (tent) armar ♦ vi (fall forwards) cair (para frente); ~-**black** adj escuro como o breu; ~**ed battle** n batalha campal

pitchfork ['pitʃfɔ:k] n forcado

piteous ['pitiəs] adj lastimável

pitfall ['pitfɔ:l] n perigo (imprevisto), armadilha

pith [piθ] n casca interna e branca

pithy ['piθi] adj substancial

pitiful ['pitiful] adj comovente, tocante

pitiless ['pitilis] adj impiedoso

pittance ['pitns] n ninharia, miséria

pity ['piti] n compaixão f, piedade f ♦ vt ter pena de, compadecer-se de

pivot ['pivət] n pino, eixo; (fig) pivô m

placard ['plækɑ:d] n placar m; (in march etc) cartaz m

placate [plə'keit] vt apaziguar, aplacar

place [pleis] n lugar m; (position) posição f; (post) posto; (role) papel m; (home): **at/to his ~** na/para a casa dele ♦ vt pôr, colocar; (identify) identificar, situar; **to take ~** realizar-se; (occur) ocorrer; **out of ~** (not suitable) fora de lugar, deslocado; **in the first ~** em primeiro lugar; **to change ~s with sb** trocar de lugar con alguém; **to be ~d** (in

race, exam) classificar-se

placid ['plæsid] adj plácido, sereno

plagiarism ['pleidʒjərizm] n plágio

plague [pleig] n (MED) peste f; (fig) praga ♦ vt atormentar, importunar

plaice [pleis] n inv solha

plaid [plæd] n tecido de xadrez

plain [plein] adj (unpatterned) liso; (clear) claro, evidente; (simple) simples inv, despretensioso; (not handsome) sem atrativos ♦ adv claramente, com franqueza ♦ n planície f, campina; ~ **chocolate** n chocolate m amargo; ~-**clothes** adj (police officer) à paisana; ~**ly** adv claramente, obviamente; (hear, see) facilmente; (state) francamente

plaintiff ['pleintif] n querelante m/f, queixoso/a

plaintive ['pleintiv] adj queixoso

plait [plæt] n trança, dobra

plan [plæn] n plano; (scheme) projeto; (schedule) programa m ♦ vt planejar (BR), planear (PT) ♦ vi fazer planos; **to ~ to do** pretender fazer

plane [plein] n (AVIAT) avião m; (also: ~ **tree**) plátano; (fig: level) nível m; (tool) plaina; (MATH) plano

planet ['plænit] n planeta m

plank [plæŋk] n tábua

planner ['plænə*] n programador(a) m/f; (town ~) urbanista m/f

planning ['plæniŋ] n planejamento (BR), planeamento (PT); **family ~** planejamento or planeamento familiar; ~ **permission** (BRIT) n autorização f para construir

plant [plɑ:nt] n planta; (machinery) maquinaria; (factory) usina, fábrica ♦ vt plantar; (field) semear; (bomb) colocar, pôr

plantation [plæn'teiʃən] n plantação f; (area of trees) bosque m

plaque [plæk] n placa, insígnia; (also: dental ~) placa dental

plaster ['plɑ:stə*] n (for walls) reboco; (also: ~ **of Paris**) gesso; (BRIT: also: **sticking** ~) esparadrapo, band-aid m ♦ vt rebocar; (cover): to ~ with encher or cobrir de; ~ed (inf) adj bêbado, de porre; ~er n rebocador(a) m/f, caiador(a) m/f

plastic ['plæstɪk] n plástico ♦ adj de plástico; ~ **bag** n sacola de plástico

Plasticine ['plæstɪsi:n] ® n plasticina ®

plastic surgery n cirurgia plástica

plate [pleɪt] n prato, chapa; (dental) chapa; (in book) gravura; **gold/ silver ~** n placa de ouro/prata

plateau ['plætəʊ] (pl ~s or ~x) n planalto

plate glass n vidro laminado

platform ['plætfɔ:m] n (RAIL) plataforma (BR), cais m (PT); (at meeting) tribuna; (raised structure: for landing etc) plataforma; (BRIT: of bus) plataforma; (POL) programa m partidário

platinum ['plætɪnəm] n platina

platitude ['plætɪtju:d] n lugar m comum, chavão m

platoon [plə'tu:n] n pelotão m

platter ['plætə*] n travessa

plausible ['plɔ:zɪbl] adj plausível; (person) convincente

play [pleɪ] n (THEATRE) obra, peça ♦ vt jogar; (team) jogar contra; (music) tocar; (role) fazer o papel de ♦ vi (music) tocar; (frolic) brincar; to ~ **safe** não se arriscar, não correr riscos; ~ **down** vt minimizar; ~ **up** vi (person) dar trabalho; (TV, car) estar com defeito; ~**boy** n playboy m; ~**er** n jogador(a) m/f; (THEATRE) ator/atriz m/f; (MUS) músico/a; ~**ful** adj brincalhão/lhona; ~**ground** n (in park) playground m; (in school) pátio de recreio; ~**group** n espécie de jardim de infância; ~**ing card** n carta de baralho; ~**ing field** n campo de esportes (BR) or jogos (PT); ~**mate** n colega m/f, camarada m/f; ~**-off** n (SPORT) partida de desempate; ~**pen** n cercado para crianças; ~**thing** n brinquedo; (fig) joguete m; ~**time** n (SCH) recreio; ~**wright** n dramaturgo/a

plc abbr = **public limited company**

plea [pli:] n (request) apelo, petição f; (LAW) defesa

plead [pli:d] vt (LAW) defender, advogar; (give as excuse) alegar ♦ vi (LAW) declarar-se; to ~ **with sb** suplicar or rogar a alguém

pleasant ['plɛznt] adj agradável; (person) simpático; ~**ries** npl amenidades fpl (na conversa)

please [pli:z] excl por favor ♦ vt agradar a, dar prazer a ♦ vi agradar, dar prazer; (think fit): do as you ~ faça o que or como quiser; ~ **yourself!** (inf) como você quiser!, você que sabe!; ~**d** adj (happy): ~**d (with)** satisfeito (com); ~**d to meet you** prazer (em conhecê-lo); **pleasing** adj agradável

pleasure ['plɛʒə*] n prazer m; "it's a ~" "não tem de quê"; ~ **boat** n barco de recreio

pleat [pli:t] n prega

pledge [plɛdʒ] n (promise) promessa ♦ vt prometer; to ~ **support for sb** empenhar-se a apoiar alguém

plentiful ['plɛntɪful] adj abundante

plenty ['plɛntɪ] n: ~ **of** (food, money) bastante; (jobs, people) muitos/as

pliable ['plaɪəbl] adj flexível; (fig: person) adaptável, moldável

pliant ['plaɪənt] adj = **pliable**

pliers ['plaɪəz] npl alicate m

plight [plaɪt] n situação f difícil, apuro m

plimsolls ['plɪmsəlz] (BRIT) npl tênis mpl

plod [plɔd] vi caminhar pesadamente; (fig) trabalhar laboriosamente

plonk [plɔŋk] (inf) n (BRIT: wine) zurrapa ♦ vt: to ~ **sth down** deixar cair algo (pesadamente)

plot [plɔt] n (scheme) conspiração f, complô m; (of story, play) enredo, trama; (of land) lote m ♦ vt (conspire) tramar, planejar (BR), planear (PT); (AVIAT, NAUT, MATH) plotar ♦ vi conspirar; **a vegetable ~** (BRIT) uma horta; ~**ter** n (instrument) plotadora

plough [plau] (US **plow**) n arado ♦ vt arar; to ~ **money into** investir dinheiro em; to ~ **through** vt fus abrir caminho por; ~**man's lunch** (BRIT) n lanche de pão, queijo e picles

ploy [plɔɪ] n estratagema m

pluck [plʌk] vt (fruit) colher; (musical instrument) dedilhar; (bird) depenar ♦ n coragem f, puxão m; to ~ **one's eyebrows** fazer as sobrancelhas; to ~ **up courage** criar coragem

plug [plʌg] n (ELEC) tomada (BR), ficha (PT); (in sink) tampa; (AUT: also: **spark(ing)** ~) vela de ignição) ♦ vt (hole) tapar; (inf: advertise) fazer propaganda de; to ~ **in** (ELEC) ligar

plum [plʌm] n (fruit) ameixa ♦ cpd (inf): a ~ **job** um emprego jóia

plumb [plʌm] vt: to ~ **the depths** (fig) chegar ao extremo

plumber ['plʌmə*] n bombeiro/a (BR), encanador(a) m/f (BR), canalizador(a) m/f (PT)

plumbing ['plʌmɪŋ] n (trade) ofício de encanador; (piping) encanamento

plume [plu:m] n pluma; (on helmet) penacho

plummet ['plʌmɪt] vi: to ~ **(down)** (bird, aircraft) cair rapidamente; (price) baixar rapidamente

plump [plʌmp] adj roliço, rechonchudo ♦ vi: to ~ **for** (inf: choose) escolher, optar por; ~ **up** vt (cushion) afofar

plunder ['plʌndə*] n pilhagem f; (loot) despojo ♦ vt pilhar, espoliar

plunge [plʌndʒ] n (dive) salto; (fig) queda ♦ vt (hand, knife) enfiar, meter ♦ vi (fall, fig) cair; (dive) mergulhar; to take the ~ topar a parada; ~r n (for blocked sink) desentupidor m; **plunging** adj (neckline) decotado

pluperfect [plu:'pə:fɪkt] n mais-que-perfeito

plural ['pluərl] adj plural ♦ n plural m

plus [plʌs] n (also: ~ **sign**) sinal m de adição ♦ prep mais; **ten/twenty** ~ dez/vinte e tantos

plush [plʌʃ] adj suntuoso

ply [plaɪ] n (of wool) fio ♦ vt (a trade) exercer ♦ vi (ship) ir e vir; to ~ **sb with drink/questions** bombardear alguém com bebidas/perguntas; ~**wood** n madeira compensada

PM (BRIT) n abbr = **Prime Minister**

p.m. adv abbr (= post meridiem) da tarde, da noite

pneumatic [nju:'mætɪk] adj pneumático; ~ **drill** n perfuratriz f

poach [pəutʃ] vt (cook: fish) escaldar; (: eggs) fazer poché (BR), escalfar (PT); (steal) furtar ♦ vi caçar (or pescar) em propriedade alheia; ~**ed** adj (egg) poché (BR), escalfado (PT); ~**er** n caçador m (or pescador m) furtivo

PO Box n abbr = **Post Office Box**

pocket ['pɒkɪt] n bolso; (fig: small area) pedaço ♦ vt meter no bolso; (steal) embolsar; to be out of ~ (BRIT) perder, ter prejuízo; ~**book** (US) n carteira; ~ **knife** (irreg) n canivete m; ~ **money** n dinheiro para despesas miúdas; (for child) mesada

pod [pɒd] n vagem f

podgy ['pɒdʒi] (inf) adj gorducho, rechonchudo

podiatrist [pɒ'di:ətrɪst] (US) n pedicuro/a

poem ['pəuɪm] n poema m

poet ['pəuɪt] n poeta/poetisa m/f; ~**ic** adj poético; ~ **laureate** n poeta m laureado; ~**ry** n poesia

poignant ['pɔɪnjənt] adj comovente

point [pɔɪnt] n ponto; (of needle etc) ponta; (purpose) finalidade f; (significant part) ponto principal; (position) lugar m, posição f; (moment) momento; (stage) estágio; (ELEC: also: **power** ~) tomada; (also: **decimal** ~): **2** ~ **3** (2.3) dois vírgula três ♦ vt mostrar; (gun etc): to ~ **sth at sb** apontar algo para alguém ♦ vi: to ~ **at** apontar para; ~**s** npl

(AUT) platinado, contato; (RAIL) agulhas *fpl*; **to be on the ~ of doing sth** estar prestes a *or* a ponto de fazer algo; **to make a ~** (*fig*) fazer questão de, insistir em; **to get the ~** perceber; **to miss the ~** compreender mal; **to come to the ~** ir ao assunto; **there's no ~** (**in doing**) não há razão (para fazer); **~ out** *vt* (*in debate etc*) ressaltar; **~ to** *vt fus* (*fig*) indicar; **~-blank** *adv* categoricamente; (*also:* **at ~-blank range**) à queima-roupa; **~ed** *adj* (*stick etc*) pontudo; (*remark*) mordaz; **~edly** *adv* sugestivamente; **~er** *n* (*on chart*) indicador *m*; (*on machine*) ponteiro; (*fig*) dica; **~less** *adj* (*useless*) inútil; (*senseless*) sem sentido; **~ of view** *n* ponto de vista

poise [pɔɪz] *n* (*composure*) elegância; (*calmness*) serenidade *f*

poison [ˈpɔɪzn] *n* veneno ♦ *vt* envenenar; **~ous** *adj* venenoso; (*fumes etc*) tóxico

poke [pəʊk] *vt* cutucar; (*put*): **to ~ sth in(to)** enfiar *or* meter algo em; **~ about** *vi* escarafunchar, espionar

poker [ˈpəʊkə*] *n* atiçador *m* (de brasas); (*CARDS*) pôquer *m*

poky [ˈpəʊkɪ] (*pej*) *adj* apertado

Poland [ˈpəʊlənd] *n* Polônia

polar [ˈpəʊlə*] *adj* polar; **~ bear** *n* urso polar

Pole [pəʊl] *n* polonês/esa *m/f*

pole [pəʊl] *n* vara; (*GEO*) pólo; (*telegraph*) poste *m*; (*flag*~) mastro; **~ bean** (*US*) *n* feijão-trepador *m*; **vault** *n* salto com vara

police [pəˈliːs] *n* polícia ♦ *vt* policiar; **~ car** *n* rádio-patrulha *f*; **~man** (*irreg*) *n* policial *m* (*BR*), polícia *m* (*PT*); **~ state** *n* estado policial; **~ station** *n* delegacia (de polícia) (*BR*), esquadra (*PT*); **~woman** (*irreg*) *n* policial *f* (feminina) (*BR*), mulher *f* polícia (*PT*)

policy [ˈpɔlɪsɪ] *n* política; (*also:* **insurance ~**) apólice *f*

polio [ˈpəʊlɪəʊ] *n* pólio(mielite) *f*, pólio *f*

Polish [ˈpəʊlɪʃ] *adj* polonês/esa ♦ *n* (*LING*) polonês *m*

polish [ˈpɔlɪʃ] *n* (*for shoes*) graxa; (*for floor*) cera (para encerar); (*shine*) brilho; (*fig*) refinamento, requinte *m* ♦ *vt* (*shoes*) engraxar; (*make shiny*) lustrar, dar brilho a; **~ off** *vt* (*work*) dar os arremates a; (*food*) raspar; **~ed** *adj* (*person*) culto; (*manners*) refinado

polite [pəˈlaɪt] *adj* educado; **~ness** *n* gentileza, cortesia

political [pəˈlɪtɪkl] *adj* político

politician [pɔlɪˈtɪʃən] *n* político/a

politics [ˈpɔlɪtɪks] *n*, *npl* política

poll [pəʊl] *n* (*votes*) votação *f*; (*also:* **opinion ~**) pesquisa, sondagem *f* ♦ *vt* (*votes*) receber, obter

pollen [ˈpɔlən] *n* pólen *m*

polling day [ˈpəʊlɪŋ-] (*BRIT*) *n* dia *m* de eleição

polling station [ˈpəʊlɪŋ-] (*BRIT*) *n* centro eleitoral

pollute [pəˈluːt] *vt* poluir; **pollution** *n* poluição *f*

polo [ˈpəʊləʊ] *n* (*sport*) pólo; **~-necked** *adj* de gola rulê

poltergeist [ˈpɔltəgaɪst] *n* espírito perturbador (espécie de fantasma)

polyester [pɔlɪˈestə*] *n* poliéster *m*

polystyrene [pɔlɪˈstaɪriːn] *n* isopor ® *m*

polytechnic [pɔlɪˈtɛknɪk] *n* politécnica, escola politécnica

polythene [ˈpɔlɪθiːn] *n* politeno

pomegranate [ˈpɔmɪɡrænɪt] *n* romã *f*

pomp [pɔmp] *n* pompa, fausto

pompom [ˈpɔmpɔm] *n* pompom *m*

pompon [ˈpɔmpɔn] *n* = **pompom**

pond [pɔnd] *n* (*natural*) lago pequeno; (*artificial*) tanque *m*

ponder [ˈpɔndə*] *vt*, *vi* ponderar, meditar (sobre); **~ous** *adj* pesado

pong [pɔŋ] (*BRIT*: *inf*) *n* fedor *m*, fartum *m* (*inf*), catinga (*inf*)

pony [ˈpəʊnɪ] *n* pônei *m*; **~tail** *n* rabo-de-cavalo; **~ trekking** (*BRIT*) *n* excursão *f* em pônei

poodle [ˈpuːdl] *n* cão-d'água *m*

pool [pu:l] n (puddle) poça, charco; (pond) lago; (also: **swimming ~**) piscina; (fig: of light) feixe m; (: of liquid) poça; (SPORT) sinuca ♦ vt juntar; **~s** npl (football ~s) loteria esportiva (BR), totobola (PT); **typing** (BRIT) or **secretary** (US) ~ seção f de datilografia

poor [puə*] adj pobre; (bad) inferior, mau ♦ npl: **the ~ os pobres**; ~ **in** (resources etc) deficiente em; **~ly** adj adoentado, indisposto ♦ adv mal

pop [pɔp] n (sound) estalo, estouro; (MUS) pop m; (US: inf: father) papai m; (inf: fizzy drink) bebida gasosa ♦ vt: **to ~ sth into/onto** etc (put) pôr em/sobre etc ♦ vi estourar; (cork) saltar; ~ **in** vi dar uma pulo; ~ **out** vi dar uma saída; ~ **up** vi surgir, aparecer inesperadamente; **~corn** n pipoca

pope [pəup] n papa m

poplar [ˈpɔplə*] n álamo, choupo

popper [ˈpɔpə*] (BRIT) n presilha

poppy [ˈpɔpɪ] n papoula

popsicle [ˈpɔpsɪkl] ® (US) n picolé m

populace [ˈpɔpjuləs] n povo

popular [ˈpɔpjulə*] adj popular; (person) querido; **~ize** vt popularizar; (science) vulgarizar

population [pɔpjuˈleɪʃən] n população f

porcelain [ˈpɔ:slɪn] n porcelana

porch [pɔ:tʃ] n pórtico; (US: verandah) varanda

porcupine [ˈpɔ:kjupaɪn] n porcoespinho

pore [pɔ:*] n poro ♦ vi: **to ~ over** examinar minuciosamente

pork [pɔ:k] n carne f de porco

pornography [pɔ:ˈnɔgrəfɪ] n pornografia

porpoise [ˈpɔ:pəs] n golfinho, boto

porridge [ˈpɔrɪdʒ] n mingau m (de aveia)

port [pɔ:t] n (harbour) porto; (NAUT: left side) bombordo; (wine) vinho do Porto; ~ **of call** porto de escala

portable [ˈpɔ:təbl] adj portátil

porter [ˈpɔ:tə*] n (for luggage) carregador m; (doorkeeper) porteiro

portfolio [pɔ:tˈfəuləu] n (case) pasta; (POL) pasta ministerial; (FINANCE) carteira de ações ou títulos; (of artist) pasta, portfólio

porthole [ˈpɔ:thəul] n vigia

portion [ˈpɔ:ʃən] n porção f, quinhão m; (of food) ração f

portly [ˈpɔ:tlɪ] adj corpulento

portrait [ˈpɔ:treɪt] n retrato

portray [pɔ:ˈtreɪ] vt retratar; (act) interpretar; **~al** n retrato; (in book, film) representação f; (in book, film) representação f

Portugal [ˈpɔ:tjugl] n Portugal m (no article)

Portuguese [pɔ:tjuˈgi:z] adj português/esa ♦ n inv português/esa m/f; (LING) português m

pose [pəuz] n postura, pose f ♦ vi (pretend): **to ~ as** fazer-se passar por ♦ vt (question) fazer; (problem) causar; **~ for** (painting) posar para

posh [pɔʃ] (inf) adj fino, chique; (upper-class) de classe alta

position [pəˈzɪʃən] n posição f; (job) cargo; (situation) situação f ♦ vt colocar, situar

positive [ˈpɔzɪtɪv] adj positivo; (certain) certo; (definite) definitivo

posse [ˈpɔsɪ] (US) n pelotão m de civis armados

possess [pəˈzes] vt possuir; **~ion** n posse f, possessão f; **~ions** npl (belongings) pertences mpl; **to take ~ion of sth** tomar posse de algo

possibility [pɔsɪˈbɪlɪtɪ] n possibilidade f; (of sth happening) probabilidade f

possible [ˈpɔsɪbl] adj possível; **possibly** adv pode ser, talvez; (surprise): **what could they possibly want with me?** o que eles podem querer comigo?; (emphasizing effort): **they did everything they possibly could** eles fizeram tudo o que podiam; **I cannot possibly**

come estou impossibilitado de vir

post [pəust] n (BRIT: mail) correio; (job) cargo, posto; (pole) poste m; (MIL) nomeação f ♦ vt (BRIT: send by ~) pôr no correio; (: appoint): to ~ to destinar a; ~**age** n porte m, franquia; ~**age stamp** n selo postal; ~**al** adj postal; ~**al order** n vale postal; ~**box** (BRIT) n caixa de correio; ~**card** n cartão m postal; ~**code** (BRIT) n código postal, = CEP m (BR)

poster ['pəustə*] n cartaz m; (as decoration) pôster m

posthumous ['pɔstjuməs] adj póstumo

postman ['pəustmən] (irreg) n carteiro

postmark ['pəustmɑːk] n carimbo do correio

postmortem [pəust'mɔːtəm] n autópsia

post office n (building) agência do correio, correio; (organization): the Post Office = Empresa Nacional dos Correios e Telégrafos (BR), = Correios, Telégrafos e Telefones (PT); ~ **box** n caixa postal

postpone [pəs'pəun] vt adiar

postscript ['pəustskript] n pós-escrito

posture ['pɔstʃə*] n postura; (fig) atitude f

postwar [pəust'wɔː*] adj de após-guerra

posy ['pəuzi] n ramalhete m

pot [pɔt] n (for cooking) panela; (for flowers) vaso m; (container, tea-, coffee~) pote m; (inf: marijuana) maconha ♦ vt (plant) plantar em vaso; to go to ~ (inf) arruinar-se, degringolar

potato [pə'teitəu] (pl ~es) n batata; ~ **peeler** n descascador m de batatas

potent ['pəutnt] adj poderoso; (drink) forte; (man) potente

potential [pə'tɛnʃl] adj potencial ♦ n potencial m; ~**ly** adv potencialmente

pothole ['pɔthəul] n (in road) buraco; (BRIT: underground) caldeirão

m, cova; **potholing** (BRIT) n: to go potholing dedicar-se à espeleologia

potluck [pɔt'lʌk] n: to take ~ contentar-se com o que houver

potted ['pɔtid] adj (food) em conserva; (plant) de vaso; (fig: shortened) resumido

potter ['pɔtə*] n (artistic) ceramista m/f; (artisan) oleiro/a ♦ vi (BRIT): to ~ around, ~ about ocupar-se com pequenos trabalhos; ~**y** n cerâmica; (factory) olaria

potty ['pɔti] adj (inf: mad) maluco, doido ♦ n penico

pouch [pautʃ] n (ZOOL) bolsa; (for tobacco) tabaqueira

poultry ['pəultri] n aves fpl domésticas; (meat) carne f de aves domésticas

pounce [pauns] vi: to ~ on lançar-se sobre; (person) agarrar em; (fig: mistake etc) apontar

pound [paund] n libra (weight = 453g, 16 ounces; money = 100 pence) ♦ vt (beat) socar, esmurrar; (crush) triturar ♦ vi (heart) bater; ~ **sterling** n libra esterlina

pour [pɔː*] vt despejar; (drink) servir ♦ vi correr, jorrar; ~ **away** vi esvaziar, decantar; ~ **in** vi (people) entrar numa enxurrada; (information) chegar numa enxurrada; ~ **off** vt esvaziar, decantar; ~ **out** vi (people) sair aos borbotões ♦ vt (drink) servir; (fig) extravasar; ~**ing** adj: ~**ing rain** chuva torrencial

pout [paut] vi fazer beicinho or biquinho

poverty ['pɔvəti] n pobreza, miséria; ~**-stricken** adj muito pobre, carente

powder ['paudə*] n pó m; (face ~) pó-de-arroz m ♦ vt (face) empoar, passar pó em; ~ **compact** n estojo (de pó-de-arroz); ~**ed milk** n leite m em pó; ~ **puff** n esponja de pó-de-arroz; ~ **room** n toucador m, banheiro de senhoras

power ['pauə*] n poder m; (of explosion, engine) força, potência; (ability) poder, poderio; (electricity) força; **to be in** ~ estar no poder; ~ **cut** (BRIT) n corte m de energia, blecaute m (BR); ~**ed** adj: ~**ed by** movido a; ~ **failure** n corte m de energia; ~**ful** adj poderoso; (engine) potente; (body) vigoroso; (blow) violento; (argument) convincente; (emotion) intenso; ~**less** adj impotente; ~ **point** (BRIT) n tomada; ~ **station** n central f elétrica

pp abbr (= per procurationem) p.p.; = **pages**

PR n abbr = **public relations**

practicable ['præktikəbl] adj viável

practical ['præktikl] adj prático; ~**ity** n (of person) índole f prática; ~**ities** npl (of situation) aspectos mpl práticos; ~ **joke** n brincadeira, peça

practice ['præktis] n (habit, REL) costume m, hábito; (exercise) prática; (of profession) exercício; (training) treinamento; (MED) consultório; (LAW) escritório ♦ vt, vi (US) = **practise**; **in** ~ na prática; **out of** ~ destreinado

practise ['præktis] (US **practice**) vt praticar; (profession) exercer; (sport) treinar ♦ vi (doctor) ter consultório; (lawyer) ter escritório; (train) treinar, praticar; **practising** adj (Christian etc) praticante; (lawyer) que exerce

practitioner [præk'tiʃənə*] n (MED) médico/a

prairie ['prɛəri] n campina, pradaria

praise [preiz] n louvor m; (admiration) elogio ♦ vt elogiar, louvar; ~**worthy** adj louvável, digno de elogio

pram [præm] (BRIT) n carrinho de bebê

prance [prɑːns] vi: **to** ~ **about/up and down** etc (horse) curvetear, fazer cabriolas; (person) andar espalhafatosamente

prank [præŋk] n travessura, peça

prawn [prɔːn] n pitu m; (small) camarão m

pray [prei] vi: **to** ~ **for/that** rezar por/para que; ~**er** n (activity) reza;

(words) oração f, prece f

preach [priːtʃ] vt pregar ♦ vi pregar; (pej) catequizar

precede [pri'siːd] vt preceder

precedent ['presidənt] n precedente m

preceding [pri'siːdiŋ] adj anterior

precept ['priːsept] n preceito

precinct ['priːsiŋkt] n (US: district) distrito policial; ~**s** npl (of large building) arredores mpl; **pedestrian** ~ (BRIT) zona para pedestres (BR) or peões (PT); **shopping** ~ (BRIT) zona comercial

precious ['preʃəs] adj precioso

precipitate [pri'sipiteit] vt precipitar, acelerar

precise [pri'sais] adj exato, preciso; (plans) detalhado

preclude [pri'kluːd] vt excluir

precocious [pri'kəuʃəs] adj precoce

precondition [priːkən'diʃən] n condição f prévia

predecessor ['priːdisesə*] n predecessor(a) m/f, antepassado/a

predicament [pri'dikəmənt] n situação f difícil, apuro

predict [pri'dikt] vt prever, predizer, prognosticar; ~**able** adj previsível

predominantly [pri'dominəntli] adv predominantemente, na maioria

predominate [pri'domineit] vi predominar

pre-empt [priː'emt] (BRIT) vt: **to** ~ **sb/sth** antecipar-se a alguém/antecipar algo

preen [priːn] vt: **to** ~ **itself** (bird) limpar e alisar as penas (com o bico); **to** ~ **o.s.** enfeitar-se, envaidecer-se

prefab ['priːfæb] n casa pré-fabricada

preface ['prefəs] n prefácio

prefect ['priːfekt] n (BRIT: SCH) monitor/a m/f, tutor/a m/f; (in Brazil) prefeito/a

prefer [pri'fəː*] vt preferir; ~**ably** adv de preferência; ~**ence** adj: ~**ential treatment** preferência

prefix ['priːfiks] n prefixo

pregnancy ['pregnənsi] n gravidez f;

(animal) prenhez *f*
pregnant ['pregnənt] *adj* grávida;
(animal) prenha
prehistoric [pri:his'tɒrɪk] *adj* pré-
histórico
prejudice ['predʒudɪs] *n* preconceito;
~d *adj* cheio de preconceitos; **to be
~d against** sb/sth estar com prevenção contra alguém/algo
preliminary [prɪ'lɪmɪnərɪ] *adj* preliminar, prévio
premarital [pri:'mærɪtl] *adj* pré-
nupcial
premature ['prɛmətʃuə*] *adj* prematuro
premier ['prɛmɪə*] *adj* primeiro,
principal ♦ *n* *(POL)* primeiro-
ministro/primeira-ministra
première ['prɛmɪə*] *n* estréia
premise ['prɛmɪs] *n* premissa; ~s
npl (of business, institution) local *m*
premium ['pri:mɪəm] *n* prêmio; **to
be at a ~** ser caro; **~ bond** *(BRIT)*
n obrigação que dá direito a prêmio
mediante sorteio
premonition [prɛmə'nɪʃən] *n* presságio, pressentimento
preoccupied [pri:'ɔkjupaɪd] *adj*
preocupado
prep [prɛp] *n (SCH: study)* deveres
mpl
prepaid [pri:'peɪd] *adj* com porte
pago
preparation [prɛpə'reɪʃən] *n* preparação *f*; ~s *npl (arrangements)* preparativos *mpl*
preparatory [prɪ'pærətərɪ] *adj* pre-
paratório; **~ school** *n* escola particular para crianças de 11 ou 13 anos de
idade
prepare [prɪ'pɛə*] *vt* preparar ♦ *vi:*
to ~ for preparar-se ou aprontar-se
para; **~d to** disposto a; **~d for**
pronto para
preponderance [prɪ'pɔndərns] *n*
predomínio
preposition [prɛpə'zɪʃən] *n* preposição *f*
preposterous [prɪ'pɔstərəs] *adj* absurdo, disparatado

prep school *n* = **preparatory
school**
prerequisite [pri:'rɛkwɪzɪt] *n* pré-
requisito, condição *f* prévia
preschool ['pri:'sku:l] *adj (education, age)* pré-escolar; *(child)* de idade pré-escolar
prescribe [prɪ'skraɪb] *vt* prescrever;
(MED) receitar
prescription [prɪ'skrɪpʃən] *n* receita
presence ['prɛzns] *n* presença; *(spirit)* espectro; ~ **of mind** *n* presença
de espírito
present [*adj, n* 'prɛznt, *vt* prɪ'zɛnt]
adj presente; *(current)* atual ♦ *n*
presente *m*; *(actuality):* **the ~** o
presente ♦ *vt (give):* **to ~ sth to
sb, to ~ sb with sth** entregar algo a
alguém; *(information, programme,
threat)* apresentar; *(describe)* descrever; **at ~** no momento, agora; **to
give sb a ~** presentear alguém;
~ation *n* apresentação *f*; *(ceremony)* entrega; *(of plan etc)* exposição *f*; **~-day** *adj* atual, de hoje; **~er**
n apresentador(a) *m/f*; **~ly** *adv (after)* logo após; *(soon)* logo, em breve; *(now)* atualmente
preservation [prɛzə'veɪʃən] *n* conservação *f*, preservação *f*
preserve [prɪ'zɜ:v] *vt (situation)* conservar, manter; *(building, manuscript)* preservar; *(food)* pôr em conserva ♦ *n (often pl: jam)* geléia; (:
fruit) compota, conserva
preside [prɪ'zaɪd] *vi:* **to ~ (over)**
presidir
presidency ['prɛzɪdənsɪ] *n* presidência
president ['prɛzɪdənt] *n* presidente/a
m/f; **~ial** *adj* presidencial
press [prɛs] *n (printer's)* imprensa,
prelo; *(newspapers)* imprensa; *(of
switch)* pressão *f* ♦ *vt* apertar; *(of
clothes: iron)* passar; *(put pressure
on: person)* assediar; *(insist):* **to ~ sth
on sb** insistir para que alguém aceite
algo ♦ *vi (squeeze)* apertar; *(pressur-
ize):* **to ~ for** pressionar por; **we
are ~ed for** time/money estamos

com pouco tempo/dinheiro; ~ **on** vi continuar; ~ **agency** n agência de informações; ~ **conference** n entrevista coletiva (para a imprensa); ~**ing** adj urgente; ~ **stud** (BRIT) n botão m de pressão; ~**up** (BRIT) n flexão f

pressure ['prɛʃə*] n pressão f; to put ~ **on sb (to do sth)** pressionar alguém (a fazer algo); ~ **cooker** n panela de pressão; ~ **gauge** n manômetro

prestige [prɛs'ti:ʒ] n prestígio

presume [pri'zju:m] vt supor

presumption [pri'zʌmpʃən] n suposição f

pretence [pri'tɛns] (US pretense) n pretensão f; **under false** ~s por meios fraudulentos

pretend [pri'tɛnd] vt, vi fingir

pretense [pri'tɛns] (US) n = pretence

pretentious [pri'tɛnʃəs] adj pretensioso, presunçoso

pretty ['priti] adj bonito ♦ adv (quite) bastante

prevail [pri'veil] vi triunfar; (be current) imperar; ~**ing** adj (wind) dominante; (fashion) predominante

prevalent ['prɛvələnt] adj (common) predominante

prevent [pri'vɛnt] vt impedir; ~**ative** adj = ~**ive**; ~**ion** n prevenção f; ~**ive** adj preventivo

preview ['pri:vju:] n pré-estréia

previous ['pri:viəs] adj (earlier) anterior; ~**ly** adv (before) previamente; (in the past) anteriormente

prewar [pri:'wɔ:*] adj anterior à guerra

prey [prei] n presa f; vi: to ~ on (feed on) alimentar-se de; **it was** ~**ing on his mind** preocupava-o, atormentava-o

price [prais] n preço ♦ vt fixar o preço de; ~**less** adj inestimável; (inf: amusing) impagável

prick [prik] n picada ♦ vt picar; (make hole in) furar; to ~ **up one's ears** aguçar os ouvidos

prickle ['prikl] n (sensation) comichão f, ardência; (BOT) espinho; **prickly** adj espinhoso; **prickly heat** n brotoeja

pride [praid] n orgulho; (pej) soberba ♦ vt: to ~ **o.s. on** orgulhar-se de

priest [pri:st] n (Christian) padre m; (non-Christian) sacerdote m; ~**ess** n sacerdotisa; ~**hood** n sacerdócio

prig [prig] n esnobe m/f

prim [prim] (pej) adj (formal) empertigado; (affected) afetado; (easily shocked) pudico

primarily ['praimərili] adv principalmente

primary ['praiməri] adj primário; (first in importance) principal ♦ n (US: election) eleição f primária; ~ **school** (BRIT) n escola primária

prime [praim] adj primeiro, principal; (excellent) de primeira ♦ vt (wood) imprimar; (fig) aprontar, preparar ♦ n: **in the** ~ **of life** na primavera da vida; ~ **example** exemplo típico; ~ **minister** n primeiro-ministro/primeira-ministra

primeval [prai'mi:vl] adj primitivo

primitive ['primitiv] adj primitivo; (crude) rudimentar

primrose ['primrəuz] n prímula, primavera

primus (stove) ['praiməs-] ® (BRIT) n fogão m portátil movido a parafina

prince [prins] n príncipe m

princess [prin'sɛs] n princesa

principal ['prinsipl] adj principal ♦ n (of school, college) diretor/a m/f

principle ['prinsipl] n princípio; **in** ~ em princípio; **on** ~ por princípio

print [print] n (letters) letra de forma; (fabric) estampado; (ART) estampa, gravura; (PHOT) cópia; (foot~) pegada; (finger~) impressão f digital ♦ vt imprimir; (write in capitals) escrever em letra de imprensa; **out of** ~ esgotado; ~**ed matter** n impressos mpl; ~**er** n (person) impressor/a m/f; (firm) gráfica; (machine) impressora; ~**ing** n (art) im-

prior ['praɪə*] adj anterior, prévio; (more important) prioritário; ~ to doing antes de fazer

priority [praɪ'ɔrɪtɪ] n prioridade f

prise [praɪz] vt: to ~ open arrombar

prison ['prɪzn] n prisão f ♦ cpd carcerário; ~er n (in prison) preso/a, presidiário/a; (under arrest) detido/a

pristine ['prɪstiːn] adj imaculado

privacy ['prɪvəsɪ] n isolamento, solidão f, privacidade f

private ['praɪvɪt] adj privado; (personal) particular; (confidential) confidencial, reservado; (personal: belongings) pessoal; (: thoughts, plans) secreto, íntimo; (place) isolado; (quiet: person) reservado; (intimate) íntimo ♦ n soldado raso; "~" (on envelope) "confidencial"; (on door) "privativo"; in ~ em particular; ~ enterprise n iniciativa privada; ~ eye n detetive m/f particular; ~ property n propriedade f privada; ~ school n escola particular; privatize vt privatizar

privet ['prɪvɪt] n alfena

privilege ['prɪvɪlɪdʒ] n privilégio

privy ['prɪvɪ] adj: to be ~ to estar inteirado de

prize [praɪz] n prêmio ♦ adj de primeira classe ♦ vt valorizar; ~-giving n distribuição f dos prêmios; ~winner n premiado/a

pro [prəu] n (SPORT) profissional m/f ♦ prep a favor de; the ~s and cons os prós e os contras

probability [prɔbə'bɪlɪtɪ] n probabilidade f

probable ['prɔbəbl] adj provável; (plausible) verossímil

probation [prə'beɪʃən] n: on ~ (employee) em estágio probatório; (LAW) em liberdade condicional

probe [prəub] n (MED, SPACE) sonda; (enquiry) pesquisa ♦ vt investigar, esquadrinhar

problem ['prɔbləm] n problema m

procedure [prə'siːdʒə*] n procedi-

mento; (method) método, processo

proceed [vt prə'siːd, npl 'prəusiːdz] vi (do afterwards): to ~ to do sth passar a fazer algo; (continue): to ~ (with) continuar or prosseguir (com); (activity) continuar; (go) ir em direção a, dirigir-se a; ~ings npl evento, acontecimentos; (LAW) processo; ~s npl produto, proventos mpl

process ['prəuses] n processo ♦ vt processar; ~ing n processamento; ~ion n desfile m, procissão f; funeral ~ion cortejo fúnebre

proclaim [prə'kleɪm] vt anunciar; proclamar

proclamation [prɔklə'meɪʃən] n proclamação f; (written) promulgação f

procrastinate [prəu'kræstɪneɪt] vi protelar

procure [prə'kjuə*] vt obter

prod [prɔd] vt empurrar; (with finger, stick) cutucar ♦ n empurrão m; cotovelada; espetada

prodigal ['prɔdɪgl] adj pródigo

prodigious [prə'dɪdʒəs] adj colossal, extraordinário

prodigy ['prɔdɪdʒɪ] n prodígio

produce [n 'prɔdjuːs, vt prə'djuːs] n (AGR) produtos mpl agrícolas ♦ vt produzir; (cause) provocar; (evidence, argument) apresentar, mostrar; (show) apresentar, exibir; (THEATRE) pôr em cena or em cartaz; ~r n (THEATRE) diretor/a m/f; (AGR, CINEMA, of record) produtor/a m/f; (country) produtor m

product ['prɔdʌkt] n produto

production [prə'dʌkʃən] n produção f; (of electricity) geração f; (THEATRE) encenação f; ~ line n linha de produção or de montagem

profane [prə'feɪn] adj profano; (language etc) irreverente, sacrílego

profess [prə'fes] vt professar; (feeling, opinion) manifestar

profession [prə'feʃən] n profissão f; (people) classe f; ~al n profissional m/f ♦ adj profissional; (work) de profissional

professor [prə'fesə*] n (BRIT) catedrático/a; (US, CANADA) professor(a) m/f

proficient [prə'fɪʃənt] adj competente, proficiente

profile ['prəufaɪl] n perfil m

profit ['prɒfɪt] n (COMM) lucro ♦ vi: to ~ by or from (benefit) aproveitar-se de, tirar proveito de; ~**ability** n rentabilidade f; ~**able** adj (ECON) lucrativo, rendoso

profound [prə'faund] adj profundo

profusion [prə'fju:ʒən] n profusão f, abundância

prognosis [prɒg'nəusɪs] (pl **prognoses**) n prognóstico

programme ['prəugræm] (US **program**) n programa m ♦ vt programar

progress [n 'prəugres, vi prə'gres] n progresso ♦ vi progredir, avançar; **in** ~ em andamento; ~**ive** adj progressivo; (person) progressista

prohibit [prə'hɪbɪt] vt proibir; ~**ion** n proibição f; (US): P~**ion** lei f seca

project [n 'prɒdʒɛkt, vi, vi prə'dʒɛkt] n projeto; (SCH: research) pesquisa ♦ vt projetar; (figure) estimar ♦ vi (stick out) ressaltar, sobressair

projectile [prə'dʒɛktaɪl] n projétil m

projection [prə'dʒɛkʃən] n projeção f; (overhang) saliência

projector [prə'dʒɛktə*] n projetor m

prolific [prə'lɪfɪk] adj prolífico

prolong [prə'lɒŋ] vt prolongar

prom [prɒm] n abbr = promenade; promenade concert (US: ball) baile m de estudantes

promenade [prɒmə'nɑːd] n (by sea) passeio (à orla marítima); ~ **concert** (BRIT) n concerto de música clássica

prominent ['prɒmɪnənt] adj (standing out) proeminente; (important) eminente, notório

promise ['prɒmɪs] n promessa; (hope) esperança ♦ vt, vi prometer; **promising** adj promissor(a), prometedor(a)

promote [prə'məut] vt promover; (product) promover, fazer propaganda de; ~**r** n (of sporting event) pa-

trocinador(a) m/f; (of cause etc) partidário/a; **promotion** n promoção f

prompt [prɒmpt] adj pronto, rápido ♦ adv (exactly) em ponto, pontualmente ♦ n (COMPUT) sinal m de orientação, prompt m ♦ vt (urge) incitar, impelir; (cause) provocar, ocasionar; to ~ **sb** to do sth induzir alguém a fazer algo; ~**ly** adv imediatamente; (exactly) pontualmente

prone [prəun] adj (lying) de bruços; ~ to propenso a, predisposto a

prong [prɒŋ] n (of fork) dente m

pronoun ['prəunaun] n pronome m

pronounce [prə'nauns] vt pronunciar; (verdict, opinion) declarar; ~**d** adj (marked) pronunciado, marcado

pronunciation [prənʌnsɪ'eɪʃən] n pronúncia

proof [pruːf] n prova ♦ adj: ~ **against** à prova de

prop [prɒp] n suporte m, escora; (fig) amparo, apoio ♦ vt (also: ~ up) apoiar, escorar; (lean): to ~ **sth against** apoiar algo contra

propaganda [prɒpə'gændə] n propaganda

propel [prə'pɛl] vt propelir, propulsionar; (fig) impelir; ~**ler** n hélice f

proper ['prɒpə*] adj (correct) correto; (socially acceptable) respeitável, digno; (authentic) genuíno, autêntico; (referring to place): **the village** ~ a cidadezinha propriamente dita; ~**ly** adv (eat, study) bem; (behave) decentemente; ~ **noun** n nome m próprio

property ['prɒpətɪ] n propriedade f; (goods) posses fpl, bens mpl; (buildings) imóveis mpl

prophesy ['prɒfɪsaɪ] vt profetizar

prophet ['prɒfɪt] n profeta m/f

proportion [prə'pɔːʃən] n proporção f; ~**al** adj proporcional; ~**al representation** n (POL) representação f proporcional; ~**ate** adj proporcionado

proposal [prə'pəuzl] n proposta; (of marriage) pedido

propose [prə'pəuz] *vt* propor; (*toast*) erguer ♦ *vi* propor casamento; to ~ to do propor-se fazer

proposition [prɔpə'zɪʃən] *n* proposta, proposição *f*; (*offer*) oferta

proprietor [prə'praɪətə*] *n* proprietário/a, dono/a

propriety [prə'praɪətɪ] *n* propriedade *f*

pro rata [-'rɑːtə] *adv* pro rata, proporcionalmente

prose [prəuz] *n* prosa

prosecute ['prɔsɪkjuːt] *vt* processar; **prosecution** *n* acusação *f*; (*accusing side*) autor *m* da demanda; **prosecutor** *n* promotor(a) *m/f*; (*also*: **public prosecutor**) promotor(a) *m/f* público/a

prospect [*n* 'prɔspekt, *vi* prə'spekt] *n* (*chance*) probabilidade *f*; (*outlook*) perspectiva ♦ *vi*: to ~ (for) prospectar (por); ~s *npl* (*for work etc*) perspectivas *fpl*; **~ive** *adj* (*possible*) provável; (*future*) futuro

prospectus [prə'spektəs] *n* prospecto, programa *m*

prosper ['prɔspə*] *vi* prosperar; **~ous** *adj* próspero

prostitute ['prɔstɪtjuːt] *n* prostituta, male ~ prostituto

prostrate ['prɔstreɪt] *adj* prostrado

protect [prə'tekt] *vt* proteger; **~ion** *n* proteção *f*; **~ive** *adj* protetor(a)

protein ['prəutiːn] *n* proteína

protest [*n* 'prəutest, *vi, vt* prə'test] *n* protesto ♦ *vi* protestar ♦ *vt* insistir

Protestant ['prɔtɪstənt] *adj, n* protestante *m/f*

protester [prə'testə*] *n* manifestante *m/f*

protracted [prə'træktɪd] *adj* prolongado, demorado

protrude [prə'truːd] *vi* projetar-se

proud [praud] *adj* orgulhoso; (*pej*) vaidoso, soberbo

prove [pruːv] *vt* comprovar ♦ *vi*: to ~ (to be) correct *etc* vir a ser correto *etc*; to ~ o.s. pôr-se à prova

proverb ['prɔvəːb] *n* provérbio

provide [prə'vaɪd] *vt* fornecer, pro-

porcionar; to ~ sb with sth fornecer alguém de algo, fornecer algo a alguém; ~ for *vt fus* (*person*) prover à subsistência de; (*problem etc*) prevenir; **~d (that)** *conj* contanto que + *sub*, sob condição de (que) + *sub*

providing [prə'vaɪdɪŋ] *conj*: ~ (**that**) contanto que + *sub*

province ['prɔvɪns] *n* província; (*fig*) esfera; **provincial** *adj* provincial; (*pej*) provinciano

provision [prə'vɪʒən] *n* (*supplying*) abastecimento; (*in contract*) cláusula, condição *f*; **~s** *npl* (*food*) mantimentos *mpl*; **~al** *adj* provisório, interino; (*agreement, licence*) provisório

proviso [prə'vaɪzəu] *n* condição *f*

provocative [prə'vɔkətɪv] *adj* provocante; (*sexually*) excitante

provoke [prə'vəuk] *vt* provocar; (*cause*) causar

prow [prau] *n* proa

prowess ['prauɪs] *n* destreza, perícia

prowl [praul] *vi* (*also*: ~ **about**, ~ **around**) rondar, andar à espreita ♦ *n*: on the ~ de ronda, rondando; **~er** *n* tarado/a

proximity [prɔk'sɪmɪtɪ] *n* proximidade *f*

proxy ['prɔksɪ] *n*: by ~ por procuração

prude [pruːd] *n* pudico/a

prudent ['pruːdənt] *adj* prudente

prune [pruːn] *n* ameixa seca ♦ *vt* podar

pry [praɪ] *vi*: to ~ (**into**) intrometer-se (em)

PS *n abbr* (= *postscript*) PS *m*

psalm [sɑːm] *n* salmo

pseudo- [sjuːdəu] *prefix* pseudo-; **pseudonym** *n* pseudônimo

psyche ['saɪkɪ] *n* psiquismo

psychiatrist [saɪ'kaɪətrɪst] *n* psiquiatra *m/f*

psychiatry [saɪ'kaɪətrɪ] *n* psiquiatria

psychic ['saɪkɪk] *adj* psíquico; (*also*: **~al**: *person*) sensível a forças psíquicas

psychoanalyst [saɪkəu'ænəlɪst] *n* psicanalista *m/f*

psychologist [saɪ'kɔlədʒɪst] n
psicólogo/a

psychology [saɪ'kɔlədʒɪ] n psicologia

psychopath ['saɪkəupæθ] n psicopata m/f

PTO abbr (= please turn over) v.v.,
vire

pub [pʌb] n abbr (= public house) =
pub m, bar m, botequim m

pubic ['pju:bɪk] adj púbico, pubiano

public ['pʌblɪk] adj público ♦ n público; **in** ~ em público; **to make** ~
tornar público; ~ **address system** n
sistema m (de reforço) de som

publican ['pʌblɪkən] n dono/a de pub

publication [pʌblɪ'keɪʃən] n publicação f

public: ~ **company** n sociedade f
anônima aberta; ~ **convenience**
(BRIT) n banheiro público; ~ **holiday** n feriado; ~ **house** (BRIT) n
pub m, bar m, taberna

publicity [pʌb'lɪsɪtɪ] n publicidade f

publicize ['pʌblɪsaɪz] vt divulgar

public: ~ **opinion** n opinião f pública; ~ **relations** n relações fpl públicas; ~ **school** n (BRIT) escola particular; (US) escola pública; ~-**spirited** adj pessoa pelo bem-estar público; ~ **transport** (US ~ **transportation**) n transporte m coletivo

publish ['pʌblɪʃ] vt publicar; ~**er** n
editor(a) m/f; (company) editora;
~**ing** n a indústria editorial

puce [pju:s] adj roxo

pucker ['pʌkə*] vt (fabric) amarrotar; (brow etc) franzir

pudding ['pudɪŋ] n (BRIT: dessert)
sobremesa; (cake) pudim m, doce
m; **black** (BRIT) or **blood** (US) ~
morcela

puddle ['pʌdl] n poça

puff [pʌf] n sopro; (of cigarette) baforada; (of air, smoke) ♦ vt;
to ~ **one's pipe** tirar baforadas do
cachimbo ♦ vi (pant) arquejar; ~
out vt (cheeks) encher; ~**ed** (inf)
adj (out of breath) sem fôlego; ~
pastry (US ~ **paste**) n massa

folhada; ~**y** adj inchado, entumecido

pull [pul] n (tug): **to give sth a** ~
dar um puxão em algo ♦ vt puxar;
(trigger) apertar; (curtain, blind) fechar ♦ vi puxar, dar um puxão; **to** ~
to pieces picar em pedacinhos; **to** ~
one's punches não usar toda a força; **to** ~ **one's weight** fazer a sua
parte; **to** ~ **o.s. together** recompor-se; **to** ~ **sb's leg** (fig) brincar com
alguém, sacanear alguém (inf); ~
apart vt (break) romper; ~ **down** vt
(building) demolir, derrubar; ~ **in** vi
(AUT: at the kerb) encostar; (RAIL)
chegar (na plataforma); ~ **off** vt tirar; (fig: deal etc) acertar; ~ **out** vi
(AUT: from kerb) sair; (RAIL) partir ♦ vt tirar, arrancar; ~ **over** vi
(AUT) encostar; ~ **through** vi
(MED) sobreviver; ~ **up** vi (stop)
deter-se, parar ♦ vt levantar;
(uproot) desarraigar, arrancar

pulley ['pulɪ] n roldana

pullover ['pulǝuvǝ*] n pulôver m

pulp [pʌlp] n (of fruit) polpa

pulsate [pʌl'seɪt] vi pulsar, palpitar

pulse [pʌls] n (ANAT) pulso; (of music, engine) cadência; (BOT) legume m

pulverize ['pʌlvəraɪz] vt pulverizar;
(fig) esmagar, aniquilar

puma ['pju:mə] n puma, onça-parda

pummel ['pʌml] vt esmurrar, socar

pump [pʌmp] n bomba; (shoe) sapatilha (de dança) ♦ vt bombear; ~ **up**
vt encher

pumpkin ['pʌmpkɪn] n abóbora

pun [pʌn] n jogo de palavras, trocadilho

punch [pʌntʃ] n (blow) soco, murro;
(tool) punção m; (drink) ponche m
♦ vt (hit): **to** ~ **sb/sth** esmurrar ou socar alguém/algo; ~**line** n remate m;
~-**up** (BRIT: inf) n briga

punctual ['pʌŋktjuəl] adj pontual

puncture ['pʌŋktʃə*] n furo ♦ vt furar

pundit ['pʌndɪt] n entendedor(a) m/f

pungent ['pʌndʒənt] adj acre

punish ['pʌnɪʃ] vt punir, castigar;

~**ment** n castigo, punição f

punk [pʌŋk] n (also: ~ **rocker**) punk m/f; (also: ~ **rock**) punk m; (US: inf: hoodlum) pinta-brava m

punt [pʌnt] n (boat) chalana

punter ['pʌntə*] n (BRIT: gambler) jogador(a) m/f; (inf: client) cliente m/f

puny ['pju:nɪ] adj débil, fraco

pup [pʌp] n cachorro, cachorrinho (BR)

pupil ['pju:pl] n aluno/a; (of eye) pupila

puppet ['pʌpɪt] n marionete f, títere m; (fig) fantoche m

puppy ['pʌpɪ] n cachorro, cachorrinho (BR)

purchase ['pə:tʃɪs] n compra ♦ vt comprar; ~**r** n comprador(a) m/f

pure [pjuə*] adj puro

purée ['pjuəreɪ] n purê m

purgatory ['pə:gətərɪ] n purgatório; (fig) inferno

purge [pə:dʒ] n (POL) expurgo

purify ['pjuərɪfaɪ] vt purificar, depurar

puritan ['pjuərɪtən] n puritano/a

purity ['pjuərɪtɪ] n pureza

purple ['pə:pl] adj roxo, purpúreo

purport [pə:'pɔ:t] vi: to ~ to be/do dar a entender que é/faz

purpose ['pə:pəs] n propósito, objetivo; on ~ de propósito; ~**ful** adj decidido, resoluto

purr [pə:*] vi ronronar

purse [pə:s] n (BRIT) carteira; (US) bolsa ♦ vt enrugar, franzir

purser ['pə:sə*] n (NAUT) comissário de bordo

pursue [pə'sju:] vt perseguir; (fig: activity) exercer; (: interest, plan) dedicar-se a; (: result) lutar por

pursuit [pə'sju:t] n caça; (fig) busca; (pastime) passatempo

pus [pʌs] n pus m

push [puʃ] n empurrão m; (of button) aperto ♦ vt empurrar; (button) apertar; (promote) promover ♦ vt empurrar; (press) apertar; (fig): **to** ~ **for** reivindicar; ~ **aside** vt afas-

tar com a mão; ~ **off** (inf) vi dar o fora; ~ **on** vi prosseguir; ~ **through** vi abrir caminho ♦ vt (measure) forçar a aceitação de; ~ **up** vt forçar a alta de; ~**chair** n (BRIT) n carrinho; ~**er** n (also: **drug** ~**er**) traficante m/f or passador(a) m/f de drogas; ~**over** (inf) n: it's a ~**over** é sopa; ~-**up** (US) n flexão f; ~**y** (pej) adj intrometido, agressivo

puss [pus] (inf) n gatinho

pussy(cat) ['pusɪ(kæt)] (inf) n gatinho

put [put] (pt, pp put) vt pôr, colocar; (~ **into**) meter; (person: in institution etc) internar; (case: present) internar; (case: expor; (question) fazer; (estimate) avaliar, calcular; (write, type etc) colocar; ~ **about** vt (rumour) espalhar; ~ **across** vt (ideas) comunicar; ~ **away** vt guardar; ~ **back** vt (replace) repor; (postpone) adiar; (delay) atrasar; ~ **by** vt (money etc) poupar, pôr de lado; ~ **down** vt pôr em; (animal) sacrificar; (in writing) anotar, inscrever; (revolt etc) sufocar; (attribute: case, view): **to** ~ **sth down to** atribuir algo a; ~ **forward** vt apresentar, propor; ~ **in** vt (application, complaint) apresentar; (time, effort) investir, gastar; ~ **off** vt adiar, protelar; (discourage) desencorajar; ~ **on** vt (clothes, make-up, dinner) pôr; (light) acender; (play) encenar; (weight) ganhar; (brake) aplicar; (record, video, kettle) ligar; (accent, manner) assumir; ~ **out** vt (take out) colocar fora; (fire, cigarette, light) apagar; (one's hand) estender; (inf: person): **to be** ~ **out** estar aborrecido; ~ **through** vt (call) transferir; (plan) ser aprovado; ~ **up** vt (raise) levantar, erguer; (hang) prender; (build) construir, edificar; (tent) armar; (increase) aumentar; (accommodate) hospedar; ~ **up with** vt fus suportar, agüentar

putt [pʌt] n putt m, tacada leve; ~**ing green** n campo de golfe em miniatura

putty ['pʌtɪ] n massa de vidraceiro, betume m

put-up adj: ~ **job** (BRIT) embuste m

puzzle ['pʌzl] n charada; (jigsaw) quebra-cabeça m; (also: **crossword** ~) palavras cruzadas fpl; (mystery) mistério ♦ vt desconcertar, confundir ♦ vi: to ~ **over** sth tentar entender algo; **puzzling** adj intrigante, confuso

pyjamas [pɪ'dʒɑːməz] (US **pajamas**) npl pijama m or f

pylon ['paɪlən] n pilono, poste m, torre f

pyramid ['pɪrəmɪd] n pirâmide f

Pyrenees [pɪrə'niːz] npl: **the** ~ os Pirineus

python ['paɪθən] n pitão m

Q

quack [kwæk] n grasnido; (pej: doctor) curandeiro/a, charlatão/tã m/f

quad [kwɒd] abbr = **quadrangle**; **quadruplet**

quadrangle ['kwɒdræŋgl] n pátio quadrangular

quadruplets [kwɔː'druːpləts] npl quadrigêmeos mpl, quádruplos mpl

quagmire ['kwægmaɪə*] n lamaçal m, atoleiro

quail [kweɪl] n codorniz f, codorna (BR) ♦ vi acovardar-se

quaint [kweɪnt] adj (ideas) curioso, esquisito; (village etc) pitoresco

quake [kweɪk] vi (with fear) tremer ♦ n abbr = **earthquake**

Quaker ['kweɪkə*] n quacre m/f

qualification [kwɔlɪfɪ'keɪʃən] n (skill, quality) qualificação f; (reservation) restrição f, ressalva; (modification) modificação f; (often pl: degree, training) título, qualificação

qualified ['kwɔlɪfaɪd] adj (trained) habilitado, qualificado; (professionally) diplomado; (fit): ~ to apto para, capaz de; (limited) limitado

qualify ['kwɔlɪfaɪ] vt (modify) modifi-

car ♦ vi: to ~ (as) (pass examination(s)) formar-se or diplomar-se (em); to ~ (for) reunir os requisitos (para)

quality ['kwɔlɪtɪ] n qualidade f

qualm [kwɑːm] n (doubt) dúvida; (scruple) escrúpulo

quandary ['kwɔndrɪ] n: to be in a ~ estar num dilema

quantity ['kwɔntɪtɪ] n quantidade f; ~ **surveyor** n calculista m/f de obra

quarantine ['kwɔrəntiːn] n quarentena

quarrel ['kwɔrl] n (argument) discussão f ♦ vi: to ~ (with) brigar (com); ~**some** adj brigão/gona

quarry ['kwɔrɪ] n (for stone) pedreira; (animal) presa, caça

quart [kwɔːt] n quarto de galão (1.136 l)

quarter ['kwɔːtə*] n quarto, quarta f; (of year) trimestre m; (district) bairro; (US: 25 cents) (moeda de) 25 centavos mpl de dólar ♦ vt dividir em quarto; (MIL: lodge) aquartelar; ~s npl (MIL) quartel m; (living ~s) alojamento; **a** ~ **of an hour** um quarto de hora; ~ **final** n quarta de final; ~**ly** adj trimestral ♦ adv trimestralmente

quartz [kwɔːts] n quartzo

quash [kwɔʃ] vt (verdict) anular

quasi- ['kweɪzaɪ] prefix quase-

quaver ['kweɪvə*] n (BRIT: MUS) colcheia ♦ vi tremer

quay [kiː] n (also: ~**side**) cais m

queasy ['kwiːzɪ] adj (sickly) enjoado

queen [kwiːn] n rainha; (also: ~ **bee**) abelha-mestra, rainha; (CARDS etc) dama; ~ **mother** n rainha-mãe f

queer [kwɪə*] adj (odd) esquisito, estranho ♦ n (inf: homosexual) bicha m (BR), maricas m inv (PT)

quell [kwɛl] vt (opposition) sufocar; (fears) abrandar, sufocar

quench [kwɛntʃ] vt: to ~ **one's thirst** matar a sede

querulous ['kwɛrʊləs] adj lamuriante

query ['kwɪərɪ] n pergunta ♦ vt

questionar

quest [kwɛst] n busca

question ['kwɛstʃən] n pergunta; (doubt) dúvida; (issue) questão f; (in text) problema m ♦ vt (doubt) duvidar; (interrogate) interrogar, inquirir; **beyond** ~ sem dúvida; **out of the** ~ fora de cogitação, impossível; **~able** adj discutível; (doubtful) duvidoso; ~ **mark** n ponto de interrogação

queue [kju:] (BRIT) n fila (BR), bicha (PT) ♦ vi (also: ~ **up**) fazer fila (BR) or bicha (PT)

quibble ['kwɪbl] vi: to ~ **about** or over/with tergiversar sobre/com

quick [kwɪk] adj rápido; (agile) ágil; (mind) sagaz, despachado ♦ n: to **cut sb to the** ~ ferir alguém; **be** ~! ande depressa!, vai rápido!; ~**en** vt apressar ♦ vi apressar-se; ~**ly** adv rapidamente, depressa; ~**sand** n areia movediça; ~**witted** adj perspicaz, vivo

quid [kwɪd] (BRIT: inf) n inv libra

quiet ['kwaɪət] adj (voice, music) baixo; (peaceful: place) tranqüilo; (person: calm) calmo; (not noisy: place) silencioso; (: person) calado; (silent) silencioso; (ceremony) discreto ♦ n (peacefulness) sossego; (silence) quietude f ♦ vt, vi (US) = ~**en**; ~**en** (also: ~**en down**) vi (grow calm) acalmar-se; (grow silent) calar-se ♦ vt (grow calm) acalmar; (silence) fazer calar; ~**ly** adv silenciosamente; (talk) baixo

quilt [kwɪlt] n acolchoado, colcha; (continental) ≈ (BRIT) edredom m (BR), edredão m (PT)

quin [kwɪn] n abbr = **quintuplet**

quintuplets [kwɪn'tju:plɪts] npl quíntuplos mpl

quip [kwɪp] n escárnio, dito espirituoso

quirk [kwə:k] n peculiaridade f

quit [kwɪt] (pt, pp **quit** or ~**ted**) vt (smoking etc) parar; (job) deixar; (premises) desocupar ♦ vi desistir; (resign) demitir-se, deixar o emprego

quite [kwaɪt] adv (rather) bastante; (entirely) completamente, totalmente; **that's not** ~ **big enough** não é suficientemente grande; ~ **a few of them** um bom número deles; ~ **(so)!** exatamente!, isso mesmo!

quits [kwɪts] adj: ~ **(with)** quite (com); **let's call it** ~ ficamos quites

quiver ['kwɪvə*] vi estremecer

quiz [kwɪz] n concurso (de cultura geral) ♦ vt interrogar; ~**zical** adj zombeteiro

quota ['kwəʊtə] n cota, quota

quotation [kwəʊ'teɪʃən] n citação f; (estimate) orçamento; ~ **marks** npl aspas fpl

quote [kwəʊt] n citação f; (estimate) orçamento ♦ vt citar; (price) propor; (figure, example) citar, dar; ~**s** npl aspas fpl

R

rabbi ['ræbaɪ] n rabino

rabbit ['ræbɪt] n coelho; ~ **hutch** n coelheira

rabble ['ræbl] (pej) n povinho, ralé f

rabies ['reɪbɪz] n raiva

RAC (BRIT) n abbr (= Royal Automobile Club) ≈ TCB m (BR), ≈ ACP m (PT)

raccoon [rə'ku:n] n mão-pelada m, guaxinim m

race [reɪs] n corrida; (species) raça ♦ vt (horse) fazer correr ♦ vi (compete) competir; (run) correr; (pulse) bater rapidamente; ~ **car** (US) n = **racing car**; ~ **car driver** (US) n = **racing driver**; ~**course** n hipódromo; ~**horse** n cavalo de corridas; ~**track** n pista de corridas; (for cars) autódromo

racing ['reɪsɪŋ] n corrida; ~ **car** (BRIT) n carro de corrida; ~ **driver** (BRIT) n piloto/a de corrida

racism ['reɪsɪzəm] n racismo; **racist** (pej) adj, n racista m/f

rack [ræk] n (also: **luggage** ~) bagageiro; (shelf) estante f; (also: **roof**

~) xalmas *fpl*, porta-bagagem *m*;
(*dish* ~) secador *m* de prato ♦ *vt*:
~ed by (*pain, anxiety*) tomado por;
to ~ one's brains quebrar a cabeça

racket ['rækɪt] *n* (*for tennis*) raquete
f (*BR*), raqueta (*PT*); (*noise*) baru-
lheira, zoeira; (*swindle*) negócio ilegal, fraude *f*

racoon [rə'ku:n] *n* = **raccoon**

racquet ['rækɪt] *n* raquete *f* (*BR*),
raqueta (*PT*)

racy ['reɪsɪ] *adj* ousado, picante

radiant ['reɪdɪənt] *adj* radiante, brilhante

radiate ['reɪdɪeɪt] *vt* irradiar ♦ *vi*
difundir-se, estender-se

radiation [reɪdɪ'eɪʃən] *n* radiação *f*

radiator ['reɪdɪeɪtə*] *n* radiador *m*

radical ['rædɪkl] *adj* radical

radii ['reɪdɪaɪ] *npl of* **radius**

radio ['reɪdɪəu] *n* rádio *m* ♦ *vt*: to ~ sb
comunicar-se por rádio com alguém

radio... [reɪdɪəu] *prefix* radio...; ~**active** *adj* radioativo; ~ **station** *n*
emissora, estação *f* de rádio

radish ['rædɪʃ] *n* rabanete *m*

radius ['reɪdɪəs] (*pl* **radii**) *n* raio

RAF (*BRIT*) *n abbr* = **Royal Air
Force**

raffle ['ræfl] *n* rifa

raft [rɑ:ft] *n* balsa

rafter ['rɑ:ftə*] *n* viga, caibro

rag [ræg] *n* trapo; (*torn cloth*) farrapo; (*pej: newspaper*) jornaleco;
(*UNIVERSITY*) atividades estudantis
beneficentes; ~**s** *npl* (*torn clothes*)
trapos *mpl*, farrapos *mpl*; ~**-and-
bone man** (*BRIT: irreg*) *n* =
~**man**; ~ **doll** *n* boneca de trapo

rage [reɪdʒ] *n* (*fury*) raiva, furor *m*
♦ *vi* (*person*) estar furioso; (*storm*)
assolar; (*debate*) continuar calorosamente; **it's all the** ~ é a última
moda

ragged ['rægɪd] *adj* (*edge*) irregular,
desigual; (*clothes*) puído, gasto; (*appearance*) esfarrapado, andrajoso

ragman ['rægmæn] (*irreg*) *n* negociante *m* de trastes

raid [reɪd] *n* (*MIL*) incursão *f*; (*crimi-

nal) assalto; (*attack*) ataque *m*;
(*by police*) batida ♦ *vt* invadir, atacar; assaltar; atacar; fazer uma batida em

rail [reɪl] *n* (*on stair*) corrimão *m*;
(*on bridge*) parapeito, anteparo; (*of
ship*) amurada; ~**s** *npl* (*for train*)
trilhos *mpl*; **by** ~ de trem (*BR*), por
caminho de ferro (*PT*); ~**ing(s)**
n(pl) grade *f*; ~**road** (*US*) *n* =
~**way**; ~**way** *n* estrada (*BR*) *or* caminho (*PT*) de ferro; ~**way line**
(*BRIT*) *n* linha de trem (*BR*) *or* de
comboio (*PT*); ~**wayman** (*BRIT: irreg*) *n* ferroviário; ~**way station**
(*BRIT*) *n* estação *f* ferroviária (*BR*)
or de caminho de ferro (*PT*)

rain [reɪn] *n* chuva ♦ *vi* chover; **it's
~ing está chovendo, está a
chover (*PT*); ~**bow** *n* arco-íris *m
inv*; ~**coat** *n* impermeável *m*, capa
de chuva; ~**drop** *n* gota de chuva;
~**fall** *n* chuva; (*measurement*) plu-
viosidade *f*; ~**forest** *n* floresta tropical; ~**y** *adj* chuvoso; **a** ~**y day** um
dia de chuva

raise [reɪz] *n* aumento ♦ *vt* (*lift*) levantar; (*salary, production*) aumentar; (*morale, standards*) melhorar;
(*doubts*) suscitar, despertar; (*cattle,
family*) criar; (*crop*) cultivar, plantar; (*army*) recrutar, alistar; (*funds*)
angariar; (*loan*) levantar, obter; to
~ one's voice levantar a voz

raisin ['reɪzn] *n* passa, uva seca

rake [reɪk] *n* ancinho ♦ *vt* (*garden*)
revolver *or* limpar com o ancinho;
(*with machine gun*) varrer

rally ['rælɪ] *n* (*POL etc*) comício;
(*AUT*) rally *m*, rali *m*; (*TENNIS*) re-
batida ♦ *vt* reunir ♦ *vi* reorganizar-
se; (*sick person, Stock Exchange*)
recuperar-se; ~ **round** *vt fus* dar
apoio a

RAM [ræm] *n abbr* (*COMPUT*) (=
random access memory) RAM *f*

ram [ræm] *n* carneiro ♦ *vt* (*push*)
cravar; (*crash into*) colidir com

ramble ['ræmbl] *n* caminhada, excursão *f* a pé ♦ *vi* caminhar; (*talk:*

also: ~ **on**) divagar; ~**r** n caminhante m/f; (BOT) roseira trepadeira;

rambling adj (speech) desconexo, incoerente; (house) cheio de recantos; (plant) rastejante

ramp [ræmp] n (incline) rampa; **on/off** ~ (US: AUT) entrada (para a rodovia)/saída da rodovia

rampage [ræm'peɪdʒ] n: **to be on the** ~ alvoroçar-se

rampant ['ræmpənt] adj (disease etc) violento, implacável

rampart ['ræmpɑːt] n baluarte m; (wall) muralha

ramshackle ['ræmʃækl] adj caindo aos pedaços

ran [ræn] pt of **run**

ranch [rɑːntʃ] n rancho, fazenda, estância; ~**er** n rancheiro/a, fazendeiro/a

rancid ['rænsɪd] adj rançoso, râncio

rancour ['ræŋkə*] (US **rancor**) n rancor m

random ['rændəm] adj ao acaso, casual, fortuito; (COMPUT, MATH) aleatório ♦ n: **at** ~ a esmo, aleatoriamente; ~ **access** n (COMPUT) acesso randômico or aleatório

randy ['rændɪ] (BRIT: inf) adj de fogo

rang [ræŋ] pt of **ring**

range [reɪndʒ] n (of mountains) cadeia, cordilheira; (of missile) alcance m; (of voice) extensão f; (series) série f; (of products) gama, sortimento m; (MIL: also: **shooting** ~) estande m; (also: **kitchen** ~) fogão m ♦ vt (place) colocar; (arrange) arrumar, ordenar ♦ vi: **to** ~ **over** (extend) estender-se por; **to** ~ **from ... to** ~ variar de ... a ..., oscilar entre ... e ...

ranger [reɪndʒə*] n guarda-florestal m/f

rank [ræŋk] n (row) fila, fileira; (MIL) posto; (status) categoria, posição f; (BRIT: also: **taxi** ~) ponto de táxi ♦ vi: **to** ~ **among** figurar entre ♦ adj fétido, malcheiroso; **the** ~ **and file** (fig) a gente comum

rankle ['ræŋkl] vi doer, magoar

ransack ['rænsæk] vt (search) revistar; (plunder) saquear, pilhar

ransom ['rænsəm] n resgate m; **to hold sb to** ~ (fig) encostar alguém contra a parede

rant [rænt] vi arengar

rap [ræp] vt bater de leve ♦ n: ~ (**music**) rap m

rape [reɪp] n estupro; (BOT) colza ♦ vt violentar, estuprar

rapid ['ræpɪd] adj rápido; ~**s** npl (GEO) cachoeira

rapist ['reɪpɪst] n estuprador m

rapport [ræ'pɔː*] n harmonia, afinidade f

rapture ['ræptʃə*] n êxtase m, arrebatamento; **rapturous** adj (applause) entusiasta

rare [rɛə*] adj raro; (CULIN: steak) mal passado

raring ['rɛərɪŋ] adj: **to be** ~ **to go** (inf) estar louco para começar

rascal ['rɑːskl] n maroto, malandro

rash [ræʃ] adj impetuoso, precipitado ♦ n (MED) exantema m, erupção f cutânea; (of events) série f, torrente f

rasher ['ræʃə*] n fatia fina

raspberry ['rɑːzbərɪ] n framboesa

rasping ['rɑːspɪŋ] adj: **a** ~ **noise** um ruído áspero or irritante

rat [ræt] n rato (BR), ratazana (PT)

rate [reɪt] n (ratio) razão f; (price) preço, taxa; (: of hotel) diária; (of interest, change) taxa; (speed) velocidade f ♦ vt (value) taxar; (estimate) avaliar; ~**s** npl (BRIT) imposto predial e territorial; (fees) pagamento; **to** ~ **sb/sth as** considerar alguém/algo como; ~**able value** (BRIT) n valor m tributável (de um imóvel); ~**payer** (BRIT) n contribuinte m/f de imposto predial

rather ['rɑːðə*] adv (somewhat) um tanto, meio; (to some extent) até certo ponto; (more accurately) **or** ~ ou melhor; **it's** ~ **expensive** (quite) é meio caro; (too) é caro demais; **there's** ~ **a lot** há bastante or muito; **I would** ~ **go** preferiria or preferia ir

rating ['reɪtɪŋ] n (assessment) avaliação f; (score) classificação f; (NAUT: BRIT: sailor) marinheiro; ~s npl (RADIO, TV) índice(s) m(pl) de audiência

ratio ['reɪʃəʊ] n razão f, proporção f

ration ['ræʃən] n ração ♦ vt racionar; ~s npl (MIL) mantimentos mpl, víveres mpl

rational ['ræʃənl] adj lógico; (person) sensato, razoável; ~e n razão f fundamental

rat race n: the ~ a competição acirrada na vida moderna

rattle ['rætl] n (of door) batida; (of train etc) chocalhada; (of coins) chocalhar m; (object: for baby) chocalho, ♦ vi (small objects) tamborilar; (vehicle): to ~ along mover-se ruidosamente ♦ vt sacudir, fazer bater; (unnerve) perturbar; ~snake n cascavel f

raucous ['rɔːkəs] adj espalhafatoso, banelhento

ravage ['rævɪdʒ] vt devastar, estragar; ~s npl estragos mpl

rave [reɪv] vi (in anger) encolerizar-se; (MED) delirar; (with enthusiasm): to ~ about vibrar com

raven ['reɪvən] n corvo

ravenous ['rævənəs] adj morto de fome, esfomeado

ravine [rə'viːn] n ravina, barranco

raving ['reɪvɪŋ] adj: ~ lunatic doido/a varrido/a

ravishing ['rævɪʃɪŋ] adj encantador(a)

raw [rɔː] adj (uncooked) cru(a); (not processed) bruto; (sore) vivo; (inexperienced) inexperiente, novato; (weather) muito frio; ~ deal (inf) n: to get a ~ deal levar a pior; ~ **material** n matéria-prima

ray [reɪ] n raio; ~ of hope fio de esperança

rayon ['reɪən] n raiom m

raze [reɪz] vt arrasar, aniquilar

razor ['reɪzə*] n (open) navalha; (safety ~) aparelho de barbear; (elec-tric) aparelho de barbear elétrico; ~ **blade** n gilete m (BR), lâmina de barbear (PT)

Rd abbr = **road**

re [riː] prep referente a

reach [riːtʃ] n alcance m; (of river etc) extensão f ♦ vt alcançar; (arrive at: place) chegar em; (: agreement) chegar a; (by telephone) conseguir falar com ♦ vi (stretch out) esticar-se; **within** ~ ao alcance (da mão); **out of** ~ fora de alcance; ~ **out** vt (hand) esticar ♦ vi: **to** ~ **out for sth** estender or esticar a mão para pegar (em) algo

react [riː'ækt] vi reagir; ~**ion** n reação f; ~**ions** npl (reflexes) reflexos mpl

reactor [riː'æktə*] n (also: **nuclear** ~) reator m nuclear

read [riːd, pt, pp red] (pt, pp read) vi ler ♦ vt ler; (understand) compreender; (study) estudar; ~ **out** vt ler em voz alta; ~**able** adj (writing) legível; (book) que merece ser lido; ~**er** n leitor(a) m/f; (book) livro de leituras; (BRIT: at university) professor(a) m/f adjunto/a; ~**ership** n leitores mpl

readily ['redɪlɪ] adv (willingly) de boa vontade; (easily) facilmente; (quickly) sem demora, prontamente

readiness ['redɪnɪs] n (willingness) boa vontade f; (preparedness) prontidão f; **in** ~ (prepared) preparado, pronto

reading ['riːdɪŋ] n leitura, (on instrument) indicação f, registro (BR), registo (PT)

readjust [riːə'dʒʌst] vt reajustar ♦ vi (adapt): **to** ~ **to** reorientar-se para

ready ['redɪ] adj pronto, preparado; (willing) disposto; (available) disponível ♦ n: **at the** ~ (MIL) pronto para atirar; **to get** ~ vi preparar-se ♦ vt preparar; ~-**made** adj (já) feito; (clothes) pronto; ~ **money** n dinheiro vivo or disponível; ~**reck-oner** (BRIT) n tabela de cálculos feitos; ~-**to-wear** adj pronto, prêt à porter inv

real [rɪəl] adj real; (genuine) verdadeiro, autêntico; **in ~ terms** em termos reais; **~ estate** n bens mpl imobiliários or de raiz; **~ist** n realista m/f; **~istic** adj realista

reality [ri:'ælɪtɪ] n realidade f

realization [rɪəlaɪ'zeɪʃən] n (fulfilment) realização f; (understanding) compreensão f; (COMM) conversão f em dinheiro, realização

realize ['rɪəlaɪz] vt (understand) perceber; (fulfil, COMM) realizar

really ['rɪəlɪ] adv (for emphasis) realmente; (actually): **what ~ happened?** o que aconteceu na verdade?; **~?** (interest) é mesmo?; (surprise) verdade!; **~!** (annoyance) realmente!

realm [relm] n reino, (fig) esfera, domínio

realtor ['rɪəltə*] (US) n corretor(a) m/f de imóveis (BR), agente m/f imobiliário/a (PT)

reap [ri:p] vt segar, ceifar; (fig) colher

reappear [ri:ə'pɪə*] vi reaparecer

rear [rɪə*] adj traseiro, de trás ♦ n traseira f vt criar ♦ vi (also: **~ up**) empinar-se

rearrange [ri:ə'reɪndʒ] vt arrumar de novo, reorganizar

rear-view mirror n (AUT) espelho retrovisor

reason ['ri:zn] n (cause) razão f; (ability) raciocínio; (common sense, good sense) ♦ vi: **to ~ with sb** argumentar com alguém, persuadir alguém; **it stands to ~ that** é razoável que o lógico que; **~able** adj (fair) razoável; (sensible) sensato; **~ably** adv razoavelmente; sensatamente; **~ed** adj fundamentado; **~ing** n raciocínio

reassurance [ri:ə'ʃuərəns] n garantia

reassure [ri:ə'ʃuə*] vt tranqüilizar; **to ~ sb of** reafirmar a confiança de alguém acerca de; **reassuring** adj animador(a), tranqüilizador(a)

rebate ['ri:beɪt] n devolução f

rebel [n 'rebl, vi rɪ'bel] n rebelde m/f ♦ vi rebelar-se; **~lion** n rebelião f, revolta; **~lious** adj insurreto; (behaviour) rebelde

rebound [vi rɪ'baund, n 'ri:baund] vi (ball) ressaltar ♦ n: **on the ~** (person): **she married him on the ~** ela casou com ele logo após o rompimento do casamento (or relacionamento) anterior

rebuff [rɪ'bʌf] n repulsa, recusa

rebuild [ri:'bɪld] (irreg) vt reconstruir; (economy, confidence) recuperar

rebuke [rɪ'bju:k] vt repreender

rebut [rɪ'bʌt] vt refutar

recall [rɪ'kɔ:l] vt recordar, lembrar; (parliament) reunir de volta; (ambassador) chamar de volta ♦ n (memory) recordação f, lembrança; (of ambassador) chamada (de volta)

recant [rɪ'kænt] vi retratar-se

recap ['ri:kæp] vt sintetizar ♦ vi recapitular

recapitulate [ri:kə'pɪtjuleɪt] vt, vi = recap

recapture [ri:'kæptʃə*] vt (town) retomar, recobrar; (atmosphere) recriar

recd. abbr = **received**

recede [rɪ'si:d] vi (tide) baixar; (lights) diminuir; (memory) enfraquecer; (hair) escassear; **receding** adj (chin) metido or puxado para dentro; (hair) que está escasseando nas têmporas

receipt [rɪ'si:t] n recibo; (act) recebimento (BR), recepção f (PT); **~s** npl (COMM) receitas fpl

receive [rɪ'si:v] vt receber; (guest) acolher; (wound, criticism) sofrer; **~r** n (TEL) fone m (BR), auscultador m (PT); (RADIO, TV) receptor m; (of stolen goods) receptador(a) m/f; (COMM) curador/a m/f síndico/a de massa falida

recent [rɪ'si:nt] adj recente; **~ly** adv recentemente; (in recent times) ultimamente

receptacle [rɪ'sɛptɪkl] n receptáculo, recipiente m

reception [rɪ'sɛpʃən] n recepção f; (welcome) acolhida; ~ **desk** n (mesa de) recepção f; ~**ist** n recepcionista m/f

recess [rɪ'sɛs] n (in room) recesso, vão m; (secret place) esconderijo; (POL etc: holiday) férias fpl

recession [rɪ'sɛʃən] n recessão f

recharge [riː'tʃɑːdʒ] vt recarregar

recipe ['rɛsɪpɪ] n receita

recipient [rɪ'sɪpɪənt] n recipiente m/f, recebedor(a) m/f; (of letter) destinatário/a

recite [rɪ'saɪt] vt recitar

reckless ['rɛkləs] adj (driver) imprudente; (speed) imprudente, excessivo; (spending) irresponsável

reckon ['rɛkən] vt (calculate) calcular, contar; (think) : **I ~ that ...** acho que ...; ~ **on** vt fus contar com; ~**ing** n (calculation) cálculo

reclaim [rɪ'kleɪm] vt (demand back) reivindicar; (land: from sea) aterrar; (waste materials) reaproveitar; **reclamation** n (of land) aterro

recline [rɪ'klaɪn] vi reclinar-se; **reclining** adj (seat) reclinável

recognition [rɛkəg'nɪʃən] n reconhecimento

recognize ['rɛkəgnaɪz] vt reconhecer; **to ~ from** doing sth reconhecer-se a fazer algo ♦ n (of gun) coice m

recoil [vi rɪ'kɔɪl, n 'riːkɔɪl] vi (person): **to ~ from** doing sth recusar-se a fazer algo ♦ n (of gun) coice m

recollect [rɛkə'lɛkt] vt lembrar, recordar; ~**ion** n (memory) recordação f; (remembering) lembrança

recommend [rɛkə'mɛnd] vt recomendar; ~**ation** n recomendação f

reconcile ['rɛkənsaɪl] vt reconciliar; (facts) conciliar, harmonizar; **to ~ o.s. to** sth resignar-se a or conformar-se com algo

reconnaissance [rɪ'kɔnɪsns] n (MIL) reconhecimento

reconnoitre [rɛkə'nɔɪtə*] (US **reconnoiter**) vt (MIL) reconhecer

reconsider [riːkən'sɪdə*] vt reconsiderar

reconstruct [riːkən'strʌkt] vt reconstruir; (event) reconstituir

record [n, adj 'rɛkɔːd, vt rɪ'kɔːd] n (MUS) disco; (of meeting etc) ata, minuta; (COMPUT, of attendance) registro (BR), registo (PT); (written) história; (also: **criminal ~**) antecedentes mpl; (SPORT) recorde m ♦ vt (write down) anotar; (temperature, speed) registrar (BR), registar (PT); (MUS: song etc) gravar ♦ adj: **in ~ time** num tempo recorde; **off the ~** adj confidencial ♦ adv confidencialmente; ~ **card** n (in file) ficha; ~**ed delivery letter** (BRIT) n (POST) ≈ carta registrada (BR) or registada (PT); ~**er** n (MUS) flauta; ~ **holder** n (SPORT) detentor(a) m/f do recorde; ~**ing** n (MUS) gravação f; ~ **player** n toca-discos m inv (BR), gira-discos m inv (PT)

recount [rɪ'kaʊnt] vt relatar

re-count [n 'riːkaʊnt, vt riː'kaʊnt] n (POL: of votes) nova contagem f, recontagem f ♦ vt recontar

recoup [rɪ'kuːp] vt: **to ~ one's losses** recuperar-se dos prejuízos

recourse [rɪ'kɔːs] n: **to have ~ to** recorrer a

recover [rɪ'kʌvə*] vt recuperar ♦ vi (from illness) recuperar-se; (from shock) refazer-se; ~**y** n recuperação f; (MED) recuperação, melhora

recreation [rɛkrɪ'eɪʃən] n recreio; ~**al** adj recreativo

recruit [rɪ'kruːt] n recruta m/f; (in company) novato/a ♦ vt recrutar

rectangle ['rɛktæŋgl] n retângulo

rector ['rɛktə*] n (REL) pároco; ~**y** n residência paroquial

recuperate [rɪ'kuːpəreɪt] vi recuperar-se

recur [rɪ'kə:*] vi repetir-se, ocorrer outra vez; (symptoms) reaparecer; ~**rent** adj repetido, periódico

recycle [riː'saɪkl] vt reciclar

red [rɛd] n vermelho; (POL: pej) vermelho/a ♦ adj vermelho; (hair) ruivo; (wine) tinto; **to be in the ~** não ter fundos; ~ **carpet treatment**

n: she was given the ~ carpet treatment ela foi recebida com todas as honras; R~ **Cross** *n* Cruz *f* Vermelha; **~currant** *n* groselha; **~den** *vt* avermelhar ♦ *vi* corar, ruborizar-se; **~dish** *adj* avermelhado; (*hair*) arruivado

redeem [rɪ'diːm] *vt* (REL) redimir; (*sth in pawn*) tirar do prego; (*loan, fig: situation*) salvar; **~ing** *adj*: **~ing feature** lado bom *or* que salva

redeploy [riːdɪ'plɔɪ] *vt* redistribuir

red: **~-haired** *adj* ruivo; **~-handed** *adj*: **to be caught ~-handed** ser apanhado em flagrante, ser flagrado; **~head** *n* ruivo/a; **~ herring** (*fig*) pista falsa; **~-hot** *adj* incandescente

redirect [riːdaɪ'rɛkt] *vt* (mail) endereçar de novo

red light *n*: **to go through a ~** (AUT) avançar o sinal; **red-light district** *n* zona (de meretrício)

redo [riː'duː] (*irreg*) *vt* refazer

redolent ['rɛdələnt] *adj*: ~ **of** que cheira a; (*fig*) que evoca

redouble [riː'dʌbl] *vt*: **to ~ one's efforts** redobrar os esforços

redress [rɪ'drɛs] *n* compensação *f* ♦ *vt* retificar

Red Sea *n*: **the ~** o mar Vermelho

redskin ['rɛdskɪn] *n* pele-vermelha *m/f*

red tape *n* (*fig*) papelada, burocracia

reduce [rɪ'djuːs] *vt* reduzir; (*lower*) rebaixar; **"~ speed now"** (AUT) "diminua a velocidade"; **to ~ sb to** (*silence, begging*) levar alguém a; (*tears*) reduzir alguém a; **reduction** *n* redução *f*; (*of price*) abatimento

redundancy [rɪ'dʌndənsɪ] (BRIT) *n* (*dismissal*) demissão *f*; (*unemployment*) desemprego

redundant [rɪ'dʌndnt] *adj* (BRIT: *worker*) desempregado; (*detail, object*) redundante, supérfluo; **to be made** = ficar desempregado *or* sem trabalho

reed [riːd] *n* (BOT) junco; (MUS: *of clarinet etc*) palheta

reef [riːf] *n* (*at sea*) recife *m*

reek [riːk] *vi*: **to ~ (of)** cheirar (a), feder (a)

reel [riːl] *n* carretel *m*, bobina; (*of film*) rolo, filme *m*; (*on fishing-rod*) carretilha; (*dance*) dança típica da Escócia ♦ *vi* (*sway*) cambalear, oscilar; **~ in** *vt* puxar enrolando a linha

ref [rɛf] (*inf*) *n abbr* = referee

refectory [rɪ'fɛktərɪ] *n* refeitório

refer [rɪ'fɜː*] *vt* (*matter, problem*): **to ~ sth to** submeter algo à apreciação de; (*person, patient*): **to ~ sb to** encaminhar alguém a ♦ *vi*: **to ~ to** referir-se *or* aludir a; (*consult*) recorrer a

referee [rɛfə'riː] *n* árbitro/a; (BRIT: *for job application*) referência ♦ *vt* apitar

reference ['rɛfrəns] *n* referência; (*mention*) menção *f*; **with ~ to** com relação a; (COMM: *in letter*) com referência a; **~ book** *n* livro de consulta

referenda [rɛfə'rɛndə] *npl of* referendum

referendum [rɛfə'rɛndəm] (*pl* referenda) *n* referendum *m*, plebiscito

refill [*vt* riː'fɪl, *n* 'riːfɪl] *vt* reencher; (*lighter etc*) reabastecer ♦ *n* (*for pen*) carga nova

refine [rɪ'faɪn] *vt* refinar; **~d** *adj* refinado, culto

reflect [rɪ'flɛkt] *vt* refletir ♦ *vi* (*think*) refletir, meditar; **it ~s badly/well on him** isso repercute mal/bem para ele; **~ion** *n* reflexo; (*thought, act*) reflexão *f*; (*criticism*): **~ion on** crítica de; **on ~ion** pensando bem; **~or** *n* refletor *m*

reflex [rɪ'flɛks] *adj* reflexo ♦ *n* reflexo; **~ive** *adj* (LING) reflexivo

reform [rɪ'fɔːm] *n* reforma ♦ *vt* reformar; R~**ation** *n*: **the R~ation** a Reforma; **~atory** (US) *n* reformatório

refrain [rɪ'freɪn] *vi*: **to ~ from doing** abster-se de fazer ♦ *n* estribilho, refrão *m*

refresh [rɪ'frɛʃ] *vt* refrescar; **~er**

course (BRIT) n curso de reciclagem; ~ing adj refrescante; (sleep) repousante; ~ments npl bebidas fpl (não-alcoólicas) e guloseimas

refrigerator [rɪ'frɪdʒəreɪtə*] n refrigerador m, geladeira (BR), frigorífico (PT)

refuel [riː'fjuəl] vi reabastecer

refuge ['refjuːdʒ] n refúgio; to take ~ in refugiar-se em

refugee [refjuˈdʒiː] n refugiado/a

refund [n 'riːfʌnd, vt rɪ'fʌnd] n reembolso ♦ vt devolver, reembolsar

refurbish [riː'fɜːbɪʃ] vt renovar

refusal [rɪ'fjuːzəl] n recusa, negativa; first ~ primeira opção

refuse[1] [rɪ'fjuːz] vt recusar; (order) recusar-se a ♦ vi recusar-se, negar-se; (horse) recusar-se a pular a cerca

refuse[2] ['refjuːs] n refugo, lixo; ~ collection n remoção f de lixo

regain [rɪ'geɪn] vt recuperar, recobrar

regal ['riːgl] adj real, régio; ~ia n, npl insígnias fpl reais

regard [rɪ'gɑːd] n (gaze) olhar m firme; (attention) atenção f; (esteem) estima, consideração f ♦ vt (consider) considerar; to give one's ~s to dar lembranças a; "with kindest ~s" "cordialmente"; as ~s, with ~ to com relação a, com respeito a, quanto a; ~ing prep com relação a; ~less adv apesar de tudo; ~less of apesar de

régime [reɪ'ʒiːm] n regime m

regiment ['redʒɪmənt] n regimento

region ['riːdʒən] n região f; in the ~ of (fig) por volta de, ao redor de

register ['redʒɪstə*] n registro (BR), registo (PT); (SCH) chamada ♦ vt registrar (BR), registar (PT); (sub: instrument) marcar, indicar ♦ vi (at hotel) registrar-se (BR), registar-se (PT); (for work) candidatar-se; (as student) inscrever-se; (make impression) causar impressão; ~ed adj (letter, parcel) registrado (BR), registado (PT); ~ed trademark n

marca registrada (BR) or registada (PT)

registrar ['redʒɪstrɑː*] n oficial m/f de registro (BR) or registo (PT), escrivão/vã m/f; (in college) funcionário/a administrativo/a sênior; (in hospital) médico/a sênior

registration [redʒɪs'treɪʃən] n (act) registro (BR), registo (PT); (AUT: also: ~ number) número da placa

registry ['redʒɪstrɪ] n registro (BR), registo (PT); cartório; ~ office (BRIT) n registro (BR) or registo (PT) civil, cartório; to get married in a ~ office casar-se no civil

regret [rɪ'gret] n desgosto, pesar m ♦ vt lamentar; (repent of) arrepender-se de; ~fully adv com pesar, pesarosamente; ~table adj deplorável

regular ['regjulə*] adj regular; (frequent) freqüente; (usual) habitual; (soldier) de linha ♦ n habitual m/f; ~ly adv regularmente; (shaped) simetricamente; (often) freqüentemente

regulate ['regjuleɪt] vt (speed) regular; (spending) controlar; (TECH) regular, ajustar; regulation n (rule) regra, regulamento; (adjustment) ajuste m

rehearsal [rɪ'hɜːsəl] n ensaio

rehearse [rɪ'hɜːs] vt ensaiar

reign [reɪn] n reinado; (fig) domínio ♦ vi reinar; imperar

reimburse [riːɪm'bɜːs] vt reembolsar

rein [reɪn] n (for horse) rédea

reindeer ['reɪndɪə*] n inv rena

reinforce [riːɪn'fɔːs] vt reforçar; ~d adj (concrete) armado; ~ment n reforço; ~ments npl (MIL) reforços mpl

reinstate [riːɪn'steɪt] vt (worker) readmitir; (tax, law) reintroduzir

reiterate [riː'ɪtəreɪt] vt reiterar, repetir

reject [n 'riːdʒekt, vt rɪ'dʒekt] n (COMM) artigo defeituoso ♦ vt rejeitar; (offer of help) recusar; (goods) refugar; ~ion n rejeição f; recusa

rejoice [rɪ'dʒɔɪs] vi: to ~ at or over

regozijar-se *or* alegrar-se de

relapse [rɪ'læps] *n* (*MED*) recaída

relate [rɪ'leɪt] *vt* (*tell*) contar, relatar; (*connect*): to ~ sth to relacionar algo com ♦ *vi*: to ~ to relacionar-se com; ~d to ligado a, relacionado a; **relating**: **relating to** *prep* relativo a, acerca de

relation [rɪ'leɪʃən] *n* (*person*) parente *m/f*; (*link*) relação *f*; ~s *npl* (*dealings*) relações *fpl*; (*relatives*) parentes *mpl*; ~**ship** *n* relacionamento; (*between two things*) relação *f*; (*also*: **family relationship**) parentesco

relative ['relətɪv] *n* parente *m/f* ♦ *adj* relativo; ~**ly** *adv* relativamente

relax [rɪ'læks] *vi* (*unwind*) descontrair-se; (*muscle*) relaxar-se ♦ *vt* (*grip*) afrouxar; (*control*) relaxar; (*mind, person*) descansar; ~**ation** *n* (*rest*) descanso; (*of muscle, control*) relaxamento; (*of grip*) afrouxamento; (*recreation*) lazer *m*; ~**ed** *adj* relaxado; (*tranquil*) descontraído

relay ['riːleɪ] *n* (*race*) corrida de revezamento ♦ *vt* (*message*) retransmitir

release [rɪ'liːs] *n* (*from prison*) libertação *f*; (*from obligation*) liberação *f*; (*of gas*) escape *m*; (*of water*) despejo; (*of film, book etc*) lançamento ♦ *vt* (*prisoner*) pôr em liberdade; (*book, film*) lançar; (*report, news*) publicar; (*gas etc*) soltar; (*free: from wreckage etc*) soltar; (*TECH: catch, spring etc*) desengatar, despertar

relegate ['relɪgeɪt] *vt* relegar; (*SPORT*): **to be** ~**d** ser rebaixado

relent [rɪ'lent] *vi* (*yield*) ceder; ~**less** *adj* (*unceasing*) contínuo; (*determined*) implacável

relevant ['reləvənt] *adj* pertinente; ~ **to** relacionado com

reliability [rɪlaɪə'bɪlɪtɪ] *n* (*of person, firm*) confiabilidade *f*, seriedade *f*; (*of method, machine*) segurança; (*of news*) fidedignidade *f*

reliable [rɪ'laɪəbl] *adj* (*person, firm:*

digno) de confiança, confiável, sério; (*method, machine*) seguro; (*news*) fidedigno; **reliably** *adv*: **to be reliably informed that ...** saber através de fonte segura que ...

reliance [rɪ'laɪəns] *n*: ~ (**on**) (*trust*) confiança (em), esperança (em); (*dependence*) dependência (de)

relic [rɪ'lɪk] *n* (*REL*) relíquia; (*of the past*) vestígio

relief [rɪ'liːf] *n* (*alívio*); (*help, supplies*) ajuda, socorro; (*ART, GEO*) relevo

relieve [rɪ'liːv] *vt* (*pain, fear*) aliviar; (*bring help to*) ajudar, socorrer; (*take over from: gen*) substituir, revezar; (: *guard*) render; **to** ~ **sb of sth** (*load*) tirar algo de alguém; (*duties*) destituir alguém de algo; **to** ~ **o.s.** fazer as necessidades

religion [rɪ'lɪdʒən] *n* religião *f*; **religious** *adj* religioso

relinquish [rɪ'lɪŋkwɪʃ] *vt* abandonar; (*plan, habit*) renunciar a

relish ['relɪʃ] *n* (*CULIN*) condimento, tempero; (*enjoyment*) entusiasmo ♦ *vt* (*food etc*) saborear; (*thought*) ver com satisfação

relocate [riːləʊ'keɪt] *vt* deslocar ♦ *vi* deslocar-se

reluctant [rɪ'lʌktənt] *adj* relutante; ~**ly** *adv* relutantemente, de má vontade

rely on [rɪ'laɪ-] *vt fus* confiar em, contar com; (*be dependent on*) depender de

remain [rɪ'meɪn] *vi* (*survive*) sobreviver; (*stay*) ficar, permanecer; (*be left*) sobrar; (*continue*) continuar; ~**der** *n* resto, restante *m*; ~**ing** *adj* restante; ~**s** *npl* (*of body*) restos *mpl*; (*of meal*) sobras *fpl*; (*of building*) ruínas *fpl*

remand [rɪ'mɑːnd] *n*: **on** ~ sob prisão preventiva ♦ *vt*: **to be** ~**ed in custody** continuar sob prisão preventiva, manter sob custódia; ~ **home** (*BRIT*) *n* instituição *f* do juizado de menores, reformatório

remark [rɪ'mɑːk] *n* observação *f*, comentário ♦ *vt* comentar; ~**able** *adj* (*outstanding*) extraordinário

remarry [riː'mæri] vi casar-se de novo

remedial [ri'miːdiəl] adj de reforço; (*exercise*) terapêutico

remedy ['rɛmədi] n: ~ (for) remédio (contra or a); ♦ vt remediar

remember [ri'mɛmbə*] vt lembrar-se de, lembrar; (*bear in mind*) ter em mente; (*send greetings*): ~ **me to her** dê lembranças a ela

remembrance [ri'mɛmbrəns] n (*memory*) memória; (*souvenir*) lembrança, recordação f

remind [ri'maind] vt: to ~ **sb to do sth** lembrar a alguém que tem de fazer algo; to ~ **sb of sth** lembrar algo a alguém, lembrar alguém de algo; ~**er** n lembrança; (*letter*) carta de advertência

reminisce [rɛmi'nis] vi relembrar velhas histórias; ~**nt** adj: to be ~**nt of sth** lembrar algo

remiss [ri'mis] adj negligente, desleixado

remission [ri'miʃən] n remissão f; (*of sentence*) diminuição f

remit [ri'mit] vt remeter, enviar, mandar; ~**tance** n remessa

remnant ['rɛmnənt] n resto; (*of cloth*) retalho; ~**s** npl (COMM) retalhos mpl

remorse [ri'mɔːs] n remorso; ~**ful** adj arrependido; ~**less** adj (*fig*) implacável

remote [ri'məut] adj remoto; (*person*) reservado, afastado; ~ **control** n controle m remoto; ~**ly** adv remotamente; (*slightly*) levemente

remould ['riːmould] (BRIT) n (*tyre*) pneu m recauchutado

removal [ri'muːvəl] n (*taking away*) remoção f; (BRIT: *from house*) mudança; (*from office: sacking*) afastamento, demissão f; (MED) extração f; ~ **van** (BRIT) n caminhão m (BR) or camião m (PT) de mudanças

remove [ri'muːv] vt tirar, retirar; (*clothing*) tirar; (*stain*) remover;

(*employee*) afastar, demitir; (*name from list, obstacle*) eliminar, remover; (*doubt, abuse*) afastar; (MED) extrair, extirpar; ~**rs** (BRIT) npl (*company*) companhia de mudanças

Renaissance [ri'neisɔns] n: **the** ~ a Renascença

render ['rɛndə*] vt (*thanks*) trazer; (*service*) prestar; (*make*) fazer, tornar; ~**ing** n interpretação f

rendezvous ['rɔndivuː] n encontro; (*place*) ponto de encontro

renew [ri'njuː] vt retomar, recomeçar; (*loan etc*) prorrogar; (*negotiations*) reatar; ~**able** adj (*energy*) renovável; ~**al** n (*of contract*) renovação f; (*resumption*) retomada

renounce [ri'nauns] vt renunciar a

renovate ['rɛnəveit] vt renovar; (*house*) reformar

renown [ri'naun] n renome m; ~**ed** adj renomado, famoso

rent [rɛnt] n aluguel m (BR), aluguer m (PT) ♦ vt (*also*: ~ **out**) alugar; ~**al** n (*for television, car*) aluguel m (BR), aluguer m (PT)

renunciation [rinʌnsi'eiʃən] n renúncia

rep [rɛp] n abbr (COMM) = representative; (THEATRE) = repertory

repair [ri'pɛə*] n reparação f, conserto ♦ vt consertar; **in good/bad** ~ em bom/mau estado; ~ **kit** n caixa de ferramentas

repay [riː'pei] (irreg) vt (*money*) reembolsar, restituir; (*person*) pagar de volta; (*debt*) saldar, liquidar; (*sb's efforts*) corresponder, retribuir; (*favour*) retribuir; ~**ment** n reembolso; (*of debt*) pagamento

repeal [ri'piːl] n (*of law*) revogação f ♦ vt revogar

repeat [ri'piːt] n (RADIO, TV) repetição f ♦ vt repetir; (COMM: *order*) renovar ♦ vi repetir-se

repel [ri'pɛl] vt repelir; (*disgust*) repugnar; ~**lent** adj repugnante ♦ n: **insect** ~**lent** repelente m de insetos

repent [ri'pɛnt] vi arrepender-se; ~**ance** n arrependimento

repertoire [ˈrepətwaːˀ] n repertório

repertory [ˈrepətərɪ] n (also: ~ theatre) teatro de repertório

repetitive [rɪˈpetɪtɪv] adj repetitivo

replace [rɪˈpleɪs] vt (put back) repor, devolver; (take the place of) substituir; ~**ment** n (substitution) substituição f; (substitute) substituto/a

replay [ˈriːpleɪ] n (of match) partida decisiva; (TV: also: **action** ~ re-play m

replenish [rɪˈplenɪʃ] vt (glass) reencher; (stock etc) completar, prover

replete [rɪˈpliːt] adj (well-fed) cheio, empanturrado

replica [ˈreplɪkə] n réplica, cópia, reprodução f

reply [rɪˈplaɪ] n resposta ♦ vi responder; ~ **coupon** n cartão-resposta m

report [rɪˈpɔːt] n relatório; (PRESS etc) reportagem f; (BRIT: also: **school** ~) boletim m escolar; (of gun) estampido, detonação f ♦ vt informar sobre; (PRESS etc) fazer uma reportagem sobre; (bring to notice) comunicar, anunciar ♦ vi (make a report): **to ~ (on)** apresentar um relatório (sobre); (present o.s.): **to ~ (to sb)** apresentar-se (a alguém); (be responsible to): **to ~ to sb** obedecer às ordens de alguém; ~ **card** n (US, SCOTTISH) n boletim m escolar; ~**edly** adv: **she is ~edly living in Spain** dizem que ela mora na Espanha; ~**er** n repórter m/f

repose [rɪˈpəuz] n: **in ~** em repouso

reprehensible [reprɪˈhensɪbl] adj repreensível, censurável, condenável

represent [reprɪˈzent] vt representar; (constitute) constituir; (COMM) ser representante de; ~**ation** n representação f; (picture, statue) representação, retrato; (petition) petição f; ~**ations** npl (protest) reclamação f, protesto; ~**ative** n representante m/f; (US: POL) deputado/a ♦ adj: ~**ative (of)** representativo (de)

repress [rɪˈpres] vt reprimir; ~**ion** n repressão f; ~**ive** adj repressivo

reprieve [rɪˈpriːv] n (LAW) suspensão f temporária; (fig) adiamento

reprimand [ˈreprɪmɑːnd] n repri-menda ♦ vt reprender, censurar

reprint [n ˈriːprɪnt, vt riːˈprɪnt] n reimpressão f ♦ vt reimprimir

reprisal [rɪˈpraɪzl] n represália

reproach [rɪˈprəutʃ] n repreensão f, censura ♦ vt: **to ~ sb for sth** repreender alguém por algo; ~**ful** adj repreensivo, acusatório

reproduce [riːprəˈdjuːs] vt reproduzir ♦ vi reproduzir-se

reproof [rɪˈpruːf] n reprovação f, repreensão f

reprove [rɪˈpruːv] vt repreender

reptile [ˈreptaɪl] n réptil m

republic [rɪˈpʌblɪk] n república; ~**an** adj, n republicano/a; (US: POL): **R~an** membro/a do Partido Republicano

repudiate [rɪˈpjuːdɪeɪt] vt (accusation) rejeitar, negar; (violence) repudiar

repugnant [rɪˈpʌgnənt] adj repugnante, repulsivo

repulse [rɪˈpʌls] vt repelir

reputable [ˈrepjutəbl] adj (make etc) bem conceituado, de confiança; (person) honrado, respeitável

reputation [repjuˈteɪʃən] n reputação f

reputed [rɪˈpjuːtɪd] adj suposto, pretenso; ~**ly** adv segundo se diz, supostamente

request [rɪˈkwest] n pedido; (formal) petição f ♦ vt: **to ~ sth of or from sb** pedir algo a alguém; (formally) solicitar algo a alguém; ~ **stop** (BRIT) n (for bus) parada não obrigatória

require [rɪˈkwaɪəˀ] vt (need: subj: person) precisar de, necessitar; (: thing, situation) requerer, exigir; (want) pedir, exigir; (order): **to ~ sb to do sth/sth of sb** exigir que alguém faça algo/algo de alguém; ~**ment** n (need) necessidade f; (want) pedido

requisite [ˈrekwɪzɪt] n requisito ♦ adj necessário, indispensável

requisition [rɛkwɪ'zɪʃən] n: ~ (for) requerimento (para) ♦ vt (MIL) requisitar, confiscar

rescind [rɪ'sɪnd] vt (contract) rescindir; (law) revogar

rescue ['rɛskju:] n salvamento, resgate m ♦ vt: to ~ (from) resgatar (de); (save, fig) salvar (de); ~ **party** n grupo or expedição f de resgate

research [rɪ'sə:tʃ] n pesquisa ♦ vt pesquisar; ~**er** n pesquisador(a) m/f

resemblance [rɪ'zɛmbləns] n semelhança

resemble [rɪ'zɛmbl] vt parecer-se com

resent [rɪ'zɛnt] vt (attitude) ressentir-se de; (person) estar ressentido com; ~**ful** adj ressentido

reservation [rɛzə'veɪʃən] n reserva

reserve [rɪ'zə:v] n reserva f; (SPORT) suplente m/f, reserva m/f (BR) ♦ vt reservar; ~**s** npl (MIL) (tropas fpl da) reserva; (COMM) reserva; **in** ~ de reserva; ~**d** adj reservado

reservoir ['rɛzəvwɑ:'] n represa

reshuffle [ri:'ʃʌfl] n: Cabinet ~ (POL) reforma ministerial

reside [rɪ'zaɪd] vi residir

residence ['rɛzɪdəns] n residência; (formal: home) domicílio; ~ **permit** (BRIT) n autorização f de residência

resident ['rɛzɪdənt] n (of country, town) habitante m/f; (in hotel) hóspede m/f ♦ adj (population) permanente; (doctor) interno, residente; ~**ial** adj residencial

residue ['rɛzɪdju:] n resto

resign [rɪ'zaɪn] vt renunciar a, demitir-se ♦ vi: to ~ (from) demitir-se de; to ~ o.s. to resignar-se a; ~**ation** n (of country; state of mind) resignação f; ~**ed** adj resignado

resilience [rɪ'zɪlɪəns] n (of material) elasticidade f; (of person) resistência

resilient [rɪ'zɪlɪənt] adj (person) forte; (material) resistente

resin ['rɛzɪn] n resina

resist [rɪ'zɪst] vt resistir a

resolute ['rɛzəlu:t] adj resoluto,

firme; (refusal) firme

resolution [rɛzə'lu:ʃən] n resolução f; (of problem) solução f

resolve [rɪ'zɔlv] n resolução f ♦ vt resolver ♦ vi: to ~ to do resolver-se a fazer; ~**d** adj decidido

resort [rɪ'zɔ:t] n local m turístico, estação f de veraneio; (recourse) curso ♦ vi: to ~ to recorrer a; **in the last** ~ em último caso, em última instância

resound [rɪ'zaund] vi ressoar; ~**ing** adj retumbante

resource [rɪ'sɔ:s] n (raw material) recurso natural; ~**s** npl (coal, money, energy) recursos mpl; ~**ful** adj engenhoso, habilidoso

respect [rɪs'pɛkt] n respeito ♦ vt respeitar; ~**s** npl (greetings) cumprimentos mpl; (large) considerável; (result, player) razoável; ~**ful** adj respeitoso

respective [rɪs'pɛktɪv] adj respectivo

respite ['rɛspaɪt] n pausa, folga

resplendent [rɪs'plɛndənt] adj resplandecente

respond [rɪs'pɔnd] vi (answer) responder; (react) reagir; **response** n resposta; reação f

responsibility [rɪspɔnsɪ'bɪlɪtɪ] n responsabilidade f; (duty) dever m

responsible [rɪs'pɔnsɪbl] adj sério, responsável; (job) de responsabilidade; (liable): ~ (for) responsável (por)

responsive [rɪs'pɔnsɪv] adj receptivo

rest [rɛst] n descanso, repouso; (pause) pausa, intervalo; (support) apoio; (remainder) resto; (MUS) pausa ♦ vi descansar; (stop) parar; (be supported): to ~ on apoiar-se em ♦ vt descansar; (lean): to ~ sth on/against apoiar algo em or sobre/ contra; the ~ of them os outros; it ~s with him to do it cabe a ele fazê-lo

restaurant ['rɛstərɔŋ] n restaurante m; ~ **car** (BRIT) n vagão-restaurante m

restful ['rɛstful] adj tranqüilo, repousante

rest home n asilo, casa de repouso

restitution [restɪ'tjuːʃən] n: to make ~ to sb for sth indenizar alguém por algo

restive ['restɪv] adj inquieto, impaciente; (horse) rebelão/ona, teimoso

restless ['restlɪs] adj desassossegado, irrequieto

restore [rɪ'stɔː*] vt (building, order) restaurar; (sth stolen) restituir; (health) restabelecer

restrain [rɪs'treɪn] vt (feeling) reprimir; (growth, inflation) refrear; (person): to ~ (from doing) impedir (de fazer); ~ed adj (style) moderado, comedido; (person) comedido; ~t n (restriction) restrição f; (moderation) moderação f, comedimento; (of style) sobriedade f

restrict [rɪs'trɪkt] vt restringir, limitar; (people, animals) confinar; (activities) limitar; ~ion n restrição f, limitação f

rest room (US) n banheiro (BR), lavabo (PT)

result [rɪ'zʌlt] n resultado ♦ vi: to ~ in resultar em; as a ~ of como resultado or conseqüência de

resume [rɪ'zjuːm] vt (work, journey) retomar, recomeçar ♦ vi recomeçar

résumé ['reɪzjumeɪ] n (summary) resumo; (US: curriculum vitae) curriculum vitae m, currículo

resumption [rɪ'zʌmpʃən] n retomada

resurgence [rɪ'səːdʒəns] n ressurgimento

resurrection [rezə'rekʃən] n ressurreição f

resuscitate [rɪ'sʌsɪteɪt] vt (MED) ressuscitar, reanimar

retail ['riːteɪl] n a varejo (BR), a retalho (PT) ♦ adv a varejo (BR), a retalho (PT) ♦ vt vender a varejo; ~er n varejista m/f (BR), retalhista m/f (PT); ~ price n preço no varejo (BR) or de venda a retalho (PT)

retain [rɪ'teɪn] vt (keep) reter, conservar; ~er n (fee) adiantamento

retaliate [rɪ'tælɪeɪt] vi: to ~ (against) revidar (contra); **retaliation** n represálias fpl, vingança

retch [retʃ] vi fazer esforço para vomitar

retentive [rɪ'tentɪv] adj (memory) tenaz, de anjo

reticent ['retɪsnt] adj reservado

retire [rɪ'taɪə*] vi aposentar-se; (withdraw) retirar-se; (go to bed) deitar-se; ~d adj aposentado (BR), reformado (PT); ~ment n aposentadoria (BR), reforma (PT); **retiring** adj de saída; (shy) acanhado, retraído

retort [rɪ'tɔːt] vi replicar, retrucar

retrace [riː'treɪs] vt: to ~ one's steps voltar sobre (os) seus passos, refazer o mesmo caminho

retract [rɪ'trækt] vt (statement) retirar, retratar; (claws) encolher; (undercarriage, aerial) recolher

retrain [riː'treɪn] vt reciclar; ~ing n readaptação f profissional, reciclagem f

retread ['riːtred] n pneu m recauchutado

retreat [rɪ'triːt] n (place) retiro; (act) retirada ♦ vi retirar-se

retribution [retrɪ'bjuːʃən] n desforra, revide m, vingança

retrieval [rɪ'triːvəl] n recuperação f

retrieve [rɪ'triːv] vt (sth lost) reaver, recuperar; (situation, honour) salvar; (error, loss) reparar; ~r n cão m de busca, perdigueiro

retrospect ['retrəspekt] n: in ~ retrospectivamente, em retrospecto; ~ive adj retrospectivo; (law) retroativo

return [rɪ'tɜːn] n regresso, volta; (of sth stolen etc) devolução f; (FINANCE: from land, shares) rendimento ♦ cpd (journey) de volta; (BRIT: ticket) de ida e volta; (match) de revanche ♦ vi voltar, regressar; (symptoms) voltar; (regain): to ~ to (consciousness) recobrar; (power) retornar a ♦ vt devolver; (favour etc) retribuir; (verdict) proferir.

anunciar; (POL: candidate) eleger;
~s npl (COMM) receita; **in ~ (for)**
em troca (de); **many happy ~s (of
the day)**! parabéns!; **by ~ (of
post)** por volta do correio

reunion [riːˈjuːnɪən] n (family) reunião f; (two people, class) reencontro

reunite [riːjuːˈnaɪt] vt reunir; (reconcile) reconciliar

rev [rɛv] n abbr (AUT: = revolution) revolução f ♦ vt (also: ~ up) aumentar a velocidade de

revamp [riːˈvæmp] vt dar um jeito em

reveal [rɪˈviːl] vt revelar; (make visible) mostrar; ~ing adj revelador(a)

reveille [rɪˈvælɪ] n (MIL) toque m de alvorada

revel [ˈrɛvl] vi: to ~ in sth/in doing sth deleitar-se com algo/em fazer algo

revelation [rɛvəˈleɪʃən] n revelação f

revelry [ˈrɛvlrɪ] n festança, folia

revenge [rɪˈvɛndʒ] n vingança, desforra; **to take ~ on** vingar-se de

revenue [ˈrɛvənjuː] n receita, renda

reverberate [rɪˈvəːbəreɪt] vi (sound) ressoar, repercutir, ecoar; (fig) repercutir

revere [rɪˈvɪə*] vt reverenciar, venerar

reverend [ˈrɛvrənd] adj (in titles) reverendo

reversal [rɪˈvəːsl] n (of order) reversão f; (of direction) mudança em sentido contrário; (of decision) revogação f; (of roles) inversão f

reverse [rɪˈvəːs] n (opposite) contrário; (of cloth) avesso; (of coin) reverso; (of paper) dorso; (AUT: also: ~ gear) marcha à ré ♦ adj inverso, contrário ♦ vt inverter; (position) mudar; (process, decision) revogar; (car) dar marcha-ré em ♦ vi (BRIT: AUT) dar (marcha à) ré (BR), fazer marcha atrás (PT); **~-charge call** (BRIT) n (TEL) ligação f a cobrar;

reversing lights (BRIT) npl luzes fpl de ré (BR), luzes fpl de marcha atrás (PT)

revert [rɪˈvəːt] vi: **to ~ to** voltar a; (LAW) reverter a

review [rɪˈvjuː] n (magazine, MIL) revista; (of book, film) crítica, resenha; (examination) recapitulação f, exame m ♦ vt rever, examinar; (MIL) passar em revista; (book, film) fazer a crítica or resenha de; **~er** n crítico/a

revile [rɪˈvaɪl] vt insultar

revise [rɪˈvaɪz] vt (manuscript) corrigir; (opinion, procedure) alterar; (price) revisar; **revision** n correção f; (for exam) revisão f

revitalize [riːˈvaɪtəlaɪz] vt revitalizar, revivificar

revival [rɪˈvaɪvəl] n (recovery) restabelecimento; (of interest) renascença, renascimento; (THEATRE) reestréia; (of faith) despertar m

revive [rɪˈvaɪv] vt (person) reanimar, ressuscitar; (economy) recuperar; (custom) restabelecer, restaurar; (hope, courage) despertar; (play) reapresentar ♦ vi (person: from faint) voltar a si, recuperar os sentidos; (: from ill-health) recuperar-se; (activity, economy) reativar; (hope, interest) renascer

revolt [rɪˈvəult] n revolta, rebelião f, insurreição f ♦ vi revoltar-se ♦ vt causar aversão a, repugnar; **~ing** adj revoltante, repulsivo

revolution [rɛvəˈluːʃən] n revolução f; (of wheel, earth) rotação f

revolve [rɪˈvɔlv] vi girar

revolver [rɪˈvɔlvə*] n revólver m

revolving [rɪˈvɔlvɪŋ] adj giratório

revue [rɪˈvjuː] n (THEATRE) revista

revulsion [rɪˈvʌlʃən] n aversão f, repugnância

reward [rɪˈwɔːd] n recompensa ♦ vt: **to ~ (for)** recompensar or premiar (por); **~ing** adj (fig) gratificante, compensador(a)

rewind [riːˈwaɪnd] (irreg) vt (tape) voltar para trás

rewire [riːˈwaɪə*] vt (house) renovar a instalação elétrica de

rewrite [riːˈraɪt] (irreg) vt reescrever, escrever de novo

rheumatism [ˈruːmətɪzəm] n reumatismo

rhinoceros [raɪˈnɔsərəs] n rinoceronte m

rhubarb [ˈruːbɑːb] n ruibarbo

rhyme [raɪm] n rima; (verse) verso(s) m (pl) rimado(s), poesia

rhythm [ˈrɪðm] n ritmo

rib [rɪb] n (ANAT) costela ♦ vt (mock) zombar de, encarnar em

ribbon [ˈrɪbən] n fita; **in ~s** (torn) em tirinhas, esfarrapado

rice [raɪs] n arroz m; **~ pudding** n arroz m doce

rich [rɪtʃ] adj rico; (clothes) valioso; (soil) fértil; (food) suculento, forte; (colour) intenso; (voice) suave, cheio ♦ npl: **the ~** os ricos; **~es** npl (wealth) riquezas fpl; **~ly** adv (decorated) ricamente; (rewarded) generosamente; (deserved) devido

rickets [ˈrɪkɪts] n raquitismo

rickety [ˈrɪkɪtɪ] adj fraco, sem firmeza

rickshaw [ˈrɪkʃɔː] n jinriquixá m

ricochet [ˈrɪkəʃeɪ] vi ricochetear

rid [rɪd] (pt, pp rid) vt: **to ~ sb of sth** livrar alguém de algo; **to get ~ of** livrar-se de; (sth no longer required) desfazer-se de

ridden [ˈrɪdn] pp of ride

riddle [ˈrɪdl] n (conundrum) adivinhação f; (mystery) enigma m, charada ♦ vt: **to be ~d with** estar cheio de

ride [raɪd] (pt rode, pp ridden) n (gen) passeio; (on horse) passeio a cavalo; (distance covered) percurso, trajeto ♦ vi (as sport) montar; (go somewhere: on horse, bicycle) ir (a cavalo, de bicicleta); (journey: on bicycle, motorcycle, bus) viajar ♦ vt (a horse) montar a; (bicycle, motorcycle) andar de; (distance) percorrer; **to ~ at anchor** (NAUT) estar ancorado; **to take sb for a ~** (fig) enganar alguém; **~r** n (on

horse: male) cavaleiro; (: female) amazona; (on bicycle) ciclista m/f; (on motorcycle) motociclista m/f

ridge [rɪdʒ] n (of hill) cume m, topo; (of roof) cumeeira; (wrinkle) ruga

ridicule [ˈrɪdɪkjuːl] n escárnio, zombaria, mofa ♦ vt ridicularizar, zombar de; **ridiculous** adj ridículo

riding [ˈraɪdɪŋ] n equitação f

rife [raɪf] adj: **to be ~** ser comum; **to be ~ with** estar repleto de, abundar em

riffraff [ˈrɪfræf] n plebe f, ralé f, povinho

rifle [ˈraɪfl] n rifle m, fuzil m ♦ vt saquear; **~ through** vt fus vasculhar; **~ range** n campo de tiro; (at fair) tiro ao alvo

rift [rɪft] n fenda, fratura; (in clouds) brecha; (fig: between friends) desentendimento; (: in party) rompimento, divergência

rig [rɪg] n (also: **oil ~**) torre f de perfuração ♦ vt adulterar ou falsificar os resultados de; **~ out** (BRIT) vt: **to ~ out as/in** ataviar ou vestir como/com; **~ up** vt instalar, montar, improvisar; **~ging** n (NAUT) cordame m

right [raɪt] adj certo, correto; (suitable) adequado, conveniente; (: decision) justo; (just) justo; (morally good) bom; (not left) direito ♦ n direito; (not left) direita ♦ adv bem, corretamente; (fairly) adequadamente; (not on the left) à direita; (exactly): **~ now** agora mesmo ♦ vt colocar em pé; (correct) corrigir, indireitar ♦ excl bom!; **to be ~** (person) ter razão; (answer, clock) estar certo; **by ~s** por direito; **on the ~** à direita; **to be in the ~** ter razão; **~ away** imediatamente, logo, já; **~ in the middle** bem no meio; **~ angle** n ângulo reto; **~eous** adj justo, honrado; (anger) justificado; **~ful** adj (heir) legítimo; (place) justo, legítimo; **~handed** adj destro; **~hand man** n braço direito; **~hand side** n lado direito; **~ly** adv *(with reason)* com razão; ~ **of way** *n* prioridade *f* de passagem; *(AUT)* preferência; ~**-wing** *adj* de direita

rigid ['rɪdʒɪd] *adj* rígido; *(principle)* inflexível

rigmarole ['rɪgmərəul] *n* processo

rile [raɪl] *vt* irritar, aborrecer

rim [rɪm] *n* borda, beira; *(of spectacles, wheel)* aro

rind [raɪnd] *n* *(of bacon)* pele *f*; *(of lemon etc)* casca; *(of cheese)* crosta, casca

ring [rɪŋ] *(pt* **rang**, *pp* **rung)** *n* *(of metal)* aro; *(on finger)* anel *m*; *(of people, objects)* círculo, grupo; *(for boxing)* ringue *m*; *(of circus)* pista, picadeiro; *(bull~)* picadeiro, arena; *(of light, smoke)* círculo; *(of small bell)* toque *m* ♦ *vi* *(on telephone)* telefonar; *(bell)* tocar; *(also:* ~ **out)** soar; *(ears)* zumbir ♦ *vt* *(BRIT: TEL)* telefonar a, ligar para; *(bell etc)* badalar; *(doorbell)* tocar; **to give sb a** ~ *(BRIT: TEL)* dar uma ligada *or* ligar para alguém; ~ **back** *(BRIT)* *vt* *(TEL)* telefonar *or* ligar de volta ♦ *vi* telefonar *or* ligar de volta para; ~ **off** *(BRIT)* *vi* *(TEL)* desligar; ~ **up** *(BRIT)* *vt* *(TEL)* telefonar a, ligar para; ~**ing** *n* *(of telephone)* toque *m*; *(of bell)* repicar *m*; *(in ears)* zumbido; ~**ing tone** *n* *(BRIT)* *n* *(TEL)* sinal *m* de chamada; ~**leader** *n* cabeça *m/f*, cérebro

ringlets ['rɪŋlɪts] *npl* caracóis *mpl*, anéis *mpl*

ring road *(BRIT)* *n* estrada periférica *or* perimetral

rink [rɪŋk] *n* *(also:* **ice** ~) pista de patinação, rinque *m*

rinse [rɪns] *n* enxaguada ♦ *vt* enxaguar; *(also:* ~ **out:** *mouth)* bochechar

riot ['raɪət] *n* distúrbio, motim, desordem *f*; *(of colour)* festival *m*, profusão *f* ♦ *vi* provocar distúrbios, amotinar-se; **to run** ~ desenfrear-se; ~**ous** *adj* *(crowd)* desordeiro; *(behaviour)* turbulento; *(party)* tumultu-

ado, barulhento

rip [rɪp] *n* rasgão *m* ♦ *vt* rasgar ♦ *vi* rasgar-se; ~**cord** *n* corda de abertura *(de pára-quedas)*

ripe [raɪp] *adj* maduro; ~**n** *vt, vi* amadurecer

ripple ['rɪpl] *n* ondulação *f*, encrespação *f*; *(of laughter etc)* onda ♦ *vi* encrespar-se

rise [raɪz] *(pt* **rose**, *pp* **risen)** *n* elevação *f*, ladeira; *(hill)* colina, rampa; *(in wages: BRIT)* aumento; *(in prices, temperature)* subida *(to power etc)* ascensão *f* ♦ *vi* levantar-se, erguer-se; *(prices, waters)* subir; *(sun)* nascer; *(from bed etc)* levantar(-se); *(sound)* aumentar, erguer-se; *(also:* ~ **up:** *building)* erguer-se; *(: rebel)* sublevar-se; *(in rank)* ascender, subir; **to give** ~ **to** ocasionar, dar origem a; **to** ~ **to the occasion** mostrar-se à altura da situação; ~**n** *pp* of **rise**; **rising** *adj* *(prices)* em alta; *(number)* crescente, cada vez maior; *(tide)* montante; *(sun, moon)* nascente

risk [rɪsk] *n* risco, perigo; *(INSURANCE)* risco ♦ *vt* pôr em risco; *(chance)* arriscar, aventurar; **to take** *or* **run the** ~ **of doing** correr o risco de fazer; **at** ~ em perigo; **at one's own** ~ por sua própria conta e risco; ~**y** *adj* perigoso

risqué ['riːskeɪ] *adj* *(joke)* picante

rite [raɪt] *n* rito; **last** ~**s** últimos sacramentos

ritual ['rɪtjuəl] *adj* ritual ♦ *n* ritual *m*; *(of initiation)* rito

rival ['raɪvl] *n* rival *m/f*; *(in business)* concorrente *m/f* ♦ *vt* competir com; ~**ry** *n* rivalidade *f*

river ['rɪvə*] *n* rio ♦ *cpd* *(port, traffic)* fluvial; **up/down** ~ rio acima/ abaixo; ~**bank** *n* margem *f* (do rio); ~**bed** *n* leito (do rio)

rivet ['rɪvɪt] *n* rebite *m*, cravo ♦ *vt* *(fig)* fixar

road [rəud] *n* via; *(motorway etc)* estrada (de rodagem); *(in town)* rua ♦ *cpd* rodoviário; ~**block** *n* barricada

~**hog** n dono da estrada; ~ **map** n mapa m rodoviário; ~ **safety** n segurança do trânsito; ~**side** n beira da estrada; ~**sign** n placa de sinalização; ~ **user** n usuário/a da via pública; ~**way** n pista, estrada; ~**works** npl obras fpl (na estrada); ~**worthy** adj em bom estado de conservação e segurança

roam [rəum] vi vagar, perambular, errar

roar [rɔː*] n (of animal) rugido, urro; (of crowd) bramido; (of vehicle, storm) estrondo; (of laughter) barulho ♦ vi (animal, engine) rugir; (person, crowd) bradar; to ~ **with laughter** dar gargalhadas; ~**ing** adj: to do a ~ ing trade fazer um bom negócio

roast [rəust] n carne f assada, assado ♦ vt assar; (coffee) torrar; ~ **beef** n rosbife m

rob [rɔb] vt roubar; (bank) assaltar; to ~ **sb of sth** roubar algo de alguém; (fig: deprive) despojar alguém de algo; ~**ber** n ladrão/ladra m/f; ~**bery** n roubo

robe [rəub] n toga, beca; (also: bath ~) roupão m (de banho)

robin [ˈrɔbɪn] n pisco-de-peito-ruivo (BR), pintarroxo (PT)

robot [ˈrəubɔt] n robô m

robust [rəuˈbʌst] adj robusto, forte; (appetite) sadio; (economy) forte

rock [rɔk] n rocha; (boulder) penhasco, rochedo; (US: small stone) cascalho; (BRIT: sweet) pirulito ♦ vt (swing gently) embalar; (cradle) balançar, oscilar; (: child) embalar, acalentar; (shake) sacudir ♦ vi (object) balançar-se; (person) embalar-se; on the ~**s** (drink) com gelo; (marriage etc) arruinado, em dificuldades; ~ **and roll** n rock-and-roll m; ~-**bottom** adj (fig) mínimo, ínfimo; ~**ery** n jardim de plantas rasteiras entre pedras

rocket [ˈrɔkɪt] n foguete m

rocking [ˈrɔkɪŋ]: ~ **chair** n cadeira de balanço; ~ **horse** n cavalo de ba-

lanço

rocky [ˈrɔkɪ] adj rochoso, bambo, instável; (marriage) instável

rod [rɔd] n vara, varinha; (also: fishing ~) vara de pescar

rode [rəud] pt of **ride**

rodent [ˈrəudnt] n roedor m

rodeo [ˈrəudɪəu] (US) n rodeio

roe [rəu] n (also: ~ deer) corça, cerva; (of fish): **hard/soft** ~ ova/ esperma m de peixe

rogue [rəug] n velhaco, maroto

role [rəul] n papel m

roll [rəul] n rolo; (of banknotes) maço; (also: bread ~) pãozinho; (register) rol m, lista; (of drums etc) rufar m ♦ vt rolar; (also: ~ **up:** string) enrolar; (: sleeves) arregaçar; (cigarette) enrolar; (eyes) virar; (also: ~ out: pastry) esticar; (lawn, road etc) aplanar ♦ vi rolar; (drum) rufar; (vehicle: also: ~ **along**) rodar; (ship) balançar, jogar; ~ **about** or **around** vi ficar rolando; ~ **by** vi (time) passar; ~ **in** vi (mail, cash) chegar em grande quantidade; ~ **over** vi dar uma volta; ~ **up** vi (inf) pintar, chegar, aparecer ♦ vt enrolar; ~ **call** n chamada, toque m de chamada; ~**er** n (in machine) rolo, cilindro; (wheel) roda, roldana; (for lawn, road) rolo compressor; (for hair) rolo; ~**er coaster** n montanha-russa; ~**er skates** npl patins mpl de roda

rolling [ˈrəulɪŋ] adj (landscape) ondulado; ~ **pin** n rolo de pastel; ~ **stock** n (RAIL) material m rodante

ROM [rɔm] n abbr (COMPUT: = read-only memory) ROM m

Roman [ˈrəumən] adj, n romano/a; ~ **Catholic** adj, n católico/a (romano/a)

romance [rəˈmæns] n aventura amorosa, romance m; (book) história de amor; (charm) romantismo

Romania [ruːˈmeɪnɪə] n Romênia; ~**n** adj romeno/a; n romeno/a; (LING) romeno

Roman numeral n número romano

romantic [rə'mæntɪk] adj romântico
Rome [rəʊm] n Roma
romp [rɒmp] n brincadeira, travessura ♦ vi (also: ~ **about**) brincar ruidosamente
rompers ['rɒmpəz] npl macacão m de bebê
roof [ru:f, pl ru:fs or ru:vz] n (of house) telhado; (of car) capota, teto ♦ vt telhar, cobrir com telhas; **the ~ of the mouth** o céu da boca; **~ing** n cobertura; **~ rack** n (AUT) bagageiro
rook [rʊk] n (bird) gralha; (CHESS) torre f
room [ru:m] n (in house) quarto, aposento; (also: **bed~**) quarto, dormitório; (in school etc) sala; (space) espaço, lugar m; (scope: for improvement etc) espaço; ~s npl (lodging) alojamento; "**~s to let**" (BRIT), "**~s for rent**" (US) "alugam-se quartos or apartamentos"; **~ing house** (US) n casa de cômodos; **~mate** n companheiro/a de quarto; **~ service** n serviço de quarto; **~y** adj espaçoso; (garment) folgado
roost [ru:st] vi empoleirar-se, pernoitar
rooster ['ru:stə⁎] n galo
root [ru:t] n raiz f; (fig) origem f ♦ vi enraizar, arraigar; ~s npl (family origins) raízes fpl; ~ **about** vi (fig): **to ~ about in** (drawer) vasculhar; (house) esquadrinhar; ~ **for** vt fus torcer por; ~ **out** vt extirpar
rope [rəʊp] n corda; (NAUT) cabo ♦ vt (tie) amarrar; (climbers: also: ~ **together**) amarrar or atar com uma corda; (area: also: ~ **off**) isolar; **to know the ~s** (fig) estar por dentro (do assunto); ~ **in** vt (fig): **to ~ sb in** persuadir alguém a tomar parte; ~ **ladder** n escada de corda
rosary ['rəʊzərɪ] n rosário
rose [rəʊz] pt of **rise** ♦ n rosa; (also: ~**bush**) roseira; (on watering can) crivo
rosé ['rəʊzeɪ] n rosado, rosé m
rosebud ['rəʊzbʌd] n botão m de rosa

rosebush ['rəʊzbʊʃ] n roseira
rosemary ['rəʊzmərɪ] n alecrim m
rosette [rəʊ'zɛt] n roseta
roster ['rɒstə⁎] n: **duty ~** lista de tarefas, escala de serviço
rostrum ['rɒstrəm] n tribuna
rosy ['rəʊzɪ] adj rosado, rosáceo; (cheeks) rosado; (situation) cor-derosa inv; **a ~ future** um futuro promissor
rot [rɒt] n (decay) putrefação f, podridão f; (fig: pej) besteira ♦ vt, vi apodrecer
rota ['rəʊtə] n lista de tarefas, escala de serviço
rotary ['rəʊtərɪ] adj rotativo
rotate [rəʊ'teɪt] vt fazer girar, dar voltas em; (jobs) alternar, revezar ♦ vi girar, dar voltas; **rotating** adj rotativo
rote [rəʊt] n: **by ~** de cor
rotten ['rɒtn] adj podre; (wood) carcomido; (fig) corrupto; (inf: bad) péssimo; **to feel ~** (ill) sentir-se podre
rotund [rəʊ'tʌnd] adj rechonchudo
rouble ['ru:bl] (US **ruble**) n rublo
rouge [ru:ʒ] n rouge m, blush m, carmim m
rough [rʌf] adj (skin, surface) áspero; (terrain) acidentado; (road) desigual; (voice) áspero, rouco; (person, manner: violent) violento; (: brusque) ríspido; (weather) tempestuoso; (treatment) brutal, mau/má; (sea) agitado; (district) violento; (plan) preliminar; (work) grosseiro; (guess) aproximado ♦ n (GOLF): **in the ~** na grama crescida; **to sleep ~** (BRIT) dormir na rua; ~ n fibras fpl; ~**-and-ready** adj improvisado, feito às pressas; ~**cast** n reboco; ~ **copy** n rascunho; ~ **draft** n rascunho; ~**ly** adv bruscamente; (make) toscamente; (approximately) aproximadamente; ~**ness** n aspereza; (rudeness) grosseria
roulette [ru:'lɛt] n roleta
Roumania etc [ru:'meɪnɪə] n = **Ro-**

mania etc

round [raund] adj redondo ♦ n
(BRIT: of toast) rodela; (of policeman) ronda; (of milkman) trajeto;
(of doctor) visitas fpl; (game: of
cards etc) partida; (of ammunition)
cartucho; (BOXING) round m, assalto; (of talks) ciclo ♦ vt virar, dobrar ♦ prep (surrounding): ~ his
neck/the table em volta de seu
pescoço/ao redor da mesa; (in a circular movement): to move ~ the
room/~ the world mover-se pelo
quarto/dar a volta ao mundo; (in
various directions) por; (approximately): ~ about aproximadamente ♦
adv: all ~ por todos os lados; the
long way ~ o caminho mais comprido; all the year ~ durante todo o
ano; it's just ~ the corner (fig) está pertinho; ~ the clock interrup-
to; to go ~ the back passar por trás;
to go ~ a house visitar uma
casa; enough to go ~ suficiente
para todos; a ~ of applause uma
salva de palmas; a ~ of drinks uma
rodada de bebidas; ~ of sand-
wiches sanduíche m (BR), sandes f
inv (PT); ~ off vt terminar, completar; ~ up vt (cattle) encurralar;
(people) reunir; (price, figure) arredondar; ~about n (BRIT: AUT) ro-
tatória; (: at fair) carrossel m ♦ adj
indireto; ~ers npl (game) jogo semelhante ao beisebol; ~ly adv (fig)
energicamente, totalmente; ~-
shouldered adj encurvado; ~ trip n
viagem f de ida e volta; ~up n (of
news) resumo; (of animals) rodeio;
(of criminals) batida

rouse [rauz] vt (wake up) despertar,
acordar; (stir up) suscitar; **rousing**
adj emocionante, vibrante

rout [raut] n (MIL) derrota ♦ vt derrotar

route [ruːt] n caminho, rota; (of bus)
trajeto; (of shipping) rumo, rota; (of
procession) rota; ~ **map** (BRIT) n
(for journey) mapa m rodoviário

routine [ruːˈtiːn] adj (work) rotinei-

ro; (procedure) de rotina ♦ n rotina;
(THEATRE) número

rove [rəuv] vt vagar por, perambular
por

row¹ [rəu] n (line) fila, fileira; (in
theatre, boat) fileira; (KNITTING)
carreira, fileira ♦ vi, vt remar; **in a
~** (fig) a fio, seguido

row² [rau] n barulho, balbúrdia;
(dispute) discussão f, briga; (scold-
ing) repreensão f ♦ vi brigar

rowboat [ˈrəubəut] (US) n barco a
remo

rowdy [ˈraudɪ] adj (person: noisy)
barulhento; (occasion) tumultuado

rowing [ˈrəuɪŋ] n remo; ~ **boat**
(BRIT) n barco a remo

royal [ˈrɔɪəl] adj real; **R~ Air Force**
(BRIT) n força aérea britânica; ~**ty**
n família real, realeza; (payment: to
author) direitos mpl autorais

rpm abbr (= revolutions per minute) rpm

RSVP abbr (= répondez s'il vous
plaît) ER

Rt Hon. (BRIT) abbr (= Right Honourable) título honorífico de conse-
lheiro do estado ou juiz

rub [rʌb] vt friccionar; (part of body)
esfregar ♦ n: to give sth a ~ dar
uma esfregada em algo; to ~ sb up
(BRIT) or ~ sb (US) the wrong way
irritar alguém; ~ **off** vi sair esfregando; ~ **off on** vt fus transmitir-se
para, influir sobre; ~ **out** vt apagar

rubber [ˈrʌbə*] n borracha; (BRIT:
eraser) borracha; ~ **band** n elástico,
tira elástica; ~ **plant** n planta; ~**y**
adj elástico; (food) sem gosto

rubbish [ˈrʌbɪʃ] n (waste) refugo;
(from household, in street) lixo;
(junk) coisas fpl sem valor; (fig:
pej: nonsense) disparates mpl, asnei-
ras fpl; ~ **bin** (BRIT) n lata de lixo;
~ **dump** n (in town) depósito (de
lixo)

rubble [ˈrʌbl] n (debris) entulho;
(CONSTR) escombros mpl

ruble [ˈruːbl] (US) n = rouble

ruby [ˈruːbɪ] n rubi m

rucksack ['rʌksæk] n mochila
rudder ['rʌdə*] n leme m; (of plane) leme de direção
ruddy ['rʌdɪ] adj corado, avermelhado; (inf) maldito, desgraçado
rude [ruːd] adj (person) grosso, maleducado; (word, manners) grosseiro; (shocking) obsceno, chocante; **~ness** n falta de educação
rudiments ['ruːdɪmənts] npl primeiras noções fpl
rueful ['ruːful] adj arrependido
ruffian ['rʌfɪən] n brigão m, desordeiro
ruffle ['rʌfl] vt (hair) despentear, desmanchar; (clothes) enrugar, amarrotar; (fig) perturbar, irritar
rug [rʌg] n tapete m; (BRIT: for knees) manta (de viagem)
rugby ['rʌgbɪ] n (also: ~ **football**) rúgbi m (BR), râguebi m (PT)
rugged ['rʌgɪd] adj (landscape) acidentado, irregular; (features) marcado; (character) severo, austero
rugger ['rʌgə*] (BRIT: inf) n rúgbi m (BR), râguebi m (PT)
ruin ['ruːɪn] n ruína; (of plans) destruição f; (downfall) queda; (bankruptcy) bancarrota ♦ vt destruir; (future, person) arruinar; (spoil) estragar; **~s** npl (of building) ruínas fpl; **~ous** adj desastroso
rule [ruːl] n (norm) regra; (regulation) regulamento m; (government) governo, domínio; (ruler) régua ♦ vt governar ♦ vi governar; (monarch) reger; (LAW): **to ~ in favour of/ against** decidir oficialmente a favor de/contra; **as a ~** por via de regra, geralmente; **~ out** vt excluir; **~d** adj pautado; **~r** n (sovereign) soberano/a; (for measuring) régua
ruling adj (party) dominante; (class) dirigente ♦ n (LAW) parecer m, decisão f
rum [rʌm] n rum m
Rumania etc [ruːˈmeɪnɪə] n = Romania etc
rumble ['rʌmbl] n ruído surdo, barulho; (of thunder) estrondo, ribombo

♦ vi ribombar, ressoar; (stomach) roncar; (pipe) fazer barulho; (thunder) ribombar
rummage ['rʌmɪdʒ] vi vasculhar
rumour ['ruːmə*] (US **rumor**) n rumor m, boato ♦ vt: **it is ~ed that** ... corre o boato de que ...
rump [rʌmp] n (of animal) anca, garupa; **~ steak** n alcatra
rumpus ['rʌmpəs] n barulho, confusão f, zorra
run [rʌn] (pt **ran**, pp **run**) n corrida; (in car) passeio (de carro); (distance travelled) trajeto, percurso; (journey) viagem f; (series) série f; (THEATRE) temporada; (SKI) pista; (in stockings) fio puxado ♦ vt (race) correr; (operate: business) dirigir; (: competition, course) organizar; (: hotel, house) administrar; (water) deixar correr; (bath) encher; (PRESS: feature) publicar; (COMPUT) rodar; (hand, finger) passar ♦ vi correr; (work: machine) funcionar; (bus, train: operate) circular; (: travel) ir; (continue: play) continuar em cartaz; (: contract) ser válido; (river, bath) fluir, correr; (colours) desbotar; (in election) candidatar-se; (nose) escorrer; **there was a ~ on** houve muita procura de; **in the long ~** no final das contas, mais cedo ou mais tarde; **on the ~** em fuga, foragido; **~ about** or **around** vi correr por todos os lados; **~ across** vt fus encontrar por acaso, topar com, dar com; **~ away** vi fugir; **~ down** vt (AUT) atropelar; (production) reduzir; (criticize) criticar; **to be ~ down** estar enfraquecido or exausto; **~ in** (BRIT) vt (car) rodar; **~ into** vt fus (meet: person) dar com, topar com; (: trouble) esbarrar em; (collide with) bater em; **~ off** vi fugir; **~ out** vi (person) sair correndo; (liquid) escorrer, esgotar-se; (lease, passport) caducar, vencer; (money) acabar; **~ out of** vt fus ficar sem; **~ over** vt (AUT) atropelar ♦ vt fus (revise) recapitu-

lar; ~ **through** vt fus (instructions, play) recapitular; ~ **up** vt (debt) acumular ♦ vi: **to ~ up against** esbarrar em; ~**away** adj (horse) desembestado; (truck) desgovernado; (person) fugitivo

rung [rʌŋ] pp of **ring** ♦ n (of ladder) degrau m

runner ['rʌnə*] n (in race) corredor(a) m/f; (horse) corredor m; (on sledge) patim m, lâmina; (for drawer) corrediça; ~ **bean** (BRIT) n (BOT) vagem f (BR), feijão m verde (PT); ~**up** n segundo/a colocado/a

running ['rʌnɪŋ] n (sport) corrida; (of business) direção f ♦ adj (water) corrente; (commentary) contínuo, seguido; **6 days** ~ 6 dias seguidos or consecutivos; **to be in/out of the** ~ **for** sth disputar algo/estar fora da disputa por algo; ~ **costs** npl (of business) despesas fpl operacionais; (of car) custos mpl de manutenção

runny ['rʌnɪ] adj aguado; (egg) mole; **to have a** ~ **nose** estar com coriza, estar com o nariz escorrendo

run-of-the-mill ['rʌnəvðə'mɪl] adj medíocre, ordinário

runt [rʌnt] n (animal) nanico; (pej: person) anão/anã m/f

run-up n: ~ **to** sth (election etc) período que antecede algo

runway ['rʌnweɪ] n (AVIAT) pista (de decolagem or de pouso)

rupee [ru:'pi:] n rupia

rupture ['rʌptʃə*] n (MED) hérnia

rural ['ruərl] adj rural

ruse [ru:z] n ardil m, manha

rush [rʌʃ] n (hurry) pressa; (COMM) grande procura or demanda; (BOT) junco; (current) torrente f; (of emotion) ímpeto ♦ vt apressar ♦ vi apressar-se, precipitar-se; ~ **hour** n hora n rush m (BR), hora de ponta (PT)

rusk [rʌsk] n rosca

Russia ['rʌʃə] n Rússia; ~n adj russo ♦ n russo/a; (LING) russo

rust [rʌst] n ferrugem f ♦ vi enferrujar

rustle ['rʌsl] vi sussurrar ♦ vt (pa-

per) farfalhar; (US: cattle) roubar, afanar

rustproof ['rʌstpru:f] adj inoxidável, à prova de ferrugem

rusty ['rʌstɪ] adj enferrujado

rut [rʌt] n sulco; (ZOOL) cio; **to be in a** ~ ser escravo da rotina

ruthless ['ru:θlɪs] adj implacável, sem piedade

rye [raɪ] n centeio

S

Sabbath ['sæbəθ] n (Christian) domingo; (Jewish) sábado

sabotage ['sæbətɑ:ʒ] n sabotagem f ♦ vt sabotar

saccharin(e) ['sækərɪn] n sacarina

sachet ['sæʃeɪ] n sachê m

sack [sæk] n (bag) saco, saca ♦ vt (dismiss) despedir; (plunder) saquear; **to get the** ~ ser demitido; ~**ing** n (dismissal) demissão f; (material) aniagem f

sacred ['seɪkrɪd] adj sagrado

sacrifice ['sækrɪfaɪs] n sacrifício ♦ vt sacrificar

sacrilege ['sækrɪlɪdʒ] n sacrilégio

sad [sæd] adj triste; (deplorable) deplorável, triste

saddle ['sædl] n (on cycle) selim m ♦ vt selar; **to** ~ **sb with** sth (inf: task, bill) pôr algo nas costas de alguém; (: responsibility) sobrecarregar alguém com algo; ~**bag** n alforje m

sadistic [sə'dɪstɪk] adj sádico

sadly ['sædlɪ] adv tristemente; (regrettably) infelizmente; (mistaken, neglected) gravemente; ~ **lacking (in)** muito carente de

sadness ['sædnɪs] n tristeza

sae abbr = stamped addressed envelope

safe [seɪf] adj seguro; (out of danger) fora de perigo; (unharmed) ileso, incólume ♦ n cofre m, caixa-forte f; ~ **from** protegido de; ~ **and sound** são e salvo; (just) **to be on the** ~

side por via das dúvidas; **~-conduct** n salvo-conduto; **~-deposit** n (vault) cofre m de segurança; (box) caixa-forte f; **~guard** n salvaguarda, proteção f ♦ vt proteger, defender; **~keeping** n custódia, proteção f; **~ly** adv com segurança, a salvo; (without mishap) sem perigo; **~ sex** n sexo com segurança

safety ['seɪftɪ] n segurança; **~ belt** n cinto de segurança; **~ pin** n alfinete m de segurança; **~ valve** n válvula de segurança

saffron ['sæfrən] n açafrão m

sag [sæg] vi (breasts) cair; (roof) afundar; (hem) desmanchar

saga ['sɑːgə] n saga; (fig) novela

sage [seɪdʒ] n salva; (man) sábio

Sagittarius [sædʒɪ'tɛərɪəs] n Sagitário

said [sɛd] pt, pp of say

sail [seɪl] n (on boat) vela; (trip: to go for a ~) dar um passeio de barco a vela ♦ vt (boat) governar ♦ vi (travel: ship) navegar, velejar; (: passenger) ir de barco; (SPORT) velejar; (set off) zarpar; **they ~ed into Rio de Janeiro** entraram no porto do Rio de Janeiro; **~ through** vt fus (fig) fazer com facilidade; **~boat** (US) n barco a vela; **~ing** n (SPORT) navegação f a vela, vela; **to go ~ing** ir velejar; **~ing boat** n barco a vela; **~ing ship** n veleiro

sailor ['seɪlə*] n marinheiro, marujo

saint [seɪnt] n santo/a; **~ly** adj santo

sake [seɪk] n: **for the ~ of** (or (causa de), em consideração a; **for sb's/sth's ~** pelo bem de alguém/algo

salad ['sæləd] n salada; **~ bowl** n saladeira; **~ cream** (BRIT) n maionese f; **~ dressing** n tempero ou molho da salada

salami [sə'lɑːmɪ] n salame m

salary ['sælərɪ] n salário m

sale [seɪl] n venda; (at reduced prices) liquidação f, saldo; (auction) leilão m; **~s** npl (total amount sold)

vendas fpl; **"for ~"** vende-se"; **on ~** à venda; **on ~ or return** em consignação; **~room** n sala de vendas; **~s assistant** (US **~s clerk**) n vendedor(a) m/f; **~sman/swoman** (irreg) n vendedor(a) m/f; (representative) vendedor(a) m/f viajante

salient ['seɪlɪənt] adj saliente

sallow ['sæləu] adj amarelado

salmon ['sæmən] n inv salmão m

salon ['sælɔn] n (hairdressing ~) salão m (de cabeleireiro); (beauty ~) salão (de beleza)

saloon [sə'luːn] n (US) bar m, botequim m; (BRIT: AUT) sedã m; (ship's lounge) salão m

salt [sɔːlt] n sal m ♦ vt salgar; **~ cellar** n saleiro; **~-water** adj de água salgada; **~y** adj salgado

salute [sə'luːt] n (greeting) saudação f; (of guns) salva; (MIL) continência ♦ vt saudar; (MIL) fazer continência a

salvage ['sælvɪdʒ] n (saving) salvamento, recuperação f; (things saved) salvados mpl ♦ vt salvar

salvation [sæl'veɪʃən] n salvação f; **S~ Army** n Exército da Salvação

same [seɪm] adj mesmo ♦ pron: **the ~** o mesmo/a mesma; **the ~ book as** o mesmo livro que; **all or just the ~** apesar de tudo, mesmo assim; **the ~ to you!** igualmente!

sample ['sɑːmpl] n amostra ♦ vt (food, wine) provar, experimentar

sanctimonious [sæŋktɪ'məunɪəs] adj carola, beato

sanction ['sæŋkʃən] n sanção f ♦ vt sancionar

sanctity ['sæŋktɪtɪ] n santidade f

sanctuary ['sæŋktjuərɪ] n (holy place) santuário; (refuge) refúgio, asilo; (for animals) reserva

sand [sænd] n areia; (beach: also: **~s**) praia ♦ vt (also: **~ down**) lixar

sandal ['sændl] n sandália

sand: **~box** (US) n caixa de areia; **~castle** n castelo de areia; **~ dune** n duna (de areia); **~paper** n lixa; **~pit** n (for children) caixa de areia;

~stone n arenito, grés m
sandwich ['sændwɪtʃ] n sanduíche m
(BRI), sandes f inv (PT) ♦ vt: ~ed
between encaixado entre; ~ **course**
(BRIT) n curso profissionalizante de
teoria e prática alternadas
sandy ['sændɪ] adj arenoso; (colour)
vermelho amarelado
sane [seɪn] adj são/sã do juízo; (sensible) ajuizado, sensato
sang [sæŋ] pt of **sing**
sanitary ['sænɪtərɪ] adj (system, arrangements) sanitário; (clean) higiênico; ~ **towel** (US ~ **napkin**) n
toalha higiênica f or absorvente
sanitation [sænɪ'teɪʃən] n (in house)
instalações fpl sanitárias; (in town)
saneamento; ~ **department** (US) n
comissão f de limpeza urbana
sanity ['sænɪtɪ] n sanidade f, equilíbrio mental; (common sense) juízo,
sensatez f
sank [sæŋk] pt of **sink**
Santa Claus [sæntə'klɔːz] n Papai
Noel m
sap [sæp] n (of plants) seiva ♦ vt
(strength) esgotar, minar
sapling ['sæplɪŋ] n árvore f nova
sapphire ['sæfaɪə*] n safira
sarcasm ['sɑːkæzm] n sarcasmo
sardine [sɑː'diːn] n sardinha
Sardinia [sɑː'dɪnɪə] n Sardenha
sash [sæʃ] n faixa, banda
sat [sæt] pt, pp of **sit**
Satan ['seɪtn] n Satanás m, Satã m
satchel ['sætʃl] n sacola
satellite ['sætəlaɪt] n satélite m; ~
dish n antena parabólica; ~ **television** n televisão f via satélite
satin ['sætɪn] n cetim m ♦ adj acetinado
satire ['sætaɪə*] n sátira
satisfaction [sætɪs'fækʃən] n satisfação f; (refund, apology etc) compensação f; satisfactory adj satisfatório
satisfy ['sætɪsfaɪ] vt satisfazer; (convince) convencer, persuadir; **satisfying** adj satisfatório
saturate ['sætʃəreɪt] vt: to ~ (with)
saturar or embeber (de)

Saturday ['sætədɪ] n sábado
sauce [sɔːs] n molho; (sweet) calda;
~**pan** n panela (BRI), caçarola (PT)
saucer ['sɔːsə*] n pires m inv
saucy ['sɔːsɪ] adj atrevido, descarado
Saudi ['saʊdɪ]: ~ **Arabia** n Arábia
Saudita; ~ **(Arabian)** adj saudita
sauna ['sɔːnə] n sauna
saunter ['sɔːntə*] vi: to ~ over/
along andar devagar para/por; to ~
into entrar devagar em
sausage ['sɔsɪdʒ] n salsicha, lingüiça; (cold meat) frios mpl; ~ **roll**
n folheado de salsicha
sauté ['səʊteɪ] adj (CULIN) sauté
savage ['sævɪdʒ] adj (cruel, fierce)
cruel, feroz; (primitive) selvagem ♦
n selvagem m/f
save [seɪv] vt (rescue, COMPUT) salvar; (money) poupar, economizar;
(time) ganhar; (SPORT) impedir;
(avoid: trouble) evitar; (keep: seat)
guardar ♦ vi (also: ~ up) poupar ♦
n (SPORT) salvamento ♦ prep salvo,
exceto
saving ['seɪvɪŋ] n (on price etc) economia ♦ adj: **the** ~ **grace of** o único mérito de; ~**s** npl (money) economias fpl; ~**s account** n (caderneta
de) poupança; ~**s bank** n caixa econômica, caderneta de poupança
saviour ['seɪvjə*] (US **savior**) n salvador(a) m/f
savour ['seɪvə*] (US **savor**) vt saborear; (experience) apreciar; ~**y** adj
(dish: not sweet) salgado
saw [sɔː] (pt ~ed, pp ~ed or ~n) pt
of **see** ♦ n (tool) serra ♦ vt serrar;
~**dust** n serragem f, pó m de serra;
~**ed-off shotgun** (US) n = ~**n-off**
shotgun; ~**mill** n serraria; ~**n** pp of
saw; ~**n-off shotgun** (BRIT) n espingarda de cano serrado
saxophone ['sæksəfəʊn] n saxofone
m
say [seɪ] (pt, pp **said**) n: **to have**
one's ~ exprimir sua opinião, vender seu peixe (inf) ♦ vt dizer, falar;
to have a or **some** ~ **in sth** opinar
sobre algo, ter que ver com algo;

could you ~ that again? poderia repetir?; **that is to** ~ ou seja; ~ing *n* ditado, provérbio

scab [skæb] *n* casca, crosta (de ferida); (*pej*) fura-greve *m/f inv*

scaffold ['skæfəuld] *n* (*for execution*) cadafalso, patíbulo; ~ing *n* andaime *m*

scald [skɔːld] *n* escaldadura ♦ *vt* escaldar, queimar

scale [skeıl] *n* escala; (*of fish*) escama; (*of salaries, fees etc*) tabela ♦ *vt* (*mountain*) escalar; ~s *npl* (*for weighing*) balança; ~ **of charges** tarifa, lista de preços; ~ **down** *vt* reduzir

scallop ['skɔləp] *n* (*ZOOL*) vieira, venera; (*SEWING*) barra, arremate *m*

scalp [skælp] *n* couro cabeludo ♦ *vt* escalpar

scalpel ['skælpl] *n* bisturi *m*

scamper ['skæmpə*] *vi*: **to** ~ **away** *or* **off** sair correndo

scampi ['skæmpı] *npl* camarões *mpl* fritos

scan [skæn] *vt* (*examine*) esquadrinhar, perscrutar; (*glance at quickly*) passar uma vista de olhos por; (*TV, RADAR*) explorar ♦ *n* (*MED*) exame *m*

scandal ['skændl] *n* escândalo; (*gossip*) fofocas *fpl*; (*fig: disgrace*) vergonha; ~**ous** *adj* vergonhoso

Scandinavian [skændı'neıvıən] *adj* escandinavo

scant [skænt] *adj* escasso, insuficiente; ~**y** *adj* (*meal*) insuficiente, pobre; (*underwear*) sumário

scapegoat ['skeıpgəut] *n* bode *m* expiatório

scar [skɑː*] *n* cicatriz *f* ♦ *vt* marcar (com uma cicatriz)

scarce [skɛəs] *adj* escasso, raro; **to make o.s.** ~ (*inf*) dar o fora, cair fora; ~**ly** *adv* mal, quase não; (*barely*) apenas; **scarcity** *n* escassez *f*

scare [skɛə*] *n* susto; (*panic*) pânico ♦ *vt* assustar; **to** ~ **sb stiff** deixar alguém morrendo de medo; **bomb** ~ alarme de bomba; ~ **away** *vt* espantar; ~ **off** *vt* = ~ **away**; ~**crow** *n* espantalho; ~**d** *adj*: **to be** ~**d** estar assustado *or* com medo

scarf [skɑːf] (*pl* ~**s** *or* **scarves**) *n* cachecol *m*; (*square*) lenço (de cabeça)

scarlet ['skɑːlıt] *adj* escarlate; ~ **fever** *n* escarlatina

scarves [skɑːvz] *npl of* **scarf**

scary ['skɛərı] (*inf*) *adj* assustador(a)

scathing ['skeıðıŋ] *adj* mordaz

scatter ['skætə*] *vt* espalhar; (*put to flight*) dispersar ♦ *vi* espalhar-se; ~**brained** (*inf*) *adj* esquecido

scavenger ['skævəndʒə*] *n* pessoa que procura comida no lixo

scenario [sı'nɑːrıəu] *n* (*THEATRE, CINEMA*) roteiro; (*fig*) quadro

scene [siːn] *n* (*THEATRE, fig*) cena; (*of crime, accident*) cenário; (*sight*) vista, panorama *m*; (*fuss*) escândalo; ~**ry** *n* (*THEATRE*) cenário; (*landscape*) paisagem *f*; **scenic** *adj* pitoresco

scent [sɛnt] *n* perfume *m*; (*smell*) aroma; (*track, fig*) pista, rastro

sceptic ['skɛptık] (*US* **skeptic**) *n* cético/a

sceptre ['sɛptə*] (*US* **scepter**) *n* cetro

schedule ['ʃɛdjuːl, (*US*) 'skɛdʒuːl] *n* (*of trains*) horário; (*of events*) programa *m*; (*list*) lista ♦ *vt* (*timetable*) planejar; (*visit*) marcar (a hora de); **on** ~ na hora, sem atraso; **to be ahead of/behind** ~ estar adiantado/atrasado; ~**d** *adj* (*flight*) de linha

scheme [skiːm] *n* (*plan*) maquinação *f*; (*pension* ~) projeto; (*arrangement*) arranjo ♦ *vi* conspirar; **scheming** *adj* intrigante ♦ *n* intrigas *fpl*

schism ['skızəm] *n* cisma *m*

scholar ['skɔlə*] *n* aluno/a, estudante *m/f*; (*learned person*) sábio/a, erudito/a; ~**ly** *adj* erudito; ~**ship** *n* erudição *f*; (*grant*) bolsa de estudos

school [skuːl] *n* escola; (*secondary* ~) colégio; (*US: university*) universidade *f* ♦ *cpd* escolar; ~ **age** *n* idade *f* escolar; **~boy** *n* aluno; **~children** *npl* alunos *mpl*; **~days** *npl* anos *mpl* escolares; **~girl** *n* aluna; **~ing** *n* educação *f*, ensino; **~master** *n* professor *m*; **~mistress** *n* professora; **~teacher** *n* professor(a) *m/f*

schooner ['sku:nə*] *n* escuna

science ['saɪəns] *n* ciência; **~ fiction** *n* ficção *f* científica; **scientific** *adj* científico; **scientist** *n* cientista *m/f*

scintillating ['sɪntɪleɪtɪŋ] *adj* (*wit etc*) brilhante

scissors ['sɪzəz] *npl* tesoura; **a pair of ~** uma tesoura

scoff [skɔf] *vt* (*BRIT: inf: eat*) engolir ♦ *vi:* **to ~ (at)** (*mock*) zombar (de)

scold [skəʊld] *vt* ralhar

scone [skɔn] *n* bolinho de trigo

scoop [sku:p] *n* colherona; (*for flour etc*) pá *f*; (*PRESS*) furo (jornalístico); **~ out** *vt* escavar; **~ up** *vt* recolher

scooter ['sku:tə*] *n* (*also: motor ~*) lambreta; (*toy*) patinete *m*

scope [skəʊp] *n* liberdade *f* de ação; (*of undertaking*) âmbito; (*of person*) competência; (*opportunity*) oportunidade *f*

scorch [skɔ:tʃ] *vt* (*clothes*) chamuscar; (*earth, grass*) secar, queimar

score [skɔ:*] *n* (*points etc*) escore *m*, contagem *f*; (*MUS*) partitura *f*; (*twenty*) vintena ♦ *vt* (*goal, point*) fazer; (*mark*) marcar, entalhar; (*success*) alcançar ♦ *vi* (*in game*) marcar; (*FOOTBALL*) marcar or fazer um gol; (*keep score*) marcar o escore; **on that ~** a esse respeito, por esse motivo; **~s of** (*fig*) um monte de; **to ~ 6 out of 10** conseguir um escore de 6 num total de 10; **~ out** *vt* riscar; **~board** *n* marcador *m*, placar *n*

scorn [skɔ:n] *n* desprezo ♦ *vt* desprezar, rejeitar; **~ful** *adj* desdenhoso, zombador(a)

Scorpio ['skɔ:pɪəʊ] *n* Escorpião *m*

scorpion ['skɔ:pɪən] *n* escorpião *m*

Scot [skɔt] *n* escocês/esa *m/f*

Scotch [skɔtʃ] *n* uísque *m* (*BR*) or whisky *m* (*PT*) escocês

scotch [skɔtʃ] *vt* (*rumour*) desmentir; (*plan*) estragar

scot-free *adj:* **to get off ~** (*unpunished*) sair impune

Scotland ['skɔtlənd] *n* Escócia; **Scots** *adj* escocês/esa; **Scotsman** (*irreg*) *n* escocês *m*; **Scotswoman** (*irreg*) *n* escocesa; **Scottish** *adj* escocês/esa

scoundrel ['skaʊndrəl] *n* canalha *m/f*, patife *m*

scour ['skaʊə*] *vt* (*search*) esquadrinhar, procurar em

scourge [skɜ:dʒ] *n* flagelo, tormento

scout [skaʊt] *n* (*MIL*) explorador *m*, batedor *m*; (*also: boy ~*) escoteiro; **girl ~** (*US*) escoteira; **~ around** *vi* explorar

scowl [skaʊl] *vi* franzir a testa; **to ~** at olhar de cara feia para alguém

scrabble ['skræbl] *vi* (*claw*): **to ~ at** arranhar ♦ *n:* **S~ ®** mexe-mexe *m*; **to ~ (around) for sth** (*search*) tatear procurando algo

scraggy ['skrægɪ] *adj* magricela, descarnado

scram [skræm] (*inf*) *vi* dar o fora, safar-se

scramble ['skræmbl] *n* (*climb*) escalada (*difícil*); (*struggle*) luta ♦ *vi:* **to ~ out/through** conseguir sair com dificuldade; **to ~ for** lutar por; **~d eggs** *npl* ovos *mpl* mexidos

scrap [skræp] *n* (*of paper*) pedacinho; (*of material*) fragmento; (*fig: of truth*) mínimo; (*fight*) rixa, luta; (*also: ~ iron*) ferro velho, sucata ♦ *vt* sucatar, jogar no ferro velho; (*fig*) descartar, abolir ♦ *vi* brigar; **~s** *npl* (*leftovers*) sobras *fpl*, restos *mpl*; **~book** *n* álbum *m* de recortes; **~ dealer** *n* ferro-velho *m*, sucateiro/a

scrape [skreɪp] *n* (*fig*): **to get into a ~** meter-se numa enrascada ♦ *vt* raspar; (*~ against: hand, car*) arranhar, roçar ♦ *vi:* **to ~ through** (*in exam*) passar raspando; **~ together** *vt* (*money*) juntar com dificuldade

scrap: ~ **heap** n (fig): **on the ~heap** rejeitado, jogado fora; ~ **merchant** (BRIT) n sucateiro/a; ~ **paper** n papel m de rascunho; **~py** adj (piece of work) desconexo

scratch [skrætʃ] n arranhão m; (from claw) arranhadura ♦ cpd: ~ **team** time m improvisado, escrete m ♦ vt (rub) coçar; (with claw, nail) arranhar, unhar; (damage) arranhar ♦ vi coçar(-se); **to start from** ~ partir do zero; **to be up to** ~ estar à altura (das circunstâncias)

scrawl [skrɔːl] n garrancho, garatujas fpl ♦ vi garatujar, rabiscar

scrawny ['skrɔːnɪ] adj magricela

scream [skriːm] n grito ♦ vi gritar

scree [skriː] n seixos mpl

screech [skriːtʃ] vi guinchar

screen [skriːn] n (CINEMA, TV, COMPUT) tela (BR), écran m (PT); (movable) biombo; (fig) cortina ♦ vt (conceal) esconder, tapar; (from the wind etc) proteger; (film) projetar; (candidates etc) examinar; **~ing** n (MED) exame m médico; **~play** n roteiro

screw [skruː] n parafuso ♦ vt aparafusar; (also: ~ **in**) apertar, atarraxar; **to ~ up one's eyes** franzir os olhos; **to ~ up** vt (paper etc) amassar; **~driver** n chave f de fenda or de parafuso

scribble ['skrɪbl] n garrancho ♦ vt escrevinhar ♦ vi rabiscar

script [skrɪpt] n (CINEMA etc) roteiro, script m; (writing) escrita, caligrafia

Scripture(s) ['skrɪptʃə(z)] n(pl) Sagrada Escritura

scroll [skrəul] n rolo de pergaminho

scrounge [skraundʒ] (inf) vt filar ♦ n: **to be on the ~** viver às custas de alguém (or dos outros etc)

scrub [skrʌb] n mato, cerrado ♦ vt esfregar; (inf) cancelar, eliminar

scruff [skrʌf] n: **by the ~ of the neck** pelo cangote

scruffy ['skrʌfɪ] adj desmazelado

scrum(mage) ['skrʌm(ɪdʒ)] n rolo

scruple ['skruːpl] n escrúpulo

scrutinize ['skruːtɪnaɪz] vt examinar minuciosamente; (votes) escrutinar

scrutiny ['skruːtɪnɪ] n escrutínio, exame m cuidadoso

scuff [skʌf] vt desgastar

scuffle ['skʌfl] n tumulto

sculptor ['skʌlptə*] n escultor(a) m/f

sculpture ['skʌlptʃə*] n escultura

scum [skʌm] n (on liquid) espuma; (pej: people) ralé f, gentinha

scupper ['skʌpə*] (BRIT: inf) vt (plans) estragar

scurrilous ['skʌrɪləs] adj calunioso

scurry ['skʌrɪ] vi sair correndo; ~ **off** vi sair correndo, dar no pé

scuttle ['skʌtl] n (also: **coal** ~) balde m para carvão ♦ vt (ship) afundar voluntariamente, fazer ir a pique ♦ vi: **to ~ away** or **off** sair em disparada

scythe [saɪð] n segadeira, foice f grande

SDP (BRIT) n abbr = **Social Democratic Party**

sea [siː] n mar m ♦ cpd do mar, marinho; **on the ~** (boat) no mar; (town) junto ao mar; **to go by ~** viajar por mar; **out to** or **at** ~ em alto mar; **to be all at** ~ (fig) estar confuso or desorientado; **~board** n costa, litoral m; **~food** n mariscos mpl; **~front** n orla marítima; **~going** adj (ship) de longo curso; **~gull** n gaivota

seal [siːl] n (animal) foca; (stamp) selo ♦ vt fechar; ~ **off** vt fechar

sea level n nível m do mar

sea lion n leão-marinho m

seam [siːm] n costura; (where edges meet) junta; (of coal) veio, filão m

seaman [siːmən] (irreg) n marinheiro

seamy ['siːmɪ] adj sórdido

seance ['seɪɔns] n sessão f espírita

seaplane ['siːpleɪn] n hidroavião m

seaport ['siːpɔːt] n porto de mar

search [səːtʃ] n busca, procura; (COMPUT) procura; (inspection) exame m, investigação f ♦ vt (look *in*) procurar em; (*examine*) examinar; (*person*) revistar ♦ *vi*: to ~ for procurar; **in ~ of** à procura de; ~ **through** *vt fus* dar busca em; ~**ing** *adj* penetrante, perscrutador(a); ~**light** *n* holofote *m*; ~ **party** *n* equipe *f* de salvamento; ~ **warrant** *n* mandado de busca

sea: ~**shore** *n* praia, beira-mar *f*, litoral *m*; ~**sick** *adj*: to be ~**sick** enjoar; ~**side** *n* praia; ~**side resort** *n* balneário

season ['si:zn] *n* (*of year*) estação *f*; (*sporting etc*) temporada; (*of films etc*) série *f* ♦ *vt* (*food*) temperar; to be in/out of ~ (*fruit*) estar na época/fora de época; ~**al** *adj* sazonal; ~**ed** *adj* (*fig: traveller*) experiente; ~**ing** *n* tempero; ~ **ticket** *n* bilhete *m* de temporada

seat [si:t] *n* (*in bus, train: place*) assento; (*chair*) cadeira *f*; (*POL*) lugar *m*, cadeira; (*buttocks*) traseiro, nádegas *fpl*; (*of trousers*) fundilhos *mpl* ♦ *vt* sentar; (*have room for*) ter capacidade para; to be ~**ed** estar sentado; ~ **belt** *n* cinto de segurança

sea: ~ **water** *n* água do mar; ~**weed** *n* alga marinha; ~**worthy** *adj* em condições de navegar, resistente

sec. *abbr* (= *second*) seg

secluded [sı'klu:dıd] *adj* (*place*) afastado; (*life*) solitário

seclusion [sı'klu:ʒən] *n* reclusão *f*, isolamento

second[1] [sı'kɒnd] (*BRIT*) *vt* (*employee*) transferir temporariamente

second[2] ['sɛkənd] *adj* segundo ♦ *adv* (*in race etc*) em segundo lugar ♦ *n* segundo; (*AUT: also*: ~ **gear**) segunda; (*COMM*) artigo defeituoso; (*BRIT: SCH: degree*) qualificação boa mas sem distinção ♦ *vt* (*motion*) apoiar, secundar; ~**ary** *adj* secundário; ~**ary school** *n* escola secundária, colégio; ~**class** *adv* em segunda classe; ~**hand** *adj* de (*BR*) or em (*PT*) segunda mão, usado; ~ **hand** *n* (*on clock*) ponteiro de segundos; ~**ly**

adv em segundo lugar; ~**rate** *adj* de segunda categoria; ~ **thoughts** (*US* ~ **thought**) *npl*: to **have** ~ **thoughts (about doing sth)** pensar duas vezes (antes de fazer algo); **on** ~ **thoughts** pensando bem

secrecy ['si:krəsı] *n* sigilo

secret ['si:krıt] *adj* secreto ♦ *n* segredo

secretarial [sɛkrı'tɛərıəl] *adj* de secretário/a, secretarial

secretariat [sɛkrı'tɛərıət] *n* secretaria, secretariado

secretary ['sɛkrətərı] *n* secretário/a; (*BRIT: POL*): **S~ of State** Ministro/a de Estado

secretive ['si:krətıv] *adj* sigiloso, reservado

sect [sɛkt] *n* seita

section ['sɛkʃən] *n* seção *f*; (*part*) parte *f*, porção *f*; (*of document*) parágrafo, artigo; (*of opinion*) setor *m*; **cross~** *n* corte *m* transversal

sector ['sɛktə*] *n* setor *m*

secular ['sɛkjulə*] *adj* (*priest*) secular; (*music, society*) leigo

secure [sı'kjuə*] *adj* (*safe*) seguro; (*firmly fixed*) firme, rígido ♦ *vt* (*fix*) prender; (*get*) conseguir, obter; **security** *n* segurança; (*for loan*) fiança, garantia

sedan [sı'dæn] (*US*) *n* (*AUT*) sedã *m*

sedate [sı'deıt] *adj* calmo ♦ *vt* sedar, tratar com calmantes; **sedative** *n* calmante *m*, sedativo

seduce [sı'dju:s] *vt* seduzir; **seduction** *n* sedução *f*; **seductive** *adj* sedutor(a)

see [si:] (*pt* **saw**, *pp* ~**n**) *vt* ver; (*understand*) entender; (*accompany*): to ~ **sb to the door** acompanhar ou levar alguém até a porta ♦ *vi* ver; (*find out*) achar ♦ *n* sé, sede *f*; to ~ **that** (*ensure*) assegurar que; ~ **you soon!** até logo!; ~ **about** *vt fus* tratar de; ~ **off** *vt* despedir-se de; ~ **through** *vt fus* enxergar através de ♦ *vt* levar a cabo; ~ **to** *vt fus* providenciar

seed [si:d] *n* semente *f*; (*sperm*) es-

perma m; (fig: gen pl) germe m;
(TENNIS) pré-selecionado/a; to go
to ~ produzir sementes; (fig)
deteriorar-se; ~**ling** n planta brotada
da semente, muda; ~**y** adj (shabby:
place) mal-cuidado; (: person) maltrapilho

seeing ['siːɪŋ] conj: ~ (that) visto
(que), considerando (que)

seek [siːk] (pt, pp **sought**) vt procurar; (post) solicitar

seem [siːm] vi parecer; **there ~s to
be** ... parece que há ...; ~**ingly** adv
aparentemente, pelo que aparenta

seen [siːn] pp of **see**

seep [siːp] vi filtrar-se, penetrar

seesaw ['siːsɔː] n gangorra, balanço

seethe [siːð] vi ferver; **to ~ with
anger** estar danado (da vida)

see-through adj transparente

segment ['sɛɡmənt] n segmento; (of
orange) gomo

seize [siːz] vt agarrar, pegar; (power, hostage) apoderar-se de, confiscar; (territory) tomar posse de; (opportunity) aproveitar; ~ **up** vi
(TECH) gripar; ~ (**up)on** vt fus
valer-se de; **seizure** n (MED) ataque
m, acesso; (LAW, of power) confisco,
embargo

seldom ['sɛldəm] adv raramente

select [sɪ'lɛkt] adj seleto, fino ♦ vt
escolher, selecionar; (SPORT) selecionar, escalar; ~**ion** n seleção f, escolha; (COMM) sortimento

self [sɛlf] (pl **selves**) pron see herself; himself; itself; myself; oneself; ourselves; themselves; yourself ♦ n: **the ~** o eu

self... [sɛlf] prefix auto...; ~**-assured**
adj seguro de si; ~**-catering** (BRIT)
adj (flat) com cozinha; (holiday) em
casa alugada; ~**-centred** (US ~-
centered) adj egocêntrico; ~-
coloured (US ~-colored) adj de cor
natural; (of one colour) de uma só
cor; ~**-confidence** n autoconfiança,
confiança em si; ~**-conscious** adj inibido, constrangido; ~**-contained**
(BRIT) adj (flat) completo,

autônomo; ~**-control** n autocontrole
m, autodomínio; ~**-defence** (US ~-
defense) n legítima defesa, autodefesa; **in** ~**-defence** em legítima defesa; ~**-discipline** n autodisciplina; ~-
employed adj autônomo; ~**-evident**
adj patente; ~**-governing** adj
autônomo; ~**-indulgent** adj que se
permite excessos; ~**-interest** n egoísmo; ~**-ish** adj egoísta; ~**-less** adj desin-
teressado; ~**-made** n: ~**-made
man** homem m que se fez por conta
própria; ~**-pity** n pena de si mesmo;
~**-portrait** n auto-retrato; ~-
possessed adj calmo, senhor(a) de
si; ~**-respect** n amor m próprio; ~-
righteous adj farisaico, santarrão/
rona; ~**-sacrifice** n abnegação f, al-
truismo; ~**-satisfied** adj satisfeito
consigo mesmo; ~**-service** adj de
auto-serviço; ~**-sufficient** adj auto-
suficiente; ~**-taught** adj autodidata

sell [sɛl] (pt, pp **sold**) vt vender;
(fig): **to ~ sb an idea** convencer alguém de uma idéia ♦ vi vender-se;
to ~ at or **for £10** vender a or por
£10; ~ **off** vt liquidar; ~ **out** vi vender todo o estoque ♦ vt: **the tickets
are all sold out** todos os ingressos
já foram vendidos; ~**-by date** n vencimento; ~**er** n vendedor(a) m/f;
~**ing price** n preço de venda

sellotape ['sɛləʊteɪp] ® (BRIT) n
fita adesiva, durex ® m (BR)

selves [sɛlvz] pl of **self**

semblance ['sɛmbləns] n aparência

semi... [sɛmɪ] prefix semi..., meio...;
~**circle** n semicírculo; ~**colon** n ponto e vírgula; ~**conductor** n semicon-
dutor m; ~**detached (house)** (BRIT)
n (casa) geminada; ~**final** n semifi-
nal f

seminar ['sɛmɪnɑː*] n seminário

seminary ['sɛmɪnərɪ] n seminário

semiskilled ['sɛmɪˈskɪld] adj (work,
worker) semi-especializado

senate ['sɛnɪt] n senado; **senator** n
senador(a) m/f

send [sɛnd] (pt, pp **sent**) vt mandar,
enviar; (dispatch) expedir, remeter;

(*transmit*) transmitir; ~ **away** *vt*
(*letter, goods*) expedir, mandar; (*unwelcome visitor*) mandar embora; ~
away for *vt fus* encomendar, pedir
pelo correio; ~ **back** *vt* devolver,
mandar de volta; ~ **for** *vt fus* mandar buscar; (*by post*) encomendar,
pedir pelo correio; ~ **off** *vt* (*goods*)
despachar, expedir; (*BRIT: SPORT:
player*) expulsar; ~ **out** *vt* (*invitation*) distribuir; (*signal*) emitir; ~
up *vt* (*person, price*) fazer subir;
(*BRIT: parody*) parodiar; ~**er** *n* remetente *m/f*; ~**off** *n*: a good ~off
uma boa despedida

senior ['si:nɪə*] *adj* (*older*) mais velho or idoso; (*on staff*) mais antigo;
(*of higher rank*) superior; ~ **citizen**
n idoso/a; ~**ity** *n* (*in service*)
status *m*

sensation [sen'seɪʃən] *n* sensação *f*;
~**al** *adj* sensacional; (*headlines, result*) sensacionalista

sense [sens] *n* sentido; (*feeling*) sensação *f*; (*good* ~) bom senso ♦ *vt*
sentir, perceber; **it makes** ~ faz
sentido; ~**less** *adj* insensato, estúpido; (*unconscious*) sem sentidos, inconsciente; **sensible** *adj* sensato, de
bom senso; (*reasonable: price*) razoável; (: *advice, decision*) sensato

sensitive ['sensɪtɪv] *adj* sensível;
(*fig: touchy*) suscetível

sensual ['sensjuəl] *adj* sensual

sensuous ['sensjuəs] *adj* sensual

sent [sent] *pt, pp of* **send**

sentence ['sentəns] *n* (*LING*) frase
f, oração *f*; (*LAW*) sentença *f* ♦ *vt*:
to ~ **sb to death/to 5 years** condenar
alguém à morte/a 5 anos de prisão

sentiment ['sentɪmənt] *n* sentimento; (*opinion: also pl*) opinião *f*; ~**al**
adj sentimental

sentry ['sentrɪ] *n* sentinela *f*

separate [*adj* 'seprɪt, *vt, vi* 'sepəreɪt]
adj separado; (*distinct*) diferente ♦
vt separar; (*part*) dividir ♦ *vi*
separar-se; ~**ly** *adv* separadamente;
~**s** *npl* (*clothes*) roupas *fpl* que fazem jogo

September [sep'tembə*] *n* setembro
septic ['septɪk] *adj* sético; (*wound*)
infeccionado; ~ **tank** *n* fossa sética
sequel ['si:kwl] *n* consequência, resultado; (*of film, story*) continuação *f*
sequence ['si:kwəns] *n* série *f*, se-
quência; (*CINEMA*) série
sequin ['si:kwɪn] *n* lantejoula, paetê
m
serene [sɪ'ri:n] *adj* sereno, tranqüilo
sergeant ['sɑ:dʒənt] *n* sargento
serial ['sɪərɪəl] *n* seriado; ~**ize** *vt*
(*book*) publicar em folhetim; ~
number *n* número de série
series ['sɪərɪz] *n inv* série *f*
serious ['sɪərɪəs] *adj* sério; (*matter*)
importante; (*illness*) grave; ~**ly** *adv*
a sério, com seriedade; (*hurt*) gravemente
sermon ['sə:mən] *n* sermão *m*
serrated [sɪ'reɪtɪd] *adj* serrado, dentado
serum ['sɪərəm] *n* soro
servant ['sə:vənt] *n* empregado/a *m*;
(*fig*) servidor(a) *m/f*
serve [sə:v] *vt* servir; (*customer*)
atender; (*subj: train*) passar por;
(*apprenticeship*) fazer; (*prison term*)
cumprir ♦ *vi* (*at table*) servir-se;
(*TENNIS*) sacar; (*be useful*): to ~
as/for/to do servir como/para/para
fazer ♦ *n* (*TENNIS*) saque *m*; **it** ~**s**
him right é bem feito para ele; ~
out *vt* (*food*) servir; ~ **up** *vt* = ~
out
service ['sə:vɪs] *n* serviço; (*REL*)
culto; (*AUT*) revisão *f*; (*TENNIS*)
saque *m*; (*also: dinner* ~) aparelho
de jantar ♦ *vt* (*car, washing machine*) fazer a revisão de, revisar; **the**
S~**s** *npl* (*army, navy etc*) as Forças
Armadas; **to be of** ~ **to sb** ser útil
a alguém; ~**able** *adj* aproveitável,
prático, durável; ~ **area** *n* (*on motorway*) posto de gasolina com bar,
restaurante *etc*; ~ **charge** (*BRIT*) *n*
serviço; ~**man** (*irreg*) *n* militar *m*;
~ **station** *n* posto de gasolina (*BR*),
estação *f* de serviço (*PT*)
serviette [sə:vɪ'et] (*BRIT*) *n* guarda-

napo

session ['seʃən] n sessão f; **to be in ~** estar reunido em sessão

set [set] (pt, pp set) n (of things) jogo; (radio ~, TV ~) aparelho; (of utensils) bateria de cozinha; (of cutlery) talher m; (of books) coleção f; (of people) grupo; (TENNIS) set m; (THEATRE, CINEMA) cenário; (HAIRDRESSING) penteado; (MATH) conjunto ♦ adj fixo; ready) pronto ♦ vt pôr, colocar; (table) pôr; (price) fixar; (rules etc) estabelecer, decidir; (record) estabelecer; (time) marcar; (adjust) ajustar; (task, exam) passar ♦ vi (sun) pôr-se; (jam, jelly, concrete) endurecer, solidificar-se; **to ~ on doing sth** estar decidido a fazer algo; **to ~ to music** musicar, pôr música em; **to ~ on fire** botar fogo em, incendiar; **to ~ free** libertar; **to ~ sth going** pôr algo em movimento; **~ about** vt fus começar com; **~ aside** vt deixar de lado; **~ back** vt (cost): **it ~ me back** £5 me deu um prejuízo de £5; (in time): **to ~ sb back (by)** atrasar alguém (em); **~ off** vi partir, ir indo ♦ vt (bomb) fazer explodir; (alarm) disparar; (chain of events) iniciar; (show up well) ressaltar; **~ out** vi partir ♦ vt (arrange) colocar, dispor; (state) expor, explicar; **to ~ out to do sth** pretender fazer algo; **~ up** vt fundar, estabelecer; **~back** n revés m, contratempo; **~ menu** n refeição f a preço fixo

settee [se'tiː] n sofá m

setting ['setɪŋ] n (background) cenário; (position) posição f; (of sun) pôr(-do-sol) m; (of jewel) engaste m

settle ['setl] vt (argument, matter) resolver, esclarecer; (accounts) ajustar, liquidar; (MED: calm) acalmar, tranquilizar ♦ vi (dust etc) assentar; (calm down: children) acalmar-se; (also: ~ **down**) instalar-se, estabilizar-se; **to ~ for sth** concordar em aceitar algo; **to ~ on sth** optar por algo; **~ in** vi instalar-se;

~ up vi: **to ~ up with sb** ajustar as contas com alguém; **~ment** n (payment) liquidação f; (agreement) acordo, convênio; (village etc) povoado, povoação f; **~r** n colono/a, colonizador(a) m/f

setup ['setʌp] n (organization) organização f; (situation) situação f

seven ['sevn] num sete; **~teen** num dezessete; **~th** num sétimo; **~ty** num setenta

sever ['sevə*] vt cortar; (relations) romper

several ['sevrl] adj, pron vários/as; **~ of us** vários de nós

severance ['sevərəns] n (of relations) rompimento; **~ pay** n indenização f pela demissão

severe [sɪ'vɪə*] adj severo; (serious) grave; (hard) duro; (pain) intenso; (dress) austero

sew [səu] (pt ~ed, pp sewn) vt coser, costurar; **~ up** vt coser, costurar

sewage ['suːɪdʒ] n detritos mpl

sewer ['suːə*] n (cano do) esgoto, bueiro

sewing ['səuɪŋ] n costura; **~ machine** n máquina de costura

sewn [səun] pp of sew

sex [seks] n sexo; **~ist** adj sexista

sexual ['seksjuəl] adj sexual

sexy ['seksɪ] adj sexy

shabby ['ʃæbɪ] adj (person) esfarrapado, maltrapilho; (clothes) usado, surrado; (behaviour) indigno

shack [ʃæk] n choupana, barraca

shackles ['ʃæklz] npl algemas fpl, grilhões mpl

shade [ʃeɪd] n (shade) sombra; (for lamp) quebra-luz m; (of colour) tom m, tonalidade f; (small quantity): **a ~ (more/too large)** um pouquinho (mais/grande) ♦ vt dar sombra a; (eyes) sombrear; **in the ~** à sombra

shadow ['ʃædəu] n sombra ♦ vt (follow) seguir de perto (sem ser visto); **~ cabinet** n (BRIT) (in POL) gabinete paralelo formado pelo partido da oposição; **~y** adj escuro; (dim) vago, indistinto

shady ['ʃeɪdɪ] *adj* à sombra; *(fig: dishonest: person)* suspeito, duvidoso; *(: deal)* desonesto

shaft [ʃɑːft] *n (of arrow, spear)* haste *f*; *(AUT, TECH)* eixo, manivela; *(of mine, of lift)* poço; *(of light)* raio

shaggy ['ʃægɪ] *adj* desgrenhado

shake [ʃeɪk] *(pt* **shook***, pp* **shaken***) vt* sacudir; *(building, confidence)* abalar; *(surprise)* surpreender ♦ *vi* tremer; **to ~ hands with sb** apertar a mão de alguém; **to ~ one's head** *(in refusal etc)* dizer não com a cabeça; *(in dismay)* sacudir a cabeça; **~ off** *vt* sacudir; *(fig)* livrar-se de; **~ up** *vt* sacudir; *(fig)* reorganizar; **shaky** *adj (hand, voice)* trêmulo; *(table)* instável; *(building)* abalado

shall [ʃæl] *aux vb*: **I ~ go** irei; **~ I open the door?** posso abrir a porta?; **I'll get some, ~ I?** eu vou pegar algum, está bem?

shallow ['ʃæləʊ] *adj* raso; *(breathing)* fraco; *(fig)* superficial

sham [ʃæm] *n* fraude *f*, fingimento *f* ♦ *vt* fingir, simular

shambles ['ʃæmblz] *n* confusão *f*

shame [ʃeɪm] *n* vergonha ♦ *vt* envergonhar; **it is a ~ (that/to do)** é uma (pena (que/fazer); **what a ~!** que pena!; **~-faced** *adj* envergonhado; **~ful** *adj* vergonhoso; **~less** *adj* sem vergonha, descarado

shampoo [ʃæm'puː] *n* xampu *m* (*BR*), champô *m* (*PT*) ♦ *vt* lavar o cabelo (com xampu or champô); **~ and set** *n* lavagem *f* e penteado

shamrock ['ʃæmrɔk] *n* trevo

shandy ['ʃændɪ] *n* mistura de cerveja com refresco gaseificado

shan't [ʃɑːnt] = **shall not**

shanty town ['ʃæntɪ-] *n* favela

shape [ʃeɪp] *n* forma ♦ *vt (form)* moldar; *(sb's ideas)* formar; *(sb's life)* definir, determinar; **to take ~** tomar forma; **~ up** *vi (events)* desenrolar-se; *(person)* tomar jeito; **~d** *suffix*: **heart~d** em forma de coração; **~less** *adj* informe, sem for-

ma definida; **~ly** *adj* escultural

share [ʃeə²] *n* parte *f*; *(contribution)* cota; *(COMM)* ação *f* ♦ *vt* dividir; *(have in common)* compartilhar; **~ out** *vt* distribuir; **~holder** *n* acionista *m/f*

shark [ʃɑːk] *n* tubarão *m*

sharp [ʃɑːp] *adj (razor, knife)* afiado; *(point, features)* pontiagudo; *(outline)* definido, bem marcado; *(pain, voice)* agudo; *(taste)* acre; *(MUS)* desafinado; *(contrast)* marcado; *(quick-witted)* perspicaz; *(dishonest)* desonesto ♦ *n (MUS)* sustenido ♦ *adv*: **at 2 o'clock** ~ às 2 (horas em ponto; **~en** *vt* afiar; *(pencil)* apontar, fazer a ponta de; *(fig)* aguçar; **~ener** *n (also:* **pencil ~ener***)* apontador *m (BR)*, apara-lápis *m inv (PT)*; **~-eyed** *adj* de vista aguda; **~ly** *adv (abruptly)* bruscamente; *(clearly)* claramente; *(harshly)* severamente

shatter ['ʃætə²] *vt* despedaçar, estilhaçar; *(fig: ruin)* destruir, acabar com; *(: upset)* arrasar ♦ *vi* despedaçar-se, estilhaçar-se

shave [ʃeɪv] *vt* barbear, fazer a barba de; *(wood etc)* aparar ♦ *vi* fazer a barba, barbear-se ♦ *n*: **to have a ~** fazer a barba; barbear-se; **~n** *n (also: electric ~r)* barbeador *m* elétrico; **shaving** *n (action)* barbeação *f*; **shavings** *npl (of wood)* aparas *fpl*; **shaving brush** *n* pincel *m* de barba; **shaving cream** *n* creme *m* de barbear; **shaving foam** *n* espuma *f* de barbear

shawl [ʃɔːl] *n* xale *m*

she [ʃiː] *pron* ela ♦ *prefix*: **~-elephant** *etc* **elefante** *etc* fêmea

sheaf [ʃiːf] *(pl* **sheaves***) n (of corn)* gavela; *(of papers)* maço

shear [ʃɪə²] *(pt* **~ed***, pp* **shorn***) vt (sheep)* tosquiar, tosar; **~ off** *vi* cisalhar; **~s** *npl (for hedge)* tesoura de jardim

sheath [ʃiːθ] *n* bainha; *(contraceptive)* camisa-de-vênus *f*, camisinha

sheaves [ʃiːvz] *npl* of **sheaf**

shed [ʃed] *(pt, pp* **shed***) n* alpendre

m, galpão m ♦ vt (skin) mudar; (load) perder; (tears, blood) derramar; (workers) despedir

she'd [ʃiːd] = she had; she would

sheen [ʃiːn] n brilho

sheep [ʃiːp] n inv ovelha; **~dog** n cão m pastor; **~ish** adj tímido, acanhado; **~skin** n pele f de carneiro, pelego

sheer [ʃɪə*] adj (utter) puro, completo; (steep) íngreme, empinado; (almost transparent) fino, translúcido ♦ adv a pique

sheet [ʃiːt] n (on bed) lençol m; (of paper) folha; (of glass, metal) lâmina, chapa; (of ice) camada

sheik(h) [ʃeɪk] n xeque m

shelf [ʃelf] (pl shelves) n prateleira

shell [ʃel] n (on beach) concha; (of egg, nut etc) casca; (explosive) obus m; (of building) armação f, esqueleto ♦ vt (peas) descascar; (MIL) bombardear

she'll [ʃiːl] = she will; she shall

shellfish [ʃelfɪʃ] n inv crustáceo; (pl: as food) frutos mpl do mar, mariscos mpl

shell suit n conjunto de náilon para jogging

shelter [ʃeltə*] n (building) abrigo; (protection) refúgio ♦ vt (protect) proteger; (give lodging to) abrigar ♦ vi abrigar-se, refugiar-se; **~ed** adj (life) protegido; (spot) abrigado, protegido; **~ed housing** acomodação para idosos e defeituosos

shelve [ʃelv] vt (fig) pôr de lado, engavetar; **~s** npl of shelf

shepherd [ʃepəd] n pastor m ♦ vt guiar, conduzir; **~'s pie** (BRIT) n empadão m de carne e batata

sheriff [ʃerɪf] (US) n xerife m

sherry [ʃerɪ] n (vinho de) Xerez m

she's [ʃiːz] = she is; she has

Shetland [ʃetlənd] n (also: the **~s**, the **~ Isles**) as ilhas Shetland

shield [ʃiːld] n escudo; (SPORT) escudo, brasão m; (protection) proteção f ♦ vt: **to ~ (from)** proteger (contra)

shift [ʃɪft] n mudança; (of work) turno; (of workers) turma ♦ vt transferir; (remove) tirar ♦ vi mudar; **~less** adj indolente; **~ work** n trabalho em turnos; **~y** adj esperto, trapaceiro; (eyes) velhaco, maroto

shilling [ʃɪlɪŋ] (BRIT) n xelim m (= 12 old pence; 20 in a pound)

shilly-shally [ʃɪlɪʃælɪ] vi vacilar

shimmer [ʃɪmə*] vi cintilar, tremeluzir

shin [ʃɪn] n canela (da perna)

shine [ʃaɪn] (pt, pp **shone**) n brilho, lustre m ♦ vi brilhar ♦ vt (glasses) polir; (shoes: pt, pp ~d) lustrar; **to ~ a torch on sth** apontar uma lanterna para algo

shingle [ʃɪŋgl] n (on beach) pedrinhas fpl, seixinhos mpl; **~s** n (MED) herpes-zoster m

shiny [ʃaɪnɪ] adj brilhante, lustroso

ship [ʃɪp] n barco ♦ vt (goods) embarcar; (send) transportar or mandar (por via marítima); **~ment** n carregamento; **~per** n exportador(a) m/f, expedidor(a) m/f; **~ping** n (ships) navios mpl; (cargo) transporte m de mercadorias (por via marítima); (traffic) navegação f; **~shape** adj em ordem; **~wreck** n (event) malogro; (ship) naufrágio ♦ vt: **to be ~wrecked** naufragar; **~yard** n estaleiro

shire [ʃaɪə*] (BRIT) n condado

shirk [ʃəːk] vt (work) esquivar-se de; (obligations) não cumprir, faltar a

shirt [ʃəːt] n (man's) camisa; (woman's) blusa; **in ~ sleeves** em manga de camisa

shit [ʃɪt] (inf!) excl merda (!)

shiver [ʃɪvə*] n tremor m, arrepio ♦ vi tremer, estremecer, tiritar

shoal [ʃəʊl] n (of fish) cardume m; (fig: also: **~s**) bando, multidão f

shock [ʃɔk] n (impact) choque m; (ELEC) descarga; (emotional) comoção f, abalo; (start) susto, sobressalto; (MED) trauma m ♦ vt dar um susto em, chocar; (offend) escandalizar; **~ absorber** n amortecedor m;

~ing adj chocante, lamentável; (outrageous) revoltante, chocante

shod [ʃɔd] pt, pp of **shoe**

shoddy ['ʃɔdɪ] adj de má qualidade

shoe [ʃuː] n (pl, pp **shod**) n sapato; (for horse) ferradura ♦ vt (horse) ferrar; **~brush** n escova de sapato; **~lace** n cadarço, cordão m (de sapato); **~ polish** n graxa de sapato; **~shop** n sapataria; **~string** n (fig): **on a ~string** com muito pouco dinheiro

shone [ʃɔn] pt, pp of **shine**

shoo [ʃuː] excl xô!

shook [ʃuk] pt of **shake**

shoot [ʃuːt] (pt, pp **shot**) n (on branch, seedling) broto ♦ vt disparar; (kill) matar à bala, balear; (wound) ferir à bala, balear; (execute) fuzilar; (film) filmar, rodar ♦ vi: to ~ (at) atirar em; (FOOTBALL) chutar; ~ **down** vt (plane) derrubar, abater; ~ **in/out** vi entrar/sair correndo; ~ **up** vi (fig) subir vertiginosamente; **~ing** n tiros mpl, tiroteio; (HUNTING) caçada (com espingarda); **~ing star** n estrela cadente

shop [ʃɔp] n loja; (workshop) oficina ♦ vi (also: **go ~ping**) ir fazer compras; **~ assistant** (BRIT) n vendedor(a) m/f; **~ floor** (BRIT) n operários mpl; **~keeper** n lojista m/f; **~lifting** n furto (em lojas); **~per** n comprador(a) f; **~ping** n (goods) compras fpl; **~ping bag** n bolsa (de compras); **~ping centre** (US **~ping center**) n shopping (center) m; **~soiled** adj danificado (pelo tempo ou manuseio); **~ steward** (BRIT) n (INDUSTRY) representante m/f sindical; **~ window** n vitrine f (BR), montra (PT)

shore [ʃɔːˀ] n (of sea) costa, praia; (of lake) margem f ♦ vt: to ~ (**up**) reforçar, escorar; **on ~** em terra

shorn [ʃɔːn] pp of **shear**

short [ʃɔːt] adj curto; (in time) breve, de curta duração; (person) baixo; (curt) seco, brusco; (insufficient) insuficiente, em falta; **to be ~ of sth** estar em falta de algo; **in ~** em resumo; **~ of doing ...** a não ser fazer ...; **everything ~ of ...** tudo a não ser ...; **it is ~ for** é a abreviatura de; **to cut ~** (speech, visit) encurtar; **to fall ~ of** não ser à altura de; **to run ~ of sth** ficar sem algo; **to stop ~** parar de repente; **to stop ~ of** chegar quase a; **~age** n escassez f, falta; **~bread** n biscoito amanteigado; **~change** vt: to **~change** sb roubar alguém no troco; **~ circuit** n curto-circuito ♦ vt provocar um curto-circuito ♦ vi entrar em curto-circuito; **~coming** n defeito, imperfeição f, falha; **~(crust) pastry** (BRIT) n massa amanteigada; **~cut** n atalho; **~en** vt encurtar; (abbreviate) abreviar; **~fall** n déficit m; **~hand** (BRIT) n estenografia; **~hand typist** (BRIT) n estenodatilógrafo(a); **~list** (BRIT) n lista dos candidatos escolhidos; **~-lived** adj de curta duração; **~ly** adv em breve, dentro em pouco; **~s** npl: **(a pair of) ~s** um calção (BR), um short (BR), uns calções (PT); **~sighted** (BRIT) adj míope; **~-staffed** adj com falta de pessoal; **~ story** n conto; **~-tempered** adj irritadiço; **~ term** adj a curto prazo; **~ wave** n (RADIO) onda curta

shot [ʃɔt] pt, pp of **shoot** ♦ n (of gun) tiro; (pellets) chumbo; (try, FOOTBALL) tentativa; (injection) injeção f; (PHOT) fotografia; **to be a good/bad ~** (person) ter boa/má pontaria; **like a ~** como um relâmpago, de repente; **~gun** n espingarda

should [ʃud] aux vb: **I ~ go now** devo ir embora agora; **he ~ be there now** ele já deve ter chegado; **I ~ go if I were you** eu iria se fosse você; **I ~ like to** eu gostaria de

shoulder ['ʃəʊldəˀ] n ombro ♦ vt (fig) arcar com; **~ bag** n sacola a tiracolo; **~ blade** n omoplata m; **~ strap** n alça

shouldn't [ˈʃudnt] = should not

shout [ʃaut] n grito ♦ vt gritar ♦ vi (also: ~ **out**) gritar, berrar; ~ **down** vt fazer calar com gritos; ~**ing** n gritaria, berreiro

shove [ʃʌv] vt empurrar; (inf: put): to ~ **sth in** botar algo em; ~ **off** (inf) vi dar o fora

shovel [ˈʃʌvl] n pá f; (mechanical) escavadeira ♦ vt cavar com pá

show [ʃou] (pt ~**ed**, pp ~**n**) n (of emotion) demonstração f; (semblance) aparência; (exhibition) exibição f; (THEATRE) espetáculo, representação f; (CINEMA) sessão f ♦ vt mostrar; (courage etc) demonstrar, dar prova de; (exhibit) exibir, expor; (depict) ilustrar; (film) exibir ♦ vi mostrar-se; (appear) aparecer; to be **on** ~ estar em exposição; ~ **in** vt mandar entrar; ~ **off** vi (pej) mostrar-se, exibir-se ♦ vt (display) exibir, mostrar; ~ **out** vt levar até a porta; ~ **up** vi (stand out) destacar-se; (inf: turn up) aparecer, pintar ♦ vt descobrir; ~ **business** n o mundo do espetáculo; ~**down** n confrontação f

shower [ˈʃauəʳ] n (rain) pancada de chuva; (of stones etc) chuva, enxurrada; (also: ~ **bath**) chuveiro ♦ vi tomar banho de chuveiro ♦ vt: to ~ **sb with** (gifts etc) cumular alguém de; **to have** or **take a** ~ tomar banho (de chuveiro); ~**proof** adj impermeável

showing [ˈʃouɪŋ] n (of film) projeção f, exibição f

show jumping [ˈ-dʒʌmpɪŋ] n hipismo

shown [ʃoun] pp of **show**

show-: ~**off** n (person) exibicionista m/f, faroleiro/a; ~**piece** n (of exhibition etc) obra mais importante; ~**room** n sala de exposição

shrank [ʃræŋk] pt of **shrink**

shrapnel [ˈʃræpnl] n estilhaços mpl

shred [ʃred] n (gen pl) tira, pedaço ♦ vt rasgar em tiras, retalhar; (CULIN) desfiar, picar; ~**der** n (for

vegetables) ralador m; (for documents) fragmentadora

shrewd [ʃruːd] adj perspicaz

shriek [ʃriːk] n grito ♦ vi gritar, berrar

shrill [ʃrɪl] adj agudo, estridente

shrimp [ʃrɪmp] n camarão m

shrine [ʃraɪn] n santuário

shrink [ʃrɪŋk] (pt **shrank**, pp **shrunk**) vi encolher; (be reduced) reduzir-se; (also: ~ **away**) encolher-se ♦ vt (cloth) fazer encolher ♦ n (inf: pej) psicanalista m/f; to ~ **from doing sth** não se atrever a fazer algo; ~**age** n encolhimento, redução f; ~**wrap** vt embalar a vácuo

shrivel [ˈʃrɪvl] vt (also: ~ **up**: dry) secar; (: crease) enrugar ♦ vi secar-se; enrugar-se, murchar

shroud [ʃraud] n mortalha f ♦ vt: ~**ed in mystery** envolto em mistério

Shrove Tuesday [ʃrouv-] n terça-feira gorda

shrub [ʃrʌb] n arbusto; ~**bery** n arbustos mpl

shrug [ʃrʌg] n encolhimento dos ombros ♦ vt, vi: to ~ (**one's shoulders**) encolher os ombros, dar de ombros (BR); ~ **off** vt negar a importância de

shrunk [ʃrʌŋk] pp of **shrink**

shudder [ˈʃʌdəʳ] n estremecimento, tremor m ♦ vi estremecer, tremer de medo

shuffle [ˈʃʌfl] vt (cards) embaralhar ♦ vi: to ~ (**one's feet**) arrastar os pés

shun [ʃʌn] vt evitar, afastar-se de

shunt [ʃʌnt] vt (RAIL) manobrar, desviar; (object) desviar

shut [ʃʌt] (pt, pp **shut**) vt fechar ♦ vi fechar(-se); ~ **down** vt, vi fechar; ~ **off** vt cortar, interromper; ~ **up** vi (inf: keep quiet) calar-se, calar a boca ♦ vt (close) fechar; (silence) calar; ~**ter** n veneziana; (PHOT) obturador m

shuttle [ˈʃʌtl] n (plane: also: ~ **service**) ponte f aérea; (space ~)

ônibus *m* espacial

shuttlecock ['ʃʌtlkɔk] *n* peteca

shy [ʃaɪ] *adj* tímido; (*reserved*) reservado; **~ness** *n* timidez *f*

sibling ['sɪblɪŋ] *n* irmão/irmã *m/f*

sick [sɪk] *adj* (*ill*) doente; (*nauseated*) enjoado; (*humour*) mórbido; (*vomiting*): **to be ~** vomitar; **to feel ~** estar enjoado; **to be ~ of** (*fig*) estar cheio *or* farto de; **~bay** *n* enfermaria; **~en** *vt* (*disgust*) enojar, repugnar; **~ening** *adj* repugnante

sickle ['sɪkl] *n* foice *f*

sick: **~ leave** *n* licença por doença; **~ly** *adj* doentio; (*causing nausea*) nauseante; **~ness** *n* doença, indisposição *f*; (*vomiting*) náusea, enjôo; **~ pay** *n* salário pago em período de doença

side [saɪd] *n* lado; (*of body*) flanco; (*of lake*) margem *f*; (*aspect*) aspecto; (*team*) time *m* (BR), equipa (PT); (*of hill*) declive *m* ♦ *cpd* (*door, entrance*) lateral ♦ *vi*: **to ~ with sb** tomar o partido de alguém; **by the ~ of** ao lado de; **~ by ~** lado a lado, juntos; **from ~ to ~** para lá e para cá; **to take ~s** pôr-se ao lado de; **~board** *n* aparador *m*; **~boards** *npl* (BRIT) = **~burns**; **~burns** *npl* suíças *fpl*, costeletas *fpl*; **~ drum** *n* caixa clara; **~ effect** *n* efeito colateral; **~light** *n* (AUT) luz *f* lateral; **~line** *n* (SPORT) linha lateral; (*fig: job*) emprego suplementar; **~long** *adj* de soslaio; **~saddle** *adv* de silhão; **~show** *n* (*stall*) barraca; **~step** *vt* evitar; **~track** *vt* (*fig*) desviar (do seu propósito); **~walk** *n* (US) calçada; **~ways** *adv* de lado; **siding** *n* (RAIL) desvio, ramal *m*

sidle ['saɪdl] *vi*: **to ~ up (to)** aproximar-se furtivamente (de)

siege [siːdʒ] *n* sítio, assédio

sieve [sɪv] *n* peneira ♦ *vt* peneirar

sift [sɪft] *vt* peneirar; (*fig*) esquadrinhar, analisar minuciosamente

sigh [saɪ] *n* suspiro ♦ *vi* suspirar

sight [saɪt] *n* (*faculty*) vista, visão *f*; (*spectacle*) espetáculo; (*on gun*) mira ♦ *vt* avistar; **in ~** à vista; **on ~** (*shoot*) no local; **out of ~** longe dos olhos; **~seeing** *n* turismo; **to go ~seeing** fazer turismo, passear

sign [saɪn] *n* (*with hand*) sinal *m*, aceno; (*indication*) indício; (*notice*) letreiro, tabuleta; (*written*) signo ♦ *vt* assinar; **to ~ sth over to sb** assinar a transferência de algo para alguém; **~ on** *vi* (MIL) alistar-se; (BRIT: *as unemployed*) cadastrar-se para receber auxílio-desemprego; (*for course*) inscrever-se ♦ *vt* (MIL) alistar; (*employee*) efetivar; **~ up** *vi* (MIL) alistar-se; (*for course*) inscrever-se ♦ *vt* recrutar

signal ['sɪɡnl] *n* sinal *m*, aviso ♦ *vi* (*also:* AUT) sinalizar, dar sinal ♦ *vt* (*person*) fazer sinais para; (*message*) transmitir; **~man** (*irreg*) *n* sinaleiro

signature ['sɪɡnətʃə] *n* assinatura; **~ tune** *n* tema *m* (de abertura)

signet ring ['sɪɡnət-] *n* anel *m* com o sinete *or* a chancela

significance [sɪɡˈnɪfɪkəns] *n* importância; **significant** *adj* significativo; (*important*) importante

sign language *n* mímica, linguagem *f* através de sinais

sign post *n* indicador *m*

silence ['saɪləns] *n* silêncio ♦ *vt* silenciar, impor silêncio a; **~r** *n* (*on gun*) silenciador *m*; (BRIT: AUT) silencioso

silent ['saɪlənt] *adj* silencioso; (*not speaking*) calado; (*film*) mudo; **to remain ~** manter-se em silêncio; **~ partner** *n* (COMM) sócio/a comanditário/a

silhouette [sɪluːˈet] *n* silhueta

silicon chip ['sɪlɪkən-] *n* placa *or* chip *m* de silício

silk [sɪlk] *n* seda ♦ *adj* de seda; **~y** *adj* sedoso

silly ['sɪlɪ] *adj* (*person*) bobo, idiota, imbecil; (*idea*) absurdo, ridículo

silt [sɪlt] *n* sedimento, aluvião *m*

silver ['sɪlvəʳ] *n* prata; (*money*) moedas *fpl*; (*also*: ~**ware**) prataria ♦ *adj* de prata; ~**-plated** *adj* prateado, banhado a prata; ~**smith** *n* prateiro/ a; ~**y** *adj* prateado

similar ['sɪmɪlə*] *adj*: ~ to parecido com, semelhante a; ~**ity** *n* semelhança; ~**ly** *adv* da mesma maneira

simmer ['sɪmə*] *vi* cozer em fogo lento, ferver lentamente

simpering ['sɪmpərɪŋ] *adj* idiota

simple ['sɪmpl] *adj* simples *inv*; (*foolish*) ingênuo; ~ **interest** *n* juros *mpl* simples; **simply** *adv* de maneira simples; (*merely*) simplesmente

simultaneous [sɪməl'teɪnɪəs] *adj* simultâneo; ~**ly** *adv* simultaneamente

sin [sɪn] *n* pecado ♦ *vi* pecar

since [sɪns] *adv* desde então, depois ♦ *prep* desde ♦ *conj* (*time*) desde que; (*because*) porque, visto que, já que; ~ **then** desde então; (*ever*) ~ desde que

sincere [sɪn'sɪə*] *adj* sincero; ~**ly** *adv*: **yours** ~**ly** (*at end of letter*) atenciosamente; **sincerity** *n* sinceridade *f*

sinew ['sɪnjuː] *n* tendão *m*

sinful ['sɪnful] *adj* (*thought*) pecaminoso; (*person*) pecador/a

sing [sɪŋ] (*pt* **sang**, *pp* **sung**) *vt*, *vi* cantar

Singapore [sɪŋgə'pɔː*] *n* Cingapura (*no article*)

singe [sɪndʒ] *vt* chamuscar

singer ['sɪŋə*] *n* cantor/a *m/f*

singing ['sɪŋɪŋ] *n* canto; (*songs*) canções *fpl*

single ['sɪŋgl] *adj* único, só; (*unmarried*) solteiro; (*not double*) simples *inv* ♦ *n* (*BRIT*: *also*: ~ **ticket**) passagem *f* de ida; (*record*) compacto; ~ **out** *vt* (*choose*) escolher; (*distinguish*) distinguir; ~**-breasted** *adj* não trespassado; ~ **file**: **in** ~ **file** em fila indiana; ~**-handed** *adv* sem ajuda, sozinho; ~**-minded** *adj* determinado; ~ **room** *n* quarto individual; ~**s** *n* (*TENNIS*) partida simples; **singly** *adv* separadamente

singular ['sɪŋgjulə*] *adj* (*odd*) esqui-

sito; (*outstanding*) extraordinário, excepcional; (*LING*) singular ♦ *n* (*LING*) singular *m*

sinister ['sɪnɪstə*] *adj* sinistro

sink [sɪŋk] (*pt* **sank**, *pp* **sunk**) *n* pia ♦ *vt* (*ship*) afundar; (*foundations*) escavar ♦ *vi* afundar-se; (*heart*) partir; (*spirits*) ficar deprimido; (*also*: ~ **back**, ~ **down**) cair or mergulhar gradativamente; **to** ~ **sth into** enterrar algo em; ~ **in** *vi* (*fig*) penetrar

sinner ['sɪnə*] *n* pecador/a *m/f*

sinus ['saɪnəs] *n* (*ANAT*) seio paranasal

sip [sɪp] *n* gole *m* ♦ *vt* sorver, bebericar

siphon ['saɪfən] *n* sifão *m*; ~ **off** *vt* extrair com sifão; (*funds*) desviar

sir [sə*] *n* senhor *m*; S~ **John Smith** Sir John Smith; **yes**, ~ sim, senhor

siren ['saɪərn] *n* sirena

sirloin ['sə:lɔɪn] *n* lombo de vaca

sissy ['sɪsɪ] (*inf*) *n* fresco

sister ['sɪstə*] *n* irmã *f*; (*BRIT*: *nurse*) enfermeira-chefe *f*; (*nun*) freira; ~**-in-law** *n* cunhada

sit [sɪt] (*pt*, *pp* **sat**) *vi* sentar-se; (*be sitting*) estar sentado; (*assembly*) reunir-se; (*for painter*) posar ♦ *vt* (*exam*) prestar; ~ **down** *vi* sentar-se; ~ **in on** *vt fus* assistir a; ~ **up** *vi* (*after lying*) levantar-se; (*straight*) endireitar-se; (*not go to bed*) aguardar acordado, velar

sitcom ['sɪtkɔm] *n abbr* (= *situation comedy*) comédia de costumes

site [saɪt] *n* local *m*, sítio; (*also*: **building**~) lote *m* (de terreno) ♦ *vt* situar, localizar

sit-in *n* (*demonstration*) ocupação de um local como forma de protesto, manifestação *f* pacífica

sitting ['sɪtɪŋ] *n* (*in canteen*) turno; ~ **room** *n* sala de estar

situation [sɪtju'eɪʃən] *n* situação *f*; (*job*) posição *f*; (*location*) local *m*; "~**s vacant**" (*BRIT*) "empregos oferecem-se"

six [sɪks] *num* seis; ~**teen** *num* dezesseis; ~**th** *num* sexto; ~**ty** *num* sessenta

size [saɪz] n tamanho; (extent) extensão f; (of clothing) tamanho, medida; (of shoes) número; ~ **up** vt avaliar, formar uma opinião sobre; ~**able** adj considerável, importante

sizzle ['sɪzl] vi chiar

skate [skeɪt] n patim m; (fish: pl inv) arraia ♦ vi patinar; ~**board** n skate m, patim-tábua m; ~**r** n patinador(a) m/f; **skating** n patinação f; **skating rink** n rinque m de patinação

skeleton ['skɛlɪtn] n esqueleto; (TECH) armação f; (outline) esquema m, esboço; ~ **staff** n pessoal m reduzido (ao mínimo)

skeptic ['skɛptɪk] (US) n = **sceptic**

sketch [skɛtʃ] n (drawing) desenho; (outline) esboço, croqui m; (THEATRE) quadro, esquete m ♦ vt desenhar, esboçar; (ideas: also: ~ out) esboçar; ~**book** n caderno de rascunho; ~**y** adj incompleto, superficial

skewer ['skjuːə*] n espetinho

ski [skiː] n esqui m ♦ vi esquiar; ~ **boot** n bota de esquiar

skid [skɪd] n derrapagem f ♦ vi deslizar; (AUT) derrapar

ski: ~**er** n esquiador(a) m/f; ~**ing** n esqui m; ~ **jump** n pista para saltos de esqui; (event) salto de esqui

skilful ['skɪlful] (US **skillful**) adj habilidoso, jeitoso

ski lift n ski lift m

skill [skɪl] n habilidade f, perícia; (for work) técnica; ~**ed** adj hábil, perito; (worker) especializado, qualificado; ~**ful** (US) adj = **skilful**

skim [skɪm] vt (milk) desnatar; (glide over) roçar ♦ vi: to ~ **through** (book) folhear; ~**med milk** n leite m desnatado

skimp [skɪmp] vt (work: also: ~ **on**) atamancar; (cloth etc) economizar, regatear; ~**y** adj (meagre) escasso, insuficiente; (skirt) sumário

skin [skɪn] n pele m; (of fruit, vegetable) casca m vt (fruit etc) descascar; (animal) tirar a pele de; ~ **cancer** n

câncer m (BR) or cancro (PT) de pele; ~-**deep** adj superficial; ~ **diving** n caça-submarina; ~**ny** adj magro, descarnado; ~**tight** adj justo, grudado (no corpo)

skip [skɪp] n salto, pulo; (BRIT: container) balde m ♦ vi saltar; (with rope) pular corda ♦ vt (pass over) omitir, saltar; (miss) deixar de

ski pants npl calça (BR) or calças fpl (PT) de esquiar

ski pole n vara de esqui

skipper ['skɪpə*] n capitão m

skipping rope ['skɪpɪŋ-] (BRIT) n corda (de pular)

skirmish ['skəːmɪʃ] n escaramuça

skirt [skəːt] n saia ♦ vt orlar, circundar; ~**ing board** n (BRIT) n rodapé m

ski slope n pista de esqui

ski suit n traje m de esqui

skit [skɪt] n paródia, sátira

skittle ['skɪtl] n pau m; ~**s** n (game) (jogo de) boliche m (BR), jogo da bola (PT)

skive [skaɪv] (BRIT: inf) vi evitar trabalhar

skulk [skʌlk] vi esconder-se

skull [skʌl] n caveira; (ANAT) crânio

skunk [skʌŋk] n gambá m

sky [skaɪ] n céu m; ~**light** n clarabóia, escotilha; ~**scraper** n arranha-céu m

slab [slæb] n (stone) bloco; (flat) laje f; (of cake) fatia grossa

slack [slæk] adj (loose) frouxo; (slow) lerdo; (careless) descuidoso, desmazelado; ~**s** npl (trousers) calça (BR), calças fpl (PT); ~**en** vi (also: ~**en off**) afrouxar-se ♦ vt afrouxar; (speed) diminuir

slag heap [slæg-] n monte m de escória or de escombros

slag off [slæg-] (BRIT: inf) vt malhar

slain [sleɪn] pp of **slay**

slam [slæm] vt (door) bater or fechar (com violência); (throw) atirar violentamente; (criticize) malhar, criticar ♦ vi fechar-se (com violência)

slander ['slɑːndə*] n calúnia, difamação f

slang [slæŋ] n gíria; (*jargon*) jargão m

slant [slɑ:nt] n declive m, inclinação f; (*fig*) ponto de vista; **~ed, ~ing** adj inclinado; (*eyes*) puxado

slap [slæp] n tapa m or f ♦ vt dar um(a) tapa em; (*paint etc*): **to ~ sth on sth** passar algo em algo descuidadamente ♦ adv diretamente, exatamente; **~dash** adj impetuoso; (*work*) descuidado; **~stick** n (comédia-)pastelão m; **~up** (*BRIT*) adj: **a ~up meal** uma refeição suntuosa

slash [slæʃ] vt cortar, talhar; (*fig: prices*) cortar

slat [slæt] n (*of wood*) ripa; (*of plastic*) tira

slate [sleɪt] n ardósia ♦ vt (*fig: criticize*) criticar duramente, arrasar

slaughter ['slɔ:tə*] n (*of animals*) matança; (*of people*) carnificina f ♦ vt abater; matar, massacrar; **~house** n matadouro

slave [sleɪv] n escravo/a ♦ vi (*also: ~ away*) trabalhar como escravo; **~ry** n escravidão f; **slavish** adj servil; (*copy*) descarado

slay [sleɪ] (*pt* **slew**, *pp* **slain**) vt (*literary*) matar

sleazy ['sli:zɪ] adj sórdido

sledge [sledʒ] n trenó m; **~hammer** n marreta, malho

sleek [sli:k] adj (*hair, fur*) macio, lustroso; (*car, boat*) aerodinâmico

sleep [sli:p] (*pt*, *pp* **slept**) n sono ♦ vi dormir; **to go to ~** dormir, adormecer; **~ around** vi ser promíscuo sexualmente; **~ in** vi (*oversleep*) dormir demais; **~er** n (*RAIL: train*) vagão-leitos m (*BR*), carruagem-camas f (*PT*); **~ing bag** n saco de dormir; **~ing car** n vagão-leitos m (*BR*), carruagem-camas f (*PT*); **~ing partner** (*BRIT*) n (*COMM*) sócio comanditário; **~ing pill** n pílula para dormir; **~less** adj: **a ~less night** uma noite em claro; **~walker** n sonâmbulo; **~y** adj sonolento; (*fig*)

morto

sleet [sli:t] n chuva com neve or granizo

sleeve [sli:v] n manga; (*of record*) capa; **~less** adj sem manga

sleigh [sleɪ] n trenó m

sleight [slaɪt] n: **~ of hand** prestidigitação f

slender ['slendə*] adj esbelto, delgado; (*means*) escasso, insuficiente

slept [slept] *pt*, *pp* of **sleep**

slew [slu:] *pt* of **slay** ♦ vi (*BRIT: also: ~ round*) virar

slice [slaɪs] n (*of meat, bread*) fatia; (*of lemon*) rodela; (*utensil*) pá f or espátula de bolo ♦ vt cortar em fatias

slick [slɪk] adj (*skilful*) jeitoso, ágil, engenhoso; (*clever*) esperto, astuto ♦ n (*also: oil ~*) mancha de óleo

slid [slɪd] *pt*, *pp* of **slide**

slide [slaɪd] (*pt*, *pp* **slid**) n deslizamento, escorregão m; (*in playground*) escorregador m; (*PHOT*) slide m; (*BRIT: also: hair ~*) passador m ♦ vt deslizar ♦ vi escorregar; **~ rule** n régua de cálculo; **sliding** adj (*door*) corrediço; **sliding scale** n escala móvel

slight [slaɪt] adj (*slim*) fraco, franzino; (*frail*) delicado; (*small*) pequeno; (*trivial*) insignificante ♦ n desfeita, desconsideração f; **not in the ~est** em absoluto, de maneira alguma; **~ly** adv ligeiramente, um pouco

slim [slɪm] adj esbelto, delgado; (*chance*) pequeno ♦ vi emagrecer

slime [slaɪm] n lodo, limo, lama

slimming ['slɪmɪŋ] n emagrecimento

sling [slɪŋ] (*pt*, *pp* **slung**) n (*MED*) tipóia; (*for baby*) bebêbag m; (*weapon*) estilingue m, funda ♦ vt atirar, arremessar, lançar

slip [slɪp] n (*fall*) escorregão m; (*mistake*) erro, lapso; (*underskirt*) combinação f; (*of paper*) tira ♦ vt deslizar ♦ vi (*slide*) deslizar; (*lose balance*) escorregar; (*decline*) decair; (*move smoothly*): **to ~ into/out of** entrar furtivamente em/sair furtivamente de; **to ~ sth on/off** enfiar/tirar algo; **to give sb the ~** esguerirar-se de alguém; **a ~ of the tongue** um lapso da língua; **~ away** *vi* escapulir; **~ in** *vt* meter ♦ *vi (errors)* surgir; **~ out** *vi (go out)* sair (um momento); **~ up** *vi* cometer um erro; **~ped disc** *n* disco deslocado

slipper ['slɪpə*] *n* chinelo

slippery ['slɪpərɪ] *adj* escorregadio

slip road *(BRIT) n (to motorway)* entrada para a rodovia

slipshod ['slɪpʃɔd] *adj* descuidoso, desmazelado

slip-up *n* equívoco, mancada

slipway ['slɪpweɪ] *n* carreira

slit [slɪt] *(pt, pp* **slit**) *n* fenda; *(cut)* corte *m* ♦ *vt (cut)* rachar, cortar; *(open)* abrir

slither ['slɪðə*] *vi* escorregar, deslizar

sliver ['slɪvə*] *n (of glass, wood)* lasca; *(of cheese etc)* fatia fina

slob [slɔb] *(inf) n (in manners)* porco/a; *(in appearance)* maltrapilho/a

slog [slɔg] *(BRIT) vi* mourejar ♦ *n:* **it was a ~** deu um trabalho louco

slogan ['sləugən] *n* lema *m*, slogan *m*

slop [slɔp] *vi (also: ~ over)* transbordar, derramar ♦ *vt* transbordar, entornar

slope [sləup] *n* ladeira; *(side of mountain)* encosta, vertente *f*; *(ski ~)* pista; *(slant)* inclinação *f*, declive *m* ♦ *vi:* **to ~ down** estar em declive; **to ~ up** inclinar-se; **sloping** *adj* inclinado, em declive; *(handwriting)* torto

sloppy ['slɔpɪ] *adj (work)* descuidado; *(appearance)* relaxado

slot [slɔt] *n (in machine)* fenda ♦ *vt:* **to ~ into** encaixar em

sloth [sləuθ] *n (vice)* preguiça

slot machine *n (for gambling)* caça-níqueis *m inv; (BRIT: vending machine)* distribuidora automática

slouch [slautʃ] *vi* ter má postura

slovenly ['slʌvənlɪ] *adj (dirty)* desa-

linhado, sujo; *(careless)* desmazelado

slow [sləu] *adj* lento; *(not clever)* bronco, de raciocínio lento; *(watch):* **to be ~** atrasar ♦ *adv* lentamente, devagar ♦ *vt (also: ~ down, ~ up)* diminuir, devagar; *(~ sign)* devagar; **"~"** *(road sign)* "devagar"; **~ly** *adv* lentamente, devagar; **~ motion** *n:* **in ~ motion** em câmara lenta

sludge [slʌdʒ] *n* lama, lodo

slue [slu:] *(US) vi* = **slew**

slug [slʌg] *n* lesma; **~gish** *adj* vagaroso; *(business)* lento

sluice [slu:s] *n (gate)* comporta, eclusa; *(channel)* canal *m*

slum [slʌm] *n (area)* favela; *(house)* cortiço, barraco

slump [slʌmp] *n (economic)* depressão *f; (COMM)* baixa, queda ♦ *vi (person)* cair; *(prices)* baixar repentinamente

slung [slʌŋ] *pt, pp of* **sling**

slur [slə:*] *n* calúnia ♦ *vt* pronunciar indistintamente

slush [slʌʃ] *n* neve *f* meio derretida; **~ fund** *n* verba para suborno

slut [slʌt] *(pej) n* mulher *f* desmazelada

sly [slaɪ] *adj (person)* astuto; *(smile, remark)* malicioso, velhaco

smack [smæk] *n* palmada ♦ *vt* bater; *(child)* dar uma palmada em; *(on face)* dar um tabefe em ♦ *vi:* **to ~ of** cheirar a, saber a

small [smɔ:l] *adj* pequeno; **~ ads** *(BRIT) npl* classificados *mpl*; **~ change** *n* trocado; **~ fry** *npl* gente *f* sem importância; **~holder** *(BRIT) n* pequeno/a proprietário/a; **~ hours** *npl:* **in the ~ hours** na madrugada, pelas horas tantas *(inf)*; **~pox** *n* varíola; **~ talk** *n* conversa fiada

smart [smɑ:t] *adj* elegante; *(clever)* inteligente, astuto; *(quick)* vivo, esperto ♦ *vi* sofrer; **~en up** *vi* arrumar-se ♦ *vt* arrumar

smash [smæʃ] *n (also: ~-up)* colisão *f*, choque *m; (~ hit)* sucesso de bilheteira ♦ *vt (break)* escangalhar, despedaçar; *(car etc)* bater com; *(SPORT: record)* quebrar ♦ *vi*

despedaçar-se; (against wall etc)
espatifar-se; ~ing (inf) adj excelente

smattering ['smætərɪŋ] n: a ~ of
um conhecimento superficial de

smear [smɪə*] n mancha, nódoa;
(MED) esfregaço ♦ vt untar; (to
make dirty) lambuzar; ~ **campaign**
n campanha de desmoralização

smell [smel] (pt, pp smelt or ~ed) n
cheiro; (sense) olfato ♦ vt cheirar ♦
vi (food etc) cheirar; (pej) cheirar
mal; to ~ of cheirar a; ~y (pej) adj
fedorento, malcheiroso

smile [smaɪl] n sorriso ♦ vi sorrir

smirk [smə:k] (pej) n sorriso falso or
afetado

smithy ['smɪðɪ] n forja, oficina de
ferreiro

smock [smɔk] n guarda-pó m; (children's) avental m

smog [smɔg] n nevoeiro com fumaça
(BR) or fumo (PT)

smoke [sməʊk] n fumaça (BR),
fumo (PT) ♦ vi fumar; (chimney)
fumegar ♦ vt (cigarettes) fumar; ~d
adj (bacon) defumado; (glass) fu-
mée; ~r n (person) fumante m/f;
(RAIL) vagão m para fumantes;
~screen n cortina de fumaça; **smoking** n: "no smoking" (sign) "proibido fumar"; **smoky** adj enfumaçado;
(taste) defumado

smolder ['sməʊldə*] (US) vi =
smoulder

smooth [smu:ð] adj liso, macio;
(sauce) cremoso; (sea) tranqüilo,
calmo; (flavour, movement) suave;
(person: pej) meloso ♦ vt (also: ~
out) alisar; (: difficulties) aplainar

smother ['smʌðə*] vt (fire) abafar;
(person) sufocar; (emotions) reprimir

smoulder ['sməʊldə*] (US smolder)
vi arder sem chamas; (fig) estar latente

smudge [smʌdʒ] n mancha ♦ vt
manchar, sujar

smug [smʌg] (pej) adj convencido

smuggle ['smʌgl] vt contrabandear;
~r n contrabandista m/f; **smuggling**

n contrabando

smutty ['smʌtɪ] adj (fig) obsceno, indecente

snack [snæk] n lanche m (BR), merenda (PT); ~ **bar** n lanchonete f
(BR), snackbar m (PT)

snag [snæg] n dificuldade f, obstáculo

snail [sneɪl] n caracol m

snake [sneɪk] n cobra

snap [snæp] n (sound) estalo; (photograph) foto f ♦ adj repentino ♦ vt
quebrar; (fingers) estalar ♦ vi quebrar; (fig: person) retrucar aspera-
mente; to ~ **shut** fechar com um estalo; ~ **at** vt fus (subj: dog) tentar
morder; ~ **off** vt (break) partir; ~
up vt arrebatar, comprar rapidamente; ~**py** (inf) adj rápido; (slogan) vigoroso; **make it** ~**py!** faça rápido!;
~**shot** n foto f (instantânea)

snare [snɛə*] n armadilha, laço

snarl [snɑ:l] vi grunhir

snatch [snætʃ] n (small piece) trecho
♦ vt agarrar; (fig: look) roubar

sneak [sni:k] (pt ~ed or (US)
snuck) vi: to ~ in/out entrar/sair
furtivamente ♦ n (inf) dedo-duro; to
~ up on sb chegar de mansinho perto de alguém; ~**ers** npl tênis m
(BR), sapatos mpl de treino (PT)

sneer [snɪə*] vi rir-se com desdém;
(mock): to ~ at zombar de, desprezar

sneeze [sni:z] n espirro ♦ vi espirrar

sniff [snɪf] n fungada; (of dog) fareja-
da; (of person) fungadela ♦ vi fungar ♦ vt fungar, farejar; (glue,
drug) cheirar

snigger ['snɪgə*] vi rir-se com dissi-
mulação

snip [snɪp] n tesourada; (BRIT: inf)
pechincha ♦ vt cortar com tesoura

sniper ['snaɪpə*] n franco-atirador(a)
m/f

snippet ['snɪpɪt] n fragmento, trecho

snivelling ['snɪvlɪŋ] adj chorão/rona,
lamuriento

snob [snɔb] n esnobe m/f; ~**bery** n
esnobismo; ~**bish** adj esnobe

snooker ['snu:kə*] n sinuca

snoop [snu:p] *vi*: to ~ about bisbilhotar

snooty ['snu:tɪ] *adj* arrogante

snooze [snu:z] *n* soneca ♦ *vi* tirar uma soneca, dormitar

snore [snɔː*] *vi* roncar ♦ *n* ronco

snorkel ['snɔ:kl] *n* tubo snorkel

snort [snɔ:t] *n* bufo, bufido ♦ *vi* bufar

snout [snaut] *n* focinho

snow [snəu] *n* neve *f* ♦ *vi* nevar; **~ball** *n* bola de neve ♦ *vi* (*fig*) aumentar (como bola de neve); **~bound** *adj* bloqueado pela neve; **~drift** *n* monte *m* de neve (formado pelo vento); **~drop** *n* campainha branca; **~fall** *n* nevada; **~flake** *n* floco de neve; **~man** (*irreg*) *n* boneco de neve; **~plough** (*US* **~plow**) *n* máquina limpa-neve, removedor *m* de neve; **~shoe** *n* raquete *f* de neve; **~storm** *n* nevasca, tempestade *f* de neve

snub [snʌb] *vt* desdenhar, menosprezar ♦ *n* repulsa; **~-nosed** *adj* de nariz arrebitado

snuff [snʌf] *n* rapé *m*

snug [snʌg] *adj* (*sheltered*) abrigado, protegido; (*fitted*) justo, cômodo

snuggle ['snʌgl] *vi*: to ~ up to aconchegar-se *or* aninhar-se a alguém

so [səu] *adv* **1** (*thus*, *likewise*) assim, deste modo; ~ **saying he walked away** falou isto e foi embora; **if** ~ se for assim, se assim é; **I didn't do it** – **you did** ~ não fiz isso – você fez!; ~ **do I**, ~ **am I** *etc* eu também; ~ **it is!** é verdade!; **I hope/ think** ~ espero/acho que sim; **I hope/ far** até aqui

2 (*in comparisons etc*: *to such a degree*) tão; ~ **big/quickly (that)** tão grande/rápido (que)

3: ~ **much** *adj*, *adv* tanto; **I've got** ~ **much work** tenho tanto trabalho; ~ **many** tantos/as; **there are** ~ **many people** to **see** tem tanta gente para ver

4 (*phrases*): **10 or** ~ **10** mais ou menos; ~ **long!** (*inf*: *goodbye*) tchau!

♦ *conj* **1** (*expressing purpose*): ~ **as to do** para fazer; **we hurried** ~ **as not to be late** nós apressamos para não chegarmos atrasados; ~ **(that)** para que, a fim de que

2 (*result*) de modo que; **he didn't arrive** – **I left** como ele não chegou, eu fui embora; ~ **I was right after all** então eu estava certo no final das contas

soak [səuk] *vt* embeber, ensopar; (*put in water*) pôr de molho ♦ *vi* estar de molho, impregnar-se; ~ **in** *vi* infiltrar; ~ **up** *vt* absorver

soap [səup] *n* sabão *m*; **~flakes** *npl* flocos *mpl* de sabão; ~ **opera** *n* novela; ~ **powder** *n* sabão *m* em pó; **~y** *adj* ensaboado

soar [sɔː*] *vi* (*on wings*) elevar-se em vôo; (*rocket*, *temperature*) subir; (*building etc*) levantar-se; (*price*, *production*) disparar

sob [sɔb] *n* soluço ♦ *vi* soluçar

sober ['səubə*] *adj* (*serious*) sério; (*not drunk*) sóbrio; (*colour*, *style*) discreto; ~ **up** *vi* ficar sóbrio

so-called [-kɔːld] *adj* chamado

soccer ['sɔkə*] *n* futebol *m*

sociable ['səuʃəbl] *adj* sociável

social ['səuʃl] *adj* social ♦ *n* reunião *f* social; ~ **club** *n* clube *m*; **~ism** *n* socialismo; **~ist** *adj*, *n* socialista *m/ f*; **~ize** *vi*: to **~ize (with)** socializar (com); **~ly** *adv* socialmente; ~ **security** (*BRIT*) *n* previdência social; ~ **work** *n* assistência social, serviço social; ~ **worker** *n* assistente *m/f* social

society [sə'saɪətɪ] *n* sociedade *f*; (*club*) associação *f*; (*also*: **high** ~) alta sociedade

sociology [səusɪ'ɔlədʒɪ] *n* sociologia

sock [sɔk] *n* meia (*BR*), peúga (*PT*)

socket ['sɔkɪt] *n* bocal *m*, encaixe *m*; (*BRIT*: *ELEC*) tomada

sod [sɔd] *n* (*of earth*) gramado, torrão m; (BRIT: inf!) imbecil m/f

soda ['səudə] n (CHEM) soda; (also: ~ water) água com gás; (US: also: ~ pop) soda

sodden ['sɔdn] adj encharcado

sodium ['səudiəm] n sódio

sofa ['səufə] n sofá m

soft [sɔft] adj mole; (voice, music, light) suave; (kind) meigo, bondoso; ~ **drink** n refrigerante m; ~**en** vt amolecer, amaciar; (effect) abrandar; (expression) suavizar ♦ vi amolecer-se; (voice, expression) suavizar-se; ~**ly** adv suavemente; (gently) delicadamente; ~**ness** n maciez f; (gentleness) suavidade f; ~ **spot** n: **to have a** ~ **spot for sb** ter xodó por alguém; ~**ware** n (COMPUT) software m

soggy ['sɔgi] adj ensopado, encharcado

soil [sɔil] n terra, solo; (territory) território ♦ vt sujar, manchar

solace ['sɔlis] n consolo

solar ['səulə*] adj solar; ~ **energy** n energia solar; ~ **panel** n painel m solar

sold [səuld] pt, pp of **sell** ♦ adj: ~ **out** (COMM) esgotado

solder ['səuldə*] vt soldar ♦ n solda

soldier ['səuldʒə*] n soldado; (army man) militar m

sole [səul] n (of foot, shoe) sola; (fish: pl inv) solha, linguado ♦ adj único; ~**ly** adv somente, unicamente

solemn ['sɔləm] adj solene

sole trader n (COMM) comerciante m/f independente

solicit [sə'lisit] vt (request) solicitar ♦ vi (prostitute) aliciar fregueses

solicitor [sə'lisitə*] n (BRIT) n (for wills etc) tabelião/lioa m/f; (in court) ≈ advogado/a

solid ['sɔlid] adj sólido; (gold etc) maciço; (person) sério ♦ n sólido; ~**s** npl (food) comida sólida

solitaire [sɔli'teə*] n solitário

solitary ['sɔlitəri] adj solitário, só; (walk) só; (isolated) isolado, retirado; (single) único; ~ **confinement** n

prisão f celular, solitária

solo ['səuləu] n, adv solo; ~**ist** n solista m/f

solution [sə'lu:ʃən] n solução f

solve [sɔlv] vt resolver, solucionar

solvent ['sɔlvənt] adj (COMM) solvente ♦ n (CHEM) solvente m

sombre ['sɔmbə*] (US **somber**) adj sombrio, lúgubre

KEYWORD

some [sʌm] adj 1 (a certain number or amount): ~ **tea/water/biscuits** um pouco de chá/água/uns biscoitos; ~ **children came** algumas crianças vieram

2 (certain: in contrasts) algum(a); ~ **people say that ...** algumas pessoas dizem que ...

3 (unspecified) um pouco de; ~ **woman was asking for you** uma mulher estava perguntando por você; ~ **day** um dia

♦ pron 1 (a certain number) alguns/algumas; **I've got** ~ (books etc) tenho alguns; ~ **went for a taxi and** ~ **walked** alguns foram pegar um táxi e outros foram andando

2 (a certain amount) um pouco; **I've got** ~ (milk etc) tenho um pouco

♦ adv: ~ **10 people** umas 10 pessoas,

some: ~**body** pron = **someone**; ~**how** adv de alguma maneira; (for some reason) por uma razão ou outra; ~**one** pron alguém; ~**place** (US) adv = **somewhere**

somersault ['sʌməsɔ:lt] n (deliberate) salto-mortal; (accidental) cambalhota ♦ vi dar um salto-mortal (or uma cambalhota)

something ['sʌmθiŋ] pron alguma coisa, algo (BR)

sometime ['sʌmtaim] adv (in future) algum dia, em outra oportunidade; (in past): ~ **last month** durante o mês passado

sometimes ['sʌmtaimz] adv às vezes, de vez em quando

somewhat ['sʌmwɔt] adv um tanto

somewhere ['sʌmwɛə*] adv (be) em algum lugar; (go) para algum lugar; ~ **else** em outro /lugar; para outro lugar

son [sʌn] n filho

sonar ['səunɑ:*] n sonar m

song [sɔŋ] n canção f; (of bird) canto

son-in-law ['sʌninlɔ:] n genro

sonny ['sʌni] (inf) n meu filho

soon [su:n] adv logo, brevemente; (a short time after) logo após; (early) cedo; ~ **afterwards** pouco depois; see also **as**; ~**er** adv antes, mais cedo; (preference): I would ~ **do** that preferia fazer isso; ~**er or later** mais cedo ou mais tarde

soot [sut] n fuligem f

soothe [su:ð] vt acalmar, sossegar; (pain) aliviar, suavizar

sophomore ['sɔfəmɔ:*] (US) n segundanista m/f

sopping ['sɔpiŋ] adj: ~ (**wet**) encharcado

soppy ['sɔpi] (pej) adj piegas inv

soprano [sə'prɑ:nəu] n soprano m/f

sorcerer ['sɔ:sərə*] n feiticeiro

sordid ['sɔ:did] adj (dirty) imundo, sórdido; (wretched) miserável

sore [sɔ:*] adj dolorido ♦ n chaga, ferida; ~**ly** adv: I am ~**ly** tempted (to) estou muito tentado (a)

sorrow ['sɔrəu] n tristeza, mágoa, dor f; ~**s** npl (causes of grief) tristezas fpl; ~**ful** adj (day) triste; (smile) aflito, magoado

sorry ['sɔri] adj (regretful) arrependido; (condition, excuse) lamentável; ~**!** desculpe!, perdão!, sinto muito!; to feel ~ **for sb** sentir pena de alguém

sort [sɔ:t] n tipo ♦ vt (also: ~ **out**: papers) classificar; (: problems) solucionar, resolver; ~**ing office** n departamento de distribuição

SOS n abbr (= save our souls) S.O.S. m

so-so adv mais ou menos, regular

sought [sɔ:t] pt, pp of **seek**

soul [səul] n alma; (person) criatura;

~**-destroying** adj desalentador(a);
~**ful** adj emocional, sentimental

sound [saund] adj (healthy) saudável; (safe, not damaged) sólido, firme; (secure) seguro; (reliable) confiável; (sensible) sensato ♦ adv: ~ **asleep** dormindo profundamente ♦ n (noise) som m, ruído, barulho; (volume: on TV etc) volume m; (GEO) estreito, braço (de mar) ♦ vt (alarm) soar ♦ vi soar, tocar; (fig: seem) parecer; to ~ **like** parecer; ~ **out** vi sondar; ~ **barrier** n barreira do som; ~ **effects** npl efeitos mpl sonoros; ~**ly** adv (sleep) profundamente; (beat) completamente; ~**proof** adj à prova de som; ~**track** n trilha sonora

soup [su:p] n sopa; **in the** ~ (fig) numa encrenca; ~ **plate** n prato fundo (para sopa); ~ **spoon** n colher f de sopa

sour ['sauə*] adj azedo, ácido; (milk) talhado; (fig) mal-humorado, rabugento; **it's** ~ **grapes!** (fig) é despeito

source [sɔ:s] n fonte f

south [sauθ] n sul m ♦ adj do sul, meridional ♦ adv ao or para o sul; **S~ Africa** n África do Sul; **S~ African** adj, n sul-africano(a); **S~ America** n América do Sul; **S~ American** adj, n sul-americano(a); ~-**east** n sudeste m; ~**erly** adj para o sul; (from the ~) do sul; ~**ern** adj (to the ~) para o sul, em direção do sul; (from the ~) do sul, sulista; **the** ~ **hemisphere** o Hemisfério Sul; **S~ Pole** n Pólo Sul; ~**ward(s)** adv para o sul; ~-**west** n sudoeste m

souvenir ['su:və'niə*] n lembrança

sovereign ['sɔvrin] n soberano/a

soviet ['səuviət] adj soviético; **the S~ Union** a União Soviética

sow[1] [sau] n porca

sow[2] [səu] (pt ~**ed**, pp ~**n**) vt semear; (fig: spread) disseminar, espalhar

soya ['sɔiə] (US **soy**) n: ~ **bean** semente f de soja; ~ **sauce** molho de soja

spa [spɑ:] *n* (*town*) estância hidro-mineral; (*US*: *also*: **health ~**) estância balnear

space [speɪs] *n* (*gen*) espaço; (*room*) lugar *m*; (*cpd*) espacial ♦ *vt* (*also*: **~ out**) espaçar; (*also*) espaço; **~craft** *n* nave *f* espacial; **~man** (*irreg*) *n* astronauta *m*, cosmonauta *m*; **~ship** *n* = **~craft**; **~woman** (*irreg*) *n* astronauta, cosmonauta; **spacing** *n* espaçamento, espaçamento; **spacious** *adj* espaçoso

spade [speɪd] *n* pá *f*; **~s** *npl* (*CARDS*) espadas *fpl*

spaghetti [spə'gɛtɪ] *n* espaguete *m*

Spain [speɪn] *n* Espanha

span [spæn] *n* (*also*: **wing~**) envergadura; (*of arch*) vão *m*; (*in time*) lapso, espaço ♦ *vt* estender-se sobre, atravessar; (*fig*) abarcar

Spaniard ['spænjəd] *n* espanhol(a) *m/f*

Spanish ['spænɪʃ] *adj* espanhol(a) ♦ *n* (*LING*) espanhol *m*, castelhano; **the ~** *npl* os espanhóis

spank [spæŋk] *vt* bater, dar palmadas em

spanner ['spænə*] (*BRIT*) *n* chave *f* inglesa

spar [spɑ:*] *n* mastro, verga ♦ *vi* (*BOXING*) treinar

spare [spɛə*] *adj* vago, desocupado; (*surplus*) de sobra, a mais ♦ *n* = **~ part** ♦ *vt* dispensar, passar sem; (*make available*) dispor de; (*refrain from hurting*) perdoar, poupar; **to ~** de sobra; **~ part** *n* peça sobressalente; **~ wheel** *n* estepe *m*; **sparing** *adj*: **to be sparing with** ser econômico com; **sparingly** *adv* frugalmente, com moderação

spark [spɑ:k] *n* chispa, faísca; (*fig*) centelha; **~(ing) plug** *n* vela (de ignição)

sparkle ['spɑ:kl] *n* cintilação *f*, brilho ♦ *vi* (*shine*) brilhar, faiscar; **sparkling** *adj* (*mineral water*) gasoso; (*wine*) espumante; (*conversation*) animado; (*performance*) brilhante

sparrow ['spærəu] *n* pardal *m*

sparse [spɑ:s] *adj* escasso; (*hair*) ralo

spartan ['spɑ:tən] *adj* (*fig*) espartano

spasm ['spæzəm] *n* (*MED*) espasmo

spastic ['spæstɪk] *n* espástico/a

spat [spæt] *pt*, *pp* of **spit**

spate [speɪt] *n* (*fig*): **a ~ of** uma enxurrada de

spatter ['spætə*] *vt* borrifar, salpicar

spatula ['spætjulə] *n* espátula

spawn [spɔ:n] *vi* desovar, procriar ♦ *n* ovas *fpl*

speak [spi:k] (*pt* **spoke**, *pp* **spoken**) *vt* (*language*) falar; (*truth*) dizer ♦ *vi* falar; (*make a speech*) discursar; **~ up!** fale alto!; **~er** *n* (*in public*) orador(a) *m/f*; (*also*: **loud~er**) altofalante *m*; (*POL*): **the S~er** o Presidente da Câmara

spear [spɪə*] *n* lança ♦ *vt* lancear, arpoar; **~head** *vt* (*attack*) encabeçar

spec [spɛk] (*inf*) *n*: **on ~** por acaso

special ['spɛʃl] *adj* especial; (*edition etc*) extra; (*delivery*) rápido; **~ist** *n* especialista *m/f*; **~ity** *n* especialidade *f*; **~ize** *vi*: **to ~ize (in)** especializar-se (em); **~ly** *adv* especialmente; **~ty** (*esp US*) *n* = **~ity**

species ['spi:ʃi:z] *n inv* espécie *f*

specific [spə'sɪfɪk] *adj* específico; **~ation** *n* especificação *f*; (*requirement*) requinto; **~ations** *npl* (*TECH*) ficha técnica

specimen ['spɛsɪmən] *n* espécime *m*, amostra; (*for testing*, *MED*) espécime

speck [spɛk] *n* mancha, pinta

speckled ['spɛkld] *adj* pintado

specs [spɛks] (*inf*) *npl* óculos *mpl*

spectacle ['spɛktəkl] *n* espetáculo; **~s** *npl* (*glasses*) óculos *mpl*; **spectacular** [-'tækjulə*] *adj* espetacular ♦ *n* (*CINEMA etc*) superprodução *f*

spectator [spɛk'teɪtə*] *n* espectador(a) *m/f*

spectra ['spɛktrə] *npl* of **spectrum**

spectre ['spɛktə*] (*US* **specter**) *n* espectro, aparição *f*

spectrum ['spɛktrəm] (pl **spectra**) n espectro

speculate ['spɛkjuleɪt] vi especular

speech [spiːtʃ] n (faculty, THEATRE) fala; (formal talk) discurso; ~**less** adj estupefato, emudecido

speed [spiːd] (pt, pp **sped**) n velocidade f; (rate) rapidez f; (haste) pressa; (promptness) prontidão f; at full or top ~ a toda a velocidade; ~ **up** (pt, pp ~**ed up**) vt, vi acelerar; ~**boat** n lancha; ~**ily** adv depressa, rapidamente; ~**ing** n (AUT) excesso de velocidade; ~ **limit** n limite m de velocidade, velocidade f máxima; ~**ometer** n velocímetro; ~**way** n (SPORT: also: ~**way racing**) corrida de motocicleta; ~**y** adj veloz, rápido; (prompt) pronto, imediato

spell [spɛl] (pt, pp ~**ed**, (BRIT) **spelt**) n (also: **magic** ~) encanto, feitiço; (period of time) período, temporada ♦ vt (also: ~ **out**) soletrar; (fig) pressagiar, ser sinal de; to cast a ~ on sb enfeitiçar alguém; he can't ~ não sabe escrever bem, comete erros de ortografia; ~**bound** adj enfeitiçado, fascinado; ~**ing** n ortografia

spend [spɛnd] (pt, pp **spent**) vt (money) gastar; (time) passar; ~**thrift** n esbanjador(a) m/f, pródigo/a

spent [spɛnt] pt, pp of **spend**

sperm [spɜːm] n esperma

spew [spjuː] vt vomitar, lançar

sphere [sfɪə*] n esfera

sphinx [sfɪŋks] n esfinge f

spice [spaɪs] n especiaria ♦ vt condimentar

spick-and-span [spɪk-] adj tudo arrumado

spicy ['spaɪsɪ] adj condimentado

spider ['spaɪdə*] n aranha

spike [spaɪk] n (point) ponta, espigão m; (BOT) espiga

spill [spɪl] (pt, pp **spilt** or ~**ed**) vt entornar, derramar ♦ vi derramar-se; ~ **over** vi transbordar

spin [spɪn] (pt **spun** or **span**, pp **spun**) n (AVIAT) parafuso; (trip in

car) volta or passeio de carro; (ball): to put ~ on fazer rolar ♦ vt (wool etc) fiar, tecer ♦ vi girar, rodar; (make thread) tecer; ~ **out** vt prolongar; (money) fazer render

spinach ['spɪnɪtʃ] n espinafre m

spinal ['spaɪnl] adj espinhal; ~ **cord** n espinha dorsal

spindly ['spɪndlɪ] adj longo e espigado

spin-dryer (BRIT) n secadora

spine [spaɪn] n espinha dorsal; (thorn) espinho; ~**less** adj (fig) fraco, covarde

spinning ['spɪnɪŋ] n fiação f; ~ **top** n pião m; ~ **wheel** n roca de fiar

spin-off n subproduto

spinster ['spɪnstə*] n solteira

spiral ['spaɪərl] n espiral f ♦ vi (prices) disparar; ~ **staircase** n escada em caracol

spire ['spaɪə*] n flecha, agulha

spirit ['spɪrɪt] n (soul) alma; (ghost) fantasma m; (courage) coragem f, ânimo; (frame of mind) estado de espírito; (sense) sentido; ~**s** npl (drink) álcool m; in good ~s alegre, de bom humor; ~**ed** adj animado, espirituoso; ~ **level** n nível m de bolha; ~**ual** adj espiritual ♦ n: Negro ~**ual**) canto religioso dos negros

spit [spɪt] (pt, pp **spat**) n (for roasting) espeto; (saliva) saliva ♦ vi cuspir; (sound) escarrar; (rain) chuviscar

spite [spaɪt] n rancor m, ressentimento ♦ vt contrariar; in ~ of apesar de, a despeito de; ~**ful** adj maldoso, malévolo

spittle ['spɪtl] n cuspe m

splash [splæʃ] n (sound) borrifo, respingo; (of colour) mancha ♦ vt: to ~ (with) salpicar (de) ♦ vi (also: ~ **about**) borrifar, respingar

spleen [spliːn] n (ANAT) baço

splendid ['splɛndɪd] adj esplêndido; (impressive) impressionante

splint [splɪnt] n tala

splinter ['splɪntə*] n (of wood, glass)

lasca; (in finger) farpa ♦ vi lascar-se, estilhaçar-se, despedaçar-se

split [splɪt] (pt, pp **split**) n fenda, brecha; (fig: division) rompimento; (: difference) diferença; (POL) divisão f ♦ vt partir, fender; (party, work) dividir; (profits) repartir ♦ vi (divide) dividir-se, repartir-se; ~ **up** vi (couple) separar-se, acabar; (meeting) terminar

splutter ['splʌtə*] vi crepitar; (person) balbuciar, gaguejar

spoil [spɔɪl] (pt, pp ~t or ~ed) vt (damage) danificar; (mar) estragar, arruinar; (child) mimar; ~s npl desojo, saque m; ~**sport** (pej) n desmancha-prazeres m/f inv

spoke [spəʊk] pt of **speak** ♦ n raio

spoken ['spəʊkn] pp of **speak**

spokesman ['spəʊksmən] (irreg) n porta-voz m

spokeswoman ['spəʊkswʊmən] (irreg) n porta-voz f

sponge [spʌndʒ] n esponja; (cake) pão-de-ló m ♦ vt lavar com esponja ♦ vi: **to ~ on sb** viver às custas de alguém; ~ **bag** (BRIT) n bolsa de toalete

sponsor ['spɔnsə*] n patrocinador(a) m/f ♦ vt patrocinar; apadrinhar; fiar; (applicant, proposal) apoiar, defender; ~**ship** n patrocínio

spontaneous [spɔn'teɪnɪəs] adj espontâneo

spooky ['spuːkɪ] (inf) adj arrepiante

spool [spuːl] n carretel m; (of film) rolo; (for tape) bobina

spoon [spuːn] n colher f; ~**feed** (irreg) vt dar de comer com colher; (fig) dar tudo mastigado a; ~**ful** n colherada

sporadic [spə'rædɪk] adj esporádico

sport [spɔːt] n esporte m (BR), desporto (PT); (person) bom perdedor/boa perdedora m/f ♦ vt (wear) exibir; ~**ing** adj esportivo (BR), desportivo (PT); (generous) nobre; **to give sb a ~ing chance** dar uma grande chance a alguém; ~ **jacket** (US) n = ~**s jacket**; ~**s car** n carro esporte

(BR), carro de sport (PT); ~**s jacket** (BRIT) n casaco esportivo (BR) or desportivo (PT); ~**sman** (irreg) n esportista m (BR), desportista m (PT); ~**smanship** n espírito esportivo (BR) or desportivo (PT); ~**swear** n roupa esportiva (BR) or desportiva (PT) or esporte; ~**swoman** (irreg) n esportista (BR), desportista (PT); ~**y** adj esportivo (BR), desportivo (PT)

spot [spɔt] n (mark) marca; (place) lugar m, local m; (dot: on pattern) mancha, ponto; (on skin) espinha; (RADIO, TV) hora; (small amount): **a ~ of** um pouquinho de ♦ vt notar; **on the ~** na hora; (there) ali mesmo; (in difficulty) em apuros; ~ **check** n fiscalização f de surpresa; ~**less** adj sem mancha, imaculado; ~**light** n holofote m, refletor m; ~**ted** adj com bolinhas; ~**ty** adj cheio de espinhas

spouse [spauz] n cônjuge m/f

spout [spaut] n (of jug) bico; (of pipe) cano ♦ vi jorrar

sprain [spreɪn] n distensão f, torcedura f ♦ vt torcer

sprang [spræŋ] pt of **spring**

sprawl [sprɔːl] vi esparramar-se

spray [spreɪ] n borrifo; (container) spray m, atomizador m; (garden ~) vaporizador m; (of flowers) ramalhete m ♦ vt pulverizar; (crops) borrifar, regar

spread [spred] (pt, pp **spread**) n extensão f; (distribution) expansão f, difusão f; (CULIN) pasta; (inf: food) banquete m ♦ vt espalhar; (butter) untar, passar; (wings, sails) abrir, desdobrar; (workload, wealth) distribuir; (scatter) disseminar ♦ vi (news, stain) espalhar-se; (disease) alastrar-se; ~ **out** vi dispersar-se; ~**eagled** adj estirado; ~**sheet** n (COMPUT) planilha

spree [spriː] n: **to go on a ~** cair na farra

sprightly ['spraɪtlɪ] adj ativo, ágil

spring [sprɪŋ] (pt **sprang**, pp

sprung) n salto, pulo; (coiled metal) mola; (season) primavera; (of water) fonte f; ~ **up** vi aparecer de repente; ~**board** n trampolim m; ~**cleaning** n limpeza total, faxina (geral); ~**time** n primavera

sprinkle ['sprɪŋkl] vt (liquid) salpicar; (salt, sugar) borrifar; **to ~ water on, ~ with water** salpicar de água; ~**r** n (for lawn etc) regador m; (to put out fire) sprinkler m

sprint [sprɪnt] n corrida de pequena distância ♦ vi correr a toda velocidade; ~**er** n corredor(a) m/f

sprout [spraut] vi brotar, germinar; ~**s** npl (also: **Brussels ~**) couves-de-Bruxelas fpl

spruce [spru:s] n inv (BOT) abeto ♦ adj arrumado, limpo, elegante

sprung [sprʌŋ] pp of **spring**

spry [spraɪ] adj ativo, ágil

spun [spʌn] pt, pp of **spin**

spur [spə:*] n espora; (fig) estímulo ♦ vt (also: ~ **on**) incitar, estimular; **on the ~ of the moment** de improviso, de repente

spurious ['spjuərɪəs] adj espúrio, falso

spurn [spə:n] vt desdenhar, desprezar

spurt [spə:t] n (of energy) acesso; (of blood etc) jorro ♦ vi jorrar

spy [spaɪ] n espião/espiã m/f ♦ vi: **to ~ on** espiar, espionar ♦ vt enxergar, avistar; ~**ing** n espionagem f

sq. abbr (MATH etc) = **square**

squabble ['skwɔbl] vi brigar, discutir

squad [skwɔd] n (MIL, POLICE) pelotão m, esquadra; (FOOTBALL) seleção f

squadron ['skwɔdrən] n (MIL) esquadrão m; (AVIAT) esquadrilha; (NAUT) esquadra

squalid ['skwɔlɪd] adj (conditions) esquálido; (story etc) sórdido

squall [skwɔ:l] n (storm) tempestade f; (wind) pé m (de vento), rajada

squalor ['skwɔlə*] n sordidez f

squander ['skwɔndə*] vt esbanjar,

dissipar; (chances) desperdiçar

square [skwɛə*] n quadrado; (in town) praça; (inf: person) quadrado/a, careta m/f ♦ adj quadrado; (inf: ideas, tastes) careta, antiquado ♦ vt (arrange) ajustar, acertar; (MATH) elevar ao quadrado; (reconcile) conciliar; **all ~** igual, quite; **a ~ meal** uma refeição substancial; **2 metres ~** um quadrado de dois metros de lado; **2 ~ metres** 2 metros quadrados; ~**ly** adv diretamente; (fully) em cheio

squash [skwɔʃ] n (BRIT: drink): **lemon/orange ~** limonada/laranjada concentrada; (SPORT) squash m; (US: vegetable) abóbora ♦ vt esmagar

squat [skwɔt] adj atarracado ♦ vi (also: ~ **down**) agachar-se, acocorar-se; ~**ter** n posseiro/a

squawk [skwɔ:k] vi grasnar

squeak [skwi:k] vi (door) ranger; (mouse) guinchar

squeal [skwi:l] vi guinchar, gritar agudamente

squeamish ['skwi:mɪʃ] adj melindroso, delicado

squeeze [skwi:z] n (gen, of hand) aperto; (ECON) arrocho ♦ vt comprimir, socar; (hand, arm) apertar; ~ **out** vt espremer; (fig) extorquir

squelch [skweltʃ] vi fazer ruído de passos na lama

squid [skwɪd] n (pl inv or ~**s**) n lula

squiggle ['skwɪgl] n garatuja

squint [skwɪnt] vi olhar or ser vesgo ♦ n (MED) estrabismo

squire ['skwaɪə*] n (BRIT) proprietário rural

squirm [skwə:m] vi retorcer-se

squirrel ['skwɪrəl] n esquilo

squirt [skwə:t] vi, n jorrar, esguichar

Sr abbr = **senior**

St abbr (= saint) S.; = **street**

stab [stæb] n (with knife etc) punhalada; (of pain) pontada; (inf: try): **to have a ~ at (doing) sth** tentar (fazer) algo ♦ vt apunhalar

stable ['steibl] adj estável ♦ n estábulo, cavalariça

stack [stæk] n montão m, pilha ♦ vt amontoar, empilhar

stadium ['steidiəm] n (pl **stadia** or ~s) n estádio

staff [stɑːf] n (work force) pessoal m, quadro; (BRIT: SCH: also: **teaching** ~) corpo docente ♦ vt prover de pessoal

stag [stæg] n veado, cervo

stage [steidʒ] n palco, cena; (point) etapa, fase f; (platform) plataforma, estrado; (profession): **the** ~ o palco, o teatro ♦ vt pôr em cena, representar; (demonstration) montar, organizar; **in** ~s por etapas; ~**coach** n diligência; ~ **manager** n diretor(a) m/f de cena

stagger ['stægə*] vi cambalear ♦ vt (amaze) surpreender, chocar; (hours, holidays) escalonar; ~**ing** adj (amazing) surpreendente, chocante

stagnant ['stægnənt] adj estagnado

stag party n despedida de solteiro

staid [steid] adj sério, sóbrio

stain [stein] n mancha; (colouring) tinta, tintura ♦ vt manchar; (wood) tingir; ~**ed glass window** n janela com vitral; ~**less** adj (steel) inoxidável; ~ **remover** n tira-manchas m

stair [steə*] n (step) degrau m; ~s npl (flight of steps) escada; ~**case** n escadaria, escada; ~**way** n = ~**case**

stake [steik] n estaca, poste m; (COMM: interest) interesse m, participação f; (BETTING: gen) aposta ♦ vt apostar; (claim) reivindicar; **to be at** ~ estar em jogo

stale [steil] adj (bread) dormido; (food) estragado; (air) viciado; (smell) mofado; (beer) velho

stalemate ['steilmeit] n empate m; (fig) impasse m, beco sem saída

stalk [stɔːk] n talo, haste f ♦ vt caçar de tocaia; **to** ~ **in/out** esgueirar-se silenciosamente; **to** ~ **off** andar com arrogância

stall [stɔːl] n (BRIT: in market) barraca; (in stable) baia ♦ vt (AUT) fazer morrer; (fig: delay) impedir, atrasar ♦ vi morrer; esquivar-se, ganhar tempo; ~**s** npl (BRIT: in cinema, theatre) platéia

stallion ['stæliən] n garanhão m

stalwart ['stɔːlwət] adj leal

stamina ['stæminə] n resistência

stammer ['stæmə*] n gagueira ♦ vi gaguejar, balbuciar

stamp [stæmp] n selo; (rubber ~) carimbo, timbre m; (mark, also fig) marca, impressão f ♦ vi (also: ~ **one's foot**) bater com o pé ♦ vt (letter) selar; (mark) marcar; (with rubber ~) carimbar; ~ **album** n álbum m de selos; ~ **collecting** n filatelia

stampede [stæm'piːd] n debandada, estouro (da boiada)

stance [stæns] n postura, posição f

stand [stænd] n (pt, pp stood) posição f, postura; (for taxis) ponto; (also: **hall** ~) pedestal m; (also: **music** ~) estante f; (SPORT) tribuna, palanque m; (stall) barraca ♦ vi (be) estar, encontrar-se; (be on foot) estar em pé; (rise) levantar-se; (remain: decision, offer) estar de pé; (in election) candidatar-se ♦ vt (place) pôr, colocar; (tolerate) agüentar, suportar; (cost) pagar; **to make a** ~ resistir; (fig) ater-se a um princípio; **to** ~ **for parliament** (BRIT) apresentar-se como candidato ao parlamento; ~ **by** vi estar a postos ♦ vt fus (opinion) aferrar-se a; (person) ficar ao lado de; ~ **down** vi retirar-se; ~ **for** vt fus (signify) significar; (represent) representar; (tolerate) tolerar, permitir; ~ **in for** vt fus substituir; ~ **out** vi (be prominent) destacar-se; ~ **up** vi levantar-se; ~ **up for** vt fus defender; ~ **up to** vt fus enfrentar

standard ['stændəd] n padrão m, critério; (flag) estandarte m; (level) nível m ♦ adj padronizado, regular, normal; ~**s** npl (morals) valores mpl morais; ~ **lamp** (BRIT) n abajur m de pé

stand-by adj de reserva ♦ n: **to be on** ~ estar de sobreaviso or de prontidão; ~ **ticket** n bilhete m de stand-by

stand-in n suplente m/f

standing ['stændɪŋ] adj (on foot) em pé; (permanent) permanente ♦ n posição f, reputação f; **of many years'** ~ de muitos anos; ~ **joke** n piada conhecida; ~ **order** (BRIT) n instrução f permanente; ~ **room** n lugar m em pé

stand-offish [-'ɔfɪʃ] adj incomunicativo, reservado

standpoint ['stændpɔɪnt] n ponto de vista

standstill ['stændstɪl] n: **at a** ~ paralisado, parado; **to come to a** ~ (car) parar; (factory, traffic) ficar paralisado

stank [stæŋk] pt of **stink**

staple ['steɪpl] n (for papers) grampo ♦ adj (food etc) básico ♦ vt grampear; ~**r** n grampeador m

star [stɑ:*] n estrela; (celebrity) astro/estrela ♦ vi: **to** ~ **in** ser a estrela em, estrelar ♦ vt (CINEMA) ser estrelado por; **the** ~**s** npl (horoscope) o horóscopo

starboard ['stɑ:bəd] n estibordo

starch [stɑ:tʃ] n (in food) amido, fécula; (for clothes) goma

stardom ['stɑ:dəm] n estrelato

stare [stɛə*] n olhar m fixo ♦ vi: **to** ~ **at** olhar fixamente, fitar

starfish ['stɑ:fɪʃ] n inv estrela-do-mar f

stark [stɑ:k] adj severo, áspero ♦ adv: ~ **naked** completamente nu, em pêlo

starling ['stɑ:lɪŋ] n estorninho

starry ['stɑ:rɪ] adj estrelado; ~**-eyed** adj (innocent) deslumbrado

start [stɑ:t] n princípio, começo; (departure) partida; (sudden movement) sobressalto, susto; (advantage) vantagem f ♦ vt começar, iniciar; (cause) causar; (found) fundar; (engine) ligar ♦ vi começar, ini-

ciar; (with fright) sobressaltar-se, assustar-se; (train etc) sair; ~ **off** vi começar, principiar; (leave) sair, pôr-se a caminho; ~ **up** vi começar; (car) pegar, pôr-se em marcha ♦ vt começar; (car) ligar; ~**er** n (AUT) arranque m; (SPORT: official) juiz/juíza m/f da partida; (BRIT: CULIN) entrada; ~**ing point** n ponto de partida

startle ['stɑ:tl] vt assustar, aterrar; **startling** adj surpreendente

starvation [stɑ:'veɪʃən] n fome f

starve [stɑ:v] vi passar fome; (to death) morrer de fome ♦ vt fazer passar fome; (fig) privar

state [steɪt] n estado ♦ vt afirmar, declarar; **the S~s** npl (GEO) os Estados Unidos; **to be in a** ~ estar agitado; ~**ly** adj majestoso, imponente; ~**ment** n declaração f; ~**sman** (irreg) n estadista m

static ['stætɪk] n (RADIO, TV) interferência ♦ adj estático

station ['steɪʃən] n estação f; (PO-LICE) delegacia, (RADIO) emissora ♦ vt colocar

stationary ['steɪʃnərɪ] adj estacionário

stationer ['steɪʃənə*] n dono de papelaria; ~**'s (shop)** n papelaria; ~**y** n artigos mpl de papelaria

station master n (RAIL) chefe m da estação

station wagon (US) n perua (BR), canadiana (PT)

statistic [stə'tɪstɪk] n estatística; ~**al** adj estatístico; ~**s** n (science) estatística

statue ['stætjuː] n estátua

stature ['stætʃə*] n estatura, altura

status ['steɪtəs] n posição f; (classification) categoria; (importance) status m; ~ **symbol** n símbolo de prestígio

statute ['stætjuːt] n estatuto, lei f

staunch [stɔ:ntʃ] adj fiel

stave off [steɪv-] vt (attack) repelir; (threat) evitar, protelar

stay [steɪ] n estadia, estada ♦ vi

ficar; (as guest) hospedar-se; (spend some time) demorar-se; to ~ put não se mexer; to ~ the night pernoitar; ~ behind vi ficar atrás; in vi ficar em casa; ~ on vi ficar; ~ out vi ficar fora de casa; ~ up vi (at night) velar, ficar acordado; ~ing power n resistência, raça

stead [sted] n: in sb's ~ em lugar de alguém; **to stand sb in good ~** prestar bons serviços a alguém

steadfast ['stedfa:st] adj firme, estável, resoluto

steadily ['stedili] adv (firmly) firmemente; (unceasingly) sem parar, constantemente; (walk) regularmente

steady ['stedi] adj (job, boyfriend) constante; (speed) fixo; (regular) regular; (person, character) sensato; (calm) calmo, sereno ♦ vt (stabilize) estabilizar; (nerves) acalmar

steak [steik] n filé m; (beef) bife m

steal [sti:l] (pt stole, pp stolen) vt roubar ♦ vi mover-se furtivamente

stealth [stelθ] n: by ~ furtivamente, às escondidas; ~y adj furtivo

steam [sti:m] n vapor m ♦ vt (CULIN) cozinhar no vapor ♦ vi fumegar; ~ engine n máquina a vapor; ~er n vapor m, navio (a vapor); ~roller n rolo compressor (a vapor); ~y adj vaporoso; (room) cheio de vapor, úmido (BR), húmido (PT); (heat, atmosphere) vaporoso

steel [sti:l] n aço m ♦ adj de aço; ~works n (usina) siderúrgica

steep [sti:p] adj íngreme; (increase) acentuado; (price) exorbitante ♦ vt (food) colocar de molho; (cloth) ensopar, encharcar

steeple ['sti:pl] n campanário, torre f; ~chase n corrida de obstáculos

steer [stɪə°] vt (person) guiar; (vehicle) dirigir ♦ vi conduzir; ~ing n (AUT) direção f; ~ing wheel n volante m

stem [stem] n (of plant) caule m, haste f; (of glass) pé m ♦ vt deter, reter; (blood) estancar; ~ from vi

fus originar-se de

stench [stentʃ] (pej) n fedor m

stencil ['stensl] n (pattern, design) estêncil m; (lettering) gabarito de letra ♦ vt imprimir com estêncil

stenographer [ste'nɔgrəfə°] (US) n estenógrafo/a

step [step] n passo m; (stair) degrau m ♦ vi: to ~ forward dar um passo a frente/atrás; ~s npl (BRIT) = ~ladder; to be in ~ (with) (fig) manter a paridade (com); to be out of ~ (with) (fig) estar em disparidade (com); ~ down vi (fig) renunciar; ~ on vt fus pisar; ~ up vt aumentar; ~brother n meio-irmão m; ~daughter n enteada; ~father n drasto; ~ladder (BRIT) n escada portátil or de abrir; ~mother n madrasta; ~ping stone n pedra utilizada em passarelas; (fig) trampolim m; ~sister n meia-irmã f; ~son n enteado

stereo ['steriəu] n estéreo; (record player) (aparelho de) som m ♦ adj (also: ~phonic) estereofônico

sterile ['sterail] adj esterelizado; (barren) estéril; **sterilize** vt esterilizar

sterling ['stɜ:liŋ] adj esterlino; (silver) de lei ♦ n (currency) libra esterlina; **one pound ~** uma libra esterlina

stern [stɜ:n] adj severo, austero ♦ n (NAUT) popa, ré f

stew [stju:] n guisado, ensopado ♦ vt guisar, ensopar; (fruit) cozinhar

steward ['stjuːəd] n (AVIAT) comissário de bordo; ~ess n aeromoça (BR), hospedeira de bordo (PT)

stick [stik] (pt, pp stuck) n pau m; (as weapon) cacete m; (walking ~) bengala, cajado ♦ vt (glue) colar; (thrust): to ~ sth into cravar or enfiar algo em; (inf: put) meter; (: tolerate) agüentar, suportar ♦ vi (become attached) colar-se; (be unmoveable) emperrar; (in mind etc) gravar-se; ~ out vi estar saliente, projetar-se; ~ up vi estar saliente, projetar-se; ~ **up** for *vt fus* defender; ~**er** *n* adesivo; ~**ing plaster** *n* esparadrapo

stickler ['stɪklə*] *n*: to be a ~ for insistir em, exigir

stick-up (*inf*) *n* assalto a mão armada

sticky ['stɪkɪ] *adj* pegajoso; (*label*) adesivo; (*fig*) delicado

stiff [stɪf] *adj* (*strong*) forte; (*hard*) duro; (*difficult*) difícil; (*moving with difficulty: person*) teso; (: *door, zip*) empenado; (*formal*) formal ♦ *adv* (*bored, worried*) extremamente; ~**en** *vi* enrijecer-se; (*grow stronger*) fortalecer-se; ~ **neck** *n* torcicolo

stifle ['staɪfl] *vt* sufocar, abafar; (*opposition*) sufocar; **stifling** *adj* (*heat*) sufocante, abafado

stigma ['stɪgmə] *n* estigma *m*

stile [staɪl] *n* degraus para passar por uma cerca ou muro

stiletto [stɪ'letəʊ] (*BRIT*) *n* (*also*: ~ **heel**) salto alto e fino

still [stɪl] *adj* parado ♦ *adv* (*up to this time*) ainda; (*even, yet*) ainda; (*nonetheless*) entretanto, contudo; ~**born** *adj* nascido morto, natimorto; ~ **life** *n* natureza morta

stilt [stɪlt] *n* perna de pau; (*pile*) estaca, suporte *m*

stilted ['stɪltɪd] *adj* afetado

stimulate ['stɪmjʊleɪt] *vt* estimular

stimuli ['stɪmjʊlaɪ] *npl of* **stimulus**

stimulus ['stɪmjʊləs] (*pl* **stimuli**) *n* estímulo, incentivo

sting [stɪŋ] (*pt, pp* **stung**) *n* (*wound*) picada; (*pain*) ardência; (*of insect*) ferrão *m* ♦ *vt* arguilhar ♦ *vi* (*insect, animal*) picar; (*eyes, ointment*) queimar

stingy ['stɪndʒɪ] (*pej*) *adj* pão-duro, sovina

stink [stɪŋk] (*pt* **stank**, *pp* **stunk**) *n* fedor *m*, catinga ♦ *vi* feder, cheirar mal; ~**ing** (*inf*) *adj* (*fig*) maldito

stint [stɪnt] *n* tarefa, parte *f* ♦ *vi*: to ~ **on** ser parco com

stipulate ['stɪpjʊleɪt] *vt* estipular

stir [stə:*] *n* (*fig*) comoção *f*, rebuliço

♦ *vt* mexer; (*fig*) comover ♦ *vi* mover-se, remexer-se; ~ **up** *vt* excitar; (*trouble*) provocar

stirrup ['stɪrəp] *n* estribo

stitch [stɪtʃ] *n* (*SEWING, KNITTING, MED*) ponto; (*pain*) pontada ♦ *vt* costurar; (*MED*) dar pontos em, suturar

stoat [stəʊt] *n* arminho

stock [stɔk] *n* suprimento; (*COMM: reserves*) estoque *m*, provisão *f*; (: *selection*) sortimento; (*AGR*) gado; (*CULIN*) caldo; (*lineage*) estirpe *f*, linhagem *f*; (*FINANCE*) valores *mpl*, títulos *mpl* ♦ *adj* (*reply etc*) de sempre, costumeiro ♦ *vt* ter em estoque, estocar; **in/out of** ~ em estoque/esgotado; to **take** ~ of (*fig*) fazer um balanço de; ~**s and shares** valores e títulos mobiliários; ~ **up** *vi*: to ~ **up** (**with**) abastecer-se (de); ~**broker** *n* corretor(a) *m/f* de valores ou da Bolsa; ~ **cube** (*BRIT*) *n* cubo de caldo; ~ **exchange** *n* Bolsa de Valores

stocking ['stɔkɪŋ] *n* meia

stockist ['stɔkɪst] (*BRIT*) *n* estoquista *m/f*

stock: ~ **market** (*BRIT*) *n* Bolsa, mercado de valores; ~ **phrase** *n* frase *f* feita; ~**pile** *n* reservas *fpl*, estocagem *f* ♦ *vt* acumular reservas de, estocar; ~**taking** (*BRIT*) *n* (*COMM*) inventário

stocky ['stɔkɪ] *adj* (*strong*) robusto; (*short*) atarracado

stodgy ['stɔdʒɪ] *adj* pesado

stoke [stəʊk] *vt* atiçar, alimentar

stole [stəʊl] *pt of* **steal** ♦ *n* estola

stolen ['stəʊln] *pp of* **steal**

stolid ['stɔlɪd] *adj* fleumático

stomach ['stʌmək] *n* (*ANAT*) estômago; (*belly*) barriga, ventre *m* ♦ *vt* suportar, tolerar; ~ **ache** *n* dor *f* de estômago

stone [stəʊn] *n* pedra; (*pebble*) pedrinha; (*in fruit*) caroço; (*MED*) pedra, cálculo; (*BRIT: weight*) = 6.348kg; 14 **pounds** ♦ *adj* de pedra ♦ *vt* apedrejar; (*fruit*) tirar o(s) caroço(s) de; ~**cold** *adj* gelado; ~**deaf** *adj* surdo como uma porta; ~**work** *n* cantaria; **stony** *adj* pedregoso; *(fig)* glacial

stood [stud] *pt, pp* of **stand**

stool [stuːl] *n* tamborete *m*, banco

stoop [stuːp] *vi* *(also:* have a ~) ser corcunda; *(also:* ~ **down**) debruçar-se, curvar-se

stop [stɔp] *n* parada, interrupção *f*; *(for bus etc)* parada *(BR)*, *(also:* **full** ~) ponto ♦ *vt* parar, deter; *(break off)* interromper; *(cheque)* sustar, suspender; *(also:* **put a** ~ **to)** impedir ♦ *vi* parar, deter-se; *(watch, noise)* parar; *(end)* acabar; **to** ~ **doing sth** deixar de fazer algo; ~ **dead** *vi* parar de repente; ~ **off** *vi* dar uma parada; ~ **up** *vt* tapar; ~**gap** *n* *(person)* tapa-buraco *m/f*; *(measure)* paliativo; ~**over** *n* parada rápida; *(AVIAT)* escala; ~**page** *n* *(strike)* greve *f*; *(blockage)* obstrução *f*; ~**per** *n* tampa, rolha; ~ **press** *n* notícia de última hora; ~**watch** *n* cronômetro

storage ['stɔːrɪdʒ] *n* armazenagem *f*; ~ **heater** *(BRIT)* *n* tipo de aquecimento que armazena calor durante a noite emitindo-o durante o dia

store [stɔː] *n* *(stock)* suprimento; *(depot)* armazém *m*; *(reserve)* estoque *m*; *(BRIT: large shop)* loja de departamentos; *(US: shop)* loja ♦ *vt* armazenar; ~**s** *npl* *(provisions)* víveres *mpl*, provisões *fpl*; **who knows what is in** ~ **for us?** quem sabe o que nos espera?; ~ **up** *vt* acumular; ~**room** *n* depósito, almoxarifado

storey ['stɔːrɪ] *(US* **story)** *n* andar *m*

stork [stɔːk] *n* cegonha

storm [stɔːm] *n* tempestade *f*; *(fig)* tumulto ♦ *vi* *(fig)* enfurecer-se ♦ *vt* tomar de assalto, assaltar; ~**y** *adj* tempestuoso

story ['stɔːrɪ] *n* história, estória; *(lie)* mentira; *(US)* = **storey**; ~**book** *n* livro de contos

stout [staut] *adj* sólido, forte; *(fat)*

gordo, corpulento; *(resolute)* decidido, resoluto ♦ *n* cerveja preta

stove [stəuv] *n* *(for cooking)* fogão *m*; *(for heating)* estufa, fogareiro

stow [stəu] *vt* guardar; ~**away** *n* passageiro/a clandestino/a

straddle ['strædl] *vt* cavalgar

straggle ['strægl] *vi* *(houses)* espalhar-se desordenadamente; *(people)* vagar, perambular; **straggly** *adj* *(hair)* rebelde, emaranhado

straight [streɪt] *adj* reto; *(back)* esticado; *(hair)* liso; *(honest)* honesto; *(simple)* simples *inv* ♦ *adv* reto; *(drink)* puro; **to put** or **get sth** ~ esclarecer algo; ~ **away**, ~ **off** imediatamente; ~**en** *vt* arrumar; ~**en out** *vt* endireitar; *(fig)* esclarecer; **to** ~**en things out** arrumar as coisas; ~**-faced** *adj* impassível; ~**forward** *adj* *(simple)* simples *inv*, direto; *(honest)* honesto, franco

strain [streɪn] *n* tensão *f*; *(TECH)* esforço; *(MED:* back ~) distensão *f*; *(: tension)* luxação *f*; *(breed)* raça, estirpe *f* ♦ *vt* forçar, torcer, distender; *(stretch)* puxar, estirar; *(CULIN)* coar; ~**s** *npl* *(MUS)* acordes *mpl*; ~**ed** *adj* distendido; *(laugh)* forçado; *(relations)* tenso; ~**er** *n* coador *m*; *(sieve)* peneira

strait [streɪt] *n* estreito; ~**s** *npl* *(fig)*: **to be in dire** ~**s** estar em apuros; ~**jacket** *n* camisa-de-força; ~**-laced** *adj* puritano, austero

strand [strænd] *n* *(of thread, hair)* fio; *(of rope)* tira; ~**ed** *adj* preso

strange [streɪndʒ] *adj* *(not known)* desconhecido; *(odd)* estranho, esquisito; ~**ly** *adv* estranhamente; ~**r** *n* desconhecido/a; *(from another area)* forasteiro/a

strangle ['stræŋgl] *vt* estrangular; *(fig)* sufocar; ~**hold** *n* *(fig)* domínio total

strap [stræp] *n* correia; *(of slip, dress)* alça

strapping ['stræpɪŋ] *adj* corpulento, robusto, forte

strata ['strɑːtə] *npl* of **stratum**

strategic [strə'ti:dʒɪk] *adj* estratégico

strategy ['strætɪdʒɪ] *n* estratégia

stratum ['strɑːtəm] (*pl* **strata**) *n* camada

straw [strɔː] *n* palha; (*drinking* ~) canudo; **that's the last** ~! essa foi a última gota!

strawberry ['strɔːbərɪ] *n* morango

stray [streɪ] *adj* (*animal*) extraviado; (*bullet*) perdido; (*scattered*) espalhado ♦ *vi* perder-se

streak [striːk] *n* listra, traço; (*in hair*) mecha ♦ *vt* listrar ♦ *vi*: **to** ~ **past** passar como um raio

stream [striːm] *n* riacho, córrego; (*of people, vehicles*) fluxo; (*of smoke*) rastro; (*of questions etc*) torrente *f* ♦ *vt* (*SCH*) classificar ♦ *vi* correr, fluir; **to** ~ **in/out** entrar/sair em massa

streamer ['striːmə*] *n* serpentina; (*pennant*) flâmula

streamlined ['striːmlaɪnd] *adj* aerodinâmico

street [striːt] *n* rua; ~**car** (*US*) *n* bonde *m* (*BR*), eléctrico (*PT*); ~ **lamp** *n* poste *m* de iluminação; ~ **plan** *n* mapa *m*; ~**wise** (*inf*) *adj* malandro

strength [streŋθ] *n* força; (*of girder etc*) firmeza, resistência; (*of power*) poder *m*; ~**en** *vt* fortificar; (*fig*) fortalecer

strenuous ['strenjuəs] *adj* enérgico; (*determined*) tenaz

stress [stres] *n* pressão *f*; (*mental strain*) tensão *f*, stress *m*; (*emphasis*) ênfase *f*; (*TECH*) tensão ♦ *vt* realçar, dar ênfase a; (*syllable*) acentuar

stretch [stretʃ] *n* (*of sand etc*) trecho, extensão *f* ♦ *vi* espreguiçar-se; (*extend*): **to** ~ **to** *or* **as far as** estender-se até ♦ *vt* estirar, esticar; (*fig: subj: job, task*) exigir o máximo de; ~ **out** *vi* esticar-se ♦ *vt* (*arm etc*) esticar; (*spread*) estirar

stretcher ['stretʃə*] *n* maca, padiola

strewn [struːn] *adj*: ~ **with** coberto *or* cheio de

stricken ['strɪkən] *adj* (*wounded*) ferido; (*devastated*) arrasado; (*ill*) acometido; ~ **with** tomado por

strict [strɪkt] *adj* (*person*) severo, rigoroso; (*meaning*) exato, estrito; ~**ly** *adv* severamente; estritamente

stridden ['strɪdn] *pp of* **stride**

stride [straɪd] (*pt* **strode**, *pp* **stridden**) *n* passo largo ♦ *vi* andar a passos largos

strife [straɪf] *n* conflito

strike [straɪk] (*pt*, *pp* **struck**) *n* greve *f*; (*of oil etc*) descoberta; (*attack*) ataque *m* ♦ *vt* bater em; (*fig*): **the thought** *or* **it** ~**s me that** ... me ocorre que ...; (*oil etc*) descobrir; (*deal*) fechar, acertar ♦ *vi* estar em greve; (*attack*: *soldiers, illness*) atacar; (*: disaster*) assolar; (*clock*) bater; **on** ~ em greve; **to** ~ **a match** acender um fósforo; ~ **down** *vt* derrubar; ~ **up** *vt* (*MUS*) começar a tocar; (*conversation, friendship*) travar; ~**r** *n* grevista *m/f*; (*SPORT*) atacante *m/f*; **striking** *adj* impressionante

string [strɪŋ] (*pt*, *pp* **strung**) *n* (*cord*) barbante *m* (*BR*), cordel *m* (*PT*); (*of beads*) cordão *m*; (*of onions*) réstia; (*MUS*) corda ♦ *vt*: **to** ~ **out** esticar; **the** ~**s** *npl* (*MUS*) os instrumentos de corda; **to** ~ **together** (*words*) unir; (*ideas*) concatenar; **to get a job by pulling** ~**s** (*fig*) usar pistolão; ~ **bean** *n* vagem *f*; ~(**ed**) **instrument** *n* (*MUS*) instrumento de corda

stringent ['strɪndʒənt] *adj* rigoroso

strip [strɪp] *n* tira; (*of land*) faixa; (*of metal*) lâmina, tira ♦ *vt* despir; (*also*: ~ **down**: *machine*) desmontar ♦ *vi* despir-se; ~ **cartoon** *n* história em quadrinhos (*BR*), banda desenhada (*PT*)

stripe [straɪp] *n* listra; (*MIL*) galão *m*; ~**d** *adj* listrado, com listras

strip lighting (*BRIT*) *n* iluminação *f* fluorescente

stripper ['strɪpə*] *n* artista *m/f* de striptease

strive [straɪv] (*pt* **strove**, *pp* ~**n**) *vi*:

to ~ for sth/to do sth esforçar-se por *or* batalhar para algo/para fazer algo

striven ['strɪvn] *pp of* **strive**

strode [strəud] *pt of* **stride**

stroke [strəuk] *n* (*blow*) golpe *m*; (*MED*) derrame *m* cerebral; (*of paintbrush*) pincelada; (*SWIMMING: style*) nado ♦ *vt* acariciar, afagar; at a ~ de repente, de golpe

stroll [strəul] *n* volta, passeio ♦ *vi* passear, dar uma volta; ~**er** (*US*) *n* carrinho (de criança)

strong [strɔŋ] *adj* forte; (*imagination*) fértil; (*personality*) forte, dominante; (*nerves*) de aço; there are 50 ~ são 50; ~**hold** *n* fortaleza; (*fig*) baluarte *m*; ~**ly** *adv* firmemente; (*defend*) vigorosamente; (*believe*) profundamente; ~**room** *n* casaforte *f*

strove [strəuv] *pt of* **strive**

struck [strʌk] *pt, pp of* **strike**

structure ['strʌktʃə*r*] *n* estrutura; (*building*) construção *f*

struggle ['strʌgl] *n* luta, contenda ♦ *vi* (*fight*) lutar; (*try hard*) batalhar

strum [strʌm] *vt* (*guitar*) dedilhar

strung [strʌŋ] *pt, pp of* **string**

strut [strʌt] *n* escora, suporte *m* ♦ *vi* pavonear-se, empertigar-se

stub [stʌb] *n* (*of ticket etc*) canhoto; (*of cigarette*) toco, ponta; to ~ one's toe dar uma topada; ~ **out** *vt* apagar

stubble ['stʌbl] *n* restolho; (*on chin*) barba por fazer

stubborn ['stʌbən] *adj* teimoso, cabeçudo, obstinado

stuck [stʌk] *pt, pp of* **stick** ♦ *adj* (*jammed*) emperrado; ~-**up** *adj* convencido, metido, esnobe

stud [stʌd] *n* (*shirt* ~) botão *m*; (*earring*) tarraxa, rosca; (*of boot*) cravo; (*also:* ~ **farm**) fazenda de cavalos; (*also:* ~ **horse**) garanhão *m* ♦ *vt* (*fig*): ~**ded with** adornado de

student ['stju:dənt] *n* estudante *m/f* ♦ *adj* estudantil; ~ **driver** (*US*) *n* aprendiz *m/f*

studio ['stju:dɪəu] *n* estúdio; (*sculptor's*) ateliê *m*; ~ **flat** (*US* ~ **apartment**) *n* apartamento conjugado

studious ['stju:dɪəs] *adj* estudioso, aplicado; (*careful*) cuidadoso; ~**ly** *adv* (*carefully*) com esmero

study ['stʌdɪ] *n* estudo; (*room*) sala de leitura *or* estudo ♦ *vt* estudar; (*examine*) examinar, investigar ♦ *vi* estudar; **studies** *npl* (*subjects*) estudos *mpl*, matérias *fpl*

stuff [stʌf] *n* (*substance*) troço; (*things*) troços *mpl*, coisas *fpl* ♦ *vt* (*CULIN*) rechear; (*animals*) empalhar; (*inf: push*) enfiar; ~**ed toy** brinquedo de pelúcia; ~**ing** *n* recheio; ~**y** *adj* (*room*) abafado, mal ventilado; (*person*) rabujento, melindroso

stumble ['stʌmbl] *vi* tropeçar; to ~ **across** *or* **on** (*fig*) topar com; **stumbling block** *n* pedra no caminho

stump [stʌmp] *n* (*of tree*) toco; (*of limb*) coto ♦ *vt*: to be ~**ed** ficar perplexo

stun [stʌn] *vt* (*subj: blow*) aturdir; (*: news*) pasmar

stung [stʌŋ] *pt, pp of* **sting**

stunk [stʌŋk] *pp of* **stink**

stunning ['stʌnɪŋ] *adj* (*news*) atordoante; (*appearance*) maravilhoso

stunt [stʌnt] *n* façanha sensacional; (*publicity* ~) truque *m* publicitário; ~**ed** *adj* atrofiado, retardado; ~**man** (*irreg*) *n* dublê *m*

stupefy ['stju:pɪfaɪ] *vt* deixar estupefato

stupendous [stju:'pɛndəs] *adj* monumental

stupid ['stju:pɪd] *adj* estúpido, idiota

sturdy ['stɜ:dɪ] *adj* (*person*) robusto, firme; (*thing*) sólido

stutter ['stʌtə*r*] *n* gagueira, gaguez *f* ♦ *vi* gaguejar

sty [staɪ] *n* (*for pigs*) chiqueiro

stye [staɪ] *n* (*MED*) terçol *m*

style [staɪl] *n* estilo; (*elegance*) elegância; **stylish** *adj* elegante, chique

stylus ['staɪləs] (*pl* **styli** *or* ~**es**) *n* (*of record player*) agulha

suave [swɑːv] *adj* suave, melífluo

sub... [sʌb] *prefix* sub...; **~conscious** *adj* do subconsciente; **~contract** *vt* subcontratar; **~divide** *vt* subdividir

subdue [səb'djuː] *vt* subjugar; (*passions*) dominar; **~d** *adj* (*light*) ténue; (*person*) desanimado

subject [*n* 'sʌbdʒɪkt, *vt* səb'dʒɛkt] *n* (*of king*) súdito/a; (*theme*) assunto; (*SCH*) matéria; (*LING*) sujeito ♦ *vt*: **to ~ sb to sth** submeter alguém a algo; **to be ~ to** estar sujeito a; **~ive** *adj* subjetivo; **~ matter** *n* assunto; (*content*) conteúdo

sublet [sʌb'lɛt] *vt* sublocar, subalugar

submachine gun ['sʌbmə'ʃiːn-] *n* metralhadora de mão

submarine ['sʌbməriːn] *n* submarino

submerge [səb'mɜːdʒ] *vt* submergir ♦ *vi* submergir-se

submission [səb'mɪʃən] *n* submissão *f*; (*to committee*) petição *f*; (*of plan*) apresentação *f*, exposição *f*; **submissive** *adj* submisso

submit [səb'mɪt] *vt* submeter ♦ *vi* submeter-se

subnormal [sʌb'nɔːməl] *adj* (*temperature*) abaixo do normal

subordinate [sə'bɔːdɪnət] *adj*, *n* subordinado/a

subpoena [səb'piːnə] *n* (*LAW*) intimação *f*, citação *f* judicial

subscribe [səb'skraɪb] *vi* subscrever; **to ~ to** (*opinion*) concordar com; (*fund*) contribuir para; (*newspaper*) assinar; **~r** *n* assinante *m/f*; **subscription** *n* assinatura

subsequent ['sʌbsɪkwənt] *adj* subseqüente, posterior; **~ly** *adv* posteriormente, depois

subside [səb'saɪd] *vi* (*feeling, wind*) acalmar-se; (*flood*) baixar; **~nce** *n* (*in road etc*) afundamento da superfície

subsidiary [səb'sɪdɪərɪ] *adj* secundário ♦ *n* (*also*: **~ company**) subsidiária

subsidize ['sʌbsɪdaɪz] *vt* subsidiar

subsidy ['sʌbsɪdɪ] *n* subsídio

subsistence [səb'sɪstəns] *n* subsistência; **~ allowance** *n* diária

substance ['sʌbstəns] *n* substância

substantial [səb'stænʃl] *adj* (*solid*) sólido; (*reward, meal*) substancial; **~ly** *adv* consideravelmente; (*in essence*) substancialmente

substantiate [səb'stænʃɪeɪt] *vt* comprovar, justificar

substitute ['sʌbstɪtjuːt] *n* substituto/a; (*person*) suplente *m/f* ♦ *vt*: **to ~ A for B** substituir B por A

subterranean [sʌbtə'reɪnɪən] *adj* subterrâneo

subtitle ['sʌbtaɪtl] *n* (*CINEMA*) legenda

subtle ['sʌtl] *adj* sutil; **~ty** *n* sutileza

subtotal [sʌb'təutl] *n* total *m* parcial, subtotal *m*

subtract [səb'trækt] *vt* subtrair, deduzir

suburb ['sʌbəːb] *n* subúrbio; **~an** *adj* suburbano; (*train etc*) de subúrbio; **~ia** *n* os subúrbios

subway ['sʌbweɪ] *n* (*BRIT*) passagem *f* subterrânea; (*US*) metrô *m* (*BR*), metro(-politano) (*PT*)

succeed [sək'siːd] *vi* (*person*) ser bem sucedido, ter êxito; (*plan*) sair bem ♦ *vt* suceder a; **to ~ in doing** conseguir fazer; **~ing** *adj* sucessivo, posterior

success [sək'sɛs] *n* êxito; (*hit, person*) sucesso; **~ful** *adj* (*venture*) bem sucedido; (*writer*) de sucesso, bem sucedido; **to be ~ful (in doing)** conseguir (fazer); **~fully** *adv* com sucesso, com êxito

succession [sək'sɛʃən] *n* sucessão *f*, série *f*; (*to throne*) sucessão

such [sʌtʃ] *adj* tal, semelhante; (*of that kind*: *sg*): **~ a book** um livro parecido, tal livro; (: *pl*): **~ books** tais livros; (*so much*): **~ courage** tanta coragem ♦ *adv* tão; **~ a long trip** uma viagem tão longa; **~ a lot of** tanto; **~ as** tal como; **as ~** como tal; **~-and-** *adj* tal e qual

suck [sʌk] *vt* chupar; (*breast*) mamar; **~er** *n* (*ZOOL*) ventosa; (*inf*) trouxa *m/f*, otário/a

Sudan [su'dɑːn] *n* Sudão *m*

sudden ['sʌdn] *adj* (*rapid*) repentino, súbito; (*unexpected*) imprevisto; **all of a ~** inesperadamente; **~ly** *adv* inesperadamente

suds [sʌdz] *npl* água de sabão

sue [suː] *vt* processar

suede [sweɪd] *n* camurça

suet ['suɪt] *n* sebo

suffer ['sʌfə*] *vt* sofrer; (*bear*) agüentar, suportar ♦ *vi* sofrer, padecer; **to ~ from** sofrer de, estar com; **~er** *n*: **a ~er from** (*MED*) uma pessoa que sofre de; **~ing** *n* sofrimento

suffice [sə'faɪs] *vi* bastar, ser suficiente

sufficient [sə'fɪʃənt] *adj* suficiente, bastante; **~ly** *adv* suficientemente

suffix ['sʌfɪks] *n* sufixo

suffocate ['sʌfəkeɪt] *vi* sufocar(-se), asfixiar(-se); **suffocation** *n* sufocação *f*; (*MED*) asfixia

suffused [sə'fjuːzd] *adj*: **~ with** banhado de

sugar ['ʃugə*] *n* açúcar *m* ♦ *vt* pôr açúcar em, açucarar; **~ beet** *n* beterraba (sacarina); **~ cane** *n* cana-de-açúcar *f*

suggest [sə'dʒest] *vt* sugerir; (*indicate*) indicar; **~ion** *n* sugestão *f*; indicação *f*; **~ive** (*pej*) *adj* indecente

suicide ['suɪsaɪd] *n* suicídio; (*person*) suicida *m/f*; *see also* **commit**

suit [suːt] *n* (*man's*) terno (*BR*), fato (*PT*); (*woman's*) conjunto; (*LAW*) processo; (*CARDS*) naipe *m* ♦ *vt* convir a; (*clothes*) ficar bem a; (*adapt*): **to ~ sth to** adaptar *or* acomodar algo a; **they are well ~ed** fazem um bom par; **~able** *adj* conveniente; (*appropriate*) apropriado; **~ably** *adv* (*dressed*) apropriadamente; (*impressed*) bem

suitcase ['suːtkeɪs] *n* mala

suite [swiːt] *n* (*of rooms*) conjunto de salas; (*MUS*) suite *f*; (*furniture*) conjunto

suitor ['suːtə*] *n* pretendente *m*

sulfur ['sʌlfə*] (*US*) *n* = **sulphur**

sulk [sʌlk] *vi* ficar emburrado, fazer beicinho *or* biquinho (*inf*); **~y** *adj* emburrado

sullen ['sʌlən] *adj* rabugento; (*silence*) pesado

sulphur ['sʌlfə*] (*US* **sulfur**) *n* enxofre *m*

sultana [sʌl'tɑːnə] *n* passa branca

sultry ['sʌltrɪ] *adj* abafado

sum [sʌm] *n* soma; (*calculation*) cálculo; **~ up** *vt*, *vi* resumir

summarize ['sʌmərɪz] *vt* resumir

summary ['sʌmərɪ] *n* resumo

summer ['sʌmə*] *n* verão *m* ♦ *adj* de verão; **in ~** no verão; **~house** *n* pavilhão *m*; **~time** *n* (*season*) verão *m*; **~ time** *n* (*by clock*) horário de verão

summit ['sʌmɪt] *n* topo, cume *m*; (*also*: **~ conference**) (conferência de) cúpula

summon ['sʌmən] *vt* (*person*) mandar chamar; (*meeting*) convocar; (*LAW*: *witness*) convocar; **~ up** *vt* concentrar; **~s** *n* (*JUR*) citação *f*, intimação *f*; (*fig*) chamada ♦ *vt* citar, intimar

sump [sʌmp] (*BRIT*) *n* (*AUT*) cárter *m*

sumptuous ['sʌmptjuəs] *adj* suntuoso

sun [sʌn] *n* sol *m*; **~bathe** *vi* tomar sol; **~burn** *n* queimadura do sol; **~burned** *adj* = **~burnt**; **~burnt** *adj* bronzeado; (*painfully*) queimado

Sunday ['sʌndɪ] *n* domingo; **~ school** *n* escola dominical

sundial ['sʌndaɪəl] *n* relógio de sol

sundown ['sʌndaun] *n* pôr *m* do sol

sundries ['sʌndrɪz] *npl* gêneros *mpl* diversos

sundry ['sʌndrɪ] *adj* vários, diversos; **all and ~** todos

sunflower ['sʌnflauə*] *n* girassol *m*

sung [sʌŋ] *pp of* **sing**

sunglasses ['sʌnglɑːsɪz] *npl* óculos *mpl* de sol

sunk [sʌŋk] *pp of* **sink**

sun: **~light** *n* (luz *f* do) sol *m*; **~lit**

adj ensolarado, iluminado pelo sol; ~ny adj cheio de sol; (day) ensolarado, de sol; ~rise n nascer m do sol; ~ roof n (AUT) teto solar; ~set n pôr m do sol; ~shade n pára-sol m; ~shine n (luz f do) sol m; ~stroke n insolação f; ~tan n bronzeado; ~tan lotion n loção f de bronzear; ~tan oil n óleo de bronzear, bronzeador m

super ['su:pə*] (inf) adj bacana (BR), muito giro (PT)

superannuation [su:pərænju'eɪʃən] n pensão f de aposentadoria

superb [su:'pə:b] adj excelente

supercilious [su:pə'sɪlɪəs] adj arrogante, desdenhoso; (haughty) altivo

superfluous [su:'pə:fluəs] adj supérfluo, desnecessário

superhuman [su:pə'hju:mən] adj sobre-humano

superimpose [su:pərɪm'pəuz] vt: to ~ (on/with) sobrepor (a)

superintendent [su:pərɪn'tendənt] n superintendente m/f; (POLICE) chefe m/f de polícia

superior [su'pɪərɪə*] adj superior; (smug) desdenhoso ♦ n superior(a) m/f

superlative [su'pə:lətɪv] n superlativo

superman ['su:pəmæn] (irreg) n super-homem m

supermarket ['su:pəma:kɪt] n supermercado

supernatural [su:pə'nætʃərəl] adj sobrenatural ♦ n: the ~ o sobrenatural

superpower ['su:pəpauə*] n (POL) superpotência

supersede [su:pə'si:d] vt suplantar

superstitious [su:pə'stɪʃəs] adj supersticioso

supertanker ['su:pətæŋkə*] n superpetroleiro

supervise ['su:pəvaɪz] vt supervisar, supervisionar; **supervision** n supervisão f; **supervisor** n supervisor(a) m/f; (academic) orientador(a) m/f

supine ['su:paɪn] adj em supinação

supper ['sʌpə*] n jantar m; (late eve-

ning) ceia

supple ['sʌpl] adj flexível

supplement [n 'sʌplɪmənt, vt sʌplɪ'mənt] n suplemento ♦ vt suprir, completar; ~ary adj suplementar; ~ary benefit (BRIT) n auxílio suplementar pago aos de renda baixa

supplier [sə'plaɪə*] n abastecedor(a) m/f, fornecedor(a) m/f

supply [sə'plaɪ] vt (provide): to ~ sth (to sb) fornecer algo (para alguém); (equip): to ~ (with) suprir (de) ♦ n fornecimento, provisão f; (stock) estoque m; (supplying) abastecimento; **supplies** npl (food) víveres mpl; (MIL) apetrechos mpl; ~ **teacher** (BRIT) n professor(a) m/f suplente

support [sə'pɔ:t] n (moral, financial etc) apoio; (TECH) suporte m ♦ vt apoiar; (financially) manter; (TECH: hold up) sustentar; (theory etc) defender; ~er n (POL etc) partidário/a; (SPORT) torcedor(a) m/f

suppose [sə'pəuz] vt supor; (imagine) imaginar; (duty): to be ~d to do sth dever fazer algo; ~dly adv supostamente, pretensamente; **supposing** conj caso, suponde-se que

suppress [sə'pres] vt (information) suprimir; (feelings, revolt) reprimir; (yawn) conter; **suppression** n (of information) supressão f; (of feelings, revolt) repressão f; (of yawn) controle m; (of scandal) abafamento

supreme [su'pri:m] adj supremo

surcharge ['sə:tʃa:dʒ] n sobretaxa

sure [ʃuə*] adj seguro, certo; (definite) certo; (aim) certeiro; to make ~ of sth/that assegurar-se de algo/que; ~! claro que sim!; ~ **enough** efetivamente; ~**-footed** adj de andar seguro; ~**ly** adv (certainly: US: also: sure) certamente; ~**ty** n garantia, fiança

surf [sə:f] n (waves) ondas fpl, arrebentação f

surface ['sə:fɪs] n superfície f ♦ vt (road) revestir ♦ vi vir à superfície

surfboard ['sə:fbɔ:d] *n* prancha de surfe

surfeit ['sə:fit] *n*: **a ~ of** um excesso de

surfing ['sə:fɪŋ] *n* surfe *m*

surge [sə:dʒ] *n* onda ♦ *vi* (*sea*) encapelar-se; (*people, vehicles*) precipitar-se; (*feeling*) aumentar repentinamente

surgeon ['sə:dʒən] *n* cirurgião/giã *m/f*

surgery ['sə:dʒərɪ] *n* cirurgia; (*BRIT: room*) consultório; (: *also*: ~ **hours**) horas *fpl* de consulta

surgical ['sə:dʒɪkl] *adj* cirúrgico; ~ **spirit** (*BRIT*) *n* álcool m

surly ['sə:lɪ] *adj* malcriado, rude

surmount [sə:'maunt] *vt* superar, sobrepujar, vencer

surname ['sə:neɪm] *n* sobrenome *m* (*BR*), apelido (*PT*)

surpass [sə:'pɑ:s] *vt* superar

surplus ['sə:pləs] *n* excedente *m*; (*COMM*) superávit *m* ♦ *adj* excedente, de sobra

surprise [sə'praɪz] *n* surpresa ♦ *vt* surpreender

surrender [sə'rɛndə*] *n* rendição *f*, entrega ♦ *vi* render-se, entregar-se

surreptitious [sʌrəp'tɪʃəs] *adj* clandestino, furtivo

surrogate ['sʌrəgɪt] *n* (*BRIT*) substituto/a; ~ **mother** *n* mãe *f* portadora

surround [sə'raund] *vt* circundar, rodear; (*MIL*) cercar; ~**ing** *adj* circundante, adjacente; ~**ings** *npl* arredores *mpl*, cercanias *fpl*

surveillance [sə:'veɪləns] *n* vigilância

survey [*n* 'sə:veɪ, *vt* sə:'veɪ] *n* inspeção *f*; (*of habits etc*) pesquisa; (*of land*) levantamento; (*of house*) inspeção *f* ♦ *vt* observar, contemplar; (*land*) fazer um levantamento de; ~**or** *n* (*of land*) agrimensor(a) *m/f*; (*of building*) inspetor(a) *m/f*

survival [sə'vaɪvl] *n* sobrevivência;

(*relic*) remanescente *m*

survive [sə'vaɪv] *vi* sobreviver; (*custom etc*) perdurar ♦ *vt* sobreviver a; **survivor** *n* sobrevivente *m/f*

susceptible [sə'sɛptəbl] *adj*: ~ (**to**) (*injury*) suscetível or sensível (a); (*flattery, pressure*) vulnerável (a)

suspect [*adj, n* 'sʌspɛkt, *vt* səs'pɛkt] *adj, n* suspeito/a ♦ *vt* suspeitar, desconfiar

suspend [səs'pɛnd] *vt* suspender; ~**ed sentence** *n* condenação *f* condicional; ~**er belt** *n* cinta-liga; ~**ers** *npl* (*BRIT*) ligas *fpl*; (*US*) suspensórios *mpl*

suspense [səs'pɛns] *n* incerteza, ansiedade *f*; (*in film etc*) suspense *m*; **to keep sb in ~** manter alguém em suspense or na expectativa

suspension [səs'pɛnʃən] *n* suspensão *f*; (*of driving licence*) cassação *f*; ~ **bridge** *n* ponte *f* pênsil

suspicion [səs'pɪʃən] *n* suspeita; **suspicious** *adj* (*suspecting*) suspeitoso; (*causing suspicion*) suspeito

sustain [səs'teɪn] *vt* sustentar; (*suffer*) sofrer; ~**able** *adj* (*development*) sustentável; ~**ed** *adj* (*effort*) contínuo; **sustenance** *n* sustento

swab [swɔb] *n* (*MED*) mecha de algodão

swagger ['swægə*] *vi* andar com ar de superioridade

swallow ['swɔləu] *n* (*bird*) andorinha ♦ *vt* engolir, tragar; (*fig*: *story*) engolir; (*pride*) pôr de lado; (*one's words*) retirar; ~ **up** *vt* (*savings etc*) consumir

swam [swæm] *pt of* **swim**

swamp [swɔmp] *n* pântano, brejo ♦ *vt* atolar, inundar; (*fig*) assoberbar

swan [swɔn] *n* cisne *m*

swap [swɔp] *n* troca, permuta ♦ *vt*: **to ~ (for)** trocar (por); (*replace (with)*) substituir (por)

swarm [swɔ:m] *n* (*of bees*) enxame *m*; (*of people*) multidão *f* ♦ *vi* enxamear; aglomerar-se; (*place*): **to be ~ing with** estar apinhado de

swarthy ['swɔ:ðɪ] *adj* moreno

swastika ['swɒstɪkə] n suástica

swat [swɒt] vt esmagar

sway [sweɪ] vi balançar-se, oscilar ♦ vt (influence) influenciar

swear [sweə*] (pt swore, pp sworn) vi (curse) xingar ♦ vt (promise) jurar; ~word n palavrão m

sweat [swet] n suor m ♦ vi suar; ~er n suéter m or f (BR), camisola (PT); ~shirt n suéter m de malha de algodão; ~y adj suado

Swede [swi:d] n sueco/a

swede [swi:d] n tipo de nabo

Sweden ['swi:dn] n Suécia; **Swedish** adj sueco ♦ n (LING) sueco

sweep [swi:p] (pt, pp swept) n (act) varredura; (also: **chimney** ~) limpador m de chaminés ♦ vt varrer; (with arm) empurrar; (subj: current) arrastar; (: fashion, craze) espalhar-se por ♦ vi varrer; ~ away vt varrer; ~ past vi passar rapidamente; ~ up vt varrer; ~ing adj (gesture) dramático; (statement) generalizado

sweet [swi:t] n (candy) bala (BR), rebuçado (PT); (BRIT: pudding) sobremesa ♦ adj doce; (fig: air) fresco; (: water, smell) doce; (: sound) suave; (: kind) meigo; (baby, kitten) bonitinho; ~corn n milho; ~en vt pôr açúcar em; (: temper) abrandar; ~heart n namorado/a; ~ness n doçura; ~ pea n ervilha-de-cheiro f

swell [swel] (pt ~ed, pp swollen or ~ed) n (of sea) vaga, onda ♦ adj (US: inf: excellent) bacana ♦ vi (increase) aumentar; (get stronger) intensificar-se; (also: ~ up) inchar-se; ~ing n (MED) inchação f

sweltering ['sweltərɪŋ] adj (heat) sufocante; (day) mormacento

swept [swept] pt, pp of sweep

swerve [swə:v] vi desviar-se

swift [swɪft] n (bird) andorinhão m ♦ adj rápido

swig [swɪg] (inf) n trago, gole m

swill [swɪl] vt (also: ~ out, ~ down) lavar, limpar com água

swim [swɪm] (pt swam, pp swum) n: to go for a ~ ir nadar ♦ vi nadar; (head, room) rodar ♦ vt atravessar a nado; (distance) percorrer (a nado); ~mer n nadador/a m/f; ~ming n natação f; ~ming cap n touca de natação; ~ming costume (BRIT) n (woman's) maiô m (BR), fato de banho (PT); (man's) calção m de banho (PT); calções mpl de banho (PT); ~ming pool n piscina; ~ming trunks npl sunga (BR), calções mpl de banho (PT); ~suit n maiô m (BR), fato de banho (PT)

swindle ['swɪndl] n fraude f ♦ vt defraudar

swine [swaɪn] (inf!) n canalha m, calhorda m

swing [swɪŋ] (pt, pp swung) n (in playground) balanço; (movement) balanceio, oscilação f; (in opinion) mudança, virada; (rhythm) ritmo ♦ vt balançar; (also: ~ round) girar, rodar ♦ vi oscilar; (on swing) balançar; (also: ~ round) voltar-se bruscamente; **to be in full** ~ estar a todo vapor; ~ **bridge** n ponte f giratória; ~ **door** (US ~**ing door**) n porta de vaivém

swingeing ['swɪndʒɪŋ] (BRIT) adj esmagador(a); (cuts) devastador(a)

swipe [swaɪp] (inf) vt (steal) afanar, roubar

swirl [swə:l] vi redemoinhar

swish [swɪʃ] vi (tail) abanar; (clothes) fazer ruge-ruge

Swiss [swɪs] adj, n inv suíço/a

switch [swɪtʃ] n (for light, radio etc) interruptor m; (change) mudança ♦ vt (change) trocar; ~ **off** vt apagar; (engine) desligar; ~ **on** vt acender; ligar; ~**board** n (TEL) mesa telefônica

Switzerland ['swɪtsələnd] n Suíça

swivel ['swɪvl] vi (also: ~ round) girar (sobre um eixo), fazer pião

swollen ['swəulən] pp of swell

swoon [swu:n] vi desmaiar

swoop [swu:p] n (by police etc) batida ♦ vi (also: ~ down) precipitar-se, cair

swop [swɔp] *n, vt* = swap
sword [sɔːd] *n* espada; **~fish** *n inv* peixe-espada *m*
swore [swɔːʳ] *pt of* swear
sworn [swɔːn] *pp of* swear ♦ *adj* (*statement*) sob juramento; (*enemy*) declarado
swum [swʌm] *pp of* swim
swung [swʌŋ] *pt, pp of* swing
syllable ['sɪləbl] *n* sílaba
syllabus ['sɪləbəs] *n* programa *m* de estudos
symbol ['sɪmbl] *n* símbolo
symmetry ['sɪmɪtrɪ] *n* simetria
sympathetic [sɪmpə'θɛtɪk] *adj* (*understanding*) compreensivo; (*likeable*) agradável; (*supportive*): ~ **to**(*words*) solidário com
sympathize ['sɪmpəθaɪz] *vi*: ~ **with** (*person*) compadecer-se de; (*sb's feelings*) compreender; (*cause*) simpatizar com; **~r** *n* (POL) simpatizante *m/f*
sympathy ['sɪmpəθɪ] *n* compaixão *f*; **sympathies** *npl* (*tendencies*) simpatia; **in** ~ em acordo; (*strike*) em solidariedade; **with our deepest** ~ com nossos mais profundos pêsames
symphony ['sɪmfənɪ] *n* sinfonia
symptom ['sɪmptəm] *n* sintoma *m*; (*sign*) indício
synagogue ['sɪnəgɔg] *n* sinagoga
syndicate ['sɪndɪkɪt] *n* sindicato; (*of newspapers*) cadeia
syndrome ['sɪndrəum] *n* síndrome *f*
synopsis [sɪ'nɔpsɪs] (*pl* **synopses**) *n* sinopse *f*, resumo
syntax ['sɪntæks] *n* sintaxe *f*
synthetic [sɪn'θɛtɪk] *adj* sintético
syphon ['saɪfən] = siphon
Syria ['sɪrɪə] *n* Síria; **~n** *adj* sírio/a
syringe [sɪ'rɪndʒ] *n* seringa
syrup ['sɪrəp] *n* xarope *m*; (*also*: golden ~) melaço
system ['sɪstəm] *n* sistema *m*; (*method*) método; (ANAT) organismo; **~atic** *adj* sistemático; ~ **disk** *n* (COMPUT) disco do sistema; **~s analyst** *n* analista *m/f* de sistemas

T

ta [tɑː] (BRIT: *inf*) *excl* obrigado/a
tab [tæb] *n* lingüeta, aba; (*label*) etiqueta; **to keep ~s on** (*fig*) vigiar
tabby ['tæbɪ] *n* (*also*: ~ **cat**) gato malhado *or* listrado
table ['teɪbl] *n* mesa ♦ *vt* (*motion etc*) apresentar; **to lay** *or* **set the** ~ pôr a mesa; ~ **of contents** índice *m*, sumário; **~cloth** *n* toalha de mesa; ~ **d'hôte** *n* refeição *f* comercial; ~ **lamp** *n* abajur *m* (BR), candeeiro (PT); **~mat** *n* descanso; **~spoon** *n* colher *f* de sopa; (*also*: **~spoonful**: *as measurement*) colherada
tablet ['tæblɪt] *n* (MED) comprimido; (*of stone*) lápide *f*
table tennis *n* pingue-pongue *m*, tênis *m* de mesa
table wine *n* vinho de mesa
tabloid ['tæblɔɪd] *n* tablóide *m*
tabulate ['tæbjuleɪt] *vt* (*data, figures*) dispor em forma de tabela
tacit ['tæsɪt] *adj* tácito, implícito
tack [tæk] *n* (*nail*) tachinha, percevejo ♦ *vt* prender com tachinha; (*stitch*) alinhavar ♦ *vi* virar de bordo
tackle ['tækl] *n* (*gear*) equipamento; (*also*: **fishing** ~) apetrechos *mpl*; (*for lifting*) guincho; (FOOTBALL) ato de tirar a bola de adversário ♦ *vt* (*difficulty*) atacar; (*challenge: person*) desafiar; (*grapple with*) atracar-se com; (FOOTBALL) tirar a bola de
tacky ['tækɪ] *adj* pegajoso, grudento; (*inf: tasteless*) cafona
tact [tækt] *n* tato, diplomacia; **~ful** *adj* diplomático
tactics ['tæktɪks] *n, npl* tática
tactless ['tæktlɪs] *adj* sem diplomacia
tadpole ['tædpəul] *n* girino
taffy ['tæfɪ] (US) *n* puxa-puxa *m* (BR), caramelo (PT)
tag [tæg] *n* (*label*) etiqueta; ~ **along** *vi* seguir

tail [teɪl] *n* rabo; (*of comet, plane*) cauda; (*of shirt, coat*) aba ♦ *vt* (*follow*) seguir bem de perto; ~ **away** *or* **off** *vi* diminuir gradualmente; ~**back** (*BRIT*) *n* fila (de carros); ~ **end** *n* (*of train*) cauda; (*of procession*) parte *f* final; ~**gate** *n* (*AUT*) porta traseira

tailor ['teɪlə*] *n* alfaiate *m*; ~**ing** *n* (*cut*) feitio; (*craft*) ofício de alfaiate; ~**made** *adj* feito sob medida; (*fig*) especial

tailwind ['teɪlwɪnd] *n* vento de popa *or* de cauda

tainted ['teɪntɪd] *adj* (*food*) estragado, passado; (*water, air*) poluído; (*fig*) manchado

take [teɪk] (*pt* **took**, *pp* **taken**) *vt* tomar; (*photo, holiday*) tirar; (*grab*) pegar (em); (*prize*) ganhar; (*effort, courage*) requerer, exigir; (*tolerate*) agüentar; (*accompany, bring: person*) acompanhar, trazer; (: *thing*) trazer, carregar; (*exam*) fazer; (*passengers etc*): **it ~s 50 people** cabem 50 pessoas; **to ~ sth from** (*drawer etc*) tirar algo de; (*person*) pegar algo de; **I ~ it that ...** suponho que ...; ~ **after** *vt fus* parecer-se com; ~ **apart** *vt* desmontar; ~ **away** *vt* (*extract*) tirar; (*carry off*) levar; (*subtract*) subtrair; ~ **back** *vt* (*return*) devolver; (*one's words*) retirar; ~ **down** *vt* (*building*) demolir; (*dismantle*) desmontar; (*letter etc*) tomar por escrito; ~ **in** *vt* (*deceive*) enganar; (*understand*) compreender; (*include*) abranger; (*lodger*) receber; ~ **off** *vi* (*AVIAT*) decolar; (*go away*) ir-se ♦ *vt* (*remove*) tirar; ~ **on** *vt* (*work*) empreender; (*employee*) empregar; (*opponent*) desafiar; ~ **out** *vt* tirar; (*extract*) extrair; (*invite*) acompanhar; ~ **over** *vt* (*business*) assumir; (*country*) tomar posse de ♦ *vi*: **to ~ over from sb** suceder a alguém; ~ **to** *vt fus* (*person*) simpatizar com; (*activity*) afeiçoar-se a; **to ~ to doing sth** criar o hábito de fazer algo; ~ **up** *vt*

(*dress*) encurtar; (*time, space*) ocupar; (*hobby etc*) dedicar-se a; (*offer*) aceitar; **to ~ sb up on a suggestion/offer** aceitar a oferta/sugestão de alguém sobre algo; ~**away** (*BRIT*) *adj* (*food*) para levar; ~**off** *n* (*AVIAT*) decolagem *f*; ~**out** (*US*) *adj* = **~away**; ~**over** *n* (*COMM*) aquisição *f* de controle; **takings** *npl* (*COMM*) receita, renda

talc [tælk] *n* (*also*: **~um powder**) talco

tale [teɪl] *n* (*story*) conto; (*account*) narrativa; **to tell ~s** (*fig*: *lie*) dizer mentiras

talent ['tælənt] *n* talento; ~**ed** *adj* talentoso

talk [tɔːk] *n* conversa, fala; (*gossip*) mexerico, fofocas *fpl*; (*conversation*) conversa, conversação *f* ♦ *vi* falar; ~**s** *npl* (*POL etc*) negociações *fpl*; **to ~ about** falar sobre; **to ~ sb into/ out of doing sth** convencer alguém a fazer algo/dissuadir alguém de fazer algo; **to ~ shop** falar sobre negócios/questões profissionais; ~ **over** *vt* discutir; ~**ative** *adj* loquaz, tagarela; ~ **show** *n* programa *m* de entrevistas

tall [tɔːl] *adj* alto; **to be 6 feet ~** medir 6 pés, ter 6 pés de altura; ~ **story** *n* estória inverossímil

tally ['tælɪ] *n* conta ♦ *vi*: **to ~ (with)** conferir (com)

talon ['tælən] *n* garra

tambourine [tæmbə'riːn] *n* tamborim *m*, pandeiro

tame [teɪm] *adj* domesticado; (*fig*: *story, style*) sem graça, insípido

tamper ['tæmpə*] *vi*: **to ~ with** mexer em

tampon ['tæmpɔn] *n* tampão *m*

tan [tæn] *n* (*also*: **sun~**) bronzeado *f* ♦ *vi* bronzear-se ♦ *adj* (*colour*) bronzeado, marrom claro

tandem ['tændəm] *n*: **in ~** junto

tang [tæŋ] *n* sabor *m* forte

tangent ['tændʒənt] *n* (*MATH*) tangente *f*; **to go off at a ~** (*fig*) sair pela tangente

tangerine [tændʒə'ri:n] n tangerina, mexerica

tangle ['tæŋgl] n emaranhado; **to get in(to) a ~** meter-se num rolo

tank [tæŋk] n depósito, tanque m; (for fish) aquário; (MIL) tanque

tanker ['tæŋkə*] n (ship) navio-tanque m; (truck) caminhão-tanque m

tanned [tænd] adj (skin) moreno, bronzeado

tantalizing ['tæntəlaizɪŋ] adj tentador(a)

tantamount ['tæntəmaunt] adj: ~ **to** equivalente a

tantrum ['tæntrəm] n chilique m, acesso (de raiva)

tap [tæp] n (on sink etc) torneira; (gentle blow) palmadinha; (gas ~) chave f ♦ vt dar palmadinha em, bater de leve; (resources) utilizar, explorar; (telephone) grampear; **on ~** disponível; **~-dancing** n sapateado

tape [teɪp] n fita; (also: **magnetic ~**) fita magnética; (sticky ~) fita adesiva ♦ vt (record) gravar (em fita); (stick with tape) colar; **~ deck** n gravador m, toca-fitas m inv; **~ measure** n fita métrica, trena

taper ['teɪpə*] n círio ♦ vi afilar-se, estreitar-se

tape recorder n gravador m

tapestry ['tæpɪstrɪ] n (object) tapete m de parede; (art) tapeçaria

tar [tɑ:*] n alcatrão m

target ['tɑ:gɪt] n alvo

tariff ['tærɪf] n tarifa

tarmac ['tɑ:mæk] n (BRIT: on road) macadame m; (AVIAT) pista

tarnish ['tɑ:nɪʃ] vt empanar o brilho de

tarpaulin [tɑ:'pɔ:lɪn] n lona alcatroada

tarragon ['tærəgən] n estragão m

tart [tɑ:t] n (CULIN) torta; (BRIT: inf: pej: woman) piranha ♦ adj (flavour) ácido, azedo; **~ up** (inf) vt arrumar, dar um jeito em; **to ~ o.s. up** arrumar-se; (pej) empetecar-se

tartan ['tɑ:tn] n tartan m (pano escocês axadrezado) ♦ adj axadrezado

tartar ['tɑ:tə*] n (on teeth) tártaro; **~(e) sauce** n molho tártaro

task [tɑ:sk] n tarefa; **to take to ~** repreender; **~ force** n (MIL, POLICE) força-tarefa

tassel ['tæsl] n borla, pendão m

taste [teɪst] n gosto; (also: **after~**) gosto residual; (sample, fig) amostra, idéia ♦ vt provar; (test) experimentar ♦ vi: **to ~ of** or **like** ter gosto or sabor de; **you can ~ the garlic (in it)** sente-se o gosto de alho; **in good/bad ~** de bom/mau gosto; **~ful** adj de bom gosto; **~less** adj insípido, insosso; (remark) de mau gosto; **tasty** adj saboroso, delicioso

tatters ['tætəz] npl: **in ~** (clothes) em farrapos; (papers etc) em pedaços

tattoo [tə'tu:] n tatuagem f; (spectacle) espetáculo militar ♦ vt tatuar

tatty ['tætɪ] (BRIT: inf) adj (clothes) surrado; (shop, area) mal-cuidado

taught [tɔ:t] pt, pp of **teach**

taunt [tɔ:nt] n zombaria, escárnio ♦ vt zombar de, mofar de

Taurus ['tɔ:rəs] n Touro

taut [tɔ:t] adj esticado

tavern ['tævən] n taverna

tax [tæks] n imposto ♦ vt tributar; (fig: test) sobrecarregar; (: patience) esgotar; **~able** adj (income) tributável; **~ation** n (system) tributação f; (money paid) imposto; **~ avoidance** n evasão f de impostos; **~ disc** (BRIT) n (AUT) ~ plaqueta; **~ evasion** n sonegação f fiscal; **~-free** adj isento de impostos

taxi ['tæksɪ] n táxi m ♦ vi (AVIAT) taxiar; **~ driver** n motorista m/f de táxi; **~ rank** (BRIT) n ponto de táxi; **~ stand** n = **rank**

tax: ~ payer n contribuinte m/f; **~ relief** n isenção f de imposto; **~ return** n declaração f de rendimentos

TB abbr of **tuberculosis**

tea [ti:] n chá m; (BRIT: meal) refeição f à noite; (BRIT) ~ **high** ~ ajantarado; **~ bag** n saquinho (BR) or carteira (*PT*) de chá; ~ **break** (*BRIT*) *n* pausa (para o chá)

teach [ti:tʃ] (*pt*, *pp* **taught**) *vt*: to ~ sb sth, ~ sth to sb ensinar algo a alguém; (*in school*) lecionar; (*be a teacher*) lecionar; ~**er** *n* professor(a) *m/f*; ~**ing** *n* ensino; (*as profession*) magistério

tea cosy *n* coberta do bule, abafador *m*

teacup ['ti:kʌp] *n* xícara (*BR*) or chávena (*PT*) de chá

teak [ti:k] *n* madeira de teca

tea leaves *npl* folhas *fpl* de chá

team [ti:m] *n* (*SPORT*) time *m* (*BR*), equipa (*PT*); (*group*) equipe *f* (*BR*), equipa (*PT*); (*of animals*) parelha; ~**work** *n* trabalho de equipe

teapot ['ti:pɔt] *n* bule *m* de chá

tear[1] [tɛə] (*pt* **tore**, *pp* **torn**) *n* rasgão *m* ♦ *vt* rasgar ♦ *vi* rasgar-se; ~ **along** *vi* (*rush*) precipitar-se; ~ **up** *vt* rasgar

tear[2] [tiə] *n* lágrima; **in** ~**s** chorando, em lágrimas; ~**ful** *adj* choroso; ~ **gas** *n* gás *m* lacrimogênio

tearoom ['ti:ru:m] *n* salão *m* de chá

tease [ti:z] *vt* implicar com

tea set *n* aparelho de chá

teaspoon ['ti:spu:n] *n* colher *f* de chá; (*also*: ~**ful**: *as measurement*) (conteúdo da) colher de chá

teat [ti:t] *n* bico de (mamadeira)

teatime ['ti:taim] *n* hora do chá

tea towel (*BRIT*) *n* pano de prato

technical ['tɛknikl] *adj* técnico; ~ **college** (*BRIT*) *n* escola técnica; ~**ity** *n* detalhe *m* técnico; (*point of law*) particularidade *f*

technician [tɛk'niʃn] *n* técnico/a

technique [tɛk'ni:k] *n* técnica

technology [tɛk'nɔlədʒɪ] *n* tecnologia

teddy (bear) ['tɛdɪ-] *n* ursinho de pelúcia

tedious ['ti:dɪəs] *adj* maçante, chato

tee [ti:] *n* (*GOLF*) tee *m*

teem [ti:m] *vi* abundar, pulular; to ~ **with** abundar em; **it is** ~**ing** (**with rain**) está chovendo a cântaros

teenage ['ti:neidʒ] *adj* (*fashions etc*) de or para adolescentes; ~**r** *n* adolescente *m/f*, jovem *m/f*

teens [ti:nz] *npl*: **to be in one's** ~ estar entre os 13 e 19 anos, estar na adolescência

tee-shirt *n* = **T-shirt**

teeth [ti:θ] *npl* of **tooth**; ~**ing ring** *n* mastigador *m* para a dentição; ~**ing troubles** *npl* (*fig*) dificuldades *fpl* iniciais

teetotal ['ti:'təutl] *adj* abstêmio

telegram ['tɛlɪgræm] *n* telegrama *m*

telegraph ['tɛlɪgrɑ:f] *n* telégrafo

telepathy [tə'lɛpəθɪ] *n* telepatia

telephone ['tɛlɪfəun] *n* telefone *m* ♦ *vt* (*person*) telefonar para; (*message*) telefonar; **to be on the** ~ (*BRIT*), **to have a** ~ (*subscriber*) ter telefone; **to be on the** ~ (*be speaking*) estar falando no telefone; ~ **booth** (*BRIT* = **box**) *n* cabine *f* telefônica; ~ **call** *n* telefonema *m*; ~ **directory** *n* lista telefônica, catálogo (*BR*); ~ **number** *n* (número de) telefone *m*; **telephonist** [tə'lɛfənist] (*BRIT*) *n* telefonista *m/f*

telescope ['tɛlɪskəup] *n* telescópio; **telescopic** *adj* telescópico; (*legs, aerial*) desmontável

television ['tɛlɪvɪʒən] *n* televisão *f*; **on** ~ na televisão; ~ **set** *n* (aparelho de) televisão *f*, televisor *m*

telex ['tɛlɛks] *n* telex *m* ♦ *vt* (*message*) enviar por telex, telexar; (*person*) mandar um telex para

tell [tɛl] (*pt*, *pp* **told**) *vt* dizer; (*relate: story*) contar; (*distinguish*): **to** ~ **sth from** distinguir algo de ♦ *vi* (*have effect*) ter efeito; (*know*): **to** ~ (**of**) falar (de or em); **to** ~ **sb to do sth** dizer para alguém fazer algo; ~ **off** *vt* repreender; ~**er** *n* (*in bank*) caixa *m/f*, bancário/a; ~**tale** *adj* (*sign*) revelador(a)

telly ['tɛlɪ] (*BRIT*: *inf*) *n abbr* = **television**

temp [tɛmp] (*BRIT*: *inf*) *n abbr* (= *temporary*) ♦ *n* temporário/a ♦ *vi* trabalhar como temporário/a

temper ['tempə*] n (nature) temperamento; (mood) humor m; (fit of anger) cólera ♦ vt (moderate) moderar; **to be in a ~** estar de mau humor; **to lose one's ~** perder a paciência or a calma, ficar zangado

temperament ['temprəmənt] n temperamento; **~al** adj temperamental

temperate ['tempr ət] adj moderado; (climate) temperado

temperature ['temprətʃə*] n temperatura; **to have** or **run a ~** ter febre

tempest ['tempist] n tempestade f

tempi ['tempi:] npl of **tempo**

temple ['templ] n (building) templo; (ANAT) têmpora

tempo ['tempəu] (pl ~s or **tempi**) n tempo; (fig: of life etc) ritmo

temporarily ['tempərərili] adv temporariamente; (closed) provisoriamente

temporary ['tempərəri] adj temporário; (passing) transitório

tempt [tempt] vt tentar; **~ing** adj tentador(a)

ten [ten] num dez

tenancy ['tenənsi] n aluguel m

tenant ['tenənt] n inquilino/a, locatário/a

tend [tend] vt (sick etc) cuidar de ♦ vi: **to ~ to do sth** tender a fazer algo

tendency ['tendənsi] n tendência

tender ['tendə*] adj terno; (age) tenro; (sore) sensível, dolorido; (meat) macio ♦ n (COMM: offer) oferta, proposta; (money): **legal ~** moeda corrente or legal ♦ vt oferecer; **to ~ one's resignation** pedir demissão; **~ness** n ternura; (of meat) maciez f

tendon ['tendən] n tendão m

tenement ['tenəmənt] n conjunto habitacional

tenet ['tenət] n princípio

tennis ['tenis] n tênis m; **~ ball** n bola de tênis; **~ court** n quadra de tênis; **~ player** n jogador a m/f de tênis; **~ racket** n raquete f de tênis; **~ shoes** npl tênis m

tenor ['tenə*] n (MUS) tenor m

tenpin bowling ['tenpin-] (BRIT) n boliche m com 10 paus

tense [tens] adj tenso; (muscle) rígido, teso ♦ n (LING) tempo

tension ['tenʃən] n tensão f

tent [tent] n tenda, barraca

tentative ['tentətiv] adj provisório, tentativo; (person) hesitante, indeciso

tenterhooks ['tentəhuks] npl: **on ~** em suspense

tenth [tenθ] num décimo

tent peg n estaca

tent pole n pau m

tenuous ['tenjuəs] adj tênue

tenure ['tenjuə*] n (of property) posse f; (of job) estabilidade f

tepid ['tepid] adj tépido, morno

term [tə:m] n (expression) termo, expressão f; (period) período; (SCH) trimestre m ♦ vt denominar; **~s** npl (conditions) condições fpl; (COMM) cláusulas fpl, termos mpl; **in the short/long ~** a curto/longo prazo; **to be on good ~s with sb** dar-se bem com alguém; **to come to ~s with** aceitar

terminal ['tə:minl] adj incurável ♦ n (ELEC) borne m; (BRIT: also: air ~) terminal m; (also COMPUT) terminal m; (BRIT: also: coach ~) estação f rodoviária

terminate ['tə:mineit] vt terminar; **to ~ a pregnancy** fazer um aborto

terminus ['tə:minəs] (pl **termini**) n terminal m

terrace ['terəs] n terraço; (BRIT: houses) lance m de casas; **the ~s** npl (BRIT: SPORT) a arquibancada (BR), a geral (PT); **~d** adj (house) ladeado por outras casas; (garden) em dois níveis

terrain [te'rein] n terreno

terrible ['teribl] adj terrível, horroroso; (conditions) precário; (inf: awful) terrível; **terribly** adv terrivelmente; (very badly) pessimamente

terrific [tə'rifik] adj terrível, magnífico; (wonderful) maravilhoso, sensacional

terrify ['tɛrɪfaɪ] *vt* apavorar

territory ['tɛrɪtərɪ] *n* território

terror ['tɛrə*] *n* terror *m*; ~**ist** *n* terrorista *m/f*; ~**ize** *vt* aterrorizar

terse [tə:s] *adj* (*style*) conciso

Terylene ['tɛrɪliːn] ® *n* tergal ® *m*

test [tɛst] *n* (*trial, check*) prova, ensaio; (*of courage etc, CHEM*) prova; (*MED*) exame *m*; (*exam*) teste *m*, prova; (*also: driving* ~) exame de motorista ♦ *vt* testar, pôr à prova

testament ['tɛstəmənt] *n* testamento; the **Old/New T~** o Velho/Novo Testamento

testicle ['tɛstɪkl] *n* testículo

testify ['tɛstɪfaɪ] *vi* (*LAW*) depor, testemunhar; **to** ~ **to sth** atestar algo, testemunhar algo

testimony ['tɛstɪmənɪ] *n* (*LAW*) testemunho, depoimento; **to be (a)** ~ **to** ser uma prova de

test: ~ **match** *n* (*CRICKET, RUGBY*) jogo internacional; ~ **pilot** *n* piloto de prova; ~ **tube** *n* proveta, tubo de ensaio

tetanus ['tɛtənəs] *n* tétano

tether ['tɛðə*] *vt* amarrar ♦ *n*: at the end of one's ~ a ponto de perder a paciência or as estribeiras

text [tɛkst] *n* texto; ~**book** *n* livro didático; (*SCH*) livro escolar

textiles ['tɛkstaɪlz] *npl* têxteis *mpl*; (*industry*) indústria têxtil

texture ['tɛkstʃə*] *n* textura

Thailand ['taɪlænd] *n* Tailândia

Thames [tɛmz] *n*: the ~ o Tâmisa (*BR*), o Tamisa (*PT*)

than [ðæn, ðən] *conj* (*in comparisons*) do que; **more** ~ **10** mais de 10; **I have more/less** ~ **you** tenho mais/menos do que você; **she has more apples** ~ **pears** ela tem mais maçãs do que peras; **she is older** ~ **you think** ela é mais velha do que você pensa

thank [θæŋk] *vt* agradecer; ~ **you (very much)** muito obrigado/a; ~**ful** *adj*: ~ **ful (for)** agradecido (por); ~**ful that** aliviado que; ~**less** *adj* in-

grato; ~**s** *npl* agradecimentos *mpl* ♦ *excl* obrigado/a!; **T~sgiving (Day)** *n* Dia *m* de Ação de Graças

that [ðæt, ðət] (*pl* **those**) *adj* (*demonstrative*) esse/essa; (*more remote*) aquele/aquela; ~ **man/woman/ book** aquele homem/aquela mulher/ aquele livro; ~ **one** esse/essa
♦ *pron* **1** (*demonstrative*) esse/essa, aquele/aquela; (*neuter*) isso, aquilo; **who's/what's** ~? quem é?/o que é isso?; **is** ~ **you?** é você?; **I prefer this to** ~ eu prefiro isto a aquilo; ~**'s what he said** foi isso o que ele disse; ~ **is (to say)** isto é, quer dizer

2 (*relative: direct: thing, person*) que; (: *person*) quem; (*relative: indirect: thing, person*) o/a qual *sg*, os/ as quais *pl*; (: *person*) quem; **the book (~)** **I** read o livro que eu li; **the box (~)** **I put it in** a caixa na qual eu botei-o; **the man (~)** **I spoke to** o homem com quem *or* o qual falei

3 (*relative: of time*): **on the day** ~ **he came** no dia em que ele veio
♦ *conj* que; **she suggested** ~ **I phone you** ela sugeriu que eu telefonasse para você
♦ *adv* (*demonstrative*): **I can't work** ~ **much** não posso trabalhar tanto; **I didn't realize it was** ~ **bad** não pensei que fosse tão ruim; ~ **high** dessa altura, até essa altura

thatched [θætʃt] *adj* (*roof*) de sapê; ~ **cottage** chalé *m* com telhado de sapê *or* de colmo

thaw [θɔː] *n* degelo ♦ *vi* (*ice*) derreter-se; (*food*) descongelar-se ♦ *vt* (*food*) descongelar

the [ðiː, ðə] *def art* **1** (*gen: sg*) o/a; (: *pl*) os/as; ~ **books/children** os livros/as crianças; **she put it on** ~ **table** ela colocou-o na mesa; **he took**

it from ~ **drawer** ele tirou isto da gaveta; **to play** ~ **piano/violin** tocar piano/violino; **I'm going to** ~ **cinema** vou ao cinema

2 (+ *adj to form n*): ~ **rich and** ~ **poor** os ricos e os pobres; **to attempt** ~ **impossible** tentar o impossível

3 (*in titles*): **Richard** ~ **Second** Ricardo II; **Peter** ~ **Great** Pedro o Grande

4 (*in comparisons*: + *adv*): ~ **more he works** ~ **more he earns** quanto mais ele trabalha, mais ele ganha

theatre ['θɪətə*] (*US* **theater**) *n* teatro; (*MED: also:* **operating** ~) sala de operação; ~**-goer** *n* frequentador(a) *m/f* de teatro; **theatrical** *adj* teatral

theft [θɛft] *n* roubo

their [ðɛə*] *adj* seu/sua, deles/delas; ~**s** *pron* (o) seu/(a) sua; *see also* **mine**²

them [ðɛm, ðəm] *pron* (*direct*) os/as; (*indirect*) lhes; (*stressed, after prep*) a eles/a elas

theme [θiːm] *n* tema *m*; ~ **park** *n* parque de diversões em torno de um único tema; ~ **song** *n* tema *m* musical

themselves [ðəm'sɛlvz] *pron* eles mesmos/elas mesmas, se; (*after prep*) si (mesmos/as)

then [ðɛn] *adv* (*at that time*) então; (*next*) em seguida; (*later*) logo, depois; (*and also*) além disso ♦ *conj* (*therefore*) então, nesse caso, portanto ♦ *adj*: **the** ~ **president** o então presidente; **by** ~ (*past*) até então; (*future*) até lá; **from** ~ **on** a partir de então

theology [θɪ'ɔlədʒɪ] *n* teologia

theoretical [θɪə'rɛtɪkl] *adj* teórico

theorize ['θɪəraɪz] *vi* teorizar, elaborar uma teoria

theory ['θɪərɪ] *n* teoria; **in** ~ em teoria, teoricamente

therapist ['θɛrəpɪst] *n* terapeuta *m/f*

therapy ['θɛrəpɪ] *n* terapia

┌─────────────┐
│ KEYWORD │
└─────────────┘

there [ðɛə*] *adv* **1** ~ **is**, ~ **are** há, tem; ~ **are 3 of them** há 3 deles; ~ **is no-one here/no bread left** não tem ninguém aqui/não tem mais pão; ~ **has been an accident** houve um acidente

2 (*referring to place*) aí, ali, lá; **put it in/on/up/down** ~ põe isto lá dentro/cima/em cima/embaixo; **I want that book** ~ quero aquele livro lá; ~ **he is!** lá está ele!

3: ~, ~! (*esp to child*) calma!

thereabouts ['ðɛərəbauts] *adv* por aí; (*amount*) aproximadamente

thereafter [ðɛər'ɑːftə*] *adv* depois disso

thereby ['ðɛəbaɪ] *adv* assim, deste modo

therefore ['ðɛəfɔː] *adv* portanto

there's [ðɛəz] = **there is**; **there has**

thermal ['θəːml] *adj* térmico

thermometer [θə'mɔmɪtə*] *n* termômetro

Thermos ['θəːməs] ® *n* (*also:* ~ **flask**) garrafa térmica (*BR*), termo (*PT*)

thermostat ['θəːməustæt] *n* termostato

thesaurus [θɪ'sɔːrəs] *n* tesouro, dicionário de sinônimos

these [ðiːz] *pl adj, pron* estes/estas

theses ['θiːsiːz] *npl of* **thesis**

thesis ['θiːsɪs] (*pl* **theses**) *n* tese *f*

they [ðeɪ] *pl pron* eles/elas; ~ **say that** ... (*it is said that*) diz-se que ..., dizem que ...; ~'**d** = **they had**; **they would**; ~'**ll** = **they had**; **they will**; ~'**ve** = **they have**

thick [θɪk] *adj* espesso; (*mud, fog, forest*) denso; (*sauce*) grosso; (*stupid*) burro ♦ *n*: **in the** ~ **of the battle** em plena batalha; **it's 20 cm** ~ tem 20 cm de espessura; ~**en** *vi* (*fog*) adensar-se; (*plot etc*) complicar-se ♦ *vt* engrossar; ~**ness** *n* espessura, grossura; ~**set** *adj* troncudo;

skinned *adj* insensível, indiferente

thief [θiːf] (*pl* **thieves**) *n* ladrão/ladra *m/f*

thigh [θaɪ] *n* coxa

thimble ['θɪmbl] *n* dedal *m*

thin [θɪn] *adj* magro; (*slice*) fino; (*light*) leve; (*hair*) ralo; (*crowd*) pequeno; (*soup, sauce*) aguado ♦ *vt* (*also:* ~ **down**) diluir

thing [θɪŋ] *n* coisa; (*object*) negócio; (*matter*) assunto, negócio; (*mania*) mania; ~**s** *npl* (*belongings*) pertences *mpl*; **to have a** ~ **about sb/sth** ser vidrado em alguém/algo; **the best** ~ **would be to** ... o melhor seria ...; **how are** ~**s**? como vai?, tudo bem?; **she's got a** ~ **about** ... ela detesta ...; **poor** ~! coitadinho/a!

think [θɪŋk] (*pt, pp* **thought**) *vi* pensar; (*believe*) achar ♦ *vt* pensar, achar; (*imagine*) imaginar; **what did you** ~ **of them?** o que você achou deles?; **to** ~ **about sth/sb** pensar em algo/alguém; **I'll** ~ **about it** vou pensar sobre isso; **to** ~ **of doing sth** pensar em fazer algo; **I** ~ **so/not** acho que sim/não; **to** ~ **well of sb** fazer bom juízo de alguém; ~ **over** *vt* refletir sobre, meditar sobre; ~ **up** *vt* inventar, bolar; ~ **tank** *n* comissão *f* de peritos

thinly ['θɪnlɪ] *adv* (*cut*) em fatias finas; (*spread*) numa camada fina

third [θɜːd] *adj* terceiro ♦ *n* terceiro/a; (*fraction*) terço; (*AUT*) terceira; (*SCH: degree*) terceira categoria; ~**ly** *adv* em terceiro lugar; ~ **party insurance** *n* seguro contra terceiros; ~**-rate** *adj* medíocre; **T~ World** *n*: **the T~ World** o Terceiro Mundo

thirst [θɜːst] *n* sede *f*; ~**y** *adj* (*person*) sedento, com sede; (*work*) que dá sede; **to be** ~**y** estar com sede

thirteen ['θɜː'tiːn] *num* treze

thirty ['θɜːtɪ] *num* trinta

this [ðɪs] (*pl* **these**) *adj* (*demonstrative*) este/esta; ~ **man/woman/book** este homem/esta mulher/este livro;

these people/children/records estas pessoas/crianças/estes discos; ~ **one** este aqui

♦ *pron* (*demonstrative*) este/esta; (*neuter*) isto; **who/what is** ~? quem é esse?/o que é isso?; ~ **is where I live** é aqui que eu moro; ~ **is Mr Brown** este é o Sr Brown; (*on phone*) aqui é o Sr Brown

♦ *adv* (*demonstrative*): ~ **high/long** desta altura/deste comprimento; **we can't stop now we've gone** ~ **far** não podemos parar agora que fomos tão longe

thistle ['θɪsl] *n* cardo

thong [θɒŋ] *n* correia, tira de couro

thorn [θɔːn] *n* espinho

thorough ['θʌrə] *adj* (*search*) minucioso; (*knowledge, research, person*) metódico; profundo; ~**bred** *adj* (*horse*) de puro sangue; ~**fare** *n* rua, passagem *f*; "**no** ~**fare**" "passagem proibida"; ~**ly** *adv* minuciosamente; (*search*) profundamente; (*wash*) completamente; (*very*) muito

those [ðəʊz] *pl pron, adj* esses/essas

though [ðəʊ] *conj* embora, se bem que ♦ *adv* no entanto

thought [θɔːt] *pt, pp* de **think** ♦ *n* pensamento; (*idea*) idéia; (*opinion*) opinião *f*; (*reflection*) reflexão *f*; ~**ful** *adj* pensativo; (*serious*) sério; (*considerate*) atencioso; ~**less** *adj* desatencioso; (*words*) inconseqüente

thousand ['θaʊzənd] *num* mil; **two** ~ dois mil; ~**s (of)** milhares *mpl* (de); ~**th** *num* milésimo

thrash [θræʃ] *vt* surrar, malhar; (*defeat*) derrotar; ~ **about** *vi* debater-se; ~ **out** *vt* discutir exaustivamente

thread [θrɛd] *n* fio, linha; (*of screw*) rosca ♦ *vt* (*needle*) enfiar; ~**bare** *adj* surrado, puído

threat [θrɛt] *n* ameaça; ~**en** *vi* ameaçar ♦ *vt*: **to** ~**en sb with sth/to do** ameaçar alguém com algo/de fazer

three [θriː] *num* três; ~**-dimensional** *adj* tridimensional, em três dimensões; ~**-piece suit** n terno (3 peças) (BR), fato de 3 peças (PT); ~**-piece suite** n conjunto de sofá e duas poltronas; ~**-ply** adj (wool) triple, com três fios

thresh [θreʃ] vt (AGR) debulhar

threshold ['θreʃhəuld] n limiar m

threw [θru:] pt of throw

thrift [θrift] n economia, poupança; ~**y** adj econômico, frugal

thrill [θril] n emoção f; (shudder) estremecimento ♦ vt emocionar, vibrar; to be ~**ed** (with gift etc) estar emocionado; ~**er** n romance m (or filme m) de suspense; ~**ing** adj emocionante

thrive [θraiv] (pt ~**d** or throve, pp ~**d** or thriven) vi (grow) vicejar; (do well) to ~ **on sth** realizar-se ao fazer algo; **thriving** adj próspero

throat [θrəut] n garganta; to have a **sore** ~ estar com dor de garganta

throb [θrɔb] n (of heart) batida; (of engine) vibração f; (of pain) latejo m ♦ vi (heart) bater, palpitar; (pain) dar pontadas; (engine) vibrar

throes [θrəuz] npl: **in the** ~ **of** no meio de

thrombosis [θrɔm'bəusis] n trombose f

throne [θrəun] n trono

throng [θrɔŋ] n multidão f ♦ vt apinhar, apinhar-se em

throttle ['θrɔtl] n (AUT) acelerador m ♦ vt estrangular

through [θru:] prep por, através de; (time) durante; (by means of) por meio de, por intermédio de; (owing to) devido a ♦ adj (ticket, train) direto ♦ adv através; **to put sb** ~ **to sb** (TEL) ligar alguém com alguém; **to be** ~ (TEL) estar na linha; (have finished) acabar; **"no** ~ **road"** "rua sem saída"; **I'm halfway** ~ **the book** estou na metade do livro; ~**out** prep (place) por todo/a o/a; (time) durante todo/a o/a ♦ adv por or em todas as partes

throve [θrəuv] pt of thrive

throw [θrəu] (pt threw, pp thrown)

n arremesso, tiro; (SPORT) lançamento ♦ vt jogar, atirar; lançar; (rider) derrubar; (fig) desconcertar; **to** ~ **a party** dar uma festa; ~ **away** vt (dispose of) jogar fora; (waste) desperdiçar; ~ **off** vt desfazer-se de; (habit, cold) livrar-se; ~ **out** vt expulsar; (rubbish) jogar fora; (idea) rejeitar; ~ **up** vi vomitar, botar para fora; ~**away** adj descartável; (remark) gratuito; ~**-in** n (SPORT) lance m

thru [θru:] (US) prep, adj, adv = **through**

thrush [θrʌʃ] n (ZOOL) tordo

thrust [θrʌst] (pt, pp thrust) n impulso; (TECH) empuxo ♦ vt empurrar

thud [θʌd] n baque m, som m surdo

thug [θʌg] n facínora m/f

thumb [θʌm] n (ANAT) polegar m; **to** ~ **a lift** pegar carona (BR), arranjar uma boléia (PT); ~ **through** vt fus folhear; ~**tack** (US) n percevejo, tachinha

thump [θʌmp] n murro, pancada; (sound) baque m ♦ vt dar um murro em ♦ vi bater

thunder ['θʌndə*] n trovão m ♦ vi trovejar; (train etc): **to** ~ **past** passar como um raio; ~**bolt** n raio; ~**clap** n estampido de trovão; ~**storm** n tempestade f com trovoada, temporal m; ~**y** adj tempestuoso

Thursday ['θɜ:zdi] n quinta-feira

thus [ðʌs] adv assim, desta maneira; (consequently) conseqüentemente

thwart [θwɔ:t] vt frustrar

thyme [taim] n tomilho

tiara [ti'ɑ:rə] n tiara, diadema m

Tibet [ti'bet] n Tibete m

tic [tik] n tique m

tick [tik] n (of clock) tique-taque m; (mark) tique m, marca; (ZOOL) carrapato; (BRIT: inf): **in a** ~ num instante ♦ vi fazer tique-taque ♦ vt marcar, ticar; ~ **off** vt assinalar, ticar; (person) dar uma bronca em; ~ **over** (BRIT) vi (engine) funcionar em marcha lenta; (fig) ir indo

ticket ['tɪkɪt] n (for bus, plane) passagem f; (for theatre, raffle) bilhete m; (for cinema) entrada; (in shop: on goods) etiqueta; (parking ~: fine) multa; (for library) cartão m; to get a (parking) ~ (AUT) ganhar uma multa (por estacionamento ilegal); ~ collector n revisor(a) m/f; ~ office n bilheteria (BR), bilheteira (PT)

tickle ['tɪkl] vt fazer cócegas em ♦ vi fazer cócegas; **ticklish** adj coceguento; (problem) delicado

tidal ['taɪdl] adj de maré; ~ wave n macaréu m, onda gigantesca

tidbit ['tɪdbɪt] (esp US) n = titbit

tiddlywinks ['tɪdlɪwɪŋks] n jogo de fichas

tide [taɪd] n maré f; (fig) curso; **high/low** ~ maré alta/baixa; **the** ~ **of public opinion** a corrente da opinião pública; ~ **over** vt ajudar num período difícil

tidy ['taɪdɪ] adj (room) arrumado; (dress, work) limpo; (person) bem arrumado ♦ vt (also: ~ up) pôr em ordem, arrumar

tie [taɪ] n (string etc) fita, corda; (BRIT: also: **neck**~) gravata; (fig: link) vínculo, laço; (SPORT: draw) empate m ♦ vt amarrar ♦ vi (SPORT) empatar; **to** ~ **in a bow** dar um laço em; **to** ~ **a knot in sth** dar um nó em algo; ~ **down** vt amarrar; (fig: restrict) limitar, restringir; (to date, price etc) obrigar; ~ **up** vt embrulhar; (dog) prender; (boat, prisoner) amarrar; (arrangements) concluir; **to be** ~**d up** estar ocupado

tier [tɪə*] n fileira; (of cake) camada

tiger ['taɪgə*] n tigre m

tight [taɪt] adj (rope) esticado, firme; (money) escasso; (clothes, shoes) justo; (bend) fechado; (budget, programme) rigoroso; (inf: drunk) bêbado ♦ adv (squeeze) bem forte; (shut) hermeticamente; ~**en** vt (rope) esticar; (screw, grip) apertar; (security) aumentar ♦ vi esticar-se; apertar-se; ~**-fisted** adj pão-duro;

~**ly** adv firmemente; ~**-rope** n corda (bamba)

tights [taɪts] (BRIT) npl collant m

tile [taɪl] n (on roof) telha; (on floor) ladrilho; (on wall) azulejo, ladrilho; ~**d** adj ladrilhado; (roof) de telhas

till [tɪl] n caixa (registradora) ♦ vt (land) cultivar ♦ prep, conj = **until**

tiller ['tɪlə*] n (NAUT) cana do leme

tilt [tɪlt] vt inclinar ♦ vi inclinar-se

timber ['tɪmbə*] n (material) madeira; (trees) mata, floresta

time [taɪm] n tempo; (epoch: often pl) época; (by clock) hora; (moment) momento; (occasion) vez f; (MUS) compasso ♦ vt calcular or medir o tempo de; (visit etc) escolher o momento para; **a long** ~ muito tempo; **4 at a** ~ quatro de uma vez; **for the** ~ **being** por enquanto; **from** ~ **to** ~ de vez em quando; **at** ~**s** às vezes; **in** ~ (soon enough) a tempo; (after some time) com o tempo; (MUS) no compasso; **in a week's** ~ dentro de uma semana; **in no** ~ num abrir e fechar de olhos; **any** ~ a qualquer hora; **on** ~ na hora; **5** ~ **s 5** is 25 5 vezes 5 são 25; **what** ~ **is it?** que horas são?; **to have a good** ~ divertir-se; ~ **bomb** n bomba-relógio f; ~ **lag** (BRIT) n defasagem f; ~**less** adj eterno; ~**ly** adj oportuno; ~ **off** n tempo livre; ~**r** n (in kitchen) cronômetro; ~ **scale** n prazos mpl; ~ **switch** (BRIT) n interruptor m horário; ~**table** n horário; ~ **zone** n fuso horário

timid ['tɪmɪd] adj tímido

timing ['taɪmɪŋ] n escolha do momento; (SPORT) cronometragem f; **the** ~ **of his resignation** o momento que escolheu para a sua renúncia

timpani ['tɪmpənɪ] npl timbales mpl

tin [tɪn] n estanho; (also: ~ **plate**) folha-de-flandres f; (BRIT: can) lata; ~ **foil** n papel m de estanho

tinge [tɪndʒ] n matiz m; (of feeling) toque m ♦ vt: ~**d with** tingido de

tingle ['tɪŋgl] vi formigar

tinker ['tɪŋkə*] n funileiro/a; (gipsy) cigano/a; ~ **with** vt mexer com

tinned [tɪnd] (BRIT) adj (food) em lata, em conserva

tin opener (BRIT) n abridor m de latas (BR), abre-latas m inv (PT)

tinsel ['tɪnsl] n ouropel m

tint [tɪnt] n matiz m; (for hair) tintura, tinta; ~**ed** adj (hair) pintado; (spectacles, glass) fumê inv

tiny ['taɪnɪ] adj pequenininho, minúsculo

tip [tɪp] n ponta; (gratuity) gorjeta; (BRIT: for rubbish) depósito; (advice) dica ♦ vt dar uma gorjeta a; (tilt) inclinar; (overturn: also: ~ over) virar, emborcar; (empty: also: ~ out) esvaziar, entornar; ~**off** n aviso, dica; ~**ped** (BRIT) adj (cigarette) com filtro

Tipp-Ex ['tɪpɛks] ® (BRIT) n líquido corretor

tipsy ['tɪpsɪ] adj embriagado, tocado

tiptoe ['tɪptəu] n: on ~ na ponta dos pés

tiptop ['tɪp'tɒp] adj: in ~ condition em perfeitas condições

tire ['taɪə*] n (US) = tyre ♦ vt cansar ♦ vi cansar-se; (become bored) chatear-se; ~**d** of sth estar farto or cheio de algo; ~**less** adj incansável; ~**some** adj enfadonho, chato; **tiring** adj cansativo

tissue ['tɪʃuː] n tecido; (paper handkerchief) lenço de papel; ~ **paper** n papel m de seda

tit [tɪt] n (bird) passarinho; to give ~ **for tat** pagar na mesma moeda

titbit ['tɪtbɪt] n (food) guloseima; (news) boato, rumor m

title ['taɪtl] n título; ~ **deed** n (LAW) título de propriedade; ~ **role** n papel m principal

titter ['tɪtə*] vi rir-se com riso sufocado

TM n abbr = **trademark**

to [tuː, tə] prep **1** (direction) a, para;

(towards) para; **to go ~ France/ London/school/the station** ir à França/a Londres/ao colégio/à estação; **to go ~ Lígia's/the doctor's** ir à casa de Lígia/ao médico; **the road ~ Edinburgh** a estrada para Edinburgo; ~ **the left/right** à esquerda/direita

2 (as far as) até; **to count ~** 10 contar até 10; **from 40 ~ 50 people** de 40 a 50 pessoas

3 (with expressions of time): **a quarter ~** 5 quinze para as 5 (BR), 5 menos um quarto (PT)

4 (for) de, para; **the key ~ the front door** a chave da porta da frente; **a letter ~ his wife** uma carta para a sua mulher

5 (expressing indirect object): **to give sth ~ sb** dar algo a alguém; **to talk ~ sb** falar com alguém; **I sold it ~ a friend** vendi isto para um amigo; **to cause damage ~ sth** causar danos em algo

6 (in relation to) para; **3 goals ~ 2** 3 a 2; **8 apples ~ the kilo** 8 maçãs por quilo

7 (purpose, result) para; **to come ~ sb's aid** prestar ajuda a alguém; **to sentence sb ~ death** condenar alguém à morte; ~ **my surprise** para a minha surpresa

♦ + vb **1** (+ infin): ~ **go/eat** ir/comer

2 (following another vb): ~ **want/try ~** do querer/tentar fazer; ~ **start ~** do começar a fazer

3 (with vb): **I don't want ~** eu não quero; **you ought ~** você deve

4 (purpose, result) para

5 (equivalent to relative clause) para, **I have things ~** do eu tenho coisas para fazer; **the main thing is ~ try** o principal é tentar

6 (after adj etc) para; **ready ~ go** pronto para ir; **too old/young ~ ...** muito velho/jovem para ...

♦ adv: **pull/push the door ~** puxar/empurrar a porta

toad [təud] n sapo

toadstool ['təudstu:l] n chapéu-de-cobra m, cogumelo venenoso

toast [təust] n (CULIN) torradas fpl; (drink, speech) brinde m ♦ vt torrar; brindar; ~er n torradeira

tobacco [tə'bækəu] n tabaco, fumo (BR); ~nist n vendedor(a) m/f de tabaco; ~nist's (shop) tabacaria, charutaria (PT)

toboggan [tə'bɔgən] n tobogã m

today [tə'deɪ] adv, n hoje m

toddler ['tɔdlə*] n criança que começa a andar

to-do n (fuss) rebuliço, alvoroço

toe [təu] n (of foot) dedo do pé; (of shoe) bico ♦ vt: to ~ the line (fig) conformar-se, cumprir as obrigações

toffee ['tɔfɪ] n puxa-puxa m (BR), caramelo (PT); ~ apple (BRIT) n maçã f do amor

together [tə'gɛðə*] adv juntos; (at same time) ao mesmo tempo; ~ with junto com

toil [tɔɪl] n faina, labuta ♦ vi labutar, trabalhar arduamente

toilet ['tɔɪlət] n (BRIT) privada, vaso sanitário; (BRIT: lavatory) banheiro (BR), casa de banho (PT) ♦ cpd de toalete; ~ paper n papel m higiênico; ~ries npl artigos mpl de toalete; ~ roll n rolo de papel higiênico; ~ water n água de colônia

token ['təukən] n (sign) sinal m, símbolo, prova; (souvenir) lembrança; (substitute coin) ficha ♦ adj simbólico; **book/record** ~ (BRIT) vale para comprar livros/discos

Tokyo ['təukjəu] n Tóquio

told [təuld] pt, pp of **tell**

tolerable ['tɔlərəbl] adj (bearable) suportável; (fairly good) passável

tolerant ['tɔlərnt] adj: ~ of tolerante com

tolerate ['tɔləreɪt] vt suportar; (MED, TECH) tolerar

toll [təul] n (of casualties) número de baixas; (charge) pedágio (BR), portagem f (PT) ♦ vi dobrar, tanger

tomato [tə'mɑ:təu] n (pl ~es) n tomate m

tomb [tu:m] n tumba

tomboy ['tɔmbɔɪ] n menina moleque

tombstone ['tu:mstəun] n lápide f

tomcat ['tɔmkæt] n gato

tomorrow [tə'mɔrəu] adv, n amanhã m; the day after ~ depois de amanhã; ~ morning amanhã de manhã

ton [tʌn] n tonelada (BRIT = 1016kg; US = 907kg); ~s of (inf) um monte de

tone [təun] n tom m ♦ vi harmonizar; ~ down vt (colour, criticism) suavizar; (sound) baixar; (MUS) entoar; ~ up vt (muscles) tonificar; ~-deaf adj que não tem ouvido

tongs [tɔŋz] npl (for coal) tenaz f; (for hair) ferros mpl de frisar cabelo

tongue [tʌŋ] n língua; ~ in cheek ironicamente; ~-tied adj (fig) calado; ~-twister n trava-língua m

tonic ['tɔnɪk] n (MED) tônico; (also: ~ water) (água) tônica

tonight [tə'naɪt] adv, n esta noite, hoje à noite

tonnage ['tʌnɪdʒ] n (NAUT) tonelagem f

tonsil ['tɔnsl] n amígdala; ~litis n amigdalite f

too [tu:] adv (excessively) demais, muito; (also) também; ~ much (adv) demais; (adj) demasiado; ~ many demasiados/as

took [tuk] pt of **take**

tool [tu:l] n ferramenta

toot [tu:t] n (of horn) buzinada; (of whistle) apito ♦ vi buzinar

tooth [tu:θ] (pl teeth) n (ANAT, TECH) dente m; (molar) molar m; ~ache n dor f de dente; to have ~ estar com dor de dente; ~brush n escova de dentes; ~paste n pasta de dentes, creme m dental; ~pick n palito

top [tɔp] n (of mountain) cume m, cimo; (of tree) topo; (of head) cocuruto; (of cupboard, table) superfície f, topo; (of box, jar, bottle) tampa; (of ladder, page) topo; (toy) pião m; (blouse etc) top m, blusa ♦ adj (*shelf, step*) mais alto; (*marks*) máximo; (*in rank*) principal, superior ♦ *vt* exceder; (*be first in*) estar à cabeça de; **on ~ of** sobre, em cima de; (*in addition to*) além de; **from ~ to toe** (BRIT) da cabeça aos pés; **from ~ to bottom de cima abaixo; ~ up** (*US ~ off*) *vt* completar; **~ floor** *n* último andar *m*; **~ hat** *n* cartola; **~-heavy** *adj* desequilibrado

topic ['tɔpɪk] *n* tópico, assunto; **~al** *adj* atual

top: **~less** *adj* (*bather etc*) topless *inv*, sem a parte superior do biquíni; **~level** *adj* (*talks*) de alto nível; **~most** *adj* o mais alto

topple ['tɔpl] *vt* derrubar ♦ *vi* cair para frente

top-secret *adj* ultra-secreto, supersecreto

topsy-turvy ['tɔpsɪ'tə:vɪ] *adj, adv* de pernas para o ar, confuso, às avessas

tore [tɔ:*] *pt of* tear

torment [*n* 'tɔ:mɛnt, *vt* tɔ:'mɛnt] *n* tormento, suplício ♦ *vt* atormentar; (*fig: annoy*) chatear, aborrecer

torn [tɔ:n] *pp of* tear

torrent ['tɔrənt] *n* torrente *f*

torrid ['tɔrɪd] *adj* tórrido; (*fig*) abrasador(a)

tortoise ['tɔ:təs] *n* tartaruga; **~shell** *cpd* de tartaruga

tortuous ['tɔ:tjuəs] *adj* tortuoso; (*argument, mind*) confuso

torture ['tɔ:tʃə*] *n* tortura ♦ *vt* torturar; (*fig*) atormentar

Tory ['tɔ:rɪ] (BRIT) *adj, n* (POL) conservador(a) *m/f*

toss [tɔs] *vt* atirar, arremessar; (*head*) lançar para trás ♦ *vi*: **to ~ and turn in bed** virar de um lado para o outro na cama; **to ~ a coin** tirar cara ou coroa; **to ~ up for sth** (BRIT) jogar cara ou coroa por algo

tot [tɔt] *n* (BRIT: *drink*) copinho, golinho; (*child*) criancinha

total ['təutl] *adj* total ♦ *n* total *m*, soma *f* ♦ *vt* (*add up*) somar; (*amount to*) montar a

totter ['tɔtə*] *vi* cambalear

touch [tʌtʃ] *n* (*sense*) toque *m*; (*contact*) contato ♦ *vt* tocar (em); (*tamper with*) mexer com; (*make contact with*) fazer contato com; (*emotionally*) comover; **a ~ of** (*fig*) uma tacada de; **to get in ~ with sb** entrar em contato com alguém; **to lose ~** perder o contato; **~ on** *vt fus* (*topic*) tocar em, fazer menção de; **~ up** *vt* (*paint*) retocar; **~-and-go** *adj* arriscado; **~down** *n* aterrissagem *f* (BR), aterragem *f* (PT); (*on sea*) amerissagem *f* (BR), amaragem *f* (PT); (US: FOOTBALL) touchdown *m*; **~ed** *adj* comovido; (*inf*) tocado, muito louco; **~ing** *adj* comovedor(a); **~line** *n* (SPORT) linha de fundo; **~y** *adj* suscetível, sensível

tough [tʌf] *adj* duro; (*difficult*) difícil; (*resistant*) resistente; (*person: physically*) forte; (: *mentally*) tenaz; (*firm*) firme, inflexível; **~en** *vt* (*sb's character*) fortalecer; (*glass etc*) tornar mais resistente

toupee ['tu:peɪ] *n* peruca

tour [tuə*] *n* viagem *f*, excursão *f*; (*also: package ~*) excursão organizada; (*of town, museum*) visita; (*by artist*) turnê *f* ♦ *vt* (*country, city*) excursionar por; (*factory*) visitar

tourism ['tuərɪzm] *n* turismo

tourist ['tuərɪst] *n* turista *m/f* ♦ *cpd* turístico; **~ office** *n* (*in country*) escritório de turismo; (*in embassy etc*) departamento de turismo

tournament ['tuənəmənt] *n* torneio

tousled ['tauzld] *adj* (*hair*) despenteado

tout [taut] *vi*: **to ~ for** angariar clientes para ♦ *n* (BRIT: *ticket ~*) cambista *m/f*

tow [təu] *vt* rebocar; **"on** (BRIT) **or** (US) **~"** (AUT) "rebocado"

toward(s) [tə'wɔːd(z)] *prep* em direção a; (*of attitude*) para com; (*of purpose*) para; **~ noon/the end of the year** perto do meio-dia/do fim do ano

towel ['tauəl] *n* toalha; **~ling** *n* (*fabric*) tecido para toalhas; **~ rail** (US

~ **rack**) n toalheiro

tower ['tauǝ'] n torre f; ~ **block**
(BRIT) n prédio alto, espigão m, cortiço (BR); ~**ing** adj elevado; (figure) eminente

town [taun] n cidade f; **to go to** ~ ir
à cidade; (fig) fazer com entusiasmo,
mandar brasa (BR); ~ **centre** n centro (da cidade); ~ **council** n câmara
municipal; ~ **hall** n prefeitura (BR),
concelho (PT); ~ **plan** n mapa m da
cidade; ~ **planning** n urbanismo

towrope ['tǝurǝup] n cabo de reboque

tow truck (US) n reboque m (BR),
pronto socorro (PT)

toxic ['tɒksɪk] adj tóxico

toy [tɔɪ] n brinquedo; ~ **with** vt fus
brincar com; (idea) contemplar;
~**shop** n loja de brinquedos

trace [treɪs] n (sign) sinal m; (small
amount) traço ♦ vt (draw) traçar,
esboçar; (follow) seguir a pista de;
(locate) encontrar; **tracing paper** papel m de decalque

track [træk] n (mark) pegada, vestígio; (path: gen) caminho, vereda; (:
of bullet etc) trajetória; (: of suspect, animal) pista, rasto; (RAIL)
trilhos (BR), carris npl (PT); (on
tape) trilha; (SPORT) pista; (on record) faixa ♦ vt seguir a pista de; **to
keep** ~ **of** não perder de vista; (fig)
manter-se informado sobre; ~ **down**
vt (prey) seguir a pista de; (sth lost)
procurar e encontrar; ~ **suit** n roupa
de jogging

tract [trækt] n (GEO) região f;
(pamphlet) folheto

tractor ['træktǝ'] n trator m

trade [treɪd] n comércio; (skill, job)
ofício ♦ vi negociar, comerciar ♦ vt:
to ~ **sth** (**for sth**) trocar algo (por
algo); ~ **in** vt dar como parte do pagamento; ~ **fair** n feira industrial;
~**mark** n marca registrada; ~ **name**
n marca or nome comercial de um
produto; (of company) razão f social;
~**r** n comerciante m/f; ~**sman** (irreg) n lojista m; ~ **union** n sindica-

to; ~ **unionist** n sindicalista m/f

tradition [trǝ'dɪʃǝn] n tradição f;
~**al** adj tradicional

traffic ['træfɪk] n trânsito; (air ~ etc)
tráfego; (illegal) tráfico ♦ vi: **to** ~
in (pej: liquor, drugs) traficar com,
fazer tráfico com; ~ **circle** (US) n ro-
tatória; ~ **jam** n engarrafamento,
congestionamento; ~ **lights** npl sinal
m luminoso; ~ **warden** n guarda m/f
de trânsito

tragedy ['trædʒǝdɪ] n tragédia

tragic ['trædʒɪk] adj trágico

trail [treɪl] n (tracks) rasto, pista;
(path) caminho, trilha; (of smoke,
dust) rasto ♦ vt (drag) arrastar;
(follow) seguir a pista de ♦ vi
arrastar-se; (hang loosely) pender;
(in game, contest) ficar para trás; ~
behind vi atrasar-se; ~**er** n (AUT)
reboque m; (US: caravan) trailer m
(BR), rulote f (PT); (CINEMA) trailer; ~**er truck** (US) n caminhão-
reboque m

train [treɪn] n trem m (BR), comboio
(PT); (of dress) cauda ♦ vt formar;
(teach skills to) instruir; (SPORT)
treinar; (dog) adestrar, amestrar;
(point: gun etc): **to** ~ **on** apontar
para ♦ vi (learn a skill) instruir-se;
(SPORT) treinar; (be educated) ser
treinado; **to lose one's** ~ **of
thought** perder o fio; ~**ed** adj especializado; (teacher) formado; (animal) adestrado; ~**ee** n estagiário/a;
~**er** n (SPORT) treinador(a) m/f; (of
animals) adestrador(a) m/f; ~**s** npl
(shoes) tênis m; ~**ing** n instrução f,
(SPORT, for occupation) treinamento; (professional) formação f; ~**ing
college** n (for teachers) ≈ escola
normal; ~**ing shoes** npl tênis m

traipse [treɪps] vi perambular

trait [treɪt] n traço

traitor ['treɪtǝ'] n traidor(a) m/f

tram [træm] (BRIT) n (also: ~**car**)
bonde m (BR), eléctrico (PT)

tramp [træmp] n (person) vaga-
bundo/a; (inf: pej: woman) piranha ♦ vi caminhar pesadamente

trample ['træmpl] *vt*: to ~ (under-foot) calcar aos pés

trampoline ['træmpəli:n] *n* trampolim *m*

trance [trɑːns] *n* estupor *m*

tranquil ['træŋkwɪl] *adj* tranquilo; ~**lizer** *n* (MED) tranquilizante *m*

transact [træn'zækt] *vt* (business) negociar; ~**ion** *n* transação *f*, negócio

transcend [træn'sɛnd] *vt* transcender, exceder

transcript ['trænskrɪpt] *n* cópia, traslado

transfer [*n* 'trænsfə*, *vt* træns'fə:*] *n* transferência; (picture, design) decalcomania ♦ *vt* transferir; **to ~ the charges** (BRIT: TEL) ligar a cobrar

transform [træns'fɔ:m] *vt* transformar

transfusion [træns'fju:ʒən] *n* (also: **blood ~**) transfusão *f* (de sangue)

transient ['trænzɪənt] *adj* transitório

transistor [træn'zɪstə*] *n* (ELEC: also: ~ **radio**) transistor *m*

transit ['trænzɪt] *n*: **in ~** em trânsito, de passagem

transitive ['trænzɪtɪv] *adj* (LING) transitivo

translate [trænz'leɪt] *vt* traduzir; **translator** *n* tradutor(a) *m/f*

transmission [trænz'mɪʃən] *n* transmissão *f*

transmit [trænz'mɪt] *vt* transmitir; ~**ter** *n* transmissor *m*

transparency [træns'pɛərnsɪ] *n* transparência; (BRIT: PHOT) diapositivo

transparent [træns'pærnt] *adj* transparente

transpire [træns'paɪə*] *vi* (turn out) tornar sabido; (happen) ocorrer, acontecer

transplant [*vt* træns'plɑ:nt, *n* 'trænsplɑ:nt] *vt* transplantar ♦ *n* (MED) transplante *m*

transport [*n* 'trænspɔ:t, *vt* træns'pɔ:t] *n* transporte *m* ♦ *vt* transportar; (carry) acarretar; ~**ation** *n* transporte *m*; ~ **café** (BRIT) *n* lanchonete *f* de estrada

transvestite [trænz'vɛstaɪt] *n* travesti *m/f*

trap [træp] *n* (snare) armadilha, cilada; (trick) cilada; (carriage) aranha, charrete *f* ♦ *vt* pegar em armadilha; (person: trick) armar; (: in bad marriage) prender; (: in fire): **to be ~ped** ficar preso; (immobilize) bloquear; ~ **door** *n* alçapão *m*

trapeze [trə'pi:z] *n* trapézio

trappings ['træpɪŋz] *npl* adornos *mpl*, enfeites *mpl*

trash [træʃ] *n* (pej: nonsense) besteiras *fpl*; (US: rubbish) lixo; ~ **can** (US) *n* lata de lixo

trauma ['trɔ:mə] *n* trauma *m*

travel ['trævl] *n* viagem *f* ♦ *vi* viajar; (sound) propagar-se; (news) levar; (wine): **this wine ~s well** este vinho não sofre alteração ao ser transportado ♦ *vt* percorrer; ~**s** *npl* (journeys) viagens *fpl*; ~ **agent** *n* agente *m/f* de viagens; ~**ler** (US **~er**) *n* viajante *m/f*; (COMM) caixeiro/a viajante; ~**ler's cheque** (US **~er's check**) *n* cheque *m* de viagem; ~**ling** (US ~**ing**) *n* as viagens, viajar *m* ♦ *adj* (circus, exhibition) itinerante; (salesman) viajante ♦ *cpd* de viagem; ~ **sickness** *n* enjôo

travesty ['trævɪstɪ] *n* paródia

trawler ['trɔ:lə*] *n* traineira

tray [treɪ] *n* bandeja; (on desk) cesta

treacherous ['trɛtʃərəs] *adj* traiçoeiro; (ground, tide) perigoso

treachery ['trɛtʃərɪ] *n* traição *f*

treacle ['tri:kl] *n* melado

tread [trɛd] (pt **trod**, pp **trodden**) *n* (step) passo, pisada; (sound) passada; (of stair) piso; (of tyre) banda de rodagem ♦ *vi* pisar; ~ **on** *vt fus* pisar (em)

treason ['tri:zn] *n* traição *f*

treasure ['trɛʒə*] *n* tesouro; (person) jóia ♦ *vt* (value) apreciar, estimar; ~**s** *npl* (art ~s etc) preciosidades *fpl*

treasurer ['trɛʒərə*] *n* tesoureiro/a

treasury ['trɛʒərɪ] *n* tesouraria

treat [tri:t] *n* regalo, deleite *m* ♦

tratar; **to ~ sb to sth** convidar alguém para algo

treatment ['tri:tmənt] n tratamento

treaty ['tri:ti] n tratado, acordo

treble ['trɛbl] adj tríplice ♦ vi triplicar ♦ vi triplicar(-se); **~ clef** n clave f de sol

tree [tri:] n árvore f

trek [trɛk] n (long journey) jornada; (walk) caminhada

trellis ['trɛlis] n grade f de ripas, latada

tremble ['trɛmbl] vi tremer

tremendous [tri'mɛndəs] adj tremendo; (enormous) enorme; (excellent) sensacional, fantástico

tremor ['trɛmə*] n tremor m; (also: **earth ~**) tremor de terra

trench [trɛntʃ] n trincheira

trend [trɛnd] n (tendency) tendência; (of events) curso; (fashion) modismo, tendência; **~y** adj (idea) de acordo com a tendência atual; (clothes) da última moda

trespass ['trɛspəs] vi: **to ~ on** invadir; **"no ~ing"** "entrada proibida"

trestle ['trɛsl] n cavalete m

trial ['traɪəl] n (LAW) processo; (test: of machine etc) prova, teste m; **~s** npl (unpleasant experiences) dissabores mpl; **by ~ and error** por tentativas; **to be on ~** ser julgado; **~ period** n período de experiência

triangle ['traɪæŋgl] n (MATH, MUS) triângulo

tribe [traɪb] n tribo f; **~sman** (irreg) n membro de tribo

tribunal [traɪ'bju:nl] n tribunal m

tributary ['trɪbjutəri] n afluente m

tribute ['trɪbju:t] n homenagem f; **to pay ~** to prestar homenagem a, homenagear

trice [traɪs] n: **in a ~** num instante

trick [trɪk] n truque m; (joke) peça, brincadeira; (skill, knack) habilidade f; (CARDS) vaza ♦ vt enganar; **to play a ~ on sb** pregar uma peça em alguém; **that should do the ~** (inf) isso deveria dar resultado; **~ery** n trapaça, astúcia

trickle ['trɪkl] n (of water etc) fio (de água) ♦ vi gotejar, pingar

tricky ['trɪki] adj difícil, complicado

tricycle ['traɪsɪkl] n triciclo

trifle ['traɪfl] n bobagem f, besteira; (CULIN) tipo de bolo com fruta e creme ♦ adv: **a ~ long** um pouquinho longo; **trifling** adj insignificante

trigger ['trɪgə*] n (of gun) gatilho; **~ off** vt desencadear

trill [trɪl] vi trilar, gorjear

trim [trɪm] adj (figure) elegante; (house) arrumado; (garden) bem cuidado ♦ n (haircut) aparada; (on car) estofamento ♦ vt aparar, cortar; (decorate): **to ~ (with)** enfeitar (com); (NAUT: sail) ajustar; **~mings** npl decoração f; (CULIN) acompanhamentos mpl

trinket ['trɪŋkɪt] n bugiganga; (piece of jewellery) berloque m, bijuteria

trip [trɪp] n viagem f; (outing) excursão f; (stumble) tropeço m ♦ vi tropeçar; (go lightly) andar com passos ligeiros; **on a ~** de viagem; **~ up** vi tropeçar ♦ vt passar uma rasteira em

tripe [traɪp] n (CULIN) bucho, tripa; (pej: rubbish) bobagem f

triple ['trɪpl] adj triplo, tríplice; **~ts** npl trigêmeos/as m/fpl; **triplicate** n: **in triplicate** em triplicata, em três vias

tripod ['traɪpɔd] n tripé m

trite [traɪt] adj gasto, banal

triumph ['traɪʌmf] n (satisfaction) satisfação f; (great achievement) triunfo ♦ vi: **to ~ (over)** triunfar (sobre)

trivia ['trɪvɪə] npl trivialidades fpl

trivial ['trɪvɪəl] adj insignificante; (commonplace) trivial

trod [trɔd] pt of tread; **~den** pp of tread

trolley ['trɔli] n carrinho; (table on wheels) mesa volante; **~ bus** n ônibus m elétrico (BR), trólei m (PT)

trombone [trɔm'bəun] n trombone m

troop [tru:p] n bando, grupo ♦ vi: **to**

~ **in**/out entrar/sair em bando; ~**s**
npl (*MIL*) tropas *fpl*; ~**ing the
colour** (*BRIT*) saudação da bandeira

trophy ['trəufi] *n* troféu *m*

tropic ['trɔpik] *n* trópico; ~**al** *adj*
tropical

trot [trɔt] *n* trote *m*; (*fast pace*) passo rápido ♦ *vi* trotar; (*person*) andar rapidamente; **on the** ~ (*fig: inf*) a fio

trouble ['trʌbl] *n* problema(s)
m(*pl*), dificuldade(s) *f*(*pl*); (*worry*)
preocupação *f*; (*effort*) incômodo,
trabalho; (*POL*) distúrbios *mpl*;
(*MED*): **stomach** *etc* ~ problemas
mpl gástricos *etc* ♦ *vt* perturbar;
(*worry*) preocupar, incomodar ♦ *vi*:
to ~ **to do sth** incomodar-se *or*
preocupar-se de fazer algo; ~**s** *npl*
(*POL etc*) distúrbios *mpl*; **to be in**
~ estar num aperto; (*ship, climber
etc*) estar em dificuldade; **what's
the** ~? qual é o problema?; ~**d** *adj*
preocupado; (*epoch, life*) agitado;
~**maker** *n* criador(a)-de-casos *m/f*;
(*child*) encrenqueiro/a; ~**shooter** *n*
conciliador(a) *m/f*; ~**some** *adj* importuno; (*child, cough*) incômodo

trough [trɔf] *n* (*also: drinking* ~)
bebedouro, cocho; (*also: feeding* ~)
gamela; (*depression*) depressão *f*

troupe [tru:p] *n* companhia teatral

trousers ['trauzəz] *npl* calça (*BR*),
calças *fpl* (*PT*)

trousseau ['tru:səu] (*pl* ~**x** *or* ~**s**)
n enxoval *m*

trout [traut] *n inv* truta

trowel ['trauəl] *n* colher *f*.

truant ['truənt] (*BRIT*) *n*: **to play** ~
matar aula (*BR*), fazer gazeta (*PT*)

truce [tru:s] *n* trégua, armistício

truck [trʌk] *n* caminhão *m* (*BR*), camião *m* (*PT*); (*RAIL*) vagão *m*; ~
driver *n* caminhoneiro/a (*BR*), camionista *m/f* (*PT*); ~ **farm** (*US*) *n*
horta

trudge [trʌdʒ] *vi* andar com dificuldade, arrastar-se

true [tru:] *adj* verdadeiro; (*accurate*)

exato; (*genuine*) autêntico; (*faithful*)
fiel, leal; **to come** ~ realizar-se,
tornar-se realidade

truffle ['trʌfl] *n* trufa; (*sweet*) docinho de chocolate *or* rum

truly ['tru:li] *adv* realmente; (*truthfully*) verdadeiramente; (*faithfully*)
fielmente; **yours** ~ (*in letter*) atenciosamente

trump [trʌmp] *n* trunfo; ~**ed-up** *adj*
inventado, forjado

trumpet ['trʌmpit] *n* trombeta

truncheon ['trʌntʃən] *n* cassetete *m*

trundle ['trʌndl] *vt* empurrar lentamente ♦ *vi*: **to** ~ **along** rolar *or* rodar fazendo ruído

trunk [trʌŋk] *n* tronco; (*of elephant*)
tromba; (*case*) baú *m*; (*US: AUT*)
mala (*BR*), porta-bagagens *m* (*PT*);
~**s** *npl* (*also: swimming* ~**s**) sunga
(*BR*), calções *mpl* de banho (*PT*)

truss [trʌs] *n* (*MED*) funda ♦ *vt*: **to**
~ (**up**) atar, amarrar

trust [trʌst] *n* confiança; (*responsibility*) responsabilidade *f*; (*LAW*) fideicomisso ♦ *vt* (*rely on*) confiar em;
(*entrust*): **to** ~ **sth to sb** confiar
algo a alguém; (*hope*): **to** ~ (**that**)
esperar que; **to take sth on** ~ aceitar algo sem verificação prévia; ~**ed**
adj de confiança; ~**ee** *n* (*LAW*)
fideicomissário/a, depositário/a; (*of
school etc*) administrador/a *m/f*;
~**ful** *adj* confiante; ~**ing** *adj* confiante; ~**worthy** *adj* digno de confiança

truth [tru:θ, *pl* tru:ðz] *n* verdade *f*;
~**ful** *adj* (*person*) sincero, honesto

try [trai] *n* tentativa; (*RUGBY*) ensaio ♦ *vt* (*LAW*) julgar; (*test: sth
new*) provar, pôr à prova; (*strain*)
cansar ♦ *vi* tentar; **to have a** ~ fazer uma tentativa; **to** ~ **to do sth**
tentar fazer algo; ~ **on** *vt* (*clothes*)
experimentar, provar; ~**ing** *adj*
exasperante

tsar [zɑ:ʳ] *n* czar *m*

T-shirt *n* camiseta (*BR*), T-shirt *f*
(*PT*)

T-square *n* régua em T

tub [tʌb] *n* tina; (*bath*) banheira

tuba [ˈtjuːbə] n tuba

tubby [ˈtʌbɪ] adj gorducho

tube [tjuːb] n tubo; (pipe) cano;
(BRIT: underground) metrô m (BR),
metro(-politano) (PT); (for tyre)
câmara-de-ar f; ~ **station** (BRIT) n
estação f de metrô

tubular [ˈtjuːbjʊlə] adj tubular; (furniture) tubiforme

TUC n abbr (= Trades Union Congress) ≈ CUT f

tuck [tʌk] vt (put) enfiar, meter; ~
away vt esconder; to be ~ed away
estar escondido; ~ **in** vt enfiar para
dentro; (child) aconchegar ♦ vi (eat)
comer com apetite; ~ **up** vt (child)
aconchegar; ~ **shop** n loja de balas

Tuesday [ˈtjuːzdɪ] n terça-feira

tuft [tʌft] n penacho; (of grass etc)
tufo

tug [tʌg] n (ship) rebocador m ♦ vt
puxar; ~**-of-war** n cabo-de-guerra
m; (fig) disputa

tuition [tjuːˈɪʃən] n ensino; (private
~) aulas fpl particulares; (US: fees)
taxas fpl escolares

tumble [ˈtʌmbl] n (fall) queda ♦ vi
cair, tombar; to ~ to sth (inf) sacar
algo; ~**down** adj em ruínas; ~
dryer (BRIT) n máquina de secar
roupa

tumbler [ˈtʌmblə*] n copo

tummy [ˈtʌmɪ] (inf) n (belly) barriga; (stomach) estômago

tumour [ˈtjuːmə*] (US **tumor**) n tumor m

tuna [ˈtjuːnə] n inv (also: ~ **fish**)
atum m

tune [tjuːn] n melodia ♦ vt (MUS)
afinar; (RADIO, TV) sintonizar;
(AUT) regular; to be in/out of ~
(instrument) estar afinado/desafinado;
(singer) cantar afinado/desafinado;
to be in/out of ~ **with** (fig)
harmonizar-se com/destoar de; ~ **in**
vi (RADIO, TV): to ~ **in** (to)
sintonizar (com); ~ **up** vi (musician) afinar (seu instrumento); ~**ful**
adj melodioso; ~**r** n: piano ~**r** afina-
dor(a) m/f de pianos

tunic [ˈtjuːnɪk] n túnica

Tunisia [tjuːˈnɪzɪə] n Tunísia

tunnel [ˈtʌnl] n túnel m; (in mine)
galeria ♦ vi abrir um túnel (or uma
galeria)

turban [ˈtɜːbən] n turbante m

turbulence [ˈtɜːbjʊləns] n (AVIAT)
turbulência; **turbulent** adj turbulento

tureen [təˈriːn] n terrina

turf [tɜːf] n torrão m ♦ vt relvar, gramar; ~ **out** (inf) vt (person) pôr no
olho da rua

turgid [ˈtɜːdʒɪd] adj (speech) pomposo

Turk [tɜːk] n turco/a

Turkey [ˈtɜːkɪ] n Turquia

turkey [ˈtɜːkɪ] n peru(a) m/f

Turkish [ˈtɜːkɪʃ] adj turco/a ♦ n
(LING) turco; ~ **bath** n banho turco

turmoil [ˈtɜːmɔɪl] n tumulto, distúrbio, agitação f; **in** ~ agitado, tumultuado

turn [tɜːn] n volta, turno; (in road)
curva; (of mind, events) propensão f,
tendência; (THEATRE) número;
(MED) choque m ♦ vt dar volta a,
fazer girar; (collar) virar; (change):
to ~ sth into converter algo em ♦
vi virar; (person: look back) voltar-
se; (reverse direction) mudar de direção; (milk) azedar; (become)
tornar-se, virar; to ~ nasty engrossar; to ~ forty fazer quarenta anos;
a good ~ um favor; it gave me
quite a ~ me deu um susto enorme;
"no left ~" "proibido virar
à esquerda"; it's your ~ é a sua
vez; in ~ por sua vez; to take ~s
(at) revezar (em); ~ **away** vi virar
a cabeça ♦ vt recusar; ~ **back** vi
voltar atrás ♦ vt voltar para trás;
(clock) atrasar; ~ **down** vt (refuse)
recusar; (reduce) baixar; (fold) dobrar, virar para baixo; ~ **in** vi (inf:
go to bed) ir dormir ♦ vt (fold) dobrar para dentro; ~ **off** vi (from
road) virar, sair do caminho ♦ vt
(light, radio etc) apagar; (engine)
desligar; ~ **on** vt (light) acender;
(engine, radio) ligar; (tap) abrir; ~

out vt (light, gas) apagar; (produce)
produzir ♦ vi (troops) ser mobiliza-
do; to ~ **out to be** ... revelar-se
(ser) ..., resultar (ser) ..., vir a ser
...; ~ **over** vi (person) virar-se ♦ vt
(object) virar; ~ **round** vi voltar-se,
virar-se; ~ **up** vi (person) aparecer,
pintar; (lost object) aparecer ♦ vt
(collar) subir; (radio etc) aumentar;
~**ing** n (in road) via lateral; ~**ing
point** n (fig) momento decisivo, virada

turnip ['tə:nɪp] n nabo

turnout ['tə:naut] n assistência; (in
election) comparecimento às urnas

turnover ['tə:nəuvə*] n (COMM:
amount of money) volume m de negócios; (: of goods) movimento; (of
staff) rotatividade f

turnpike ['tə:npaɪk] (US) n estrada
or rodovia com pedágio (BR) or portagem (PT)

turnstile ['tə:nstaɪl] n borboleta
(BR), torniquete m (PT)

turntable ['tə:nteɪbl] n (on record
player) prato

turn-up (BRIT) n (on trousers) volta, dobra

turpentine ['tə:pəntaɪn] n (also:
turps) aguarrás f

turquoise ['tə:kwɔɪz] n (stone) turquesa ♦ adj azul-turquesa inv

turret ['tʌrɪt] n torrinha

turtle ['tə:tl] n tartaruga, cágado;
~**neck (sweater)** n pulôver m (BR)
or camisola (PT) de gola alta

tusk [tʌsk] n defesa (de elefante)

tussle ['tʌsl] n (fight) luta; (scuffle)
contenda, rixa

tutor ['tju:tə*] n professor(a) m/f;
(private ~) professor(a) m/f particular; ~**ial** n (SCH) seminário

tuxedo [tʌk'si:dəu] (US) n smoking
m

TV n abbr (= television) TV f

twang [twæŋ] n (of instrument) dedi-
lhado; (of voice) timbre m nasal

tweed [twi:d] n tweed m, pano grosso de lã

tweezers ['twi:zəz] npl pinça (peque-

na)

twelfth [twelfθ] num décimo segundo

twelve [twelv] num doze; at ~
(o'clock) (midday) ao meio-dia;
(midnight) à meia-noite

twentieth ['twentɪɪθ] num vigésimo

twenty ['twentɪ] num vinte

twice [twaɪs] adv duas vezes; ~ **as
much** duas vezes mais

twiddle ['twɪdl] vt, vi: to ~ (with)
sth mexer em algo; to ~ **one's
thumbs** (fig) chupar o dedo

twig [twɪg] n graveto, varinha ♦ vi
(inf) sacar

twilight ['twaɪlaɪt] n crepúsculo,
meia-luz f

twin [twɪn] adj gêmeo; (beds) separado ♦ n gêmeo ♦ vt irmanar; ~**(-
bedded) room** n quarto com duas
camas

twine [twaɪn] n barbante m (BR),
cordel m (PT) ♦ vi enroscar-se,
enrolar-se

twinge [twɪndʒ] n (of pain) pontada;
(of conscience) remorso

twinkle ['twɪŋkl] vi cintilar; (eyes)
pestanejar

twirl [twə:l] vt fazer girar ♦ vi girar
rapidamente

twist [twɪst] n torção f; (in road,
coil) curva; (in flex) virada; (in
story) mudança imprevista ♦ vt torcer, retorcer; (ankle) torcer; (weave)
entrelaçar; (roll around) enrolar;
(fig) deturpar ♦ vi serpentear

twit [twɪt] (inf) n idiota m/f, bobo/a

twitch [twɪtʃ] n puxão m; (nervous)
tique m nervoso ♦ vi contrair-se

two [tu:] num dois; **to put** ~ **and** ~
together (fig) tirar conclusões; ~
door adj (AUT) de duas portas; ~-
faced (pej) adj (person) falso; ~**fold**
adv: **to increase** ~**fold** duplicar ♦
adj (increase) em cem por cento;
(reply) duplo; ~-**piece** n (also: ~-
piece suit) traje m de duas peças;
(also: ~-**piece swimsuit**) maiô m
de duas peças, biquíni m; ~**some** n
(people) casal m; ~-**way** adj: ~-
way traffic trânsito em mão dupla

tycoon [taɪˈkuːn] n: (business) ~ magnata m

type [taɪp] n (category) tipo, espécie f; (model) modelo; (TYP) tipo, letra ♦ vt (letter etc) datilografar, bater (à máquina); ~**cast** adj que representa sempre o mesmo papel; ~**face** n tipo, letra; ~**script** n texto datilografado; ~**writer** n máquina de escrever; ~**written** adj datilografado

typhoid [ˈtaɪfɔɪd] n febre f tifóide

typhoon [taɪˈfuːn] n tufão m

typical [ˈtɪpɪkl] adj típico

typify [ˈtɪpɪfaɪ] vt tipificar, simbolizar

typing [ˈtaɪpɪŋ] n datilografia

typist [ˈtaɪpɪst] n datilógrafo/a m/f

tyrant [ˈtaɪərənt] n tirano/a

tyre [ˈtaɪə*] (US **tire**) n pneu m; ~ **pressure** n pressão f dos pneus

tzar [zɑː*] n = **tsar**

U

U-bend n (in pipe) curva em U

ubiquitous [juːˈbɪkwɪtəs] adj ubíquo, onipresente

udder [ˈʌdə*] n ubre f

UFO [ˈjuːfəu] n abbr (= unidentified flying object) óvni m

Uganda [juːˈgændə] n Uganda (no article)

ugh [əːh] excl uh!

ugliness [ˈʌglɪnɪs] n feiúra

ugly [ˈʌglɪ] adj feio; (dangerous) perigoso

UK n abbr = **United Kingdom**

ulcer [ˈʌlsə*] n úlcera; mouth ~ afta

Ulster [ˈʌlstə*] n Ulster m

ulterior [ʌlˈtɪərɪə*] adj: ~ motive segundas intenções fpl

ultimate [ˈʌltɪmət] adj último, final; (authority) máximo; ~**ly** adv (in the end) no final, por último; (fundamentally) no fundo

ultimatum [ʌltɪˈmeɪtəm] (pl ~s or ultimata) n ultimato

ultrasound [ˈʌltrəsaund] n (MED) ultra-som m

ultraviolet [ʌltrəˈvaɪəlɪt] adj ultra-violeta

umbilical cord [ʌmbɪˈlaɪkl-] n cordão m umbilical

umbrella [ʌmˈbrɛlə] n guarda-chuva m; (for sun) guarda-sol m, barraca (da praia)

umpire [ˈʌmpaɪə*] n árbitro ♦ vt arbitrar

umpteen [ʌmpˈtiːn] adj inúmeros/as; ~**th** adj: for the ~th time pela enésima vez

UN n abbr (= United Nations) ONU f

unable [ʌnˈeɪbl] adj: to be ~ to do sth não poder fazer algo

unaccompanied [ʌnəˈkʌmpənid] adj desacompanhado; (singing, song) sem acompanhamento

unaccountably [ʌnəˈkauntəblɪ] adv inexplicavelmente

unaccustomed [ʌnəˈkʌstəmd] adj: to be ~ to não estar acostumado a

unanimous [juːˈnænɪməs] adj unânime

unarmed [ʌnˈɑːmd] adj (without a weapon) desarmado; (defenceless) indefeso

unashamed [ʌnəˈʃeɪmd] adj (open) desembaraçado; (pleasure) descarado

unassuming [ʌnəˈsjuːmɪŋ] adj modesto, despretencioso

unattached [ʌnəˈtætʃt] adj (person) livre; (part etc) solto, separado

unattended [ʌnəˈtendɪd] adj (car, luggage) abandonado

unattractive [ʌnəˈtræktɪv] adj sem atrativos; (building, appearance, idea) pouco atraente

unauthorized [ʌnˈɔːθəraɪzd] adj não autorizado, sem autorização

unavoidable [ʌnəˈvɔɪdəbl] adj inevitável

unaware [ʌnəˈwɛə*] adj: to be ~ of ignorar, não perceber

unawares [ʌnəˈwɛəz] adv improvisadamente, de surpresa

unbalanced [ʌnˈbælənst] adj desequilibrado

unbearable [ʌnˈbɛərəbl] adj insuportável

unbeatable [ʌn'biːtəbl] *adj* (*team*) invencível; (*price*) sem igual

unbeknown(st) [ʌnbɪ'nəun(st)] *adv*: ~ to me sem eu saber

unbelievable [ʌnbɪ'liːvəbl] *adj* inacreditável; (*amazing*) incrível

unbend [ʌn'bend] (*irreg*) *vi* relaxar-se ♦ *vt* (*wire*) desentortar

unbiased [ʌn'baɪəst] *adj* imparcial

unborn [ʌn'bɔːn] *adj* por nascer

unbroken [ʌn'brəukən] *adj* (*seal*) intacto; (*line*) contínuo; (*silence*, *series*) ininterrupto; (*record*) mantido; (*spirit*) indômito

unbutton [ʌn'bʌtn] *vt* desabotoar

uncalled-for [ʌn'kɔːld-] *adj* desnecessário, gratuito

uncanny [ʌn'kænɪ] *adj* estranho; (*knack*) excepcional

unceasing [ʌn'siːsɪŋ] *adj* contínuo

unceremonious [ʌnserɪ'məunɪəs] *adj* (*abrupt*) incerimonioso; (*rude*) rude

uncertain [ʌn'sɜːtn] *adj* incerto; (*character*) indeciso; (*unsure*): ~ about inseguro sobre; **in no ~ terms** em termos precisos; ~**ty** *n* incerteza; (*also*: **doubts**) dúvidas *fpl*

unchanged [ʌn'tʃeɪndʒd] *adj* inalterado

unchecked [ʌn'tʃekt] *adv* sem controle, descontrolado

uncivilized [ʌn'sɪvəlaɪzd] *adj* (*country*, *people*) primitivo; (*fig*: *behaviour*) incivilizado; (: *hour*) de manhã bem cedo

uncle ['ʌŋkl] *n* tio

uncomfortable [ʌn'kʌmfətəbl] *adj* incômodo; (*uneasy*) pouco à vontade; (*situation*) desagradável

uncommon [ʌn'kɒmən] *adj* raro, incomum, excepcional

uncompromising [ʌn'kɒmprəmaɪzɪŋ] *adj* intransigente, inflexível

unconcerned [ʌnkən'sɜːnd] *adj* indiferente, despreocupado

unconditional [ʌnkən'dɪʃənl] *adj* incondicional

unconscious [ʌn'kɒnʃəs] *adj* sem sentidos, desacordado; (*unaware*): ~ **of** inconsciente de ♦ *n*: **the** ~ o inconsciente

uncontrollable [ʌnkən'trəuləbl] *adj* (*temper*) ingovernável; (*child*, *animal*, *laughter*) incontrolável

unconventional [ʌnkən'venʃənl] *adj* inconvencional

uncouth [ʌn'kuːθ] *adj* rude, grosseiro

uncover [ʌn'kʌvə*] *vt* descobrir; (*take lid off*) destapar, destampar

undecided [ʌndɪ'saɪdɪd] *adj* indeciso; (*question*) não respondido, pendente

under ['ʌndə*] *prep* embaixo de (*BR*), debaixo de (*PT*); (*fig*) sob; (*less than*) menos de; (*according to*) segundo, de acordo com ♦ *adv* embaixo; (*movement*) por baixo; ~ **there** ali embaixo; ~ **repair** em conserto

under... [ʌndə*] *prefix* sub-; ~**-age** *adj* menor de idade; ~**carriage** *n* (*BRIT*) *n* (*AVIAT*) trem *m* de aterrissagem; ~**charge** *vt* não cobrar o suficiente; ~**clothes** *npl* roupa de baixo, roupa íntima; ~**coat** *n* (*paint*) primeira mão *f*; ~**cover** *adj* secreto, clandestino; ~**current** *n* (*fig*) tendência; ~**cut** (*irreg*) *vt* (*person*) vender por menos que; ~**dog** *n* os mais fraco; ~**done** *adj* (*CULIN*) mal passado; ~**estimate** *vt* subestimar; ~**exposed** *adj* (*PHOT*) sem exposição suficiente; ~**fed** *adj* subnutrido; ~**foot** *adv* sob os pés; ~**go** (*irreg*) *vt* sofrer; (*test*) passar por; (*operation*, *treatment*) ser submetido a; ~**graduate** *n* universitário/a; ~**ground** *n* (*BRIT*) metrô *m* (*BR*), metro(-politano (*PT*); (*POL*) organização *f* clandestina ♦ *adj* subterrâneo; (*fig*) clandestino ♦ *adv* (*work*) embaixo da terra; (*fig*) na clandestinidade; ~**growth** *n* vegetação *f* rasteira; ~**hand(ed)** *adj* (*fig*) secreto e desonesto; ~**lie** (*irreg*) *vt* (*fig*) ser a base de; ~**line** *vt* sublinhar; ~**ling** (pej) n subalterno/a; ~**mine** vt minar, solapar; ~**neath** adv embaixo, debaixo, por baixo ♦ prep embaixo de (BR), debaixo de (PT); ~**paid** adj mal pago; ~**pants** (BRIT) npl cueca(s) f(pl) (BR), cuecas fpl (PT); ~**pass** (BRIT) n passagem f inferior; ~**privileged** adj menos favorecido; ~**rate** vt depreciar, subestimar; ~**shirt** (US) n camiseta; ~**shorts** (US) npl cueca (BR), cuecas fpl (PT); ~**side** n parte f inferior; ~**skirt** (BRIT) n anágua

understand [ʌndə'stænd] (irreg) vt entender, compreender ♦ vi: to ~ that acreditar que; ~**able** adj compreensível; ~**ing** adj compreensivo ♦ n compreensão f; (knowledge) entendimento; (agreement) acordo

understatement [ʌndə'steɪtmənt] n (quality) subestimação f; (euphemism) eufemismo; it's an ~ to say that ... é uma subestimação dizer que ...

understood [ʌndə'stud] pt, pp of **understand** ♦ adj entendido; (implied) subentendido, implícito

understudy ['ʌndəstʌdɪ] n ator m substituto/atriz f substituta

undertake [ʌndə'teɪk] (irreg: like take) vt incumbir-se de, encarregar-se de; to ~ to do sth comprometer-se a fazer algo

undertaker ['ʌndəteɪkə*] n agente m/f funerário/a

undertaking ['ʌndəteɪkɪŋ] n empreendimento; (promise) promessa

undertone ['ʌndətəun] n: in an ~ em meia voz

underwater [ʌndə'wɔːtə*] adv sob a água ♦ adj subaquático

underwear ['ʌndəwɛə*] n roupa de baixo, roupa íntima

underworld ['ʌndəwɜːld] n (of crime) submundo

underwriter ['ʌndəraɪtə*] n (INSURANCE) subscritor(a) m/f (que faz resseguro)

undies ['ʌndɪz] (inf) npl roupa de baixo, roupa íntima

undisputed [ʌndɪ'spjuːtɪd] adj incontestável

undo [ʌn'duː] (irreg: like do) vt (unfasten) desatar; (spoil) desmanchar

undoing [ʌn'duːɪŋ] n ruína, desgraça

undoubted [ʌn'dautɪd] adj indubitável

undoubtedly [ʌn'dautɪdlɪ] adv indubitavelmente

undress [ʌn'drɛs] vi despir-se, tirar a roupa

undue [ʌn'djuː] adj excessivo

undulating ['ʌndjuleɪtɪŋ] adj ondulante

unduly [ʌn'djuːlɪ] adv excessivamente

unearth [ʌn'ɜːθ] vt desenterrar; (fig) revelar

unearthly [ʌn'ɜːθlɪ] adj: at an ~ hour of the night na calada da noite

uneasy [ʌn'iːzɪ] adj (person) preocupado; (feeling) incómodo; (peace, truce) desconfortável

uneconomic(al) [ʌniːkə'nɔmɪk(l)] adj antieconómico

uneducated [ʌn'ɛdjukeɪtɪd] adj inculto, sem instrução, não escolarizado

unemployed [ʌnɪm'plɔɪd] adj desempregado ♦ npl: the ~ os desempregados

unemployment [ʌnɪm'plɔɪmənt] n desemprego

unending [ʌn'ɛndɪŋ] adj interminável

unerring [ʌn'ɜːrɪŋ] adj infalível

uneven [ʌn'iːvn] adj desigual; (road etc) irregular, acidentado

unexpected [ʌnɪk'spɛktɪd] adj inesperado; ~**ly** adv inesperadamente

unfailing [ʌn'feɪlɪŋ] adj inexaurível

unfair [ʌn'fɛə*] adj: ~ (to) injusto (com)

unfaithful [ʌn'feɪθful] adj infiel

unfamiliar [ʌnfə'mɪlɪə*] adj pouco familiar, desconhecido; to be ~ with sth não estar familiarizado com algo

unfashionable [ʌn'fæʃnəbl] adj fora da moda

unfasten [ʌn'fɑːsn] vt desatar; (open) abrir

unfavourable [ʌn'feɪvərəbl] (US unfavorable) adj desfavorável

unfeeling [ʌnˈfiːlɪŋ] adj insensível

unfinished [ʌnˈfɪnɪʃt] adj incompleto, inacabado

unfit [ʌnˈfɪt] adj sem preparo físico; (incompetent): ~ (for) incompetente (para), incapaz (de); ~ for work inapto para trabalhar

unfold [ʌnˈfəʊld] vt desdobrar ♦ vi (situation) desdobrar-se

unforeseen [ʌnfɔːˈsiːn] adj imprevisto

unfortunate [ʌnˈfɔːtʃənət] adj infeliz; (event, remark) inoportuno

unfounded [ʌnˈfaʊndɪd] adj infundado

unfriendly [ʌnˈfrɛndlɪ] adj antipático

ungainly [ʌnˈgeɪnlɪ] adj desalinhado

ungodly [ʌnˈgɒdlɪ] adj: at an ~ hour às altas horas da madrugada

ungrateful [ʌnˈgreɪtful] adj mal agradecido, ingrato

unhappiness [ʌnˈhæpɪnɪs] n infelicidade f

unhappy [ʌnˈhæpɪ] adj triste; (unfortunate) desventurado; (childhood) infeliz; (dissatisfied): ~ with descontente com, insatisfeito com

unharmed [ʌnˈhɑːmd] adj ileso

unhealthy [ʌnˈhɛlθɪ] adj insalubre; (person) doentio; (fig) anormal

unheard-of [ʌnˈhɜːd-] adj insólito

unhurt [ʌnˈhɜːt] adj ileso

uniform [ˈjuːnɪfɔːm] n uniforme m ♦ adj uniforme

unify [ˈjuːnɪfaɪ] vt unificar, unir

uninhabited [ʌnɪnˈhæbɪtd] adj inabitado

unintentional [ʌnɪnˈtɛnʃənəl] adj involuntário, não intencional

union [ˈjuːnjən] n união f; (also: trade ~) sindicato (de trabalhadores) ♦ cpd sindical; U~ Jack n bandeira britânica

unique [juːˈniːk] adj único, sem par

unison [ˈjuːnɪsn] n: in ~ em harmonia, em unissono

unit [ˈjuːnɪt] n unidade f; (of furniture etc) seção f; (team, squad) equipe f; **kitchen ~** armário de cozinha

unite [juːˈnaɪt] vt unir ♦ vi unir-se; ~d adj unido; (effort) conjunto; **U~d Kingdom** n Reino Unido; **U~d Nations (Organization)** n (Organização f das) Nações fpl Unidas; **U~d States (of America)** n Estados Unidos mpl (da América)

unit trust (BRIT) n (COMM) fundo de investimento

unity [ˈjuːnɪtɪ] n unidade f

universal [juːnɪˈvɜːsl] adj universal

universe [ˈjuːnɪvɜːs] n universo

university [juːnɪˈvɜːsɪtɪ] n universidade f

unjust [ʌnˈdʒʌst] adj injusto

unkempt [ʌnˈkɛmpt] adj desleixado, descuidado; (hair) despenteado; (beard) mal tratado

unkind [ʌnˈkaɪnd] adj maldoso; (comment etc) cruel

unknown [ʌnˈnəʊn] adj desconhecido

unlawful [ʌnˈlɔːful] adj ilegal

unleaded [ʌnˈlɛdɪd] adj (petrol, fuel) sem chumbo

unleash [ʌnˈliːʃ] vt (fig) desencadear

unless [ʌnˈlɛs] conj a menos que, a não ser que; ~ he comes a menos que ele venha

unlike [ʌnˈlaɪk] adj diferente ♦ prep diferentemente de, ao contrário de

unlikely [ʌnˈlaɪklɪ] adj (not likely) improvável; (unexpected) inesperado

unlisted [ʌnˈlɪstɪd] (US) adj (TEL) que não consta da lista telefônica

unload [ʌnˈləʊd] vt descarregar

unlock [ʌnˈlɔk] vt destrancar

unlucky [ʌnˈlʌkɪ] adj infeliz; (object, number) de mau agouro; **to be ~** ser azarado, ter azar

unmarried [ʌnˈmærɪd] adj solteiro

unmistak(e)able [ʌnmɪsˈteɪkəbl] adj inconfundível

unmitigated [ʌnˈmɪtɪgeɪtɪd] adj não mitigado, absoluto

unnatural [ʌnˈnætʃrəl] adj antinatural, artificial; (manner) afetado; (habit) depravado

unnecessary [ʌnˈnɛsəsərɪ] adj desnecessário, inútil

unnoticed [ʌnˈnəutɪst] adj: (to go or pass ~ (passar) despercebido

UNO [ˈjuːnəu] n abbr (= United Nations Organization) ONU f

unobtainable [ʌnəbˈteɪnəbl] adj inacessível; (TEL) ocupado

unobtrusive [ʌnəbˈtruːsɪv] adj discreto

unofficial [ʌnəˈfɪʃl] adj não-oficial, informal; (strike) desautorizado

unorthodox [ʌnˈɔːθədɔks] adj pouco ortodoxo, heterodoxo

unpack [ʌnˈpæk] vi desembrulhar ♦ vt desfazer

unpalatable [ʌnˈpælətəbl] adj desagradável

unparalleled [ʌnˈpærəleld] adj sem paralelo

unpleasant [ʌnˈpleznt] adj desagradável; (person, manner) antipático

unplug [ʌnˈplʌg] vt desligar

unpopular [ʌnˈpɔpjulə*] adj impopular

unprecedented [ʌnˈpresɪdəntɪd] adj sem precedentes

unpredictable [ʌnprɪˈdɪktəbl] adj imprevisível

unprofessional [ʌnprəˈfeʃənl] adj (conduct) pouco profissional

unravel [ʌnˈrævl] vt desemaranhar; (mystery) desvendar

unreal [ʌnˈrɪəl] adj irreal, ilusório; (extraordinary) extraordinário

unrealistic [ʌnrɪəˈlɪstɪk] adj pouco realista

unreasonable [ʌnˈriːznəbl] adj insensato; (demand) absurdo

unrelated [ʌnrɪˈleɪtɪd] adj sem relação; (family) sem parentesco

unrelenting [ʌnrɪˈlentɪŋ] adj implacável

unreliable [ʌnrɪˈlaɪəbl] adj (person) indigno de confiança; (machine) incerto, perigoso

unremitting [ʌnrɪˈmɪtɪŋ] adj constante, incessante

unreservedly [ʌnrɪˈzəːvɪdlɪ] adv sem reserva, francamente

unrest [ʌnˈrest] n inquietação f, desassossego; (POL) distúrbios mpl

unroll [ʌnˈrəul] vt desenrolar

unruly [ʌnˈruːlɪ] adj indisciplinado; (hair) desalinhado

unsafe [ʌnˈseɪf] adj perigoso

unsaid [ʌnˈsed] adj: to leave sth ~ deixar algo por dizer

unsatisfactory [ʌnsætɪsˈfæktərɪ] adj insatisfatório

unsavoury [ʌnˈseɪvərɪ] (US unsavory) adj (fig) repugnante, vil

unscathed [ʌnˈskeɪðd] adj ileso

unscrew [ʌnˈskruː] vt desparafusar

unscrupulous [ʌnˈskruːpjuləs] adj inescrupuloso, imoral

unsettled [ʌnˈsetld] adj (weather) instável; (person) inquieto

unshaven [ʌnˈʃeɪvn] adj com a barba por fazer

unsightly [ʌnˈsaɪtlɪ] adj feio, disforme

unskilled [ʌnˈskɪld] adj não-especializado

unspeakable [ʌnˈspiːkəbl] adj indescritível; (awful) inqualificável

unstable [ʌnˈsteɪbl] adj em falso; (mentally) instável

unsteady [ʌnˈstedɪ] adj trêmulo; (ladder) em falso

unstuck [ʌnˈstʌk] adj: to come ~ despregar-se; (fig) fracassar

unsuccessful [ʌnsəkˈsesful] adj (attempt) frustrado, vão/vã; (writer, proposal) sem êxito; to be ~ (in attempting sth) não conseguir; (application) ser recusado; ~ly adv em vão, debalde

unsuitable [ʌnˈsuːtəbl] adj inadequado; (time) inconveniente

unsure [ʌnˈʃuə*] adj inseguro, incerto; to be ~ of o.s. não ser seguro de si

unsuspecting [ʌnsəˈspektɪŋ] adj confiante, insuspeitado

unsympathetic [ʌnsɪmpəˈθetɪk] adj insensível; (unlikeable) antipático

untapped [ʌnˈtæpt] adj inexplorado

unthinkable [ʌnˈθɪŋkəbl] adj impensável, inconcebível, incalculável

untidy [ʌnˈtaɪdɪ] adj (room) desarrumado, desleixado; (appearance) desmazelado, desalinhado

untie [ʌn'taɪ] vt desatar, desfazer; (dog, prisoner) soltar

until [ən'tɪl] prep até ♦ conj até que; ~ he comes até que ele venha; ~ now até agora; ~ then até então

untimely [ʌn'taɪmlɪ] adj inoportuno, intempestivo; (death) prematuro

untold [ʌn'təʊld] adj (story) inédito; (suffering) incalculável; (joy, wealth) inestimável

untoward [ʌntə'wɔːd] adj desfavorável, inconveniente

unused¹ [ʌn'juːzd] adj novo, sem uso

unused² [ʌn'juːst] adj: to be ~ to sth/to doing sth não estar acostumado com algo/a fazer algo

unusual [ʌn'juːʒəl] adj (strange) estranho; (rare) incomum; (exceptional) extraordinário

unveil [ʌn'veɪl] vt desvelar, descobrir

unwanted [ʌn'wɔntɪd] adj não desejado, indesejável

unwavering [ʌn'weɪvərɪŋ] adj firme

unwelcome [ʌn'welkəm] adj (guest) inoportuno; (news) desagradável

unwell [ʌn'wel] adj: to be ~ estar doente; to feel ~ estar indisposto

unwieldy [ʌn'wiːldɪ] adj difícil de manejar, pesado

unwilling [ʌn'wɪlɪŋ] adj: to be ~ to do sth relutar em fazer algo, não querer fazer algo; ~ly adv de má vontade

unwind [ʌn'waɪnd] (irreg) vt desenrolar ♦ vi (relax) relaxar-se

unwise [ʌn'waɪz] adj imprudente

unwitting [ʌn'wɪtɪŋ] adj inconsciente, involuntário

unworkable [ʌn'wəːkəbl] adj (plan etc) inviável, inexequível

unworthy [ʌn'wəːðɪ] adj indigno

unwrap [ʌn'ræp] vt desembrulhar

unwritten [ʌn'rɪtən] adj (agreement) tácito

up [ʌp] prep: to go/be ~ sth subir algo/estar em cima de algo; we climbed/walked ~ the hill nós subimos/andamos até em cima da colina; they live further ~ the street eles moram mais adiante nesta rua ♦ adv 1 (upwards, higher) em cima, para cima; ~ in the sky/the mountains lá no céu/nas montanhas; ~ there lá em cima; ~ above em cima

2: to be ~ (out of bed) estar de pé; (prices, level) estar elevado; (building, tent) estar erguido

3: ~ to (as far as) até; ~ to now até agora

4: to be ~ to (depending on): it is ~ to you você é quem sabe, você decide

5: to be ~ to (equal to) estar à altura de; he's not ~ to it (job, task etc) ele não é capaz de fazê-lo; his work is not ~ to the required standard seu trabalho não atende aos padrões exigidos

6: to be ~ to (inf: be doing) estar fazendo (BR) or a fazer (PT); what is he ~ to? o que ele está querendo?, o que ele está tramando?

♦ n: ~s and downs altos mpl e baixos mpl

upbringing ['ʌpbrɪŋɪŋ] n educação f, criação f

update [ʌp'deɪt] vt atualizar, pôr em dia

upgrade [ʌp'greɪd] vt (person) promover; (job) melhorar; (house) reformar

upheaval [ʌp'hiːvl] n transtorno, (wrest) convulsão f

uphill [ʌp'hɪl] adj ladeira acima; (fig: task) trabalhoso, árduo ♦ adv: to go ~ ir morro acima; (face, look) para cima

uphold [ʌp'həʊld] (irreg: like hold) vt defender, preservar

upholstery [ʌp'həʊlstərɪ] n estofamento

upkeep [ˈʌpkiːp] n manutenção f

upon [əˈpɔn] prep sobre

upper [ˈʌpəʳ] adj superior, de cima ♦ n (of shoe) gáspea, parte f superior; ~**class** adj de classe alta; ~ **hand** n: to have the ~ hand ter controle or domínio; ~**most** adj mais elevado; what was ~**most in my mind** o que me preocupava mais

upright [ˈʌpraɪt] adj vertical; (straight) reto; (fig) honesto

uprising [ˈʌpraɪzɪŋ] n revolta, rebelião f, sublevação f

uproar [ˈʌprɔːʳ] n tumulto, algazarra f

uproot [ʌpˈruːt] vt (tree) arrancar; (fig) desarraigar

upset [n ˈʌpset, vt, adj ʌpˈset] (irreg: like set) n (to plan etc) revés m, reviravolta; (stomach ~) indisposição f ♦ vt (glass etc) virar; (plan) perturbar; (person: annoy) aborrecer ♦ adj (sad) aflito; (stomach) indisposto

upshot [ˈʌpʃɔt] n resultado, conclusão f

upside down [ˈʌpsaɪd-] adv de cabeça para baixo; **to turn a place** ~ (fig) deixar um lugar de cabeça para baixo

upstairs [ʌpˈsteəz] adv (be) em cima; (go) lá em cima ♦ adj (room) de cima ♦ n andar m de cima

upstart [ˈʌpstɑːt] (pej) n novo-rico, pessoa sem classe

upstream [ʌpˈstriːm] adv rio acima

uptake [ˈʌpteɪk] n: **he is quick on the** ~ ele vê longe; **he is slow on the** ~ ele tem raciocínio lento

uptight [ʌpˈtaɪt] (inf) adj nervoso

up-to-date adj (person) moderno, atualizado; (information) atualizado

upturn [ˈʌptɜːn] n (in luck) virada; (in economy) retomada

upward [ˈʌpwəd] adj ascendente, para cima; ~**(s)** adv para cima; (more than:) ~ **(s) of** para cima de

urban [ˈəːbən] adj urbano, da cidade

urbane [əːˈbeɪn] adj gentil, urbano

urchin [ˈəːtʃɪn] (pej) n moleque m, criança maltrapilha

urge [əːdʒ] n desejo ♦ vt: **to** ~ **sb to do sth** incitar alguém a fazer algo

urgent [ˈəːdʒənt] adj urgente; (tone, plea) insistente

urinal [juəˈraɪnl] (BRIT) n (vessel) urinol m; (building) mictório

urinate [ˈjuərɪneɪt] vi urinar, mijar

urine [ˈjuərɪn] n urina

urn [əːn] n urna; (also: **tea** ~) samovar m

Uruguay [ˈuərəgwaɪ] n Uruguai m

us [ʌs] pron nos; (after prep) nós; see also **me**

US(A) n abbr (= United States (of America)) EUA mpl

usage [ˈjuːzɪdʒ] n uso

use [n juːs, vt juːz] n uso, emprego; (usefulness) utilidade f ♦ vt usar, utilizar; (phrase) empregar; **in** ~ em uso; **out of** ~ fora de uso; **to be of** ~ ser útil; **it's no** ~ (pointless) inútil; (not useful) não serve; **to be** ~**d to** estar acostumado a; **she** ~**d to do it** ela costumava fazê-lo; ~ **up** vt esgotar, consumir; (money) gastar; ~**d** adj usado; ~**ful** adj útil; ~**fulness** n utilidade f; ~**less** adj (person) incapaz; ~**r** n usuário/a (BR), utente m/f (PT); ~**r-friendly** adj de fácil utilização

usher [ˈʌʃəʳ] n (at wedding) oficial m de justiça; ~**ette** n (in cinema) lanterninha (BR), arrumadora (PT)

USSR n abbr (= Union of Soviet Socialist Republics) URSS f

usual [ˈjuːʒuəl] adj usual, habitual; **as** ~ como de hábito, como sempre; ~**ly** adv normalmente

utensil [juːˈtɛnsl] n utensílio

utility [juːˈtɪlɪtɪ] n utilidade f; (public ~) utilidade pública; ~ **room** n área de serviço

utmost [ˈʌtməust] adj maior ♦ n: **to do one's** ~ fazer todo o possível

utter [ˈʌtəʳ] adj total ♦ vt (sounds) emitir; (words) proferir, pronunciar; ~**ance** n declaração f; ~**ly** adv completamente, totalmente

U-turn n retorno

V

v *abbr* = **verse**; (= *vide: see*) vide; (= *versus*) x; (= *volt*) v

vacancy ['veɪkənsɪ] *n* (*BRIT: job*) vaga; (*room*) quarto livre

vacant ['veɪkənt] *adj* desocupado, livre; (*expression*) distraído; ~ **lot** *n* terreno vago; (*uncultivated*) terreno baldio

vacate [və'keɪt] *vt* (*house*) desocupar; (*job*) deixar

vacation [və'keɪʃən] *n* (*esp US*) férias *fpl*

vaccinate ['væksɪneɪt] *vt* vacinar

vacuum ['vækjum] *n* vácuo *m*; ~ **cleaner** *n* aspirador *m* de pó

vagina [və'dʒaɪnə] *n* vagina

vagrant ['veɪgrənt] *n* vagabundo/a, vadio/a

vague [veɪg] *adj* vago; (*blurred: memory*) fraco; ~**ly** *adv* vagamente

vain [veɪn] *adj* vaidoso; (*useless*) vão/vã, inútil; **in** ~ em vão

valentine ['væləntaɪn] *n* (*also*: ~ **card**) cartão *m* do Dia dos Namorados; (*person*) namorado

valet ['vælɪt] *n* criado pessoal; (*in hotel*) camareiro

valiant ['væliənt] *adj* corajoso

valid ['vælɪd] *adj* válido

valley ['vælɪ] *n* vale *m*

valour ['vælə] (*US* **valor**) *n* valor *m*, valentia

valuable ['væljuəbl] *adj* (*jewel*) de valor; (*time*) valioso; (*help*) precioso; ~**s** *npl* objetos *mpl* de valor

valuation [vælju'eɪʃən] *n* avaliação *f*; (*of quality*) apreciação *f*

value ['vælju:] *n* valor *m*; (*importance*) importância ♦ *vt* (*fix price of*) avaliar; (*appreciate*) valorizar, estimar; ~**s** *npl* (*principles*) valores *mpl*; ~ **added tax** (*BRIT*) *n* imposto sobre a circulação de mercadorias (*BR*), imposto sobre valor acrescentado (*PT*); ~**d** *adj* (*appreciated*) valorizado

valve [vælv] *n* válvula

van [væn] *n* (*AUT*) camionete *f* (*BR*), camioneta (*PT*)

vandal ['vændl] *n* vândalo/a; ~**ize** *vt* destruir, depredar

vanguard ['vænɡɑːd] *n*: **in the** ~ **of** na vanguarda de

vanilla [və'nɪlə] *n* baunilha

vanish ['vænɪʃ] *vi* desaparecer, sumir

vanity ['vænɪtɪ] *n* vaidade *f*

vantage point ['vɑːntɪdʒ-] *n* posição *f* estratégica

vapour ['veɪpə] (*US* **vapor**) *n* vapor *m*

variance ['vɛərɪəns] *n*: **to be at** ~ (**with**) estar em desacordo (com)

variation [vɛərɪ'eɪʃən] *n* variação *f*; (*variant*) variante *f*

varicose ['værɪkəus] *adj*: ~ **veins** varizes *fpl*

variety [və'raɪətɪ] *n* variedade *f*, diversidade *f*; (*type, quantity*) variedade; ~ **show** *n* espetáculo de variedades

various ['vɛərɪəs] *adj* vários/as, diversos/as; (*several*) vários/as

varnish ['vɑːnɪʃ] *n* verniz *m*; (*nail ~*) esmalte *m* ♦ *vt* envernizar, pintar (com esmalte)

vary ['vɛərɪ] *vt* mudar ♦ *vi* variar; (*become different*): **to** ~ **with** variar de acordo com

vase [vɑːz] *n* vaso

vaseline ['væsɪliːn] ® *n* vaselina ®

vast [vɑːst] *adj* enorme

VAT [væt] (*BRIT*) *n abbr* (= *value added tax*) ≈ ICM *m* (*BR*), IVA *m* (*PT*)

vat [væt] *n* tina, cuba

Vatican ['vætɪkən] *n*: **the** ~ o Vaticano

vault [vɔːlt] *n* (*of roof*) abóbada; (*tomb*) sepulcro; (*in bank*) caixaforte ♦ *vt* (*also*: ~ **over**) saltar (por cima de)

vaunted ['vɔːntɪd] *adj*: **much-**~ tão alardeado

VCR *n abbr* = **video cassette recorder**

VD n abbr = venereal disease

VDU n abbr = visual display unit

veal [viːl] n carne f de vitela

veer [vɪə*] vi virar

vegetable ['vedʒtəbl] n (BOT) vegetal m; (edible plant) legume m, hortaliça ♦ adj vegetal

vegetarian [vedʒɪ'tɛərɪən] adj, n vegetariano/a

vehement ['viːɪmənt] adj veemente; (attack) violento

vehicle ['viːɪkl] n veículo

veil [veɪl] n véu m ♦ vt velar

vein [veɪn] n veia; (of ore etc) filão m; (on leaf) nervura

velvet ['velvɪt] n veludo ♦ adj aveludado

vending machine ['vendɪŋ-] n vendedor m automático

vendor ['vendə*] n vendedor(a) m/f

veneer [və'nɪə*] n (wood) compensado; (fig) aparência

venereal [vɪ'nɪərɪəl] adj: ~ disease doença venérea

Venetian blind [vɪ'niːʃən-] n persiana

Venezuela [vɛnɛ'zweɪlə] n Venezuela

vengeance ['vendʒəns] n vingança; with a ~ (fig) para valer

venison ['venɪsn] n carne f de veado

venom ['venəm] n veneno; (bitterness) malevolência; ~ous adj venenoso; (look, stare) malévolo

vent [vent] n (in jacket) abertura; (also: air ~) respiradouro ♦ vt (fig: feelings) desabafar, descarregar

ventilate ['ventɪleɪt] vt ventilar

ventriloquist [ven'trɪləkwɪst] n ventríloquo

venture ['ventʃə*] n empreendimento ♦ vt (opinion) arriscar ♦ vi arriscar-se; business ~ empreendimento comercial

venue ['venjuː] n local m

verb [vəːb] n verbo

verbatim [vəː'beɪtɪm] adj, adv palavra por palavra

verbose [vəː'bəus] adj prolixo

verdict ['vəːdɪkt] n veredicto, decisão f; (fig) opinião f, parecer m

verge [vəːdʒ] n beira, margem f; (on road) acostamento (BR), berma (PT); "soft ~s" (BRIT: AUT) "acostamento mole"; to be on the ~ of doing sth estar a ponto or à beira de fazer algo; ~ on vt fus beirar em

veritable ['verɪtəbl] adj verdadeiro

vermin ['vəːmɪn] npl (animals) bichos mpl; (insects) insetos mpl nocivos

vermouth ['vəːməθ] n vermute m

versatile ['vəːsətaɪl] adj (person) versátil; (machine, tool etc) polivalente

verse [vəːs] n verso, poesia; (stanza) estrofe f; (in bible) versículo

versed [vəːst] adj: (well-)~ in versado em

version ['vəːʃən] n versão f

versus ['vəːsəs] prep contra, versus

vertical ['vəːtɪkl] adj vertical

vertigo ['vəːtɪgəu] n vertigem f

verve [vəːv] n garra, pique m

very ['verɪ] adv muito ♦ adj: the ~ book which o mesmo livro que; the ~ last o último (de todos), bem o último; at the ~ least no mínimo; ~ much muitíssimo

vessel ['vesl] n (NAUT) navio, barco; (container) vaso, vasilha

vest [vest] n (BRIT) camiseta (BR), camisola interior (PT); (US: waistcoat) colete m

vested interests ['vestɪd-] npl (COMM) direitos mpl adquiridos

vet [vet] n abbr (= veterinary surgeon) veterinário/a ♦ vt examinar

veteran ['vetərn] n (also: war ~) veterano de guerra

veterinary ['vetrɪnərɪ] adj veterinário; ~ surgeon n veterinário/a

veto ['viːtəu] (pl ~es) n veto ♦ vt vetar

vex [veks] vt irritar, apoquentar; ~ed adj (question) controvertido, discutido

via [vaɪə] prep por, via

vibrant ['vaɪbrənt] adj (lively) entusiasmado; (colour) vibrante; (voice) ressonante

vibrate ['vaɪbreɪt] vi vibrar
vicar ['vɪkə*] n vigário; ~**age** n vicariato
vicarious [vɪ'kɛərɪəs] adj indireto
vice [vaɪs] n (evil) vício; (TECH) torno mecânico
vice- [vaɪs] prefix vice-
vice squad n delegacia de costumes
vice versa ['vaɪsɪ'vɜːsə] adv vice-versa
vicinity [vɪ'sɪnɪtɪ] n: **in the ~ of** nas proximidades de
vicious ['vɪʃəs] adj violento; (cruel) cruel; ~ **circle** n círculo vicioso
victim ['vɪktɪm] n vítima f; ~**ize** vt fazer represália contra
victor ['vɪktə*] n vencedor(a) m/f
Victorian [vɪk'tɔːrɪən] adj vitoriano
victory ['vɪktərɪ] n vitória
video ['vɪdɪəʊ] n (~ film) vídeo; (also: ~ cassette) videocassete m; (also: ~ cassette recorder) videocassete m; ~ **tape** n videoteipe m; (cassette) videocassete m
vie [vaɪ] vi: **to ~ (with sb) (for sth)** competir (com alguém) (por algo)
Vienna [vɪ'enə] n Viena
Vietnam ['vjɛt'næm] n Vietnã m; ~**ese** adj vietnamita ♦ n inv vietnamita m/f; (LING) vietnamita m
view [vjuː] n vista; (outlook) perspectiva; (opinion) opinião f, parecer m ♦ vt olhar; in **full ~** (of) à plena vista (de); in **my ~** na minha opinião; in ~ **of the weather/the fact that** em vista do tempo/do fato de que; ~**er** n telespectador(a) m/f; ~**finder** n visor m; ~**point** n ponto de vista; (place) lugar m
vigil ['vɪdʒɪl] n vigília
vigorous ['vɪgərəs] adj vigoroso; (plant) vigoso
vigour ['vɪgə*] (US **vigor**) n energia, vigor m
vile [vaɪl] adj vil, infame; (smell) repugnante, repulsivo; (temper) violento
villa ['vɪlə] n (country house) casa de campo; (suburban house) vila, quinta

village ['vɪlɪdʒ] n aldeia, povoado; ~**r** n aldeão/aldeã m/f
villain ['vɪlən] n (scoundrel) patife m; (in novel etc) vilão m; (BRIT: criminal) marginal m/f
vindicate ['vɪndɪkeɪt] vt vingar; (justify) justificar
vindictive [vɪn'dɪktɪv] adj vingativo
vine [vaɪn] n planta trepadeira
vinegar ['vɪnɪgə*] n vinagre m
vineyard ['vɪnjɑːd] n vinha, vinhedo
vintage ['vɪntɪdʒ] n vindima; (year) safra, colheita ♦ cpd (comedy) de época; (performance) clássico; the 1970 = a safra de 1970; ~ **car** n carro antigo; ~ **wine** n vinho velho
vinyl ['vaɪnl] n vinil m
viola [vɪ'əʊlə] n viola
violate ['vaɪəleɪt] vt violar
violence ['vaɪələns] n violência; (strength) força
violent ['vaɪələnt] adj violento; (intense) intenso
violet ['vaɪələt] adj violeta ♦ n violeta
violin [vaɪə'lɪn] n violino; ~**ist** n violinista m/f
VIP n abbr (= very important person) VIP m/f
viper ['vaɪpə*] n víbora
virgin ['vɜːdʒɪn] n virgem m/f ♦ adj virgem; ~**ity** n virgindade f
Virgo ['vɜːgəʊ] n Virgem f
virtually ['vɜːtjʊəlɪ] adv praticamente
virtue ['vɜːtjuː] n virtude f; (advantage) vantagem f; **by ~ of** em virtude de
virtuous ['vɜːtjʊəs] adj virtuoso
virus ['vaɪərəs] n vírus m
visa ['viːzə] n visto
vis-à-vis [viːzə'viː] prep com relação a
visible ['vɪzəbl] adj visível
vision ['vɪʒən] n (sight) vista, visão f; (foresight, in dream) visão f
visit ['vɪzɪt] n visita ♦ vt (person: US: also: ~ **with**) visitar, fazer uma visita a; (place) ir a, ir conhecer; ~**ing hours** npl horário de visita;

~**or** n visitante m/f; (to one's house) visita; (tourist) turista m/f

visor ['vaɪzə*] n viseira f

visual ['vɪzjuəl] adj visual; ~ **aid** n recurso visual; ~ **display unit** n terminal m de vídeo; ~**ize** vt visualizar

vital ['vaɪtl] adj essencial, indispensável; (important) de importância vital; (crucial) crucial; (person) vivo; (of life) vital; ~**ly** adv: ~**ly** important de importância vital; ~ **statistics** npl (fig) medidas fpl

vitamin ['vɪtəmɪn] n vitamina

vivacious [vɪ'veɪʃəs] adj vivaz, animado

vivid ['vɪvɪd] adj (account) vívido; (light) claro, brilhante; (imagination, colour) vivo; ~**ly** adv vividamente; (remember) distintamente

V-neck n: ~ **jumper**, ~ **pullover** suéter f com decote em V

vocabulary [vəu'kæbjuləri] n vocabulário

vocal ['vəukl] adj vocal; (noisy) clamoroso; (articulate) claro, eloquente; ~ **cords** npl cordas fpl vocais

vocation [vəu'keɪʃən] n vocação f; ~**al** adj: ~**al** guidance/training orientação f vocacional/ensino profissionalizante

vociferous [və'sɪfərəs] adj vociferante

vodka ['vɔdkə] n vodca

vogue [vəug] n voga, moda; to be in ~ estar na moda

voice [vɔɪs] n voz f ♦ vt expressar

void [vɔɪd] n vazio; (hole) oco ♦ adj nulo; (empty): ~ of destituído de

volatile ['vɔlətaɪl] adj volátil; (situation, person) imprevisível

volcano [vɔl'keɪnəu] (pl ~es) n vulcão m

volition [və'lɪʃən] n: of one's own ~ de livre vontade

volley ['vɔlɪ] n (of gunfire) descarga, salva; (of stones etc) chuva; (of questions etc) enxurrada, chuva; (TENNIS etc) voleio; ~**ball** n voleibol m, vôlei m (BR)

volt [vəult] n volt m

voluble ['vɔljubl] adj (person) tagarela; (speech) loquaz

volume ['vɔljuːm] n volume m; (of tank) capacidade f

voluntarily ['vɔləntrɪlɪ] adv livremente, voluntariamente

voluntary ['vɔləntəri] adj voluntário; (unpaid) (a título) gratuito

volunteer [vɔlən'tɪə*] n voluntário/a ♦ vt oferecer voluntariamente ♦ vi (MIL) alistar-se voluntariamente; to ~ to do oferecer-se voluntariamente para fazer

vomit ['vɔmɪt] n vômito ♦ vt, vi vomitar

vote [vəut] n voto; (votes cast) votação f; (right to ~) direito de votar ♦ vt: to be ~d chairman etc ser eleito presidente etc; (propose): to ~ that propor que; (in election) votar ♦ vi votar; ~ **of thanks** n agradecimento; ~**r** n votante m/f, eleitor(a) m/f; **voting** n votação f

voucher ['vautʃə*] n (also: luncheon ~) vale-refeição m; (with petrol etc) vale m; (gift ~) vale m para presente

vouch for [vautʃ-] vt fus garantir, responder por

vow [vau] n voto ♦ vt: to ~ to do/ that prometer solenemente fazer/que

vowel ['vauəl] n vogal f

voyage ['vɔɪdʒ] n viagem f

V-sign (BRIT) n gesto grosseiro; to give a ~ to sb ~ dar uma banana para alguém

vulgar ['vʌlgə*] adj grosseiro, ordinário; (in bad taste) vulgar, baixo

vulture ['vʌltʃə*] n abutre m, urubu m

W

wad [wɔd] n (of cotton wool) chumaço; (of paper) bola; (of banknotes etc) maço

waddle ['wɔdl] vi andar gingando or bamboleando

wade [weɪd] vi: to ~ **through** andar em; (fig: a book) ler com dificuldade

wafer ['weɪfə*] n (biscuit) bolacha

waffle ['wɒfl] n (CULIN) waffle m; (empty talk) lengalenga ♦ vi encher linguiça

waft [wɒft] vt levar ♦ vi flutuar

wag [wæg] vt (tail) sacudir; (finger) menear ♦ vi abanar

wage [weɪdʒ] n (also: ~s) salário, ordenado ♦ vt: to ~ **war** empreender or fazer guerra; ~ **earner** n assalariado/a; ~ **packet** (BRIT) n envelope m de pagamento

wager ['weɪdʒə*] n aposta, parada

waggle ['wægl] vt mover

wag(g)on ['wægən] n (horse-drawn) carroça; (BRIT: RAIL) vagão m

wail [weɪl] n lamento, gemido ♦ vi lamentar-se, gemer; (siren) tocar

waist [weɪst] n cintura; ~**coat** n colete m; ~**line** n cintura

wait [weɪt] n espera ♦ vi esperar; I can't ~ to (fig) estou morrendo de vontade de; to ~ **for** sb/sth esperar por alguém/algo; ~ **behind** vi ficar para trás; ~ **on** vt fus servir; ~**er** n garçom m (BR), empregado (PT); ~**ing** n: "no ~**ing**" (BRIT: AUT) "proibido estacionar"; ~**ing list** n lista de espera; ~**ing room** n sala de espera; ~**ress** n garçonete f (BR), empregada (PT)

waive [weɪv] vt abrir mão de

wake [weɪk] (pt **woke** or ~d, pp **woken** or ~d) vt (also: ~ **up**) acordar ♦ vi acordar ♦ n (for dead person) velório; (NAUT) esteira; ~**n** vt, vi = **wake**

Wales [weɪlz] n País m de Gales

walk [wɔːk] n passeio; (hike) excursão f a pé, caminhada; (gait) passo, modo de andar; (in park etc) alameda, passeio ♦ vi andar; (for pleasure, exercise) passear ♦ vt (distance) percorrer a pé, andar; (dog) levar para passear; it's 10 minutes' ~ **from here** daqui são 10 minutos a pé; **people from all** ~**s of life** pessoas de todos os níveis; ~ **out** vi

sair; (audience) retirar-se (em protesto); (strike) entrar em greve; ~ **out on** vt fus abandonar; ~**er** n (person) caminhante m/f; ~**ie-talkie** n transmissor-receptor m portátil, walkie-talkie m; ~**ing** n o andar; ~**ing shoes** npl sapatos mpl para caminhar; ~**ing stick** n bengala; ~**out** n (of workers) greve f branca; ~**over** (inf) n barbada; ~**way** n passeio, passadiço

wall [wɔːl] n parede f; (exterior) muro; (city ~ etc) muralha; ~**ed** adj (city) cercado por muralhas; (garden) murado, cercado

wallet ['wɒlɪt] n carteira

wallflower ['wɔːlflauə*] n goivo-amarelo; to be a ~ (fig) tomar chá de cadeira

wallop ['wɒləp] (BRIT: inf) vt surrar, espancar

wallow ['wɒləu] vi (in mud) chafurdar; (in water) rolar; (person: in guilt) regalar-se

wallpaper ['wɔːlpeɪpə*] n papel m de parede ♦ vt colocar papel de parede em

wally ['wɒlɪ] (inf) n mané m, boboca m

walnut ['wɔːlnʌt] n noz f; (tree, wood) nogueira

walrus ['wɔːlrəs] (pl inv or ~es) n morsa, vaca marinha

waltz [wɔːlts] n valsa ♦ vi valsar

wan [wɒn] adj pálido; (smile) amarelo

wand [wɒnd] n (also: **magic** ~) varinha de condão

wander ['wɒndə*] vi (person) vagar, perambular; (thoughts) divagar ♦ vt perambular

wane [weɪn] vi diminuir; (moon) minguar

wangle ['wæŋgl] (BRIT: inf) vt: to ~ **sth** conseguir algo através de pistolão

want [wɒnt] vt querer; (demand) exigir; (need) precisar de, necessitar; ~**s** npl (needs) necessidades fpl; to ~ **sb** to **do sth** querer que alguém faça algo; **~ed** adj (criminal etc) procurado (pela polícia); **"cook ~ed"** (in advertisement) "precisa-se cozinheiro"; **~ing** adj: to be found **~ing** não estar à altura da situação

wanton ['wɔntən] adj gratuito, irresponsável; (licentious) libertino, lascivo

war [wɔː⁺] n guerra; to make **~ (on)** fazer guerra (contra)

ward [wɔːd] n (in hospital) ala; (POL) distrito eleitoral; (LAW: child) tutelado/a, pupilo/a; **~ off** vt desviar, aparar; (attack) repelir

warden ['wɔːdn] n (BRIT: of institution) diretor(a) m/f; (of park, youth hostel) administrador(a) m/f; (BRIT: also: **traffic ~**) guarda m/f

warder ['wɔːdə⁺] (BRIT) n carcereiro/a

wardrobe ['wɔːdrəub] n guarda-roupa m; (CINEMA, THEATRE) figurinos mpl

warehouse ['wɛəhaus] n armazém m, depósito

wares [wɛəz] npl mercadorias fpl

warfare ['wɔːfɛə⁺] n guerra, combate m

warhead ['wɔːhɛd] n ogiva

warily ['wɛərili] adv cautelosamente, com precaução

warlike ['wɔːlaik] adj (nation) guerreiro, bélico; (appearance) belicoso

warm [wɔːm] adj quente; (thanks, welcome) caloroso; it's **~** está quente; I'm **~** estou com calor; **~ up** vt, vi esquentar; **~-hearted** adj afetuoso; **~ly** adv (applaud, welcome) calorosamente; (dress): to dress **~ly** vestir-se com roupas de inverno; **~th** n calor m; (friendliness) calor humano

warn [wɔːn] vt prevenir, avisar; to **~ sb that/of/(not) to do** prevenir alguém de que/de/para (não) fazer

warning ['wɔːniŋ] n advertência; (in writing) aviso; (signal) sinal m

warp [wɔːp] vt deformar ♦ vi empenar, deformar-se

warrant ['wɔrnt] n (voucher) com-

provante m; (LAW: to arrest) mandado de prisão; (: to search) mandado de busca; **~y** n garantia

warren ['wɔrən] n (of rabbits) lura; (fig) labirinto

warrior ['wɔriə⁺] n guerreiro/a

Warsaw ['wɔːsɔː] n Varsóvia

warship ['wɔːʃip] n navio de guerra

wart [wɔːt] n verruga

wartime ['wɔːtaim] n: **in ~** em tempo de guerra

wary ['wɛəri] adj cauteloso, precavido

was [wɔz] pt of be

wash [wɔʃ] vt lavar ♦ vi lavar-se; (subj: waves) quebrar; (sea etc): to **~ over/against sth** bater contra/chocar-se contra algo; (clothes): this shirt **~es well** esta camisa resiste bem à lavagem ♦ n (clothes etc) lavagem f; (~ing programme) programa m de lavagem; (of ship) esteira; to have a **~** lavar-se; **~ away** vt (stain) tirar ao lavar; (subj: river etc) levar, arrastar; **~ off** vt tirar lavando ♦ vi sair ao lavar; **~ up** vi (BRIT) lavar a louça; (US) lavar-se; **~basin** n pia (BR), lavatório (PT); **~cloth** (US) n toalhinha para lavar o rosto; **~er** n (TECH) arruela, anilha; **~ing** n (dirty) roupa suja; (clean) roupa lavada; **~ing machine** n máquina de lavar roupa, lavadora; **~ing powder** (BRIT) n sabão em pó; **~ing-up** n: to do the **~ing-up** lavar a louça; **~ing-up liquid** n detergente m; **~out** (inf) n fracasso, fiasco; **~room** (US) n banheiro (BR), casa de banho (PT)

wasn't ['wɔznt] = was not

wasp [wɔsp] n vespa

wastage ['weistidʒ] n desgaste m, desperdício; (loss) perda

waste [weist] n desperdício, esbanjamento; (of time) perda; (also: **household ~**) detritos mpl domésticos; (rubbish) lixo ♦ adj (material) de refugo; (left over) de sobra; (land) baldio ♦ vt (squander) esbanjar, desperdiçar; (time, opportunity) perder; ~s npl (land) ermos mpl; to lay ~ devastar; ~ away vi definhar; ~ disposal (unit) (BRIT) n triturador m de lixo; ~ful adj esbanjador(a); (process) anti-económico; ~ ground (BRIT) n terreno baldio; ~paper basket n cesta de papéis; ~ pipe n cano de esgoto

watch [wɔtʃ] n (clock) relógio; (also: wrist~) relógio de pulso; (of ~ing) vigia; (guard: MIL) sentinela; (NAUT: spell of duty) quarto ♦ vt (look at) observar, olhar; (programme, match) assistir a; (television) ver; (spy on, guard) vigiar; (be careful of) tomar cuidado com ♦ vi ver, olhar; (keep guard) montar guarda; ~ out vi ter cuidado; ~dog n cão m de guarda; (fig) vigia m/f; ~ful adj vigilante, atento; ~maker n relojoeiro/a; ~man (irreg) n see night; ~strap n pulseira de relógio

water [wɔːtə] n água ♦ vt (plant) regar ♦ vi (eyes) lacrimejar; (mouth) salivar; in British ~s nas águas territoriais britânicas; ~ down vt (milk) aguar; (fig) diluir; ~ cannon n tanque de espirrar água para dispersar multidões; ~closet (BRIT) n privada; ~colour (US ~color) n aquarela; ~cress n agrião m; ~fall n cascata, cachoeira; ~ heater n aquecedor m de água, boiler m; ~ing can n regador m; ~ level n nível m d'água; ~ lily n nenúfar m; ~line n (NAUT) linha d'água; ~logged adj alagado; ~ main n adutora; ~melon n melancia; ~proof adj impermeável; ~shed n (GEO) linha divisória das águas; (fig) momento crítico; ~ skiing n esqui m aquático; ~tight adj hermético, à prova d'água; ~way n hidrovia; ~works npl usina hidráulica; ~y adj (eyes) húmido

watt [wɔt] n watt m

wave [weɪv] n onda; (of hand) aceno, sinal m; (in hair) onda, ondulação f ♦ vi acenar com a mão; (flag, grass)

tremular ♦ vt (hand) acenar; (handkerchief) acenar com; (weapon) brandir; ~length n comprimento de onda; to be on the same ~length as ter os mesmos gostos e atitudes que

waver [weɪvə] vi vacilar; (voice, eyes, love) hesitar

wavy [weɪvɪ] adj (hair) ondulado; (line) ondulante

wax [wæks] n cera ♦ vt encerar; (car) polir ♦ vi (moon) crescer; ~works n museu m de cera ♦ npl (models) figuras fpl de cera

way [weɪ] n caminho; (distance) percurso; (direction) direção f, sentido; (manner) maneira, modo; (habit) costume m; which ~? - this ~ por onde? - por aqui; on the ~ (to) a caminho (de); to be on one's ~ estar a caminho; to be in the ~ atrapalhar; to go out of one's ~ to do sth dar-se ao trabalho de fazer algo; to lose one's ~ perder-se; to be under ~ estar em andamento; in a ~ de certo modo, até certo ponto; in some ~s a certos respeitos; by the ~ a propósito; "~ in" (BRIT) "entrada"; "~ out" (BRIT) "saída"; the ~ back o caminho de volta; "give ~" (BRIT: AUT) "dê a preferência"; no ~! (inf) de jeito nenhum!; ~lay vt armar uma cilada para; ~ward adj caprichoso, voluntarioso

WC n abbr (= water closet) privada

we [wiː] pl pron nós

weak [wiːk] adj fraco, débil; (morally, currency) fraco; (excuse) pouco convincente; (tea) aguado, ralo; ~en vi enfraquecer(-se); (give way) ceder; (influence, power) diminuir ♦ vt enfraquecer; ~ling n pessoa fraca ou delicada; (morally) pessoa de personalidade fraca; ~ness n fraqueza; (fault) ponto fraco; to have a ~ness for ter uma queda por

wealth [wɛlθ] n riqueza; (of details) abundância; ~y adj rico, abastado (country) rico

wean [wiːn] vt desmamar

weapon ['wɛpən] n arma

wear [wɛə⁺] (pt **wore**, pp **worn**) n (use) uso; (deterioration) desgaste m; (clothing): **baby/sports** ~ roupa infantil/de esporte ♦ vt (clothes) usar; (shoes) usar, calçar; (put on) vestir; (damage: through use) desgastar ♦ vi (last) durar; (rub through) gastar-se; town/evening ~ traje m de passeio/de noite; ~ **away** vt gastar ♦ vi desgastar-se; ~ **down** vt gastar; (strength) esgotar; ~ **off** vi (pain etc) passar; ~ **out** vt desgastar; (person, strength) esgotar; ~ **and tear** n desgaste m

weary ['wɪərɪ] adj cansado; (dispirited) deprimido ♦ vi: **to ~ of** cansar-se de

weasel ['wiːzl] n (ZOOL) doninha

weather ['wɛðə⁺] n tempo ♦ vt (storm, crisis) resistir a; **under the** ~ (fig: ill) doente; ~**-beaten** adj curtido; (building, stone) castigado, erodido; ~**cock** n cata-vento; ~ **forecast** n previsão f do tempo; ~**man** (irreg: inf) n meteorologista m; ~**vane** n = ~**cock**

weave [wiːv] (pt **wove**, pp **woven**) vt tecer; ~n tecelão/loa m/f; **weaving** n tecelagem f

web [wɛb] n (of spider) teia; (on foot) membrana; (network) rede f

wed [wɛd] (pt, pp ~**ded**) vt casar ♦ vi casar-se

we'd [wiːd] = **we had; we would**

wedding ['wɛdɪŋ] n casamento, núpcias fpl; **silver/golden** ~ (anniversary) bodas fpl de prata/de ouro; ~ **day** n dia m de casamento; ~ **dress** n vestido de noiva; ~ **ring** n anel m or aliança de casamento

wedge [wɛdʒ] n (of wood etc) cunha, calço; (of cake) fatia ♦ vt (pack tightly) apinhar; (door) pôr calço em

Wednesday ['wɛdnzdɪ] n quarta-feira

wee [wiː] (SCOTTISH) adj pequeno,

pequenino

weed [wiːd] n erva daninha ♦ vt capinar; ~**killer** n herbicida m; ~**y** (man) fraquinho

week [wiːk] n semana; **a** ~ **today** daqui a uma semana; **a** ~ **on Tuesday** sem ser essa terça-feira, a próxima; ~**day** n dia m de semana; (COMM) dia útil; ~**end** n fim m de semana; ~**ly** adv semanalmente ♦ adj semanal ♦ n semanário

weep [wiːp] (pt, pp **wept**) vi (person) chorar; ~**ing willow** n salgueiro chorão

weigh [weɪ] vt, vi pesar; **to ~ anchor** levantar ferro; ~ **down** vt sobrecarregar; (fig: with worry) deprimir, acabrunhar; ~ **up** vt ponderar, avaliar

weight [weɪt] n peso; **to lose/put on** ~ emagrecer/engordar; ~**ing** n (allowance) indenização f de residência; ~**lifter** n levantador m de pesos; ~**y** adj pesado; (matters) importante

weir [wɪə⁺] n represa, açude m

weird [wɪəd] adj esquisito, estranho

welcome ['wɛlkəm] adj bem-vindo ♦ n acolhimento, recepção f ♦ vt dar as boas-vindas a; (be glad of) saudar; **you're** ~ (after thanks) de nada

weld [wɛld] n solda ♦ vt soldar, unir

welfare ['wɛlfɛə⁺] n bem-estar m; (social aid) assistência social; ~ **state** n país auto-financiado da sua assistência social; ~ **work** n trabalho social

well [wɛl] n poço ♦ adv bem ♦ adj: **to be ~** estar bem (de saúde) ♦ excl bem!, então!; **as ~** também; **as ~ as** assim como; ~ **done!** muito bem!; **get ~ soon!** melhoras!; **to do** ~ ir or sair-se bem; (business) ir bem; ~ **up** vi brotar

we'll [wiːl] = **we will; we shall**

well-: ~**-behaved** adj bem comportado; ~**-being** n bem-estar m; ~**-built** adj robusto; ~**-deserved** adj merecido; ~**-dressed** adj bem vestido; ~**-heeled** (inf) adj rico

wellingtons ['wɛlɪŋtənz] *n* (*also*: **wellington boots**) botas de borracha até os joelhos

well: **~-known** *adj* conhecido; **~-mannered** *adj* bem educado; **~-meaning** *adj* bem intencionado; **~-off** *adj* próspero, rico; **~-read** *adj* lido, versado; **~-to-do** *adj* abastado; **~-wisher** *n* simpatizante *m/f*; (*admirer*) admirador/a *m/f*

Welsh [wɛlʃ] *adj* galês/galesa ♦ *n* (*LING*) galês *m*; **the ~** *npl* (*people*) os galeses; **~man** (*irreg*) *n* galês *m*; **~ rarebit** *n* torradas com queijo derretido; **~woman** (*irreg*) *n* galesa

went [wɛnt] *pt of* **go**

wept [wɛpt] *pt, pp of* **weep**

were [wə:*] *pt of* **be**

we're [wɪə*] = **we are**

weren't [wə:nt] = **were not**

west [wɛst] *n* oeste *m* ♦ *adj* ocidental, do oeste ♦ *adv* para o oeste or ao oeste; **the W~** (*POL*) o Oeste, o Ocidente; **W~ Country** (*BRIT*) *n*: **the W~ Country** o sudoeste da Inglaterra; **~erly** *adj* (*situation*) ocidental; (*wind*) oeste; **~ern** *adj* ocidental ♦ *n* (*CINEMA*) western *m*, bangue-bangue (*BR*: *inf*); **W~ Germany** *n* Alemanha Ocidental; **W~ Indian** *adj, n* antilhano/a; **W~ Indies** *npl* Antilhas *fpl*; **~ward(s)** *adv* para o oeste

wet [wɛt] *adj* molhado; (*damp*) úmido; (*~ through*) encharcado; (*rainy*) chuvoso ♦ *n* (*BRIT*: *POL*) político de tendência moderada; **to get ~** molhar-se; "**~ paint**" "tinta fresca"; **~ blanket** (*pej*) *n* (*fig*) desmancha-prazeres *m/f inv*; **~suit** *n* roupa de mergulho

we've [wi:v] = **we have**

whack [wæk] *vt* bater

whale [weɪl] *n* (*ZOOL*) baleia

wharf [wɔ:f] (*pl* **wharves**) *n* cais *m inv*

wharves [wɔ:vz] *npl of* **wharf**

╔══════════════╗
║ **KEYWORD** ║
╚══════════════╝

what [wɔt] *adj* **1** (*in direct/indirect questions*) que, qual; **~ size is it?**

que tamanho é este?; **~ colour/shape is it?** qual é a cor/o formato?; **he asked me ~ books I needed** ele me perguntou de quais os livros eu precisava
2 (*in exclamations*) quê!; como!; **~ a mess!** que bagunça!
♦ *pron* **1** (*interrogative*) que, o que; **~ are you doing?** o que é que você está fazendo?; **~ is it called?** como se chama?; **~ about me?** e eu?; **~ about doing ...?** que tal fazer ...?
2 (*relative*) o que; **I saw ~ you did/was on the table** eu vi o que você fez/estava na mesa; **he asked me ~ she had said** ele me perguntou o que ela tinha dito
♦ *excl* (*disbelieving*): **~, no coffee!** o quê, não tem café!

whatever [wɔt'ɛvə*] *adj*: **~ book** qualquer livro ♦ *pron*: **do ~ is necessary/you want** faça tudo o que for preciso/o que você quiser; **~ happens** aconteça o que acontecer; **no reason ~ or whatsoever** nenhuma razão seja qual for or em absoluto; **nothing ~** nada em absoluto

whatsoever [wɔtsəu'ɛvə*] *adj* = **whatever**

wheat [wi:t] *n* trigo

wheedle [wi:dl] *vt*: **to ~ sb into doing sth** persuadir alguém a fazer algo; **to ~ sth out of sb** conseguir algo de alguém por meio de agrados

wheel [wi:l] *n* roda; (*also*: **steering ~**) volante *m*; (*NAUT*) roda do leme ♦ *vt* (*pram etc*) empurrar ♦ *vi* (*birds*) dar voltas; (*also*: **~ round**) girar, dar voltas, virar-se; **~barrow** *n* carrinho de mão; **~chair** *n* cadeira de rodas; **~ clamp** *n* (*AUT*) grampo com que se imobiliza carros estacionados ilegalmente

wheeze [wi:z] *vi* respirar ruidosamente

╔══════════════╗
║ **KEYWORD** ║
╚══════════════╝

when [wɛn] *adv* quando
♦ *conj* **1** (*at, during, after the time*

that) quando; ~ **you've read it, tell me what you think** depois que você tiver lido isto, diga-me o que acha; **that was ~ I needed you** foi quando eu precisei de você

2 (*on, at which*) quando, em que; **on the day ~ I met him** no dia em que o conheci; **one day ~ it was raining** um dia quando estava chovendo

3 (*whereas*) ao passo que; **you said I was wrong ~ in fact I was right** você disse que eu estava errado quando, na verdade, eu estava certo

whenever [wɛn'ɛvə*] *conj* quando, quando quer que; (*every time that*) sempre que ♦ *adv* quando você quiser

where [wɛə*] *adv* onde ♦ *conj* onde, aonde; **this is ~** ... aqui é onde ...; **~abouts** *adv* (por) onde ♦ *n*: **nobody knows his ~abouts** ninguém sabe o seu paradeiro; **~as** *conj* uma vez que, ao passo que; **~by** *adv* (*formal*) pelo qual (*or* pela qual *etc*); **~upon** *adv* depois do que; **~ver** *conj* onde quer que ♦ *adv* (*interrogative*) onde?; **~withal** *n* recursos *mpl*, meios *mpl*

whet [wɛt] *vt* afiar; (*appetite*) abrir

whether [wɛðə*] *conj* se; **I don't know ~ to accept** or not não sei se aceito ou não; **~ you go or not** quer você vá quer não; **it's doubtful ~** ... não é certo que ...

KEYWORD

which [wɪtʃ] *adj* **1** (*interrogative: direct, indirect*) que, qual; **~ picture do you want?** que quadro você quer?; **~ books are yours?** quais são os seus livros?; **~ one?** qual?

2: in ~ case em cujo caso; **by ~ time** momento em que

♦ *pron* **1** (*interrogative*) qual; ~ (**of these**) **are yours?** quais (destes) são seus?

2 (*relative*) que, o que, o qual *etc*; **the apple ~ you ate** a maçã que você comeu; **the chair on ~ you**

are sitting a cadeira na qual você está sentado; **he said he knew, ~ is true** ele disse que sabia, o que é verdade; **after ~** depois do que

whichever [wɪtʃ'ɛvə*] *adj*: **take ~ book you prefer** pegue o livro que preferir; **~ book you take** qualquer livro que você pegue

whiff [wɪf] *n* cheiro

while [waɪl] *n* tempo, momento ♦ *conj* enquanto, ao mesmo tempo que; (*as long as*) contanto que; (*although*) embora; **for a ~** durante algum tempo; **~ away** *vt* (*time*) encher

whim [wɪm] *n* capricho, veneta

whimper [wɪmpə*] *n* (*moan*) lamúria ♦ *vi* choramingar, soluçar

whimsical [wɪmzɪkl] *adj* (*person*) caprichoso, de veneta; (*look*) excêntrico

whine [waɪn] *n* (*of pain*) gemido; (*of engine, siren*) zunido ♦ *vi* gemer; (*dog*) ganir; (*fig*) lamuriar-se

whip [wɪp] *n* açoite *m*; (*for riding*) chicote *m*; (*POL*) líder *m/f* da bancada ♦ *vt* chicotear; (*snatch*) apanhar de repente; (*cream, eggs*) bater; (*move quickly*): **to ~ sth out/off/away** *etc* arrancar algo; **~ped cream** *n* (*creme*) *m* chantilly *m*; **~-round** (*BRIT*) *n* coleta, vaquinha

whirl [wəːl] *vt* fazer girar ♦ *vi* (*dancers*) rodopiar; (*leaves, water etc*) redemoinhar ♦ *n* remoinho; **~pool** *n* remoinho; **~wind** *n* furacão *m*, remoinho

whirr [wəː*] *vi* zumbir

whisk [wɪsk] *n* (*CULIN*) batedeira ♦ *vt* bater; **to ~ sb away** *or* **off** levar alguém rapidamente

whiskers [wɪskəz] *npl* (*of animal*) bigodes *mpl*; (*of man*) suíças *fpl*

whisky [wɪskɪ] (*US, IRELAND whiskey*) *n* uísque *m* (*BR*), whisky *m* (*PT*)

whisper [wɪspə*] *n* sussurro, murmúrio ♦ *vt, vi* sussurrar

whist [wɪst] (*BRIT*) *n* uíste *m* (*BR*), whist *m* (*PT*)

whistle [wɪsl] *n* (*sound*) assobio;

(object) apito ♦ vt, vi assobiar

white [waɪt] adj branco; (pale) pálido ♦ n branco; (of egg) clara; ~ **coffee** n café m com leite; ~**collar worker** n empregado/a de escritório; ~ **elephant** n (fig) elefante m branco; ~ **lie** n mentira inofensiva or social; **W~ Paper** n (POL) relatório oficial sobre determinado assunto; ~**wash** n (paint) cal f ♦ vt caiar; (fig) encobrir

whiting ['waɪtɪŋ] n inv pescada

Whitsun ['wɪtsn] n Pentecostes m

whittle ['wɪtl] vt: to ~ away, ~ down reduzir gradualmente

whizz [wɪz] vi: to ~ past or by passar a toda velocidade; ~ **kid** (inf) n prodígio

who [hu:] pron 1 (interrogative) quem?; ~ **is it?** quem é?
2 (relative) que, o qual etc, quem; **my cousin,** ~ **lives in New York** meu primo que mora em Nova Iorque; **the man** ~ **spoke to me** o homem que falou comigo

whodunit [hu:'dʌnɪt] (inf) n romance m (or filme m) policial

whole [həul] adj (complete) todo, inteiro; (not broken) intacto ♦ n (all): **the** ~ **of the time** o tempo todo; (entire unit) conjunto; **on the** ~, **as a** ~ como um todo, no conjunto; ~**foods** n comida integral; ~**hearted** adj total; ~**meal** (BRIT) adj integral; ~**sale** n venda por atacado ♦ adj por atacado; (destruction) em grande escala ♦ adv por atacado; ~**saler** n atacadista m/f; ~**some** adj saudável, sadio; ~**wheat** adj = ~**meal**; **wholly** adv totalmente, completamente

whom [hu:m] pron 1 (interrogative) quem?; **to** ~ **did you give it?** para quem você deu isto?
2 (relative) que, quem; **the man** ~

I saw/to ~ **I spoke** o homem que eu vi/com quem eu falei

whooping cough ['hu:pɪŋ-] n coqueluche f

whore [hɔ:ʳ] (inf: pej) n puta

whose [hu:z] adj 1 (possessive: interrogative): ~ **book is this?**, ~ **is this book?** de quem é este livro?; **I don't know** ~ **it is** eu não sei de quem é isto
2 (possessive: relative): **the man whose son you rescued** o homem cujo filho você salvou; **the woman** ~ **car was stolen** a mulher de quem o carro foi roubado
♦ pron de quem

why [waɪ] adv por que (BR), porque (PT); (at end of sentence) por quê (BR), porquê (PT)
♦ conj por que; **that's not** ~ **I'm here** não é por isso que estou aqui; **the reason** ~ a razão por que
♦ excl (expressing surprise, shock, annoyance) ora essa!; (explaining) bem!; ~, **it's you!** ora, é você!

wicked ['wɪkɪd] adj perverso; (smile) malicioso

wicker ['wɪkəʳ] n (trabalho de) vime m ♦ adj de vime

wicket ['wɪkɪt] n (CRICKET) arco

wide [waɪd] adj largo; (area, publicity, knowledge) amplo ♦ adv: **to open** ~ abrir totalmente; **to shoot** ~ atirar longe do alvo; ~ **angle lens** n lente f grande angular; ~**awake** adj bem acordado; ~**ly** adv extremamente; (travelled) muito; (believed, known) ampliamente; ~**n** vt alargar; (one's experience) aumentar ♦ vi alargar-se; ~ **open** adj (eyes) arregalado; (door) escancarado; ~**spread** adj (belief etc) difundido, comum

widow ['wɪdəu] n viúva; **~ed** adj viúvo; **~er** n viúvo

width [wɪdθ] n largura

wield [wiːld] vt (sword) brandir, empunhar; (power) exercer

wife [waɪf] (pl **wives**) n mulher f, esposa

wig [wɪg] n peruca

wiggle ['wɪgl] vt menear, agitar

wild [waɪld] adj (animal) selvagem; (plant) silvestre; (rough) violento, furioso; (idea) disparatado, extravagante; (person) insensato; **~s** npl (remote area) regiões fpl selvagens, terras fpl virgens; **~erness** ['wɪldənəs] n ermo; **~-goose chase** n (fig) busca inútil; **~life** n animais mpl selvagens; **~ly** adv (behave) freneticamente; (hit, guess) irrefletidamente; (happy) extremamente

wilful ['wɪlful] (US **willful**) adj (person) teimoso, voluntarioso; (action) deliberado, intencional

KEYWORD

will [wɪl] (vt) (pt, pp **~ed**) aux vb **1** (forming future tense): **I ~** finish it tomorrow vou acabar isto amanhã; **I ~** have finished it by tomorrow até amanhã já terei terminado isto; **~** you do it? - yes **I ~**/no **I won't** você vai fazer isto? - sim, vou/não eu não vou

2 (in conjectures, predictions): **he ~** come ele virá; **he ~** or **he'll be** there by now nesta altura ele está lá; **that ~** be the postman deve ser o carteiro; **this medicine ~/won't** help you este remédio vai/não vai fazer efeito em você

3 (in commands, requests, offers): **~** you be quiet! fique quieto, por favor!; **~** you come? você vem?; **~** you help me? você pode me ajudar?; **~** you have a cup of tea? você vai querer uma xícara de chá or um chá?; **I won't put up with it** eu não vou tolerar isto

♦ vt: **to ~ sb to do sth** desejar que alguém faça algo; **he ~ed himself**

to go on reuniu grande força de vontade para continuar

♦ n (volition) vontade f; (testament) testamento

willful ['wɪlful] (US) adj = **wilful**

willing ['wɪlɪŋ] adj disposto, pronto; (enthusiastic) entusiasmado; **~ly** adv de bom grado, de boa vontade; **~ness** n boa vontade f, disposição f

willow ['wɪləu] n salgueiro

willpower ['wɪlpauə] n força de vontade

willy-nilly ['wɪlɪ'nɪlɪ] adv quer queira ou não

wilt [wɪlt] vi (flower) murchar; (plant) morrer

wily ['waɪlɪ] adj esperto, astuto

win [wɪn] (pt, pp **won**) n vitória ♦ vt ganhar, vencer; (obtain) consguir, obter; (support) alcançar ♦ vi ganhar; **~ over**, **~ round** (BRIT) vt = **~ over**

wince [wɪns] vi encolher-se, estremecer

winch [wɪntʃ] n guincho

wind¹ [wɪnd] n vento; (MED) gases mpl, flatulência; (breath) fôlego ♦ vt (take breath away from) deixar sem fôlego

wind² [waɪnd] (pt, pp **wound**) vt enrolar, bobinar; (wrap) envolver; (clock, toy) dar corda a ♦ vi (road, river) serpentear; **~ up** vt (clock) dar corda em; (debate) rematar, concluir

windfall ['wɪndfɔːl] n golpe m de sorte

winding ['waɪndɪŋ] adj (road) sinuoso, tortuoso; (staircase) de caracol, em espiral

wind instrument n (MUS) instrumento de sopro

windmill ['wɪndmɪl] n moinho de vento

window ['wɪndəu] n janela; (in shop etc) vitrine f (BR), montra (PT); **~ box** n jardineira (no peitoril da janela); **~ cleaner** n limpador(a) m/f de janelas; **~ envelope** n envelope m de janela; ~ **ledge** n peitoril m da janela; ~ **pane** n vidraça, vidro; ~ **shopping** n: **to go** ~**shopping** ir ver vitrines; ~**sill** n (inside) peitoril m; (outside) soleira

windpipe ['wɪndpaɪp] n traquéia

wind power n energia eólica

windscreen ['wɪndskriːn] (BRIT) n pára-brisa m; ~ **washer** (BRIT) n lavador m de pára-brisa; ~ **wiper** (BRIT) n limpador m de pára-brisa

windshield etc ['wɪndʃiːld] (US) n = **windscreen** etc

windswept ['wɪndswɛpt] adj varrido pelo vento

windy ['wɪndɪ] adj com muito vento, batido pelo vento; **it's** ~ está ventando (BR), faz vento (PT)

wine [waɪn] n vinho; ~ **bar** n bar m (para degustação de vinhos); ~ **cellar** n adega; ~ **glass** n cálice m (de vinho); ~ **list** n lista de vinhos; ~ **merchant** n negociante m/f de vinhos; ~ **waiter** n garçon m dos vinhos

wing [wɪŋ] n asa; (of building) ala; (AUT) aleta, pára-lamas m inv; ~**s** npl (THEATRE) bastidores mpl; ~**er** n (SPORT) ponta, extremo

wink [wɪŋk] n piscadela ♦ vi piscar o olho; (light etc) piscar

winner ['wɪnə*] n vencedor(a) m/f

winning ['wɪnɪŋ] adj (team) vencedor(a); (goal) decisivo; (smile) sedutor(a); ~**s** npl ganhos mpl

winter ['wɪntə*] n inverno; ~ **sports** npl esportes mpl (BR) or desportos mpl (PT) de inverno; **wintry** adj glacial, invernal

wipe [waɪp] n: **to give sth a** ~ limpar algo com um pano ♦ vt limpar; (rub) esfregar; (erase: tape) apagar; ~ **off** vt remover esfregando; ~ **out** vt (debt) liquidar; (memory) apagar; (destroy) exterminar; ~ **up** vt limpar

wire [waɪə*] n arame m; (ELEC) fio (elétrico); (telegram) telegrama m ♦ vt (house) instalar a rede elétrica em; (also: ~ **up**) conectar; (tele-

gram) telegrafar para

wireless ['waɪəlɪs] n rádio

wiring ['waɪərɪŋ] n instalação f elétrica

wiry ['waɪərɪ] adj nervoso; (hair) grosso

wisdom ['wɪzdəm] n prudência; (of action, remark) bom-senso, sabedoria; ~ **tooth** (irreg) n dente m do siso

wise [waɪz] adj prudente; (action, remark) sensato

...**wise** [waɪz] suffix: **time**~ etc com relação ao tempo etc

wisecrack ['waɪzkræk] n piada

wish [wɪʃ] n desejo ♦ vt (want) querer; **best** ~**es** (on birthday etc) parabéns mpl, felicidades fpl; (in letter) cumprimentos; **to** ~ **sb goodbye** despedir-se de alguém; **he ~ed me well** me desejou boa sorte; **to** ~ **to do/sb to do** sth querer fazer/que alguém faça algo; **to** ~ **for** desejar; ~**ful** adj: **it's** ~**ful thinking** é doce ilusão

wishy-washy ['wɪʃɪ'wɔʃɪ] (inf) adj (colour) indefinido; (person) sem caráter; (ideas) aguado

wisp [wɪsp] n mecha, tufo; (of smoke) fio

wistful ['wɪstful] adj melancólico

wit [wɪt] n (wittiness) presença de espírito, engenho; (intelligence: also: ~**s**) entendimento; (person) espirituoso/a

witch [wɪtʃ] n bruxa

KEYWORD

with [wɪð, wɪθ] prep **1** (accompanying, in the company of) com; **I was** ~ **him** eu estava com ele; **to stay overnight** ~ **friends** dormir na casa de amigos; **we'll take the children** ~ **us** vamos levar as crianças conosco; **I'll be** ~ **you in a minute** vou vê-lo num minuto; **I'm** ~ **you** (I understand) compreendo; **to be** ~ **it** (inf) estar por dentro; (aware) estar a par da situação; (: up-to-date) estar atualizado com

2 (*descriptive*) com, de; **a room ~ a view** um quarto com vista; **the man ~ the grey hat/blue eyes** o homem do chapéu cinza/de olhos azuis
3 (*indicating manner, means, cause*) com, de; **~ tears in her eyes** com os olhos cheios de lágrimas; **to fill sth ~ water** encher algo de água

withdraw [wɪð'drɔː] (*irreg*) *vt* tirar, remover; (*offer*) retirar ♦ *vi* retirar-se; **to ~ money (from the bank)** retirar dinheiro (do banco); **~al** *n* retirada; **~al symptoms** *npl* síndrome *f* de abstinência; **~n** *adj* (*person*) reservado, introvertido

wither [wɪðə*] *vi* murchar

withhold [wɪð'həuld] (*irreg: like* **hold**) *vt* (*money*) reter; (*permission*) negar; (*information*)

within [wɪð'ɪn] *prep* dentro de ♦ *adv* dentro; **~ reach (of)** ao alcance (de); **~ sight (of)** à vista (de); **~ the week** antes do fim da semana; **~ a mile of** a uma milha de

without [wɪð'aut] *prep* sem; **~ anybody knowing** sem ninguém saber; **to go ~ sth** passar sem algo

withstand [wɪð'stænd] (*irreg: like* **stand**) *vt* resistir a

witness [wɪtnɪs] *n* testemunha ♦ *vt* testemunhar, presenciar; (*document*) legalizar; **to bear ~ to sth** (*fig*) testemunhar algo; **~ box** (*US* **witness stand**) *n* banco das testemunhas

witticism [wɪtɪsɪzm] *n* observação *f* espirituosa, chiste *m*

witty [wɪtɪ] *adj* espirituoso

wives [waɪvz] *npl of* **wife**

wizard [wɪzəd] *n* feiticeiro, mago

wk *abbr* = **week**

wobble [wɔbl] *vi* oscilar; (*chair*) balançar

woe [wəu] *n* dor *f*, mágoa

woke [wəuk] *pt of* **wake**; **~n** *pp of* **wake**

wolf [wulf] (*pl* **wolves**) *n* lobo

woman [wumən] (*pl* **women**) *n* mulher *f*; **~ doctor** médica; **~ly** *adj* feminino

womb [wuːm] *n* (*ANAT*) matriz *f*, útero

women [wɪmɪn] *npl of* **woman**

won [wʌn] *pt, pp of* **win**

wonder [wʌndə*] *n* maravilha, prodígio; (*feeling*) espanto ♦ *vi* perguntar-se a si mesmo; **to ~ at** admirar-se de; **to ~ about** pensar sobre or em; **it's no ~ that** não é de admirar que; **~ful** *adj* maravilhoso; (*miraculous*) impressionante

won't [wəunt] = **will not**

woo [wuː] *vt* (*woman*) namorar, cortejar; (*audience*) atrair

wood [wud] *n* (*timber*) madeira; (*forest*) floresta, bosque *m*; **~ carving** *n* (*act*) escultura em madeira; (*object*) entalhe *m*; **~ed** *adj* arborizado; **~en** *adj* de madeira; (*fig*) inexpressivo; **~pecker** *n* pica-pau *m*; **~wind** *n* (*MUS*) instrumentos *mpl* de sopro de madeira; **~work** *n* carpintaria; **~worm** *n* carcoma, caruncho

wool [wul] *n* lã *f*; **to pull the ~ over sb's eyes** (*fig*) enganar alguém, vender a alguém gato por lebre; **~len** *adj* de lã; **~lens** *npl* artigos *mpl* de lã; **~ly** (*US* **~y**) *adj* de lã; (*fig*) confuso

word [wəːd] *n* palavra; (*news*) notícia ♦ *vt* redigir; **in other ~s** em outras palavras, ou seja; **to break/keep one's ~** faltar à palavra/cumprir a promessa; **to have ~s with sb** discutir com alguém; **~ing** *n* fraseado; **~ processing** *n* processamento de textos; **~ processor** *n* processador *m* de textos

wore [wɔː*] *pt of* **wear**

work [wəːk] *n* trabalho; (*job*) emprego, trabalho; (*ART, LITERATURE*) obra ♦ *vi* trabalhar; (*mechanism*) funcionar; (*medicine etc*) surtir efeito, ser eficaz ♦ *vt* (*clay*) moldar; (*wood*) talhar; (*mine etc*) explorar; (*machine*) fazer trabalhar, manejar; (*effect, miracle*) causar; **to ~ loose** (*part*) soltar-se; (*knot*) afrouxar-se; **~ on** *vt fus* trabalhar em, dedicar-se a; (*person: influence*) tentar convencer; (principle) basear-se em; ~ **out** vi dar certo, surtir efeito ♦ vt (problem) resolver; (plan) elaborar, formular; **it ~s out** at £100 monta or soma a £100; ~**able** adj (solution) viável; ~**aholic** n burro de carga; ~**er** n trabalhador(a) m/f, operário/a; ~ **force** n força de trabalho; ~**ing class** n proletariado, classe f operária ♦ adj: ~**ing-class** do proletariado, da classe operária; ~**ing order** n: **in ~ing order** em perfeito estado; ~**man** (irreg) n operário, trabalhador m; ~**manship** n (skill) habilidade f; ~**s** n (BRIT: factory) fábrica, usina ♦ npl (of clock, machine) mecanismo; ~**sheet** n registro das horas de trabalho; ~**shop** n oficina; (practical session) aula prática; ~ **station** n estação f de trabalho; ~ **to-rule** (BRIT) n paralisação f de trabalho extraordinário (forma de protesto)

world [wəːld] n mundo ♦ cpd mundial; **to think the ~ of sb** (fig) ter alguém em alto conceito; ~**ly** adj mundano; (knowledgeable) experiente; ~**wide** adj mundial, universal

worm [wəːm] n (also: **earth~**) minhoca, lombriga

worn [wɔːn] pp of **wear** ♦ adj gasto; ~**out** adj (object) gasto; (person) esgotado, exausto

worry ['wʌrɪ] n preocupação f ♦ vt preocupar, inquietar ♦ vi preocupar-se, afligir-se

worse [wəːs] adj, adv pior ♦ n o pior; **a change for the ~** uma mudança para pior, uma piora; ~ n vt, vi piorar; ~ **off** adj com menos dinheiro; (fig): **you'll be ~ off this way** assim você ficará pior do que nunca

worship ['wəːʃɪp] n adoração f ♦ vt adorar, venerar; (person, thing) adorar; **Your W~** (BRIT: to mayor) vossa Excelência; (: to judge) senhor Juiz

worst [wəːst] adj (o/a) pior ♦ adv pior ♦ n o pior; **at ~** na pior das hi-

póteses

worth [wəːθ] n valor m, mérito ♦ adj: **to be ~** valer; **it's ~** it vale a pena; **to be ~ one's while (to do)** valer a pena (fazer); ~**less** adj (person) imprestável; (thing) inútil; ~**while** adj (activity) que vale a pena; (cause) de mérito, louvável

worthy ['wəːðɪ] adj (person) merecedor(a), respeitável; (motive) justo; ~ **of** digno de

KEYWORD

would [wʊd] aux vb **1** (conditional tense): **if you asked him, he ~ do it** se você pedisse, ele faria isto; **if you had asked him, he ~ have done it** se você tivesse pedido, ele teria feito isto

2 (in offers, invitations, requests): ~ **you like a biscuit?** você quer um biscoito?; ~ **you ask him to come in?** pode pedir a ele para entrar?; ~ **you close the door, please?** quer fechar a porta por favor?

3 (in indirect speech): **I said I ~ do it** eu disse que eu faria isto

4 (emphatic): **you WOULD say that, ~n't you?** é lógico que você vai dizer isso

5 (insistence): **she ~n't behave** não houve feito dela se comportar

6 (conjecture): **it ~ have been midnight** devia ser meia-noite; **it ~ seem so** parece que sim

7 (indicating habit): **he ~ go on Mondays** costumava ir às segundas-feiras

would-be adj aspirante, que pretende ser

wouldn't ['wʊdnt] = would not

wound[1] [waund] pt, pp of **wind**[2]

wound[2] [wuːnd] n ferida ♦ vt ferir

wove [wəʊv] pt of **weave**; ~**n** pp of **weave**

wrangle ['ræŋgl] n briga

wrap [ræp] n (stole) xale m; (cape) capa ♦ vt (cover) enrolar; (also: ~ **up**) embrulhar; (wind: tape etc) amarrar; ~**per** n invólucro; (BRIT: of book) capa; ~**ping paper** n papel m de embrulho; (fancy) papel de presente

wrath [rɔθ] n cólera, ira

wreak [ri:k] vt: **to ~ havoc (on)** causar estragos (em); **to ~ vengeance on** vingar-se em, tirar vingança de

wreath [ri:θ, pl ri:ðz] n coroa

wreck [rɛk] n (vehicle) destroços mpl; (ship) restos mpl do naufrágio; (pej: person) ruína, caco ♦ vt destruir, danificar; (fig) arruinar, arrasar; ~**age** n (of car, plane) destroços mpl; (of ship) restos mpl; (of building) escombros mpl

wren [rɛn] n (ZOOL) carriça

wrench [rɛntʃ] n (TECH) chave f inglesa; (tug) puxão m; (fig) separação f penosa ♦ vt torcer com força; **to ~ sth from sb** arrancar algo de alguém

wrestle [ˈrɛsl] vi: **to ~ (with sb)** lutar (com or contra alguém); ~**r** n lutador m; **wrestling** n luta (livre)

wretched [ˈrɛtʃɪd] adj desventurado, infeliz; (inf) maldito

wriggle [ˈrɪgl] vi (also: ~ about) retorcer-se, contorcer-se

wring [rɪŋ] (pt, pp **wrung**) vt (clothes, neck) torcer; (hands) apertar; (fig): **to ~ sth out of sb** arrancar algo de alguém

wrinkle [ˈrɪŋkl] n (on skin) ruga; (on paper) prega ♦ vt franzir ♦ vi enrugar-se

wrist [rɪst] n pulso; ~**watch** n relógio m de pulso

writ [rɪt] n mandado judicial

write [raɪt] (pt **wrote**, pp **written**) vt escrever; (cheque, prescription) passar ♦ vi escrever; **to ~ to sb** escrever para alguém; ~ **down** vt (note) anotar; (put on paper) pôr no papel; ~ **off** vt cancelar; ~ **out** vt escrever por extenso; (cheque etc) passar; ~ **up** vt redigir; ~**-off** n perda total; ~**r** n escritor(a) m/f

writhe [raɪð] vi contorcer-se

writing [ˈraɪtɪŋ] n escrita; (hand~) caligrafia, letra; (of author) obra; **in ~** por escrito

written [ˈrɪtn] pp of **write**

wrong [rɔŋ] adj (bad) errado, mau; (unfair) injusto; (incorrect) errado, equivocado; (inappropriate) impróprio ♦ adv mal, errado ♦ n injustiça ♦ vt ser injusto com; **you are ~ to do it** você se engana ao fazê-lo; **you are ~ about that, you've got it ~** você está enganado sobre isso; **to be in the ~** não ter razão; **what's ~?** o que é que há?; **to go ~** (person) desencaminhar-se; (plan) dar errado; (machine) sofrer uma avaria; ~**ful** adj injusto; ~**ly** adv errado; ~ **side** n (of cloth) avesso

wrote [rəʊt] pt of **write**

wrought [rɔ:t] adj: ~ **iron** ferro forjado

wrung [rʌŋ] pt, pp of **wring**

wry [raɪ] adj irônico

wt. abbr = **weight**

X

Xmas [ˈɛksməs] n abbr = **Christmas**

X-ray [ˈɛksˈreɪ] n radiografia ♦ vt radiografar, tirar uma chapa de

xylophone [ˈzaɪləfəʊn] n xilofone m

Y

yacht [jɔt] n iate m; ~**ing** n iatismo; ~**sman** (irreg) n iatista m

Yank [jæŋk] (pej) n ianque m/f

Yankee [ˈjæŋkɪ] n = **Yank**

yap [jæp] vi (dog) ganir

yard [jɑ:d] n pátio, quintal m; (measure) jarda (914 mm; 3 feet); ~**stick** n (fig) critério, padrão m

yarn [jɑ:n] n fio; (tale) história inverossímil

yawn [jɔ:n] n bocejo ♦ vi bocejar; ~**ing** adj (gap) enorme

yd abbr = **yard(s)**

yeah [jɛə] (inf) adv é

year [jɪə*] n ano; **to be 8 ~s old** ter 8 anos; **an eight-~-old child** uma criança de oito anos (de idade); **~ly** adj anual ♦ adv anualmente

yearn [jəːn] vi: **to ~ to do/for sth** ansiar fazer/por algo

yeast [jiːst] n levedura, fermento

yell [jɛl] n grito, berro ♦ vi gritar, berrar

yellow ['jɛləu] adj amarelo

yelp [jɛlp] n latido ♦ vi latir

yeoman ['jəumən] (irreg) n: **Y~ of the Guard** membro da guarda real

yes [jɛs] adv, n sim m

yesterday ['jɛstədɪ] adv, n ontem m

yet [jɛt] adv ainda ♦ conj porém, no entanto; **the best ~** o melhor até agora; **as ~** até agora, ainda

yew [juː] n teixo

Yiddish ['jɪdɪʃ] n (i)ídiche m

yield [jiːld] n (AGR) colheita; (COMM) rendimento ♦ vt produzir; (profit) render; (surrender) ceder ♦ vi render-se, ceder; (US: AUT) ceder

YMCA n abbr (= Young Men's Christian Association) ≈ ACM f

yog(h)ourt ['jəugət] n iogurte m

yog(h)urt ['jəugət] n = yog(h)ourt

yoke [jəuk] n (of oxen) junta; (fig) jugo

yolk [jəuk] n gema (do ovo)

KEYWORD

you [juː] pron **1** (subj: sg) tu, você; (: pl) vós, vocês; **~ French enjoy your food** vocês franceses gostam de comer; **~ and I will go** nós iremos

2 (direct object: sg) te, o/a; (: pl) vos, os/as; (indirect object: sg) te, lhe; (: pl) vos, lhes; **I know ~** eu lhe conheço; **I gave it to ~** dei isto para você

3 (stressed) você; **I told YOU to do it** eu disse para você fazer isto

4 (after prep, in comparisons: sg) ti, você; (: pl) vós, vocês; (polite form: sg) o senhor/a senhora; (: pl) os senhores/as senhoras; **it's for ~** é para você; **with ~** contigo, com você; convosco, com vocês; com o se-

nhor etc

5 (impers: one): **~ never know** nunca se sabe; **apples do ~ good** as maçãs fazem bem à saúde

---

you'd [juːd] = you had; you would

you'll [juːl] = you will; you shall

young [jʌŋ] adj jovem ♦ npl (of animal) filhotes mpl, crias fpl; (people): **the ~** a juventude, os jovens; **~er** adj mais novo; **~ster** n jovem m/f, moço/a

your [jɔː*] adj teu/tua, seu/sua; (pl) vosso, seu/sua; (formal) do senhor/da senhora; see also **my**

you're [juə*] = you are

yours [jɔːz] pron teu/tua, seu/sua; (pl) vosso, seu/sua; (formal) do senhor/da senhora; **~ sincerely** or **faithfully** atenciosamente; see also **mine**

yourself [jɔːˈsɛlf] pron (emphatic) tu mesmo, você mesmo; (object, reflexive) te, se; (after prep) ti mesmo, si mesmo; (formal) o senhor mesmo/a senhora mesma; **yourselves** pl, pron vós mesmos; yourselves mesmos; vos, se; vós mesmos, vôces mesmos; os senhores mesmos/as senhoras mesmas; see also **oneself**

youth [juːθ, pl juːðz] n mocidade f, juventude f; (young man) jovem m; **~ club** n associação f de juventude; **~ful** adj juvenil; **~ hostel** n albergue m da juventude

you've [juːv] = you have

YTS (BRIT) n abbr (= Youth Training Scheme) programa de ensino profissionalizante

Yugoslav ['juːgəuslɑːv] adj, n iugoslavo/a

Yugoslavia [juːgəuˈslɑːviə] n Iugoslávia

yuppie ['jʌpɪ] (inf) adj, n yuppie m/f

YWCA n abbr (= Young Women's Christian Association) ≈ ACM f

Z

Zambia ['zæmbɪə] n Zâmbia

zany ['zeɪnɪ] adj tolo, bobo

zap [zæp] vt (COMPUT) apagar

zeal [ziːl] n entusiasmo; (religious) fervor m; **~ous** adj zeloso, entusiasta

zebra ['ziːbrə] n zebra; **~ crossing** (BRIT) n faixa (para pedestres) (BR), passadeira (PT)

zero ['zɪərəu] n zero

zest [zest] n vivacidade f, entusiasmo; (of lemon etc) zesto

zigzag ['zɪgzæg] n ziguezague m ♦ vi ziguezaguear

Zimbabwe [zɪmˈbɑːbwɪ] n Zimbábue m

zinc [zɪŋk] n zinco

zip [zɪp] n (also: **~ fastener**) fecho ecler (BR) or éclair (PT) ♦ vt (also: **~ up**) fechar o fecho ecler de, subir o fecho ecler de; **~ code** (US) n código postal; **~per** (US) n = zip

zodiac ['zəudɪæk] n zodíaco

zombie ['zɔmbɪ] n (fig): **like a ~** como um zumbi

zone [zəun] n zona

zoo [zuː] n (jardim m) zoológico

zoology [zuːˈɔlədʒɪ] n zoologia

zoom [zuːm] vi: **to ~ past** passar zunindo; **~ lens** n zoom m, zum m

zucchini [zuːˈkiːnɪ] (US) n(pl) abobrinha

PORTUGUÊS–INGLÊS
PORTUGUESE–ENGLISH
A

PALAVRA CHAVE

a [a] (*a* + *o(s)* = ao(s); *a* + *a(s)* = à(s); *a* + *aquele/a(s)* = àquele/a(s)) *art def* the; *V tb* **o**
♦ *pron* (ela) her; (você) you; (coisa) it; *V tb* **o**
♦ *prep* **1** (direção) to; à direita/ esquerda to *ou* on the right/left
2 (distância): está ~ 15 km daqui it's 15 km from here
3 (posição): ao lado de beside, at the side of
4 (tempo) at; ~ que horas? at what time?; às 5 horas at 5 o'clock; à noite at night; aos 15 anos at 15 years of age
5 (maneira): à francesa in the French way; ~ cavalo/pé on horseback/foot
6 (meio, instrumento): à força by force; ~ mão by hand; ~ lápis in pencil; fogão ~ gás gas stove
7 (razão): Cr$300 o quilo at Cr$300 a kilo, ~ mais de 100 km/h at over 100 km/h
8 (depois de certos verbos): começou ~ nevar it started snowing *ou* to snow; passar ~ fazer to become
9 (+ infin): ao vê-lo, o reconheci imediatamente when I saw him, I recognized him immediately; ele ficou muito nervoso ao falar com o professor he became very nervous while he was talking to the teacher
10 (PT: + infin: gerúndio): ~ correr running; estou ~ trabalhar I'm working

---

à [a] = **a** + **a**

(a) *abr* (= assinado) signed

aba [ˈaba] *f* (de chapéu) brim; (de casaco) tail; (de montanha) foot

abacate [abaˈkatʃi] *m* avocado (pear)

abacaxi [abakaˈʃi] (*BR*) *m* pineapple

abade(ssa) [aˈbadʒi/aˈdɛsa] *m/f* abbot/abbess; **abadia** [abaˈdʒia] *f* abbey

abafado/a [abaˈfadu/a] *adj* (*ar*) stuffy; (tempo) humid, close; (ocupado) (extremely) busy; (angustiado) anxious

abafar [abaˈfaʀ] *vt* to suffocate; (ocultar) to suppress; (col) to pinch

abagunçado/a [abaɡũˈsadu/a] *adj* messy

abagunçar [abaɡũˈsaʀ] *vt* to mess up

abaixar [abajˈʃaʀ] *vt* to lower; (luz, som) to turn down; **~-se** *vr* to stoop

abaixo [aˈbajʃu] *adv* down ♦ *prep*: ~ de below; ~ o governo! down with the government!; **morro ~** downhill; **rio ~** downstream; **mais ~** further down; **~ e acima** up and down; **~ assinado** undersigned; **~-assinado** [-asiˈnadu] (*pl* **~-assinados**) *m* petition

abajur [abaˈʒuʀ] (*BR*) *m* (cúpula) lampshade; (luminária) table lamp

abalado/a [abaˈladu/a] *adj* (objeto) unstable, unsteady; (fig: pessoa) shaken

abalar [abaˈlaʀ] *vt* to shake; (fig: comover) to affect ♦ *vi* to shake; **~-se** *vr* to be moved

abalizado/a [abaliˈzadu/a] *adj* eminent, distinguished; (opinião) reliable

abalo [aˈbalu] *m* (comoção) shock; (ação) shaking; **~ sísmico** earth tremor

abanar [abaˈnaʀ] *vt* to shake; (rabo) to wag; (com leque) to fan

abandonar [abãdoˈnaʀ] *vt* to leave; (ideia) to reject; (esperança) to give up; (descuidar) to neglect; **~-se** *vr*: **~-se a** to abandon o.s. to; **abandono** [abãˈdonu] *m* (ato) desertion; (estado) neglect

abarcar [abax'ka*] vt (abranger: assunto, país) to cover; (: suj: vista) to take in

abarrotado/a [abaxo'tadu/a] adj (gaveta) crammed full; (lugar) packed

abarrotar [abaxo'ta*] vt: ~ de to cram with

abastado/a [abaʃ'tadu/a] adj wealthy

abastança [abaʃ'tãsa] f abundance

abastardar [abaʃtax'da*] vt to corrupt

abastecer [abaʃte'se*] vt to supply; (motor) to fuel; (AUTO) to fill up; (AER) to refuel; ~-se vr: ~-se de to stock up with

abastecimento [abaʃtesi'mẽtu] m supply; (comestíveis) provisions pl; (ato) supplying; ~s mpl (suprimentos) supplies

abater [aba'te*] vt (gado) to slaughter; (preço) to reduce; (desalentar) to upset; **abatido/a** [aba'tʃidu/a] adj depressed, downcast; **abatimento** [abatʃi'mẽtu] m (fraqueza) weakness; (de preço) reduction; (prostração) depression; **fazer um abatimento em** to give a discount on

abaulado/a [abaw'ladu/a] adj convex; (estrada) cambered

abaular-se [abaw'laxsi] vr to bulge

abcesso [ab'sɛsu] m = **abscesso**

abdicação [abdʒika'sãw] (pl -ões) f abdication

abdicar [abdʒi'ka*] vt, vi to abdicate

abdômen [ab'domẽ] m abdomen

á-bê-cê [abe'se] m alphabet

abecedário [abese'darju] m alphabet, ABC

abeirar [abej'ra*] vt to bring near; ~-se vr: ~-se de to draw near to

abelha [a'beʎa] f bee; ~-**mestra** (pl ~s-**mestras**) f queen bee

abelhudo/a [abe'ʎudu/a] adj nosy

abençoar [abẽ'swa*] vt to bless

aberração [abexa'sãw] (pl -ões) f aberration

aberto/a [a'bɛxtu/a] pp de **abrir** ♦

adj open; (céu) clear; (sinal) green; (torneira) running; **a torneira estava aberta** the tap was on

abertura [abex'tura] f opening; (FOTO) aperture; (ranhura) gap, crevice; (POL) liberalization

abestalhado/a [abeʃta'ʎadu/a] adj stupid

abilolado/a [abilo'ladu/a] adj crazy

abismado/a [abiʒ'madu/a] adj astonished

abismo [a'biʒmu] m abyss, chasm; (fig) depths pl

abjeção [abʒe'sãw] (PT -cç-) f baseness

abjeto/a [ab'ʒɛtu/a] (PT -ct-) adj abject, contemptible

abnegação [abnega'sãw] f self-denial

abnegado/a [abne'gadu/a] adj self-sacrificing

abnegar [abne'ga*] vt to renounce

abóbada [a'bɔbada] f vault; (telhado) arched roof

abobalhado/a [aboba'ʎadu/a] adj (criança) simple

abóbora [a'bɔbora] f pumpkin

abobrinha [abo'brina] f courgette (BRIT), zucchini (US)

abolição [aboli'sãw] f abolition

abolir [abo'li*] vt to abolish

abominação [abomina'sãw] (pl -ões) f abomination

abominar [abomi'na*] vt to loathe, detest

abonar [abo'na*] vt to guarantee

abono [a'bonu] m guarantee; (JUR) bail; (louvor) praise; ~ **de família** child benefit

abordagem [abox'daʒẽ] (pl -ns) f approach

abordar [abox'da*] vt (NÁUT) to board; (pessoa) to approach; (assunto) to broach, tackle

aborígene [abo'riʒeni] m/f aborigine

aborrecer [aboxe'se*] vt (chatear) to annoy; (maçar) to bore; ~-se vr to get upset; to get bored; **aborrecido/a** [aboxe'sidu/a] adj annoyed; boring; **aborrecimento** [aboxesi'mẽtu] m annoyance; boredom

abortar [abox'ta^r] *vi* (MED) to have a miscarriage; (: *de propósito*) to have an abortion; **aborto** [a'boxtu] *m* miscarriage; abortion; **fazer/ter um aborto** to have an abortion/a miscarriage

abotoadura [abotwa'dura] *f* cufflink

abotoar [abo'twa^r] *vt* to button up ♦ *vi* (BOT) to bud

abraçar [abra'sa^r] *vt* to hug; (*causa*) to embrace; ~-se *vr* to embrace; **ele abraçou-se a mim** he embraced me; **abraço** [a'brasu] *m* embrace, hug; **com um abraço** (*em carta*) with best wishes

abrandar [abrã'da^r] *vt* to reduce; (*suavizar*) to soften ♦ *vi* to diminish; (*acalmar*) to calm down

abranger [abrã'ʒe^r] *vt* (*assunto*) to cover; (*alcançar*) to reach

abrasar [abra'za^r] *vt* to burn; (*desbastar*) to erode ♦ *vi* to be on fire

abre-garrafas ['abri-] (*PT*) *m inv* bottle opener

abre-latas ['abri-] (*PT*) *m inv* tin (BRIT) ou can opener

abreugrafia [abrewgra'fia] *f* X-ray

abreviar [abre'vja^r] *vt* to abbreviate; (*texto*) to abridge; **abreviatura** [abre-vja'tura] *f* abbreviation

abridor [abri'do^r] (BR) *m*: ~ (**de lata**) tin (BRIT) ou can opener; ~ **de garrafa** bottle opener

abrigar [abri'ga^r] *vt* to shelter; (*proteger*) to protect; ~-se *vr* to take shelter

abrigo [a'brigu] *m* shelter, cover; ~ **anti-aéreo** air-raid shelter; ~ **anti-nuclear** fall-out shelter

abril [a'briw] (*PT* A~) *m* April

abrir [a'bri^r] *vt* to open; (*fechadura*) to unlock; (*vestuário*) to unfasten; (*torneira*) to turn on; (*exceção*) to make ♦ *vi* to open; (*sinal*) to turn green; ~-se *vr*: ~ **se com alguém** to confide in sb

abrolho [a'broʎu] *m* thorn

abrupto/a [a'bruptu/a] *adj* abrupt; (*repentino*) sudden

abscesso [ab'sɛsu] *m* abscess

abside [ab'sidʒi] *f* apse; (*relicário*) shrine

absolutamente [absoluta'mẽtʃi] *adv* absolutely; (*em resposta*) absolutely not, not at all

absoluto/a [abso'lutu/a] *adj* absolute; **em** ~ absolutely not, not at all

absolver [absow've^r] *vt* to absolve; (JUR) to acquit; **absolvição** [absow-vi'sãw] (*pl* ~ões) *f* absolution; acquittal

absorção [absox'sãw] *f* absorption

absorto/a [ab'soxtu/a] *pp de* **absorver** ♦ *adj* absorbed, engrossed

absorvente [absox'vẽtʃi] *adj* (*papel etc*) absorbent; (*livro etc*) absorbing

absorver [absox've^r] *vt* to absorb; ~-se *vr*: ~-se **em** to concentrate on

abstêmio/a [abʃ'temju/a] *adj* abstemious; (*álcool*) teetotal ♦ *m/f* abstainer; teetotaller (BRIT), teetotaler (US)

abstenção [abʃtẽ'sãw] (*pl* ~ões) *f* abstention

abster-se [ab'ʃtexsi] (*irreg*: *como* ter) *vr*: ~ **de** to abstain ou refrain from

abstracto/a [abʃ'tratu/a] (*PT*) *adj* = **abstrato**

abstrair [abʃtra'i^r] *vt* to abstract; (*omitir*) to omit; (*separar*) to separate

abstrato/a [abʃ'tratu/a] *adj* abstract

absurdo/a [abi'suxdu/a] *adj* absurd ♦ *m* nonsense

abulia [abu'lia] *f* apathy

abundância [abũ'dãsja] *f* abundance; **abundante** [abũ'dãtʃi] *adj* abundant; **abundar** [abũ'da^r] *vi* to abound

aburguesado/a [abuxʒe'zadu/a] *adj* middle-class

abusar [abu'za^r] *vi* to go too far; ~ **de** to abuse

abuso [a'buzu] *m* abuse; (JUR) indecent assault

abutre [a'butri] *m* vulture

a.C. *abr* (= *antes de Cristo*) B.C.

a/c *abr* (= *aos cuidados de*) c/o

acabado/a [aka'badu/a] *adj* finished;

(*esgotado*) worn out

acabamento [akaba'mẽtu] *m* finish

acabar [aka'ba*] *vt* to finish, complete; (*consumir*) to use up; (*rematar*) to finish off ♦ *vi* to finish, end; **~-se** *vr* to be over; (*prazo*) to expire; (*esgotar-se*) to run out; **~ com** to put an end to; **~ de chegar** to have just arrived; **~ por fazer** to end up (by) doing; **acabou-se!** it's all over!; (*basta!*) that's enough!

acabrunhado/a [akabru'ɲadu/a] *adj* depressed; (*perturbado*) distressed; (*envergonhado*) embarrassed

acabrunhar [akabru'ɲa*] *vt* to depress; (*entristecer*) to distress; (*envergonhar*) to embarrass

academia [akade'mia] *f* academy; **acadêmico/a** [aka'demiku/a] *adj, m/f* academic

açafrão [asa'frãw] *m* saffron

acalentar [akalẽ'ta*] *vt* to rock to sleep; (*esperanças*) to cherish

acalmar [akaw'ma*] *vt* to calm ♦ *vi* (*vento etc*) to abate; **~-se** *vr* to calm down

acalorado/a [akalo'radu/a] *adj* heated

acalorar [akalo'ra*] *vt* to heat; (*fig*) to inflame; **~-se** *vr* (*fig*) to get heated

acamado/a [aka'madu/a] *adj* bedridden

acampamento [akãpa'mẽtu] *m* camping; (*MIL*) camp, encampment

acampar [akã'pa*] *vi* to camp

acanhado/a [aka'ɲadu/a] *adj* shy

acanhamento [akaɲa'mẽtu] *m* shyness

acanhar-se [aka'ɲaxsi] *vr* to be shy

ação [a'sãw] *f* (*pl* -**ões**) *f* action; (*ato*) act, deed; (*MIL*) battle; (*enredo*) plot; (*JUR*) lawsuit; (*COM*) share; **~ ordinária/preferencial** (*COM*) ordinary/preference share

acarajé [akara'ʒɛ] *m* (*CULIN*) beans fried in palm oil

acarear [aka'rja*] *vt* to confront

acariciar [akari'sja*] *vt* to caress; (*fig*) to cherish

acarretar [akaxe'ta*] *vt* to result in, bring about

acaso [a'kazu] *m* chance; **ao ~** at random; **por ~** by chance

acastanhado/a [akafta'ɲadu/a] *adj* brownish; (*cabelo*) auburn

acatamento [akata'mẽtu] *m* respect, deference; (*de lei*) observance

acatar [aka'ta*] *vt* to respect; (*lei*) to obey

acautelar [akawte'la*] *vt* to warn; **~-se** *vr* to be cautious; **~-se contra** to guard against

acção [a'sãw] (*PT*) *f* = **ação**

accionar *etc* [asjo'na*] (*PT*) = **acionar** *etc*

aceder [ase'de*] *vi*: **~ a** to agree to, accede to

aceitação [asejta'sãw] *f* acceptance; (*aprovação*) approval

aceitar [asej'ta*] *vt* to accept; (*aprovar*) to approve; **aceitável** [asej'ta-vew] (*pl* -**eis**) *adj* acceptable; **aceite** [a'sejtʃi] (*PT*) *pp de* **aceitar** ♦ *adj* accepted ♦ *m* acceptance; **aceito/a** [a'sejtu/a] *pp de* **aceitar**

acelerado/a [asele'radu/a] *adj* rápido) quick; (*apressado*) hasty

acelerador [aselera'do*] *m* accelerator

acelerar [asele'ra*] *vt* (*AUTO*): **~ o carro** to accelerate; (*ritmo, negociações*) to speed up ♦ *vi* to accelerate; **~o passo** to go faster

acenar [ase'na*] *vi* (*com a mão*) to wave; (*com a cabeça: afirmativo*) to nod; (: *negativo*) to shake one's head

acendedor [asẽde'do*] *m* lighter

acender [asẽ'de*] *vt* (*cigarro, fogo*) to light; (*luz*) to switch on; (*fig*) to excite, inflame

aceno [a'senu] *m* sign, gesture; (*com a mão*) wave; (*com a cabeça: afirmativo*) nod; (: *negativo*) shake

acento [a'sẽtu] *m* accent; (*de intensidade*) stress; **acentuar** [asẽ'twa*] *vt* to accent; (*salientar*) to stress, emphasize

acepção [asep'sãw] (*pl* -**ões**) *f* (*de uma palavra*) sense

acepipe [aseˈpipi] m titbit (BRIT), tidbit (US), delicacy; ~s mpl (PT) hors d'œuvres

acerca [aˈsexka]: ~ de prep about, concerning

acercar-se [asexˈkaxsi] vr: ~ de to approach, draw near to

acérrimo/a [aˈseximu/a] adj (acre) (very) bitter; (defensor) staunch

acertado/a [asexˈtadu/a] adj right, correct; (sensato) sensible

acertar [asexˈtaⁿ] vt (ajustar) to put right; (relógio) to set; (alvo) to hit; (acordo) to reach; (pergunta) to get right ♦ vi to get it right, be right; ~ o caminho to find the right way; ~ com to hit upon

acervo [aˈsexvu] m (de museu etc) collection; (JUR) estate; (montão): um ~ de a pile of

aceso/a [aˈsezu/a] pp de **acender** ♦ adj: a luz estava acesa/o fogo estava ~ the light was on/the fire was alight; (excitado) excited; (furioso) furious

acessar [aseˈsaⁿ] vt (COMPUT) to access

acessível [aseˈsivew] (pl –eis) adj accessible; (pessoa) approachable

acesso [aˈsɛsu] m access; (MED) fit, attack

acessório/a [aseˈsɔrju/a] adj (máquina, equipamento) backup; (EDUC): matéria acessória subsidiary subject ♦ m accessory

achado/a [aˈʃadu/a] m find, discovery; (pechincha) bargain; (sorte) godsend

achaque [aˈʃaki] m ailment

achar [aˈʃaⁿ] vt (descobrir) to find; (pensar) to think; ~-se vr to think (that) one is; (encontrar-se) to be; ~ de fazer (resolver) to decide to do; o que é que você acha disso? what do you think of that?; **acho que sim** I think so

achatar [aʃaˈtaⁿ] vt to squash, flatten

achegar-se [aʃeˈgaxsi] vr: ~ a ou de to approach, get closer to

acidentado/a [asidẽˈtadu/a] adj (terreno) rough; (estrada) bumpy; (viagem) eventful; (vida) difficult ♦ m/f injured person

acidental [asidẽˈtaw] (pl –ais) adj accidental

acidente [asiˈdẽtʃi] m accident; por ~ by accident

acidez [asiˈdeʒ] f acidity

ácido/a [ˈasidu/a] adj acid; (azedo) sour ♦ m acid

acima [aˈsima] adv above; (para cima) up ♦ prep: ~ de above; (além de) beyond; **mais ~** higher up; **rio** ~ up river; **passar rua** ~ to go up the street; ~ **de 1000** more than 1000

acinte [aˈsĩtʃi] m provocation ♦ adv on purpose; **acintosamente** [asĩtozaˈmẽtʃi] adv on purpose

acionado/a [asjoˈnadu/a] m/f (JUR) defendant

acionar [asjoˈnaⁿ] vt to set in motion; (máquina) to operate; (JUR) to sue

acionista [asjoˈniʃta] m/f shareholder

acirrado/a [asiˈxadu/a] adj (luta, competição) tough

acirrar [asiˈxaⁿ] vt to incite, stir up

aclamação [aklamaˈsãw] f acclamation; (ovação) applause

aclamar [aklaˈmaⁿ] vt to acclaim; (aplaudir) to applaud

aço [ˈasu] m steel

acocorar-se [akokoˈraxsi] vr to squat, crouch

acode etc [aˈkɔdʒi] vb V **acudir**

ações [aˈsõjʃ] fpl de **ação**

acoitar [asojˈtaⁿ] vt to shelter, give refuge to

açoitar [asojˈtaⁿ] vt to whip, lash; **açoite** [aˈsojtʃi] m whip, lash

acolá [akoˈla] adv over there

acolchoado [akowˈʃwadu] m quilt

acolchoar [akowˈʃwaⁿ] vt to quilt; (forrar) to pad

acolhedor/a [akoʎeˈdoⁿ/a] adj welcoming; (hospitaleiro) hospitable

acolher [akoˈʎeⁿ] vt to welcome; (abrigar) to shelter; (aceitar) to accept; ~-se vr to shelter; **acolhida** [akoˈʎida] f (recepção) reception, welcome; (*refúgio*) refuge; **acolhi-mento** [akoˈʎiˈmẽtu] *m* = **acolhida**

acometer [akomeˈteˣ] *vt* to attack

acomodação [akomodaˈsãw] (*pl -ões*) *f* accommodation; (*arranjo*) arrangement; (*adaptação*) adaptation

acomodar [akomoˈdaˣ] *vt* to accommodate; (*arrumar*) to arrange; (*adaptar*) to adapt

acompanhamento [akõpaɲaˈmẽtu] *m* attendance; (*cortejo*) procession; (*MUS*) accompaniment; (*CULIN*) side dish

acompanhante [akõpaˈɲãtʃi] *m/f* companion; (*MUS*) accompanist

acompanhar [akõpaˈɲaˣ] *vt* to accompany

aconchegante [akõʃeˈgãtʃi] *adj* cosy (*BRIT*), cozy (*US*)

aconchegar [akõʃeˈgaˣ] *vt* to bring near; ~**se** *vr* to make o.s. comfortable; ~**se a** to snuggle up to

aconchego [akõˈʃegu] *m* cuddle

acondicionar [akõdʒisjoˈnaˣ] *vt* to condition; (*empacotar*) to pack, wrap (up)

aconselhar [akõseˈʎaˣ] *vt* to advise; ~**se** *vr*: ~**se com** to consult

acontecer [akõteˈseˣ] *vi* to happen; **acontecimento** [akõtesiˈmẽtu] *m* event

acordar [akoxˈdaˣ] *vt* to wake (up); (*concordar*) to agree on ♦ *vi* to wake up

acorde [aˈkɔxdʒi] *m* chord

acordeão [akoxˈdʒjãw] (*pl -ões*) *m* accordion

acordo [aˈkoxdu] *m* agreement; "de ~!" "agreed!"; **de ~ com** (*pessoa*) in agreement with; (*conforme*) in accordance with; **estar de ~** to agree

Açores [aˈsoriʃ] *mpl*: **os ~** the Azores; **açoriano/a** [asoˈrjanu/a] *adj, m/f* Azorean

acorrentar [akoxẽˈtaˣ] *vt* to chain (up)

acorrer [akoˈxeˣ] *vi*: ~ **a alguém** to come to sb's aid

acossar [akoˈsaˣ] *vt* (*perseguir*) to pursue; (*atormentar*) to harass

acostamento [akoʃtaˈmẽtu] *m* hard shoulder (*BRIT*), berm (*US*)

acostar [akoʃˈtaˣ] *vt* to lean against; (*NAUT*) to bring alongside; ~**se** *vr* to lean back

acostumado/a [akoʃtuˈmadu/a] *adj* usual, customary; **estar ~ a algo** to be used to sth

acostumar [akoʃtuˈmaˣ] *vt* to accustom; ~**se** *vr*: ~**se a** to get used to

acotovelar [akotoveˈlaˣ] *vt* to jostle; ~**se** *vr* to jostle

açougue [aˈsogi] *m* butcher's (shop); ~**iro** [aˈsoˈgejru] *m* butcher

acovardar-se [akovaxˈdaxsi] *vr* (*desanimar*) to lose courage; (*amedrontar-se*) to flinch, cower

acre [ˈakri] *adj* (*gosto*) bitter; (*cheiro*) acrid; (*fig*) harsh

acreditado/a [akredʒiˈtadu/a] *adj* accredited

acreditar [akredʒiˈtaˣ] *vt* to believe; (*COM*) to credit; (*afiançar*) to guarantee ♦ *vi*: ~ **em** to believe in; **acreditável** [akredʒiˈtavew] (*pl -eis*) *adj* credible

acre-doce *adj* (*CULIN*) sweet and sour

acrescentar [akresẽˈtaˣ] *vt* to add

acrescer [akreˈseˣ] *vt* to increase; (*juntar*) to add ♦ *vi* to increase; **acréscimo** [aˈkrɛsimu] *m* increase; addition; (*elevação*) rise

acrílico [aˈkriliku] *m* acrylic

acrobata [akroˈbata] *m/f* acrobat

activo/a *etc* [aˈtivu/a] (*PT*) = **ativo** *etc*

acto [ˈatu] (*PT*) *m* = **ato**

actor [aˈtoˣ] (*PT*) *m* = **ator**

actriz [aˈtriʒ] (*PT*) *f* = **atriz**

actual *etc* [aˈtwaw] (*PT*) = **atual** *etc*

actuar *etc* [aˈtwaˣ] (*PT*) = **atuar** *etc*

açúcar [aˈsukaˣ] *m* sugar; **açucarado/a** [asukaˈradu/a] *adj* sugary; **açucareiro** [asukaˈrejru] *m* sugar bowl

acude [aˈsudʒi] *m* dam

acudir [akuˈdʒiˣ] *vt* (*ir em socorro*) to help, assist ♦ *vi* (*responder*) to reply, respond; ~ **a** to come to the aid of

açular [asu'la°] *vt* (*incitar*) to incite; ~ **um cachorro contra alguém** to set a dog on sb

acumular [akumu'la°] *vt* to accumulate; (*reunir*) to collect; (*funções*) to combine

acusação [akuza'sãw] (*pl* –ões) *f* accusation, charge; (*JUR*) prosecution

acusar [aku'za°] *vt* to accuse; (*revelar*) to reveal; (*culpar*) to blame; ~ **o recebimento de** to acknowledge receipt of

acústica [a'kuʃtʃika] *f* (*ciência*) acoustics *sg*; (*de uma sala*) acoustics *pl*

acústico/a [a'kuʃtʃiku/a] *adj* acoustic

adaga [a'daga] *f* dagger

adaptação [adapta'sãw] (*pl* –ões) *f* adaptation

adaptar [adap'ta°] *vt* to adapt; (*acomodar*) to fit; ~**-se** *vr*: ~**-se a** to adapt to

adega [a'dɛga] *f* cellar

adelgaçado/a [adewga'sadu/a] *adj* thin; (*aguçado*) pointed

ademais [adʒi'majʃ] *adv* besides, moreover

adentro [a'dẽtru] *adv* inside, in; **mata** ~ into the woods

adepto/a [a'dɛptu/a] *m/f* follower; (*de time*) supporter

adequado/a [ade'kwadu/a] *adj* appropriate

adequar [ade'kwa°] *vt* to adapt, make suitable

adereçar [adere'sa°] *vt* to adorn, decorate; ~**-se** *vr* to dress up; **adereço** [ade'resu] *m* adornment; **adereços** *mpl* (*TEATRO*) stage props

aderente [ade'rẽtʃi] *adj* adhesive, sticky ♦ *m/f* supporter

aderir [ade'ri°] *vi* to adhere

adesão [ade'zãw] *f* adhesion; (*patrocínio*) support

adesivo/a [ade'zivu/a] *adj* adhesive, sticky ♦ *m* adhesive tape; (*MED*) sticking plaster

adestrado/a [adeʃ'tradu/a] *adj*

skilled

adestrador(a) [adeʃtra'do°(a)] *m/f* trainer

adestrar [adeʃ'tra°] *vt* to train; (*cavalo*) to break in

adeus [a'dewʃ] *excl* goodbye!

adiamento [adʒja'mẽtu] *m* postponement; (*de uma sessão*) adjournment

adiantado/a [adʒjã'tadu/a] *adj* advanced; (*relógio*) fast; **chegar** ~ to arrive ahead of time; **pagar** ~ to pay in advance

adiantamento [adʒjãta'mẽtu] *m* progress; (*dinheiro*) advance (payment)

adiantar [adʒjã'ta°] *vt* (*dinheiro, trabalho*) to advance; (*relógio*) to put forward; **não adianta reclamar** there's no point *ou* it's no use complaining

adiante [a'dʒjãtʃi] *adv* (*na frente*) in front; (*para a frente*) forward; **mais** ~ further on; (*no futuro*) later on

adiar [a'dʒja°] *vt* to postpone, put off; (*sessão*) to adjourn

adição [adʒi'sãw] (*pl* –ões) *f* addition; (*MAT*) sum; **adicionar** [adʒisjo'na°] *vt* to add

adido/a [a'dʒidu/a] *m/f* attaché

adiro *etc* [a'diru] *vb* V aderir

adivinhação [adʒiviɲa'sãw] *f* (*destino*) fortune-telling; (*conjectura*) guessing, guesswork

adivinhar [adʒivi'ɲa°] *vt* to guess; (*ler a sorte*) to foretell ♦ *vi* to guess; ~ **o pensamento de alguém** to read sb's mind; **adivinho/a** [adʒi'viɲu/a] *m/f* fortune-teller

adjetivo [adʒe'tʃivu] *m* adjective

adjudicação [adʒudʒika'sãw] (*pl* –ões) *f* grant; (*de contratos*) award; (*JUR*) decision

adjudicar [adʒudʒi'ka°] *vt* to award, grant

adjunto/a [ad'ʒũtu/a] *adj* joined, attached ♦ *m/f* assistant

administração [adʒiminiʃtra'sãw] (*pl* –ões) *f* administration; (*direção*) management; (*comissão*) board

administrador(a) [adʒimini-

ʃtra'do*(a)] m/f administrator; (diretor) director; (gerente) manager
administrar [adʒiminiʃ'tra*] vt to
administer, manage; (governar) to
govern
admiração [adʒimira'sãw] f wonder;
(estima) admiration; **ponto de ~**
(PT) exclamation mark
admirado/a [adʒimi'radu/a] adj
astonished, surprised
admirar [adʒimi'ra*] vt to admire;
~-se vr: **~-se de** to be surprised at;
admirável [adʒimi'ravew] (pl -eis)
adj amazing
admissão [adʒimi'sãw] (pl -ões) f
admission; (consentimento para entrar) admittance; (de escola) intake
admitir [adʒimi'tʃi*] vt to admit;
(permitir) to allow; (funcionário) to
take on
admoestação [admwɛʃta'sãw] (pl
-ões) f admonition; (repreensão) reprimand
adoção [ado'sãw] f adoption
adoçar [ado'sa*] vt to sweeten
adoecer [adoe'se*] vi: **~ (de ou
com)** to fall ill (with) ♦ vt to make
ill
adoidado/a [adoj'dadu/a] adj crazy
adolescente [adole'sẽtʃi] adj, m/f
adolescent
adoptar etc [ado'ta*] (PT) = **adotar**
etc
adorar [ado'ra*] vt to adore; (venerar) to worship
adormecer [adoxme'se*] vi to fall
asleep; (entorpecer-se) to go numb;
adormecido/a [adoxme'sidu/a] adj
sleeping ♦ m/f sleeper
adornar [adox'na*] vt to adorn;
adorno [a'doxnu] m adornment
adotar [ado'ta*] vt to adopt;
adotivo/a [ado'tʃivu/a] adj (filho)
adopted
adquirir [adʒiki'ri*] vt to acquire
adrede [a'dredʒi] adv on purpose
Adriático/a [a'drjatʃiku/a] adj: **o
(mar) ~** the Adriatic
adro ['adru] m (church) forecourt;

(em volta da igreja) churchyard
aduana [a'dwana] f customs pl;
aduaneiro/a [adwa'nejru/a] adj customs atr ♦ m customs officer
adubar [adu'ba*] vt to manure; (fertilizar) to fertilize; **adubo** [a'dubu] m
fertilizer
adulação [adula'sãw] f flattery
adular [adu'la*] vt to flatter
adulterar [aduwte'ra*] vt to adulterate; (contas) to falsify ♦ vi to commit adultery
adultério [aduw'terju] m adultery
adulto/a [a'duwtu/a] adj, m/f adult
adventício/a [advẽ'tʃisju/a] adj
(casual) accidental; (estrangeiro)
foreign ♦ m/f foreigner
advento [ad'vẽtu] m advent; **o A~**
Advent
advérbio [ad'vexbju] m adverb
adversário [adʒivex'sarju/a] m ad-
versary
adversidade [adʒivexsi'dadʒi] f ad-
versity
adverso/a [adʒi'vexsu/a] adj adverse; (oposto): **~ a** opposed to
advertência [adʒivex'tẽsja] f warning
advertido/a [adʒivex'tʃidu/a] adj
prudent; (informado) well-advised
advertir [adʒivex'tʃi*] vt to warn;
(repreender) to reprimand; (chamar
a atenção a) to draw attention to
advir [ad'vi*] (irreg: como **vir**) vi: **~
de** to result from
advogado/a [adʒivo'gadu/a] m/f
lawyer
advogar [adʒivo'ga*] vt to advocate;
(JUR) to plead ♦ vi to practise
(BRIT) ou practice (US) law
aéreo/a [a'ɛrju/a] adj air atr
aerobarco [aero'baxku] m hover-
craft
aeródromo [aero'drɔmu] m airfield
aeromoça/a [aero'mosu/a] (BR) m/f
steward/air hostess
aeronáutica [aero'nawtʃika] f air
force; (ciência) aeronautics sg
aeronave [aero'navi] f aircraft
aeroporto [aero'poxtu] m airport

aerossol [aero'sɔw] (pl -óis) m aerossol

afã [a'fã] m (entusiasmo) enthusiasm; (diligência) diligence; (ânsia) eagerness; (esforço) effort

afabilidade [afabili'dadʒi] f friendliness

afagar [afa'ga*] vt to caress; (cabelo) to stroke

afamado/a [afa'madu/a] adj renowned

afanar [afa'na*] (col) vt to nick, pinch

afastado/a [afaʃ'tadu/a] adj (distante) remote; (isolado) secluded; **manter-se** ~ to keep to o.s.

afastamento [afaʃta'mẽtu] m removal; (distância) distance; (de pessoal) lay-off

afastar [afaʃ'ta*] vt to remove; (separar) to separate; (idéia) to put out of one's mind; (pessoal) to lay off; **~se** vr to move away

afável [a'favew] (pl -eis) adj friendly

afazer [afa'ze*] (irreg: como fazer) vt to accustom; **~se** vr: **~se a** to get used to

afazeres [afa'zeriʃ] mpl business sg; (dever) duties, tasks; **~ domésticos** household chores

afectar etc [afek'ta*] (PT) = **afetar** etc

afeição [afej'sãw] f affection, fondness; (dedicação) devotion; **afeiçoado/a** [afej'swadu/a] adj: **afeiçoado a** (amoroso) fond of; (devotado) devoted to; **afeiçoar-se** [afej'swaxsi] vr: **afeiçoar-se a** to take a liking to

afeito/a [a'fejtu/a] pp de **afazer** ♦ adj: **~ a** accustomed to, used to

aferir [afe'ri*] vt (verificar) to check, inspect; (comparar) to compare; (conhecimentos, resultados) to assess

aferrado/a [afe'xadu/a] adj obstinate, stubborn

aferrar [afe'xa*] vt to secure; (NAUT) to anchor; (atirar) to grasp; **~se** vr: **~se a** to cling to

afetado/a [afe'tadu/a] adj affected

afetar [afe'ta*] vt to affect; (fingir) to feign

afetivo/a [afe'tʃivu/a] adj affectionate; (problema) emotional

afeto [a'fɛtu] m affection; **afetuoso/a** [a'fetwozu/ɔza] adj affectionate

afiado/a [a'fjadu/a] adj sharp; (pessoa) well-trained

afiançar [afjã'sa*] vt (JUR) to stand bail for; (garantir) to guarantee

afiar [a'fja*] vt to sharpen

aficionado/a [afisjo'nadu/a] m/f enthusiast

afigurar-se [afigu'raxsi] vr to seem, appear; **afigura-se-me que ...** it seems to me that ...

afilhado/a [afi'ʎadu/a] m/f godson/goddaughter

afiliar [afi'lja*] vt to affiliate; **~se** vr: **~se a** to join

afim [a'fĩ] (pl -ns) adj (semelhante) similar; (consangüíneo) related ♦ m/f relative, relation

afinado/a [afi'nadu/a] adj in tune

afinal [afi'naw] adv at last, finally; **~ (de contas)** after all

afinar [afi'na*] vt (MÚS) to tune

afinco [a'fĩku] m tenacity, persistence

afinidade [afini'dadʒi] f affinity

afins [a'fĩʃ] pl de **afim**

afirmação [afixma'sãw] (pl -ões) f affirmation; (declaração) statement

afirmar [afix'ma*] vt, vi to affirm, assert; (declarar) to declare

afirmativo/a [afixma'tʃivu/a] adj affirmative

afiro etc [a'firu] vb V **aferir**

afivelar [afive'la*] vt to buckle

afixar [afik'sa*] vt (cartazes) to stick, post

aflição [afli'sãw] f affliction; (ansiedade) anxiety; (angústia) anguish

afligir [afli'ʒi*] vt to distress; (atormentar) to torment; (inquietar) to worry; **~se** vr: **~se com** to worry about; **aflito/a** [a'flitu/a] pp de **afligir** ♦ adj distressed, anxious

aflorar [aflo'ra*] vi to emerge, appear

afluência [aˈflwêsjɐ] f affluence; (corrente copiosa) flow; (de pessoas) stream; **afluente** [aˈflwêtʃi] adj copious; (rico) affluent ♦ m tributary

afluir [aˈflwi] vi to flow; (pessoas) to congregate

afobação [afobaˈsãw] f fluster; (ansiedade) panic

afobado/a [afoˈbadu/a] adj flustered; (ansioso) panicky, nervous

afobar [afoˈba⁺] vt to fluster; (deixar ansioso) to make nervous ou panicky ♦ vi to get flustered; to panic, get nervous; **~-se** vr to get flustered

afogador [afogaˈdo⁺] (BR) m (AUTO) choke

afogar [afoˈga⁺] vt to drown ♦ vi (AUTO) to flood; **~-se** vr to drown

afoito/a [aˈfojtu/a] adj bold, daring

afônico/a [aˈfoniku/a] adj: estou ~ I've lost my voice

afora [aˈfɔra] prep except for, apart from ♦ adv: **rua ~** down the street

aforrar [afoˈxa⁺] vt (roupa) to line; (poupar) to save; (liberar) to free ♦ vi to get flustered

afortunado/a [afoxtuˈnadu/a] adj fortunate, lucky

afresco [aˈfreʃku] m fresco

África [ˈafrika] f: a ~ Africa; a ~ do Sul South Africa; **africano/a** [afriˈkanu/a] adj, m/f African

afro-brasileiro/a [ˈafru-] (pl ~s) adj Afro-Brazilian

afronta [aˈfrõta] f insult, affront; **~r** [afrõˈta⁺] vt to insult; (ofender) to offend

afrouxar [afroˈʃa⁺] vt (desapertar) to slacken; (soltar) to loosen ♦ vi to come loose

afta [ˈafta] f (mouth) ulcer

afugentar [afuʒẽˈta⁺] vt to drive away, put to flight

afundar [afũˈda⁺] vt to sink; (cavidade) to deepen; **~-se** vr to sink

agachar-se [agaˈʃaxsi] vr (acachaparse) to crouch, squat; (curvarse) to stoop

agarrar [agaˈxa⁺] vt to seize, grasp; **~-se** vr: **~-se a** to cling to, hold on to

agasalhar [agazaˈʎa⁺] vt to dress warmly, wrap up; **~-se** vr to wrap o.s. up

agasalho [agaˈzaʎu] m (casaco) coat; (suéter) sweater

ágeis [ˈaʒejʃ] pl de **ágil**

agência [aˈʒẽsja] f agency; (escritório) office; **~ de correio** (BR) post office; **~ de viagens** travel agency

agenciar [aʒẽˈsja⁺] vt (negociar) to negotiate; (obter) to procure

agenda [aˈʒẽda] f diary

agente [aˈʒẽtʃi] m/f agent; (de polícia) policeman/woman

ágil [ˈaʒiw] (pl ~eis) adj agile

agiota [aˈʒjɔta] m/f moneylender

agir [aˈʒi⁺] vi to act; **~ bem/mal** to do right/wrong

agitação [aʒitaˈsãw] (pl ~ões) f agitation; (perturbação) disturbance; (inquietação) restlessness

agitado/a [aʒiˈtadu/a] adj agitated, disturbed; (inquieto) restless

agitar [aʒiˈta⁺] vt to agitate, disturb; (sacudir) to shake; (cauda) to wag; (mexer) to stir; **~-se** vr to get upset; (mar) to get rough

aglomeração [aglomeraˈsãw] (pl ~ões) f gathering; (multidão) crowd

aglomerado [aglomeˈradu] m: **~ urbano** city

aglomerar [aglomeˈra⁺] vt to heap up, pile up; **~-se** vr (multidão) to crowd together

agonia [agoˈnia] f agony, anguish; (ânsia da morte) death throes pl; **agonizante** [agoniˈzãtʃi] adj dying ♦ m/f dying person; **agonizar** [agoniˈza⁺] vi to be dying; (afligir-se) to agonize

agora [aˈgɔra] adv now; **~ mesmo** right now; (há pouco) a moment ago; **até ~** so far, up to now; **por ~** for now

agosto [aˈgoʃtu] (PT A~) m August

agourar [agoˈra⁺] vt to predict, foretell

agouro [aˈgoru] m omen

agraciar [agraˈsja⁺] vt to decorate

agradar [agraˈda⁺] vt to please; (fa-

zer agrados a) to be nice to ♦ *vi* to be pleasing; (*satisfazer*) to go down well

agradável [agra'davew] (*pl* –eis) *adj* pleasant

agradecer [agrade'se*] *vt*: ~ algo a alguém, ~ a alguém por algo to thank sb for sth; **agradecido/a** [agrade'sidu/a] *adj* grateful; **mal agradecido** ungrateful; **agradecimento** [agradesi'mētu] *m* gratitude; **agradecimentos** *mpl* (*gratidão*) thanks

agrado [a'gradu] *m*: fazer um ~ a alguém (*afagar*) to be affectionate with sb; (*ser agradável*) to be nice to sb

agrário/a [a'grarju/a] *adj* agrarian; reforma agrária land reform

agravação [agrava'sãw] (*PT*) *f* aggravation

agravamento [agrava'mētu] (*BR*) *m* aggravation

agravante [agra'vãtʃi] *adj* aggravating ♦ *f* aggravating circumstance

agravar [agra'va*] *vt* to aggravate, make worse; ~-**se** *vr* (*piorar*) to get worse

agravo [a'gravu] *m* (*JUR*) appeal

agredir [agre'dʒi*] *vt* to attack; (*insultar*) to insult

agregado/a [agre'gadu/a] *m/f* (*lavrador*) tenant farmer; (*BR*) lodger ♦ *m* aggregate, sum total

agregar [agre'ga*] *vt* (*juntar*) to collect; (*acrescentar*) to add

agressão [agre'sãw] (*pl* –ões) *f* aggression; (*ataque*) attack; (*assalto*) assault

agressivo/a [agre'sivu/a] *adj* aggressive

agressões [agre'sõjʃ] *fpl* de agressão

agreste [a'greʃtʃi] *adj* rural, rustic; (*terreno*) wild

agrião [a'grjãw] *m* watercress

agrícola [a'grikola] *adj* agricultural

agricultor [agrikuw'to*] *m* farmer

agricultura [agrikuw'tura] *f* agriculture, farming

agrido *etc* [a'gridu] *vb* V agredir

agridoce [agri'dosi] *adj* bittersweet

agronomia [agrono'mia] *f* agronomy

agropecuária [agrope'kwarja] *f* farming, agriculture

agrupar [agru'pa*] *vt* to group; ~-**se** *vr* to group together

agrura [a'grura] *f* bitterness

água [a'gwa] *f* water; ~s *fpl* (*mar*) waters; (*chuvas*) rain *sg*; (*maré*) tides; ~ abaixo/acima downstream/upstream; **dar** ~ **na boca** (*comida*) to be mouthwatering; **estar na** ~ (*bêbado*) to be drunk; **fazer** ~ (*NAUT*) to leak; ~ **benta/corrente/doce** holy/running/fresh water; ~ **dura/leve** hard/soft water; ~ **mineral** mineral water; ~ **oxigenada** peroxide; ~ **salgada** salt water; ~ **sanitária** household bleach

aguaceiro [agwa'sejru] *m* (*chuva*) (heavy) shower, downpour

água-de-coco *f* coconut milk

água-de-colônia (*pl* **águas-de-colônia**) *f* eau-de-cologne

aguado/a [a'gwadu/a] *adj* watery

água-furtada [-fux'tada] (*pl* **águas-furtadas**) *f* garret, attic

aguar [a'gwa*] *vt* to water

aguardar [agwax'da*] *vt* to wait for; (*contar com*) to expect ♦ *vi* to wait

aguardente [agwax'dẽtʃi] *m* kind of brandy

aguarrás [agwa'xajʃ] *f* turpentine

água-viva (*pl* **águas-vivas**) *f* jellyfish

aguçado/a [agu'sadu/a] *adj* pointed; (*espírito, sentidos*) acute

agudeza [agu'deza] *f* sharpness; (*perspicácia*) perspicacity; (*de som*) shrillness

agudo/a [a'gudu/a] *adj* sharp, shrill; (*intenso*) acute

agüentar [agwē'ta*] *vt* (*muro etc*) to hold up; (*dor, injustiças*) to stand, put up with; (*peso*) to withstand ♦ *vi* to last; ~-**se** *vr* to remain, hold on; ~ **fazer algo** to manage to do sth; **não** ~ de not to be able to stand

águia [a'gja] *f* eagle; (*fig*) genius

agulha [a'guʎa] f (de coser, tricô) needle; (NAUT) compass; (FERRO) points pl (BRIT), switch (US); **trabalho de ~** needlework

agulheta [agu'ʎeta] f nozzle

ai [aj] excl (suspiro) oh!; (de dor) ouch! ♦ m (suspiro) sigh; (gemido) groan; **~ de mim** poor me!

aí [a'i] adv there; (então) then; **por ~** (em lugar indeterminado) somewhere over there, thereabouts; **espera ~!** wait!, hang on a minute!; **está ~!** (col) right!; **e ~?** and then what?

AIDS ['ajdʒs] abr f AIDS

ainda [a'ĩda] adv still; (mesmo) even; **~ agora** just now; **~ assim** even so, nevertheless; **~ bem** just as well; **~ por cima** on top of all that, in addition; **~ não** not yet; **~ que** even if; **maior ~** even bigger

aipo [a'jpu] m celery

airado/a [aj'radu/a] adj (frívolo) frivolous; (leviano) dissolute

airoso/a [aj'rozu/za] adj graceful, elegant

ajeitar [aʒej'ta*] vt (roupa, cabelo) to adjust; (emprego) to arrange; **~-se** vr to adapt

ajo etc ['aʒu] vb V **agir**

ajoelhado/a [aʒweˈʎadu/a] adj kneeling

ajoelhar [aʒweˈʎa*] vi to kneel (down); **~-se** vr to kneel down

ajuda [a'ʒuda] f help; (subsídio) grant, subsidy; **dar ~ a alguém** to lend ou give sb a hand; **~ de custo** allowance; **~nte** [aʒu'dãtʃi] m/f assistant, helper; (MIL) adjutant

ajudar [aʒu'da*] vt to help

ajuizado/a [aʒwi'zadu/a] adj (sensato) sensible; (sábio) wise; (prudente) discreet

ajuizar [aʒwi'za*] vt to judge; (calcular) to calculate

ajuntamento [aʒũta'mẽtu] m gathering

ajuntar [aʒũ'ta*] vt (unir) to join; (documentos) to attach; (reunir) to gather

ajustagem [aʒuʃ'taʒẽ] (BR: pl **-ns**)

f (TEC) adjustment

ajustamento [aʒuʃta'mẽtu] m adjustment; (de contas) settlement

ajustagens [aʒuʃ'taʒẽʃ] fpl de **ajustagem**

ajustar [aʒuʃ'ta*] vt to adjust; (conta, disputa) to settle; (acomodar) to fit; (roupa) to take in; (preço) to agree on; **~-se** vr: **~-se a** to conform to; (adaptar-se) to adapt to

ajuste [a'ʒuʃtʃi] m (acordo) agreement; (de contas) settlement; (adaptação) adjustment

ala ['ala] f wing; (fileira) row; (passagem) aisle

alagar [ala'ga*] vt, vi to flood

alambique [alã'biki] m still

alameda [ala'meda] f (avenida) avenue; (arvoredo) grove

álamo ['alamu] m poplar

alar [a'la*] vt to haul, heave

alarde [a'laxdʒi] m ostentation; (jactância) boasting; **fazer ~ de** to boast about; **~ar** [alax'dʒja*] vt to show off; (gabar-se de) to boast of ♦ vi to show off; to boast; **~ar-se** ou **~ar-se** vr to boast

alargar [alax'ga*] vt to extend; (fazer mais largo) to widen, broaden; (afrouxar) to loosen, slacken

alarido [ala'ridu] m (clamor) outcry; (tumulto) uproar

alarma [a'laxma] f alarm; (susto) panic; (tumulto) tumult; (vozearia) outcry; **dar o sinal de ~** to raise the alarm; **~ de roubo** burglar alarm; **~nte** [alax'mãtʃi] adj alarming; **~r** [alax'ma*] vt to alarm; **~r-se** vr to be alarmed

alarme [a'laxmi] m = **alarma**

alastrado/a [alaʃ'tradu/a] adj: **~ de** strewn with

alastrar [alaʃ'tra*] vt to scatter; (disseminar) to spread; **~-se** vr (epidemia, rumor) to spread

alavanca [ala'vãka] f lever; (pé-de-cabra) crowbar; **~ de mudanças** gear lever

albergue [aw'bɛxgi] m (estalagem) inn; (refúgio) hospice, shelter; **~ no-**

turno hotel; ~ **para jovens** youth hostel

albufeira [awbu'fejra] *f* lagoon

álbum ['awbũ] (*pl* –ns) *m* album; ~ **de recortes** scrapbook

alça ['awsa] *f* strap; (*asa*) handle; (*de fusil*) sight

alcácer [aw'kase⁰] *m* fortress

alcachofra [awka'ʃofra] *f* artichoke

alcaçuz [awka'suʒ] *m* liquorice

alcançar [awkã'sa⁰] *vt* to reach; (*estender*) to hand, pass; (*obter*) to obtain, get; (*atingir*) to attain; (*compreender*) to understand; (*desfalcar*): ~ **uma firma em $1 milhão** embezzle $1 million from a firm

alcance [aw'kãsi] *m* reach; (*competência*) power; (*compreensão*) understanding; (*de tiro, visão*) range; ao ~ **de** within reach *ou* range of; ao ~ **da voz** within earshot; **de grande** ~ far-reaching; **fora do** ~ **da mão** out of reach; **fora do** ~ **de alguém** beyond sb's grasp

alçapão [awsa'pãw] (*pl* –ões) *m* trapdoor; (*arapuca*) trap

alcaparra [awka'paxa] *f* caper

alçapões [awsa'põjʃ] *mpl de* **alçapão**

alçaprema [awsa'prɛma] *f* (*alavanca*) crowbar

alçar [aw'sa⁰] *vt* to lift (up); (*voz*) to raise

alcatéia [awka'tɛja] *f* (*de lobos*) pack; (*de ladrões*) gang

alcatrão [awka'trãw] *m* tar

álcool ['awkɔw] *m* alcohol; **alcoólatra** [aw'kɔlatra] *m/f* alcoholic; **alcoólico/a** [aw'kɔliku/a] *adj, m/f* alcoholic

Alcorão [awko'rãw] *m* Koran

alcova [aw'kɔva] *f* bedroom

alcunha [aw'kuɲa] *f* nickname

aldeão/eã [aw'dʒjãw/jã] (*pl* –ões/~s) *m/f* villager

aldeia [aw'deja] *f* village

aldeões [aw'dʒjõjʃ] *mpl de* **aldeão**

aleatório/a [alea'tɔrju/a] *adj* random

alecrim [alɛ'krĩ] *m* rosemary

alegação [alega'sãw] (*pl* –ões) *f* alle-gation

alegar [ale'ga⁰] *vt* to allege; (*JUR*) to plead

alegoria [alego'ria] *f* allegory

alegórico/a [ale'gɔriku/a] *adj* alle-gorical; **carro alegórico** float

alegrar [ale'gra⁰] *vt* to cheer (up), gladden; (*ambiente*) to brighten up; (*animar*) to liven (up); ~**-se** *vr* to cheer up

alegre [a'lɛgri] *adj* cheerful; (*contente*) happy, glad; (*cores*) bright; (*embriagado*) merry, tight; **alegria** [ale'gria] *f* joy, happiness

aleijado/a [alej'ʒadu/a] *adj* crippled ♦ *m/f* cripple

aleijar [alej'ʒa⁰] *vt* to cripple

aleitar [alej'ta⁰] *vt, vi* to breast-feed

além [a'lẽj] *adv* (*lá ao longe*) over there; (*mais adiante*) further on ♦ *m*: o ~ the hereafter ♦ *prep*: ~ **de** beyond; (*no outro lado de*) on the other side of; (*para mais de*) over; (*ademais de*) apart from, besides; ~ **disso** moreover; **mais** ~ further

alemã [ale'mã] *f de* **alemão**

alemães [ale'mãjʃ] *mpl de* **alemão**

Alemanha [ale'maɲa] *f*: a ~ Germany

alemão/mã [ale'mãw/mã] (*pl* –ães/~s) *adj, m/f* German ♦ *m* (*LING*) German

alentado/a [alẽ'tadu/a] *adj* (*valente*) valiant; (*grande*) great; (*volumoso*) substantial

alentador(a) [alẽta'do⁰(a)] *adj* encouraging

alentar [alẽ'ta⁰] *vt* to encourage; ~**-se** *vr* to cheer up

alento [a'lẽtu] *m* (*fôlego*) breath; (*ânimo*) courage; **dar** ~ to encourage; **tomar** ~ to draw breath

alergia [aler'ʒia] *f*: ~ (a) allergy (to); (*fig*) aversion (to); **alérgico/a** [a'lɛrʒiku/a] *adj*: **alérgico/a a** allergic (to); **ele é alérgico a João/à política** he can't stand João/politics

alerta [a'lɛrta] *adj* alert ♦ *adv* on the alert ♦ *m* alert

alfabetizar [awfabetʃi'za⁰] *vt* ...

teach to read and write; ~-se *vr* to
learn to read and write

alfabeto [awfa'betu] *m* alphabet

alface [aw'fasi] *f* lettuce

alfaia [aw'faja] *f* (*móveis*) furniture;
(*utensílio*) utensil; (*enfeite*) ornament

alfaiate [awfa'jatʃi] *m* tailor

alfândega [aw'fãdʒiga] *f* customs *pl*,
customs house; **alfandegário/a**
[awfãdc'garju/a] *m/f* customs officer

alfavaca [awfa'vaka] *f* basil

alfazema [awfa'zema] *f* lavender

alfinete [awfi'netʃi] *m* pin; ~ **de segurança** safety pin

alga ['awga] *f* seaweed

algarismo [awga'riʒmu] *m* numeral,
digit

Algarve [aw'gaxvi] *m*: **o** ~ the Algarve

algazarra [awga'zaxa] *f* uproar, racket

álgebra ['awʒebra] *f* algebra

algemas [aw'ʒemaʃ] *fpl* handcuffs

algo ['awgu] *adv* somewhat, rather ♦
pron something; (*qualquer coisa*)
anything

algodão [awgo'dãw] *m* cotton; ~
(**hidrófilo**) cotton wool (*BRIT*), absorbent cotton (*US*); **algodoeiro/a**
[awgo'dwejru/a] *adj* (*indústria*) cotton
atr ♦ *m* cotton plant

alguém [aw'gẽj] *pron* someone,
somebody; (*em frases interrogativas
ou negativas*) anyone, anybody

algum(a) [aw'gũ/'guma] (*pl* ~**ns/~as**)
adj some; (*em frases interrogativas
ou negativas*) any ♦ *pron* one; (*no
plural*) some; (*negativa*): **de modo**
~ in no way; **coisa** ~**a** nothing; ~
dia one day; ~ **tempo** for a while;
~**a coisa** something; ~**a vez** sometime

algures [aw'guriʃ] *adv* somewhere

alheio/a [a'ʎeju/a] *adj* (*de outrem*)
someone else's; (*estranho*) alien;
(*estrangeiro*) foreign; (*impróprio*) irrelevant

alho ['aʎu] *m* garlic; ~-**poró** [-po'rɔ]
(*pl* ~**s-porós**) *m* leek

ali [a'li] *adv* there; **até** ~ up to there;
por ~ around there; (*direção*) that
way; ~ **por** (*tempo*) round about; **de**
~ **por diante** from then on; ~ **dentro** in there

aliado/a [a'ljadu/a] *adj* allied ♦
m/f ally

aliança [a'ljãsa] *f* alliance; (*anel*)
wedding ring

aliar [a'ljaᵃ] *vt* to ally; ~-**se** *vr* to
form an alliance

aliás [a'ljajʃ] *adv* (*a propósito*) as a
matter of fact; (*ou seja*) rather, that
is; (*contudo*) nevertheless; (*diga-se
de passagem*) incidentally

álibi ['alibi] *m* alibi

alicate [ali'katʃi] *m* pliers *pl*; ~ **de
unhas** nail clippers *pl*

alicerce [ali'sɛxsi] *m* (*de edifício*)
foundation; (*fig*: *base*) basis

alienação [aljena'sãw] *f* alienation;
(*de bens*) transfer (of property); ~
mental insanity

alienado/a [alje'nadu/a] *adj* alien-
ated; (*demente*) insane; (*bens*)
transferred ♦ *m/f* lunatic

alienar [alje'naᵃ] *vt* (*afastar*) to
alienate; (*bens*) to transfer

alijar [ali'ʒaᵃ] *vt* to jettison; (*livrar-
se de*) to get rid of

alimentação [alimẽta'sãw] *f* (*alimentos*) food; (*ação*) feeding; (*nutrição*) nourishment; (*ELET*) supply

alimentar [alimẽ'taᵃ] *vt* to feed;
(*fig*) to nurture ♦ *adj* (*produto*) food
atr; (*hábitos*) eating *atr*; ~-**se** *vr*:
~-**se de** to feed on

alimentício/a [alimẽ'tʃisju/a] *adj*
food *atr*; (*nutritivo*) nourishing

alimento [ali'mẽtu] *m* food; (*nutrição*) nourishment

alinhado/a [ali'ɲadu/a] *adj* (*elegante*) elegant; (*texto*): ~ **à
esquerda/direita** ranged left/right

alinhar [ali'ɲaᵃ] *vt* to align; ~-**se** *vr*
to form a line

alinhavar [aliɲa'vaᵃ] *vt* (*COSTURA*)
to tack

alinho [a'liɲu] *m* (*alinhamento*)
alignment; (*elegância*) neatness

alíquota [a'likwota] *f* bracket, percentage

alisar [ali'za*ʳ*] *vt* to smooth; (*cabelo*) to straighten; (*acariciar*) to stroke

alistar [aliʃ'ta*ʳ*] *vt* (*MIL*) to recruit; ~**se** *vr* to enlist

aliviar [ali'vja*ʳ*] *vt* to relieve; (*carga etc*) to lighten

alívio [a'livju] *m* relief

alma ['awma] *f* soul; (*entusiasmo*) enthusiasm; (*caráter*) character

almejar [awmɛ'ʒa*ʳ*] *vt* to long for, yearn for

almirantado [awmirã'tadu] *m* admiralty

almirante [awmi'rãtʃi] *m* admiral

almoçar [awmo'sa*ʳ*] *vi* to have lunch ♦ *vt:* ~ **peixe** to have fish for lunch

almoço [aw'mosu] *m* lunch; **pequeno** ~ (*PT*) breakfast

almofada [awmo'fada] *f* cushion; (*PT: travesseiro*) pillow

almôndega [aw'mõdega] *f* meat ball

almoxarifado [awmoʃari'fadu] *m* storeroom

alô [a'lo] (*BR*) *excl* (*TEL*) hullo

alocar [alo'ka*ʳ*] *vt* to allocate

alojamento [aloʒa'mẽtu] *m* accommodation (*BRIT*), accommodations *pl* (*US*); (*habitação*) housing

alojar [alo'ʒa*ʳ*] *vt* (*hóspede*) to accommodate; (: *numa pensão*) to put up; (*sem teto, refugiado*) to house; (*MIL*) to billet; ~**se** *vr* to stay

alongar [alõ'ga*ʳ*] *vt* to lengthen; (*braço*) to stretch out; (*prazo, contrato*) to extend; (*reunião, sofrimento*) to prolong; ~**se** *vr* (*sobre um assunto*) to dwell

aloprado/a [alo'pradu/a] (*col*) *adj* nutty

alpendre [aw'pẽdri] *m* (*telheiro*) shed; (*pórtico*) porch

alpercata [awpex'kata] *f* sandal

Alpes ['awpiʃ] *mpl:* **os** ~ **the Alps**

alpinismo [awpi'niʒmu] *m* mountaineering, climbing; **alpinista** [awpi'niʃta] *m/f* mountaineer, climber

alquebrar [awke'bra*ʳ*] *vt* to bend;

(*enfraquecer*) to weaken ♦ *vi* (*curvar*) to stoop, be bent double

alquimia [awki'mia] *f* alchemy

alta ['awta] *f* (*de preços*) rise; (*de hospital*) discharge

altaneiro/a [awta'nejru/a] *adj* (*soberbo*) proud

altar [aw'ta*ʳ*] *m* altar

altear [aw'tʃja*ʳ*] *vt* to raise; (*reputação*) to enhance ♦ *vi* to spread out

alteração [awtera'sãw] (*pl* ~**ões**) *f* alteration; (*desordem*) disturbance; (*falsificação*) falsification

alterado/a [awte'radu/a] *adj* bad-tempered, irritated

alterar [awte'ra*ʳ*] *vt* to alter; (*falsificar*) to falsify; ~**se** *vr* to change; (*enfurecer-se*) to get angry, lose one's temper

alternar [awtex'na*ʳ*] *vt, vi* to alternate; ~**se** *vr* to alternate; (*por turnos*) to take turns

alternativa [awtexna'tʃiva] *f* alternative

alternativo/a [awtexna'tʃivu/a] *adj* alternative; (*ELET*) alternating

alteza [aw'teza] *f* highness

altissonante [awtʃiso'nãtʃi] *adj* high-sounding

altitude [awtʃi'tudʒi] *f* altitude

altivez [awtʃi'veʒ] *f* (*arrogância*) haughtiness; (*nobreza*) loftiness; **altivo/a** [aw'tʃivu/a] *adj* haughty; lofty

alto/a ['awtu/a] *adj* high; (*pessoa*) tall; (*som*) high, sharp; (*voz*) loud; (*GEO*) upper ♦ *adv* (*falar*) loudly, loud; (*voar*) high ♦ *excl* halt! ♦ *m* top, summit; **do** ~ **from above**; **por** ~ **superficially**; **alta fidelidade** high fidelity, hi-fi; **na alta noite** at dead of night

alto-falante (*pl* ~**s**) *m* loudspeaker

altura [aw'tura] *f* height; (*momento*) point, juncture; (*altitude*) altitude; (*de um som*) pitch; **em que** ~ **do Rio Branco fica a livraria?** whereabouts in Rio Branco is the bookshop?; **nesta** ~ at this juncture; **estar à** ~ **de** (*ser capaz de*) to be up

to; **ter 1.80 metros de** ~ to be 1.80 metres (*BRIT*) *ou* meters (*US*) tall
alucinação [alusina'sãw] (*pl* ~ões) *f* hallucination
alucinado/a [alusi'nadu/a] *adj* crazy
alucinante [alusi'nãtʃi] *adj* crazy
aludir [alu'dʒi*] *vi:* ~ **a** to allude to
alugar [alu'ga*] *vt* (*tomar de aluguel*) to rent, hire; (*dar de aluguel*) to let, rent out; ~**-se** *vr* to let; **aluguel** [alu'gɛw] (*pl* -**éis**) (*BR*) *m* rent; (*ação*) renting; **aluguel de carro** car hire (*BRIT*) *ou* rental (*US*); **aluguer** [alu'gɛ*] (*PT*) *m* = **aluguel**
aluir [a'lwi*] *vt* (*abalar*) to shake; (*derrubar*) to demolish; (*arruinar*) to ruin ♦ *vi* to collapse; (*ameaçar ruína*) to crumble
alumiar [alu'mja*] *vt* to light (up) ♦ *vi* to give light
alumínio [alu'minju] *m* aluminium (*BRIT*), aluminum (*US*)
alunissar [aluni'sa*] *vi* to land on the moon
aluno/a [a'lunu/a] *m/f* pupil, student
alusão [alu'zãw] (*pl* ~ões) *f* allusion
alvejante [awve'ʒãtʃi] *m* bleach
alvejar [awve'ʒa*] *vt* (*tomar como alvo*) to aim at; (*branquear*) to bleach
alvenaria [awvena'ria] *f* masonry; **de** ~ brick *atr*, brick-built
alvéolo [aw'vɛolu] *m* cavity
alvitrar [awvi'tra*] *vt* to propose, suggest; **alvitre** [aw'vitri] *m* opinion
alvo/a ['awvu/a] *adj* white ♦ *m* target
alvorada [awvo'rada] *f* dawn
alvorecer [awvore'se*] *vi* to dawn
alvoroçar [awvoro'sa*] *vt* (*agitar*) to stir up; (*entusiasmar*) to excite; ~**-se** *vr* to get agitated
alvoroço [awvo'rosu] *m* commotion; (*entusiasmo*) enthusiasm
alvura [aw'vura] *f* whiteness; (*pureza*) purity
amabilidade [amabili'dadʒi] *f* kindness; (*simpatia*) friendliness
amaciante [ama'sjãtʃi] *m:* ~ (**de** *roupa*) fabric conditioner
amaciar [ama'sja*] *vt* (*tornar macio*) to soften; (*carro*) to run in
ama-de-leite ['ama-] (*pl* **amas-de-leite**) *f* wet-nurse
amado/a [a'madu/a] *m/f* beloved, sweetheart
amador(a) [ama'do*(a)] *adj*, *m/f* amateur
amadurecer [amadure'se*], *vt*, *vi* (*frutos*) to ripen; (*fig*) to mature
âmago ['amagu] *m* (*centro*) heart, core; (*medula*) pith; (*essência*) essence
amainar [amaj'na*] *vi* (*tempestade*) to abate; (*cólera*) to calm down
amaldiçoar [amawdʒi'swa*] *vt* to curse, swear at
♦ **amálgama** [a'mawgama] *f* amalgam
amalgamar [amawga'ma*] *vt* to amalgamate; (*combinar*) to fuse (*BRIT*), fuze (*US*), blend
amalucado/a [amalu'kadu/a] *adj* crazy, whacky
amamentar [amamẽ'ta*], *vt*, *vi* to breast-feed
amanhã [ama'ɲã] *adv*, *m* tomorrow
amanhecer [amaɲe'se*] *vi* (*alvorecer*) to dawn; (*encontrar-se pela manhã*): **amanhecemos em Paris** we were in Paris at daybreak ♦ *m* dawn; **ao** ~ at daybreak
amansar [amã'sa*] *vt* (*animais*) to tame; (*cavalos*) to break in; (*aplacar*) to placate
amante [a'mãtʃi] *m/f* lover
amar [a'ma*] *vt* to love
amarelado/a [amare'ladu/a] *adj* yellowish; (*pele*) sallow
amarelo/a [ama'rɛlu/a] *adj* yellow ♦ *m* yellow
amarfanhar [amaxfa'ɲa*] *vt* to screw up
amargar [amax'ga*] *vt* to make bitter; (*fig*) to embitter
amargo/a [a'maxgu/a] *adj* bitter; **amargura** [amax'gura] *f* bitterness
amarrar [ama'xa*] *vt* to tie (up); (*NAUT*) to moor; ~ **a cara** to frown, scowl
amarrotar [amaxo'ta*] *vt* to crease

amassar [ama'sa*] vt (pão) to
knead; (misturar) to mix; (papel) to
screw up; (roupa) to crease; (carro)
to dent

amável [a'mavew] (pl **-eis**) adj kind

amazona [ama'zona] f horsewoman

Amazonas [ama'zonaʃ] m: o ~ the
Amazon

Amazônia [ama'zonja] f: a ~ the
Amazon region

ambição [ambi'sãw] (pl **-ões**) f ambition; **ambicionar** [absjo'na*] vt to
aspire to; **ambicioso/a** [ābi'sjozu/ɔza]
adj ambitious

ambidestro/a [ābi'dɛʃtru/a] adj am-
bidextrous

ambientar [ābjẽ'ta*] vt (filme etc)
to set; (adaptar): ~ alguém a algo
to get sb used to sth; ~-se vr to fit in

ambiente [a'bjẽtʃi] m atmosphere;
(meio, COMPUT) environment; **meio
~** environment; **temperatura ~**
room temperature

ambigüidade [ambigwi'dadʒi] f am-
biguity

ambíguo/a [a'bigwu/a] adj ambiguous

âmbito ['ābitu] m extent; (campo de
ação) scope, range

ambos/as ['ābuʃ/aʃ] adj pl both

ambrosia [ābro'zia] f egg custard

ambulância [ābu'lãsja] f ambulance

ambulante [ābu'lãtʃi] adj walking;
(errante) wandering; (biblioteca)
mobile

ambulatório [ābula'tɔrju] m outpatient department

ameaça [ame'asa] f threat; ~**r**
[amea'sa*] vt to threaten

ameba [a'mɛba] f amoeba (BRIT),
ameba (US)

amedrontar [amedrõ'ta*] vt to
scare, intimidate; ~-se vr to be
frightened

ameixa [a'mejʃa] f plum; (passa)
prune

amém [a'mẽj] excl amen

amêndoa [a'mẽdwa] f almond;
amendoeira [amẽ'dwejra] f almond
tree

amendoim [amẽdo'ĩ] (pl **-ns**) m
peanut

amenidade [ameni'dadʒi] f well-
being; ~**s** fpl (assuntos superficiais)
small talk sg

amenizar [ameni'za*] vt (abrandar)
to soften; (tornar agradável) to make
pleasant; (facilitar) to ease

ameno/a [a'mɛnu/a] adj pleasant;
(clima) mild

América [a'mɛrika] f: a ~ America;
a ~ do Norte/do Sul North/
South America; **a ~ Central/Latina**
Central/Latin America; **americano/a**
[ameri'kanu/a] adj, m/f American

amesquinhar [ameʃki'ɲa*] vt to belittle

amestrar [ameʃ'tra*] vt to train

ametista [ame'tʃiʃta] f amethyst

amianto [a'mjãtu] m asbestos

amido [a'midu] m starch

amigável [ami'gavew] (pl **-eis**) adj
amicable, friendly

amígdala [a'migdala] f tonsil; **amigdalite** [amigda'litʃi] f tonsillitis

amigo/a [a'migu/a] adj friendly ♦
m/f friend; **ser ~ de** to be friends
with

amistoso/a [amiʃ'tozu/ɔza] adj
friendly, cordial ♦ m (jogo) friendly

amiudar [amju'da*] vt, vi to repeat;
~ **as visitas** to make frequent
visits; **amiúde** [a'mjudʒi] adv often,
frequently

amizade [ami'zadʒi] f (relação)
friendship; (simpatia) friendliness

amnésia [am'nɛzja] f amnesia

amnistia [amniʃ'tia] (PT) f = **anistia**

amofinar [amofi'na*] vt to trouble;
~-se (com) vr to fret (over)

amolação [amola'sãw] (pl **-ões**) f
bother, annoyance

amolante [amo'lãtʃi] (BR) adj
bothersome

amolar [amo'la*] vt to sharpen;
(aborrecer) to annoy, bother ♦ vi to
be annoying

amoldar [amow'da*] vt to mould
(BRIT), mold (US); ~-se vr: ~-se a

(*conformar-se*) to conform to; (*acostumar-se*) to get used to

amolecer [amole'se*] *vt* to soften ♦ *vi* to soften; (*abrandar-se*) to relent

amônia [a'monja] *f* ammonia

amoníaco [amo'niaku] *m* ammonia

amontoar [amõ'twa*] *vt* to pile up, accumulate; ~ **riquezas** to amass a fortune

amor [a'mo*] *m* love; **por ~ de** for the sake of; **fazer ~** to make love

amora [a'moɾa] *f*: ~ **silvestre** blackberry; **~-preta** (*pl* **~s-pretas**) *f* bramble

amordaçar [amoɾda'sa*] *vt* to gag

amornar [amox'na*] *vt* to warm

amoroso/a [amo'ɾozu/ɔza] *adj* loving, affectionate

amor-perfeito (*pl* **amores-perfeitos**) *m* pansy

amortecedor [amoɾtese'do*] *m* shock absorber

amortecido/a [amoɾte'sidu/a] *adj* deadened; (*enfraquecido*) weak

amortização [amoɾtʃiza'sãw] *f* payment in instalments (*BRIT*) ou installments (*US*)

amortizar [amoɾtʃi'za*] *vt* to pay in instalments (*BRIT*) ou installments (*US*)

amostra [a'mɔʃtɾa] *f* sample

amotinar [amotʃi'na*] *vi* to rebel, mutiny

amparar [ãpa'ɾa*] *vt* to support; (*ajudar*) to help, assist; **~-se** *vr*: ~ **se em** to lean on

amparo [ã'paɾu] *m* support; help, assistance

ampère [ã'pɛɾi] (*BR*) *m* ampere, amp

ampliação [ãmplja'sãw] (*pl* **-ões**) *f* enlargement; (*extensão*) extension

ampliar [ã'plja*] *vt* to enlarge; (*conhecimento*) to broaden

amplificação [ãmplifika'sãw] (*pl* **-ões**) *f* enlargement; (*de som*) amplification

amplificador [ãplifika'do*] *m* amplifier

amplificar [ãplifi'ka*] *vt* to amplify

amplitude [ãpli'tudʒi] *f* (*espaço*) spaciousness; (*fig*: *extensão*) extent

amplo/a [ã'plu/a] *adj* (*sala*) spacious; (*conhecimento*, *sentido*) broad; (*possibilidade*) ample

amputar [ãpu'ta*] *vt* to amputate

Amsterdã [ãmiʃtex'dã] (*BR*) *n* Amsterdam

Amsterdão [ãmiʃtex'dãw] (*PT*) *n* = Amsterdã

amuado/a [a'mwadu/a] *adj* sulky

amuar [a'mwa*] *vi* to sulk ♦ *vt* to bore; **~-se** *vr* to get bored

anã [a'nã] *f de* **anão**

anacronismo [anakɾo'niʒmu] *m* anachronism

anagrama [ana'gɾama] *m* anagram

anágua [a'nagwa] *f* petticoat

anais [a'najʃ] *mpl* annals

analfabeto/a [anawfa'bɛtu/a] *adj*, *m/f* illiterate

analgésico [anaw'ʒɛziku] *m* painkiller, analgesic

analisar [anali'za*] *vt* to analyse;

análise [a'nalizi] *f* analysis; **analista** [ana'liʃta] *m/f* analyst

analogia [analo'ʒia] *f* analogy;

análogo/a [a'nalogu/a] *adj* analogous

ananás [ana'naʃ] (*pl* **ananases**) *m* (*BR*) variety of pineapple; (*PT*) pineapple

anão/anã [a'nãw/a'nã] (*pl* **-ões/~s**) *m/f* dwarf

anarquia [anax'kia] *f* anarchy; **anarquista** [anax'kiʃta] *m/f* anarchist

anatomia [anato'mia] *f* anatomy

anca [ã'ka] *f* (*de pessoa*) hip; (*de animal*) rump

anchova [ã'ʃova] *f* anchovy

ancião/anciã [ã'sjãw/a'sjã] (*pl* **-ões/~s**) *adj* old ♦ *m/f* old man/woman; (*de uma tribo*) elder

ancinho [ã'siɲu] *m* rake

anciões [ã'sjõjʃ] *mpl de* **ancião**

âncora [ã'koɾa] *f* anchor; **ancoradouro** [ãkoɾa'doɾu] *m* anchorage; **ancorar** [ãko'ɾa*] *vt, vi* to anchor

andaime [ã'dajmi] *m* (*ARQ*) scaffolding

andamento [ãda'mẽtu] *m* (*progres-*

_so_) progress; (_rumo_) course; (_MÚS_) tempo; **em ~ in** progress

andar [ã'da*] _vi_ to walk; (_máquina_) to work; (_progredir_) to progress; (_estar_): **ela anda triste** she's been sad lately ♦ _m_ gait; (_pavimento_) floor, storey (_BRIT_), story (_US_); **anda!** hurry up!; **~ a cavalo** to ride; **~ de trem/avião/bicicleta** to travel by train/fly/ride a bike

Andes ['ãdʒiʃ] _mpl_: **os ~** the Andes

andorinha [ãdo'riɲa] _f_ (_pássaro_) swallow

anedota [ane'dɔta] _f_ anecdote

anel [a'nɛw] (_pl -éis_) _m_ ring; (_elo_) link; (_de cabelo_) curl; **~ de casamento** wedding ring; **~ado/a** [ane'ladu/a] _adj_ curly

anemia [ane'mia] _f_ anaemia (_BRIT_), anemia (_US_)

anestesia [aneʃte'zia] _f_ anaesthesia (_BRIT_), anesthesia (_US_); (_anestésico_) anaesthetic (_BRIT_), anesthetic (_US_)

anexar [anek'sa*] _vt_ to annex; (_juntar_) to attach; (_documento_) to enclose; **anexo/a** [a'nɛksu/a] _adj_ attached ♦ _m_ annexe; (_em carta_) enclosure; **segue em anexo** please find enclosed

anfíbio/a [ã'fibju/a] _adj_ amphibious

anfiteatro [ãfitʃi'atru] _m_ amphitheatre (_BRIT_), amphitheater (_US_); (_no teatro_) dress circle

anfitrião/triã [ãfitri'ãw/'trjã] (_pl -ões/~s_) _m/f_ host/hostess

angariar [ãga'rja*] _vt_ (_fundos_) to raise; (_adeptos_) to attract; (_reputação, simpatia_) to gain; **~ votos** to canvass (for votes)

angina [ã'ʒina] _f_: **~ do peito** angina (pectoris)

anglicano/a [ãgli'kanu/a] _adj, m/f_ Anglican

Angola [ã'gola] _f_ Angola

angra ['ãgra] _f_ inlet, cove

angu [ã'gu] _m_ corn-meal purée

ângulo ['ãgulu] _m_ angle; (_canto_) corner

angústia [ã'guʃtʃia] _f_ anguish, dis-

tress; **angustiante** [ãguʃ'tʃjãtʃi] _adj_ distressing; (_momentos_) anxious, nerve-racking; (_agония_) [ãguʃ'tʃija*] _vt_ to distress

anil [a'niw] _m_ (_cor_) indigo

animação [anima'sãw] _f_ (_vivacidade_) liveliness; (_movimento_) bustle; (_entusiasmo_) enthusiasm

animado/a [ani'madu/a] _adj_ lively; (_alegre_) cheerful; **~ com** enthusiastic about

animador(a) [anima'do*(a)] _adj_ encouraging ♦ _m/f_ (_BR: TV_) presenter

animal [ani'maw] (_pl -ais_) _m, adj_ animal; **~ de estimação** pet (animal)

animar [ani'ma*] _vt_ to liven up; (_encorajar_) to encourage; **~-se** _vr_ to cheer up; (_festa etc_) to liven up; **~-se a** to bring o.s. to

ânimo ['animu] _m_ (_coragem_) courage; **~!** cheer up!; **perder o ~** to lose heart; **recobrar o ~** to pluck up courage; (_alegrar-se_) to cheer up

animosidade [animozi'dadʒi] _f_ animosity

aninhar [ani'ɲa*] _vt_ to nestle; **~-se** _vr_ to nestle

aniquilar [aniki'la*] _vt_ to annihilate; (_destruir_) to destroy

anis [a'niʃ] _m_ aniseed

anistia [aniʃ'tʃia] _f_ amnesty

aniversário [anivex'sarju] _m_ anniversary; (_de nascimento_) birthday; (: _festa_) birthday party

anjo ['ãʒu] _m_ angel; **~ da guarda** guardian angel

ano ['anu] _m_ year; **Feliz A~ Novo!** Happy New Year!; **o ~ que vem** next year; **por por annum**; **fazer ~s** to have a birthday; **ter dez ~s** to be ten (years old); **dia de ~s** (_PT_) birthday; **~ letivo** academic year; (_da escola_) school year

anões [a'nõjʃ] _mpl de_ **anão**

anoitecer [anojte'se*] _vi_ to grow dark ♦ _m_ nightfall

anomalia [anoma'lia] _f_ anomaly

anônimo/a [a'nonimu/a] _adj_ anonymous

anoraque [ano'raki] *m* anorak

anorexia [ano'reksja] *f* anorexia

anormal [anox'maw] (*pl* **-ais**) *adj* abnormal; (*excepcional*) handicapped; **~idade** [anoxmali'dadʒi] *f* abnormality

anotação [anota'sãw] (*pl* **-ões**) *f* annotation; (*nota*) note

anotar [ano'ta⁺] *vt* to annotate; (*tomar nota*) to note down

anseio *etc* [ã'seju] *vb* V **ansiar**

ânsia ['ãsja] *f* anxiety; (*desejo*): **~ (de)** longing (for); **ter ~s** (de vômito) to feel sick

ansiar [ã'sja⁺] *vi*: **~ por** (*desejar*) to yearn for; **~ por fazer** to long to do

ansiedade [ãsje'dadʒi] *f* anxiety; (*desejo*) eagerness

ansioso/a [ã'sjozu/ɔza] *adj* anxious; (*desejoso*) eager

antagonista [ãtago'niʃta] *m/f* antagonist; (*adversário*) opponent

Antártico [ã'taxtʃiku] *m*: **o ~** the Antarctic

ante ['ãtʃi] *prep* (*na presença de*) before; (*em vista de*) in view of, faced with

antebraço [ãtʃi'brasu] *m* forearm

antecedência [ãtese'dẽsja] *f*: **com ~ in** advance; **3 dias de ~** three days' notice

antecedente [ãtese'dẽtʃi] *adj* preceding ♦ *m* antecedent; **~s** *mpl* (*registro*) record *sg*; (*passado*) background *sg*

anteceder [ãtese'de⁺] *vt* to precede

antecipação [ãtesipa'sãw] *f* anticipation; **com um mês de ~** a month in advance; **~ de pagamento** advance (payment)

antecipadamente [ãtesipada'mẽtʃi] *adv* in advance, beforehand

antecipado/a [ãtesi'padu/a] *adj* (*pagamento*) (in) advance

antecipar [ãtesi'pa⁺] *vt* to anticipate, forestall; (*adiantar*) to bring forward

antemão [ante'mãw]: **de ~** *adv* beforehand

antena [ã'tɛna] *f* (*BIO*) antenna,

feeler; (*RADIO*, *TV*) aerial

anteontem [ãtʃi'õtẽ] *adv* the day before yesterday

antepassado [ãtʃipa'sadu] *m* ancestor

antepor [ãte'po⁺] (*irreg*: *como* **pôr**) *vt* to put before; **~-se** *vr* to anticipate

anteprojeto [ãtepro'ʒetu] (*PT* **-ect-**) *m* outline, draft

anterior [ãte'rjo⁺] *adj* previous; (*antigo*) former; (*de posição*) front

antes ['ãtʃiʃ] *adv* before; (*antigamente*) formerly; (*ao contrário*) rather ♦ *prep*: **~ de** before; **o quanto ~** as soon as possible; **~ de partir** before leaving; **~ de tudo** above all; **~ que** before

antever [ãte've⁺] (*irreg*: *como* **ver**) *vt* to anticipate, foresee

anti- [ãtʃi] *prefixo* anti-

antiácido/a [ã'tʃjasidu/a] *adj* antacid ♦ *m* antacid

antiaéreo/a [ãtʃja'ɛrju/a] *adj* antiaircraft

antibiótico/a [ãtʃi'bjɔtʃiku/a] *adj* antibiotic ♦ *m* antibiotic

anticaspa [ãtʃi'kaʃpa] *adj inv*: **xampu ~** dandruff shampoo

anticlímax [ãtʃi'klimaks] *m* anticlimax

anticoncepcional [ãtʃikõsepsjo'naw] (*pl* **-ais**) *adj*, *m* contraceptive

anticongelante [ãtʃikõʒe'lãtʃi] *m* antifreeze

anticorpo [ãtʃi'koxpu] *m* antibody

antídoto [ã'tʃidotu] *m* antidote

antigamente [ãtʃiga'mẽtʃi] *adv* formerly; (*no passado*) in the past

antigo/a [ã'tʃigu/a] *adj* old; (*histórico*) ancient; (*de estilo*) antique; (*chefe etc*) former

antiguidade [ãtʃigi'dadʒi] *f* antiquity, ancient times *pl*; (*de emprego*) seniority; **~s** *fpl* (*monumentos*) ancient monuments; (*artigos*) antiques

anti-higiênico/a *adj* unhygienic

anti-horário/a *adj* anticlockwise

antilhano/a [ãtʃiʎanu/a] *adj*, *m/f* West Indian

Antilhas [ãˈtʃiʎaʃ] fpl: as ~ the West Indies

antílope [ãˈtʃilopi] m antelope

antipatia [ãtʃipaˈtʃia] f dislike; **antipático/a** [ãtʃiˈpatʃika/a] adj unpleasant, unfriendly

antipatizar [ãtʃipatʃiˈza⁺] vi: ~ com alguém to dislike sb

antiquado/a [ãtʃiˈkwadu/a] adj antiquated; (fora de moda) out of date, old-fashioned

antiquário/a [ãtʃiˈkwarju/a] m/f antique dealer ♦ m (loja) antique shop

anti-semita adj anti-Semitic

anti-séptico/a adj antiseptic ♦ m antiseptic

anti-social (pl –ais) adj antisocial

antolhos [ãˈtoʎuʃ] mpl (pala) eyeshade sg; (de cavalo) blinkers

antologia [ãtoloˈʒia] f anthology

antropófago/a [ãtroˈpɔfagu/a] m/f cannibal

anual [aˈnwaw] (pl –ais) adj annual, yearly

anuário [aˈnwarju] m yearbook

anulação [anulaˈsãw] (pl –ões) f cancellation; (de contrato, casamento) annulment

anular [anuˈla⁺] vt to cancel; (contrato, casamento) to annul; (efeito) to cancel out ♦ m ring finger

anunciante [anũˈsjãtʃi] m (COM) advertiser

anunciar [anũˈsja⁺] vt to announce; (COM) to advertise

anúncio [aˈnũsju] m announcement; (COM) advertisement; (cartaz) notice; ~s classificados small ou classified ads

ânus [ˈanuʃ] m inv anus

anzol [ãˈzow] (pl –óis) m fish-hook

ao [aw] = a + o

aonde [aˈõdʒi] adv where; ~ quer que wherever

aos [awʃ] = a + os

Ap. abr = apartamento

apagado/a [apaˈgadu/a] adj: o fogo estava ~/a luz estava apagada the fire was out/the light was off

apagar [apaˈga⁺] vt to put out; (luz elétrica) to switch off; (vela) to blow out; (com borracha) to rub out, erase; ~-se vr to go out

apaixonado/a [apajʃoˈnadu/a] adj (discurso) impassioned; (pessoa): ele está ~ por ela he is in love with her; ele é ~ por tênis he's mad about tennis

apaixonar-se [apajʃoˈnaxsi] vr: ~ por to fall in love with

apalermado/a [apalɛxˈmadu/a] adj silly

apalpar [apawˈpa⁺] vt to touch, feel; (MED) to examine

apanhado [apaˈɲadu] m (de flores) bunch; (resumo) summary

apanhar [apaˈɲa⁺] vt to catch; (algo à mão, do chão) to pick up; (surra, táxi) to get; (flores, frutas) to pick; (agarrar) to grab ♦ vi to get a beating; ~ sol/chuva to sunbathe/get soaked

apara [aˈpara] f (de madeira) shaving; (de papel) clipping

aparador [aparaˈdo⁺] m sideboard

apara-lápis [aparaˈlapiʃ] (PT) m inv pencil sharpener

aparar [apaˈra⁺] vt (cabelo) to trim; (lápis) to sharpen; (algo arremessado) to catch

aparato [apaˈratu] m pomp; (coleção) array; ~so/a [aparaˈtozu/oza] adj grand

aparecer [apareˈse⁺] vi to appear; (apresentar-se) to turn up; (ser publicado) to be published; ~ em casa de alguém to call on sb; **aparecimento** [aparesiˈmẽtu] m appearance; (publicação) publication

aparelhado/a [apareˈʎadu/a] adj ready, prepared

aparelhar [apareˈʎa⁺] vt to prepare, get ready; (NÁUT) to rig; ~-se vr to get ready

aparelho [apaˈreʎu] m apparatus; (equipamento) equipment; (PESCA) tackle; (máquina) machine; (BR: fone) telephone; ~ de barbear electric shaver; ~ de chá tea set; ~ de rádio/TV radio/TV set; ~ doméstico domestic appliance

aparência [apa'rẽʒa] f appearance; **na ~** apparently; **sob a ~ de** under the guise of; **ter ~ de** to look like, seem

aparentar [aparẽ'ta*] vt (fingir) to feign; (parecer) to look; **não aparenta a sua idade** he doesn't look his age

aparente [apa'rẽtʃi] adj apparent

aparição [apari'sãw] (pl -ões) f (visão) apparition; (fantasma) ghost

apartamento [apaxta'mẽtu] m apartment, flat (BRIT)

apartar [apax'ta*] vt to separate; **~-se** vr to separate

aparte [a'paxtʃi] m (TEATRO) aside

apartheid [apax'tajdʒi] m apartheid

apatetado/a [apate'tadu/a] adj thick, stupid

apatia [apa'tʃia] f apathy

apático/a [a'patʃiku/a] adj apathetic

apavorado/a [apavo'radu/a] adj terrified

apavorante [apavo'rãtʃi] adj terrifying

apavorar [apavo'ra*] vt to terrify ♦ vi to be terrifying; **~-se** vr to be terrified

apaziguar [apazi'gwa*] vt to appease; **~-se** vr to calm down

apear-se [a'pjaxsi] vr: **~ de** (cavalo) to dismount from

apegado/a [ape'gadu/a] adj: **ser ~ a** (gostar de) to be attached to

apegar-se [ape'gaxsi] vr: **~ a** (afeiçoar-se) to become attached to

apego [a'pegu] m (afeição) attachment

apelação [apela'sãw] (pl -ões) f appeal

apelar [ape'la*] vi to appeal; **~ da sentença** (JUR) to appeal against the sentence; **~ para** to appeal to; **~ para a ignorância/violência** to resort to abuse/violence

apelido [ape'lidu] m (BR: alcunha) nickname; (PT: nome de família) surname

apelo [a'pelu] m appeal

apenas [a'pɛnaʃ] adv only

apêndice [a'pẽdʒisi] m appendix; (anexo) supplement; **apendicite** [apẽdʒi'sitʃi] f appendicitis

apequenar [apeke'na*] vt to belittle

aperceber-se [apexse'bexsi] vr: **~ de** to notice, see

aperfeiçoamento [apexfejʃwa'mẽtu] m (perfeição) perfection; (melhoramento) improvement

aperfeiçoar [apexfejʃwa*] vt to perfect; (melhorar) to improve; **~-se** vr to improve o.s.

aperreado/a [ape'xjadu/a] adj fed up

apertado/a [apex'tadu/a] adj tight; (estreito) narrow; (sem dinheiro) hard-up; (vida) hard

apertar [apex'ta*] vt (agarrar) to hold tight; (roupa) to take in; (esponja) to squeeze; (botão) to press; (despesas) to limit; (vigilância) to step up; (coração) to break; (fig: pessoa) to put pressure on ♦ vi (sapatos) to pinch; (chuva, frio) to get worse; (estrada) to narrow; **~ em** (insistir) to insist on; **~ a mão de alguém** to shake hands with sb

aperto [a'pextu] m pressure; (situação difícil) spot of bother, jam; **um ~ de mãos** a handshake

apesar [ape'za*]: **~ de** prep in spite of, despite; **~ disso** nevertheless; **~ de que** even though

apetecer [apete'se*] vi (comida) to be appetizing

apetecível [apete'sivew] (pl -eis) adj tempting

apetite [ape'tʃitʃi] m appetite; (desejo) desire; **bom ~!** enjoy your meal!; **apetitoso/a** [apeti'tozu/oza] adj appetizing

apetrechos [ape'trɛʃuʃ] mpl gear sg; (PESCA) tackle sg

ápice ['apisi] m (cume) summit, top; (vértice) apex

apiedar-se [apje'daxsi] vr: **~ de** to pity; (compadecer-se) to take pity on

apimentado/a [apimẽ'tadu/a] adj

peppery
apinhado/a [api'nadu/a] *adj*
crowded
apinhar [api'na*] *vt* to crowd, pack;
~-**se** *vr* to crowd together; ~-**se de**
(*gente*) to be filled *ou* packed with
apitar [api'ta*] *vi* to whistle; **apito**
[a'pitu] *m* whistle
aplacar [apla'ka*] *vt* to placate ♦ *vi*
to calm down; ~-**se** *vr* to calm down
aplainar [aplaj'na*] *vt* to plane; (*nivelar*) to level out
aplanar [apla'na*] *vt* (*alisar*) to
smooth; (*nivelar*) to level; (*dificuldades*) to smooth over
aplaudir [aplaw'dʒi*] *vt* to applaud
aplauso [a'plawzu] *m* applause;
(*apoio*) support; (*elogio*) praise;
(*aprovação*) approval; ~**s** applause
sg
aplicação [aplika'sãw] (*pl* –ões) *f* application; (*esforço*) effort; (*da lei*)
enforcement; (*de dinheiro*) investment
aplicado/a [apli'kadu/a] *adj* hard-
working
aplicar [apli'ka*] *vt* to apply; (*lei*) to
enforce; (*dinheiro*) to invest; ~-**se**
vr: ~-**se a** to devote o.s. to
apoderar-se [apode'raxsi] *vr*: ~ **de**
to seize, take possession of
apodrecer [apodre'se*] *vt* to rot;
(*dente*) to decay ♦ *vi* to rot; to decay; **apodrecimento** [apodresi'mẽtu]
m rottenness; decay
apogeu [apo'ʒew] *m* (*fig*) height,
peak
apoiar [apo'ja*] *vt* to support;
(*basear*) to base; (*moção*) to second;
~-**se** *vr*: ~-**se em** to rest on
apoio [a'poju] *m* support; (*financeiro*) backing
apólice [a'polisi] *f* (*certificado*) policy, certificate; (*ação*) share, bond; ~
de seguro insurance policy
apologia [apolo'ʒia] *f* (*elogio*)
eulogy; (*defesa*) defence (*BRIT*),
defense (*US*)
apontador [apõta'do*] *m* pencil sharpener

apontamento [apõta'mẽtu] *m*
(*nota*) note
apontar [apõ'ta*] *vt* (*fusil*) to aim;
(*erro*) to point out; (*com o dedo*) to
point at *ou* to; (*razão*) to put forward
♦ *vi* to begin to appear; (*brotar*) to
sprout; (*com o dedo*) to point; ~
para to point to; (*com arma*) to aim
at
apoquentar [apokẽ'ta*] *vt* to annoy,
pester; ~-**se** *vr* to get annoyed
após [a'pojʃ] *prep* after
aposentado/a [apozẽ'tadu/a] *adj* retired ♦ *m/f* retired person, pensioner;
ser ~ to be retired; ~**ria** [apo-
zẽtado'ria] *f* retirement; (*dinheiro*)
pension
aposentar [apozẽ'ta*] *vt* to retire;
~-**se** *vr* to retire
aposento [apo'zẽtu] *m* room
após-guerra *m*: **a Alemanha do** ~
post-war Germany
apossar-se [apo'saxsi] *vr*: ~ **de** to
take possession of, seize
aposta [a'poʃta] *f* bet
apostar [apoʃ'ta*] *vt* to bet ♦ *vi*: ~
em to bet on
apóstolo [a'poʃtolu] *m* apostle
apóstrofo [a'poʃtrofu] *m* apostrophe
aprazível [apra'zivew] (*pl* –**eis**) *adj*
pleasant
apreçar [apre'sa*] *vt* to value, price
apreciação [apresja'sãw] *f* appreciation
apreciar [apre'sja*] *vt* to appreciate;
(*gostar de*) to enjoy
apreciativo/a [apresja'tʃivu/a] *adj*
appreciative
apreço [a'presu] *m* esteem, regard;
(*consideração*) consideration; **em** ~
in question
apreender [aprjẽ'de*] *vt* to apprehend; (*tomar*) to seize; (*entender*) to
grasp
apreensão [aprjẽ'sãw] (*pl* –ões) *f*
(*percepção*) perception; (*tomada*)
seizure; (*receio*) apprehension
apreensivo/a [aprjẽ'sivu/a] *adj* apprehensive
apreensões [aprjẽ'sõjʃ] *fpl* **de**

apreensão

apregoar [apreˈgwa*] vt to proclaim, announce; (mercadorias) to cry

aprender [apreˈde*] vt, vi to learn; ~ **a ler** to learn to read; ~ **de cor** to learn by heart

aprendiz [apreˈdʒiʒ] m apprentice; (condutor) learner

aprendizagem [apreˈdʒizaʒẽ] f (num ofício) apprenticeship; (numa profissão) training; (escolar) learning

apresentação [aprezẽtaˈsãw] (pl -ões) f presentation; (de peça, filme) performance; (de pessoas) introduction; (porte pessoal) appearance

apresentador(a) [aprezẽtaˈdo*(a)] m/f presenter

apresentar [aprezẽˈta*] vt to present; (pessoas) to introduce; ~se vr to introduce o.s.; (problema) to present itself; (à polícia etc) to report; **quero ~lhe** may I introduce you to

apressado/a [apreˈsadu/a] adj hurried, hasty; **estar ~** to be in a hurry

apressar [apreˈsa*] vt to hurry; ~se vr to hurry (up)

aprestar [apreʃˈta*] vt to equip, fit out; (aprontar) to get ready; ~se vr to get ready; **aprestos** [aˈprɛʃtuʃ] mpl preparations

aprisionamento [aprizjonaˈmẽtu] m imprisonment

aprisionar [aprizjoˈna*] vt (capturar) to capture; (encarcerar) to imprison

aprofundar [aprofũˈda*] vt to deepen, make deeper; ~se vr: ~se em to go deeper into

aprontar [aprõˈta*] vt to get ready, prepare; ~se vr to get ready

apropriação [aproprjaˈsãw] (pl -ões) f appropriation; (tomada) seizure

apropriado/a [aproˈprjadu/a] adj appropriate, suitable

apropriar [aproˈprja*] vt to appropriate; ~se vr: ~se de to seize, take possession of

aprovação [aprovaˈsãw] f approval; (louvor) praise; (num exame) pass

aprovado/a [aproˈvadu/a] adj approved; **ser ~ num exame** to pass an exam

aprovar [aproˈva*] vt to approve of; (exame) to pass ♦ vi to make the grade

aproveitador(a) [aprovejtaˈdo*(a)] m/f opportunist

aproveitamento [aprovejtaˈmẽtu] m use, utilization; (nos estudos) progress

aproveitar [aprovejˈta*] vt to take advantage of; (utilizar) to use; (oportunidade) to take ♦ vi to make the most of it; (PT) to be of use; **aproveite!** enjoy yourself!

aprovisionar [aprovizjoˈna*] vt to supply; (estocar) to stock

aproximação [aprosimaˈsãw] (pl -ões) f approximation; (chegada) approach; (proximidade) nearness

aproximado/a [aprosiˈmadu/a] adj approximate; (perto) nearby

aproximar [aprosiˈma*] vt to bring near; (aliar) to bring together; ~se vr: ~se de to approach

aptidão [aptʃiˈdãw] f aptitude; (jeito) knack; ~ **física** physical fitness

apto/a [ˈaptu/a] adj apt; (capaz) capable

apto. abr = **apartamento**

apunhalar [apuɲaˈla*] vt to stab

apurado/a [apuˈradu/a] adj refined

apurar [apuˈra*] vt to perfect; (averiguar) to investigate; (dinheiro) to raise, get; (votos) to count; ~se vr to dress up

apuro [aˈpuru] m refinement, elegance; (dificuldade) difficulty; **estar em ~s** to be in trouble

aquarela [akwaˈrɛla] f watercolour (BRIT), watercolor (US)

aquário [aˈkwarju] m aquarium; **A~** (ASTROLOGIA) Aquarius

aquartelar [akwarteˈla*] vt (MIL) to billet, quarter

aquático/a [aˈkwatʃiku/a] adj aquatic, water atr

aquecer [akeˈse*] vt to heat ♦ vi to heat up; ~se vr to heat up

aquecido/a [ake'sidu/a] *adj* heated;
aquecimento [akesi'mētu] *m* heating;
aquecimento central central heating

aqueduto [ake'dutu] *m* aqueduct
aquele/ela [a'keli/ɛla] *adj (sg)* that;
(pl) those ♦ *pron (sg)* that one; *(pl)*
those
àquele/ela [a'keli/ɛla] = **a** +
aquele/ela
aquém [a'kēj] *adv* on this side; **~ de**
on this side of
aqui [a'ki] *adv* here; **eis ~** here is/
are; **~ mesmo** right here; **até ~** up
to here; **por ~** hereabouts; *(nesta
direção)* this way
aquietar [akje'ta*] *vt* to calm, quiet-
en; **~-se** *vr* to calm down
aquilo [a'kilu] *pron* that; **~ que**
what
àquilo [a'kilu] = **a** + **aquilo**
aquisição [akizi'sãw] *(pl –ões)* f acquisition
ar [a*] *m* air; *(aspecto)* look; *(brisa)*
breeze; *(PT: AUTO)* choke; **~es** *mpl*
(atitude) airs; *(clima)* climate *sg*;
ao ~ livre in the open air; **no ~**
(TV, RADIO) on air; *(fig: planos)* up
in the air; **dar-se ~es** to put on
airs; **~ condicionado** *(aparelho)* air
conditioner; *(sistema)* air conditioning
árabe ['arabi] *adj, m/f* Arab ♦ *m*
(LING) Arabic
Arábia [a'rabja] *f:* **a ~ Saudita** Saudi Arabia
arado [a'radu] *m* plough *(BRIT)*,
plow *(US)*
aragem [a'raʒē] *(pl –ns)* f breeze
arame [a'rami] *m* wire
aranha [a'raɲa] f spider
arar [a'ra*] *vt* to plough *(BRIT)*, plow
(US)
arara [a'rara] f macaw
arbitragem [axbi'traʒē] f arbitration
arbitrar [axbi'tra*] *vt* to arbitrate;
(ESPORTE) to referee
arbitrário/a [axbi'trarju/a] *adj* arbitrary
arbítrio [ax'bitrju] *m* decision; **ao ~**

de at the discretion of
árbitro ['axbitru] *m (juiz)* arbiter;
(JUR) arbitrator; *(FUTEBOL)* referee; *(TÉNIS etc)* umpire
arbusto [ax'buʃtu] *m* shrub, bush
arca ['axka] f chest, trunk; **~ de Noé**
Noah's Ark
arcada [ax'kada] f arcade; *(arco)*
arch
arcaico/a [ax'kajku/a] *adj* archaic
arcar [ax'ka*] *vi:* **~ com** *(responsa-
bilidades)* to shoulder; *(despesas)* to
handle; *(consequências)* to take
arcebispo [arse'biʃpu] *m* archbishop
arco ['axku] *m (ARQ)* arch; *(MIL,
MUS)* bow; *(ELET, MAT)* arc
arco-íris *m inv* rainbow
ardente [ax'dētʃi] *adj* burning; *(intenso)* fervent; *(apaixonado)* ardent
arder [ax'de*] *vi* to burn; *(pele,
olhos)* to sting; **~ de raiva** to
seethe with rage
ardido/a [ax'dʒidu/a] *adj (picante)*
hot
ardil [ax'dʒiw] *(pl –is)* *m* trick, ruse;
~oso/a [axdʒi'lozu/ɔza] *adj* cunning
ardor [ax'do*] *m* ardour *(BRIT)*, ardor *(US)*; **~oso/a** [axdo'rozu/ɔza] *adj*
ardent
ardósia [ax'dɔzja] f slate
árduo/a ['axdwu/a] *adj* arduous; *(difícil)* hard, difficult
área ['arja] f area; *(ESPORTE)* penalty area; *(fig)* field; **~ de serviço**
balcony *(for hanging washing etc)*
areia [a'rɛja] f sand; **~ movediça**
quicksand
arejar [are'ʒa*] *vt* to air ♦ *vi* to get
some air; *(descansar)* to have a
breather; **~-se** *vr* to get some air; to
have a break
arena [a'rɛna] f arena; *(de circo)*
ring
arenito [are'nitu] *m* sandstone
arenoso/a [are'nozu/ɔza] *adj* sandy
arenque [a'rēki] *m* herring
argamassa [axga'masa] f mortar
Argélia [ax'ʒɛlja] f: **~** Algeria
Argentina [axʒē'tʃina] f: **a ~** Argentina

argila [ax'ʒila] f clay

argola [ax'gɔla] f ring; ~s fpl (brincos) hooped earrings; ~ (de porta) door-knocker

argumentação [axgumẽta'sãw] f line of argument

argumentador(a) [axgumẽta'do*(a)] adj argumentative

argumentar [axgumẽ'ta*] vt, vi to argue

argumento [axgu'mẽtu] m argument; (de obra) theme

arguto/a [ax'gutu/a] adj subtle; (astuto) shrewd

aridez [ari'deʒ] f dryness; (esterilidade) barrenness; (falta de interesse) dullness

árido/a ['aridu/a] adj arid, dry; (estéril) barren; (maçante) dull

Áries ['arif] f Aries

aristocrata [arifto'krata] m/f aristocrat; **aristocrático/a** [arifto'kratfiku/a] adj aristocratic

aritmética [aritf'metfika] f arithmetic

arma ['axma] f weapon; ~s fpl (nucleares etc) arms; (brasão) coat sg of arms; **passar pelas** ~s to shoot, execute; ~ **convencional/nuclear** conventional/nuclear weapon; ~ **de fogo** firearm

armação [axma'sãw] f (pl -ões) f (armadura) frame; (PESCA) tackle; (NAUT) rigging; (de óculos) frames pl

armada [ax'mada] f navy

armadilha [axma'dʒiʎa] f trap

armado/a [ax'madu/a] adj armed

armador/a [axma'do*] m (NAUT) shipowner

armadura [axma'dura] f armour (BRIT), armor (US)

armamento [axma'mẽtu] m (armas) armaments pl, weapons pl; (NAUT) equipping; (ato) arming

armar [ax'ma*] vt to arm; (montar) to assemble; (barraca) to pitch; (um aparelho) to set up; (armadilha) to set; (NAUT) to fit out; ~**-se** vr to arm o.s.; ~ **uma briga com** to pick a quarrel with

armarinho [axma'riɲu] m haberdashery (BRIT), notions pl (US)

armário [ax'marju] m cupboard; (de roupa) wardrobe

armazém [axma'zẽj] (pl -ns) m (depósito) warehouse; (loja) grocery store; **armazenar** [axmaze'na*] vt to store; (provisões) to stock

armeiro [ax'mejru] m gunsmith

arminho [ax'miɲu] m ermine

aro ['aru] m (argola) ring; (de óculos, roda) rim; (de porta) frame

aroma [a'roma] m aroma; **aromático/a** [aro'matʃika/a] adj (comida) aromatic; (perfume) fragrant

arpão [ax'pãw] (pl -ões) m harpoon

arquear [ax'kja*] vt to arch; ~**-se** vr to bend, arch; (entortar-se) to warp

arqueiro/a [ax'kejru/a] m/f archer; (goleiro) goalkeeper

arquejar [axke'ʒa*] vi to pant, wheeze

arquejo [ax'keʒu] m panting, gasping

arqueologia [axkjolo'ʒia] f archaeology (BRIT), archeology (US); **arqueólogo/a** [ax'kjɔlogu/a] m/f archaeologist (BRIT), archeologist (US)

arquiteto/a [axki'tetu/a] (PT -ect-) m/f architect; **arquitetônico/a** [axkite'toniku/a] (PT -ectó-) adj architectural; **arquitetura** [axkite'tura] (PT -ect-) f architecture

arquivar [axki'va*] vt to file; (projeto) to shelve

arquivo [ax'kivu] m (ger, COMPUT) file; (lugar) archive; (de empresa) files pl; (móvel) filing cabinet

arraia [a'xaja] f (peixe) ray

arraial [axa'jaw] (pl -ais) (PT) m (festa) fair

arraigado/a [axaj'gadu/a] adj deeprooted; (fig) ingrained

arraigar [axaj'ga*] vi to root; ~**-se** vr to take root; (estabelecer-se) to settle

arrancada [axã'kada] f (movimento, puxão) jerk; **dar uma** ~ **em** (puxar) to jerk; **dar uma** ~ (veículo) to pull away (suddenly)

arrancar [axã'ka*] vt to pull out; (botão etc) to pull off; (arrebatar) to snatch (away); (fig: confissão) to extract ♦ vi to start (off); ~-se vr to leave; (fugir) to run off

arranco [a'xãku] m (puxão) jerk; (partida) sudden start

arranha-céu [a'xaɲa-] (pl ~s) m skyscraper

arranhadura [axaɲa'dura] f scratch

arranhão [axa'ɲãw] (pl ~ões) m scratch

arranhar [axa'ɲa*] vt to scratch

arranjar [axã'ʒa*] vt to arrange; (emprego etc: emprego, namorado) to get, find, to find; (doença) to catch; (questão) to settle; ~-se vr to manage; (conseguir emprego) to get a job; ~-se sem to do without

arranjo [a'xãʒu] m arrangement

arranque [a'xãki] m: **motor de ~** starter (motor)

arrasar [axa'za*] vt to devastate; (demolir) to demolish; (estragar) to ruin; ~-se vr to be devastated; (destruir-se) to destroy o.s.; (arruinar-se) to lose everything

arrastão [axaʃ'tãw] (pl ~ões) m tug; (rede) dragnet

arrastar [axaʃ'ta*] vt to drag; (atrair) to draw ♦ vi to trail; ~-se vr to crawl; (tempo, processo) to drag (on)

arrear [a'xja*] vt (cavalo etc) to bridle

arrebatado/a [axeba'tadu/a] adj rash, impetuous

arrebatar [axeba'ta*] vt to snatch (away); (levar) to carry off; (enlevar) to entrance; (enfurecer) to enrage; ~-se vr to be entranced

arrebentado/a [axebẽ'tadu/a] adj broken; (estafado) worn out

arrebentar [axebẽ'ta*] vt to break; (porta) to break down; (corda) to snap ♦ vi to break; (corda) to snap; (guerra) to break out

arrebitado/a [axebi'tadu/a] adj turned-up; (nariz) snub

arrebitar [axebi'ta*] vt to turn up

arrecadar [axeka'da*] vt (impostos etc) to collect

arrecife [axe'sifi] m reef

arredar [axe'da*] vt to move away, move back; ~-se vr to move away; **não ~ pé** to stand one's ground

arredio/a [axe'dʒiu/a] adj (pessoa) withdrawn

arredondado/a [axedõ'dadu/a] adj round, rounded

arredondar [axedõ'da*] vt to round (off); (conta) to round up

arredores [axe'dɔriʃ] mpl suburbs; (cercanias) outskirts

arrefecer [axefe'se*] vt to cool; (febre) to lower; (desanimar) to discourage ♦ vi to cool (off); to get discouraged

ar-refrigerado [-xefriʒe'radu] m air conditioning

arregaçar [axega'sa*] vt to roll up

arregalado/a [axega'ladu/a] adj (olhos) wide

arregalar [axega'la*] vt: **~ os olhos** to stare in amazement

arreios [a'xejuʃ] mpl harness sg

arrematar [axema'ta*] vt (dizer concluindo) to conclude; (comprar) to buy by auction; (vender) to sell by auction; (COSTURA) to finish off

arremedar [axeme'da*] vt to mimic

arremessar [axeme'sa*] vt to throw, hurl; **arremesso** [axe'mesu] m throw

arremeter [axeme'te*] vi to lunge; ~ **contra** (acometer) to attack, assail

arrendado(r)(a) [axẽda'do*(a)] m/f landlord/landlady

arrendamento [axẽda'mẽtu] m (ação) leasing; (contrato) lease

arrendar [axẽ'da*] vt to lease

arrendatário/a [axẽda'tarju/a] m/f tenant

arrepender-se [axepẽ'dexsi] vr to repent; (mudar de opinião) to change one's mind; ~ **de** to regret, be sorry for; **arrependido/a** [axepẽ'dʒidu/a] adj (pessoa) sorry; **arrependimento** [axepẽdʒi'mẽtu] m regret; (REL, de crime) repentance

arrepiar [axe'pja*] vt (amedrontar) to horrify; (cabelo) to cause to stand on end; ~-se vr to shiver; (cabelo) to stand on end; (ser) de ~ os cabelos (to be) hair-raising

arrepio [axe'piu] m shiver; (de frio) chill; isso me dá ~s it gives me the creeps

arresto [a'xɛʃtu] m (JUR) seizure

arriar [a'xja*] vt to lower; (depor) to lay down ♦ vi to drop; (vergar) to sag; (desistir) to give up; (fig) to collapse

arribar [axi'ba*] vi (recuperar-se) to recuperate

arriscado/a [axiʃ'kadu/a] adj risky; (audacioso) daring

arriscar [axiʃ'ka*] vt to risk; (pôr em perigo) to endanger, jeopardize; ~-se vr to take a risk; ~-se a fazer to risk doing

arrivista [axi'viʃta] m/f upstart; (oportunista) opportunist

arrogância [axo'gãsja] f arrogance; **arrogante** [axo'gãtʃi] adj arrogant

arroio [a'xoju] m stream

arrojado/a [axo'ʒadu/a] adj (design) bold; (temerário) rash; (ousado) daring

arrojar [axo'ʒa*] vt to hurl

arrojo [a'xoʒu] m boldness

arrolamento [axola'mẽtu] m list

arrolar [axo'la*] vt to list

arrombar [axõ'ba*] vt (porta) to break down; (cofre) to crack

arrotar [axo'ta*] vi to belch ♦ vt (alardear) to boast of

arroz [a'xoʒ] m rice; ~ doce rice pudding

arruela [a'xwela] f (TEC) washer

arruinar [axwi'na*] vt to ruin; (destruir) to destroy; ~-se vr to be ruined; (perder a saúde) to ruin one's health

arrulhar [axu'ʎa*] vi (pombos) to coo

arrumação [axuma'sãw] f arrangement; (de um quarto etc) tidying up; (de malas) packing

arrumadeira [axuma'dejra] f cleaning lady; (num hotel) chambermaid

arrumar [axu'ma*] vt to put in order, arrange; (quarto etc) to tidy up; (malas) to pack; (emprego) to get; (vestir) to dress up; (desculpa) to make up, find; (vida) to sort out; ~-se vr (aprontar-se) to get dressed, get ready; (na vida) to sort o.s. out; (virar-se) to manage

arsenal [axse'naw] (pl -ais) m (MIL) arsenal

arsênio [ax'senju] m arsenic

arte ['axtʃi] f art; (habilidade) skill; (ofício) trade, craft

artefato [axtʃi'fatu] (PT -act-) m (manufactured) article

artéria [ax'tɛrja] f (ANAT) artery

arterial [axte'rjaw] (pl -ais) adj: pressão ~ blood pressure

artesão/sã [axte'zãw/zã] (pl ~s/~s) m/f artisan, craftsman/woman

ártico/a ['axtʃiku/a] adj Arctic ♦ m: o A~ the Arctic

artífice [ax'tʃifisi] m/f craftsman/ woman; (inventor) inventor

artificial [axtʃifi'sjaw] (pl -ais) adj artificial

artifício [axtʃi'fisju] m stratagem, trick; **artificioso/a** [axtʃifi'sjozu/oza] adj (hábil) skilful (BRIT), skillful (US); (astucioso) artful

artigo [ax'tʃigu] m article; (COM) item; ~s mpl (produtos) goods

artilharia [axtʃiʎa'ria] f artillery

artista [ax'tʃiʃta] m/f artist; **artístico/a** [ax'tʃiʃtʃiku/a] adj artistic

artrite [ax'tritʃi] f (MED) arthritis

árvore ['axvori] f tree; (TEC) shaft; ~ de Natal Christmas tree

arvoredo [axvo'redu] m grove

ás [aʃ] m ace

às [ajʃ] = a + as

asa ['aza] f wing; (de xícara etc) handle

asbesto [aʒ'bɛʃtu] m asbestos

ascendência [asẽ'dẽsja] f (antepassados) ancestry; (domínio) ascendancy, sway; **ascendente** [asẽ'dẽtʃi] adj rising, upward

ascender [asẽ'de*] vi to rise, ascend

ascensão [asẽ'sãw] (pl –ões) f ascent; (REL): **dia da A~** Ascension Day

ascensor [asẽ'so*] m lift (BRIT), elevator (US)

asco ['aʃku] m loathing, revulsion; **dar ~ a** to revolt, disgust

asfalto [aʃ'fawtu] m asphalt

asfixia [aʃfik'sia] f asphyxia, suffocation

Ásia ['azja] f: **a ~** Asia

asiático/a [a'zjatʃiku/a] adj, m/f Asian

asilo [a'zilu] m (refúgio) refuge; (estabelecimento) home; **~ político** political asylum

asma ['aʒma] f asthma

asneira [aʒ'nejra] f (tolice) stupidity; (ato, dito) stupid thing

asno ['aʒnu] m donkey; (fig) ass

aspargo [aʃ'paxgu] m asparagus

aspas ['aʃpaʃ] fpl inverted commas

aspecto [aʃ'pɛktu] m aspect; (aparência) look, appearance; (característica) feature; (ponto de vista) point of view

aspereza [aʃpe'reza] f roughness; (severidade) harshness; (rudeza) rudeness

aspergir [aʃpex'ʒi*] vt to sprinkle

áspero/a ['aʃperu/a] adj rough; (severo) harsh; (rude) rude

asperso/a [aʃ'pɛxsu/a] pp de **aspergir** ♦ adj scattered

aspiração [aʃpira'sãw] (pl –ões) f aspiration; (inalação) inhalation

aspirador [aʃpira'do*] m: **~** (de pó) vacuum cleaner; **passar o ~** (em) to vacuum

aspirante [aʃpi'rãtʃi] adj aspiring ♦ m/f candidate

aspirar [aʃpi'ra*] vt to breathe in; (bombear) to suck up ♦ vi to breathe; (soprar) to blow; (desejar): **~ a algo** to aspire to sth

aspirina [aʃpi'rina] f aspirin

aspirjo etc [aʃ'pixʒu] vb V **aspergir**

asqueroso/a [aʃke'rozu/oza] adj disgusting, revolting

assado/a [a'sadu/a] adj roasted; (CULIN) roast ♦ m roast; **carne assada** roast beef

assadura [asa'dura] f rash

assaltante [asaw'tãtʃi] m/f assailant; (de banco) robber; (de casa) burglar; (na rua) mugger

assaltar [asaw'ta*] vt to attack; (casa) to break into; (banco) to rob; (pessoa na rua) to mug; **assalto** [a'sawtu] m attack; raid, robbery; burglary, break-in; mugging; (BOXE) round

assanhar [asa'ɲa*] vt to excite; **~-se** vr to get excited

assar [a'sa*] vt to roast; (na grelha) to grill

assassinar [asasi'na*] vt to murder, kill; (POL) to assassinate; **assassinato** [asasi'natu] m murder, killing; assassination; **assassino/a** [asa'sinu/a] m/f murderer; assassin

assaz [a'saʒ] adv (suficientemente) sufficiently; (muito) rather

assediar [ase'dʒja*] vt (sitiar) to besiege; (importunar) to pester; **assédio** [a'sɛdʒu] m siege; (insistência) insistence

assegurar [asegu'ra*] vt to secure; (garantir) to ensure; (afirmar) to assure; **~-se** vr: **~-se de** to make sure of

asseio [a'seju] m cleanliness

assembléia [asẽ'blɛja] f assembly; (reunião) meeting; **~ geral (ordinária)** annual general meeting

assemelhar [aseme'ʎa*] vt to liken; **~-se** vr to be alike; **~-se a** to resemble, look like

assentado/a [asẽ'tadu/a] adj fixed, secure; (combinado) agreed; (ajuizado) sensible

assentar [asẽ'ta*] vt (fazer sentar) to seat; (colocar) to place; (estabelecer) to establish; (decidir) to decide upon ♦ vi (pó etc) to settle; **~-se vr** to sit down; **~ em ou a** (roupa) to suit

assente [a'sẽtʃi] pp de **assentar** ♦ adj agreed, decided

assentimento [asẽtʃi'mẽtu] m assent, agreement

assentir [asẽˈtʃiɾ] *vi*: ~ (em) to agree (to)

assento [aˈsẽtu] *m* seat; (*base*) base

assíduo/a [aˈsidwu/a] *adj* (*aluno*) who attends regularly; (*diligente*) assiduous; (*constante*) constant; **ser** ~ **num lugar** to be a regular visitor to a place

assim [aˈsĩ] *adv* (*deste modo*) like this, in this way, thus; (*portanto*) therefore; (*igualmente*) likewise; ~ ~ so-so; ~ **mesmo** in any case; **e** ~ **por diante** and so on; ~ **como** as well as; **como** ~? how do you mean?; ~ **que** (*logo que*) as soon as

assimilar [asimiˈla*] *vt* to assimilate; (*apreender*) to take in; (*assemelhar*) to compare

assinante [asiˈnãtʃi] *m/f* (*de jornal etc*) subscriber

assinar [asiˈna*] *vt* to sign

assinatura [asinaˈtura] *f* (*nome*) signature; (*de jornal etc*) subscription; (*TEATRO*) season ticket

assinto *etc* [aˈsĩtu] *vb* V **assentir**

assistência [asiʃˈtẽsja] *f* (*presença*) presence; (*público*) audience; (*auxílio*) aid; ~ **social** social work

assistente [asiʃˈtẽtʃi] *adj* assistant ♦ *m/f* spectator, onlooker; (*ajudante*) assistant; ~ **social** social worker

assistir [asiʃˈtʃiɾ] *vt, vi*: ~ (a) (*MED*) to attend (to); ~ a to assist; (*TV, filme, jogo*) to watch; (*reunião*) to attend

assoar [asoˈa*] *vt*: ~ **o nariz** to blow one's nose; ~**-se** *vr* (*PT*) to blow one's nose

assobiar [asoˈbja*] *vi* to whistle

assobio [asoˈbiu] *m* whistle

associação [asosjaˈsãw] (*pl* -ões) *f* association; (*organização*) society; (*parceria*) partnership

associado/a [asoˈsjadu/a] *adj* associate ♦ *m/f* associate, member; (*COM*) associate; (*sócio*) partner

associar [asoˈsja*] *vt* to associate; ~**-se** *vr*: ~**-se a** to associate with

assomar [asoˈma*] *vi* (*aparecer*) to appear

assombração [asõbraˈsãw] (*pl* -ões) *f* ghost

assombrado/a [asõˈbradu/a] *adj* astonished, amazed

assombrar [asõˈbra*] *vt* to astonish, amaze; ~**-se** *vr* to be amazed

assombro [aˈsõbru] *m* amazement, astonishment; (*maravilha*) marvel; ~**so/a** [asõˈbrozu/ɔza] *adj* astonishing, amazing

assoviar [asoˈvja*] *vt* = **assobiar**

assovio [asoˈviu] *m* = **assobio**

assumir [asuˈmi*] *vt* to assume, take on; (*reconhecer*) to accept

assunto [aˈsũtu] *m* subject, matter; (*enredo*) plot

assustador(a) [asuʃtaˈdo*(a)] *adj* (*alarmante*) startling; (*amedrontador*) frightening

assustar [asuʃˈta*] *vt* to frighten; (*alarmar*) to startle; ~**-se** *vr* to be frightened

asteca [aʃˈtɛka] *adj, m/f* Aztec

asterisco [aʃteˈriʃku] *m* asterisk

astrologia [aʃtroloˈʒia] *f* astrology; **astrólogo/a** [aʃˈtrɔlogu/a] *m/f* astrologer

astronauta [aʃtroˈnawta] *m/f* astronaut

astronave [aʃtroˈnavi] *f* spaceship

astronomia [aʃtronoˈmia] *f* astronomy; **astrónomo/a** [aʃˈtrɔnomu/a] *m/f* astronomer

astúcia [aʃˈtusja] *f* cunning; **astuto/a** [aʃˈtutu/a] *adj* astute; (*esperto*) cunning

ata [ˈata] *f* (*de reunião*) minutes *pl*

atacadista [atakaˈdʒiʃta] *adj* wholesale ♦ *m/f* wholesaler

atacado [ataˈkadu] *m*: **por** ~ wholesale

atacante [ataˈkãtʃi] *adj* attacking ♦ *m/f* attacker, assailant ♦ *m* (*FUTEBOL*) forward

atacar [ataˈka*] *vt* to attack; (*problema etc*) to tackle

atado/a [aˈtadu/a] *adj* (*desajeitado*) clumsy, awkward; (*perplexo*) puzzled

atadura [ataˈdura] *f* bandage

atalhar [ata'ʎa*] vt (impedir) to prevent; (abreviar) to shorten ♦ vi to take a short cut

atalho [a'taʎu] m (caminho) short cut

atapetar [atape'ta*] vt to carpet

ataque [a'taki] m attack; ~ aéreo air raid

atar [a'ta*] vt to tie (up), fasten; não ~ nem desatar (pessoa) to waver; (negócio) to be in the air

atarefado/a [atare'fadu/a] adj busy

atarracado/a [ataxa'kadu/a] adj stocky

ataúde [ata'udʒi] m coffin

ataviar [ata'vja*] vt to adorn, decorate; ~-se vr to get dressed up; **atavio** [ata'viu] m adornment

até [a'tɛ] prep (PT: + a: lugar) up to, as far as; (tempo etc) until, till ♦ adv (tb: ~ mesmo) even; ~ certo ponto to a certain extent; ~ em cima to the top; ~ já see you soon; ~ logo bye!; ~ onde as far as; ~ que until; ~ que enfim! at last!

atear [ate'a*] vt (fogo) to kindle; (fig) to incite, inflame; ~-se vr to blaze; (paixões) to flare up

ateia [a'tɛja] f de ateu

ateliê [ate'lje] m studio

atemorizador(a) [atemoriza'do*(a)] adj frightening

atemorizar [atemori'za*] vt to frighten; (intimidar) to intimidate

Atenas [a'tɛnaʃ] n Athens

atenção [atẽ'sãw] (pl -ões) f attention; (cortesia) courtesy; (bondade) kindness; ~! be careful!; **chamar a** ~ to attract attention; **atencioso/a** [atẽ'sjozu/oza] adj considerate

atender [atẽ'de*] vt: ~ (a) to attend to; (receber) to receive; (deferir) to grant; (telefone etc) to answer; (paciente) to see ♦ vi to answer; (dar atenção) to pay attention; **atendimento** [atẽdʒi'mẽtu] m service; (recepção) reception; **horário de atendimento** opening hours; (em consultório) surgery (BRIT) ou office (US) hours

atentado [atẽ'tadu] m attack; (crime) crime; (contra a vida de alguém) attempt on sb's life

atentar [atẽ'ta*] vt (empreender) to undertake ♦ vi to make an attempt; ~ a ou em ou para to pay attention to; ~ contra a vida de alguém to make an attempt on sb's life; ~ contra a moral to offend against morality

atento/a [a'tẽtu/a] adj attentive; estar ~ a to be aware ou mindful of

atenuante [ate'nwãtʃi] adj extenuating ♦ m extenuating circumstance

atenuar [ate'nwa*] vt to reduce, lessen

aterragem [ate'xaʒẽj] (PT: pl -ns) f (AER) landing

aterrar [ate'xa*] (PT) vi (AER) to land

aterrissagem [atexi'saʒẽ] (BR: pl -ns) f (AER) landing

aterrissar [atexi'sa*] (BR) vi (AER) to land

aterrizar [atexi'za*] vi = aterrissar

aterrorizante [atexori'zãtʃi] adj terrifying

aterrorizar [atexori'za*] vt to terrorize

atestado [ateʃ'tadu] m certificate; (prova) proof; (JUR) testimony

atestar [ateʃ'ta*] vt to certify; (provar) to prove; (testemunhar) to bear witness to

ateu/atéia [a'tew/a'tɛja] adj, m/f atheist

atiçar [atʃi'sa*] vt (fogo) to poke; (incitar) to incite; (provocar) to provoke; (sentimento) to induce

atinar [atʃi'na*] vt (acertar) to guess correctly ♦ vi: ~ com (solução) to find; ~ em to notice; ~ a fazer algo to succeed in doing sth

atingir [atʃi'ʒi*] vt to reach; (acertar) to hit; (afetar) to affect; (objetivo) to achieve; (compreender) to grasp

atirador(a) [atʃira'do*(a)] m/f marksman/woman; ~ de tocaia sniper

atirar [atʃiˈra*] vt to throw, fling ♦ vi (arma) to shoot; ~se vr: ~-se a to hurl o.s. at

atitude [atʃiˈtudʒi] f attitude; (postura) posture

atividade [atʃiviˈdadʒi] f activity

ativo/a [aˈtʃivu/a] adj active ♦ m (COM) assets pl

atlântico/a [atˈlãtʃiku/a] adj Atlantic ♦ m: o (Oceano) A~ the Atlantic (Ocean)

atlas [ˈatlaʃ] m inv atlas

atleta [atˈlɛta] m/f athlete; **atlético/a** [atˈlɛtʃiku/a] adj athletic; **atletismo** [atleˈtʃiʒmu] m athletics sg

atmosfera [atmoʃˈfɛra] f atmosphere

ato [ˈatu] m act, action; (cerimónia) ceremony; (TEATRO) act; em ~ contínuo straight after; no ~ on the spot; no mesmo ~ at the same time

à-toa adj (insignificante) insignificant; (simples) simple, easy ♦ adv V toa

atoalhado/a [atoaˈʎadu/a] adj: (tecido) ~ towelling

atoleiro [atoˈlejru] m bog, quagmire; (fig) quandary

atômico/a [aˈtomiku/a] adj atomic

atomizador [atomizaˈdo*] m atomizer

átomo [ˈatomu] m atom

atônito/a [aˈtonitu/a] adj astonished, amazed

ator [aˈto*] m actor

atordoado/a [atoxˈdwadu/a] adj dazed

atordoamento [atoxdwaˈmẽtu] . m daze

atordoar [atoxˈdwa*] vt to daze, stun

atormentar [atoxmẽˈta*] vt to torment

atração [atraˈsãw] (pl –ões) f attraction

atracar [atraˈka*] vt, vi (NÁUT) to moor; ~-se vr to grapple

atrações [atraˈsõjʃ] fpl de atração

atractivo/a [atraˈtivu/a] (PT) adj = atrativo

atraente [atraˈẽtʃi] adj attractive

atraiçoar [atrajˈswa*] vt to betray

atrair [atraˈi*] vt to attract; (fascinar) to fascinate

atrapalhar [atrapaˈʎa*] vt to confuse; (perturbar) to disturb; (dificultar) to hinder ♦ vi to be a nuisance

atrás [aˈtrajʃ] adv behind; (no fundo) at the back ♦ prep: ~ de behind; (no tempo) after; dois meses ~ two months ago

atrasado/a [atraˈzadu/a] adj late; (país etc) backward; (relógio etc) slow; (pagamento) overdue; ~s [atraˈzaduʃ] mpl (COM) arrears

atrasar [atraˈza*] vt to delay; (progresso, desenvolvimento: progresso) to hold back; (relógio) to put back; (pagamento) to be late with ♦ vi (relógio etc) to be slow; (avião, pessoa) to be late; ~-se vr to be late; (num trabalho) to fall behind; (num pagamento) to get into arrears

atraso [aˈtrazu] m delay; (de país etc) backwardness; ~s mpl (COM) arrears; com 20 minutos de ~ 20 minutes late

atrativo/a [atraˈtʃivu/a] adj attractive ♦ m attraction; (incentivo) incentive; ~s mpl (encantos) charms

atravancar [atravãˈka*] vt to block, obstruct; (encher) to fill up

através [atraˈveʃ] adv across; ~ de across; (pelo centro de) through

atravessar [atraveˈsa*] vt to cross; (pôr ao través) to put ou lay across; (traspassar) to pass through

atrever-se [atreˈvexsi] vr: ~ a to dare to; **atrevido/a** [atreˈvidu/a] adj cheeky; (corajoso) bold; **atrevimento** [atreviˈmẽtu] m cheek; boldness

atribuir [atriˈbwi*] vt: ~ algo a to attribute sth to; (prémios, regalias) to confer sth on

atributo [atriˈbutu] m attribute

átrio [ˈatrju] m hall; (pátio) courtyard

atrito [aˈtritu] m (fricção) friction; (desentendimento) disagreement

atriz [aˈtriʒ] f actress

atropelamento [atropelaˈmẽtu] m (de pedestre) road accident

atropelar [atrope'la*] vt to knock down, run over; (empurrar) to jostle

atroz [a'trɔʒ] adj (cruel) merciless; (crime) heinous; (dor, lembrança) terrible, awful

atuação [atwa'sãw] (pl –ões) f acting; (de ator etc) performance

atual [a'twaw] (pl –ais) adj current; (pessoa, carro) modern; ~**idade** [atwali'dadʒi] f present (time); ~**idades** fpl (noticias) news sg; ~**izar** [atwali'za*] vt to update; ~**mente** [atwaw'mẽtʃi] adv at present, currently; (hoje em dia) nowadays

atuante [a'twãtʃi] adj active

atuar [a'twa*] vi to act; ~ **para** to contribute to; ~ **sobre** to influence

atulhar [atu'ʎa*] vt to cram full

atum [a'tũ] (pl –ns) m tuna (fish)

aturdido/a [atux'dʒidu/a] adj stunned; (com barulho) deafened; (com confusão, movimento) bewildered

aturdimento [atuxdʒi'mẽtu] m bewilderment

aturdir [atux'dʒi*] vt to stun; (suj: barulho) to deafen; (: confusão, movimento) to bewilder

audácia [aw'dasja] f boldness; (insolência) insolence; **audacioso/a** [awda'sjozu/ɔza] adj daring; insolent

audição [awdʒi'sãw] (pl –ões) f audition

audiência [aw'dʒjẽsja] f audience; (de tribunal) session, hearing

audiovisual [awdʒjovi'zwaw] (pl –ais) adj audiovisual

auditar [awdʒi'ta*] vt to audit

auditor(a) [awdʒi'to*(a)] m/f auditor; (juiz) judge; (ouvinte) listener

auditoria [awdʒito'ria] f: **fazer a** ~ **de** to audit

auditório [awdʒi'tɔrju] m audience; (recinto) auditorium

auge ['awʒi] m height, peak

augurar [awgu'ra*] vt to augur; (felicidades) to wish; **augúrio** [aw'gurju] m omen

aula ['awla] f (PT: sala) classroom; (lição) lesson, class; **dar** ~ to teach

aumentar [awmẽ'ta*] vt to increase; (salários, preços: salários) to raise; (sala, casa) to expand, extend; (suj: lente) to magnify; (acrescentar) to add ♦ vi to increase; (preço, salário: preço) to rise, go up

aumento [aw'mẽtu] m increase; rise; (ampliação) enlargement; (crescimento) growth

auréola [aw'rɛɔla] f halo

aurora [aw'rɔra] f dawn

ausência [aw'zẽsja] f absence

ausentar-se [awzẽ'taxsi] vr (ir-se) to go away; (afastar-se) to stay away

ausente [aw'zẽtʃi] adj absent

auspício [aw'fpisju] m: **sob os** ~**s de** under the auspices of

austeridade [awʃteri'dadʒi] f austerity

austral [awʃ'traw] (pl –ais) adj southern

Austrália [awʃ'tralja] f: **a** ~ Australia; **australiano/a** [awʃtra'ljanu/a] adj, m/f Australian

Austria ['awʃtrja] f: **a** ~ Austria; **austríaco/a** [awʃ'triaku/a] adj, m/f Austrian

autêntico/a [aw'tẽtʃiku/a] adj authentic; (pessoa) genuine; (verdadeiro) true, real

auto ['awtu] m car; ~**s** mpl (JUR: processo) legal proceedings; (documentos) legal papers

auto-adesivo/a adj self-adhesive

autobiografia [awtobjogra'fia] f autobiography

autocarro [awto'kaxu] (PT) m bus

autodefesa [awtode'feza] f self-defence (BRIT), self-defense (US)

autodidata [awtodʒi'data] adj self-taught

autodisciplina [awtodʒisi'plina] f self-discipline

autodomínio [awtodo'minju] m self-control

autódromo [aw'tɔdromu] m race track

auto-escola f driving school

auto-estrada f motorway (BRIT), expressway (US)

autografar [awtogra'fa*] vt to autograph

autógrafo [aw'tografu] m autograph

automação [awtoma'sãw] f automation

automático/a [awto'matʃiku/a] adj automatic

automatização [awtomatʃiza'sãw] f = **automação**

automobilismo [awtomobi'liʒmu] m motoring; (ESPORTE) motor car racing

automóvel [awto'mɔvew] (pl –eis) m motor car (BRIT), automobile (US)

autonomia [awtono'mia] f autonomy; **autônomo/a** [aw'tonomu/a] adj autonomous

autópsia [aw'tɔpsja] f post-mortem, autopsy

autor(a) [aw'to*(a)] m/f author; (de um crime) perpetrator; (JUR) plaintiff

autoral [awto'raw] (pl –ais) adj: direitos autorais copyright sg

autoridade [awtori'dadʒi] f authority

autorização [awtoriza'sãw] (pl –ões) f permission, authorization; dar ~ a alguém para to authorize sb to

autorizar [awtori'za*] vt to authorize

auto-serviço m self-service

auto-suficiente adj self-sufficient

auxiliar [awsi'lja*] adj auxiliary ♦ m/f assistant ♦ vt to help; **auxílio** [aw'silju] m help, assistance

Av abr (= avenida) Ave

aval [a'vaw] (pl –ais) m guarantee

avalancha [ava'lãʃa] f avalanche

avalanche [ava'lãʃi] f = **avalancha**

avaliação [avalja'sãw] (pl –ões) f valuation; (apreciação) assessment

avaliar [ava'lja*] vt to value; (apreciar) to assess

avançada [avã'sada] f advance

avançado/a [avã'sadu/a] adj advanced; (ideias, pessoa) progressive

avançar [avã'sa*] vt to advance ♦ vi to advance; **avanço** [a'vãsu] m advancement; (progresso) progress

avante [a'vãtʃi] adv forward

avarento/a [ava'rẽtu/a] adj mean ♦ m/f miser

avaria [ava'ria] f (TEC) breakdown; ~do/a [ava'rjadu/a] adj (máquina) out of order; (carro) broken down; ~r [ava'rja*] vt to damage ♦ vi to suffer damage; (TEC) to break down

ave [ˈavi] f bird

aveia [a'veja] f oats pl

avelã [ave'lã] f hazelnut

avenida [ave'nida] f avenue

avental [avẽ'taw] (pl –ais) m apron; (vestido) pinafore dress (BRIT), jumper (US)

aventura [avẽ'tura] f adventure; ~r [avẽtu'ra*] vt to risk, venture; **aventureiro/a** [avẽtu'rejru/a] adj adventurous

averiguação [averigwa'sãw] (pl –ões) f investigation, inquiry; (verificação) verification

averiguar [averi'gwa*] vt to investigate; (verificar) to verify

avermelhado/a [avexme'ʎadu/a] adj reddish

averso/a [a'vɛxsu/a] adj: ~ a averse to

avesso/a [a'vesu/a] adj (lado) opposite, reverse ♦ m wrong side, reverse; ao ~ inside out; às avessas (inverso) upside down; (oposto) the wrong way round

avestruz [aveʃ'truʒ] m ostrich

aviação [avja'sãw] f aviation, flying

aviador(a) [avja'do*(a)] m/f aviator, airman/woman

aviamento [avja'mẽtu] m haberdashery (BRIT), notions pl (US)

avião [a'vjãw] (pl –ões) m aeroplane; ~ a jato jet

avidez [avi'deʒ] f greed; (desejo) eagerness; **ávido/a** [ˈavidu/a] adj greedy; eager

aviltar [aviw'ta*] vt to debase; ~-se vr to demean o.s.

aviões [a'vjõjʃ] mpl de **avião**

avisar [avi'za*] vt to warn; (informar) to tell, let know; **aviso** [a'vizu] m (comunicação) notice

avistar [aviʃ'ta*] vt to catch sight of

avo ['avu] *m*: **um doze ~s** one twelfth

avô/avó [a'vo/a'vɔ] *m/f* grandfather/mother; **avós** *mpl* grandparents

avulso/a [a'vuwsu/a] *adj* separate, detached

axila [ak'sila] *f* armpit

azar [a'za⁺] *m* bad luck; **~!** too bad, bad luck!; **estar com ~, ter ~** to be unlucky; **~ento/a** [aza'rẽtu/a] *adj* unlucky

azedar [aze'da⁺] *vt* to turn sour ♦ *vi* to turn sour; (*leite*) to go off; **azedo/a** [a'zedu/a] *adj* sour; off; (*fig*) grumpy

azeitar [azej'ta⁺] *vt* (*untar*) to grease; (*lubrificar*) to oil

azeite [a'zejtʃi] *m* oil; (*de oliva*) olive oil

azeitona [azej'tɔna] *f* olive

azeviche [aze'viʃi] *m* (*cor*) jet black

azevinho [aze'viɲu] *m* holly

azia [a'zia] *f* heartburn

aziago/a [a'zjagu/a] *adj* ominous

azo ['azu] *m* (*oportunidade*) opportunity; (*pretexto*) pretext

azougue [a'zogi] *m* (*QUIM*) mercury

azul [a'zuw] (*pl* **-uis**) *adj* blue

azulejo [azu'leʒu] *m* (*glazed*) tile

azul-marinho *adj inv* navy blue

azul-turquesa *adj inv* turquoise

B

baba ['baba] *f* dribble

babá [ba'ba] *f* nanny

babaca [ba'baka] (*col*) *adj* stupid ♦ *m/f* idiot

baba-de-moça (*pl* **babas-de-moça**) *f* sweet made with sugar, coconut milk and eggs

babado [ba'badu] *m* frill; (*col*) piece of gossip

babador [baba'do⁺] *m* bib

babar [ba'ba⁺] *vt* to dribble; **~-se** *vr* to dribble; **babeiro** [ba'bejru] (*PT*) *m* bib

baby-sitter ['bejbisite⁺] (*pl* **~s**) *m/f*

baby-sitter

bacalhau [baka'ʎaw] *m* (dried) cod

bacana [ba'kana] (*col*) *adj* great

bacharel [baʃa'rɛw] (*pl* **-éis**) *m* graduate; **~ar-se** [baʃarɛ'laxsi] *vr* to graduate

bacia [ba'sia] *f* basin; (*ANAT*) pelvis

backup [ba'kapi] (*pl* **~s**) *m* (*COMPUT*) back-up; **tirar um ~ de** to back up

baço/a ['basu/a] *adj* dull; (*metal*) tarnished ♦ *m* (*ANAT*) spleen

bactéria [bak'tɛrja] *f* germ, bacterium; **~s** bacteria *pl*

badalar [bada'la⁺] *vt*, *vi* to ring

baderna [ba'dɛxna] *f* commotion

badulaque [badu'laki] *m* trinket; **~s** *mpl* (*coisas sem valor*) junk *sg*

bafejar [bafe'ʒa⁺] *vt* (*aquecer como o bafo*) to blow; (*fortuna*) to smile upon; **bafejo** [ba'feʒu] *m* whiff; **bafejo da sorte** stroke of luck

bafo ['bafu] *m* (*bad*) breath

bafômetro [ba'fometru] *m* Breathalyser ®

baforada [bafo'rada] *f* puff

bagaço [ba'gasu] *m* (*de frutos*) pulp; (*PT*: *cachaça*) brandy; **estar/ficar um ~** (*fig*: *pessoa*) to be/get run down

bagageiro [baga'ʒejru] *m* (*AUTO*) roofrack; (*PT*) porter

bagagem [ba'gaʒẽ] *f* luggage; (*fig*) baggage; **recebimento de ~** (*AER*) baggage reclaim

bagatela [baga'tɛla] *f* trinket; (*fig*) trifle

bago ['bagu] *m* (*fruto*) berry; (*uva*) grape; (*de chumbo*) pellet

bagulho [ba'guʎu] *m* (*objeto*) piece of junk

bagunça [ba'gũsa] *f* mess, shambles *sg*; **~do/a** [bagũ'sadu/a] *adj* in a mess; **~r** [bagũ'sa⁺] *vt* to mess up; **bagunceiro/a** [bagũ'sejru/a] *adj* messy

baía [ba'ia] *f* bay

bailado [baj'ladu] *m* dance; (*balé*) ballet

bailar [baj'la⁺] *vt*, *vi* to dance; **~ino/a**

a [bajla'rinu/a] m/f ballet dancer
baile ['bajli] m dance; (formal) ball;
~ à fantasia fancy-dress ball
bainha [ba'iɲa] f (de arma) sheath;
(de costura) hem
bairro ['bajxu] m district
baixa ['bajʃa] f decrease; (de preço:
redução) reduction; (: queda) fall;
(em vendas) drop; (em combate)
casualty; (do serviço) discharge
baixar [baj'ʃa*] vt to lower; (ordem)
to issue; (lei) to pass; (COMPUT) to
download ♦ vi to go (ou come) down;
(temperatura, preço) to drop, fall
baixinho [baj'ʃiɲu] adv (falar) softly, quietly; (em segredo) secretly
baixo/a ['bajʃu/a] adj low; (pessoa)
short, small; (rio) shallow; (linguagem) common; (olhos, cabeça) low-
ered; (atitude) mean; (metal) base
♦ adv low; (em posição baixa) low
down; (falar) softly ♦ m (MUS)
bass; em ~ below; (em casa) downstairs; em voz baixa in a quiet
voice; para ~ down, downwards;
(em casa) downstairs; por ~ de under, underneath; ~-astral (col) m:
estar num ~-astral to be on a
downer
bala ['bala] f bullet; (BR: doce)
sweet
balada [ba'lada] f ballad
balaio [ba'laju] m straw basket
balança [ba'lãsa] f scales pl; B~
(ASTROLOGIA) Libra; ~ comercial
balance of trade; ~ de pagamentos
balance of payments
balançar [balã'sa*] vt to swing; (pesar) to weigh (up) ♦ vi to swing;
(carro, avião) to shake; (em cadeira) to rock; ~-se vr to swing; ba-
lanço [ba'lãsu] m (movimento) sway-
ing; (brinquedo) swing; (de carro,
avião) shaking; (COM: registro) balance (sheet); (: verificação) audit;
fazer um balanço de (fig) to take
stock of
balão [ba'lãw] (pl -ões) m balloon
balar [ba'la*] vi to bleat
balaústre [bala'uʃtri] m ban(n)ister

balbuciar [bawbu'sja*] vt, vi to babble; **balbucio** [bawbu'siu] m babbling
balbúrdia [baw'buxdʒja] f uproar,
bedlam
balcão [baw'kãw] (pl -ões) m balcony; (de loja) counter; (TEATRO)
circle; **balconista** [bawko'niʃta] m/f
shop assistant
balde ['bawdʒi] m bucket, pail
baldeação [bawdʒja'sãw] (pl -ões) f
transfer
baldio/a [baw'dʒiu/a] adj fallow, uncultivated
balé [ba'lɛ] m ballet
baleia [ba'leja] f whale
baleiro/a [ba'lejru/a] m/f confectioner
balística [ba'liʃtʃika] f ballistics sg
baliza [ba'liza] f (estaca) post; (bóia)
buoy; (luminosa) beacon; (ESPOR-
TE) goal
balneário [baw'njarju] m bathing resort
balões [ba'lõjʃ] mpl de **balão**
balofo/a [ba'lofu/a] adj (fofo) fluffy;
(gordo) plump
baloiço [ba'lojsu] (PT) m (de criança) swing; (ação) swinging
balouçar [balo'sa*] (PT) vt, vi to
swing
balouço [ba'losu] (PT) m = **baloiço**
balsa ['bawsa] f raft; (barca) ferry
bálsamo ['bawsamu] m balm
baluarte [ba'lwaxtʃi] m rampart, bul-
wark; (fig) supporter
bamba ['bãba] adj, m/f expert
bambo/a ['bãbu/a] adj slack, loose
bambolear [bãbo'lja*] vt to swing ♦
vi to wobble
bambu [bã'bu] m bamboo
banal [ba'naw] (pl -ais) adj banal
banana [ba'nana] f banana; **bana-
neira** [bana'nejra] f banana tree
banca ['bãka] f bench; (escritório)
office; (em jogo) bank; ~ de jornais) newsstand; ~**da** [bã'kada] f
(banco, POL) bench; (de cozinha)
worktop
bancar [bã'ka*] vt to finance ♦ vi
(fingir): ~ que to pretend that;

bancário/a [bãˈkarju/a] *adj* bank *atr* ♦ *m/f* bank employee

bancarrota [bãkaˈxota] *f* bankruptcy; **ir à** ~ to go bankrupt

banco [ˈbãku] *m* (*assento*) bench; (*COM*) bank; ~ **de areia** sandbank; ~ **de dados** (*COMPUT*) database

banda [ˈbãda] *f* band; (*lado*) side; (*cinto*) sash; **de** ~ sideways; **pôr de** ~ to put aside; ~ **desenhada** (*PT*) cartoon

bandeira [bãˈdejra] *f* flag; (*estandarte*) banner; ~**nte** [bãdejˈrãtʃi] *m* pioneer ♦ *f* girl guide; **bandeirinha** [bãdejˈrina] *m* (*ESPORTE*) linesman

bandeja [bãˈdeʒa] *f* tray

bandido [bãˈdʒidu/a] *m* bandit

bando [ˈbãdu] *m* band; (*grupo*) group; (*de malfeitores*) gang; (*de ovelhas*) flock; (*de gado*) herd; (*de livros etc*) pile

bandô [bãˈdo] *m* pelmet

bandoleiro [bãdoˈlejru] *m* bandit

bangalô [bãgaˈlo] *m* bungalow

banha [ˈbaɲa] *f* fat; (*de porco*) lard

banhar [baˈɲaˣ] *vt* to wet; (*mergulhar*) to dip; (*lavar*) to wash; ~**-se** *vr* to bathe

banheira [baˈɲejra] *f* bath

banheiro [baˈɲejru] *m* bathroom

banho [ˈbaɲu] *m* bath; (*mergulho*) dip; **tomar** ~ to have a bath; (*de chuveiro*) to have a shower; ~ **de chuveiro** shower; ~ **de sol** sunbathing

banir [baˈniˣ] *vt* to banish

banqueiro/a [bãˈkejru/a] *m/f* banker

banqueta [bãˈketa] *f* stool

banquete [bãˈketʃi] *m* banquet

baptismo *etc* [baˈtiʒmu] (*PT*) = **batismo** *etc*

baque [ˈbaki] *m* thud, thump; (*contratempo*) setback; (*queda*) fall

bar [baˣ] *m* bar

barafunda [baraˈfũda] *f* confusion

baralhar [baraˈʎaˣ] *vt* (*fig*) to mix up, confuse

baralho [baraˈʎu] *m* pack of cards

barão [baˈrãw] (*pl* –**ões**) *m* baron

barata [baˈrata] *f* cockroach

barateiro/a [baraˈtejru/a] *adj* cheap

barato/a [baˈratu/a] *adj* cheap ♦ *adv* cheaply

barba [ˈbaxba] *f* beard; **fazer a** ~ to shave

barbante [baxˈbãtʃi] (*BR*) *m* string

barbaridade [baxbariˈdadʒi] *f* barbarity, cruelty; (*disparate*) nonsense; **que** ~! good heavens!

bárbaro/a [ˈbaxbaru/a] *adj* barbaric; (*dor, calor*) terrible; (*maravilhoso*) great

barbatana [baxbaˈtana] *f* fin

barbeador [baxbjaˈdoˣ] *m* razor; (*tb*: ~ **elétrico**) shaver

barbear [baxˈbjaˣ] *vt* to shave; ~**-se** *vr* to shave; ~**ia** [baxbjaˈria] *f* barber's (shop)

barbeiro [baxˈbejru] *m* barber; (*loja*) barber's

barca [ˈbaxka] *f* barge; (*de travessia*) ferry; ~**ça** [baxˈkasa] *f* barge

barco [ˈbaxku] *m* boat; ~ **a motor** motorboat; ~ **a remo** rowing boat; ~ **a vela** sailing boat

barganha [baxˈgaɲa] *f* bargain; ~**r** [baxgaˈɲaˣ] *vt, vi* to negotiate

barman [baxˈmã] (*pl* –**men**) *m* barman

barões [baˈrõjʃ] *mpl de* **barão**

barômetro [baˈrometru] *m* barometer

barqueiro [baxˈkejru] *m* boatman

barra [ˈbaxa] *f* bar; (*faixa*) strip; (*traço*) stroke; (*alavanca*) lever

barraca [baˈxaka] *f* (*tenda*) tent; (*de feira*) stall; (*de madeira*) hut; (*de praia*) sunshade; **barracão** [baxaˈkãw] (*pl* –**ões**) *m* shed; **barraco** [baˈxaku] *m* shack, shanty

barragem [baˈxaʒẽ] (*pl* –**ns**) *f* dam; (*impedimento*) barrier

barranco [baˈxãku] *m* ravine, gully; (*de rio*) bank

barrar [baˈxaˣ] *vt* to bar

barreira [baˈxejra] *f* barrier; (*cerca*) fence; (*ESPORTE*) hurdle

barrento/a [baˈxẽtu/a] *adj* muddy

barricada [baxiˈkada] *f* barricade

barriga [baˈxiga] *f* belly; **estar de** ~

to be pregnant; **~ da perna** calf; chips *pl* (US)

barrigudo/a [baxi'gudu/a] *adj* paunchy, pot-bellied

barril [ba'xiw] (*pl* **–is**) *m* barrel, cask

barro [ba'xu] *m* clay; (*lama*) mud

barulhento/a [baru'ʎẽtu/a] *adj* noisy

barulho [ba'ruʎu] *m* (*ruído*) noise; (*tumulto*) din

base ['bazi] *f* base; (*fig*) basis; **sem ~** groundless; **com ~ em** based on; **na ~ de** by means of

basear [ba'zja³] *vt* to base; **~-se** *vr*: **~-se em** to be based on

básico/a ['baziku/a] *adj* basic

basquete [baʃ'kɛtʃi] *m* = **basquetebol**

basquetebol [baʃkɛtʃe'bɔw] *m* basketball

basta ['baʃta] *m*: **dar um ~ em** to call a halt to

bastante [baʃ'tãtʃi] *adj* (*suficiente*) enough; (*muito*) quite a lot (of) ♦ *adv* enough; a lot

bastão [baʃ'tãw] (*pl* **–ões**) *m* stick

bastar [baʃ'ta³] *vi* to be enough, be sufficient; **~-se** *vr* to be self-sufficient; **basta!** (that's enough!); **~ para** to be enough to

bastardo/a [baʃ'taxdu/a] *adj*, *m/f* bastard

bastidor [baʃtʃi'do³] *m* frame; **~es** *mpl* (*TEATRO*) wings; **nos ~es** (*fig*) behind the scenes

basto/a ['baʃtu/a] *adj* (*espesso*) thick; (*denso*) dense

bastões [baʃ'tõjʃ] *mpl* de **bastão**

bata ['bata] *f* (*de mulher*) smock; (*de médico*) overall

batalha [ba'taʎa] *f* battle; **~dor(a)** [bataʎa'do³(a)] *adj* struggling ♦ *m/f* fighter; **batalhão** [bata'ʎãw] (*pl* **–ões**) *m* battalion; **~r** [bata'ʎa³] *vi* to battle, fight; (*esforçar-se*) to make an effort, try hard ♦ *vt* (*emprego*) to go after

batata [ba'tata] *f* potato; **~ doce** sweet potato; **~s fritas** chips *pl* (BRIT), French fries *pl* (US); (*de pacote*) crisps *pl* (BRIT), (*potato*)

bate-boca ['batʃi] (*pl* **~s**) *m* row, quarrel

batedeira [bate'dejra] *f* beater; (*de manteiga*) churn; **~ elétrica** mixer

batedor [bate'do³] *m* beater; (*polícia*) escort; **~ de carteiras** pick-pocket

bátega ['batega] *f* downpour

batente [ba'tẽtʃi] *m* doorpost

bate-papo ['batʃi] (*pl* **~s**) (BR) *m* chat

bater [ba'te³] *vt* to beat, strike; (*pé*) to stamp; (*foto*) to take; (*porta*) to slam; (*asas*) to flap; (*recorde*) to break; (*roupa*) to wear all the time ♦ *vi* to slam; (*sino*) to ring; (*janela*) to bang; (*coração*) to beat; (*sol*) to beat down; **~-se** *vr*: **~-se para fazer/por** to fight to do/for; **~** (à porta) to knock (at the door); **~ à maquina** to type; **~ em** to hit; **~ com o carro** to crash one's car; **~ com a cabeça** to bang one's head; **~ com o pé (em)** to kick

bateria [bate'ria] *f* battery; (*MUS*) drums *pl*; **~ de cozinha** kitchen utensils *pl*; **baterista** [bate'riʃta] *m/f* drummer

batida [ba'tʃida] *f* beat; (*da porta*) slam; (*à porta*) knock; (*da polícia*) raid; (*AUTO*) crash; (*bebida*) cocktail of cachaça, fruit and sugar

batido/a [ba'tʃidu/a] *adj* beaten; (*roupa*) worn ♦ *m*: **~ de leite** (PT) milkshake

batina [ba'tʃina] *f* (REL) cassock

batismo [ba'tʃiʒmu] *m* baptism, christening

batizar [batʃi'za³] *vt* to baptize, christen

batom [ba'tõ] (*pl* **–ns**) *m* lipstick

batucada [batu'kada] *f* dance percussion group

batucar [batu'ka³] *vt*, *vi* to drum

batuta [ba'tuta] *f* baton

baú [ba'u] *m* trunk

baunilha [baw'niʎa] *f* vanilla

bazar [ba'za³] *m* bazaar; (*loja*) shop

bazófia [ba'zɔfja] *f* boasting, bragging

beato/a [be'atu/a] *adj* blessed; *(devoto)* over-pious

bêbado/a ['bebadu/a] *adj, m/f* drunk

bebê [be'be] *m* baby

bebedeira [bebe'dejra] *f* drunkenness; **tomar uma ~** to get drunk

bêbedo/a ['bebedu/a] *adj, m/f* = bêbado

bebedor(a) [bebe'do*(a)] *m/f* drinker

bebedouro [bebe'douru] *m* drinking fountain

beber [be'be*] *vt* to drink; *(absorver)* to soak up ♦ *vi* to drink; **bebida** [be'bida] *f* drink

beça ['bɛsa] *(col) f:* **à ~** *(com vb):* **ele comeu à ~** he ate a lot; *(com n):* **ela tinha livros à ~** she had a lot of books

beco ['beku] *m* alley, lane; **~ sem saída** cul-de-sac

bege ['beʒi] *adj inv* beige

beiço ['bejsu] *m* lip; **fazer ~** to pout

beija-flor [bejʒa-'flo*] *(pl* **~es)** *m* hummingbird

beijar [bej'ʒa*] *vt* to kiss; **~-se** *vr* to kiss (one another); **beijo** [bej'ʒu] *m* kiss; **dar beijos em alguém** to kiss sb

beira ['bejra] *f* edge; *(de rio)* bank; *(orla)* border; **à ~ de** on the edge of; *(ao lado de)* beside, by; *(fig)* on the verge of; **~ do telhado** eaves *pl*; **~-mar** *f* seaside

beirar [bej'ra*] *vt* to be at the edge of; *(caminhar à beira de)* to skirt; *(desespero)* to be on the verge of; *(idade)* to approach ♦ *vi:* **~ com** to border on

beisebol [bejsi'bɔw] *m* baseball

belas-artes *fpl* fine arts

beldade [bew'dadʒi] *f* beauty

beleza [be'leza] *f* beauty; **que ~!** how lovely!

belga ['bewga] *adj, m/f* Belgian

Bélgica ['bewʒika] *f:* **a ~** Belgium

beliche [be'liʃi] *m* bunk

beliscão [beliʃ'kãw] *(pl* **~ões)** *m* pinch; **beliscar** [beliʃ'ka*] *vt* to pinch,

nip; *(comida)* to nibble

Belize [be'lizi] *m* Belize

belo/a ['belu/a] *adj* beautiful

bem [bẽj] *adv* **1** *(de maneira satisfatória, correta etc)* well; **trabalha/come ~** she works/eats well; **respondeu ~** he answered correctly; **me sinto/não me sinto ~** I feel fine/I don't feel very well; **tudo ~?** - fine; **tudo ~** - how's it going? - fine

2 *(valor intensivo)* very; **um quarto ~ quente** a nice warm room; **~ se vê que ...** it's clear that ...

3 *(bastante)* quite, fairly; **a casa é ~ grande** the house is quite big

4 *(exatamente):* **~ ali** right there; **não é ~ assim** it's not quite like that

5 *(estar):* **estou muito ~ aqui** I feel very happy here; **está ~!** you faze-lo all right, I'll do it!

6 *(de bom grado):* **eu ~ que iria mas ...** I'd gladly go but ...

7 *(cheirar)* good, nice

♦ *m* **1** *(bem-estar)* good; **estou dizendo isso para o seu ~** I'm telling you for your own good; **o ~ e o mal** good and evil

2 *(posses)* **bens** goods, property *sg*; **bens de consumo** consumer goods; **bens de família** family possessions; **bens móveis/imóveis** moveable property *sg*/real estate *sg*

♦ *excl* **1** *(aprovação):* **~!** OK!; **muito ~!** well done!

2 *(desaprovação):* **~ feito!** it serves you right!

♦ *adj inv* *(tom depreciativo):* **gente ~** posh people

♦ *conj* **1:** **nem ~** as soon as, no sooner than; **nem ~ ela chegou começou a dar ordens** as soon as she arrived she started to give orders, no sooner had she arrived than she started to give orders

2: se ~ que though; **gostaria de ir se ~ que não tenho dinheiro** I'd like to go even though I've got no money

3: ~ **como** as well as; **o livro** ~ **como a peça foram escritos por ele** the book as well as the play was written by him

bem-conceituado/a [bẽjkõsej'twa(u/a] *adj* highly regarded

bem-disposto/a [bẽjdʒiʃ'poʃtu/'pɔʃta] *adj* well, in good form

bem-estar *m* well-being

bem-me-quer (*pl* ~es) *m* daisy

bem-vindo/a *adj* welcome

bênção ['bẽsãw] (*pl* ~s) *f* blessing

bendito/a [bẽ'dʒitu/a] *pp de* **bendizer** ♦ *adj* blessed

bendizer [bẽdʒi'ze*] (*irreg: como* **dizer**) *vt* to praise; (*abençoar*) to bless

beneficência [benefi'sẽsja] *f* kindness; (*caridade*) charity

beneficiado/a [benefi'sjadu/a] *m/f* beneficiary

beneficiar [benefi'sja*] *vt* to benefit; (*melhorar*) to improve; ~-**se** *vr* to benefit

benefício [bene'fisju] *m* benefit; (*vantagem*) profit; (*favor*) favour (*BRIT*), favor (*US*); **em** ~ **de** in aid of; **benéfico/a** [be'nɛfiku/a] *adj* beneficial; (*generoso*) generous

benemérito/a [bene'mɛritu/a] *adj* worthy; **benévolo/a** [be'nɛvolu/a] *adj* benevolent, kind

benfeitor(a) [bẽfej'to*(a)] *m/f* benefactor/benefactress

bengala [bẽ'gala] *f* walking stick

benigno/a [be'nignu/a] *adj* kind; (*agradável*) pleasant; (*MED*) benign

bens [bẽjʃ] *mpl de* **bem**

bento/a ['bẽtu/a] *pp de* **benzer** ♦ *adj* blessed; (*água*) holy

benzer [bẽ'ze*] *vt* to bless; ~-**se** *vr* to cross o.s.

berço ['bexsu] *m* cradle; (*cama*) cot; (*origem*) birthplace

berinjela [beri'ʒɛla] *f* aubergine (*BRIT*), eggplant (*US*)

Berlim [bex'lĩ] *n* Berlin

berma ['bexma] (*PT*) *f* hard shoulder (*BRIT*), berm (*US*)

berrante [be'xãtʃi] *adj* flashy, gaudy

berrar [be'xa*] *vi* to bellow; (*criança*) to bawl; **berreiro** [be'xejru] *m*: **abrir o berreiro** to burst out crying; **berro** ['bexu] *m* yell

besouro [be'zoru] *m* beetle

besta ['beʃta] *adj* stupid; (*convencido*) full of oneself; ~ **de carga** beast of burden; **besteira** [beʃ'tejra] *f* foolishness; **dizer besteiras** to talk nonsense; **fazer uma besteira** to do something silly; **bestial** [beʃ'tʃjaw] (*pl* ~ais) *adj* bestial; (*repugnante*) repulsive

best-seller ['bestˈsɛle*] (*pl* ~s) *m* best seller

besuntar [bezũ'ta*] *vt* to smear, daub

betão [be'tãw] (*PT*) *m* concrete

beterraba [bete'xaba] *f* beetroot

betoneira [beto'nejra] *f* cement mixer

betume [be'tumi] *m* asphalt

bexiga [be'figa] *f* bladder

bezerro/a [be'zexu/a] *m/f* calf

bibelô [bibe'lo] *m* ornament

Bíblia ['biblja] *f* Bible

bíblico/a ['bibliku/a] *adj* biblical

bibliografia [bibljogra'fia] *f* bibliography

biblioteca [bibljo'tɛka] *f* library; (*estante*) bookcase; **bibliotecário/a** [bibljote'karju/a] *m/f* librarian

bica ['bika] *f* tap; (*PT*) black coffee, expresso

bicar [bi'ka*] *vt* to peck

bicha ['bifa] *f* (*lombriga*) worm; (*BR: col, pej: homossexual*) queer; (*PT: fila*) queue

bicho ['bifu] *m* animal; (*inseto*) insect, bug

bicicleta [bisi'kleta] *f* bicycle; (*col*) bike; **andar de** ~ to cycle; ~ **do exercício** exercise bike

bico ['biku] *m* (*de ave*) beak; (*ponta*) point; (*de chaleira*) spout; (*boca*) mouth; (*de pena*) nib; (*do peito*) nipple; (*de gás*) jet; (*col: emprego*) casual job; (*chupeta*) dummy; **calar o** ~ to shut up

bidê 41 **bobo**

bidê [bi'de] *m* bidet

bife ['bifi] *m* (beef) steak; ~ **a cavalo** steak with fried eggs; ~ **à milanesa** beef escalope; ~ **de panela** beef stew

bifocal [bifo'kaw] (*pl* **–ais**) *adj*: **óculos bifocais** bifocals

bifurcação [bifuxka'sãw] (*pl* **–ões**) *f* fork

bifurcar-se [bifux'kaxsi] *vr* to fork, divide

bígamo/a ['bigamu/a] *m/f* bigamist

bigode [bi'gɔdʒi] *m* moustache

bigorna [bi'gɔxna] *f* anvil

bijuteria [biʒute'ria] *f* (costume) jewellery (*BRIT*) ou jewelry (*US*)

bilhão [bi'ʎãw] (*pl* **–ões**) *m* billion

bilhar [bi'ʎa°] *m* (*jogo*) billiards *sg*

bilhete [bi'ʎetʃi] *m* ticket; (*cartinha*) note; ~ **de ida** single (*BRIT*) ou one-way ticket; ~ **de ida e volta** return (*BRIT*) ou round-trip (*US*) ticket; ~**ira** [biʎe'tejra] (*PT*) *f* = ~**ria**; ~**iro/a** [biʎe'tejru/a] *m/f* ticket seller; ~**ria** [biʎete'ria] *f* ticket office

bilhões [bi'ʎõjʃ] *mpl de* bilhão

bilíngüe [bi'lĩgwi] *adj* bilingual

bilioso/a [bi'ljozu/za] *adj* bilious; (*fig*) bad-tempered

bílis ['biliʃ] *m* bile

bimotor [bimo'to°] *adj* twin-engined

binário/a [bi'narju/a] *adj* binary

bingo ['bĩgu] *m* bingo

binóculo [bi'nɔkulu] *m* binoculars *pl*; (*para teatro*) opera glasses *pl*

biografia [bjogra'fia] *f* biography

biologia [bjolo'ʒia] *f* biology

biombo [bi'õbu] *m* screen

bip [bip] *m* pager, paging device

biquíni [bi'kini] *m* bikini

birita [bi'rita] (*col*) *f* drink

Birmânia [bix'manja] *f*: **a ~** Burma

birra ['bixa] *f* wilfulness (*BRIT*), willfulness (*US*), obstinacy; (*aversão*) aversion; **ter ~ com** to dislike

biruta [bi'ruta] *adj* crazy ♦ *f* windsock

bis [biʃ] *excl* encore!

bisavô/ó [biza'vo/ɔ] *m/f* great-grandfather/great-grandmother; **bisa-**

vós [biza'vɔʃ] *mpl* great-grandparents

biscate [biʃ'katʃi] *m* odd job

biscoito [biʃ'kojtu] *m* biscuit (*BRIT*), cookie (*US*)

bisnaga [biʒ'naga] *f* (*tubo*) tube; (*pão*) French stick

bisonho/a [bi'zɔɲu/a] *adj* inexperienced ♦ *m/f* newcomer

bispo ['biʃpu] *m* bishop

bissexto/a [bi'seʃtu/a] *adj*: **ano ~** leap year

bisturi [biʃtu'ri] *m* scalpel

bit ['bitʃi] *m* (*COMPUT*) bit

bitola [bi'tɔla] *f* gauge (*BRIT*), gage (*US*); (*padrão*) pattern; (*estalão*) standard

bizarro/a [bi'zaxu/a] *adj* bizarre

blasfemar [blaʃfe'ma°] *vt* to curse ♦ *vi* to blaspheme; **blasfêmia** [blaʃ'femja] *f* blasphemy; (*ultraje*) curse

blazer ['blejze°] (*pl* **~s**) *m* blazer

blecaute [ble'kawtʃi] *m* power cut

blindado/a [blĩ'dadu/a] *adj* armoured (*BRIT*), armored (*US*)

blindagem [blĩ'daʒẽ] *f* armour(-plating) (*BRIT*), armor(-plating) (*US*)

blitz [blits] *f* police raid; (*na estrada*) police road block

bloco ['blɔku] *m* block; (*POL*) bloc; (*de escrever*) writing pad; ~ **de carnaval** carnival troupe

bloquear [blo'kja°] *vt* to blockade; (*obstruir*) to block; **bloqueio** [blo'keju] *m* blockade; blockage

blusa ['bluza] *f* (*de mulher*) blouse; (*de homem*) shirt; ~ **de lã** jumper; **blusão** [blu'zãw] *m* jacket

boa ['boa] *adj f de* bom ♦ *f* boa constrictor

boate ['bwatʃi] *f* nightclub

boato ['bwatu] *m* rumour (*BRIT*), rumor (*US*)

bobagem [bo'baʒẽ] (*pl* **–ns**) *f* silliness, nonsense; (*dito, ato*) silly thing

bobina [bo'bina] *f* reel, bobbin; (*ELET*) coil; (*FOTO*) spool; (*de papel*) roll

bobo/a ['bobu/a] *adj* silly, daft ♦ *m/f*

fool ♦ *m* (*de corte*) jester; **fazer-se de ~** to act the fool

bobó [bo'bɔ] *m* beans, palm oil and manioc

boca ['boka] *f* mouth; (*entrada*) entrance; (*de fogão*) ring; **de ~ aberta** amazed; **bater ~** to argue

bocadinho [boka'dʒiɲu] *m*: **um ~** (*pouco tempo*) a little while; (*pouquinho*) a little bit

bocado [bo'kadu] *m* mouthful, bite; (*pedaço*) piece, bit; **um ~ de tempo** quite some time

bocal [bo'kaw] (*pl* -**ais**) *m* (*de vaso*) mouth; (*MUS, de aparelho*) mouthpiece; (*de cano*) nozzle

boçal [bo'saw] (*pl* -**ais**) *adj* ignorant; (*grosseiro*) uncouth

bocejar [bose'ʒa*r*] *vi* to yawn; **bocejo** [bo'seʒu] *m* yawn

bochecha [bo'ʃeʃa] *f* cheek; **bochecho** [bo'ʃeʃu] *m* mouthwash

boda ['boda] *f* wedding; **~s** *fpl* anniversário de casamento** wedding anniversary *sg*

bode ['bɔdʒi] *m* goat; **~ expiatório** scapegoat

bodum [bo'dũ] *m* stink

bofetada [bofe'tada] *f* slap

bofetão [bofe'tãw] (*pl* -**ões**) *m* punch

boi [boj] *m* ox

bóia ['bɔja] *f* buoy; (*col*) grub; (*de braço*) armband, water wing

boiada [bo'jada] *f* herd of cattle

boiar [bo'ja*r*] *vt*, *vi* to float

boicotar [bojko'ta*r*] *vt* to boycott; **boicote** [boj'kɔtʃi] *m* boycott

boiler ['bɔjla*r*] (*pl* ~**s**) *m* boiler

boina ['bojna] *f* beret

bojo ['boʒu] *m* bulge; **bojudo/a** [bo'ʒudu/a] *adj* bulging; (*arredondado*) rounded

bola ['bɔla] *f* ball; **dar ~ para** (*flertar*) to flirt with; **ela não dá a menor ~ (para isso)** she couldn't care less (about it); **não ser certo da ~** (*col*) not to be right in the head

bolacha [bo'laʃa] *f* biscuit (*BRIT*), cookie (*US*); (*col: bofetada*) wallop;

(*para chope*) beermat

bole *etc* ['bɔli] *vb* V **bulir**

boleia [bo'leja] *f* driver's seat; **dar uma ~ a alguém** (*PT*) to give sb a lift

boletim [bole'tʃĩ] (*pl* -**ns**) *m* report; (*publicação*) newsletter; **~ meteorológico** weather forecast

bolha ['boʎa] *f* (*na pele*) blister; (*de ar, sabão*) bubble

boliche [bo'liʃi] *m* bowling, skittles *sg*

bolinho [bo'liɲu] *m*: **~ de carne** meat ball; **~ de arroz/bacalhau** rice/dry cod cake

Bolívia [bo'livja] *f*: **a ~** Bolivia

bolo ['bolu] *m* cake; (*monte: de gente*) bunch; (: *de papéis*) bundle; **dar o ~ em alguém** to stand sb up; **vai dar ~** (*col*) there's going to be trouble

bolor [bo'lo*r*] *m* mould (*BRIT*), mold (*US*); (*nas plantas*) mildew; (*bafio*) mustiness

bolota [bo'lɔta] *f* acorn

bolsa ['bowsa] *f* bag; (*COM: tb*: **~ de valores**) stock exchange; **~ (de estudos)** scholarship

bolso ['bowsu] *m* pocket; **de ~** pocket *atr*

PALAVRA CHAVE

bom/boa [bõ/'boa] (*pl* **bons/boas**) *adj* **1** (*ótimo*) good; **é um livro ~ ou um ~ livro** it's a good book; **a comida está boa** the food is delicious; **o tempo está ~** the weather's fine; **ele foi muito ~ comigo** he was very nice *ou* kind to me

2 (*apropriado*): **ser ~ para** to be good for; **acho ~ você não ir** I think it's better if you don't go

3 (*irónico*): **um ~ quarto de hora** a good quarter of an hour; **que ~ motorista você é!** a fine *ou* some driver you are!; **seria ~ que ...!** a fine thing it would be if ...!; **essa é boa!** what a cheek!

4 (*saudação*): **~ dia!** good morning!; **boa tarde!** good afternoon!;

boa noite! good evening!; (*ao deitar-se*) good night!; **tudo** ~? how's it going?

5 (*outras frases*): **está** ~? OK?
♦ *excl*: ~! all right!; ~, ... right, ...

bomba ['bõba] *f* bomb; (*TEC*) pump; (*fig*) bombshell; ~ **atómica** atomic; **relógio/de fumaça** atomic/time/smoke bomb; ~ **de gasolina** petrol (*BRIT*) ou gas (*US*) pump; ~ **de incêndio** fire extinguisher

bombardear [bõbax'dʒja*] *vt* to bomb; (*fig*) to bombard; **bombardeio** [bõbax'deju] *m* bombing, bombardment

bombear [bõ'bja*] *vt* to pump

bombeiro [bõ'bejru] *m* fireman; (*BR: encanador*) plumber; **o corpo de** ~**s** fire brigade

bombom [bõ'bõ] (*pl* ~**ns**) *m* chocolate

bondade [bõ'dadʒi] *f* goodness, kindness; **tenha a** ~ **de** will you please come

bonde ['bõdʒi] (*BR*) *m* tram

bondoso/a [bõ'dozu/ɔza] *adj* kind, good

boné [bo'nɛ] *m* cap

boneca [bo'nɛka] *f* doll

boneco [bo'nɛku] *m* dummy

bonito/a [bo'nitu/a] *adj* pretty; (*gesto, dia*) nice ♦ *m* (*peixe*) tuna (fish), tunny

bônus ['bonuʃ] *m inv* bonus

boquiaberto/a [bokja'bɛxtu/a] *adj* dumbfounded, astonished

borboleta [boxbo'leta] *f* butterfly; (*BR: roleta*) turnstile; **borboletear** [boxbole'tʃja*] *vi* to flutter

borbotão [boxbo'tãw] (*pl* ~**ões**) *m* gush, spurt; **sair aos borbotões** to gush out

borbulhar [boxbu'ʎa*] *vi* to bubble

borda ['bɔxda] *f* edge; (*do rio*) bank; **à** ~ **de** on the edge of

bordado [box'dadu] *m* embroidery

bordão [box'dãw] (*pl* ~**ões**) *m* staff

bordar [box'da*] *vt* to embroider

bordejar [boxde'ʒa*] *vi* (*NÁUT*) to tack

bordo ['bɔxdu] *m* (*de navio*) side; **a** ~ on board

bordões [box'dõjʃ] *mpl de* **bordão**

borla ['bɔxla] *f* tassel

borra ['bɔxa] *f* dregs *pl*

borracha [bo'xaʃa] *f* rubber; **borracheiro** [boxa'ʃejru] *m* tyre (*BRIT*) ou tire (*US*) specialist

borrador [boxa'do*] *m* (*COM*) day book

borrão [bo'xãw] (*pl* ~**ões**) *m* (*rascunho*) rough draft; (*mancha*) blot

borrar [bo'xa*] *vt* to blot; (*riscar*) to cross out

borrasca [bo'xaʃka] *f* storm; (*no mar*) squall

borrifar [boxi'fa*] *vt* to sprinkle; **borrifo** [bo'xifu] *m* spray

borrões [bo'xõjʃ] *mpl de* **borrão**

bosque ['bɔʃki] *m* wood, forest

bossa ['bɔsa] *f* charm; (*inchaço*) swelling

bota ['bɔta] *f* boot; ~**s de borracha** wellingtons

botânica [bo'tanika] *f* botany

botão [bo'tãw] (*pl* ~**ões**) *m* button; (*flor*) bud

botar [bo'ta*] *vt* to put; (*roupa, sapatos*) to put on; (*mesa*) to set; (*defeito*) to find; (*ovos*) to lay

bote ['bɔtʃi] *m* boat; (*com arma*) thrust; (*salto*) spring

botequim [botʃi'kĩ] (*pl* ~**ns**) *m* bar

boticário/a [botʃi'karju/a] *m/f* pharmacist, chemist (*BRIT*)

botija [bo'tʃiʒa] *f* (earthenware) jug

botões [bo'tõjʃ] *mpl de* **botão**

boxe ['bɔksi] *m* boxing; ~**ador** [boksja'do*] *m* boxer

brabo/a ['brabu/a] *adj* fierce; (*zangado*) angry; (*ruim*) bad; (*calor*) unbearable

braça ['brasa] *f* (*NÁUT*) fathom

braçada [bra'sada] *f* armful; (*NATAÇÃO*) stroke

braçadeira [brasa'dejra] *f* armband

bracejar [brase'ʒa*] *vi* to wave one's arms about

bracelete [brase'letʃi] *m* bracelet

braço ['brasu] *m* arm; **de ~s cruzados** with arms folded; *(fig)* without lifting a finger; **de ~ dado** arm-in-arm

bradar [bra'da*] *vt, vi* to shout, yell; **brado** ['bradu] *m* shout, yell

braguilha [bra'giʎa] *f* flies *pl*

bramido [bra'midu] *m* roar

bramir [bra'mi*] *vi* to roar

branco/a ['brãku/a] *adj* white ♦ *m/f* white man/woman ♦ *m* (espaço) blank; **em ~** blank; **noite em ~** sleepless night; **brancura** [brã'kura] *f* whiteness

brandir [brã'dʒi*] *vt* to brandish

brando/a ['brãdu/a] *adj* gentle; *(mole)* soft; **brandura** [brã'dura] *f* gentleness; softness

branquear [brã'kja*] *vt* to whiten; *(alvejar)* to bleach ♦ *vi* to turn white

brasa ['braza] *f* hot coal; **em ~** red-hot; **pisar em ~** to be on tenter-hooks

brasão [bra'zãw] *(pl -ões) m* coat of arms

braseiro [bra'zejru] *m* brazier

Brasil [bra'ziw] *m*: **o ~** Brazil; **b~eiro/a** [brazi'lejru/a] *adj, m/f* Brazilian

Brasília [bra'zilja] *n* Brasília

brasões [bra'zõjʃ] *mpl de* **brasão**

bravata [bra'vata] *f* bravado, boasting; **bravatear** [brava'tʃja*] *vi* to boast, brag

bravio/a [bra'viu/a] *adj* (selvagem) wild; *(feroz)* ferocious

bravo/a ['bravu/a] *adj* brave; *(furioso)* angry; *(mar)* rough ♦ *m* brave man; **~!** bravo!; **bravura** [bra'vura] *f* courage, bravery

brecar [bre'ka*] *vt* (carro) to stop; *(reprimir)* to curb ♦ *vi* to brake

brecha ['brɛʃa] *f* breach; *(abertura)* opening; *(dano)* damage; *(col)* chance

brejo ['breʒu] *m* marsh, swamp

breque ['brɛki] *m* brake

breu [brew] *m* tar, pitch

breve ['brɛvi] *adj* short; *(conciso, rápido)* brief ♦ *adv* soon; **em ~** soon,

shortly; **até ~** see you soon; **brevidade** [brevi'dadʒi] *f* brevity, shortness

bridge ['bridʒi] *m* bridge

briga ['briga] *f* fight; *(verbal)* quarrel

brigada [bri'gada] *f* brigade

brigão/ona [bri'gãw/ona] *(pl -ões/~s) adj* quarrelsome ♦ *m/f* trouble-maker

brigar [bri'ga*] *vi* to fight; *(altercar)* to quarrel

brigões [bri'gõjʃ] *mpl de* **brigão**

brigona [bri'gɔna] *f de* **brigão**

brilhante [bri'ʎãtʃi] *adj* brilliant ♦ *m* diamond

brilhar [bri'ʎa*] *vi* to shine

brilho ['briʎu] *m* (luz viva) brilliance; *(esplendor)* splendor (BRIT), splendor (US); *(nos sapatos)* shine; *(de metais, olhos)* gleam

brincadeira [brĩka'dejra] *f* fun; *(gracejo)* joke; *(de criança)* game; **deixe de ~s!** stop fooling!; **de ~** for fun

brincalhão/ona [brĩka'ʎãw/ona] *(pl -ões/~s) adj* playful ♦ *m/f* joker, teaser

brincar [brĩ'ka*] *vi* to play; *(gracejar)* to joke; **estou brincando** I'm only kidding; **~ de soldados** to play (at) soldiers; **~ com alguém** to tease sb

brinco ['brĩku] *m* (jóia) earring

brindar [brĩ'da*] *vt* to drink to; *(presentear)* to give a present to; **brinde** ['brĩdʒi] *m* toast; free gift

brinquedo [brĩ'kedu] *m* toy

brio ['briu] *m* self-respect, dignity; **~so/a** ['brjozu/ɔza] *adj* self-respecting

brisa ['briza] *f* breeze

britânico/a [bri'taniku/a] *adj* British ♦ *m/f* Briton

broca ['brɔka] *f* drill

broche ['brɔʃi] *m* brooch

brochura [bro'ʃura] *f* (livro) paper-back; *(folheto)* brochure, pamphlet

brócolis ['brɔkoliʃ] *mpl* broccoli *sg*

bronca ['brõka] *(col) f* telling off; **dar uma ~ em** to tell off; **levar uma ~** to get told off

bronco/a ['brõku/a] *adj* (*rude*) coarse; (*burro*) thick

bronquear [brõ'kja*] (*col*) *vi* to get angry; ~ **com** to tell off

bronquite [brõ'kitʃi] *f* bronchitis

bronze ['brõzi] *m* bronze; **~ado/a** [brõ'zjadu/a] *adj* (*cor*) bronze; (*pelo sol*) suntanned ♦ *m* suntan; **~ar** [brõ'zja*] *vt* to tan; **~ar-se** *vr* to get a tan

brotar [bro'ta*] *vt* to produce ♦ *vi* (*manar*) to flow; (*BOT*) to sprout; (*nascer*) to spring up

broto ['brotu] *m* bud; (*fig*) youngster

broxa ['brɔʃa] *f* (*large*) paint brush

bruços ['brusuʃ]: **de ~** *adv* face down

bruma ['bruma] *f* mist, haze; **brumoso/a** [bru'mozu/ɔza] *adj* misty, hazy

brunir [bru'ni*] *vt* to polish

brusco/a ['bruʃku/a] *adj* brusque; (*súbito*) sudden

brutal [bru'taw] (*pl* **-ais**) *adj* brutal; **~idade** [brutali'dadʒi] *f* brutality

bruto/a ['brutu/a] *adj* brutish; (*grosseiro*) coarse; (*móvel*) heavy; (*petróleo*) crude; (*peso*, *COM*) gross ♦ *m* brute; **em ~** raw, unworked

bruxa ['bruʃa] *f* witch; **~ria** [bruʃa'ria] *f* witchcraft

Bruxelas [bru'ʃelaʃ] *n* Brussels

bruxo ['bruʃu] *m* wizard

bruxulear [bruʃu'lja*] *vi* to flicker

buço ['busu] *m* down

budismo [bu'dʒiʒmu] *m* Buddhism

búfalo ['bufalu] *m* buffalo

bufar [bu'fa*] *vi* to puff, pant; (*com raiva*) to snort; (*reclamar*) to moan, grumble

bufê [bu'fe] *m* sideboard; (*comida*) buffet

buffer ['bafe*] (*pl* **~s**) *m* (*COMPUT*) buffer

buganvília [bugã'vilja] *f* bougainvillaea

bugiganga [buʒi'gãga] *f* trinket; **~s** *fpl* (*coisas sem valor*) knicknacks

bujão [bu'ʒãw] (*pl* **-ões**) *m* (*TEC*) cap; **~ de gás** gas cylinder

bula ['bula] *f* (*MED*) directions *pl* for use

bulbo ['buwbu] *m* bulb

buldôzer [buw'doze*] (*pl* **~es**) *m* bulldozer

bule ['buli] *m* (*de chá*) teapot; (*de café*) coffeepot

Bulgária [buw'garja] *f*: **a ~** Bulgaria; **búlgaro/a** ['buwgaru/a] *adj*, *m/f* Bulgarian ♦ *m* (*LING*) Bulgarian

bulício [bu'lisju] *m* bustle; (*sussurro*) rustling; **buliçoso/a** [buli'sozu/ɔza] *adj* lively; (*agitado*) restless

bulir [bu'li*] *vt* to move ♦ *vi* to move, stir; **~ com** to tease; **~ em** to touch, meddle with

bunda ['bũda] (*col*) *f* bottom, backside

buquê [bu'ke] *m* bouquet

buraco [bu'raku] *m* hole; (*de agulha*) eye; **ser um ~** to be tough; **~ da fechadura** keyhole

burguês/guesa [bux'geʃ/'geza] *adj* middle-class, bourgeois; **burguesia** [buxge'zia] *f* middle class, bourgeoisie

buril [bu'riw] (*pl* **-is**) *m* chisel

burla ['buxla] *f* trick, fraud; (*zombaria*) mockery; **~r** [bux'la*] *vt* (*enganar*) to cheat; (*defraudar*) to swindle; (*a lei*, *impostos*) to evade

burocracia [burokra'sia] *f* bureaucracy; **burocrata** [buro'krata] *m/f* bureaucrat

burro/a ['buxu/a] *adj* stupid ♦ *m/f* (*ZOOL*) donkey; (*pessoa*) fool, idiot; **pra ~** (*col*) a lot; (*com adj*) really; **~ de carga** (*fig*) hard worker

busca ['buʃka] *f* search; **em ~ de** in search of; **dar ~ a** to search for

buscar [buʃ'ka*] *vt* to fetch; (*procurar*) to look ou search for; **ir ~** to fetch, go for; **mandar ~** to send for

bússola ['busola] *f* compass

busto ['buʃtu] *m* bust

buzina [bu'zina] *f* horn; **~r** [buzi'na*] *vi* to sound one's horn, toot the horn ♦ *vt* to hoot

búzio ['buzju] *m* conch

C

c/ *abr* = **com**

Ca *abr* (= *companhia*) Co

cá [ka] *adv* here; **de** ~ on this side; **para** ~ here, over here; **para lá e para** ~ back and forth; **de lá para** ~ since then

caatinga [ka'tʃĩga] (*BR*) *f* scrub(-land)

cabal [ka'baw] (*pl* **-ais**) *adj* complete; (*exato*) exact

cabalar [kaba'la*] *vt* (*votos etc*) to canvass (for) ♦ *vi* to canvass

cabana [ka'bana] *f* hut

cabeça [ka'besa] *f* head; (*inteligência*) brains *pl*; (*de uma lista*) top ♦ *m/f* leader; **de** ~ off the top of one's head; (*calcular*) in one's head; **de** ~ **para baixo** upside down; **por** ~ per person, per head; ~**da** [kabe'sada] *f* (*pancada com cabeça*) butt; (*FUTEBOL*) header; (*asneira*) blunder; ~**lho** [kabe'saʎu] *m* (*de livro*) title page; (*de página, capítulo*) heading

cabeceira [kabe'sejra] *f* (*de cama*) head

cabeçudo/a [kabe'sudu/a] *adj* bigheaded; (*teimoso*) pigheaded

cabeleira [kabe'lejra] *f* head of hair; (*postiça*) wig; **cabeleireiro/a** [kabelej'rejru/a] *m/f* hairdresser

cabelo [ka'belu] *m* hair; **cortar/fazer o** ~ to have one's hair cut/done; **cabeludo/a** [kabe'ludu/a] *adj* hairy

caber [ka'be*] *vi*: ~ (**em**) to fit; (*ser compatível*) to be appropriate (in); ~ **a** (*em partilha*) to fall to; **cabe a alguém fazer** it is up to sb to do; **não cabe aqui fazer comentários** this is not the time or place to comment

cabide [ka'bidʒi] *m* (*coat*) hanger; (*móvel*) hat stand; (*fixo à parede*) coat rack

cabine [ka'bini] *f* cabin; (*em loja*) fitting room; ~ **do piloto** (*AER*) cockpit; ~ **telefónica** telephone box (*BRIT*) *ou* booth

cabisbaixo/a [kabiʒ'bajʃu/a] *adj* dispirited, crestfallen

cabo ['kabu] *m* (*extremidade*) end; (*de faca, vassoura etc*) handle; (*corda*) rope; (*elétrico etc*) cable; (*GEO*) cape; (*MIL*) corporal; **ao** ~ **de** at the end of; **de** ~ **a rabo** from beginning to end; **levar a** ~ to carry out; **dar** ~ **de** to do away with

caboclo/a [ka'boklu/a] (*BR*) *m/f* mestizo

cabra ['kabra] *f* goat

cabreiro/a [ka'brejru/a] (*col*) *adj* suspicious

cabresto [kab'reʃtu] *m* halter

cabrito [ka'britu] *m* kid

caça ['kasa] *f* hunting; (*busca*) hunt; (*animal*) quarry, game ♦ *m* (*AER*) fighter (plane); ~**dor(a)** [kasa'do*(a)] *m/f* hunter

caça-níqueis *m inv* slot machine

cação [ka'sãw] (*pl* **-ões**) *m* shark

caçar [ka'sa*] *vt* to hunt; (*com espingarda*) to shoot; (*procurar*) to seek ♦ *vi* to hunt, go hunting

cacarejar [kakare'ʒa*] *vi* (*galinhas etc*) to cluck

caçarola [kasa'rɔla] *f* (*sauce*)pan

cacau [ka'kaw] *m* cocoa; (*BOT*) cacao; ~**eiro** [kaka'wejru] *m* cocoa tree

cacetada [kase'tada] *f* blow (with a stick)

cachaça [ka'ʃasa] *f* (*white*) rum

cachaceiro/a [kaʃa'sejru/a] *adj* drunk ♦ *m/f* drunkard

caché [ka'ʃe] *m* fee

cachecol [kaʃe'kɔw] (*pl* **-óis**) *m* scarf

cachepô [kaʃe'po] *m* plant pot

cachimbo [ka'ʃibu] *m* pipe

cacho ['kaʃu] *m* bunch; (*de cabelo*) curl; (: *longo*) ringlet

cachoeira [kaʃwej'ra] *f* waterfall

cachorra [ka'ʃoxa] *f* bitch; (*cadela*) (female) puppy

cachorrinho/a [kaʃo'xinu/a] *m/f* puppy

cachorro [ka'ʃoxu] *m* dog; (*cãozinho*) puppy; ~**quente** (*pl* ~**s-quentes**) *m* hot dog

cacique [ka'siki] *m* (Indian) chief; (*mandachuva*) local boss

caco ['kaku] *m* bit, fragment; (*pessoa velha*) old relic

caçoada [ka'swada] *f* jibe

caçoar [ka'swa°] *vt, vi* to mock

cações [ka'sõjʃ] *mpl de* **cação**

cacoete [ka'kwetʃi] *m* twitch, tic

cacto ['kaktu] *m* cactus

cada ['kada] *adj inv* each; (*todo*) every; ~ **um** each one; ~ **semana** each week; **a** ~ **3 horas** every 3 hours; ~ **vez mais** more and more

cadafalso [kada'fawsu] *m* gallows *sg*

cadarço [ka'daxsu] *m* shoelace

cadastro [ka'daʃtru] *m* register; (*ato*) registration; (*de criminosos*) criminal record

cadáver [ka'dave°] *m* corpse, (dead) body

cadê [ka'de] (*col*) *adv*: ~ ...? where's/where are ...?, what's happened to ...?

cadeado [ka'dʒjadu] *m* padlock

cadeia [ka'deja] *f* chain; (*prisão*) prison; (*rede*) network

cadeira [ka'dejra] *f* chair; (*disciplina*) subject; (*TEATRO*) stall; (*função*) post; ~**s** *fpl* (*ANAT*) hips; ~ **de balanço/rodas** rocking chair/wheelchair

cadela [ka'dɛla] *f* (*cão*) bitch

cadência [ka'dẽsja] *f* cadence; (*ritmo*) rhythm

caderneta [kadex'neta] *f* notebook; ~ **de poupança** savings account

caderno [ka'dexnu] *m* exercise book; (*de notas*) notebook; (*de jornal*) section

cadete [ka'detʃi] *m* cadet

caducar [kadu'ka°] *vi* to lapse, expire; **caduco/a** [ka'duku/a] *adj* invalid, expired; (*senil*) senile; (*BOT*) deciduous

cães [kãjʃ] *mpl de* **cão**

cafajeste [kafa'ʒɛʃtʃi] (*col*) *adj* roguish; (*vulgar*) vulgar, coarse ♦ *m/f*

rogue; rough customer

café [ka'fɛ] *m* coffee; (*estabelecimento*) cafe; ~ **com leite** white coffee (*BRIT*), coffee with cream (*US*); ~ **preto** black coffee; ~ **da manhã** (*BR*) breakfast; **cafeeiro/a** [kafe'ejru/a] *adj* coffee *atr* ♦ *m* coffee plant; **cafeicultor** [kafejkuw'to°] *m* coffee-grower; **cafeicultura** [kafej-kuw'tura] *f* coffee-growing

cafeína [kafe'ina] *f* caffein(e)

cafeteira [kafe'tejra] *f* coffee pot; (*máquina*) percolator; **cafezal** [kafe'zaw] (*pl* –ais) *m* coffee plantation; **cafezinho** [kafe'ziɲu] *m* small black coffee

cagada [ka'gada] (*col!*) *f* shit (!)

cágado ['kagadu] *m* turtle

cagar [ka'ga°] (*col!*) *vi* to (have a) shit (!)

cagüetar [kagwe'ta°] *vt* to inform on; **cagüete** [ka'gwetʃi] *m* informer

caiar [kaj'a°] *vt* to whitewash

caiba etc ['kajba] *vb V* **caber**

cãibra ['kãjbra] *f* (*MED*) cramp

caída [ka'ida] *f* = **queda**

caído/a [ka'idu/a] *adj* dejected; (*derrubado*) fallen; (*pendente*) droopy; ~ **por** (*apaixonado*) in love with

câimbra ['kãjbra] *f* = **cãibra**

caipirinha [kajpi'riɲa] *f* cocktail of cachaça, lemon and sugar

cair [ka'i°] *vi* to fall; ~ **bem/mal** (*roupa*) to fit well/badly; (*col: pessoa*) to look good/bad; ~ **em si** to come to one's senses; **ao** ~ **da noite** at nightfall; **essa comida me caiu mal** that food did not agree with me

Cairo ['kajru] *m*: **o** ~ Cairo

cais [kajʃ] *m* (*NAUT*) quay; (*PT: FERRO*) platform

caixa ['kajʃa] *f* box; (*cofre*) safe; (*de uma loja*) cashdesk ♦ *m/f* (*pessoa*) cashier; **pequena** ~ petty cash; ~ **de correio** letter box; ~ **de mudanças** (*BR*) *ou* **de velocidades** (*PT*) gearbox; ~ **econômica** savings bank; ~ **postal** P.O. box; ~ **registradora** cash register; ~**forte** (*pl* ~**s-fortes**) *f* vault

caixão [kaj'ʃãw] (*pl* **-ões**) *m* (*ataúde*) coffin; (*caixa grande*) large box

caixeiro/a [kaj'ʃejru/a] *m/f* shop assistant; (*entregador*) delivery man/woman

caixeiro/a-viajante (*pl* caixeiros/as-viajantes) *m/f* commercial traveller (*BRIT*) *ou* traveler (*US*)

caixilho [kaj'ʃiʎu] *m* (*moldura*) frame

caixões [kaj'ʃõjʃ] *mpl de* caixão

caixote [kaj'ʃɔtʃi] *m* packing case; ~ **do lixo** (*PT*) dustbin (*BRIT*), garbage can (*US*)

caju [ka'ʒu] *m* cashew fruit; ~**eiro** [ka'ʒwejru] *m* cashew tree

cal [kaw] *f* lime; (*na água*) chalk; (*para caiar*) whitewash

calabouço [kala'bosu] *m* dungeon

calado/a [ka'ladu/a] *adj* quiet

calafrio [kala'friu] *m* shiver; **ter** ~**s** to shiver

calamar [kala'ma*] *m* squid

calamidade [kalami'dadʒi] *f* calamity, disaster

calão [ka'lãw] (*PT*) *m*: (baixo) ~ slang

calar [ka'la*] *vt* to keep quiet about; (*impor silêncio a*) to silence ♦ *vi* to go quiet; (*manter-se calado*) to keep quiet; ~**-se** *vr* to go quiet; to keep quiet; **cala a boca!** shut up!

calça ['kawsa] *f* (*tb*: ~**s**) trousers *pl* (*BRIT*), pants *pl* (*US*)

calçada [kaw'sada] *f* (*BR: passeio*) pavement (*BRIT*), sidewalk (*US*); (*PT: rua*) roadway

calçadão [kawsa'dãw] (*pl* **-ões**) *m* pedestrian precinct (*BRIT*)

calçadeira [kawsa'dejra] *f* shoe-horn

calçado/a [kaw'sadu/a] *adj* (*rua*) paved ♦ *m* shoe; ~**s** *mpl* (*para os pés*) footwear *sg*

calçadões [kawsa'dõjʃ] *mpl de* calçadão

calçamento [kawsa'mẽtu] *m* paving

calcanhar [kawka'ɲa*] *m* (*ANAT*) heel

calção [kaw'sãw] (*pl* **-ões**) *m* shorts

pl; ~ **de banho** swimming trunks *pl*

calcar [kaw'ka*] *vt* to tread on; (*espezinhar*) to trample (on)

calçar [kaw'sa*] *vt* (*sapatos, luvas*) to put on; (*pavimentar*) to pave; ~**-se** *vr* to put on one's shoes; **ela calça** (*número*) **28** she takes size 28 (in shoes)

calcário [kaw'karju] *m* limestone

calceiro/a [kaw'sejru/a] *m/f* shoemaker

calcinha [kaw'siɲa] *f* panties *pl*

calço ['kawsu] *m* wedge

calções [kaw'sõjʃ] *mpl de* calção

calculador [kawkula'do*] *m* = calculadora

calculadora [kawkula'dora] *f* calculator

calcular [kawku'la*] *vt* to calculate; (*imaginar*) to imagine; ~ **que** to reckon that

cálculo ['kawkulu] *m* calculation; (*MAT*) calculus; (*MED*) stone

calda ['kawda] *f* (*de doce*) syrup; ~**s** *fpl* (*águas termais*) hot springs

caldeira [kaw'dejra] *f* (*TEC*) boiler

caldeirada [kawdej'rada] (*PT*) *f* (*guisado*) fish stew

caldo ['kawdu] *m* broth; (*de fruta*) juice; ~ **de carne/galinha** beef/chicken stock; ~ **verde** potato and cabbage broth

calendário [kalẽ'darju] *m* calendar

calha ['kaʎa] *f* channel; (*para água*) gutter

calhamaço [kaʎa'masu] *m* tome

calhar [ka'ʎa*] *vi*: **calhou viajarmos no mesmo avião** we happened to travel on the same plane; **calhou que it so happened that;** ~ **a** (*cair bem*) to suit; **se** ~ (*PT*) perhaps, maybe

calhau [ka'ʎaw] *m* stone, pebble

calibre [ka'libri] *m* calibre (*BRIT*), caliber (*US*)

cálice ['kalisi] *m* wine glass; (*REL*) chalice

calidez [kali'deʒ] *f* warmth

cálido/a ['kalidu/a] *adj* warm

calista [ka'liʃta] *m/f* chiropodist

(*BRIT*), podiatrist (*US*)

calma ['kawma] *f* calm

calmante [kaw'mãtʃi] *adj* soothing ♦ *m* (*MED*) tranquillizer

calmo/a [ka'kawmu/a] *adj* calm

calo ['kalu] *m* callus; (*no pé*) corn

calor [ka'lo*] *m* heat; (*agradável, fig*) warmth; **está** *ou* **faz** ~ it is hot; **estar com** ~ to be hot

calorento/a [kalo'rētu/a] *adj* (*pessoa*) sensitive to heat; (*lugar*) hot

caloria [calo'ria] *f* calorie

caloroso/a [kalo'rozu/ɔza] *adj* warm; (*entusiástico*) enthusiastic

calota [ka'lɔta] *f* (*AUTO*) hubcap

calouro/a [ka'loru/a] *m/f* (*EDUC*) fresher (*BRIT*), freshman (*US*)

calúnia [ka'lunja] *f* slander

calunioso/a [kalu'njozu/ɔza] *adj* slanderous

calvo/a ['kawvu/a] *adj* bald

cama ['kama] *f* bed; ~ **de casal** double bed; ~ **de solteiro** single bed; **de** ~ (*doente*) ill (in bed); **~-beliche** (*pl* **~s-beliches**) *f* bunk bed

camada [ka'mada] *f* layer; (*de tinta*) coat

camafeu [kama'few] *m* cameo

câmara ['kamara] *f* chamber; (*FOTO*) camera; ~ **municipal** (*BR*) town council; (*PT*) town hall; **em** ~ **lenta** in slow motion

camarada [kama'rada] *adj* friendly, nice; (*preço*) good ♦ *m/f* comrade; (*sujeito*) guy/woman

câmara-de-ar (*pl* **câmaras-de-ar**) *f* inner tube

camarão [kama'rãw] (*pl* **-ões**) *m* shrimp; (*graúdo*) prawn

camareiro/a [kama'rejru/a] *m/f* cleaner/chambermaid

camarim [kama'rĩ] (*pl* **-ns**) *m* (*TEATRO*) dressing room

camarões [kama'rõjʃ] *mpl de* **camarão**

camarote [kama'rɔtʃi] *m* (*NÁUT*) cabin; (*TEATRO*) box

cambaleante [kãba'ljãtʃi] *adj* unsteady (on one's feet)

cambalear [kãba'lja*] *vi* to stagger,

reel

cambalhota [kãba'ʎɔta] *f* somersault

câmbio ['kãbju] *m* (*dinheiro etc*) exchange; (*preço de câmbio*) rate of exchange; ~ **livre** free trade; ~ **paralelo** black market

cambista [kã'biʃta] *m* money changer

Camboja [kã'bɔʒa] *m*: **o** ~ Cambodia

camelo [ka'melu] *m* camel

camião [ka'mjãw] (*pl* **-ões**) (*PT*) *m* lorry (*BRIT*), truck (*US*)

caminhada [kami'nada] *f* walk

caminhante [kami'nãtʃi] *m/f* walker

caminhão [kami'nãw] (*pl* **-ões**) (*BR*) *m* lorry (*BRIT*), truck (*US*)

caminhar [kami'na*] *vi* to walk; (*processo*) to get under way; (*negócios*) to progress

caminho [ka'minu] *m* way; (*vereda*) road, path; ~ **de ferro** (*PT*) railway (*BRIT*), railroad (*US*); **a** ~ on the way, en route; **cortar** ~ to take a short cut; **pôr-se a** ~ to set off

caminhões [kami'nõjʃ] *mpl de* **caminhão**

caminhoneiro/a [kamino'nejru/a] *m/f* lorry driver (*BRIT*), truck driver (*US*)

caminhonete [kamino'nɛtʃi] *m* (*AUTO*) van

camiões [ka'mjõjʃ] *mpl de* **camião**

camioneta [kamjo'neta] (*PT*) *f* (*para passageiros*) coach; (*comercial*) van

camionista [kamjo'niʃta] (*PT*) *m/f* lorry driver (*BRIT*), truck driver (*US*)

camisa [ka'miza] *f* shirt; ~ **de dormir** nightshirt; ~ **esporte/pólo/social** sports/polo/dress shirt; **mudar de** ~ (*ESPORTE*) to change sides; **~-de-força** (*pl* **~s-de-força**) *f* straitjacket

camiseta [kami'zeta] (*BR*) *f* T-shirt; (*interior*) vest

camisinha [kami'zina] (*col*) *f* condom

camisola [kami'zɔla] *f* (*BR*) nightdress; (*PT: pulôver*) sweater; ~ interior (*PT*) vest

campainha [kampa'iɲa] *f* bell

campanário [kãpa'narju] *m* church tower, steeple

campanha [kã'paɲa] *f* (*MIL etc*) campaign; (*planície*) plain

campeão/peã [kã'pjãw/'pjã] (*pl -ões/~s*) *m/f* champion; **campeonato** [kãpjo'natu] *m* championship

campestre [kã'pɛʃtri] *adj* rural, rustic

camping [kãpiŋ] (*BR: pl ~s*) *m* camping; (*lugar*) campsite

campismo [kã'piʒmu] *m* camping; parque de ~ campsite

campista [kã'piʃta] *m/f* camper

campo [kãpu] *m* field; (*fora da cidade*) countryside; (*ESPORTE*) ground; (*acampamento*) camp; (*TÊNIS*) court

camponês/esa [kãpo'neʃ/eza] *m/f* countryman/woman; (*agricultor*) farmer

campus [kãpuʃ] *m inv* campus

camuflagem [kamu'flaʒẽ] *f* camouflage

camuflar [kamu'fla*] *vt* to camouflage

camundongo [kamũ'dõgu] (*BR*) *m* mouse

camurça [ka'muxsa] *f* suede

cana ['kana] *f* cane; (*col: cadeia*) nick; (*de açúcar*) sugar cane

Canadá [kana'da] *m*: o ~ Canada; **canadense** [kana'dẽsi] *adj*, *m/f* Canadian

canal [ka'naw] (*pl -ais*) *m* channel; (*de navegação*) canal; (*ANAT*) duct

canalha [ka'naʎa] *f* rabble, mob ♦ *m/f* wretch, scoundrel

canalização [kanaliza'sãw] *f* plumbing

canalizador(a) [kanaliza'do*(a)] (*PT*) *m/f* plumber

canalizar [kanali'za*] *vt* (*água, esforços*) to channel

canapé [kana'pɛ] *m* sofa

canário [ka'narju] *m* canary

canastra [ka'naʃtra] *f* (big) basket

canavial [kana'vjaw] (*pl -ais*) *m* cane field; **canavieiro/a** [kana'vjejru/a] *adj* sugar cane *atr*

canção [kã'sãw] (*pl -ões*) *f* song; ~ de ninar lullaby

cancela [kã'sɛla] *f* gate

cancelamento [kãsela'mẽtu] *m* cancellation

cancelar [kãse'la*] *vt* to cancel; (*riscar*) to cross out

câncer ['kãse*] *m* cancer; C~ (*ASTROLOGIA*) Cancer

canções [kã'sõjʃ] *fpl* de **canção**

cancro ['kãkru] (*PT*) *m* cancer

candelabro [kãde'labru] *m* candlestick; (*lustre*) chandelier

candente [kã'dẽtʃi] *adj* white hot; (*fig*) inflamed

candidato/a [kãdʒi'datu/a] *m/f* candidate; (*a cargo*) applicant; **candidatura** [kãdʒida'tura] *f* candidature; application

cândido/a ['kãdʒidu/a] *adj* naive; (*inocente*) innocent; **candura** [kã'dura] *f* simplicity; innocence

caneca [ka'nɛka] *f* mug

canela [ka'nɛla] *f* cinnamon; (*ANAT*) shin

caneta [ka'nɛta] *f* pen; ~ esferográfica/pilot ballpoint/felt-tip pen; ~ seletora (*COMPUT*) light pen; ~-tinteiro (*pl ~s-tinteiro*) *f* fountain pen

cangaceiro [kãga'sejru] (*BR*) *m* bandit

canguru [kãgu'ru] *m* kangaroo

cânhamo ['kaɲamu] *m* hemp

canhão [ka'ɲãw] (*pl -ões*) *m* cannon; (*GEO*) canyon

canhoto/a [ka'ɲotu/a] *adj* lefthanded ♦ *m/f* left-handed person ♦ *m* (*de cheque*) stub

canibal [kani'baw] (*pl -ais*) *m/f* cannibal

caniço/a [ka'nisu/a] *adj* (*col*) skinny ♦ *m* reed

canil [ka'niw] (*pl -is*) *m* kennel

canino/a [ka'ninu/a] *adj* canine

canivete [kani'vetʃi] *m* penknife

canja ['kaʒa] f chicken broth; (col) cinch, pushover

canjica [kã'ʒika] f maize porridge

cano ['kanu] m pipe; (tubo) tube; (de arma de fogo) barrel; (de bota) top; ~ **de esgoto** sewer

canoa [ka'noa] f canoe

cansaço [kã'sasu] m tiredness

cansado/a [kã'sadu/a] adj tired

cansar [kã'sa*] vt to tire; (entediar) to bore ♦ vi to get tired; ~-**se** vr to get tired; **cansativo/a** [kãsa'tʃivu/a] adj tiring; (tedioso) tedious

cantar [kã'ta*] vt, vi to sing ♦ m song

cantarolar [kãtaro'la*] vt to hum

canteiro [kã'tejru] m stonemason; (de flores) flower bed

cantiga [kã'tʃiga] f ballad; ~ **de ninar** lullaby

cantil [kã'tʃiw] (pl -**is**) m canteen

cantina [kã'tʃina] f canteen

cantis [kã'tʃiʃ] mpl de **cantil**

canto ['kãtu] m corner; (lugar) place; (canção) song

cantor(a) [kã'to*(a)] m/f singer

canudo [ka'nudu] m tube; (para beber) straw

cão [kãw] (pl **cães**) m dog

caolho/a [ka'oʎu/a] adj cross-eyed

caos ['kaoʃ] m chaos

capa ['kapa] f cape; (cobertura) cover; **livro de** ~ **dura/mole** hardback/paperback (book)

capacete [kapa'setʃi] m helmet

capacho [ka'paʃu] m door mat

capacidade [kapasi'dadʒi] f capacity; (aptidão) ability, competence

capar [ka'pa*] vt to castrate, geld

capataz [kapa'taʒ] m foreman

capaz [ka'paʒ] adj able, capable; **ser** ~ **de** to be able to (ou capable of); **sou** ~ **de ...** (talvez) I might ...; é ~ **de chover** hoje it might rain today

capcioso/a [kap'sjozu/ɔza] adj (pergunta, pessoa) tricky

capela [ka'pela] f chapel

capelão [kape'lãw] (pl -**ães**) m (REL) chaplain

capim [ka'pĩ] m grass

capinar [kapi'na*] vt, vi to weed

capitães [kapi'tãjʃ] mpl de **capitão**

capital [kapi'taw] (pl -**ais**) adj, m capital ♦ f (cidade) capital; ~ **(em) ações** (COM) share capital

capitalismo [kapita'liʒmu] m capitalism; **capitalista** [kapita'liʃta] m/f capitalist

capitalizar [kapitali'za*] vt to capitalize on; (COM) to capitalize

capitanear [kapita'nja*] vt to command, head

capitão [kapi'tãw] (pl -**ães**) m captain

capítulo [ka'pitulu] m chapter

capô [ka'po] m (AUTO) bonnet (BRIT), hood (US)

capota [ka'pɔta] f (AUTO) hood, top

capotar [kapo'ta*] vi to overturn

capote [ka'pɔtʃi] m overcoat

capricho [ka'priʃu] m whim, caprice; (teimosia) obstinacy; (apuro) care; ~**so/a** [kapri'fozu/ɔza] adj capricious; (com apuro) meticulous

Capricórnio [kapri'kɔxnju] m Capricorn

cápsula ['kapsula] f capsule

captar [kap'ta*] vt (atrair) to win; (RADIO) to pick up

captura [kap'tura] f capture; ~**r** [kaptu'ra*] vt to capture

capuz [ka'puʒ] m hood

cáqui ['kaki] adj khaki

cara ['kara] f face; (aspecto) appearance ♦ m (col) guy; ~ **ou coroa?** heads or tails?; **de** ~ straightaway; **dar de** ~ **com** to bump into; **ser a** ~ **de** (col) to be the spitting image of; **ter** ~ **de** to look (like)

carabina [kara'bina] f rifle

caracol [kara'kɔw] (pl -**óis**) m snail; (de cabelo) curl; **escada em** ~ spiral staircase

caracteres [karak'tɛriʃ] mpl de **caráter**

característica [karakte'riʃtʃika] f characteristic, feature

característico/a [karakte'riʃtʃiku/a] adj characteristic

cara-de-pau (pl **caras-de-pau**) adj brazen ♦ m/f: ele é ~ he's very forward

caramelo [kara'mɛlu] m caramel; (bala) toffee

caranguejo [karã'geʒu] m crab

caratê [kara'te] m karate

caráter [ka'ratɛ*] (pl **caracteres**) m character

caravana [kara'vana] f caravan

carboidrato [kaxboi'dratu] m carbohydrate

carbonizar [kaxboni'za*] vt to carbonize; (queimar) to char

carbono [kax'bɔnu] m carbon

carburador [kaxbura'do*] m carburettor (BRIT), carburetor (US)

carcaça [kax'kasa] f carcass; (armação) frame; (de navio) hull

cárcere [ˈkaxseri] m prison; **carcereiro/a** [kaxse'rejru/a] m/f jailer, warder

carcomido/a [kaxko'midu/a] adj worm-eaten

cardápio [kax'dapju] (BR) m menu

cardeal [kax'dʒjaw] (pl **-ais**) adj, m cardinal

cardíaco/a [kax'dʒiaku/a] adj cardiac; **ataque/parada** ~ heart attack/cardiac arrest

cardigã [kaxdʒi'gã] m cardigan

cardinal [kaxdʒi'naw] (pl **-ais**) adj cardinal

cardume [kax'dumi] m (peixes) shoal

careca [ka'rɛka] adj bald

carecer [kare'se*] vi: ~ de to lack; (precisar) to need

carência [ka'rẽsja] f lack; (necessidade) need; (privação) deprivation; **carente** [ka'rẽtʃi] adj wanting; (pessoa) needy, deprived

carestia [karef'tʃia] f high cost; (preços altos) high prices pl; (escassez) scarcity

careta [ka'reta] adj (col) straight, square ♦ f grimace; **fazer uma** ~ to pull a face

carga [ˈkaxga] f load; (de navio, avião) cargo; (ato de carregar) load-

ing; (ELET) charge; (fig: peso) burden; (MIL) attack, charge; **dar** ~ **em** (COMPUT) to boot (up)

cargo [ˈkaxgu] m responsibility; (função) post; **a** ~ **de** in charge of; **ter a** ~ to be in charge of; **tomar a** ~ to take charge of

cargueiro [kax'gejru] m cargo ship

Caribe [ka'ribi] m: **o** ~ the Caribbean (Sea)

carícia [ka'risja] f caress

caridade [kari'dadʒi] f charity; **obra de** ~ charity

cárie [ˈkari] f tooth decay

carimbar [karĩ'ba*] vt to stamp; (no correio) to postmark

carimbo [ka'rĩbu] m stamp; (postal) postmark

carinho [ka'riɲu] m affection, fondness; (caricia) caress; **fazer** ~ to caress; **com** ~ affectionately; (com cuidado) with care; **~so/a** [kari'nozu/za] adj affectionate

carioca [ka'rjɔka] adj of Rio de Janeiro ♦ m/f native of Rio de Janeiro ♦ m (PT: café) type of weak coffee

carisma [ka'riʒma] m charisma

caritativo/a [karita'tʃivu/a] adj charitable

carnal [kax'naw] (pl **-ais**) adj carnal; **primo** ~ first cousin

carnaval [kaxna'vaw] (pl **-ais**) m carnival; (fig) mess

carne [ˈkaxni] f flesh; (CULIN) meat; **em** ~ **e osso** in the flesh

carnê [kax'ne] m (para compras) payment book

carneiro [kax'nejru] m sheep; (macho) ram; **perna/costeleta de** ~ leg of lamb/lamb chop

carniça [kax'nisa] f carrion; **pular** ~ to play leapfrog

carnificina [kaxnifi'sina] f slaughter

carnudo/a [kax'nudu/a] adj plump, fleshy; (lábios) thick

caro/a [ˈkaru/a] adj dear; **cobrar/pagar** ~ to charge a lot/pay dearly

carochinha [karo'ʃiɲa] f: **conto** ou **história da** ~ fairy tale ou story

caroço [ka'rosu] m (de frutos) stone;

(*endurecimento*) lump

carona [ka'rɔna] *f* lift; **viajar de ~** to hitchhike; **pegar uma ~** to get a lift

carpete [kax'pɛtʃi] *m* (fitted) carpet

carpintaria [kaxpĩta'ria] *f* carpentry

carpinteiro [kaxpĩ'tejru] *m* carpenter

carranca [ka'xãka] *f* frown, scowl

carrapato [kaxa'patu] *m* (*inseto*) tick

carrasco [ka'xaʃku] *m* executioner; (*fig*) tyrant

carregado/a [kaxe'gadu/a] *adj* loaded; (*semblante*) sullen; (*céu*) dark; (*ambiente*) tense

carregador [kaxega'do°] *m* porter

carregamento [kaxega'mẽtu] *m* (*ação*) loading; (*carga*) load, cargo

carregar [kaxe'ga°] *vt* to load; (*levar*) to carry; (*bateria*) to charge; (*PT: apertar*) to press; (*levar para longe*) to take away ♦ *vi*: **~ em** to overdo; (*pôr enfase*) to bring out

carreira [ka'xejra] *f* run, running; (*profissão*) career; (*TURFE*) race; (*NAUT*) slipway; (*fileira*) row; **às ~s** in a hurry

carreta [ka'xeta] *f* cart

carretel [kaxe'tɛw] (*pl* **-éis**) *m* spool, reel

carreto [ka'xetu] *m* freight

carrilhão [kaxi'ʎãw] (*pl* **-ões**) *m* chime

carrinho [ka'xiɲu] *m* trolley; (*brinquedo*) toy car; **~ de** (*criança*) pram; **~ de mão** wheelbarrow

carro [ˈkaxo] *m* car; (*de bois*) cart; (*de mão*) barrow; (*de máquina de escrever*) carriage; **~ de corrida/passeio/esporte** racing/saloon/sports car; **~ de praça** cab; **~ de bombeiro** fire engine

carroça [ka'xɔsa] *f* cart, waggon

carroçeria [kaxose'ria] *f* (*AUTO*) bodywork

carro-chefe (*pl* **carros-chefes**) *m* (*de desfile*) main float; (*fig*) flagship, centrepiece (*BRIT*), centerpiece (*US*)

carrocinha [kaxo'siɲa] *f* wagon

carrossel [kaxo'sɛw] (*pl* **-éis**) *m* merry-go-round

carruagem [ka'xwaʒẽ] (*pl* **-ns**) *f* carriage, coach

carta [ˈkaxta] *f* letter; (*de jogar*) card; (*mapa*) chart; **~ aérea/registrada** airmail/registered letter; **~ de condução** (*PT*) driving licence (*BRIT*), driver's license (*US*); **dar as ~s** to deal; **~-bomba** (*pl* **~s-bomba**) *f* letter bomb

cartão [kax'tãw] (*pl* **-ões**) *m* card; (*PT: material*) cardboard; **~ de crédito** credit card; **~-postal** (*pl* **cartões-postais**) *m* postcard

cartaz [kax'taʒ] *m* poster, bill (*US*); (**estar**) **em ~** (*TEATRO, CINEMA*) (to be) showing

cartear [kax'tʃja°] *vi* to play cards ♦ *vt* to play

carteira [kax'tejra] *f* desk; (*para dinheiro*) wallet; (*de ações*) portfolio; **~ de identidade** identity card; **~ de motorista** driving licence (*BRIT*), driver's license (*US*)

carteiro [kax'tejru] *m* postman (*BRIT*), mailman (*US*)

cartões [kax'tõjʃ] *mpl de* **cartão**

cartola [kax'tɔla] *f* top hat

cartolina [kaxto'lina] *f* card

cartomante [kaxto'mãtʃi] *m/f* fortune-teller

cartório [kax'tɔrju] *m* registry office

cartucho [kax'tuʃu] *m* cartridge; (*saco de papel*) packet

cartum [kax'tũ] (*pl* **-ns**) *m* cartoon

carvalho [kax'vaʎu] *m* oak

carvão [kax'vãw] (*pl* **-ões**) *m* coal; (*de madeira*) charcoal; **carvoeiro** [kaxvo'ejru] *m* coal merchant

casa [ˈkaza] *f* house; (*lar*) home; (*COM*) firm; (*MAT: decimal*) place; **em/para ~** at home/home; **~ de saúde** hospital; **~ da moeda** mint; **~ de banho** (*PT*) bathroom; **~ e comida** board and lodging; **~ de cómodos** tenement; **~ popular** ≈ council house

casacão [kaza'kãw] (*pl* **-ões**) *m* overcoat

casaco [ka'zaku] m coat; (paletó) jacket

casacões [kaza'kõjʃ] mpl de **casacão**

casa-forte (pl casas-fortes) f vault

casal [ka'zaw] (pl –ais) m couple

casamento [kaza'mẽtu] m marriage; (boda) wedding

casar [ka'za*] vt to marry; (combinar) to match (up); ~-se vr to get married; to combine well

casarão [kaza'rãw] (pl –ões) m mansion

casca ['kaʃka] f (de árvore) bark; (de banana) skin; (de ferida) scab; (de laranja) peel; (de nozes, ovos) shell; (de milho etc) husk; (de pão) crust

cascalho [kaʃ'kaʎu] m gravel; (na praia) shingle

cascão [kaʃ'kãw] m crust; (sujeira) grime

cascata [kaʃ'kata] f waterfall

cascavel [kaʃka'vew] (pl –éis) m rattlesnake

casco ['kaʃku] m skull; (de animal) hoof; (de navio) hull; (para bebidas) empty bottle; (de tartaruga) shell

casebre [ka'zɛbri] m hovel, shack

caseiro/a [ka'zejru/a] adj homemade; (pessoa, vida) domestic ♦ m/f housekeeper

caserna [ka'zɛxna] f barracks pl

caso ['kazu] m case; (lb: ~ amoroso) affair; (estória) story ♦ conj in case, if; **no ~ de** in case (of); **em todo ~** in any case; **neste ~** in that case; ~ **necessário** if necessary; **criar** ~ to cause trouble; **não fazer** ~ **de** to ignore; ~ **de emergência** emergency

caspa ['kaʃpa] f dandruff

casquinha [kaʃ'kiɲa] f (de sorvete) cone; (pele) skin

cassar [ka'sa*] vt (direitos, licença) to cancel, withhold; (políticos) to ban

cassete [ka'sɛtʃi] m cassette

cassetete [kase'tɛtʃi] m truncheon (BRIT), nightstick (US)

cassino [ka'sinu] m casino

casta ['kaʃta] f caste

castanha [kaʃ'taɲa] f chestnut; ~ **de caju** cashew nut; **~-do-pará** [-pa'ra] (pl ~s-do-pará) f Brazil nut

castanha/o [kaʃ'taɲu/a] adj brown

castanheiro [kaʃta'ɲejru] m chestnut tree

castanholas [kaʃta'ɲɔlaʃ] fpl castanets

castelo [kaʃ'tɛlu] m castle

castiçal [kaʃtʃi'saw] (pl –ais) m candlestick

castiço/a [kaʃ'tʃisu/a] adj pure

castidade [kaʃtʃi'dadʒi] f chastity

castigar [kaʃtʃi'ga*] vt to punish; **castigo** [kaʃ'tʃigu] m punishment; (fig: mortificação) pain

casto/a ['kaʃtu/a] adj chaste

castor [kaʃ'to*] m beaver

casual [ka'zwaw] (pl –ais) adj chance atr, accidental; (fortuito) fortuitous; **~idade** [kazwali'dadʒi] f chance; (acidente) accident

casulo [ka'zulu] m (de sementes) pod; (de insetos) cocoon

cata ['kata] f: **à ~ de** in search of

catalizador [kataliza'do*] m catalyst

catalogar [katalo'ga*] vt to catalogue (BRIT), catalog (US)

catálogo [ka'talogu] m catalogue (BRIT), catalog (US); ~ (**telefônico**) telephone directory

catapora [kata'pora] (BR) f chickenpox

catar [ka'ta*] vt to pick (up); (procurar) to look for, search for; (recolher) to collect, gather

catarata [kata'rata] f waterfall; (MED) cataract

catarro [ka'taxu] m catarrh

catástrofe [ka'taʃtrofi] f catastrophe

cata-vento m weathercock

cátedra ['katedra] f chair

catedral [kate'draw] (pl –ais) f cathedral

catedrático/a [kate'dratʃiku/a] m/f professor

categoria [katego'ria] f category; (social) rank; (qualidade) quality; **de alta ~** first-rate

cativar [katʃi'va*] *vt* to enslave; *(fascinar)* to captivate; *(atrair)* to charm

cativeiro [katʃi'vejru] *m* captivity; *(escravidão)* slavery; *(cadeia)* prison

cativo/a [ka'tʃivu/a] *m/f* slave; *(prisioneiro)* prisoner

católico/a [ka'tɔliku/a] *adj, m/f* catholic

catorze [ka'tɔxzi] *num* fourteen

caução [kaw'sãw] *(pl* –ões) *f* security, guarantee; *(JUR)* bail; **sob ~** on bail; **caucionar** [kawsjo'na*] *vt* to guarantee, stand surety for; to stand bail for

caudal [kaw'daw] *(pl* –ais) *m* torrent

caudilho [kaw'dʒiʎu] *m* leader, chief

caule [ka'uli] *m* stalk, stem

causa ['kawza] *f* cause; *(motivo)* motive, reason; *(JUR)* lawsuit, case; **por ~ de** because of; **~dor(a)** [kawza'do*(a)] *adj* which caused ♦ *m* cause; **~r** [kaw'za*] *vt* to cause, bring about

cautela [kaw'tɛla] *f* caution; *(senha)* ticket; **~ (de penhor)** pawn ticket; **cauteloso/a** [kawte'lozu/ɔza] *adj* cautious, wary

cavado/a [ka'vadu/a] *adj (olhos)* sunken; *(roupa)* low-cut

cavala [ka'vala] *f* mackerel

cavalaria [kavala'ria] *f* cavalry

cavaleiro [kava'lejru] *m* rider, horseman; *(medieval)* knight

cavalete [kava'letʃi] *m* stand; *(FOTO)* tripod; *(de pintor)* easel; *(de mesa)* trestle

cavalgar [kavaw'ga*] *vt* to ride ♦ *vi*: **~ em** to ride on; **~ (sobre)** to jump over

cavalheiro/a [kava'ʎejru/a] *adj* courteous, gallant ♦ *m* gentleman

cavalinho-de-pau [kava'liɲu-] *(pl* cavalinhos-de-pau) *m* rocking horse

cavalo [ka'valu] *m* horse; *(XADREZ)* knight; **a ~** on horseback; **50 ~s (-vapor)** *ou* **(de força)** 50 horsepower; **~ de corrida** racehorse

cavaquinho [kava'kiɲu] *m* small guitar

cavar [ka'va*] *vt* to dig; *(esforçar-se*

para obter) to try to get ♦ *vi* to dig; *(fig)* to delve; *(animal)* to burrow

cave [kavi] *(PT)* *f* wine-cellar

caveira [ka'vejra] *f* skull

caverna [ka'vɛxna] *f* cavern

caviar [ka'vja*] *m* caviar

cavidade [kavi'dadʒi] *f* cavity

cavilha [ka'viʎa] *f (de madeira)* peg, dowel; *(de metal)* bolt

cavo/a [ka'vu/a] *adj* concave

caxumba [ka'fũba] *f* mumps *sg*

CD *abr m* CD

cê [se] *(col) pron* = **você**

cear [sja*] *vt* to have for supper ♦ *vi* to dine

cebola [se'bola] *f* onion; **cebolinha** [sebo'liɲa] *f* spring onion

cecear [se'sja*] *vi* to lisp; **ceceio** [se'seju] *m* lisp

ceder [se'de*] *vt* to give up; *(dar)* to hand over; *(emprestar)* to lend ♦ *vi* to give in, yield

cedilha [se'dʒiʎa] *f* cedilla

cedo ['sedu] *adv* early; *(em breve)* soon

cedro ['sɛdru] *m* cedar

cédula ['sedula] *f* banknote; *(eleitoral)* ballot paper

CEE *abr f* (= *Comunidade Econômica Européia*) EEC

cegar [se'ga*] *vt* to blind; *(ofuscar)* to dazzle ♦ *vi* to be dazzling

cego/a ['sɛgu/a] *adj* blind; *(total)* complete, total; *(tesoura)* blunt ♦ *m/f* blind man/woman; **às cegas** blindly

cegonha [se'goɲa] *f* stork

cegueira [se'gejra] *f* blindness

CEI *abr f* (= *Comunidade de Estados Independentes*) CIS

ceia ['seja] *f* supper

ceifa ['sejfa] *f* harvest; *(fig)* destruction

cela ['sɛla] *f* cell

celebração [selebra'sãw] *(pl* –ões) *f* celebration

celebrar [sele'bra*] *vt* to celebrate; *(exaltar)* to praise; *(acordo)* to seal

célebre ['sɛlebri] *adj* famous, well-known

celebridade [selebri'dadʒi] f celebrity

celeiro [se'lejru] m granary; (depósito) barn

celeste [se'lɛʃtʃi] adj celestial, heavenly

celibatário/a [seliba'tarju/a] adj unmarried, single ♦ m/f bachelor/spinster

celofane [selo'fani] m cellophane; papel ~ cling film

celta ['sɛwta] adj Celtic ♦ m/f Celt

célula ['sɛlula] f (BIO, ELET) cell

cem [sẽ] num hundred

cemitério [semi'tɛrju] m cemetery, graveyard

cena ['sena] f scene; (palco) stage

cenário [se'narju] m scenery; (CINEMA) scenario; (de um acontecimento) setting

cenoura [se'nora] f carrot

censo ['sẽsu] m census

censor(a) [sẽ'so*(a)] m/f censor

censura [sẽ'sura] f censorship; (reprovação) censure, criticism; ~r [sẽsu'ra*] vt to censure; (filme, livro etc) to censor

centavo [sẽ'tavu] m cent; estar sem um ~ to be penniless

centeio [sẽ'teju] m rye

centelha [sẽ'teʎa] f spark

centena [sẽ'tena] f hundred; às ~s in hundreds

centenário/a [sẽte'narju/a] adj centenary

centígrado [sẽ'tʃigradu] m centigrade

centímetro [sẽ'tʃimetru] m centimetre (BRIT), centimeter (US)

cento ['sẽtu] m: ~ e um one hundred and one; **por** ~ per cent

centopeia [sẽto'peja] f centipede

central [sẽ'traw] (pl -ais) adj central ♦ f (de polícia etc) head office; ~ **elétrica** (electric) power station; ~ **telefônica** telephone exchange; ~**izar** [sẽtrali'za*] vt to centralize

centrar [sẽ'tra*] vt to centre (BRIT), center (US)

centro ['sẽtru] m centre (BRIT), center (US); (de uma cidade) town

centre; ~**avante** [sẽtroa'vãtʃi] m (FUTEBOL) centre forward

CEP ['sɛpi] (BR) abr m (= Código de Endereçamento Postal) postcode (BRIT), zip code (US)

céptico/a etc ['septiku/a] (PT) = **cético** etc

ceptro ['sɛtru] (PT) m = **cetro**

cera ['sera] f wax

cerâmica [se'ramika] f pottery

cerâmico/a [se'ramiku/a] adj ceramic

ceramista [sera'miʃta] m/f potter

cerca ['sexka] f fence ♦ **prep**: ~ de (aproximadamente) around, about; ~ **viva** hedge

cercado [sex'kadu] m enclosure; (para animais) pen; (para crianças) playpen

cercanias [sexka'niaʃ] fpl outskirts; (vizinhança) neighbourhood sg (BRIT), neighborhood sg (US)

cercar [sex'ka*] vt to enclose; (rodear) to surround; (assediar) to besiege

cerco ['sexku] m siege; **pôr** ~ a to besiege

cereal [se'rjaw] (pl -ais) m cereal

cérebro ['serebru] m brain; (fig) brains pl

cereja [se'reʒa] f cherry

cerimônia [seri'monja] f ceremony

cerne ['sexni] m kernel

cerração [sexa'sãw] f fog

cerrado/a [se'xadu/a] adj shut, closed; (denso) thick ♦ m scrub(land)

cerrar [se'xa*] vt to close, shut; ~**se** vr to close, shut

certeza [sex'teza] f certainty; com ~ certainly, surely; (provavelmente) probably; **ter** ~ **de/de que** to be certain ou sure of/to be sure that

certidão [sextʃi'dãw] (pl -ões) f certificate

certificado [sextʃifi'kadu] m certificate

certificar [sextʃifi'ka*] vt to certify; (assegurar) to assure; ~**se** vr: ~**se de** to make sure of

certo/a ['sɛxtu/a] adj certain, sure; (exato, direito) right; (um, algum) a certain ♦ *adv* correctly; **na certa** certainly; **ao ~ for** certain; **está ~** okay, all right

cerveja [sex'veʒa] *f* beer; **~ria** [sexveʒa'ria] *f* (*fábrica*) brewery; (*bar*) bar, public house

cervical [sexvi'kaw] (*pl* -**ais**) *adj* cervical

cérvice [sex'visi] *f* cervix

cervo ['sexvu] *m* deer

cerzir [sex'zi^r] *vt* to darn

cessão [se'sãw] (*pl* -**ões**) *f* surrender

cessação [sesa'sãw] *f* halting, ceasing

cessar [se'sa^r] *vi* to cease, stop; **sem ~** continually; **~-fogo** *m inv* ceasefire

cessões [se'sõjʃ] *fpl de* cessão

cesta ['seʃta] *f* basket

cesto ['seʃtu] *m* basket; (*com tampa*) hamper

cético/a ['sɛtʃiku/a] *m/f* sceptic (*BRIT*), skeptic (*US*)

cetim [se'tʃĩ] *m* satin

cetro ['sɛtru] *m* sceptre (*BRIT*), scepter (*US*)

céu [sɛw] *m* sky; (*REL*) heaven; (*da boca*) roof

cevada [se'vada] *f* barley

cevar [se'va^r] *vt* (*engordar*) to fatten; (*alimentar*) to feed; (*engodar*) to bait

CFC *abr m* (= *clorofluorcarbono*) CFC

chá [ʃa] *m* tea

chacal [ʃa'kaw] (*pl* -**ais**) *m* jackal

chácara ['ʃakara] *f* farm; (*casa de campo*) country house

chacina [ʃa'sina] *f* slaughter; **~r** [ʃasi'na^r] *vt* (*matar*) to slaughter

chacota [ʃa'kɔta] *f* mockery

chafariz [ʃafa'riʒ] *m* fountain

chafurdar [ʃafux'da^r] *vi:* **~ em** to wallow in; **~-se** *vr:* **~-se em** to wallow in

chaga ['ʃaga] *f* (*MED*) wound; (*fig*) disease

chalé [ʃa'lɛ] *m* chalet

chaleira [ʃa'lejra] *f* kettle; (*bajulador*) crawler, toady

chama ['ʃama] *f* flame

chamada [ʃa'mada] *f* call; (*MIL*) roll call; (*EDUC*) register; (*no jornal*) headline; **dar uma ~ em alguém** to tell sb off

chamar [ʃa'ma^r] *vt* to call; (*convidar*) to invite; (*atenção*) to attract ♦ *vi* to call; (*telefone*) to ring; **~-se** *vr* to be called; **chamo-me João** my name is John; **~ alguém de idiota/Dudu** to call sb an idiot/Dudu; **mandar ~** to summon, send for

chamariz [ʃama'riʒ] *m* decoy

chamativo/a [ʃama'tʃivu/a] *adj* showy, flashy

chaminé [ʃami'nɛ] *f* chimney; (*de navio*) funnel

champanha [ʃã'paɲa] *m ou f* champagne

champanhe [ʃã'paɲi] *m ou f* = champanha

champu [ʃã'pu] (*PT*) *m* shampoo

chamuscar [ʃamuʃ'ka^r] *vt* to scorch, singe

chance ['ʃãsi] *f* chance

chanceler [ʃãse'le^r] *m* chancellor

chantagear [ʃãta'ʒja^r] *vt* to blackmail

chantagem [ʃã'taʒẽ] *f* blackmail

chão [ʃãw] (*pl* -**s**) *m* ground; (*terra*) soil; (*piso*) floor

chapa ['ʃapa] *f* (*placa*) plate; (*eleitoral*) list; **~ de matrícula** (*PT: AUTO*) number (*BRIT*) ou license (*US*) plate; **oi, meu ~!** hi, mate!

chapéu [ʃa'pɛw] *m* hat; **~-coco** (*pl* **~s-cocos**) *m* bowler (hat) (*BRIT*), derby (*US*)

chapinha [ʃa'piɲa] *f:* **~ (de garrafa)** (bottle) top

charco ['ʃaxku] *m* marsh, bog

charme ['ʃaxmi] *m* charm; **fazer ~** to be nice, use one's charm; **charmoso/a** [ʃax'mozu/ɔza] *adj* charming

charneca [ʃax'nɛka] *f* moor, heath

charrete [ʃa'xetʃi] *f* cart

charter ['tʃaxtɛ^r] (*pl* **~s**) *m* charter flight

charuto [ʃa'rutu] *m* cigar

chassi [ʃa'si] m (AUTO, ELET) chassis

chata ['ʃata] f barge; V tb **chato**

chateação [ʃatʃia'sãw] (pl –ões) f bother, upset; (maçada) bore

chatear [ʃa'tʃja*] vt to bother, upset; (importunar) to pester; (entediar) to bore; (irritar) to annoy ♦ vi to be upsetting; to be boring; to be annoying; ~-se vr to get upset; to get bored; to get annoyed

chatice [ʃa'tʃisi] f nuisance

chato/a ['ʃatu/a] adj flat; (tedioso) boring; (irritante) annoying; (que fica mal) rude ♦ m/f bore; (quem irrita) pain

chauvinista [ʃawvi'niʃta] adj chauvinistic ♦ m/f chauvinist

chavão [ʃa'vãw] (pl –ões) m cliché

chave ['ʃavi] f key; (ELET) switch; ~ de porcas spanner; ~ inglesa (monkey) wrench; ~ de fenda screwdriver

chaveiro [ʃa'vejru] m key ring; (pessoa) locksmith

chávena ['ʃavena] (PT) f cup

checar [ʃe'ka*] vt to check

check-up [tʃe'kapi] (pl –s) m check-up

chefatura [ʃefa'tura] f: ~ de polícia police headquarters sg

chefe ['ʃefi] m/f head, chief; (patrão) boss; ~ de estação stationmaster

chefia [ʃe'fia] f leadership; (direção) management; (repartição) headquarters sg; **chefiar** [ʃe'fja*] vt to lead

chega ['ʃega] (col) m: **dar um ~ em alguém** to tell sb off

chegada [ʃe'gada] f arrival

chegado/a [ʃe'gadu/a] adj near; (íntimo) close

chegar [ʃe'ga*] vt to bring near ♦ vi to arrive; (ser suficiente) to be enough; ~-se vr: ~-se a to approach; **chega!** that's enough!; ~ a (atingir) to reach; (conseguir) to manage to

cheio/a ['ʃeju/a] adj full; (repleto) full up; (col: farto) fed up

cheirar [ʃej'ra*] vt, vi to smell; ~ a

to smell of; **cheiro** ['ʃejru] m smell; **ter ~ de** to smell of; **cheiroso/a** [ʃej'rozu/ɔza] adj: **ser ou estar cheiroso/a** to smell nice

cheque ['ʃeki] m cheque (BRIT), check (US); ~ **de viagem** traveller's cheque (BRIT), traveler's check (US)

cheque-mate m checkmate

chiado ['ʃjadu] m squeak(ing); (de vapor) hiss(ing)

chiar [ʃja*] vi to squeak; (porta) to creak; (vapor) to hiss; (col: reclamar) to grumble

chiclete [ʃi'klɛtʃi] m chewing gum

chicória [ʃi'kɔrja] f chicory

chicote [ʃi'kɔtʃi] m whip; ~r [ʃiko'tʃja*] vt to whip

chifrada [ʃi'frada] f butt

chifre ['ʃifri] m horn

Chile ['ʃili] m: o ~ Chile

chimarrão [ʃima'xãw] (pl –ões) m mate tea without sugar taken from a pipe-like cup

chimpanzé [ʃĩpã'ze] m chimpanzee

China ['ʃina] f: a ~ China

chinelo [ʃi'nɛlu] m slipper

chinês/esa [ʃi'neʃ/eza] adj, m/f Chinese ♦ m (LING) Chinese

chino/a ['ʃinu/a] m/f Chinese

chip [ʃipi] m (COMPUT) chip

Chipre ['ʃipri] f Cyprus

chique [ʃiki] adj stylish, chic

chiqueiro [ʃi'kejru] m pigsty

chispa ['ʃiʃpa] f spark

chispar [ʃiʃ'pa*] vi (correr) to dash

chocalhar [ʃoka'ʎa*] vt, vi to rattle

chocalho [ʃo'kaʎu] m (MÚS, brinquedo) rattle; (para animais) bell

chocante [ʃo'kãtʃi] adj shocking; (col) amazing

chocar [ʃo'ka*] vt to hatch, incubate; (ofender) to shock, offend ♦ vi to shock; ~-se vr to crash, collide; to be shocked

chocho/a ['ʃoʃu/a] adj hollow, empty; (fraco) weak; (sem graça) dull

chocolate [ʃoko'latʃi] m chocolate

chofer [ʃo'fe*] m driver

chope ['ʃopi] m draught beer

choque 59 cineasta

choque¹ [ˈʃɔki] *m* shock; *(colisão)* collision; *(impacto)* impact; *(conflito)* clash

choque² *etc vb* V **chocar**

choramingar [ʃoramĩˈga*] *vi* to whine, whimper; **choramingo** [ʃoraˈmĩgu] *m* whine, whimper

chorão/rona [ʃoˈrãw/rona] *(pl -ões/~s) adj* tearful ♦ *m/f* crybaby ♦ *m (BOT)* weeping willow

chorar [ʃoˈra*] *vt, vi* to weep, cry

chorinho [ʃoˈrinu] *m* type of Brazilian music

choro [ˈʃoru] *m* crying; *(MÚS)* type of Brazilian music; **~so/a** [ʃoˈrozu/ɔza] *adj* tearful

choupana [ʃoˈpana] *f* shack, hut

chouriço [ʃoˈrisu] *m (BR)* black pudding; *(PT)* spicy sausage

chover [ʃoˈve*] *vi* to rain; **~ a cântaros** to rain cats and dogs

chuchu [ʃuˈʃu] *m* chayote *(vegetable)*

chulé [ʃuˈlɛ] *m* foot odour *(BRIT)* ou *odor (US)*

chulear [ʃuˈlja*] *vt* to hem

chulo/a [ˈʃulu/a] *adj* vulgar

chumaço [ʃuˈmasu] *m (de papel, notas)* wad

chumbar [ʃũˈba*] *vt* to fill with lead; *(soldar)* to solder; *(atirar em)* to fire at ♦ *vi (PT: reprovar)* to fail

chumbo [ˈʃũbu] *m* lead; *(de caça)* gunshot; *(PT: de dente)* filling; **sem ~** *(gasolina)* unleaded

chupar [ʃuˈpa*] *vt* to suck

chupeta [ʃuˈpeta] *f* dummy *(BRIT)*, pacifier *(US)*

churrasco [ʃuˈxaʃku] *m*, **churrasqueira** [ʃuxaʃˈkejra] *f* barbecue

churrasquinho [ʃuxaʃˈkinu] *m* kebab

chutar [ʃuˈta*] *vt* to kick; *(col: adivinhar)* to guess at; *(: dar o fora em)* to dump ♦ *vi* to kick; to guess; *(: mentir)* to lie

chute [ˈʃutʃi] *m* kick; *(col: mentira)* fib; **dar o ~ em alguém** *(col)* to give sb the boot

chuteira [ʃuˈtejra] *f* football boot

chuva [ˈʃuva] *f* rain; **chuveiro** [ʃuˈvejru] *m* shower

chuviscar [ʃuviʃˈka*] *vi* to drizzle; **chuvisco** [ʃuˈviʃku] *m* drizzle

chuvoso/a [ʃuˈvozu/ɔza] *adj* rainy

Cia. *abr (= companhia)* Co

cicatriz [sikaˈtriʒ] *f* scar; **~ar** [sikatriˈza*] *vi* to heal; *(rosto)* to scar

cicerone [siseˈroni] *m* tourist guide

ciclismo [siˈkliʒmu] *m* cycling

ciclista [siˈkliʃta] *m/f* cyclist

ciclo [ˈsiklu] *m* cycle

ciclone [siˈkloni] *m* cyclone

cidadã [sidaˈdã] *f de* **cidadão**

cidadania [sidadaˈnia] *f* citizenship

cidadão/cidadã [sidaˈdãw/sidaˈdã] *(pl ~s/~s) m/f* citizen

cidade [siˈdadʒi] *f* town; *(grande)* city

ciência [ˈsjẽsja] *f* science

ciente [ˈsjẽtʃi] *adj* aware

científico/a [sjẽˈtʃifiku/a] *adj* scientific

cientista [sjẽˈtʃiʃta] *m/f* scientist

cifra [ˈsifra] *f* cipher; *(algarismo)* number, figure; *(total)* sum

cifrar [siˈfra*] *vt* to write in code

cigano/a [siˈganu/a] *adj, m/f* gypsy

cigarra [siˈgaxa] *f* cicada; *(ELET)* buzzer

cigarrilha [sigaˈxiʎa] *f* cheroot

cigarro [siˈgaxu] *m* cigarette

cilada [siˈlada] *f* ambush; *(armadilha)* trap; *(embuste)* trick

cilindro [siˈlĩdru] *m* cylinder; *(rolo)* roller

cílio [ˈsilju] *m* eyelash

cima [ˈsima] *f*: **de ~ para baixo** from top to bottom; **para ~** up; **em ~ de** on, on top of; **por ~ de** over; **de ~** from above; **lá em ~** up there; *(em casa)* upstairs; **ainda por ~** on top of that

cimeira [siˈmejra] *f (PT)* summit

cimentar [simẽˈta*] *vt* to cement

cimento [siˈmẽtu] *m* cement; *(fig)* foundation

cimo [ˈsimu] *m* top, summit

cinco [ˈsĩku] *num* five

cineasta [sineˈaʃta] *m/f* film maker

cinema [si'nɛma] m cinema

Cingapura [siŋga'pura] f Singapore

cínico/a ['siniku/a] adj cynical ♦ m/f cynic; **cinismo** [si'niʒmu] m cynicism

cinqüenta [si'kwẽta] num fifty

cinta ['sĩta] f sash; (de mulher) girdle

cintilar [sĩtʃi'la*] vi to sparkle, glitter

cinto ['sĩtu] m belt; ~ **de segurança** safety belt; (AUTO) seatbelt

cintura [sĩ'tura] f waist; (linha) waistline

cinturão [sĩtu'rãw] (pl -ões) m belt; ~ **verde** green belt

cinza ['sĩza] adj inv grey (BRIT), gray (US) ♦ f ash, ashes pl

cinzeiro [sĩ'zejru] m ashtray

cinzel [sĩ'zɛw] (pl -éis) m chisel

cinzento/a [sĩ'zẽtu/a] adj grey (BRIT), gray (US)

cio [siu] m: **no** ~ on heat, in season

cipreste [si'prɛʃtʃi] m cypress (tree)

cipriota [si'prɪɔta] adj, m/f Cypriot

circo ['sirku] m circus

circuito [sir'kwitu] m circuit

circulação [sirkula'sãw] f circulation

circular [sirku'la*] adj circular ♦ f (carta) circular ♦ vi to circulate; (girar, andar) to go round ♦ vt to circulate; (estar em volta de) to surround; (percorrer em roda) to go round

círculo ['sirkulu] m circle

circuncidar [sirkũsi'da*] vt to circumcise

circundar [sirkũ'da*] vt to surround

circunferência [sirkũfe'rẽsja] f circumference

circunflexo [sirkũ'flɛksu] m circumflex (accent)

circunscrição [sirkũʃkri'sãw] (pl -ões) f district; ~ **eleitoral** constituency

circunstância [sirkũʃ'tãsja] f circumstance; ~s **atenuantes** mitigating circumstances

cirurgia [sirur'ʒia] f surgery; ~ **plástica/estética** plastic/cosmetic surgery

cirurgião/giã [sirux'ʒjãw/'ʒjã] (pl -ões/~s) m/f surgeon

cirúrgico/a [si'ruxʒiku/a] adj surgical

cirurgiões [sirux'ʒjõjʃ] mpl de **cirurgião**

cirzo etc ['sixzu] vb V **cerzir**

cisco ['siʃku] m speck

cisma ['siʒma] f (mania) silly idea; (suspeita) suspicion; (antipatia) dislike; (devaneio) dream; ~**do/a** [siʒ'madu/a] adj with fixed ideas

cismar [siʒ'ma*] vi (pensar): ~ **em** to brood over; (antipatizar): ~ **com** to take a dislike to ♦ vt: ~ **que** to be convinced that; ~ **de ou em fazer** (meter na cabeça) to get into one's head to do; (insistir) to insist on doing

cisne ['siʒni] m swan

cisterna [siʃ'tɛxna] f cistern, tank

citação [sita'sãw] (pl -ões) f quotation; (JUR) summons sg

citar [si'ta*] vt to quote; (JUR) to summon

cítrico/a ['sitriku/a] adj (fruta) citrus; (ácido) citric

ciúme ['sjumi] m jealousy; **ter** ~s **de** to be jealous of; **ciumento/a** [sju'mẽtu/a] adj jealous

cívico/a ['siviku/a] adj civic

civil [si'viw] (pl -is) adj civil ♦ m/f civilian; ~**idade** [sivili'dadʒi] f politeness

civilização [siviliza'sãw] (pl -ões) f civilization

civilizar [sivili'za*] vt to civilize

civis [si'viʃ] pl de **civil**

clamar [kla'ma*] vt to clamour (BRIT) ou clamor (US) for ♦ vi to cry out, clamo(u)r

clamor [kla'mo*] m outcry, uproar; ~**oso/a** [kla'mo/rozu/za] adj noisy

clandestino/a [klãdeʃ'tʃinu/a] adj clandestine; (ilegal) underground

clara ['klara] f egg white

clarabóia [klara'bɔja] f skylight

clarão [kla'rãw] (pl -ões) m (cintilação) flash; (claridade) gleam

clarear [kla'rja*] vi (dia) to dawn; (tempo) to clear up, brighten up ♦ vt to clarify

clareira [kla'rejra] f (*na mata*) clearing

clareza [kla'reza] f clarity

claridade [klari'dadʒi] f brightness

clarim [kla'rĩ] (pl –**ns**) m bugle

clarinete [klari'netʃi] m clarinet

clarins [kla'rĩʃ] mpl de **clarim**

clarividente [klarivi'dẽtʃi] adj farsighted, prudent

claro/a [klaru/a] adj clear; (*luminoso*) bright; (*cor*) light; (*evidente*) clear, evident ♦ m (*na escrita*) space; (*clareira*) clearing ♦ adv clearly; ~! of course!; ~ que sim!/não! of course!/of course not!; às claras openly

clarões [kla'rõjʃ] mpl de **clarão**

classe [ˈklasi] f class

clássico/a [ˈklasiku/a] adj classical; (*fig*) classic; (*habitual*) usual ♦ m classic

classificação [klasifika'sãw] (pl –ões) f classification; (*ESPORTE*) place, placing

classificado/a [klasifiˈkadu/a] adj (*em exame*) successful; (*anúncio*) classified; (*ESPORTE*) placed ♦ m classified ad

classificar [klasifiˈkaˣ] vt to classify; ~-se vr: ~-se de algo to call o.s. sth, describe o.s. as sth

claustro [ˈklawʃtru] m cloister

cláusula [ˈklawzula] f clause

clausura [klawˈzura] f enclosure

clave [ˈklavi] f (*MUS*) clef

clavícula [klaˈvikula] f collar bone

clemência [kleˈmẽsja] f mercy; **clemente** [kleˈmẽtʃi] adj merciful

clérigo [ˈklɛrigu] m clergyman

clero [ˈklɛru] m clergy

cliché [kliˈʃɛ] m (*FOTO*) plate; (*chavão*) cliché

cliente [kliˈẽtʃi] m client, customer; (*de médico*) patient; ~**la** [kljẽˈtɛla] f clientele; (*de loja*) customers pl

clima [ˈklima] m climate

clímax [ˈklimaks] m inv climax

clínica [ˈklinika] f clinic; V tb **clínico**

clínico/a [ˈkliniku/a] adj clinical ♦

m/f doctor; ~ **geral** general practitioner, GP

clipe [ˈklipi] m clip; (*para papéis*) paper clip

cloro [ˈkloru] m chlorine

close [ˈklɔzi] m close-up

clube [ˈklubi] m club

coadjuvante [koadʒu'vãtʃi] adj supporting ♦ m/f (*num crime*) accomplice; (*TEATRO, CINEMA*) co-star

coador [koaˈdoˣ] m strainer; (*de café*) filter bag; (*para legumes*) colander

coagir [koaˈʒiˣ] vt to coerce, compel

coagular [koaguˈlaˣ] vt, vi to coagulate; (*sangue*) to clot; ~-**se** vr to congeal

coágulo [koˈagulu] m clot

coajo etc [koˈaʒu] vb V **coagir**

coalhada [koaˈʎada] f curd

coalhar [koaˈʎaˣ] vi (*leite*) to curdle; ~-**se** vr to curdle

coalizão [koaliˈzãw] (pl –ões) f coalition

coar [koˈaˣ] vt (*líquido*) to strain

cobaia [koˈbaja] f guinea pig

coberta [koˈbɛrta] f cover, covering; (*NAUT*) deck

coberto/a [koˈbɛrtu/a] pp de **cobrir** ♦ adj covered

cobertor [kobɛxˈtoˣ] m blanket

cobertura [kobɛxˈtura] f covering; (*telhado*) roof; (*apartamento*) penthouse; (*TV, RADIO, JORNALISMO*) coverage; (*SEGUROS*) cover

cobiça [koˈbisa] f greed

cobiçar [kobiˈsaˣ] vt to covet

cobra [ˈkɔbra] f snake

cobrador(a) [kobraˈdoˣ(a)] m/f collector; (*em transporte*) conductor

cobrança [koˈbrãsa] f collection; (*ato de cobrar*) charging

cobrar [koˈbraˣ] vt to collect; (*preço*) to charge

cobre [ˈkɔbri] m copper; ~**s** mpl (*dinheiro*) money sg

cobrir [koˈbriˣ] vt to cover

cocada [koˈkada] f coconut sweet

cocaína [kokaˈina] f cocaine

coçar [koˈsaˣ] vt to scratch ♦ vi to

itch; ~-se *vr* to scratch o.s.

cócegas [ˈkɔsɛɡaʃ] *fpl*: fazer ~ **em** to tickle; **tenho** ~ **nos pés** my feet tickle; **sentir** ~ to be ticklish

coceira [koˈsejra] *f* itch; (*qualidade*) itchiness

cochichar [koʃiˈʃaˣ] *vi* to whisper; **cochicho** [koˈʃiʃu] *m* whispering

cochilada [koʃiˈlada] *f* snooze; **dar uma** ~ to have a snooze

cochilar [koʃiˈlaˣ] *vi* to snooze, doze; **cochilo** [koˈʃilu] *m* nap

coco [ˈkoku] *m* coconut

cócoras [ˈkɔkoraʃ] *fpl*: **de** ~ squatting; **ficar de** ~ to squat (down)

código [ˈkɔdʒigu] *m* code; ~ **de barras** bar code

codorna [koˈdɔxna] *f* quail

coelho [koˈeʎu] *m* rabbit

coerção [koexˈsãw] *f* coercion

coerente [koeˈrẽtʃi] *adj* coherent; (*consequente*) consistent

cofre [ˈkɔfri] *m* safe; (*caixa*) strongbox; **os** ~s **públicos** public funds

cogitação [koʒitaˈsãw] *f*: **estar fora de** ~ to be out of the question

cogitar [koʒiˈtaˣ] *vt*, *vi* to contemplate

cogumelo [koguˈmɛlu] *m* mushroom; ~ **venenoso** toadstool

coibição [koibiˈsãw] (*pl* ~ões) *f* restraint, restriction

coice [ˈkojsi] *m* kick; (*de arma*) recoil; **dar** ~ **s em** to kick

coincidência [koĩsiˈdẽsja] *f* coincidence

coincidir [koĩsiˈdʒiˣ] *vi* to coincide; (*concordar*) to agree

coisa [ˈkojza] *f* thing; (*assunto*) matter; ~ **de** about

coitado/a [kojˈtadu/a] *adj* poor, wretched

cola [ˈkɔla] *f* glue

colaborador(a) [kolaboraˈdoˣ(a)] *m/f* collaborator; (*em jornal*) contributor

colaborar [kolaboˈraˣ] *vi* to collaborate; (*ajudar*) to help; (*escrever artigos etc*) to contribute

colante [koˈlãtʃi] *adj* (*roupa*) skin-tight

colapso [koˈlapsu] *m* collapse; ~ **cardíaco** heart failure

colar [koˈlaˣ] *vt* to stick, glue; (*BR*: *copiar*) to crib ♦ *vi* to stick; to cheat ♦ *m* necklace

colarinho [kolaˈriɲu] *m* collar

colarinho-branco (*pl* **colarinhos-brancos**) *m* white-collar worker

colateral [kolateˈraw] (*pl* ~**ais**) *adj*: **efeito** ~ side effect

colcha [ˈkowʃa] *f* bedspread

colchão [kowˈʃãw] (*pl* ~**ões**) *m* mattress

colcheia [kowˈʃeja] *f* (*MÚS*) quaver

colchete [kowˈʃetʃi] *m* clasp, fastening; (*parêntese*) square bracket; ~ **de gancho** hook and eye; ~ **de pressão** press stud, popper

colchões [kowˈʃõjʃ] *mpl* **de colchão**

coleção [koleˈsãw] (*PT* -**cç**-; *pl* ~**ões**) *f* collection; **colecionador(a)** [kolesjonaˈdoˣ(a)] (*PT* -**cc**-) *m/f* collector; **colecionar** [kolesjoˈnaˣ] (*PT* -**cc**-) *vt* to collect

colectar *etc* [kolekˈtaˣ] (*PT*) = **coletar** *etc*

colega [koˈlɛga] *m/f* colleague; (*de escola*) classmate

colegial [koleˈʒjaw] (*pl* ~**ais**) *m/f* schoolboy/girl

colégio [koˈlɛʒu] *m* school

coleira [koˈlejra] *f* collar

cólera [ˈkɔlera] *f* anger ♦ *m ou f* (*MED*) cholera; **colérico/a** [koˈlɛriku/a] *adj* angry

colesterol [kolesteˈrɔw] *m* cholesterol

coleta [koˈlɛta] *f* collection; ~**r** [kolɛˈtaˣ] *vt* to tax; (*arrecadar*) to collect

colete [koˈletʃi] *m* waistcoat (*BRIT*), vest (*US*); ~ **salva-vidas** life jacket (*BRIT*), life preserver (*US*)

coletivo/a [koleˈtʃivu/a] *adj* collective; (*transportes*) public ♦ *m* bus

coletor(a) [koleˈtoˣ(a)] *m/f* collector

colheita [koˈʎejta] *f* harvest

colher [koˈʎeˣ] *vt* to gather, pick; (*dados*) to gather ♦ *f* spoon; ~ **de**

chá/sopa teaspoon/tablespoon; ~ada
[koʎeˈrada] *f* spoonful

colibri [koliˈbri] *m* hummingbird

cólica [ˈkɔlika] *f* colic

colidir [koliˈdʒiˈ] *vi*: ~ **com** to collide with, crash into

coligação [koligaˈsãw] (*pl* –ões) *f*
coalition

coligir [koliˈʒiˈ] *vt* to collect

colina [koˈlina] *f* hill

colisão [koliˈzãw] (*pl* –ões) *f* collision

collant [koˈlã] (*pl* ~s) *m* tights *pl*
(*BRIT*), pantihose (*US*); (*blusa*) leotard

colmeia [kowˈmeja] *f* beehive

colo [ˈkɔlu] *m* neck; (*regaço*) lap

colocação [kolokaˈsãw] (*pl* –ões) *f*
placing; (*emprego*) job, position

colocar [koloˈkaˈ] *vt* to put, place;
(*empregar*) to find a job for, place;
(*COM*) to market; (*pneus, tapetes*) to
fit; (*questão, ideia*) to put forward;
(*COMPUT*: *dados*) to key (in)

Colômbia [koˈlõbja] *f*: **a** ~ Colombia

cólon [ˈkɔlõ] *m* colon

colônia [koˈlonja] *f* colony; (*perfume*) cologne; **colonial** [koˈljaw]
(*pl* –ais) *adj* colonial

colonizador(a) [koloniza'doˈ(a)] *m/f*
colonist, settler

colono [koˈlonu/a] *m/f* settler; (*culti-
vador*) tenant farmer

coloquial [koloˈkjaw] (*pl* –ais) *adj*
colloquial

colóquio [koˈlɔkju] *m* conversation;
(*congresso*) conference

colorido/a [koloˈridu/a] *adj* colourful
(*BRIT*), colorful (*US*) ♦ *m* colouring
(*BRIT*), coloring (*US*)

colorir [koloˈriˈ] *vt* to colour (*BRIT*),
color (*US*)

coluna [koˈluna] *f* column; (*pilar*)
pillar; ~ **dorsal** *ou* **vertebral** spine; **co-
lunável** [koluˈnavew] (*pl* –eis) *adj*
famous ♦ *m/f* celebrity; **colunista**
[koluˈniʃta] *m/f* columnist

com [kõ] *prep* with; ~ **cuidado** carefully; **estar** ~ **câncer** to have cancer; **estar** ~ **dinheiro** to have some

money on one; **estar** ~ **fome** to be
hungry

coma [ˈkɔma] *f* coma

comandante [komãˈdãtʃi] *m* com-
mander; (*MIL*) commandant;
(*NAUT*) captain

comandar [komãˈdaˈ] *vt* to command

comando [koˈmãdu] *m* command

combate [kõˈbatʃi] *m* combat; ~**r**
[kõbaˈteˈ] *vt* to fight; (*opor-se a*) to
oppose ♦ *vi* to fight; ~**r-se** *vr* to fight

combinação [kõbinaˈsãw] (*pl* –ões)
f combination; (*QUIM*) compound;
(*acordo*) arrangement; (*plano*)
scheme; (*roupa*) slip

combinar [kõbiˈnaˈ] *vt* to combine;
(*jantar etc*) to arrange; (*fuga etc*) to
plan ♦ *vi* (*roupas etc*) to go together; ~**-se** *vr* to combine; (*pessoas*) to get on well together; ~ **com**
(*harmonizar-se*) to go with; ~ **de fazer** to arrange to do; **combinado!**
agreed!

comboio [kõˈboju] *m* (*PT*) train;
(*de navios, carros*) convoy

combustível [kõbuʃˈtʃivew] *m* fuel

começar [komeˈsaˈ] *vt*, *vi* to begin,
start; ~ **a fazer** to begin *ou* start to
do

começo [koˈmesu] *m* beginning,
start

começo *etc vb V* **comedir-se**

comédia [koˈmɛdʒja] *f* comedy

comedido/a [komeˈdʒidu/a] *adj*
moderate; (*prudente*) prudent

comemorar [komemoˈraˈ] *vt* to
commemorate

comentar [komẽˈtaˈ] *vt* to comment
on; (*maliciosamente*) to make com-
ments about

comentário [komẽˈtarju] *m* comment, remark; (*análise*) commentary

comentarista [komẽtaˈriʃta] *m/f*
commentator

comer [koˈmeˈ] *vt* to eat; (*DAMAS,
XADREZ*) to take, capture ♦ *vi* to
eat; **dar de** ~ **a** to feed

comercial [komexˈsjaw] (*pl* –ais) *adj*
commercial; (*relativo ao negócio*)

business *atr* ♦ *m* commercial

comercialização [komexsjaliza'sãw] *f* marketing

comercializar [komexsjali'za*] *vt* to market

comerciante [komex'sjãtʃi] *m/f* trader

comerciar [komex'sja*] *vi* to trade, do business

comércio [ko'mexsju] *m* commerce; (*tráfico*) trade; (*negócio*) business; (*lojas*) shops *pl*

comes ['komiʃ] *mpl*: ~ **e bebes** food and drink

comestíveis [komeʃ'tʃiveis] *mpl* foodstuffs, food *sg*

comestível [komeʃ'tʃivew] (*pl* -**eis**) *adj* edible

cometer [kome'te*] *vt* to commit

comichão [komi'ʃãw] *f* itch, itching

comichar [komi'ʃa*] *vt*, *vi* to itch

comício [ko'misju] *m* (*POL*) rally, meeting; (*assembléia*) assembly

cômico/a ['komiku/a] *adj* comic(al) ♦ *m* comedian; (*de teatro*) actor

comida [ko'mida] *f* (*alimento*) food; (*refeição*) meal

comigo [ko'migu] *pron* with me

comilão/lona [komi'lãw/lona] (*pl* -ões/~s) *adj* greedy ♦ *m/f* glutton

comiserar-se [komize'raxsi] *vr*: ~-**se** (*de*) to sympathize (with)

comissão [komi'sãw] (*pl* -ões) *f* commission; (*comitê*) committee

comissário [komi'sarju] *m* commissioner; (*COM*) agent; ~ **de bordo** (*AER*) steward; (*NAUT*) purser

comissionar [komisjo'na*] *vt* to commission

comissões [komi'sõjʃ] *fpl de* **comissão**

comitê [komi'te] *m* committee

PALAVRA CHAVE

como ['komu] *adv* **1** (*modo*) as; **ela fez ~ eu pedi** she did as I asked; ~ **se** as if; ~ **quiser** as you wish; **seja ~** for be that as it may

2 (*assim* ~) like; **ela tem olhos azuis ~ o pai** she has blue eyes like

her father's; **ela trabalha numa loja, ~ a mãe** she works in a shop, as does her mother

3 (*de que maneira*) how; ~? pardon?; ~! what!; ~ **assim**? what do you mean?; ~ **não!** of course!

♦ *conj* (*porque*) as, since; **como estava tarde ele dormiu aqui** since it was late he slept here

comoção [komo'sãw] (*pl* -ões) *f* distress; (*revolta*) commotion

cômoda [ko'moda] *f* chest of drawers (*BRIT*), bureau (*US*)

comodidade [komodʒi'dadʒi] *f* comfort; (*conveniência*) convenience

comodismo [komo'dʒiʒmu] *m* complacency; **comodista** [komo'dʒiʃta] *adj* complacent

cômodo/a ['komodu/a] *adj* comfortable; (*conveniente*) convenient ♦ *m* room

comovedor(a) [komove'do*(a)] *adj* moving, touching

comovente [komo'vẽtʃi] *adj* moving, touching

comover [komo've*] *vt* to move ♦ *vi* to be moving; ~-**se** *vr* to be moved; **comovido/a** [komo'vidu/a] *adj* moved

compacto/a [kõ'paktu/a] *adj* compact; (*espesso*) thick; (*sólido*) solid ♦ *m* (*disco*) single

compadecer-se [kõpade'sexsi] *vr*: ~-**se de** to be sorry for, pity

compadecido/a [kõpade'sidu/a] *adj* sympathetic

compadre [kõ'padri] *m* (*col*: *companheiro*) buddy, pal

compaixão [kõpaj'ʃãw] *m* compassion; (*misericórdia*) mercy

companheirismo [kõpaɲej'riʒmu] *m* companionship

companheiro/a [kõpa'ɲejru/a] *m/f* companion; (*colega*) friend; (*col*) buddy, mate

companhia [kõpa'ɲia] *f* (*COM*) company, firm; (*convivência*) company

comparação [kõpara'sãw] (*pl* -ões) *f* comparison

comparar [kõpa'ra*] vt to compare; ~ a to liken to; ~ com to compare with

comparativo/a [kõpara'tʃivu/a] adj comparative

comparecer [kõpare'se*] vi to appear, make an appearance; ~ a uma reunião to attend a meeting

comparecimento [kõparesi'mẽtu] m (presença) attendance

comparsa [kõ'paxsa] m/f (TEATRO) extra; (cúmplice) accomplice

compartilhar [kõpaxtʃi'ʎa*] vt to share ♦ vi: ~ de to share in, participate in

compartimento [kõpaxtʃi'mẽtu] m compartment; (aposento) room

compassado/a [kõpa'sadu/a] adj (medido) measured; (moderado) moderate; (cadenciado) regular; (pausado) slow

compassivo/a [kõpa'sivu/a] adj compassionate

compasso [kõ'pasu] m (instrumento) pair of compasses; (MUS) time; (ritmo) beat

compatível [kõpa'tʃivew] (pl -eis) adj compatible

compatriota [kõpa'trjɔta] m/f fellow countryman/woman

compelir [kõpe'li*] vt to force, compel

compêndio [kõ'pẽdʒju] m compendium; (livro de texto) textbook

compensação [kõpẽsa'sãw] (pl -ões) f compensation; em ~ on the other hand

compensar [kõpẽ'sa*] vt to make up for, compensate for; (equilibrar) to offset; (cheque) to clear

competência [kõpe'tẽsja] f competence, ability; (responsabilidade) responsibility; **competente** [kõpe'tẽtʃi] adj competent; (apropriado) appropriate; (responsável) responsible

competição [kõpetʃi'sãw] (pl -ões) f competition

competidor(a) [kõpetʃi'do*(a)] m/f competitor

competir [kõpe'tʃi*] vi to compete;

~ a alguém (ser da competência de) to be sb's responsibility; (caber) to be up to sb

competitivo/a [kõpetʃi'tʃivu/a] adj competitive

compilar [kõpi'la*] vt to compile

compilo etc [kõ'pilu] vb V **compelir**

compito etc [kõ'pitu] vb V **competir**

complacente [kõpla'sẽtʃi] adj obliging

complementar [kõplemẽ'ta*] adj complementary ♦ vt to supplement

complemento [kõple'mẽtu] m complement

completamente [kõpleta'mẽtʃi] adv completely, quite

completar [kõple'ta*] vt to complete; (tanque, carro) to fill up; ~ dez anos to be ten

completo/a [kõ'pletu/a] adj complete; (cheio) full (up); **por** ~ completely

complexo/a [kõ'plɛksu/a] adj complex ♦ m complex

complicação [kõplika'sãw] (pl -ões) f complication

complicado/a [kõpli'kadu/a] adj complicated

complicar [kõpli'ka*] vt to complicate

complô [kõ'plo] m plot, conspiracy

componente [kõpo'nẽtʃi] adj, m component

compor [kõ'po*] (irreg: como **pôr**) vt to compose; (discurso, livro) to write; (arranjar) to arrange ♦ vi to compose; ~-se vr (controlar-se) to compose o.s.; ~-se de to consist of

comporta [kõ'pɔxta] f (de canal) lock

comportamento [kõpoxta'mẽtu] m behaviour (BRIT), behavior (US)

comportar-se [kõpox'taxsi] vt, vr to behave; ~ mal to misbehave, behave badly

composição [kõpozi'sãw] (pl -ões) f composition; (TIP) typesetting

compositor(a) [kõpozi'to*(a)] m/f composer; (TIP) typesetter

composto/a [kõ'poʃtu/'poʃta] *adj*: ~ **de** made up of, composed of ♦ *m* compound

compostura [kõpoʃ'tura] *f* composure

compota [kõ'pɔta] *f* fruit in syrup

compra ['kõpra] *f* purchase; **fazer** ~**s** to go shopping; ~**dor(a)** [kõpra'do*(a)] *m/f* buyer, purchaser

comprar [kõ'pra*] *vt* to buy

compreender [kõprjen'de*] *vt* to understand; (*constar de*) to be comprised of, consist of; (*abranger*) to cover

compreensão [kõprjẽ'sãw] *f* understanding, comprehension; **compreensivo/a** [kõprjẽ'sivu/a] *adj* understanding

compressa [kõ'prɛsa] *f* compress

comprido/a [kõ'pridu/a] *adj* long; (*alto*) tall; **ao** ~ lengthways

comprimento [kõpri'mẽtu] *m* length

comprimido [kõpri'midu] *m* pill, tablet

comprimir [kõpri'mi*] *vt* to compress

comprometer [kõprome'te*] *vt* to compromise; (*envolver*) to involve; (*arriscar*) to jeopardize; (*empenhar*) to pledge; ~**se** *vr*: ~**se a** to undertake to, promise to

compromisso [kõpro'misu] *m* promise; (*obrigação*) commitment; (*hora marcada*) appointment; (*acordo*) agreement

comprovação [kõprova'sãw] (*pl* ~**ões**) *f* proof, evidence

comprovante [kõpro'vãtʃi] *m* receipt

comprovar [kõpro'va*] *vt* to prove; (*confirmar*) to confirm

compulsão [kõpuw'sãw] (*pl* ~**ões**) *f* compulsion; **compulsivo/a** [kõpuw'sivu/a] *adj* compulsive; **compulsório/a** [kõpuw'sɔrju/a] *adj* compulsory

computação [kõputa'sãw] *f* computer science, computing

computador [kõputa'do*] *m* computer

computadorizar [kõputadori'za*] *vt* to computerize

computar [kõpu'ta*] *vt* (*calcular*) to calculate; (*contar*) to count

comum [ko'mũ] (*pl* ~**ns**) *adj* ordinary, common; (*habitual*) usual; **em** ~ in common

comungar [komũ'ga*] *vi* to take communion

comunhão [komu'ɲãw] (*pl* ~**ões**) *f* (*ger, REL*) communion

comunicação [komunika'sãw] (*pl* ~**ões**) *f* communication; (*mensagem*) message; (*acesso*) access

comunicado [komuni'kadu] *m* notice

comunicar [komuni'ka*] *vt, vi* to communicate; ~**se** *vr* to communicate; ~**se com** (*entrar em contato*) to get in touch with

comunidade [komuni'dadʒi] *f* community; **C~ dos Estados Independentes** Commonwealth of Independent States

comunismo [komu'niʒmu] *m* communism; **comunista** [komu'niʃta] *adj, m/f* communist

comuns [ko'mũʃ] *pl de* **comum**

comutador [komuta'do*] *m* switch

comutar [komu'ta*] *vt* (*JUR*) to commute; (*trocar*) to exchange

côncavo/a ['kõkavu/a] *adj* concave; (*cavado*) hollow ♦ *m* hollow

conceber [kõse'be*] *vt, vi* to conceive

conceder [kõse'de*] *vt* to allow; (*outorgar*) to grant; (*dar*) to give ♦ *vi*: ~ **em** to agree to

conceito [kõ'sejtu] *m* concept, idea; (*fama*) reputation; (*opinião*) opinion; **conceituado/a** [kõsejtwadu/a] *adj* well thought of, highly regarded

concentração [kõsẽtra'sãw] (*pl* ~**ões**) *f* concentration

concentrar [kõsẽ'tra*] *vt* to concentrate; (*reunir*) to bring together; ~**se** *vr* to concentrate (on)

concepção [kõsep'sãw] (*pl* ~**ões**) *f*

(*geração*) conception; (*noção*) idea, concept; (*opinião*) opinion

concernente [kõsɛx'nẽtʃi] *adj*: ~ a concerning

concernir [kõˈsextu] *vi*: ~ a to concern

concerto [kõˈsextu] *m* concert

concessão [kõseˈsãw] (*pl* –ões) *f* concession; (*permissão*) permission

concha ['kõʃa] *f* shell; (*para líquidos*) ladle

conchavo [kõˈʃavu] *m* conspiracy

conciliação [kõsilja'sãw] (*pl* –ões) *f* reconciliation

conciliar [kõsi'lja*] *vt* to reconcile

concílio [kõˈsilju] *m* (*REL*) council

conclamar [kõkla'ma*] *vt* to shout; (*aclamar*) to acclaim; (*convocar*) to call together

concluir [kõˈklwi*] *vt*, *vi* to conclude

conclusão [kõklu'zãw] (*pl* –ões) *f* end; (*dedução*) conclusion; **conclusivo/a** [kõklu'zivu/a] *adj* conclusive

conclusões [kõklu'zõjʃ] *fpl de* conclusão

concordância [kõkox'dãsja] *f* agreement

concordar [kõkox'da*] *vi*, *vt* to agree

concorrência [kõko'xẽsja] *f* competition; (*a um cargo*) application

concorrente [kõko'xẽtʃi] *m/f* contestant; (*candidato*) candidate

concorrer [kõko'xe*] *vi* to compete; ~ a to apply for

concretizar [kõkretʃi'za*] *vt* to make real; ~**-se** *vr* (*sonho*) to come true; (*ambições*) to be realized

concreto/a [kõ'krɛtu/a] *adj* concrete ♦ *m* concrete

concurso [kõˈkuxsu] *m* contest; (*exame*) competition

condado [kõˈdadu] *m* county

conde ['kõdʒi] *m* count

condecorar [kõdeko'ra*] *vt* to decorate

condenação [kõdena'sãw] (*pl* –ões) *f* (*JUR*) conviction

condenar [kõde'na*] *vt* to condemn;

(*JUR*: *sentenciar*) to sentence; (: *declarar culpado*) to convict

condensação [kõdẽsa'sãw] *f* condensation

condensar [kõdẽ'sa*] *vt* to condense; ~**-se** *vr* to condense

condescendência [kõdesẽ'dẽsja] *f* acquiescence

condescendente [kõdesẽ'dẽtʃi] *adj* condescending

condescender [kõdesẽ'de*] *vi* to acquiesce; ~ **a** *ou* **em** to condescend to, deign to

condessa [kõ'dɛsa] *f* countess

condição [kõdʒi'sãw] (*pl* –ões) *f* condition; (*social*) status; (*qualidade*) capacity; **com a** ~ **de que** on condition that, provided that; **em condições de fazer** (*pessoa*) able to do; (*carro etc*) in condition to do

condicional [kõdʒisjo'naw] (*pl* –ais) *adj* conditional

condimento [kõdʒi'mẽtu] *m* seasoning

condomínio [kõdo'minju] *m* condominium

condução [kõdu'sãw] *f* driving; (*transporte*) transport; (*ônibus*) bus

conducente [kõdu'sẽtʃi] *adj*: ~ a conducive to

conduta [kõ'duta] *f* conduct, behaviour (*BRIT*), behavior (*US*)

conduto [kõ'dutu] *m* (*tubo*) tube; (*cano*) pipe; (*canal*) channel

condutor(a) [kõdu'to*(a)] *m/f* (*de veículo*) driver ♦ *m* (*ELET*) conductor

conduzir [kõdu'zi*] *vt* (*levar*) to lead; (*FIS*) to conduct; ~**-se** *vr* to behave; ~ **a** to lead to

cone ['kɔni] *m* cone

conectar [konek'ta*] *vt* to connect

cônego ['kõnegu] *m* (*REL*) canon

conexão [konek'sãw] (*pl* –ões) *f* connection

confecção [kõfek'sãw] (*pl* –ões) *f* making; (*de um boletim*) production; (*roupa*) ready-to-wear clothes *pl*; (*negócio*) business selling ready-to-wear *clothes*

confeccionar [kõfeksjo'na*] *vt* to make; *(fabricar)* to manufacture

confecções [kõfek'sõjʃ] *fpl de* **confecção**

confeitar [kõfej'ta*] *vt* (*bolo*) to ice

confeitaria [kõfejta'ria] *f* patisserie

confeiteiro/a [kõfej'tejru/a] *m/f* confectioner

conferência [kõfe'rẽsja] *f* conference; *(discurso)* lecture

conferir [kõfe'ri*] *vt* to check; *(comparar)* to compare; *(outorgar)* to grant ♦ *vi* to tally

confessar [kõfe'sa*] *vt*, *vi* to confess; **~-se** *vr* to confess

confete [kõ'fɛtʃi] *m* confetti

confiado/a [kõ'fjadu/a] *(col) adj* cheeky

confiança [kõ'fjãsa] *f* confidence; *(fé)* trust; **de ~** reliable; **ter ~ em alguém** to trust sb

confiante [kõ'fjãtʃi] *adj:* **~ (em)** confident (of)

confiar [kõ'fja*] *vt* to entrust; *(segredo)* to confide ♦ *vi:* **~ em** to trust; *(ter fé)* to have faith in

confiável [kõ'fjavew] *(pl –eis) adj* reliable

confidência [kõfi'dẽsja] *f* secret; **em ~** in confidence; **confidencial** [kõfidẽ'sjaw] *(pl –ais) adj* confidential

confinamento [kõfina'mẽtu] *m* confinement

confinar [kõfi'na*] *vt* to limit; *(enclausurar)* to confine ♦ *vi:* **~ com** to border on

confins [kõ'fiʃ] *mpl* limits, boundaries

confirmação [kõfixma'sãw] *(pl –ões) f* confirmation

confirmar [kõfix'ma*] *vt* to confirm

confiro *etc* [kõ'firu] *vb V* **conferir**

confiscar [kõfiʃ'ka*] *vt* to confiscate, seize

confissão [kõfi'sãw] *(pl –ões) f* confession

conflito [kõ'flitu] *m* conflict

confluente [kõ'flwẽtʃi] *m* tributary

conformação [kõfoxma'sãw] *(pl –ões) f* resignation; *(forma)* form

conformar [kõfox'ma*] *vt* to form ♦ *vi:* **~ com** to conform to; **~-se** *vr:* **~-se com** to resign o.s. to; *(acomodar-se)* to conform to

conforme [kõ'fɔxmi] *prep* according to; *(dependendo de)* depending on ♦ *conj* (*logo que*) as soon as; *(como)* as, according to what; *(à medida que)* as; **você vai? — ~ ~** are you going? — it depends

conformidade [kõfoxmi'dadʒi] *f* agreement; **em ~ com** in accordance with

confortar [kõfox'ta*] *vt* to comfort, console

confortável [kõfox'tavew] *(pl –eis) adj* comfortable

conforto [kõ'foxtu] *m* comfort

confraria [kõfra'ria] *f* fraternity

confrontar [kõfrõ'ta*] *vt* to confront; *(comparar)* to compare

confronto [kõ'frõtu] *m* confrontation; *(comparação)* comparison

confundir [kõfũ'dʒi*] *vt* to confuse; **~-se** *vr* to get mixed up

confusão [kõfu'zãw] *(pl –ões) f* confusion; *(tumulto)* uproar; *(problemas)* trouble

confuso/a [kõ'fuzu/a] *adj* confused; *(problema)* confusing

confusões [kõfu'zõjʃ] *fpl de* **confusão**

congelado/a [kõʒe'ladu/a] *adj* frozen

congelador [kõʒela'do*] *m* freezer, deep freeze

congelamento [kõʒela'mẽtu] *m* freezing; *(ECON)* freeze

congelar [kõʒe'la*] *vt* to freeze; **~-se** *vr* to freeze

congestão [kõʒeʃ'tãw] *f* congestion; **congestionado/a** [kõʒeʃtʃjo'nadu/a] *adj* congested; *(olhos)* bloodshot; *(rosto)* flushed; **congestionamento** [kõʒeʃtʃjona'mẽtu] *m* congestion; **um congestionamento (de tráfego)** a traffic jam

congestionar [kõʒeʃtʃjo'na*] *vt* to congest; **~-se** *vr* (*rosto*) to go red

congratular [kõgratu'la*] *vt:* **~ al-**

guém por to congratulate sb on

congregação [kõgregaˈsãw] (pl -ões) f congregation; (reunião) gathering

congregar [kõgreˈgaʳ] vt to bring together; ~-se vr to congregate

congressista [kõgreˈsiʃta] m/f congressman/woman

congresso [kõˈgrɛsu] m congress, conference

conhaque [koˈɲaki] m cognac, brandy

conhecedor(a) [koɲeseˈdoʳ(a)] adj knowing ♦ m/f connoisseur, expert

conhecer [koɲeˈseʳ] vt to know; (travar conhecimento com) to meet; (descobrir) to discover; ~-se vr to meet; (ter conhecimento) to know each other

conhecido/a [koɲeˈsidu/a] adj known; (célebre) well-known ♦ m/f acquaintance

conhecimento [koɲesiˈmẽtu] m (tb: ~s) knowledge; (idéia) idea; (conhecido) acquaintance; (COM) bill of lading; **levar ao ~ de alguém** to bring to sb's notice

convivente [koniˈvẽtʃi] adj: **ser ~ em** to connive in

conjugado [kõʒuˈgadu] m studio

cônjuge [ˈkõʒuʒi] m spouse

conjunção [kõʒũˈsãw] (pl -ões) f union; (LING) conjunction

conjuntivite [kõʒũtʃiˈvitʃi] f conjunctivitis

conjuntivo [kõʒũˈtʃivu] (PT) m (LING) subjunctive

conjunto/a [kõˈʒũtu/a] adj joint ♦ m whole; (coleção) collection; (músicos) group; (roupa) outfit

conjuntura [kõʒũˈtura] f situation

conosco [koˈnoʃku] pron with us

conquanto [kõˈkwãtu] conj although, though

conquista [kõˈkiʃta] f conquest; ~dor/a [kõˈkiʃtaˈdoʳ(a)] adj conquering ♦ m conqueror

conquistar [kõkiʃˈtaʳ] vt to conquer; (alcançar) to achieve; (ganhar) to win

consagrado/a [kõsaˈgradu/a] adj established

consagrar [kõsaˈgraʳ] vt (REL) to consecrate; (aclamar) to acclaim; (dedicar) to dedicate; (tempo) to devote

consangüíneo/a [kõsãˈgwiɲu/a] m/f blood relation

consciência [kõˈsjẽsja] f conscience; (percepção) awareness; (senso de responsabilidade) conscientiousness; **conscioso/a** [kõsjẽˈsjozu/oza] adj conscientious

consciente [kõˈsjẽtʃi] adj conscious

conseguinte [kõseˈgĩtʃi] adj: **por ~** consequently

conseguir [kõseˈgiʳ] vt to get, obtain; ~ **fazer** to manage to do, succeed in doing

conselheiro/a [kõseˈʎejru/a] m/f counsellor (BRIT), counselor (US); (POL) councillor

conselho [kõˈseʎu] m piece of advice; (corporação) council; ~s mpl (advertência) advice sg; ~ **de guerra** court martial; C~ **de ministros** (POL) Cabinet

consenso [kõˈsẽsu] m consensus

consentimento [kõsẽtʃiˈmẽtu] m consent

consentir [kõsẽˈtʃiʳ] vt to allow, permit; (aprovar) to agree to ♦ vi: ~ **em** to agree to

conseqüência [kõseˈkwẽsja] f consequence; **por ~** consequently

consertar [kõsexˈtaʳ] vt to mend, repair; (remediar) to put right; **conserto** [kõˈsextu] m repair

conserva [kõˈsexva] f pickle; **em ~** pickled

conservação [kõsexvaˈsãw] f conservation; (de vida, alimentos) preservation

conservador(a) [kõsexvaˈdoʳ(a)] adj conservative ♦ m/f (POL) conservative

conservante [kõsexˈvãtʃi] m preservative

conservar [kõsexˈvaʳ] vt to preserve, maintain; (reter, manter) to keep, retain; ~**-se** *vr* to keep

conservatório [kõsɐxva'tɔrju] *m* conservatory

consideração [kõsidɐra'sãw] (*pl -ões*) *f* consideration; (*estima*) respect, esteem; **levar em ~ to** take into account

considerar [kõside'ra*] *vt* to consider; (*prezar*) to respect ♦ *vi* to consider

considerável [kõside'ravew] (*pl -eis*) *adj* considerable

consignação [kõsigna'sãw] (*pl -ões*) *f* consignment

consignar [kõsig'na*] *vt* (*mercadorias*) to send, dispatch; (*registrar*) to record

consigo[1] [kõ'sigu] *pron* (*m*) with him; (*f*) with her; (*pl*) with them; (*com você*) with you

consigo[2] *etc vb* V **conseguir**

consinto *etc* [kõ'sĩtu] *vb* V **consentir**

consistência [kõsis'tẽsja] *f* consistency

consistente [kõsis'tẽtʃi] *adj* solid; (*espesso*) thick

consistir [kõsis'tʃi*] *vi*: ~ **em** to be made up of, consist of

consoante [kõso'ãtʃi] *f* consonant ♦ *prep* according to ♦ *conj*: ~ **prometera** as he had promised

consolação [kõsola'sãw] (*pl -ões*) *f* consolation

consolar [kõso'la*] *vt* to console

console [kõ'sɔli] *f* (*COMPUT*) console

consolidar [kõsoli'da*] *vt* to consolidate; (*fratura*) to knit ♦ *vi* to become solid; to knit together

consolo [kõ'solu] *m* consolation

consome *etc* [kõ'sɔmi] *vb* V **consumir**

consomê [kõso'me] *m* consommé

consórcio [kõ'sɔxsju] *m* (*união*) partnership; (*COM*) consortium

conspícuo/a [kõ'ʃpikwu/a] *adj* conspicuous

conspiração [kõʃpira'sãw] (*pl -ões*) *f* plot, conspiracy

conspirar [kõʃpi'ra*] *vt*, *vi* to plot

constante [kõʃ'tãtʃi] *adj* constant

constar [kõʃ'ta*] *vi* to be in; **ao que me consta** as far as I know

constatar [kõʃta'ta*] *vt* to establish; (*notar*) to notice; (*evidenciar*) to show up

consternado/a [kõʃtex'nadu/a] *adj* depressed; (*desolado*) distressed

consternar [kõʃtex'na*] *vt* to distress; (*desalentar*) to depress

constipação [kõʃtʃipa'sãw] (*pl -ões*) *f* constipation; (*PT*) cold; **apanhar uma ~** (*PT*) to catch a cold

constipado/a [kõʃtʃi'padu/a] *adj*: **estar ~** to be constipated; (*PT*) to have a cold

constitucional [kõʃtʃitusjo'naw] (*pl -ais*) *adj* constitutional

constituição [kõʃtʃitwi'sãw] (*pl -ões*) *f* constitution

constituinte [kõʃtʃi'twĩtʃi] *m/f* (*deputado*) member ♦ *f* (*BR*): **a C~** the Constituent Assembly, ≈ Parliament

constituir [kõʃtʃi'twi*] *vt* to constitute; (*formar*) to form; (*estabelecer*) to establish; (*nomear*) to appoint

constranger [kõʃtrã'ʒe*] *vt* to constrain; (*acanhar*) to embarrass; ~**-se** *vr* to feel embarrassed; **constrangimento** [kõʃtrãʒi'mẽtu] *m* constraint; embarrassment

construção [kõʃtru'sãw] (*pl -ões*) *f* building, construction

construir [kõʃ'trwi*] *vt* to build, construct

construtivo/a [kõʃtru'tʃivu/a] *adj* constructive

construtor(a) [kõʃtru'to*(a)] *m/f* builder

cônsul ['kõsuw] (*pl -es*) *m* consul; **consulado** [kõsu'ladu] *m* consulate; **consulesa** [kõsu'leza] *f* (woman) consul

consulta [kõ'suwta] *f* consultation; **livro de ~** reference book; **horário de ~** surgery hours *pl* (*BRIT*), office hours *pl* (*US*); ~**r** [kõsuw'ta*] *vt* to consult; **consultor(a)** [kõsuw'to*(a)] *m/f* consultant

consultório [kõsuw'tɔrju] *m* surgery

consumar [kõsu'ma⁺] *vt* to consummate

consumidor(a) [kõsumi'do⁺(a)] *adj* consumer *atr* ♦ *m/f* consumer

consumir [kõsu'mi⁺] *vt* to consume; (*gastar*) to use up; **~-se** *vr* to waste away

consumo [kõ'sumu] *m* consumption; **artigos de ~** consumer goods

conta ['kõta] *f* count; (*em restaurante*) bill; (*fatura*) invoice; (*bancária*) account; (*de colar*) bead; **~s** *fpl* (COM) account; **levar** *ou* **ter em ~** to take into account; **tomar ~ de** to take care of; (*dominar*) to hold hold of; **afinal de ~s** after all; **dar-se ~ de** to realize; (*notar*) to notice; **~ corrente** current account

contabilidade [kõtabili'dadʒi] *f* book-keeping, accountancy

contabilista [kõtabi'liʃta] (PT) *m/f* accountant

contabilizar [kõtabili'za⁺] *vt* to write up, book

contacto *etc* [kõ'tatu] (PT) = **contato** *etc*

contado/a [kõ'tadu/a] (PT) *adj*: **pagar de ~** to pay cash

contador(a) [kõta'do⁺(a)] *m/f* (COM) accountant ♦ *m* (TEC: *medidor*) meter

contagem [kõ'taʒẽ] (*pl* **-ns**) *f* (de numeros) counting; (escore) score

contagiante [kõta'ʒjãtʃi] *adj* (alegria) contagious

contagiar [kõta'ʒja⁺] *vt* to infect

contágio [kõ'taʒju] *m* infection

contagioso/a [kõta'ʒjozu/ɔza] *adj* (doença) contagious

contaminação [kõtamina'sãw] *f* contamination

contaminar [kõtami'na⁺] *vt* to contaminate

contanto que [kõ'tãtu ki] *conj* provided that

conta-quilómetros (PT) *m inv* speedometer

contar [kõ'ta⁺] *vt* to count; (*narrar*) to tell; (*pretender*) to intend ♦ *vi* to count; **~ com** to count on; (*esperar*) to expect; **~ em fazer** to count on doing, expect to do

contatar [kõta'ta⁺] *vt* to contact; **contato** [kõ'tatu] *m* contact; **entrar em ~ com** to get in touch with, contact

contemplar [kõtẽ'pla⁺] *vt* to contemplate; (*olhar*) to gaze at

contemplativo/a [kõtẽpla'tʃivu/a] *adj* (pessoa) thoughtful

contemporâneo/a [kõtẽpo'ranju/a] *adj*, *m/f* contemporary

contenção [kõtẽ'sãw] (*pl* **-ões**) *f* restriction, containment; **~ de despesas** cutbacks *pl*

contenda [kõ'tẽda] *f* quarrel, dispute

contentamento [kõtẽta'mẽtu] *m* (felicidade) happiness; (satisfação) contentment

contentar [kõtẽ'ta⁺] *vt* to please; (dar satisfação) to satisfy; **~-se** *vr* to be satisfied

contente [kõ'tẽtʃi] *adj* happy; (satisfeito) pleased, satisfied

contento [kõ'tẽtu] *m*: **a ~** satisfactorily

conter [kõ'te⁺] (irreg: como **ter**) *vt* to contain, hold; (refrear) to restrain, hold back; (gastos) to curb

conterrâneo/a [kõte'xanju/a] *adj* fellow ♦ *m/f* compatriot, fellow countryman/woman

contestação [kõteʃta'sãw] (*pl* **-ões**) *f* challenge; (negação) denial

contestar [kõteʃ'ta⁺] *vt* to dispute, contest; (impugnar) to challenge

conteúdo [kõte'udu] *m* contents *pl*; (de um texto) content

contexto [kõ'teʃtu] *m* context

contigo [kõ'tʃigu] *pron* with you

contíguo/a [kõ'tʃigwu/a] *adj*: **~ a** next to

continência [kõtʃi'nẽsja] *f* salute

continental [kõtʃinẽ'taw] (*pl* **-ais**) *adj* continental

continente [kõtʃi'nẽtʃi] *m* continent

contingência [kõtʃĩ'ʒẽsja] *f* contingency

contingente [kõtʃĩ'ʒẽtʃi] adj uncertain ♦ m (MIL) contingent; (COM) contingency, reserve

continuação [kõtʃinwa'sãw] f continuation

continuar [kõtʃi'nwa*] vt, vi to continue; ~ falando ou a falar to go on talking; ela continua doente she is still sick

continuidade [kõtʃinwi'dadʒi] f continuity

contínuo/a [kõ'tʃinwu/a] adj (persistente) continual; (sem interrupção) continuous ♦ m office boy

conto ['kõtu] m story, tale; (PT: dinheiro) 1000 escudos

contorção [kõtox'sãw] (pl –ões) f contortion

contorcer [kõtox'se*] vt to twist; ~-se vr to writhe

contorções [kõtox'sõjʃ] fpl de contorção

contornar [kõtox'na*] vt (rodear) to go round; (ladear) to skirt; (fig: problema) to get round

contorno [kõ'toxnu] m outline; (da terra) contour; (do rosto) profile

contra ['kõtra] prep against ♦ m: os prós e os ~s the pros and cons; dar o ~ (a) to be opposed (to)

contra-ataque m counterattack

contrabaixo [kõtra'bajʃu] m double bass

contrabandear [kõtrabã'dʒja*] vt to smuggle; **contrabandista** [kõtrabã'dʒiʃta] m/f smuggler; **contrabando** [kõtra'bãdu] m smuggling; (artigos) contraband

contração [kõtra'sãw] (pl –ões) f contraction

contraceptivo/a [kõtrasep'tʃivu/a] adj contraceptive ♦ m contraceptive

contracheque [kõtra'ʃɛki] m pay slip (BRIT), check stub (US)

contrações [kõtra'sõjʃ] fpl de contração

contradição [kõtradʒi'sãw] (pl –ões) f contradiction

contraditório/a [kõtradʒi'tɔrju/a] adj contradictory

contradizer [kõtradʒi'ze*] (irreg: como dizer) vt to contradict

contrafilé [kõtrafi'lɛ] m rump steak

contragosto [kõtra'goʃtu] m: a ~ against one's will, unwillingly

contrair [kõtra'i*] vt to contract; (hábito) to form

contramão [kõtra'mãw] adj one-way ♦ f: na ~ the wrong way down a one-way street

contramestre/tra [kõtra'mɛʃtri/tra] m/f (em fábrica) supervisor ♦ m (NAUT) boatswain

contrapesar [kõtrape'za*] vt to counterbalance; (fig) to offset; **contrapeso** [kõtra'pezu] m counterbalance

contraproducente [kõtraprodu'sẽtʃi] adj counterproductive

contra-regra (pl ~s) m/f stage manager

contrariar [kõtra'rja*] vt to contradict; (aborrecer) to annoy

contrário/a [kõ'trarju/a] adj (oposto) opposite; (pessoa) opposed; (desfavorável) unfavourable (BRIT), unfavorable (US), adverse ♦ m opposite; do ~ otherwise; pelo ou ao ~ on the contrary; ao ~ the other way round

contra-senso m nonsense

contrastante [kõtraʃ'tãtʃi] adj contrasting

contrastar [kõtraʃ'ta*] vt to contrast; **contraste** [kõ'traʃtʃi] m contrast

contratação [kõtrata'sãw] f (de pessoal) employment

contratante [kõtra'tãtʃi] m/f contractor

contratar [kõtra'ta*] vt (serviços) to contract; (pessoa) to employ, take on

contratempo [kõtra'tẽpu] m setback; (aborrecimento) upset; (dificuldade) difficulty

contrato [kõ'tratu] m contract; (acordo) agreement

contribuição [kõtribwi'sãw] (pl –ões) f contribution; (imposto) tax

contribuinte [kõtri'bwĩtʃi] m contributor; (*que paga impostos*) tax-payer

contribuir [kõtri'bwi*] vt to contribute ♦ vi to contribute; (*pagar impostos*) to pay taxes

controlar [kõtro'la*] vt to control

controle [kõ'trɔli] m control; ~ remoto remote control; ~ de crédito (*COM*) credit control; ~ de qualidade (*COM*) quality control

controvérsia [kõtro'vɛxsja] f controversy; (*discussão*) debate; **controverso/a** [kõtro'vɛxsu/a] adj controversial

contudo [kõ'tudu] conj nevertheless, however

contumaz [kõtu'majʒ] adj obstinate, stubborn

contundir [kõtũ'dʒi*] vt to bruise

contusão [kõtu'zãw] (pl -ões) f bruise

convalescença [kõvale'sẽsa] f convalescence

convalescer [kõvale'se*] vi to convalesce

convenção [kõvẽ'sãw] (pl -ões) f convention; (*acordo*) agreement

convencer [kõvẽ'se*] vt to convince; (*persuadir*) to persuade; ~-se vr: ~-se de to be convinced about; **convencido/a** [kõvẽ'sidu/a] adj convinced; (*col: imodesto*) conceited, smug; **convencimento** [kõvẽsi'mẽtu] m conviction; (*col: imodéstia*) conceit, smugness

convencional [kõvẽsjo'naw] (pl -ais) adj conventional

convenções [kõvẽ'sõjʃ] fpl de convenção

conveniência [kõve'njẽsja] f convenience

conveniente [kõve'njẽtʃi] adj convenient, suitable; (*vantajoso*) advantageous

convênio [kõ'venju] m (*reunião*) convention; (*acordo*) agreement

convento [kõ'vẽtu] m convent

convergir [kõvex'ʒi*] vi to converge

conversa [kõ'vɛxsa] f conversation; ~-fiada idle chat; (*promessa falsa*)

hot air

conversação [kõvɛxsa'sãw] (pl -ões) f conversation

conversão [kõvɛx'sãw] (pl -ões) f conversion

conversar [kõvɛx'sa*] vi to talk

conversível [kõvɛx'sivew] (pl -eis) adj convertible ♦ m (*AUTO*) convertible

conversões [kõvɛx'sõjʃ] fpl de conversão

conversor [kõvɛx'so*] m: ~ catalítico catalytic convertor

converter [kõvɛx'te*] vt to convert; **convertido/a** [kõvɛx'tʃidu/a] m/f convert

convés [kõ'vɛʃ] (pl -eses) m (*NAUT*) deck

convexo/a [kõ'vɛksu/a] adj convex

convicção [kõvik'sãw] (pl -ões) f conviction

convicto/a [kõ'viktu/a] adj convinced; (*réu*) convicted

convidado/a [kõvi'dadu/a] m/f guest

convidar [kõvi'da*] vt to invite

convincente [kõvĩ'sẽtʃi] adj convincing

convir [kõ'vi*] (*irreg: como* vir) vi to suit, be convenient; (*ficar bem*) to be appropriate; (*concordar*) to agree; **convém fazer isso o mais rápido possível** we must do this as soon as possible

convirjo etc [kõ'vixʒu] vb V convergir

convite [kõ'vitʃi] m invitation

convivência [kõvi'vẽsja] f living together; (*familiaridade*) familiarity, intimacy

conviver [kõvi've*] vi: ~ com (*viver em comum*) to live with; (*ter familiaridade*) to get on with; **convívio** [kõ'vivju] m living together; (*familiaridade*) familiarity

convocar [kõvo'ka*] vt to summon, call upon; (*reunião, eleições*) to call; (*para o serviço militar*) to call up

convosco [kõ'voʃku] adv with you

convulsão [kõvuw'sãw] (pl -ões) f convulsion

cooper [ˈkupɐ*] *m* jogging; **fazer ~** to go jogging

cooperação [koopɐraˈsãw] *f* cooperation

cooperante [koopɐˈratʃi] *adj* cooperative, helpful

cooperar [koopɐˈra*] *vi* to cooperate

cooperativa [koopɐraˈtʃiva] *f* (COM) cooperative

cooperativo/a [koopɐraˈtʃivu/a] *adj* cooperative

coordenada [kooxdeˈnada] *f* coordinate

coordenar [kooxdeˈna*] *vt* to coordinate

copa [ˈkɔpa] *f* (*de árvore*) top; (*torneio*) cup; **~s** *fpl* (CARTAS) hearts

cópia [ˈkɔpja] *f* copy; **tirar ~** to copy; **copiadora** [kopjaˈdora] *f* duplicating machine

copiar [koˈpja*] *vt* to copy

copioso/a [koˈpjozu/ɔza] *adj* abundant

copirraite [kopiˈxajtʃi] *m* copyright

copo [ˈkɔpu] *m* glass

copyright [kopiˈxajtʃi] *m* = **copirraite**

coque [ˈkɔki] *m* (*penteado*) bun

coqueiro [koˈkejru] *m* (BOT) coconut palm

coqueluche [kokeˈluʃi] *f* (MED) whooping cough

coquetel [kokeˈtɛw] (*pl* **-éis**) *m* cocktail; (*festa*) cocktail party

cor[1] [kɔ*] *m*: **de ~** by heart

cor[2] [ko*] *f* colour (BRIT), color (US); **de ~** colo(u)red

coração [koraˈsãw] (*pl* **-ões**) *m* heart; **de bom ~** kind-hearted; **de todo o ~** wholeheartedly

corado/a [koˈradu/a] *adj* ruddy

coragem [koˈraʒẽ] *f* courage; (*atrevimento*) nerve

corais [koˈrajʃ] *mpl de* **coral**

corajoso/a [koraˈʒozu/ɔza] *adj* courageous

coral [koˈraw] (*pl* **-ais**) *m* (MÚS) choir; (ZOOL) coral

corante [koˈratʃi] *adj*, *m* colouring (BRIT), coloring (US)

corar [koˈra*] *vt* (*roupa*) to bleach (in the sun) ♦ *vi* to blush; (*tornar-se branco*) to bleach

corbelha [kox'beʎa] *f* basket

corcova [kox'kɔva] *f* hump; **corcunda** [kox'kũda] *adj* hunchbacked ♦ *f* hump ♦ *m/f* (*pessoa*) hunchback

corda [ˈkɔxda] *f* rope, line; (MUS) string; (*varal*) clothes line; (*de relógio*) spring; **dar ~ em** to wind up; **~s vocais** vocal chords

cordão [kox'dãw] (*pl* **-ões**) *m* string, twine; (*jóia*) chain; (*no carnaval*) group; (ELET) lead; (*fileira*) row

cordeiro [kox'dejru] *m* lamb

cordel [kox'dɛw] (*pl* **-éis**) *m* (PT) string; **literatura de ~** pamphlet literature

cor-de-rosa *adj inv* pink

cordial [kox'dʒjaw] (*pl* **-ais**) *adj* cordial ♦ *m* (*bebida*) cordial

cordilheira [koxdʒi'ʎejra] *f* mountain range

cordões [kox'dõjʃ] *mpl de* **cordão**

coreano/a [ko'rjanu/a] *adj* Korean ♦ *m/f* Korean ♦ *m* (LING) Korean

Coréia [ko'rɛja] *f*: **a ~** Korea

coreto [ko'retu] *m* bandstand

coriza [ko'riza] *f* runny nose

corja [ˈkɔxʒa] *f* (*canalha*) rabble; (*bando*) gang

córner [ˈkɔxne*] *m* (FUTEBOL) corner

corneta [kox'neta] *f* cornet; (MIL) bugle

cornetim [koxne'tʃĩ] (*pl* **-ns**) *m* French horn

coro [ˈkoru] *m* chorus; (*conjunto de cantores*) choir

coroa [ko'roa] *f* crown; (*de flores*) garland ♦ *m/f* (BR: *col*) old timer

coroação [korwa'sãw] (*pl* **-ões**) *f* coronation

coroar [koro'a*] *vt* to crown; (*premiar*) to reward

coronel [koro'nɛw] (*pl* **-éis**) *m* colonel; (*político*) local political boss

coronha [ko'rɔɲa] *f* (*de um fuzil*) butt

corpete [kox'petʃi] *m* bodice

corpo ['koxpu] m body; (aparência física) figure; (: de homem) build; (de vestido) bodice; (MIL) corps sg; de ~ e alma (fig) wholeheartedly; ~ diplomático diplomatic corps sg

corporal [koxpo'raw] (pl -ais) adj physical

corpulento/a [koxpu'lĕtu/a] adj stout

correção [koxe'sãw] (PT -cç-; pl -ões) f correction; (exatidão) correctness; casa de ~ reformatory

corre-corre [kɔxi'kɔxi] (pl ~s) m rush

correcto/a etc [ko'xektu/a] (PT) = correto etc

corredor(a) [koxe'do*(a)] m/f runner ♦ m corridor; (em avião etc) aisle; (cavalo) racehorse

córrego ['kɔxegu] m stream, brook

correia [ko'xeja] f strap; (de máquina) belt; (para cachorro) leash

correio [ko'xeju] m mail, post; (local) post office; (carteiro) postman (BRIT), mailman (US); ~ aéreo air mail; pôr no ~ to post; ~ eletrônico electronic mail

corrente [ko'xĕtʃi] adj (atual) current; (águas) running; (comum) usual, common ♦ f current; (cadeia, jóia) chain; ~ de ar draught (BRIT), draft (US); ~za [koxĕ'teza] f (de ar) draught (BRIT), draft (US); (de rio) current

correr [ko'xe*] vi to run; (viajar por) to travel across ♦ vi to run; (em carro) to drive fast, speed; (o tempo) to elapse; (boato) to go round; (atrair com rapidez) to rush; ~ia [koxe'ria] f rush

correspondência [koxeʃpõ'dĕsja] f correspondence; **correspondente** [koxeʃpõ'dĕtʃi] adj corresponding ♦ m correspondent

corresponder [koxeʃpõ'de*] vi: ~ a to correspond to; (ser igual) to match (up to); ~-se vr: ~-se com to correspond with

correto/a [ko'xetu/a] adj correct; (conduta) right; (pessoa) straight,

honest

corretor(a) [koxe'to*(a)] m/f broker; ~ de fundos ou de bolsa stock-broker; ~ de imóveis estate agent (BRIT), realtor (US)

corrida [ko'xida] f running; (certame) race; (de táxi) fare; ~ de cavalos horse race

corrido/a [ko'xidu/a] adj quick; (expulso) driven out ♦ adv quickly

corrigir [koxi'ʒi*] vt to correct

corrimão [koxi'mãw] (pl ~s) m handrail

corriqueiro/a [koxi'kejru/a] adj common; (problema) trivial

corroborar [koxobo'ra*] vt to corroborate, confirm

corroer [koxo'e*] vt to corrode; (fig) to eat away; ~-se vr to corrode; to be eaten away

corromper [koxõ'pe*] vt to corrupt; (subornar) to bribe; ~-se vr to be corrupted

corrosão [koxo'zãw] f corrosion; (fig) erosion

corrosivo/a [koxo'zivu/a] adj corrosive

corrupção [koxup'sãw] f corruption

corrupto/a [ko'xuptu/a] adj corrupt

Córsega ['kɔxsega] f: a ~ Corsica

cortada [kox'tada] f: dar uma ~ em alguém (fig) to cut sb short

cortadura [koxta'dura] f cut; (entre montes) gap

cortante [kox'tãtʃi] adj cutting

cortar [kox'ta*] vt to cut; (eliminar) to cut out; (água, telefone etc) to cut off; (efeito) to stop ♦ vi to cut; (encurtar caminho) to take a short cut; ~ o cabelo (no cabeleireiro) to have one's hair cut; ~ a palavra de alguém to interrupt sb

corte¹ ['kɔxtʃi] m cut; (de luz) power cut; **sem** ~ (tesoura etc) blunt; ~ de cabelo haircut

corte² ['kɔxtʃi] f court; ~s fpl (PT) parliament sg

cortejar [koxte'ʒa*] vt to court

cortejo [kox'teʒu] m procession

cortês [kox'teʃ] (pl -eses) adj polite

cortesão/tesã [koxte'zãw/te'zã] (pl ~s/~s) m/f courtier ♦ f courtesan

cortesia [koxte'zia] f politeness; (de empresa) free offer

cortiça [kox'tʃisa] f cork

cortiço [kox'tʃisu] m slum tenement

cortina [kox'tʃina] f curtain

coruja [ko'ruʒa] f owl

coruscar [koruʃ'ka²] vi to sparkle, glitter

corvo ['koxvu] m crow

cós [kɔʃ] m inv waistband; (cintura) waist

cosca ['kɔʃka] f: fazer ~ to tickle

coser [ko'ze²] vt, vi to sew

cosmético/a [koʒ'metʃiku/a] adj cosmetic ♦ m cosmetic

cosmopolita [koʒmopo'lita] adj cosmopolitan

cospe etc ['kɔʃpi] vb V **cuspir**

costa ['kɔʃta] f coast; ~s fpl (dorso) back sg; **dar as ~s a** to turn one's back on

costado [koʃ'tadu] m back

Costa Rica f: a ~ Costa Rica

costear [koʃ'tʃa²] vt (rodear) to go round

costela [koʃ'tɛla] f rib

costeleta [koʃte'leta] f chop, cutlet; ~s fpl (suiças) side-whiskers

costumar [koʃtu'ma²] vt (habituar) to accustom ♦ vi: **ele costuma chegar às 6.00** he usually arrives at 6.00; **costumava dizer ...** he used to say ...

costume [koʃ'tumi] m custom, habit; (traje) costume; ~s mpl (comportamento) behaviour sg (BRIT), behavior sg (US); (conduta) conduct sg; (de um povo) customs; **de ~** usual; **como de ~** as usual

costumeiro/a [koʃtu'mejru/a] adj usual, habitual

costura [koʃ'tura] f sewing; (sutura) seam; ~r [koʃtu'ra²] vt, vi to sew; **costureira** [koʃtu'rejra] f dressmaker

cota ['kɔta] f quota, share

cotação [kota'sãw] (pl ~ões) f (de preços) list, quotation; (BOLSA) price; (consideração) esteem; ~

bancária bank rate

cotado/a [ko'tadu/a] adj (COM: ação) quoted; (bem-conceituado) well thought of; (num concurso) fancied

cotar [ko'ta²] vt (ações) to quote; ~ **algo em** to value sth at

cotejar [kote'ʒa²] vt to compare; **cotejo** [ko'teʒu] m comparison

cotidiano/a [kotʃi'dʒianu/a] adj daily, everyday ♦ m: **o** ~ daily life

cotoco [ko'toku] m (do corpo) stump; (de uma vela etc) stub

cotonete [koto'netʃi] m cotton bud

cotovelada [kotove'lada] f shove; (cutucada) nudge

cotovelo [koto'velu] m (ANAT) elbow; (curva) bend; **falar pelos** ~s to talk non-stop

coube etc ['kobi] vb V **caber**

couraça [ko'rasa] f (de animal) shell; ~**do** [kora'sadu] (PT) m battleship

couro ['koru] m leather; (de um animal) hide

couve ['kovi] f spring greens pl; ~**de-bruxelas** (pl ~s-de-bruxelas) f Brussels sprout; ~**-flor** (pl ~s-flores) f cauliflower

couvert [ku'vex] m cover charge

cova ['kɔva] f pit; (caverna) cavern; (sepultura) grave

covarde [ko'vaxdʒi] adj cowardly ♦ m/f coward; **covardia** [kovax'dʒia] f cowardice

covil [ko'viw] (pl ~is) m den, lair

covinha [ko'viɲa] f dimple

covis [ko'viʃ] mpl de **covil**

coxa ['kɔʃa] f thigh

coxear [ko'ʃja²] vi to limp

coxia [ko'ʃia] f aisle, gangway

coxo/a ['koʃu/a] adj lame

cozer [ko'ze²] vt, vi to cook

cozido [ko'zidu] m stew

cozinha [ko'ziɲa] f kitchen; (arte) cookery

cozinhar [kozi'ɲa²] vt, vi to cook

cozinheiro/a [kozi'ɲejru/a] m/f cook

CP abr = **Caminhos de Ferro Portugueses**

CPF (BR) abr m (= Cadastro de Pes-

soa Física) identification number

Cr$ *abr* = cruzeiro

crachá [kra'ʃa] *m* badge

crânio ['kranju] *m* skull

craque ['kraki] *m/f* ace, expert

crasso/a ['krasu/a] *adj* crass

cratera [kra'tɛra] *f* crater

cravar [kra'va*] *vt* (*prego etc*) to drive (in); (*com os olhos*) to stare at; **~-se** *vr* to penetrate

cravejar [krave'ʒa*] *vt* to nail

cravo ['kravu] *m* carnation; (*MUS*) harpsichord; (*especiaria*) clove; (*na pele*) blackhead; (*prego*) nail

creche ['krɛʃi] *f* crèche

credenciais [kredẽ'sjajʃ] *fpl* credentials

creditar [kredʒi'ta*] *vt* to guarantee; (*COM*) to credit; **~ algo a alguém** to credit sb with sth; (*garantir*) to assure sb of sth

crédito ['krɛdʒitu] *m* credit; **digno de ~** reliable

credo ['krɛdu] *m* creed; **~!** heavens!

credor(a) [kre'do*(a)] *adj* worthy, deserving; (*COM*: *saldo*) credit *atr* ♦ *m/f* creditor

cremar [kre'ma*] *vt* to cremate

crematório [krema'tɔrju] *m* crematorium

creme ['krɛmi] *adj inv* cream ♦ *m* cream; (*CULIN*: *doce*) custard; **~ dental** toothpaste; **cremoso/a** [kre'mozu/ɔza] *adj* creamy

crença ['krẽsa] *f* belief

crendice [krẽ'dʒisi] *f* superstition

crente ['krẽtʃi] *m/f* believer

crepitante [krepi'tãtʃi] *adj* crackling

crepúsculo [kre'puʃkulu] *m* dusk, twilight

crer [kre*] *vt, vi* to believe; **~-se** *vr* to believe o.s. to be; **~ em** to believe in; creio que sim I think so

crescente [kre'sẽtʃi] *adj* growing ♦ *m* crescent

crescer [kre'se*] *vi* to grow; **crescimento** [kresi'mẽtu] *m* growth

crespo/a ['krɛʃpu/a] *adj* (*cabelo*) curly

cretinice [kretʃi'nisi] *f* stupidity

(*ato, dito*) stupid thing

cretino [kre'tʃinu] *m* cretin, imbecile

cria ['kria] *f* (*animal*: *sg*) baby animal; (: *pl*) young *pl*

criação [krja'sãw] (*pl -ões*) *f* creation; (*de animais*) raising, breeding; (*educação*) upbringing; (*animais domésticos*) livestock *pl*; **filho de ~** adopted child

criado/a ['krjadu/a] *m/f* servant

criado-mudo (*pl* **criados-mudos**) *m* bedside table

criador(a) [krja'do*(a)] *m/f* creator; **~ de gado** cattle breeder

criança ['krjãsa] *adj* childish ♦ *f* child; **~da** [krjã'sada] *f*: **a ~da** the kids

criar [krja*] *vt* to create; (*crianças*) to bring up; (*animais*) to raise; (*amamentar*) to suckle, nurse; (*planta*) to grow; **~-se** *vr*: **~-se (com)** to grow up (with); **~ caso** to make trouble

criativo/a [kria'tʃivu/a] *adj* creative

criatura [kria'tura] *f* creature; (*indivíduo*) individual

crime ['krimi] *m* crime; **criminal** [krimi'naw] (*pl -ais*) *adj* criminal; **criminalidade** [kriminali'dadʒi] *f* crime; **criminoso/a** [krimi'nozu/ɔza] *adj, m/f* criminal

crina ['krina] *f* mane

crioulo/a [kri'jolu/a] *adj* creole ♦ *m/f* creole; (*BR*: *negro*) Black (person)

crise ['krizi] *f* crisis; (*escassez*) shortage; (*MED*) attack, fit

crisma ['kriʒma] *f* (*REL*) confirmation; **~r** [kriʒ'ma*] *vt* to confirm; **~r-se** *vr* to be confirmed

crista ['kriʃta] *f* (*de serra, onda*) crest; (*de galo*) cock's comb

cristal [kriʃ'taw] (*pl -ais*) *m* crystal; (*vidro*) glass; **cristais** [kriʃ'tajʃ] *mpl* (*copos*) glassware *sg*; **~ino/a** [kriʃta'linu/a] *adj* crystal-clear

cristandade [kriʃtã'dadʒi] *f* Christianity

cristão/tã [kriʃ'tãw/'tã] (*pl -s/~s*) *adj, m/f* Christian

cristianismo [kriʃtʃja'niʒmu] *m*

Christianity
Cristo ['kriʃtu] *m* Christ
critério [kri'tɛrju] *m* criterion; (*juízo*) discretion, judgement; **criterioso/a** [krite'rjozu/ɔza] *adj* thoughtful, careful
crítica ['kritʃika] *f* criticism; *V tb* **crítico**
criticar [kritʃi'ka*] *vt* to criticize; (*um livro*) to review
crítico/a ['kritʃiku/a] *adj* critical *m/f* critic
crivar [kri'va*] *vt* (*com balas etc*) to riddle
crível [kri'vew] (*pl* -eis) *adj* credible
crivo ['krivu] *m* sieve
crocante [kro'kãtʃi] *adj* crunchy
croché [kro'ʃɛ] *m* crochet
crocodilo [kroko'dʒilu] *m* crocodile
cromo ['krɔmu] *m* chrome
cromossomo [kromo'somu] *m* chromosome
crônica ['kronika] *f* chronicle (*coluna de jornal*) newspaper column; (*texto jornalístico*) feature; (*conto*) short story
crônico/a ['kroniku/a] *adj* chronic
cronista [kro'niʃta] *m/f* (*de jornal*) columnist; (*contista*) short story writer
cronológico/a [krono'lɔʒiku/a] *adj* chronological
cronometrar [kronome'tra*] *vt* to time; **cronômetro** [kro'nometru] *m* stopwatch
croquete [kro'kɛtʃi] *m* croquette
crosta ['krɔʃta] *f* crust; (*MED*) scab
cru(a) [kru/'krua] *adj* raw; (*não refinado*) crude
crucial [kru'sjaw] (*pl* -ais) *adj* crucial
crucificação [krusifika'sãw] (*pl* -ões) *f* crucifixion
crucificar [krusifi'ka*] *vt* to crucify
crucifixo [krusi'fiksu] *m* crucifix
cruel [kru'ɛw] (*pl* -éis) *adj* cruel; **~dade** [kruew'dadʒi] *f* cruelty
cruz [kruʒ] *f* cross; C~ **Vermelha** Red Cross
cruzada [kru'zada] *f* crusade

cruzado/a [kru'zadu/a] *adj* crossed ♦ *m* (*moeda*) cruzado
cruzador [kruza'do*] *m* cruiser
cruzamento [kruza'mẽtu] *m* crossroads
cruzar [kru'za*] *vt* to cross ♦ *vi* (*NAUT*) to cruise; (*pessoas*) to pass each other by; ~ **com** to meet
cruzeiro [kru'zejru] *m* (*cruz*) (monumental) cross; (*moeda*) cruzeiro; (*viagem de navio*) cruise
cu [ku] (*col!*) *m* arse (!); **vai tomar no ~** fuck off (!)
Cuba ['kuba] *f* Cuba
cubículo [ku'bikulu] *m* cubicle
cubo ['kubu] *m* cube; (*de roda*) hub
cubro *etc* ['kubru] *vb V* **cobrir**
cuca ['kuka] (*col*) *f* head; **fundir a ~** (*quebrar a cabeça*) to rack one's brain; (*baratinar*) to boggle the mind; (*perturbar*) to drive crazy
cuco ['kuku] *m* cuckoo
cueca ['kweka] *f* (*BR*: *tb*: ~s: *para homens*) underpants *pl*; ~s *fpl* (*PT*) underpants *pl*; (!: *para mulheres*) panties *pl*
cuíca ['kwika] *f* kind of musical instrument
cuidado [kwi'dadu] *m* care; **aos ~s de** in the care of; **ter ~** to be careful; ~! watch out!, be careful!; **tomar ~** (**de**) to be careful (of); **~so/a** [kwida'dozu/ɔza] *adj* careful
cuidar [kwi'da*] *vi*: ~ **de** to take care of, look after; **~se** *vr* to look after o.s.
cujo/a ['kuʒu/a] *pron* (*de quem*) whose; (*de que*) of which
culinária [kuli'narja] *f* cookery
culminar [kuwmi'na*] *vi*: ~ (**com**) to culminate (in)
culote [ku'lɔtʃi] *m* (*calça*) jodhpurs *pl*
culpa ['kuwpa] *f* fault; (*JUR*) guilt; **ter ~ de** to be to blame for; **por ~ de** because of; **~bilidade** [kuwpabili'dadʒi] *f* guilt; **~do/a** [kuw'padu/a] *adj* guilty ♦ *m/f* culprit; ~r [kuw'pa*] *vt* to blame; (*acusar*) to accuse; ~-**se** *vr* to take the blame; **culpável**

[kuw'pavew] (pl **-eis**) adj guilty

cultivar [kuwtʃi'va*] vt to cultivate; (plantas) to grow; **cultivo** [kuw'tʃivu] m cultivation

culto/a ['kuwtu/a] adj cultured ♦ m (homenagem) worship; (religião) cult

cultura [kuw'tura] f culture; (da terra) cultivation; **~l** [kuwtu'raw] (pl **culturais**) adj cultural

cume ['kumi] m top, summit; (fig) climax

cúmplice ['kũplisi] m/f accomplice

cumplicidade [kũplisi'dadʒi] f complicity

cumprimentar [kũprimẽ'ta*] vt to greet; (dar parabéns) to congratulate

cumprimento [kũpri'mẽtu] m fulfilment; (saudação) greeting; (elogio) compliment; **~s** mpl (saudações) best wishes; **~ de uma lei/ordem** compliance with a law/an order

cumprir [kũ'pri*] vt (desempenhar) to carry out; (promessa) to keep; (lei) to obey; (pena) to serve ♦ vi to be necessary; **~ a palavra** to keep one's word; **fazer ~** to enforce

cúmulo ['kumulu] m height; é o **~**! that's the limit!

cunha ['kuɲa] f wedge

cunhado/a [ku'ɲadu/a] m/f brother-in-law/sister-in-law

cunhar [ku'ɲa*] vt (moedas) to mint; (palavras) to coin

cunho ['kuɲu] m (marca) hallmark; (caráter) nature

cupê [ku'pe] m coupé

cupim [ku'pĩ] (pl **-ns**) m termite

cupincha [ku'pĩʃa] m/f mate, pal

cupins [ku'pĩʃ] mpl de **cupim**

cupom [ku'põ] (pl **-ns**) m coupon

cúpula ['kupula] f dome; (de abajur) shade; (de partido etc) leadership; (reunião de **~**) summit (meeting)

cura ['kura] f cure; (tratamento) treatment; (de carnes etc) curing, preservation ♦ m priest

curador(a) [kura'do*(a)] m/f de menores, órfãos) guardian; (de instituição) trustee

curandeiro [kurã'dejru] m healer, medicine man; (charlatão) quack

curar [ku'ra*] vt (doença, carne) to cure; (ferida) to treat; **~-se** vr to get well

curativo [kura'tʃivu] m dressing

curiosidade [kurjozi'dadʒi] f curiosity; (objeto raro) curio

curioso/a [ku'rjozo/za] adj curious ♦ m/f snooper, inquisitive person; **~s** mpl (espectadores) onlookers

curral [ku'xaw] (pl **-ais**) m pen, enclosure

currar [ku'xa*] (col) vt to rape

currículo [ku'xikulu] m (curriculum) curriculum vitae

cursar [kux'sa*] vt (aulas, escola) to attend; (cursos) to follow; **ele está cursando História** he's studying ou doing history

curso ['kuxsu] m course; (direção) direction; **em ~** (ano etc) current; (processo) in progress

cursor [kux'so*] m (COMPUT) cursor

curtição [kuxtʃi'sãw] (col) f fun

curtido/a [kux'tʃidu/a] adj hardened

curtir [kux'tʃi*] vt (couro) to tan; (tornar rijo) to toughen up; (padecer) to suffer, endure; (col) to enjoy

curto/a ['kuxtu/a] adj short ♦ m (ELET) short (circuit); **~-circuito** (pl **~s-circuitos**) m short circuit

curva ['kuxva] f curve; (de estrada, rio) bend; **~ fechada** hairpin bend

curvar [kux'va*] vt to bend, curve; **~-se** vr to stoop; **curvo/a** ['kuxvu/a] adj curved; (estrada) winding

cuscuz [kuʃ'kuʒ] m couscous

cusparada [kuʃpa'rada] f: **dar uma ~** to spit

cuspe [kuʃpi] m spit, spittle

cuspido/a [kuʃ'pidu/a] adj: **ele é o pai ~ e escarrado** (col) he's the spitting image of his father

cuspir [kuʃ'pi*] vt, vi to spit

custa ['kuʃta] f: **à ~ de** at the expense of; **~s** fpl (JUR) costs

custar [kuʃ'ta*] vt to cost; (ser difícil): **~ a fazer** to have trouble doing; (*demorar*): ~ a fazer to take a long time to do; ~ caro to be expensive

custo ['kuʃtu] *m* cost; a ~ with difficulty; a todo ~ at all costs

custódia [kuʃ'tɔdʒja] *f* custody

cutelo [ku'telu] *m* cleaver

cutícula [ku'tʃikula] *f* cuticle

cútis ['kutʃiʃ] *f inv* (*pele*) skin; (*tez*) complexion

cutucar [kutu'ka*] *vt* (*com o dedo*) to prod, poke; (*com o cotovelo*) to nudge

Cz$ *abr* = **cruzado**

czar [kza*] *m* czar

D

D *abr* = **Dom; Dona;** (= *direito*) r; (= *deve*) d

d/ *abr* = **dia**

da [da] = **de** + **a**

dá [da] *vb V* **dar**

dactilografar *etc* [datilogra'fa*] (*PT*) = **datilografar** *etc*

dádiva ['dadʒiva] *f* donation; (*oferta*) gift

dado/a ['dadu/a] *adj* given; (*sociável*) sociable ♦ *m* (*em jogo*) die; (*fato*) fact; ~s *mpl* dice; (*fatos, COMPUT*) data *sg*; ~ que supposing that; (*uma vez que*) given that

daí [da'ji] *adv* = **de** + **aí**; (*desse lugar*) from there; (*desse momento*) from then; ~ a um mês a month later

dali [da'li] *adv* = **de** + **ali**; (*desse lugar*) from there

daltônico/a [daw'toniku/a] *adj* colour-blind (*BRIT*), color-blind (*US*)

dama ['dama] *f* lady; (*XADREZ, CARTAS*) queen; ~s *fpl* (*jogo*) draughts (*BRIT*), checkers (*US*); ~ de honra bridesmaid

damasco [da'maʃku] *m* apricot

danado/a [da'nadu/a] *adj* damned; (*zangado*) furious; (*menino*) mischievous

dança ['dãsa] *f* dance; ~r [dã'sa*] *vi*

to dance; ~rino/a [dãsa'rinu/a] *m/f* dancer; **danceteria** [dãsete'ria] *f* discotheque)

danificar [danifi'ka*] *vt* to damage

dano ['danu] *m* (*tb:* ~s) damage, harm; (*a uma pessoa*) injury

dantes ['dãtʃiʃ] *adv* before, formerly

daquele/a [da'keli/a] = **de** + **aquele/a**

daqui [da'ki] *adv* = **de** + **aqui**; (*deste lugar*) from here; ~ a pouco soon, in a little while; ~ a uma semana a week from now; ~ em diante from now on

daquilo [da'kilu] = **de** + **aquilo**

PALAVRA CHAVE

dar [da*] *vt* **1** (*ger*) to give; (*festa*) to hold; (*problemas*) to cause; ~ algo a alguém to give sb sth, give sth to sb; ~ de beber a alguém to give sb a drink; ~ aula de francês to teach French

2 (*produzir*: *fruta etc*) to produce

3 (*notícias no jornal*) to publish

4 (*cartas*) to deal

5 (+ *n*: *perifrase de vb*): me dá medo/pena it frightens/upsets me

♦ *vi* **1**: ~ com (*coisa*) to find; (*pessoa*) to meet

2: ~ em (*bater*) to hit; (*resultar*) to lead to; (*lugar*) to come to

3: dá no mesmo it's all the same

4: ~ de si (*sapatos etc*) to stretch, give

5: ~ para (*impess*: *ser possível*): dá para trocar dinheiro aqui? can I change money here?; vai ~ para eu ir amanhã I'll be able to go tomorrow; dá para você vir amanhã – não, amanhã não vai ~ can you come tomorrow? – no, I can't

6: ~ para (*ser suficiente*): ~ para/para fazer to be enough for/to do; dá para todo mundo? is there enough for everyone?

♦ ~se *vr* **1** (*sair-se*): ~se bem/mal to do well/badly

2: ~se (com alguém) to be ac-

quainted (with sb); ~-se bem (com alguém) to get on well (with sb)
3: ~-se por vencido to give up

dardo ['daxdu] *m* dart; (*grande*) spear

das [daʃ] = de + as

data ['data] *f* date; (*época*) time; ~r [da'ta*] *vt* to date ♦ *vi*: ~r de to date from

datilografar [datʃilogra'fa*] *vt* to type; **datilografia** [datʃilogra'fia] *f* typing; **datilógrafo/a** [datʃi'lografu/a] *m/f* typist (*BRIT*), stenographer (*US*)

d.C. *abr* (= depois de Cristo) A.D.

de [dʒi] (*de* + *o(s)/a(s)* = *do(s)/ da(s)*; + *ele(s)/a(s)* = *dele(s)/a(s)*; + *esse(s)/a(s)* = *desse(s)/a(s)*; + *isso* = *disso*; + *este(s)/a(s)* = *deste(s)/a(s)*; + *isto* = *disto*; + *aquele(s)/a(s)* = *daquele(s)/a(s)*; + *aquilo* = *daquilo*) *prep* **1** (*posse*) of; a casa ~ João/da irmã João's/my sister's house; é dele it's his; um romance ~ a novel by
2 (*origem, distância, com números*) from; sou ~ São Paulo I'm from São Paulo; ~ 8 a 20 from 8 to 20; sair do cinema to leave the cinema; ~ dois em dois two by two, two at a time
3 (*valor descritivo*): um copo ~ vinho a glass of wine; um homem ~ cabelo comprido a man with long hair; o infeliz do homem (*col*) the poor man; um bilhete ~ avião an air ticket; uma criança ~ três anos a three-year-old (child); uma máquina ~ costurar a sewing machine; aulas ~ inglês English lessons; feito ~ madeira made of wood; vestido ~ branco dressed in white
4 (*modo*): ~ trem/avião by train/ plane; ~ lado sideways
5 (*hora, tempo*): às 8 da manhã at 8 o'clock in the morning; ~ dia/noite by day/night; ~ hoje a oito dias a

week from now; ~ dois em dois dias every other day
6 (*comparações*): mais/menos ~ cem pessoas more/less than a hundred people; é o mais caro da loja it's the most expensive in the shop; ela é mais bonita do que sua irmã she's prettier than her sister; gastei mais do que pretendia I spent more than I intended
7 (*causa*): estou morto ~ calor I'm boiling hot; ela morreu ~ câncer she died of cancer
8 (*adj* + *infin*): fácil ~ entender easy to understand

dê *etc* [de] *vb* V **dar**

debaixo [de'bajʃu] *adv* below, underneath ♦ *prep*: ~ de under, beneath

debate [de'batʃi] *m* discussion, debate; (*disputa*) argument; ~r [deba'te*] *vt* to debate; (*discutir*) to discuss; ~r-se *vr* to struggle

débeis ['dɛbejʃ] *pl de* **débil**

debelar [debe'la*] *vt* to put down, suppress; (*crise*) to overcome

débil ['dɛbiw] (*pl* -eis) *adj* weak, feeble ♦ *m*: ~ mental mentally handicapped person; **debilidade** [debili'dadʒi] *f* weakness; **debilidade mental** mental handicap; **debilitar** [debili'ta*] *vt* to weaken; **debilitar-se** *vr* to become weak, weaken; **debilóide** [debi'lɔjdʒi] (*col*) *adj* idiotic ♦ *m/f* idiot

debitar [debi'ta*] *vt*: ~ $40 à *ou* na conta de alguém to debit $40 to sb's account; (*débito*) to debit

debochado/a [debo'ʃadu/a] *adj* (*pessoa*) sardonic; (*jeito, tom*) mocking

debochar [debo'ʃa*] *vt* to mock ♦ *vi*: ~ de to mock

debruçar [debru'sa*] *vt* (*coisa*) to bend over; (*pessoa*) to turn over; ~-se *vr* to bend over; (*inclinar-se*) to lean over; ~-se na janela to lean out of the window

debutar [debu'ta*] *vi* to make one's début

década ['dɛkada] *f* decade

decadência [deka'dẽsja] f decadence

decair [deka'i*] vi to decline

decapitar [dekapi'ta*] vt to behead, decapitate

decência [de'sẽsja] f decency

decente [de'sẽtʃi] adj decent; (apropriado) proper; (honrado) honourable (BRIT), honorable (US); (trabalho) neat; ~**mente** [desẽtʃi'mẽtʃi] adv decently; properly; hono(u)rably

decepar [dese'pa*] vt to cut off, chop off

decepção [desep'sãw] (pl –ões) f disappointment; **decepcionar** [desepsjo'na*] vt to disappoint; (desiludir) to disillusion; **decepcionar-se** vr to be disappointed; to be disillusioned

decerto [dʒi'sɛxtu] adv certainly

decidido/a [desi'dʒidu/a] adj (pessoa) determined; (questão) resolved

decidir [desi'dʒi*] vt to decide; (solucionar) to resolve; ~**se** vr: ~**se a** to make up one's mind to; ~**se por** to decide on, go for

decíduo/a [de'sidwu/a] adj (BOT) deciduous

decifrar [desi'fra*] vt to decipher; (futuro) to foretell; (compreender) to understand

decimal [desi'maw] (pl –ais) adj, m decimal

décimo/a ['dɛsimu/a] adj tenth ♦ m tenth

decisão [desi'zãw] (pl –ões) f decision; **decisivo/a** [desi'zivu/a] adj (fator) decisive; (jogo) deciding

declamar [dekla'ma*] vt (poemas) to recite ♦ vi (pej) to rant

declaração [deklara'sãw] (pl –ões) f declaration; (depoimento) statement

declarado/a [dekla'radu/a] adj (intenção) declared; (opinião) professed; (inimigo) sworn; (alcoólatra) self-confessed; (cristão etc) avowed

declarante [dekla'rãtʃi] m/f (JUR) witness

declarar [dekla'ra*] vt to declare; (confessar) to confess

declinar [dekli'na*] vt (ger) to de-

cline ♦ vi (sol) to go down; (terreno) to slope down; **declinio** [de'klinju] m decline

declive [de'klivi] m slope, incline

decodificador [dekodʒifika'do*] m (TV) decoder

decolagem [deko'laʒẽ] (pl –ns) f (AER) take-off

decolar [deko'la*] vi (AER) to take off

decompor [dekõ'po*] (irreg: como pôr) vt to analyse; (apodrecer) to rot; ~**se** vr to rot, decompose

decomposição [dekõpozi'sãw] (pl –ões) f decomposition; (análise) dissection

decoração [dekora'sãw] f decoration; (TEATRO) scenery

decorar [deko'ra*] vt to decorate; (aprender) to learn by heart; **decorativo/a** [dekora'tʃivu/a] adj decorative

decoro [de'koru] m decency; (dignidade) decorum; ~**so/a** [deko'rozu/ɔza] adj decent, respectable

decorrência [deko'xẽsja] f consequence; **em** ~ **de** as a result of

decorrente [deko'xẽtʃi] adj: ~ **de** resulting from

decorrer [deko'xe*] vi (tempo) to pass; (acontecer) to take place, happen ♦ m: no ~ **de** in the course of; ~ **de** to result from

decrépito/a [de'krɛpitu/a] adj decrepit

decrescer [dekre'se*] vi to decrease, diminish

decretar [dekre'ta*] vt to decree, order; **decreto** [de'krɛtu] m decree, order; **decreto-lei** (pl decretos-leis) m act, law

decurso [de'kuxsu] m: no ~ **de** in the course of, during

dedal [de'daw] (pl –ais) m thimble

dedão [de'dãw] (pl –ões) m thumb; (do pé) big toe

dedetizar [dedetʃi'za*] vt to spray with insecticide

dedicação [dedʒika'sãw] f dedication; (devotamento) devotion

dedicado/a [dedʒi'kadu/a] adj dedicated

dedicar [dedʒi'ka*] vt to dedicate; (tempo, atenção) to devote; ~se vr: ~se a to devote o.s. to; **dedicatória** [dedʒika'tɔrja] f (de obra) dedication

dedo ['dedu] m finger; (do pé) toe; ~ **anular/indicador/mínimo** ou **mindinho** ring/index/little finger; ~ **polegar** thumb

dedões [de'dõjʃ] mpl de **dedão**

dedução [dedu'sãw] (pl -ões) f deduction

deduzir [dedu'zi*] vt to deduct; (concluir) to deduce, infer

defasado/a [defa'zadu/a] adj: ~ (de) out of step (with)

defasagem [defa'zaʒẽ] (pl -ns) f discrepancy

defeito [de'fejtu] m defect, flaw; **pôr** ~**s em** to find fault with; **com** ~ broken, out of order; **para ninguém botar** ~ (col) perfect; **defeituoso/a** [defej'twozu/ɔza] adj defective, faulty

defender [defẽ'de*] vt to defend; ~**se** vr to stand up for o.s.; (numa língua) to get by

defensiva [defẽ'siva] f: **estar** ou **ficar na** ~ to be on the defensive

defensor(a) [defẽ'so*(a)] m/f defender; (JUR) defending counsel

deferimento [deferi'mẽtu] m (de dinheiro, pedido, petição) granting; (de prêmio, condecoração) awarding; (aceitação) acceptance

deferir [defe'ri*] vt (pedido, petição) to grant; (prêmio, condecoração) to award ♦ vi: ~ **a** to concede to; (sugestão) to accept

defesa [de'feza] f defence (BRIT), defense (US); (JUR) counsel for the defence ♦ m (FUTEBOL) back

deficiente [defi'sjẽtʃi] adj (imperfeito) defective; (carente): ~ (**em**) deficient (in)

déficit ['dɛfisitʃi] (pl ~s) m deficit

definhar [defi'ɲa*] vt to debilitate ♦ vi to waste away; (BOT) to wither

definição [defini'sãw] (pl -ões) f definition

definir [defi'ni*] vt to define; ~**se** vr to make a decision; (explicar-se) to make one's position clear; ~**se a favor de/contra algo** to come out in favo(u)r of/against sth

definitivamente [definitʃiva'mẽtʃi] adv definitively; (permanentemente) for good; (sem dúvida) definitely

definitivo/a [defini'tʃivu/a] adj final, definitive; (permanente) permanent; (resposta, data) definite

defiro etc [de'firu] vb V **deferir**

deformação [defoxma'sãw] (pl -ões) f loss of shape; (de corpo) deformation; (de imagem, pensamento) distortion

deformar [defox'ma*] vt to put out of shape; (corpo) to deform; (imagem, pensamento) to distort; ~**se** vr to lose shape; to be deformed; to become distorted

defraudação [defrawda'sãw] (pl -ões) f fraud; (de dinheiro) embezzlement

defraudar [defraw'da*] vt to embezzle; (uma pessoa) to defraud

defrontar [defrõ'ta*] vt to face ♦ vi: ~ **com** to face with; (dar com) to come face to face with; ~**se** vr to face each other

defronte [de'frõtʃi] adv opposite ♦ prep: ~ **a** opposite

defumar [defu'ma*] vt (presunto) to smoke; (perfumar) to perfume

defunto/a [de'fũtu/a] adj dead ♦ m/f dead person

degelar [deʒe'la*] vt to thaw; (geladeira) to defrost ♦ vi to thaw; to defrost; **degelo** [de'ʒelu] m thaw

degenerar [deʒene'ra*] vi: ~ (**em**) to degenerate (into)

deglutir [deglu'tʃi*] vt, vi to swallow

degolar [dego'la*] vt to decapitate

degradante [degra'dãtʃi] adj degrading

degradar [degra'da*] vt to degrade, debase; ~**se** vr to demean o.s.

degrau [de'graw] m step; (de escada de mão) rung

degringolar [degrĩgo'la*] vi (cair) to

tumble down; (fig) to collapse; (:
deteriorar-se) to deteriorate; (:
desorganizar-se) to get messed up

degustação [deguʃta'sãw] (pl -ões)
f tasting, sampling; (saborear) sa-
vouring (BRIT), savoring (US)

degustar [deguʃ'ta*] vt (provar) to
taste; (saborear) to savour (BRIT),
savor (US)

dei etc [dej] vb V **dar**

deitada [dej'tada] (col) f: **dar uma
~** to have a lie-down

deitado/a [dej'tadu/a] adj (estendido) lying down; (na cama) in bed

deitar [dej'ta*] vt to lay down; (na
cama) to put to bed; (colocar) to put,
place; (lançar) to cast; (PT: líquido)
to pour; **~-se** vr to lie down; to go to
bed; **~ sangue** (PT) to bleed; **~
abaixo** to knock down, flatten; **~
a fazer algo** to start doing sth; **~
uma carta** (PT) to post a letter; **~
fora** (PT) to throw away ou out; **~
e rolar** (col) to do as one likes

deixa ['dejʃa] f clue, hint; (TEATRO)
cue; (chance) chance

deixar [dej'ʃa*] vt to leave; (abandonar) to abandon; (permitir) to let, allow ♦ vi: **~ de** (parar) to stop; (não
fazer) to fail to; **não posso ~ de ir**
I must go; **~ cair** to drop; **~ alguém louco** to drive sb crazy ou
mad; **~ alguém cansado/nervoso**
etc to make sb tired/nervous etc; **deixa disso!** (col) come off it!; **deixa
para lá!** (col) forget it!

dela ['dɛla] = **de** + **ela**

delação [dela'sãw] (pl -ões) f (de
pessoa: denúncia) accusation; (:
traição) betrayal; (de abusos) disclosure; **delatar** [dela'ta*] vt (pessoa) to
inform on; (abusos) to reveal; (a polícia) to report; **delator(a)**
[dela'to*(a)] m/f informer

dele ['dɛli] = **de** + **ele**

delegação [delega'sãw] (pl -ões) f
delegation

delegacia [delega'sia] f office; **~ de
polícia** police station

delegado/a [dele'gadu/a] m/f del-

egate, representative; **~ de polícia**
police chief

delegar [dele'ga*] vt to delegate

deleitar [delej'ta*] vt to delight; **~-
se** vr: **~-se com** to delight in

deleite [de'lejtʃi] m delight;
deleitoso/a [delej'tozu/za] adj delightful

delgado/a [dew'gadu/a] adj thin;
(esbelto) slim; (fino) fine

deliberação [delibera'sãw] (pl -ões)
f deliberation; (decisão) decision

deliberar [delibe'ra*] vt to decide,
resolve ♦ vi to deliberate

delicadeza [delika'deza] f delicacy;
(cortesia) kindness

delicado/a [deli'kadu/a] adj delicate; (frágil) fragile; (cortês) polite;
(sensível) sensitive

delícia [de'lisja] f delight; (prazer)
pleasure; **que ~!** how lovely!; **deliciar** [deli'sja*] vt to delight;
deliciar-se vr: **deliciar-se com**
algo to take delight in sth

delicioso/a [deli'sjozu/oza] adj lovely; (comida, bebida) delicious

delineador [delinja'do*] m (de
olhos) eyeliner

delinear [deli'nja*] vt to outline

delinquência [deli'kwesja] f delin-
quency; **delinqüente** [deli'kwẽtʃi]
adj, m/f delinquent, criminal; **delin-
qüir** [deli'kwi*] vi to commit an offence (BRIT) ou offense (US)

delirante [deli'rãtʃi] adj delirious;
(show, atuação) thrilling

delirar [deli'ra*] vi (com febre) to be
delirious; (de ódio, prazer) to go
mad, go wild

delírio [de'lirju] m (MED) delirium;
(êxtase) ecstasy; (excitação) excitement

delito [de'litu] m (crime) crime;
(falta) offence (BRIT), offense (US)

delonga [de'lõga] f delay; **sem
mais ~s** without more ado; **de-
lo'ga*]** vt to delay; **~r-se** vr (conversa) to wear on; **~r-se em** to dwell
on

demais [dʒi'majʃ] adv (em demasia)

too much; (*muitíssimo*) a lot, very much ♦ *pron*: os/as ~ the rest (of them); já é ~! this is too much!; (*é bom ~* it's really good; foi ~ (col: *bacana*) it was great

demanda [de'mãda] *f* lawsuit; (*disputa*) claim; (*requisição*) request; (*ECON*) demand; em ~ de in search of; ~r [demã'da*] *vt* (*JUR*) to sue; (*exigir, reclamar*) to demand

demão [de'mãw] (*pl* ~s) *f* (*de tinta*) coat, layer

demarcação [demaxka'sãw] *f* demarcation

demasia [dema'zia] *f* excess, surplus; (*imoderação*) lack of moderation; em ~ (*dinheiro, comida etc*) too much; (*cartas, problemas etc*) too many

demasiadamente [demazjada'mẽtʃi] *adv* too much; (*com adj*) too

demasiado/a [dema'zjadu/a] *adj* too much; (*pl*) too many ♦ *adv* too much; (*com adj*) too

demente [de'mẽtʃi] *adj* insane, demented

demissão [demi'sãw] (*pl* -ões) *f* dismissal; pedir ~ to resign

demitir [demi'tʃi*] *vt* to dismiss; (*col*) to sack, fire; ~-se *vr* to resign

democracia [demokra'sia] *f* democracy

democrata [demo'krata] *m/f* democrat; **democrático/a** [demo'kratʃiku/a] *adj* democratic

demolição [demoli'sãw] (*pl* -ões) *f* demolition

demolir [demo'li*] *vt* to demolish, knock down; (*fig*) to destroy

demônio [de'monju] *m* devil, demon; (*col: criança*) brat

demonstração [demõʃtra'sãw] (*pl* -ões) *f* demonstration; (*de amizade*) show, display; (*prova*) proof

demonstrar [demõʃ'tra*] *vt* to demonstrate; (*provar*) to prove; (*amizade etc*) to show

demora [de'mɔra] *f* delay; (*parada*) stop; sem ~ at once, without delay;

qual é a ~ disso? how long will this take?; ~do/a [demo'radu/a] *adj* slow; ~r [demo'ra*] *vt* to delay, slow down ♦ *vi* (*permanecer*) to stay; (*tardar a vir*) to be late; (*conserto*) to take (a long) time; ~r-se *vr* to stay for a long time, linger; ~r a chegar to be a long time coming; vai ~ muito? will it take long?; não vou ~r I won't be long

dendê [dẽ'de] *m* (*CULIN: óleo*) palm oil; (*BOT*) oil palm

denegrir [dene'gri*] *vt* to blacken; (*difamar*) to denigrate

dengoso/a [dẽ'gozu/ɔza] *adj* coy; (*criança: choramingüento*): ser ~ to be a crybaby

dengue ['dẽgi] *m* (*MED*) dengue

denigro *etc* [de'nigru] *vb* V **denegrir**

denominação [denomina'sãw] (*pl* -ões) *f* (*REL*) denomination; (*título*) name

denominar [denomi'na*] *vt*: ~ algo/alguém ... to call sth/sb ...; ~-se *vr* to be called; (*a si mesmo*) to call o.s.

denotar [deno'ta*] *vt* (*indicar*) to show, indicate; (*significar*) to signify

densidade [dẽsi'dadʒi] *f* density; disco de ~ simples/dupla (*COMPUT*) single-/double-density disk

denso/a [ˈdẽsu/a] *adj* dense; (*espesso*) thick; (*compacto*) compact

dentada [dẽ'tada] *f* bite

dentadura [dẽta'dura] *f* teeth *pl*, set of teeth; (*artificial*) dentures *pl*

dente ['dẽtʃi] *m* tooth; (*de animal*) fang; (*de elefante*) tusk; (*de alho*) clove; falar entre os ~s to mutter, mumble; ~ de leite/do siso milk/wisdom tooth; ~s postiços false teeth

dentifrício [dẽtʃi'frisju] *m* toothpaste

dentista [dẽ'tʃista] *m/f* dentist

dentre ['dẽtri] *prep* (*from*) among

dentro ['dẽtru] *adv* inside ♦ *prep*: ~ de inside; (*tempo*) (with)in; ~ em pouco *ou* em breve soon, before long; de ~ para fora inside out; dar uma ~ (*col*) to get it right;

~ in there; **por** ~ on the inside; **estar por** ~ (col: fig) to be in the know

dentuço/a [dẽ'tusu/a]: **ser** ~ to have buck teeth

denúncia [dc'nũsja] f denunciation; (acusação) accusation; (de roubo) report; **denunciar** [dcnũ'sja⁺] vt (acusar) to denounce; (delatar) to inform on; (revelar) to reveal

deparar [dcpa'ra⁺] vt to reveal; (fazer aparecer) to present ♦ vi: ~ **com** to come across, meet; **~-se com** to come across, meet

departamento [dcpaxta'mẽtu] m department

dependência [depẽ'dẽsja] f dependence; (edificação) annexe (BRIT), annex (US); (colonial) dependency; (cómodo) room

dependente [depẽ'dẽtfi] m/f dependant

depender [depẽ'de⁺] vi: ~ **de** to depend on

depilador(a) [dcpila'do⁺(a)] m/f beauty therapist

depilar [dcpi'la⁺] vt (pernas) to wax; **depilatório** [dcpila'tɔrju] m hair-remover

deplorar [dcplo'ra⁺] vt (lamentar) to regret; (morte, perda) to lament; **deplorável** [dcplo'ravew] (pl -eis) adj deplorable; (lamentável) regrettable

depoimento [depoj'mẽtu] m testimony, evidence; (na polícia) statement

depois [dc'pojʃ] adv afterwards ♦ prep: ~ **de** after; ~ **de comer** after eating; ~ **que** after

depor [dc'po⁺] (irreg: como pôr) vt (pôr) to place; (indicar) to indicate; (rei) to depose; (governo) to overthrow ♦ vi (JUR) to testify, give evidence; (na polícia) to give a statement

deportar [dcpox'ta⁺] vt to deport

depositar [dcpozi'ta⁺] vt to deposit; (voto) to cast; (colocar) to place

depósito [dc'pɔzitu] m deposit; (armazém) warehouse, depot; (de lixo) dump; (reservatório) tank; ~ **de bagagens** left-luggage office (BRIT), checkroom (US)

depravar [dcpra'va⁺] vt to deprave, corrupt; (estragar) to ruin; **~-se** to become depraved

depreciação [depresja'sãw] f depreciation

depreciar [depre'sja⁺] vt (desvalorizar) to devalue; (COM) to write down; (menosprezar) to belittle; **~-se** vr to depreciate, lose value

depredar [depre'da⁺] vt to wreck

depressa [dʒi'presa] adv fast, quickly; **vamos** ~ let's get a move on!

depressão [depre'sãw] (pl -ões) f depression

deprimente [depri'mẽtfi] adj depressing

deprimido/a [depri'midu/a] adj depressed

deprimir [depri'mi⁺] vt to depress; **~-se** vr to get depressed

depurar [depu'ra⁺] vt to purify

deputado/a [depu'tadu/a] m/f deputy; (agente) agent; (POL) ≈ Member of Parliament (BRIT), ≈ Representative (US)

deputar [depu'ta⁺] vt to delegate

deque [ˈdɛki] m deck

der etc [dɛ⁺] vb V **dar**

deriva [dc'riva] f drift; **ir à** ~ to drift; **ficar à** ~ to be adrift

derivar [dcri'va⁺] vt to divert; (LING) to derive ♦ vi to derive; **~-se** vr to be derived; (ir à deriva) to drift; (provir): **~(-se) (de)** to derive ou be derived (from)

derradeiro/a [dexa'dejru/a] adj last, final

derramamento [dcxama'mẽtu] m spilling; (de sangue, lágrimas) shedding

derramar [dexa'ma⁺] vt to spill; (entornar) to pour; (sangue, lágrimas) to shed; **~-se** vr to pour out

derrame [dc'xami] m haemorrhage (BRIT), hemorrhage (US)

derrapagem [dexa'paʒẽ] (pl -ns) f

skid; (ação) skidding

derrapar [dexa'pa*] vi to skid

derredor [dexe'do*] adv, prep: em ~ (de) around

derreter [dexe'te*] vt to melt; ~se vr to melt; (coisa congelada) to thaw; (enternecer-se) to be touched

derrota [de'xɔta] f defeat, rout; (NÁUT) route; ~r [dexo'ta*] vt (vencer) to defeat; (em jogo) to beat

derrubar [dexu'ba*] vt to knock down; (governo) to bring down; (suj: doença) to lay low; (col: prejudicar) to put down

desabafar [dʒizaba'fa*] vt (sentimentos) to give vent to ♦ vi: ~ (com) to unburden o.s. (to); ~se vr: ~se (com) to unburden o.s. (to); **desabafo** [dʒiza'bafu] m confession

desabalado/a [dʒizaba'ladu/a] adj: sair/correr ~ to rush out/run headlong

desabamento [dʒizaba'mētu] m collapse

desabar [dʒiza'ba*] vi (edifício, ponte) to collapse; (chuva) to pour down; (tempestade) to break

desabitado/a [dʒizabi'tadu/a] adj uninhabited

desabotoar [dʒizabo'twa*] vt to unbutton

desabrigado/a [dʒizabri'gadu/a] adj (sem casa) homeless; (exposto) exposed

desabrochar [dʒizabro'ʃa*] vi (flores, fig) to blossom

desabusado/a [dʒizabu'zadu/a] adj unprejudiced; (atrevido) impudent

desacatar [dʒizaka'ta*] vt (desrespeitar) to have ou show no respect for; (afrontar) to defy; (desprezar) to scorn; **desacato** [dʒiza'katu] m disrespect; (desprezo) disregard

desacerto [dʒiza'sextu] m mistake, blunder

desacompanhado/a [dʒizakõpa-'nadu/a] adj on one's own, alone

desaconselhar [dʒizakõse'ʎa*] vt: ~ algo (a alguém) to advise (sb) against sth

desacordado/a [dʒizakox'dadu/a] adj unconscious

desacordo [dʒiza'koxdu] m disagreement; (desarmonia) discord

desacostumado/a [dʒizakoʃ-tumadu/a] adj: ~ (a) unaccustomed (to)

desacreditar [dʒizakredʒi'ta*] vt to discredit; ~se vr to lose one's reputation

desafiador(a) [dʒizafja'do*(a)] adj challenging; (pessoa) defiant ♦ m/f challenger

desafiar [dʒiza'fja*] vt to challenge; (afrontar) to defy

desafinado/a [dʒizafi'nadu/a] adj out of tune

desafio [dʒiza'fiu] m challenge; (PT: ESPORTE) match, game

desafogado/a [dʒizafo'gadu/a] adj (desimpedido) clear; (desembaraçado) free

desafogar [dʒizafo'ga*] vt (libertar) to free; (desabafar) to relieve; (desabafar) to give vent to; ~se vr to free o.s.; (desabafar-se) to unburden o.s.

desafogo [dʒiza'fogu] m relief; (folga) leisure

desaforado/a [dʒizafo'radu/a] adj rude, insolent

desaforo [dʒiza'foru] m insolence, abuse

desafortunado/a [dʒizafoxtu'nadu/a] adj unfortunate, unlucky

desagradar [dʒizagra'da*] vt to displease ♦ vi: ~ a alguém to displease sb; **desagradável** [dʒizagra'davew] (pl -eis) adj unpleasant; **desagrado** [dʒiza'gradu] m displeasure

desagravo [dʒiza'gravu] m amends pl

desaguar [dʒiza'gwa*] vt to drain ♦ vi: ~ (em) to flow ou empty (into)

desajeitado/a [dʒizazej'tadu/a] adj clumsy, awkward

desajuste [dʒiza'ʒuʃtʃi] m (mecânico) problem

desalentado/a [dʒizalẽ'tadu/a] adj disheartened

desalentar [dʒizalẽ'ta*] vt to discourage; (deprimir) to depress; **desalento** [dʒiza'lẽtu] m discouragement

desalinhado/a [dʒizali'ɲadu/a] adj untidy

desalinho [dʒiza'liɲu] m untidiness

desalmado/a [dʒizaw'madu/a] adj cruel, inhuman

desalojar [dʒizalo'ʒa*] vt (expulsar) to oust; ~-se vr to move out

desamarrar [dʒizama'xa*] vt to untie ♦ vi (NAUT) to cast off

desamassar [dʒizama'sa*] vt (papel) to smooth out; (chapéu etc) to straighten out; (carro) to beat out

desambientado/a [dʒizãbjẽ'tadu/a] adj unsettled

desamor [dʒiza'mo*] m dislike

desamparado/a [dʒizãpa'radu/a] adj abandoned; (sem apoio) helpless

desamparar [dʒizãpa'ra*] vt to abandon

desanimação [dʒizanima'sãw] f dejection

desanimado/a [dʒizani'madu/a] adj (pessoa) fed up, dispirited; (festa) dull; ser ~ (pessoa) to be apathetic

desanimar [dʒizani'ma*] vt to dishearten; (desencorajar): ~ (de fazer) to discourage (from doing) ♦ vi to lose heart; to be discouraging; ~ de fazer algo to lose the will to do sth; (desistir) to give up doing sth

desanuviar [dʒizanu'vja*] vt (céu) to clear; ~-se vr to clear; (fig) to stop; ~ alguém to put sb's mind at rest

desapaixonado/a [dʒizapaj-ʃo'nadu/a] adj dispassionate

desaparafusar [dʒizaparafu'za*] vt to unscrew

desaparecer [dʒizapare'se*] vi to disappear, vanish; **desaparecido/a** [dʒizapare'sidu/a] adj lost, missing ♦ m/f missing person; **desaparecimento** [dʒizaparesi'mẽtu] m disappear-

ance; (falecimento) death

desapegado/a [dʒizape'gadu/a] adj indifferent, detached

desapego [dʒiza'pegu] m indifference, detachment

desapercebido/a [dʒizapexse'bidu/a] adj unnoticed

desapertar [dʒizapex'ta*] vt to loosen; (livrar) to free

desapiedado/a [dʒizapje'dadu/a] adj pitiless, ruthless

desapontador(a) [dʒizapõta'do*(a)] adj disappointing

desapontamento [dʒizapõta'mẽtu] m disappointment

desapontar [dʒizapõ'ta*] vt to disappoint

desapropriar [dʒizapro'prja*] vt (bens) to expropriate; (pessoa) to dispossess

desaprovação [dʒizaprova'sãw] f disapproval

desaprovar [dʒizapro'va*] vt to disapprove of; (censurar) to object to

desarmamento [dʒizaxma'mẽtu] m disarmament

desarmar [dʒizax'ma*] vt to disarm; (desmontar) to dismantle; (bomba) to defuse

desarmonia [dʒizaxmo'nia] f discord

desarranjado/a [dʒizaxã'ʒadu/a] adj (intestino) upset; (TEC) out of order; estar ~ (pessoa) to have diarrhoea (BRIT) ou diarrhea (US)

desarranjar [dʒizaxã'ʒa*] vt to upset, disrupt; (desordenar) to mess up; **desarranjo** [dʒiza'xãʒu] m disorder; (enguiço) breakdown; (diarréia) diarrhoea (BRIT), diarrhea (US)

desarrumado/a [dʒizaxu'madu/a] adj untidy, messy

desarrumar [dʒizaxu'ma*] vt to mess up; (mala) to unpack

desarticular [dʒizaxtʃiku'la*] vt (articulação) to dislocate

desassociar [dʒizaso'sja*] vt to disassociate

desassossego [dʒizaso'segu] m (inquietação) disquiet; (perturbação) restlessness

desastrado/a [dʒizaʃ'tradu/a] *adj* clumsy

desastre [dʒi'zaʃtri] *m* disaster; (*acidente*) accident; (*de avião*) crash; **desastroso/a** [dʒizaʃ'trozu/ɔza] *adj* disastrous

desatar [dʒiza'ta*] *vt* (*nó*) to undo, untie ♦ *vi*: ~ **a fazer** to begin to do; ~ **a chorar** to burst into tears; ~ **a rir** to burst out laughing

desatencioso/a [dʒizate'sjozu/ɔza] *adj* inattentive; (*descortês*) impolite

desatento/a [dʒiza'tētu/a] *adj* inattentive

desatinado/a [dʒizatʃi'nadu/a] *adj* crazy, wild ♦ *m/f* lunatic

desatino [dʒiza'tʃinu] *m* madness; (*ato*) folly

desativar [dʒizatʃi'va*] *vt* (*firma, usina*) to shut down; (*veículos*) to withdraw from service; (*bomba*) to deactivate, defuse

desatualizado/a [dʒizatwali'zadu/a] *adj* out of date; (*pessoa*) out of touch

desavença [dʒiza'vēsa] *f* (*briga*) quarrel; (*discórdia*) disagreement; **em ~** at loggerheads

desavergonhado/a [dʒizavex-go'ɲadu/a] *adj* shameless

desavisado/a [dʒizavi'zadu/a] *adj* careless

desbancar [dʒiʒbã'ka*] *vt*: ~ **guém (em algo)** to outdo sb (in sth)

desbaratar [dʒiʒbara'ta*] *vt* to ruin; (*desperdiçar*) to waste, squander; (*vencer*) to crush; (*pôr em desordem*) to mess up

desbastar [dʒiʒbaʃ'ta*] *vt* (*cabelo, plantas*) to thin (out); (*vegetação*) to trim

desbocado/a [dʒiʒbo'kadu/a] *adj* foul-mouthed

desbotar [dʒiʒbo'ta*] *vt* to discolour (*BRIT*), discolor (*US*) ♦ *vi* to fade

desbragadamente [dʒiʒbraga-da'mētʃi] *adv* (*beber*) to excess; (*mentir*) blatantly

desbravador(a) [dʒiʒbrava'do*(a)] *m/f* explorer

desbravar [dʒiʒbra'va*] *vt* (*terras desconhecidas*) to explore

descabelar [dʒiʃkabe'la*] *vt*: ~ **alguém** to mess up sb's hair; ~**-se** *vr* to get one's hair messed up

descabido/a [dʒiʃka'bidu/a] *adj* improper; (*inoportuno*) inappropriate

descalçar [dʒiʃkaw'sa*] *vt* (*sapatos*) to take off; ~**-se** *vr* to take off one's shoes

descalço/a [dʒiʃ'kawsu/a] *adj* barefoot

descampado [dʒiʃkã'padu] *m* open country

descansado/a [dʒiʃkã'sadu/a] *adj* calm, quiet; (*vagaroso*) slow; **fique ~** don't worry; **pode ficar ~ que ...** you can rest assured that ...

descansar [dʒiʃkã'sa*] *vt* to rest; (*apoiar*) to lean ♦ *vi* to rest; to lean; **descanso** [dʒiʃ'kãsu] *m* rest; (*folga*) break; (*para prato*) mat

descarado/a [dʒiʃka'radu/a] *adj* cheeky, impudent

descaramento [dʒiʃkara'mētu] *m* cheek, impudence

descarga [dʒiʃ'kaxga] *f* unloading; (*MIL*) volley; (*ELET*) discharge; (*de vaso sanitário*): **dar a ~** to flush the toilet

descarnado/a [dʒiʃkax'nadu/a] *adj* scrawny, skinny

descarregadouro [dʒiʃkaxega'doru] *m* wharf

descarregamento [dʒiʃkaxega'mētu] *m* (*de carga*) unloading; (*ELET*) discharge

descarregar [dʒiʃkaxe'ga*] *vt* (*carga*) to unload; (*ELET*) to discharge; (*aliviar*) to relieve; (*raiva*) to vent, give vent to; (*arma*) to fire ♦ *vi* to unload; (*bateria*) to run out; ~ **a raiva em alguém** to take it out on sb

descarrilhamento [dʒiʃkaxiʎa'mētu] *m* derailment

descarrilhar [dʒiʃkaxi'ʎa*] *vt* to derail ♦ *vi* to run off the rails; (*fig*) to go off the rails

descartar [dʒiʃkax'ta*] *vt* to discard;

~-se *vr*: ~-se to get rid of; **descartável** [dʒiʃkax'tavew] (*pl* **-eis**) disposable

descascador [dʒiʃkaʃka'do*] *m* peeler

descascar [dʒiʃkaʃ'ka*] *vt* (*fruta*) to peel; (*ervilhas*) to shell ♦ *vi* (*depois do sol*) to peel; (*cobra*) to shed its skin

descaso [dʒiʃ'kazu] *m* disregard

descendência [desẽ'dẽsja] *f* descendants *pl*, offspring *pl*

descendente [desẽ'dẽtʃi] *adj* descending, going down ♦ *m/f* descendant

descender [desẽ'de*] *vi*: ~ de to descend from

descer [de'se*] *vt* (*escada*) to go (*ou* come) down; (*bagagem*) to take down ♦ *vi* (*saltar*) to get off; (*baixar*) to go (*ou* come) down; **descida** [de'sida] *f* descent; (*declive*) slope; (*abaixamento*) fall, drop

desclassificar [dʒiʃklasifi'ka*] *vt* to disqualify; (*desacreditar*) to discredit

descoberta [dʒiʃko'bexta] *f* discovery; (*invenção*) invention

descoberto/a [dʒiʃko'bextu/a] *pp* de descobrir ♦ *adj* bare, naked; (*exposto*) exposed ♦ *m* overdraft; a ~ openly; **conta a** ~ overdrawn account; **pôr** *ou* **sacar a** ~ (*conta*) to overdraw

descobridor(a) [dʒiʃkobri'do*(a)] *m/f* discoverer; (*explorador*) explorer

descobrimento [dʒiʃkobri'mẽtu] *m* discovery

descobrir [dʒiʃko'bri*] *vt* to discover; (*tirar a cobertura de*) to uncover; (*panela*) to take the lid off; (*averiguar*) to find out; (*enigma*) to solve

descolar [dʒiʃko'la*] *vt* to unstick ♦ *vi*: **a criança não descola da mãe** the child won't leave his (*ou* her) mother's side

descolorante [dʒiʃkolo'rãtʃi] *m* bleach

descolorar [dʒiʃkolo'ra*] *vt*, *vi* = descorar

descolorir [dʒiʃkolo'ri*] *vt* to discolour (*BRIT*), discolor (*US*); (*cabelo*) to bleach ♦ *vi* to fade

descompor (*irreg: como* **pôr**) *vt* to disarrange; (*insultar*) to abuse; (*repreender*) to scold, tell off; (*fisionomia*) to distort, twist

descomposto/a [dʒiʃkõ'poʃtu/'pɔʃta] *adj* (*desalinhado*) dishevelled; (*fisionomia*) twisted

descompostura [dʒiʃkõpoʃ'tura] *f* (*repreensão*) dressing-down; (*insulto*) abuse; **passar uma** ~ **em alguém** to give sb a dressing-down; to hurl abuse at sb

descomunal [dʒiʃkomu'naw] (*pl* **-ais**) *adj* extraordinary; (*colossal*) huge, enormous

desconcentrar [dʒiʃkõsẽ'tra*] *vt* to distract; ~-**se** *vr* to lose one's concentration

desconcertar [dʒiʃkõsex'ta*] *vt* to confuse, baffle; ~-**se** *vr* to get upset

desconexo/a [dʒiʃkõ'nɛksu/a] *adj* (*desunido*) disconnected, unrelated; (*incoerente*) incoherent

desconfiado/a [dʒiʃkõ'fjadu/a] *adj* suspicious, distrustful ♦ *m/f* suspicious person

desconfiança [dʒiʃkõ'fjãsa] *f* suspicion, distrust

desconfiar [dʒiʃkõ'fja*] *vi* to be suspicious; ~ **de alguém** (*não ter confiança em*) to distrust sb; (*suspeitar*) to suspect sb; ~ **que** ... to have the feeling that ...

desconforme [dʒiʃkõ'fɔxmi] *adj* in disagreement, at variance

desconfortável [dʒiʃkõfox'tavew] (*pl* **-eis**) *adj* uncomfortable

desconforto [dʒiʃkõ'foxtu] *m* discomfort

descongelar [dʒiʃkõʒe'la*] *vt* to thaw out; ~-**se** *vr* to melt

descongestionar [dʒiʃkõʒeʃtʃjo'na*] *vt* (*cabeça, trânsito*) to clear

desconhecer [dʒiʃkoɲe'se*] *vt* (*ignorar*) not to know; (*não reconhecer*) not to recognize; (*um benefício*) not to acknowledge; (*não admitir*) not to accept; **desconhecido/a** [dʒiʃkoɲeˈsidu/a] *adj* unknown ♦ *m/f* stranger; **desconhecimento** [dʒiʃkoɲesiˈmẽtu] *m* ignorance

desconjuntado/a [dʒiʃkõʒũˈtadu/a] *adj* disjointed; (*articulação*) dislocated

desconjuntar [dʒiʃkõʒũˈta*] *vt* (*articulação*) to dislocate; ~**-se** *vr* to come apart

desconsolado/a [dʒiʃkõsoˈladu/a] *adj* miserable, disconsolate

desconsolar [dʒiʃkõsoˈla*] *vt* to sadden, depress; ~**-se** *vr* to despair

descontar [dʒiʃkõˈta*] *vt* to deduct; (*não levar em conta*) to discount; (*não fazer caso de*) to make light of

descontentamento [dʒiʃkõtẽtaˈmẽtu] *m* discontent; (*desprazer*) displeasure

descontentar [dʒiʃkõtẽˈta*] *vt* to displease; **descontente** [dʒiʃkõˈtẽtʃi] *adj* discontented, dissatisfied

descontínuo/a [dʒiʃkõˈtʃinwu/a] *adj* broken

desconto [dʒiʃˈkõtu] *m* discount; **com** ~ at a discount; **dar um** ~ **(para)** (*fig*) to make allowances (for)

descontraído/a [dʒiʃkõtraˈidu/a] *adj* casual, relaxed

descontrair [dʒiʃkõtraˈi*] *vt* to relax; ~**-se** *vr* to relax

descontrolar-se [dʒiʃkõtroˈlaxsi] *vr* (*situação*) to get out of control; (*pessoa*) to lose one's self-control

desconversar [dʒiʃkõvexˈsa*] *vt* to change the subject

descorar [dʒiʃkoˈra*] *vt* to discolour (*BRIT*), discolor (*US*) ♦ *vi* to pale, fade

descortês/esa [dʒiʃkoxˈteʃ/teza] *adj* rude, impolite; **descortesia** [dʒiʃkoxteˈzia] *f* rudeness, impoliteness

descortinar [dʒiʃkoxtʃiˈna*] *vt* (*retrato*) to unveil; (*avistar*) to catch sight of; (*notar*) to notice

descoser [dʒiʃkoˈze*] *vt* (*descosturar*) to unstitch; (*rasgar*) to rip apart; ~**-se** *vr* to come apart at the seams

descrença [dʒiʃˈkrẽsa] *f* disbelief, incredulity

descrente [dʒiʃˈkrẽtʃi] *adj* sceptical (*BRIT*), skeptical (*US*) ♦ *m/f* sceptic (*BRIT*), skeptic (*US*)

descrer [dʒiʃˈkre*] (*irreg: como* **crer**) *vt* to disbelieve ♦ *vi*: ~ **de** not to believe in

descrever [dʒiʃkreˈve*] *vt* to describe

descrição [dʒiʃkriˈsãw] (*pl* –ões) *f* description; **descritivo/a** [dʒiʃkriˈtʃivu/a] *adj* descriptive

descrito/a [dʒiʃˈkritu/a] *pp de* **descrever**

descubro *etc* [dʒiʃˈkubru] *vb* V **descobrir**

descuidado/a [dʒiʃkwiˈdadu/a] *adj* careless

descuidar [dʒiʃkwiˈda*] *vt* to neglect ♦ *vi*: ~ **de** to neglect, disregard; **descuido** [dʒiʃˈkwidu] *m* carelessness; (*negligência*) neglect; (*erro*) oversight, slip; **por descuido** inadvertently

desculpa [dʒiʃˈkuwpa] *f* excuse; (*perdão*) pardon; **pedir** ~ **a alguém por** *ou* **de algo** to apologise to sb for sth; ~**r** [dʒiʃkuwˈpa*] *vt* to excuse; (*perdoar*) to pardon, forgive; ~**r-se** *vr* to apologize; ~**r algo a alguém** to forgive sb for sth; **desculpe!** (I'm) sorry, I beg your pardon; **desculpável** [dʒiʃkuwˈpavew] (*pl* -eis) *adj* forgivable

---

PALAVRA CHAVE

desde [ˈdeʒdʒi] *prep* **1** (*lugar*): ~ ... **até** ... from ... to ...; **andamos** ~ **a praia até o restaurante** we walked from the beach to the restaurant

2 (*tempo*: + *adv*, *n*): ~ **então** from then on, ever since; ~ **já** (*de agora*) from now on; (*imediatamente*) at once, right now; ~ **o casamento** since the wedding

3 (*tempo*: + *vb*) since; for; **conhecemo-nos** ~ **1978/há 20 anos**

we've known each other since 1978/ for 20 years; **não o vejo ~ 1983** I haven't seen him since 1983
4 (*variedade*): **~ os mais baratos até os mais luxuosos** from the cheapest to the most luxurious
♦ *conj*: **~ que** since; **~ que comecei a trabalhar não o vi mais** I haven't seen him since I started work; **não saiu de casa ~ que chegou** he hasn't been out since he arrived

desdém [deʒ'dẽ] *m* scorn, disdain

desdenhar [deʒdɛ'ɲa*] *vt* to scorn, disdain

desdenhoso/a [deʒdɛɲozu/ɔza] *adj* disdainful, scornful

desdita [dʒiʒ'dʒita] *f* misfortune; (*infelicidade*) unhappiness

desdizer [dʒiʒdʒi'ze*] (*irreg*: *como* dizer) *vt* to contradict; **~-se** *vr* to go back on one's word

desdobrar [dʒiʒdo'bra*] *vt* (*abrir*) to unfold; (*esforços*) to increase, redouble; (*tropas*) to deploy; (*bandeira*) to unfurl; (*dividir em grupos*) to split up; **~-se** *vr* to unfold; (*empenhar-se*) to work hard, make a big effort

desejar [dese'ʒa*] *vt* to want, desire; **~ ardentemente** to long for; **que deseja?** what would you like?; **desejável** [dese'ʒavew] (*pl* **-eis**) *adj* desirable

desejo [de'zeʒu] *m* wish, desire; **~so/a** [deze'ʒozu/ɔza] *adj*: **~so de** algo wishing for sth; **~so de fazer** keen to do

desemaranhar [dʒizimara'ɲa*] *vt* to disentangle

desembaraçado/a [dʒizẽbara-sadu/a] *adj* (*livre*) free, clear; (*desinibido*) uninhibited, free and easy; (*expedito*) efficient; (*cabelo*) untangled

desembaraçar [dʒizẽbara'sa*] *vt* (*livrar*) to free; (*cabelo*) to untangle; **~-se** *vr* (*desinibir-se*) to lose one's inhibitions; **~-se de** to get rid of

desembaraço [dʒizẽba'rasu] *m* liveliness; (*facilidade*) ease; (*confiança*) self-assurance

desembarcar [dʒizẽbax'ka*] *vt* (*carga*) to unload; (*passageiros*) to let off ♦ *vi* to disembark; **desembarque** [dʒizẽ'baxki] *m* landing, disembarkation; "**desembarque**" (*no aeroporto*) "arrivals"

desembocadura [dʒizẽboka'dura] *f* mouth

desembocar [dʒizẽbo'ka*] *vi*: **~ em** (*rio*) to flow into; (*rua*) to lead into

desembolsar [dʒizẽbow'sa*] *vt* to spend; **desembolso** [dʒizẽ'bowsu] *m* expenditure

desembrulhar [dʒizẽbru'ʎa*] *vt* to unwrap

desempacotar [dʒizẽpako'ta*] *vt* to unpack

desempatar [dʒizẽpa'ta*] *vt* to decide ♦ *vi* to decide the match (ou race *etc*); **desempate** [dʒizẽ'patʃi] *m*: **partida de desempate** (*jogo*) play-off, decider

desempenhar [dʒizẽpe'ɲa*] *vt* (*cumprir*) to carry out, fulfil (*BRIT*), fulfill (*US*); (*papel*) to play; **desempenho** [dʒizẽ'peɲu] *m* performance; (*de obrigações etc*) fulfilment (*BRIT*), fulfillment (*US*)

desemperrar [dʒizẽpe'xa*] *vt*, *vi* to loosen

desempregado/a [dʒizẽpre'gadu/a] *adj* unemployed ♦ *m/f* unemployed person

desempregar-se [dʒizẽpre'gaxsi] *vr* to lose one's job

desemprego [dʒizẽ'pregu] *m* unemployment

desencadear [dʒizẽka'dʒa*] *vt* to unleash; (*despertar*) to provoke, trigger off ♦ *vi* (*chuva*) to pour; **~-se** *vr* to break loose; (*tempestade*) to break

desencaixar [dʒizẽkaj'ʃa*] *vt* to put out of joint; (*deslocar*) to dislodge; **~-se** *vr* to become dislodged

desencaixotar [dʒizẽkajʃo'ta*] *vt* to

unpack

desencantar [dʒizẽkã'ta*] vt to disenchant; (desiludir) to disillusion

desencargo [dʒizẽ'kaxgu] m fulfilment (BRIT), fulfillment (US)

desencarregar-se [dʒizẽkaxe'gaxsi] vr (de obrigação) to discharge o.s.

desencontrar-se [dʒizẽkõ'traxsi] vr (não se encontrar) to miss each other; (perder-se um do outro: perder-se) to lose each other; ~ de to miss; to get separated from

desencorajar [dʒizẽkora'ʒa*] vt to discourage

desencostar [dʒizẽkoʃ'ta*] vt to move away from; ~-se vr: ~-se de to move away from

desenferrujar [dʒizẽfexu'ʒa*] vt (pernas) to stretch; (língua) to brush up

desenfreado/a [dʒizẽ'frjadu/a] adj wild

desenganado/a [dʒizẽga'nadu/a] adj incurable; (desiludido) disillusioned

desenganar [dʒizẽga'na*] vt: ~ alguém to disillusion sb; (de falsas crenças) to open sb's eyes; (doente) to give up hope of curing; ~-se vr to become disillusioned; (sair de erro) to realize the truth; **desengano** [dʒizẽ'ganu] m disillusionment; (desapontamento) disappointment

desengonçado/a [dʒizẽgõ'sadu/a] adj (mal-seguro) rickety; (pessoa) ungainly

desengrenado/a [dʒizẽgre'nadu/a] adj (AUTO) out of gear, in neutral

desengrossar [dʒizẽgro'sa*] vt to thin

desenhar [deze'ɲa*] vt to draw; (TEC) to design; ~-se vr (destacar-se) to stand out; (figurar-se) to take shape; **desenhista** [deze'ɲiʃta] m/f (TEC) designer

desenho [de'zeɲu] m drawing; (modelo) design; (esboço) sketch; (plano) plan; ~ **animado** cartoon

desenlace [dʒizẽ'lasi] m outcome

desenredar [dʒizẽxe'da*] vt to disen-

tangle; (mistério) to unravel; (questão) to sort out, resolve; (dívida) to clear up; (explicação) to clarify; ~-se vr: ~-se de algo to extricate o.s. from sth; ~ alguém de algo to extricate sb from sth

desenrolar [dʒizẽxo'la*] vt to unroll; (narrativa) to develop; ~-se vr to unfold

desentender [dʒizẽtẽ'de*] vt to misunderstand; ~-se vr: ~-se com to have a disagreement with; **desentendido/a** [dʒizẽtẽ'dʒidu/a] adj: **fazer-se de desentendido** to pretend not to understand; **desentendimento** [dʒizẽtẽdʒi'mẽtu] m misunderstanding

desenterrar [dʒizẽte'xa*] vt (cadáver) to exhume; (tesouro) to dig up; (descobrir) to bring to light

desentoado/a [dʒizẽ'twadu/a] adj out of tune

desentupir [dʒizẽtu'pi*] vt to unblock

desenvolto/a [dʒizẽ'vowtu/a] adj self-assured, confident; (desinibido) uninhibited; **desenvoltura** [dʒizẽvow'tura] f self-confidence

desenvolver [dʒizẽvow've*] vt to develop; ~-se vr to develop; **desenvolvimento** [dʒizẽvowvi'mẽtu] m development; (crescimento) growth; **país em desenvolvimento** developing country

desequilibrado/a [dʒizekili'bradu/a] adj unbalanced

desequilibrar [dʒizekili'bra*] vt (pessoa) to throw off balance; (objeto) to tip over; (fig) to unbalance; ~-se vr to lose one's balance; to tip over

deserção [dezex'sãw] f desertion

desertar [desex'ta*] vt to desert, abandon ♦ vi to desert; **deserto/a** [de'zextu/a] adj deserted ♦ m desert; **desertor(a)** [dezex'to*(a)] m/f deserter

desesperado/a [dʒizeʃpe'radu/a] adj desperate; (furioso) furious

desesperador(a) [dʒizeʃpera'do*(a)]

desesperança *adj* desperate; *(enfurecedor)* maddening

desesperança [dʒizeʃpe'rãsa] *f* despair

desesperar [dʒizeʃpe'ra*] *vt* to drive to despair; *(enfurecer)* to infuriate; ~-se *vr* to despair; *(enfurecer-se)* to become infuriated; **desesperar-se** [dʒizeʃ'peru] *m* despair, desperation; *(raiva)* fury

desestimular [dʒizeʃtʃimu'la*] *vt* to discourage

desfalcar [dʒiʃfaw'ka*] *vt (dinheiro)* to embezzle; *(reduzir)*: ~ (de) to reduce (by); **a jogo está desfalcado** the game is incomplete

desfalecer [dʒiʃfale'se*] *vt (enfraquecer)* to weaken ♦ *vi (enfraquecer)* to weaken; *(desmaiar)* to faint

desfalque [dʒiʃ'fawki] *m (de dinheiro)* embezzlement; *(diminuição)* reduction

desfavorável [dʒiʃfavo'ravew] *(pl -eis) adj* unfavourable *(BRIT)*, unfavorable *(US)*

desfazer [dʒiʃfa'ze*] *(irreg: como fazer) vt (costura)* to undo; *(dúvidas)* to dispel; *(agravo)* to redress; *(grupo)* to break up; *(contrato)* to dissolve; *(noivado)* to break off ♦ *vi*: ~ **de alguém** to belittle sb; ~-se *vr* to vanish; *(tecido)* to come to pieces; *(grupo)* to break up; *(vaso)* to break; ~-se de *(livrar-se)* to get rid of; ~-se em lágrimas/gentilezas to burst into tears/go out of one's way to please

desfechar [dʒiʃfe'ʃa*] *vt (disparar)* to fire; *(setas)* to shoot; *(golpe)* to deal; *(insultos)* to hurl

desfecho [dʒiʃ'feʃu] *m* ending, outcome

desfeita [dʒiʃ'fejta] *f* affront, insult

desfeito/a [dʒiʃ'fejtu/a] *adj* undone; *(cama)* unmade; *(contrato)* broken

desfiar [dʒiʃ'fja*] *vt (tecido)* to unravel; *(CULIN: galinha)* to tear into thin shreds; ~-se *vr* to become frayed; ~ **o rosário** to say one's rosary

desfigurar [dʒiʃfigu'ra*] *vt (pessoa, cidade)* to disfigure; *(texto)* to mutilate; ~-se *vr* to be disfigured

desfiladeiro [dʒiʃfila'dejru] *m (de montanha)* pass

desfilar [dʒiʃfi'la*] *vi* to parade; **desfile** [dʒiʃ'fili] *m* parade, procession

desforra [dʒiʃ'foxa] *f* revenge; *(reparação)* redress; **tirar** ~ to get even

desfrutar [dʒiʃfru'ta*] *vt* to enjoy ♦ *vi*: ~ **de** to enjoy

desgarrado/a [dʒiʒga'xadu/a] *adj* stray; *(navio)* off course

desgarrar-se [dʒiʒga'xaxsi] *vr*: ~ **de** to stray from

desgastante [dʒiʒgaʃ'tãtʃi] *adj (fig)* stressful

desgastar [dʒiʒgaʃ'ta*] *vt* to wear away, erode; *(pessoa)* to wear out, get down; ~-se *vr* to be worn away; *(pessoa)* to get worn out; **desgaste** [dʒiʒ'gaʃtʃi] *m* wear and tear; *(mental)* stress

desgostar [dʒiʒgoʃ'ta*] *vt* to upset ♦ *vi*: ~ **de** to dislike; ~-se *vr*: ~-se **de** to go off; ~-se **com** to take offence at; **desgosto** [dʒiʒ'goʃtu] *m* displeasure; *(pesar)* sorrow, unhappiness

desgraça [dʒiʒ'grasa] *f* misfortune; *(miséria)* misery; *(desfavor)* disgrace; ~-**do/a** [dʒiʒgra'sadu/a] *adj* poor ♦ *m/f* wretch; **estou com uma gripe desgraçada** *(col)* I've got a hell of a cold; ~r [dʒiʒgra'sa*] *vt* to disgrace

desgrenhado/a [dʒiʒgre'nadu/a] *adj* dishevelled, tousled

desgrudar [dʒiʒgru'da*] *vt* to unstick ♦ *vi*: ~ **de** to tear o.s. away from; ~ **algo de algo** to take sth off sth

desidratar [dʒizidra'ta*] *vt* to dehydrate

designação [dezigna'sãw] *(pl -ões) f* designation; *(nomeação)* appointment

designar [dezig'na*] *vt* to designate;

(*nomear*) to name, appoint; (*dia, data*) to fix

designer [dʒi'zajnɐ*] (*pl* ~**s**) *m/f* designer

desigual [dezi'gwaw] (*pl* ~**ais**) *adj* unequal; (*terreno*) uneven; ~**dade** [dʒizigwaw'dadʒi] *f* inequality

desiludir [dʒizilu'dʒi*] *vt* to disillusion; (*causar decepção a*) to disappoint; ~**se** *vr* to lose one's illusions

desimpedido/a [dʒizĩpe'dʒidu/a] *adj* free

desimpedir [dʒizĩpe'dʒi*] *vt* to unblock; (*trânsito*) to ease

desinfetante [dʒizĩfe'tãtʃi] (*PT* **-ct-**) *adj, m* disinfectant

desinfetar [dʒizĩfe'ta*] (*PT* **-ct-**) *vt* to disinfect

desintegração [dʒizĩtegra'sãw] *f* disintegration, break-up

desintegrar [dʒizĩte'gra*] *vt* to separate; ~**se** *vr* to disintegrate, fall to pieces

desinteressado/a [dʒizĩtere'sadu/a] *adj* disinterested

desinteressar [dʒizĩtere'sa*] *vt*: ~ **alguém de algo** to make sb lose interest in sth; ~**se** *vr* to lose interest; **desinteresse** [dʒizĩte'resi] *m* lack of interest

desistir [dezis'tʃi*] *vi* to give up; ~ **de fumar** to stop smoking; **ele ia, mas no final desistiu** he was going, but in the end he gave up the idea *ou* he decided not to

desjejum [dʒiʒe'ʒũ] *m* breakfast

deslavado/a [dʒizla'vadu/a] *adj* (*pessoa, atitude*) shameless; (*mentira*) blatant

desleal [dʒizle'aw] (*pl* ~**ais**) *adj* disloyal

desleixado/a [dʒizlej'ʃadu/a] *adj* sloppy

desleixo [dʒiz'lejʃu] *m* sloppiness

desligado/a [dʒizli'gadu/a] *adj* (*eletricidade*) off; (*pessoa*) absentminded; **estar** ~ to be miles away

desligar [dʒizli'ga*] *vt* (*TEC*) to disconnect; (*luz, TV, motor*) to switch off; (*telefone*) to hang up; ~**se** *vr*:

~**se de algo** (*afastar-se*) to leave sth; (*problemas etc*) to turn one's back on sth; **não desligue** (*TEL*) hold the line

deslizar [dʒizli'za*] *vi* to slide; (*por acidente*) to slip; (*passar de leve*) to glide; **deslize** [dʒiz'lizi] *m* lapse; (*escorregadela*) slip

deslocado/a [dʒizlo'kadu/a] *adj* (*membro*) dislocated; (*desambientado*) out of place

deslocar [dʒizlo'ka*] *vt* to move; (*articulação*) to dislocate; (*funcionário*) to transfer; ~**se** *vr* to move; to be dislocated

deslumbramento [dʒizlũbra'mẽtu] *m* dazzle; (*fascinação*) fascination

deslumbrante [dʒizlũ'brãtʃi] *adj* dazzling; (*casa, festa*) amazing

deslumbrar [dʒizlũ'bra*] *vt* to dazzle; (*maravilhar*) to amaze; (*fascinar*) to fascinate ♦ *vi* to be dazzling; to be amazing; ~**se** *vr*: ~**se com** to be fascinated by

desmaiado/a [dʒizma'jadu/a] *adj* unconscious; (*cor*) pale

desmaiar [dʒizma'ja*] *vi* to faint; **desmaio** [dʒiz'maju] *m* faint

desmamar [dʒizma'ma*] *vt* to wean

desmancha-prazeres [dʒiz'mãnʃa'prazeris] *m/f inv* kill-joy, spoilsport

desmanchar [dʒizmãn'ʃa*] *vt* (*costura*) to undo; (*contrato*) to break; (*noivado*) to break off; (*penteado*) to mess up; ~**se** *vr* (*costura*) to come undone

desmarcar [dʒizmax'ka*] *vt* (*compromisso*) to cancel

desmascarar [dʒizmaʃka'ra*] *vt* to unmask

desmazelado/a [dʒizmaze'ladu/a] *adj* slovenly, untidy

desmedido/a [dʒizme'dʒidu/a] *adj* excessive

desmentido [dʒizmẽ'tʃidu] *m* (*negação*) denial; (*contradição*) contradiction

desmentir [dʒizmẽ'tʃi*] *vt* (*contradizer*) to contradict; (*negar*) to deny

desmerecer [dʒizmere'se*] *vt* (*não

merecer) not to deserve; (*desfazer de*) to belittle

desmesurado/a [dʒiʒmezu'radu/a] *adj* immense, enormous

desmiolado/a [dʒiʒmjo'ladu/a] *adj* brainless; (*esquecido*) forgetful

desmontar [dʒiʒmõ'ta*] *vt* (*máquina*) to take to pieces ♦ *vi* (*do cavalo*) to dismount, get off

desmoronamento [dʒiʒmorona'mẽtu] *m* collapse

desmoronar [dʒiʒmoro'na*] *vt* to knock down ♦ *vi* to collapse

desnatado/a [dʒiʒna'tadu/a] *adj* (*leite*) skimmed

desnaturado/a [dʒiʒnatu'radu/a] *adj* inhumane ♦ *m/f* monster

desnecessário/a [dʒiʒnese'sarju/a] *adj* unnecessary

desnível [dʒiʒ'nivew] *m* unevenness; (*fig*) difference

desnudar [dʒiʒnu'da*] *vt* to strip; (*revelar*) to expose; ~-se *vr* to undress

desnutrição [dʒiʒnutri'sãw] *f* malnutrition

desobedecer [dʒizobede'se*] *vt* to disobey; **desobediência** [dʒizobe-dʒiẽsja] *f* disobedience; **desobediente** [dʒizobe'dʒiẽtʃi] *adj* disobedient

desobrigar [dʒizobri'ga*] *vt*: ~ de (to free from); ~ de fazer algo to free from doing sth

desobstruir [dʒizobiʃ'trwi*] *vt* to unblock

desocupado/a [dʒizoku'padu/a] *adj* (*casa*) empty, vacant; (*disponível*) free; (*sem trabalho*) unemployed

desocupar [dʒizoku'pa*] *vt* (*casa*) to vacate; (*liberar*) to free

desodorante [dʒizodo'rãtʃi] (*PT* -dorizante) *m* deodorant

desolação [dʒezola'sãw] *f* (*consternação*) grief; (*de um lugar*) desolation; **desolado/a** [dʒezo'ladu/a] *adj* distressed; desolate

desolar [dʒezo'la*] *vt* to distress; (*lugar*) to devastate

desonesto/a [dʒezo'nɛʃtu/a] *adj* dishonest

desonra [dʒi'zõxa] *f* dishonour (*BRIT*), dishonor (*US*); (*descrédito*) disgrace; ~r [dʒizõ'xa*] *vt* (*infamar*) to disgrace; (*mulher*) to seduce; ~r-se *vr* to disgrace o.s.

desordem [dʒi'zoxdẽ] *f* disorder, confusion; em ~ (*casa*) untidy

desorganizar [dʒizoxgani'za*] *vt* to disorganize; (*dissolver*) to break up; ~-se *vr* to become disorganized; to break up

desorientação [dʒizorjẽta'sãw] *f* bewilderment, confusion

desorientar [dʒizorjẽ'ta*] *vt* (*desnortear*) to throw off course; (*perturbar*) to confuse; (*desvairar*) to unhinge; ~-se *vr* to lose one's way; to get confused; to go mad

desossar [dʒizo'sa*] *vt* (*galinha*) to bone

desovar [dʒizo'va*] *vt* to lay; (*peixe*) to spawn

despachado/a [dʒiʃpa'ʃadu/a] *adj* (*pessoa*) efficient

despachar [dʒiʃpa'ʃa*] *vt* to dispatch, send off; (*atender, resolver*) to deal with; (*despedir*) to sack; ~-se *vr* to hurry (up); **despacho** [dʒiʃ'paʃu] *m* dispatch; (*de negócios*) handling; (*nota em requerimento*) ruling; (*reunião*) consultation; (*macumba*) witchcraft

desparafusar [dʒiʃparafu'sa*] *vt* to unscrew

despeço etc [dʒiʃ'pesu] *vb* V **despedir**

despedaçar [dʒiʃpeda'sa*] *vt* (*quebrar*) to smash; (*rasgar*) to tear apart; ~-se *vr* to smash; to tear

despedida [dʒiʃpe'dʒida] *f* farewell; (*de trabalhador*) dismissal

despedir [dʒiʃpe'dʒi*] *vt* (*de emprego*) to dismiss, sack; ~-se *vr*: ~-se (de) to say goodbye (to)

despeitado/a [dʒiʃpej'tadu/a] *adj* spiteful; (*ressentido*) resentful

despeito [dʒiʃ'pejtu] *m* spite; a ~ de in spite of, despite

despejar [dʒiʃpe'ʒa*] *vt* (*água*) to pour; (*esvaziar*) to empty; (*inquili-*

no) to evict; **despejo** [dʒiʃˈpeʒu] *m* eviction; **quarto de despejo** junk room

despencar [dʒiʃpēˈka*] *vi* to fall down, tumble down

depender [dʒiʃpēˈde*] *vt* (*dinheiro*) to spend; (*energia*) to expend

despensa [dʒiʃˈpēsa] *f* larder

despentear [dʒiʃpēˈtʃja*] *vt* (*cabelo: sem querer*) to mess up; (: *de propósito*) to let down; ~**-se** *vr* to mess one's hair up; to let one's hair down

despercebido/a [dʒiʃpexseˈbidu/a] *adj* unnoticed

desperdiçar [dʒiʃpexdʒiˈsa*] *vt* to waste; (*dinheiro*) to squander; **desperdício** [dʒiʃpexˈdʒisju] *m* waste

despertador [dʒiʃpextaˈdo*] *m* (*tb*: **relógio ~**) alarm clock

despertar [dʒiʃpexˈta*] *vt* to wake; (*suspeitas, interesse*) to arouse; (*reminiscências*) to revive; (*apetite*) to whet ♦ *vi* to wake up ♦ *m* awakening; **desperto/a** [dʒiʃˈpextu/a] *adj* awake

despesa [dʒiʃˈpeza] *f* expense; ~**s** *fpl* (*de uma empresa*) expenses, costs; ~**s gerais** (*COM*) overheads

despido/a [dʒiʃˈpidu/a] *adj* naked, bare; (*livre*) free

despir [dʒiʃˈpi*] *vt* (*roupa*) to take off; (*pessoa*) to undress; (*despojar*) to strip; ~**-se** *vr* to undress

despojar [dʒiʃpoˈʒa*] *vt* (*casas*) to loot, sack; (*pessoas*) to rob; **despojo** [dʒiʃˈpoʒu] *m* loot, booty; **despojos** *mpl* (*restos*): **despojos mortais** mortal remains

despontar [dʒiʃpõˈta*] *vi* to emerge; (*sol*) to come out; (: *ao amanhecer*) to come up; **ao ~ do dia** at daybreak

desporto [dʒiʃˈpoxtu] (*esp PT*) *m* sport

déspota [ˈdɛʃpota] *m/f* despot

despovoado/a [dʒiʃpoˈvwadu/a] *adj* uninhabited ♦ *m* wilderness

desprazer [dʒiʃpraˈze*] *m* displeasure

despregar [dʒiʃpreˈga*] *vt* to take off, detach; ~**-se** *vr* to come off

desprender [dʒiʃprēˈde*] *vt* to loosen; (*desatar*) to unfasten; (*emitir*) to emit; ~**-se** *vr* (*botão*) to come off; (*cheiro*) to be given off

despreocupado/a [dʒiʃpreoku-ˈpadu/a] *adj* carefree, unconcerned

desprestigiar [dʒiʃpreʃtʃiˈʒja*] *vt* to discredit

desprevenido/a [dʒiʃpreveˈnidu/a] *adj* unprepared, unready; **apanhar ~** to catch unawares

desprezar [dʒiʃpreˈza*] *vt* to despise, disdain; (*não dar importância a*) to disregard, ignore; **desprezível** [dʒiʃpreˈzivew] (*pl* **-eis**) *adj* despicable; **desprezo** [dʒiʃˈprezu] *m* scorn, contempt; **dar ao desprezo** to ignore

desproporcional [dʒiʃpropox-sjoˈnaw] *adj* disproportionate

despropositado/a [dʒiʃpropoziˈtadu/a] *adj* (*absurdo*) preposterous

despropósito [dʒiʃproˈpozitu] *m* nonsense

desprover [dʒiʃproˈve*] *vt*: ~ **alguém** (**de algo**) to deprive sb (of sth); **desprovido/a** [dʒiʃproˈvidu/a] *adj* deprived; **desprovido de** without

desqualificar [dʒiʃkwalifiˈka*] *vt* (*ESPORTE etc*) to disqualify; (*tornar indigno*) to disgrace, lower

desregrado/a [dʒiʃxeˈgradu/a] *adj* disorderly, unruly; (*devasso*) immoderate

desrespeito [dʒiʃxeʃˈpeitu] *m* disrespect

desse *etc* [ˈdesi] *vb V* **dar**

desse/a [ˈdesi/a] = **de + esse/a**

destacado/a [dʒiʃtaˈkadu/a] *adj* outstanding; (*separado*) detached

destacar [dʒiʃtaˈka*] *vt* (*MIL*) to detail; (*separar*) to detach; (*enfatizar*) to emphasize ♦ *vi* to stand out; ~**-se** *vr* to stand out; (*pessoa*) to be outstanding

destampar [dʒiʃtãˈpa*] *vt* to take the lid off

destapa [dʒiʃtaˈpa*] *vt* to uncover

destaque [dʒiʃˈtaki] *m* distinction; (*pessoa, coisa*) highlight

deste/a [ˈdɛʃtʃi/a] = de + este/a

destemido/a [dɛʃteˈmidu/a] *adj* fearless, intrepid

destemperar [dʒiʃtẽpeˈra*] *vt* to dilute, weaken

desterrar [dʒiʃteˈxa*] *vt* to exile; **desterro** [dʒiʃˈtɛxu] *m* exile

destilar [dɛʃtʃiˈla*] *vt* to distil (*BRIT*), distill (*US*); **~ia** [dɛʃtʃiˈlaria] *f* distillery

destinação [dɛʃtʃinaˈsãw] (*pl* –ões) *f* destination

destinar [dɛʃˈtʃina*] *vt* to destine; (*dinheiro*): ~ (**para**) to set aside (for); ~**se** *vr*: ~**se a** to be intended for; (*carta*) to be addressed to

destinatário/a [dɛʃtʃinaˈtarju/a] *m/f* addressee

destino [dɛʃˈtʃinu] *m* destiny, fate; (*lugar*) destination; **com ~ a** bound for

destituição [dɛʃtʃitwiˈsãw] (*pl* –ões) *f* (*demissão*) dismissal

destituir [dɛʃtʃiˈtwi*] *vt* to dismiss; ~ **de** (*privar de*) to deprive of

destrancar [dʒiʃtrãˈka*] *vt* to unlock

destratar [dʒiʃtraˈta*] *vt* to abuse, insult

destreza [dɛʃˈtreza] *f* skill; (*agilidade*) dexterity

destro/a [ˈdɛʃtru/a] *adj* skilful (*BRIT*), skillful (*US*); (*ágil*) agile; (*não canhoto*) right-handed

destrocar [dʒiʃtroˈka*] *vt* to give back, return

destroçar [dʒiʃtroˈsa*] *vt* to destroy; (*quebrar*) to smash, break; **destroços** [dʒiʃˈtrɔsuʃ] *mpl* wreckage *sg*

destróier [dʒiʃˈtrɔjɛ*] *m* destroyer

destronar [dʒiʃtroˈna*] *vt* to depose

destroncar [dʒiʃtrõˈka*] *vt* to dislocate

destruição [dʒiʃtrwiˈsãw] *f* destruction

destruidor(a) [dʒiʃtrwiˈdo*(a)] *adj* destructive

destruir [dʒiʃˈtrwi*] *vt* to destroy

desuso [dʒiˈzuzu] *m* disuse; **em ~** outdated

desvairado/a [dʒiʒvajˈradu/a] *adj* (*louco*) crazy, demented; (*desorientado*) bewildered

desvalorizar [dʒiʒvaloriˈza*] *vt* to devalue

desvantagem [dʒiʒvãˈtaʒẽ] (*pl* –ns) *f* disadvantage

desvão [dʒiʒˈvãw] (*pl* –s) *m* loft

desvario [dʒiʒvaˈriu] *m* madness, folly

desvelo [dʒiʒˈvelu] *m* care; (*dedicação*) devotion

desventura [dʒiʒvẽˈtura] *f* misfortune; (*infelicidade*) unhappiness; ~**do/a** [dʒiʒvẽtuˈradu/a] *adj* unfortunate; unhappy ♦ *m/f* wretch

desviar [dʒiʒˈvja*] *vt* to divert; (*golpe*) to deflect; (*dinheiro*) to embezzle; ~**se** *vr* to turn away; ~**se de** to avoid; ~ **os olhos** to look away

desvio [dʒiʒˈviu] *m* diversion, detour; (*curva*) bend; (*fig*) deviation; (*de dinheiro*) embezzlement

detalhadamente [detaʎadaˈmẽtʃi] *adv* in detail

detalhado/a [detaˈʎadu/a] *adj* detailed

detalhar [detaˈʎa*] *vt* to (give in) detail

detalhe [deˈtaʎi] *m* detail; **detalhista** [detaˈʎiʃta] *adj* painstaking, meticulous

detectar [detekˈta*] *vt* to detect

detective [detekˈtiva] (*PT*) *m/f* = **detetive**

detector [detekˈto*] *m* detector

detenção [detẽˈsãw] (*pl* –ões) *f* detention

détente [deˈtãtʃi] *f* détente

deter [deˈte*] (*irreg: como* ter) *vt* to stop; (*prender*) to arrest; (*manter preso*) to detain; (*reter*) to keep; (*conter: riso*) to contain; ~**se** *vr* to stop; (*ficar*) to stay; (*conter-se*) restrain o.s.

detergente [detɛx'ʒētʃi] m detergent

deterioração [deterjora'sãw] f deterioration

deteriorar [deterjo'ra*] vt to spoil, damage; ~-se vr to deteriorate; (relações) to worsen

determinação [detexmina'sãw] f determination; (decisão) decision; (ordem) order

determinado/a [detexmi'nadu/a] adj determined; (certo) certain, given

determinar [detexmi'na*] vt to determine; (decretar) to order; (resolver) to decide (on); (causar) to cause

detestar [deteʃ'ta*] vt to hate; **detestável** [deteʃ'tavew] (pl -eis) adj horrible, hateful

detetive [dete'tʃivi] m/f detective

detido/a [de'tʃidu/a] adj (preso) under arrest; (minucioso) thorough ♦ m/f person under arrest, prisoner

detonação [detona'sãw] (pl -ões) f explosion

detonar [deto'na*] vt, vi to detonate

detrás [de'trajʃ] adv behind ♦ prep: ~ de behind

detrimento [detri'mẽtu] m: em ~ de to the detriment of

detrito [de'tritu] m debris sg; (de comida) remains pl; (resíduo) dregs pl

deturpação [detuxpa'sãw] f corruption; (de palavras) distortion

deturpar [detux'pa*] vt to corrupt; (desfigurar) to disfigure; (palavras) to twist

deu [dew] vb V dar

deus(a) [dewʃ(a)] m/f god/goddess; D~ me livre! God forbid!; graças a D~ thank goodness; meu D~! good Lord!

devagar [dʒiva'ga*] adv slowly

devaneio [deva'neju] m daydream

devassa [de'vasa] f investigation, inquiry

devassidão [devasi'dãw] f debauchery

devasso/a [de'vasu/a] adj dissolute

devastar [devaʃ'ta*] vt to devastate; (arruinar) to ruin

deve ['devi] m debit

devedor(a) [deve'do*(a)] adj (pessoa) in debt ♦ m/f debtor

dever [de've*] m duty ♦ vt to owe ♦ vi (suposição): **deve** (de) estar doente he must be ill; (obrigação): devo partir às oito I must go at eight; você devia ir ao médico you should go to the doctor; que devo fazer? what shall I do?

deveras [dʒi'veraʃ] adv really, truly

devidamente [devida'mẽtʃi] adv properly; (preencher formulário etc) duly

devido/a [de'vidu/a] adj (maneira) proper; (respeito) due; ~ a due to, owing to; no ~ tempo in due course

devoção [devo'sãw] f devotion

devolução [devolu'sãw] f devolution; (restituição) return; (reembolso) refund; ~ de impostos tax rebate

devolver [devow've*] vt to give back, return; (COM) to refund

devorar [devo'ra*] vt to devour; (destruir) to destroy

devotar [devo'ta*] vt to devote

devoto/a [de'votu/a] adj devout ♦ m/f devotee

dez [dɛʒ] num ten

dezanove [deza'nɔvɛ] (PT) num = **dezenove**

dezasseis [deza'sejʃ] (PT) num = **dezesseis**

dezassete [deza'setɛ] (PT) num = **dezessete**

dezembro [de'zẽbru] (PT D~) m December

dezena [de'zena] f: uma ~ a ... ten ...

dezenove [deze'nɔvi] num nineteen

dezesseis [deze'sejʃ] num sixteen

dezessete [dezi'setʃi] num seventeen

dezoito [dʒi'zojtu] num eighteen

dia ['dʒia] m day; (claridade) daylight; ~ a ~ day by day; ~ santo holy day; ~ útil weekday; no ~ a ~ day by day; andar em ~ (com) to be up to date (with); de ~ in the daytime, by day;

mais ~ menos ~ sooner or later; ~ sim, ~ não every other day; no ~ seguinte the next day; bom ~ good morning; **~-a-~** *m* daily life, every-day life

diabete(s) [dʒia'bɛtʃi(ʃ)] *f* diabetes *sg*; **diabético/a** [dʒia'bɛtʃiku/a] *adj, m/f* diabetic

diabo ['dʒiabu] *m* devil; **que ~!** (*col*) damn it!

diabrura [dʒia'brura] *f* prank; **~s** *fpl* (*travessura*) mischief *sg*

diafragma [dʒia'fragma] *m* diaphragm

diagnóstico [dʒiagʹnɔʃtʃiku] *m* diagnosis

diagonal [dʒiago'naw] (*pl* –ais) *adj, f* diagonal

diagrama [dʒia'grama] *m* diagram

dialeto [dʒia'lɛtu] (*PT* -ect-) *m* dialect

dialogar [dʒialo'ga*] *vi*: ~ (com al-guém) to talk (to sb); (*POL*) to have *ou* hold talks (with sb)

diálogo ['dʒialogu] *m* dialogue; (*conversa*) talk, conversation

diamante [dʒia'mãtʃi] *m* diamond

diâmetro ['dʒiametru] *m* diameter

diante ['dʒiãtʃi] *prep*: ~ **de** before; (*na frente de*) in front of; (*problemas etc*) in the face of; **e assim por** ~ and so on; **para** ~ forward

dianteira [dʒiã'tejra] *f* front, van-guard; **tomar a** ~ to get ahead

dianteiro/a [dʒiã'tejru/a] *adj* front

diapositivo [dʒiapozi'tʃivu] *m* (*FOTO*) slide

diária ['dʒiarja] *f* (*de hotel*) daily rate

diário/a ['dʒiarju/a] *adj* daily ♦ *m* diary; (*jornal*) (daily) newspaper; ~ **de bordo** (*AER*) logbook; **diarista** [dʒia'riʃta] *m/f* casual worker, worker paid by the day; (*em casa*) cleaner

diarréia [dʒia'xeja] *f* diarrhoea (*BRIT*), diarrhea (*US*)

dica ['dʒika] (*col*) *f* hint

dicionário [dʒisjo'narju] *m* dictionary

didático/a [dʒi'datʃiku/a] (*PT* -ct-) *adj* (*livro*) educational; (*método*)

teaching *atr*; (*modo*) didactic

diesel ['dʒizew] *m*: **motor a** ~ diesel engine

dieta ['dʒjɛta] *f* diet; **fazer** ~ to be on a diet; (*começar*) to go on a diet

difamar [dʒifa'ma*] *vt* to slander; (*por escrito*) to libel

diferença [dʒife'rẽsa] *f* difference; **ela tem uma ~ comigo** she's got something against me

diferenciar [dʒiferẽ'sja*] *vt* to differ-entiate

diferente [dʒife'rẽtʃi] *adj* different; **estar ~ com alguém** to be at odds with sb

diferir [dʒife'ri*] *vi*: ~ (**de**) to differ (from) ♦ *vt* to defer

difícil [dʒi'fisiw] (*pl* –eis) *adj* diffi-cult; (*improvável*) unlikely; **o ~ é ...** the difficult thing is ...; **acho ~ ela aceitar nossa proposta** I think it's unlikely she will accept our pro-posal; **dificilmente** [dʒifisiw'mẽtʃi] *adv* with difficulty; (*mal*) hardly; (*raramente*) hardly ever

dificuldade [dʒifikuw'dadʒi] *f* diffi-culty; (*aperto*) **em ~s** in trouble

dificultar [dʒifikuw'ta*] *vt* to make difficult; (*complicar*) to complicate

difundir [dʒifũ'dʒi*] *vt* to diffuse; (*boato, rumor*) to spread

difuso/a [dʒi'fuzu/a] *adj* diffuse

digerir [dʒiʒe'ri*] *vt, vi* to digest

digestão [dʒiʒeʃ'tãw] *f* digestion

digital [dʒiʒi'taw] (*pl* –ais) *adj*: **im-pressão ~** fingerprint

digitar [dʒiʒi'ta*] *vt* (*COMPUT*: *da-dos*) to key (in)

dígito ['dʒiʒitu] *m* digit

dignidade [dʒigni'dadʒi] *f* dignity

digno/a ['dʒignu/a] *adj* (*merecedor*) worthy; (*nobre*) dignified

digo *etc* ['dʒigu] *vb* V **dizer**

dilapidar [dʒilapi'da*] *vt* (*fortuna*) to squander; (*casa*) to demolish

dilatar [dʒila'ta*] *vt* to dilate, ex-pand; (*prolongar*) to prolong; (*retar-dar*) to delay

dilema [dʒi'lɛma] *m* dilemma

diligência [dʒili'ʒẽsja] *f* diligence;

diligente [dʒili'ʒẽtʃi] adj hardworking, industrious

diluir [dʒi'lwi*] vt to dilute

dilúvio [dʒi'luvju] m flood

dimensão [dʒimẽ'sãw] (pl -ões) f dimension; **dimensões** fpl (medidas) measurements

diminuição [dʒiminwi'sãw] f reduction

diminuir [dʒimi'nwi*] vt to reduce; (som) to turn down; (interesse) to lessen ♦ vi to lessen, diminish; (preço) to go down; (dor) to wear off; (barulho) to die down

diminutivo/a [dʒiminu'tʃivu/a] adj diminutive ♦ m (LING) diminutive

diminuto/a [dʒimi'nutu/a] adj minute, tiny

Dinamarca [dʒina'maxka] f Denmark; **dinamarquês/quesa** [dʒinamax'keʃ/keza] adj Danish ♦ m/f Dane ♦ m (LING) Danish

dinâmico/a [dʒi'namiku/a] adj dynamic

dinamismo [dʒina'miʒmu] m (fig) energy, drive

dinamite [dʒina'mitʃi] f dynamite

dínamo ['dʒinamu] m dynamo

dinastia [dʒinaʃ'tʃia] f dynasty

dinheirão [dʒinej'rãw] m: **um ~** loads pl of money

dinheiro [dʒi'nejru] m money; **~ à vista** cash for paying in cash; **~ em caixa** money in the till; **~ em espécie** cash

dinossauro [dʒino'sawru] m dinosaur

diocese [dʒjo'sɛzi] f diocese

diploma [dʒip'lɔma] m diploma

diplomacia [dʒiploma'sia] f diplomacy; (fig) tact

diplomata [dʒiplo'mata] m/f diplomat; **diplomático/a** [dʒiplo'matʃiku/a] adj diplomatic

dique ['dʒiki] m dam; (GEO) dyke

direção [dʒire'sãw] (PT -cç-; pl -ões) f direction; (endereço) address; (AUTO) steering; (administração) management; (comando) leadership; (diretoria) board of directors; **em ~ a** towards

directo/a etc [di'rɛktu/a] (PT) = **direto** etc

direi etc [dʒi'rej] vb V **dizer**

direita [dʒi'rejta] f (mão) right hand; (lado) right-hand side; (POL) right wing; **à ~** on the right

direito/a [dʒi'rejtu/a] adj (lado) right-hand; (mão) right; (honesto) honest; (devido) proper; (justo) right, just ♦ m right; (JUR) law ♦ adv straight; (bem) right; (de maneira certa) properly; **~s** mpl (humanos) rights; (alfandegários) duty sg

direto/a [dʒi'rɛtu/a] adj direct ♦ adv straight; **transmissão direta** (TV) live broadcast

diretor/a [dʒire'to*(a)] adj directing, guiding ♦ m/f director; (de jornal) editor; (de escola) head teacher; **~a** [dʒireto'ria] f (COM) management

dirigente [dʒiri'ʒẽtʃi] m/f (de país, partido) leader; (diretor) director; (gerente) manager

dirigir [dʒiri'ʒi*] vt to direct; (COM) to manage; (veículo) to drive ♦ vi to drive; **~-se** vr: **~-se a** (falar com) to speak to; (ir, recorrer) to go to; (esforços) to be directed towards

discagem [dʒiʃ'kaʒẽ] f (TEL) dialling

discar [dʒiʃ'ka*] vt to dial

disciplina [dʒisi'plina] f discipline; **~r** [dʒisipli'na*] vt to discipline

discípulo/a [dʒi'sipulu/a] m/f disciple; (aluno) pupil

disc-jóquei [dʒiʃk-] m/f disc jockey, DJ

disco ['dʒiʃku] m disc; (COMPUT) disk; (MUS) record; (de telefone) dial; **~ laser** (máquina) compact disc player, CD player; (disco) compact disc, CD; **~ flexível/rígido** (COMPUT) floppy/hard disk; **~ do sistema** system disk; **~ voador** flying saucer

discordar [dʒiʃkox'da*] vi: **~ de alguém em algo** to disagree with sb on sth

discórdia [dʒiʃ'kɔxdʒja] *f* discord, strife

discoteca [dʒiʃko'tɛka] *f* discotheque, disco

discotecário/a [dʒiʃkote'karju/a] *m/f* disc jockey, DJ

discrepância [dʒiʃkre'pãsja] *f* discrepancy; (*desacordo*) disagreement; **discrepante** [dʒiʃkre'pãtʃi] *adj* conflicting

discreto/a [dʒiʃ'krɛtu/a] *adj* discreet; (*modesto*) modest; (*prudente*) shrewd; (*roupa*) plain; **discrição** [dʒiʃkri'sãw] *f* discretion

discriminação [dʒiʃkrimina'sãw] *f* discrimination

discriminar [dʒiʃkrimi'na*] *vt* to distinguish ♦ *vi:* ~ **entre** to discriminate between

discurso [dʒiʃ'kuxsu] *m* speech

discussão [dʒiʃku'sãw] (*pl* –ões) *f* discussion; (*contenda*) argument

discutir [dʒiʃku'tʃi*] *vt* to discuss ♦ *vi:* ~ (**sobre algo**) to talk (about sth); (*contender*) to argue (about sth)

disenteria [dʒizẽte'ria] *f* dysentery

disfarçar [dʒiʃfax'sa*] *vt* to disguise ♦ *vi* to pretend; ~-**se** *vr:* ~-**se em** ou **de algo** to disguise o.s. as sth; **disfarce** [dʒiʃ'faxsi] *m* disguise; (*máscara*) mask

díspar ['dʒiʃpa*] *adj* dissimilar

disparado/a [dʒiʃpa'radu/a] *adj* very fast ♦ *adv* by a long way

disparar [dʒiʃpa'ra*] *vt* to shoot, fire ♦ *vi* to fire; (*arma*) to go off; (*correr*) to shoot off, bolt

disparatado/a [dʒiʃpara'tadu/a] *adj* silly, absurd

disparate [dʒiʃpa'ratʃi] *m* nonsense, rubbish

disparidade [dʒiʃpari'dadʒi] *f* disparity

dispensar [dʒiʃpẽ'sa*] *vt* to excuse; (*prescindir de*) to do without; (*conferir*) to grant; **dispensável** [dʒiʃpẽ'savew] (*pl* –**eis**) *adj* expendable

dispersar [dʒiʃpex'sa*] *vt, vi* to disperse; **disperso/a** [dʒiʃ'pexsu/a] *adj* scattered

displicência [dʒiʃpli'sẽsja] (*BR*) *f* negligence, carelessness; **displicente** [dʒiʃpli'sẽtʃi] *adj* careless

dispo *etc* [ʒi'dʒiʃpu] *vb* V **despir**

disponível [dʒiʃpo'nivew] (*pl* –**eis**) *adj* available

dispor [dʒiʃ'po*] (*irreg: como* **pôr**) *vt* to arrange ♦ *vi:* ~ **de** to have the use of; (*ter*) to have, own; (*pessoas*) to have at one's disposal; ~-**se** *vr:* ~-**se a** (*estar pronto a*) to be prepared to, be willing to; (*decidir*) to decide to; ~ **sobre** to talk about; **disponha**! feel free!

disposição [dʒiʃpozi'sãw] (*pl* –**ões**) *f* arrangement; (*humor*) disposition; (*inclinação*) inclination; **à sua** ~ at your disposal

dispositivo [dʒiʃpozi'tʃivu] *m* gadget, device; (*determinação de lei*) provision

disposto/a [dʒiʃ'poʃtu/poʃta] *adj:* **estar** ~ **a** to be willing to; **estar bem** ~ to look well

disputa [dʒiʃ'puta] *f* dispute, argument; (*competição*) contest; ~**r** [dʒiʃpu'ta*] *vt* to dispute; (*concorrer a*) to compete for; (*lutar por*) to fight over ♦ *vi* to quarrel, argue; to compete; ~**r uma corrida** to run a race

disquete [dʒiʃ'ketʃi] *m* (*COMPUT*) floppy disk, diskette

disse *etc* [ʒi'dʒisi] *vb* V **dizer**

dissecar [dʒise'ka*] *vt* to dissect

disseminar [dʒisemi'na*] *vt* to disseminate; (*espalhar*) to spread

dissertação [dʒisexta'sãw] (*pl* –**ões**) *f* dissertation; (*discurso*) lecture

dissertar [dʒisex'ta*] *vi* to speak

dissidência [dʒisi'dẽsja] *f* (*cisão*) difference of opinion; **dissidente** [dʒisi'dẽtʃi] *adj, m/f* dissident

dissimular [dʒisimu'la*] *vt* to hide; (*fingir*) to feign

dissipar [dʒisi'pa*] *vt* to disperse, dispel; (*malgastar*) to squander, waste; ~-**se** *vr* to vanish

disso ['dʒisu] = de + isso

dissociar [dʒiso'sjaˣ] *vt*: ~ algo (de/em algo) to separate sth (from sth)/break sth up (into sth); ~-se *vr*: ~-se de algo to dissociate o.s. from sth

dissolução [dʒisolu'sãw] *f* (*libertinagem*) debauchery; (*de casamento*) dissolution

dissoluto/a [dʒiso'lutu/a] *adj* dissolute

dissolver [dʒisow'veˣ] *vt* to dissolve; (*dispersar*) to disperse; (*motim*) to break up

dissuadir [dʒiswa'dʒiˣ] *vt* to dissuade; ~ alguém de fazer algo to talk sb out of doing sth, dissuade sb from doing sth

distância [dʒiʃ'tãsja] *f* distance; a 3 quilómetros de ~ 3 kilometres (*BRIT*) *ou* kilometers (*US*) away

distanciar [dʒiʃtã'sjaˣ] *vt* to distance, set apart; (*colocar por intervalos*) to space out; ~-se *vr* to move away; (*fig*) to distance o.s.

distante [dʒiʃ'tãtʃi] *adj* distant

distender [dʒiʃtẽ'deˣ] *vt* to expand; (*estirar*) to stretch; (*dilatar*) to distend; (*músculo*) to pull; ~-se *vr* to expand; to distend

distinção [dʒiʃtʃĩ'sãw] (*pl* ~ões) *f* distinction; fazer ~ to make a distinction

distinguir [dʒiʃtʃĩ'giˣ] *vt* to distinguish; (*avistar, ouvir*) to make out; ~-se *vr* to stand out

distintivo/a [dʒiʃtʃĩ'tʃivu/a] *adj* distinctive ♦ *m* (*insígnia*) badge; (*emblema*) emblem

distinto/a [dʒiʃ'tʃĩtu/a] *adj* different; (*eminente*) distinguished; (*claro*) distinct; (*refinado*) refined

disto ['dʒiʃtu] = de + isto

distorcer [dʒiʃtox'seˣ] *vt* to distort

distração [dʒiʃtra'sãw] (*PT* -cç-; *pl* -ões) *f* (*alheamento*) absentmindedness; (*divertimento*) pastime; (*descuido*) oversight

distraído/a [dʒiʃtra'idu/a] *adj* absent-minded; (*não atento*) inatten-

tive

distrair [dʒiʃtra'iˣ] *vt* to distract; (*divertir*) to amuse

distribuição [dʒiʃtribwi'sãw] *f* distribution; (*de cartas*) delivery

distribuidor(a) [dʒiʃtribwi'do*ˣ*(a)] *m/f* distributor ♦ *m* (*AUTO*) distributor ♦ *f* (*COM*) distribution company, distributor

distribuir [dʒiʃtri'bwiˣ] *vt* to distribute; (*repartir*) to share out; (*cartas*) to deliver

distrito [dʒiʃ'tritu] *m* district; (*delegacia*) police station; ~ eleitoral constituency; ~ federal federal area

distúrbio [dʒiʃ'tuxbju] *m* disturbance

ditado [dʒi'tadu] *m* dictation; (*provérbio*) saying

ditador [dʒita'doˣ] *m* dictator; **ditadura** [dʒita'dura] *f* dictatorship

ditar [dʒi'taˣ] *vt* to dictate; (*impor*) to impose

dito/a [dʒi'tu/a] *pp* de **dizer** ~ e feito no sooner said than done

ditongo [dʒi'tõgu] *m* diphthong

ditoso/a [dʒi'tozu/za] *adj* (*feliz*) happy; (*venturoso*) lucky

DIU *abr m* (= *dispositivo intrauterino*) IUD

diurno/a [dʒi'uxnu/a] *adj* daytime *atr*

divã [dʒi'vã] *m* couch, divan

divagar [dʒiva'gaˣ] *vi* to wander; (*falar sem nexo*) to ramble (on)

divergir [dʒivex'ʒiˣ] *vi* to diverge; (*discordar*): ~ (de alguém) to disagree (with sb)

diversão [dʒivex'sãw] (*pl* ~ões) *f* amusement; (*passatempo*) pastime

diverso/a [dʒi'vexsu/a] *adj* different; ~s various, several

diversões [dʒivex'sõjʃ] *fpl de* **diversão**

diversos [dʒi'vexsuʃ] *mpl* (*COM*) sundries

divertido/a [dʒivex'tʃidu/a] *adj* amusing, funny

divertimento [dʒivextʃi'mẽtu] *m* amusement, entertainment

divertir [dʒivex'tʃiˣ] *vt* to amuse, entertain; ~-se *vr* to enjoy o.s., have a good time

dívida ['dʒivida] *f* debt; **contrair** ~s to run into debt; ~ **externa** foreign debt

dividendo [dʒivi'dẽdu] *m* dividend

dividir [dʒivi'dʒi*] *vt* to divide; (*despesas, lucro, comida etc*) to share; (*separar*) to separate ♦ *vi* (MAT) to divide; ~-se *vr* to divide, split up

divindade [dʒivĩ'dadʒi] *f* divinity

divino/a [dʒi'vinu/a] *adj* divine ♦ *m* Holy Ghost

divirjo *etc* [dʒi'vixʒu] *vb* V **divergir**

divisa [dʒi'viza] *f* emblem; (*frase*) slogan; (*fronteira*) border; (MIL) stripe; ~s *fpl* (*câmbio*) foreign exchange *sg*

divisão [dʒivi'zãw] (*pl* ~ões) *f* division; (*discórdia*) split; (*partilha*) sharing

divisar [dʒivi'za*] *vt* to see, make out

divisões [dʒivi'zõjʃ] *fpl de* **divisão**

divisória [dʒivi'zɔrja] *f* partition

divisório/a [dʒivi'zɔrju/a] *adj* (*linha*) dividing

divorciado/a [dʒivox'sjadu/a] *adj* divorced ♦ *m/f* divorcé(e)

divorciar [dʒivox'sja*] *vt* to divorce; ~-se *vr* to get divorced; **divórcio** [dʒi'vɔxsju] *m* divorce

divulgar [dʒivuw'ga*] *vt* (*notícias*) to spread; (*segredo*) to divulge; (*produto*) to market; (*livro*) to publish; ~-se *vr* to leak out

dizer [dʒi'ze*] *vt* to say ♦ *m* saying; ~-se *vr* to claim to be; **diz-se** *ou* **dizem que** ... it is said that ...; ~ **algo a alguém** to tell sb sth; (*falar*) to say sth to sb; ~ **a alguém que** ... to tell sb that ...; **o que você diz da minha sugestão?** what do you think of my suggestion?; **querer** ~ to mean; **quer** ~ that is to say; **digo** (*ou seja*) I mean; **não diga!** you don't say!; **por assim** ~ so to speak; **até** ~ **chega** as much as possible

dizimar [dʒizi'ma*] *vt* to decimate

do [du] = **de** +**o**

doação [doa'sãw] (*pl* ~ões) *f* donation

doador(a) [doa'do*(a)] *m/f* donor

doar [do'a*] *vt* to donate, give

dobra ['dɔbra] *f* fold; (*prega*) pleat; (*de calças*) turn-up

dobradiça [dobra'dʒisa] *f* hinge

dobradiço/a [dobra'dʒisu/a] *adj* flexible

dobradinha [dobra'dʒiɲa] *f* (CULIN) tripe stew

dobrar [do'bra*] *vt* to double; (*papel*) to fold; (*joelho*) to bend; (*esquina*) to turn, go round; (*fazer ceder*): ~ **alguém** to talk sb round ♦ *vi* to double; (*sino*) to toll; (*vergar*) to bend; ~-se *vr* to double (up)

dobro ['dɔbru] *m* double

doca ['dɔka] *f* (NAUT) dock

doce ['dosi] *adj* sweet; (*terno*) gentle ♦ *m* sweet

dóceis ['dɔsejʃ] *adj pl de* **dócil**

docente [do'sẽtʃi] *adj*: **o corpo** ~ the teaching staff

dócil ['dɔsiw] (*pl* ~**eis**) *adj* docile

documentação [dokumẽta'sãw] *f* documentation; (*documentos*) papers *pl*

documentário/a [dokumẽ'tarju/a] *adj* documentary ♦ *m* documentary

documento [doku'mẽtu] *m* document

doçura [do'sura] *f* sweetness; (*brandura*) gentleness

doença [do'ẽsa] *f* illness

doente [do'ẽtʃi] *adj* ill, sick ♦ *m/f* sick person; (*cliente*) patient

doentio/a [doẽ'tʃiu/a] *adj* (*pessoa*) sickly; (*clima*) unhealthy; (*curiosidade*) morbid

doer [do'e*] *vi* to hurt, ache; ~ **a alguém** (*pesar*) to grieve sb

doido/a ['dojdu/a] *adj* mad, crazy ♦ *m/f* madman/woman

doído/a [do'idu/a] *adj* painful; (*moralmente*) hurt; (*que causa dor*) painful

dois/duas [dojʃ/'duaʃ] *num* two; **conversa a** ~ **tête-à-tête**

dólar ['dɔla*] *m* dollar; ~ **oficial/**

paralelo dollar at the official/black-market rate; **~-turismo** dollar at the special tourist rate; **doleiro/a** [do'lejru/a] m/f (black market) dollar dealer

dolo ['dɔlu] m fraud

dolorido/a [dolo'ridu/a] adj painful, sore

doloroso/a [dolo'rozu/ɔza] adj painful

dom [dõ] m gift; (aptidão) knack

domar [do'ma*] vt to tame

doméstica [do'mɛſtʃika] f maid

domesticado/a [domeſtʃi'kadu/a] adj domesticated; (manso) tame

domesticar [domeſtʃi'ka*] vt to domesticate; (povo) to tame

doméstico/a [do'mɛſtʃiku/a] adj domestic; (vida) home atr

domiciliar [domisi'lja*] adj home atr

domicílio [domi'silju] m home, residence; "entregamos a ~" "we deliver"

dominador(a) [domina'do*(a)] adj (pessoa) domineering; (olhar) imposing ♦ m/f ruler

dominante [domi'nãtʃi] adj dominant; (predominante) predominant

dominar [domi'na*] vt to dominate; (reprimir) to overcome ♦ vi to dominate; **~-se** vr to control o.s.

domingo [do'mĩgu] m Sunday

domínio [do'minju] m power; (dominação) control; (território) domain; (esfera) sphere; **~ próprio** self-control

domo ['dɔmu] m dome

dona ['dɔna] f owner; (col: mulher) lady; **~ de casa** housewife; **D~ Lígia** Lígia; **D~ Luísa Souza** Mrs Luísa Souza

donatário/a [dona'tarju/a] m/f recipient

donde ['dõda] (PT) adv from where; (daí) thus

dono ['dɔnu] m owner

donzela [dõ'zɛla] f maiden

dopar [do'pa*] vt to drug

dor [do*] f ache; (aguda) pain; (fig) grief, sorrow; **~ de cabeça/dentes/**

estômago headache/toothache/stomachache

dormente [dox'mẽtʃi] adj numb ♦ m (FERRO) sleeper

dormir [dox'mi*] vi to sleep; **~ fora** to spend the night away

dormitar [doxmi'ta*] vi to doze

dormitório [doxmi'torju] m bedroom; (coletivo) dormitory

dorso ['doxsu] m back

dos [duſ] = de + os

dosagem [do'zaʒẽ] m dosage

dose ['dɔzi] f dose

dossiê [do'sje] m dossier, file

dotado/a [do'tadu/a] adj gifted; **~ de** endowed with

dotar [do'ta*] vt to endow

dote ['dɔtʃi] m dowry; (fig) gift

dou [do] vb V dar

dourado/a [do'radu/a] adj golden; (com camada de ouro) gilt ♦ m gilt

douto/a ['dotu/a] adj learned

doutor(a) [do'to*(a)] m/f doctor; **D~** (forma de tratamento) Sir; **D~ Eduardo Souza** Mr Eduardo Souza

doutrina [do'trina] f doctrine

doze ['dozi] num twelve

Dr(a). abr (= Doutor(a)) Dr

dragão [dra'gãw] (pl **-ões**) m dragon

dragar [dra'ga*] vt to dredge

drágea [dra'ʒja] f tablet

dragões [dra'gõjſ] mpl de **dragão**

drama ['drama] m drama; **dramático/a** [dra'matʃiku/a] adj dramatic; **~tizar** [dramatʃi'za*] vt, vi to dramatize; **~turgo/a** [drama'tuxgu/a] m/f playwright, dramatist

drástico/a ['draſtʃiku/a] adj drastic

drenar [dre'na*] vt to drain

dreno ['drɛnu] m drain

driblar [dri'bla*] vt, vi (FUTEBOL) to dribble

drinque ['drĩki] m drink

droga ['drɔga] f drug; (fig) rubbish; **~do/a** [dro'gadu/a] m/f drug addict; **~r** [dro'ga*] vt to drug; **~r-se** vr to take drugs

drogaria [droga'ria] f chemist's shop (BRIT), drugstore (US)

duas ['duaſ] f de **dois**

dublar [du'bla°] vt to dub

dublê [du'ble] m/f double

ducha ['duʃa] f shower

duelo ['dwɛlu] m duel

dueto ['dwetu] m duet

duna ['duna] f dune

duodécimo/a [dwo'dɛsimu/a] num twelfth

dupla ['dupla] f pair; (ESPORTE): ~ masculina/feminina/mista men's/women's/mixed doubles

duplicar [dupli'ka°] vt to duplicate ♦ vi to double; **duplicata** [dupli'kata] f duplicate; (título) trade note, bill

duplo/a ['duplu/a] adj double ♦ m double

duque ['duki] m duke; **~sa** [du'keza] f duchess

duração [dura'sãw] f duration; **de pouca** ~ short-lived

duradouro/a [dura'doru/a] adj lasting

durante [du'rãtʃi] prep during; ~ **uma hora** for an hour

durar [du'ra°] vi to last

durável [du'ravew] (pl **-eis**) adj lasting

durex [du'rɛks] ® adj: **fita** ~ adhesive tape, sellotape ® (BRIT), scotchtape ® (US)

dureza [du'reza] f hardness

durmo etc ['duxmu] vb V **dormir**

duro/a ['duru/a] adj hard; (severo) harsh; (resistente, fig) tough; **estar** ~ (col) to be broke

dúvida ['duvida] f doubt; **sem** ~ undoubtedly, without a doubt; **duvidar** [duvi'da°] vt to doubt ♦ vi to have one's doubts; **duvidar de alguém/algo** to doubt sb/sth; **duvidar que ...** to doubt that ...; **duvido!** I doubt it!; **duvidoso/a** [duvi'dozu/za] adj doubtful; (suspeito) dubious

duzentos/as [du'zẽtuʃ/aʃ] num two hundred

dúzia ['duzja] f dozen; **meia** ~ half a dozen

dz. abr = **dúzia**

E

e [i] conj and; ~ **a bagagem?** what about the luggage?

é [ɛ] vb V **ser**

ébano ['ɛbanu] m ebony

ébrio/a ['ɛbrju/a] adj drunk ♦ m/f drunkard

ebulição [ebuli'sãw] f boiling; (fig) ferment

eclesiástico/a [ekle'zjastʃiku/a] adj ecclesiastical, church atr

eclipse [e'klipsi] m eclipse

eclusa [e'kluza] f (de canal) lock; (comporta) floodgate

eco ['ɛku] m echo; **ter** ~ to catch on; **~ar** [e'kwa°] vt to echo ♦ vi (ressoar) to echo

ecologia [ekolo'ʒia] f ecology

economia [ekono'mia] f economy; (ciência) economics sg; ~**s** fpl (poupanças) savings; **fazer** ~ (de) to economize (with)

econômico/a [eko'nomiku/a] adj economical; (pessoa) thrifty; (COM) economic

economista [ekono'miʃta] m/f economist

economizar [ekonomi'za°] vt (gastar com economia) to economize on; (poupar) to save (up) ♦ vi to economize; to save up

écran ['ɛkrã] (PT) m screen

ECU abr m ECU

edição [edʒi'sãw] (pl **-ões**) f publication; (conjunto de exemplares) edition; (TV, CINEMA) editing

edicto [e'ditu] (PT) m = **edito**

edifício [edʒi'fisju] m building; ~ **garagem** multistorey car park (BRIT), multistory parking lot (US)

Edimburgo [edʒĩ'buxgu] n Edinburgh

editar [edʒi'ta°] vt to publish; (COMPUT etc) to edit

edito [e'dʒitu] m edict, decree

editor(a) [edʒi'to°(a)] adj publishing atr ♦ m/f publisher; (redator) editor

◆ f publishing company; **casa** ~a
publishing house; **editorial**
[edʒitor'jaw] (pl -**ais**) adj publishing
atr ◆ m editorial

edredão [adrə'dãw] (pl -**ões**) (PT)
m = **edredom**

edredom [edre'dõ] (pl -**ns**) m eiderdown

educação [eduka'sãw] f education;
(criação) upbringing; (de animais)
training; (maneiras) good manners
pl; **educacional** [edukasjo'naw] (pl
-**ais**) adj education atr

educar [edu'ka*] vt to educate;
(criar) to bring up; (animal) to train

efectivo/a etc [efek'tivu/a] (PT) adj
= **efetivo** etc

efectuar [efek'twa*] (PT) vt = **efetuar**

efeito [e'fejtu] m effect; **fazer** ~ to
work; **levar a** ~ to put into effect;
com ~ indeed

efeminado [efemi'nadu] adj effeminate

efervescente [efexve'sẽtʃi] adj fizzy

efetivamente [efetʃiva'mẽtʃi] adv
effectively; (realmente) really, in
fact

efetivar [efetʃi'va*] vt (mudanças,
cortes) to carry out

efetividade [efetʃivi'dadʒi] f effectiveness; (realidade) reality

efetivo/a [efe'tʃivu/a] adj effective;
(real) actual, real; (cargo, funcionário) permanent

efetuar [efe'twa*] vt to carry out;
(soma) to do, perform

eficácia [efi'kasja] f (de pessoa) efficiency; (de tratamento) effectiveness

eficaz [efi'ka3] adj (pessoa) efficient;
(tratamento) effective

eficiência [efi'sjẽsja] f efficiency; **eficiente** [efi'sjẽtʃi] adj efficient

efusivo/a [efu'zivu/a] adj effusive;
(cumprimentos) warmest

egípcio/a [e'ʒipsju/a] adj, m/f Egyp-
tian

Egito [e'ʒitu] (PT -**pt**-) m: **o** ~
Egypt

egoísmo [ego'iʒmu] m selfishness,

egoism; **egoísta** [ego'iʃta] adj selfish,
egoistic ◆ m/f egoist

égua ['ɛgwa] f mare

ei [ej] excl hey!

ei-lo etc = **eis** + **o**

eis [ejʃ] adv (sg) here is; (pl) here
are; ~ **aí** there is; there are

eixo ['ejʃu] m (de rodas) axle;
(MAT) axis; (de máquina) shaft; ~
de transmissão drive shaft

ejacular [eʒaku'la*] vt (sémen) to
ejaculate; (líquido) to spurt ◆ vi to
ejaculate

ela ['ɛla] pron (pessoa) she; (coisa)
it; (com prep) her; it; ~**s** fpl they;
(com prep) them; ~**s por** ~**s** (col)
tit for tat

elaboração [elabora'sãw] (pl -**ões**) f
(de uma teoria) working out; (preparo) preparation

elaborar [elabo'ra*] vt to prepare;
(fazer) to make; (teoria) to work out

elástico/a [e'laʃtʃiku/a] adj elastic;
(flexível) flexible; (colchão) springy
◆ m elastic band

ele ['eli] pron he; (coisa) it; (com
prep) him; it; ~**s** mpl they; (com
prep) them

electri... etc [elektri] (PT) = **eletri...**
etc

eléctrico/a [e'lektriku/a] (PT) adj =
elétrico ◆ m tram (BRIT), streetcar
(US)

electro... etc [elektru] (PT) = **eletro...** etc

eléctrodo [e'lektrodu] (PT) m =
eletrodo

elefante/ta [ele'fãtʃi/ta] m/f elephant

elegância [ele'gãsja] f elegance

elegante [ele'gãtʃi] adj elegant; (da
moda) fashionable

eleger [ele'ʒe*] vt to elect; (escolher) to choose

elegível [ele'ʒivew] (pl -**eis**) adj eligible

eleição [elej'sãw] (pl -**ões**) f election; (escolha) choice

eleito/a [e'lejtu/a] pp de **eleger** ◆
adj elected; chosen

eleitor(a) [elej'to*(a)] m/f voter;

~do [eleʒto'radu] m electorate

elejo etc [e'leʒu] vb V **eleger**

elementar [elemẽ'ta*] adj elementary; (fundamental) basic, fundamental

elemento [ele'mẽtu] m element; (parte) component; (recurso) means; (informação) grounds pl; **~s** mpl (rudimentos) rudiments

elenco [e'lẽku] m list; (de atores) cast

elepê [eli'pe] m LP, album

eletricidade [eletrisi'dadʒi] f electricity

eletricista [eletri'siʃta] m/f electrician

elétrico/a [e'letriku/a] adj electric; (fig: agitado) worked up

eletrificar [eletrifi'ka*] vt to electrify

eletrizar [eletri'za*] vt to electrify; (fig) to thrill

eletro... [eletru] prefixo electro...; **~cutar** [eletroku'ta*] vt to electrocute; **~do** [e'letrodu] m electrode; **~domésticos** [eletrodo'mɛʃtʃikuʃ] (BR) mpl (electrical) household appliances

eletrônica [ele'tronika] f electronics sg

eletrônico/a [ele'troniku/a] adj electronic

elevação [eleva'sãw] (pl **-ões**) f (ARQ) elevation; (aumento) rise; (ato) raising; (altura) height; (promoção) promotion; (ponto elevado) bump

elevador [eleva'do*] m lift (BRIT), elevator (US)

elevar [ele'va*] vt to lift up; (voz, preço) to raise; (exaltar) to exalt; (promover) to promote; **~-se** vr to rise

eliminar [elimi'na*] vt to remove; (suprimir) to delete; (possibilidade) to rule out; (MED, banir) to expel; (ESPORTE) to eliminate; **eliminatória** [elimina'tɔrja] f (ESPORTE) heat, preliminary round; (exame) test

elite [e'litʃi] f elite

elo [e'lu] m link

elogiar [elo'ʒja*] vt to praise; **elogio** [elo'ʒiu] m praise; (cumprimento) compliment

eloquência [elo'kwẽsja] f eloquence

eloquente [elo'kwẽtʃi] adj eloquent; (persuasivo) persuasive

El Salvador [ew-] n El Salvador

PALAVRA CHAVE

em [ẽ] (em + o(s)/a(s) = no(s)/na(s); + ele(s)/a(s) = nele(s)/nela(s); + esse(s)/a(s) = nesse(s)/a(s); + isso = nisso; + este(s)/a(s) = neste(s)/a(s); + isto = nisto; + aquele(s)/a(s) = naquele(s)/a(s); + aquilo = naquilo) prep **1** (posição) in; (: sobre) on; está na gaveta/no bolso it's in the drawer/pocket; está na mesa/no chão it's on the table/floor

2 (lugar) in; (: casa, escritório etc) at; (: andar, meio de transporte) on; no Brasil/em São Paulo in Brazil/ São Paulo; **~** casa/no dentista at home/the dentist; no avião on the plane; no quinto andar on the fifth floor

3 (ação) into; ela entrou na sala de aula she went into the classroom; colocar algo na bolsa to put sth into one's bag

4 (tempo) in; **~** 1962/3 semanas in 1962/3 weeks; no inverno in the winter; **~** janeiro, no mês de janeiro in January; nessa ocasião/altura on that occasion/at that time; **~** breve soon

5 (diferença) reduzir/aumentar **~** um 20% to reduce/increase by 20%

6 (modo) escrito **~** inglês written in English

7 (após vb que indica gastar etc) on; a metade do seu salário vai **~** comida he spends half his salary on food

8 (tema, ocupação): especialista no assunto expert on the subject; ele trabalha na construção civil he works in the building industry

emagrecer [imagre'se*] vt to make thin ♦ vi to grow thin; (mediante regime) to slim; **emagrecimento** [imagresi'mētu] m (mediante regime) slimming

emanar [ema'na*] vi: ~ de to come from, emanate from

emancipar [imãsi'pa*] vt to emancipate; ~-se vr to come of age

emaranhado/a [imara'nadu/a] adj tangled ♦ m tangle

emaranhar [imara'na*] vt to tangle (up); ~-se vr to get entangled

emassar [ema'sa*] vt to plaster

embaçado/a [ēba'sadu/a] adj (vidro) steamed up

embaixada [ēbaj'ʃada] f embassy

embaixador(a) [ēbajʃa'do*(a)] m/f ambassador

embaixatriz [ēbajʃa'triʒ] f ambassador; (mulher de embaixador) ambassador's wife

embaixo [ē'bajʃu] adv below, underneath ♦ prep: ~ de under, underneath; (lá) ~ (em andar inferior) downstairs

embalado/a [ēba'ladu/a] adj (acelerado) fast; **ir** ~ to race along

embalagem [ēba'laʒẽ] f packing; (de produto: caixa etc) packaging

embalar [ēba'la*] vt to pack; (balançar) to rock

embaraçar [ēbara'sa*] vt to hinder; (complicar) to complicate; (encabular) to embarrass; (confundir) to confuse; (obstruir) to block; ~-se vr to become embarrassed

embaraço [ēba'rasu] m hindrance; (cábula) embarrassment; ~so/a [ēbara'sozu/ɔza] adj embarrassing

embarcação [ēbaxka'sãw] (pl -ões) f vessel

embarcadouro [ēbaxka'doru] m wharf

embarcar [ēbax'ka*] vt to embark, put on board; (mercadorias) to ship, stow ♦ vi to go on board, embark

embargar [ēbax'ga*] vt (JUR) to seize; (pôr obstáculos a) to hinder; (reprimir: voz) to keep down; (impe-

dir) to forbid; **embargo** [ē'baxgu] m seizure; (impedimento) impediment; **sem embargo** nevertheless

embarque [ē'baxki] m (de pessoas) boarding, embarkation; (de mercadorias) shipment

embasamento [ēbaza'mētu] m (ARQ) foundation

embebedar [ēbebe'da*] vt to make drunk ♦ vi: o vinho embebeda wine makes you drunk; ~-se vr to get drunk

embelezar [ēbele'za*] vt to make beautiful; (casa) to brighten up; ~-se vr to make o.s. beautiful

embicar [ēbi'ka*] vi (NAUT) to enter port; (fig): ~ **para** to head for; ~ **com alguém** to quarrel with sb

emblema [ē'blema] m emblem; (na roupa) badge

embocadura [ēboka'dura] f (de rio) mouth; (MUS) mouthpiece; (de freio) bit

êmbolo [ē'bolu] m piston

embolsar [ēbow'sa*] vt to pocket; (herança) to come into; (indenizar) to refund

embora [ē'bɔra] conj though, although ♦ excl even so; **ir(-se)** ~ to go away

emboscada [ēboʃ'kada] f ambush

embreagem [ēbri'aʒẽ] (pl -ns) f (AUTO) clutch

embrenhar [ēbre'na*] vt to penetrate; ~-se vr: ~-se (em/por) to make one's way (into/through)

embriagar [ēbria'ga*] vt to make drunk, intoxicate; ~-se vr to get drunk; **embriaguez** [ēbria'geʒ] f drunkenness; (fig) rapture

embrião [ē'brjãw] (pl -ões) m embryo

embromar [ēbro'ma*] vt (adiar) to put off; (enganar) to cheat ♦ vi (prometer e não cumprir) to make empty promises, be all talk (and no action); (protelar) to stall; (falar em rodeios) to beat about the bush

embrulhada [ēbru'ʎada] f muddle, mess

embrulhar [ẽbruˈʎaʳ] vt (pacote) to wrap; (enrolar) to :oll up; (confundir) to muddle up; (enganar) to cheat; (estômago) to upset; **~-se** vr to get into a muddle

embrulho [ẽˈbruʎu] m package, parcel; (confusão) mix-up

embrutecer [ẽbruteˈseʳ] vt to brutalize; **~-se** vr to be brutalized

emburrar [ẽbuˈxaʳ] vi to sulk

embuste [ẽˈbuʃtʃi] m (engano) deception; (ardil) trick; **~iro/a** [ẽbuʃˈtçiru/a] adj deceitful ♦ m/f cheat; (mentiroso) liar; (impostor) impostor

embutido/a [ẽbuˈtʃidu/a] adj (armário) built-in, fitted

emenda [eˈmẽda] f correction; (de lei) amendment; (de uma pessoa) improvement; (ligação) join; (sambladura) joint; (COSTURA) seam

emendar [emẽˈdaʳ] vt to correct; (reparar) to mend; (injustiças) to make amends for; (lei) to amend; (ajuntar) to put together; **~-se** vr to mend one's ways

ementa [eˈmẽta] (PT) f menu

emergência [imeɾˈʒẽsja] f emergence; (crise) emergency

emergir [imeɾˈʒiʳ] vi to emerge, appear; (submarino) to surface

emigração [imigraˈsãw] (pl -ões) f emigration; (de aves) migration

emigrado/a [emiˈgradu/a] adj emigrant

emigrante [emiˈgrãtʃi] m/f emigrant

emigrar [emiˈgraʳ] vi to emigrate; (aves) to migrate

eminência [emiˈnẽsja] f eminence; (altura) height; **eminente** [emiˈnẽtʃi] adj eminent, distinguished; (GEO) high

emirjo etc [eˈmiɾʒu] vb V **emergir**

emissão [emiˈsãw] (pl -ões) f emission; (RADIO) broadcast; (de moeda, ações) issue

emissário/a [emiˈsarju/a] m/f emissary ♦ m outlet

emissões [emiˈsõjʃ] fpl de **emissão**

emissor(a [emiˈso·(a)] adj (de

moeda-papel) issuing ♦ m (RADIO) transmitter ♦ f (estação) broadcasting station; (empresa) broadcasting company

emitir [emiˈtʃiʳ] vt (som) to give out; (cheiro) to give off; (moeda, ações) to issue; (RADIO) to broadcast; (opinião) to express ♦ vi (emitir moeda) to print money

emoção [emoˈsãw] (pl -ões) f emotion; (excitação) excitement; **emocional** [imosjoˈnaw] (pl -ais) adj emotional; **emocionante** [imosjoˈnãtʃi] adj moving; exciting; **emocionar** [imosjoˈnaʳ] vt to move; (perturbar) to upset; (excitar) to excite, thrill ♦ vi to be exciting; (comover) to be moving; **emocionar-se** vr to get emotional

emoldurar [emowduˈraʳ] vt to frame

emotivo/a [emoˈtʃivu/a] adj emotional

empacotar [ẽpakoˈtaʳ] vt to pack, wrap up

empada [ẽˈpada] f pie

empadão [ẽpaˈdãw] (pl -ões) m pie

empalhar [ẽpaˈʎaʳ] vt (animal) to stuff

empalidecer [ẽpalideˈseʳ] vi to turn pale

empanturrar [ẽpãtuˈxaʳ] vt: **~ al-guém de** algo to stuff sb full of sth

emparelhar [ẽpareˈʎaʳ] vt to pair; (equiparar) to match ♦ vi: **~ com** to be equal to

empatar [ẽpaˈtaʳ] vt to hinder; (dinheiro) to tie up; (no jogo) to draw; (tempo) to take up ♦ vi (no jogo): **~ (com)** to draw (with); **empate** [ẽˈpatʃi] m draw; tie; (XADREZ) stalemate; (em negociações) deadlock

empecilho [ẽpeˈsiʎu] m obstacle; (col) snag

empedernido/a [ẽpedexˈnidu/a] adj hard-hearted

empedrar [ẽpeˈdraʳ] vt to pave

empenar [ẽpeˈnaʳ] vt, vi (curvar) to warp

empenhar [ẽpeˈɲaʳ] vt (objeto) to

pawn; (*palavra*) to pledge; (*empregar*) to exert; (*compelir*) to oblige; ~-se *vr*: ~-se em fazer to strive to do, do one's utmost to do; **empenho** [ē'peɲu] *m* pawning; pledge; (*insistência*) commitment (to)

empestar [ēpeʃ'ta*] *vt* to infect

empilhar [ēpi'ʎa*] *vt* to pile up

empinado/a [ēpi'nadu/a] *adj* upright; (*cavalo*) rearing; (*colina*) steep

empinar [ēpi'na*] *vt* to raise, uplift

emplastro [ē'plaʃtru] *m* (*MED*) plaster

empobrecer [ēpobre'se*] *vt* to impoverish ♦ *vi* to become poor; **empobrecimento** [ēpobresi'mētu] *m* impoverishment

empola [ē'pola] *f* (*na pele*) blister; (*de água*) bubble; ~**do/a** [ēpo'ladu/a] *adj* covered with blisters; (*estilo*) pompous, bombastic

empolgação [ēpowga'sãw] *f* excitement; (*entusiasmo*) enthusiasm

empolgante [ēpow'gãtʃi] *adj* exciting

empolgar [ēpow'ga*] *vt* to stimulate, fill with enthusiasm; (*prender a atenção de*): ~ alguém to keep sb riveted

empório [ē'pɔrju] *m* (*mercado*) market; (*armazém*) department store

empossar [ēpo'sa*] *vt* to appoint

empreendedor(a) [ēprjēde'do*(a)] *adj* enterprising ♦ *m/f* entrepreneur

empreender [ēprjē'de*] *vt* to undertake; **empreendimento** [ēprjēdʒi'-mētu] *m* undertaking

empregada [ēpre'gada] *f* (*BR*: *doméstica*) maid; (*PT*: *de restaurante*) waitress; *V tb* **empregado**

empregado/a [ēpre'gadu/a] *m/f* employee; (*em escritório*) clerk ♦ *m* (*PT*: *de restaurante*) waiter

empregador(a) [ēprega'do*(a)] *m/f* employer

empregar [ēpre'ga*] *vt* (*pessoa*) to employ; (*coisa*) to use; ~-se *vr* to get a job

emprego [ē'pregu] *m* job; (*uso*) use

empreiteira [ēprej'tejra] *f* (*firma*) contractor

empreiteiro [ēprej'tejru] *m* contractor

empresa [ē'preza] *f* undertaking; (*COM*) enterprise, firm; **empresário/a** [ēpre'zarju/a] *m/f* businessman/woman; (*de cantor, boxeador etc*) manager

emprestado/a [ēpreʃ'tadu/a] *adj* on loan; **pedir** ~ to borrow; **tomar algo** ~ to borrow sth

emprestar [ēpreʃ'ta*] *vt* to lend; **empréstimo** [ē'prɛʃtʃimu] *m* loan

empunhar [ēpu'ɲa*] *vt* to grasp, seize

empurrão [ēpu'xãw] (*pl* ~**ões**) *m* push, shove; **aos empurrões** jostling

empurrar [ēpu'xa*] *vt* to push

empurrões [ēpu'xõjʃ] *mpl de* **empurrão**

emudecer [emude'se*] *vt* to silence ♦ *vi* to fall silent, go quiet

enamorado/a [enamo'radu/a] *adj* enchanted; (*apaixonado*) in love

encabeçar [ēkabe'sa*] *vt* to head

encabulado/a [ēkabu'ladu/a] *adj* shy

encabular [ēkabu'la*] *vt* to embarrass ♦ *vi* (*fato, situação*) to be embarrassing; (*pessoa*) to get embarrassed

encadernação [ēkadexna'sãw] (*pl* ~**ões**) *f* (*de livro*) binding

encadernado/a [ēkadex'nadu/a] *adj* bound; (*de capa dura*) hardback

encadernar [ēkadex'na*] *vt* to bind

encaixar [ēkaj'ʃa*] *vt* (*colocar*) to fit in; (*inserir*) to insert ♦ *vi* to fit; **encaixe** [ē'kajʃi] *m* (*ato*) fitting; (*ranhura*) groove; (*buraco*) socket

encalço [ē'kawsu] *m* pursuit; **ir no** ~ **de** to pursue

encalhado/a [ēka'ʎadu/a] *adj* stranded; (*mercadoria*) unsaleable; (*col*: *solteiro*) on the shelf

encalhar [ēka'ʎa*] *vi* (*embarcação*) to run aground; (*fig*: *processo*) to grind to a halt; (: *mercadoria*) to be returned, not to sell; (*col: ficar solteiro*) to be left on the shelf

encalorado/a [ẽkalo'radu/a] *adj* hot

encaminhar [ẽkami'na*] *vt* to direct; (*no bom caminho*) to put on the right path; (*processo*) to set in motion; ~-**se** *vr:* ~-**se para/a** to set out for/to

encanador [ẽkana'do*] (*BR*) *m* plumber

encanamento [ẽkana'mẽtu] (*BR*) *m* plumbing

encanar [ẽka'na*] *vt* to channel

encantado/a [ẽkã'tadu/a] *adj* delighted; (*castelo etc*) enchanted; (*fascinado*): ~ (*por*) smitten (with)

encantador(a) [ẽkãta'do*(a)] *adj* delightful, charming

encantamento [ẽkãta'mẽtu] *m* (*magia*) spell; (*fascinação*) charm

encantar [ẽkã'ta*] *vt* to bewitch; to charm; (*deliciar*) to delight

encanto [ẽ'kãtu] *m* delight; charm

encapar [ẽka'pa*] *vt* (*livro, sofá*) to cover; (*envolver*) to wrap

encapotar [ẽkapo'ta*] *vt* to wrap up; ~-**se** *vr* to wrap o.s. up

encarar [ẽka'ra*] *vt* to face; (*olhar*) to look at; (*considerar*) to consider

encarcerar [ẽkaxse'ra*] *vt* to imprison

encardido/a [ẽkax'dʒidu/a] *adj* (*roupa, casa*) grimy; (*pele*) sallow

encarecer [ẽkare'se*] *vt* to raise the price of; (*louvar*) to praise; (*exagerar*) to exaggerate ♦ *vi* to go up in price, get dearer

encargo [ẽ'kaxgu] *m* responsibility; (*ocupação*) job, assignment; (*fardo*) burden

encarnação [ẽkaxna'sãw] (*pl* –ões) *f* incarnation

encarnado/a [ẽkax'nadu/a] *adj* red, scarlet

encarnar [ẽkax'na*] *vt* to embody, personify; (*TEATRO*) to play

encarquilhado/a [ẽkaxki'ʎadu/a] *adj* (*fruta*) wizened; (*rosto*) wrinkled

encarregado/a [ẽkaxe'gadu/a] *adj*: ~ **de** in charge of ♦ *m/f* person in

charge ♦ *m* (*de operários*) foreman

encarregar [ẽkaxe'ga*] *vt:* ~ **alguém de algo** to put sb in charge of sth; ~-**se** *vr:* ~-**se de fazer** to undertake to do

encenação [ẽsena'sãw] (*pl* –ões) *f* (*de peça*) staging, putting on; (*produção*) production; (*fingimento*) playacting; (*atitude fingida*) put-on

encenar [ẽse'na*] *vt* (*TEATRO*: *pôr em cena*) to stage, put on; (: *produzir*) to produce; (*fingir*) to put on

encerar [ẽse'ra*] *vt* to wax

encerramento [ẽsexa'mẽtu] *m* close, end

encerrar [ẽse'xa*] *vt* to shut in, lock up; (*conter*) to contain; (*concluir*) to close

encharcar [ẽʃax'ka*] *vt* to flood; (*ensopar*) to soak, drench; ~-**se** *vr* to get soaked *ou* drenched

enchente [ẽ'ʃẽtʃi] *f* flood

encher [ẽ'ʃe*] *vt* to fill (up); (*balão*) to blow up; (*tempo*) to fill, take up ♦ *vi* (*col*) to be annoying; ~-**se** *vr* to fill up; ~-**se (de)** (*col*) to get fed up (with); **enchimento** [ẽʃi'mẽtu] *m* filling

enchova [ẽ'ʃova] *f* anchovy

enciclopédia [ẽsiklo'pɛdʒja] *f* encyclopedia, encyclopaedia (*BRIT*)

encoberto/a [ẽko'bextu/a] *pp de encobrir* ♦ *adj* concealed; (*tempo*) overcast

encobrir [ẽko'bri*] *vt* to conceal, hide

encolher [ẽko'ʎe*] *vt* (*pernas*) to draw up; (*os ombros*) to shrug; (*roupa*) to shrink ♦ *vi* to shrink; ~-**se** *vr* (*de frio*) to huddle

encomenda [ẽko'mẽda] *f* order; **feito de** ~ made to order, custommade; ~**r** [ẽkomẽ'da*] *vt* ~ **algo a alguém** to order sth from sb

encontrar [ẽkõ'tra*] *vt* to find; (*pessoa*) to meet; (*inesperadamente*) to come across; (*dar com*) to bump into ♦ *vi:* ~ **com** to bump into; ~-**se** *vr* (*achar-se*) to be; (*ter encontro*): ~-**se (com alguém)** to meet (sb)

encontro [ẽ'kõtru] m (de pessoas) meeting; (MIL) encounter; ~ **marcado** appointment; **ir/vir ao ~ de** to go/come and meet

encontrões [ẽkõ'trõjʃ] mpl de **encontrão**

encorajar [ẽkora'ʒa*] vt to encourage

encorpado/a [ẽkox'padu/a] adj stout; (vinho) full-bodied; (tecido) closely-woven; (papel) thick

encosta [ẽ'kɔʃta] f slope

encostar [ẽkoʃ'ta*] vt (cabeça) to put down; (carro) to park; (pôr de lado) to put to one side; (pôr junto) to put side by side; (porta) to leave ajar ♦ vi to pull in; ~**-se** vr: ~**-se em** to lean against; (deitar-se) to lie down on; ~ **em** to lean against; ~ **a mão em** (bater) to hit

encosto [ẽ'koʃtu] m (arrimo) support; (de cadeira) back

encrencar [ẽkrẽ'ka*] (col) vt (situação) to complicate; (pessoa) to get into trouble ♦ vi to get complicated; (carro) to break down; ~**-se** vr to get complicated; to get into trouble

encrespar [ẽkreʃ'pa*] vt (o cabelo) to curl; ~**-se** vr (o cabelo) to curl

encruzilhada [ẽkruzi'ʎada] f crossroads sg

encurtar [ẽkux'ta*] vt to shorten

endereçamento [ẽderesa'mẽtu] m (endereço) address

endereçar [ẽdere'sa*] vt (carta) to address; (encaminhar) to direct

endereço [ẽde'resu] m address

endiabrado/a [ẽdʒia'bradu/a] adj devilish; (travesso) mischievous

endinheirado/a [ẽdʒiɲej'radu/a] adj rich, wealthy

endireitar [ẽdʒirej'ta*] vt (objeto) to straighten; (fig: retificar) to put right; ~**-se** vr to straighten up

endividar-se [ẽdʒivi'daxsi] vr to run into debt

endoidecer [ẽdojde'se*] vt to madden ♦ vi to go mad

endossar [ẽdo'sa*] vt to endorse

endosso [ẽ'dosu] m endorsement

endurecer [ẽdure'se*] vt, vi to harden

energia [enex'ʒia] f energy, drive; (TEC) power, energy; **enérgico/a** [e'nexʒiku/a] adj energetic, vigorous

enervante [enex'vãtʃi] adj annoying

enevoado/a [ene'vwadu/a] adj misty, hazy

enfado [ẽ'fadu] m annoyance; ~**nho/a** [ẽfa'doɲu/a] adj tiresome; (aborrecido) boring

enfaixar [ẽfaj'ʃa*] vt (perna) to bandage, bind

enfarte [ẽ'faxtʃi] m (MED) coronary

ênfase [ẽfazi] f emphasis, stress

enfastiado/a [ẽfaʃ'tʃjadu/a] adj bored

enfastiar [ẽfaʃ'tʃja*] vt to weary; (aborrecer) to bore; ~**-se** vr: ~**-se de ou com** to get tired of; to get bored with

enfático/a [ẽ'fatʃiku/a] adj emphatic

enfatizar [ẽfatʃi'za*] vt to emphasize

enfeitar [ẽfej'ta*] vt to decorate; ~**-se** vr to dress up; **enfeite** [ẽ'fejtʃi] m decoration

enfeitiçar [ẽfejtʃi'sa*] vt to bewitch, cast a spell on

enfermagem [ẽfex'maʒẽ] f nursing

enfermaria [ẽfexma'ria] f ward

enfermeiro/a [ẽfex'mejru/a] m/f nurse

enfermidade [ẽfexmi'dadʒi] f illness

enfermo/a [ẽ'fexmu/a] adj ill, sick ♦ m/f sick person, patient

enferrujar [ẽfexu'ʒa*] vt to rust, corrode ♦ vi to go rusty

enfiada [ẽ'fjada] f row

enfiar [ẽ'fja*] vt (meter) to put; (agulha) to thread; (vestir) to slip on; ~**-se** vr: ~**-se em** to slip into

enfim [ẽ'fĩ] adv finally, at last; (em suma) in short; **até que ~!** at last!

enfoque [ẽ'fɔki] m approach

enforcar [ẽfox'ka*] vt to hang; (trabalho, aulas) to skip; ~**-se** vr to hang o.s.

enfraquecer [ẽfrake'se*] vt to weaken ♦ vi to grow weak

enfrentar [ẽfrẽ'ta*] vt to face; (con-

frontar) to confront; (*problemas*) to face up to

enfurecer [ẽfure'se°] *vt* to infuriate; ~-**se** *vr* to get furious

engajar [ẽga'ʒa°] *vt* (*trabalhadores*) to take on, hire; ~-**se** *vr* to take up employment; (*MIL*) to enlist; ~-**se em algo** to get involved in sth; (*POL*) to be committed to sth

enganado/a [ẽga'nadu/a] *adj* mistaken; (*traído*) deceived

enganar [ẽga'na°] *vt* to deceive; (*desonrar*) to seduce; (*cônjuge*) to be unfaithful to; (*fome*) to stave off; ~-**se** *vr* to be wrong, be mistaken; (*iludir-se*) to deceive o.s.

enganchar [ẽgã'ʃa°] *vt*: ~ **algo (em algo)** to hook sth up (to sth)

engano [ẽ'gãnu] *m* mistake; (*ilusão*) deception; (*logro*) trick; **é** ~ (*TEL*) I've (ou you've) got the wrong number

engarrafamento [ẽgaxafa'mẽtu] *m* bottling; (*de trânsito*) traffic jam

engarrafar [ẽgaxa'fa°] *vt* to bottle; (*trânsito*) to block

engasgar [ẽgaʒ'ga°] *vt* to choke ♦ *vi* to choke; (*máquina*) to splutter; ~-**se** *vr* to choke

engastar [ẽgaʃ'ta°] *vt* (*jóias*) to set, mount

engatinhar [ẽgatʃi'ɲa°] *vi* to crawl

engendrar [ẽʒẽ'dra°] *vt* to dream up

engenharia [ẽʒeɲa'ria] *f* engineering; **engenheiro/a** [ẽʒe'ɲejru/a] *m/f* engineer

engenho [ẽ'ʒeɲu] *m* talent; (*destreza*) skill; (*máquina*) machine; (*moenda*) mill; (*fazenda*) sugar plantation; ~**so/a** [ẽʒe'ɲozu/ɔza] *adj* clever, ingenious

engessar [ẽʒe'sa°] *vt* (*perna*) to put in plaster; (*parede*) to plaster

englobar [ẽglo'ba°] *vt* to include

engodar [ẽgo'da°] *vt* to lure, entice

engodo [ẽ'godu] *m* bait

engolir [ẽgo'li°] *vt* to swallow

engomar [ẽgo'ma°] *vt* to starch; (*passar*) to iron

engonço [ẽ'gõsu] *m* hinge

engordar [ẽgox'da°] *vt* to fatten ♦ *vi* to put on weight

engraçado/a [ẽgra'sadu/a] *adj* funny, amusing

engradado [ẽgra'dadu] *m* crate

engrandecer [ẽgrãde'se°] *vt* to elevate ♦ *vi* to grow; ~-**se** *vr* to become great

engraxador [ẽgraʃa'do°] (*PT*) *m* shoe shiner

engraxar [ẽgra'ʃa°] *vt* to polish

engraxate [ẽgra'ʃatʃi] *m* shoe shiner

engrenagem [ẽgre'naʒẽ] (*pl* -**ns**) *f* (*AUTO*) gear

engrenar [ẽgre'na°] *vt* to put into gear; (*fig*: *conversa*) to strike up ♦ *vi*: ~ **com alguém** to get on with sb

engrossar [ẽgro'sa°] *vt* (*sopa*) to thicken; (*aumentar*) to swell; (*voz*) to raise ♦ *vi* to thicken; to swell; to rise; (*col*: *pessoa*, *conversa*) to turn nasty

enguia [ẽ'gia] *f* eel

enguiçar [ẽgi'sa°] *vi* (*máquina*) to break down ♦ *vt* to cause to break down; **enguiço** [ẽ'gisu] *m* snag; (*desarranjo*) breakdown

enigma [e'nigima] *m* enigma; (*mistério*) mystery

enjaular [ẽʒaw'la°] *vt* (*fera*) to cage, cage up; (*pessoa*) to imprison

enjeitado/a [ẽʒej'tadu/a] *m/f* foundling, waif

enjeitar [ẽʒej'ta°] *vt* to reject; (*abandonar*) to abandon; (*condenar*) to condemn

enjoado/a [ẽ'ʒwadu/a] *adj* sick; (*enfastiado*) bored; (*enfadonho*) boring; (*mal-humorado*) in a bad mood

enjoar [ẽ'ʒwa°] *vt* to make sick; to bore ♦ *vi* (*pessoa*) to be sick; (*remédio*, *comida*) to cause nausea; ~-**se** *vr*: ~-**se de** to get sick of

enjôo [ẽ'ʒou] *m* sickness; (*em carro*) travel sickness; (*em navio*) seasickness; boredom

enlaçar [ẽla'sa°] *vt* to tie, bind; (*abraçar*) to hug; (*unir*) to link, join; (*bois*) to hitch; (*cingir*) to wind around; ~-**se** *vr* to be linked

enlatado/a [ẽla'tadu/a] adj tinned (BRIT), canned ♦ m (pej: filme) foreign import; ~s mpl (comida) tinned (BRIT) ou canned foods

enlatar [ẽla'ta*] vt (comida) to can

enlouquecer [ẽloke'se*] vt to drive mad ♦ vi to go mad

enlutado/a [ẽlu'tadu/a] adj in mourning

enojar [eno'ʒa*] vt to disgust, sicken

enorme [e'nɔxmi] adj enormous, huge; **enormidade** [enoxmi'dadʒi] f enormity; **uma enormidade (de)** (col) a hell of a lot (of)

enquadrar [ẽkwa'dra*] vt to fit; (gravura) to frame ♦ vi: ~ **com** (condizer) to fit ou tie in with

enquanto [ẽ'kwãtu] conj while; (considerado como) as; ~ isso meanwhile; **por** ~ for the time being; ~ **ele não vem** until he comes; ~ **que** whereas

enquête [ẽ'ketʃi] f survey

enraivecer [ẽxajve'se*] vt to enrage

enredar [ẽxe'da*] vt to entangle; (complicar) to complicate; ~-**se** vr to get entangled

enredo [ẽ'xedu] m (de uma obra) plot; (intriga) intrigue

enriquecer [ẽxike'se*] vt to make rich; (fig) to enrich ♦ vi to get rich; ~-**se** vr to get rich

enrolar [ẽxo'la*] vt to roll up; (agasalhar) to wrap up; (col: enganar) to con ♦ vi (col) to waffle; ~-**se** vr to roll up; to wrap up; (col: confundir-se) to get mixed ou muddled up

enroscar [ẽxoʃ'ka*] vt (torcer) to twist, wind (round); ~-**se** vr to coil up

enrubescer [ẽxube'se*] vt to redden, colour (BRIT), color (US) ♦ vi (por vergonha) to blush, go red

enrugar [ẽxu'ga*] vt (pele) to wrinkle; (testa) to furrow; (tecido) to crease ♦ vi (pele, mãos) to go wrinkly; (pessoa) to get wrinkles

ensaiar [ẽsa'ja*] vt to test, try out; (treinar) to practise (BRIT), practice (US); (TEATRO) to rehearse

ensaio [ẽ'saju] m test; (tentativa) attempt; (treino) practice; (TEATRO) rehearsal; (literário) essay

ensangüentar [ẽsãgwẽ'ta*] vt to stain with blood

enseada [ẽ'sjada] f inlet, cove; (baía) bay

ensejo [ẽ'seʒu] m chance, opportunity

ensinamento [ẽsina'mẽtu] m teaching; (exemplo) lesson

ensinar [ẽsi'na*] vt, vi to teach

ensino [ẽ'sinu] m teaching, tuition; (educação) education

ensolarado/a [ẽsola'radu/a] adj sunny

ensopado/a [ẽso'padu/a] adj soaked ♦ m stew

ensopar [ẽso'pa*] vt to soak, drench

ensurdecer [ẽsuxde'se*] vt to deafen ♦ vi to go deaf

entalar [ẽta'la*] vt to wedge, jam; (encher): **ela me entalou de comida** she stuffed me full of food

entalhar [ẽta'ʎa*] vt to carve; **entalhe** [ẽ'taʎi] m groove, notch; **entalha** [ẽ'taʎu] m woodcarving

entanto [ẽ'tãtu]: **no** ~ adv yet, however

então [ẽ'tãw] adv then; **até** ~ up to that time; **desde** ~ ever since; **e** ~? well then?; **para** ~ so that; **pois** ~ in that case; ~, **você vai ou não?** so, are you going or not?

entardecer [ẽtaxde'se*] vi to get late ♦ m sunset

ente ['ẽtʃi] m being

enteado/a [ẽ'tʃjadu/a] m/f stepson/stepdaughter

entediar [ẽte'dʒja*] vt to bore; ~-**se** vr to get bored

entender [ẽtẽ'de*] vt to understand; (pensar) to think; (ouvir) to hear; ~-**se** vr to understand one another; **dar a** ~ to imply; **no meu** ~ in my opinion; ~ **de música** to know about music; ~ **de fazer** to decide to do; ~-**se por** to be meant by; ~-**se com alguém** to get along with sb; (dialogar) to sort things out with sb

entendido/a [ĕtẽ'dʒidu/a] *adj* (col)
gay; (conhecedor): ~ **em** good at ♦
m/f expert; (col) homosexual, gay;
bem ~ that is

entendimento [ĕtẽdʒi'mẽtu] *m*
understanding; (opinião) opinion;
(combinação) agreement

enternecer [ĕtexne'se*] *vt* to move,
touch; ~**-se** *vr* to be moved

enterrar [ĕte'xa*] *vt* to bury; (faca)
to plunge; (lever à ruina) to ruin;
(assunto) to close

enterro [ĕ'texu] *m* burial; (funeral)
funeral

entidade [ĕtʃi'dadʒi] *f* (ser) being;
(corporação) body; (coisa que existe)
entity

entoar [ĕ'twa*] *vt* to chant

entonação [ĕtona'sãw] (pl –ões) *f*
intonation

entornar [ĕtox'na*] *vt* to spill; (fig:
copo) to drink ♦ *vi* to drink a lot

entorpecente [ĕtoxpe'sẽtʃi] *m* narcotic

entorpecer [ĕtoxpe'se*] *vt* to numb,
stupefy; (retardar) to slow down; **en-
torpecimento** [ĕtoxpesi'mẽtu] *m*
numbness; (torpor) lethargy

entorse [ĕ'toxsi] *f* sprain

entortar [ĕtox'ta*] *vt* (curvar) to
bend; (empenar) to warp; ~ **os
olhos** to squint

entrada [ĕ'trada] *f* (ato) entry; (lugar) entrance; (TEC) inlet; (de
casa) doorway; (começo) beginning;
(bilhete) ticket; (CULIN) starter,
entrée; (COMPUT) input; (pagamento
inicial) down payment; (corredor de
casa) hall; ~**s** *fpl* (no cabelo) receding hairline *sg*; ~ **gratuita** admission free; "~ **proibida**" "no entry",
"no admittance"; **meia** ~ half-price
ticket

entra-e-sai [ĕ'trai'saj] *m* comings
and goings *pl*

entranhado/a [ĕtra'ɲadu/a] *adj*
deep-rooted

entranhas [ĕ'traɲaʃ] *fpl* bowels, entrails; (sentimentos) feelings; (centro) heart *sg*

entrar [ĕ'tra*] *vi* to go (ou come) in,
enter; ~ **com** (COMPUT: dados etc)
to enter; **eu entrei com** £10 I con-
tributed £10; ~ **de férias/licença**
to start one's holiday (BRIT) ou vacation (US)/leave; ~ **em** to go (ou
come) into, enter; (assunto) to get
onto; (comida, bebida) to start in on

entravar [ĕtra'va*] *vt* to obstruct, impede; **entrave** [ĕ'travi] *m* (fig) impediment

entre ['ĕtri] *prep* (dois) between;
(mais de dois) among(st); ~ **si**
amongst themselves

entreaberto/a [ĕtrja'bextu/a] *pp de*
entreabrir ♦ *adj* half-open; (porta)
ajar

entreabrir [ĕtrja'bri*] *vt* to half
open; ~**-se** *vr* (flores) to open up

entrega [ĕ'trega] *f* (de mercadorias)
delivery; (a alguém) handing over;
(rendição) surrender; ~ **rápida** special delivery

entregar [ĕtre'ga*] *vt* to hand over;
(mercadorias) to deliver; (confiar) to
entrust; (devolver) to return; ~**-se**
vr (render-se) to give o.s. up;
(dedicar-se) to devote o.s.

entregue [ĕ'tregi] *pp de* **entregar**

entrelaçar [ĕtrila'sa*] *vt* to entwine

entrelinha [ĕtre'liɲa] *f* line space;
ler nas ~**s** to read between the lines

entremear [ĕtri'mja*] *vt* to intermin-
gle

entreolhar-se [ĕtrio'ʎaxsi] *vr* to exchange glances

entrepor [ĕtri'po*] (irreg: como pôr)
vt to insert; ~**-se** *vr*: ~**-se entre** to
come between

entretanto [ĕtri'tãtu] *conj* however

entretenimento [ĕtriteni'mẽtu] *m*
entertainment; (distração) pastime

entreter [ĕtri'te*] (irreg: como **ter**)
vt to entertain, amuse; (ocupar) to
occupy; (manter) to keep up; (esperanças) to cherish; ~**-se** *vr* to amuse
o.s.; to occupy o.s.

entrevista [ĕtre'viʃta] *f* interview; ~
coletiva (à imprensa) press conference; ~**r** [ĕtreviʃ'ta*] *vt* to interview

~r-se *vr* to have an interview

entristecer [ẽtrişte'se*] *vt* to sadden, grieve ♦ *vi* to feel sad; ~se *vr* to feel sad

entroncamento [ẽtrõka'mẽtu] *m* junction

entrudo [ẽ'trudu] (*PT*) *m* carnival; (*REL*) Shrovetide

entulhar [ẽtu'ʎa*] *vt* to cram full; (*suj: multidão*) to pack

entulho [ẽ'tuʎu] *m* rubble, debris *sg*

entupido/a [ẽtu'pidu/a] *adj* blocked; **estar** ~ (*col: congestionado*) to have a blocked-up nose; (*de comida*) to be fit to burst, be full up

entupimento [ẽtupi'mẽtu] *m* blockage

entupir [ẽtu'pi*] *vt* to block, clog; ~se *vr* to become blocked; (*de comida*) to stuff o.s.

entusiasmar [ẽtuzjaʒ'ma*] *vt* to fill with enthusiasm; (*animar*) to excite; ~se *vr* to get excited

entusiasmo [ẽtu'zjaʒmu] *m* enthusiasm; (*júbilo*) excitement

entusiasta [ẽtu'zjaʃta] *adj* enthusiastic ♦ *m/f* enthusiast

enumerar [enume'ra*] *vt* to enumerate; (*com números*) to number

enunciar [enũ'sja*] *vt* to express, state

envelhecer [ẽveʎe'se*] *vt* to age ♦ *vi* to grow old, age

envelope [ẽve'lɔpi] *m* envelope

envenenamento [ẽvenena'mẽtu] *m* poisoning; ~ **do sangue** blood poisoning

envenenar [ẽvene'na*] *vt* to poison; (*fig*) to corrupt; (: *declaração, palavras*) to distort, twist; (*tornar amargo*) to sour ♦ *vi* to be poisonous; ~se *vr* to poison o.s.

enveredar [ẽvere'da*] *vi*: ~ **por um caminho** to follow a road; ~ **para** to head for

envergadura [ẽvexga'dura] *f* (*de asas, velas*) spread; (*de avião*) wingspan; (*fig*) scope; **de grande** ~ large-scale

envergonhado/a [ẽvexgo'ɲadu/a]

adj ashamed; (*tímido*) shy

envergonhar [ẽvexgo'ɲa*] *vt* to shame; (*degradar*) to disgrace; ~se *vr* to be ashamed

envernizar [ẽvexni'za*] *vt* to varnish

enviado/a [ẽ'vjadu/a] *m/f* envoy, messenger

enviar [ẽ'vja*] *vt* to send

envidraçar [ẽvidra'sa*] *vt* to glaze

envio [ẽ'viu] *m* sending; (*expedição*) dispatch; (*remessa*) remittance; (*de mercadorias*) consignment

enviuvar [ẽvju'va*] *vi* to be widowed

envolto/a [ẽ'vowtu/a] *pp* de **envolver**

envoltório [ẽvow'tɔrju] *m* cover

envolver [ẽvow've*] *vt* to wrap (up); (*cobrir*) to cover; (*comprometer, acarretar*) to involve; (*nos braços*) to embrace; ~se *vr* (*intrometer-se*) to become involved; (*cobrir-se*) to wrap o.s. up; **envolvimento** [ẽvowvi'mẽtu] *m* involvement

enxada [ẽ'ʃada] *f* hoe

enxaguar [ẽʃa'gwa*] *vt* to rinse

enxame [ẽ'ʃami] *m* swarm

enxaqueca [ẽʃa'keka] *f* migraine

enxergar [ẽʃex'ga*] *vt* (*avistar*) to catch sight of; (*divisar*) to make out; (*notar*) to observe, see

enxofre [ẽ'ʃofri] *m* sulphur (*BRIT*), sulfur (*US*)

enxotar [ẽʃo'ta*] *vt* to drive out

enxoval [ẽʃo'vaw] (*pl* -ais) *m* (*de noiva*) trousseau; (*de recém-nascido*) layette

enxugador [ẽʃuga'do*] *m* clothes drier

enxugar [ẽʃu'ga*] *vt* to dry; (*fig: texto*) to tidy up

enxurrada [ẽʃu'xada] *f* (*de água*) torrent; (*fig*) spate

enxuto/a [ẽ'ʃutu/a] *adj* dry; (*corpo*) shapely; (*bonito*) good-looking

épico/a ['ɛpiku/a] *adj* epic ♦ *m* epic poet

epidemia [epide'mia] *f* epidemic

epilepsia [epile'psia] *f* epilepsy; **epiléptico/a** [epi'lɛptʃiku/a] *adj, m/f* epileptic

episódio [epi'zodʒu] *m* episode

epístola [e'piʃtola] *f* epistle; (*carta*) letter

epitáfio [epi'tafju] *m* epitaph

epítome [e'pitomi] *m* summary; (*fig*) epitome

época ['epoka] *f* time, period; (*da história*) age, epoch; **naquela ~** at that time; **fazer ~** to be epoch-making

epopéia [epo'peja] *f* epic

equação [ekwa'sãw] (*pl* –ões) *f* equation

equador [ekwa'do*] *m* equator; o **E~** Ecuador

equânime [e'kwanimi] *adj* fair; (*caráter*) unbiassed, neutral

equilibrar [ekili'bra*] *vt* to balance; **~-se** *vr* to balance; **equilíbrio** [eki'librju] *m* balance

equipa [e'kipa] (*PT*) *f* team

equipamento [ekipa'mẽtu] *m* equipment, kit

equipar [eki'pa*] *vt*: **~ (com)** (*navio*) to fit out (with); (*prover*) to equip (with)

equiparar [ekipa'ra*] *vt* (*comparar*) to equate; **~-se** *vr*: **~-se a** to equal

equipe [e'kipi] (*BR*) *f* team

equitação [ekita'sãw] *f* (*ato*) riding; (*arte*) horsemanship

eqüitativo/a [ekwita'tʃivu/a] *adj* fair, equitable

equivalente [ekiva'lẽtʃi] *adj*, *m* equivalent

equivaler [ekiva'le*] *vi*: **~ a** to be the same as, equal

equivocado/a [ekivo'kadu/a] *adj* mistaken, wrong

equivocar-se [ekivo'kaxsi] *vr* to make a mistake, be wrong

equívoco/a [e'kivoku/a] *adj* ambiguous ♦ *m* (*engano*) mistake

era¹ ['era] *f* era, age

era² *etc vb* V **ser**

erário [e'rarju] *m* exchequer

erecto/a [e'rεktu/a] (*PT*) *adj* = **ereto**

eremita [ere'mita] *m/f* hermit

ereto/a [e'rεtu/a] *adj* upright, erect

erguer [ex'ge*] *vt* to raise, lift; (*edificar*) to build, erect; **~-se** *vr* to rise; (*pessoa*) to stand up

eriçado/a [eri'sadu/a] *adj* bristling; (*cabelos*) (standing) on end

eriçar [eri'sa*] *vt*: **~ o cabelo de alguém** to make sb's hair stand on end; **~-se** *vr* to bristle; (*cabelos*) to stand on end

erigir [eri'ʒi*] *vt* to erect

ermo/a ['exmu/a] *adj* lonely; (*desabitado*) uninhabited ♦ *m* wilderness

erosão [ero'zãw*] *f* erosion

erótico/a [e'rɔtʃiku/a] *adj* erotic; **erotismo** [ero'tʃiʒmu] *m* eroticism

erradicar [exadʒi'ka*] *vt* to eradicate

errado/a [e'xadu/a] *adj* wrong; **dar ~** to go wrong

errante [e'xãtʃi] *adj* wandering

errar [e'xa*] *vt* (*alvo*) to miss; (*conta*) to get wrong ♦ *vi* to wander, roam; (*enganar-se*) to be wrong, make a mistake; **~ o caminho** to lose one's way

erro ['exu] *m* mistake; **salvo ~** unless I am mistaken; **~ de imprensa** misprint

errôneo/a [e'xonju/a] *adj* wrong, mistaken; (*falso*) false, untrue

erudição [erudʒi'sãw] *f* erudition, learning; **erudito/a** [eru'dʒitu/a] *adj* learned, scholarly ♦ *m* scholar

erupção [erup'sãw] (*pl* –ões) *f* eruption; (*na pele*) rash; (*fig*) outbreak

erva ['exva] *f* herb; (*col: dinheiro*) dosh; (: *maconha*) dope; **~ daninha** weed

erva-mate (*pl* **ervas-mates**) *f* mate

ervilha [ex'viʎa] *f* pea

esbaforido/a [iʒbafo'ridu/a] *adj* breathless, panting

esbanjar [iʒba'ʒa*] *vt* to squander, waste

esbarrar [iʒba'xa*] *vi*: **~ em** to bump into; (*obstáculo, problema*) to come up against

esbelto/a [iʒ'bewtu/a] *adj* slim, slender

esboçar [iʒbo'sa*] *vt* to sketch; (*delinear*) to outline; (*traçar*) to draw up;

esboço [iʒˈbosu] m sketch; (*primeira versão*) draft; (*fig: resumo*) outline

esbofetear [iʒbofeˈtʃiaˣ] vt to slap, hit

esbugalhado/a [iʒbugaˈʎadu/a] adj: olhos ~s goggle eyes

esburacar [iʒburaˈkaˣ] vt to make holes (*ou* a hole) in

esc (PT) abr = **escudo**

escabroso/a [iʃkaˈbrozu/ɔza] adj (*difícil*) tough; (*indecoroso*) indecent

escada [iʃˈkada] f (*dentro da casa*) staircase, stairs pl; (*fora da casa*) steps pl; (*de mão*) ladder; ~ de incêndio fire escape; ~ rolante escalator; ~**ria** [iʃkadaˈria] f staircase

escafandrista [iʃkafãˈdriʃta] m/f deep-sea diver

escala [iʃˈkala] f scale; (NÁUT) port of call; (*parada*) stop; fazer ~ em to call at; sem ~ non-stop

escalada [iʃkaˈlada] f (*de guerra*) escalation

escalão [eʃkaˈlãw] (pl -ões) m step; (MIL) echelon

escalar [iʃkaˈlaˣ] vt (*montanha*) to climb; (*muro*) to scale; (*designar*) to select

escaldar [iʃkawˈdaˣ] vt to scald; ~-se vr to scald o.s.

escalfar [iʃkawˈfaˣ] (PT) vt (*ovos*) to poach

escalões [eʃkaˈlõjʃ] mpl de **escalão**

escama [iʃˈkama] f (*de peixe*) scale; (*de pele*) flake

escamar [iʃkaˈmaˣ] vt to scale

escamotear [iʃkamoˈtʃiaˣ] vt to pilfer, pinch (BRIT); (*empalmar*) to make disappear (by sleight of hand)

escancarado/a [iʃkãkaˈradu/a] adj wide open

escandalizar [iʃkãdaliˈzaˣ] vt to shock; ~-se vr to be shocked; (*ofender-se*) to be offended

escândalo [iʃˈkãdalu] m scandal; (*indignação*) outrage; fazer *ou* dar um ~ to make a scene; **escandaloso/a** [iʃkãdaˈlozu/ɔza] adj shocking, scandalous

Escandinávia [iʃkãdʒiˈnavja] f: a

~ Scandinavia; **escandinavo/a** [iʃkãdʒiˈnavu/a] adj, m/f Scandinavian

escangalhar [iʃkãgaˈʎaˣ] vt to break, smash (up); (*a própria saúde*) to ruin; ~-se vr: ~-se de rir to split one's sides laughing

escaninho [iʃkaˈniɲu] m (*na secretária*) pigeonhole

escapar [iʃkaˈpaˣ] vi: ~ a *ou* de to escape from; (*fugir*) to run away from; ~-se vr to run away, flee; deixar ~ (*uma oportunidade*) to miss; (*palavras*) to blurt out; ~ de boa (*col*) to have a close shave

escapatória [iʃkapaˈtɔrja] f way out; (*desculpa*) excuse

escape [iʃˈkapi] m (*de gás*) leak; (AUTO) exhaust

escapulir [iʃkapuˈliˣ] vi: ~ (de) to get away (from); (*suj: coisa*) to slip (from)

escaravelho [iʃkaraˈveʎu] m beetle

escarlate [iʃkaxˈlatʃi] adj scarlet;

escarlatina [iʃkaxlaˈtʃina] f scarlet fever

escárnio [iʃˈkaxnju] m mockery; (*desprezo*) derision

escarpado/a [iʃkaxˈpadu/a] adj steep

escarrar [iʃkaˈxaˣ] vt to spit, cough up ♦ vi to spit

escarro [iʃˈkaxu] m phlegm, spit

escassear [iʃkaˈsjaˣ] vt to skimp on ♦ vi to become scarce

escassez [iʃkaˈseʃ] f (*falta*) shortage

escasso/a [iʃˈkasu/a] adj scarce

escavação [iʃkavaˈsãw] (pl -ões) f excavation

escavar [iʃkaˈvaˣ] vt to excavate

esclarecer [iʃklareˈseˣ] vt (*situação*) to explain; (*mistério*) to clear up, explain; ~-se vr: ~-se (sobre algo) to find out (about sth); **esclarecimento** [iʃklareʃiˈmẽtu] m explanation; (*informação*) information

escoadouro [iʃkoaˈdoru] m drain; (*cano*) drainpipe

escoar [iʃkoˈaˣ] vt to drain off ♦ vi to drain away; ~-se vr to seep out to drain away

escocês/esa [iʃkoˈseʃ/seza] adj Scottish, Scots ♦ m/f Scot, Scotsman/woman

Escócia [iʃˈkɔsja] f Scotland

escola [iʃˈkɔla] f school; ~ **naval** naval college; ~ **primária** primary (BRIT) ou elementary (US) school; ~ **secundária** secondary (BRIT) ou high (US) school; ~ **particular/pública** private/state (BRIT) ou public (US) school; ~ **superior** college

escolar [iʃkoˈla'] adj school atr ♦ m/f schoolboy/girl

escolha [iʃˈkoʎa] f choice

escolher [iʃkoˈʎe'] vt to choose, select

escolho [iʃˈkoʎu] m (recife) reef; (rocha) rock

escolta [iʃˈkɔwta] f escort; ~r [iʃkowˈta'] vt to escort

escombros [iʃˈkõbruʃ] mpl ruins, debris sg

esconde-esconde [iʃkõdʒiʃˈkõdʒi] m hide-and-seek

esconder [iʃkõˈde'] vt to hide, conceal; ~se vr to hide

esconderijo [iʃkõdeˈriʒu] m hiding place; (de bandidos) hideout

escondidas [iʃkõˈdʒidaʃ] fpl: às ~ secretly

esconjurar [iʃkõʒuˈra'] vt to exorcize; (afastar) to keep off; (amaldiçoar) to curse; ~se vr (lamentar-se) to complain

escopo [iʃˈkopu] m aim, purpose

escora [iʃˈkɔra] f prop, support; ~ (cilada) ambush

escorar [iʃkoˈra'] vt to prop (up); (amparar) to support; (esperar de espreita) to lie in wait for ♦ vi to lie in wait; ~se vr: ~se em (fundamentar-se) to go by; (amparar-se) to live off

escore [iʃˈkɔri] m score

escoriação [iʃkorjaˈsãw] (pl –ões) f abrasion, scratch

escorpião [iʃkoxpiˈãw] (pl –ões) m scorpion; E~ (ASTROLOGIA) Scorpio

escorrega [iʃkoˈxega] f slide; ~dela [iʃkoxegaˈdɛla] f slip; ~diço/a [iʃkoxegaˈdʒi(s)u/a] adj slippery; ~dor [iʃkoxegaˈdo'] m slide; **escorregão** [iʃkoxeˈgãw] (pl –ões) m slip; (fig) slip(-up); ~r [iʃkoxeˈga'] vi to slip; (errar) to slip up

escorrer [iʃkoˈxe'] vt to drain (off); (verter) to pour out ♦ vi (pingar) to drip; (correr em fio) to trickle

escoteiro [iʃkoˈtejru] m scout

escotilha [iʃkoˈtiʎa] f hatch, hatchway

escova [iʃˈkova] f brush; (penteado) blow-dry; ~ **de dentes** toothbrush; ~r [iʃkoˈva'] vt to brush

escovinha [iʃkoˈviɲa] f: **cabelo à** ~ crew cut

escravatura [iʃkravaˈtura] f (tráfico) slave trade; (escravidão) slavery

escravidão [iʃkraviˈdãw] f slavery

escravizar [iʃkraviˈza'] vt to enslave; (cativar) to captivate

escravo/a [iʃˈkravu/a] adj captive ♦ m/f slave

escrevente [iʃkreˈvẽtʃi] m/f clerk

escrever [iʃkreˈve'] vt, vi to write; ~se vr to write to each other; ~ **à máquina** to type

escrevinhar [iʃkreviˈɲa'] vt to scribble

escrita [eʃˈkrita] f writing; (letra) handwriting

escrito/a [eʃˈkritu/a] pp de escrever ♦ adj written ♦ m piece of writing; **à mão** handwritten; **dar por** ~ to put in writing

escritor(a) [iʃkriˈto'(a)] m/f writer; (autor) author

escritório [iʃkriˈtɔrju] m office; (em casa) study

escritura [iʃkriˈtura] f (JUR) deed; (na compra de imóveis) ~ exchange of contracts; **as Sagradas E~s** the Scriptures

escrituração [iʃkrituraˈsãw] f bookkeeping; (de transações, quantias) entering, recording

escriturar [iʃkrituˈra'] vt (contas) to register; (documento) to draw up

escriturário/a [iʃkrituˈrarju/a] m/f clerk

escrivã [iʃkri'vã] f de **escrivão**

escrivaninha [iʃkriva'niɲa] f writing desk

escrivão/vã [iʃkri'vãw/vã] (pl -ões/~s) m/f registrar, recorder

escrúpulo [iʃ'krupulu] m scruple; (cuidado) care; **sem ~** unscrupulous; **escrupuloso/a** [iʃkrupu'lozu/ɔza] adj scrupulous; careful

escrutínio [iʃkru'tʃinju] m (votação) poll; (apuração de votos) counting; (exame atento) scrutiny; **~ secreto** secret ballot

escudo [iʃ'kudu] m shield; (moeda) escudo

esculhambado/a [iʃkuʎã'badu/a] (col!) adj shabby, slovenly; (estragado) knackered

esculhambar [iʃkuʎã'ba*] (col!) vt to mess up, fuck up (!); **~ alguém** (criticar) to give sb stick; (descompor) to give sb a bollocking (!)

esculpir [iʃkuw'pi*] vt to carve, sculpt; (gravar) to engrave

escultor(a) [iʃkuw'to*(a)] m/f sculptor

escultura [iʃkuw'tura] f sculpture

escuna [iʃ'kuna] f (NAUT) schooner

escuras [iʃ'kuraʃ] fpl: **às ~** in the dark

escurecer [iʃkure'se*] vt to darken ♦ vi to get dark; **ao ~** at dusk

escuridão [iʃkuri'dãw] f (trevas) dark

escuro/a [iʃ'kuru/a] adj dark; (dia) overcast; (pessoa) swarthy; (negócios) shady ♦ m darkness

escusa [iʃ'kuza] f excuse

escusar [iʃku'za*] vt to excuse, forgive; (justificar) to justify; (dispensar) to exempt; (não precisar de) not to need; **~-se** to apologize; **~-se de fazer** to refuse to do

escuta [iʃ'kuta] f listening; **à ~** listening out; **ficar na ~** to stand by

escutar [iʃku'ta*] vt to listen to; (sem prestar atenção) to hear ♦ vi to listen; to hear

esfacelar [iʃfase'la*] vt to destroy

esfaquear [iʃfaki'a*] vt to stab

esfarelar [iʃfare'la*] vt to crumble; **~-se** vr to crumble

esfarrapado/a [iʃfaxa'padu/a] adj ragged, tattered

esfarrapar [iʃfaxa'pa*] vt to tear to pieces

esfera [iʃ'fɛra] f sphere; (globo) globe; (TIP, COMPUT) golfball; **esférico/a** [iʃ'fɛriku/a] adj spherical

esferográfico/a [iʃfero'grafiku/a] adj: **caneta esferográfica** ballpoint pen

esfolar [iʃfo'la*] vt to skin; (arranhar) to graze; (cobrar demais a) to overcharge, fleece

esfomeado/a [iʃfo'mjadu/a] adj famished, starving

esforçado/a [iʃfox'sadu/a] adj committed, dedicated

esforçar-se [iʃfox'saxsi] vr: **~ para** to try hard to, strive to

esforço [iʃ'foxsu] m effort

esfregar [iʃfre'ga*] vt to rub; (com água) to scrub

esfriar [iʃ'frja*] vt to cool, chill ♦ vi to get cold; (fig) to cool off

esfuziante [iʃfu'zjãtʃi] adj (pessoa) bubbly; (alegria) irrepressible

esganado/a [iʒga'nadu/a] adj choked; (voraz) greedy; (avaro) grasping

esganar [iʒga'na*] vt to strangle, choke

esganiçado/a [iʒgani'sadu/a] adj (voz) shrill

esgotado/a [iʒgo'tadu/a] adj exhausted; (consumido) used up; (livros) out of print; (ingressos) sold out

esgotamento [iʒgota'mētu] m exhaustion

esgotar [iʒgo'ta*] vt to drain, empty; (recursos) to use up; (pessoa, assunto) to exhaust; **~-se** vr to become exhausted; (mercadorias, edição) to be sold out; (recursos) to run out

esgoto [iʒ'gotu] m drain; (público) sewer

esgrima [iʒ'grima] f (esporte) fencing; **esgrimir** [iʒgri'mi*] vi to fence

esgueirar-se [iʒgej'raxsi] vr to slip

away, sneak off

esguelha [iʒ'gɐʎa] *f* slant; **olhar alguém de ~** to look at sb out of the corner of one's eye

esguichar [iʒgi'ʃaʰ] *vt* to squirt ♦ *vi* to squirt out

esguicho [iʒ'giʃu] *m* (*jacto*) jet; (*de mangueira etc*) spout

esguio/a [iʒ'giu/a] *adj* slender

esmaecer [iʒmaje'seʰ] *vi* to fade

esmagador(a) [iʒmagado'ʰ(a)] *adj* crushing; (*provas*) irrefutable; (*maioria*) overwhelming

esmagar [iʒma'gaʰ] *vt* to crush

esmalte [iʒ'mawtʃi] *m* enamel; (*de unhas*) nail polish

esmerado/a [iʒme'radu/a] *adj* careful, neat; (*bem acabado*) polished

esmeralda [iʒme'rawda] *f* emerald

esmerar-se [iʒme'raxsi] *vr*: **~ em fazer algo** to take great care in doing sth

esmigalhar [iʒmiga'ʎaʰ] *vt* to crumble; (*despedaçar*) to shatter; (*esmagar*) to crush; **~-se** *vr* to crumble; to smash, shatter

esmiuçar [iʒmju'saʰ] *vt* to crumble; (*examinar*) to examine in detail

esmo ['eʒmu] *m*: **a ~** at random; **falar a ~** to prattle

esmola [iʒ'mɔla] *f* alms *pl*; **pedir ~s** to beg

esmurrar [iʒmu'xaʰ] *vt* to punch

esnobe [iʒ'nɔbi] *adj* snobbish ♦ *m/f* snob; **esnobismo** [iʒno'biʒmu] *m* snobbery

espaçar [iʃpa'saʰ] *vt* to space out; **~ visitas/saídas** *etc* to visit/go out *etc* less often

espacial [iʃpa'sjaw] (*pl* -**ais**) *adj* space *atr*; **nave ~** spaceship

espaço [iʃ'pasu] *m* space; (*tempo*) period; **~ para 3 pessoas** room for 3 people; **a ~s** from time to time; **~so/a** [iʃpa'sozu/ɔza] *adj* spacious, roomy

espada [iʃ'pada] *f* sword; **~s** *fpl* (*CARTAS*) spades

espadarte [iʃpa'daxtʃi] *m* swordfish

espádua [iʃ'padwa] *f* shoulder blade

espairecer [iʃpajre'seʰ] *vt* to amuse, entertain ♦ *vi* to relax; **~-se** *vr* to relax

espaldar [iʃpaw'daʰ] *m* (chair) back

espalhafato [iʃpaʎa'fatu] *m* din, commotion

espalhar [iʃpa'ʎaʰ] *vt* to scatter; (*boato, medo*) to spread; (*luz*) to shed; **~-se** *vr* to spread; (*refestelar-se*) to lounge

espanador [iʃpana'doʰ] *m* duster

espanar [iʃpa'naʰ] *vt* to dust

espancar [iʃpã'kaʰ] *vt* to beat up

Espanha [iʃ'paɲa] *f*: **a ~** Spain; **espanhol(a)** [iʃpa'ɲow/ola] (*pl* -**óis/~s**) *adj* Spanish ♦ *m/f* Spaniard ♦ *m* (*LING*) Spanish; **os espanhóis** *mpl* the Spanish

espantado/a [iʃpã'tadu/a] *adj* astonished, amazed; (*assustado*) frightened

espantalho [iʃpã'taʎu] *m* scarecrow

espantar [iʃpã'taʰ] *vt* to frighten; (*admirar*) to amaze, astonish; (*afugentar*) to frighten away ♦ *vi* to be amazing; **~-se** *vr* to be astonished *ou* amazed; to be frightened

espanto [iʃ'pãtu] *m* fright, fear; (*admiração*) astonishment, amazement; **~so/a** [iʃpã'tozu/ɔza] *adj* amazing

esparadrapo [iʃpara'drapu] *m* (sticking) plaster (*BRIT*), bandaid ® (*US*)

esparramar [iʃpaxa'maʰ] *vt* to splash; (*espalhar*) to scatter

esparso/a [iʃ'paxsu/a] *adj* scattered; (*solto*) loose

espartilho [iʃpax'tʃiʎu] *m* corset

espasmo [iʃ'paʒmu] *m* spasm, convulsion

espatifar [iʃpatʃi'faʰ] *vt* to smash; **~-se** *vr* to smash; (*avião*) to crash

especial [iʃpe'sjaw] (*pl* -**ais**) *adj* special; **em ~** especially; **~idade** [iʃpesjali'dadʒi] *f* speciality (*BRIT*), specialty (*US*); (*ramo de atividades*) specialization; **~ista** [iʃpesja'liʃta] *m/f* specialist; (*perito*) expert; **~izar-se** [iʃpesjali'zaxsi] *vr*: **~izar-se (em)** to specialize (in)

especiaria [iʃpesja'ria] f spice

espécie [iʃ'pɛsi] f (BIO) species; (tipo) sort, kind; **causar ~** to be surprising; **pagar em ~** to pay in cash

especificar [iʃpesifi'ka*] vt to specify; **específico/a** [iʃpe'sifiku/a] adj specific

espécime [iʃ'pɛsimi] m specimen

espécimen [iʃ'pɛsimẽ] (pl ~s) m = espécime

espectáculo etc [iʃpek'takulu] (PT) m = espetáculo etc

espectador(a) [iʃpekta'do*(a)] m/f onlooker; (TV) viewer; (ESPORTE) spectator; (TEATRO) member of the audience; **~es** mpl (TV, TEATRO) audience sg

espectro [iʃ'pɛktru] m spectre (BRIT), specter (US); (FIS) spectrum

especulação [iʃpekula'sãw] (pl -ões) f speculation

especular [iʃpeku'la*] vi: **~ (sobre)** to speculate (on)

espelho [iʃ'peʎu] m mirror; (fig) model; **~ retrovisor** (AUTO) rearview mirror

espera [iʃ'pera] f (demora) wait; (expectativa) expectation; **à ~ de** waiting for; **à minha ~** waiting for me

esperança [iʃpe'rãsa] f hope; (expectativa) expectation; **dar ~s a alguém** to raise sb's hopes; **esperançoso/a** [iʃperã'sozu/za] adj hopeful

esperar [iʃpe'ra*] vt to wait for; (contar com: bebê) to expect; (desejar) to hope for ♦ vi to wait; to hope; to expect

esperma [iʃ'pɛrma] f sperm

espertalhão/lhona [iʃpexta'ʎãw/ʎona] (pl -ões/~s) adj crafty, shrewd

esperteza [iʃpex'teza] f cleverness; (astúcia) cunning

esperto/a [iʃ'pɛxtu/a] adj clever; (espertalhão) crafty

espesso/a [iʃ'pesu/a] adj thick; **espessura** [iʃpe'sura] f thickness

espetacular [iʃpetaku'la*] adj spectacular

espetáculo [iʃpe'takulu] m (TEATRO) show; (vista) sight; (cena ridícula) spectacle; **dar ~** to make a spectacle of o.s.

espetar [iʃpe'ta*] vt (carne) to put on a spit; (cravar) to stick; **~-se** vr to prick o.s.; **~ algo em algo** to pin sth to sth

espetinho [iʃpe'tʃiɲu] m skewer

espeto [iʃ'petu] m spit; (pau) pointed stick; **ser um ~** (ser difícil) to be awkward

espevitado/a [iʃpevi'tadu/a] adj (fig: vivo) lively

espezinhar [iʃpezi'ɲa*] vt to trample (on); (humilhar) to treat like dirt

espia [iʃ'pia] m/f de espião

espiã [iʃ'piã] f de espião

espiada [iʃ'piada] f: **dar uma ~** to have a look

espião/piã [iʃ'pjãw/piã] (pl -ões/~s) m/f spy

espiar [iʃ'pja*] vt to spy on; (uma ocasião) to watch out for; (olhar) to watch ♦ vi to spy; (olhar) to peer

espichar [iʃpi'ʃa*] vt (couro) to stretch out; (pescoço, pernas) to stretch ♦ vi (col: crescer) to shoot up; **~-se** vr to stretch out

espiga [iʃ'piga] f (de milho) ear

espinafre [iʃpi'nafri] m spinach

espingarda [iʃpĩ'gaxda] f shotgun, rifle

espinha [iʃ'piɲa] f (de peixe) bone; (na pele) spot, pimple; (coluna vertebral) spine

espinhar [iʃpi'ɲa*] vt to prick; (irritar) to irritate, annoy

espinheiro [iʃpi'ɲejru] m bramble bush

espinhento/a [iʃpi'ɲẽtu/a] adj spotty, pimply

espinho [iʃ'piɲu] m thorn; (de animal) spine; (fig: dificuldade) snag; **~so/a** [iʃpi'ɲozu/za] adj (planta) prickly, thorny; (fig: difícil) difficult; (: problema) thorny

espiões [iʃ'pjõjʃ] mpl de espião

espionagem [ispjo'naʒẽ] *f* spying, espionage

espionar [ispjo'na*] *vt* to spy on ♦ *vi* to spy, snoop

espiral [ispi'raw] (*pl* **-ais**) *adj*, *f* spiral

espírito [is'piritu] *m* spirit; (*pensamento*) mind; ~ **esportivo** sense of humo(u)r; E~ **Santo** Holy Spirit

espiritual [ispiri'twaw] (*pl* **-ais**) *adj* spiritual

espirituoso/a [ispiri'twozu/ɔza] *adj* witty

espirrar [ispi'xa*] *vi* to sneeze; (*jorrar*) to spurt out ♦ *vt* (*água*) to spurt; **espirro** [is'pixu] *m* sneeze

esplêndido/a [is'plẽʒidu/a] *adj* splendid

esplendor [isplẽ'do*] *m* splendour (*BRIT*), splendor (*US*)

espoleta [ispo'leta] *f* (*de arma*) fuse

espólio [is'polju] *m* (*herança*) estate, property; (*roubado*) booty, spoils *pl*

esponja [is'põʒa] *f* sponge

espontâneo/a [ispõ'tanju/a] *adj* spontaneous; (*pessoa*) straightforward

espora [is'pɔra] *f* spur

esporádico/a [ispo'radʒiku/a] *adj* sporadic

esporte [is'pɔxtʃi] (*BR*) *m* sport; **esportista** [ispox'tʃista] *adj* sporting ♦ *m/f* sportsman/woman; **esportivo/a** [ispox'tʃivu/a] *adj* sporting

esposa [is'poza] *f* wife

esposar [ispo'za*] *vt* to marry; (*causa*) to defend

esposo [is'pozu] *m* husband

espreguiçadeira [ispregisa'dejra] *f* deck chair; (*com lugar para as pernas*) lounger

espreguiçar-se [ispregi'saxsi] *vr* to stretch

espreita [is'prejta] *f*: **ficar à ~** to keep watch

espreitar [isprej'ta*] *vt* to spy on; (*observar*) to observe, watch

espremer [ispre'me*] *vt* (*fruta*) to squeeze; (*roupa molhada*) to wring out; (*pessoas*) to squash; ~**-se** *vr*

(*multidão*) to be squashed together; (*uma pessoa*) to squash up

espuma [is'puma] *f* foam; (*de cerveja*) froth, head; (*de sabão*) lather; (*de ondas*) surf; ~ **de borracha** foam rubber; ~**nte** [ispu'mãtʃi] *adj* frothy, foamy; (*vinho*) sparkling; ~**r** [ispu'ma*] *vi* to foam; (*fera, cachorro*) to foam at the mouth

espúrio/a [is'purju/a] *adj* spurious, bogus

esq. *abr* (= **esquerdo/a**) l

esquadra [is'kwadra] *f* (*NAUT*) fleet; (*PT*: *da polícia*) police station

esquadrão [iskwa'drãw] (*pl* **-ões**) *m* squad-ron

esquadrilha [iskwa'driʎa] *f* squadron

esquadrinhar [iskwadri'ɲa*] *vt* (*casa, área*) to search, scour; (*fatos*) to scrutinize

esquadrões [iskwa'drõjʃ] *mpl de* esquadrão

esqualidez [iskwali'deʒ] *f* squalor; **esquálido/a** [is'kwalidu/a] *adj* squalid, filthy

esquartejar [iskwaxte'ʒa*] *vt* to quarter

esquecer [iske'se*] *vt*, *vi* to forget; ~**-se** *vr*: ~**-se de** to forget; **esquecido/a** [iske'sidu/a] *adj* forgotten; (*pessoa*) forgetful

esqueleto [iske'letu] *m* skeleton; (*arcabouço*) framework

esquema [is'kema] *m* outline; (*plano*) scheme; (*diagrama*) diagram, plan

esquentar [iskẽ'ta*] *vt* to heat (up), warm (up); (*fig*: *irritar*) to annoy ♦ *vi* to warm up; (*casaco*) to be warm; ~**-se** *vr* to get annoyed

esquerda [is'kexda] *f* (*tb*: *POL*) left; **à ~** on the left

esquerdista [iskex'dʒiʃta] *adj* leftwing ♦ *m/f* left-winger

esquerdo/a [is'kexdu/a] *adj* left

esquete [is'ketʃi] *m* (*TEATRO*, *TV*) sketch

esqui [is'ki] *m* (*patim*) ski; (*esporte*) skiing; ~ **aquático** water skiing; **fa-**

zer ~ to go skiing; **~ador(a)**
[iʃkja'do*(a)] *m/f* skier; **~ar** [iʃ'kja*] *vi* to ski

esquilo [iʃ'kilu] *m* squirrel
esquina [iʃ'kina] *f* corner
esquisito/a [iʃki'zitu/a] *adj* strange, odd
esquivar-se [iʃki'vaxsi] *vr*: ~ de to escape from, get away from; (*deveres*) to get out of
esquivo/a [iʃ'kivu/a] *adj* aloof, standoffish
esq. *abr* = **esquerdo**

essa ['esa] *pron*: ~ **é/foi boa** that is/ was a good one; ~ **não, sem** ~ come off it!; **vamos nessa** let's go!; **ainda mais** ~! that's all I need!; **corta** ~! cut it out!; **por** ~ **s e outras** for these and other reasons; ~ **de fazer ...** this business of doing ...

esse ['esi] *adj* (*sg*) that; (*pl*) these; (*BR*: *este*: *sg*) this; (: *pl*) these ♦ *pron* (*sg*) that one; (*pl*) those; (*BR*: *este*: *sg*) this one; (: *pl*) these

essência [e'sẽsja] *f* essence; **essencial** [esẽ'sjaw] (*pl* -ais) *adj* essential; (*principal*) main ♦ *m*: **o essencial** the main thing

esta ['eʃta] *f* de **este**
estabelecer [iʃtabele'se*] *vt* to establish; (*fundar*) to set up
estabelecimento [iʃtabelesi'mẽtu] *m* establishment; (*casa comercial*) business
estábulo [iʃ'tabulu] *m* cow-shed
estaca [iʃ'taka] *f* post, stake; (*de barraca*) peg
estação [iʃta'sãw] (*pl* -ões) *f* station; (*do ano*) season; ~ **de águas** spa; ~ **balneária** seaside resort; ~ **emissora** broadcasting station
estacionamento [iʃtasjona'mẽtu] *m* (*ato*) parking; (*lugar*) car park (*BRIT*), parking lot (*US*)
estacionar [iʃtasjo'na*] *vt* to park ♦ *vi* to park; (*não mover*) to remain stationary
estacionário/a [iʃtasjo'narju/a] *adj* (*veiculo*) stationary; (*COM*) slack
estações [iʃta'sõjʃ] *fpl* de **estação**

estada [iʃ'tada] *f* stay
estadia [iʃta'dʒia] *f* = **estada**
estádio [iʃ'tadʒu] *m* stadium
estadista [iʃta'dʒiʃta] *m/f* statesman/woman
estado [i'ʃtadu] *m* state; **E~s Unidos** (**da América**) United States (of America); ~ **civil** marital status; ~ **de espírito** state of mind; ~ **maior** staff; **estadual** [iʃta'dwaw] (*pl* -ais) *adj* state *atr*
estadunidense [iʃtaduni'dẽsi] *adj* (North) American, US *atr*
estafa [iʃ'tafa] *f* fatigue; (*esgotamento*) nervous exhaustion
estagiário/a [iʃta'ʒjarju/a] *m/f* probationer, trainee; (*professor*) student teacher; (*médico*) junior doctor
estágio [iʃ'taʒu] *m* (*aprendizado*) traineeship; (*fase*) stage
estagnação [iʃtagna'sãw] *f* stagnation
estagnado/a [iʃtag'nadu/a] *adj* stagnant
estagnar [iʃtag'na*] *vt* to make stagnant; (*pais*) to bring to a standstill ♦ *vi* to stagnate; **~-se** *vr* to stagnate
estalagem [iʃta'laʒẽ] (*pl* -ns) *f* inn
estalar [iʃta'la*] *vt* to break; (*os dedos*) to snap ♦ *vi* to split, crack; (*crepitar*) to crackle
estaleiro [iʃta'lejru] *m* shipyard
estalido [iʃta'lidu] *m* pop
estalo [iʃ'talu] *m* (*do chicote*) crack; (*dos dedos*) snap; (*dos lábios*) smack; (*de foguete*) bang; ~ **de trovão** thunderclap; **de** ~ suddenly
estampa [iʃ'tãpa] *f* (*figura impressa*) print; (*ilustração*) picture
estampado/a [iʃtã'padu/a] *adj* printed ♦ *m* (*tecido*) print; (*num tecido*) pattern
estampar [iʃtã'pa*] *vt* to print; (*marcar*) to stamp; **~ia** [iʃtãpa'ria] *f* (*oficina*) printshop; (*tecido, figura*) print
estampido [iʃtã'pidu] *m* bang
estancar [iʃtã'ka*] *vt* to staunch; (*fazer cessar*) to stop; **~-se** *vr* to stop

estância [iʃ'tãsja] f ranch, farm

estandarte [iʃta'daxtʃi] m standard, banner

estanho [iʃ'taɲu] m (metal) tin

estante [iʃ'tãtʃi] f bookcase; (suporte) stand

estapafúrdio/a [iʃtapa'fuxdʒu/a] adj outlandish, odd

PALAVRA CHAVE

---

estar [iʃ'ta*] vi 1 (lugar) to be; (em casa) to be in; (no telefone): **a Lúcia está?** – não, ela não está is Lúcia there? – no, she's not here 2 (estado) to be; ~ **doente** to be ill; ~ **bem** (de saúde) to be well; (financeiramente) to be well off; ~ **calor/frio** to be hot/cold; ~ **com fome/sede/medo** to be hungry/thirsty/afraid

3 (ação contínua): ~ **fazendo** (BR) **ou a fazer** (PT) to be doing 4 (+ pp: = adj): ~ **sentado/cansado** to be sitting down/tired 5 (+ pp: uso passivo): **está condenado a morte** he's been condemned to death; **o livro está emprestado** the book's been borrowed 6: ~ **de**: ~ **de férias/licença** to be on holiday (BRIT) **ou** vacation (US)/leave; **ela estava de chapéu** she had a hat on, she was wearing a hat 7: ~ **para**: ~ **para fazer** to be about to do; **ele está para chegar a qualquer momento** he'll be here any minute; **não** ~ **para conversas** not to be in the mood for talking 8: ~ **por fazer** to be still to be done 9: ~ **sem**: ~ **sem dinheiro** to have no money; ~ **sem dormir** not to have slept; **estou sem dormir há três dias** I haven't slept for three days; **está sem terminar** it isn't finished yet

10 (frases): **está bem, tá (bem)** (col) OK; ~ **bem com** to be on good terms with

estardalhaço [iʃtaxda'ʎasu] m fuss; (ostentação) ostentation

estarrecer [iʃtaxe'se*] vt to petrify ♦ vi to be petrified

estas ['ɛʃtaʃ] fpl de **este**

estatal [iʃta'taw] (pl **-ais**) adj nationalized, state-owned ♦ f state-owned company

estático/a [iʃ'tatʃiku/a] adj static

estatística [iʃta'tʃiʃtʃika] f statistic; (ciência) statistics sg

estatizar [iʃtatʃi'za*] vt to nationalize

estátua [iʃ'tatwa] f statue

estatura [iʃta'tura] f stature

estatuto [iʃta'tutu] m statute; (de cidade) by-law; (de associação) rule

estável [iʃ'tavew] (pl **-eis**) adj stable

este ['ɛʃtʃi] m east ♦ adj inv (região) eastern; (vento, direção) easterly

este/ta ['eʃtʃi/eʃta] adj (sg) this; (pl) these ♦ pron this one; (pl) these; (a quem/que se referiu por último) the latter; **esta noite** (noite passada) last night; (noite de hoje) tonight

esteio [iʃ'teju] m prop, support; (NAUT) stay

esteira [iʃ'tejra] f mat; (de navio) wake; (rumo) path

esteja etc [iʃ'teʒa] vb V **estar**

estelionato [iʃteljo'natu] m fraud

estêncil [iʃ'tẽsiw] (pl **-eis**) m stencil

estender [iʃtẽ'de*] vt to extend; (mapa) to spread out; (pernas) to stretch; (massa) to roll out; (conversa) to draw out; (corda) to pull tight; (roupa molhada) to hang out; ~**se** vr to lie down; (fila, terreno) to stretch, extend; ~ **a mão** to hold out one's hand; ~**se sobre algo** to dwell on sth, expand on sth

estenodatilógrafo/a [iʃtenodatʃi'lɔgrafu/a] m/f shorthand typist (BRIT), stenographer (US)

estenografia [iʃtenogra'fia] f shorthand

estepe [iʃ'tɛpi] m spare wheel

esterco [iʃ'texku] m dung

estéreis [iʃ'tɛrejʃ] adj pl de **estéril**

estereo... [iʃterju] prefixo stereo...; ~**fônico/a** [iʃterjo'foniku/a] adj stereo(phonic); **estereótipo** [iʃte'rjɔ-tʃipu] *m* stereotype

estéril [iʃ'teriw] (*pl* –**eis**) *adj* sterile; (*terra*) infertile; (*fig*) futile; **esterilizar** [iʃterili'za*] *vt* to sterilize

esterlino/a [iʃtex'linu/a] *adj*: **libra esterlina** pound sterling

estético/a [iʃ'tɛtʃiku/a] *adj* aesthetic (*BRIT*), esthetic (*US*)

estetoscópio [iʃteto'skɔpju] *m* stethoscope

esteve [iʃ'tevi] *vb* V **estar**

estiagem [iʃ'tʃjaʒẽ] (*pl* –**ns**) *f* (*depois da chuva*) calm after the storm; (*falta de chuva*) dry spell

estiar [iʃ'tʃja*] *vi* (*não chover*) to stop raining; (*o tempo*) to clear up

estibordo [iʃtʃi'bɔxdu] *m* starboard

esticar [iʃtʃi'ka*] *vt* to stretch; ~-**se** *vr* to stretch out

estigma [iʃ'tʃigima] *m* mark, scar; (*fig*) stigma

estigmatizar [iʃtʃigimatʃi'za*] *vt*: ~ **alguém de algo** to brand sb (as) sth

estilhaçar [iʃtʃiʎa'sa*] *vt* to splinter; (*despedaçar*) to shatter; ~-**se** *vr* to shatter; **estilhaço** [iʃtʃi'ʎasu] *m* fragment; (*de pedra*) chip; (*de madeira, metal*) splinter

estilo [iʃ'tʃilu] *m* style; (*TEC*) style; ~ **de vida** way of life

estima [iʃ'tʃima] *f* esteem; (*afeto*) affection; **ter** ~ **a** to have a high regard for

estimação [iʃtʃima'sãw] *f*: ... **de** ~ favourite (*BRIT*) ..., favorite (*US*)

estimado/a [iʃtʃi'madu/a] *adj* respected; (*em cartas*): **E~ Senhor** Dear Sir

estimar [iʃtʃi'ma*] *vt* to appreciate; (*avaliar*) to value; (*ter estima a*) to have a high regard for; (*calcular aproximadamente*) to estimate

estimativa [iʃtʃima'tʃiva] *f* estimate

estimulante [iʃtʃimu'lãtʃi] *adj* stimulating ♦ *m* stimulant

estimular [iʃtʃimu'la*] *vt* to stimulate; (*incentivar*) to encourage; **estímulo** [iʃ'tʃimulu] *m* stimulus; (*ânimo*) encouragement

estipular [iʃtʃipu'la*] *vt* to stipulate

estirar [iʃtʃi'ra*] *vt* to stretch (out); ~-**se** *vr* to stretch

estivador(a) [iʃtʃiva'do*(a)] *m/f* docker

estive *etc* [iʃ'tʃivi] *vb* V **estar**

estocada [iʃto'kada] *f* stab, thrust

estocar [iʃto'ka*] *vt* to stock

estofar [iʃto'fa*] *vt* to upholster; (*acolchoar*) to pad, stuff; **estofo** [iʃ'tofu] *m* (*tecido*) material; (*para acolchoar*) padding, stuffing

estoico/a [iʃ'tɔjku/a] *adj* stoical

estojo [iʃ'toʒu] *m* case; ~ **de ferramentas** tool kit; ~ **de unhas** manicure set

estola [iʃ'tɔla] *f* stole

estólido/a [iʃ'tɔlidu/a] *adj* stupid

estômago [iʃ'tomagu] *m* stomach; **ter** ~ **para (fazer) algo** to be up to (doing) sth

estontear [iʃtõ'tʃja*] *vt* to stun, daze

estoque [iʃ'tɔki] *m* (*COM*) stock

estória [iʃ'tɔrja] *f* story

estorvo [iʃ'toxvu] *m* hindrance, obstacle; (*amolação*) bother, nuisance

estourado/a [iʃto'radu/a] *adj* (*temperamental*) explosive; (*col: cansado*) shattered, worn out

estourar [iʃto'ra*] *vi* to explode; (*pneu*) to burst; (*escândalo*) to blow up; (*guerra*) to break out; (*BR: chegar*) to turn up, arrive; ~ (**com alguém**) (*zangar-se*) to blow up (at sb)

estouro [iʃ'toru] *m* explosion; **dar o** ~ (*fig: zangar-se*) to blow up, blow one's top

estrábico/a [iʃ'trabiku/a] *adj* cross-eyed

estrabismo [iʃtra'biʒmu] *m* squint

estraçalhar [iʃtrasa'ʎa*] *vt* (*livro, objeto*) to pull to pieces; (*pessoa*) to tear to pieces

estrada [iʃ'trada] *f* road; ~ **de ferro** (*BR*) railway (*BRIT*), railroad (*US*); ~ **principal** main road (*BRIT*), state highway (*US*)

estrado [iʃ'tradu] *m* (*tablado*) platform; (*de cama*) base

estragado/a [iʃtra'gadu/a] *adj* ruined; (*fruta*) rotten; (*muito mimado*) spoiled, spoilt (*BRIT*)

estragão [iʃtra'gãw] *m* tarragon

estraga-prazeres [iʃtraga-] *m/f inv* spoilsport

estragar [iʃtra'ga*] *vt* to spoil; (*arruinar*) to ruin, wreck; (*desperdiçar*) to waste; (*saúde*) to damage; (*mimar*) to spoil; **estrago** [iʃ'tragu] *m* destruction; waste; damage; **os estragos da guerra** the ravages of war

estrangeiro/a [iʃtrã'ʒejru/a] *adj* foreign ♦ *m/f* foreigner; **no ~** abroad

estrangular [iʃtrãgu'la*] *vt* to strangle

estranhar [iʃtra'ɲa*] *vt* to be surprised at; (*achar estranho*): **~ algo** to find sth strange; **estranhei o clima** the climate did not agree with me; **não é de se ~** it's not surprising

estranho/a [iʃ'traɲu/a] *adj* strange, odd; (*influências*) outside ♦ *m/f* (*desconhecido*) stranger; (*de fora*) outsider

estratagema [iʃtrata'ʒema] *m* (*MIL*) stratagem; (*ardil*) trick

estratégia [iʃtra'teʒa] *f* strategy; **estratégico/a** [iʃtra'ʒiku/a] *adj* strategic

estrato [iʃ'tratu] *m* layer, stratum

estrear [iʃ'trja*] *vt* (*vestido*) to wear for the first time; (*peça de teatro*) to perform for the first time; (*veículo*) to use for the first time; (*filme*) to show for the first time, première (*BRIT*); (*ciar*): **~ uma carreira** to embark on *ou* begin a career ♦ *vi* (*ator, jogador*) to make one's first appearance; (*filme, peça*) to open

estrebaria [iʃtreba'ria] *f* stable

estréia [iʃ'trɛja] *f* (*de artista*) debut; (*de uma peça*) first night; (*de um filme*) première, opening

estreitar [iʃtrej'ta*] *vt* to narrow; (*roupa*) to take in; (*abraçar*) to hug; (*laços de amizade*) to strengthen ♦ *vi* (*estrada*) to narrow

estreito/a [iʃ'trejtu/a] *adj* narrow; (*saia*) straight; (*vínculo, relação*) close; (*medida*) strict ♦ *m* strait

estrela [iʃ'trela] *f* star; **~ cadente** falling star; **~-do/a** [iʃtre'ladu/a] *adj* (*céu*) starry; (*ovo*) fried; **~-do-mar** (*pl* **~s-do-mar**) *f* starfish

estremecer [iʃtreme'se*] *vt* to shake; (*amizade*) to strain; (*fazer tremer*): **~ alguém** to make sb shudder ♦ *vi* to shake; (*tremer*) to tremble; (*horrorizar-se*) to shudder; (*amizade*) to be strained

estremecimento [iʃtremesi'mētu] *m* shaking, trembling; (*tremor*) tremor; (*numa amizade*) tension

estrépito [iʃ'trepitu] *m* din, racket

estresse [iʃ'trɛsi] *m* stress

estria [iʃ'tria] *f* groove

estribeira [iʃtri'bejra] *f*: **perder as ~s** (*col*) to fly off the handle, lose one's temper

estribo [iʃ'tribu] *m* (*de cavalo*) stirrup; (*degrau*) step; (*fig: apoio*) support

estridente [iʃtri'dẽtʃi] *adj* shrill, piercing

estrito/a [iʃ'tritu/a] *adj* strict; (*restrito*) restricted

estrofe [iʃ'trɔfi] *f* stanza

estrondo [iʃ'trõdu] *m* (*de trovão*) rumble; (*de armas*) din; **~so/a** [iʃtrõ'dozu/ɔza] *adj* (*ovação*) tumultuous, thunderous; (*sucesso*) resounding; (*notícia*) sensational

estropiar [iʃtro'pja*] *vt* to maim, cripple; (*fatigar*) to wear out, exhaust

estrume [iʃ'trumi] *m* manure

estrutura [iʃtru'tura] *f* structure; (*armação*) framework; (*de edifício*) fabric

estuário [iʃtu'arju] *m* estuary

estudante [iʃtu'dãtʃi] *m/f* student; **estudantil** [iʃtudã'tʃiw] (*pl* **-is**) *adj* student *atr*

estudar [iʃtu'da*] *vt*, *vi* to study

estúdio [iʃ'tudʒu] *m* studio

estudioso/a [iʃtu'dʒozu/ɔza] *adj* studious ♦ *m/f* student

estudo [iʃ'tudu] m study

estufa [iʃ'tufa] f (fogão) stove; (de plantas) greenhouse; (de fogão) plate warmer; **efeito ~** greenhouse effect

estufado [iʃtu'fadu] (PT) m stew

estulto/a [iʃ'tuwtu̵a] adj foolish, silly

estupefação [iʃtupefa'sãw] (PT -cç-) f amazement, astonishment

estupefato/a [iʃtupe'fatu̵a] (PT -ct-) adj dumbfounded

estupendo/a [iʃtu'pẽdu̵a] adj wonderful, terrific

estupidez [iʃtupi'deʒ] f stupidity; (ato, dito) stupid thing; (grosseria) rudeness

estúpido/a [iʃ'tupidu̵a] adj stupid; (grosseiro) rude, churlish ♦ m/f idiot; oaf

estuprar [iʃtu'pra*] vt to rape; **estupro** [iʃ'tupru] m rape

estuque [iʃ'tuki] m stucco; (massa) plaster

esvair-se [iʒva'jixsi] vr to vanish, disappear; **~ em sangue** to lose a lot of blood

esvaziar [iʒva'zja*] vt to empty; **~-se** vr to empty

esvoaçar [iʒvoa'sa*] vi to flutter

etapa [e'tapa] f stage

etc. abr (= et cetera) etc

eternidade [etexni'dadʒi] f eternity

eterno/a [e'texnu̵a] adj eternal

ética [ɛ'tʃika] f ethics pl

ético/a [ɛ'tʃiku̵a] adj ethical

Etiópia [e'tʃjɔpja] f: **a ~** Ethiopia

etiqueta [etʃi'keta] f etiquette; (rótulo, em roupa) label; (que se amarra) tag

étnico/a [ɛ'tʃniku̵a] adj ethnic

etos [ɛ'tuʃ] m inv ethos

eu [ew] pron I ♦ m self; **sou ~** it's me

EUA abr mpl (= Estados Unidos da América) USA

eucaristia [ewkariʃ'tʃia] f Holy Communion

eufemismo [ewfe'miʒmu] m euphemism

Europa [ew'rɔpa] f: **a ~** Europe;

europeu/péia [ewro'peu̵'peja] adj, m/f European

evacuação [evakwa'sãw] (pl -ões) f evacuation

evacuar [eva'kwa*] vt to evacuate; (sair de) to leave; (MED) to discharge ♦ vi to defecate

evadir [eva'dʒi*] vt to evade; **~-se** vr to escape

evangelho [evã'ʒeʎu] m gospel

evaporar [evapo'ra*] vt, vi to evaporate; **~-se** vr to evaporate; (desaparecer) to vanish

evasão [eva'zãw] (pl -ões) f escape, flight; (fig) evasion

evasiva [eva'ziva] f excuse

evasivo/a [eva'zivu̵a] adj evasive

evasões [eva'zõjʃ] fpl de **evasão**

evento [e'vẽtu] m event; (eventualidade) eventuality

eventual [evẽ'tuaw] (pl -ais) adj fortuitous, accidental; **~idade** [evẽtwali'dadʒi] f eventuality

evidência [evi'dẽsja] f evidence, proof; **evidenciar** [evidẽ'sja*] vt to prove; (mostrar) to show; **evidenciar-se** vr to be evident, be obvious

evidente [evi'dẽtʃi] adj obvious, evident

evitar [evi'ta*] vt to avoid; **~ de fazer** algo to avoid doing sth

evocar [evo'ka*] vt to evoke; (espíritos) to invoke

evolução [evolu'sãw] (pl -ões) f development; (MIL) manoeuvre (BRIT), maneuver (US); (movimento) movement; (BIO) evolution

evoluir [evo'lwi*] vi to evolve; **~ para** to evolve into

ex- [ɛʃ-, eʒ-] prefixo ex-, former

Ex.ª abr = **Excelência**

exacerbar [ezasex'ba*] vt to irritate, annoy; (agravar) to aggravate, worsen; (revolta, indignação) to deepen

exacto/a [e'zatu̵a] (PT) = **exato** etc

exagerar [ezaʒe'ra*] vt to exaggerate ♦ vi to exaggerate; (agir com exagero) to overdo it; **exagero** [eza'ʒeru] m exaggeration

exalar [eza'la*] vt (odor) to give off

exaltado/a [ezaw'tadu/a] adj fanatical; (apaixonado) overexcited

exaltar [ezaw'ta*] vt (elevar: pessoa, virtude) to exalt; (louvar) to praise; (excitar) to excite; (irritar) to annoy; ~-se vr (irritar-se) to get worked up; (arrebatar-se) to get carried away

exame [e'zami] m (EDUC) examination, exam; (MED etc) examination; **fazer um** ~ (EDUC) to take an exam; (MED) to have an examination

examinar [ezami'na*] vt to examine

exasperar [ezaʃpe'ra*] vt to exasperate; ~-se vr to get exasperated

exatidão [ezatʃi'dãw] f accuracy; (perfeição) correctness

exato/a [e'zatu/a] adj right, correct; (preciso) exact; ~! exactly!

exaurir [ezaw'ri*] vt to exhaust, drain; ~-se vr to become exhausted

exaustão [ezaw'ʃtãw] f exhaustion; **exausto/a** [e'zawʃtu/a] pp de exaurir ♦ adj exhausted

exaustor [ezaw'ʃto*] m extractor fan

exceção [ese'sãw] (pl –ões) f exception; **com** ~ **de** with the exception of; **abrir** ~ to make an exception

excedente [ese'dẽtʃi] adj excess; (COM) surplus ♦ m (COM) surplus

exceder [ese'de*] vt to exceed; (superar) to surpass; ~-se vr (cometer excessos) to go too far; (cansar-se) to overdo things

excelência [ese'lẽsja] f excellence; **por** ~ par excellence; **Vossa E~** Your Excellency; **excelente** [ese'lẽtʃi] adj excellent

excêntrico/a [e'sẽtriku/a] adj, m/f eccentric

excepção [ese'sãw] (PT) f = **exceção**

excepcional [esepsjo'naw] (pl –ais) adj exceptional; (especial) special; (MED) handicapped

excepto etc [e'sɛtu] (PT) = **exceto** etc

excerto [e'sɛxtu] m fragment, excerpt

excessivo/a [ese'sivu/a] adj excessive

excesso [e'sɛsu] m excess; (COM) surplus

exceto [e'sɛtu] prep except (for), apart from

excetuar [ese'twa*] vt to except, make an exception of

excitação [esita'sãw] f excitement

excitado/a [esi'tadu/a] adj excited; (estimulado) aroused

excitante [esi'tãtʃi] adj exciting

excitar [esi'ta*] vt to excite; (estimular) to arouse; ~-se vr to get excited

exclamação [iʃklama'sãw] f exclamation

exclamar [iʃkla'ma*] vi to exclaim

excluir [iʃ'klwi*] vt to exclude, leave out; (eliminar) to rule out; (ser incompatível com) to preclude; **exclusão** [iʃklu'zãw] f exclusion; **exclusivo/a** [iʃklu'zivu/a] adj exclusive

excomungar [iʃkomũ'ga*] vt to excommunicate

excursão [iʃkux'sãw] (pl –ões) f outing, excursion; ~ **a pé** hike; **excursionista** [iʃkuxsjo'niʃta] m/f tourist; (para o dia) day-tripper; (a pé) hiker

execução [ezeku'sãw] (pl –ões) f execution; (de música) performance

executar [ezeku'ta*] vt to execute; (MUS) to perform; (plano) to carry out; (papel teatral) to play

executivo/a [ezeku'tʃivu/a] adj, m/f executive

executor(a) [ezeku'to*(a)] m/f executor

exemplar [ezẽ'pla*] adj exemplary ♦ m model, example; (BIO) specimen; (livro) copy; (peça) piece

exemplo [e'zẽplu] m example; **por** ~ for example

exéquias [e'zɛkjaʃ] fpl funeral rites

exercer [ezex'se*] vt to exercise; (influência, pressão) to exert; (função) to perform; (profissão) to practise (BRIT), practice (US); (obrigações)

to carry out
exercício [ezex'sisju] *m* exercise; *(de medicina)* practice; *(MIL)* drill; *(COM)* financial year
exercitar [ezexsi'ta*] *vt (profissão)* to practise *(BRIT)*, practice *(US)*; *(direitos, músculos)* to exercise; *(adestrar)* to train
exército [e'zexsitu] *m* army
exibição [ezibi'sãw] *(pl -ões)* *f* show, display; *(de filme)* showing
exibir [ezi'bi*] *vt* to show, display; *(alardear)* to show off; *(filme)* to show, screen; **~-se** *vr* to show off; *(indecentemente)* to expose o.s.
exigência [ezi'ʒẽsja] *f* demand; *(o necessário)* requirement; **exigente** [ezi'ʒẽtʃi] *adj* demanding
exigir [ezi'ʒi*] *vt* to demand
exíguo/a [e'zigwu/a] *adj (diminuto)* small; *(escasso)* scanty
exilado/a [ezi'ladu/a] *m/f* exile
exilar [ezi'la*] *vt* to exile; **~-se** *vr* to go into exile; **exílio** [e'zilju] *m* exile; *(forçado)* deportation
exímio/a [e'zimju/a] *adj* famous, distinguished; *(excelente)* excellent
eximir [ezi'mi*] *vt*: **~ de** to exempt from; *(obrigação)* to free from; *(culpa)* to clear of; **~-se** *vr*: **~-se de** to avoid, shun
existência [eziʃ'tẽsja] *f* existence; *(vida)* life
existir [eziʃ'tʃi*] *vi* to exist; **existe/ existem ...** *(há)* there is/are ...
êxito ['ezitu] *m* result; *(sucesso)* success; *(música, filme etc)* hit; **ter ~ (em)** to succeed (in), be successful (in)

Exmo(s)/a(s) *abr* = *Excelentíssimo(s)/a(s)* Dear
êxodo ['ezodu] *m* exodus
exonerar [ezone'ra*] *vt (demitir)* to dismiss; **~ de uma obrigação** to free from an obligation; **exorcista** [ezox'siʃta] *m/f* exorcist
exortar [ezox'ta*] *vt*: **~ alguém a fazer algo** to urge sb to do sth
exótico/a [e'zɔtʃika/a] *adj* exotic
expandir [iʃpã'dʒi*] *vt* to expand;

(espalhar) to spread; **~-se** *vr* to expand; **~-se com alguém** to be frank with sb
expansão [iʃpã'sãw] *f* expansion, spread; *(de alegria)* effusiveness
expansivo/a [iʃpã'sivu/a] *adj (pessoa)* outgoing
expeça *etc* [iʃ'pɛsa] *vb* V **expedir**
expectativa [iʃpɛkta'tʃiva] *f* expectation
expedição [iʃpedʒi'sãw] *(pl -ões)* *f (viagem)* expedition; *(de mercadorias)* despatch; *(por navio)* shipment; *(de passaporte)* issue
expediente [iʃpe'dʒjẽtʃi] *m* means; *(serviço)* working day; *(correspondência)* correspondence ♦ *adj* expedient; **~ bancário** banking hours *pl*; **~ do escritório** office hours *pl*
expedir [iʃpe'dʒi*] *vt* to send, despatch; *(bilhete, passaporte, decreto)* to issue
expedito/a [iʃpe'dʒitu/a] *adj* prompt, speedy; *(pessoa)* efficient
expelir [iʃpe'li*] *vt* to expel; *(sangue)* to spit
experiência [iʃpe'rjẽsja] *f* experience; *(prova)* experiment, test; **em ~** on trial
experiente [iʃpe'rjẽtʃi] *adj* experienced
experimentar [iʃperimẽ'ta*] *vt (comida)* to taste; *(vestido)* to try on; *(pôr à prova)* to try out, test; *(conhecer pela experiência)* to experience; *(sofrer)* to suffer, undergo; **experimento** [iʃperi'mẽtu] *m* experiment
expilo *etc* [iʃ'pilu] *vb* V **expelir**
expirar [iʃpi'ra*] *vt* to exhale, breathe out ♦ *vi* to die; *(terminar)* to end
explicação [iʃplika'sãw] *(pl -ões)* *f* explanation
explicar [iʃpli'ka*] *vt*, *vi* to explain; **~-se** *vr* to explain o.s.
explícito/a [iʃ'plisitu/a] *adj* explicit, clear
explodir [iʃplo'dʒi*] *vt*, *vi* to explode
exploração [iʃplora'sãw] *f (abuso)* exploitation; *(de uma*

mina) working

explorador(a) [iʃplora'do*(a)] *m/f* explorer; (*de outros*) exploiter

explorar [iʃplo'ra*] *vt* (*região*) to explore; (*mina*) to work, run; (*ferida*) to probe; (*trabalhadores etc*) to exploit

explosão [iʃplo'zãw] (*pl* –ões) *f* explosion; (*fig*) outburst; **explosivo/a** [iʃplo'zivu/a] *adj* explosive; (*pessoa*) hot-headed ♦ *m* explosive

expor [iʃ'po*] (*irreg: como* **pôr**) *vt* to expose; (*a vida*) to risk; (*teoria*) to explain; (*revelar*) to reveal; (*mercadorias*) to display; (*quadros*) to exhibit; **~-se** *vr* to expose o.s.

exportação [iʃporta'sãw] *f* (*ato*) export(ing); (*mercadorias*) exports *pl*

exportador(a) [iʃpoxta'do*(a)] *adj* exporting ♦ *m/f* exporter

exportar [iʃpox'ta*] *vt* to export

exposição [iʃpozi'sãw] (*pl* –ões) *f* exhibition; (*explicação*) explanation; (*declaração*) statement; (*narração*) account; (*FOTO*) exposure

exposto/a [iʃ'poʃtu/'poʃta] *adj* (*lugar*) exposed; (*quadro, mercadoria*) on show *ou* display ♦ *m*: **o acima ~** the above

expressão [iʃpre'sãw] (*pl* –ões) *f* expression

expressar [iʃpre'sa*] *vt* to express; **expressivo/a** [iʃpre'sivu/a] *adj* expressive; (*pessoa*) demonstrative

expresso/a [iʃ'presu/a] *pp de* **exprimir** ♦ *adj* definite, clear; (*trem, ordem, carta*) express ♦ *m* express

expressões [iʃpre'sõjʃ] *fpl de* **expressão**

exprimir [iʃpri'mi*] *vt* to express

expulsão [iʃpul'sãw] (*pl* –ões) *f* expulsion; (*ESPORTE*) sending off

expulsar [iʃpuw'sa*] *vt* to expel; (*de uma festa, clube etc*) to throw out; (*inimigo*) to drive out; (*estrangeiro*) to expel, deport; (*jogador*) to send off

expulso/a [iʃ'puwsu/a] *pp de* **expulsar**

expulsões [iʃpul'sõjʃ] *fpl de* **expul-**

são

expurgar [iʃpux'ga*] *vt* to expurgate

êxtase ['eʃtazi] *m* ecstasy

extensão [iʃtē'sãw] (*pl* –ões) *f* (*ger, TEL*) extension; (*de uma empresa*) expansion; (*terreno*) expanse; (*tempo*) length, duration; (*de conhecimentos*) extent

extensivo/a [iʃtē'sivu/a] *adj* extensive; **ser ~ a** to extend to

extenso/a [iʃ'tēsu/a] *adj* extensive; (*comprido*) long; (*artigo*) full, comprehensive; **por ~** in full

extensões [iʃtē'sõjʃ] *fpl de* **extensão**

extenuado/a [iʃtē'nwadu/a] *adj* (*esgotado*) worn out

extenuante [iʃtē'nwãtʃi] *adj* exhausting; (*debilitante*) debilitating

extenuar [iʃtē'nwa*] *vt* to exhaust; (*debilitar*) to weaken

exterior [iʃte'rjo*] *adj* (*de fora*) outside, exterior; (*aparência*) outward; (*comércio*) foreign ♦ *m* (*da casa*) outside; (*aspecto*) outward appearance; **do ~** (*do estrangeiro*) from abroad; **no ~** abroad

exterminar [iʃtexmi'na*] *vt* (*inimigo*) to wipe out, exterminate; (*acabar com*) to do away with

externato [iʃtex'natu] *m* day school

externo/a [iʃ'texnu/a] *adj* external; (*aparente*) outward; **aluno ~** day pupil

extinguir [iʃtʃi'gi*] *vt* (*fogo*) to put out, extinguish; (*um povo*) to wipe out; **~-se** *vr* (*fogo, luz*) to go out; (*BIO*) to become extinct

extinto/a [iʃ'tʃitu/a] *adj* (*fogo*) extinguished; (*língua, pessoa*) dead; (*animal, vulcão*) extinct; (*associação etc*) defunct; **~r** [iʃtʃi'to*] *m* (*fire*) extinguisher

extirpar [iʃtix'pa*] *vt* to uproot; (*corrupção*) to eradicate; (*tumor*) to remove

extorquir [iʃtox'ki*] *vt* to extort

extorsão [iʃtox'sãw] *f* extortion

extra ['eʃtra] *adj* extra ♦ *m/f* extra person; (*TEATRO*) extra

extração [iʃtra'sãw] (*PT* -**cç**-) (*pl* -ões) *f* extraction; (*de loteria*) draw

extracto [iʃ'tratu] (*PT*) *m* = **extrato**

extraditar [eʃtradʒi'ta*ʳ*] *vt* to extradite

extrair [iʃtra'ji*ʳ*] *vt* to extract, take out

extraordinário/a [iʃtraoxdʒi'narju/a] *adj* extraordinary; (*despesa*) extra; (*reunião*) special

extrato [iʃ'tratu] *m* extract; (*resumo*) summary; ~ (**bancário**) (bank) statement

extravagância [iʃtrava'gãsja] *f* extravagance; **extravagante** [iʃtrava'gãtʃi] *adj* extravagant; (*roupa*) outlandish; (*conduta*) wild

extravasar [iʃtrava'za*ʳ*] *vi* to overflow

extraviado/a [iʃtra'vjadu/a] *adj* lost, missing

extraviar [iʃtra'vja*ʳ*] *vt* to mislay; (*pessoa*) to lead astray; (*dinheiro*) to embezzle; ~-**se** *vr* to get lost; **extravio** [iʃtra'viu] *m* loss; embezzlement; (*fig*) deviation

extremado/a [iʃtre'madu/a] *adj* extreme

extremidade [iʃtremi'dadʒi] *f* extremity; (*do dedo*) tip; (*ponta*) end; (*beira*) edge

extremo/a [iʃ'tremu/a] *adj* extreme ♦ *m* extreme; **ao** ~ extremely

extrovertido/a [iʃtrovex'tʃidu/a] *adj* extrovert, outgoing ♦ *m/f* extrovert

exuberante [ezube'rãtʃi] *adj* exuberant

exultante [ezuw'tãtʃi] *adj* jubilant, exultant

exultar [ezuw'ta*ʳ*] *vi* to rejoice

exumar [ezu'ma*ʳ*] *vt* (*corpo*) to exhume; (*fig*) to dig up

F

fã [fã] (*col*) *m/f* fan

fábrica ['fabrika] *f* factory; ~ **de cerveja** brewery; **a preço de** ~

wholesale

fabricação [fabrika'sãw] *f* manufacture; ~ **em série** mass production

fabricar [fabri'ka*ʳ*] *vt* to manufacture, make

fábula ['fabula] *f* fable; (*conto*) tale

fabuloso/a [fabu'lozu/ɔza] *adj* fabulous

faca ['faka] *f* knife; ~**da** [fa'kada] *f* stab, cut

façanha [fa'saɲa] *f* exploit, deed

facão [fa'kãw] (*pl* -ões) *m* carving knife; (*para cortar a mato*) machete

facção [fak'sãw] (*pl* -ões) *f* faction

face ['fasi] *f* face; (*bochecha*) cheek; **em** ~ **de** in view of; **fazer** ~ **a** to face up to; **disquete de** ~ **simples**/**dupla** (*COMPUT*) single-/double-sided disk

fáceis ['fasejʃ] *adj pl de* **fácil**

faceta [fa'seta] *f* facet

fachada [fa'ʃada] *f* façade, front

fácil ['fasiw] (*pl* -eis) *adj* easy; (*temperamento, pessoa*) easy-going ♦ *adv* easily; **facilidade** [fasili'dadʒi] *f* ease; (*jeito*) facility; ~**s** *fpl* (*recursos*) facilities; **ter facilidade para algo** to have a talent for sth

facilitar [fasili'ta*ʳ*] *vt* to facilitate, make easy; (*fornecer*): ~ **algo a alguém** to provide sb with sth

faço *etc* ['fasu] *vb V* **fazer**

facões [fa'kõjʃ] *fpl de* **facão**

fac-símile [fak'simili] (*pl* ~**s**) *m* (*cópia*) facsimile; (*carta*) fax; (*máquina*) fax (machine); **enviar por** ~ to fax

factício/a [fak'tʃisju/a] *adj* unnatural

facto ['faktu] (*PT*) *m* = **fato**

factor [fak'to*ʳ*] (*PT*) *m* = **fator**

factual [fak'twaw] (*pl* -**ais**) *adj* factual

factura *etc* [fak'tura] (*PT*) = **fatura** *etc*

faculdade [fakuw'dadʒi] *f* (*ger, EDUC*) faculty; (*poder*) power

facultativo/a [fakuwta'tʃivu/a] *adj* optional ♦ *m/f* doctor

fada ['fada] *f* fairy; **conto de** ~**s** fairy tale

fadado/a [fa'dadu/a] *adj* destined

fadiga [fa'dʒiga] *f* fatigue

fadista [fa'dʒista] *m/f* fado singer ♦ *m* (*PT*) ruffian

fado ['fadu] *m* fate; (*canção*) fado (*traditional Portuguese folk song*)

fagulha [fa'guʎa] *f* spark

faia ['faja] *f* beech (tree)

faisão [faj'zãw] (*pl* ~**ães** *ou* ~**ões**) *m* pheasant

faísca [fa'iʃka] *f* spark; (*brilho*) flash

faiscar [fajʃ'ka*] *vi* to sparkle; (*brilhar*) to flash

faisões [faj'zõjʃ] *mpl de* **faisão**

faixa ['fajʃa] *f* (*cinto*, *JUDO*) belt; (*tira*) strip; (*área*) zone; (*AUTO*: *pista*) lane; (*BR*: *para pedestres*) zebra crossing (*BRIT*), crosswalk (*US*); (*MED*) bandage; (*num disco*) track

fala ['fala] *f* speech; **chamar às ~s** to call to account; **sem ~** speechless

falácia [fa'lasja] *f* fallacy

falador/deira [fala'do*/dejra] *adj* talkative ♦ *m/f* chatterbox

falante [fa'lãtʃi] *adj* talkative

falar [fa'la*] *vt* (*língua*) to speak; (*besteira etc*) to talk; (*dizer*) to say; (*verdade*, *mentira*) to tell ♦ *vi* to speak; ~ **algo a alguém** to tell sb sth; ~ **de** *ou* **em algo** to talk about sth; ~ **com alguém** to talk to sb; **por** ~ **em** speaking of; **sem** ~ **em** not to mention; **falou!**, **'tá falado!** (*col*) OK!

falatório [fala'tɔrju] *m* (*ruído de vozes*) voices *pl*, talking; (*maledicência*) rumour (*BRIT*), rumor (*US*)

falcão [faw'kãw] (*pl* ~**ões**) *m* falcon

falecer [fale'se*] *vi* to die; **falecimento** [falesi'mẽtu] *m* death

falência [fa'lẽsja] *f* bankruptcy; **abrir** ~ to declare o.s. bankrupt; **ir à** ~ to go bankrupt; **levar à** ~ to bankrupt

falésia [fa'lɛzja] *f* cliff

falha ['faʎa] *f* fault; (*lacuna*) omission; (*de caráter*) flaw

falhar [fa'ʎa*] *vi* to fail; (*não acertar*) to miss; (*errar*) to be wrong

falho/a ['faʎu/a] *adj* faulty; (*deficiente*) wanting

falido/a [fa'lidu/a] *adj*, *m/f* bankrupt

falir [fa'li*] *vi* to fail; (*COM*) to go bankrupt

falsário/a [faw'sarju/a] *m/f* forger

falsidade [fawsi'dadʒi] *f* falsehood; (*fingimento*) pretence (*BRIT*), pretense (*US*)

falsificar [fawsifi'ka*] *vt* (*forjar*) to forge; (*falsear*) to falsify; (*adulterar*) to adulterate; (*desvirtuar*) to misrepresent

falso/a ['fawsu/a] *adj* false; (*fraudulento*) dishonest; (*errôneo*) wrong; (*jóia*, *moeda*, *quadro*) fake; **pisar em** ~ to blunder

falta ['fawta] *f* (*carência*) lack; (*ausência*) absence; (*defeito*, *culpa*) fault; (*FUTEBOL*) foul; **por** *ou* **na** ~ **de** for lack of; **sem** ~ without fail; **fazer** ~ to be lacking, be needed; **sentir** ~ **de alguém/algo** to miss sb/sth; **ter** ~ **de** to lack, be in need of

faltar [faw'ta*] *vi* to be lacking, be wanting; (*pessoa*) to be absent; (*falhar*) to fail; ~ **ao trabalho** to be absent from work; ~ **à palavra** to break one's word; **falta pouco para** ... it won't be long until ...

fama ['fama] *f* (*renome*) fame; (*reputação*) reputation

família [fa'milja] *f* family

familiar [fami'lja*] *adj* (*da família*) family *atr*; (*conhecido*) familiar ♦ *m/f* relation, relative; ~**idade** [familjari'dadʒi] *f* familiarity; (*sem cerimônia*) informality; ~**izar** [familjari'za*] *vt* to familiarize; ~**izar-se** *vr*: ~**izar-se com algo** to familiarize o.s. with sth

faminto/a [fa'mĩtu/a] *adj* hungry; (*fig*): ~ **de** eager for

famoso/a [fa'mozu/za] *adj* famous

fanático/a [fa'natʃiku/a] *adj* fanatical ♦ *m/f* fanatic

fantasia [fãta'zia] *f* fantasy; (*imaginação*) imagination; (*capricho*) fancy; (*traje*) fancy dress

fantasiar [fãta'zja*] vt to imagine ♦
vi to daydream; ~**-se** vr to dress up
(in fancy dress)

fantasma [fã'taʒma] m ghost; (alucinação) illusion

fantástico/a [fã'taʃtʃiku/a] adj fantastic; (ilusório) imaginary; (incrível) unbelievable

fantoche [fã'tɔʃi] m puppet

farda ['faxda] f uniform

fardo ['faxdu] m bundle; (carga)
load; (fig) burden

farei etc [fa'rej] vb V **fazer**

farelo [fa'rɛlu] m (de pão) crumb;
(de madeira) sawdust; ~ **de trigo**
bran

farfalhar [faxfa'ʎa*] vi to rustle

farinha [fa'riɲa] f: ~ **(de mesa)**
(manioc) flour; ~ **de rosca** bread-
crumbs pl; ~ **de trigo** plain flour

farmacêutico/a [faxma'sewtʃiku/a]
adj pharmaceutical ♦ m/f pharmacist, chemist (BRIT)

farmácia [fax'masja] f pharmacy,
chemist's (shop) (BRIT)

faro ['faru] m sense of smell; (fig)
flair

farofa [fa'rɔfa] f (CULIN) side dish
based on manioc flour

farol [fa'rɔw] (pl -óis) m lighthouse;
(AUTO) headlight; com ~ **alto**
(AUTO) on full (BRIT) ou high (US)
beam; com ~ **baixo** dipped headlights or (BRIT) dimmed beam
(US); ~**ete** [faro'letʃi] m (AUTO:
dianteiro) sidelight; (tb: ~**ete traseiro**) tail-light

farpado/a [fax'padu/a] adj: **arame**
~ barbed wire

farra ['faxa] f binge, spree

farrapo [fa'xapu] m rag

farsa ['faxsa] f farce; ~**nte**
[fax'sãtʃi] m/f joker

farta ['faxta] f: **comer à** ~ to eat
one's fill

fartar [fax'ta*] vt to satiate; (encher)
to fill up; ~**-se** vr to gorge o.s.

farto/a ['faxtu/a] adj full, satiated;
(abundante) plentiful; (aborrecido)
fed up

fartura [fax'tura] f abundance

fascinante [fasi'nãtʃi] adj fascinat-
ing

fascinar [fasi'na*] vt to fascinate;
(encantar) to charm; **fascínio**
[fa'sinju] m fascination

fascismo [fa'siʒmu] m fascism

fase ['fazi] f phase

fastidioso/a [faʃtʃi'dʒozu/ɔza] adj
tedious; (enfadonho) annoying

fatal [fa'taw] (pl -ais) adj (mortal)
fatal; (inevitável) inevitable; ~**idade**
[fatali'dadʒi] f fate; (desgraça) disaster

fatia [fa'tʃia] f slice

fatigante [fatʃi'gãtʃi] adj tiring;
(aborrecido) tiresome

fatigar [fatʃi'ga*] vt to tire; (aborrecer) to bore; ~**-se** vr to get tired

fato ['fatu] m fact; (acontecimento)
event; (PT: traje) suit; ~ **de banho**
(PT) swimming costume (BRIT),
bathing suit (US); **de** ~ in fact, really

fator [fa'to*] m factor

fatura [fa'tura] f bill, invoice; ~**r**
[fatu'ra*] vt to invoice; (dinheiro) to
make ♦ vi (col: ganhar dinheiro):
~**r (alto)** to rake it in

fava ['fava] f broad bean; **mandar**
alguém à ~ to send sb packing

favela [fa'vɛla] f slum

favor [fa'vo*] m favour (BRIT), favor (US); **a** ~ **de** in favo(u)r of; **por**
~ please; **faça** ou **faz o** ~ **de ...**
would you be so good as to ..., kindly
...; ~**ável** [favo'ravew] (pl -eis) adj:
~**ável (a)** favo(u)rable (to); ~**ecer**
[favore'se*] vt to favo(u)r; (beneficiar) to benefit; (suj: vestido) to
suit; (: retrato) to flatter; ~**ito**
[favo'ritu/a] adj, m/f favo(u)rite

faxina [fa'ʃina] f: **fazer** ~ to clean
up; **faxineiro/a** [faʃi'nejru/a] m/f
cleaner

fazenda [fa'zẽda] f farm; (de café)
plantation; (de gado) ranch; (pano)
cloth, fabric; (ECON) treasury; **fa-
zendeiro** [fazẽ'dejru] m farmer; (de
café) plantation-owner; (de gado)

rancher, ranch-owner

PALAVRA CHAVE

fazer [fa'ze*] vt **1** (fabricar, produzir) to make; (construir) to build; (pergunta) to ask; (poema, música) to write; ~ **um filme/ruído** to make a film/noise; **eu fiz o vestido** I made the dress
2 (executar) to do; **o que você está fazendo?** what are you doing?; ~ **a comida** to do the cooking; ~ **o papel de** (TEATRO) to play
3 (estudos, alguns esportes) to do; ~ **medicina/direito** to do our study medicine/law; ~ **ioga/ginástica** to do yoga/keep-fit
4 (transformar, tornar): **sair o fará sentir melhor** going out will make him feel better; **sua partida fará o trabalho mais difícil** his departure will make work more difficult
5 (como substituto de vb): **ele bebeu e eu fiz o mesmo he drank and I did likewise
6: ~ **anos**: **ele faz anos hoje** it's his birthday today; **fiz 30 anos ontem** I was 30 yesterday
♦ vi **1** (portar-se) to act, behave; ~ **bem/mal** to do the right/wrong thing; **não fiz por mal** I didn't mean it; **faz como quem não sabe** act as if you don't know anything
2: ~ **com que alguém faça algo** to make sb do sth
♦ vb impess **1**: **faz calor/frio** it's hot/cold
2 (tempo): **faz um ano a year ago; faz dois anos que ele se formou** it's two years since he graduated; **faz três meses que ele está aqui** he's been here for three months
3: **não faz mal** never mind; **tanto faz** it's all the same
♦ ~**se** vr **1**: ~**se de desentendido** to pretend not to understand
2: **faz-se com ovos e leite** it's made with eggs and milk; **isso não se faz** that's not done

fé [fe] f faith; (crença) belief; (confiança) trust; **de boa/má** ~ in good/bad faith

febre ['febri] f fever; (fig) excitement; ~ **do feno** hay fever; **febril** [fe'briw] (pl –is) adj feverish

fechado/a [fe'ʃadu/a] adj shut, closed; (pessoa) reserved; (sinal) red; (luz, torneira) off; (tempo) overcast; (cara) stern

fechadura [feʃa'dura] f (de porta) lock

fechar [fe'ʃa*] vt to close, shut; (concluir) to finish, conclude; (luz, torneira) to turn off; (tora) to close off; (ferida) to close up; (bar, loja) to close down ♦ vi to close (up), shut; to close down; (tempo) to cloud over; ~**se** vr to close, shut; (pessoa) to withdraw; ~ **à chave** to lock

fecho ['feʃu] m fastening; (trinco) latch; (término) close; ~ **ecler** zip fastener (BRIT), zipper (US)

fécula ['fɛkula] f starch

fecundar [fekũ'da*] vt to fertilize

feder [fe'de*] vi to stink

federação [federa'sãw] (pl –ões) f federation

federal [fede'raw] (pl –ais) adj federal; (col: grande) huge

fedor [fe'do*] m stench

feição [fej'sãw] (pl –ões) f form, shape; (caráter) nature; (modo) manner; **feições** pl (face) features; **à** ~ **de** in the manner of

feijão [fej'ʒãw] (pl –ões) m bean(s) (pl); (preto) black bean(s) (pl); **feijoada** [fej'ʒwada] f (CULIN) meat, rice and black beans

feio/a ['feju/a] adj ugly; (situação) grim; (atitude) bad; (tempo) horrible ♦ adv (perder) badly

feira ['fejra] f fair; (mercado) market

feiticeira [fejtʃi'sejra] f witch

feiticeiro/a [fejtʃi'sejru/a] adj bewitching, enchanting ♦ m wizard

feitiço [fej'tʃisu] m charm, spell

feitio [fej'tʃiu] m shape, pattern; (caráter) nature, manner; (TEC) workmanship

feito/a ['fejtu/a] *pp de* **fazer ♦** *adj* finished, ready **♦** *m* act, deed; *(façanha)* feat **♦** *conj* like; **~ a mão** hand-made; **~ homem —** grown man

feiúra [fe'jura] *f* ugliness

feixe ['fejʃi] *m* bundle, bunch; *(TEC)* beam

fel [few] *m* bile, gall; *(fig)* bitterness

felicidade [felisi'dadʒi] *f* happiness; *(sorte)* good luck; *(êxito)* success; **~s** *fpl (congratulações)* congratulations

felicitações [felisita'sõjʃ] *fpl* congratulations, best wishes

feliz [fe'liʒ] *adj* happy; *(afortunado)* lucky; **~mente** [feliʒ'mẽtʃi] *adv* fortunately

felpudo/a [few'pudu/a] *adj (penujento)* fuzzy; *(peludo)* downy

feltro ['fewtru] *m* felt

fêmea ['femja] *f* female

feminino/a [femi'ninu/a] *adj* feminine; *(sexo)* female; *(equipe, roupa)* women's **♦** *m (LING)* feminine

feminista [femi'niʃta] *adj, m/f* feminist

fenda ['fẽda] *f* slit, crack; *(GEO)* fissure

fender [fẽ'de*] vt, vi* to split, crack

fenecer [fene'se*] vi* to die; *(terminar)* to come to an end

feno ['fenu] *m* hay

fenomenal [fenome'naw] *(pl* **–ais)** *adj* phenomenal; *(espantoso)* amazing; *(pessoa)* brilliant

fenômeno [fe'nomenu] *m* phenomenon

fera ['fera] *f* wild animal

féretro ['feretru] *m* coffin

feriado [fe'rjadu] *m* holiday *(BRIT)*, vacation *(US)*

férias ['ferjaʃ] *fpl* holidays, vacation *sg*; **de ~** on holiday; **tirar ~** to have *ou* take a holiday

ferida [fe'rida] *f* wound, injury; *V tb* ferido

ferido/a [fe'ridu/a] *adj* injured; *(em batalha)* wounded; *(magoado)* hurt **♦** *m/f* casualty

ferimento [feri'mẽtu] *m* injury; *(em batalha)* wound

ferir [fe'ri*] vt* to injure; *(tb fig)* to hurt; *(em batalha)* to wound; *(ofender)* to offend

fermentar [fexmẽ'ta*] vi* to ferment

fermento [fex'mẽtu] *m* yeast; **~ em pó** baking powder

ferocidade [ferosi'dadʒi] *f* fierceness, ferocity

feroz [fe'rɔʒ] *adj* fierce, ferocious; *(cruel)* cruel

ferradura [fexa'dura] *f* horseshoe

ferragem [fe'xaʒẽ] *(pl* **–ns)** *f (peças)* hardware; *(guarnição)* metalwork; **loja de ferragens** ironmonger's *(BRIT)*, hardware store

ferramenta [fexa'mẽta] *f* tool; *(caixa de* **~s)** tool kit

ferrão [fe'xãw] *(pl* **–ões)** *m* goad; *(de inseto)* sting

ferreiro [fe'xejru] *m* blacksmith

ferrenho/a [fe'xeɲu/a] *adj (vontade)* iron

férreo/a [fexju/a] *adj* iron *atr; (disciplina)* strict; **via férrea** railway *(BRIT)*, railroad *(US)*

ferro ['fexu] *m* iron; **~s** *mpl (algemas)* shackles, chains; **~ batido** wrought iron; **~ de passar** iron; **~ fundido** cast iron; **~ ondulado** corrugated iron

ferrões [fe'xõjʃ] *mpl de* **ferrão**

ferrolho [fe'xoʎu] *m (trinco)* bolt

ferrovia [fexo'via] *f* railway *(BRIT)*, railroad *(US)*; **ferroviário/a** [fexo'vjarju/a] *adj* railway *atr (BRIT)*, railroad *atr (US)* **♦** *m/f* railway *ou* railroad worker

ferrugem [fe'xuʒẽ] *f* rust

fértil ['fɛxtʃiw] *(pl* **–eis)** *adj* fertile; **fertilidade** [fɛxtʃili'dadʒi] *f* fertility; **fertilizante** [fextʃili'zãtʃi] *m* fertilizer; **fertilizar** [fextʃili'za*] vt* to fertilize

fervente [fex'vẽtʃi] *adj* boiling

ferver [fex've*] vt, vi* to boil; **~ de raiva/indignação** to seethe with rage/indignation; **~ em fogo baixo** *(CULIN)* to simmer

fervilhar [fexvi'ʎa*] vi* to simmer

fervor 138 **fiel**

(*com atividade*) to hum; (*pulular*):
~ **de** to swarm with

fervor [fex'vo⁺] *m* fervour (*BRIT*),
fervor (*US*); **~oso/a** *adj*

fervoroso [fexvo'rozu/ɔza] *adj* fervent

festa ['fɛʃta] *f* (*reunião*) party; (*conjunto de ceremónias*) festival; **~s** *fpl*
(*carícia*) embrace *sg*; **boas ~s** Merry Christmas and a Happy New
Year; **dia de ~** public holiday

festejar [feʃte'ʒa⁺] *vt* to celebrate;
(*acolher*) to welcome, greet; **festejo**
[feʃ'teʒu] *m* festivity; (*ato*) celebration

festim [feʃ'tʃĩ] (*pl* **-ns**) *m* feast

festival [feʃtʃi'vaw] (*pl* **-ais**) *m* festival

festividade [feʃtʃivi'dadʒi] *f* festivity

festivo/a [feʃ'tʃivu/a] *adj* festive

fetiche [fe'tʃiʃi] *m* fetish

fétido/a ['fɛtʃidu/a] *adj* foul

feto ['fɛtu] *m* (*MED*) foetus (*BRIT*),
fetus (*US*)

fevereiro [feve'rejru] (*PT* **F-**) *m*
February

fez [fɛʒ] *vb* V **fazer**

fezes ['fɛziʃ] *fpl* faeces (*BRIT*), feces
(*US*)

fiada ['fjada] *f* (*fileira*) row, line

fiado/a ['fjadu/a] *adv*: **comprar/
vender ~** to buy/sell on credit

fiador(a) [fja'do⁺(a)] *m/f* (*JUR*)
guarantor; (*COM*) backer

fiambre ['fjãbri] *m* cold meat; (*presunto*) ham

fiança ['fjãsa] *f* guarantee; (*JUR*)
bail; **prestar ~ por** to stand bail
for; **sob ~** on bail

fiar ['fja⁺] *vt* (*algodão etc*) to spin;
(*confiar*) to entrust; (*vender a crédito*) to sell on credit; **~-se** *vr*: **~-se
em** to trust

fiasco ['fjaʃku] *m* fiasco

fibra ['fibra] *f* fibre (*BRIT*), fiber
(*US*)

ficar [fi'ka⁺] *vi* **1** (*permanecer*) to
stay; (*sobrar*) to be left; **~**

perguntando/olhando *etc* to keep
asking/looking *etc*; **~ por fazer** to
have still to be done; **~ para trás** to
be left behind

2 (*tornar-se*) to become; **~ cego/
surdo/louco** to go blind/deaf/mad;
fiquei contente ao saber da notícia I was happy when I heard the
news; **~ com raiva/medo** to get
angry/frightened; **~ de bem/mal
com alguém** (*col*) to make up/fall
out with sb

3 (*posição*) to be: **a casa fica ao
lado da igreja** the house is next to
the church; **~ sentado/deitado** to be
sitting down/lying down

4 (*tempo: durar*): **ele ficou duas
horas para resolver** he took two
hours to decide; (: *ser adiado*): **a
reunião ficou para amanhã** the
meeting was postponed until the following day

5: **~ bem** (*comportamento*): **sua
atitude não ficou bem his** (*ou her
etc*) behaviour was inappropriate;
(*cor*): **você fica bem em azul blue**
suits you, you look good in blue;
(*roupa*): **~ bem para** to suit

6: **~ bom** (*de saúde*) to be cured;
(*trabalho, foto etc*) to turn out well

7: **~ de fazer algo** (*combinar*) to
arrange to do sth; (*prometer*) to
promise to do sth

8: **~ de pé** to stand up

ficção [fik'sãw] *f* fiction

ficha ['fiʃa] *f* (*tb*: **~ de telefone**) token; (*tb*: **~ de jogo**) chip; (*de
fichário*) (index) card; (*POLÍCIA*)
record; (*PT*: *ELET*) plug; (*em loja,
lanchonete*) ticket; **~r** [fi'ʃa⁺] *vt* to
file, index

fichário [fi'farju] *m* filing cabinet;
(*caixa*) card index; (*caderno*) file

ficheiro [fi'ʃejru] (*PT*) *m* = **fichário**

fictício/a [fik'tʃisju/a] *adj* fictitious

fidalgo [fi'dawgu] *m* nobleman

fidelidade [fideli'dadʒi] *f* fidelity, loyalty; (*exatidão*) accuracy

fiel [fjew] (*pl* **-éis**) *adj* (*leal*) faithful,

loyal; (*acurado*) accurate; (*que não falha*) reliable

figa ['figa] *f* talisman; **fazer uma ~** to make a *figa*, ≈ cross one's fingers; **de uma ~** (*col*) damned

fígado ['figadu] *m* liver

figo ['figu] *m* fig; **figueira** [fi'gejra] *f* fig tree

figura [fi'gura] *f* figure; (*forma*) form, shape; (*LING*) figure of speech; (*aspecto*) appearance

figurante [figu'rātʃi] *m/f* (*CINEMA*) extra

figurar [figu'ra*] *vi* (*ator*) to appear; (*fazer parte*): **~ (entre/em)** to figure *ou* appear (among/in) ♦ *vt* (*imaginar*) to imagine

figurino [figu'rinu] *m* model; (*revista*) fashion magazine

figurões [figu'rõjʃ] *mpl de* **figurão**

fila ['fila] *f* row, line; (*BR*: *fileira de pessoas*) queue (*BRIT*), line (*US*); (*num teatro, cinema*) row; **em ~** in a row; **fazer ~** to form a line, queue; **~ indiana** single file

filamento [fila'mētu] *m* filament

filantropo [filã'tropu] *m* philanthropist

filatelia [filate'lia] *f* stamp collecting

filé [fi'lɛ] *m* (*bife*) steak; (*peixe*) fillet

fileira [fi'lejra] *f* row, line; **~s** *fpl* (*serviço militar*) military service *sg*

filho/a ['fiʎu/a] *m/f* son/daughter; **~s** *mpl* children; (*de animais*) young; **~ da mãe, ~ da puta** (*col!*) bastard(*!*)

filhote [fi'ʎɔtʃi] *m* (*de leão, urso etc*) cub; (*cachorro*) pup(py)

filial [fi'ljaw] (*pl* **-ais**) *f* (*sucursal*) branch

Filipinas [fili'pinaʃ] *fpl*: **as ~** the Philippines

filmadora [fiwma'dora] *f* camcorder

filmar [fiw'ma*] *vt, vi* to film

filme ['fiwmi] *m* film (*BRIT*), movie (*US*)

filologia [filolo'ʒia] *f* philology

filosofia [filozo'fia] *f* philosophy; **filósofo/a** [fi'lɔzofu/a] *m/f* philosopher

filtrar [fiw'tra*] *vt* to filter; **~-se** *vr*

to filter; (*infiltrar-se*) to infiltrate

filtro ['fiwtru] *m* (*TEC*) filter

fim [fĩ] (*pl* **-ns**) *m* end; (*motivo*) aim, purpose; (*de história, filme*) ending; **a ~ de** in order to; **no ~ das contas** after all; **por ~** finally; **sem ~** endless; **levar ao ~** to carry through; **pôr** *ou* **dar a ~ a** to put an end to; **ter ~** to come to an end; **~ de semana** weekend

final [fi'naw] (*pl* **-ais**) *adj* final, last ♦ *m* end; (*MUS*) finale ♦ *f* (*ESPORTE*) final; **~ista** [fina'liʃta] *m/f* finalist; **~izar** [finali'za*] *vt* to finish, conclude

finanças [fi'nãsaʃ] *fpl* finance *sg*; **financeiro/a** [finã'sejru/a] *adj* financial ♦ *m/f* financier; **financiar** [finã'sja*] *vt* to finance

finar-se [fi'naxsi] *vr* to waste away; (*morrer*) to die

fincar [fĩ'ka*] *vt* (*cravar*) to drive in; (*fixar*) to fix; (*apoiar*) to lean

fineza [fi'neza] *f* fineness; (*gentileza*) kindness

fingimento [fĩʒi'mētu] *m* pretence (*BRIT*), pretense (*US*)

fingir [fĩ'ʒi*] *vt* to feign ♦ *vi* to pretend; **~-se** *vr*: **~-se de** to pretend to be

finito/a [fi'nitu/a] *adj* finite

finlandês/esa [fĩlã'deʃ/eza] *adj* Finnish ♦ *m/f* Finn ♦ *m* (*LING*) Finnish

Finlândia [fĩ'lãdʒia] *f*: **a ~** Finland

fino/a ['finu/a] *adj* fine; (*delgado*) slender; (*educado*) polite; (*som, voz*) shrill; (*elegante*) refined ♦ *adv*: **falar ~** to talk in a high voice

fins [fĩʃ] *mpl de* **fim**

finura [fi'nura] *f* fineness; (*elegância*) finesse

fio ['fiu] *m* thread; (*BOT*) fibre (*BRIT*), fiber (*US*); (*ELET*) wire; (*TEL*) line; (*de líquido*) trickle; (*gume*) edge; (*encadeamento*) series; **horas/dias a ~** hours/days on end

fiorde ['fjɔxdʒi] *m* fjord

firma ['fixma] *f* signature; (*COM*) firm, company

firmar [fix'ma*] vt to secure, make firm; (assinar) to sign; (estabelecer) to establish; (basear) to base ♦ vi (tempo) to settle; ~ se vr: ~-se em (basear-se) to rest on, be based on

firme ['fixmi] adj firm; (estável) stable; (sólido) solid; (tempo) settled ♦ adv firmly; ~za [fix'meza] f firmness; stability; solidity

fiscal [fiʃ'kaw] (pl ~ais) m/f supervisor; (aduaneiro) customs officer; (de impostos) tax inspector; ~izar [fiʃkali'za*] vt to supervise; (examinar) to inspect, check

fisco ['fiʃku] m: o ~ ≈ the Inland Revenue (BRIT), ≈ the Internal Revenue Service (US)

física ['fizika] f physics sg; V tb físico

físico/a ['fiziku/a] adj physical ♦ m/f (cientista) physicist ♦ m (corpo) physique

fisionomia [fizjono'mia] f (rosto) face; (ar) expression, look; (aspecto de algo) appearance

fisioterapia [fizjotera'pia] f physiotherapy

fissura [fi'sura] f crack

fita ['fita] f tape; (tira) strip, band; (filme) film; (para máquina de escrever) ribbon; ~ durex ® adhesive tape, sellotape ® (BRIT), scotchtape ® (US); ~ métrica tape measure

fitar [fi'ta*] vt to stare at, gaze at

fivela [fi'vɛla] f buckle

fixador [fiksa'do*] m (de cabelo) hair gel; (: líquido) setting lotion

fixar [fik'sa*] vt to fix; (colar, prender) to stick; (data, prazo, regras) to set; (atenção) to concentrate; ~-se vr: ~-se em (assunto) to concentrate on; (detalhe) to fix on; (apegar-se a) to be attached to; ~ os olhos em to stare at; ~ residência to set up house

fixo/a ['fiksu/a] adj fixed; (firme) firm; (permanente) permanent; (cor) fast

fiz etc [fiʒ] vb V fazer

flagelado/a [flaʒe'ladu/a] m/f: os ~s the afflicted, the victims

flagrante [fla'grãtʃi] adj flagrant; apanhar em ~ (delito) to catch red-handed ou in the act

flagrar [fla'gra*] vt to catch

flamejar [flame'ʒa*] vi to blaze

flâmula ['flamula] f pennant

flanco ['flãku] m flank

flanela [fla'nɛla] f flannel

flash [flaʃ] m (FOTO) flash

flauta ['flawta] f flute

flecha ['flɛʃa] f arrow

fleu(g)ma ['flewma] f phlegm

flexível [flek'sivew] (pl ~eis) adj flexible

fliperama [flipe'rama] m (jogo) pinball machine; (local) amusement arcade

floco ['flɔku] m flake; ~ de milho cornflake; ~ de neve snowflake

flor [flo*] f flower; (o melhor): a ~ de the cream of, the pick of; em ~ in bloom; à ~ de on the surface of; ~ado/a [flo'radu/a] adj (jardim) full of flowers

florescente [flore'sɛtʃi] adj (BOT) in flower; (próspero) flourishing

florescer [flore'se*] vi (BOT) to flower; (prosperar) to flourish

floresta [flo'rɛʃta] f forest; ~ tropical rainforest ~l [floreʃ'taw] (pl florestais) adj forest atr

florido/a [flo'ridu/a] adj (jardim) in flower

fluente [flu'ẽtʃi] adj fluent

fluido/a ['flwidu/a] adj fluid ♦ m fluid

fluir [flwi*] vi to flow

fluminense [flumi'nẽsi] adj from the state of Rio de Janeiro ♦ m/f native ou inhabitant of the state of Rio de Janeiro

flutuar [flu'twa*] vi to float; (bandeira) to flutter; (fig: vacilar) to waver

fluvial [flu'vjaw] (pl ~ais) adj river atr

fluxo ['fluksu] m (corrente) flow; (ELET) flux; ~ de caixa (COM) cash flow; ~grama [flukso'grama] m flow chart

fobia [fo'bia] f phobia

foca ['fɔka] f seal

focalizar [fokali'za*] vt to focus (on)

focinho [fo'siɲu] m snout; (col: cara) face, mug (col)

foco ['fɔku] m focus; (MED, fig) seat, centre (BRIT), center (US); **fora de ~ em/fora de ~** out of focus, in/out of focus

fofo/a ['fofu/a] adj soft; (col: pessoa) cute

fofoca [fo'fɔka] f piece of gossip; **~s** fpl (mexericos) gossip sg; **fofocar** [fofo'ka*] vi to gossip

fogão [fo'gãw] (pl -ões) m stove, cooker

fogareiro [foga'rejru] m stove

foge ['fɔʒi] etc vb V fugir

fogo ['fogu] m fire; (fig) ardour (BRIT), ardor (US); **você tem ~?** have you got a light?; **~s de artifício** fireworks; **pôr ~ a** to set fire to

fogões [fo'gõjʃ] mpl de fogão

fogueira [fo'gejra] f bonfire

foguete [fo'getʃi] m rocket

foi [foj] vb V ser; ser

foice ['fɔjsi] f scythe

folclore [fowk'lɔri] m folklore

folclórico/a [fowk'lɔriku/a] adj (música etc) folk; (comida, roupa) ethnic

fole ['fɔli] m bellows sg

fôlego ['folegu] m breath; (folga) breathing space; **perder o ~** to get out of breath

folga ['fɔwga] f rest, break; (espaço livre) clearance; (ócio) inactivity; (col: insolência) cheek; **dia de ~** day off; **~do/a** [fow'gadu/a] adj (roupa) loose; (vida) leisurely; (col: atrevido) cheeky; **~r** [fow'ga*] vt to loosen ♦ vi (descansar) to rest; (divertir-se) to have fun

folha [fo'ʎa] f leaf; (de papel, de metal) sheet; (página) page; (de faca) blade; (jornal) paper; **novo em ~** brand new; **~ de estanho** tinfoil (BRIT), aluminum foil (US)

folhagem [fo'ʎaʒẽ] f foliage

folhear [fo'ʎja*] vt to leaf through

folheto [fo'ʎetu] m booklet, pamphlet

fome ['fɔmi] f hunger; (escassez) famine; (fig: avidez) longing; **passar ~** to go hungry; **estar com ou ter ~** to be hungry

fomentar [fomẽ'ta*] vt to instigate, incite; **fomento** [fo'mẽtu] m (estímulo) incitement

fone ['fɔni] m telephone; phone; (peça do telefone) receiver

fonética [fo'netʃika] f phonetics sg

fonte ['fõtʃi] f (nascente) spring; (chafariz) fountain; (origem) source; (ANAT) temple

footing ['futʃiŋ] m jogging

for etc [fo*] vb V ir; ser

fora¹ ['fɔra] adv out, outside ♦ prep (além de) apart from ♦ m: **dar o ~** (bateria, radio) to give out; (pessoa) to leave, be off; **dar um ~** to slip up; **dar um ~ em/levar um ~** (namorado) to chuck ou dump/be given the boot; (esnobar) to snub sb/get the brush-off; **~ de** outside; **~ de si** beside o.s.; **estar ~** (viajando) to be away; **estar ~** (de casa) (estar ausente) to be out; **lá ~** outside; (no exterior) abroad; **jantar ~** to eat out; **com os braços de ~** with bare arms; **ser de ~** to be from out of town; **ficar de ~** not to join in; **lá para ~** outside; **ir para ~** (viajar) to go out of town; **com a cabeça para ~ da janela** with one's head sticking out of the window; **costurar/cozinhar para ~** to do sewing/cooking for other people; **por ~** on the outside; **cobrar por ~** (cobrar) to charge extra, extra; **~ de dúvida** beyond doubt; **~ de propósito** irrelevant

fora² etc ['fɔra] vb V ir; ser

foragido/a [fora'ʒidu/a] adj, m/f (fugitivo) fugitive

forasteiro/a [foraʃ'tejru/a] m/f outsider, stranger; (de outro país) foreigner

forca ['fɔrka] f gallows sg

força ['fɔrsa] f strength; (TEC, ELET) power; (esforço) effort;

(*coerção*) force; à ~ by force; à ~ de by dint of; **com** ~ **hard**; **por** ~ of necessity; **fazer** ~ to try (hard); ~ **de trabalho** workforce

forçado/a [fox'sadu/a] *adj* forced; (*afetado*) false

forçar [fox'sa°] *vt* to force; (*olhos, voz*) to strain

forçoso/a [fox'sozu/ɔza] *adj* necessary; (*obrigatório*) obligatory

forjar [fox'ʒa°] *vt* to forge; (*pretexto*) to invent

forma ['fɔxma] *f* form; (*de um jeito*) shape; (*físico*) figure; (*maneira*) way; (*MED*) fitness; **desta** ~ in this way; **de qualquer** ~ anyway; **manter a** ~ to keep fit

fôrma ['foxma] *f* (*CULIN*) cake tin; (*molde*) mould (*BRIT*), mold (*US*)

formação [foxma'sãw] (*pl* –ões) *f* formation; (*antecedentes*) background; (*caráter*) make-up; (*profissional*) training

formado/a [fox'madu/a] *adj* (*mo-delado*) **ser** ~ **de** to consist of ♦ *m/f* graduate

formal [fox'maw] (*pl* –ais) *adj* formal; ~**idade** [foxmali'dadʒi] *f* formality

formão [fox'mãw] (*pl* –ões) *m* chisel

formar [fox'ma°] *vt* to form; (*constituir*) to constitute, make up; (*educar*) to train; ~**-se** *vr* to form; (*EDUC*) to graduate

formatar [foxma'ta°] *vt* (*COMPUT*) to format

formidável [foxmi'davew] (*pl* –eis) *adj* tremendous, great

formiga [fox'miga] *f* ant

formigar [foxmi'ga°] *vi* to abound; (*sentir comichão*) to itch

formões [fox'mõjʃ] *mpl de* **formão**

formoso/a [fox'mozu/ɔza] *adj* beautiful; (*esplêndido*) superb

fórmula ['fɔxmula] *f* formula

formular [foxmu'la°] *vt* to formulate; (*queixas*) to voice

formulário [foxmu'larju] *m* form; ~**s** *mpl*: ~**s contínuos** (*COMPUT*) continuous stationery *sg*

fornecedor(a) [foxnese'do°(a)] *m/f* supplier ♦ *f* (*empresa*) supplier

fornecer [foxne'se°] *vt* to supply, provide; **fornecimento** [foxnesi'mẽtu] *m* supply

forno ['foxnu] *m* (*CULIN*) oven; (*TEC*) furnace; (*para cerâmica*) kiln; **alto** ~ blast furnace

foro ['foru] *m* forum; (*JUR*) Court of Justice; ~**s** *mpl* (*privilégios*) privileges

forra [fo'xa°] *vt* (*cobrir*) to cover; (*: interior*) to line; (*de papel*) to paper; **forro** ['foxu] *m* covering; lining

fortalecer [foxtale'se°] *vt* to strengthen

fortaleza [foxta'leza] *f* fortress; (*força*) strength; (*moral*) fortitude

forte ['fɔxtʃi] *adj* strong; (*pancada*) hard; (*chuva*) heavy; (*tocar*) loud; (*dor*) sharp ♦ *adv* strongly; (*tocar*) loud(ly) ♦ *m* fort; (*talento*) strength; **ser** ~ **em algo** (*versado*) to be good at sth *ou* strong in sth

fortuito/a [fox'twitu/a] *adj* accidental

fortuna [fox'tuna] *f* fortune, (good) luck; (*riqueza*) fortune, wealth

fosco/a ['foʃku/a] *adj* dull; (*opaco*) opaque

fósforo ['fɔʃforu] *m* match

fossa ['fɔsa] *f* pit

fosse *etc* ['fɔsi] *vb V* **ir**; **ser**

fóssil ['fɔsiw] (*pl* –eis) *m* fossil

fosso ['fosu] *m* trench, ditch

foto ['fɔtu] *f* photo

fotocópia [foto'kɔpja] *f* photocopy; **fotocopiadora** [fotokopja'dora] *f* photocopier; **fotocopiar** [fotoko'pja°] *vt* to photocopy

fotografar [fotogra'fa°] *vt* to photograph

fotografia [fotogra'fia] *f* photography; (*uma* ~) photograph

fotógrafo/a [fo'tɔgrafu/a] *m/f* photographer

fotonovela [fotono'vɛla] *f* photo story

foz [fɔʃ] *f* mouth of river

fração [fra'sãw] (*pl* –ões) *f* fraction

fracassar [fraka'sa*] vi to fail; **fracasso** [fra'kasu] m failure

fracção [fra'sãw] (PT) f = **fração**

fraco/a ['fraku/a] adj weak; (sol, som) faint

frações [fra'sõjʃ] fpl de **fração**

fractura etc [fra'tura] (PT) f = **fratura** etc

frade ['fradʒi] m (REL) friar; (: monge) monk

fraga ['fraga] f crag, rock

fragata [fra'gata] f (NAUT) frigate

frágil ['fraʒiw] (pl -eis) adj (débil) fragile; (COM) breakable; (pessoa) frail; (saúde) delicate, poor

fragmento [frag'mẽtu] m fragment

fragrância [fra'grãsja] f fragrance, perfume; **fragrante** [fra'grãtʃi] adj fragrant

fralda ['frawda] f (da camisa) shirt tail; (para bebê) nappy (BRIT), diaper (US); (de montanha) foot

framboesa [frã'beza] f raspberry

França ['frãsa] f France

francamente [frãka'mẽtʃi] adv (abertamente) frankly; (realmente) really

francês/esa [frã'seʃ/eza] adj French ♦ m/f Frenchman/woman ♦ m (LING) French

franco/a ['frãku/a] adj frank; (isento de pagamento) free; (óbvio) clear ♦ m franc; **entrada franca** free admission

frango ['frãgu] m chicken

franja ['frãʒa] f fringe (BRIT), bangs pl (US)

franquear [frã'kja*] vt (caminho) to clear; (isentar de imposto) to exempt from duties; (carta) to frank

franqueza [frã'keza] f frankness

franquia [frã'kia] f (COM) franchise; (isenção) exemption

franzido [frã'zidu] m pleat

franzino/a [frã'zinu/a] adj skinny

franzir [frã'zi*] vt (preguear) to pleat; (enrugar) to wrinkle, crease; ~ **as sobrancelhas** to frown

fraqueza [fra'keza] f weakness

frasco ['fraʃku] m bottle

frase ['frazi] f sentence; ~ **feita** set phrase

fratura [fra'tura] f fracture, break; ~**r** [fratu'ra*] vt to fracture

fraude ['frawdʒi] f fraud

freada [fre'ada] (BR) f: **dar uma** ~ to slam on the brakes

frear [fre'a*] (BR) vt to curb, restrain; (veículo) to stop ♦ vi (veículo) to brake

freezer ['frize*] m freezer

freguês/guesa [fre'geʃ/'geza] m/f customer; (PT) parishioner; **freguesia** [frege'zia] f customers pl; parish

frei [frej] m friar, monk

freio ['freju] m (BR: de veículo) brake; (de cavalo) bridle; (bocado do ~) bit; ~ **de mão** handbrake

freira ['frejra] f nun

frenesi [frene'zi] m frenzy; **frenético/a** [fre'nɛtʃiku/a] adj frantic, frenzied

frente ['frẽtʃi] f front; (rosto) face; (fachada) façade; ~ **a** ~ face to face; **de** ~ **para** facing; **em** ~ **de** in front of; (de fronte a) opposite; **para a** ~ ahead, forward; **porta da** ~ front door; **seguir em** ~ to go straight on; **na minha** (ou **sua** etc) ~ in front of me (ou you etc); **sair da** ~ to get out of the way; **pra** ~ (col) fashionable, trendy

freqüência [fre'kwẽsja] f frequency; **com** ~ often, frequently

freqüentar [frekwẽ'ta*] vt to frequent

freqüente [fre'kwẽtʃi] adj frequent

fresco/a ['freʃku/a] adj fresh; (vento, tempo) cool; (col: efeminado) camp; (: afetado) pretentious; (: cheio de luxo) fussy ♦ m (ar) fresh air

frescobol [freʃko'bɔw] m (kind of) racketball (played mainly on the beach)

frescura [freʃ'kura] f freshness; (frialdade) coolness; (col: luxo) fussiness; (: afetação) pretentiousness

fretar [fre'ta*] vt (avião, navio) to charter; (caminhão) to hire

frete 144 fundar

frete ['frɛtʃi] *m* (*carregamento*) freight, cargo; (*tarifa*) freightage

frevo ['frevu] *m* improvised Carnival dance

fria ['fria] *f*: dar uma ~ em alguém to give sb the cold shoulder; **estar/entrar numa** ~ (*col*) to be in/get into a mess

fricção [frik'sãw] *f* friction; (*ato*) rubbing; (*MED*) massage; **friccionar** [friksjo'na*] *vt* to rub

frieza ['frjeza] *f* coldness; (*indiferença*) coolness

frigideira [friʒi'dejra] *f* frying pan

frígido/a ['friʒidu/a] *adj* frigid

frigir [fri'ʒi*] *vt* to fry

frigorífico [frigo'rifiku] *m* refrigerator; (*congelador*) freezer

frio/a ['friu/a] *adj* cold ♦ *m* cold; ~s *mpl* (*CULIN*) cold meats; **estou com** ~ I'm cold; **faz** *ou* **está** ~ it's cold

frisar [fri'za*] *vt* (*encrespar*) to curl; (*salientar*) to emphasize

fritar [fri'ta*] *vt* to fry

fritas ['fritas] *fpl* chips (*BRIT*), French fries (*US*)

frito/a ['fritu/a] *adj* fried; (*col*): **estar** ~ to be done for

frívolo/a ['frivolu/a] *adj* frivolous

fronha ['frɔɲa] *f* pillowcase

fronte ['frɔ̃tʃi] *f* (*ANAT*) forehead, brow

fronteira [frõ'tejra] *f* frontier, border

frota ['frɔta] *f* fleet

frouxo/a ['frofu/a] *adj* loose; (*corda, fig: pessoa*) slack; (*fraco*) weak; (*col: condescendente*) soft

frustrar [fruʃ'tra*] *vt* to frustrate

fruta ['fruta] *f* fruit; ~**-de-conde** (*pl* ~**s-de-conde**) *f* sweetsop; **fruteira** [fru'tejra] *f* fruit bowl; **frutífero/a** [fru'tʃiferu/a] *adj* (*proveitoso*) fruitful; (*árvore*) fruit-bearing

fruto ['frutu] *m* (*BOT*) fruit; (*resultado*) result, product; **dar** ~ (*fig*) to bear fruit

fubá [fu'ba] *m* corn meal

fuga ['fuga] *f* flight, escape; (*de gás etc*) leak

fugaz [fu'gaʒ] *adj* fleeting

fugir [fu'ʒi*] *vi* to flee, escape; (*prisioneiro*) to escape

fugitivo/a [fuʒi'tʃivu/a] *adj*, *m/f* fugitive

fui [fuj] *vb V* ir; ser

fulano/a [fu'lanu/a] *m/f* so-and-so

fulgor [fuw'go*] *m* brilliance

fuligem [fu'liʒẽ] *f* soot

fulminante [fuwmi'nãtʃi] *adj* devastating; (*palavras*) scathing

fulminar [fuwmi'na*] *vt* (*ferir, matar*) to strike down; (*aniquilar*) to annihilate ♦ *vi* to flash with lightning; **fulminado por um raio** struck by lightning

fulo/a [fulu/a] *adj*: **estar** *ou* **ficar** ~ **de raiva** to be furious

fumaça [fu'masa] (*BR*) *f* (*de fogo*) smoke; (*de gás*) fumes *pl*

fumador(a) [fuma'do*(a)] (*PT*) *m/f* smoker

fumante [fu'mãtʃi] *m/f* smoker

fumar [fu'ma*] *vt, vi* to smoke

fumo ['fumu] *m* (*PT: de fogo*) smoke; (: *de gás*) fumes *pl*; (*BR: tabaco*) tobacco; (*fumar*) smoking

função [fũ'sãw] (*pl* -ões) *f* function; (*ofício*) duty; (*papel*) role; (*espetáculo*) performance

funcionalismo [fũsjona'liʒmu] *m*: ~ **público** civil service

funcionamento [fũsjona'mẽtu] *m* functioning, working; **pôr em** ~ to set going, start

funcionar [fũsjo'na*] *vi* to function; (*máquina*) to work, run; (*dar bom resultado*) to work

funcionário/a [fũsjo'narju/a] *m/f* official; ~ **público**) civil servant

funções [fũ'sõjʃ] *fpl de* função

fundação [fũda'sãw] (*pl* -ões) *f* foundation

fundamental [fũdamẽ'taw] (*pl* -ais) *adj* fundamental, basic

fundamento [fũda'mẽtu] *m* (*fig*) foundation, basis; (*motivo*) motive

fundar [fũ'da*] *vt* to establish, found; (*basear*) to base; ~**-se** *vr*: ~**-se em** to be based on

fundição [fũdʒi'sãw] (pl –ões) f fusing; (fábrica) foundry

fundir [fũ'dʒi[R]] vt to fuse; (metal) to smelt, melt down; (COM: empresas) to merge; (em molde) to cast; ~-se vr to melt; (juntar-se) to merge

fundo/a ['fũdu/a] adj deep; (fig) profound ♦ m (do mar, jardim) bottom; (profundidade) depth; (base) basis; (da loja, casa, do papel) back; (de quadro) background; (de dinheiro) fund ♦ adv deeply; ~s mpl (COM) funds; (da casa etc) back sg; a ~ thoroughly; **no** ~ at the bottom; (da casa etc) at the back; (fig) basically

fúnebre ['funebri] adj funeral atr, funereal; (fig) gloomy

funeral [fune'raw] (pl –ais) m funeral

funesto/a [fu'nɛʃtu/a] adj fatal; (infausto) disastrous

fungo ['fũgu] m fungus

funil [fu'niw] (pl –is) m funnel

furacão [fura'kãw] (pl –ões) m hurricane

furado/a [fu'radu/a] adj perforated; (pneu) flat; (orelha) pierced

furão/rona [fu'rãw/'rona] (pl –ões/~s) m ferret ♦ m/f (col) go-getter ♦ adj (col) hard-working, dynamic

furar [fu'ra[R]] vt to perforate; (orelha) to pierce; (penetrar) to penetrate; (frustrar) to foil; (fila) to jump ♦ vi (col: programa) to fall through

furgoneta [fuxgo'neta] (PT) f van

fúria ['furja] f fury, rage; **furioso/a** [fu'rjozu/ɔza] adj furious

furo ['furu] m hole; (num pneu) puncture

furões [fu'rõjʃ] mpl de **furão**

furona [fu'rɔna] f de **furão**

furor [fu'ro[R]] m fury, rage; **fazer** ~ to be all the rage

furtar [fux'ta[R]] vt, vi to steal; ~-se vr: ~-se a to avoid

furtivo/a [fux'tʃivu/a] adj furtive, stealthy

furto ['fuxtu] m theft

furúnculo [fu'rũkulu] m (MED) boil

fusão [fu'zãw] (pl –ões) m fusion;

(COM) merger; (derretimento) melting; (união) union

fusível [fu'zivew] (pl –eis) m (ELET) fuse

fuso ['fuzu] m (TEC) spindle; ~ horário time zone

fusões [fu'zõjʃ] fpl de **fusão**

fustigar [fuʃtʃi'ga[R]] vt (açoitar) to flog, whip; (suj: vento) to lash; (maltratar) to lash out at

futebol [futʃi'bɔw] m football; ~ de salão five-a-side football

fútil ['futʃiw] (pl –eis) adj (pessoa) shallow; (insignificante) trivial

futilidade [futʃili'dadʒi] f (de pessoa) shallowness; (insignificância) triviality; (coisa) trivial thing

futuro/a [fu'turu/a] adj future ♦ m future; **no** ~ in the future

fuzil [fu'ziw] (pl –is) m rifle; ~**ar** [fuzi'la*] vt to shoot

fuzileiro/a [fuzi'lejru/a] m/f: ~ naval (MIL) marine

fuzis [fu'ziʃ] mpl de **fuzil**

G

g. abr (= grama) gr

G7 abr (= Grupo dos Sete) G7

gabar [ga'ba[R]] vt to praise; ~-se vr: ~-se de to boast about

gabinete [gabi'netʃi] m (COM) office; (escritório) study; (POL) cabinet

gado ['gadu] m livestock; (bovino) cattle; ~ **leiteiro** dairy cattle; ~ **suíno** pigs pl

gaélico/a [ga'ɛliku/a] adj Gaelic ♦ m (LING) Gaelic

gafanhoto [gafa'ɲotu] m grasshopper

gafe [ga'fi] f gaffe, faux pas

gagueira [ga'gejra] f stutter

gaguejar [gage'ʒa[R]] vi to stammer, stutter

gaiato/a [ga'jatu/a] adj funny

gaiola [ga'jɔla] f cage; (cadeia) jail ♦ m (barco) riverboat

gaita ['gajta] f harmonica; ~ de foles bagpipes *pl*

gaivota [gaj'vɔta] *f* seagull

gajo ['gaʒu] (*PT: col*) *m* guy, fellow

gala ['gala] *f*: **traje de ~** evening dress; **festa de ~** gala

galante [ga'lãtʃi] *adj* graceful; (*gentil*) gallant

galão [ga'lãw] (*pl* **-ões**) *m* (*MIL*) stripe; (*medida*) gallon; (*PT: café*) white coffee; (*passamanaria*) braid

Galápagos [ga'lapaguʃ]: (**as**) **Ilhas ~** *fpl* (the) Galapagos Islands

galáxia [ga'laksja] *m* galaxy

galego/a [ga'legu/a] *adj* Galician ♦ *m/f* Galician; (*col: pej*) Portuguese ♦ *m* (*LING*) Galician

galera [ga'lɛra] *f* (*NÁUT*) galley; (*col: pessoas, público*) crowd

galeria [gale'ria] *f* gallery; (*TEATRO*) circle

Gales ['galiʃ] *m*: **País de ~** Wales; **galês/esa** [ga'leʃ/eza] *adj* Welsh ♦ *m/f* Welshman/woman ♦ *m* (*LING*) Welsh

galgo ['gawgu] *m* greyhound

galho ['gaʎu] *m* (*de árvore*) branch

galinha [ga'liɲa] *f* hen; (*CULIN*) chicken; **galinheiro** [gali'ɲejru] *m* hen-house

galo ['galu] *m* cock, rooster; (*inchação*) bump; **missa do ~** midnight mass

galocha [ga'lɔʃa] *f* Wellington (boot)

galões [ga'lõjʃ] *mpl* de **galão**

galopar [galo'pa*] *vi* to gallop; **galope** [ga'lɔpi] *m* gallop

galpão [gaw'pãw] (*pl* **-ões**) *m* shed

gama ['gama] *f* (*MUS*) scale; (*fig*) range; (*ZOOL*) doe

gambá [gã'ba] *m* (*ZOOL*) opossum

Gana ['gana] *m* Ghana

gana ['gana] *f* craving, desire; (*ódio*) hate; **ter ~s de** (*fazer*) algo to feel like (doing) sth; **ter ~ de alguém** to hate sb

ganância [ga'nãsja] *f* greed; **ganancioso/a** [ganã'sjozu/ɔza] *adj* greedy

gancho ['gãʃu] *m* hook; (*de calça*) crotch

gangorra [gã'goxa] *f* seesaw

gângster ['gãŋʃte*] *m* gangster

gangue [gã'gi] *f* (*col*) gang

ganhador(a) [gaɲa'do*(a)] *adj* winning ♦ *m/f* winner

ganha-pão [gaɲa-] (*pl* **-ães**) *m* living, livelihood

ganhar [ga'na*] *vt* to win; (*salário*) to earn; (*adquirir*) to get; (*lugar*) to reach; (*lucrar*) to gain ♦ *vi* to win; **~ de alguém** (*num jogo*) to beat sb; **ganho/a** ['gaɲu/a] *pp* de **ganhar** ♦ *m* profit, gain; **ganhos** *mpl* (*ao jogo*) winnings

ganir [ga'ni*] *vi* (*cão*) to yelp; (*pessoa*) to squeal

ganso/a [gãsu/a] *m/f* gander/goose

garagem [ga'raʒẽ] (*pl* **-ns**) *f* garage

garanhão [gara'nãw] (*pl* **-ões**) *m* stallion

garantia [garã'tʃia] *f* guarantee; (*de dívida*) surety

garantir [garã'tʃi*] *vt* to guarantee; **~-se** *vr*: **~-se contra algo** to defend o.s. against sth; **~ que ...** to maintain that ...

garbo ['gaxbu] *m* elegance; (*distinção*) distinction; **~so/a** [gax'bozu/ɔza] *adj* elegant; distinguished

garça ['gaxsa] *f* heron

garçom [gax'sõ] (*BR: pl* **-ns**) *m* waiter

garçonete [gaxso'netʃi] (*BR*) *f* waitress

garçons [gax'sõʃ] *mpl* de **garçom**

garfo ['gaxfu] *m* fork

gargalhada [gaxga'ʎada] *f* burst of laughter; **rir às ~s** to roar with laughter; **dar** *ou* **soltar uma ~** to burst out laughing

gargalo [gax'galu] *m* (*tb fig*) bottleneck

garganta [gax'gãta] *f* throat; (*GEO*) gorge, ravine

gargarejar [gaxgare'ʒa*] *vi* to gargle; **gargarejo** [gaxga'reʒu] *m* (*ato*) gargling; (*líquido*) gargle

gari ['gari] *m/f* (*na rua*) roadsweeper (*BRIT*), streetsweeper (*US*); (*lixeiro*) dustman (*BRIT*), garbage man (US)

garoa [ga'roa] f drizzle; **~r** [ga'rwaˣ] vi to drizzle

garotada [garo'tada] f: **a ~** the kids pl

garoto/a [ga'rotu/a] m/f boy/girl; (namorado) boyfriend/girlfriend ♦ m (PT: café) coffee with milk

garoupa [ga'ropa] f (peixe) grouper

garra ['gaxa] f claw; (de ave) talon; (fig: entusiasmo) enthusiasm, drive; **~s** fpl (fig) clutches

garrafa [ga'xafa] f bottle

garrote [ga'xɔtʃi] m (MED) tourniquet; (tortura) garrote

garupa [ga'rupa] f (de cavalo) hindquarters pl; (de moto) back seat; **andar na ~** (de moto) to ride pillion

gás [gajʃ] m gas; **gases** mpl (de intestino) wind sg; **~ natural** natural gas

gasóleo [ga'zɔlju] m diesel oil

gasolina [gazo'lina] f petrol (BRIT), gas(oline) (US)

gasosa [ga'zɔza] f fizzy drink

gasoso/a [ga'zozu/ɔza] adj (água) sparkling; (bebida) fizzy

gastador/deira [gaʃta'do*/'dejra] adj, m/f spendthrift

gastar [gaʃ'ta*] vt to spend; (gasolina, eletricidade) to use; (roupa, sapato) to wear out; (salto, piso etc) to wear down; (saúde) to damage; (desperdiçar) to waste ♦ vi to spend; to wear out; to wear down; **~-se** vr to wear out; to wear down

gasto/a ['gaʃtu/a] pp de **gastar** ♦ adj spent; (frase) trite; (sapato etc, fig: pessoa) worn out; (salto, piso) worn down ♦ m (despesa) expense; **~s** mpl (COM) expenses, expenditure sg

gástrico/a ['gaʃtriku/a] adj gastric

gata ['gata] f (she-)cat

gatilho [ga'tʃiʎu] m trigger

gato ['gatu] m cat; **~ montês** wild cat

gatuno/a [ga'tunu/a] adj thieving ♦ m/f thief

gaveta [ga'veta] f drawer

gavião [ga'vjãw] (pl -ões) m hawk

gaze ['gazi] f gauze

gazela [ga'zɛla] f gazelle

gazeta [ga'zeta] f (jornal) newspaper, gazette; **fazer ~** (PT) to play truant

geada ['ʒjada] f frost

geladeira [ʒela'dejra] (BR) f refrigerator, icebox (US)

gelado/a [ʒe'ladu/a] adj frozen ♦ m (PT: sorvete) ice cream

gelar [ʒe'la*] vt to freeze; (vinho etc) to chill ♦ vi to freeze

gelatina [ʒela'tʃina] f gelatine; (sobremesa) jelly (BRIT), jello (US)

geléia [ʒe'lɛja] f jam

geleira [ʒe'lejra] f (GEO) glacier

gélido/a [ˈʒɛlidu/a] adj chill, icy

gelo [ˈʒelu] adj inv light grey (BRIT) ou gray (US) ♦ m ice; (cor) light grey (BRIT) ou gray (US)

gema [ˈʒema] f yolk; (pedra preciosa) gem; **~da** [ʒeˈmada] f eggnog

gêmeo/a [ˈʒemju/a] adj, m/f twin; **G~s** mpl (ASTROLOGIA) Gemini sg

gemer [ʒe'me*] vi (de dor) to groan, moan; (lamentar-se) to wail; (animal) to whine; (vento) to howl; **gemido** [ʒe'midu] m groan, moan; wail; whine

gene ['ʒɛni] m gene

genealógico/a [ʒenja'lɔʒiku/a] adj: **árvore genealógica** family tree

Genebra [ʒe'nebra] n Geneva

genebra [ʒe'nebra] (PT) f gin

general [ʒene'raw] (pl -ais) m general

generalizar [ʒenerali'za*] vt to propagate ♦ vi to generalize; **~-se** vr to become general, spread

gênero [ˈʒeneru] m type, kind; (BIO) genus; (LING) gender; **~s** mpl (produtos) goods; **~s alimentícios** foodstuffs; **~ humano** humankind, human race

generosidade [ʒenerozi'dadʒi] f generosity

generoso/a [ʒene'rozu/ɔza] adj generous

genética [ʒe'nɛtʃika] f genetics sg

gengibre [ʒẽ'ʒibri] m ginger

gengiva [ʒẽ'ʒiva] f (ANAT) gum

genial [ʒe'njaw] (pl -ais) adj inspired, brilliant; (col) terrific, fantastic

gênio ['ʒenju] m (temperamento) nature; (irascibilidade) temper; (talento, pessoa) genius; **de bom/mau ~** good-natured/bad-tempered

genital [ʒeni'taw] (pl -ais) adj: órgãos genitais genitals pl

genro ['ʒẽxu] m son-in-law

gente ['ʒẽtʃi] f people pl; (col) folks pl, family; (: alguém): **tem ~ batendo à porta** there's somebody knocking at the door; **a ~** (nós: suj) we; (: objeto) us; (a nós) our house; **toda a ~** everybody; **~ grande** grown-ups pl

gentil [ʒẽ'tʃiw] (pl -is) adj kind; **~eza** [ʒẽtʃi'leza] f kindness; **por ~eza** if you please; **tenha a ~eza de fazer ...?** would you be so kind as to do ...?

genuíno/a [ʒe'nwinu/a] adj genuine

geografia [ʒeogra'fia] f geography

geologia [ʒeolo'ʒia] f geology

geometria [ʒeome'tria] f geometry

geração [ʒera'sãw] (pl -ões) f generation

gerador(a) [ʒera'do*(a)] m/f (produtor) creator ♦ m (TEC) generator

geral [ʒe'raw] (pl -ais) adj general ♦ f (TEATRO) gallery; em ~ in general, generally; **de um modo ~** on the whole; **~mente** [ʒeraw'mẽtʃi] adv generally, usually

gerânio [ʒe'ranju] m geranium

gerar [ʒe'ra*] vt to produce; (eletricidade) to generate

gerência [ʒe'rẽsja] f management; **gerenciar** [ʒerẽ'sja*] vt, vi to manage; **gerente** [ʒe'rẽtʃi] adj managing ♦ m/f manager

gergelim [ʒexʒe'lĩ] m (BOT) sesame

geriátrico/a [ʒe'rjatriku/a] adj geriatric

gerir [ʒe'ri*] vt to manage, run

germe ['ʒexmi] m (embrião) embryo; (micróbio) germ

gesso ['ʒesu] m plaster (of Paris)

gestante [ʒe'stãtʃi] f pregnant woman

gesticular [ʒestʃiku'la*] vi to make gestures, gesture

gesto ['ʒestu] m gesture

Gibraltar [ʒibraw'ta*] f Gibraltar

gigante/ta [ʒi'gãtʃi/ta] adj gigantic, huge ♦ m giant; **~sco/a** [ʒigã'teʃku/a] adj gigantic

gim [ʒĩ] (pl -ns) m gin

ginásio [ʒi'nazju] m gymnasium; (escola) secondary (BRIT) ou high (US) school

ginástica [ʒi'naʃtʃika] f gymnastics sg; (para fortalecer o corpo) keep-fit

ginecologia [ʒinekolo'ʒia] f gynaecology (BRIT), gynecology (US)

ginecologista [ʒinekolo'ʒista] m/f gynaecologist (BRIT), gynecologist (US)

ginjinha [ʒĩ'ʒiɲa] (PT) f cherry brandy

gins [ʒĩʃ] mpl de **gim**

gira-discos ['ʒira-] (PT) m inv record-player

girafa [ʒi'rafa] f giraffe

girar [ʒi'ra*] vt to turn, rotate; (como pião) to spin ♦ vi to go round; to spin; (vaguear) to wander

girassol [ʒira'sow] (pl -óis) m sunflower

giratório/a [ʒira'tɔrju/a] adj revolving

gíria ['ʒirja] f (calão) slang; (jargão) jargon

giro¹ ['ʒiru] m turn; **dar um ~** to go for a wander; (em veículo) to go for a spin; **que ~!** (PT) terrific!

giro² etc vb V **gerir**

giz [ʒiʒ] m chalk

glacé [gla'se] m icing

glacial [gla'sjaw] (pl -ais) adj icy

glamouroso/a [glamu'rozu/ɔza] adj glamorous

glândula ['glãdula] f gland

glicerina [glise'rina] f glycerine

glicose [gli'kɔzi] f glucose

global [glo'baw] (pl -ais) adj global; (total) overall; **quantia ~** lump sum

globo ['globu] *m* globe; ~ **ocular** eyeball

glória ['glɔrja] *f* glory; **glorificar** [glorifi'ka*] *vt* to glorify; **glorioso/a** [glo'rjozu/ɔza] *adj* glorious

glossário [glo'sarju] *m* glossary

glutão/tona [glu'tãw/tona] (*pl* –ões/ ~s) *adj* greedy ♦ *m/f* glutton

gnomo ['gnomu] *m* gnome

Goa ['goa] *n* Goa

godê [go'de] *adj* (*saia*) flared

goiaba [go'jaba] *f* guava; ~**da** [goja'bada] *f* guava jelly

gol [gow] (*pl* ~s) *m* goal

gola ['gɔla] *f* collar

gole ['gɔli] *m* gulp, swallow; (*pequeno*) sip; **tomar um** ~ **de** to sip

goleiro [go'lejru] (*BR*) *m* goalkeeper

golfe ['gowfi] *m* golf; **campo de** ~ golf course

golfinho [gow'fiɲu] *m* (*ZOOL*) dolphin

golfista [gow'fiʃta] *m/f* golfer

golfo ['gowfu] *m* gulf

golinho [go'liɲu] *m* sip; **beber algo aos** ~**s** to sip sth

golo ['golu] (*PT*) *m* = **gol**

golpe ['gowpi] *m* (*tb fig*) blow; (*de mão*) smack; (*de punho*) punch; (*manobra*) ploy; (*de vento*) gust; **de um só** ~ at a stroke; **dar um** ~ **em alguém** to hit sb; (*fig: trapacear*) to trick sb; ~ **de estado**) coup (d'état); ~ **de mestre** masterstroke; ~**ar** [gow'pja*] *vt* to hit; (*com navalha*) to stab; (*com o punho*) to punch

golquíper [gow'kipe*] *m* goalkeeper

goma ['gɔma] *f* gum, glue; (*de roupa*) starch; ~ **de mascar** chewing gum

gomo ['gomu] *m* (*de laranja*) slice

gongo ['gõgu] *m* gong; (*sineta*) bell

gorar [go'ra*] *vt* to frustrate, thwart ♦ *vi* (*plano*) to fail, go wrong

gordo/a ['goxdu/a] *adj* fat; (*gordurento*) greasy; (*carne*) fatty; (*fig: quantia*) considerable, ample ♦ *m/f* fat man/woman

gordura [gox'dura] *f* fat; (*derretida*)

grease; (*obesidade*) fatness; **gorduroso/a** [goxdu'rozu/ɔza] *adj* (*pele*) greasy; (*comida*) fatty

gorila [go'rila] *m* gorilla

gorjeta [gox'ʒeta] *f* tip, gratuity

gorro ['goxu] *m* cap; (*de lã*) hat

gosma ['gɔʒma] *f* spittle; (*fig*) slime

gostar [goʃ'ta*] *vi*: ~ **de** to like; (*férias, viagem etc*) to enjoy; ~**se** *vr* to like each other; ~ **mais de** ... to prefer ..., like ... better

gosto ['goʃtu] *m* taste; (*prazer*) pleasure; **a seu** ~ to your liking; **com** ~ willingly; (*vestir-se*) tastefully; (*comer*) heartily; **de bom/ mau** ~ in good/bad taste; **ter** ~ **de** to taste of; ~**so/a** [goʃ'tozu/ɔza] *adj* tasty; (*agradável*) pleasant; (*cheiro*) lovely; (*risada*) good; (*col: pessoa*) gorgeous

gota ['gɔta] *f* drop; (*de suor*) bead; (*MED*) gout; ~ **a** ~ drop by drop

goteira [go'tejra] *f* (*cano*) gutter; (*buraco*) leak

gotejar [gote'ʒa*] *vt* to drip ♦ *vi* to drip; (*telhado*) to leak

gourmet [gux'me] (*pl* ~s) *m/f* gourmet

governador(a) [govexnado*(a)] *m/f* governor

governamental [govexnamẽ'taw] (*pl* –ais) *adj* government *atr*

governanta [govex'nãta] *f* (*de casa*) housekeeper; (*de criança*) governess

governante [govex'nãtʃi] *adj* ruling ♦ *m/f* ruler ♦ *f* governess

governar [govex'na*] *vt* to govern, rule; (*barco*) to steer

governo [go'vexnu] *m* government; (*controle*) control

gozação [goza'sãw] (*pl* –ões) *f* enjoyment; (*zombaria*) teasing; (*uma* ~) joke

gozado/a [go'zadu/a] *adj* funny; (*estranho*) strange, odd

gozar [go'za*] *vt* to enjoy; (*col: rir de*) to make fun of ♦ *vi* to enjoy o.s.; ~ **de** to enjoy; to make fun of; **gozo** ['gozu] *m* (*prazer*) pleasure; (*uso*) enjoyment, use; (*orgasmo*) orgasm

Grã-Bretanha [grã-bre'taɲa] f Great Britain

graça ['grasa] f (REL) grace; (charme) charm; (gracejo) joke; (JUR) pardon; **de ~** (grátis) for nothing; (sem motivo) for no reason; **sem ~** dull, boring; **fazer** ou **ter ~** to be funny; **ficar sem ~** to be embarrassed; **~s a** thanks to

gracejar [grase'ʒaʳ] vi to joke; **gracejo** [gra'seʒu] m joke

gracioso/a [gra'sjozu/ɔza] adj (pessoa) charming; (gestos) gracious

gradativo/a [grada'tʃivu/a] adj gradual

grade ['gradʒi] f (no chão) grating; (grelha) grill; (na janela) bars pl; (col: cadeia) nick, clink

gradear [gra'dʒjaʳ] vt (janela) to put bars up at; (jardim) to fence off

graduação [gradwa'sãw] (pl -ões) f (classificação) grading; (EDUC) graduation; (MIL) rank

gradual [gra'dwaw] (pl -ais) adj gradual

graduar [gra'dwaʳ] vt (classificar) to grade; (luz, fogo) to regulate; **~-se** vr to graduate

grafia [gra'fia] f (escrita) writing; (ortografia) spelling

gráfica ['grafika] f graphics sg; V tb gráfico

gráfico/a ['grafiku/a] adj graphic ♦ m/f printer ♦ m (MAT) graph; (diagrama) diagram, chart; **~s** mpl (COMPUT) graphics; **~ de barras** bar chart

grã-fino/a [grã'finu/a] (col) adj posh ♦ m/f nob, toff

grama ['grama] m gramme ♦ f (BR: capim) grass

gramado [gra'madu] (BR) m lawn; (FUTEBOL) pitch

gramar [gra'maʳ] vt to plant ou sow with grass

gramática [gra'matʃika] f grammar; **gramatical** [gramatʃi'kaw] (pl -ais) adj grammatical

gramofone [gramo'fɔni] m gramophone

grampeador [grãpja'doʳ] m stapler

grampear [grã'pjaʳ] vt to staple

grampo ['grãpu] m staple; (no cabelo) hairgrip; (de carpinteiro) clamp; (de chapéu) hatpin

granada [gra'nada] f (MIL) shell; **~ de mão** hand grenade

grande ['grãdʒi] adj big, large; (alto) tall; (notável, intenso) great; (longo) long; (adulto) grown-up; **mulher ~** big woman; **~ mulher** great woman; **~za** [grã'deza] f size; (fig) greatness; (ostentação) grandeur

grandioso/a [grã'dʒjozu/ɔza] adj magnificent, grand

granel [gra'nεw] m: **a ~** (COM) in bulk

granito [gra'nitu] m granite

granizo [gra'nizu] m hailstone; **chover ~** to hail; **chuva de ~** hailstorm

granja ['grãʒa] f farm; (de galinhas) chicken farm

granulado/a [granu'ladu/a] adj grainy; (açúcar) granulated

grânulo ['granulu] m granule

grão ['grãw] (pl ~s) m grain; (semente) seed; (de café) bean; **~-de-bico** (pl **~s-de-bico**) m chickpea

grapefruit [greip'frutʃi] (pl ~s) m grapefruit

grasnar [graʒ'naʳ] vi (corvo) to caw; (pato) to quack; (rã) to croak

gratidão [gratʃi'dãw] f gratitude

gratificação [gratʃifika'sãw] (pl -ões) f gratuity, tip; (bônus) bonus; (recompensa) reward

gratificante [gratʃifi'kãtʃi] adj gratifying

gratificar [gratʃifi'kaʳ] vt to tip; (dar bônus a) to give a bonus to; (recompensar) to reward

grátis ['gratʃiʃ] adj free

grato/a ['gratu/a] adj grateful; (agradável) pleasant

gratuito/a [gra'twitu/a] adj (grátis) free; (infundado) gratuitous

grau [graw] m degree; (nível) level; (EDUC) class; **em alto ~** to a high degree; **ensino de primeiro/**

segundo ~ primary (*BRIT*) *ou* elementary (*US*) /secondary education

gravação [grava'sãw] *f* (*em madeira*) carving; (*em disco, fita*) recording

gravador [grava'do*] *m* tape recorder

gravar [gra'va*] *vt* to carve; (*metal, pedra*) to engrave; (*na memória*) to fix; (*disco, fita*) to record

gravata [gra'vata] *f* tie; ~ **borboleta** bow tie

grave ['gravi] *adj* serious; (*tom*) deep; ~**mente** [grave'mẽtʃi] *adv* (*doente, ferido*) seriously

grávida ['gravida] *adj* pregnant

gravidade [gravi'dadʒi] *f* gravity

gravidez [gravi'deʒ] *f* pregnancy

gravura [gra'vura] *f* (*em madeira*) engraving; (*estampa*) print

graxa ['graʃa] *f* (*para sapatos*) polish; (*lubrificante*) grease

Grécia ['grɛsja] *f*: a ~ Greece; **grego/a** ['grɛgu/a] *adj, m/f* Greek ♦ *m* (*LING*) Greek

grei [grej] *f* flock

grelha ['grɛʎa] *f* grill; (*de fornalha*) grate; **bife na** ~ grilled steak; ~**do** [gre'ʎadu] *m* (*prato*) grill; ~**r** [gre'ʎa*] *vt* to grill

grêmio ['gremju] *m* (*associação*) guild; (*clube*) club

grená [gre'na] *adj, m* dark red

greta ['grɛta] *f* crack

greve ['grɛvi] *f* strike; **fazer** ~ to go on strike; ~ **branca** go-slow; **grevista** [gre'viʃta] *m/f* striker

grifar [gri'fa*] *vt* to italicize; (*sublinhar*) to underline; (*fig*) to emphasize

grifo ['grifu] *m* italics *pl*

grilo ['grilu] *m* cricket; (*AUTO*) squeak; (*col: de pessoa*) hang-up; **qual é o** ~? what's the matter?; **não tem** ~! (*col*) (there's) no problem!

grinalda [gri'nawda] *f* garland

gringo/a ['grĩgu/a] (*col: pej*) *m/f* foreigner

gripado/a [gri'padu/a] *adj*: **estar/ficar** ~ to have/get a cold

gripe ['gripi] *f* flu, influenza

grisalho/a [gri'zaʎu/a] *adj* (*cabelo*) grey (*BRIT*), gray (*US*)

gritante [gri'tãtʃi] *adj* (*hipocrisia*) glaring; (*desigualdade*) gross; (*mentira*) blatant; (*cor*) loud, garish

gritar [gri'ta*] *vt* to shout, yell ♦ *vi* to shout; (*de dor, medo*) to scream; ~ **com alguém** to shout at sb; ~**ia** [grita'ria] *f* shouting, din; **grito** ['gritu] *m* shout; (*de medo*) scream; (*de dor*) cry; (*de animal*) call; **dar um grito** to cry out; **falar/protestar aos gritos** to shout/shout protests

Groenlândia [grwẽ'lãdʒja] *f*: a ~ Greenland

grosa ['grɔza] *f* gross

grosseiro/a [gro'sejru/a] *adj* rude; (*piada*) crude; (*modos, tecido*) coarse; **grosseria** [grose'ria] *f* rudeness; (*ato*): **fazer uma grosseria** to be rude; (*dito*): **dizer uma grosseria** to be rude, say something rude

grosso/a ['grosu/'grɔsa] *adj* thick; (*áspero*) rough; (*voz*) deep; (*col: pessoa, piada*) rude ♦ *m*: o ~ **de** the bulk of; **grossura** [gro'sura] *f* thickness

grotesco/a [gro'teʃku/a] *adj* grotesque

grudar [gru'da*] *vt* to glue, stick ♦ *vi* to stick

grude ['grudʒi] *f* glue; ~**nto/a** [gru'dẽtu/a] *adj* sticky

grunhido [gru'ɲidu] *m* grunt

grunhir [gru'ɲi*] *vi* (*porco*) to grunt; (*tigre*) to growl; (*resmungar*) to grumble

grupo ['grupu] *m* group

gruta ['gruta] *f* grotto

guarda ['gwaxda] *m/f* policeman/woman ♦ *f* (*vigilância*) guarding; (*de objeto*) safekeeping ♦ *m* (*MIL*) guard; **estar de** ~ to be on guard; **pôr-se em** ~ to be on one's guard; **a G**~ Civil the Civil Guard; ~**chuva** (*pl* ~**chuvas**) *m* umbrella; ~**civil** (*pl* ~**s-civis**) *m/f* civil guard; ~**costas** *m inv* (*NÁUT*) coastguard boat; (*capanga*) bodyguard; ~**dos**

[gwax'daduʃ] *mpl* keepsakes, valuables; ~**fogo** (*pl* ~**fogos**) *m* fireguard; ~**louça** [gwaxda'losa] (*pl* ~louças) *m* sideboard; ~**napo** [gwaxda'napu] *m* napkin; ~**noturno** (*pl* ~s-noturnos) *m* night watchman; ~**r** [gwax'da°] *vt* to put away; (*zelar por*) to guard; (*lembrança, segredo*) to keep; ~**r-se** *vr* (*defender-se*) to protect o.s.; ~**r-se de** (*acautelar-se*) to guard against; ~**redes** (*PT*) *m inv* goalkeeper; ~**roupa** (*pl* ~roupas) *m* wardrobe; ~**sol** (*pl* ~sóis) *m* sunshade, parasol

guardião/diã [gwax'dʒjãw/'dʒjã] (*pl* ~ães *ou* ~ões/~s) *m/f* guardian

guarnecer [gwaxne'se°] *vt* to garnish

guarnição [gwaxni'sãw] (*pl* ~ões) *f* (*MIL*) garrison; (*NAUT*) crew; (*CULIN*) garnish

Guatemala [gwate'mala] *f*: **a** ~ Guatemala

gude ['gudʒi] *m*: **bola de** ~ marble; (*jogo*) marbles *pl*

guelra ['gwexa] *f* (*de peixe*) gill

guerra ['gɛxa] *f* war; **em** ~ at war; **fazer** ~ to wage war; ~ **civil** civil war; ~ **mundial** world war; ~ **civil/mundial** civil/world war; **guerreiro/a** [ge'xejru/a] *adj* (*espírito*) fighting; (*belicoso*) warlike ♦ *m* warrior

guerrilha [ge'xiʎa] *f* (*luta*) guerrilla warfare; (*tropa*) guerrilla band; **guerrilheiro/a** [gexi'ʎejru/a] *m/f* guerrilla

gueto ['getu] *m* ghetto

guia ['gia] *f* guidance; (*COM*) permit, bill of lading; (*formulário*) advice slip ♦ *m* (*livro*) guide(book) ♦ *m/f* (*pessoa*) guide

Guiana ['gjana] *f*: **a** ~ Guyana

guiar ['gja°] *vt* to guide; (*AUTO*) to drive ♦ *vi* to drive; ~**se** *vr*: ~**se por** to go by

guichê ['giʃe] *m* ticket window; (*em banco, repartição*) window, counter

guidom [gi'dõ] (*pl* ~ns) *m* handlebar

guilhotina [giʎo'tʃina] *f* guillotine

guinada [gi'nada] *f*: **dar uma** ~

(*com o carro*) to swerve

guincho ['gĩʃu] *m* (*de animal, rodas*) squeal; (*de pessoa*) shriek

guindaste [gĩ'daʃtʃi] *m* hoist, crane

guisado [gi'zadu] *m* stew

guisar [gi'za°] *vt* to stew

guitarra [gi'taxa] *f* (*electric*) guitar

gula ['gula] *f* gluttony, greed

gulodice [gulo'dʒisi] *f* greed

guloseima [gulo'zejma] *f* delicacy, titbit

guloso/a [gu'lozu/ɔza] *adj* greedy

H

há [a] *vb* V **haver**

hábil ['abiw] (*pl* -**eis**) *adj* competent, capable; (*astucioso, esperto*) clever; (*sutil*) diplomatic; **em tempo** ~ in reasonable time; **habilidade** [abili-dadʒi] *f* skill, ability; (*astúcia, esperteza*) shrewdness; (*tato*) discretion; **habilidoso/a** [abili'dozu/ɔza] *adj* skilled, clever

habilitação [abilita'sãw] (*pl* ~ões) *f* competence; (*ato*) qualification; **habilitações** *fpl* (*conhecimentos*) qualifications

habilitado/a [abili'tadu/a] *adj* qualified; (*manualmente*) skilled

habilitar [abili'ta°] *vt* to enable; (*dar direito a*) to qualify, entitle; (*preparar*) to prepare

habitação [abita'sãw] (*pl* ~ões) *f* dwelling, residence; (*alojamento*) housing

habitante [abi'tãtʃi] *m/f* inhabitant

habitar [abi'ta°] *vt* to live in; (*povoar*) to inhabit ♦ *vi* to live

hábitat ['abitatʃi] *m* habitat

hábito ['abitu] *m* habit; (*social*) custom; (*REL: traje*) habit

habituado/a [abi'twadu/a] *adj*: ~ **a** (**fazer**) **algo** used to (doing) sth

habitual [abi'twaw] (*pl* -**ais**) *adj* usual

habituar [abi'twa°] *vt*: ~ **alguém a** to get sb used to, accustom sb to; ~**se** *vr*: ~**se a** to get used to

hacker ['ake*] (pl ~s) m (COMPUT) hacker

hadoque [a'dɔki] m haddock

Haia ['aja] n the Hague

haja etc ['aʒa] vb V **haver**

hálito ['alitu] m breath

hall [xɔw] (pl ~s) m hall; (de teatro, hotel) foyer; ~ **de entrada** entrance hall

halo ['alu] m halo

halterofilista [awterofi'liʃta] m/f weightlifter

hambúrguer [ã'buxge*] m hamburger

handicap [ãdʒi'kapi] m handicap

hangar [ã'ga*] m hangar

hão [ãw] vb V **haver**

hardware ['xadwe*] m (COMPUT) hardware

harmonia [axmo'nia] f harmony

harmônica [ax'monika] f concertina

harmonioso/a [axmo'njozu/ɔza] adj harmonious

harmonizar [axmoni'za*] vt (MÚS) to harmonize; (conciliar): ~ **algo (com algo)** to reconcile sth (with sth); ~**-se** vr: ~ **(-se)** to coincide; (pessoas) to be in agreement

harpa ['axpa] f harp

haste ['aʃtʃi] flagpole; (TEC) shaft, rod; (BOT) stem

Havaí [ava'i] m: **o** ~ Hawaii

havana [a'vana] adj inv light brown

PALAVRA CHAVE

haver [a've*] vb aux 1 (ter) to have; **ele havia saído/comido** he had left/eaten

2: ~ **de**: **quem** ~**ia de dizer que** ... who would have thought that ...

♦ vb impess 1 (existência): **há** (sg) there is; (pl) there are; **o que** ~ **há?** what's the matter?; **o que é que houve?** what happened?, what was that?; **não há de quê** don't mention it, you're welcome; **haja o que houver** come what may

2 (tempo): **há séculos/cinco dias que não o vejo** I haven't seen him for ages/five days; **há um ano que**

ela chegou it's a year since she arrived; **há cinco dias (atrás)** five days ago

♦ ~**-se** vr: ~**-se com alguém** to sort things out with sb

♦ m (COM) credit; ~**es** mpl (pertences) property sg, possessions; (riqueza) wealth sg

haxixe [a'ʃiʃi] m hashish

hebraico/a [e'brajku/a] adj Hebrew

♦ m (LING) Hebrew

Hébridas ['ɛbridaʃ] fpl: **as (ilhas)** ~ the Hebrides

hectare [ek'tari] m hectare

hediondo/a [e'dʒjõdu/a] adj vile, revolting; (crime) heinous

hei [ej] vb V **haver**

hélice ['elisi] f propeller

helicóptero [eli'kɔpteru] m helicopter

hélio ['ɛlju] m helium

hematoma [ema'tɔma] m bruise

hemorragia [emoxa'ʒia] f haemorrhage (BRIT), hemorrhage (US); ~ **nasal** nosebleed

hemorróidas [emo'xɔjdaʃ] fpl haemorrhoids (BRIT), hemorrhoids (US), piles

hepatite [epa'tʃitʃi] f hepatitis

hera ['ɛra] f ivy

heráldica [e'rawdʒika] f heraldry

herança [e'rãsa] f inheritance; (fig) heritage

herbicida [exbi'sida] m weedkiller

herdar [ex'da*] vt: ~ **algo (de)** to inherit sth (from); ~ **a** to bequeath to

herdeiro/a [ex'dejru/a] m/f heir(ess)

hérnia ['exnja] f hernia

herói [e'rɔj] m hero; ~**co/a** [e'rɔjku/a] adj heroic

heroína [ero'ina] f heroine; (droga) heroin

herpes-zoster [expiʃ'zɔʃte*] m (MED) shingles sg

hesitação [ezita'sãw] f (pl -ões) hesitation

hesitante [ezi'tãtʃi] adj hesitant

hesitar [ezi'ta*] vi to hesitate

heterossexual [eterosek'swaw] (pl -ais) adj, m/f heterosexual

hibernar [ibex'na⁴] vi to hibernate

híbrido/a ['ibridu/a] adj hybrid

hidratante [idra'tãtʃi] m moisturizer

hidrato [i'dratu] m: ~ **de carbono** carbohydrate

hidráulico/a [i'drawliku/a] adj hydraulic

hidrelétrico/a [idre'lctriku/a] (PT -ct-) adj hydroelectric

hidro... [idru] prefixo hydro..., water... atr

hidrofobia [idrofo'bia] f rabies sg

hidrogênio [idro'ʒenju] m hydrogen

hierarquia [jerax'kia] f hierarchy; **hierárquico/a** [je'raxkiku/a] adj hierarchical

hífen ['ifẽ] (pl ~s) m hyphen

higiene [i'ʒjeni] f hygiene; **higiênico/a** [i'ʒjeniku/a] adj hygienic; (pessoa) clean; **papel higiênico** toilet paper

hilariante [ila'rjãtʃi] adj hilarious

hindu [ĩ'du] adj, m/f Hindu

hino ['inu] m hymn; ~ **nacional** national anthem

hipermercado [ipexmex'kadu] m hypermarket

hipertensão [ipexte'sãw] f high blood pressure

hípico/a [i'ipiku/a] adj: **clube** ~ riding club

hipismo [i'piʒmu] m (turfe) horse racing; (equitação) (horse) riding

hipnotismo [ipno'tʃiʒmu] m hypnotism; **hipnotizar** [ipnotʃi'za⁴] vt to hypnotize

hipocondríaco/a [ipokõ'driaku/a] adj, m/f hypochondriac

hipocrisia [ipokri'sia] f hypocrisy; **hipócrita** [i'pokrita] adj hypocritical ♦ m/f hypocrite

hipódromo [i'podromu] m racecourse

hipopótamo [ipo'potamu] m hippopotamus

hipoteca [ipo'tcka] f mortgage; ~**r** [ipotc'ka⁴] vt to mortgage

hipótese [i'potezi] f hypothesis; **na**

~ **de** in the event of; **em** ~ **alguma** under no circumstances; **na melhor/pior das** ~**s** at best/worst

hispânico/a [iʃ'paniku/a] adj Hispanic

histeria [iʃte'ria] f hysteria; **histérico/a** [iʃ'teriku/a] adj hysterical; **histerismo** [iʃte'riʒmu] m hysteria

história [iʃ'tɔrja] f history; (conto) story; ~**s** fpl (chateação) bother sg, fuss sg; **isso é outra** ~ that's a different matter; **que** ~ **é essa?** what's going on?; **historiador(a)** [iʃtorja'do⁴(a)] m/f historian; **histórico/a** [iʃ'tɔriku/a] adj historical; (fig: notável) historic ♦ m history

hobby ['xɔbi] (pl –bies) m hobby

hoje ['oʒi] adv today; (tb: ~ **em dia**) now(adays); ~ **à noite** tonight

Holanda [o'lãda] f ~ Holland; **holandês/esa** [olã'deʃ/eza] adj Dutch ♦ m/f Dutchman/woman ♦ m (LING) Dutch

holocausto [olo'kawʃtu] m holocaust

holofote [olo'fɔtʃi] m searchlight; (em campo de futebol etc) floodlight

homem ['omẽ] (pl –ns) m man; (a humanidade) mankind; (de empresa ou negócios businessman; ~ **de estado** statesman; ~**-rã** (pl **homens-rã**(s)) m frogman

homenagear [omena'ʒja⁴] vt (pessoa) to pay tribute to, honour (BRIT), honor (US)

homenagem [ome'naʒẽ] f tribute; (REL) homage; **prestar** ~ **a alguém** to pay tribute to sb

homens ['omẽʃ] mpl de **homem**

homicida [omi'sida] adj homicidal ♦ m/f murderer; **homicídio** [omi'sidʒju] m murder; **homicídio involuntário** manslaughter

homologar [omolo'ga⁴] vt to ratify

homólogo/a [o'mologu/a] adj homologous; (fig) equivalent ♦ m/f opposite number

homossexual [omosek'swaw] (pl

–ais) *adj, m/f* homosexual

Honduras [õ'duraʃ] *f* Honduras

honestidade [oneʃtʃi'dadʒi] *f* honesty; (*decência*) decency; (*justeza*) fairness

honesto/a [o'nɛʃtu/a] *adj* honest; (*decente*) decent; (*justo*) fair, just

honorário/a [ono'rarju/a] *adj* honorary; **~s** [ono'rarjuʃ] *mpl* fees

honra ['õxa] *f* honour (BRIT), honor (US); **em ~ de** in hono(u)r of

honradez [õxa'deʒ] *f* honesty; (*de pessoa*) integrity

honrado/a [õ'xadu/a] *adj* honest; (*respeitado*) honourable (BRIT), honorable (US)

honrar [õ'xa*] *vt* to honour (BRIT), honor (US)

honroso/a [õ'xozu/ɔza] *adj* hono(u)rable

hóquei ['ɔkej] *m* hockey; **~ sobre gelo** ice hockey

hora ['ɔra] *f* (60 *minutos*) hour; (*momento*) time; **a que ~s?** (at) what time?; **que ~s são?** what time is it?; **são duas ~s** it's two o'clock; **você tem as ~s?** have you got the time?; **fazer ~** to kill time; **de ~ em ~** every hour; **na ~** on the spot; **chegar na ~** to be on time; **de última ~** *adj* last-minute ♦ *adv* at the last minute; **meia ~** half an hour; **~s extras** overtime *sg*; **horário/a** [o'rarju/a] *adj*: **100 km horários** 100 km an hour ♦ *m* timetable; (*hora*) time; **horário de expediente** working hours *pl*; (*de um escritório*) office hours *pl*

horda ['ɔxda] *f* horde

horizontal [orizõ'taw] (*pl* –ais) *adj* horizontal

horizonte [ori'zõtʃi] *m* horizon

hormônio [ox'monju] *m* hormone

horóscopo [o'rɔʃkopu] *m* horoscope

horrendo/a [o'xẽdu/a] *adj* horrendous, frightful

horripilante [oxipi'lãtʃi] *adj* horrifying, hair-raising

horrível [o'xivew] (*pl* –eis) *adj* awful, horrible

horror [o'xo*] *m* horror; **que ~!** how awful!; **ter ~ a algo** to hate sth; **~izar** [oxori'za*] *vt* to horrify, frighten; **~oso/a** [oxo'rozu/ɔza] *adj* horrible, ghastly

horta ['ɔxta] *f* vegetable garden

hortaliças [oxta'lisaʃ] *fpl* vegetables

hortelã [oxte'lã] *f* mint; **~ pimenta** peppermint

hortênsia [ox'tẽsja] *f* hydrangea

horticultor(a) [oxtʃikuw'to*(a)] *m/f* market gardener (BRIT), truck farmer (US)

hortifrutigranjeiros [oxtʃifrutʃigrã'ʒejruʃ] *mpl* fruit and vegetables

horto ['oxtu] *m* market garden (BRIT), truck farm (US)

hospedagem [oʃpe'daʒẽ] *f* guest house

hospedar [oʃpe'da*] *vt* to put up; **~-se** *vr* to stay, lodge; **~ia** [oʃpeda'ria] *f* guest house

hóspede ['ɔʃpedʒi] *m* (*amigo*) guest; (*estranho*) lodger

hospedeira [oʃpe'dejra] *f* landlady; (PT: *de bordo*) stewardess, air hostess (BRIT)

hospedeiro [oʃpe'dejru] *m* (*dono*) landlord

hospício [oʃ'pisju] *m* mental hospital

hospital [oʃpi'taw] (*pl* –ais) *m* hospital

hospitalidade [oʃpitali'dadʒi] *f* hospitality

hostess ['ɔʃtes] (*pl* –es) *f* hostess

hostil [oʃ'tʃiw] (*pl* –is) *adj* hostile; **~izar** [oʃtʃili'za*] *vt* to antagonize; (MIL) to wage war on

hotel [o'tɛw] (*pl* –éis) *m* hotel; **~eiro/a** [ote'lejru/a] *m/f* hotelier

houve [e'ovi] *vb* V **haver**

humanidade [umani'dadʒi] *f* (*os homens*) man(kind); (*compaixão*) humanity

humanitário/a [umani'tarju/a] *adj* humane

humano/a [u'manu/a] *adj* human; (*bondoso*) humane

húmido/a (PT) *adj* = **úmido**

humildade [umiw'dadʒi] f humility;
(*pobreza*) poverty
humilde [u'miwdʒi] *adj* humble;
(*pobre*) poor
humilhar [umi'ʎa*] vt to humiliate
humor [u'mo*] m mood, temper;
(*graça*) humour (BRIT), humor
(US); **de bom/mau ~** in a good/bad
mood; **~ista** [umo'riʃta] m/f comedian; **~ístico/a** [umo'riʃtʃiku/a]
adj humorous
húngaro/a ['ũgaru/a] *adj*, m/f Hungarian
Hungria [ũ'gria] f: **a ~** Hungary
hurra ['uxa] m cheer ♦ *excl* hurrah!

I

ia *etc* ['ia] vb V **ir**
iate ['jatʃi] m yacht; **~ clube** yacht
club; **iatismo** [ja'tʃiʒmu] m yachting;
iatista [ja'tʃiʃta] m/f yachtsman/
woman
ibérico/a [i'beriku/a] *adj*, m/f Iberian
ibero-americano/a [iberu-] *adj*,
m/f Ibero-American
içar [i'sa*] vt to hoist, raise
iceberg [ajs'bexgi] (*pl* ~s) m iceberg
ICM (BR) *abr m* (= *Imposto sobre
Circulação de Mercadorias*) ≈ VAT
ícone ['ikoni] m icon
icterícia [ikte'risja] f jaundice
ida ['ida] f going, departure; **e volta** round trip, return; **a (viagem
de) ~** the outward journey; **na ~** on
the way there
idade [i'dadʒi] f age; **ter cinco anos
de ~** to be five (years old); **de meia
~** middle-aged; **qual é a ~ dele?**
how old is he?; **na minha ~** at my
age; **ser menor/maior de ~** to be
under/of age; **pessoa de ~** elderly
person; **I~ Média** Middle Ages *pl*
ideal [ide'jaw] (*pl* –ais) *adj*, m ideal;
~ista [idea'liʃta] *adj* idealistic ♦ m/f
idealist
idéia [i'dɛja] f idea; (*mente*) mind;
mudar de ~ to change one's mind;
não ter a mínima ~ to have no

idea; **não faço ~** I can't imagine;
estar com ~ de fazer to plan to do
idem ['idɛ̃] *pron* ditto
idêntico/a [i'dɛ̃tʃiku/a] *adj* identical
identidade [idɛ̃tʃi'dadʒi] f identity
identificação [idɛ̃tʃifika'sãw] f identification
identificar [idɛ̃tʃifi'ka*] vt to identify; **~-se** *vr*: **~-se com** to identify
with
ideologia [idɛolo'ʒia] f ideology
idílico/a [i'dʒiliku/a] *adj* idyllic
idioma [i'dʒɔma] m language;
idiomático/a [idʒo'matʃiku/a] *adj*
idiomatic
idiota [i'dʒɔta] *adj* idiotic ♦ m/f idiot
ido/a [i'idu/a] *adj* past
idolatrar [idola'tra*] vt to idolize
ídolo [i'idolu] m idol
idôneo/a [i'donju/a] *adj* suitable, fit;
(*pessoa*) able, capable
idoso/a [i'dozu/ɔza] *adj* elderly, old
ignição [igni'sãw] (*pl* –ões) f ignition
ignomínia [igno'minja] f disgrace,
ignominy
ignorado/a [igno'radu/a] *adj* unknown
ignorância [igno'rãsja] f ignorance
ignorante [igno'rãtʃi] *adj* ignorant,
uneducated ♦ m/f ignoramus
ignorar [igno'ra*] vt not to know;
(*não dar atenção a*) to ignore
igreja [i'greʒa] f church
igual [i'gwaw] (*pl* –ais) *adj* equal;
(*superfície*) even ♦ m/f equal
igualar [igwa'la*] vt to equal; (*fazer
igual*) to make equal; (*nivelar*) to
level ♦ *vi*: **~ a ou com** to be equal
to, be the same as; (*ficar no mesmo
nível*) to be level with; **~-se** *vr*: **~-
se a alguém** to be sb's equal
igualdade [igwaw'dadʒi] f equality;
(*uniformidade*) uniformity
igualmente [igwaw'mẽtʃi] *adv*
equally; (*também*) likewise, also; **~!**
(*saudação*) the same to you!
ilegal [ile'gaw] (*pl* –ais) *adj* illegal
ilegítimo/a [ile'ʒitʃimu/a] *adj* illegitimate; (*ilegal*) unlawful
ilegível [ile'ʒivew] (*pl* –eis) *adj* il-

legible
ileso/a [i'lezu/a] *adj* unhurt
iletrado/a [ile'tradu/a] *adj* illiterate
ilha ['iʎa] *f* island; **ilhéu/ilhoa**
[i'ʎew/i'ʎoa] *m/f* islander
ilícito/a [i'lisitu/a] *adj* illicit
ilimitado/a [ilimi'tadu/a] *adj* unlimited
ilógico/a [i'lɔʒiku/a] *adj* illogical
iludir [ilu'dʒi*] *vt* to delude; (*enganar*) to deceive; (*a lei*) to evade
iluminação [ilumina'sãw] (*pl* –ões) *f* lighting; (*fig*) enlightenment
iluminar [ilumi'na*] *vt* to light up; (*estádio etc*) to floodlight; (*fig*) to enlighten
ilusão [ilu'zãw] (*pl* –ões) *f* illusion; (*quimera*) delusion; **ilusionista** [iluzjo'niʃta] *m/f* conjurer; **ilusório/a** [ilu'zɔrju/a] *adj* deceptive
ilustração [iluʃtra'sãw] (*pl* –ões) *f* illustration
ilustrado/a [iluʃ'tradu/a] *adj* illustrated; (*erudito*) learned
ilustrar [iluʃ'tra*] *vt* to illustrate; (*instruir*) to instruct
ilustre [i'luʃtri] *adj* illustrious; **um ~ desconhecido** a complete stranger
ilustríssimo/a [iluʃ'trisimu/a] *adj* (*tratamento*): **~ senhor** dear Sir
imã ['imã] *m* magnet
imaculado/a [imaku'ladu/a] *adj* immaculate
imagem [i'maʒẽ] (*pl* –ns) *f* image; (*semelhança*) likeness; (*TV*) picture; **imagens** *fpl* (*LITERATURA*) imagery *sg*
imaginação [imaʒina'sãw] (*pl* –ões) *f* imagination
imaginar [imaʒi'na*] *vt* to imagine; (*supor*) to suppose; **~-se** *vr* to imagine o.s.; **imagine só!** just imagine!; **imaginário/a** [imaʒi'narju/a] *adj* imaginary; **imaginativo/a** [imaʒina'tʃivu/a] *adj* imaginative
imaturo/a [ima'turu/a] *adj* immature
imbatível [ība'tʃivew] (*pl* –eis) *adj* invincible
imbecil [ībe'siw] (*pl* –is) *adj* stupid ♦ *m/f* imbecile; **~idade** [ībesili'dadʒi] *f*

stupidity
imediações [imedʒa'sõjʃ] *fpl* vicinity *sg*, neighbourhood *sg* (*BRIT*), neighborhood *sg* (*US*)
imediatamente [imedʒata'mẽtʃi] *adv* immediately, right away
imediato/a [ime'dʒatu/a] *adj* immediate; (*seguinte*) next; **~ a** next to; **de ~** straight away
imenso/a [i'mẽsu/a] *adj* immense, huge; (*ódio, amor*) great
imerecido/a [imere'sidu/a] *adj* undeserved
imergir [imex'ʒi*] *vt* to immerse; (*fig*) to plunge ♦ *vi* to be immersed; to plunge
imigração [imigra'sãw] (*pl* –ões) *f* immigration
imigrante [imi'grãtʃi] *adj, m/f* immigrant
iminente [imi'nẽtʃi] *adj* imminent
imitação [imita'sãw] (*pl* –ões) *f* imitation
imitar [imi'ta*] *vt* to imitate; (*assinatura*) to copy
imobiliária [imobi'ljarja] *f* estate agent's (*BRIT*), real estate broker's (*US*)
imobiliário/a [imobi'ljarju/a] *adj* property *atr*
imobilizar [imobili'za*] *vt* to immobilize; (*fig*) to bring to a standstill
imoral [imo'raw] (*pl* –ais) *adj* immoral
imortal [imox'taw] (*pl* –ais) *adj* immortal
imóvel [i'mɔvew] (*pl* –eis) *adj* motionless, still; (*não movediço*) immovable ♦ *m* property; (*edifício*) building; **imóveis** *mpl* (*propriedade*) real estate *sg*, property *sg*
impaciência [īpa'sjēsja] *f* impatience; **impacientar-se** [īpasjē'taxsi] *vr* to lose one's patience; **impaciente** [īpa'sjētʃi] *adj* impatient
impacto [ī'paktu] (*PT* –cte) *m* impact
impaludismo [īpalu'dʒiʒmu] *m* malaria
ímpar ['īpa*] *adj* (*número*) odd;

(*sem igual*) unique, unequalled

imparcial [ĩpax'sjaw] (*pl* –ais) *adj* fair, impartial

impasse [ĩ'pasi] *m* impasse

impassível [ĩpa'siveʷ] (*pl* –eis) *adj* impassive

impecável [ĩpe'kaveʷ] (*pl* –eis) *adj* perfect, impeccable

impeço *etc* [ĩ'pɛsu] *vb* V **impedir**

impedido/a [ĩpe'dʒidu/a] *adj* (*FUTEBOL*) offside; (*PT: TEL*) engaged (*BRIT*); busy (*US*)

impedimento [ĩpedʒi'mẽtu] *m* impediment

impedir [ĩpe'dʒi*] *vt* to obstruct; (*estrada, tráfego*) to block; (*movimento, progresso*) to impede; ~ **alguém de fazer algo** to prevent sb from doing sth; (*proibir*) to forbid sb to do sth; ~ **(que aconteça) algo** to prevent sth (happening)

impelir [ĩpe'li*] *vt* (*tb fig*) to drive (on); (*obrigar*) to force

impenetrável [ĩpene'travew] (*pl* –eis) *adj* impenetrable

impensado/a [ĩpẽ'sadu/a] *adj* thoughtless; (*não calculado*) unpremeditated; (*imprevisto*) unforeseen

impensável [ĩpẽ'savew] (*pl* –eis) *adj* unthinkable

imperador [ĩpera'do*] *m* emperor

imperativo/a [ĩpera'tʃivu/a] *adj* imperative ♦ *m* imperative

imperatriz [ĩpera'triʒ] *f* empress

imperdoável [ĩpex'dwaveʷ] (*pl* –eis) *adj* unforgivable, inexcusable

imperfeição [ĩmpexfej'sãw] (*pl* –ões) *f* imperfection

imperfeito/a [ĩpex'fejtu/a] *adj* imperfect ♦ *m* (*LING*) imperfect (tense)

imperial [ĩpe'rjaw] (*pl* –ais) *adj* imperial; **~ismo** [ĩperja'liʒmu] *m* imperialism

imperícia [ĩpe'risja] *f* inability; (*inexperiência*) inexperience

império [ĩ'perju] *m* empire

impermeável [ĩpex'mjaveʷ] (*pl* –eis) *adj*: ~ **a** (*tb fig*) impervious to; (*à água*) waterproof ♦ *m* raincoat

impertinente [ĩpextʃi'nẽtʃi] *adj* irrelevant; (*insolente*) impertinent

imperturbável [ĩpextux'baveʷ] (*pl* –eis) *adj* imperturbable; (*impassível*) impassive

impessoal [ĩpe'swaw] (*pl* –ais) *adj* impersonal

ímpeto [ĩ'ipetu] *m* (*TEC*) impetus; (*movimento súbito*) start; (*de cólera*) fit; (*de emoção*) surge; (*de chamas*) fury; **agir com** ~ to act on impulse; **levantar-se num** ~ to get up with a start

impetuoso/a [ĩpe'twozu/ɔza] *adj* (*pessoa*) headstrong, impetuous; (*ato*) rash, hasty

impiedade [ĩpje'dadʒi] *f* irreverence; (*crueldade*) cruelty; **impiedoso/a** [ĩpje'dozu/ɔza] *adj* merciless, cruel

ímpio *etc* [ĩ'ipilu] *vb* V **impelir**

implacável [ĩpla'kaveʷ] (*pl* –eis) *adj* relentless; (*pessoa*) unforgiving

implantação [ĩplãta'sãw] (*pl* –ões) *f* introduction; (*MED*) implant

implementar [ĩplemẽ'ta*] *vt* to implement

implemento [ĩple'mẽtu] *m* implement

implicação [ĩplika'sãw] (*pl* –ões) *f* implication; (*envolvimento*) involvement

implicar [ĩpli'ka*] *vt* (*envolver*) to implicate; (*pressupor*) to imply ♦ *vi*: ~ **com alguém** (*chatear*) to tease sb, pick on sb; **~-se** *vr* to get involved; ~ **(em)** algo to involve sth

implícito/a [ĩ'plisitu/a] *adj* implicit

implorar [ĩplo'ra*] *vt*: ~ **(algo a alguém)** to beg *ou* implore (sb for sth)

imponente [ĩpo'nẽtʃi] *adj* impressive, imposing

impopular [ĩpopu'la*] *adj* unpopular; **~idade** [ĩpopulari'dadʒi] *f* unpopularity

impor [ĩ'po*] (*irreg: como* **pôr**) *vt* to impose; (*respeito*) to command; **~-se** *vr* to assert o.s.; ~ **algo a alguém** to impose sth on sb

importação [ipoxta'sãw] (pl –ões) f (ato) importing; (mercadoria) import

importador(a) [ipoxta'do*(a)] adj import atr ♦ m/f importer

importância [ipox'tãsja] f importance; (de dinheiro) sum, amount; não tem ~ it doesn't matter, never mind; ter ~ to be important; sem ~ unimportant; **importante** [ipox'tãtʃi] adj important ♦ m: o (mais) importante the (most) important thing

importar [ipox'ta*] vt (COM) to import; (trazer) to bring in; (causar: prejuízos etc) to cause; (implicar) to imply, involve ♦ vi to matter, be important; ~se vr: ~se com algo to mind sth; não me importo I don't care

importunar [ipoxtu'na*] vt to bother, annoy

importuno/a [ipox'tunu/a] adj annoying; (inoportuno) inopportune ♦ m/f nuisance

imposição [ipozi'sãw] (pl –ões) f imposition

impossibilitado/a [iposibili'tadu/a] adj: ~ de fazer unable to do

impossibilitar [iposibili'ta*] vt: ~ algo to make sth impossible; ~ alguém de fazer, ~ a alguém fazer to prevent sb doing; ~ algo a alguém, ~ alguém para algo to make sth impossible for sb

impossível [ipo'sivew] (pl –eis) adj impossible; (insuportável: pessoa) insufferable; (incrível) incredible

imposto [i'poʃtu] m tax; antes/ depois de ~s before/after tax; ~ de renda (BR) income tax; ~ predial rates pl; I~ sobre Circulação de Mercadorias (e Serviços) (PT) value added tax (BRIT), sales tax (US)

impostor(a) [ipoʃ'to*(a)] m/f impostor

impotente [ipo'tẽtʃi] adj powerless; (MED) impotent

impraticável [ipratʃi'kavew] (pl –eis) adj impracticable; (rua, rio etc) impassable

impreciso/a [ipre'sizu/a] adj vague; (falto de rigor) inaccurate

impregnar [ipreg'na*] vt to impregnate

imprensa [i'prẽsa] f printing; (máquina, jornais) press

imprescindível [ipresĩ'dʒivew] (pl –eis) adj essential, indispensable

impressão [impre'sãw] (pl –ões) f impression; (de livros) printing; (marca) imprint; causar boa ~ to make a good impression; ficar com/ter a ~ (de) que to get/have the impression that

impressionante [ipresjo'nãtʃi] adj impressive

impressionar [ipresjo'na*] vt to affect ♦ vi to be impressive; (pessoa) to make an impression; ~se vr: ~se (com algo) to be moved (by sth)

impressionista [ipresjo'niʃta] adj, m/f impressionist

impresso/a [i'presu/a] pp de **imprimir** ♦ adj printed ♦ m (para preencher) form; (folheto) leaflet; ~s mpl (formulário) printed matter sg

impressões [impre'sõjʃ] fpl de **impressão**

impressor [ipre'so*] m printer

impressora [ipre'sora] f printing machine; (COMPUT) printer; ~ matricial/a laser dot-matrix/laser printer

imprestável [ipreʃ'tavew] (pl –eis) adj (inútil) useless; (pessoa) unhelpful

imprevisível [iprevi'zivew] (pl –eis) adj unforeseeable

imprevisto/a [ipre'viʃtu/a] adj unexpected, unforeseen ♦ m: um ~ something unexpected

imprimir [ipri'mi*] vt to print; (marca) to stamp; (infundir) to instil (BRIT), instill (US); (COMPUT) to print out

improcedente [iprose'dẽtʃi] adj groundless, unjustified

impróprio/a [i'prɔprju/a] adj inappropriate; (indecente) improper

improvável [īpro'vavew] (pl -eis)
adj unlikely

improvisar [īprovi'za*] vt, vi to improvise; (TEATRO) to ad-lib

improviso [īpro'vizu]: de ~ adv (de repente) suddenly; (sem preparação) without preparation

imprudente [īpru'dētʃi] adj (irrefletido) rash; (motorista) careless

impulsionar [īpuwsjo'na*] vt to drive, impel; (fig) to urge

impulsivo/a [īpuw'sivu/a] adj impulsive

impulso [ī'puwsu] m impulse; (fig: estímulo) urge

impune [ī'puni] adj unpunished; **impunidade** [īpuni'dadʒi] f impunity

impureza [īpu'reza] f impurity

impuro/a [ī'puru/a] adj impure

imundície [imū'dʒisji] f filth; **imundo/a** [i'mūdu/a] adj filthy; (obsceno) dirty

imune [i'muni] adj: ~ a immune to; **imunidade** [imuni'dadʒi] f immunity; **imunizar** [imuni'za*] vt: **imunizar alguém (contra algo)** to immunize sb (against sth)

inábil [i'nabiw] (pl -eis) adj incapable; (desajeitado) clumsy; **inabilidade** [inabili'dadʒi] f (incompetência) incompetence; (falta de destreza) clumsiness; **inabilitar** [inabili'ta*] vt to incapacitate; (em exame) to disqualify

inabitado/a [inabi'tadu/a] adj uninhabited

inacabado/a [inaka'badu/a] adj unfinished

inacessível [inase'sivew] (pl -eis) adj inaccessible

inacreditável [inakredʒi'tavew] (pl -eis) adj unbelievable, incredible

inactivo/a [ina'tivu/a] etc (PT) = inativo/a etc

inadequado/a [inade'kwadu/a] adj inadequate; (impróprio) unsuitable

inadiável [ina'dʒjavew] (pl -eis) adj pressing

inadimplência [inadʒī'plēsja] f (JUR) breach of contract, default

inadvertido/a [inadʒivex'tʃidu/a] adj inadvertent

inalar [ina'la*] vt to inhale

inalcançável [inawkā'savew] (pl -eis) adj out of reach; (sucesso, ambição) unattainable

inanimado/a [inani'madu/a] adj inanimate

inaptidão [inaptʃi'dãw] (pl -ões) f inability

inapto/a [i'naptu/a] adj unfit, incapable; (inadequado) unsuited

inarticulado/a [inaxtʃiku'ladu/a] adj inarticulate

inatingível [inatʃī'ʒivew] (pl -eis) adj unattainable

inatividade [inatʃivi'dadʒi] f inactivity

inativo/a [ina'tʃivu/a] adj inactive; (aposentado, reformado) retired

inato/a [i'natu/a] adj innate, inborn

inaudito/a [inaw'dʒitu/a] adj unheard-of

inaudível [inaw'dʒivew] (pl -eis) adj inaudible

inauguração [inawgura'sãw] (pl -ões) f inauguration; (de exposição) opening; **inaugural** [inawgu'raw] (pl -ais) adj inaugural; **inaugurar** [inawgu'ra*] vt to inaugurate; (exposição) to open

incansável [īkã'savew] (pl -eis) adj tireless, untiring

incapacidade [īkapasi'dadʒi] f incapacity; (incompetência) incompetence

incapacitado/a [īkapasi'tadu/a] adj (inválido) disabled, handicapped ♦ m/f handicapped person; **estar ~ de fazer** to be unable to do

incapaz [īka'pajʃ] adj, m/f incompetent; ~ **de fazer** incapable of doing; ~ **para** unfit for

incauto/a [īn'kawtu/a] adj rash

incendiar [īsẽ'dʒja*] vt to set fire to; (fig) to inflame; ~**-se** vr to catch fire; **incendiário/a** [īsẽ'dʒjarju/a] adj incendiary; (fig) inflammatory

incêndio [ī'sẽdʒju] m fire; ~ **criminoso** ou **premeditado** arson

incenso [ĩ'sẽsu] *m* incense

incentivar [ĩsẽtʃi'vaˈ] *vt* to stimulate, encourage

incentivo [ĩsẽ'tʃivu] *m* incentive; ~ **fiscal** tax incentive

incerteza [ĩsex'teza] *f* uncertainty

incerto/a [ĩ'sextu/a] *adj* uncertain

incessante [ĩse'sãtʃi] *adj* incessant

incesto [ĩ'sɛʃtu] *m* incest

inchação [ĩʃa'sãw] (*pl* –ões) *f* swelling

inchado/a [ĩ'ʃadu/a] *adj* swollen; (*fig*) conceited

inchar [ĩ'ʃaˈ] *vt, vi* to swell

incidência [ĩsi'dẽsja] *f* incidence, ocurrence

incidente [ĩsi'dẽtʃi] *m* incident

incisivo/a [ĩsi'zivu/a] *adj* cutting, sharp; (*fig*) incisive

incitar [ĩsi'taˈ] *vt* to incite; (*pessoa, animal*) to drive on

inclemente [ĩkle'mẽtʃi] *adj* severe, harsh

inclinação [ĩklina'sãw] (*pl* –ões) *f* inclination; ~ **da cabeça** nod

inclinado/a [ĩkli'nadu/a] *adj* (*terreno*) sloping; (*corpo, torre*) leaning

inclinar [ĩkli'naˈ] *vt* to tilt; (*cabeça*) to nod ♦ *vi* to slope; (*objeto*) to tilt; ~**-se** *vr* to tilt; (*dobrar o corpo*) to bow, stoop; ~**-se sobre algo** to lean over sth

incluir [ĩ'klwiˈ] *vt* to include; (*em carta*) to enclose; ~**-se** *vr* to be included

inclusão [ĩklu'zãw] *f* inclusion; **inclusive** [ĩklu'zivi] *prep* including ♦ *adv* inclusive; (*até mesmo*) even

incluso/a [ĩ'kluzu/a] *adj* included

incoerente [ĩkoe'rẽtʃi] *adj* incoherent; (*contraditório*) inconsistent

incógnita [ĩ'kɔgnita] *f* (*MAT*) unknown; (*fato incógnito*) mystery;

incógnito/a [ĩ'kɔgnitu/a] *adj* unknown ♦ *adv* incognito

incolor [ĩko'loˈ] *adj* colourless (*BRIT*), colorless (*US*)

incólume [ĩ'kɔlumi] *adj* safe and sound; (*ileso*) unharmed

incomodar [ĩkomo'daˈ] *vt* to bother,

trouble; (*aborrecer*) to annoy ♦ *vi* to be bothersome; ~**-se** *vr* to bother, put o.s. out; ~**-se com algo** to be bothered by sth, mind sth; **não se incomode!** don't worry!

incômodo/a [ĩ'komodu/a] *adj* uncomfortable; (*incomodativo*) troublesome; (*inoportuno*) inconvenient

incomparável [ĩkõpa'ravew] (*pl* -eis) *adj* incomparable

incompatível [ĩkõpa'tʃivew] (*pl* -eis) *adj* incompatible

incompetente [ĩkõpe'tẽtʃi] *adj, m/f* incompetent

incompleto/a [ĩkõ'pletu/a] *adj* incomplete

incompreendido/a [ĩkõprjẽ'dʒidu/a] *adj* misunderstood

incompreensível [ĩkõprjẽ'sivew] (*pl* -eis) *adj* incomprehensible

incomum [ĩko'mũ] *adj* uncommon

incomunicável [ĩkomuni'kavew] (*pl* -eis) *adj* cut off; (*privado de comunicação, fig*) incommunicado; (*preso*) in solitary confinement

inconcebível [ĩkõse'bivew] (*pl* -eis) *adj* inconceivable

inconciliável [ĩkõsi'ljavew] (*pl* -eis) *adj* irreconcilable

incondicional [ĩkõdʒisjo'naw] (*pl* -ais) *adj* unconditional; (*apoio*) wholehearted; (*partidário*) staunch; (*amizade, fã*) loyal

inconformado/a [ĩkõfox'madu/a] *adj* bitter; ~ **com** unreconciled to

inconfundível [ĩkõfũ'dʒivew] (*pl* -eis) *adj* unmistakeable

inconsciência [ĩkõ'sjẽsja] *f* (*MED*) unconsciousness; (*irreflexão*) thoughtlessness

inconsciente [ĩkõ'sjẽtʃi] *adj* unconscious ♦ *m* unconscious

inconseqüente [ĩkõse'kwẽtʃi] *adj* inconsistent; (*contraditório*) illogical; (*irresponsável*) irresponsible

inconsistente [ĩkõsiʃ'tẽtʃi] *adj* inconsistent; (*sem solidez*) runny

inconstante [ĩkõʃ'tãtʃi] *adj* fickle; (*tempo*) changeable

incontável [ĩkõ'tavew] (*pl* -eis) *adj*

countless

incontestável [ĩkõteʃ'tavew] (*pl* -eis) *adj* undeniable

incontinência [ĩkõtʃi'nẽsja] *f* (*MED*) incontinence; (*sensual*) licentiousness

incontrolável [ĩkõtro'lavew] (*pl* -eis) *adj* uncontrollable

inconveniência [ĩkõve'njẽsja] *f* inconvenience; (*impropriedade*) inappropriateness

inconveniente [ĩkõve'njẽtʃi] *adj* inconvenient; (*inoportuno*) awkward; (*grosseiro*) rude; (*importuno*) annoying ♦ *m* disadvantage; (*obstáculo*) difficulty, problem

incorporar [ĩkoxpo'ra*] *vt* to incorporate; (*juntar*) to add; (*COM*) to merge; ~-se *vr*: ~-se a *ou* em to join

incorreto/a [ĩko'xetu/a] (*PT* -ect-) *adj* incorrect; (*desonesto*) dishonest

incorrigível [ĩkoxi'ʒivew] (*pl* -eis) *adj* incorrigible

incrédulo/a [ĩ'krɛdulu/a] *adj* incredulous; (*cético*) sceptical (*BRIT*), skeptical (*US*) ♦ *m/f* sceptic (*BRIT*), skeptic (*US*)

incremento [ĩkre'mẽtu] *m* (*desenvolvimento*) growth; (*aumento*) increase

incrível [ĩ'krivew] (*pl* -eis) *adj* incredible

incubadora [ĩkuba'dora] *f* incubator

inculpar [ĩkuw'pa*] *vt*: ~ alguém de algo (*culpar*) to blame sb for sth; (*acusar*) to accuse sb of sth; ~-se *vr*: ~-se de algo to blame o.s. for sth

inculto/a [ĩ'kuwtu/a] *adj* (*pessoa*) uncultured, uneducated; (*terreno*) uncultivated

incumbência [ĩkũ'bẽsja] *f* task, duty

incumbir [ĩkũ'bi*] *vt*: ~ alguém de algo *ou* algo a alguém to put sb in charge of sth ♦ *vi*: ~ a alguém to be sb's duty; ~-se *vr*: ~-se de to undertake, take charge of

incurável [ĩku'ravew] (*pl* -eis) *adj* incurable

incursão [ĩkux'sãw] (*pl* -ões) *f* (*invasão*) raid, attack; (*penetração*) foray

indagação [ĩdaga'sãw] (*pl* -ões) *f* investigation; (*pergunta*) inquiry, question

indagar [ĩda'ga*] *vt* to investigate ♦ *vi* to inquire; ~-se *vr*: ~-se a si mesmo to ask o.s.; ~ algo de alguém to ask sb about sth

indecente [ĩde'sẽtʃi] *adj* indecent, improper; (*obsceno*) rude, vulgar

indeciso/a [ĩde'sizu/a] *adj* undecided; (*indistinto*) vague; (*hesitante*) hesitant, indecisive

indecoroso/a [ĩdeko'rozu/oza] *adj* indecent, improper

indeferir [ĩdefe'ri*] *vt* (*desatender*) to reject; (*requerimento*) to turn down

indefeso/a [ĩde'fezu/a] *adj* undefended; (*população*) defenceless (*BRIT*), defenseless (*US*)

indefinido/a [ĩdefi'nidu/a] *adj* indefinite; (*vago*) vague, undefined; por tempo ~ indefinitely

indeferir *etc* [ĩde'firu] *vb V* **indeferir**

indelével [ĩde'lɛvew] (*pl* -eis) *adj* indelible

indelicado/a [ĩdeli'kadu/a] *adj* impolite, rude

indene [ĩ'dɛni] (*PT* -mn-) *adj* (*pessoa*) unharmed; (*objeto*) undamaged

indenização [ĩdeniza'sãw] (*PT* -mn-) (*pl* -ões) *f* compensation; (*COM*) indemnity

indenizar [ĩdeni'za*] (*PT* -mn-) *vt*: ~ alguém por *ou* de algo (*compensar*) to compensate sb for sth; (*por gastos*) to reimburse sb for sth

independência [ĩdepẽ'dẽsja] *f* independence; **independente** [ĩdepẽ'dẽtʃi] *adj* independent

indesejável [ĩdeze'ʒavew] (*pl* -eis) *adj* undesirable

indestrutível [ĩdʒiʃtru'tʃivew] (*pl* -eis) *adj* indestructible

indeterminado/a [ĩdetexmi'nadu/a] *adj* indeterminate

indevassável [ĩdeva'savew] (pl -eis) adj impenetrable

indevido/a [ĩde'vidu/a] adj (imerecido) unjust; (impróprio) inappropriate

índex ['ĩdeks] (pl índices) m = índice

Índia ['ĩdʒa] f: a ~ India; as ~s Ocidentais the West Indies; **indiano/a** [ĩ'dʒanu/a] adj, m/f Indian

indicação [ĩdʒika'sãw] (pl -ões) f indication; (de termómetro) reading; (para um cargo, prémio) nomination; (recomendação) recommendation; (de um caminho) directions pl

indicado/a [ĩdʒi'kadu/a] adj appropriate

indicador(a) [ĩdʒika'do*(a)] adj: ~ de indicative of ♦ m indicator; (TEC) gauge; (dedo) index finger; (ponteiro) pointer

indicar [ĩdʒi'ka*] vt to indicate; (apontar) to point to; (temperatura) to register; (recomendar) to recommend; (para um cargo) to nominate; (determinar) to determine; ~ o caminho a alguém to give sb directions

indicativo/a [ĩdʒika'tʃivu/a] adj (tb: LING) indicative

índice ['ĩdʒisi] m (de livro) index; (taxa) rate

índices ['ĩdʒisif] mpl de índice

indício [ĩ'dʒisju] m (sinal) sign; (vestígio) trace; (JUR) clue

indiferença [ĩdʒife'rẽsa] f indifference; **indiferente** [ĩdʒife'rẽtʃi] adj indifferent; isso me é indiferente it's all the same to me

indígena [ĩ'dʒiʒena] adj, m/f native; (índio: da América) Indian

indigência [ĩdʒi'ʒẽsja] f poverty; (fig) lack, need

indigestão [ĩdʒiʒef'tãw] f indigestion

indigesto/a [ĩdʒi'ʒɛftu/a] adj indigestible

indignação [ĩdʒigna'sãw] f indignation; **indignado/a** [ĩdʒig'nadu/a] adj indignant

indignar [ĩdʒig'na*] vt to anger, incense; ~-se vr to get angry

indignidade [ĩdʒigni'dadʒi] f indignity

indigno/a [ĩ'dʒignu/a] adj unworthy; (desprezível) disgraceful, despicable

índio/a [ĩ'dʒju/a] adj, m/f (da América) Indian; o Oceano Í~ the Indian Ocean

indireto/a [ĩdʒi'rɛtu/a] (PT -ct-) adj indirect

indiscreto/a [ĩdʒif'krɛtu/a] adj indiscreet

indiscriminado/a [ĩdʒiʃkrimi'nadu/a] adj indiscriminate

indiscutível [ĩdʒiʃku'tʃivew] (pl -eis) adj indisputable

indispensável [ĩdʒiʃpẽ'savew] (pl -eis) adj essential, vital ♦ m: o ~ the essentials pl

indispor [ĩdʒiʃ'po*] (irreg: como pôr) vt (de saúde) to make ill; (aborrecer) to upset; **indisposto/a** [ĩdʒiʃ'poftu/'pofta] adj unwell, poorly; upset

indistinto/a [ĩdʒiʃ'tʃitu/a] adj indistinct

individual [ĩdʒivi'dwaw] (pl -ais) adj individual

indivíduo [ĩdʒi'vidwu] m individual; (col: sujeito) guy

indócil [ĩ'dɔsiw] (pl -eis) adj unruly, wayward; (impaciente) restless

índole ['ĩdoli] f (temperamento) nature; (tipo) sort, type

indolente [ĩdo'lẽtʃi] adj indolent; (apático) apathetic

indolor [ĩdo'lo*] adj painless

indomável [ĩdo'mavew] (pl -eis) adj (animal) untameable; (coragem) indomitable

Indonésia [ĩdo'nɛzja] f: a ~ Indonesia

indulgência [ĩduw'ʒẽsja] f indulgence; (tolerância) leniency; **indulgente** [ĩduw'ʒẽtʃi] adj indulgent; (atitude) lenient

indulto [ĩ'duwtu] m (JUR) reprieve

indumentária [ĩdumẽ'tarja] f costume

indústria [ĩ'duftrja] f industry; **industrial** [ĩduf'trjaw] (pl -ais) adj industrial ♦ m/f industrialist; **industrializar** [iduʃtrjali'za*] vt (país) to industrialize; (aproveitar) to process;

industrioso/a [iduʃ'trjozu/ɔza] adj hard-working, industrious; (hábil) clever, skilful (BRIT), skillful (US)

induzir [idu'zi*] vt to induce; (persuadir) to persuade

inédito/a [i'nɛdʒitu/a] adj (livro) unpublished; (incomum) unheard-of, rare

ineficaz [inefi'kaj3] adj (remédio, medida) ineffective; (empregado, máquina) inefficient

ineficiente [inefi'sjẽtʃi] adj inefficient

inegável [ine'gavew] (pl –eis) adj undeniable

inelutável [inelu'tavew] (pl –eis) adj inescapable

inepto/a [i'nɛptu/a] adj inept, incompetent

inequívoco/a [ine'kivoku/a] adj (evidente) clear; (inconfundível) unmistakeable

inércia [i'nɛxsja] f lethargy; (FÍS) inertia

inerente [ine'rẽtʃi] adj: ~ a inherent in ou to

inerte [i'nɛxtʃi] adj lethargic; (FÍS) inert

inescrupuloso/a [ineʃkrupu'lozu/ɔza] adj unscrupulous

inescusável [ineʃku'zavew] (pl –eis) adj inexcusable; (indispensável) essential

inesgotável [ineʒgo'tavew] (pl –eis) adj inexhaustible; (superabundante) boundless

inesperado/a [inespe'radu/a] adj unexpected, unforeseen ♦ m: o ~ the unexpected

inesquecível [ineʃke'sivew] (pl –eis) adj unforgettable

inestimável [ineʃtʃi'mavew] (pl –eis) adj invaluable

inevitável [inevi'tavew] (pl –eis) adj inevitable

inexato/a [ine'zatu/a] (PT -ct-) adj inaccurate

inexeqüível [inezɛ'kwivew] (pl –eis) adj impracticable

inexistência [inezi'tẽsja] f lack

inexistente [inezi'tẽtʃi] adj nonexistent

inexperiência [inespe'rjẽsja] f inexperience; **inexperiente** [inespe'rjẽtʃi] adj inexperienced; (ingênuo) naive

inexpressivo/a [inespre'sivu/a] adj expressionless

infalível [ifa'livew] (pl –eis) adj infallible; (sucesso) guaranteed

infâmia [i'famja] f (desonra) disgrace; (vileza) vicious behaviour; (dito) nasty thing

infância [i'fãsja] f childhood

infantaria [ifata'ria] f infantry

infantil [ifa'tʃiw] (pl –is) adj (ingênuo) childlike; (pueril) childish; (para crianças) children's

infarto [i'faxtu] m heart attack

infatigável [ifatʃi'gavew] (pl –eis) adj untiring

infecção [ifɛk'sãw] (pl –ões) f infection; **infeccionar** [ifɛksjo'na*] vt (ferida) to infect; **infeccioso/a** [ifɛk'sjozu/ɔza] adj infectious

infectar [ifɛk'ta*] (PT) vt = infetar

infelicidade [ifelisi'dadʒi] f unhappiness; (desgraça) misfortune

infeliz [ife'liʒ] adj unhappy; (infausto) unlucky; (ação, medida) unfortunate; (sugestão, idéia) inappropriate ♦ m/f unhappy person; ~mente [ifeliʒ'mẽtʃi] adv unfortunately

inferior [ife'rjo*] adj: ~ (a) (em valor, qualidade) inferior (to); (mais baixo) lower (than) ♦ m/f inferior, subordinate; ~idade [iferjori'dadʒi] f inferiority

infernal [ifex'naw] (pl –ais) adj infernal

inferno [i'fɛxnu] m hell; vá pro ~! (col) piss off!

infértil [i'fɛxtʃiw] (pl –eis) adj infertile

infestar [ifeʃ'ta*] vt to infest

infetar [ife'ta*] vt to infect

infidelidade [ifideli'dadʒi] f infidelity, unfaithfulness

infiel [ĩ'fjew] (pl **-éis**) adj disloyal; (marido, mulher) unfaithful; (texto) inaccurate ♦ m/f (REL) non-believer

infiltrar [ĩfiw'tra*] vt to permeate; ~-se vr (água, luz, odor) to permeate; ~-se em algo (pessoas) to infiltrate sth

ínfimo/a [ĩ'fimu/a] adj lowest; (qualidade) poorest

infindável [ĩfĩ'davew] (pl **-eis**) adj unending, constant

infinidade [ĩfĩni'dadʒi] f infinity; uma ~ de countless

infinitivo [ĩfini'tʃivu] m (LING) infinitive

infinito/a [ĩfi'nitu/a] adj infinite ♦ m infinity

inflação [ĩfla'sãw] f inflation; **inflacionário/a** [ĩflasjo'narju/a] adj inflationary

inflamação [ĩflama'sãw] (pl **-ões**) f inflammation; **inflamado/a** [ĩfla'madu/a] adj (MED) inflamed; (discurso) heated

inflamar [ĩfla'ma*] vt (madeira, pólvora) to set fire to; (MED, fig) to inflame; ~-se vr to catch fire; (fig) to get worked up; ~-se de algo to be consumed with sth

inflamável [ĩfla'mavew] (pl **-eis**) adj inflammable

inflar [ĩ'fla*] vt to inflate, blow up; ~-se vr to swell (up)

inflexível [ĩflek'sivew] (pl **-eis**) adj stiff, rigid; (fig) unyielding

infligir [ĩfli'ʒi*] vt to inflict

influência [ĩ'flwẽsja] f influence; sob a ~ de under the influence of; **influenciar** [ĩflwẽ'sja*] vt to influence ♦ vi: **influenciar em algo** to influence sth, have an influence on sth; **influenciar-se** vr: **influenciar-se por** to be influenced by; **influente** [ĩ'flwẽtʃi] adj influential; **influir** [ĩ'flwi*] vi to matter, be important; **influir em ou sobre** to influence, have an influence on

influxo [ĩ'fluksu] m influx; (maré-cheia) high tide

informação [ĩfoxma'sãw] (pl **-ões**) f (piece of) information; (notícia) news sg; **informações** fpl (detalhes) information sg; **Informações** (TEL) directory enquiries (BRIT), information (US); **pedir informações sobre** to ask about, inquire about

informal [ĩfox'maw] (pl **-ais**) adj informal; ~**idade** [ĩfoxmali'dadʒi] f informality

informante [ĩfox'mãtʃi] m informant; (JUR) informer

informar [ĩfox'ma*] vt: ~ **alguém** (de/sobre algo) to inform sb (of/about sth) ♦ vi to inform, be informative; ~-se vr: ~-se de to find out about, inquire about; ~ **de** to report on

informática [ĩfox'matʃika] f computer science; (ramo) computing, computers pl

informativo/a [ĩfoxma'tʃivu/a] adj informative

informatizar [ĩfoxmatʃi'za*] vt to computerize

informe [ĩ'fɔxmi] m (piece of) information; ~**s** mpl (informações) information sg

infortúnio [ĩfox'tunju] m misfortune

infração [ĩfra'sãw] (PT **-cç-**; pl **-ões**) f breach, infringement; (ESPORTE) foul

infractor(a) [ĩfra'to*(a)] (PT) m/f = **infrator(a)**

infra-estrutura [ĩfra-] f infrastructure

infrator(a) [ĩfra'to*(a)] m/f offender

infravermelho/a [ĩfravex'meʎu/a] adj infra-red

infringir [ĩfrĩ'ʒi*] vt to infringe, contravene

infrutífero/a [ĩfru'tʃiferu/a] adj fruitless

infundado/a [ĩfũ'dadu/a] adj groundless, unfounded

ingênuo/a [ĩ'ʒenwu/a] adj ingenuous, naïve; (comentário) harmless ♦ m/f naïve person

ingerir [ĩʒe'ri*] vt to ingest; (engolir) to swallow

Inglaterra [īgla'texa] f: a ~ England; **inglês/esa** [ī'gleʃ/eza] adj English ♦ m/f Englishman/woman ♦ m (LING) English; **os ingleses** mpl the English

ingratidão [īgratʒi'dãw] f ingratitude

ingrato/a [ī'gratu/a] adj ungrateful

ingrediente [īgre'dʒjētʃi] m ingrediente

íngreme ['īgrẽmi] adj steep

ingressar [īgre'sa*] vi: ~ **em** to enter, go into; (um clube) to join

ingresso [ī'gresu] m (entrada) entry; (admissão) admission; (bilhete) ticket

inibição [inibi'sãw] (pl –ões) f inhibition

inibido/a [ini'bidu/a] adj inhibited

inibir [ini'bi*] vt to inhibit

iniciação [inisja'sãw] (pl –ões) f initiation

inicial [ini'sjaw] (pl –ais) adj, f initial

iniciar [ini'sja*] vt, vi (começar) to begin, start; ~ **alguém em algo** (arte, seita) to initiate sb into sth

iniciativa [inisja'tʃiva] f initiative; a ~ **privada** (ECON) private enterprise

início [i'nisju] m beginning, start; no ~ at the start

inimigo/a [ini'migu/a] adj, m/f enemy

inimizade [inimi'zadʒi] f enmity, hatred

ininterrupto/a [inĩtɛ'xuptu/a] adj continuous; (esforço) unstinting; (vôo) non-stop; (serviço) 24-hour

injeção [inʒe'sãw] (PT -cç-; pl –ões) f injection

injetar [īʒe'ta*] (PT -ct-) vt to inject

injúria [ĩ'ʒurja] f insult; **injuriar** [īʒu'rja*] vt to insult

injustiça [īʒuʃ'tʃisa] f injustice

injusto/a [ĩ'ʒuʃtu/a] adj unfair, unjust

inocência [ino'sēsja] f innocence

inocentar [inosē'ta*] vt: ~ **alguém** (de algo) to clear sb (of sth)

inocente [ino'sētʃi] adj innocent ♦ m/f innocent man/woman

inocular [inoku'la*] vt to inoculate

inócuo/a [i'nɔkwu/a] adj harmless

inodoro/a [ino'dɔru/a] adj odourless (BRIT), odorless (US)

inofensivo/a [inofē'sivu/a] adj harmless, inoffensive

inoportuno/a [inopox'tunu/a] adj inconvenient, inopportune

inovação [inova'sãw] (pl –ões) f innovation

inoxidável [inoksi'davew] (pl –eis) adj: **aço** ~ stainless steel

INPS (BR) abr m (= Instituto Nacional de Previdência Social) ≈ DSS (BRIT), ≈ Welfare Dept (US)

inquérito [ĩ'kεritu] m inquiry; (JUR) inquest

inquietação [īkjeta'sãw] f anxiety, uneasiness; (agitação) restlessness

inquietante [īkje'tãtʃi] adj worrying, disturbing

inquietar [īkje'ta*] vt to worry, disturb; ~**se** vr to worry, bother; **inquieto/a** [ī'kjεtu/a] adj anxious, worried; (agitado) restless

inquilino/a [īki'linu/a] m/f tenant

inquisição [īkizi'sãw] (pl –ões) f: a I~ the Inquisition

insaciável [ĩsa'sjavew] (pl –eis) adj insatiable

insalubre [ĩsa'lubri] adj unhealthy

insanidade [ĩsani'dadʒi] f madness, insanity; **insano/a** [ĩ'sanu/a] adj insane

insatisfação [ĩsatʃiʃfa'sãw] f dissatisfaction

insatisfatório/a [ĩsatʃiʃfa'tɔrju/a] adj unsatisfactory

insatisfeito/a [ĩsatʃiʃ'fejtu/a] adj dissatisfied, unhappy

inscrever [ĩʃkre've*] vt to inscribe; (aluno) to enrol (BRIT), enroll (US); (em registro) to register

inscrição [ĩʃkri'sãw] (pl –ões) f inscription

inscrito/a [ĩ'ʃkritu/a] pp de inscrever

insecto etc [ĩ'sεktu] (PT) = **inseto** etc

insegurança [īsegu'rãsa] f insecurity; **inseguro/a** [ĩse'guru/a] *adj* insecure

inseminação [ĩsemina'sãw] *f*: ~ **artificial** artificial insemination

insensatez [ĩsẽsa'teʒ] *f* folly, madness; **insensato/a** [ĩsẽ'satu/a] *adj* unreasonable, foolish

insensível [ĩsẽ'sivew] (*pl* -**eis**) *adj* insensitive; (*dormente*) numb

inserir [ĩse'ri*] *vt* to insert, put in; (*COMPUT: dados*) to enter

inseticida [ĩsetʃi'sida] *m* insecticide

inseto [ĩ'setu] *m* insect

insidioso/a [ĩsi'dʒjozu/ɔza] *adj* insidious

insígnia [ĩ'signia] *f* (*sinal distintivo*) badge; (*emblema*) emblem

insignificante [ĩsignifi'kãtʃi] *f* insignificant

insincero/a [ĩsĩ'sɛru/a] *adj* insincere

insinuar [ĩsi'nwa*] *vt* to insinuate, imply

insípido/a [ĩ'sipidu/a] *adj* insipid

insiro *etc* [ĩ'siru] *vb* V **inserir**

insistência [ĩsiʃ'tẽʒa] *f*: ~ (**em**) (*insistence* (on); (*obstinação*) persistence (in); **insistente** [ĩsiʃ'tẽtʃi] *adj* (*pessoa*) insistent; (*apelo*) urgent

insistir [ĩsiʃ'tʃi*] *vi*: ~ (**em**) to insist (on); (*perseverar*) to persist (in); ~ (**em**) **que** to insist that

insociável [ĩso'sjavew] (*pl* -**eis**) *adj* unsociable, antisocial

insolação [ĩsola'sãw] *f* sunstroke; **pegar uma** ~ to get sunstroke

insolência [ĩso'lẽʒa] *f* insolence

insolente [ĩso'lẽtʃi] *adj* insolent

insólito/a [ĩ'sɔlitu/a] *adj* unusual

insolúvel [ĩso'luvew] (*pl* -**eis**) *adj* insoluble

insolvente [ĩsow'vẽtʃi] *adj* insolvent

insônia [ĩ'sonja] *f* insomnia

insosso/a [ĩ'sosu/a] *adj* unsalted; (*sem sabor*) tasteless; (*pessoa*) uninteresting, dull

inspeção [ĩʃpe'sãw] (*PT* -**cç**-; *pl* -**ões**) *f* inspection, check; **inspecionar** [ĩʃpesjo'na*] (*PT* -**cc**-) *vt* to inspect

inspetor(a) [ĩʃpe'to*(a)] (*PT* -**ct**-)

m/f inspector

inspiração [ĩʃpira'sãw] (*pl* -**ões**) *f* inspiration

inspirador(a) [ĩʃpira'do*(a)] *adj* inspiring

inspirar [ĩʃpi'ra*] *vt* to inspire; (*MED*) to inhale; ~**-se** to be inspired

instabilidade [ĩʃtabili'dadʒi] *f* instability

instalação [ĩʃtala'sãw] (*pl* -**ões**) *f* installation; ~ **elétrica** (*de casa*) wiring

instalar [ĩʃta'la*] *vt* to install; (*estabelecer*) to set up; ~**-se** *vr* (*numa cadeira*) to settle down

instância [ĩʃ'tãsja] *f* persistence; (*súplica*) entreaty; **em última** ~ as a last resort

instantâneo/a [ĩʃtã'tanju/a] *adj* instant, instantaneous ♦ *m* (*FOTO*) snap

instante [ĩʃ'tãtʃi] *adj* urgent ♦ *m* moment; **num** ~ in an instant, quickly; **só um** ~! just a moment!

instar [ĩʃ'ta*] *vt* to urge ♦ *vi* to insist; ~ **com alguém para que faça algo** to urge sb to do sth

instauração [ĩʃtawra'sãw] *f* setting-up; (*de processo, inquérito*) institution

instaurar [ĩʃtaw'ra*] *vt* to establish, set up

instável [ĩʃ'tavew] (*pl* -**eis**) *adj* unstable; (*tempo*) unsettled

instigar [ĩʃtʃi'ga*] *vt* to urge; (*provocar*) to provoke

instintivo/a [ĩʃtʃĩ'tʃivu/a] *adj* instinctive

instinto [ĩʃ'tʃĩtu] *m* instinct; **por** ~ instinctively

instituição [ĩʃtʃitwi'sãw] (*pl* -**ões**) *f* institution

instituto [ĩʃtʃi'tutu] *m* (*escola*) institute; (*instituição*) institution; ~ **de beleza** beauty salon

instrução [ĩʃtru'sãw] (*PT* -**cç**-; *pl* -**ões**) *f* education; (*erudição*) learning; (*diretriz*) instruction; (*MIL*) training; **instruções** *fpl* (*para o uso*) instructions (for use)

instructor(a) [iʃtru'to*(a)] (PT) m/f = instrutor(a)

instruído/a [iʃ'trwidu/a] adj educated

instruir [iʃ'trwi*] vt to instruct; (MIL) to train; ~ se vr: ~se em algo to learn sth; ~ alguém de ou sobre algo to inform sb about sth

instrumental [iʃtrumẽ'taw] (pl -ais) adj instrumental

instrumento [iʃtru'mẽtu] m instrument; (ferramenta) implement; (JUR) deed, document; ~ de cordas/percussão/sopro stringed/percussion/wind instrument; ~ de trabalho tool

instrutivo/a [iʃtru'tʃivu/a] adj instructive

instrutor(a) [iʃtru'to*(a)] m/f instructor; (ESPORTE) coach

insubordinação [isuboxdʒina'sãw] f rebellion; (MIL) insubordination

insubstituível [isubiʃtʃi'twivew] (pl -eis) adj irreplaceable

insuficiência [isufi'sjesja] f inadequacy; (carência) shortage; (MED) deficiency; ~ cardíaca heart failure; **insuficiente** [isufi'sjetʃi] adj insufficient; (EDUC: nota) ≈ fail; (pessoa) incompetent

insular [isu'la*] adj insular ♦ vt (TEC) to insulate

insulina [isu'lina] f insulin

insultar [isuw'ta*] vt to insult; **insulto** [i'suwtu] m insult

insuperável [isupe'ravew] (pl -eis) adj (dificuldade) insuperable; (qualidade) unsurpassable

insuportável [isupox'tavew] (pl -eis) adj unbearable

insurgente [isux'ʒetʃi] adj rebellious ♦ m/f rebel

insurgir-se [isux'ʒixsi] vr to rebel, revolt

insurreição [isuxej'sãw] (pl -ões) f rebellion, insurrection

insuspeito/a [isuʃ'pejtu/a] adj unsuspected; (imparcial) impartial

intato/a [i'tatu/a] (PT -act-) in-

tact

íntegra ['itegra] f: na ~ in full

integral [ite'graw] (pl -ais) adj whole ♦ f (MAT) integral; pão ~ wholemeal (BRIT) ou wholewheat (US) bread; ~mente [itegraw'mẽtʃi] adv in full, fully

integrar [ite'gra*] vt to unite, combine; (completar) to form, make up; (MAT, raças) to integrate; ~se vr to become complete; ~se em ou a algo to join sth; (adaptar-se) to integrate into sth

integridade [itegri'dadʒi] f entirety; (fig: de pessoa) integrity

íntegro/a ['itegru/a] adj entire; (honesto) upright, honest

inteiramente [itejra'mẽtʃi] adv completely

inteirar [itej'ra*] vt (completar) to complete; ~se vr: ~se de to find out about; ~ alguém de to inform sb of

inteiriçado/a [itejri'sadu/a] adj stiff

inteiro/a [i'tejru/a] adj whole, entire; (ileso) unharmed; (não quebrado) undamaged

intelecto [ite'lɛktu] m intellect; **intelectual** [itelek'twaw] (pl -ais) adj, m/f intellectual

inteligência [iteli'ʒesja] f intelligence; **inteligente** [iteli'ʒetʃi] adj intelligent, clever

inteligível [iteli'ʒivew] (pl -eis) adj intelligible

intenção [ite'sãw] (pl -ões) f intention; segundas intenções ulterior motives; ter a ~ de to intend to; **intencionado/a** [itesjo'nadu/a] adj: bem intencionado well-meaning; mal intencionado spiteful; **intencional** [itesjo'naw] (pl -ais) adj intentional, deliberate; **intencionar** [itesjo'na*] vt to intend

intendência [ite'desja] (PT) f management, administration

intensidade [itesi'dadʒi] f intensity

intensificar [itesifi'ka*] vt to intensify; ~se vr to intensify

intensivo/a [ite'sivu/a] adj intensive

intenso/a [ĩˈtẽsu/a] adj intense; (emoção) deep; (impressão) vivid; (vida social) full

interação [ĩteraˈsãw] (PT -cç-) f interaction

interativo/a [ĩteraˈtʃivu/a] (PT -ct-) adj (COMPUT) interactive

intercâmbio [ĩtexˈkãbju] m exchange

interceptar [ĩtexsepˈta⁸] vt to intercept; (fazer parar) to stop; (ligação telefônica) to cut off; (ser obstáculo a) to hinder

interdição [ĩtexdʒiˈsãw] (pl -ões) f (de estrada, porta) closure; (JUR) injunction

interditar [ĩtexdʒiˈta⁸] vt (importação etc) to ban; (estrada, praia) to close off; (cinema etc) to close down

interessado/a [ĩtereˈsadu/a] adj interested; (amizade) self-seeking

interessante [ĩtereˈsãtʃi] adj interesting

interessar [ĩtereˈsa⁸] vt to interest ♦ vi to be interesting; ~-se vr: ~-se em ou por to take an interest in, be interested in; a quem possa ~ to whom it may concern

interesse [ĩteˈresi] m interest; (próprio) self-interest; (proveito) advantage; no ~ de for the sake of; por ~ (próprio) for one's own ends; ~/or/a [ĩtereˈsejru/a] adj self-seeking

interface [ĩtexˈfasi] f (COMPUT) interface

interferência [ĩtexfeˈrẽsja] f interference

interferir [ĩtexfeˈri⁸] vi: ~ em to interfere in; (rádio) to jam

interfone [ĩtexˈfɔni] m intercom

ínterim [ˈĩteri] m interim; nesse ~ in the meantime

interino/a [ĩteˈrinu/a] adj temporary, interim

interior [ĩteˈrjo⁸] adj inner, inside; (COM) domestic, internal ♦ m inside, interior; (do país): no ~ inland; **Ministério do I~** ≈ Home Office (BRIT), ≈ Department of the Interior (US)

interjeição [ĩtexʒejˈsãw] (pl -ões) f interjection

interlocutor(a) [ĩtexlokuˈto⁸(a)] m/f speaker; meu ~ the person I was speaking to

interlúdio [ĩtexˈludʒu] m interlude

intermediário/a [ĩtexmeˈdʒjarju/a] adj intermediary ♦ m/f (COM) middleman; (mediador) intermediary, mediator

intermédio [ĩtexˈmedʒu] m: por ~ de through

interminável [ĩtexmiˈnavew] (pl -eis) adj endless

intermitente [ĩtexmiˈtẽtʃi] adj intermittent

internação [ĩtexnaˈsãw] (pl -ões) f (de doente) admission

internacional [ĩtexnasjoˈnaw] (pl -ais) adj international

internações [ĩtexnaˈsõjʃ] fpl de internação

internar [ĩtexˈna⁸] vt (aluno) to put into boarding school; (doente) to take into hospital; (MIL, POL) to intern

internato [ĩtexˈnatu] m boarding school

interno/a [ĩtexnu/a] adj internal; (POL) domestic ♦ m/f (tb: aluno ~) boarder; (MED: estudante) houseman (BRIT), intern (US); de uso ~ (MED) for internal use

interpretação [ĩtexpretaˈsãw] (pl -ões) f interpretation; (TEATRO) performance

interpretar [ĩtexpreˈta⁸] vt to interpret; (um papel) to play; **intérprete** [ĩˈtexpretʃi] m/f interpreter; (TEATRO) performer, artist

interrogação [ĩtexogaˈsãw] (pl -ões) f interrogation; ponto de ~ question mark

interrogar [ĩtexoˈga⁸] vt to question, interrogate; (JUR) to cross-examine; **interrogativo/a** [ĩtexogaˈtʃivu/a] adj interrogative

interromper [ĩtexõˈpe⁸] vt to interrupt; (parar) to stop; (ELET) to cut off

interrupção [ĩtexupˈsãw] (pl -ões) f

interruption; (*intervalo*) break

interruptor [ītexup'to*] *m* (*ELET*) switch

interseção [ītexse'sãw] (*PT* -cç-; *pl* -ões) *f* intersection

interurbano/a [īterux'banu/a] *adj* (*TEL*) long-distance ♦ *m* long-distance *ou* trunk call

intervalo [ītex'valu] *m* interval; (*descanso*) break; **a ~s** every now and then

intervenção [ītexvẽ'sãw] (*pl* -ões) *f* intervention; **~ cirúrgica** (*MED*) operation

interventor(a) [ītexvẽ'to*(a)] *m/f* inspector

intervir [ītex'vi*] (*irreg: como* **vir**) *vi* to intervene; (*sobrevir*) to come up

intestino [ītef'tʃinu] *m* intestine

intimação [ītʃima'sãw] (*pl* -ões) *f* (*ordem*) order; (*JUR*) summons

intimar [ītʃi'ma*] *vt* (*JUR*) to summon; **~ alguém a fazer** *ou* **a alguém que faça** to order sb to do

intimidade [ītʃimi'dadʒi] *f* intimacy; (*vida privada*) private life; (*familiaridade*) familiarity; **ter ~ com alguém** to be close to sb

intimidar [ītʃimi'da*] *vt* to intimidate

íntimo/a [ˈītʃimu/a] *adj* intimate; (*sentimentos*) innermost; (*amigo*) close; (*vida*) private ♦ *m/f* close friend; **no ~** at heart

intolerância [ītole'rãsja] *f* intolerance; **intolerante** [ītole'rãtʃi] *adj* intolerant

intolerável [ītole'ravew] (*pl* -eis) *adj* intolerable, unbearable

intoxicação [ītoksika'sãw] *f* poisoning; **~ alimentar** food poisoning

intoxicar [ītoksi'ka*] *vt* to poison

intranquilidade [ītrãkwili'dadʒi] *f* disquiet; **intranqüilo/a** [ītrã'kwilu/a] *adj* worried; (*desassossegado*) restless

intransigente [ītrãsi'ʒẽtʃi] *adj* uncompromising; (*fig: rígido*) strict

intransitável [ītrãsi'tavew] (*pl* -eis) *adj* impassable

intransitivo/a [ītrãsi'tʃivu/a] *adj* in-

transitive

intransponível [ītrãʃpo'nivew] (*pl* -eis) *adj* (*rio*) impossible to cross; (*problema*) insurmountable

intratável [ītra'tavew] (*pl* -eis) *adj* (*pessoa*) contrary, awkward; (*doença*) untreatable; (*problema*) insurmountable

intravenoso/a [ītrave'nozu/ɔza] *adj* intravenous

intrépido/a [ī'trɛpidu/a] *adj* intrepid

intriga [ī'triga] *f* intrigue; (*enredo*) plot; (*fofoca*) piece of gossip; **~s** (*fofocas*) gossip *sg*; **~ amorosa** (*PT*) love affair; **~nte** [ītri'gãtʃi] *m/f* troublemaker ♦ *adj* intriguing; **~r** [ītri'ga*] *vt* to intrigue ♦ *vi* to be intriguing

introdução [ītrodu'sãw] (*pl* -ões) *f* introduction

introduzir [ītrodu'zi*] *vt* to introduce

intrometer-se [ītrome'texsi] *vr* to interfere, meddle; **intrometido/a** [ītrome'tʃidu/a] *adj* interfering; (*col*) nosey ♦ *m/f* busybody

introvertido/a [ītrovex'tʃidu/a] *adj* introverted ♦ *m/f* introvert

intruso/a [ī'truzu/a] *m/f* intruder

intuição [ītwi'sãw] (*pl* -ões) *f* intuition

intuito [ī'tuito] *m* intention, aim

inumano/a [inu'manu/a] *adj* inhuman

inúmero/a [i'numeru/a] *adj* countless, innumerable

inundação [inũda'sãw] (*pl* -ões) *f* (*enchente*) flood; (*ato*) flooding

inundar [inũ'da*] *vt* to flood; (*fig*) to inundate ♦ *vi* to flood

inusitado/a [inuzi'tadu/a] *adj* unusual

inútil [i'nutʃiw] (*pl* -eis) *adj* useless; (*esforço*) futile; (*desnecessário*) pointless; **inutilizar** [inutʃili'za*] *vt* to make useless, render useless; (*incapacitar*) to put out of action; (*danificar*) to ruin; (*esforços*) to thwart; **inutilmente** [inutʃiw'mẽtʃi] *adv* in vain

invadir [īva'dʒi*] *vt* to invade; (*suj: água*) to overrun; (: *sentimento*) to overcome

inválido/a [ĩ'validu/a] *adj, m/f* invalid

invariável [ĩva'rjavew] (*pl* –**eis**) *adj* invariable

invasão [ĩva'zãw] (*pl* –**ões**) *f* invasion

invasor(a) [ĩva'zo*(a)] *adj* invading ♦ *m/f* invader

inveja [ĩ'veʒa] *f* envy; ~r [ĩve'ʒa*] *vt* to envy; (*cobiçar*) to covet ♦ *vi* to be envious; **invejoso/a** [ĩve'ʒozu/ɔza] *adj* envious

invenção [ĩvẽ'sãw] (*pl* –**ões**) *f* invention

inventar [ĩvẽ'ta*] *vt* to invent

inventário [ĩvẽ'tarju] *m* inventory

inventiva [ĩvẽ'tʃiva] *f* inventiveness; **inventivo/a** [ĩvẽ'tʃivu/a] *adj* inventive

inventor(a) [ĩvẽ'to*(a)] *m/f* inventor

inverdade [ĩvex'dadʒi] *f* untruth

inverno [ĩ'vexnu] *m* winter

inverossímil [ĩvero'simiw] (*PT* –**osí**-; *pl* –**eis**) *adj* unlikely, improbable; (*inacreditável*) implausible

inverso/a [ĩ'vexsu/a] *adj* inverse; (*oposto*) opposite; (*ordem*) reverse ♦ *m* opposite, reverse; **ao** ~ **de** contrary to

invertebrado [ĩvexte'bradu] *m* invertebrate

inverter [ĩvex'te*] *vt* to alter; (*ordem*) to invert, reverse; (*colocar às avessas*) to turn upside down, invert

invés [ĩ'vɛʃ] *m*: **ao** ~ **de** instead of

investida [ĩveʃ'tʃida] *f* attack; (*tentativa*) attempt

investigação [ĩveʃtʃiga'sãw] (*pl* –**ões**) *f* investigation; (*pesquisa*) research

investigar [ĩveʃtʃi'ga*] *vt* to investigate; (*examinar*) to examine

investimento [ĩveʃtʃi'mẽtu] *m* investment

investir [ĩveʃ'tʃi*] *vt* (*dinheiro*) to invest

inveterado/a [ĩvete'radu/a] *adj* inveterate

inviável [ĩ'vjavew] (*pl* –**eis**) *adj* impracticable

invicto/a [ĩ'viktu/a] *adj* unconquered

invisível [ĩvi'zivew] (*pl* –**eis**) *adj* invisible

invisto *etc* [ĩ'viʃtu] *vb* V **investir**

invocar [ĩvo'ka*] *vt* to invoke

invólucro [ĩ'volukru] *m* (*cobertura*) covering; (*envoltório*) wrapping; (*caixa*) box

involuntário/a [ĩvolũ'tarju/a] *adj* involuntary; (*ofensa*) unintentional

iodo ['jodu] *m* iodine

ioga ['jɔga] *f* yoga

iogurte [jo'guxtʃi] *m* yogurt

íon ['iõ] (*pl* ~**s**) *m* ion

IR (*BR*) *abr m* = **Imposto de Renda**

PALAVRA CHAVE

ir [i*] *vi* **1** to go; (*a pé*) to walk; (*a cavalo*) to ride; (*viajar*) to travel; ~ **caminhando** to walk; **fui de trem** I went *ou* travelled by train; **vamos!**, **vamos nessa!**, (*col*) **vamos embora!** let's go!; **já vou!** I'm coming!; ~ **atrás de alguém** (*seguir*) to follow sb; (*confiar*) to take sb's word for it

2 (*progredir*: *pessoa, coisa*) to go; **o trabalho vai muito bem work** is going very well; **como vão as coisas?** how are things going?; **vou muito bem** I'm very well; (*na escola etc*) I'm getting on very well

♦ *vb aux* **1** (+ *infin*): **vou fazer** I will do, I am going to do

2 (+ *gerúndio*): ~ **fazendo** to keep on doing

♦ ~**-se** *vr* to go away, leave

---

ira ['ira] *f* anger, rage

Irã [i'rã] *m*: **o** ~ Iran

irado/a [i'radu/a] *adj* angry, irate

iraniano/a [ira'njanu/a] *adj, m/f* Iranian

Irão [i'rãw] (*PT*) *m* = **Irã**

Iraque [i'raki] *m*: **o** ~ Iraq; **iraquiano/a** [ira'kjanu/a] *adj, m/f* Iraqi

irascível [ira'sivew] (*pl* –**eis**) *adj* irritable, short-tempered

ir-e-vir (*pl* **ires-e-vires**) *m* comings and goings *pl*

íris ['iriʃ] f inv iris

Irlanda [ix'lãda] f: a ~ Ireland; a ~ do Norte Northern Ireland; **irlandês/esa** [ixlã'deʃ/eza] adj Irish ♦ m/f Irishman/woman ♦ m (LING) Irish

irmã [ix'mã] f sister; ~ de criação adoptive sister; ~ gêmea twin sister

irmandade [ixmã'dadʒi] f brotherhood; (confraternidade) fraternity

irmão [ix'mãw] (pl ~s) m brother; (fig: similar) twin; (col: companheiro) mate; ~ de criação adoptive brother; ~ gêmeo twin brother

ironia [iro'nia] f irony

irra! ['ixa] (PT) excl damn!

irracional [ixasjo'naw] (pl -ais) adj irrational

irradiar [ixa'dʒjaʰ] vt (luz) to radiate; (espalhar) to spread; (RADIO) to broadcast, transmit; (simpatia) to exude

irreal [ixe'aw] (pl -ais) adj unreal

irreconciliável [ixekõsi'ljavew] (pl -eis) adj irreconcilable

irregular [ixegu'laʰ] adj irregular; (vida) unconventional; (feições) unusual; (aluno, gênio) erratic

irrelevante [ixele'vãtʃi] adj irrelevant

irremediável [ixeme'dʒjavew] (pl -eis) adj irremediable; (sem remédio) incurable

irreprimível [ixepri'mivew] (pl -eis) adj irrepressible

irrequieto/a [ixe'kjetu/a] adj restless

irresistível [ixeziʃ'tʃivew] (pl -eis) adj irresistible

irresoluto/a [ixezo'lutu/a] adj (pessoa) irresolute, indecisive; (problema) unresolved

irresponsável [ixeʃpõ'savew] (pl -eis) adj irresponsible

irrigação [ixiga'sãw] f irrigation

irrigar [ixi'gaʰ] vt to irrigate

irrisório/a [ixi'zorju/a] adj derisory

irritação [ixita'sãw] (pl -ões) f irritation

irritadiço/a [ixita'dʒisu/a] adj irritable

irritante [ixi'tãtʃi] adj irritating, annoying

irritar [ixi'taʰ] vt to irritate; ~-se vr to get angry, get annoyed

irromper [ixõ'peʰ] vi (entrar subitamente): ~ (em) to burst in(to)

isca ['iʃka] f (PESCA) bait; (fig) lure, bait

isenção [izẽ'sãw] (pl -ões) f exemption

isentar [izẽ'taʰ] vt to exempt; (livrar) to free

isento/a [i'zẽtu/a] adj exempt; (livre) free; ~ de taxas duty-free

Islã [iʒ'lã] m Islam; **islâmico/a** [iʒ'lamiku/a] adj Islamic

Islândia [iʒ'lãdʒa] f: a ~ Iceland

isolado/a [izo'ladu/a] adj isolated; (solitário) lonely

isolamento [izola'mẽtu] m isolation; (ELET) insulation

isolar [izo'laʰ] vt to isolate; (ELET) to insulate

isopor [izo'poʰ] ® m polystyrene

isqueiro [iʃ'kejru] m (cigarette) lighter

Israel [iʒxa'ɛw] m Israel; **israelense** [iʒxae'lẽsi] adj, m/f Israeli

isso ['isu] pron that; (col: isto) this; ~ mesmo exactly; por ~ therefore, so; por ~ mesmo for that very reason; só ~? is that all?

istmo ['iʃtʃimu] m isthmus

isto ['iʃtu] pron this; ~ é that is, namely

Itália [i'talja] f: a ~ Italy; **italiano/a** [ita'ljanu/a] adj, m/f Italian ♦ m (LING) Italian

itálico [i'taliku] m italics pl

item ['itẽ] (pl -ns) m item

itinerário [itʃine'rarju] m itinerary; (caminho) route

Iugoslávia [jugoʒ'lavja] f: a ~ Yugoslavia; **iugoslavo/a** [jugoʒ'lavu/a] adj, m/f Yugoslav(ian)

J

já [ʒa] *adv* already; (*em perguntas*) yet; (*agora*) now; (*imediatamente*) right away; (*agora mesmo*) right now ♦ *conj* on the other hand; até ~ bye; desde ~ from now on; ~ não no longer; ~ que as, since; ~ se vê of course; ~ vou I'm coming; ~ até even; ~, ~ right away

jabuti [ʒabu'tʃi] *m* giant tortoise

jabuticaba [ʒabutʃi'kaba] *f* jaboticaba (*type of berry*)

jaca [ʒaka] *f* jack fruit

jacaré [ʒaka'rɛ] (*BR*) *m* alligator

jacto [ʒaktu] (*PT*) *m* = **jato**

jaguar [ʒa'gwa] *m* jaguar

jaguatirica [ʒagwatʃi'rika] *f* leopard cat

Jamaica [ʒa'majka] *f*: a ~ Jamaica

jamais [ʒa'majʃ] *adv* never; (*com palavra negativa*) ever

jamanta [ʒa'máta] *f* juggernaut (*BRIT*), truck-trailer (*US*)

janeiro [ʒa'nejru] (*PT* J-) *m* January

janela [ʒa'nɛla] *f* window

jangada [ʒã'gada] *f* raft

jantar [ʒã'ta] *m* dinner ♦ *vt* to have for dinner ♦ *vi* to have dinner

Japão [ʒa'pãw] *m*: o ~ Japan; **japonês/esa** [ʒapo'neʃ/eza] *adj, m/f* Japanese ♦ *m* (*LING*) Japanese

jaqueta [ʒa'keta] *f* jacket

jararaca [ʒara'raka] *f* jararaca (*snake*)

jardim [ʒax'dʒĩ] (*pl* -**ns**) *m* garden; ~ **zoológico** zoo; ~-**de-infância** (*pl* **jardins-de-infância**) *m* kindergarten; **jardinagem** [ʒaxdʒi'naʒẽ] *f* gardening

jardineira [ʒaxdʒi'nejra] *f* (*caixa*) trough; (*calça*) dungarees *pl*; *V tb* **jardineiro**

jardineiro/a [ʒaxdʒi'nejru/a] *m/f* gardener

jardins [ʒax'dʒĩʃ] *mpl de* **jardim**

jargão [ʒax'gãw] *m* jargon

jarra [ʒaxa] *f* pot

jarro [ʒaxu] *m* jug

jasmim [ʒaʒ'mĩ] *m* jasmine

jato [ʒatu] *m* jet; (*de luz*) flash; (*de ar*) blast; **a** ~ at top speed

jaula [ʒawla] *f* cage

javali [ʒava'li] *m* wild boar

jazida [ʒa'zida] *f* deposit

jazigo [ʒa'zigu] *m* grave; (*monumento*) tomb

jazz [dʒɛz] *m* jazz

jeito [ʒejtu] *m* (*maneira*) way; (*aspecto*) appearance; (*habilidade*) skill, knack; (*modos pessoais*) manner; **ter** ~ **de** to look like; **não ter** ~ (*pessoa*) to be awkward; (*situação*) to be hopeless; **dar um** ~ **em** (*pé*) to twist; (*quarto, casa, papéis*) to tidy up; (*consertar*) to fix; **dar um** ~ to find a way; **o** ~ **é** ... the thing to do is ...; **é o** ~ it's the best way; **ao** ~ **de** in the style of; **com** ~ tactfully; **daquele** ~ (in) that way; (*col: em desordem, mal*) anyhow; **de qualquer** ~ anyway; **de** ~ **nenhum!** no way!

jeitoso/a [ʒej'tozu/ɔza] *adj* skilful (*BRIT*), skillful (*US*); (*apropriado*) suitable

jejuar [ʒe'ʒwa] *vi* to fast

jejum [ʒe'ʒũ] (*pl* -**ns**) *m* fast; **em** ~ fasting

jérsei [ʒɛxsej] *m* jersey

jesuíta [ʒe'zwita] *m* Jesuit

Jesus [ʒe'zuʃ] *m* Jesus ♦ *excl* heavens!

jibóia [ʒi'bɔja] *f* boa (constrictor)

jiló [ʒi'lɔ] *m* kind of vegetable

jingle [dʒĩgew] *m* jingle

jipe [ʒipi] *m* jeep ®

joalheiro/a [ʒoa'ʎejru/a] *m/f* jeweller (*BRIT*), jeweler (*US*); **joalheria** [ʒoaʎe'ria] *f* jeweller's (*shop*) (*BRIT*), jewelry store (*US*)

joanete [ʒwa'netʃi] *m* bunion

joaninha [ʒwa'niɲa] *f* ladybird (*BRIT*), ladybug (*US*)

joelho [ʒo'eʎu] *m* knee; **de** ~**s** kneeling; **ficar de** ~**s** to kneel down

jogada [ʒo'gada] *f* move; (*lanço*) throw; (*negócio*) scheme, move

jogador(a) [ʒoɡa'do*(a)] *m/f* player; (*de jogo de azar*) gambler

jogar [ʒo'ga*] *vt* to play; (*em jogo de azar*) to gamble; (*atirar*) to throw; (*indiretas*) to drop ♦ *vi* to play; to gamble; (*barco*) to pitch; ~ **fora** to throw away

jogging ['ʒɔɡĩŋ] *m* jogging; (*roupa*) track suit; **fazer** ~ to go jogging, jog

jogo ['ʒoɡu] *m* game; (*jogar*) play; (*de azar*) gambling; (*conjunto*) set; (*artimanha*) trick; **J~s Olímpicos** Olympic Games

jóia ['ʒɔja] *f* jewel

jóquei ['ʒɔkej] *m* jockey

Jordânia [ʒox'danja] *f*: **a** ~ Jordan; **Jordão** [ʒox'dãw] *m*: **o (rio) Jordão** the Jordan (River)

jornada [ʒox'nada] *f* journey; ~ **de trabalho** working day

jornal [ʒox'naw] (*pl* **-ais**) *m* newspaper; (*TV, RÁDIO*) news *sg*; **~eiro/a** [ʒoxna'lejru/a] *m/f* newsagent (*BRIT*), newsdealer (*US*)

jornalismo [ʒoxna'liʒmu] *m* journalism; **jornalista** [ʒoxna'liʃta] *m/f* journalist

jorrar [ʒo'xa*] *vi* to gush, spurt out

jovem ['ʒɔvẽ] (*pl* **-ns**) *adj* young ♦ *m/f* young person

jovial [ʒo'vjaw] (*pl* **-ais**) *adj* jovial, cheerful

Jr *abr* = **Júnior**

juba ['ʒuba] *f* (*de leão*) mane

jubileu [ʒubi'lew] *m* jubilee

júbilo ['ʒubilu] *m* rejoicing

judaico/a [ʒu'dajku/a] *adj* Jewish

judeu/judia [ʒu'dew/ʒu'dʒia] *adj* Jewish ♦ *m/f* Jew

judiação [ʒudʒia'sãw] *f* ill-treatment

judiar [ʒu'dʒja*] *vi*: ~ **de** to ill-treat

judicial [ʒudʒi'sjaw] (*pl* **-ais**) *adj* judicial

judiciário/a [ʒudʒi'sjarju/a] *adj* judicial; **o (poder)** ~ the judiciary

judicioso/a [ʒudʒi'sjozu/ɔza] *adj* judicious

judô [ʒu'do] *m* judo

juiz/íza [ʒwiʒ/'iza] *m/f* judge; (*em jogos*) referee; ~ **de paz** justice of the peace; ~**ado** [ʒwi'zado] *m* court

juízo ['ʒwizu] *m* judgement; (*parecer*) opinion; (*siso*) common sense; (*foro*) court; **perder o** ~ to lose one's mind; **não ter** ~ to be foolish; **tomar** *ou* **criar** ~ to come to one's senses; **chamar/levar a** ~ to summon/take to court; ~! behave yourself!

julgamento [ʒuwga'mẽtu] *m* judgement; (*audiência*) trial; (*sentença*) sentence

julgar [ʒuw'ga*] *vt* to judge; (*achar*) to think; (*JUR: sentenciar*) to sentence; ~**-se** *vr*: ~**-se algo** to consider o.s. sth, think of o.s. as sth

julho ['ʒuʎu] (*PT* **J-**) *m* July

jumento/a [ʒu'mẽtu/a] *m/f* donkey

junção [ʒũ'sãw] (*pl* **-ões**) *f* (*ato*) joining; (*junta*) join

junco ['ʒũku] *m* reed, rush

junções [ʒũ'sõjʃ] *fpl* de **junção**

junho ['ʒuɲu] (*PT* **J-**) *m* June

júnior ['ʒunjo*] (*pl* **juniores**) *adj* younger, junior ♦ *m/f* (*ESPORTE*) junior; **Eduardo Autran J~** Eduardo Autran Junior

junta ['ʒũta] *f* board, committee; (*POL*) junta; (*articulação, juntura*) joint

juntar [ʒũ'ta*] *vt* to join; (*reunir*) to bring together; (*aglomerar*) to gather together; (*recolher*) to collect up; (*acrescentar*) to add; (*dinheiro*) to save up ♦ *vi* to gather; ~**-se** *vr* to gather; (*associar-se*) to join up; ~**-se a alguém** to join sb

junto/a ['ʒũtu/a] *adj* joined; (*chegado*) near; **ir** ~ to go together; ~ **a/de** near/next to; **segue** ~ (*COM*) please find enclosed

jura ['ʒura] *f* vow

jurado/a [ʒu'radu/a] *adj* sworn ♦ *m/f* juror

juramento [ʒura'mẽtu] *m* oath

jurar [ʒu'ra*] *vt, vi* to swear; **jura? really?**

júri ['ʒuri] *m* jury

jurídico/a [ʒu'ridʒiku/a] *adj* legal

jurisdição [ʒuriʃdʒi'sãw] *f* jurisdiction

juros ['ʒuruʃ] *mpl* (*ECON*) interest *sg*; ~ **simples/compostos** simple/ compound interest

justamente [ʒuʃta'mẽtʃi] *adv* fairly, justly; (*precisamente*) exactly

justapor [ʒuʃta'po*] (*irreg*: *como* **pôr**) *vt* to juxtapose

justeza [ʒuʃ'teza] *f* fairness; (*precisão*) precision

justiça [ʒuʃ'tʃisa] *f* justice; (*poder judiciário*) judiciary; (*eqüidade*) fairness; (*tribunal*) court; **com** ~ justly, fairly; **ir à** ~ to go to court; **justiceiro/a** [ʒuʃtʃi'sejru/a] *adj* righteous; (*inflexível*) inflexible

justificação [ʒuʃtʃifika'sãw] (*pl* –**ões**) *f* justification

justificar [ʒuʃtʃifi'ka*] *vt* to justify

justo/a ['ʒuʃtu/a] *adj* just, fair; (*legítimo*: *queixa*) legitimate, justified; (*exato*) exact; (*apertado*) tight ♦ *adv* just

juvenil [ʒuve'niw] (*pl* –**is**) *adj* youthful; (*roupa*) young; (*livro*) for young people; (*ESPORTE*: *equipe*, *campeonato*) youth *atr*, junior

juventude [ʒuvẽ'tudʒi] *f* youth; (*jovialidade*) youthfulness; (*jovens*) young people *pl*, youth

K

kg *abr* (= *quilograma*) kg

kit ['kitʃi] (*pl* ~**s**) *m* kit

kitchenette [kitʃe'netʃi] *f* studio flat

km *abr* (= *quilômetro*) km

km/h *abr* (= *quilômetros por hora*) km/h

L

-la [la] *pron* her; (*você*) you; (*coisa*) it

lá [la] *adv* there ♦ *m* (*MÚS*) A; ~ **fora** outside; ~ **em baixo** down there; **por** ~ (*direção*) that way; (*situação*) over there; **até** ~ (*no espa-*

ço) there; (*no tempo*) until then

lã [lã] *f* wool

labareda [laba'reda] *f* flame; (*fig*) ardour (*BRIT*), ardor (*US*)

lábia ['labja] *f* (*astúcia*) cunning; **ter** ~ to have the gift of the gab

lábio ['labju] *m* lip

labirinto [labi'rĩtu] *m* labyrinth

laboratório [labora'tɔrju] *m* laboratory

laca ['laka] *f* lacquer

laçar [la'sa*] *vt* to bind, tie

laço ['lasu] *m* bow; (*de gravata*) knot; (*armadilha*) snare; (*fig*) bond, tie; **dar um** ~ to tie a bow

lacônico/a [la'koniku/a] *adj* laconic

lacrar [la'kra*] *vt* to seal (with wax); **lacre** ['lakri] *m* sealing wax

lacrimogêneo/a [lakrimo'ʒenju/a] *adj*: **gás** ~ tear gas

lácteo/a ['laktju/a] *adj* milk *atr*; **Via Láctea** Milky Way

lacuna [la'kuna] *f* gap; (*omissão*) omission; (*espaço em branco*) blank

ladeira [la'dejra] *f* slope

lado ['ladu] *m* side; (*MIL*) flank; (*rumo*) direction; **ao** ~ (*perto*) close by; **a casa ao** ~ the house next door; **ao** ~ **de** beside; **deixar de** ~ to set aside; (*fig*) to leave out; **de um** ~ **para outro** back and forth

ladra ['ladra] *f* thief, robber; (*picareta*) crook

ladrão/ona [la'drãw/ona] (*pl* –**ões**/ ~**s**) *adj* thieving ♦ *m/f* thief, robber; (*picareta*) crook

ladrilho [la'driʎu] *m* tile; (*chão*) tiled floor, tiles *pl*

ladrões [la'drõjʃ] *mpl de* **ladrão**

ladrona [la'drona] *f de* **ladrão**

lagarta [la'gaxta] *f* caterpillar

lagartixa [lagax'tʃiʃa] *f* gecko

lagarto [la'gaxtu] *m* lizard

lago ['lagu] *m* lake; (*de jardim*) pond

lagoa [la'goa] *f* pool, pond; (*lago*) lake

lagosta [la'goʃta] *f* lobster

lagostim [lagoʃ'tʃĩ] (*pl* –**ns**) *m* crayfish

lágrima ['lagrima] f tear

laguna [la'guna] f lagoon

laje ['laʒi] f paving stone, flagstone

lajota [la'ʒɔta] f paving stone

lama ['lama] f mud

lamaçal [lama'saw] (pl -ais) m quagmire; (pântano) bog, marsh

lamaceiro [lama'sejru] m = lamaçal

lamacento/a [lama'sẽtu/a] adj muddy

lamber [lã'be'] vt to lick; **lambida** [lã'bida] f: **dar uma lambida em algo** to lick sth

lambiscar [lãbiʃ'ka'] vt, vi to nibble

lambuzar [lãbu'za'] vt to smear

lamentar [lamẽ'ta'] vt to lament; (sentir) to regret; ~se vr: ~-se (de algo) to lament (sth); ~ (que) to be sorry (that); **lamentável** [lamẽ'tavew] (pl -eis) adj regrettable; (deplorável) deplorable; **lamento** [la'mẽtu] m lament; (gemido) moan

lâmina ['lamina] f (chapa) sheet; (placa) plate; (de faca) blade; (de persiana) slat; **laminar** [lami'na'] vt to laminate

lâmpada ['lãpada] f lamp; (tb: ~ elétrica) light bulb; ~ de mesa table lamp; **lamparina** [lãpa'rina] f lamp

lança ['lãsa] f lance, spear

lançamento [lãsa'mẽtu] m throwing; (de navio, produto, campanha) launch; (de disco, filme) release; (COM: em livro) entry

lançar [lã'sa'] vt to throw; (navio, produto, campanha) to launch; (disco, filme) to release; (COM: em livro) to enter; (em leilão) to bid

lance ['lãsi] m (arremesso) throw; (incidente) incident; (história) story; (situação) position; (fato) fact; (ESPORTE: jogada) shot; (em leilão) bid; (de escada) flight; (de casas) row; (episódio) moment; (de muro, estrada) stretch

lancha ['lãʃa] f launch; ~ **torpedeira** torpedo boat

lanchar [lã'ʃa'] vi to have a snack ♦ vt to have as a snack; **lanche** ['lãʃi]

m snack

lanchonete [lãʃo'netʃi] (BR) f snack bar

languidez [lãgi'deʒ] f languor, listlessness

lânguido/a ['lãgidu/a] adj languid, listless

lanterna [lã'texna] f lantern; (portátil) torch (BRIT), flashlight (US)

lapela [la'pɛla] f lapel

lapidar [lapi'da'] vt (jóias) to cut; (fig) to polish, refine ♦ adj (fig) masterful

lápide ['lapidʒi] f (tumular) tombstone; (comemorativa) memorial stone

lápis ['lapiʃ] m inv pencil; ~ **de cor** coloured (BRIT) ou colored (US) pencil, crayon; ~ **de olho** eyebrow pencil; **lapiseira** [lapi'zejra] f propelling (BRIT) ou mechanical (US) pencil; (caixa) pencil case

Lapônia [la'ponja] f: a ~ Lapland

lapso ['lapsu] m lapse; (de tempo) interval; (erro) slip

lar [la'] m home

laranja [la'rãʒa] adj inv orange ♦ f orange ♦ m (cor) orange; ~da [la-rã'ʒada] f orangeade; ~l [larã'ʒaw] (pl -ais) m orange grove; **laranjeira** [larã'ʒejra] f orange tree

lareira [la'rejra] f hearth, fireside

larga ['laxga] f: à ~ lavishly; **dar ~s a** to give free rein to; **viver à ~** to lead a lavish life

largada [lax'gada] f start; **dar a ~** to start; (fig) to make a start

largar [lax'ga'] vt to let go of, release; (deixar) to leave; (deixar cair) to drop; (risada) to let out; (velas) to unfurl; (piada) to tell; (pôr em liberdade) to let go ♦ vi (NAUT) to set sail; ~**-se vr** (desprender-se) to free o.s.; (ir-se) to go off; (pôr-se) to proceed

largo/a ['laxgu/a] adj wide, broad; (amplo) extensive; (roupa) loose, baggy; (conversa) long ♦ m (praça) square; (alto-mar) open sea; **ao ~** at a distance, far off; **passar de ~**

sobre um assunto to gloss over a subject; **passar ao ~ de algo** (*fig*) to sidestep sth; **largura** [lax'gura] *f* width, breadth

laringe [la'rīʒi] *f* larynx; **laringite** [larĩ'ʒitʃi] *f* laryngitis

larva ['laxva] *f* larva, grub

lasanha [la'zaɲa] *f* lasagna

lasca ['laʃka] *f* (*de madeira, metal*) splinter; (*de pedra*) chip; (*fatia*) slice

laser ['lejze*] *m* laser; **raio ~ laser** beam

lástima ['laʃtʃima] *f* pity, compassion; (*infortúnio*) misfortune; **é uma ~ (que)** it's a shame (that); **lastimar** [laʃtʃi'ma*] *vt* to lament; **lastimar-se** *vr* to complain, be sorry for o.s.

lata ['lata] *f* tin (*BRIT*), can; (*material*) tin-plate; **~ de lixo rubbish bin** (*BRIT*), garbage can (*US*); **~ velha** (*col: carro*) old banger (*BRIT*) ou clunker (*US*)

latão [la'tãw] *m* brass

lataria [lata'ria] *f* (*AUTO*) bodywork; (*enlatados*) canned food

latejar [late'ʒa*] *vi* to throb; **latejo** [la'teʒu] *m* throbbing, beat

latente [la'tẽtʃi] *adj* latent

lateral [late'raw] (*pl* **-ais**) *adj* side, lateral ♦ *f* (*FUTEBOL*) sideline ♦ *m* (*FUTEBOL*) throw-in

latido [la'tʃidu] *m* bark(ing), yelp(ing)

latifundiário/a [latʃifũ'dʒarju/a] *m/f* landowner

latifúndio [latʃi'fũdʒju] *m* large estate

latim [la'tʃĩ] *m* (*LING*) Latin; **gastar o seu ~** to waste one's breath

latino/a [la'tʃinu/a] *adj* Latin; **~americano/a** *adj*, *m/f* Latin-American

latir [la'tʃi*] *vi* to bark, yelp

latitude [latʃi'tudʒi] *f* latitude; (*largura*) breadth; (*fig*) scope

latrocínio [latro'sinju] *m* armed robbery

laudo ['lawdu] *m* (*JUR*) decision;

(*resultados*) findings *pl*; (*peça escrita*) report

lava ['lava] *f* lava

lavabo [la'vabu] *m* toilet

lavadeira [lava'dejra] *f* washerwoman

lavadora [lava'dora] *f* washing machine

lavagem [la'vaʒẽ] *f* washing; **~ a seco dry cleaning; ~ cerebral** brainwashing

lavanda [la'vãda] *f* (*BOT*) lavender; (*colónia*) lavender water; (*para lavar os dedos*) fingerbowl

lavanderia [lavãde'ria] *f* laundry; (*aposento*) laundry room

lavar [la'va*] *vt* to wash; (*culpa*) to wash away; **~ a seco** to dry clean

lavatório [lava'tɔrju] *m* washbasin; (*aposento*) toilet

lavoura [la'vora] *f* tilling; (*agricultura*) farming; (*terreno*) plantation

lavra ['lavra] *f* ploughing (*BRIT*), plowing (*US*); (*de minerais*) mining; (*mina*) mine; **ser da ~ de** to be the work of

lavradio [lavra'dʒiu] *m* farming

lavrador(a) [lavra'do*(a)] *m/f* farmhand

laxativo/a [laʃa'tʃivu/a] *adj* laxative ♦ *m* laxative

lazer [la'ze*] *m* leisure

leal [le'aw] (*pl* **-ais**) *adj* loyal; **~dade** [leaw'dadʒi] *f* loyalty

leão [le'ãw] (*pl* **-ões**) *m* lion; **L~** (*ASTROLOGIA*) Leo

lebre ['lɛbri] *f* hare

lecionar [lesjo'na*] (*PT* **-cc-**) *vt*, *vi* to teach

lectivo/a [lɛk'tivu/a] (*PT*) *adj* = **letivo**

legal [le'gaw] (*pl* **-ais**) *adj* legal, lawful; (*col*) fine; (*: pessoa*) nice ♦ *adv* (*col*) well; (**tá**) **~!** OK!; **~idade** [legali'dadʒi] *f* legality, lawfulness; **~izar** [legali'za*] *vt* to legalize; (*documento*) to authenticate

legenda [le'ʒẽda] *f* inscription; (*texto explicativo*) caption; (*CINEMA*) subtitle; **legendário/a** [leʒẽ'darju/a] *adj* legendary

legião [le'ʒjãw] (*pl* –ões) *f* legion

legislação [leʒizla'sãw] *f* legislation

legislar [leʒiz'laˣ] *vi* to legislate ♦ *vt* to pass

legislativo/a [leʒizla'tʃivu/a] *adj* legislative ♦ *m* legislature

legislatura [leʒizla'tura] *f* legislature; (*período*) term of office

legitimar [leʒitʃi'maˣ] *vt* to legitimize; (*justificar*) to legitimate

legítimo/a [le'ʒitʃimu/a] *adj* legitimate; (*justo*) rightful; (*autêntico*) genuine; **legítima defesa** self-defence (*BRIT*), self-defense (*US*)

legível [le'ʒivew] (*pl* –**eis**) *adj* legible

légua [ˈlɛgwa] *f* league

legume [le'gumi] *m* vegetable

lei [lej] *f* law; (*regra*) rule; (*metal*) standard

leigo/a [ˈlejgu/a] *adj* (*REL*) lay, secular ♦ *m* layman; **ser ~ em algo** (*fig*) to be no expert at sth, be unversed in sth

leilão [lej'lãw] (*pl* –ões) *m* auction; **vender em ~** to sell by auction, auction off; **leiloar** [lej'lwaˣ] *vt* to auction; **leiloeiro/a** [lej'lwejru/a] *m/f* auctioneer

leio *etc* [ˈleju] *vb* V **ler**

leitão/toa [lej'tãw/'toa] (*pl* –ões/–oas) *m/f* sucking (*BRIT*) *ou* suckling (*US*) pig

leite [ˈlejtʃi] *m* milk; **~ em pó** powdered milk; **~ desnatado** *ou* **magro** skimmed milk; **~ de magnésia** milk of magnesia; **~ira** [lej'tejra] *f* (*para ferver*) milk pan; (*para servir*) milk jug; **~iro/a** [lej'tejru/a] *adj* (*vaca, gado*) dairy ♦ *m/f* milkman/woman; **~ria** [lejteˈria] *f* dairy

leito [ˈlejtu] *m* bed

leitoa [lej'toa] *f de* **leitão**

leitões [lej'tõjʃ] *mpl de* **leitão**

leitor(a) [lej'to*ˣ(a)] *m/f* reader; (*professor*) lector

leitoso/a [lej'tozu/oza] *adj* milky

leitura [lej'tura] *f* reading; (*livro etc*) reading matter

lema [ˈlema] *m* motto; (*POL*) slogan

lembrança [lẽ'brãsa] *f* recollection, memory; (*presente*) souvenir; **~s** *fpl* (*recomendações*): **~s a sua mãe!** regards to your mother!

lembrar [lẽ'braˣ] *vt, vi* to remember; **~-se** *vr*: **~(-se) de** to remember; **~(-se) (de) que** to remember that; **~ algo a alguém, ~ alguém de algo** to remind sb of sth; **~ a alguém de que, ~ a alguém que** to remind sb that; **ele lembra meu irmão** he reminds me of my brother, he is like my brother; **lembrete** [lẽ'bretʃi] *m* reminder

leme [ˈlemi] *m* rudder; (*NÁUT*) helm; (*fig*) control

lenço [ˈlẽsu] *m* handkerchief; (*de pescoço*) scarf; (*de cabeça*) headscarf; **~ de papel** tissue

lençol [lẽ'sɔw] (*pl* –óis) *m* sheet; **estar em maus lençóis** to be in a fix

lenda [ˈlẽda] *f* legend; (*fig: mentira*) lie; **lendário/a** [lẽ'darju/a] *adj* legendary

lenha [ˈlena] *f* firewood; **~dor** [lena'doˣ] *m* woodcutter

lente [ˈlẽtʃi] *f* lens *sg*; **~ de aumento** magnifying glass; **~s de contato** contact lenses

lentidão [lẽtʃi'dãw] *f* slowness

lentilha [lẽ'tʃiʎa] *f* lentil

lento/a [ˈlẽtu/a] *adj* slow

leoa [le'oa] *f* lioness

leões [le'õjʃ] *mpl de* **leão**

leopardo [ljo'paxdu] *m* leopard

lépido/a [ˈlɛpidu/a] *adj* (*alegre*) sprightly, bright; (*ágil*) nimble, agile

lepra [ˈlɛpra] *f* leprosy; **leproso/a** [le'prozu/ɔza] *adj* leprous ♦ *m/f* leper

leque [ˈlɛki] *m* fan; (*fig*) array

ler [leˣ] *vt, vi* to read

lerdo/a [ˈlɛxdu/a] *adj* slow, sluggish

lesão [le'zãw] (*pl* –ões) *f* harm, injury; (*JUR*) violation; (*MED*) lesion; **~ corporal** (*JUR*) bodily harm

lesar [le'zaˣ] *vt* to harm, damage; (*direitos*) to violate

lésbica [ˈlɛʒbika] *f* lesbian

lesma [ˈleʒma] *f* slug; (*fig: pessoa*) slowcoach

lesões [le'zõjʃ] *fpl de* lesão
lesse *etc* ['lɛsi] *vb* V **ler**
leste ['lɛʃtʃi] *m* east
letal [le'taw] (*pl* **-ais**) *adj* lethal
letargia [letax'ʒia] *f* lethargy
letárgico/a [le'taxʒiku/a] *adj* lethargic
letivo/a [le'tʃivu/a] *adj* school atr; **ano ~** academic year
letra ['letra] *f* letter; (*caligrafia*) handwriting; (*de canção*) lyrics *pl*; **L~s** *fpl* (*curso*) language and literature; **à ~** literally; **ao pé da ~** literally, word for word; **~ de câmbio** (*COM*) bill of exchange; **~ de imprensa** print; **~do/a** [le'tradu/a] *adj* learned, erudite ♦ *m/f* scholar; **letreiro** [le'trejru] *m* sign, notice; (*inscrição*) inscription; (*CINEMA*) subtitle
leu *etc* [lew] *vb* V **ler**
léu [lɛw] *m*: **ao ~** (*à toa*) aimlessly; (*à mostra*) uncovered
leucemia [lewse'mia] *f* leukaemia (*BRIT*), leukemia (*US*)
levado/a [le'vadu/a] *adj* mischievous; (*criança*) naughty
levantador(a) [levãta'do*(a)] *adj* lifting ♦ *m/f*: **~ de pesos** weightlifter
levantamento [levãta'mẽtu] *m* lifting, raising; (*revolta*) uprising, rebellion; (*arrolamento*) survey
levantar [levã'ta*] *vt* to lift, raise; (*voz, capital*) to raise; (*apanhar*) to pick up; (*suscitar*) to arouse; (*ambiente*) to brighten up ♦ *vi* to stand up; (*da cama*) to get up; (*dar vida*) to brighten; **~-se** *vr* to stand up; (*da cama*) to get up; (*rebelar-se*) to rebel
levar [le'va*] *vt* to take; (*portar*) to carry; (*tempo*) to pass, spend; (*roupa*) to wear; (*lidar com*) to handle; (*induzir*) to lead; (*filme*) to show; (*peça teatral*) to do, put on; (*vida*) to lead ♦ *vi* to get a beating; **~ a** to lead to; **~ a mal** to take amiss
leve ['lɛvi] *adj* light; (*insignificante*) slight; **de ~** lightly, softly
levedo [le'vedu] *m* yeast

levedura [leve'dura] *f* = **levedo**
leviandade [levjã'dadʒi] *f* frivolity
leviano/a [le'vjanu/a] *adj* frivolous
lha(s) [ʎa(ʃ)] = **lhe + a(s)**
lhama ['ʎama] *m* llama
lhe [ʎi] *pron* (*a ele*) to him; (*a ela*) to her; (*a você*) to you
lhes [ʎiʃ] *pron pl* (*a eles/elas*) to them; (*a vocês*) to you
lho(s) [ʎu(ʃ)] = **lhe + o(s)**
li *etc* [li] *vb* V **ler**
Líbano ['libanu] *m*: **o ~** (the) Lebanon
libelo [li'bɛlu] *m* satire, lampoon; (*JUR*) formal indictment
libélula [li'bɛlula] *f* dragonfly
liberação [libera'sãw] *f* liberation
liberal [libe'raw] (*pl* **-ais**) *adj, m/f* liberal
liberar [libe'ra*] *vt* to release; (*libertar*) to free
liberdade [libex'dadʒi] *f* freedom; **~s** *fpl* (*direitos*) liberties; **pôr alguém em ~** to set sb free; **~ condicional** probation; **~ de palavra** freedom of speech; **~ sob palavra** parole
libertação [libexta'sãw] *f* release
libertar [libex'ta*] *vt* to free, release
libertino/a [libex'tʃinu/a] *adj* loose-living ♦ *m/f* libertine
liberto/a [li'bɛxtu/a] *pp de* **libertar**
Líbia ['libja] *f*: **a ~** Libya; **líbio/a** ['libju/a] *adj, m/f* Libyan
libidinoso/a [libidʒi'nozu/ɔza] *adj* lecherous, lustful
libra ['libra] *f* pound; **L~** (*ASTROLOGIA*) Libra
libreto [li'bretu] *m* libretto
lição [li'sãw] (*pl* **-ões**) *f* lesson
licença [li'sẽsa] *f* licence (*BRIT*), license (*US*); (*permissão*) permission; (*do trabalho, MIL*) leave; **com ~** excuse me; **estar de ~** to be on leave; **dá ~?** may I?
licenciado/a [lisẽ'sjadu/a] *m/f* graduate
licenciar [lisẽ'sja*] *vt* to license; **~-se** *vr* (*EDUC*) to graduate; (*ficar de licença*) to take leave; **licenciatura**

[lisèsja'tura] *f* (*título*) degree; (*curso*) degree course

liceu [li'sew] (*PT*) *m* secondary (*BRIT*) *ou* high (*US*) school

lições [li'sõjʃ] *fpl de* **lição**

licor [li'ko*ʀ*] *m* liqueur

lidar [li'da*ʀ*] *vi*: ~ **com** (*ocupar-se*) to deal with; (*combater*) to struggle against; ~ **em algo** to work in sth

líder ['lide*ʀ*] *m/f* leader; **liderança** [lide'rãsa] *f* leadership; (*ESPORTE*) lead; **liderar** [lide'ra*ʀ*] *vt* to lead

liga ['liga] *f* league; (*de meias*) suspender (*BRIT*), garter (*US*); (*metal*) alloy

ligação [liga'sãw] (*pl* –ões) *f* connection; (*fig: de amizade*) bond; (*TEL*) call; (*relação amorosa*) liaison; fazer uma ~ **para alguém** to call sb; não consigo completar a ~ (*TEL*) I can't get through; caiu a ~ (*TEL*) I (*ou* he *etc*) was cut off

ligada [li'gada] *f* (*TEL*) ring, call; **dar uma** ~ **para alguém** (*col*) to give sb a ring

ligado/a [li'gadu/a] *adj* (*TEC*) connected; (*luz, rádio etc*) on; (*metal*) alloy

ligadura [liga'dura] *f* bandage

ligamento [liga'mētu] *m* ligament

ligar [li'ga*ʀ*] *vt* to tie, bind; (*unir*) to join, connect; (*luz, TV*) to switch on; (*afetivamente*) to bind together; (*carro*) to start (up) ♦ *vi* (*telefonar*) to ring; ~**se a** to join; ~**se com alguém** to join with sb; ~**se a algo** to be connected with sth; ~ **para alguém** to ring sb up; ~ **para a algo** (*dar atenção*) to take notice of sth; (*dar importância*) to care about sth; **eu nem ligo** it doesn't bother me; **não ligo a mínima (para)** I couldn't care less (about)

ligeireza [liʒej'reza] *f* lightness; (*rapidez*) swiftness; (*agilidade*) nimbleness

ligeiro/a [li'ʒejru/a] *adj* light; (*ferimento*) slight; (*referência*) passing; (*conhecimentos*) scant; (*rápido*) quick, swift; (*ágil*) nimble ♦ *adv*

swiftly, nimbly

lilás [li'laʃ] *adj, m* lilac

lima ['lima] *f* (*laranja*) type of (*very sweet*) orange; (*ferramenta*) file; ~ **de unhas** nailfile

limão [li'mãw] (*pl* –ões) *m* lime; ~(-**galego**) (*pl* -es(-galegos)) *m* lemon

limbo ['libu] *m*: **estar no** ~ to be in limbo

limiar [li'mja*ʀ*] *m* threshold

limitação [limita'sãw] (*pl* –ões) *f* limitation, restriction

limitar [limi'ta*ʀ*] *vt* to limit, restrict; ~**se a** *vr*: ~**se a** to limit o.s. to; ~**se com** to border on; **limite** [li'mitʃi] *m* limit, boundary; (*fig*) limit; **passar dos limites** to go too far

limo ['limu] *m* (*BOT*) water weed; (*lodo*) slime

limoeiro [li'mwejru] *m* lemon tree

limões [li'mõjʃ] *mpl de* **limão**

limonada [limo'nada] *f* lemonade (*BRIT*), lemon soda (*US*)

limpador [lipa'do*ʀ*] *m*: ~ **de pára-brisas** windscreen wiper (*BRIT*), windshield wiper (*US*)

limpar [li'pa*ʀ*] *vt* to clean; (*lágrimas, suor*) to wipe away; (*polir*) to shine, polish; (*fig*) to clean up; (*roubar*) to rob

limpeza [li'peza] *f* cleanliness; (*esmero*) neatness; (*ato*) cleaning; ~ **pública** rubbish (*BRIT*) *ou* garbage (*US*) collection, sanitation

limpo/a ['lipu/a] *pp de* **limpar** ♦ *adj* clean; (*céu, consciência*) clear; (*COM*) net; (*fig*) pure; (*col: pronto*) ready; **passar a** ~ to make a fair copy; **tirar a** ~ to find out the truth about, clear up; **estar** ~ **com alguém** (*col*) to be in with sb

lince ['lĩsi] *m* lynx

linchar [li'ʃa*ʀ*] *vt* to lynch

lindo/a ['lidu/a] *adj* lovely

lingerie [liʒe'ri] *m* lingerie

lingote [li'gotʃi] *m* ingot

língua ['ligwa] *f* tongue; (*linguagem*) language; **botar a** ~ **para fora** to stick out one's tongue; **dar com a** ~ **nos dentes** to let the cat out of the bag; **estar na ponta da ~** to be on the tip of one's tongue

linguado [liˈgwadu] m (peixe) sole

linguagem [liˈgwaʒẽ] (pl **-ns**) f (tb: COMPUT) language; (falada) speech; **~ de máquina** (COMPUT) machine language

linguarudo/a [lĩgwaˈrudu/a] adj gossiping ♦ m/f gossip

lingüeta [liˈgweta] f (fechadura) bolt

lingüiça [lĩˈgwisa] f sausage

lingüista [lĩˈgwiʃta] m/f linguist; **lingüística** [lĩˈgwiʃtʃika] f linguistics sg

linha [ˈliɲa] f line; (para costura) thread; (barbante) string, cord; **~s** fpl (carta) letter sg; **em ~** in line, in a row; (COMPUT) on line; **fora de ~** (COMPUT) off line; **manter/perder a ~** to keep/lose one's cool; **o telefone não deu ~** the line was dead; **~ aérea** airline; **~ de mira** sights pl; **~ de montagem** assembly line; **~ férrea** railway (BRIT), railroad (US)

linho [ˈliɲu] m linen; (planta) flax

linóleo [liˈnɔlju] m linoleum

liquidação [likidaˈsãw] (pl **-ões**) f liquidation; (em loja) (clearance) sale; (de conta) settlement; **em ~** on sale

liquidar [likiˈda¹] vt to liquidate; (conta) to settle; (mercadoria) to sell off; (assunto) to lay to rest ♦ vi (loja) to have a sale; **~-se** vr (destruir-se) to be destroyed; (com) alguém (fig: arrasar) to destroy sb; (: matar) to do away with sb

liqüidificador [likwidʒifikaˈdo¹] m liquidizer

líquido/a [ˈlikidu/a] adj liquid, fluid; (COM) net ♦ m liquid

lira [ˈlira] f lyre; (moeda) lira

lírica [ˈlirika] f (MUS) lyrics pl; (poesia) lyric poetry

lírico/a [ˈliriku/a] adj lyric(al)

lírio [ˈlirju] m lily

Lisboa [liʒˈboa] n Lisbon; **lisboeta** [liʒˈbweta] adj Lisbon atr ♦ m/f inhabitant ou native of Lisbon

liso/a [ˈlizu/a] adj smooth; (tecido) plain; (cabelo) straight; (col: sem dinheiro) broke

lisonja [liˈzõʒa] f flattery; **lisonjear** [lizõˈʒja¹] vt to flatter; **lisonjeiro/a** [lizõˈʒejru/a] adj flattering

lista [ˈliʃta] f list; (listra) stripe; (PT: menu) menu; **~ negra** blacklist; **~ telefônica** telephone directory; **~do/a** [liˈʃtadu/a] adj striped; **~r** [liˈʃta¹] vt (COMPUT) to list

listra [ˈliʃtra] f stripe; **~do/a** [liʃˈtradu/a] adj striped

literal [liteˈraw] (pl **-ais**) adj literal

literário/a [liteˈrarju/a] adj literary

literatura [literaˈtura] f literature

litígio [liˈtʃiʒju] m (JUR) lawsuit; (contenda) dispute

litoral [litoˈraw] (pl **-ais**) adj coastal ♦ m coast, seaboard

litro [ˈlitru] m litre (BRIT), liter (US)

lívido/a [ˈlividu/a] adj livid

livrar [liˈvra¹] vt to release, liberate; (salvar) to save; **~-se** vr to escape; **~-se de** to get rid of; (compromisso) to get out of; **Deus me livre!** Heaven forbid!

livraria [livraˈria] f bookshop (BRIT), bookstore (US)

livre [ˈlivri] adj free; (lugar) unoccupied; (desimpedido) clear, open; **~ de impostos** tax-free; **~ -arbítrio** m free will

livreiro/a [livˈrejru/a] m/f bookseller

livro [ˈlivru] m book; **~ brochado** paperback; **~ de bolso** pocket-sized book; **~ de cheques** cheque book (BRIT), check book (US); **~ de consulta** reference book; **~ encadernado** ou **de capa dura** hardback

lixa [ˈliʃa] f sandpaper; (de unhas) nailfile; (peixe) dogfish; **~r** [liˈʃa¹] vt to sand

lixeira [liˈʃejra] f dustbin (BRIT), garbage can (US)

lixeiro [liˈʃejru] m dustman (BRIT), garbage man (US)

lixo [ˈliʃu] m rubbish, garbage (US); **ser um ~** (col) to be rubbish; **~ atômico** nuclear waste

-lo [lu] *pron* him; (*você*) you; (*coisa*) it

lóbi [ˈlɔbi] *m* = lobby

lobo [ˈlobu] *m* wolf; **~-marinho** (*pl* **~s-marinhos**) *m* sea lion

lóbulo [ˈlɔbulu] *m* lobe

locação [loka'sãw] (*pl* –ões) *f* lease; (*de vídeo etc*) rental

locador(a) [loka'do*(a)] *m/f* (*de casa*) landlord; (*de carro, filme*) rental agent ♦ *f* rental company; **~a de vídeo** video rental shop

local [lo'kaw] (*pl* –ais) *adj* local ♦ *m* site, place ♦ *f* (*notícia*) story; **~idade** [lokali'dadʒi] *f* (*lugar*) locality; (*povoação*) town; **~ização** [lokaliza'sãw] (*pl* –ões) *f* location; **~izar** [lokali'za*] *vt* to locate; (*situar*) to place; **~izar-se** *vr* to be located; (*orientar-se*) to get one's bearings

loção [lo'sãw] (*pl* –ões) *f* lotion; **~ após-barba** aftershave (lotion)

locatário/a [loka'tarju/a] *m/f* (*de casa*) tenant; (*de carro, filme*) hirer

loções [lo'sõjʃ] *fpl de* loção

locomotiva [lokomo'tʃiva] *f* railway (*BRIT*) *ou* railroad (*US*) engine, locomotive

locomover-se [lokomo'vexsi] *vr* to move around

locução [loku'sãw] (*pl* –ões) *f* (*frase*) phrase; (*dicção*) diction

locutor(a) [loku'to*(a)] *m/f* (*TV, RÁDIO*) announcer

lodo [ˈlodu] *m* (*lama*) mud; (*limo*) slime; **~so/a** [lo'dozu/za] *adj* muddy; slimy

lógica [ˈlɔʒika] *f* logic; **lógico/a** [ˈlɔʒiku/a] *adj* logical; (**é**) *lógico!* of course!

logística [lo'ʒiʃtʃika] *f* logistics *sg*

logo [ˈlogu] *adv* (*imediatamente*) right away, at once; (*em breve*) soon; (*justamente*) just, right; (*mais tarde*) later; **~, ~** straightaway, without delay; **~ mais** later; **~ no começo** right at the start; **~ que, tão ~** as soon as; **até ~!** bye!; **~ antes/depois** just before/shortly afterwards; **~ de saída** *ou* **de cara** straightaway, right away

logopedista [logope'dʒiʃta] *m/f* speech therapist

logotipo [logo'tʃipu] *m* logo

logradouro [logra'doru] *m* public area

lograr [lo'gra*] *vt* (*alcançar*) to achieve; (*obter*) to get, obtain; (*enganar*) to cheat; **~ fazer** to manage to do

logro [ˈlogru] *m* fraud

loiro/a [ˈlojru/a] *adj* = **louro/a**

loja [ˈlɔʒa] *f* shop; **lojista** [lo'ʒiʃta] *m/f* shopkeeper

lombada [lõ'bada] *f* (*de animal*) back; (*de livro*) spine; (*na estrada*) ramp

lombar [lõ'ba*] *adj* lumbar

lombo [ˈlõbu] *m* back; (*carne*) loin

lombriga [lõ'briga] *f* ringworm

lona [ˈlona] *f* canvas

Londres [ˈlõdriʃ] *n* London; **londrino/a** [lõ'drinu/a] *adj* London *atr* ♦ *m/f* Londoner

longa-metragem (*pl* **longas-metragens**) *m*: (**filme de** ~) feature (film)

longe [ˈlõʒi] *adv* far, far away ♦ *adj* distant; **ao ~** in the distance; **de ~** from far away; (*sem dúvida*) by a long way; **~ de** a long way *ou* far from; **~ disso** far from it; **ir ~ demais** (*fig*) to go too far

longínquo/a [lõ'ʒĩkwu/a] *adj* distant, remote

longitude [lõʒi'tudʒi] *f* (*GEO*) longitude

longo/a [ˈlõgu/a] *adj* long ♦ *m* (*vestido*) long dress, evening dress; **ao ~ de** along, alongside

lontra [ˈlõtra] *f* otter

loquaz [lo'kwajʃ] *adj* talkative

losango [lo'zãgu] *m* lozenge, diamond

lotação [lota'sãw] *f* capacity; (*de funcionários*) complement; (*BR: ônibus*) bus; **~ completa** *ou* **esgotada** (*TEATRO*) sold out

lotado/a [lo'tadu/a] *adj* (*TEATRO*) full; (*ônibus*) full up; (*bar, praia*) packed, crowded

lotar [lo'ta*] vt to fill, pack; (funcionário) to place ♦ vi to fill up

lote ['lɔtʃi] m portion, share; (em leilão) lot; (terreno) plot; (de ações) parcel, batch

loteria [lote'ria] f lottery; (~ esportiva football pools pl (BRIT), lottery (US)

louça ['losa] f china; (conjunto) crockery; (tb: ~ sanitária) bathroom suite; de ~ china atr; (de barro earthenware; (de jantar dinner service; lavar a ~ to do the washing up (BRIT) ou the dishes

louco/a ['loku/a] adj crazy, mad; (sucesso) runaway; (frio) freezing ♦ m/f lunatic; ~ varrido raving mad; ~ de fome/raiva ravenous/hopping mad; ~ por crazy about; deixar alguém ~ to drive sb crazy; loucura [lo'kura] f madness; (ato) crazy thing; ser loucura (fazer) to be crazy (to do); ser uma loucura to be crazy; (col: ser muito bom) to be fantastic

louro/a ['loru/a] adj blond, fair ♦ m laurel; (CULIN) bay leaf; (papagaio) parrot; ~s mpl (fig) laurels

louva-a-deus ['lova-] m inv praying mantis

louvar [lo'va*] vt to praise ♦ vi: ~ a to praise; **louvável** [lo'vavew] (pl -eis) adj praiseworthy

louvor [lo'vo*] m praise

LP abr m LP

Ltda. abr (= Limitada) Ltd (BRIT), Inc. (US)

lua ['lua] f moon; estar ou viver no mundo da ~ to have one's head in the clouds; estar de ~ (col) to be in a mood; ser de ~ (col) to be moody; ~cheia/nova full/new moon; ~-de-mel (f) honeymoon

luar ['lwa*] m moonlight

lubrificante [lubrifi'kãtʃi] m lubricant

lubrificar [lubrifi'ka*] vt to lubricate

lúcido/a ['lusidu/a] adj lucid

lúcio ['lusju] m (peixe) pike

lucrar [lu'kra*] vt (tirar proveito) to profit from ou by; (dinheiro) to make; (gozar) to enjoy ♦ vi to make a profit; ~ com ou em to profit by

lucrativo/a [lukra'tʃivu/a] adj lucrative, profitable

lucro ['lukru] m gain; (COM) profit; ~s e perdas (COM) profit and loss

lúdico/a ['ludʒiku/a] adj playful

lugar [lu'ga*] m place; (espaço) space, room; (para sentar) seat; (emprego) job; (ocasião) opportunity; em ~ de instead of; dar ~ a (causar) to give rise to; ~ comum commonplace; em primeiro ~ in the first place; em algum/nenhum/todo ~ somewhere/nowhere/everywhere; em outro ~ somewhere else, elsewhere; ter ~ (acontecer) to take place; ~ de nascimento place of birth; ~ejo [luga'reʒu] m village

lúgubre ['lugubri] adj mournful; (escuro) gloomy

lula ['lula] f squid

lume ['lumi] m fire; (luz) light

luminária [lumi'narja] f lamp; ~s fpl (iluminações) illuminations

luminosidade [luminozi'dadʒi] f brightness

luminoso/a [lumi'nozu/ɔza] adj luminous; (fig: raciocínio) clear; (: idéia, talento) brilliant; (letreiro) illuminated

lunar [lu'na*] adj lunar ♦ m (na pele) mole

lunático/a [lu'natʃiku/a] adj mad

luneta [lu'neta] f eye-glass; (telescópio) telescope

lúpulo ['lupulu] m (BOT) hop

lusitano/a [luzi'tanu/a] adj Portuguese, Lusitanian

luso/a ['luzu/a] adj Portuguese; ~-brasileiro/a (pl ~s-brasileiros/as) adj Luso-Brazilian

lustrar [luʃ'tra*] vt to polish, clean; **lustre** ['luʃtri] m gloss, sheen; (fig) lustre (BRIT), luster (US); (luminária) chandelier

luta ['luta] f fight, struggle; ~ de boxe boxing; ~ livre wrestling;

~dor(a) [luta'do*(a)] m/f fighter; (*atleta*) wrestler; **~r** [lu'ta*] vi to fight, struggle; (*luta livre*) to wrestle ♦ vt (*caratê, judô*) to do; **~r contra/por algo** to fight against/for sth; **~r para fazer algo** to fight ou struggle to do sth; **~r com** (*dificuldades*) to struggle against; (*competir*) to fight with

luto ['lutu] m mourning; (*tristeza*) grief; **de ~** in mourning; **pôr ~** to go into mourning

luva ['luva] f glove; **~s** fpl (*pagamento*) payment sg; (*ao locador*) fee sg

Luxemburgo [luʃẽ'buxgu] m: **o ~** Luxembourg

luxo ['luʃu] m luxury; **de ~** luxury atr; **dar-se ao ~ de** to allow o.s. to; **luxuoso/a** [lu'ʃwozu/ɔza] adj luxurious

luxúria [lu'ʃurja] f lust

luxuriante [luʃu'rjãtʃi] adj lush

luz [luʒ] f light; (*eletricidade*) electricity; **à ~ de** by the light of; (*fig*) in the light of; **a meia ~** with subdued lighting; **dar à ~ (um filho)** to give birth (to a son); **deu-me uma ~** I had an idea

luzir [lu'zi*] vi to shine, gleam; (*fig*) to be successful

M

ma [ma] pron = **me + a**

má [ma] f de **mau**

maca ['maka] f stretcher

maçã [ma'sã] f apple; **~ do rosto** cheekbone

macabro/a [ma'kabru/a] adj macabre

macacão [maka'kãw] (pl **-ões**) m (*de trabalhador*) overalls pl (BRIT), coveralls pl (US); (*da moda*) jumpsuit

macaco/a [ma'kaku/a] m/f monkey ♦ m (MECANICA) jack; (*fato*) ~ (PT) overalls pl (BRIT), coveralls pl (US); **~ velho** (*fig*) old hand

macacões [maka'kõjʃ] mpl de **macacão**

macadame [maka'dami] m asphalt, tarmac (BRIT)

maçador(a) [masa'do*(a)] (PT) adj boring

maçaneta [masa'neta] f knob

maçante [ma'sãtʃi] (BR) adj boring

maçarico [masa'riku] m blowpipe

maçaroca [masa'rɔka] f wad

macarrão [maka'xãw] m pasta; (*em forma de canudo*) spaghetti; **macarronada** [makaxo'nada] f pasta with cheese and tomato sauce

Macau [ma'kaw] n Macao

macete [ma'setʃi] m mallet

machado [ma'ʃadu] m axe (BRIT), ax (US)

machê [ma'ʃe] adj: **papel ~** papiermâché

machete [ma'ʃetʃi] m machete

machista [ma'ʃiʃta] adj chauvinistic, macho ♦ m male chauvinist

macho ['maʃu] adj male; (*fig*) virile, manly; (*valentão*) tough ♦ m male; (*TEC*) tap

machucado/a [maʃu'kadu/a] adj hurt; (*pé, braço*) bad ♦ m injury; (*área machucada*) sore patch

machucar [maʃu'ka*] vt to hurt; (*produzir contusão*) to bruise ♦ vi to hurt; **~-se** vr to hurt o.s.

maciço/a [ma'sisu/a] adj solid; (*espesso*) thick; (*quantidade*) massive

macieira [ma'sjejra] f apple tree

macilento/a [masi'lẽtu/a] adj gaunt, haggard

macio/a [ma'siu/a] adj soft; (*liso*) smooth

maço ['masu] m (*de folhas, notas*) bundle; (*de cigarros*) packet

maçom [ma'sõ] (pl **-ns**) m (free)mason

maconha [ma'kɔna] f dope; **cigarro de ~** joint

maçons [ma'sõʃ] mpl de **maçom**

má-criação (pl **-ões**) f rudeness; (*ato, dito*) rude thing

mácula ['makula] f stain, blemish

macumba [ma'kũba] f ≈ voodoo; (despacho) macumba offering; **macumbeiro/a** [makũ'bejru/a] adj ≈ voodoo atr ♦ m/f follower of macumba

madama [ma'dama] f = madame

madame [ma'dami] f (senhora) lady; (col: dona-de-casa) lady of the house

Madeira [ma'dejra] f: a ~ Madeira

madeira [ma'dejra] f wood ♦ m Madeira (wine); **de** ~ wooden; **bater na** ~ (fig) to touch (BRIT) ou knock on (US) wood; ~ **compensada** plywood

madeirense [madej'rẽsi] adj, m/f Madeiran

madeiro [ma'dejru] m (lenho) log; (viga) beam

madeixa [ma'dejʃa] f (de cabelo) lock

madrasta [ma'draʃta] f stepmother

madre ['madri] f nun; (superiora) mother superior

madrepérola [madre'pɛrola] f mother of pearl

madressilva [madre'siwva] f honeysuckle

Madri [ma'dri] n Madrid

Madrid [ma'drid] (PT) n Madrid

madrinha [ma'driɲa] f godmother

madrugada [madru'gada] f (early) morning; (alvorada) dawn, daybreak

madrugar [madru'ga'] vi to get up early; (aparecer cedo) to be early

madureza [madu'reza] f (de pessoa) maturity

maduro/a [ma'duru/a] adj ripe; (fig) mature; (: prudente) prudent

mãe [mãj] f mother; ~ **adotiva** ou **de criação** adoptive mother

mãe-benta (pl **mães-bentas**) f (CULIN) coconut cookie

maestro/trina [ma'ɛʃtru/'trina] m/f conductor

má-fé f malicious intent

máfia ['mafja] f mafia

magazine [maga'zini] m magazine; (loja) department store

magia [ma'ʒia] f magic

mágica ['maʒika] f magic; (truque) magic trick; V tb **mágico**

mágico/a ['maʒiku/a] adj magic ♦ m/f magician

magistério [maʒiʃ'tɛrju] m (ensino) teaching; (profissão) teaching profession; (professorado) teachers pl

magistrado [maʒiʃ'tradu] m magistrate

magnata [mag'nata] m magnate, tycoon

magnético/a [mag'nɛtʃiku/a] adj magnetic

magnífico/a [mag'nifiku/a] adj splendid, magnificent

magnitude [magni'tudʒi] f magnitude

mago ['magu] m magician; **os reis** ~**s** the Three Wise Men, the Three Kings

mágoa ['magwa] f (tristeza) sorrow, grief; (fig: desagrado) hurt

magoado/a [ma'gwadu/a] adj hurt

magoar [ma'gwa'] vt, vi to hurt; ~**se** vr: ~**-se com algo** to be hurt by sth

magro/a ['magru/a] adj (pessoa) slim; (carne) lean; (fig: parco) meagre (BRIT), meager (US); (leite) skimmed

maio ['maju] (PT M-) m May

maiô [ma'jo] (BR) m swimsuit

maionese [majo'nɛzi] f mayonnaise

maior [ma'jɔ'] adj (compar: de tamanho) bigger; (: de importância) greater; (superl: de tamanho) biggest; (: de importância) greatest ♦ m/f adult; ~ **de idade** of age, adult; ~ **de 21 anos** over 21; ~**ia** [majo'ria] f majority; **a ~ia de** most of; ~**ida-de** [majori'dadʒi] f adulthood

---

PALAVRA CHAVE

mais [majʃ] adv **1** (compar): ~ **magro/inteligente (do que)** thinner/more intelligent (than); **ele trabalha** ~ **(do que eu)** he works more (than I)

2 (superl): **o** ~ ... the most ...; **o** ~ **magro/inteligente** the thinnest/most intelligent

3 (*negativo*): ele não trabalha ~ aqui he doesn't work here any more; nunca ~ never again

4 (+ *adj*: *valor intensivo*): que livro ~ chato! what a boring book!

5: por ~ que however much; por ~ que se esforce ... no matter how hard you try ...; por ~ que eu quisesse ... much as I should like to ...

6: a ~: temos um a ~ we've got one extra

7 (*tempo*): ~ cedo ou ~ tarde sooner or later; a ~ tempo sooner; logo ~ later on; no ~ tardar at the latest

8 (*frases*): ~ ou menos more or less; ~ uma vez once more; cada vez ~ more and more; sem ~ nem menos out of the blue

♦ *adj* **1** (*compar*): ~ (do que) more (than); ele tem ~ dinheiro (do que o irmão) he's got more money (than his brother)

2 (*superl*): ele é quem tem ~ dinheiro he's got most money

3 (+ *números*): ela tem ~ de dez bolsas she's got more than ten bags

4 (*negativo*): não tenho ~ dinheiro I haven't got any more money

5 (*adicional*) else; ~ alguma coisa? anything else?; nada/ninguém ~ nothing/no-one else

♦ *prep:* 2 ~ 2 são 4 2 and 2 and 2 ou mais 2 are 4

♦ *m:* o ~ the rest

---

maisena [maj'zena] *f* cornflower

maiúscula [ma'juʃkula] *f* capital letter

majestade [maʒeʃ'tadʒi] *f* majesty; **majestoso/a** [maʒeʃ'tozu/ɔza] *adj* majestic

major [ma'ʒɔ³] *m* (*MIL*) major

majoritário/a [maʒori'tarju/a] *adj* majority *atr*

mal [maw] (*pl* ~es) *m* harm; (*MED*) illness ♦ *adv* badly; (*quase não*) hardly ♦ *conj* hardly; ~ desliguei o

---

fone, a campainha tocou I had hardly put the phone down when the doorbell rang; **falar** ~ **de** alguém to speak ill of sb, run sb down; **não faz** ~ never mind; **estar** ~ (*doente*) to be ill; **passar** ~ to be sick; **estar de** ~ **com** alguém not to be speaking to sb

mal- [mal-] *prefixo* badly

mala ['mala] *f* suitcase; (*BR*: *AUTO*) boot, trunk (*US*); ~s *fpl* (*bagagem*) luggage *sg*; **fazer as** ~**s** to pack

malabarismo [malaba'riʒmu] *m* juggling; **malabarista** [malaba'riʃta] *m/f* juggler

mal-acabado/a *adj* badly finished; (*pessoa*) deformed

malagueta [mala'geta] *f* chilli (*BRIT*) ou chili (*US*) pepper

Malaísia [mala'izja] *f:* a ~ Malaysia

malandragem [malã'draʒẽj] *f* (*patifaria*) double-dealing; (*preguiça*) idleness; (*esperteza*) cunning

malandro/a [ma'lãdru/a] *adj* double-dealing; (*preguiçoso*) idle; (*esperto*) wily, cunning ♦ *m/f* crook; (*preguiçoso*) idler, layabout; streetwise person

malária [ma'larja] *f* malaria

mal-arrumado/a [-axu'madu/a] *adj* untidy

malbaratar [mawbara'ta³] *vt* (*dinheiro*) to squander, waste

malcomportado/a [mawkõpox'tadu/a] *adj* badly behaved

malcriado/a [maw'krjadu/a] *adj* rude ♦ *m/f* slob

maldade [maw'dadʒi] *f* cruelty; (*malícia*) malice

maldição [mawdʒi'sãw] (*pl* ~ões) *f* curse

maldito/a [maw'dʒitu/a] *adj* damned

maldizer [mawdʒi'ze³] (*irreg*: *como* **dizer**) *vt* to curse

maldoso/a [maw'dozu/ɔza] *adj* wicked; (*malicioso*) malicious

maledicência [maledʒi'sẽsja] *f* slander

mal-educado/a *adj* rude ♦ *m/f* slob

malefício [male'fisju] *m* harm;

maléfico/a [ma'lɛfiku/a] *adj* (*pessoa*) malicious; (*prejudicial*: *efeito*) harmful, injurious

mal-entendido/a *adj* misunderstood ♦ *m* misunderstanding

mal-estar *m* indisposition; (*embaraço*) uneasiness

maleta [ma'lɛta] *f* small suitcase, grip

malevolência [malevo'lẽsja] *f* malice, spite

malfeito/a [mal'fejtu/a] *adj* (*roupa*) poorly made; (*corpo*) misshapen

malfeitor(a) [mawfej'to*(a)] *m/f* wrong-doer

malgastar [mawgaʃ'ta*] *vt* to waste

malha ['maʎa] *f* (*de rede*) mesh; (*tecido*) jersey; (*suéter*) sweater; (*de ginástica*) leotard; **fazer ~** (*PT*) to knit; **artigos de ~** knitwear

malhado/a [ma'ʎadu/a] *adj* mottled; (*roque*) heavy

malhar [ma'ʎa*] *vt* (*bater*) to beat; (*cereais*) to thresh; (*col*: *criticar*) to knock, run down

malharia [maʎa'ria] *f* (*fábrica*) mill; (*artigos de malha*) knitted goods *pl*

malho ['maʎu] *m* mallet; (*grande*) sledgehammer

mal-humorado/a [-umo'radu/a] *adj* grumpy, sullen

malícia [ma'lisja] *f* malice; (*astúcia*) slyness; (*esperteza*) cleverness

malicioso/a [mali'sjozu/oza] *adj* malicious; sly; clever; (*mente suja*) dirty-minded

maligno/a [ma'lignu/a] *adj* evil, malicious; (*danoso*) harmful; (*MED*) malignant

malograr [malo'gra*] *vt* (*planos*) to upset; (*frustrar*) to thwart, frustrate ♦ *vi* (*planos*) to fall through; (*fracassar*) to fail; **~-se** *vr* to fall through; to fail; **malogro** [ma'logru] *m* failure

malote [ma'lɔtʃi] *m* pouch; (*serviço*) express courier

mal-passado/a *adj* underdone; (*bife*) rare

malsucedido/a [mawsuse'dʒidu/a] *adj* unsuccessful

Malta ['mawta] *f* Malta

malta ['mawta] (*PT*) *f* gang, mob

malte ['mawtʃi] *m* malt

maltrapilho/a [mawtra'piʎu/a] *adj* in rags, ragged ♦ *m/f* ragamuffin

maltratar [mawtra'ta*] *vt* to ill-treat; (*com palavras*) to abuse; (*estragar*) to ruin, damage

maluco/a [ma'luku/a] *adj* crazy, daft ♦ *m/f* madman/woman

malvadeza [mawva'deza] *f* wickedness; (*ato*) wicked thing

malvado/a [maw'vadu/a] *adj* wicked

Malvinas [maw'vinaʃ] *fpl*: **as (ilhas) ~** the Falklands, the Falkland Islands

mama ['mama] *f* breast

mamadeira [mama'dejra] (*BR*) *f* feeding bottle

mamãe [ma'mãj] *f* mum, mummy

mamão [ma'mãw] (*pl* **-ões**) *m* papaya

mamar [ma'ma*] *vt* to suck; (*dinheiro*) to extort ♦ *vi* to be breastfed; **dar de ~ a um bebê** to (breast)feed a baby

mamífero [ma'miferu] *m* mammal

mamilo [ma'milu] *m* nipple

mamões [ma'mõjʃ] *mpl* de **mamão**

manada [ma'nada] *f* herd, drove

manancial [manã'sjaw] (*pl* **-ais**) *m* spring; (*fig*: *fonte*) source; (*: abundância*) wealth

mancada [mã'kada] *f* (*erro*) mistake; (*gafe*) blunder; **dar uma ~** to blunder

mancar [mã'ka*] *vt* to cripple ♦ *vi* to limp; **~-se** *vr* (*col*) to get the message, take the hint

mancebo/a [mã'sebu/a] *m/f* young man/woman

Mancha ['mãʃa] *f*: **o canal da ~** the English Channel

mancha ['mãʃa] *f* stain; (*na pele*) mark, spot; **sem ~s** (*reputação*) spotless; **~-do/a** [mã'ʃadu/a] *adj* soiled; (*malhado*) mottled, spotted; **~r** [mã'ʃa*] *vt* to stain, mark; (*reputação*) to soil

manchete [mã'ʃɛtʃi] *f* headline

manco/a ['mãku/a] *adj* crippled, lame ♦ *m/f* cripple

mandado [mã'dadu] *m* order; (*JUR*) writ; (*: tb*: ~ **de segurança**) injunction; ~ **de prisão/busca** warrant for sb's arrest/search warrant; ~ **de segurança** injunction

mandamento [mãda'mẽtu] *m* order, command; (*REL*) commandment

mandão/dona [mã'dãw/'dɔna] (*pl* -ões/~s) *adj* bossy, domineering

mandar [mã'da*] *vt* (*ordenar*) to order; (*enviar*) to send ♦ *vi* to be in charge; ~**-se** *vr* (*col*: *partir*) to make tracks, get going; (*fugir*) to take off; ~ **buscar** *ou* **chamar** to send for; ~ **fazer um vestido** to have a dress made; ~ **que alguém faça,** ~ **alguém fazer** to tell sb to do; **o que é que você manda?** (*col*) what can I do for you?; ~ **em alguém** to boss sb around

mandato [mã'datu] *m* mandate; (*ordem*) order; (*POL*) term of office

mandíbula [mã'dʒibula] *f* jaw

mandioca [mã'dʒjɔka] *f* cassava, manioc

mando ['mãdu] *m* (*comando*) command; (*poder*) power; **a** ~ **de** by order of

mandões [mã'dõjʃ] *mpl de* **mandão**

mandona [mã'dɔna] *f de* **mandão**

mandriar [mã'dʒja*] *vi* to idle, loaf about

maneira [ma'nejra] *f* (*modo*) way; (*estilo*) style, manner; ~**s** *fpl* (*modos*) manners; **à** ~ **de** like; **de** ~ **que** so that; **de** ~ **alguma** *ou* **nenhuma** not at all; **desta** ~ in this way; **de qualquer** ~ anyway; **não houve** ~ **de convencê-lo** it was impossible to convince him

maneiro/a [ma'nejru/a] *adj* (*ferramenta*) easy to use; (*roupa*) attractive; (*trabalho*) easy; (*pessoa*) capable; (*col*: *bacana*) great, brilliant

manejar [mane'ʒa*] *vt* (*instrumento*) to handle; (*máquina*) to work; **manejável** [mane'ʒavew] (*pl* -eis) *adj* manageable; **manejo** [ma'neʒu] *m* handling

manequim [mane'kĩ] (*pl* -ns) *m* (*boneco*) dummy ♦ *m/f* model

maneta [ma'neta] *adj* one-handed

manga ['mãga] *f* sleeve; (*fruta*) mango; **em** ~**s de camisa** in (one's) shirt sleeves

mangue ['mãgi] *m* mangrove swamp; (*planta*) mangrove

mangueira [mã'gejra] *f* hose(pipe); (*árvore*) mango tree

manha ['maɲa] *f* guile, craftiness; (*destreza*) skill; (*ardil*) trick; (*birra*) tantrum; **fazer** ~ to have a tantrum

manhã [ma'ɲã] *f* morning; **de** *ou* **pela** ~ in the morning; **amanhã/hoje de** ~ tomorrow/this morning

manhoso/a [ma'ɲozu/ɔza] *adj* crafty, sly; (*criança*) whining

mania [ma'nia] *f* (*MED*) mania; (*obsessão*) craze; **estar com** ~ **de** ... to have a thing about ...; **maníaco/a** [ma'niaku/a] *adj* manic ♦ *m/f* maniac

manicômio [mani'komju] *m* asylum, mental hospital

manicura [mani'kura] *f* manicure

manicure [mani'kuri] *f* = **manicura**

manifestação [manifeʃta'sãw] (*pl* -ões) *f* show, display; (*expressão*) expression, declaration; (*política*) demonstration

manifestar [manifeʃ'ta*] *vt* to show, display; (*declarar*) to express, declare

manifesto/a [mani'feʃtu/a] *adj* obvious, clear ♦ *m* manifesto

manipulação [manipula'sãw] *f* handling; (*fig*) manipulation

manipular [manipu'la*] *vt* to manipulate; (*manejar*) to handle

manivela [mani'vela] *f* crank

manjericão [mãʒeri'kãw] *m* basil

manobra [ma'nɔbra] *f* manoeuvre (*BRIT*), maneuver (*US*); (*de mecanismo*) operation; (*de trens*) shunting; ~**r** [mano'bra*] *vt* to manoeuvre *ou* maneuver; (*mecanismo*) to operate, work; (*governar*) to take charge of; (*manipular*) to manipulate ♦

to manoeuvre *ou* maneuver

mansão [mã'sãw] (*pl* -ões) *f* mansion

mansidão [mãsi'dãw] *f* gentleness, meekness

manso/a ['mãsu/a] *adj* gentle; (*mar*) calm; (*animal*) tame

mansões [mã'sõjʃ] *fpl de* mansão

manta ['mãta] *f* blanket; (*xale*) shawl; (*agasalho*) cloak

manteiga [mã'tejga] *f* butter; ~ **de cacau** cocoa butter

manter [mã'te*] (*irreg: como* ter) *vt* to maintain; (*num lugar*) to keep; (*uma família*) to support; (*a palavra*) to keep; (*princípios*) to abide by; ~**se** *vr* to support o.s.; (*permanecer*) to remain; **mantimento** [mãtʃi'mẽtu] *m* maintenance; **mantimentos** *mpl* (*alimentos*) provisions

manto ['mãtu] *m* cloak; (*de cerimónia*) robe

manual [ma'nwaw] (*pl* -ais) *adj* manual ♦ *m* handbook, manual

manufatura [manufa'tura] (*PT* -ct-) *f* manufacture; ~*r* [manufatu'ra*] (*PT* -ct-) *vt* to manufacture

manuscrito/a [manuʃ'kritu/a] *adj* handwritten ♦ *m* manuscript

manusear [manu'zja*] *vt* to handle; (*livro*) to leaf through

manutenção [manutẽ'sãw] *f* maintenance; (*da casa*) upkeep

mão [mãw] (*pl* ~s) *f* hand; (*de animal*) paw; (*de pintura*) coat; (*de direção*) flow of traffic; à ~ by hand; (*perto*) at hand; **de segunda** ~ second-hand; **em** ~ by hand; dar a ~ **a alguém** to hold sb's hand; (*cumprimentar*) to shake hands with sb; **dar uma** ~ **a alguém** to give sb a hand, help sb out; ~ **única/dupla** one-way/two-way traffic; **rua de duas** ~s two-way street; ~**-de-obra** *f* (*trabalhadores*) labour (*BRIT*), labor (*US*); (*coisa difícil*) tricky thing

mapa ['mapa] *m* map; (*gráfico*) chart

maquete [ma'kɛtʃi] *f* model

maquiagem [maki'aʒẽ] *f* = maqui-

lagem

maquiar [ma'kja*] *vt* to make up; ~**se** *vr* to make o.s. up, put on one's make-up

maquilagem [maki'laʒẽ] (*PT* -lha-) *f* make-up; (*ato*) making up

maquilar [makila*] (*PT* -lha-) *vt* = maquiar

máquina ['makina] *f* machine; (*de trem*) engine; (*fig*) machinery; ~ **de calcular/costura/escrever** calculator/sewing machine/typewriter; ~ **fotográfica** camera; ~ **de filmar** (*de vídeo*) camcorder; ~ **de lavar** (**roupa**)/**pratos** washing machine/dishwasher; **escrito à** ~ typewritten

maquinar [maki'na*] *vt* to plot ♦ *vi* to conspire

maquinaria [makina'ria] *f* machinery

maquinismo [maki'niʒmu] *m* mechanism; (*máquinas*) machinery

maquinista [maki'niʃta] *m* (*FERRO*) engine driver; (*NAUT*) engineer

mar [ma*] *m* sea; por ~ by sea; **fazer-se ao** ~ to set sail; **pleno** ~, ~ **alto** high sea; o ~ **Morto/Negro/ Vermelho** the Dead/Black/Red Sea

maracujá [maraku'ʒa] *m* passion fruit; **pé de** ~ passion flower

maratona [mara'tona] *f* marathon

maravilha [mara'viʎa] *f* marvel, wonder; **maravilhoso/a** [maravi'ʎozu/oza] *adj* marvellous (*BRIT*), marvelous (*US*)

marca ['maxka] *f* mark; (*COM*) make, brand; (*carimbo*) stamp; ~ **de fábrica** trademark; ~ **registrada** registered trademark

marcação [maxka'sãw] (*pl* -ões) *f* marking; (*em jogo*) scoring; (*de instrumento*) reading; (*TEATRO*) action; (*PT: TEL*) dialling

marcador [maxka'do*] *m* marker; (*de livro*) bookmark; (*ESPORTE*: *quadro*) scoreboard; (: *jogador*) scorer

marcapasso [maxka'pasu] *m* (*MED*) pacemaker

marcar [max'ka*] vt to mark; (hora, data) to fix, set; (PT: TEL) to dial; (gol, ponto) to score ♦ vi to make one's mark; ~ uma consulta, ~ hora to make an appointment; ~ um encontro com alguém to arrange to meet sb

marcha ['maxʃa] f march; (de acontecimentos) course; (passo) pace; (AUTO) gear; (progresso) progress; ~ à ré (BR), ~ atrás (PT) reverse (gear); pôr-se em ~ to set off

marchar [max'ʃa*] vi to go; (andar a pé) to walk; (MIL) to march

marcial [max'sjaw] (pl -ais) adj martial; corte ~ court martial

marco ['maxku] m landmark; (de janela) frame; (fig) frontier; (moeda) mark

março ['maxsu] (PT M-) m March

maré [ma're] f tide

marechal [mare'ʃaw] (pl -ais) m marshal

maremoto [mare'mɔtu] m tidal wave

marfim [max'fĩ] m ivory

margarida [maxga'rida] f daisy; (COMPUT) daisy wheel

margarina [maxga'rina] f margarine

margem ['maxʒẽ] (pl -ns) f (borda) edge; (de rio) bank; (litoral) shore; (de impresso) margin; (fig: tempo) time; (: lugar) space; à ~ de alongside

marginal [maxʒi'naw] (pl -ais) adj marginal ♦ m/f delinquent

marido [ma'ridu] m husband

marimbondo [mari'bõdu] m hornet

marinha [ma'riɲa] f (tb: ~ de guerra) navy; ~ mercante merchant navy; **marinheiro** [mari'ɲejru] m seaman, sailor

marinho/a [ma'riɲu/a] adj sea atr, marine

marionete [marjo'nɛtʃi] f puppet

mariposa [mari'poza] f moth

marisco [ma'riʃku] m shellfish

marital [mari'taw] (pl -ais) adj marital

marítimo/a [ma'ritʃimu/a] adj sea

marketing ['maxketʃĩg] m marketing

marmelada [maxme'lada] f quince jam

marmelo [max'mɛlu] m quince

marmita [max'mita] f (vasilha) pot

mármore ['maxmori] m marble

marquês/quesa [max'keʃ/'keza] m/f marquis/marchioness

marquise [max'kizi] f awning, canopy

marreco [ma'xɛku] m duck

Marrocos [ma'xɔkuʃ] m: o ~ Morocco

marrom [ma'xõ] (pl -ns) adj, m brown

martelar [maxte'la*] vt to hammer; (amolar) to bother ♦ vi to hammer; (insistir): ~ (em algo) to keep ou harp on (about sth); **martelo** [max'tɛlu] m hammer

mártir ['maxtʃi*] m/f martyr; **martírio** [max'tʃirju] m martyrdom; (fig) torment

marxista [max'ksiʃta] adj, m/f Marxist

marzipã [maxzi'pã] m marzipan

mas [ma(j)ʃ] conj but ♦ pron = me + as

mascar [maʃ'ka*] vt to chew

máscara ['maʃkara] f mask; (para limpeza de pele) face pack; sob a ~ de under the guise of; **mascarar** [maʃka'ra*] vt to mask; (disfarçar) to disguise; (encobrir) to cover up

mascavo/a [maʃ'kavu/a] adj: açúcar ~ brown sugar

mascote [maʃ'kɔtʃi] f mascot

masculino/a [maʃku'linu/a] adj masculine; (BIO) male

masoquista [mazo'kiʃta] m/f masochist

massa ['masa] f (FIS, fig) mass; (de tomate) paste; (CULIN: de pão) dough; (: macarrão etc) pasta

massacrar [masa'kra*] vt to massacre; **massacre** [ma'sakri] f massacre

massagear [masa'ʒja*] vt to mas-

sage; **massagem** [ma'saʒẽ] (pl **-ns**) f
massage

mastigar [maʃtʃi'ga*] vt to chew

mastro ['maʃtru] m (NAUT) mast;
(para bandeira) flagpole

masturbar-se [maʃtux'baxsi*] vr to
masturbate

mata ['mata] f forest, wood

matadouro [mata'doru] m
slaughterhouse

matagal [mata'gaw] (pl **-ais**) m
bush; (brenha) thicket, undergrowth

matança [ma'tãsa] f massacre; (de
reses) slaughter(ing)

matar [ma'ta*] vt to kill; (sede) to
quench; (fome) to satisfy; (aula) to
skip; (trabalho: não aparecer) to
skive off; (: fazer rápido) to dash
off; (adivinhar) to guess ♦ vi to kill;
~se vr to kill o.s.; (esfalfar-se) to
wear o.s. out; **um calor/uma dor de**
~ stifling heat/excruciating pain

mate ['matʃi] adj matt ♦ m (chá)
maté tea; (xeque~) checkmate

matemática [mate'matʃika] f mathematics sg, maths sg (BRIT), math
(US); **matemático/a** [mate'matʃiku/
a] adj mathematical ♦ m/f mathema-
tician

matéria [ma'tɛrja] f matter; (TEC)
material; (EDUC: assunto) subject;
(tema) topic; (jornalística) story, article; **em ~ de** on the subject of

material [mate'rjaw] (pl **-ais**) adj
material; (físico) physical ♦ m material; (TEC) equipment; **~ista** [ma-
terja'liʃta] adj materialistic; **~izar**
[materjali'za*] vt to materialize;
~izar-se vr to materialize

matéria-prima (pl **matérias-**
primas) f raw material

maternal [matex'naw] (pl **-ais**) adj
motherly, maternal; **escola ~** nursery (school); **maternidade** [matex-
ni'dadʒi] f motherhood, maternity;
(hospital) maternity hospital

materno/a [ma'texnu/a] adj
motherly, maternal; (língua) native

matinê [matʃi'ne] f matinée

matiz [ma'tʃiʒ] m (de cor) shade;

~ar [matʃiza'za*] vt to colour (BRIT),
color (US); (combinar cores) to
blend

mato ['matu] m scrubland, bush;
(plantas agrestes) scrub; (o campo)
country

matraca [ma'traka] f rattle

matrícula [ma'trikula] f (lista) register; (inscrição) registration; (pagamento) enrolment (BRIT) ou enroll-
ment (US) fee; (PT: AUTO) registration number (BRIT), license
number (US); **fazer a ~** to enrol
(BRIT), enroll (US); **matricular** [ma-
triku'la*] vt to enrol (BRIT), enroll
(US), register; **matricular-se** vr to
enrol(l), register

matrimonial [matrimo'njaw] (pl
-ais) adj marriage atr, matrimonial

matrimônio [matri'monju] m marriage

matriz [ma'triʒ] f (MED) womb;
(fonte) source; (molde) mould
(BRIT), mold (US); (COM) head
office

matrona [ma'trona] f matron

maturidade [maturi'dadʒi] f maturity

mau/má [maw/ma] adj bad; (malvado) evil, wicked ♦ m bad; (REL)
evil; **os ~s** mpl (pessoas) bad
people; (num filme) the baddies

mausoléu [mawzo'lɛw] m mauso-
leum

maus-tratos mpl ill-treatment sg

maxila [mak'sila] f jawbone

maxilar [maksi'la*] m jawbone

máxima ['masima] f maxim

máximo/a ['masimu/a] adj (maior
que todos) greatest; (o maior possível) maximum ♦ m maximum; (o
cúmulo) peak; (temperature) high;
no ~ at most; **ao ~** to the utmost

MCE abr m = **Mercado Comum**
Europeu

me [mi] pron (direto) me; (indireto)
(to) me; (reflexivo) (to) myself

meado ['mjadu] m middle; **em ~s**
ou **no(s) ~(s) de julho** in mid-July

Meca ['mɛka] n Mecca

mecânica [me'kanika] f (ciência) mechanics sg; (mecanismo) mechanism; V tb **mecânico**

mecânico/a [me'kaniku/a] adj mechanical ♦ m/f mechanic

mecanismo [meka'niʒmu] m mechanism

mecha [ˈmeʃa] f (de vela) wick; (de cabelo) tuft; (no cabelo) highlight; (MED) swab; **fazer ~ no cabelo** to put highlights in one's hair, to highlight one's hair

meço etc [ˈmesu] vb V **medir**

medalha [me'daʎa] f medal; **medalhão** [meda'ʎãw] (pl -ões) m medallion

média [ˈmɛdʒja] f average; (café) coffee with milk; **em ~** on average

mediano/a [me'dʒjanu/a] adj medium; (médio) average; mediocre

mediante [me'dʒjãtʃi] prep by (means of), through; (a troco de) in return for

medicação [medʒika'sãw] (pl -ões) f treatment; (medicamentos) medication

medicamento [medʒika'mẽtu] m medicine

medicar [medʒi'ka*] vt to treat; **~-se** vr to take medicine

medicina [medʒi'sina] f medicine

médico/a [ˈmɛdʒiku/a] adj medical ♦ m/f doctor; **receita médica** prescription

medida [me'dʒida] f measure; (providência) step; (medição) measurement; (moderação) prudence; **à ~ que** while, as; **na ~ em que** in so far as; **feito sob ~** made to measure; **ir além da ~** to go too far; **tirar a ~ de alguém** to take sb's measurements; **tomar ~s** to take steps; **tomar as ~s de** to measure

medieval [medʒje'vaw] (pl -ais) adj medieval

médio/a [ˈmɛdʒju/a] adj (dedo, classe) middle; (tamanho, estatura) medium; (mediano) average; **ensino ~** secondary education

medíocre [me'dʒjokri] adj mediocre

medir [me'dʒi*] vt to measure; (atos, palavras) to weigh; (avaliar: consequências, distâncias) to weigh up ♦ vi to measure; **quanto você mede?** — **meço 1.60 m** how tall are you? — I'm 1.60 m (tall)

meditar [medʒi'ta*] vi to meditate; **~ sobre algo** to ponder (on) sth

mediterrâneo/a [medʒite'xanju/a] adj Mediterranean ♦ m: **o M~** the Mediterranean

médium [ˈmɛdʒjũ] (pl -ns) m (pessoa) medium

medo [ˈmedu] m fear; **com ~** afraid; **meter ~ em alguém** to frighten sb; **ter ~ de** to be afraid of

medonho/a [me'doɲu/a] adj terrible, awful

medroso/a [me'drozu/ɔza] adj (com medo) frightened; (tímido) timid

medula [me'dula] f marrow

megabyte [mega'bajtʃi] m megabyte

meia [ˈmeja] f stocking; (curta) sock; (meia-entrada) half-price ticket ♦ num six; **~-calça** (pl **~s-calças**) f tights pl (BRIT), panty hose (US); **~-idade** f middle age; **pessoa de ~-idade** middle-aged person; **~-noite** f midnight

meigo/a [ˈmejgu/a] adj sweet

meio/a [ˈmeju/a] adj half ♦ adv a bit, rather ♦ m middle; (social, profissional) milieu; (tb: **~ ambiente**) environment; (maneira) way; (recursos: tb: **~s**) means pl; **~ quilo** half a kilo; **um mês e ~** one and a half months; **cortar ao ~** to cut in half; **dividir algo ~ a ~** to divide sth in half ou fifty-fifty; **em ~ a** amid; **no ~ (de)** in the middle (of); **~s de comunicação (de massa)** (mass) media pl; **por ~ de** through; **~-dia** m midday, noon; **~-fio** m kerb (BRIT), curb (US); **~-termo** (pl **~s-termos**) m (fig) compromise

mel [mɛw] m honey

melaço [me'lasu] m treacle (BRIT), molasses pl (US)

melado/a [me'ladu/a] adj (pegajoso)

sticky ♦ *m* = **melaço**
melancia [melã'sia] *f* watermelon
melancolia [melãko'lia] *f* melancholy, sadness; **melancólico/a** [melã'kɔliku/a] *adj* melancholy, sad
melão [me'lãw] (*pl* –ões) *m* melon
melhor [me'ʎɔ*] *adj, adv* (*compar*) better; (*superl*) best; ~ **que nunca** better than ever; **quanto mais** ~ the more the better; **seria** ~ **começarmos** we had better begin; **tanto** ~ so much the better; **ou** ~ ... (*ou antes*) or rather ...; **a** [me'ʎɔra] *f* improvement; ~**as!** get well soon!; ~**amento** [meʎora'mẽtu] *m* improvement; ~**ar** [meʎo'ra*] *vt* to improve, make better; (*doente*) to cure ♦ *vi* to improve, get better
melindrar [melĩ'dra*] *vt* to offend, hurt; ~**-se** *vr* to take offence (*BRIT*) *ou* offense (*US*), be hurt
melindroso/a [melĩ'drozu/ɔza] *adj* sensitive, touchy; (*problema, situação*) tricky; (*operação*) delicate
melodia [melo'dʒia] *f* melody; (*composição*) tune
melodrama [melo'drama] *m* melodrama
melões [me'lõjʃ] *mpl* de **melão**
melro [ˈmɛwxu] *m* blackbird
membro [ˈmẽbru] *m* member; (*ANAT: braço, perna*) limb
memorando [memo'rãdu] *m* (*aviso*) note; (*COM: comunicação*) memorandum
memória [me'mɔrja] *f* memory; ~**s** *fpl* (*de autor*) memoirs; **de** ~ by heart
memorial [memo'rjaw] (*pl* –ais) *f* memorial
memorizar [memori'za*] *vt* to memorize
menção [mẽ'sãw] (*pl* –ões) *f* mention, reference; **fazer** ~ **de algo** to mention sth; **mencionar** [mẽsjo'na*] *vt* to mention
mendigar [mẽdʒi'ga*] *vt* to beg for ♦ *vi* to beg; **mendigo/a** [mẽ'dʒigu/a] *m/f* beggar
menear [me'nja*] *vt* (*corpo, cabeça*)

to shake; ~ **a cabeça de modo afirmativo** to nod (one's head)
menina [me'nina] *f*: ~ **do olho** pupil; **ser a** ~ **dos olhos de alguém** (*fig*) to be the apple of sb's eye; *V tb* **menino**
meninada [meni'nada] *f* kids *pl*
meningite [menĩ'ʒitʃi] *f* meningitis
menino/a [me'ninu/a] *m/f* boy/girl
menopausa [meno'pawza] *f* menopause
menor [me'nɔ*] *adj* (*mais pequeno: compar*) smaller; (: *superl*) smallest; (*mais jovem: compar*) younger; (: *superl*) youngest; (*o mínimo*) least, slightest; (*tb:* ~ **de idade**) under age ♦ *m/f* juvenile, young person; (*JUR*) minor; **não tenho a** ~ **idéia** I haven't the slightest idea

PALAVRA CHAVE

menos [ˈmenuʃ] *adj* **1** (*compar*): ~ **(do que)** (*quantidade*) less (than); (*número*) fewer (than); **com** ~ **entusiasmo** with less enthusiasm; ~ **gente** fewer people
2 (*superl*) least; **é o que tem** ~ **culpa** he is the least to blame
♦ *adv* **1** (*compar*): ~ **(do que)** less (than); **gostei** ~ **do que do outro** I liked it less than the other one
2 (*superl*): **é o** ~ **inteligente da classe** he is the least bright in his class; **de todas elas é a que** ~ **me agrada** out of all of them she's the one I like least; **pelo** ~ at (the very) least
3 (*frases*): **temos sete a** ~ we are seven short; **não é para** ~ it's no wonder; **isso é o** ~ that's nothing ♦ *prep* (*excepção*) except; (*números*) minus; **todos** ~ **eu** everyone except (for) me; **5** ~ **2 5** minus 2
♦ *conj*: **a** ~ **que** unless; **a** ~ **que ele venha amanhã** unless he comes tomorrow
♦ *m*: **o** ~ the least

menosprezar [menuʃpre'za*] *vt* (*subestimar*) to underrate; (*despre-*

zar) to despise, scorn; **menosprezo** [mɛnuʃ'prezu] *m* contempt, disdain

mensageiro/a [mẽsa'ʒejru/a] *m/f* messenger

mensagem [mẽ'saʒẽ] *(pl* **-ns**) *f* message

mensal [mẽ'saw] *(pl* **-ais**) *adj* monthly; **ele ganha £1000 mensais** he earns £1000 a month; **~idade** [mẽsali'dadʒi] *f* monthly payment; **~mente** [mẽsaw'mẽtʃi] *adv* monthly

menstruação [mẽʃtrwa'sãw] *f* period; *(MED)* menstruation

menta ['mẽta] *f* mint

mental [mẽ'taw] *(pl* **-ais**) *adj* mental; **~idade** [mẽtali'dadʒi] *f* mentality

mente ['mẽtʃi] *f* mind; **de boa ~** willingly; **ter em ~** to bear in mind

mentir [mẽ'tʃi*] *vi* to lie

mentira [mẽ'tʃira] *f* lie; *(ato)* lying; **parece ~ que** it seems incredible that; **de ~** not for real; **~!** *(acusação)* that's a lie!, you're lying; *(de surpresa)* you don't say!, no!; **mentiroso/a** [mẽtʃi'rozu/za] *adj* lying ♦ *m/f* liar

menu [me'nu] *m (tb:* COMPUT*)* menu

mercado [mex'kadu] *m* market; **M~ Comum** Common Market; **~ negro** *ou* **paralelo** black market

mercadoria [mexkado'ria] *f* commodity; **~s** *fpl (produtos)* goods

mercearia [mexsja'ria] *f* grocer's (shop) (BRIT), grocery store

mercenário/a [mexse'narju/a] *adj* mercenary ♦ *m* mercenary

mercúrio [mex'kurju] *m* mercury

merda ['mɛxda] *(col!)* *f* shit (!) *m/f (pessoa)* jerk; **a ~ do carro the** bloody (BRIT!) *ou* goddamn (US!) car (!)

merecer [mere'se*] *vt* to deserve; *(consideração)* to merit; *(valer)* to be worth ♦ *vi* to be worthy; **merecido/a** [mere'sidu/a] *adj* deserved; *(castigo, prémio)* just

merenda [me'rẽda] *f* packed lunch

merengue [me'rẽgi] *m* meringue

mergulhador(a) [mexguʎa'do*(a)]

m/f diver

mergulhar [mexgu'ʎa*] *vi* to dive; *(penetrar)* to plunge ♦ *vt*: **~ algo em algo** *(num líquido)* to dip sth into sth; *(na terra etc)* to plunge sth into sth; **mergulho** [mex'guʎu] *m* dip(ping), immersion; *(em natação)* dive; **dar um mergulho** *(na praia)* to go for a dip

meridional [meridʒjo'naw] *(pl* **-ais**) *adj* southern

mérito ['mɛritu] *m* merit

merluza [mex'luza] *f* hake

mero/a ['mɛru/a] *adj* mere

mês [meʃ] *m* month

mesa ['meza] *f* table; *(de trabalho)* desk; *(comité)* board; *(numa reunião)* panel; **pôr/tirar a ~** to lay/ clear the table; **à ~** at the table; **~ de toalete** dressing table; **~ telefônica** switchboard

mesada [me'zada] *f* monthly allowance; *(de criança)* pocket money

mesa-de-cabeceira *(pl* **mesas-de-cabeceira)** *f* bedside table

mescla ['mɛʃkla] *f* mixture, blend; **~r** [meʃ'kla*] *vt* to mix (up); *(cores)* to blend

meseta [me'zeta] *f* plateau, tableland

mesmo/a ['meʒmu/a] *adj* **(enfático)** very ♦ *adv (exatamente)* right; *(até)* even; *(realmente)* really ♦ *m/f*: **o ~/a mesma** the same (one); **o ~** *(a mesma coisa)* the same (thing); **este ~ homem** this very man; **ele ~ o fez** he did it himself; **dá no ~ ou na mesma** it's all the same; **aqui/agora/hoje ~** right here/right now/this very day; **~ que** even if; **é ~ it's true; é~?** really?; **(é) isso ~!** exactly!; **por isso ~** that's why; **nem ~** not even; **só ~** only; **por si ~** by oneself

mesquinho/a [meʃ'kiɲu/a] *adj* mean

mesquita [meʃ'kita] *f* mosque

mestiço/a [meʃ'tʃisu/a] *adj* half-caste, of mixed race; *(animal)* crossbred ♦ *m/f* half-caste; crossbred

mestre/a ['mɛʃtri/a] *adj* (*chave, viga*) master; (*linha, estrada*) main ♦ *m/f* master/mistress; (*professor*) teacher; **obra mestra** masterpiece; **~-de-cerimónias** (*pl* **~s-de-cerimónias**) *m* master of ceremonies, MC; **mestria** [meʃ'tria] *f* mastery; (*habilidade*) expertise; **com mestria** to perfection

mesura [me'zura] *f* (*cumprimento*) bow; (*cortesia*) courtesy

meta ['mɛta] *f* (*em corrida*) finishing post; (*gol*) goal; (*objetivo*) aim

metabolismo [metabo'liʒmu] *m* metabolism

metade [me'tadʒi] *f* half; (*meio*) middle

metáfora [me'tafora] *f* metaphor

metal [me'taw] (*pl* **–ais**) *m* metal; **metais** *mpl* (*MUS*) brass *sg*; **metálico/a** [me'taliku/a] *adj* metallic; (*de metal*) metal *atr*

metalurgia [metalux'ʒia] *f* metallurgy; **metalúrgica** [meta'lurʒika] *f* metalworks *sg*; **metalúrgico/a** [meta'lurʒiku/a] *m/f* metalworker

meteorito [meteo'ritu] *m* meteorite

meteoro [me'tjoru] *m* meteor

meteorologia [meteorolo'ʒia] *f* meteorology; **meteorologista** [meteorolo'ʒiʃta] *m/f* meteorologist; (*TV, RADIO*) weather forecaster

meter [me'te*] *vt* (*colocar*) to put; (*envolver*) to involve; (*introduzir*) to introduce; **~-se** (*esconder-se*) to hide; **~-se a fazer** algo to decide to have a go at sth; **~-se com** (*provocar*) to pick a quarrel with; (*associar-se*) to get involved with; **~-se em** to get involved in; (*intrometer-se*) to interfere in

meticuloso/a [metʃiku'lozu/ɔza] *adj* meticulous

metido/a [me'tʃidu/a] *adj* (*envolvido*) involved; (*intrometido*) meddling; **~ (a besta)** snobbish

metódico/a [me'tɔdʒiku/a] *adj* methodical

metodista [meto'dʒiʃta] *adj, m/f* Methodist

método ['mɛtodu] *m* method

metragem [me'traʒẽ] *f* length (in metres (*BRIT*) ou meters (*US*)); (*CINEMA*) footage, length; **filme de longa/curta ~** feature ou full-length/short film

metralhadora [metraʎa'dora] *f* submachine gun

métrico/a ['mɛtriku/a] *adj* metric

metro ['mɛtru] *m* metre (*BRIT*), meter (*US*); (*PT*) = **metrô**

metrô [me'tro] (*BR*) *m* underground (*BRIT*), subway (*US*)

metrópole [me'trɔpoli] *f* metropolis; (*capital*) capital

meu/minha [mew/'miɲa] *adj* my ♦ *pron* mine; **os ~s** *mpl* (*minha família*) my family ou folks (*col*); **um amigo ~** a friend of mine

mexer [me'ʃe*] *vt* to move; (*cabeça: dizendo sim*) to nod; (: *dizendo não*) to shake; (*misturar*) to stir; (*ovos*) to scramble ♦ *vi* to move; **~-se** *vr* to move; (*apressar-se*) to get a move on; **~ em algo** to touch sth; **mexa-se!** get going!, move yourself!

mexerica [meʃe'rika] *f* tangerine

mexerico [meʃe'riku] *m* piece of gossip; **~s** *mpl* (*fofocas*) gossip *sg*

México ['mɛʃiku] *m*: **o ~** Mexico

mexido/a [me'ʃidu/a] *adj* (*papéis*) mixed up; (*ovos*) scrambled

mexilhão [meʃi'ʎãw] (*pl* **–ões**) *m* mussel

mi [mi] *m* (*MÚS*) E

miar [mja*] *vi* to miaow; (*vento*) to whistle

miau [mjaw] *m* miaow

micro... [mikru] *prefixo* micro...; **~(computador)** [mikro(kõputa'do*)] *m* micro(computer); **~filme** [mikro'fiwmi] *m* microfilm; **~fone** [mikro'fɔni] *m* microphone; **~ondas** [mikro'õdaʃ] *m inv* (*tb:* **forno de ~ondas**) microwave (oven); **~ónibus** [mikro'onibuʃ] *m inv* minibus; **~plaqueta** [mikropla'keta] *f* microchip; **~plaqueta de silicone** silicon chip; **~processador** [mikroprosesa'do*] *m* microprocessor; **~scópio** [mikro'-

ʃkɒpju] m microscope

mídia ['midʒja] f media pl

migalha [mi'gaʎa] f crumb; **~s** fpl (restos, sobras) scraps

migrar [mi'gra*] vi to migrate

mijar [mi'ʒa*] (col) vi to pee; **~-se** vr to wet o.s.

mil [miw] num thousand; **dois ~** two thousand

milagre [mi'lagri] m miracle; **por ~** miraculously; **milagroso/a** [mila'grozu/ɔza] adj miraculous

milha ['miʎa] f mile

milhão [mi'ʎãw] (pl **-ões**) m million; **um ~** de vezes hundreds of times

milhar [mi'ʎa*] m thousand; **turistas aos ~es** tourists in their thousands

milho ['miʎu] m maize (BRIT), corn (US)

milhões [miʎ'õjʃ] mpl de **milhão**

milícia [mi'lisja] f militia

miligrama [mili'grama] m milligram(me)

milionário/a [miljo'narju/a] m/f millionaire

militante [mili'tãtʃi] adj militant ♦ m/f activist; (extremista) militant

militar [mili'ta*] adj military ♦ m soldier ♦ vi to fight; **~ em** (MIL: regimento) to serve in; (POL: partido) to belong to, be active in; (profissão) to work in

mim [mĩ] pron me; (reflexivo) myself; **de ~ para ~** to myself

mimar [mi'ma*] vt to pamper, spoil

mímica ['mimika] f mime

mimo ['mimu] m gift; (pessoa, coisa encantadora) delight; (carinho) tenderness; (gentileza) kindness; **cheio de ~s** (criança) spoilt, spoiled (BRIT); **~so/a** [mi'mozu/ɔza] adj (delicado) delicate; (carinhoso) tender, loving; (encantador) delightful

mina ['mina] f mine; **~r** [mi'na*] vt to mine; (fig) to undermine

mindinho [mĩ'dʒiɲu] m (tb: dedo **~**) little finger

mineiro/a [mi'nejru/a] adj mining atr ♦ m/f miner

mineração [minera'sãw] f mining

mineral [mine'raw] (pl **-ais**) adj, m mineral

minerar [mine'ra*] vt, vi to mine

minério [mi'nɛrju] m ore

míngua ['mĩgwa] f lack; **à ~ de** for want of; **viver à ~** to live in poverty; **minguado/a** [mĩ'gwadu/a] adj scant; (criança) stunted; **minguado de algo** short of sth

minguar [mĩ'gwa*] vi (diminuir) to decrease, dwindle; (faltar) to run short

minha ['miɲa] f de **meu**

minhoca [mi'ɲɔka] f (earth)worm

mini... [mini] prefixo mini-

miniatura [minja'tura] adj, f miniature

mínima ['minima] f (temperatura) low; (MUS) minim

mínimo/a ['minimu/a] adj minimum ♦ m minimum; (tb: dedo **~**) little finger; **não dou ou ligo a mínima para isso** I couldn't care less about it; **a mínima importância/idéia** the slightest importance/idea; **no ~ at** least

minissaia [mini'saja] f miniskirt

ministério [miniʃ'tɛrju] m ministry; **~ da Fazenda** ≈ Treasury (BRIT), ≈ Treasury Department (US); **M~ das Relações Exteriores** ≈ Foreign Office (BRIT), ≈ State Department (US)

ministro/a [mi'niʃtru/a] m/f minister

minoria [mino'ria] f minority; **minoritário/a** [minori'tarju/a] adj minority atr

minto etc ['mĩtu] vb V **mentir**

minúcia [mi'nusja] f detail; **minucioso/a** [minu'sjozu/ɔza] adj (indivíduo, busca) thorough; (explicação) detailed

minúsculo/a [mi'nuʃkulu/a] adj minute, tiny; **letra minúscula** lower case

minuta [mi'nuta] f rough draft

minuto [mi'nutu] m minute

miolo ['mjolu] m inside; (polpa) pulp; (de maçã) core; **~s** mpl (cérebro, inteligência) brains

míope ['mjɔpi] *adj* short-sighted

mira ['mira] *f* (*de fuzil*) sight; (*pontaria*) aim; (*fig*) aim, purpose; à ~ de on the lookout for; **ter em** ~ to have one's eye on

mirada [mi'rada] *f* look

miragem [mi'raʒē] (*pl* –ns) *f* mirage

mirar [mi'ra*] *vt* to look at; (*observar*) to watch; (*apontar para*) to aim at ♦ *vi*: ~ **em** to aim at; ~ **para** to look onto

miscelânea [mise'lanja] *f* miscellany; (*confusão*) muddle

miserável [mize'ravew] (*pl* –eis) *adj* (*digno de compaixão*) wretched; (*pobre*) impoverished; (*avaro*) stingy, mean; (*insignificante*) paltry; (*lugar*) squalid; (*infame*) despicable ♦ *m* wretch; (*coitado*) poor thing; (*pessoa infame*) rotter

miséria [mi'zɛrja] *f* misery; (*pobreza*) poverty; (*avareza*) stinginess

misericórdia [mizeri'kɔxdʒja] *f* (*compaixão*) pity, compassion; (*graça*) mercy

missa ['misa] *f* (*REL*) mass

missão [mi'sãw] (*pl* –ões) *f* mission; (*dever*) duty

misse ['misi] *f* beauty queen

míssil ['misiw] (*pl* –eis) *m* missile

missionário/a [misjo'narju/a] *m/f* missionary

missões [mi'sõjʃ] *fpl de* **missão**

mistério [miʃ'tɛrju] *m* mystery; **misterioso/a** [miʃte'rjozu/ɔza] *adj* mysterious

mistificar [miʃtʃifi'ka*] *vt, vi* to fool

misto/a ['miʃtu/a] *adj* mixed; (*confuso*) mixed up ♦ *m* mixture; ~-**quente** (*pl* ~s-**quentes**) *m* toasted cheese and ham sandwich

mistura [miʃ'tura] *f* mixture; (*ato*) mixing; ~**da** [miʃtu'rada] *f* jumble; ~**r** [miʃtu'ra*] *vt* to mix; (*confundir*) to mix up; ~**r-se** *vr* to mix; ~**r-se com** to mingle with

mitigar [mitʃi'ga*] *vt* (*raiva*) to temper; (*dor*) to relieve; (*sede*) to lessen

mito ['mitu] *m* myth

miudezas [mju'dezaʃ] *fpl* minutiae;

(*bugigangas*) odds and ends; (*objetos pequenos*) trinkets

miúdo/a ['mjudu/a] *adj* tiny, minute ♦ *m/f* (*PT*: *criança*) youngster, kid; ~**s** *mpl* (*dinheiro*) change *sg*; (*de aves*) giblets; **dinheiro** ~ small change

mm *abr* (= *milímetro*) mm

mo [mu] *pron* = **me** + **o**

moa *etc* ['moa] *vb* V **moer**

móbil ['mɔbiw] (*pl* –**eis**) *adj* = **móvel**; **mobilar** [mobi'la*] (*PT*) *vt* to furnish

móbile ['mɔbili] *m* mobile

mobília [mo'bilja] *f* furniture; **mobiliar** [mobi'lja*] (*BR*) *vt* to furnish; **mobiliário** [mobi'ljarju] *m* furnishings *pl*

moça ['mosa] *f* girl, young woman

Moçambique [mosã'biki] *m* Mozambique

moção [mo'sãw] (*pl* –**ões**) *f* motion

mochila [mo'ʃila] *f* rucksack

mocidade [mosi'dadʒi] *f* youth; (*os moços*) young people *pl*

moço/a ['mosu/a] *adj* young ♦ *m* young man, lad

moções [mo'sõjʃ] *fpl de* **moção**

moda ['mɔda] *f* fashion; **estar na** ~ to be in fashion, be all the rage; **fora da** ~ old-fashioned; **sair da** *ou* **cair de** ~ to go out of fashion

modalidade [modali'dadʒi] *f* kind; (*ESPORTE*) event

modelar [mode'la*] *vt* to model

modelo [mo'delu] *m* model; (*criação de estilista*) design

moderado/a [mode'radu/a] *adj* moderate; (*clima*) mild

moderar [mode'ra*] *vt* to moderate; (*violência*) to control, restrain; (*velocidade*) to reduce; (*voz*) to lower; (*gastos*) to cut down

modernizar [modexni'za*] *vt* to modernize; ~-**se** *vr* to modernize

moderno/a [mo'dɛxnu/a] *adj* modern; (*atual*) present-day

modéstia [mo'dɛʃtʃja] *f* modesty

modesto/a [mo'dɛʃtu/a] *adj* modest; (*simples*) simple, plain; (*vida*) frugal

módico/a ['mɔdʒiku/a] *adj* moderate; (*preço*) reasonable; (*bens*) scant

modificar [modʒifi'ka*] *vt* to modify, alter

modista [mo'dʒiſta] *f* dressmaker

modo ['mɔdu] *m* (*maneira*) way, manner; (*método*) way; (*MUS*) mode; **~s** *mpl* (*comportamento*) manners; **de (tal) ~ que** so (that); **de ~ nenhum** in no way; **de qualquer ~** anyway, anyhow; **~ de emprego** instructions *pl* for use

modorra [mo'doxa] *f* (*sonolência*) drowsiness; (*letargia*) lethargy

módulo ['mɔdulu] *m* module

moeda ['mwɛda] *f* (*uma ~* coin; (*dinheiro*) currency; **uma ~ de 10p** a 10p piece; **~ corrente** currency; **Casa da M~** ≈ the Mint (*BRIT*), ≈ the (US) Mint

moedor [moe'do*] *m* (*de café*) grinder; (*de carne*) mincer

moer [mwe*] *vt* (*café*) to grind; (*cana*) to crush

mofado/a [mo'fadu/a] *adj* mouldy (*BRIT*), moldy (*US*)

mofar [mo'fa*] *vi* to go mouldy (*BRIT*) ou moldy (*US*); (*ficar esperando*) to hang around; (*zombar*) to mock, scoff; **mofo** ['mofu] *m* (*BOT*) mo(u)ld; **cheiro de mofo** musty smell

mogno ['mɔgnu] *m* mahogany

mói *etc* [mɔj] *vb* V **moer**

moía *etc* [mo'ia] *vb* V **moer**

moído/a [mo'idu/a] *adj* (*café*) ground; (*carne*) minced; (*cansado*) tired out; (*corpo*) aching

moinho ['mwiɲu] *m* mill; (*de café*) grinder; **~ de vento** windmill

moisés [moj'zɛʃ] *m inv* carry-cot

moita ['mojta] *f* thicket; **na ~** (*fig*) on the quiet

mola ['mɔla] *f* (*TEC*) spring; (*fig*) motive, motivation

molar [mo'la*] *m* molar (tooth)

moldar [mow'da*] *vt* to mould (*BRIT*), mold (*US*); (*metal*) to cast; **molde** ['mɔwdʒi] *m* mo(u)ld; (*de pa-*

pel) pattern; (*fig*) model; **molde de vestido** dress pattern

moldura [mow'dura] *f* (*de pintura*) frame

mole ['mɔli] *adj* soft; (*sem energia*) listless; (*carnes*) flabby; (*col: fácil*) easy; (*lento*) slow; (*preguiçoso*) sluggish ♦ *adv* (*lentamente*) slowly

molécula [mo'lɛkula] *f* molecule

moleque [mo'lɛki] *m* (*de rua*) urchin; (*menino*) youngster; (*pessoa sem palavra*) unreliable person; (*canalha*) scoundrel ♦ *adj* (*levado*) mischievous; (*brincalhão*) funny

molestar [moleſ'ta*] *vt* to upset; (*enfadar*) to annoy; (*importunar*) to bother

moléstia [mo'lɛſtʃja] *f* illness

moleza [mo'leza] *f* softness; (*falta de energia*) listlessness; (*falta de força*) weakness; **ser (uma) ~** (*col*) to be easy; **na ~** without exerting oneself

molhado/a [mo'ʎadu/a] *adj* wet, damp

molhar [mo'ʎa*] *vt* to wet; (*de leve*) to moisten, dampen; (*mergulhar*) to dip; **~-se** *vr* to get wet

molho[1] ['moʎu] *m* (*de chaves*) bunch; (*de trigo*) sheaf

molho[2] ['moʎu] *m* (*CULIN*) sauce; (*: de salada*) dressing; (*: de carne*) gravy; **pôr de ~** to soak; **estar/deixar de ~** (*roupa etc*) to be/leave to soak

molinete [moli'netʃi] *m* reel; (*caniço*) fishing rod

momentâneo/a [mome'tanju/a] *adj* momentary

momento [mo'mētu] *m* moment; (*TEC*) momentum; **a todo ~** constantly; **de um ~ para outro** suddenly; **no ~ em que** just as

Mônaco [ˈmonaku] *m* Monaco

monarca [mo'naxka] *m/f* monarch; **monarquia** [monax'kia] *f* monarchy

monastério [monaſ'tɛrju] *m* monastery

monção [mõ'sãw] (*pl* **-ões**) *f* monsoon

monetário/a [mone'tarju/a] *adj* monetary

monge ['mõʒi] *m* monk

monitor [moni'to°] *m* monitor

monja ['mõʒa] *f* nun

monopólio [mono'pɔlju] *m* monopoly; **monopolizar** [monopoli'za°] *vt* to monopolize

monotonia [monoto'nia] *f* monotony; **monótono/a** [mo'nɔtonu/a] *adj* monotonous

monóxido [mo'nɔksidu] *m*: ~ **de carbono** carbon monoxide

monstro/a ['mõʃtru/a] *adj inv* giant ♦ *m* (*tb fig*) monster; **monstruoso/a** [mõʃtrwozu/ɔza] *adj* monstrous; (*enorme*) gigantic, huge

montagem [mõ'taʒẽ] (*pl* **-ns**) *f* assembly; (*ARQ*) erection; (*CINEMA*) editing; (*TEATRO*) production

montanha [mõ'taɲa] *f* mountain; ~**-russa** *f* roller coaster; **montanhismo** [mõta'ɲiʒmu] *m* mountaineering; **montanhoso/a** [mõta'ɲozu/ɔza] *adj* mountainous

montante [mõ'tãtʃi] *m* amount, sum; **a** ~ (*nadar*) upstream

montar [mõ'ta°] *vt* (*cavalo*) to mount, get on; (*colocar em*) to put on; (*cavalgar*) to ride; (*peças*) to assemble, put together; (*loja, máquina*) to set up; (*casa*) to put up; (*peça teatral*) to put on ♦ *vi* to ride; ~ **a** **ou em** (*animal*) to get on; (*cavalgar*) to ride; (*despesa*) to come to

monte ['mõtʃi] *m* hill; (*luz, cor*) pile, heap; **um** ~ **de** (*muitos*) a lot of, lots of; **gente aos** ~**s** loads of people

montra ['mõtra] (*PT*) *f* shop window

monumental [monumẽ'taw] (*pl* **-ais**) *adj* monumental; (*fig*) magnificent, splendid

monumento [monu'mẽtu] *m* monument

moqueca [mo'kεka] *f* fish or seafood simmered in coconut cream and palm oil; ~ **de camarão** prawn moqueca

morada [mo'rada] *f* home, residence; (*PT: endereço*) address; **mo-**

radia [mora'dʒia] *f* home, dwelling; **morador(a)** [mora'do°(a)] *m/f* resident; (*de casa alugada*) tenant

moral [mo'raw] (*pl* **-ais**) *adj* moral ♦ *f* (*ética*) ethics *pl*; (*conclusão*) moral ♦ *m* (*de pessoa*) sense of morality; (*ânimo*) morale; ~**idade** [morali'dadʒi] *f* morality

morango [mo'rãgu] *m* strawberry

morar [mo'ra°] *vi* to live, reside

mórbido/a ['mɔrbidu/a] *adj* morbid

morcego [mox'segu] *m* (*BIO*) bat

mordaça [mox'dasa] *f* (*de animal*) muzzle; (*fig*) gag

mordaz [mox'daʒ] *adj* scathing

morder [mox'de°] *vt* to bite; (*corroer*) to corrode; **mordida** [mox'dʒida] *f* bite

mordomia [moxdo'mia] *f* (*de executivos*) perk; (*col: regalia*) luxury, comfort

mordomo [mox'dɔmu] *m* butler

moreno/a [mo'renu/a] *adj* dark(-skinned); (*de cabelos*) dark(-haired); (*de tomar sol*) brown ♦ *m/f* dark person

morfina [mox'fina] *f* morphine

moribundo/a [mori'būdu/a] *adj* dying

mormaço [mox'masu] *m* sultry weather

mórmon [mox'būdu] *m/f* Mormon

morno/a ['moxnu/'moxna] *adj* lukewarm, tepid

morrer [mo'xe°] *vi* to die; (*luz, cor*) to fade; (*fogo*) to die down; (*AUTO*) to stall

morro ['moxu] *m* hill; (*favela*) slum

mortadela [moxta'dεla] *f* salami

mortal [mox'taw] (*pl* **-ais**) *adj* mortal; (*letal, insuportável*) deadly ♦ *m* mortal

mortalha [mox'taʎa] *f* shroud

mortalidade [moxtali'dadʒi] *f* mortality

morte ['mɔxtʃi] *f* death

morteiro [mox'tejru] *m* mortar

mortífero/a [mox'tʃiferu/a] *adj* deadly, lethal

morto/a ['moxtu/'mɔxta] *pp de* **ma-**

tar ♦ *pp de* **morrer** ♦ *adj* dead;
(*cor*) dull; (*exausto*) exhausted; (*inexpressivo*) lifeless ♦ *m/f* dead man/woman; **estar/ser** ~ to be dead/killed; **estar** ~ **de inveja** to be green with envy; **estar** ~ **de vontade de** to be dying to

mos [muʃ] *pron* = **me** + **os**

mosca ['moʃka] *f* fly; **estar às** ~**s** (*bar etc*) to be deserted

Moscou [moʃ'ku] (*BR*) *n* Moscow

Moscovo [moʃ'kovu] (*PT*) *n* Moscow

mosquiteiro [moʃki'tejru] *m* mosquito net

mosquito [moʃ'kitu] *m* mosquito

mostarda [moʃ'taxda] *f* mustard

mosteiro [moʃ'tejru] *m* monastery; (*de monjas*) convent

mostra ['moʃtra] *f* (*exibição*) display; (*sinal*) sign, indication; **dar** ~**s de** to show signs of

mostrador [moʃtra'do*] *m* (*de relógio*) face, dial

mostrar [moʃ'tra*] *vt* to show; (*mercadorias*) to display; (*provar*) to demonstrate, prove; ~**-se** *vr* to show o.s. to be; (*exibir-se*) to show off

mote ['mɔtʃi] *m* motto

motel [mo'tɛw] (*pl* **-éis**) *m* motel

motim [mo'tʃĩ] (*pl* **-ns**) *m* riot, revolt; (*militar*) mutiny

motivar [motʃi'va*] *vt* (*causar*) to cause, bring about; (*estimular*) to motivate; **motivo** [mo'tʃivu] *m* (*causa*): **motivo** (**de ou para**) cause (of), reason (for); (*fim*) motive; (*ARTE, MUS*) motif; **por motivo de** because of, owing to

moto ['mɔtu] *f* motorbike ♦ *m* (*lema*) motto

motoca [mo'tɔka] (*col*) *f* motorbike, bike

motocicleta [motosi'kleta] *f* motorcycle, motorbike

motociclista [motosi'kliʃta] *m/f* motorcyclist

motociclo [moto'siklu] (*PT*) *m* = **motocicleta**

motoneta [moto'neta] *f* (*motor-*)
scooter

motor/motriz [mo'to*/mo'triʒ] *adj*: **força motriz** driving force ♦ *m* motor; (*de carro, avião*) engine; ~ **diesel/de explosão** diesel/internal combustion engine

motorista [moto'riʃta] *m/f* driver

motriz [mo'triʒ] *f de* **motor**

movediço/a [move'dʒisu/a] *adj* easily moved; (*instável*) unsteady

móvel ['mɔvew] (*pl* **-eis**) *adj* movable ♦ *m* piece of furniture; **móveis** *mpl* (*mobília*) furniture *sg*

mover [mo've*] *vt* to move; (*cabeça*) to shake; (*mecanismo*) to drive; (*campanha*) to start (up); ~**-se** *vr* to move

movimentado/a [movimẽ'tadu/a] *adj* (*rua, praça*) busy; (*pessoa*) active; (*show, música*) up-tempo

movimentar [movimẽ'ta*] *vt* to move; (*animar*) to liven up

movimento [movi'mẽtu] *m* movement; (*TEC*) motion; (*na rua*) activity, bustle; **de muito** ~ busy

muamba ['mwãba] (*col*) *f* (*contrabando*) contraband; (*objetos roubados*) loot

muco ['muku] *m* mucus

muçulmano/a [musuw'manu/a] *adj*, *m/f* Moslem

muda ['muda] *f* (*planta*) seedling; (*vestuário*) outfit; ~ **de roupa** change of clothes

mudança [mu'dãsa] *f* change; (*de casa*) move; (*AUTO*) gear

mudar [mu'da*] *vt* to change; (*deslocar*) to move ♦ *vi* to change; (*ave*) to moult (*BRIT*), molt (*US*); ~**-se** *vr* (*de casa*) to move (away); ~ **de roupa/de assunto** to change clothes/the subject; ~ **de casa** to move (house); ~ **de idéia** to change one's mind

mudez [mu'deʒ] *f* muteness; (*silêncio*) silence

mudo/a ['mudu/a] *adj* dumb; (*calado, CINEMA*) silent; (*telefone*) dead ♦ *m/f* mute

mugir [mu'ʒi*] *vi* (*vaca*) to moo

muito/a ['mwĩtu/a] *adj* (*quantidade*) a lot of; (: *em frase negativa ou interrogativa*) much; (*número*) lots of, a lot of; many; ~ **esforço** a lot of effort; **faz** ~ **calor** it's very hot; ~ **tempo** a long time; **muitas amigas** lots *ou* a lot of friends; **muitas vezes** often

♦ *pron* a lot; (*em frase negativa ou interrogativa: sg*) much; (: *pl*) many; **tenho** ~ **que fazer** I've got a lot to do; ~**s dizem que** ... a lot of people say that ...

♦ *adv* **1** a lot; (+ *adj*) very; (+ *compar*): ~ **melhor** much *ou* far *ou* a lot better; **gosto** ~ **disto** I like it a lot; **sinto** ~ I'm very sorry; ~ **interessante** very interesting

2 (*resposta*) very; **está cansado?** - ~ are you tired? - very

3 (*tempo*): ~ **depois** long after; **há** ~ a long time ago; **não demorou** ~ it didn't take long

mula ['mula] *f* mule

mulato/a [mu'latu/a] *adj*, *m/f* mulatto

muleta [mu'leta] *f* crutch; (*fig*) support

mulher [mu'ʎe*] *f* woman; (*esposa*) wife

multa ['muwta] *f* fine; **levar uma** ~ to be fined; ~**r** [muw'ta*] *vt* to fine; ~**r alguém em $1000** to fine sb $1000

multidão [muwtʃi'dãw] (*pl* -ões) *f* crowd; **uma** ~ **de** (*muitos*) lots of

multinacional [muwtʃinasjo'naw] (*pl* -ais) *adj*, *f* multinational

multiplicar [muwtʃipli'ka*] *vt* to multiply; (*aumentar*) to increase

múltiplo/a ['muwtʃiplu/a] *adj* multiple ♦ *m* multiple

múmia ['mumja] *f* mummy

mundial [mũ'dʒjaw] (*pl* -ais) *adj* worldwide; (*guerra, recorde*) world *atr* ♦ *m* world championship

mundo ['mũdu] *m* world; **todo o** ~

everybody; **um** ~ **de** lots of, a great many

munição [muni'sãw] (*pl* -ões) *f* (*de armas*) ammunition; (*chumbo*) shot; (*MIL*) munitions *pl*, supplies *pl*

municipal [munisi'paw] (*pl* -ais) *adj* municipal

município [muni'sipju] *m* local authority; (*cidade*) town; (*condado*) county

munições [muni'sõjʃ] *fpl de* **munição**

munir [mu'ni*] *vt*: ~ **de** to provide with, supply with; ~**-se** *vr*: ~**-se de** (*provisões*) to equip o.s. with

mural [mu'raw] (*pl* -ais) *adj*, *m* mural

muralha [mu'raʎa] *f* (*de fortaleza*) rampart; (*muro*) wall

murchar [mux'ʃa*] *vt* (*BOT*) to wither; (*sentimentos*) to dull; (*pessoa*) to sadden ♦ *vi* to wither, wilt; (*fig*) to fade

murmurar [muxmu'ra*] *vi* to murmur, whisper; (*queixar-se*) to mutter, grumble; (*água*) to ripple; (*folhagem*) to rustle ♦ *vt* to murmur; **murmúrio** [mux'murju] *m* murmuring, whispering; grumbling; rippling; rustling

muro ['muru] *m* wall

murro ['muxu] *m* punch; **dar um** ~ **em alguém** to punch sb

musa ['muza] *f* muse

musculação [muʃkula'sãw] *f* bodybuilding

músculo ['muʃkulu] *m* muscle; **musculoso/a** [muʃku'lozu/ɔza] *adj* muscular

museu [mu'zew] *m* museum; (*de pintura*) gallery

musgo ['muʒgu] *m* moss

música ['muzika] *f* music; (*canção*) song; **músico/a** ['muziku/a] *adj* musical ♦ *m/f* musician

musselina [muse'lina] *f* muslin

mutilar [mutʃi'la*] *vt* to mutilate; (*pessoa*) to maim; (*texto*) to cut

mútuo/a ['mutwu/a] *adj* mutual

N

N *abr* (= *norte*) N

na [na] = **em** + **a**

-na [na] *pron her*; (*coisa*) it

nabo ['nabu] *m* turnip

nação [na'sãw] (*pl* **-ões**) *f* nation

nácar ['naka*] *m* mother-of-pearl

nacional [nasjo'naw] (*pl* **-ais**) *adj* national; (*carro, vinho etc*) domestic, home-produced; **~idade** [nasjonali'dadʒi] *f* nationality; **~ismo** [nasjona'liʒmu] *m* nationalism; **~ista** [nasjona'liʃta] *adj, m/f* nationalist; **~izar** [nasjonali'za*] *vt* to nationalize

nações [na'sõjʃ] *fpl de* **nação**

nada ['nada] *pron* nothing ♦ *adv* at all; **antes de mais ~** first of all; **não é ~ difícil** it's not at all hard, it's not hard at all; **~ mais** nothing else; **~ de novo** nothing new; **obrigado — de ~** thank you — not at all **ou** don't mention it

nadadeira [nada'dejra] *f* (*de peixe*) fin; (*de golfinho, foca, mergulhador*) flipper

nadador(a) [nada'do*(a)] *m/f* swimmer

nadar [na'da*] *vi* to swim

nádegas ['nadegaʃ] *fpl* buttocks

nado ['nadu] *m*: **atravessar a ~** to swim across; **~ borboleta/de costas/de peito** butterfly (stroke)/backstroke/breaststroke

náilon ['najlõ] *m* nylon

naipe ['najpi] *m* (*cartas*) suit

namorado/a [namo'radu/a] *m/f* boyfriend/girlfriend

namorar [namo'ra*] *vt* (*ser namorado de*) to be going out with

namoro [na'moru] *m* relationship

não [nãw] *adv* not; (*resposta*) no ♦ *m* no; **~ sei** I don't know; **~ muito** not much; **~ só ... mas também** not only ... but also; **agora ~** not now; **~ tem de quê** don't mention it; **~ é?** isn't it?, won't you?; (*etc, segundo o verbo precedente*); **eles são**

brasileiros, **~ é?** they're Brazilian, aren't they?

não- [nãw-] *prefixo* non-

naquele(s)/a(s) [na'keli(ʃ)/na'kela(ʃ)] = **em** + **aquele(s)/a(s)**

naquilo [na'kilu] = **em** + **aquilo**

narciso [nax'sizu] *m* (*BOT*): **~ dos prados** daffodil

narcótico/a [nax'kɔtʃiku/a] *adj* narcotic ♦ *m* narcotic

narina [na'rina] *f* nostril

nariz [na'riʒ] *m* nose

narração [naxa'sãw] (*pl* **-ões**) *f* narration; (*relato*) account; **narrador(a)** [naxa'do*(a)] *m/f* narrator

narrar [na'xa*] *vt* to narrate

narrativa [naxa'tʃiva] *f* narrative; (*história*) story

nas [naʃ] = **em** + **as**

-nas [naʃ] *pron* them

nascença [na'sẽsa] *f* birth; **de ~** by birth; **ele é surdo de ~** he was born deaf

nascente [na'sẽtʃi] *m*: **o ~** the East, the Orient ♦ *f* (*fonte*) spring

nascer [na'se*] *vi* to be born; (*plantas*) to sprout; (*o sol*) to rise; (*ave*) to hatch; (*fig: ter origem*) to come into being ♦ *m*: **~ do sol** sunrise; **ele nasceu para médico** *etc* he's a born doctor *etc*; **nascimento** [nasi'mẽtu] *m* birth; (*fig*) origin; (*estirpe*) descent

nata ['nata] *f* cream

natação [nata'sãw] *f* swimming

natais [na'tajʃ] *adj pl de* **natal**

Natal [na'taw] *m* Christmas; **Feliz ~!** Merry Christmas!

natal [na'taw] (*pl* **-ais**) *adj* (*relativo ao nascimento*) natal; (*país*) native; **cidade ~** home town; **~idade** [natali'dadʒi] *f*: (*índice de*) **~idade** birth rate

natalino/a [nata'linu/a] *adj* Christmas *atr*

nativo/a [na'tʃivu/a] *adj, m/f* native

natural [natu'raw] (*pl* **-ais**) *adj* natural; (*nativo*) native ♦ *m/f* native; **ao ~** (*CULIN*) fresh, uncooked; **~idade** [naturali'dadʒi] *f* naturalness;

de ~idade paulista *etc* born in São Paulo *etc*; ~**izar** [naturali'za*] *vt* to naturalize; ~**izar-se** *vr* to become naturalized; ~**mente** [naturaw'mētʃi] *adv* naturally; ~**mente!** of course!

natureza [natu'reza] *f* nature; (*espécie*) kind, type

nau [naw] *f* (*literário*) ship

naufragar [nawfra'ga*] *vi* (*navio*) to be wrecked; (*marinheiro*) to be shipwrecked; **naufrágio** [naw'fraʒu] *m* shipwreck; **náufrago/a** *f* ['nawfragu/a] *m/f* castaway

náusea ['nawzea] *f* nausea; **dar** ~**s** **a alguém** to make sb feel sick; **sentir** ~**s** to feel sick; **nausear** [naw'zja*] *vt* to nauseate, sicken

náutica ['nawtʃika] *f* seamanship

náutico/a ['nawtʃiku/a] *adj* nautical

naval [na'vaw] (*pl* –**ais**) *adj* naval; **construção** ~ shipbuilding

navalha [na'vaʎa] *f* (*de barba*) razor; (*faca*) knife

nave ['navi] *f* (*de igreja*) nave

navegação [navega'sāw] *f* navigation, sailing; ~ **aérea** air traffic; **companhia de** ~ shipping line

navegar [nave'ga*] *vt* to navigate; (*mares*) to sail ♦ *vi* to sail; (*dirigir o rumo*) to navigate

navio [na'viu] *m* ship; ~ **aeródromo/cargueiro/petroleiro** aircraft carrier/cargo ship/oil tanker; ~ **de guerra** (*BR*) battleship

nazi [na'zi] (*PT*) *adj*, *m/f* = **nazista**

nazista [na'ziʃta] *adj*, *m/f* Nazi

NB *abr* (= *note bem*) NB

neblina [ne'blina] *f* fog, mist

nebuloso/a [nebu'lozu/ɔza] *adj* foggy, misty; (*céu*) cloudy; (*fig*) vague

necessário/a [nese'sarju/a] *adj* necessary ♦ *m*: o ~ the necessities *pl*

necessidade [nesesi'dadʒi] *f* need, necessity; (o *que se necessita*) need; (*pobreza*) poverty, need; **ter** ~ **de** to need; **em caso de** ~ if need be

necessitado/a [nesesi'tadu/a] *adj* needy, poor; ~ **de** in need of

necessitar [nesesi'ta*] *vt* to need, require ♦ *vi*: ~ **de** to need

necrotério [nekro'tɛrju] *m* mortuary, morgue (*US*)

neerlandês/esa [neexlã'deʃ/eza] *adj* Dutch ♦ *m/f* Dutchman/woman

Neerlândia [neex'lãdʒa] *f* the Netherlands *pl*

nefasto/a [ne'faʃtu/a] *adj* (*de mau agouro*) ominous; (*trágico*) tragic

negar [ne'ga*] *vt* to deny; (*recusar*) to refuse; ~**-se** *vr*: ~**-se a** to refuse to

negativa [nega'tiiva] *f* negative; (*recusa*) denial

negativo/a [nega'tʃivu/a] *adj* negative ♦ *m* (*TEC, FOTO*) negative ♦ *excl* (*col*) nope!

negligência [negli'ʒēsja] *f* negligence, carelessness; **negligente** [negli'ʒētʃi] *adj* negligent, careless

negociação [negosja'sāw] *f* negotiation

negociante [nego'sjātʃi] *m/f* businessman/woman

negociar [nego'sja*] *vt* to negotiate; (*COM*) to trade ♦ *vi*: ~ (**com**) to trade *ou* deal (in); to negotiate (with); **negociável** [nego'sjavew] (*pl* –**eis**) *adj* negotiable

negócio [ne'gɔsju] *m* (*COM*) business; (*transação*) deal; (*questão*) matter; (*col*: *troço*) thing; (*assunto*) affair, business; **homem de** ~**s** businessman; **a** ~**s** on business; **fechar um** ~ to make a deal

negro/a ['negru/a] *adj* black; (*raça*) Black; (*fig*: *lúgubre*) black, gloomy ♦ *m/f* Black man/woman

nele(s)/a(s) ['neli(ʃ)/'nela(ʃ)] = **em** + **ele(s)/a(s)**

nem [nēj] *conj* nor, neither; (*sequer*) not even; ~ **que** even if; ~ **bem** hardly; ~ **um** só not a single one; ~ **estuda** ~ **trabalha** he neither studies nor works; ~ **eu** nor me; **sem** ~ without even; ~ **todos** not all; ~ **tanto** not so much; ~ **sempre** not always

nenê [ne'ne] *m/f* baby

neném [ne'nēj] (*pl* –**ns**) *m/f* = **nenê**

nenhum(a) [ne'ɲũ/'ɲuma] *adj* no,

not any ♦ *pron* (*nem um só*) none,
not one; (*de dois*) neither; ~ **lugar**
nowhere
neozelandês/esa [neozelã'deʃ/
dezá] *adj* New Zealand *atr* ♦ *m/f*
New Zealander
nervo ['nexvu] *m* (*ANAT*) nerve;
(*fig*) energy, strength; (*em carne*) sinew; ~**sismo** [nexvo'ziʒmu] *m* (*nervo-
sidade*) nervousness; (*irritabilidade*)
irritability; ~**so** [nex'vozu/ɔza] *adj*
nervous; (*irritável*) touchy, on edge;
(*exaltado*) worked up; **isso/ele me**
deixa ~**so** he gets on my nerves
nervura [nex'vura] *f* rib; (*BOT*) vein
nesse(s)/a(s) ['nesi(ʃ)/'nεsa(ʃ)] =
em + esse(s)/a(s)
neste(s)/a(s) ['neʃti(ʃ)/'neʃta(ʃ)] =
em + este(s)/a(s)
neto/a ['nεtu/a] *m/f* grandson/
daughter; ~**s** *mpl* grandchildren
neurose [new'rɔzi] *f* neurosis;
neurótico/a [new'rɔtʃiku/a] *adj*, *m/f*
neurotic
neutralizar [newtrali'za*] *vt* to neu-
tralize; (*anular*) to counteract
neutro/a ['newtru/a] *adj* (*LING*)
neuter; (*imparcial*) neutral
nevada [ne'vada] *f* snowfall
nevado/a [ne'vadu/a] *adj* snow-
covered; (*branco*) snow-white
nevar [ne'va*] *vi* to snow; **nevasca**
[ne'vaʃka] *f* snowstorm; **neve** ['nεvi] *f*
snow
névoa ['nevoa] *f* fog; **nevoeiro**
[nevo'ejru] *m* thick fog
nexo ['nεksu] *m* connection, link;
sem ~ disconnected, incoherent
Nicarágua [nika'ragwa] *f*: **a** ~
Nicaragua
nicotina [niko'tʃina] *f* nicotine
Nigéria [ni'ʒεrja] *f*: **a** ~ Nigeria
Nilo ['nilu] *m*: **o** ~ the Nile
ninguém [nĩ'gẽj] *pron* nobody, no-
one
ninho ['niɲu] *m* nest; (*toca*) lair;
(*lar*) home
níquel ['nikew] *m* nickel
nisso ['nisu] = em + isso
nisto ['niʃtu] = em + isto

nitidez [nitʃi'deʒ] *f* (*clareza*) clarity;
(*brilho*) brightness; (*imagem*) sharpness
nítido/a ['nitʃidu/a] *adj* clear, distinct; (*brilhante*) bright; (*imagem*)
sharp, clear
nitrogênio [nitro'ʒenju] *m* nitrogen
nível ['nivew] (*pl* -**eis**) *m* level; (*fig*:
padrão) standard; (: *ponto*) point,
pitch; ~ **de vida** standard of living;
nivelar [nive'la*] *vt* (*terreno etc*) to
level ♦ *vi*: **nivelar com** to be level
with; **nivelar-se** *vr*: **nivelar-se com**
to be equal to
no [nu] = em + o
-**no** [nu] *pron* him; (*coisa*) it
nº *abr* (= *número*) no
nó [nɔ] *m* knot; (*de uma questão*)
crux; ~**s dos dedos** knuckles; **dar**
um ~ to tie a knot
nobre ['nɔbri] *adj*, *m/f* noble; **horário** ~ prime time; **nobreza** [no'breza] *f*
nobility
noção [no'sãw] (*pl* -**ões**) *f* notion;
noções *fpl* (*rudimentos*) rudiments,
basics; ~ **vaga** inkling; **não ter a**
menor ~ **de algo** not to have the
slightest idea about sth
nocaute [no'kawtʃi] *m* knockout ♦
adv: **pôr alguém** ~ to knock sb out
nocivo/a [no'sivu/a] *adj* harmful
noções [no'sõjʃ] *fpl* de **noção**
nocturno/a [no'tuxnu/a] (*PT*) *adj* =
noturno
nódoa ['nɔdwa] *f* spot; (*mancha*)
stain
nogueira [no'gejra] *f* (*árvore*) walnut tree; (*madeira*) walnut
noite ['nojtʃi] *f* night; **à** *ou* **de** ~ at
night, in the evening; **boa** ~ good
evening; (*despedida*) good night; **da**
~ **para o dia** overnight; **tarde da**
~ late at night
noivado [noj'vadu] *m* engagement
noivo/a ['nojvu/a] *m/f* (*prometido*)
fiancé(e); (*no casamento*) bride-
groom/bride; **os** ~**s** *mpl* (*prometi-
dos*) the engaged couple; (*no casamento*) the bride and groom;
(*recém-casados*) the newly-weds

nojento/a [no'ʒẽtu/a] adj disgusting

nojo ['noʒu] m nausea; (repulsão) disgust, loathing; **ela é um ~** she's horrible; **este trabalho está um ~** this work is messy

no-la(s) = nos + a(s)

no-lo(s) = nos + o(s)

nómade ['nomadʒi] m/f nomad

nome ['nomi] m name; (fama) fame; **de ~** by name; **escritor de ~** famous writer; **um restaurante de ~** a restaurant with a good reputation; **em ~ de** in the name of; **~ de batismo** Christian name

nomeação [nomja'sãw] (pl –ões) f nomination; (para um cargo) appointment

nomeada [no'mjada] f fame

nomear [no'mja*] vt to nominate; (conferir um cargo a) to appoint; (dar nome a) to name

nominal [nomi'naw] (pl –ais) adj nominal

nono/a ['nonu/a] num ninth

nora ['nɔra] f daughter-in-law

nordeste [nox'dɛʃtʃi] m, adj northeast

norma ['nɔxma] f standard, norm; (regra) rule; **como ~** as a rule

normal [nox'maw] (pl –ais) adj normal; (habitual) usual; **~izar** [noxmali'za*] vt to bring back to normal; **~izar-se** vr to return to normal

noroeste [nor'wɛʃtʃi] adj northwest, northwestern ♦ m northwest

norte ['nɔxtʃi] adj northern, north; (vento, direção) northerly ♦ m north; **~-americano/a** adj, m/f (North) American

Noruega [nor'wega] f Norway; **norueguês/esa** [norwe'geʃ/geza] adj, m/f Norwegian ♦ m (LING) Norwegian

nos [nuʃ] = em + os pron (direto) us; (indireto) us, to us, for us; (reflexivo) (to) ourselves; (recíproco) (to) each other

-nos [nuʃ] pron them

nós [nɔʃ] pron we; (depois de prep) us; **~ mesmos** we ourselves

nosso/a ['nɔsu/a] adj our ♦ pron ours; **um amigo ~** a friend of ours; **Nossa Senhora** (REL) Our Lady

nostalgia [noʃtaw'ʒia] f nostalgia; (saudades da pátria etc) homesickness; **nostálgico/a** [noʃ'tawʒiku/a] adj nostalgic; homesick

nota ['nɔta] f note; (EDUC) mark; (conta) bill; (cédula) banknote; **~ de venda** sales receipt; **~ fiscal** receipt

notar [no'ta*] vt to notice, note; **~-se** vr to be obvious; **fazer ~** to call attention to; **notável** [no'tavew] (pl –eis) adj notable, remarkable

notícia [no'tʃisja] f (uma ~) piece of news; (TV etc) news item; **~s** fpl (informações) news sg; **pedir ~s de** to inquire about; **ter ~s de** to hear from; **noticiário** [notʃi'sjarju] m (de jornal) news section; (CINEMA) newsreel; (TV, RADIO) news bulletin

notificar [notʃifi'ka*] vt to notify, inform

notoriedade [notorje'dadʒi] f renown

notório/a [no'tɔrju/a] adj well-known

noturno/a [no'tuxnu/a] adj nocturnal, nightly; (trabalho) night atr ♦ m (trem) night train

nova ['nɔva] f piece of news; **~s** fpl (novidades) news sg

novamente [nova'mẽtʃi] adv again

novato/a [no'vatu/a] adj inexperienced, raw ♦ m/f beginner, novice; (EDUC) fresher

nove ['nɔvi] num nine

novela [no'vɛla] f short novel, novella; (RADIO, TV) soap opera

novelo [no'velu] m ball of thread

novembro [no'vẽbru] (PT N-) m November

noventa [no'vẽta] num ninety

noviço/a [no'visa/a] m/f novice

novidade [novi'dadʒi] f novelty; (notícia) piece of news; **~s** fpl (notícias) news sg; **~iro/a** [novida'dejru/a] adj chatty ♦ m/f gossip

novilho/a [no'viʎu/a] m/f young bull/heifer

novo/a ['novu/'nɔva] *adj* new; *(jovem)* young; *(adicional)* further; de ~ again

noz [nɔʒ] *f* nut; *(da nogueira)* walnut; ~ moscada nutmeg

nu(a) [nu/'nua] *adj* naked; *(arvore, sala, parede)* bare ♦ *m* nude

nublado/a [nu'bladu/a] *adj* cloudy, overcast

nublar [nu'bla*] *vt* to darken; ~-se *vr* to cloud over

nuca ['nuka] *f* nape (of the neck)

nuclear [nu'klja*] *adj* nuclear

núcleo ['nuklju] *m* nucleus *sg*; *(centro)* centre *(BRIT)*, center *(US)*

nudez [nu'deʒ] *f* nakedness, nudity; *(de paredes etc)* bareness

nudista [nu'dʒiʃta] *adj, m/f* nudist

nulo/a ['nulu/a] *adj* *(JUR)* null, void; *(nenhum)* non-existent; *(sem valor)* worthless; *(esforço)* vain, useless

num [nũ] = em + um

numa(s) ['numa(ʃ)] = em + uma(s)

numeral [nume'raw] *(pl* –ais*)* *m* numeral

numerar [nume'ra*] *vt* to number

numérico/a [nu'mɛriku/a] *adj* numerical

número ['numeru] *m* number; *(de jornal)* issue; *(TEATRO etc)* act; *(de sapatos, roupa)* size; sem ~ countless; ~ de matrícula registration *(BRIT)* ou license plate *(US)* number; **numeroso/a** [nume'rozu/ɔza] *adj* numerous

nunca ['nũka] *adv* never; ~ mais never again; quase ~ hardly ever; mais que ~ more than ever

nuns [nũʃ] = em + uns

núpcias ['nupsjaʃ] *fpl* nuptials, wedding *sg*

nutrição [nutri'sãw] *f* nutrition

nutrido/a [nu'tridu/a] *adj* well-nourished; *(robusto)* robust

nutrir [nu'tri*] *vt* *(sentimento)* to harbour *(BRIT)*, harbor *(US)*; *(alimentar-se)*: ~ (de) to nourish (with), feed (on); *(fig)* to feed (on) ♦ *vi* to be nourishing; **nutritivo/a**

[nutri'tʃivu/a] *adj* nourishing

nuvem ['nuvẽj] *(pl* –ns*)* *f* cloud; *(de insetos)* swarm

O

PALAVRA CHAVE

o/a [u/a] *art def* **1** the; o livro/a mesa/os estudantes the book/table/students

2 *(com n abstrato: não se traduz)*: o amor/a juventude love/youth

3 *(posse: traduz-se muitas vezes por adj possessivo)*: quebrar o braço to break one's arm; ela levantou a mão he put his hand up; ela colocou o chapéu she put her hat on

4 *(valor descritivo)*: ter a boca grande/os olhos azuis to have a big mouth/blue eyes

♦ *pron demostrativo*: meu livro e o seu my book and yours; as de Pedro são melhores Pedro's are better; não a(s) branca(s) mas a(s) cinza(s) not the white one(s) but the grey one(s)

♦ *pron relativo*: o que *etc* **1** *(indef)*: o(s) que quiser(em) pode(m) sair anyone who wants to can leave; leve o que mais gustar take the one you like best

2 *(def)*: o que comprei ontem the one I bought yesterday; os que saíram those who left

3: o que what; o que eu acho/mais gosto what I think/like most

♦ *pron pessoal* **1** *(pessoa: m)*: him; *(: f)* her; *(: pl)* them; não posso vê-lo(s) I can't see him/them; vemo-la todas as semanas we see her every week

2 *(animal, coisa: sg)* it; *(: pl)* them; não posso vê-lo(s) I can't see it/them; acharam-nos na praia they found us on the beach

oásis [o'asiʃ] *m inv* oasis

obedecer [obede'se*] *vi*: ~ a to

obey; **obediência** [obe'dʒẽʃja] f
obedience; **obediente** [obe'dʒẽtʃi] adj
obedient

óbito ['ɔbitu] m death; **atestado de**
~ death certificate

obituário [obi'twarju] m obituary

objeção [obʒe'sãw] (PT -cç-; pl
-ões) f objection; **fazer** ou **pôr objeções** a to object to

objetivo/a [obʒe'tʃivu/a] (PT -ct-)
adj objective ♦ m objective

objeto [ob'ʒetu] (PT -ct-) m object

oblíqua [o'blikwa] f oblique

oblíquo/a [o'blikwu/a] adj oblique;
(olhar) sidelong

oblongo/a [o'blõgu/a] adj oblong

oboé [o'bwɛ] m oboe

obra ['bra] f work; (ARQ) building,
construction; (TEATRO) play; em
~s under repair; **ser** ~ **de alguém/
algo** to be the work of sb/the result
of sth; ~ **de arte** work of art; ~**s
públicas** public works; ~**prima** (pl
~**s-primas**) f masterpiece

obrigação [obriga'sãw] (pl -ões) f
obligation; (COM) bond

obrigado/a [obri'gadu/a] adj
obliged, compelled ♦ excl thank you;
(recusa) no, thank you

obrigar [obri'ga*] vt to oblige, compel; ~**-se** vr: ~**-se a fazer algo** to
undertake to do sth; **obrigatório/a**
[obriga'tɔrju/a] adj compulsory, obligatory

obsceno/a [obi'sɛnu/a] adj obscene

obscurecer [obiʃkure'se*] vt to
darken; (entendimento, verdade etc)
to obscure ♦ vi to get dark

obscuro/a [obi'ʃkuru/a] adj dark;
(fig) obscure

obséquio [ob'sɛkju] m favour
(BRIT), favor (US), kindness

observação [obisexva'sãw] (pl -ões)
f observation; (comentário) remark,
comment; (de leis, regras) observance

observador(a) [obisexva'do*(a)] m/f
observer

observar [obisex'va*] vt to observe;
(notar) to notice; ~ **algo a alguém**

to point sth out to sb

observatório [obisexva'tɔrju] m observatory

obsessão [obise'sãw] (pl -ões) f ob-
session; **obsessivo/a** [obise'sivu/a]
adj obsessive

obsoleto/a [obiso'letu/a] adj obsolete

obstáculo [obi'ʃtakulu] m obstacle;
(dificuldade) hindrance, drawback

obstetrícia [obiʃte'trisja] f obstetrics
sg

obstinado/a [obiʃtʃi'nadu/a] adj obstinate, stubborn

obstrução [obiʃtru'sãw] (pl -ões) f
obstruction; **obstruir** [obi'ʃtrwi*] vt to
obstruct; (impedir) to impede

obter [obi'te*] (irreg: como **ter**) vt
to obtain, get; (alcançar) to gain

obturação [obitura'sãw] (pl -ões) f
(de dente) filling

obturador [obitura'do*] m (FOTO)
shutter

obturar [obitu'ra*] vt to stop up,
plug; (dente) to fill

obtuso/a [obi'tuzu/a] adj (ger) ob-
tuse; (fig: pessoa) thick

óbvio/a ['ɔbvju/a] adj obvious; (é)
~! of course!

ocasião [oka'zjãw] (pl -ões) f opportunity, chance; (momento, tempo)
occasion; **ocasionar** [okazjo'na*] vt
to cause, bring about

oceano [o'sjanu] m ocean

ocidental [oside'taw] (pl -ais) adj
western ♦ m/f westerner

ocidente [osi'dẽtʃi] m west

ócio ['sju] m (lazer) leisure; (ina-
ção) idleness; **ocioso/a** [o'sjozu/ɔza]
adj idle; (vaga) unfilled

oco/a ['oku/a] adj hollow, empty

ocorrência [oko'xẽsja] f incident,
event; (circunstância) circumstance

ocorrer [oko'xe*] vi to happen, occur; (vir ao pensamento) to come to
mind; ~ **a alguém** to happen to sb;
to occur to sb

ocre ['ɔkri] adj, m ochre (BRIT),
ocher (US)

ocular [oku'la*] adj ocular; **testemu-**

nha ~ eye witness

oculista [oku'lifta] *m/f* optician

óculo ['okulu] *m* spyglass; ~s *mpl* (*para ver melhor*) glasses, spectacles; ~s de proteção goggles

ocultar [okuw'ta°] *vt* to hide, conceal; **ocultas** [o'kuwtaʃ] *fpl*: às ocultas in secret; **oculto/a** [o'kuwtu/a] *adj* hidden; (*desconhecido*) unknown; (*secreto*) secret; (*sobrenatural*) occult

ocupação [okupa'sãw] (*pl* -ões) *f* occupation

ocupado/a [oku'padu/a] *adj* (*pessoa*) busy; (*lugar*) taken, occupied; (*BR: telefone*) engaged (*BRIT*), busy (*US*); **sinal de** ~ (*BR: TEL*) engaged tone (*BRIT*), busy signal (*US*)

ocupar [oku'pa°] *vt* to occupy; (*tempo*) to take up; (*pessoa*) to keep busy; ~-se *vr*: ~-se **com** ou **de** ou **em algo** (*dedicar-se a*) to deal with sth; (*cuidar de*) to look after sth; (*passar seu tempo com*) to occupy o.s. with sth

odiar [o'dʒja°] *vt* to hate; **ódio** ['odʒju] *m* hate, hatred; **odioso/a** [o'dʒjozu/ɔza] *adj* hateful

odor [o'do°] *m* smell

oeste ['wɛʃtʃi] *m* west ♦ *adj inv* (*região*) western; (*direção, vento*) westerly

ofegante [ofe'gãtʃi] *adj* breathless, panting

ofegar [ofe'ga°] *vi* to pant, puff

ofender [ofẽ'de°] *vt* to offend; ~-se *vr*: ~-se (**com**) to take offence (*BRIT*) ou offense (*US*) (at)

ofensa [o'fẽsa] *f* insult; (*à lei, moral*) offence (*BRIT*), offense (*US*); **ofensiva** [ofẽ'siva] *f* offensive; **ofensivo/a** [ofẽ'sivu/a] *adj* offensive

oferecer [ofere'se°] *vt* to offer; (*dar*) to give; (*jantar*) to give; (*propor*) to propose; (*dedicar*) to dedicate; ~-se *vr* (*pessoa*) to offer o.s., volunteer; (*oportunidade*) to present itself, arise; ~-se **para** fazer to offer to do; **oferecimento** [oferesi'mẽtu] *m* offer; **oferta** [o'fɛxta] *f* offer; (*dádiva*)

gift; (*COM*) bid; (*em loja*) special offer

oficial [ofi'sjaw] (*pl* -ais) *adj* official ♦ *m/f* official; (*MIL*) officer; ~ **de justiça** bailiff

oficina [ofi'sina] *f* workshop; ~ **mecânica** garage

ofício [o'fisju] *m* profession, trade; (*REL*) service; (*carta*) official letter; (*função*) function; (*encargo*) job, task

ofuscar [ofuʃ'ka°] *vt* (*obscurecer*) to blot out; (*deslumbrar*) to dazzle; (*suplantar em brilho*) to outshine ♦ *vi* to be dazzling

oitavo/a [oj'tavu/a] *num* eighth

oitenta [oj'tẽta] *num* eighty

oito ['ojtu] *num* eight

olá [o'la] *excl* hello!

olaria [ola'ria] *f* (*fábrica: de louças de barro*) pottery; (: *de tijolos*) brickworks *sg*

óleo ['ɔlju] *m* (*lubricante*) oil; ~ **diesel/de bronzear** diesel/suntan oil; **oleoduto** [oljo'dutu] *m* (oil) pipeline; **oleoso/a** [o'ljozu/ɔza] *adj* oily; (*gorduroso*) greasy

olfato [ow'fatu] *m* sense of smell

olhada [o'ʎada] *f* glance, look; **dar uma** ~ to have a look

olhadela [oʎa'dɛla] *f* peep

olhar [o'ʎa°] *vt* to look at; (*observar*) to watch; (*ponderar*) to consider; (*cuidar de*) to look after ♦ *vi* to look ♦ *m* look; ~-se *vr* to look at o.s.; (*duas pessoas*) to look at each other; ~ **fixamente** to stare at; ~ **para** to look at; ~ **por** to look after; ~ **fixo** stare

olho ['oʎu] *m* (*ANAT, de agulha*) eye; (*vista*) eyesight; ~ **nele!** watch him!; ~ **vivo!** keep your eyes open!; **a** ~ (*medir, calcular etc*) by eye; ~ **mágico** (*na porta*) peephole; ~ **roxo** black eye; **num abrir e fechar de** ~s in a flash

olimpíada [oli'piada] *f*: **as O~s** the Olympics

oliveira [oli'vejra] *f* olive tree

olmeiro [ow'mejru] *m* = **olmo**

olmo ['ɔwmu] m elm

ombro ['õbru] m shoulder; **encolher os ~s , dar de ~s** to shrug one's shoulders

omeleta [ome'leta] (*PT*) f = **omelete**

omelete [ome'letʃi] (*BR*) f omelette (*BRIT*), omelet (*US*)

omissão [omi'sãw] (*pl* –ões) f omission; (*negligência*) negligence

omitir [omi'tʃi*] vt to omit

omoplata [omo'plata] f shoulder blade

onça ['õsa] f ounce; (*animal*) jaguar; **~-parda** (*pl* ~s-pardas) f puma

onda ['õda] f wave; (*moda*) fashion; **~ curta/média/longa** short/medium/long wave; **~ de calor** heat wave

onde ['õdʒi] *adv* where ♦ *conj* where, in which; **de ~ você é?** where are you from?; **por ~** through which; **por ~?** which way?; **~ quer que** wherever

ondear [õ'dʒa*] vt to wave ♦ vi to wave; (*água*) to ripple

ondulado/a [õdu'ladu/a] *adj* wavy

ônibus ['onibuʃ] (*BR*) m inv bus; **ponto de ~** bus-stop

onomástico/a [ono'maʃtʃiku/a] *adj*: **dia ~** name day

ontem ['õtẽ] *adv* yesterday; **~ à noite** last night

ONU ['onu] *abr* f (= *Organização das Nações Unidas*) UNO

ônus ['onuʃ] m inv onus; (*obrigação*) obligation; (*COM*) charge; (*encargo desagradável*) burden

onze ['õzi] *num* eleven

opaco/a [o'paku/a] *adj* opaque; (*obscuro*) dark

opala [o'pala] f opal

opção [op'sãw] (*pl* –ões) f option, choice; (*preferência*) first claim, right

OPEP [o'pɛpi] *abr* f (= *Organização dos Países Exportadores de Petróleo*) OPEC

ópera ['ɔpera] f opera

operação [opera'sãw] (*pl* –ões) f operation; (*COM*) transaction

operador(a) [opera'do*(a)] m/f operator; (*cirurgião*) surgeon; (*num cinema*) projectionist

operar [ope'ra*] vt to operate; (*produzir*) to effect, bring about; (*MED*) to operate on ♦ vi to operate; (*agir*) to act, function; **~-se** vr (*suceder*) to take place; (*MED*) to have an operation

operariado [opera'rjadu] m: **o ~** the working class

operário/a [ope'rarju/a] *adj* working ♦ m/f worker; **classe operária** working class

opinar [opi'na*] vt to think ♦ vi to give one's opinion

opinião [opi'njãw] (*pl* –ões) f opinion; **mudar de ~** to change one's mind

ópio ['ɔpju] m opium

oponente [opo'nẽtʃi] *adj* opposing ♦ m/f opponent

opor [o'po*] (*irreg: como* **pôr**) vt to oppose; (*resistência*) to put up, offer; (*objeção, dificuldade*) to raise; **~-se** vr: **~-se a** to object to; (*resistir*) to oppose

oportunidade [opoxtuni'dadʒi] f opportunity

oportunista [opoxtu'niʃta] *adj*, m/f opportunist

oportuno/a [opox'tunu/a] *adj* (*momento*) opportune, right; (*oferta de ajuda*) well-timed; (*conveniente*) convenient, suitable

oposição [opozi'sãw] f opposition; **em ~ a** against; **fazer ~ a** to oppose

oposto/a [o'poʃtu/poʃta] *adj* opposite; (*em frente*) facing; (*opiniões*) opposing ♦ m opposite

opressão [opre'sãw] (*pl* –ões) f oppression; **opressivo/a** [opre'sivu/a] *adj* oppressive

oprimir [opri'mi*] vt to oppress; (*comprimir*) to press

optar [op'ta*] vi to choose; **~ por** to opt for; **~ por fazer** to opt to do

óptico/a *etc* ['ɔtiku/a] (*PT*) =

ótico etc

óptimo/a etc ['ɔtimu/a] (PT) adj = ótimo etc

opulento/a [opu'lẽtu/a] adj opulent

ora ['ɔra] adv now ♦ conj well; por ~ for the time being; ~ ..., ~ ..., one moment ..., the next ...; ~ bem now then

oração [ora'sãw] (pl –ões) f prayer; (discurso) speech; (LING) clause

oráculo [o'rakulu] m oracle

orador(a) [ora'do*(a)] m/f speaker

oral [o'raw] (pl –ais) adj oral ♦ f oral (exam)

orar [o'ra*] vi (REL) to pray

órbita ['ɔxbita] f orbit; (do olho) socket

Órcades ['ɔxkadʒif] fpl: as ~ the Orkneys

orçamento [oxsa'mẽtu] m (do estado etc) budget; (avaliação) estimate

orçar [ox'sa*] vt to value, estimate ♦ vi: ~ em (gastos etc) to be valued at, be put at

ordem ['ɔxdẽ] (pl –ns) f order; até nova ~ until further notice; de primeira ~ first-rate; estar em ~ to be tidy; por ~ in order, in turn; ~ do dia agenda; ~ pública public order, law and order

ordenado/a [oxde'nadu/a] adj (posto em ordem) in order; (metódico) orderly ♦ m salary, wages pl

ordenhar [oxde'na*] vt to milk

ordens ['ɔxdẽʃ] fpl de ordem

ordinário/a [oxdʒi'narju/a] adj ordinary; (comum) usual; (mediocre) mediocre; (grosseiro) coarse, vulgar; (de má qualidade) inferior; de ~ usually

orelha [o'reʎa] f ear; (aba) flap

órfã ['ɔxfã] f de órfão

orfanato [oxfa'natu] m orphanage

órfão/fã ['ɔxfãw/fã] (pl ~s) adj, m/f orphan

orgânico/a [ox'ganiku/a] adj organic

organismo [oxga'niʒmu] m organism; (entidade) organization

organista [oxga'niʃta] m/f organist

organização [oxganiza'sãw] (pl

–ões) f organization; organizar [oxgani'za*] vt to organize

órgão ['ɔxgãw] (pl ~s) m organ; (governamental etc) institution, body

orgasmo [ox'gaʒmu] m orgasm

orgia [ox'ʒia] f orgy

orgulho [ox'guʎu] m pride; (arrogância) arrogance; ~so/a [oxgu'ʎo-zu/ɔza] adj proud; haughty

orientação [orjẽta'sãw] f direction; (posição) position; ~ educacional training, guidance

oriental [orjẽ'taw] (pl –ais) adj eastern; (do Extremo Oriente) oriental

orientar [orjẽ'ta*] vt to orientate; (indicar o rumo) to direct; (aconselhar) to guide; ~-se vr to get one's bearings; ~-se por algo to follow sth

oriente [o'rjẽtʃi] m: o O~ the East; Extremo O~ Far East; O~ Médio Middle East

origem [o'riʒẽ] (pl –ns) f origin; (ascendência) lineage, descent; lugar de ~ birthplace

original [oriʒi'naw] (pl –ais) adj original; (estranho) strange, odd ♦ m original; ~idade [oriʒinali'dadʒi] f originality; (excentricidade) eccentricity

originar [oriʒi'na*] vt to give rise to, start; ~-se vr to arise; ~-se de to originate from; originário/a [oriʒi'narju/a] adj (natural) native

oriundo/a [o'rjũdu/a] adj: ~ de arising from; (natural) native of

orla ['ɔxla] f: ~ marítima seafront

ornamento [oxna'mẽtu] m adornment, decoration

orquestra [ox'kɛʃtra] (PT -esta) f orchestra

orquídea [ox'kidʒia] f orchid

ortodoxo/a [oxto'dɔksu/a] adj orthodox

ortografia [oxtogra'fia] f spelling

ortopédico/a [oxto'pɛdʒiku/a] adj orthopaedic (BRIT), orthopedic (US)

orvalho [ox'vaʎu] m dew

os [uf] art def V o

oscilar [osi'la*] vi to oscillate;

(balançar-se) to sway, swing; (va-riar) to fluctuate; (hesitar) to hesitate

ósseo/a ['ɔsju/a] adj bony; (ANAT: medula etc) bone atr

osso ['osu] m bone

ostensivo/a [oʃtē'sivu/a] adj ostensible

ostentar [oʃtē'ta*] vt to show; (alardear) to show off, flaunt

ostentoso/a [oʃtē'tozu/ɔza] adj ostentatious

ostra ['oʃtra] f oyster

OTAN ['otā] abr f (= Organização do Tratado do Atlântico Norte) NATO

ótica ['ɔtʃika] f optics sg; (loja) optician's; (fig: ponto de vista) viewpoint; V tb **ótico**

ótico/a ['ɔtʃiku/a] adj optical ♦ m/f optician

otimista [otʃi'miʃta] adj optimistic ♦ m/f optimist

ótimo/a ['ɔtʃimu/a] adj excellent, splendid ♦ excl great!, super!

ou [o] conj or; ~ **este** ~ **aquele** either this one or that one; ~ **seja** in other words

ouço etc ['osu] vb V **ouvir**

ouriço [o'risu] m (europeu) hedgehog; (casca) shell

ouro ['oru] m gold; ~**s** mpl (CARTAS) diamonds

ousadia [oza'dʒia] f daring; **ousado/a** [o'zadu/a] adj daring, bold

ousar [o'za*] vt, vi to dare

outono [o'tonu] m autumn

---

outro/a ['otru/a] adj **1** (distinto: sg) another; (: pl) other; **outra coisa** something else; **de** ~ **modo, de outra maneira** otherwise; **no** ~ **dia** the next day; **ela está outra** (mudada) she's changed

2 (adicional): **traga-me** ~ **café, por favor** can I have another coffee please?; **outra vez** again

♦ pron **1** o ~ the other one; (os) ~**s** (the) others; **de** ~ somebody else's

2 (recíproco): **odeiam-se uns aos** ~**s** they hate one another ou each

other

3: ~ **tanto** the same again; **comer** ~ **tanto** to eat the same ou as much again; **ele recebeu uma dezena de telegramas e outras tantas chamadas** he got about ten telegrams and as many calls

---

outubro [o'tubru] (PT **O-**) m October

ouvido [o'vidu] m (ANAT) ear; (sentido) hearing; **de** ~ by ear; **dar** ~**s a** to listen to

ouvinte [o'vitʃi] m/f listener; (estudante) auditor

ouvir [o'vi*] vt to hear; (com atenção) to listen to; (missa) to attend ♦ vi to hear; to listen; ~ **dizer que** ... to hear that ...; ~ **falar de** to hear of

ova ['ɔva] f roe

ovação [ova'sāw] (pl -ões) f ovation, acclaim

oval [o'vaw] (pl -ais) adj, f oval

ovário [o'varju] m ovary

ovelha [o'veʎa] f sheep

óvni [ɔ'vni] m UFO

ovo ['ovu] m egg; ~**s de granja** free-range eggs; ~ **pochê** (BR) ou **escalfado** (PT) poached egg; ~ **estrelado** ou **frito** fried egg; ~**s mexidos** scrambled eggs; ~ **quente/cozido duro** hard-boiled/soft-boiled egg

oxidado/a [oksi'dadu/a] adj rusty

oxidar [oksi'da*] vt to rust; ~**se** vr to rust, go rusty

oxigenado/a [oksiʒe'nadu/a] adj (cabelo) bleached; **água oxigenada** peroxide

oxigenar [oksiʒe'na*] vt (cabelo) to bleach

oxigênio [oksi'ʒenju] m oxygen

ozônio [o'zonju] m ozone; **camada de** ~ ozone layer

P

P. *abr* (= *Praça*) Sq

p.a. *abr* (= *por ano*) p.a

pá [pa] *f* shovel; (*de remo, hélice*) blade ♦ *m* (*PT*) pal, mate; ~ de lixo dustpan

paca ['paka] *f* (*ZOOL*) paca

pacato/a [pa'katu/a] *adj* (*pessoa*) quiet; (*lugar*) peaceful

pachorrento/a [paʃo'xɛtu/a] *adj* slow, sluggish

paciência [pa'sjɛsja] *f* patience; **paciente** [pa'sjɛtʃi] *adj, m/f* patient

pacificar [pasifi'ka*] *vt* to pacify, calm (down)

pacífico/a [pa'sifiku/a] *adj* (*pessoa*) peace-loving; (*aceito sem discussão*) undisputed; (*sossegado*) peaceful; o (Oceano) P~ the Pacific (Ocean)

pacifista [pasi'fiʃta] *m/f* pacifist

pacote [pa'kɔtʃi] *m* packet; (*embrulho*) parcel; (*ECON, COMPUT, TURISMO*) package

pacto ['paktu] *m* pact; (*ajuste*) agreement

padaria [pada'ria] *f* bakery, baker's (shop)

padecer [pade'se*] *vt* to suffer; (*suportar*) to put up with, endure ♦ *vi*: ~ de to suffer from; **padecimento** [padesi'mẽtu] *m* suffering; (*dor*) pain

padeiro [pa'dejru] *m* baker

padiola [pa'dʒjola] *f* stretcher

padrão [pa'drãw] (*pl* -ões) *m* standard; (*medida*) gauge; (*desenho*) pattern; (*fig: modelo*) model

padrasto [pa'draʃtu] *m* stepfather

padre ['padri] *m* priest

padrinho [pa'driɲu] *m* godfather; (*de noivo*) best man; (*patrono*) sponsor

padroeiro/a [pa'drwejru/a] *m/f* patron; (*santo*) patron saint

padrões [pa'drõjʃ] *mpl de* **padrão**

padronizar [padroni'za*] *vt* to standardize

pães [pãjʃ] *mpl de* **pão**

pagã [pa'gã] *f de* **pagão**

pagador(a) [paga'do*(a)] *adj* paying ♦ *m/f* payer; (*de salário*) pay clerk; (*de banco*) teller

pagamento [paga'mẽtu] *m* payment; ~ a prazo *ou* em prestações payment in instal(l)ments; ~ à vista cash payment; ~ contra entrega (*COM*) COD, cash on delivery

pagão/gã [pa'gãw/gã] (*pl* ~s/~s) *adj, m/f* pagan

pagar [pa'ga*] *vt* to pay; (*compras, pecados*) to pay for; (*o que devia*) to pay back; (*retribuir*) to repay ♦ *vi* to pay; ~ por algo (*tb fig*) to pay for sth; ~ a prestações to pay in instal(l)ments; ~ de contado (*PT*) to pay cash

página ['paʒina] *f* page

pago/a ['pagu/a] *pp de* **pagar** ♦ *adj* paid; (*fig*) even ♦ *m* pay

pai [paj] *m* father; ~s *mpl* parents

painel [paj'nɛw] (*pl* -éis) *m* panel; (*quadro*) picture; (*AUTO*) dashboard; (*de avião*) instrument panel

paiol [pa'jɔw] (*pl* -óis) *m* storeroom; (*celeiro*) barn; (*de pólvora*) powder magazine

país [pa'jiʃ] *m* country; (*região*) land; ~ natal native land

paisagem [paj'zaʒẽ] (*pl* -ns) *f* scenery, landscape

paisano/a [paj'zanu/a] *adj* civilian ♦ *m/f* (*não militar*) civilian; (*compatriota*) fellow countryman

Países Baixos *mpl*: os ~ the Netherlands

paixão [paj'ʃãw] (*pl* -ões) *f* passion

palácio [pa'lasju] *m* palace; ~ da justiça courthouse

paladar [pala'da*] *m* taste; (*ANAT*) palate

palafita [pala'fita] *f* (*estacaria*) stilts *pl*; (*habitação*) stilt house

palanque [pa'lãki] *m* (*estrado*) stand

palavra [pa'lavra] *f* word; (*fala*) speech; (*promessa*) promise; (*direito de falar*) right to speak; dar a ~ a alguém to give sb the chance to speak; ter ~ (*pessoa*) to be reliable;

~s cruzadas crossword (puzzle) *sg*; **palavrão** [pala'vrãw] (*pl* **–ões**) *m* swearword

palco ['palku] *m* (*TEATRO*) stage; (*fig*: *local*) scene

Palestina [pale∫'t∫ina] *f*: a ~ Palestine; **palestino/a** [pale∫'t∫inu/a] *adj*, *m/f* Palestinian

palestra [pa'le∫tra] *f* chat, talk; (*conferência*) lecture

paleta [pa'leta] *f* palette

paletó [pale'tɔ] *m* jacket

palha ['paʎa] *f* straw

palhaço [pa'ʎasu] *m* clown

palhoça [pa'ʎɔsa] *f* thatched hut

pálido/a ['palidu/a] *adj* pale

palito [pa'litu] *m* stick; (*para os dentes*) toothpick

palma ['pawma] *f* (*folha*) palm leaf; (*da mão*) palm; **bater** ~s to clap; ~**da** [paw'mada] *f* slap

palmeira [paw'mejra] *f* palm tree

palmo ['pawmu] *m* span; ~ **a** ~ inch by inch

palpável [paw'pavew] (*pl* **–eis**) *adj* tangible; (*fig*) obvious

pálpebra ['pawpebra] *f* eyelid

palpitação [pawpita'sãw] (*pl* **–ões**) *f* beating, throbbing; **palpitações** *fpl* (*batimentos cardíacos*) palpitations

palpitante [pawpi'tãt∫i] *adj* beating, throbbing; (*fig*: *emocionante*) thrilling; (: *de interesse atual*) sensational

palpitar [pawpi'ta*r*] *vi* (*coração*) to beat

palpite [paw'pit∫i] *m* (*intuição*) hunch; (*JOGO, TURFE*) tip; (*opinião*) opinion

paludismo [palu'dʒizmu] *m* malaria

pampa ['pãpa] *f* pampas

Panamá [pana'ma] *m*: o ~ Panama, the Panama Canal

pancada [pã'kada] *f* (*no corpo*) blow, hit; (*choque*) knock; (*de relógio*) stroke; **dar** ~ **em alguém** to hit sb; ~**ria** [pãkada'ria] *f* (*surra*) beating; (*tumulto*) fight

panda ['pãda] *f* panda

pandeiro [pã'dejru] *m* tambourine

pandemônio [pãde'monju] *m* pandemonium

pane ['pani] *f* breakdown

panela [pa'nɛla] *f* (*de barro*) pot; (*de metal*) pan; (*de cozinhar*) saucepan; (*no dente*) hole; ~ **de pressão** pressure cooker

panfleto [pã'fletu] *m* pamphlet

pânico ['paniku] *m* panic; **entrar em** ~ to panic

panificação [panifika'sãw] (*pl* **–ões**) *f* (*fabricação*) bread-making; (*padaria*) bakery

pano ['panu] *m* cloth; (*TEATRO*) curtain; (*vela*) sheet, sail; ~ **de pratos** tea-towel; ~ **de pó** duster; ~ **de fundo** (*tb fig*) backdrop

panorama [pano'rama] *m* view

panqueca [pã'kɛka] *f* pancake

pantanal [pãta'naw] (*pl* **–ais**) *m* swampland

pântano ['pãtanu] *m* marsh, swamp; **pantanoso/a** [pãta'nozu/ɔza] *adj* marshy, swampy

pantera [pã'tɛra] *f* panther

pantomima [pãto'mima] *f* pantomime

pão [pãw] (*pl* **pães**) *m* bread; **o P~ de Açúcar** (*no Rio*) Sugarloaf Mountain; ~ **torrado** toast; ~**-duro** (*pl* **pães-duros**) (*col*) *adj* mean, stingy ♦ *m/f* miser; ~**zinho** [pãw'ziɲu] *m* roll

papa ['papa] *m* Pope; (*mingau*) porridge

papagaio [papa'gaju] *m* parrot; (*pipa*) kite

papai [pa'paj] *m* dad, daddy; **P~ Noel** Santa Claus, Father Christmas

papel [pa'pɛw] (*pl* **–eis**) *m* paper; (*TEATRO*, *função*) role; ~ **de embrulho/de escrever/de alumínio** wrapping paper/writing paper/tinfoil; ~ **higiénico/usado** toilet/waste paper; ~ **de parede/de seda/transparente** wallpaper/tissue paper/tracing paper; ~**ada** [pape'lada] *f* pile of papers; (*burocracia*) paperwork, red tape; ~**ão** [pape'lãw] *m* cardboard; (*fig*) fiasco; ~**aria** [papela'ria] f stationer's (shop); ~-**carbono** m carbon paper; **~eta** [pape'leta] f (cartaz) notice; (papel avulso) piece of paper

papo ['papu] (col) m (conversa) chat; **bater** ou **levar um** ~ (col) to have a chat; **ficar de ~ para o ar** (fig) to laze around

papoula [pa'pola] f poppy

páprica ['paprika] f paprika

paquerar [pakε'ra*] (col) vi to flirt ♦ vt to chat up

paquistanês/esa [pakiʃta'neʃ/eza] adj, m/f Pakistani

Paquistão [pakiʃ'tãw] m: **o** ~ Pakistan

par [pa*] adj (igual) equal; (número) even ♦ m pair; (casal) couple; (pessoa na dança) partner; **~ a ~** side by side, level; **sem ~** incomparable

para ['para] prep for; (direção) to, towards; **~ que** so that, in order that; **~ quê?** what for?, why?; **ir ~ casa** to go home; **~ com** (atitude) towards; **de lá ~ cá** since then; **~ a semana** next week; **estar ~** to be about to; **é ~ nós ficarmos aqui?** should we stay here?

parabéns [para'bẽjʃ] mpl congratulations; (no aniversário) happy birthday; **dar ~ a** to congratulate

parábola [pa'rabola] f parable

pára-brisa ['para-] (pl ~s) m windscreen (BRIT), windshield (US)

pára-choque ['para-] (pl ~s) m (AUTO) bumper

parada [pa'rada] f stop; (COM) stoppage; (militar, colegial) parade

paradeiro [para'dejru] m whereabouts

parado/a [pa'radu/a] adj (imóvel) standing still; (sem vida) lifeless; (carro) stationary; (máquina) out of action; (olhar) fixed; (trabalhador, fábrica) idle

paradoxo [para'dɔksu] m paradox

parafina [para'fina] f paraffin

parafrasear [parafra'zja*] vt to paraphrase

parafuso [para'fuzu] m screw

paragem [pa'raʒẽ] (pl **-ns**) f stop; **paragens** fpl (lugares) places, parts; **~ de eléctrico** (PT) tram (BRIT) ou streetcar (US) stop

parágrafo [pa'ragrafu] m paragraph

Paraguai [para'gwaj] m: **o** ~ Paraguay; **paraguaio/a** [para'gwaju/a] adj, m/f Paraguayan

paraíso [para'izu] m paradise

pára-lama ['para-] (pl ~s) m wing (BRAILHO), fender (US); (de bicicleta) mudguard

paralelepípedo [paralele'pipedu] m paving stone

paralelo/a [para'lɛlu/a] adj parallel

paralisar [parali'za*] vt to paralyse; (trabalho) to bring to a standstill; **~-se** vr to become paralysed; (fig) to come to a standstill; **paralisia** [parali'zia] f paralysis

paranasal [parana'zaw] (pl **-ais**) adj V seio

paraninfo [para'nifu] m patron

paranóico/a [para'nɔjku/a] adj, m/f paranoid

parapeito [para'pejtu] m wall, parapet; (da janela) windowsill

pára-quedas ['para-] m inv parachute; **pára-quedista** [parake'dʒiʃta] m/f parachutist ♦ m (MIL) paratrooper

parar [pa'ra*] vi to stop; (ficar) to stay ♦ vt to stop; **fazer** ~ (deter) to stop; **~ na cadeia** to end up in jail; **~ de fazer** to stop doing

pára-raios ['para-] m inv lightning conductor

parasita [para'zita] m parasite

parasito [para'zitu] m parasite

parceiro/a [pax'sejru/a] adj matching ♦ m/f partner

parcela [pax'sɛla] f piece, bit; (de pagamento) instalment (BRIT), installment (US); (de terra) plot; (do eleitorado etc) section; (MAT) item

parceria [paxse'ria] f partnership

parcial [pax'sjaw] (pl **-ais**) adj partial; (feito por partes) in parts; (pessoa) bias(s)ed; (POL) partisan; **~idade** [paxsjali'dadʒi] f bias, partiality

parco/a ['paxku/a] *adj* (*escasso*)
scanty; (*económico*) thrifty; (*refeição*) frugal

pardal [pax'daw] (*pl* **-ais**) *m* sparrow

pardieiro [pax'dʒjejru] *m* ruin, heap

pardo/a ['paxdu/a] *adj* (*cinzento*)
grey (*BRIT*), gray (*US*); (*castanho*)
brown; (*mulato*) mulatto

parecer [pare'se⁺] *m*, *vi* (*ter a aparência de*) to look, seem; **~-se** *vr*:
~-se com alguém to look like sb; **~
(com)** (*ter semelhança com*) to look
(like); **ao que parece** apparently;
parece-me que I think that, it
seems to me that; **que lhe parece?**
what do you think?; **parece que** it
looks as if

parecido/a [pare'sidu/a] *adj* alike,
similar; **~ com** like

parede [pa'redʒi] *f* wall

parente/a [pa'rētʃi] *m/f* relative, relation; **~sco** [parē'teʃku] *m* relationship; (*fig*) connection

parêntese [pa'rētezi] *m* parenthesis;
(*na escrita*) bracket; (*fig*: *digressão*)
digression

páreo ['parju] *m* race; (*fig*) competition

parir [pa'ri⁺] *vt* to give birth to ♦ *vi*
to give birth; (*mulher*) to have a
baby

Paris [pa'riʃ] *n* Paris; **p~iense**
[pari'zjēsi] *adj*, *m/f* Parisian

parlamentar [paxlamē'ta⁺] *adj* par-
liamentary ♦ *m/f* member of parliament

parlamento [paxla'mētu] *m* parliament

pároco [paroku] *m* parish priest

paródia [pa'rɔdʒa] *f* parody

paróquia [pa'rɔkja] *f* (*REL*) parish

parque ['paxki] *m* park; **~
industrial/infantil** industrial estate/
children's playground

parte ['paxtʃi] *f* part; (*quinhão*)
share; (*lado*) side; (*ponto*) point;
(*JUR*) party; (*papel*) role; **a maior
~** de most of; **à ~** aside; (*separado*)
separate; (*separadamente*) sepa-

rately; (*além de*) apart from; **da ~
de alguém** on sb's part; **em
alguma/qualquer ~** somewhere/
anywhere; **em ~ alguma** nowhere;
por toda (a) ~ everywhere; **pôr de
~** to set aside; **tomar ~ em** to take
part in; **dar ~ de alguém à polícia**
to report sb to the police

parteira [pax'tejra] *f* midwife

participação [paxtʃisipa'sãw] *f* participation; (*COM*) stake, share; (*comunicação*) announcement; notification

participante [paxtʃisi'pãtʃi] *m/f* participant

participar [paxtʃisi'pa⁺] *vt* to announce, notify of ♦ *vi*: **~ de** *ou* **em**
to participate in, take part in; (*compartilhar*) to share in

particípio [paxtʃi'sipju] *m* participle

partícula [pax'tʃikula] *f* particle

particular [paxtʃiku'la⁺] *adj* particular, special; (*privativo*, *pessoal*) private ♦ *m* particular; (*indivíduo*) individual; **~es** *mpl* (*pormenores*) details; **em ~** in private; **~idade**
[paxtʃikulari'dadʒi] *f* peculiarity;
~izar [paxtʃikulari'za⁺] *vt* (*especificar*) to specify; (*detalhar*) to give details of; **~mente** [paxtʃikular'mētʃi]
adv privately; (*especialmente*) particularly

partida [pax'tʃida] *f* (*saída*) departure; (*ESPORTE*) game, match

partidário/a [paxtʃi'darju/a] *adj* supporting ♦ *m/f* supporter, follower

partido [pax'tʃidu] *m* (*POL*) party;
tirar ~ de to profit from; **tomar o
~ de** to side with

partilha [pax'tʃiʎa] *f* share; **~r**
[paxtʃi'ʎa⁺] *vt* to share; (*distribuir*)
to share out

partir [pax'tʃi⁺] *vt* to break; (*dividir*)
to divide, split ♦ *vi* (*pôr-se a caminho*) to set off, set out; (*ir-se embora*) to leave, depart; **~-se** *vr* to
break; **a ~ de** (*starting*) from

parto [paxtu] *m* (*child*)birth; **estar
em trabalho de ~** to be in labour
(*BRIT*) *ou* labor (*US*)

Páscoa ['paʃkwa] f Easter; (dos judeus) Passover

pasmado/a [paʒ'madu/a] adj amazed, astonished

pasmar [paʒ'ma*] vt to amaze, astonish; ~-se vr: ~-se com to be amazed at

pasmo/a ['paʒmu/a] adj astonished ♦ m amazement

passa ['pasa] f raisin

passadeira [pasa'dejra] f (tapete) stair carpet; (mulher) ironing lady; (PT: para peões) zebra crossing (BRIT), crosswalk (US)

passado/a [pa'sadu/a] adj: (antiquado) old-fashioned; (fruta) bad; (peixe) off ♦ m past; o ano ~ last year; bem/mal passado (carne) well done/rare

passageiro/a [pasa'ʒejru/a] adj passing ♦ m/f passenger

passagem [pa'saʒẽ] (pl -ns) f passage; (preço de condução) fare; (bilhete) ticket; ~ de ida e volta return ticket, round trip ticket (US); ~ de nível level (BRIT) ou grade (US) crossing; ~ de pedestres pedestrian crossing (BRIT), crosswalk (US); ~ subterrânea underpass, subway (BRIT)

passaporte [pasa'pɔxtʃi] m passport

passar [pa'sa*] vt to pass; (exceder) to go beyond, exceed; (a ferro) to iron; (o tempo) to spend; (a outra pessoa) to pass on; (pomada) to put on ♦ vi to pass; (na rua) to go past; (tempo) to go by; (dor) to wear off; (terminar) to be over; ~-se vr (acontecer) to go on, happen; ~ bem (de saúde) to be well; passava das dez horas it was past ten o'clock; ~ alguém para trás to con sb; (cônjuge) to cheat on sb; ~ por algo (sofrer) to go through sth; (transitar: estrada) to go along sth; (ser considerado como) to be thought of as sth; ~ sem to do without

passarela [pasa'rɛla] f footbridge

pássaro ['pasaru] m bird

passatempo [pasa'tẽpu] m pastime

passe ['pasi] m pass

passear [pa'sja*] vt to take for a walk ♦ vi (a pé) to go for a walk; (sair) to go out; ~ a cavalo (ou carro) to go for a ride; **passeata** [pa'sjata] f (marcha coletiva) protest march; **passeio** [pa'seju] m walk; (de carro) drive, ride; (excursão) outing; (calçada) pavement (BRIT), sidewalk (US); dar um passeio to go for a walk; (de carro) to go for a drive ou ride

passional [pasjo'naw] (pl -ais) adj passionate

passível [pa'sivew] (pl -eis) adj: ~ de (dor etc) susceptible to; (pena, multa) subject to

passivo/a [pa'sivu/a] adj passive ♦ m (COM) liabilities pl

passo ['pasu] m step; (medida) pace; (modo de andar) walk; (ruído dos passos) footstep; (sinal de pé) footprint; ao ~ que while; ceder ou ~ a to give way to

pasta ['paʃta] f paste; (de couro) briefcase; (de cartolina) folder; (de ministro) portfolio; ~ dentifrícia ou de dentes toothpaste

pastagem [paʃ'taʒẽ] (pl -ns) f pasture

pastar [paʃ'ta*] vt to graze on ♦ vi to graze

pastel [paʃ'tɛw] (pl -éis) adj inv (cor) pastel ♦ m samosa

pastelão [paʃte'lãw] m slapstick

pastelaria [paʃtela'ria] f cake shop; (comida) pastry

pasteurizado/a [paʃtewri'zadu/a] adj pasteurized

pastilha [paʃ'tʃiʎa] f (MED) tablet; (doce) pastille; (COMPUT) chip

pasto ['paʃtu] m (erva) grass; (terreno) pasture; casa de ~ (PT) cheap restaurant, diner

pastor(a) [paʃ'to*(a)] m/f shepherd(ess) ♦ m (REL) clergyman, pastor

pata ['pata] f (pé de animal) foot, paw; (ave) duck; (col: pé) foot; **~da** [pa'tada] f kick

patamar [pata'ma*] m (de escada) landing; (fig) level

patê [pa'te] m pâté

patente [pa'tětʃi] adj obvious, evident ♦ f (COM) patent

paternal [patex'naw] (pl -ais) adj paternal, fatherly; **paternidade** [patexni'dadʒi] f paternity; **paterno/a** [pa'texnu/a] adj paternal, fatherly; **casa paterna** family home

pateta [pa'tɛta] adj stupid, daft ♦ m/f idiot

patético/a [pa'tɛtʃiku/a] adj pathetic, moving

patife [pa'tʃifi] m scoundrel, rogue

patim [pa'tʃĩ] (pl -ns) m skate; ~ **de rodas** roller skate; **patinação** [patʃina'sãw] (pl -ões) f skating; (lugar) skating rink; **patinar** [patʃi'na*] vi to skate; (AUTO: derrapar) to skid; **patinete** [patʃi'nɛtʃi] f skateboard

patinho [pa'tʃiɲu] m duckling; (carne) leg of beef

patins [pa'tʃĩʃ] mpl de **patim**

pátio ['patʃiu] m (de uma casa) patio, backyard; (espaço cercado de edifícios) courtyard; (tb: ~ de recreio) playground; (MIL) parade ground

pato ['patu] m duck; (macho) drake

patologia [patolo'ʒia] f pathology; **patológico/a** [pato'lɔʒiku/a] adj pathological

patrão [pa'trãw] (pl -ões) m (COM) boss; (dono de casa) master; (proprietário) landlord; (NAUT) skipper

pátria ['patrja] f homeland

patrimônio [patri'monju] m (herança) inheritance; (fig) heritage; (bens) property

patriota [pa'trjota] m/f patriot

patrocinador(a) [patrosina'do*(a)] m/f sponsor, backer

patrocinar [patrosi'na*] vt to sponsor; (proteger) to support; **patrocínio** [patro'sinju] m sponsorship, backing; support

patrões [pa'trõjʃ] mpl de **patrão**

patrono [pa'trɔnu] m patron

patrulha [pa'truʎa] f patrol; ~**r** [patru'ʎa*] vt, vi to patrol

pau [paw] m (madeira) wood; (vara) stick; ~**s** mpl (CARTAS) clubs; ~ **a** ~ neck and neck; ~ **de bandeira** flagpole

pausa ['pawza] f pause; (intervalo) break; (descanso) rest

pauta ['pawta] f (linha) guide)line; (ordem do dia) agenda; (indicações) guidelines pl; **sem** ~ (papel) plain; **em** ~ on the agenda

pavão/voa [pa'vãw/voa] (pl -ões/ ~s) m/f peacock/peahen

pavilhão [pavi'ʎãw] (pl -ões) m tent; (de madeira) hut; (no jardim) summerhouse; (em exposição) pavilion; (bandeira) flag

pavimentar [pavimẽ'ta*] vt to pave

pavimento [pavi'mẽtu] m (chão, andar) floor; (da rua) road surface

pavio [pa'viu] m wick

pavoa [pa'voa] f de **pavão**

pavões [pa'võjʃ] mpl de **pavão**

pavor [pa'vo*] m dread, terror; **ter** ~ **de** to be terrified of; ~**oso/a** [pavo'rozu/ɔza] adj dreadful, terrible

paz [pajʃ] f peace; **fazer as** ~**es** to make up, be friends again

PC abr m = **personal computer**

Pça. abr (= **Praça**) Sq

pé [pɛ] m foot; (da mesa) leg; (fig: base) footing; (de milho, café) plant; **ir a** ~ to walk, go on foot; **ao** ~ **de** near, by; **ao** ~ **da letra** literally; **estar de** ~ (festa etc) to be on; **em** ou **de** ~ standing (up); **dar no** ~ (col) to run away, take off; **não ter** ~ **nem cabeça** (fig) to make no sense

peão [pjãw] (PT: pl -ões) m pedestrian

peça ['pɛsa] f piece; (AUTO) part; (aposento) room; (TEATRO) play; ~ **de reposição** spare part; ~ **de roupa** garment

pecado [pe'kadu] m sin

pecar [pe'ka*] vi to sin; ~ **por excesso de zelo** to be over-zealous

pechincha [pe'ʃĩʃa] f (vantagem)

peço *etc* (['pesu]) *vb V* **pedir**

pecuária [pe'kwarja] *f* cattle-raising

peculiar [peku'lja*] *adj* special, peculiar; (*particular*) particular; ~**idade** [pekuljari'dadʒi] *f* peculiarity

pedaço [pe'dasu] *m* piece; (*fig: trecho*) bit; **aos** ~**s** in pieces

pedágio [pe'daʒju] (BR) *m* (*pagamento*) toll

pedal [pe'daw] (*pl* -**ais**) *m* pedal; ~**ar** [peda'la*] *vt, vi* to pedal

pedante [pe'dãtʃi] *adj* pretentious ♦ *m/f* pseud

pé-de-galinha (*pl* **pés-de-galinha**) *m* crow's foot

pedestre [pe'dɛstri] (BR) *m* pedestrian

pediatria [pedʒja'tria] *f* paediatrics *sg* (BRIT), pediatrics *sg* (US)

pedicuro/a [pedʒi'kuru/a] *m/f* chiropodist (BRIT), podiatrist (US)

pedido [pe'dʒidu] *m* request; (COM) order; ~ **de demissão** resignation; ~ **de desculpa** apology

pedigree [pedʒi'gri] *m* pedigree

pedinte [pe'dʒĩtʃi] *m/f* beggar

pedir [pe'dʒi*] *vt* to ask for; (COM, comida) to order; (*exigir*) to demand ♦ *vi* to ask; (*num restaurante*) to order; ~ **algo a alguém** to ask sb for sth; ~ **a alguém que faça**, ~ **para alguém fazer** to ask sb to do

pedra [ˈpedra] *f* stone; (*rochedo*) rock; (*de granizo*) hailstone; (*de açúcar*) lump; (*quadro-negro*) slate; ~ **de gelo** ice cube; **pedreira** [pe'drejra] *f* quarry; **pedreiro** [pe'drejru] *m* stonemason

pegada [pe'gada] *f* (*de pé*) footprint; (FUTEBOL) save

pegado/a [pe'gadu/a] *adj* stuck; (*unido*) together

pegajoso/a [pega'ʒozu/oza] *adj* sticky

pegar [pe'ga*] *vt* to catch; (*selos*) to stick (on); (*segurar*) to take hold of; (*hábito, mania*) to get into; (*compreender*) to take in; (*trabalho*) to

take on; (*estação de rádio*) to pick up, get ♦ *vi* to stick; (*planta*) to take; (*moda*) to catch on; (*doença*) to be catching; (*motor*) to start; ~ **em** (*segurar*) to grab, pick up; **ir** ~ (*buscar*) to go and get; ~ **um emprego** to get a job; ~ **fogo a algo** to set fire to sth; ~ **no sono** to fall asleep

pego/a [ˈpɛgu/a] *pp de* **pegar**

peito [ˈpejtu] *m* (ANAT) chest; (*de ave, mulher*) breast; (*fig*) courage

peitoril [pejto'riw] (*pl* -**is**) *m* windowsill

peixada [pejˈʃada] *f* fish cooked in a seafood sauce

peixaria [pejʃaˈria] *f* fish shop, fishmonger's (BRIT)

peixe [ˈpejʃi] *m* fish; **P~s** *mpl* (ASTROLOGIA) Pisces *sg*

pejorativo/a [peʒora'tʃivu/a] *adj* pejorative

pela [ˈpela] = **por** + **a**

pelada [pe'lada] *f* football game

pelado/a [pe'ladu/a] *adj* (*sem pele*) skinned; (*sem pêlo, cabelo*) shorn; (*nu*) naked, in the nude; (*sem dinheiro*) broke

pelar [pe'la*] *vt* (*tirar a pele*) to skin; (*tirar o pêlo*) to shear

pelas [ˈpelaʃ] = **por** + **as**

pele [ˈpeli] *f* skin; (*couro*) leather; (*como agasalho*) fur; (*de animal*) hide

pelerine [peleˈrini] *f* cape

pelicano [peliˈkanu] *m* pelican

película [pe'likula] *f* film

pelo [ˈpelu] = **por** + **o**

pêlo [ˈpelu] *m* hair; (*de animal*) fur, coat; **nu em** ~ stark naked

pelos [ˈpeluʃ] = **por** + **os**

peludo/a [pe'ludu/a] *adj* hairy; (*animal*) furry

pena [ˈpena] *f* feather; (*de caneta*) nib; (*escrita*) writing; (JUR) penalty, punishment; (*sofrimento*) suffering; (*piedade*) pity; **que** ~! what a shame!; **dar** ~ to be upsetting; **ter** ~ **de** to feel sorry for; ~ **capital** capital punishment

penal [pe'naw] (pl -ais) adj penal;
~**idade** [penali'dadʒi] f (JUR) penalty; (castigo) punishment; ~**izar**
[penali'za*] vt to trouble; (castigar)
to penalize

pênalti ['penawtʃi] m (FUTEBOL)
penalty (kick)

penar [pe'na*] vt to grieve ♦ vi to
suffer

penca ['pēka] f bunch

pence ['pēsi] f dart

pendência [pē'dēsja] f dispute, quarrel

pendente [pē'dētʃi] adj hanging;
(por decidir) pending; (inclinado)
sloping; (dependent): ~ (de) dependent (on) ♦ m pendant

pender [pē'de*] vt, vi to hang

pêndulo ['pēdulu] m pendulum

pendurar [pēdu'ra*] vt to hang

penedo [pe'nedu] m rock, boulder

peneira [pe'nejra] f sieve; ~**r** [penej'ra*] vt to sift, sieve ♦ vi (chover)
to drizzle

penetrante [pene'trãtʃi] adj (olhar)
searching; (ferida) deep; (frio)
biting; (som, análise) penetrating,
piercing; (dor, arma) sharp; (inteligência, ideias) incisive

penetrar [pene'tra*] vt to get into,
penetrate; (compreender) to understand ♦ vi: ~ em ou por ou entre
to penetrate; ~ em (segredo) to find
out

penhasco [pe'ɲaʃku] m cliff, crag

penhor [pe'ɲo*] m pledge; casa de
~es pawnshop; dar em ~ to pawn;
~**ar** [peɲo'ra*] vt (dar em penhor) to
pledge, pawn

pêni ['peni] m penny

penicilina [penisi'lina] f penicillin

península [pe'nisula] f peninsula

pênis ['penif] m inv penis

penitência [peni'tēsja] f penitence;
(expiação) penance; **penitenciária**
[penitē'sjarja] f prison; **penitenciário/a** [penitē'sjarju/a] m/f prisoner,
inmate

penoso/a [pe'nozu/za] adj (assunto,
tratamento) painful; (trabalho) hard

pensamento [pēsa'mētu] m
thought; (mente) mind; (opinião)
way of thinking; (idéia) idea

pensão [pē'sãw] (pl -ões) f (tb:
casa de ~) boarding house; (comida) board; ~ **completa** full board;
~ **de aposentadoria** (retirement)
pension

pensar [pē'sa*] vi to think; (imaginar) to imagine; ~ **em** to think of ou
about; ~ **fazer** to intend to do;
pensativo/a [pēsa'tʃivu/a] adj
thoughtful, pensive

pensionista [pēsjo'niʃta] m/f pensioner

pensões [pē'sõjʃ] fpl de **pensão**

pente ['pētʃi] m comb; ~**ado/a**
[pē'tʃjadu/a] adj (cabelo) in place;
(pessoa) smart ♦ m hairdo, hairstyle; ~**ar** [pē'tʃja*] vt to comb; (arranjar o cabelo) to do, style; ~**ar-se**
vr to comb one's hair; to do one's
hair

Pentecostes [pētʃi'kɔʃtʃiʃ] m Whitsun

penugem [pe'nuʒē] f (de ave)
down; (pêlo) fluff

penúltimo/a [pe'nuwtʃimu/a] adj
last but one, penultimate

penumbra [pe'nũbra] f twilight,
dusk; (sombra) shadow; (meia-luz)
half-light

penúria [pe'nurja] f poverty

peões [pjõjʃ] mpl de **peão**

pepino [pe'pinu] m cucumber

pequeno/a [pe'kenu/a] adj small;
(mesquinho) petty ♦ m boy

pequerrucho [peke'xuʃu] m thimble

Pequim [pe'ki] m Peking, Beijing

pêra ['pera] f pear

perambular [perãbu'la*] vi to wander

perante [pe'rãtʃi] prep before, in the
presence of

per capita [pɛx'kapita] adv, adj per
capita

perceber [pexse'be*] vt to realize;
(por meio dos sentidos) to perceive;
(compreender) to understand; (ver)
to see; (ouvir) to hear; (ver ao

longe) to make out; (*dinheiro: rece-ber*) to receive

percentagem [pexse'taʒẽ] *f* percentage

percepção [pexsep'sãw] *f* perception; **perceptível** [pexsep'tʃivew] (*pl* -**eis**) *adj* perceptible, noticeable; (*som*) audible; **perceptivo/a** [pexsep'tʃivu/a] *adj* perceptive

percevejo [pexse'veʒu] *m* (*inseto*) bug; (*prego*) drawing pin (BRIT), thumbtack (US)

perco *etc* ['pexku] *vb V* perder

percorrer [pexko'xe*] *vt* (*viajar por*) to travel (across *ou* over); (*passar por*) to go through, traverse; (*investigar*) to search through

percurso [pex'kuxsu] *m* (*espaço percorrido*) distance (covered); (*trajeto*) route; (*viagem*) journey

percussão [pexku'sãw] *f* (MÚS) percussion

perda ['pexda] *f* loss; (*desperdício*) waste; ~**s e danos** damages, losses

perdão [pex'dãw] *m* pardon, forgiveness; ~! sorry!, I beg your pardon!

perder [pex'de*] *vt* to lose; (*tempo*) to waste; (*trem, show, oportunidade*) to miss ♦ *vi* to lose; ~-**se** *vr* to get lost; (*arruinar-se*) to be ruined; (*desaparecer*) to disappear; ~-**se de alguém** to lose sb

perdição [pexdʒi'sãw] *f* perdition, ruin; (*desonra*) depravity

perdido/a [pex'dʒidu/a] *adj* lost; ~**s e achados** lost and found, lost property

perdigão [pexdʒi'gãw] (*pl* -**ões**) *m* (*macho*) partridge

perdiz [pex'dʒiʃ] *f* partridge

perdoar [pex'dwa*] *vt* to forgive

perdurar [pexdu'ra*] *vi* to last a long time; (*continuar a existir*) to still exist

perecer [pere'se*] *vi* to perish; (*morrer*) to die; (*acabar*) to come to nothing; **perecível** [pere'sivew] (*pl* -**eis**) *adj* perishable

peregrinação [peregrina'sãw] (*pl* -**ões**) *f* (*viagem*) travels *pl*; (REL)

pilgrimage

peregrino/a [pere'grinu/a] *m/f* pilgrim

peremptório/a [perẽp'tɔrju/a] *adj* final; (*decisivo*) decisive

perene [pe'reni] *adj* everlasting; (BOT) perennial

perfeição [pexfej'sãw] *f* perfection

perfeitamente [pexfejta'mẽtʃi] *adv* perfectly ♦ *excl* exactly!

perfeito/a [pex'fejtu/a] *adj* perfect ♦ *m* (LING) perfect

pérfido/a ['pexfidu/a] *adj* treacherous

perfil [pex'fiw] (*pl* -**is**) *m* profile; (*silhueta*) silhouette, outline; (ARQ) (*cross*) section

perfume [pex'fumi] *m* perfume, scent

perfurador [pexfura'do*] *m* punch

perfurar [pexfu'ra*] *vt* (*o chão*) to drill a hole in; (*papel*) to punch (a hole in)

pergaminho [pexga'miɲu] *m* parchment; (*diploma*) diploma

pergunta [pex'gũta] *f* question; **fazer uma ~ a alguém** to ask sb a question; ~**r** [pexgũ'ta*] *vt* to ask; (*interrogar*) to question ♦ *vi*: ~**r por alguém** to ask after sb; ~**r-se** *vr* to wonder; ~**r algo a alguém** to ask sb sth

perícia [pe'risja] *f* expertise; (*destreza*) skill; (*exame*) investigation

periferia [perife'ria] *f* periphery; (*da cidade*) outskirts *pl*

periférico/a [peri'feriku/a] *adj* peripheral ♦ ~**r** (COMPUT) peripheral; **estrada periférica** ring road

perigo [pe'rigu] *m* danger; ~**so/a** [peri'gozu/za] *adj* dangerous; (*arriscado*) risky

perímetro [pe'rimetru] *m* perimeter

periódico/a [pe'rjɔdʒiku/a] *adj* periodic ♦ *m* (*revista*) magazine, periodical; (*jornal*) (news)paper

período [pe'riodu] *m* period; (*estação*) season

peripécia [peri'pesja] *f* (*aventura*) adventure; (*incidente*) turn of events

periquito [peri'kitu] *m* parakeet

perito/a [pe'ritu/a] *adj* expert ♦ *m/f* expert; (*quem faz perícia*) investigator

permanecer [pexmane'se*] *vi* to remain; (*num lugar*) to stay; (*continuar a ser*) to remain, keep; ~ **parado** to keep still

permanência [pexma'nẽsja] *f* permanence; (*estada*) stay; **permanente** [pexma'nẽtʃi] *adj* (*dor*) constant; (*cor*) fast; (*residência*, *pregas*) permanent ♦ *m* (*cartão*) pass ♦ *f* perm

permissão [pexmi'sãw] *f* permission, consent; **permissível** [pexmi'sivew] (*pl* -eis) *adj* permissible; **permissivo/a** [pexmi'sivu/a] *adj* permissive

permitir [pexmi'tʃi*] *vt* to allow, permit

perna ['pexna] *f* leg; ~s **tortas** bow legs

pernicioso/a [pexni'sjozu/ɔza] *adj* pernicious; (*MED*) malignant

pernil [pex'niw] (*pl* -is) *m* (*de animal*) haunch; (*CULIN*) leg

pernilongo [pexni'lõgu] *m* mosquito

pernis [pex'nis] *mpl de* **pernil**

pernoitar [pexnoj'ta*] *vi* to spend the night

pérola ['perola] *f* pearl

perpendicular [pexpẽdʒiku'la*] *adj*, *f* perpendicular

perpetrar [pexpe'tra*] *vt* to perpetrate

perpetuar [pexpe'twa*] *vt* to perpetuate; **perpétuo/a** [pex'pɛtwu/a] *adj* perpetual

perplexidade [pexpleksi'dadʒi] *f* confusion, bewilderment

perplexo/a [pex'plɛksu/a] *adj* bewildered, puzzled; (*indeciso*) uncertain; **ficar** ~ to be taken aback

persa ['pɛxsa] *adj*, *m/f* Persian

perseguição [pexsegi'sãw] *f* pursuit; (*REL*, *POL*) persecution

perseguir [pexse'gi*] *vt* to pursue; (*correr atrás*) to chase (after); (*REL*, *POL*) to persecute; (*importunar*) to harass, pester

perseverante [pexseve'rãtʃi] *adj* persistent

perseverar [pexseve'ra*] *vi*: ~ **(em)** to persevere (in), persist (in)

Pérsia ['pɛxsja] *f*: a ~ Persia

persiana [pex'sjana] *f* blind

Pérsico/a [pɛx'siku/a] *adj*: **o golfo** ~ the Persian Gulf

persigo *etc* [pex'sigu] *vb* V **perseguir**

persistente [pexsiʃ'tẽtʃi] *adj* persistent

persistir [pexsiʃ'tʃi*] *vi*: ~ **(em)** to persist (in)

personagem [pexso'naʒẽ] (*pl* -ns) *m/f* famous person, celebrity; (*num livro*, *filme*) character

personalidade [pexsonali'dadʒi] *f* personality

perspectiva [pexʃpek'tʃiva] *f* perspective; (*panorama*) view; (*probabilidade*) prospect; (*ponto de vista*) point of view

perspicácia [pexʃpi'kasja] *f* insight, perceptiveness; **perspicaz** [pexʃpi'kajʃ] *adj* observant; (*sagaz*) shrewd

persuadir [pexswa'dʒi*] *vt* to persuade; ~-**se** *vr* to convince o.s.; **persuasão** [pexswa'zãw] *f* persuasion; **persuasivo/a** [pexswa'zivu/a] *adj* persuasive

pertencente [pextẽ'sẽtʃi] *adj*: ~ a pertaining to

pertencer [pextẽ'se*] *vi*: ~ a to belong to; (*referir-se*) to concern

pertences [pex'tẽsiʃ] *mpl* (*de uma pessoa*) belongings

pertinaz [pextʃi'najʃ] *adj* persistent; (*obstinado*) obstinate

pertinência [pextʃi'nẽsja] *f* relevance; **pertinente** [pextʃi'nẽtʃi] *adj* relevant; (*apropriado*) appropriate

perto/a ['pɛxtu/a] *adj* nearby ♦ *adv* near; ~ **de** near to; (*em comparação com*) next to; **de** ~ closely; (*ver*) close up; (*conhecer*) very well

perturbar [pextux'ba*] *vt* to disturb; (*abalar*) to upset, trouble; (*atrapalhar*) to put off; (*andamento*, *trânsito*) to disrupt; (*envergonhar*) to embarrass; (*alterar*) to affect

Peru [pe'ru] *m*: o ~ Peru

peru(a) [pe'ru/a] *m/f* turkey

peruca [pe'ruka] *f* wig

perverso/a [pex'vɛxsu/a] *adj* perverse; (*malvado*) wicked

perverter [pexvex'te*] *vt* to corrupt, pervert; **pervertido/a** [pexvex'tʃidu/a] *adj* perverted ♦ *m/f* pervert

pesadelo [peza'delu] *m* nightmare

pesado/a [pe'zadu/a] *adj* heavy; (*ambiente*) tense; (*trabalho*) hard; (*estilo*) dull, boring; (*andar*) slow; (*piada*) coarse; (*comida*) stodgy; (*tempo*) sultry ♦ *adv* heavily

pêsames [pezamiʃ] *mpl* condolences, sympathy *sg*

pesar [pe'za*] *vt* to weigh; (*fig*) to weigh up ♦ *vi* to weigh; (*ser pesado*) to be heavy; (*influir*) to carry weight; (*causar mágoa*); ~ a to hurt, grieve ♦ *m* grief; ~ **sobre** (*recair*) to fall upon

pesaroso/a [peza'rozu/oza] *adj* sorrowful, sad; (*arrependido*) regretful, sorry

pesca ['peʃka] *f* fishing; (*os peixes*) catch; **ir à** ~ to go fishing

pescada [peʃ'kada] *f* whiting

pescado [peʃ'kadu] *m* fish

pescador(a) [peʃka'do*(a)] *m/f* fisherman/woman; ~ **à linha** angler

pescar [peʃ'ka*] *vt* (*peixe*) to catch; (*tentar apanhar*) to fish for; (*retirar da água*) to fish out ♦ *vi* to fish

pescoço [peʃ'kosu] *m* neck

peso ['pezu] *m* weight; (*fig*: *ônus*) burden; (*importância*) importance; ~ **bruto/líquido** gross/net weight

pesqueiro/a [peʃ'kejru/a] *adj* fishing *atr*

pesquisa [peʃ'kiza] *f* inquiry, investigation; (*científica, de mercado*) research; ~**dor(a)** [peʃkiza'do*(a)] *m/f* investigator; researcher; ~**r** [peʃki'za*] *vt*, *vi* to investigate; to research

pêssego ['pesegu] *m* peach

pessimista [pesi'miʃta] *adj* pessimistic ♦ *m/f* pessimist

péssimo/a ['pɛsimu/a] *adj* very bad, awful

pessoa [pe'soa] *f* person; ~**s** *fpl* (*gente*) people; ~**l** [pe'sʃwaw] (*pl* ~**is**) *adj* personal ♦ *m* personnel *pl*, staff *pl*; (*col*) people *pl*, folks *pl*

pestana [peʃ'tana] *f* eyelash; **pestanejar** [peʃtane'ʒa*] *vi* to blink

peste ['pɛʃtʃi] *f* epidemic; (*bubônica*) plague; (*fig*) pest, nuisance

pesticida [peʃtʃi'sida] *m* pesticide

pétala ['petala] *f* petal

petição [petʃi'sãw] (*pl* ~**ões**) *f* request; (*documento*) petition

petisco [pe'tʃiʃku] *m* savoury (*BRIT*), savory (*US*), titbit (*BRIT*), tidbit (*US*)

petit-pois [petʃi'pwa] *m inv* pea

petrificar [petrifi'ka*] *vt* to petrify

petroleiro/a [petro'lejru/a] *adj* oil *atr*, petroleum *atr* ♦ *m* (*navio*) oil tanker

petróleo [pe'trɔlju] *m* oil, petroleum; ~ **bruto** crude oil; **petrolífero/a** [petro'liferu/a] *adj* oil-producing

petulância [petu'lãsja] *f* impudence; **petulante** [petu'lãtʃi] *adj* impudent

peúga ['pjuga] (*PT*) *f* sock

pevide [pe'vidʒi] (*PT*) *f* (*de melão*) seed; (*de maçã*) pip

p. ex. *abr* (= *por exemplo*) e.g.

pia ['pia] *f* wash basin; (*da cozinha*) sink; ~ **batismal** font

piada ['pjada] *f* joke

pianista [pja'niʃta] *m/f* pianist

piano ['pjanu] *m* piano

pião [pjãw] (*pl* ~**ões**) *m* (*brinquedo*) top

piar [pja*] *vi* (*pinto*) to cheep; (*coruja*) to hoot

picada [pi'kada] *f* (*de agulha etc*) prick; (*de abelha*) sting; (*de mosquito, cobra*) bite; (*de avião*) dive; (*de navalha*) stab; (*atalho*) path, trail

picadinho [pika'dʒinu] *m* stew

picante [pi'kãtʃi] *adj* (*tempero*) hot

pica-pau ['pika-] (*pl* ~**s**) *m* woodpecker

picar [pi'ka*] *vt* to prick; (*suj*: *abelha*) to sting; (: *mosquito*) to bite; (*abe-*

pássaro) to peck; (*um animal*) to goad; (*carne*) to mince; (*papel*) to shred; (*fruta*) to chop up ♦ *vi* (*co-michar*) to prickle

picareta [pika'reta] *f* pickaxe (*BRIT*), pickax (*US*) *m/f* crook

pico [piku] *m* (*cume*) peak; (*ponta aguda*) sharp point; (*PT: um pouco*) a bit; **mil e** ~ just over a thousand

picolé [piko'lɛ] *m* lolly

picotar [piko'ta*] *vt* to perforate; (*bilhete*) to punch

piedade [pje'dadʒi] *f* piety; (*compaixão*) pity; **ter** ~ **de** to have pity on; **piedoso/a** [pje'dozu/ɔza] *adj* pious; (*compassivo*) merciful

pier [pi'e*] *m* pier

pifar [pi'fa*] (*col*) *vi* (*carro*) to break down; (*rádio etc*) to go wrong; (*plano, programa*) to fall through

pigméia [pig'meja] *f de* **pigmeu**

pigmento [pig'mētu] *m* pigment

pigmeu/méia [pig'mew/'mɛja] *adj, m/f* pigmy

pijama [pi'ʒama] *m ou f* pyjamas *pl* (*BRIT*), pajamas *pl* (*US*)

pilantra [pi'lātra] (*col*) *m/f* crook

pilar [pi'la*] *vt* to pound, crush ♦ *m* pillar

pilha [piʎa] *f* (*ELET*) battery; (*monte*) pile, heap

pilhagem [pi'ʎaʒẽ] *f* (*ato*) pillage; (*objetos*) plunder, booty

pilhar [pi'ʎa*] *vt* to plunder, pillage; (*roubar*) to rob; (*surpreender*) to catch

pilhéria [pi'ʎɛrja] *f* joke

pilotar [pilo'ta*] *vt* (*avião*) to fly

piloto [pi'lotu] *m* pilot; (*motorista*) (*racing*) driver; (*bico de gás*) pilot light ♦ *adj inv* (*usina, plano*) pilot; (*peça*) sample *atr*

pílula [pilula] *f* pill; **a** ~ (*anticoncepcional*) the pill

pimenta [pi'mēta] *f* (*CULIN*) pepper; ~ **de Caiena** cayenne pepper; ~**-do-reino** *f* black pepper; ~**-malagueta** (*pl* ~**s-malagueta**) *f* chilli (*BRIT*), chili (*US*) pepper; **pimentão** [pimē'tãw] (*pl* ~**ões**) *m*

(*BOT*) pepper; **pimenteira** [pimē'tejra] *f* (*BOT*) pepper plant; (*à mesa*) pepper pot; (: *moedor*) pepper mill

pinacoteca [pinako'tɛka] *f* art gallery

pinça [pĩsa] *f* (*de sobrancelhas*) tweezers *pl*; (*de casa*) tongs *pl*; (*MED*) callipers *pl* (*BRIT*), calipers *pl* (*US*)

píncaro [pĩkaru] *m* summit, peak

pincel [pĩ'sɛw] (*pl* ~**éis**) *m* brush; (*para pintar*) paintbrush; ~**ar** [pĩsela*] *vt* to paint

pinga [pĩga] *f* (*cachaça*) rum; (*PT: trago*) drink

pingar [pĩ'ga*] *vi* to drip

pingente [pĩ'ʒẽtʃi] *m* pendant

pingo [pĩgu] *m* (*gota*) drop

pingue-pongue ® [pĩgi-'põgi] *m* ping-pong ®

pinguim [pĩ'gwĩ] (*pl* ~**ns**) *m* penguin

pinheiro [pi'nejru] *m* pine (tree)

pinho [piɲu] *m* pine

pino [pinu] *m* (*peça*) pin; (*AUTO: na porta*) lock; **a** ~ upright

pinta [pĩta] *f* (*mancha*) spot

pintar [pĩ'ta*] *vt* to paint; (*cabelo*) to dye; (*rosto*) to make up; (*descrever*) to describe; (*imaginar*) to picture ♦ *vi* to paint; ~**-se** *vr* to make o.s. up

pintarroxo [pĩta'xoʃu] *m* (*BR*) linnet; (*PT*) robin

pinto [pĩtu] *m* chick; (*col!*) prick (*!*)

pintor(a) [pĩ'to*(a)] *m/f* painter

pintura [pĩ'tura] *f* painting; (*maquiagem*) make-up

pio/a [piu/a] *adj* pious; (*caridoso*) charitable ♦ *m* cheep, chirp

piões [pjõjʃ] *mpl de* **pião**

piolho [pi'oʎu] *m* louse

pioneiro/a [pjo'nejru/a] *m/f* pioneer

pior [pi'ɔ*] *adj, adv* (*comparr*) worse; (*superl*) worst ♦ *m*: **o** ~ **worst of all**; ~**ar** [pio'ra*] *vt* to make worse, worsen ♦ *vi* to get worse

pipa [pipa] *f* barrel, cask; (*de papel*) kite

pipi [pi'pi] (*col*) *m* pee; **fazer** ~ to have a pee

pipoca [pi'pɔka] *f* popcorn

pipocar [pipo'ka*] vi to go pop, pop

pique¹ ['piki] m (corte) nick; (auge) peak; ~ a vertically, steeply

pique² etc vb V **picar**

piquenique [piki'niki] m picnic

pirâmide [pi'ramidʒi] f pyramid

piranha [pi'raɲa] f piranha (fish)

pirata [pi'rata] m pirate

pires ['piriʃ] m inv saucer

Pirineus [piri'newʃ] mpl: os ~ the Pyrenees

pirueta [pi'rweta] f pirouette

pirulito [piru'litu] (BR) m lollipop

pisada [pi'zada] f (passo) footstep; (rastro) footprint

pisar [pi'za*] vt to tread on; (esmagar, subjugar) to crush ♦ vi to step, tread

pisca-pisca [piʃka-'piʃka] (pl ~s) m (AUTO) indicator

piscar [piʃ'ka*] vt to blink; (dar sinal) to wink; (estrelas) to twinkle ♦ m: num ~ de olhos in a flash

piscina [pi'sina] f swimming pool

piso ['pizu] m floor

pisotear [pizo'tʃa*] vt to trample (on)

pista [piʃta] f (vestígio) trace; (indicação) clue; (de corridas) track; (AVIAT) runway; (de estrada) lane; (de dança) (dance) floor

pistola [piʃ'tɔla] f pistol; **pistoleiro** [piʃto'lejru] m gunman

pistom [piʃ'tõ] (pl ~ns) m piston

pitada [pi'tada] f (porção) pinch

pitoresco/a [pito'reʃku/a] adj picturesque

pivete [pi'vetʃi] m child thief

pivô [pi'vo] m pivot; (fig) central figure, prime mover

pizza ['pitsa] f pizza

placa ['plaka] f plate; (AUTO) number plate (BRIT), license plate (US); (comemorativa) plaque; (na pele) blotch; ~ de sinalização roadsign

placar [pla'ka*] m scoreboard

plácido/a ['plasidu/a] adj calm; (manso) placid

plágio ['plaʒu] m plagiarism

planador [plana'do*] m glider

planalto [pla'nawtu] m tableland, plateau

planar [pla'na*] vi to glide

planear [pla'nja*] (PT) vt = **planejar**

planejador(a) [planeʒa'do*(a)] m/f planner

planejamento [planeʒa'mẽtu] m planning; ~ familiar family planning

planejar [plane'ʒa*] (BR) vt to plan; (edifício) to design

planeta [pla'neta] m planet

planície [pla'nisi] f plain

planilha [pla'niʎa] f (COMPUT) spreadsheet

plano/a ['planu/a] adj flat, level; (liso) smooth ♦ m plan; em primeiro/em último ~ in the foreground/background

planta ['plãta] f plant; (de pé) sole; (ARQ) plan

plantação [plãta'sãw] f (ato) planting; (terreno) planted land; (plantio) crops pl

plantão [plã'tãw] (pl -ões) m duty; (noturno) night duty; (plantonista) person on duty; (MIL: serviço) sentry duty; (: pessoa) sentry; estar de ~ to be on duty

plantar [plã'ta*] vt to plant; (estaca) to drive in; (estabelecer) to set up

plantões [plã'tõjʃ] mpl de **plantão**

plaqueta [pla'keta] f plaque; (AUTO) licensing badge (attached to number plate); (COMPUT) chip

plástico/a ['plaʃtʃiku/a] adj plastic ♦ m plastic

plataforma [plata'fɔxma] f platform; ~ de exploração de petróleo oil rig; ~ de lançamento launch pad

platéia [pla'teja] f (TEATRO etc) stalls pl (BRIT), orchestra (US); (espectadores) audience

platina [pla'tʃina] f platinum

platinados [platʃi'naduʃ] mpl (AUTO) points

plausível [plaw'zivew] (pl -eis) adj credible, plausible

playground [plej'grãwdʒi] (pl -s) m

(children's) playground

pleito ['plejtu] *m* lawsuit, case; (*fig*) dispute; ~ (**eleitoral**) election

plenamente [plena'mẽtʃi] *adv* fully, completely

pleno/a ['plɛnu/a] *adj* full; (*completo*) complete; ~ **dia** in broad daylight; **em** ~ **inverno** in the middle *ou* depths of winter

pluma ['pluma] *f* feather

plural [plu'raw] (*pl* ~**ais**) *adj*, *m* plural

plutônio [plu'tonju] *m* plutonium

pneu ['pnew] *m* tyre (*BRIT*), tire (*US*)

pneumático/a [pnew'matʃiku/a] *adj* pneumatic ♦ *m* tyre (*BRIT*), tire (*US*)

pneumonia [pnewmo'nia] *f* pneumonia

pó [pɔ] *m* powder; (*sujeira*) dust; sabão **em** ~ soap powder; **tirar o** ~ (de algo) to dust (sth)

pobre ['pɔbri] *adj* poor; (*sujeira*) person; ~**za** [po'breza] *f* poverty

poça ['pɔsa] *f* puddle, pool

poção [po'sãw] (*pl* ~**ões**) *f* potion

pocilga [po'siwga] *f* pigsty

poço ['posu] *m* well; (*de mina, elevador*) shaft

poções [po'sõjʃ] *fpl de* **poção**

podar [po'da°] *vt* to prune

pôde *etc* ['podʒi] *vb* V **poder**

pó-de-arroz *m* face powder

poder [po'de°] *vi* **1** (*capacidade*) can, be able to; **não posso fazê-lo** I can't do it, I'm unable to do it

2 (*ter o direito de*) can, may, be allowed to; **posso fumar aqui?** can I smoke here?; **pode entrar?** (*posso?*) can I come in?

3 (*possibilidade*) may, might, could; **pode ser** maybe; **pode ser que** it may be that; **ele** ~**á vir amanhã** he might come tomorrow

4: **não** ~ **com**: **não posso com ele** I cannot cope with him

5 (*col*: *indignação*): **pudera!** no

wonder!; **como é que pode?** you're joking!

♦ *m* power; (*autoridade*) authority; ~ **aquisitivo** purchasing power; **estar no** ~ to be in power; **em** ~ **de alguém** in sb's hands

poderio [pode'riu] *m* might, power

poderoso/a [pode'rozu/ɔza] *adj* mighty, powerful

podre ['pɔdri] *adj* rotten; **podridão** [podri'dãw] *f* decay, rottenness; (*fig*) corruption

põe *etc* [põj] *vb* V **pôr**

poeira ['pwejra] *f* dust; ~ **radioativa** fall-out; **poeirento/a** [pwej'rẽtu/a] *adj* dusty

poema ['pwema] *m* poem

poesia [poe'zia] *f* poetry; (*poema*) poem

poeta ['pwɛta] *m* poet; **poético/a** ['pwɛtʃiku/a] *adj* poetic; **poetisa** [pwe'tʃiza] *f* (*woman*) poet

pois [pojʃ] *adv* (*portanto*) so; (*PT*: *assentimento*) yes ♦ *conj* as, since; (*mas*) but; ~ **bem** well then; ~ **é** that's right; ~ **não!** (*BR*) of course!; ~ **não?** (*BR*: *numa loja*) what can I do for you?; (*PT*) isn't it?, aren't you?, didn't they? *etc*; ~ **sim!** certainly not!; ~ (**então**) then

polaco/a [po'laku/a] *adj* Polish ♦ *m/f* Pole ♦ *m* (*LING*) Polish

polar [po'la°] *adj* polar

polegada [pole'gada] *f* inch

polegar [pole'ga°] *m* (*tb*: **dedo** ~) thumb

polémica [po'lemika] *f* controversy; **polémico/a** [po'lemiku/a] *adj* controversial

pólen ['pɔlɛ] *m* pollen

polia [po'lia] *f* pulley

polícia [po'lisja] *f* police, police force ♦ *m/f* policeman/woman; **policial** [poli'sjaw] (*pl* ~**ais**) *adj* police ♦ *m/f* (*BR*) policeman/woman; **novela** *ou* **romance policial** detective novel;

policiar [poli'sja°] *vt* to police; (*instintos, modos*) to control, keep in check

polidez [poli'deʒ] f good manners pl, politeness

polido/a [po'lidu/a] adj polished, shiny; (cortês) well-mannered, polite

poliéster [po'ljɛʃte*] m polyester

poliestireno [poljeʃtʃi'rɛnu] m polystyrene

polietileno [poljetʃi'lenu] m polythene (BRIT), polyethylene (US)

polimento [poli'mētu] m polishing; (finura) refinement

pólio ['polju] f polio

polir [po'li*] vt to polish

politécnica [poli'tɛknika] f polytechnic

política [po'litʃika] f politics sg; (programa) policy; **político/a** [po'litʃika/a] adj political ♦ m/f politician

pólo ['polu] m polo; (ESPORTE) polo; P~ Norte/Sul North/South Pole

polonês/esa [polo'neʃ/eza] adj Polish ♦ m/f Pole ♦ m (LING) Polish

Polônia [po'lonja] f: a ~ Poland

polpa ['powpa] f pulp

poltrona [pow'trona] f armchair

poluição [polwi'sãw] f pollution; **poluir** [po'lwi*] vt to pollute

polvilho [pow'viʎu] m powder; (farinha) manioc flour

polvo ['powvu] m octopus

pólvora ['powvora] f gunpowder

pomada [po'mada] f ointment

pomar [po'ma*] m orchard

pomba ['põba] f dove

pombo ['põbu] m pigeon

pomos ['pomoʃ] vb V **pôr**

pompa ['põpa] f pomp

pompom [põ'põ] (pl **-ns**) m pompom

pomposo/a [põ'pozu/ɔza] adj pompous

poncho ['põʃu] m poncho

ponderação [põdera'sãw] f consideration, meditation; (prudência) prudence

ponderado/a [põde'radu/a] adj prudent

ponderar [põde'ra*] vt to consider,

weigh up ♦ vi to meditate, muse

pônei ['ponej] m pony

ponho etc ['poɲu] vb V **pôr**

ponta ['põta] f tip; (de faca) point; (de sapato) toe; (extremidade) end; (FUTEBOL: posição) wing; (: jogador) winger; **uma ~ de** (um pouco) a touch of; ~ **do dedo** fingertip

pontada [põ'tada] f (dor) twinge

pontão [põ'tãw] m pontoon

pontapé [põta'pɛ] m kick; **dar ~s em alguém** to kick sb

pontaria [põta'ria] f aim; **fazer ~** to take aim

ponte ['põtʃi] f bridge; ~ **aérea** air shuttle, airlift; ~ **de safena** (heart) bypass operation

ponteiro [põ'tejru] m (indicador) pointer; (de relógio) hand

pontiagudo/a [põtʃja'gudu/a] adj sharp, pointed

pontífice [põ'tʃifisi] m pontiff, Pope

ponto ['põtu] m point; (MED, COSTURA, TRICÔ) stitch; (pequeno sinal, do i) dot; (na pontuação) full stop (BRIT), period (US); (na pele) spot; (de ônibus) stop; (de táxi) rank (BRIT), stand (US); (matéria escolar) subject; **estar a ~ de fazer** to be on the point of doing; **às cinco em ~** at five o'clock on the dot; **dois ~s** colon sg; ~ **de admiração** (PT) exclamation mark; ~ **de exclamação/interrogação** exclamation-question-mark; ~ **de vista** point of view, viewpoint; ~**-e-vírgula** (pl ~**-e-vírgulas**) m semicolon

pontuação [põtwa'sãw] f punctuation

pontual [põ'twaw] (pl **-ais**) adj punctual

pontudo/a [põ'tudu/a] adj pointed

popa ['popa] f stern

população [popula'sãw] (pl **-ões**) f population

popular [popu'la*] adj popular; ~**idade** [populari'dadʒi] f popularity

pôquer ['pokɛ*] m poker

por [po*] (*por* + *o(s)/a(s)* = *pelo(s)/a(s)*) *prep* **1** (*objetivo*) for; lutar pela pátria to fight for one's country **2** (+ *infin*): está ~ acontecer it is about to happen, it is yet to happen; está ~ fazer it is still to be done **3** (*causa*) out of, because of; ~ falta de fundos through lack of funds; ~ hábito/natureza out of habit/by nature; faço isso ~ ela I do it for her; ~ isso therefore; a razão pela qual ... the reason why ...; pelo amor de Deus! for Heaven's sake! **4** (*tempo*): pela manhã in the morning; ~ volta das duas horas at about two o'clock; ele vai ficar ~ uma semana he's staying for a week **5** (*lugar*): ~ aqui this way; viemos pelo parque we came through the park; passar ~ São Paulo to pass through São Paulo; ~ fora/dentro outside/inside **6** (*troca, preço*) for; trocar o velho pelo novo to change old for new; comprei o livro ~ dez libras I bought the book for ten pounds **7** (*valor proporcional*): ~ cento per cent; ~ hora/dia/semana/mês/ano hourly/daily/weekly/monthly/yearly; ~ cabeça a ou per head; ~ mais difícil *etc* que seja however difficult *etc* it is **8** (*modo, meio*) by; ~ correio/avião by post/air; ~ sí by o.s.; ~ escrito in writing; entrar pela entrada principal to go in through the main entrance **9**: ~ que (*por causa*) because (*PT*), why (*BR*); ~ quê? why? **10**: ~ mim tudo bem as far as I'm concerned that's OK

pôr [po*] *vt* **1** (*colocar*) to put; (*roupas*) to put on; (*objeções, dúvidas*) to raise; (*ovos, mesa*) to lay; (*defeito*)

to find; põe mais forte turn it up; você põe açúcar? do you take sugar?; ~ de lado to set aside **2** (+ *adj*) to make; você está me pondo nervoso you're making me nervous
♦ ~-se *vr* **1** (*sol*) to set **2** (*colocar-se*): ~-se de pé to stand up; ponha-se no meu lugar put yourself in my position **3**: ~-se a to start to; ela pôs-se a chorar she started crying
♦ *m*: o ~ do sol sunset

porão [po'rãw] (*pl* –ões) *m* (*de casa*) basement; (: *armazém*) cellar
porca ['pɔxka] *f* (*animal*) sow
porção [pox'sãw] (*pl* –ões) *f* portion, piece; uma ~ de a lot of
porcaria [poxka'ria] *f* filth; (*dito sujo*) obscenity; (*coisa ruim*) piece of junk
porcelana [poxse'lana] *f* porcelain
porcentagem [poxsē'taʒē] (*pl* –ns) *f* percentage
porco/a ['poxku/'pɔxka] *adj* filthy ♦ *m* (*animal*) pig; (*carne*) pork
porções [pox'sõjf] *fpl* de porção
porco-espinho (*pl* porcos-espinhos) *m* porcupine
porém [po'rē] *conj* however
pormenor [poxme'nɔ*] *m* detail
pornografia [poxnogra'fia] *f* pornography
poro ['pɔru] *m* pore
porões [po'rõjs] *mpl* de porão
poroso/a [po'rozu/zza] *adj* porous
porquanto [pox'kwãtu] *conj* since, seeing that
porque ['poxke] *conj* because; (*interrogativo*: *PT*) why
porquê [pox'ke] *adv* why ♦ *m* reason, motive; ~ ? (*PT*) why?
porquinho-da-índia [pox'kiɲu-] (*pl* porquinhos-da-índia) *m* guinea pig
porrete [po'xetʃi] *m* club
porta ['pɔxta] *f* door; (*vão da* ~) doorway; (*de um jardim*) gate
porta-aviões *m inv* aircraft carrier
porta-bagagem (*pl* –ns) (*PT*) *m* =

porta-malas

portador(a) [poxta'do*(a)] m/f bearer

portagem [pox'taʒẽ] (*PT: pl* ~**ns**) *f* toll

portal [pox'taw] (*pl* ~**ais**) *m* doorway

porta-luvas *m inv* (*AUTO*) glove compartment

porta-malas *m inv* (*AUTO*) boot (*BRIT*), trunk (*US*)

porta-níqueis *m inv* purse

portanto [pox'tãtu] *conj* so, therefore

portão [pox'tãw] (*pl* ~**ões**) *m* gate

portar [pox'ta*] *vt* to carry; ~**-se** *vr* to behave

portaria [poxta'ria] *f* (*de um edifício*) entrance hall; (*recepção*) reception desk; (*do governo*) edict, decree

portátil [pox'tatʃiw] (*pl* ~**eis**) *adj* portable

porta-voz (*pl* ~**es**) *m/f* (*pessoa*) spokesman/woman

porte ['pɔxtʃi] *m* transport; (*custo*) freight charge, carriage; ~ **pago** post paid; **de grande** ~ far-reaching, important

porteiro/a [pox'tejru/a] *m/f* caretaker; ~ **eletrônico** entryphone

portentoso/a [poxtẽ'tozu/oza] *adj* amazing, marvellous (*BRIT*), marvelous (*US*)

pórtico ['pɔxtʃiku] *m* porch, portico

porto ['poxtu] *m* (*do mar*) port, harbour (*BRIT*), harbor (*US*); (*vinho*) port; **o P**~ Oporto

portões [pox'tõjʃ] *mpl de* **portão**

Portugal [poxtu'gaw] *m* Portugal;

português/guesa [portu'geʃ/'geza] *adj* Portuguese ♦ *m/f* Portuguese *inv* ♦ *m* (*LING*) Portuguese

porventura [poxvẽ'tura] *adj* by chance; **se** ~ **você** ... if you happen to ...

pôs [poʃ] *vb V* **pôr**

posar [po'za*] *vi* (*FOTO*): ~ (**para**) to pose (for)

pós-escrito [pɔjseʃkritu/a] *m* postscript

posição [pozi'sãw] (*pl* ~**ões**) *f* position; (*social*) standing, status; **posicionar** [pozisjo'na*] *vt* to position

positivo/a [pozi'tʃivu/a] *adj* positive

possante [po'sãtʃi] *adj* powerful, strong; (*carro*) flashy

posse ['pɔsi] *f* possession, ownership; ~**s** *fpl* (*pertences*) possessions, belongings; **tomar** ~ **de** to take possession of

possessão [pose'sãw] *f* possession; **possessivo/a** [pose'sivu/a] *adj* possessive

possibilidade [posibili'dadʒi] *f* possibility; ~**s** *fpl* (*recursos*) means

possibilitar [posibili'ta*] *vt* to make possible, permit

possível [po'sivew] (*pl* ~**eis**) *adj* possible; **fazer todo o** ~ to do one's best

posso *etc* ['posu] *vb V* **poder**

possuidor(a) [poswi'do*(a)] *m/f* owner

possuir [po'swi*] *vt* (*casa, livro etc*) to own; (*dinheiro, talento*) to possess

postal [poʃ'taw] (*pl* ~**ais**) *adj* postal ♦ *m* postcard

poste ['pɔʃtʃi] *m* pole, post

pôster ['poʃte*] *m* poster

posteridade [poʃteri'dadʒi] *f* posterity

posterior [poʃte'rjo*] *adj* (*mais tarde*) subsequent, later; (*traseiro*) rear, back; ~**mente** [poʃterjox'mẽtʃi] *adv* later, subsequently

postiço/a [poʃ'tʃisu/a] *adj* false, artificial

postigo [poʃ'tʃigu] *m* (*em porta*) peephole

posto/a ['poʃtu/'poʃta] *pp de* **pôr** ♦ *m* post, position; (*emprego*) job; ~ **de gasolina** service ou petrol station; ~ **que** although; ~ **de saúde** health centre *ou* center

póstumo/a ['pɔʃtumu/a] *adj* posthumous

postura [poʃ'tura] *f* posture; (*aspecto físico*) appearance

potável [po'tavew] (*pl* ~**eis**) *adj* drinkable; **água** ~ drinking water

pote ['pɔtʃi] *m* jug, pitcher; (*de geléia*) jar; (*de creme*) pot; **chover a ~s** (*PT*) to rain cats and dogs

potência [po'tẽsja] *f* power

potencial [potẽ'sjaw] (*pl* –ais) *adj*, *m* potential

potente [po'tẽtʃi] *adj* powerful, potent

pot-pourri [popu'xi] *m* (*MÚS*) medley

potro/a ['potru/a] *m/f* (*cavalo*) colt/ filly; (: *bem jovem*) foal

---
PALAVRA CHAVE
---

pouco/a ['poku/a] *adj* **1** (*sg*) little, not much; **~ tempo** little *ou* not much time; **de ~ interesse** of little interest, not very interesting; **pouca coisa** not much

2 (*pl*) few, not many; **uns ~s** a few, some; **poucas vezes** rarely; **poucas crianças comem o que devem** few children eat what they should

♦ *adv* **1** little, not much; **custa ~** it doesn't cost much; **dentro em ~**, **daqui a ~** shortly; **~ antes** shortly before

2 (+ *adj*: = *negativo*): **ela é ~ inteligente/simpática** she's not very bright/friendly

3: **por ~ eu não morri** I almost died

4: **~ a ~** little by little

5: **aos ~s** gradually

♦ *m*: **um ~** a little, a bit; **nem um ~ não** not at all

---

poupador(a) [popa'do*(a)] *adj* thrifty

poupança [po'pãsa] *f* thrift; (*economias*) savings *pl*; (*tb*: **caderneta de ~**) savings bank

poupar [po'pa*] *vt* to save; (*vida*) to spare

pouquinho [po'kiɲu] *m*: **um ~ (de)** a little

pousada [po'zada] *f* (*hospedagem*) lodging; (*hospedaria*) inn

pousar [po'za*] *vt* to place; (*mão*) to rest ♦ *vi* (*avião*, *pássaro*) to land;

(*pernoitar*) to spend the night

povo ['povu] *m* people; (*raça*) people *pl*, race; (*plebe*) common people *pl*; (*multidão*) crowd

povoação [povwa'sãw] (*pl* –ões) *f* (*aldeia*) village, settlement; (*habitantes*) population

povoado [po'vwadu] *m* village

povoar [po'vwa*] *vt* (*de habitantes*) to people, populate; (*de animais etc*) to stock

pra [pra] (*col*) *prep* = **para a**

praça ['prasa] *f* (*largo*) square; (*mercado*) marketplace; (*soldado*) soldier; **~ de touros** bullring

prado ['pradu] *m* meadow, grassland

praga ['praga] *f* nuisance; (*maldição*) curse; (*desgraça*) misfortune; (*erva daninha*) weed

pragmático/a [prag'matʃiku/a] *adj* pragmatic

praia ['praja] *f* beach

prancha ['prãʃa] *f* plank; (*de surfe*) board

pranto ['prãtu] *m* weeping

prata ['prata] *f* silver; (*col*: *cruzeiro*) ≈ quid (*BRIT*), ≈ buck (*US*); **prataria** [prata'ria] *f* silverware; (*pratos*) crockery

prateado [pra'tʃjadu/a] *adj* silverplated; (*brilhante*) silvery; (*cor*) silver ♦ *m* (*cor*) silver; (*de um objeto*) silver-plating; **papel ~** silver paper

prateleira [prate'lejra] *f* shelf

prática ['pratʃika] *f* practice; (*experiência*) experience, know-how; (*costume*) habit, custom; V *tb* **prático**

praticante [pratʃi'kãtʃi] *adj* practising (*BRIT*), practicing (*US*) ♦ *m/f* apprentice; (*de esporte*) practitioner

praticar [pratʃi'ka*] *vt* to practise (*BRIT*), practice (*US*); (*roubo*, *operação*) to carry out; **praticável** [pratʃi'kavew] (*pl* –eis) *adj* practical, feasible; **prático/a** [pratʃiku/a] *adj* practical ♦ *m/f* expert

prato ['pratu] *m* plate; (*comida*) dish; (*de uma refeição*) course; (*de toca-discos*) turntable; **~s** *mpl* (*MÚS*) cymbals

praxe ['praksi] f custom, usage; **de ~** usually; **ser de ~** to be the norm

prazer [pra'ze*] m pleasure; **muito ~ em conhecê-lo** pleased to meet you

prazo ['prazu] m term, period; (*vencimento*) expiry date, time limit; a **curto/médio/longo ~** in the short/medium/long term; **comprar a ~** to buy on hire purchase (*BRIT*) ou on the installment plan (*US*)

precário/a [pre'karju/a] adj precarious; (*escasso*) failing

precaução [prekaw'sãw] (pl -ões) f precaution

precaver-se [preka'vexsi] vr: **~ (contra** ou **de)** to be on one's guard (against); **precavido/a** [preka'vidu/a] adj cautious

prece ['presi] f prayer; (*súplica*) entreaty

precedência [prese'dēsja] f precedence; **precedente** [prese'dētʃi] adj preceding ♦ m precedent

preceder [prese'de*] vt, vi to precede; **~ a algo** to precede sth; (*ter primazia*) to take precedence over sth

preceito [pre'sejtu] m precept

precioso/a [pre'sjozu/ɔza] adj precious

precipício [presi'pisju] m precipice; (*fig*) abyss

precipitação [presipita'sãw] f haste; (*imprudência*) rashness

precipitado/a [presipi'tadu/a] adj hasty; (*imprudente*) rash

precipitar [presipi'ta*] vt to hurl; (*acontecimentos*) to precipitate; **~-se contra** to hurl o.s. against; (*apressar-se*) to rush; (*agir com precipitação*) to be rash, act rashly

precisamente [preziza'mētʃi] adv precisely

precisão [presi'zãw] f precision, accuracy

precisar [presi'za*] vt to need; (*especificar*) to specify; **~-se** vr: **"precisa-se"** "needed"; **~ de** to

need; (*uso impess*): **não precisa você se preocupar** you needn't worry

preciso/a [pre'sizu/a] adj precise, accurate; (*necessário*) necessary; (*claro*) concise; **é ~ você ir** you must go

preço ['presu] m price; (*custo*) cost; (*valor*) value; **a ~ de banana** (*BR*) ou **de chuva** (*PT*) dirt cheap

precoce [pre'kɔsi] adj precocious; (*antecipado*) early

preconcebido/a [prekõse'bidu/a] adj preconceived

preconceito [prekõ'sejtu] m prejudice

precursor(a) [prekux'so*(a)] m/f precursor, forerunner; (*mensageiro*) herald

predador [preda'do*] m predator

predecessor(a) [predese'so*] m predecessor

predição [predʒi'sãw] (pl -ões) f prediction, forecast

predileção [predʒile'sãw] (*PT* -cç-; pl -ões) f preference; **predileto/a** [predʒi'letu/a] (*PT* -ct-) adj favourite (*BRIT*), favorite (*US*)

prédio ['predʒju] m building; **~ de apartamentos** block of flats (*BRIT*), apartment house (*US*)

predispor [predʒiʃ'po*] (*irreg*: *como* **pôr**) vt: **~ alguém contra** to prejudice sb against; **~-se** vr: **~-se a/ para** to get o.s. in the mood to/for

predizer [predʒi'ze*] (*irreg*: *como* **dizer**) vt to predict, forecast

predominar [predomi'na*] vi to predominate, prevail

preencher [preẽ'ʃe*] vt (*formulário*) to fill in (*BRIT*) ou out, complete; (*requisitos*) to fulfil (*BRIT*), fulfill (*US*), meet, to fill

pré-estréia [prɛ-] f preview

prefácio [pre'fasju] m preface

prefeito/a [pre'fejtu/a] m/f mayor; **prefeitura** [prefej'tura] f town hall

preferência [prefe'rēsja] f preference; (*AUTO*) priority; **de ~** preferably; **preferencial** [preferē'sjaw] (pl -ais) adj (*rua*) main ♦ f main road

(with priority)

preferido/a [prefe'ridu/a] *adj* favourite *(BRIT)*, favorite *(US)*

preferir [prefe'ri*] *vt* to prefer

prefiro *etc* [pre'firu] *vb V* **preferir**

prefixo [pre'fiksu] *m* (*LING*) prefix; *(TEL)* code

prega ['prega] *f* pleat, fold

pregador [prega'do*] *m* preacher; *(de roupa)* peg

pregão [pre'gãw] (*pl* –**ões**) *m* proclamation, cry

pregar¹ [pre'ga*] *vt, vi* to preach

pregar² [pre'ga*] *vt* (*com prego*) to nail; *(fixar)* to pin, fasten; *(cosendo)* to sew on; ~ **uma peça** to play a trick; ~ **um susto em alguém** to give sb a fright

prego ['pregu] *m* nail; *(col: casa de penhor)* pawn shop

pregões [pre'gojʃ] *mpl de* **pregão**

preguiça [pre'gisa] *f* laziness; *(animal)* sloth; **estar com** ~ to feel lazy; ~**r** [pregi'sa*] *vi* to laze around;

preguiçoso/a [pregi'sozu/za] *adj* lazy

pré-histórico/a [pre-] *adj* prehistoric

preia-mar (*PT*) *f* high tide

prejudicar [preʒudʒi'ka*] *vt* to damage; *(atrapalhar)* to hinder; **prejudicial** [preʒudʒi'sjaw] (*pl* –**ais**) *adj* damaging; *(à saúde)* harmful

prejuízo [pre'ʒwizu] *m* damage, harm; *(em dinheiro)* loss; **em** ~ **de** to the detriment of

prelúdio [pre'ludʒju] *m* prelude

prematuro/a [prema'turu/a] *adj* premature

premiado/a [pre'mjadu/a] *adj* prizewinning; *(bilhete)* winning ♦ *m/f* prize-winner

premiar [pre'mja*] *vt* to award a prize to; *(recompensar)* to reward

prêmio ['premju] *m* prize; *(recompensa)* reward; *(SEGUROS)* premium

premonição [premoni'sãw] (*pl* –**ões**) *f* premonition

pré-natal [pre-] (*pl* –**ais**) *adj* antena-

tal *(BRIT)*, prenatal *(US)*

prenda ['prɛda] *f* gift, present; *(em jogo)* forfeit; ~**s domésticas** housework *sg*

prendado/a [prɛ'dadu/a] *adj* gifted, talented

prendedor [prɛde'do*] *m* fastener; *(de cabelo, gravata)* clip; ~ **de roupa** clothes peg; ~ **de papéis** paper clip

prender [prɛ'de*] *vt* to fasten, fix; *(roupa)* to pin; *(cabelo)* to put back; *(capturar)* to arrest; *(atar, ligar)* to tie; *(atenção)* to catch; *(afetivamente)* to tie, bind; *(reter: doença, compromisso)* to keep; *(movimentos)* to restrict; ~**-se** *vr* to get caught, stick; ~**-se a alguém** *(por amizade)* to be attached to sb

prenome [pre'nɔmi] *m* first name, Christian name

prensar [prɛ'sa*] *vt* to press; *(fruta)* to squeeze

prenunciar [prenũ'sja*] *vt* to predict, foretell; **prenúncio** [pre'nũsju] *m* forewarning, sign

preocupação [preokupa'sãw] (*pl* –**ões**) *f* preoccupation; *(inquietação)* worry, concern

preocupar [preoku'pa*] *vt* to preoccupy; *(inquietar)* to worry; ~**-se** *vr*: ~**-se com** to worry about, be worried about

preparação [prepara'sãw] (*pl* –**ões**) *f* preparation

preparar [prepa'ra*] *vt* to prepare; ~**-se** *vr* to get ready; **preparativos** [prepara'tʃivuʃ] *mpl* preparations, arrangements

preponderante [prepõde'rãtʃi] *adj* predominant

preposição [prepozi'sãw] (*pl* –**ões**) *f* preposition

prepotente [prepo'tẽtʃi] *adj* predominant; *(despótico)* despotic; *(atitude)* overbearing

prerrogativa [prexoga'tʃiva] *f* prerogative

presa ['preza] *f* (*na guerra*) spoils *pl*; *(vítima)* prey; *(dente de animal)* fang

presbiteriano/a [preʒbite'rjanu/a] *adj, m/f* Presbyterian

prescrever [preʃkre've⁺] *vt* to prescribe; (*prazo*) to set; **prescrição** [preʃkri'sãw] (*pl* –ões) *f* order, rule; (*MED*) instruction; (: *de um remédio*) prescription

prescrito/a [preʃ'kritu/a] *pp* de prescrever

presença [pre'zẽsa] *f* presence; (*frequência*) attendance; **ter boa ~** to be presentable; **presenciar** [prezẽ'sja⁺] *vt* to be present at; (*testemunhar*) to witness

presente [pre'zẽtʃi] *adj* present; (*fig: interessado*) attentive; (: *evidente*) clear, obvious ♦ *m* present ♦ *f* (*COM: carta*): **a ~** this letter; **os ~s** *mpl* (*pessoas*) those present; **~ar** [prezẽ'tʃa⁺] *vt*: **~ar alguém (com algo)** to give sb (sth as) a present; **~mente** [prezẽtʃi'mẽtʃi] *adv* at present

preservação [prezexva'sãw] *f* preservation

preservar [prezex'va⁺] *vt* to preserve, protect; **preservativo** [prezexva'tʃivu] *m* preservative; (*anticoncepcional*) condom

presidente/a [prezi'dẽtʃi/ta] *m/f* president

presidiário/a [prezi'dʒjarju/a] *m/f* convict

presídio [pre'zidʒju] *m* prison

presidir [prezi'dʒi⁺] *vt, vi*: **~ (a)** to preside over; (*reunião*) to chair; (*suj: leis, critérios*) to govern

presilha [pre'ziʎa] *f* fastener; (*para o cabelo*) slide

preso/a ['prezu/a] *adj* imprisoned; (*capturado*) under arrest; (*atado*) tied ♦ *m/f* prisoner; **estar ~ a alguém** to be attached to sb

pressa ['prɛsa] *f* haste, hurry; (*rapidez*) speed; (*urgência*) urgency; **às ~s** hurriedly; **estar com ~** to be in a hurry; **ter ~ de** ou **em fazer** to be in a hurry to do

pressagiar [presa'ʒja⁺] *vt* to foretell;

presságio [pre'saʒu] *m* omen, sign; (*pressentimento*) premonition

pressão [pre'sãw] (*pl* –ões) *f* pressure; (**colchete de**) **~** press stud, popper

pressentimento [presẽtʃi'mẽtu] *m* premonition

pressentir [presẽ'tʃi⁺] *vt* to foresee; (*suspeitar*) to sense

pressionar [presjo'na⁺] *vt* (*botão*) to press; (*coagir*) to pressure ♦ *vi* to press, put on pressure

pressões [pre'sõjʃ] *fpl* de **pressão**

pressupor [presu'po⁺] (*irreg: como* **pôr**) *vt* to presuppose

prestação [preʃta'sãw] (*pl* –ões) *f* instalment (*BRIT*), installment (*US*); (*por uma casa*) repayment

prestar [preʃ'ta⁺] *vt* (*cuidados*) to give; (*favores, serviços*) to do; (*contas*) to render; (*informações*) to supply; (*uma qualidade a algo*) to lend ♦ *vi*: **~ a alguém para algo** to be of use to sb for sth; **~-se** *vr*: **~-se a** to be suitable for; (*admitir*) to lend o.s. to; (*dispor-se*) to be willing to; **atenção** to pay attention

prestativo/a [preʃta'tʃivu/a] *adj* helpful, obliging

prestes ['prɛʃtʃiʃ] *adj inv* ready; (*a ponto de*): **~ a partir** about to leave

prestígio [preʃ'tʃiʒu] *m* prestige; **prestigioso/a** [preʃtʃi'ʒozu/ɔza] *adj* prestigious

presumir [prezu'mi⁺] *vt* to presume; **presunção** [prezũ'sãw] (*pl* –ões) *f* presumption; (*vaidade*) conceit, self-importance; **presunçoso/a** [prezũ'so-zu/ɔza] *adj* vain, self-important

presunto [pre'zũtu] *m* ham

pretendente [pretẽ'dẽtʃi] *m/f* claimant; (*candidato*) candidate, applicant ♦ *m* suitor

pretender [pretẽ'de⁺] *vt* to claim; (*cargo, emprego*) to go for; **~ fazer** to intend to do

pretensão [pretẽ'sãw] (*pl* –ões) *f* claim; (*vaidade*) pretension; (*propósito*) aim; (*aspiração*) aspiration; **pretensioso/a** [pretẽ'sjozu/ɔza] *adj* pretentious

pretérito [prɛˈtɛritu] *m* (*LING*) preterite

pretexto [prɛˈtɛʃtu] *m* pretext

preto/a [ˈprɛtu/a] *adj* black ♦ *m/f* Black (man/woman)

prevalecer [prevaleˈseʳ] *vi* to prevail; ~**se** *vr*: ~**se de** (*aproveitarse*) to take advantage of

prevenção [prevẽˈsãw] (*pl* –ões) *f* prevention; (*preconceito*) prejudice; (*cautela*) caution; **estar de** ~ **com** *ou* **contra alguém** to be bias(s)ed against sb

prevenido/a [preveˈnidu/a] *adj* cautious, wary

prevenir [preveˈniʳ] *vt* to prevent; (*avisar*) to warn; (*preparar*) to prepare

preventivo/a [prevẽˈtʃivu/a] *adj* preventive

prever [preˈveʳ] (*irreg*: *como* **ver**) *vt* to predict, foresee; (*pressupor*) to presuppose

previamente [prevjaˈmẽtʃi] *adj* previously

previdência [previˈdẽsja] *f* foresight; (*precaução*) precaution

previdente [previˈdẽtʃi] *adj*: **ser** ~ to show foresight

prévio/a [ˈprɛvju/a] *adj* prior; (*preliminar*) preliminary

previsão [previˈzãw] (*pl* –ões) *f* foresight; (*prognóstico*) prediction, forecast; ~ **do tempo** weather forecast

previsível [previˈzivew] (*pl* –eis) *adj* predictable

previsões [previˈzõjʃ] *fpl de* **previsão**

prezado/a [preˈzadu/a] *adj* esteemed; (*numa carta*) dear

prezar [preˈzaʳ] *vt* (*amigos*) to value highly; (*autoridade*) to respect; (*gostar de*) to appreciate

primário/a [priˈmarju/a] *adj* primary; (*elementar*) basic, rudimentary; (*primitivo*) primitive ♦ *m* (*curso*) elementary education

primata [priˈmata] *m* (*ZOOL*) primate

primavera [primaˈvɛra] *f* spring; (*planta*) primrose

primeira [priˈmejra] *f* (*AUTO*) first (gear)

primeiro/a [priˈmejru/a] *adj*, *adv* first; **de primeira** first-class

primitivo/a [primiˈtʃivu/a] *adj* primitive; (*original*) original

primo/a [ˈprimu/a] *m/f* cousin; ~ **irmão** first cousin

primogénito/a [primoˈʒenitu/a] *adj*, *m/f* first-born

princesa [prĩˈseza] *f* princess

principal [prĩsiˈpaw] (*pl* –ais) *adj* principal; (*entrada*, *razão*, *rua*) main ♦ *m* head, principal; (*essencial*, *de dívida*) principal

principiante [prĩsiˈpjãtʃi] *m/f* beginner

principiar [prĩsiˈpjaʳ] *vt*, *vi* to begin

princípio [prĩˈsipju] *m* beginning, start; (*origem*) origin; (*legal*, *moral*) principle; ~**s** *mpl* (*de matéria*) rudiments

prioridade [prjoriˈdadʒi] *f* priority

prisão [priˈzãw] (*pl* –ões) *f* imprisonment; (*cadeia*) prison, jail; (*detenção*) arrest; ~ **de ventre** constipation; **prisioneiro/a** [prizjoˈnejru/a] *m/f* prisoner

privação [privaˈsãw] (*pl* –ões) *f* deprivation; **privações** *fpl* (*penúria*) hardship *sg*

privacidade [privasiˈdadʒi] *f* privacy

privações [privaˈsõjʃ] *fpl de* **privação**

privada [priˈvada] *f* toilet

privado/a [priˈvadu/a] *adj* private; (*carente*) deprived

privar [priˈvaʳ] *vt* to deprive

privativo/a [privaˈtʃivu/a] *adj* (*particular*) private; ~ **de** peculiar to

privilegiado/a [privileˈʒjadu/a] *adj* privileged; (*excepcional*) unique, exceptional

privilegiar [privileˈʒjaʳ] *vt* to privilege; (*favorecer*) to favour (*BRIT*), favor (*US*)

privilégio [priviˈlɛʒu] *m* privilege

pró [prɔ] *adv* for, in favour (*BRIT*) *ou* favor (*US*) ♦ *m* advantage; **os ~s e os contras** the pros and cons; **em ~ de** in favo(u)r of

pró- [prɔ] *prefixo* pro-

proa ['proa] *f* prow, bow

probabilidade [probabili'dadʒi] *f* probability; **~s** *fpl* (*chances*) odds

problema [prob'lema] *m* problem

procedência [prose'dẽsja] *f* origin, source; (*lugar de saída*) point of departure

proceder [prose'de*] *vi* to proceed; (*comportar-se*) to behave; (*agir*) to act ♦ *m* conduct; **procedimento** [prosedʒi'mẽtu] *m* conduct, behaviour (*BRIT*), behavior (*US*); (*processo*) procedure; (*JUR*) proceedings *pl*

processador [prosesa'do*] *m* processor; **~ de texto** word processor

processamento [prosesa'mẽtu] *m* processing; (*JUR*) prosecution; (*verificação*) verification; **~ de texto** word processing

processar [prose'sa*] *vt* (*JUR*) to take proceedings against, prosecute; (*requerimentos*, *COMPUT*) to process

processo [pro'sesu] *m* process; (*procedimento*) procedure; (*JUR*) lawsuit, legal proceedings *pl*; (: *autos*) record; (*conjunto de documentos*) documents *pl*

procissão [prosi'sãw] (*pl* -ões) *f* procession

proclamação [proklama'sãw] (*pl* -ões) *f* proclamation

proclamar [prokla'ma*] *vt* to proclaim

proclamas [pro'klamaʃ] *mpl* banns

procura [pro'kura] *f* search; (*COM*) demand

procuração [prokura'sãw] *f*: **por ~** by proxy

procurador(a) [prokura'do*(a)] *m/f* attorney; **P~ Geral da República** Attorney General

procurar [proku'ra*] *vt* to look for, seek; (*emprego*) to apply for; (*ir visitar*) to call on; (*contatar*) to get in touch with; **~ fazer** to try to do

prodígio [pro'dʒiʒu] *m* prodigy

produção [produ'sãw] (*pl* -ões) *f* production; (*volume de produção*) output; (*produto*) product; **~ em massa**, **~ em série** mass production

produtivo/a [produ'tʃivu/a] *adj* productive; (*rendoso*) profitable

produto [pro'dutu] *m* product; (*renda*) proceeds *pl*, profit

produtor(a) [produ'to*(a)] *adj* producing ♦ *m/f* producer

produzir [produ'zi*] *vt* to produce; (*ocasionar*) to cause, bring about; (*render*) to bring in

proeminente [proemi'nẽtʃi] *adj* prominent

proeza [pro'eza] *f* achievement, feat

profanar [profa'na*] *vt* to desecrate, profane; **profano/a** [pro'fanu/a] *adj* profane ♦ *m/f* layman/woman

profecia [profe'sia] *f* prophecy

proferir [profe'ri*] *vt* to utter; (*sentença*) to pronounce

professar [profe'sa*] *vt* to profess

professor(a) [profe'so*(a)] *m/f* teacher; (*universitário*) lecturer

profeta/isa [pro'fɛta/profe'tʃiza] *m/f* prophet; **profetizar** [profetʃi'za*] *vt*, *vi* to prophesy, predict

proficiência [profi'sjẽsja] *f* proficiency, competence; **proficiente** [profi'sjẽtʃi] *adj* proficient, competent

profiro *etc* [pro'firu] *vb* V **proferir**

profissão [profi'sãw] (*pl* -ões) *f* profession; **profissional** [profisjo'naw] (*pl* -ais) *adj*, *m/f* professional; **profissionalizante** [profisjonali'zãtʃi] *adj* (*ensino*) vocational

profundidade [profũdʒi'dadʒi] *f* depth

profundo/a [pro'fũdu/a] *adj* deep; (*fig*) profound

profusão [profu'zãw] *f* profusion, abundance

profuso/a [pro'fuzu/a] *adj* profuse, abundant

prognosticar [prognɔʃtʃi'ka*] *vt* to predict, forecast; **prognóstico** [prog'nɔʃtʃiku] *m* prediction, forecast

programa [pro'grama] m programme (BRIT), program (US);
(COMPUT) program; (plano) plan;
(diversão) thing to do; (de um curso)
syllabus; ~**ção** [programa'sãw] f
planning; (TV, RADIO, COMPUT)
programming; ~**dor(a)** [progra-
ma'do*(a)] m/f programmer; ~**r** [pro-
gra'ma*] vt to plan; (COMPUT) to
program

progredir [progre'dʒi*] vi to progress; (avançar) to move forward;
(infecção) to progress

progressista [progre'sifta] adj, m/f
progressive

progressivo/a [progre'sivu/a] adj
progressive; (gradual) gradual

progresso [pro'grɛsu] m progress

progrido etc [pro'gridu] vb V progredir

proibição [proibi'sãw] (pl -ões) f
prohibition, ban

proibir [proi'bi*] vt to prohibit; (livro, espetáculo) to ban; "é proibido
fumar" "no smoking"; ~ alguém
de fazer, ~ que alguém faça to
forbid sb to do

projeção [proʒe'sãw] (PT -cç-; pl
-ões) f projection

projetar [proʒe'ta*] (PT -ct-) vt to
project

projétil [pro'ʒɛtʃiw] (PT -ct-; pl
-eis) m projectile, missile

projeto [pro'ʒetu] (PT -ct-) m
project; (plano, ARQ) plan; (TEC)
design; ~ **de lei** bill

projetor [proʒe'to*] (PT -ct-) m (CI-
NEMA) projector

proletariado [proleta'rjadu] m pro-
letariat; **proletário/a** [prole'tarju/a]
adj, m/f proletarian

proliferar [prolife'ra*] vi to prolifer-
ate; **prolífico/a** [pro'lifiku/a] adj prolific

prolixo/a [pro'liksu/a] adj long-
winded, tedious

prólogo [ˈprɔlogu] m prologue

prolongação [prolõga'sãw] f extension

prolongado/a [prolõ'gadu/a] adj

prolonged; (alongado) extended

prolongar [prolõ'ga*] vt to extend,
lengthen; (decisão etc) to postpone;
(vida) to prolong; ~-**se** vr to extend;
(durar) to last

promessa [pro'mɛsa] f promise

prometer [prome'te*] vt, vi to
promise

promíscuo/a [pro'miʃkwu/a] adj
disorderly, mixed up; (comportamento sexual) promiscuous

promissor(a) [promi'so*(a)] adj promising

promoção [promo'sãw] (pl -ões) f
promotion; **fazer** ~ **de alguém/algo**
to promote sb/sth

promotor(a) [promo'to*(a)] m/f pro-
moter; (JUR) prosecutor

promover [promo've*] vt to promote; (causar) to cause, bring about

promulgar [promuw'ga*] vt to
promulgate; (tornar público) to declare publicly

pronome [pro'nɔmi] m pronoun

pronto/a [ˈprõtu/a] adj ready; (rápido) quick, speedy; (imediato) prompt
♦ adv promptly; **de** ~ promptly; **estar** ~ **a ...** to be prepared on willing
to ...; ~-**socorro** (pl ~**s-socorros**)
(PT) m towtruck

prontuário [prõ'twarju] m (manual)
handbook; (policial) record

pronúncia [pro'nũsja] f pronunciation; (JUR) indictment

pronunciar [pronũ'sja*] vt to pronounce; (discurso) to make, deliver;
(JUR: réu) to indict; (: sentença) to
pass

propaganda [propa'gãda] f (POL)
propaganda; (COM) advertising; (:
uma ~) advert, advertisement; **fazer**
~ **de** to advertise

propagar [propa'ga*] vt to propagate; (fig: difundir) to disseminate

propensão [propẽ'sãw] (pl -ões) f
inclination, tendency; **propenso/a**
[pro'pẽsu/a] adj: **propenso a** inclined
to; **ser propenso a** to be inclined to,
have a tendency to

propina [pro'pina] f (gorjeta) tip;

(PT: cota) fee

propor [pro'po*] *(irreg: como* **pôr**) *vt* to propose; *(oferecer)* to offer; *(um problema)* to pose; **~-se** *vr*: **~-se (a) fazer** *(pretender)* to intend to do; *(visar)* to aim to do; *(dispor-se)* to decide to do; *(oferecer-se)* to offer to do

proporção [propox'sãw] *(pl –ões) f* proportion; **proporções** *fpl (dimensões)* dimensions; **proporcionado/a** [propoxsjo'nadu/a] *adj* proportionate; **proporcional** [propoxsjo'naw] *(pl -ais) adj* proportional; **proporcionar** [propoxsjo'na*] *vt* to provide, give; *(adaptar)* to adjust, adapt

proposição [propozi'sãw] *(pl –ões) f* proposition, proposal

proposital [propozi'taw] *(pl –ais) adj* intentional

propósito [pro'pozitu] *m (intenção)* purpose; *(objetivo)* aim; **a ~** by the way; **a ~ de** with regard to; **de ~** on purpose

proposta [pro'pɔʃta] *f* proposal; *(oferecimento)* offer

propriamente [proprja'mẽtʃi] *adv* properly, exactly; **~ falando** *ou* **dito** strictly speaking

propriedade [proprje'dadʒi] *f* property; *(direito de proprietário)* ownership; *(o que é apropriado)* propriety

proprietário/a [proprje'tarju/a] *m/f* owner, proprietor

próprio/a ['proprju/a] *adj* own, of one's own; *(mesmo)* very, selfsame; *(hora, momento)* opportune, right; *(nome)* proper; *(característica)* characteristic; *(sentido)* proper, true; *(depois de pronome)* –self; **~ (para)** suitable (for); **eu ~** I myself; **por si ~** of one's own accord; **ele é o ~ inglês** he's a typical Englishman; **é o ~** it's him himself

propulsor [propuw'so*] *m* propeller

prorrogação [proxoga'sãw] *(pl –ões) f* extension

prorrogar [proxo'ga*] *vt* to extend, prolong

prosa ['prɔza] *f* prose; *(conversa*

chatter; *(fanfarrice)* boasting, bragging ♦ *adj* full of oneself

proscrever [proʃkre've*] *vt* to prohibit, ban

proscrito/a [proʃ'kritu/a] *pp de* **proscrever** ♦ *m/f* exile

prospecto [proʃ'pɛktu] *m* leaflet; *(em forma de livro)* brochure

prosperar [proʃpe'ra*] *vi* to prosper, thrive; **prosperidade** [proʃperi'dadʒi] *f* prosperity; *(bom êxito)* success; **próspero/a** ['prɔʃperu/a] *adj* prosperous; *(bem sucedido)* successful; *(favorável)* favourable (BRIT), favorable (US)

prosseguir [prose'gi*] *vt, vi* to continue; **~ em** to continue (with)

prostíbulo [proʃ'tʃibulu] *m* brothel

prostituta [proʃtʃi'tuta] *f* prostitute

prostrado/a [proʃ'tradu/a] *adj* prostrate

protagonista [protago'niʃta] *m/f* protagonist

proteção [prote'sãw] *(PT* -cç-*) f* protection

protector(a) [protek'to*(a)] *(PT) =* **protetor(a)**

proteger [prote'ʒe*] *vt* to protect; **protegido/a** [prote'ʒidu/a] *m/f* protégé(e)

proteína [prote'ina] *f* protein

protejo *etc* [pro'teʒu] *vb V* **proteger**

protestante [proteʃ'tãtʃi] *adj, m/f* Protestant

protestar [proteʃ'ta*] *vt, vi* to protest; **protesto** [pro'tɛʃtu] *m* protest

protetor(a) [prote'to*(a)] *adj* protective ♦ *m/f* protector

protocolo [proto'kolu] *m* protocol

protuberância [protube'rãsja] *f* bump; **protuberante** [protube'rãtʃi] *adj* sticking out

prova ['prɔva] *f* proof; *(TEC: teste)* test, trial; *(EDUC: exame)* examination; *(sinal)* sign; *(de comida, bebida)* taste; *(de roupa)* fitting; *(ESPORTE)* competition; *(TIP)* proof; **~ (s)** *f(pl) (JUR)* evidence *sg*; **à ~ de bala/fogo/água** bulletproof/fireproof/waterproof; **pôr à ~** to put

to the test
provar [pro'va*] vt to prove; (comida) to taste, try; (roupa) to try on ♦ vi to try
provável [pro'vavew] (pl -eis) adj probable, likely
proveito [pro'vejtu] m advantage; (ganho) profit; **em ~ de** for the benefit of; **fazer ~ de** to make use of; **~so/a** [provej'tozu/ɔza] adj profitable, advantageous; (útil) useful
proveniência [prove'njēsja] f source, origin; **proveniente** [prove'njētʃi] adj: **proveniente de** originating from; (que resulta de) arising from
prover [pro've*] (irreg: como **ver**) vt to provide, supply; (vaga) to fill ♦ vi: **~ a** to take care of, see to
provérbio [pro'vɛxbju] m proverb
proveta [pro'veta] f test tube
providência [provi'dēsja] f providence; **~s** fpl (medidas) measures, steps; **providencial** [providē'sjaw] (pl -ais) adj opportune; **providenciar** [providē'sja*] vt to provide; (tomar providências) to arrange ♦ vi to make arrangements, take steps; **providenciar para que** to see to it that
provimento [provi'mētu] m provision
província [pro'vĩsja] f province; **provinciano/a** [provĩ'sjanu/a] adj provincial
provisão [provi'zãw] (pl -ões) f provision, supply; **provisões** fpl (suprimentos) provisions
provisório/a [provi'zɔrju/a] adj provisional, temporary
provocador(a) [provoka'do*(a)] adj provocative
provocante [provo'kãtʃi] adj provocative
provocar [provo'ka*] vt to provoke; (ocasionar) to cause; (atrair) to tempt, attract; (estimular) to rouse, stimulate
proximidade [prosimi'dadʒi] f proximity, nearness; **~s** fpl (vizinhança) neighbourhood sg (BRIT), neighbor-

hood sg (US), vicinity sg
próximo/a ['prɔsimu/a] adj (no espaço) near, close; (no tempo) close; (seguinte) next; (amigo, parente) close; (vizinho) neighbouring (BRIT), neighboring (US) ♦ adv near ♦ m fellow man; **~ a** ou **de** near, close to; **até a próxima!** see you again soon!
prudência [pru'dēsja] f care, prudence; **prudente** [pru'dētʃi] adj prudent
prurido [pru'ridu] m itch
pseudônimo [psew'donimu] m pseudonym
psicanálise [psika'nalizi] f psychoanalysis
psicologia [psikolo'ʒia] f psychology; **psicológico/a** [psiko'lɔʒiku/a] adj psychological; **psicólogo/a** [psi'kɔlogu/a] m/f psychologist
psique ['psiki] f psyche
psiquiatra [psi'kjatra] m/f psychiatrist
psiquiatria [psikja'tria] f psychiatry; **psiquiátrico/a** [psi'kjatriku/a] adj psychiatric
psíquico/a ['psikiku/a] adj psychological
puberdade [pubex'dadʒi] f puberty
publicação [publika'sãw] f publication
publicar [publi'ka*] vt to publish; (divulgar) to divulge; (proclamar) to announce
publicidade [publisi'dadʒi] f publicity; (COM) advertising; **publicitário/a** [publisi'tarju/a] adj publicity atr; advertising atr
público/a ['publiku/a] adj public ♦ m public; (CINEMA, TEATRO etc) audience
pude etc ['pudʒi] vb V **poder**
pudera etc ['pu'dera] vb V **poder**
pudim [pu'dʒĩ] (pl -ns) m pudding; **~-flã** [-flã] (PT) m crème caramel
pudor [pu'do*] m bashfulness, modesty; (moral) decency
pugilismo [puʒi'liʒmu] m boxing
puído/a ['pwidu/a] adj worn

pular [pu'la*] vi to jump; (no Carnaval) to celebrate ♦ vt to jump
(over); (páginas, trechos) to skip; ~
Carnaval to celebrate Carnival; ~
corda to skip

pulga ['puwga] f flea

pulmão [puw'mãw] (pl -ões) m lung

pulo¹ ['pulu] m jump; **dar um** ~
em to stop off at

pulo² etc vb V **polir**

pulôver [pu'love*] (BR) m pullover

púlpito ['puwpitu] m pulpit

pulsação [puwsa'sãw] f pulsation,
beating; (MED) pulse

pulsar [puw'sa*] vi (palpitar) to pulsate, throb

pulseira [puw'sejra] f bracelet; (de
sapato) strap

pulso ['puwsu] m (ANAT) wrist;
(MED) pulse; (fig) vigour (BRIT),
vigor (US), energy

pulverizar [puwveri'za*] vt to pulverize; (líquido) to spray; (polvilhar) to
dust

pungente [pũ'ʒẽtʃi] adj painful

punha etc ['puɲa] vb V **pôr**

punhado [pu'ɲadu] m handful

punhal [pu'ɲaw] (pl -ais) m dagger;
~ada [puɲa'lada] f stab

punho ['puɲu] m fist; (de manga)
cuff; (de espada) hilt

punição [puni'sãw] (pl -ões) f
punishment

punir [pu'ni*] vt to punish

pupila [pu'pila] f (ANAT) pupil

purê [pu're] m purée; ~ **de batatas**
mashed potatoes

pureza [pu'reza] f purity

purgante [pux'gãtʃi] m purgative;
(col: pessoa) bore

purgar [pux'ga*] vt to purge

purgatório [puxga'tɔrju] m purgatory

purificar [purifi'ka*] vt to purify

puritano/a [puri'tanu/a] adj puritani-
cal; (seita) puritan ♦ m/f puritan

puro/a ['puru/a] adj pure; (uísque
etc) neat; (verdade) plain; (intenções) honourable (BRIT), honorable
(US); (estilo) clear

púrpura ['puxpura] f purple

purpúreo/a [pux'purja/a] adj crimson

pus¹ [puʃ] m pus

pus² etc [puʃʃ] vb V **pôr**

puser etc [pu'ze*] vb V **pôr**

puta ['puta] (col!) f whore; V tb **puto**

puto/a ['putu/a] (col!) m/f (sem-
vergonha) bastard ♦ adj (zangado)
furious; (incrível): **um** ~ ... a hell
of a ...; o ~ **de** ... the bloody ...

putrefato/a [putre'fatu/a] adj rotten

putrefazer [putrefa'ze*] (irreg:
como fazer) vt, vi to rot; ~**se** vr to
putrefy, rot

pútrido/a ['putridu/a] adj putrid, rotten

puxador [puʃa'do*] m handle, knob

puxão [pu'ʃãw] (pl -ões) m tug, jerk

puxar [pu'ʃa*] vt to pull; (sacar) to
pull out; (assunto) to bring up; (conversa) to strike up; (briga) to pick ♦
vi: ~ **de uma perna** to limp; ~ **a**
to take after

puxões [pu'ʃõjʃ] mpl de **puxão**

Q

QG abr m (= Quartel-General) HQ

QI abr m (= Quociente de Inteligência) IQ

quadra ['kwadra] f (quarteirão)
block; (de tênis etc) court; (período)
time, period

quadrado/a [kwa'dradu/a] adj
square ♦ m square ♦ m/f (col)
square

quadril [kwa'driw] (pl -is) m hip

quadrinho [kwa'driɲu] m: **história
em** ~s (BR) cartoon, comic strip

quadris [kwa'driʃ] mpl de **quadril**

quadro ['kwadru] m (pintura; TEC:
vura, foto) picture; (lista) list; (tabela) chart, table; (TEC: painel) panel; (pessoal) staff; (time) team;
(TEATRO, fig) scene; ~**-negro** (pl
~s-negros) m blackboard

quadruplicar [kwadrupli'ka*] vt, vi
to quadruple

qual [kwaw] (pl –ais) pron which ♦ conj as, like ♦ excl what!; o ~ which; (pessoa: suj) who; (: objeto) whom; seja ~ for whatever ou whichever it may be; cada ~ each one

qualidade [kwali'dadʒi] f quality

qualificação [kwalifika'sãw] (pl –ões) f qualification

qualificado/a [kwalifi'kadu/a] adj qualified

qualificar [kwalifi'ka*] vt to qualify; (avaliar) to evaluate; ~-se vr to qualify; ~ de ou como to classify as

qualquer [kwaw'ke*] (pl quaisquer) adj, pron any; ~ pessoa anyone, anybody; ~ um dos dois either; ~ que seja whichever it may be; a ~ momento at any moment

quando ['kwãdu] adv when ♦ conj when; (interrogativo) when?; (ao passo que) whilst; ~ muito at most

quantia [kwã'tʃia] f sum, amount

quantidade [kwãtʃi'dadʒi] f quantity, amount

quanto/a ['kwãtu/a] adj 1 (interrogativo: sg) how much?; (: pl) how many?; ~ tempo? how long?
2 (o (que for) necessário) all that, as much as; daremos ~s exemplares ele precisar we'll give him as many copies as ou all the copies he needs
3: tanto/tantos ... ~ as much/many ... as
♦ pron 1 how much?; how many?; ~ custa? how much?; a ~ está o jogo? what's the score?
2: tudo ~ everything that, as much as
3: tanto/tantos ~ ... as much/as many as ...
4: um tanto ~ somewhat, rather
♦ adv 1: ~ a as regards; ~ a mim as for me
2: ~ antes as soon as possible
3: ~ mais (principalmente) especially; (muito menos) let alone; ~ mais cedo melhor the sooner the

better
4: tanto ~ possível as much as possible; tão ... ~ ... as ... as ...
♦ conj: ~ mais trabalha, mais ele ganha the more he works, the more he earns; ~ mais, (tanto) melhor the more, the better

quarenta [kwa'rẽta] num forty

quarentena [kwarẽ'tɛna] f quarantine

quaresma [kwa'rɛʒma] f Lent

quarta ['kwaxta] f (tb: ~-feira) Wednesday; (parte) quarter; (AUTO) fourth (gear); ~-feira (pl ~s-feiras) f Wednesday; ~-feira de cinzas Ash Wednesday

quarteirão [kwaxtej'rãw] (pl –ões) m (de casas) block

quartel [kwax'tɛw] (pl –éis) m barracks sg; ~-general m headquarters pl

quarteto [kwax'tetu] m quartet(te)

quarto/a ['kwaxtu/a] num fourth ♦ m quarter; (aposento) room; ~ de banho/dormir bathroom/bedroom; três ~s de hora three quarters of an hour

quartzo ['kwaxtsu] m quartz

quase ['kwazi] adv almost, nearly; ~ nunca hardly ever

quatorze [kwa'toxzi] num fourteen

quatro ['kwatru] num four

que [ki] conj 1 (com oração subordinada: muitas vezes não se traduz) that; ele disse ~ viria he said (that) he would come; não há nada ~ fazer there's nothing to be done; espero ~ sim/não I hope so/not; dizer ~ sim/não to say yes/no
2 (consecutivo: muitas vezes não se traduz) that; é tão pesado ~ não consigo levantá-lo it's so heavy (that) I can't lift it
3 (comparações): (do) ~ than; V tb mais; menos; mesmo
♦ pron 1 (coisa) which, that; (+ prep) which; o chapéu ~ você

comprou the hat (that ou which) you bought

2 (pessoa: suj) who, that; (: complemento) whom, that; **o amigo ~ me levou ao museu** the friend who took me to the museum; **a moça ~ eu convidei** the girl (that ou whom) I invited

3 (interrogativo) what?; **o ~ você disse?** what did you say?

4 (exclamação) what!; **~ pena!** what a pity!; **~ lindo!** how lovely!

quê [ke] m (col) something ♦ pron what; **~!** what!; **não tem de ~** don't mention it; **para ~?** what for?; **por ~?** why?

quebra ['kɛbra] f break, rupture; (falência) bankruptcy; (de energia elétrica) cut; **de ~** in addition; **~-cabeça** (pl **~-cabeças**) m puzzle, problem; (jogo) jigsaw puzzle

quebradiço/a [kebra'dʒisu/a] adj fragile, breakable

quebrado/a [ke'bradu/a] adj broken; (cansado) exhausted; (falido) bankrupt; (carro, máquina) broken down; (telefone) out of order

quebra-nozes m inv nutcrackers pl (BRIT), nutcracker (US)

quebranto [ke'brãtu] m weakness

quebrar [ke'bra*] vt to break ♦ vi to break; (carro) to break down; (COM) to go bankrupt; (ficar sem dinheiro) to go broke

queda ['kɛda] f fall; (fig) downfall; **ter ~ para algo** to have a bent for sth; **~ de barreira** landslide; **~-d'água** (pl **~s-d'água**) f waterfall

queijo ['kejʒu] m cheese

queimado/a [kej'madu/a] adj burnt; (de sol: machucado) sunburnt; (: bronzeado) brown, tanned; (plantas, folhas) dried up

queimadura [kejma'dura] f burn; (de sol) sunburn

queimar [kej'ma*] vt to burn; (roupa) to scorch; (com líquido) to scald; (bronzear a pele) to tan; (planta, folha) to wither ♦ vi to burn; **~-se** vr

(pessoa) to burn o.s.; (de sol) to tan

queima-roupa f: **à ~** point-blank, at point-blank range

queira etc ['kejra] vb V **querer**

queixa ['kejʃa] f complaint; (lamentação) lament; **fazer ~ de alguém** to complain about sb

queixar-se [kej'faxsi] vr to complain; **~ de** to complain about; (dores etc) to complain of

queixo ['kejʃu] m chin; (maxilar) jaw; **bater o ~** to shiver

queixoso/a [kej'ʃozu/za] adj complaining; (magoado) doleful

quem [kẽj] pron who; (como objeto) who(m); **de ~ é isto?** whose is this?; **~ diria!** who would have thought (it)!; **~ sabe** (talvez) perhaps

Quênia ['kenja] m: **o ~** Kenya

quente ['kẽtʃi] adj hot; (roupa) warm; **quentura** [kẽ'tura] f heat, warmth

quer [ke*] vb V **querer** ♦ conj: **~ ... ~ ...** whether ... or ...; **~ chova não** whether it rains or not; **onde/quando/quem ~ que** wherever/whenever/whoever; **o que ~ que seja** whatever it is

querela [ke'rɛla] f dispute

PALAVRA CHAVE

querer [ke're*] vt **1** (desejar) to want; **quero mais dinheiro** I want more money; **queria um chá** I'd like a cup of tea; **quero ajudar/que vá** I want to help/you to go; **você vai ~ sair amanhã?** do you want to go out tomorrow?; **eu vou ~ uma cerveja** (num bar etc) I'd like a beer; **por/sem ~** intentionally/unintentionally; **como queira** as you wish

2 (perguntas para pedir algo): **você quer fechar a janela?** will you shut the window?; **quer me dar uma mão?** can you give me a hand?

3 (amar) to love

4 (convite): **quer entrar/sentar** do come in/sit down

5: ~ **dizer** (*significar*) to mean; (*pretender dizer*) to mean to say; **quero dizer** I mean; **quer dizer** (*com outras palavras*) in other words ♦ *vi*: ~ **bem a** to be fond of ♦ ~**-se** *vr* to love one another ♦ *m* (*vontade*) wish; (*afeto*) affection

querido/a [ke'ridu/a] *adj* dear ♦ *m/f* darling; **Q~ João** Dear John

querosene [kero'zεni] *m* kerosene

questão [keʃ'tãw] (*pl* **-ões**) *f* question, inquiry; (*problema*) matter, question; (*JUR*) case; (*contenda*) dispute, quarrel; **fazer** ~ **(de)** to insist (on); **em** ~ in question; **há** ~ **de um ano** about a year ago; **questionar** [keʃtʃjo'na*] *vi* to question ♦ *vt* to question, call into question; **questionário** [keʃtʃjo'narju] *m* questionnaire; **questionável** [keʃtʃjo'navew] (*pl* **-eis**) *adj* questionable

quiabo ['kjabu] *m* okra

quicar [ki'ka*] *vt, vi* to bounce

quieto/a ['kjεtu/a] *adj* quiet; (*imóvel*) still; **quietude** [kje'tudʒi] *f* calm, tranquillity

quilate [ki'latʃi] *m* carat

quilo ['kilu] *m* kilo; ~**byte** [kilo'bajtʃi] *m* kilobyte; ~**grama** [kilo'grama] *m* kilogram; ~**metragem** [kilome'traʒẽ] *f* number of kilometres *ou* kilometers travelled, ≈ mileage; **quilômetro** [ki'lometru] *m* kilometre (*BRIT*), kilometer (*US*); ~**watt** [kilo'watʃi] *m* kilowatt

quimérico/a [ki'mεriku/a] *adj* fantastic

química ['kimika] *f* chemistry

químico/a ['kimiku/a] *adj* chemical ♦ *m/f* chemist

quina ['kina] *f* corner; (*de mesa etc*) edge; de ~ edgeways (*BRIT*), edgewise (*US*)

quindim [ki'dʒĩ] *m* sweet made of egg yolks, coconut and sugar

quinhão [ki'nãw] (*pl* **-ões**) *m* share, portion

quinhentos/as [ki'nẽtuʃ/aʃ] *num* five hundred

quinhões [ki'nõjʃ] *mpl de* **quinhão**

quinina [ki'nina] *f* quinine

quinquilharias [kĩkiʎa'riaʃ] *fpl* odds and ends; (*miudezas*) knicknacks, trinkets

quinta ['kĩta] *f* (*tb*: ~**-feira**) Thursday; (*propriedade*) estate; (*PT*) farm; ~**-feira** ['kĩta-'fejra] (*pl* ~**-feiras**) *f* Thursday

quintal [kĩ'taw] (*pl* **-ais**) *m* back yard

quinteto [kĩ'tetu] *m* quintet(te)

quinto/a ['kĩtu/a] *num* fifth

quintuplos/as [kĩ'tupluʃ/aʃ] *m/fpl* quins, quintuplets

quinze ['kĩzi] *num* fifteen; **duas e** ~ **a quarter past** (*BRIT*) *ou* after (*US*) **two;** ~ **para as sete** **a quarter to** (*BRIT*) *ou* of (*US*) seven

quinzena [kĩ'zena] *f* two weeks, fortnight (*BRIT*); ~**l** [kĩze'naw] (*pl* ~**is**) *adj* fortnightly; ~**lmente** [kĩzenaw'mẽtʃi] *adv* fortnightly

quiosque ['kjɔʃki] *m* kiosk

qüiproquó [kwipro'kwɔ] *m* misunderstanding, mix-up

quiromante [kiro'mãtʃi] *m/f* palmist, fortune teller

quis *etc* [kiʒ] *vb V* **querer**

quiser *etc* [ki'zε*] *vb V* **querer**

quisto ['kiʃtu] *m* cyst

quitanda [ki'tãda] *f* grocer's (shop) (*BRIT*), grocery store (*US*); **quitandeiro/a** [kitã'dejru/a] *m/f* grocer; (*vendedor de hortaliças*) greengrocer (*BRIT*), produce dealer (*US*)

quitar [ki'ta*] *vt* (*dívida*: *pagar*) to pay off; (: *perdoar*) to cancel; (*devedor*) to release

quite ['kitʃi] *adj* (*livre*) free; (*com um credor*) squared up; (*igualado*) even; **estar** ~ **(com alguém)** to be quits (with sb)

quitute [ki'tutʃi] *m* titbit (*BRIT*), tidbit (*US*)

quociente [kwo'sjẽtʃi] *m* quotient; ~ **de inteligência** intelligence quotient

quota ['kwota] *f* quota; (*porção*)

share, portion
quotidiano/a [kwotʃi'dʒjanu/a] *adj*
everyday

R

R *abr* (= **rua**) St
rã [xã] *f* frog
rabanete [xaba'netʃi] *m* radish
rabicho [xa'biʃu] *m* ponytail
rabino [xa'binu] *m* rabbi
rabiscar [xabiʃ'ka'] *vt* to scribble;
 (*papel*) to scribble on ♦ *vi* to scribble; (*desenhar*) to doodle; **rabisco**
 [xa'biʃku] *m* scribble
rabo ['xabu] *m* tail; **~de-cavalo** (*pl*
 ~s-de-cavalo) *m* ponytail
rabugento/a [xabu'ʒẽtu/a] *adj*
 grumpy
raça ['xasa] *f* breed; (*grupo étnico*)
 race; **cão/cavalo de ~** pedigree
 dog/thoroughbred horse
ração [xa'sãw] (*pl* **-ões**) *f* ration;
 (*para animal*) food
racha ['xaʃa] *f* (*fenda*) split; (*greta*)
 crack; **~dura** [xaʃa'dura] *f* crack; **~r**
 [xa'ʃa'] *vt* to crack; (*objeto, despesas*) to split; (*lenha*) to chop ♦ *vi* to
 split; (*cristal*) to crack; **~r-se** *vr* to
 split; to crack
racial [xa'sjaw] (*pl* **-ais**) *adj* racial
raciocínio [xasjo'sinju] *m* reasoning
racional [xasjo'naw] (*pl* **-ais**) *adj* rational; **~izar** [xasjonali'za'] *vt* to rationalize
racionamento [xasjona'mẽtu] *m* rationing
racionar [xasjo'na'] *vt* to ration (out)
racismo [xa'siʒmu] *m* racism; **racista** [xa'siʃta] *adj*, *m/f* racist
rações [xa'sõjʃ] *fpl de* **ração**
radar [xa'da'] *m* radar
radiação [xadʒja'sãw] *f* radiation
radiador [xadʒja'do'] *m* radiator
radiante [xa'dʒjãtʃi] *adj* radiant
radical [xadʒi'kaw] (*pl* **-ais**) *adj* radical
radicar-se [xadʒi'kaxsi] *vr* to take
 root; (*fixar residência*) to settle

rádio ['xadʒju] *m* radio; (*QUÍM*)
 radium; **radioativo/a** [xadʒjua'tʃivu/
 a] (*PT* **-act-**) *adj* radioactive; **radiodifusão** [xadʒjodʒifu'zãw] *f* broadcasting; **radiografar** [xadʒjogra'fa'] *vt* to
 X-ray; **radiografia** [xadʒjogra'fia] *f*
 X-ray; **radiologia** [xadʒjolo'ʒia] *f*
 radiology; **radiopatrulha** [xadʒjopa'
 truʎa] *f* patrol car; **radioterapia** [xadʒjotera'pia] *f* radiotherapy
raia ['xaja] *f* (*risca*) line; (*fronteira*)
 boundary; (*limite*) limit; (*de corrida*) lane; (*peixe*) ray
raiado/a [xa'jadu/a] *adj* striped
raiar [xa'ja'] *vi* to shine
rainha [xa'iɲa] *f* queen
raio ['xaju] *m* (*de sol*) ray; (*de luz*)
 beam; (*de roda*) spoke; (*relâmpago*)
 flash of lightning; (*alcance*) range;
 (*MAT*) radius; **~s** X X-rays
raiva ['xajva] *f* rage, fury; (*MED*) rabies *sg*; **estar/ficar com ~** (de) to
 be(get) angry (with); **ter ~ de** to
 hate; **raivoso/a** [xaj'vozu/ɔza] *adj* furious
raiz [xa'iʒ] *f* root; (*origem*) origin,
 source; **~ quadrada** square root
rajada [xa'ʒada] *f* (*vento*) gust
ralado/a [xa'ladu/a] *adj* grated; **~r**
 [xala'do'] *m* grater
ralar [xa'la'] *vt* to grate
ralhar [xa'ʎa'] *vi* to scold; **~ com**
 alguém to tell sb off
rali [xa'li] *m* rally
ralo/a ['xalu/a] *adj* (*cabelo*) thinning;
 (*tecido*) flimsy; (*vegetação*) sparse;
 (*sopa*) thin, watery; (*café*) weak ♦
 m (*de regador*) rose, nozzle; (*de pia,
 banheiro*) drain
rama ['xama] *f* branches *pl*, foliage;
 pela ~ superficially; **~gem**
 [xa'maʒẽ] *f* branches *pl*, foliage; **~l**
 [xa'maw] (*pl* **-is**) *m* (*FERRO*)
 branch line; (*TEL*) extension;
 (*AUTO*) side road
ramalhete [xama'ʎetʃi] *m* bouquet
ramificar-se [xamifi'kaxsi] *vr* to
 branch out
ramo ['xamu] *m* branch; (*profissão,
 negócios*) line; (*de flores*) bunch;

Domingo de R~s Palm Sunday

rampa ['xɐpa] f ramp; (ladeira) slope

rancor [xã'ko*] m bitterness; (ódio) hatred; ~**oso/a** [xãko'rozu/ɔza] adj bitter, resentful; hateful

rançoso/a [xã'sozu/ɔza] adj rancid; (cheiro) musty

ranger [xã'ʒe*] vi to creak ♦ vt: ~ os dentes to grind one's teeth

ranhura [xa'ɲura] f groove; (para moeda) slot

ranjo etc ['xãʒu] vb V **ranger**

rapar [xa'pa*] vt to scrape; (a barba) to shave; (o cabelo) to crop

rapariga [xapa'riga] f girl

rapaz [xa'pajʒ] m boy; (col) lad

rapé [xa'pɛ] m snuff

rapidez [xapi'deʒ] f speed

rápido/a ['xapidu/a] adj fast, quick ♦ adv fast, quickly ♦ m (trem) express

rapina [xa'pina] f robbery; **ave de** ~ bird of prey

raposo/a [xa'pozu/ɔza] m/f fox/vixen

rapsódia [xap'sɔdʒia] f rhapsody

raptar [xap'ta*] vt to kidnap; **rapto** ['xaptu] m kidnapping; **raptor** [xap'to*] m kidnapper

raqueta [xa'keta] (PT) f = **raquete**

raquete [xa'ketʃi] f racquet

raquítico/a [xa'kitʃiku/a] adj (franzino) puny; (vegetação) poor

raquitismo [xaki'tʃiʒmu] m rickets sg

raramente [xara'mɛtʃi] adv rarely, seldom

rarefeito/a [xare'fejtu/a] adj rarefied; (multidão, população) sparse

raro/a ['xaru/a] adj rare ♦ adv rarely, seldom

rascunhar [xaʃku'ɲa*] vt to draft, make a rough copy of; **rascunho** [xaʃ'kuɲu] m draft, rough copy

rasgado/a [xaʒ'gadu/a] adj (roupa) torn, ripped

rasgão [xaʒ'gɐ̃w] (pl –ões) m tear, rip

rasgar [xaʒ'ga*] vt to tear, rip; (destruir) to tear up, rip up; ~**-se** vr

to split; **rasgo** ['xaʒgu] m tear, rip

rasgões [xaʒ'gõjʃ] mpl de **rasgão**

raso/a ['xazu/a] adj (liso) flat, level; (não fundo) shallow; (baixo) low; **soldado** ~ private

raspa ['xaʃpa] f (de madeira) shaving; (de metal) filing

raspão [xaʃ'pɐ̃w] (pl –ões) m scratch, graze

raspar [xaʃ'pa*] vt to scrape; (alisar) to file; (tocar de raspão) to graze; (arranhar) to scratch; (pêlos, cabeça) to shave; (apagar) to rub out ♦ vi: ~ **em** to scrape

raspões [xaʃ'põjʃ] mpl de **raspão**

rasteira [xaʃ'tejra] f: **dar uma** ~ **em alguém** to trip sb up

rasteiro/a [xaʃ'tejru/a] adj crawling; (planta) creeping

rastejante [xaʃte'ʒãtʃi] adj trailing; (arrastando-se) creeping

rastejar [xaʃte'ʒa*] vi to crawl; (furtivamente) to creep; (fig: rebaixar-se) to grovel ♦ vt (fugitivo etc) to track

rasto ['xaʃtu] m (pegada) track; (de veículo) trail; (fig) sign, trace; **andar de** ~s to crawl

rastro ['xaʃtru] m = **rasto**

rata ['xata] f rat; (pequena) mouse;

ratão [xa'tɐ̃w] (pl –ões) m rat

ratear [xa'tʃja*] vt to share

ratificar [xatʃifi'ka*] vt to ratify

rato ['xatu] m rat; (pequeno) mouse; ~ **de hotel/praia** hotel/beach thief; ~**eira** [xa'twejra] f rat trap; mouse-trap

ratões [xa'tõjʃ] mpl de **ratão**

ravina [xa'vina] f ravine

razão [xa'zɐ̃w] (pl –ões) f reason; (argumento) reasoning; (MAT) ratio ♦ m (COM) ledger; à ~ **de** at the rate of; **em** ~ **de** on account of; **dar** ~ **a alguém** to support sb; **ter/não ter** ~ to be right/wrong; **razoável** [xa'zwavew] (pl –eis) adj reasonable

r/c (PT) abr = **rés-do-chão**

ré [xɛ] f (AUTO) reverse (gear); **dar (marcha à)** ~ to reverse, back up; V tb **réu**

reá [xe'a] *vb V* reaver

reabastecer [xcabaʃte'se*] *vt* (*avião*) to refuel; (*carro*) to fill up; ~-se *vr*: ~-se de to replenish one's supply of

reação [xea'sãw] (*PT* -cç-; *pl* -ões) *f* reaction; **reacionário/a** [xeasjo'narju/a] *adj* reactionary

reactor [xea'to*] (*PT*) *m* = reator

reagir [xea'ʒi*] *vi* to react; (*doente, time perdedor*) to fight back; ~ a (*resistir*) to resist; (*protestar*) to rebel against

reais [xe'ajʃ] *adj pl de* real

reaja *etc* [xe'aʒa] *vb V* reagir; reaver

reajuste [xea'ʒuʃtʃi] *m* adjustment

real [xe'aw] (*pl* -ais) *adj* real; (*relativo à realeza*) royal

realçar [xeaw'sa*] *vt* to highlight; **realce** [xe'awsi] *m* emphasis; (*mais brilho*) highlight; **dar realce a** to enhance

realeza [xea'leza] *f* royalty

realidade [xcali'dadʒi] *f* reality; **na ~** actually, in fact

realista [xea'liʃta] *adj* realistic ♦ *m/f* realist

realização [xealiza'sãw] *f* fulfilment (*BRIT*), fulfillment (*US*), realization; (*de projeto*) execution, carrying out

realizador(a) [xealiza'do*(a)] *adj* enterprising

realizar [xeali'za*] *vt* to achieve; (*projeto*) to carry out; (*ambições, sonho*) to fulfil (*BRIT*), fulfill (*US*), realize; (*negócios*) to transact; (*perceber*) to realize; ~-se *vr* to take place; (*ambições*) to be realized; (*sonhos*) to come true

realmente [xeaw'mẽtʃi] *adv* really; (*de fato*) actually

reanimar [xeani'ma*] *vt* to revive; (*encorajar*) to encourage; ~-se *vr* to cheer up

reão [xe'ãw] *vb V* reaver

reatar [xea'to*] *vt* to resume, take up again

reator [xea'to*] *m* reactor

reaver [xea've*] *vt* to recover, get back

reavivar [xeavi'va*] *vt* (*cor*) to brighten up; (*lembrança*) to revive; (*sofrimento, dor*) to bring back

rebaixar [xebaj'ʃa*] *vt* to lower; (*mercadorias*) to lower the price of; (*humilhar*) to put down, humiliate ♦ *vi* to drop; ~-se *vr* to demean o.s.

rebanho [xeba'naju] *m* (*de carneiros, fig*) flock; (*de gado, elefantes*) herd

rebate [xe'batʃi] *m* (*sinal*) alarm; (*COM*) discount

rebater [xeba'te*] *vt* (*golpe*) to ward off; (*acusações, argumentos*) to refute

rebelar-se [xebe'laxsi] *vr* to rebel; **rebelde** [xe'bewdʒi] *adj* rebellious; (*indisciplinado*) unruly, wild ♦ *m/f* rebel; **rebeldia** [xebew'dʒia] *f* rebelliousness; (*fig: obstinação*) stubbornness; (: *oposição*) defiance

rebelião [xebe'ljãw] (*pl* -ões) *f* rebellion

rebentar [xebẽ'ta*] *vi* (*guerra*) to break out; (*louça*) to smash; (*corda*) to snap; (*represa*) to burst; (*ondas*) to break ♦ *vt* to smash; to snap; (*porta*) to break down

rebocador [xeboka'do*] *m* tug(boat)

rebocar [xebo'ka*] *vt* (*paredes*) to plaster; (*veículo*) to tow; **reboco** [xe'boku] *m* plaster

rebolar [xebo'la*] *vt* to swing ♦ *vi* to sway

reboque[1] [xe'bɔki] *m* tow; (*veículo: tb:* **carro** ~) trailer; (*cabo*) towrope; (*BR: de socorro*) towtruck; **a ~** on *ou* in (US) tow

reboque[2] *etc vb V* rebocar

rebuçado [xebu'sadu] (*PT*) *m* sweet, candy (*US*)

rebuliço [xebu'lisu] *m* commotion, hubbub

recado [xeka'du] *m* message; **deixar ~** to leave a message

recaída [xeka'ida] *f* relapse

recair [xeka'i*] *vi* (*doente*) to relapse

recalcar [xekaw'ka*] *vt* to repress

recalque *etc* [xe'kawki] *vb V* recalcar

recanto [xe'kãtu] *m* corner, nook

recapitular [xekapitu'la*] *vt* to sum up, recapitulate; (*fatos*) to review; (*matéria escolar*) to revise

recatado/a [xeka'tadu/a] *adj* (*modesto*) modest; (*reservado*) reserved

recauchutado/a [xekawʃu'tadu/a] *adj*: pneu ~ (*AUTO*) retread, remould (*BRIT*)

recear [xe'sja*] *vt* to fear ♦ *vi*: ~ por to fear for; ~ fazer/que to be afraid to do/that

recebedor(a) [xesebe'do*(a)] *m/f* recipient

receber [xese'be*] *vt* to receive; (*ganhar*) to earn, get; (*hóspedes*) to take in; (*convidados*) to entertain; (*acolher bem*) to welcome ♦ *vi* (~ *convidados*) to entertain; **recebimento** [xesebi'mẽtu] (*BR*) *m* reception; (*de uma carta*) receipt; **acusar o recebimento de** to acknowledge receipt of

receio [xe'seju] *m* fear; **ter ~ de que** to fear that

receita [xe'sejta] *f* income; (*do Estado*) revenue; (*MED*) prescription; (*CULIN*) recipe; **R~ Federal** ≈ Inland Revenue (*BRIT*), ≈ IRS (*US*); **~r** [xesej'ta*] *vt* to prescribe

recém [xe'sẽ] *adv* recently, newly; **~-casado/a** *adj*: os ~-casados the newlyweds; **~-chegado/a** *m/f* newcomer; **~-nascido/a** *m/f* newborn child

recenseamento [xesẽsja'mẽtu] *m* census

recente [xe'sẽtʃi] *adj* recent; (*novo*) new ♦ *adv* recently; **~mente** [xe-sẽtʃi'mẽtʃi] *adv* recently

receoso/a [xe'sjozu/za] *adj* frightened, fearful; **estar ~ de (fazer)** to be afraid of (doing)

recepção [xesep'sãw] (*pl* –ões) *f* reception; (*PT: de uma carta*) receipt; **acusar a ~ de** (*PT*) to acknowledge receipt of; **recepcionista** [xesepsjo'niʃta] *m/f* receptionist

receptivo/a [xesep'tʃivu/a] *adj* receptive; (*acolhedor*) welcoming

receptor [xesep'to*] *m* receiver

recessão [xese'sãw] (*pl* –ões) *f* recession

recesso [xe'sɛsu] *m* recess

recessões [xese'sõjʃ] *fpl de* recessão

rechaçar [xeʃa'sa*] *vt* (*ataque*) to repel; (*idéias, argumentos*) to oppose; (*oferta*) to turn down

recheado/a [xe'ʃjadu/a] *adj* (*ave, carne*) stuffed; (*empada, bolo*) filled; (*cheio*) full, crammed

rechear [xe'ʃja*] *vt* to fill; (*ave, carne*) to stuff; **recheio** [xe'ʃeju] *m* stuffing; (*de empada, de bolo*) filling; (*o conteúdo*) contents *pl*

rechonchudo/a [xeʃõ'ʃudu/a] *adj* chubby, plump

recibo [xe'sibu] *m* receipt

reciclar [xesi'kla*] *vt* to recycle

recife [xe'sifi] *m* reef

recinto [xe'sĩtu] *m* enclosure; (*lugar*) area

recipiente [xesi'pjẽtʃi] *m* container, receptacle

recíproco/a [xe'siproku/a] *adj* reciprocal

récita ['xesita] *f* (*teatral*) performance

recital [xesi'taw] (*pl* –ais) *m* recital

recitar [xesi'ta*] *vt* to recite

reclamação [xeklama'sãw] (*pl* –ões) *f* complaint

reclamar [xekla'ma*] *vt* to demand; (*herança*) to claim ♦ *vi* to complain

reclame [xe'klami] *m* advertisement

reclinar [xekli'na*] *vt* to rest, lean; **~-se** *vr* to lie back; (*deitar-se*) to lie down

recobrar [xeko'bra*] *vt* to recover, get back; **~-se** *vr* to recover

recolher [xeko'ʎe*] *vt* to collect; (*coisas dispersas*) to pick up; (*gado, roupa do varal*) to bring in; (*juntar*) to gather together; **recolhido/a** [xeko'ʎidu/a] *adj* (*lugar*) secluded; (*pessoa*) withdrawn; **recolhimento** [xekoʎi'mẽtu] *m* retirement; (*arrecadação*) collection; (*ato de levar*) taking

recomeçar [xekome'sa*] vt, vi to re-start

recomendação [xekomẽda'sãw] (pl -ões) f recommendation; **recomendações** fpl (cumprimentos) regards

recomendar [xekomẽ'da*] vt to recommend; **recomendável** [xekomẽ'davew] (pl -eis) adj advisable

recompensa [xekõ'pẽsa] f reward; ~r [xekõpẽ'sa*] vt to reward

recompor [xekõ'po*] (irreg: como pôr) vt to reorganize; (restabelecer) to restore

reconciliação [xekõsilja'sãw] (pl -ões) f reconciliation

reconciliar [xekõsi'lja*] vt to reconcile

recondicionar [xekõdʒisjo'na*] vt to recondition

reconhecer [xekoɲe'se*] vt to recognize; (MIL) to reconnoitre (BRIT), reconnoiter (US); **reconhecido/a** [xekoɲe'sidu/a] adj recognized; (agradecido) grateful, thankful; **reconhecimento** [xekoɲesi'mẽtu] m recognition; (admissão) admission; (gratidão) gratitude; (MIL) reconnaissance; **reconhecível** [xekoɲe'sivew] (pl -eis) adj recognizable

reconstruir [xekõʃ'trwi*] vt to rebuild

recontar [xekõ'ta*] vt to recount

recordação [xekoxda'sãw] (pl -ões) f (reminiscência) memory; (objeto) memento

recordar [xekox'da*] vt to remember; (parecer) to look like; (recapitular) to revise; ~-se vr: ~-se de to remember; ~ algo a alguém to remind sb of sth

recorde [xe'kɔxdʒi] adj inv record atr ♦ m record

recorrer [xeko'xe*] vi: ~ a to turn to; (valer-se de) to resort to

recortar [xekox'ta*] vt to cut out; **recorte** [xe'kɔxtʃi] m (ato) cutting out; (de jornal) cutting, clipping

recostar [xekoʃ'ta*] vt to lean, rest; ~-se vr to lean back; (deitar-se) to lie down

recreação [xekria'sãw] f recreation

recrear [xe'krja*] vt to entertain, amuse; ~-se vr to have fun; **recreativo/a** [xekrja'tʃivu/a] adj recreational; **recreio** [xe'krɛju] m recreation

recriminar [xekrimi'na*] vt to reproach, reprove

recruta [xe'kruta] m/f recruit; ~mento [xe'kruta'mẽtu] m recruitment; ~r [xekru'ta*] vt to recruit

rectângulo [xek'tãgulu] (PT) = retângulo

recto/a etc ['xɛkto/a] (PT) = reto etc

recuar [xe'kwa*] vt to move back ♦ vi to move back; (exército) to retreat

recuperação [xekupera'sãw] f recovery

recuperar [xekupe'ra*] vt to recover; (tempo perdido) to make up for; (reabilitar) to rehabilitate; ~-se vr to recover

recurso [xe'kuxsu] m resource; (JUR) appeal; ~s mpl (financeiros) resources

recusa [xe'kuza] f refusal; (negação) denial; ~r [xeku'za*] vt to refuse; to deny; ~r-se vr: ~r-se a to refuse to

redação [xeda'sãw] (PT -cç-; pl -ões) f (ato) writing; (EDUC) composition, essay; (redatores) editorial staff

redator(a) [xeda'to*(a)] (PT -act-) m/f journalist; (editor) editor; (quem redige) writer

rede ['xedʒi] f net; (de dormir) hammock; (cilada) trap; (FERRO, TEC, fig) network

rédea ['xedʒja] f rein

redentor(a) [xedẽ'to*(a)] adj redeeming

redigir [xedʒi'ʒi*] vt, vi to write

redimir [xedʒi'mi*] vt (livrar) to free; (REL) to redeem

redobrar [xedo'bra*] vt (aumentar) to increase; (esforços) to redouble

redondamente [xedõda'mẽtʃi] adv (completamente) completely

redondezas [xedõ'dezaʃ] fpl surroundings

redondo/a [xe'dödu/a] *adj* round

redor [xe'do*] *m*: ao ou em ~ **(de)** around, round about

redução [xedu'sãw] (*pl* -ões) *f* reduction

redundância [xedū'dãsja] *f* redundancy; **redundante** [xedū'dãtʃi] *adj* redundant

reduzido/a [xedu'zidu/a] *adj* reduced; (*limitado*) limited; (*pequeno*) small

reduzir [xedu'zi*] *vt* to reduce; ~-se *vr*: ~-se a to be reduced to; (*fig*: *resumir-se em*) to come down to

reedificar [xeedʒifi'ka*] *vt* to rebuild

reembolsar [xeēbow'sa*] *vt* to recover; (*restituir*) to reimburse; (*depósito*) to refund; **reembolso** [xeē'bowsu] *m* (*de depósito*) refund; (*de despesa*) reimbursement

reencontro [xeē'kõtru] *m* reunion

refazer [xefa'ze*] (*irreg*: *como* fazer) *vt* to redo; (*consertar*) to repair; ~-se *vr* (*MED etc*) to recover

refeição [xefej'sãw] (*pl* -ões) *f* meal; **refeitório** [xefej'tɔrju] *m* refectory

refém [xe'fē] (*pl* -ns) *m* hostage

referência [xefe'rēsja] *f* reference; ~s *fpl* (*informações para emprego*) references; **fazer** ~ a to make reference to, refer to

referendum [xefe'rēdū] *m* (*POL*) referendum

referente [xefe'rētʃi] *adj*: ~ a concerning, regarding

referir [xefe'ri*] *vt* to relate, tell; ~-se *vr*: ~-se a to refer to

REFESA *f* = *Rede Ferroviária SA* ≈ BR

refinamento [xefina'mētu] *m* refinement

refinar [xefi'na*] *vt* to refine; ~**ia** [xefina'ria] *f* refinery

refiro *etc* [xe'firu] *vb* V **referir**

refletir [xefle'tʃi*] (*PT* -ct-) *vt* to reflect ♦ *vi*: ~ **em** ou **sobre** to consider, think about

reflexão [xeflek'sãw] (*pl* -ões) *f* reflection

reflexivo/a [xeflek'sivu/a] *adj* reflexive

reflexo/a [xe'fleksu/a] *adj* (*luz*) reflected; (*ação*) reflex ♦ *m* reflection; (*ANAT*) reflex; (*no cabelo*) highlight

reflexões [xeflek'sõjʃ] *fpl de* reflexão

reflito *etc* [xe'flitu] *vb* V **refletir**

refluxo [xe'fluksu] *m* ebb

reforçado/a [xefox'sadu/a] *adj* reinforced; (*pessoa*) strong; (*café ou manhã, jantar*) hearty

reforçar [xefox'sa*] *vt* to reinforce; (*revigorar*) to invigorate; **reforço** [xe'foxsu] *m* reinforcement

reforma [xe'fɔxma] *f* reform; (*ARQ*) renovation; ~**do/a** [xefox'madu/a] *adj* reformed; renovated; (*MIL*) retired; ~**r** [xefox'ma*] *vt* to reform; to renovate; ~**-se** *vr* to reform

reformatório [xefoxma'tɔrju] *m* reformatory, approved school (*BRIT*)

refractário/a [xefra'tarju/a] (*PT*) *adj* = **refratário/a**

refrão [xe'frãw] (*pl* -ãos ou -ães) *m* chorus, refrain; (*provérbio*) saying

refratário/a [xefra'tarju/a] *adj* (*TEC*) heat-resistant; (*CULIN*) ovenproof

refrear [xefre'a*] *vt* (*cavalo*) to rein in; (*inimigo*) to contain, check; (*paixões, raiva*) to control; ~-se *vr* to restrain o.s.

refrescante [xefreʃ'kãtʃi] *adj* refreshing

refrescar [xefreʃ'ka*] *vt* (*ar, ambiente*) to cool; (*pessoa*) to refresh ♦ *vi* to cool down

refresco [xe'freʃku] *m* cool fruit drink, squash; ~s *mpl* (*refrigerantes*) refreshments

refrigeração [xefriʒera'sãw] *f* refrigeration; (*de casa*) air conditioning

refrigerador [xefriʒera'do*] *m* refrigerator, fridge (*BRIT*)

refrigerante [xefriʒe'rãtʃi] *m* soft drink

refrigerar [xefriʒe'ra*] *vt* to keep cool; (*com geladeira*) to refrigerate;

(casa) to air-condition

refugiado/a [xefu'ʒjadu/a] *adj, m/f* refugee

refugiar-se [xefu'ʒjaxsi] *vr* to take refuge; **refúgio** [xe'fuʒju] *m* refuge

refugo [xe'fugu] *m* rubbish, garbage (US); *(mercadoria)* reject

refutar [xefu'ta*] *vt* to refute

rega ['xega] *(PT)* f irrigation

regaço [xe'gasu] *m (colo)* lap

regador [xega'do*] *m* watering can

regalia [xega'lia] f privilege

regalo [xe'galu] *m* present; *(prazer)* pleasure, treat

regar [xe'ga*] *vt (plantas, jardim)* to water; *(umedecer)* to sprinkle

regatear [xega'tʃa*] *vt (o preço)* to haggle over, bargain for ♦ *vi* to haggle

regenerar [xeʒene'ra*] *vt* to regenerate

regente [xe'ʒẽtʃi] *m* regent; *(de orquestra)* conductor; *(de banda)* leader

reger [xe'ʒe*] *vt* to govern; *(orquestra)* to conduct; *(empresa)* to run ♦ *vi* to rule; *(maestro)* to conduct

região [xe'ʒjãw] *(pl –ões)* f region, area

regime [xe'ʒimi] *m (POL)* regime; *(dieta)* diet; *(maneira)* way; **estar de ~** to be on a diet

regimento [xeʒi'mẽtu] *m* regiment

régio/a [xe'ʒju/a] *adj* royal; *(digno do rei)* regal

regiões [xe'ʒjõjʃ] *fpl de* **região**

regional [xeʒjo'naw] *(pl –ais) adj* regional

registrador(a) [xeʒiʃtrado'(a)] *(PT* -ista-) *m/f* registrar, recorder ♦ *f:* **(caixa) ~** a cash register, till

registrar [xeʒiʃ'tra*] *(PT* -ista-) *vt* to register; *(anotar)* to record

registro [xe'ʒiʃtru] *(PT* -to) *m* registration; *(anotação)* recording; *(livro, LING)* register; *(histórico)* record; ~ **civil** registry office

regra ['xegra] f rule; ~**s** *fpl (MED)* periods

regressar [xegre'sa*] *vi* to come *(ou*

go) back, return; **regressivo/a** [xegre'sivu/a] *adj* regressive; **contagem regressiva** countdown; **regresso** [xe'gresu] *m* return

régua [xe'xegwa] f ruler; ~ **de calcular** slide rule

regulador [xegula'do*] *m* regulator

regulamento [xegula'mẽtu] *m* rules *pl*, regulations *pl*

regular [xegu'la*] *adj* regular; *(estatura)* average, medium; *(tamanho)* normal; *(razoável)* not bad ♦ *vt* to regulate; *(reger)* to govern; *(máquina)* to adjust; *(carro, motor)* to tune ♦ *vi* to work, function; ~**idade** [xegulari'dadʒi] f regularity

rei [xej] *m* king; **Dia de R~s** Epiphany; **R~ Momo** carnival king

reinado [xej'nadu] *m* reign

reinar [xej'na*] *vi* to reign

reino ['xejnu] *m* kingdom; *(fig)* realm; **o R~ Unido** the United Kingdom

reiterar [xeite'ra*] *vt* to reiterate

reivindicação [xejvĩdʒika'sãw] *(pl –ões)* f claim, demand

reivindicar [xejvĩdʒi'ka*] *vt* to claim; *(aumento salarial, direitos)* to demand

rejeição [xeʒej'sãw] *(pl –ões)* f rejection

rejeitar [xeʒej'ta*] *vt* to reject; *(recusar)* to refuse

rejo *etc* [xe'ʒu] *vb* V **reger**

rejuvenescer [xeʒuvene'se*] *vt* to rejuvenate

relação [xela'sãw] *(pl –ões)* f relation; *(conexão)* connection; *(relacionamento)* relationship; *(MAT)* ratio; *(lista)* list; **com** *ou* **em ~ a** regarding, with reference to; **relações públicas** public relations; **relacionamento** [xelasjona'mẽtu] *m* relationship; **relacionar** [xelasjo'na*] *vt* to make a list of; *(ligar)*: ~ **algo com algo** to connect sth with sth, relate sth to sth; **relacionar-se** *vr* to be connected *ou* related

relâmpago [xe'lãpagu] *m* flash of lightning; ~**s** *mpl (clarões)* lightning *sg*

relampejar [xelãpe'ʒa*] *vi* to flash; **relampejou** the lightning flashed

relance [xe'lãsi] *m* glance; **olhar de ~** to glance at

relapso/a [xe'lapsu/a] *adj* (*negligente*) negligent

relatar [xela'ta*] *vt* to give an account of

relativo/a [xela'tʃivu/a] *adj* relative

relato [xe'latu] *m* account

relatório [xela'tɔrju] *m* report

relaxado/a [xela'ʃadu/a] *adj* relaxed; (*desleixado*) slovenly, sloppy; (*relapso*) negligent

relaxante [xela'fãtʃi] *adj* relaxing

relaxar [xela'ʃa*] *vt, vi* to relax; **relaxe** [xe'laʃi] *m* relaxation

relegar [xele'ga*] *vt* to relegate

relembrar [xelẽ'bra*] *vt* to recall

relevante [xele'vãtʃi] *adj* relevant

relevo [xe'levu] *m* relief

religião [xeli'ʒãw] (*pl* -ões) *f* religion; **religioso/a** [xeli'ʒozu/oza] *adj* religious ♦ *m/f* religious person; (*frade/freira*) monk/nun

relíquia [xe'likja] *f* relic; **~ de família** family heirloom

relógio [xe'lɔʒu] *m* clock; (*de gás*) meter; **~ (de pulso)** (wrist)watch; **~ de sol** sundial; **relojoeiro/a** [xelo'ʒwejru/a] *m/f* watchmaker, clockmaker

relutante [xelu'tãtʃi] *adj* reluctant

reluzente [xelu'zẽtʃi] *adj* brilliant, shining

relva ['xɛwva] *f* grass; (*terreno gramado*) lawn

relvado [xew'vadu] (*PT*) *m* lawn

remar [xe'ma*] *vt, vi* to row

rematar [xema'ta*] *vt* to finish off; **remate** [xe'matʃi] *m* (*fim*) end; (*acabamento*) finishing touch

remediar [xeme'dʒja*] *vt* to put right, remedy

remédio [xe'mɛdʒju] *m* (*medicamento*) medicine; (*recurso, solução*) remedy; (*JUR*) recourse; **não tem ~** there's no way

remendar [xemẽ'da*] *vt* to mend;

(*com pano*) to patch; **remendo** [xe'mẽdu] *m* repair; patch

remessa [xe'mɛsa] *f* shipment; (*de dinheiro*) remittance

remetente [xeme'tẽtʃi] *m/f* sender

remeter [xeme'te*] *vt* to send, dispatch; (*dinheiro*) to remit

remexer [xeme'ʃe*] *vt* (*papéis*) to shuffle; (*sacudir: braços*) to wave; (*folhas*) to shake; (*revolver: areia, lama*) to stir up ♦ *vi*: **~ em** to rummage through

reminiscência [xemini'sẽsja] *f* reminiscence

remisso/a [xe'misu/a] *adj* remiss

remissões [xemi'sõjʃ] *fpl de* **remissão**

remo ['xemu] *m* oar; (*ESPORTE*) rowing

remoção [xemo'sãw] *f* removal

remorso [xe'mɔxsu] *m* remorse

remoto/a [xe'mɔtu/a] *adj* remote

remover [xemo've*] *vt* to move; (*transferir*) to transfer; (*demitir*) to dismiss; (*retirar, afastar*) to remove; (*terra*) to churn up

rena ['xɛna] *f* reindeer

renal [xe'naw] (*pl* -ais) *adj* renal, kidney *atr*

Renascença [xena'sẽsa] *f*: **a ~** the Renaissance

renascer [xena'se*] *vi* to be reborn; (*fig*) to revive

renascimento [xenasi'mẽtu] *m* rebirth; (*fig*) revival; **o R~** the Renaissance

renda ['xẽda] *f* income; (*nacional*) revenue; (*de aplicação, locação*) yield; (*tecido*) lace

render [xẽ'de*] *vt* (*lucro, dinheiro*) to bring in, yield; (*preço*) to fetch; (*homenagem*) to pay; (*graças*) to give; (*serviços*) to render; (*armas*) to surrender; (*guarda*) to relieve; (*causar*) to bring ♦ *vi* (*dar lucro*) to pay; **~se** vr to surrender; **rendição** [xẽdʒi'sãw] *f* surrender

rendimento [xẽdʒi'mẽtu] *m* income; (*lucro*) profit; (*juro*) yield, interest

renegado/a [xene'gadu/a] *adj, m/f*

renegade

renegar [xɛne'ga*] vt (crença) to renounce; (detestar) to hate; (trair) to betray; (negar) to deny; (desprezar) to reject

renomado/a [xeno'madu/a] adj renowned

renome [xe'nɔmi] m renown

renovação [xenova'sãw] (pl –ões) f renewal; (ARQ) renovation

renovar [xeno'va*] vt to renew; (ARQ) to renovate

rentabilidade [xɛtabili'dadʒi] f profitability

rentável [xɛ'tavew] (pl –eis) adj profitable

renúncia [xe'nũsja] f resignation

renunciar [xenũ'sja*] vt to give up, renounce ♦ vi to resign; (abandonar): ~ a algo to give sth up

reouve etc [xe'ovi] vb V reaver

reouver etc [xeo've*] vb V reaver

reparação [xepara'sãw] (pl –ões) f mending, repairing; (de mal, erros) remedying; (fig) amends pl, reparation

reparar [xepa'ra*] vt to repair; (forças) to restore; (mal, erros) to remedy; (prejuizo, danos, ofensa) to make amends for; (notar) to notice ♦ vi: ~ em to notice; **reparo** [xe'paru] m repair; (crítica) criticism; (observação) observation

repartição [xepaxtʃi'sãw] (pl –ões) f distribution

repartir [xepax'tʃi*] vt (distribuir) to distribute; (dividir entre vários) to share out; (dividir em várias porções) to divide up

repassar [xepa'sa*] vt (ponte, fronteira) to go over again; (lição) to revise, go over ♦ vi: passar e ~ to go back and forth

repelente [xepe'lẽtʃi] adj, m repellent

repelir [xepe'li*] vt to repel

repente [xe'pẽtʃi] m outburst; de ~ suddenly; (col: talvez) maybe

repentino/a [xepẽ'tʃinu/a] adj sudden

repercussão [xepexku'sãw] (pl –ões) f repercussion

repercutir [xepexku'tʃi*] vt to echo ♦ vi to reverberate, echo; (fig): ~ (em) to have repercussions (on)

repertório [xepex'tɔrjo] m list; (coleção) collection; (MUS) repertoire

repetidamente [xepetʃida'mẽtʃi] adv repeatedly

repetido/a [xepe'tʃidu/a] adj: repetidas vezes repeatedly, again and again

repetir [xepe'tʃi*] vt to repeat ♦ vi (ao comer) to have seconds; ~-se vr to happen again; (pessoa) to repeat o.s.; **repetitivo/a** [xepetʃi'tʃivu/a] adj repetitive

repilo etc [xe'pilu] vb V repelir

repique [xe'piki] m (de sinos) peal

repique² etc vb V repicar

repito etc [xe'pitu] vb V repetir

repleto/a [xe'pletu/a] adj replete, full up

réplica ['xɛplika] f replica; (contestação) reply, retort

replicar [xepli'ka*] vt to answer, reply to ♦ vi to reply, answer back

repolho [xe'poʎu] m cabbage

repor [xe'po*] (irreg: como **pôr**) vt to put back, replace; (restituir) to return; ~-se vr to recover

reportagem [xepox'taʒẽ] (pl –ns) f reporting; (notícia) report

repórter [xe'pɔxte*] m/f reporter

repousar [xepo'za*] vi to rest; **repouso** [xe'pozu] m rest

repreender [xeprjẽ'de*] vt to reprimand; **repreensão** [xeprjẽ'sãw] (pl –ões) f reprimand; **repreensível** [xeprjẽ'sivew] (pl –eis) adj reprehensible

represa [xe'preza] f dam

represália [xepre'zalja] f reprisal

representação [xeprezẽta'sãw] (pl –ões) f representation; (TEATRO) performance; **representante** [xeprezẽ'tãtʃi] m/f representative

representar [xeprezẽ'ta*] vt to represent; (TEATRO: papel) to play; (: peça) to put on ♦ vi to act;

representativo/a [xeprezẽta'tʃivu/a] *adj* representative

repressão [xepre'sãw] (*pl* –ões) *f* repression

reprimir [xepri'mi*] *vt* to repress

reprodução [xeprodu'sãw] (*pl* –ões) *f* reproduction; **reprodutor(a)** [xepro-du'to*(a)] *adj* reproductive

reproduzir [xeprodu'zi*] *vt* to reproduce; (*repetir*) to repeat; ~-se *vr* to breed

reprovar [xepro'va*] *vt* to disapprove of; (*aluno*) to fail

réptil ['xɛptʃiw] (*pl* –eis) *m* reptile

república [xe'publika] *f* republic; **republicano/a** [xepubli'kanu/a] *adj*, *m/f* republican

repudiar [xepu'dʒja*] *vt* to repudiate; **repúdio** [xe'pudʒju] *m* repudiation

repugnância [xepug'nãsja] *f* repugnance; **repugnante** [xepug'nãtʃi] *adj* repugnant

repulsa [xe'puwsa] *f* (*ato*) rejection; (*sentimento*) repugnance; (*física*) repulsion; **repulsivo/a** [xepuw'sivu/a] *adj* repulsive

reputação [reputa'sãw] (*pl* –ões) *f* reputation

repuxar [xepu'ʃa*] *vt* to tug

requeijão [xekej'ʒãw] *m* cheese spread

requerer [xeke're*] *vt* (*emprego*) to apply for; (*pedir*) to request; (*exigir*) to require; **requerimento** [xekeri'mẽtu] *m* application; request; (*petição*) petition

requintado/a [xeki'tadu/a] *adj* refined, elegant

requinte [xe'kĩtʃi] *m* refinement, elegance; (*cúmulo*) height

requisito [xeki'zitu] *m* requirement

rescindir [xesĩ'dʒi*] *vt* (*contrato*) to rescind

rés-do-chão [xɛʒ-] (*PT*) *m inv* ground floor (*BRIT*), first floor (*US*)

resenha [xe'zeɲa] *f* report; (*resumo*) summary; (*de livro*) review

reserva [xe'zɛxva] *f* reserve; (*para hotel, fig*) reservation ♦ *m/f* (*ESPOR-*

TE) reserve

reservado/a [xezex'vadu/a] *adj* reserved

reservar [xezex'va*] *vt* to reserve; (*guardar de reserva*) to keep; (*forças*) to conserve; ~-se *vr* to save o.s.

reservatório [xezexva'tɔrju] *m* reservoir

rêses ['xesiʃ] *fpl* (*gado*) cattle, livestock *sg*

resfriado/a [xeʃ'frjadu/a] (*BR*) *adj*: estar/ficar ~ to have a cold/catch (a) cold ♦ *m* cold, chill

resfriar [xeʃ'frja*] *vt* to cool, chill ♦ *vi* to catch (a) cold; ~-se *vr* to catch (a) cold

resgatar [xeʒga'ta*] *vt* (*salvar*) to rescue; (*prisioneiro*) to ransom; (*retomar*) to get back, recover; **resgate** [xeʒ'gatʃi] *m* rescue; ransom; recovery

resguardar [xeʒgwax'da*] *vt* to protect

residência [xezi'dẽsja] *f* residence; **residencial** [xezidẽ'sjaw] (*pl* –ais) *adj* residential; (*computador, telefone etc*) home *atr*; **residente** [xezi'dẽtʃi] *adj*, *m/f* resident

residir [xezi'dʒi*] *vi* to live, reside

resíduo [xe'zidwu] *m* residue

resignação [xezigna'sãw] (*pl* –ões) *f* resignation

resignar-se [xezig'naxsi] *vr*: ~ com to resign o.s. to

resiliente [xezi'ljẽtʃi] *adj* resilient

resina [xe'zina] *f* resin

resistente [xeziʃ'tẽtʃi] *adj* resistant; (*material, objeto*) hard-wearing, tough

resistir [xeziʃ'tʃi*] *vi* to hold; (*pessoa*) to hold out; ~ a to resist; (*sobreviver*) to survive

resmungar [xeʒmũ'ga*] *vi, vt* to mutter, mumble

resolução [xezolu'sãw] (*pl* –ões) *f* resolution; (*de um problema*) solution; **resoluto/a** [xezo'lutu/a] *adj* decisive

resolver [xezow've*] *vt* to sort out; (*problema*) to solve; (*questão*) to resolve; (*decidir*) to decide; ~-**se** *vr*: ~-**se** (**a fazer**) to make up one's mind (to do), decide (to do)

respectivo/a [xeʃpek'tʃivu/a] *adj* respective

respeitar [xeʃpej'ta*] *vt* to respect; **respeitável** [xeʃpej'tavew] (*pl* **-eis**) *adj* respectable; (*considerável*) considerable

respeito [xeʃ'pejtu] *m*: ~ **a** (*a ou por*) respect (for); ~**s** *mpl* (*cumprimentos*) regards; **a** ~ **de**, **com** ~ **a** as to, as regards; (*sobre*) about; **dizer** ~ **a** to concern; **em** ~ **a** with respect to

respingar [xeʃpĩ'ga*] *vt*, *vi* to splash, spatter; **respingo** [xeʃ'pĩgu] *m* splash

respiração [xeʃpira'sãw] *f* breathing

respirar [xeʃpi'ra*] *vt*, *vi* to breathe

respiro [xeʃ'piru] *m* breath

resplandecente [xeʃplãde'sẽtʃi] *adj* resplendent

resplandecer [xeʃplãde'se*] *vi* to gleam, shine (out); **resplendor** [xeʃplẽ'do*] *m* brilliance; (*fig*) glory

responder [xeʃpõ'de*] *vt* to answer ♦ *vi* to answer; (*ser respondão*) to answer back; ~ **por** to be responsible for, answer for

responsabilidade [xeʃpõsabili'dadʒi] *f* responsibility

responsabilizar [xeʃpõsabili'za*] *vt*: ~ **alguém** (**por algo**) to hold sb responsible (for sth); ~-**se** *vr*: ~-**se por** to take responsibility for

responsável [xeʃpõ'savew] (*pl* **-eis**) *adj*: ~ (**por**) responsible (for); ~ **a** answerable to, accountable to

resposta [xeʃ'pɔʃta] *f* answer, reply

resquício [xeʃ'kisju] *m* (*vestígio*) trace

ressabiado/a [xesa'bjadu/a] *adj* wary; (*ressentido*) resentful

ressaca [xe'saka] *f* undertow; (*mar bravo*) rough sea; (*fig: de quem bebeu*) hangover

ressaltar [xesaw'ta*] *vt* to emphasize ♦ *vi* to stand out

ressalva [xe'sawva] *f* safeguard

ressarcir [xesax'si*] *vt* (*pagar*) to

compensate; (*compensar*) to compensate for; ~ **alguém de** to compensate sb for

ressecar [xese'ka*] *vt*, *vi* to dry up

ressentido/a [xesẽ'tʃidu/a] *adj* resentful

ressentimento [xesẽtʃi'mẽtu] *m* resentment

ressentir-se [xesẽ'tʃixsi] *vr*: ~ (*de*) (*ofender-se*) to resent; (*magoar-se*) to be hurt by; (*sofrer*) to suffer from, feel the effects of

ressoar [xe'swa*] *vi* to resound; (*ecoar*) to echo; **ressonante** [xeso'nãtʃi] *adj* resonant

ressurgimento [xesuxʒi'mẽtu] *m* resurgence, revival

ressurreição [xesuxej'sãw] (*pl* **-ões**) *f* resurrection

ressuscitar [xesusi'ta*] *vt*, *vi* to revive

restabelecer [xeʃtabele'se*] *vt* to re-establish, restore; ~-**se** *vr* to recover, recuperate; **restabelecimento** [xeʃtabelesi'mẽtu] *m* re-establishment; restoration; recovery

restante [xeʃ'tãtʃi] *adj* remaining ♦ *m* rest

restar [xeʃ'ta*] *vi* to remain, be left

restauração [xeʃtawra'sãw] (*pl* **-ões**) *f* restoration; (*de costumes, usos*) revival

restaurante [xeʃtaw'rãtʃi] *m* restaurant

restaurar [xeʃtaw'ra*] *vt* to restore

réstia ['xɛʃtʃja] *f* (*luz*) ray

restituição [xeʃtʃitwi'sãw] (*pl* **-ões**) *f* restitution; return; (*de dinheiro*) repayment

restituir [xeʃtʃi'twi*] *vt* to return; (*dinheiro*) to repay; (*forças, saúde*) to restore; (*usos*) to revive; (*reempossar*) to reinstate

resto ['xɛʃtu] *m* rest; (*MAT*) remainder; ~**s** *mpl* (*sobras*) remains; (*de comida*) scraps

restrição [xeʃtri'sãw] (*pl* **-ões**) *f* restriction

restringir [xeʃtrĩ'ʒi*] *vt* to restrict

resultado [xezuw'tadu] *m* result

resultante [xezuw'tãtʃi] adj resultant; ~ de resulting from

resultar [xezuw'ta*] vi: ~ (de/em) to result (from/in) ♦ vi (vir a ser) to turn out to be

resumir [xezu'mi*] vt to summarize; (livro) to abridge; (reduzir) to reduce; (conter em resumo) to sum up; **resumo** [xe'zumu] m summary, résumé; **em resumo in short, briefly**

retaguarda [xeta'gwaxda] f rearguard; (posição) rear

retalho [xe'taʎu] m (de pano) scrap, remnant; **vender a ~** (PT) to sell retail

retaliação [xetalja'sãw] (pl –ões) f retaliation

retaliar [xeta'lja*] vt to repay ♦ vi to retaliate

retângulo [xe'tãgulu] m rectangle

retardar [xetax'da*] vt to hold up, delay; (adiar) to postpone

reter [xe'te*] (irreg: como **ter**) vt (guardar, manter) to keep; (deter) to stop; (segurar) to hold; (ladrão, suspeito) to detain; (na memória) to retain; (lágrimas, impulsos) to hold back; (impedir de sair) to keep back

retesar [xete'za*] vt (músculo) to flex

reticente [xetʃi'sẽtʃi] adj reticent

retidão [xetʃi'dãw] f rectitude; (de linha) straightness

retificar [xetʃifi'ka*] vt to rectify

retirada [xetʃi'rada] f (MIL) retreat; (salário, saque) withdrawal

retirar [xetʃi'ra*] vt to withdraw; (afastar) to take away, remove; **~-se** vr to withdraw; (de uma festa etc) to leave; (MIL) to retreat; **retiro** [xe'tʃiru] m retreat

reto/a ['xetu/a] adj straight; (fig: justo) fair; (: honesto) honest, upright ♦ m (ANAT) rectum

retoque etc [xe'tɔki] vb V **retocar**

retorcer [xetox'se*] vt to twist; **~-se** vr to wriggle, writhe

retornar [xetox'na*] vi to return, go back; **retorno** [xe'toxnu] m return; **dar retorno to do a U-turn; retorno**

(do carro) (COMPUT) (carriage) return

retraído/a [xetra'idu/a] adj (tímido) reserved, timid

retraimento [xetraj'mẽtu] m withdrawal; (contração) contraction; (fig: de pessoa) timidity, shyness

retrair [xetra'i*] vt to withdraw; (contrair) to contract; (pessoa) to make reserved

retratar [xetra'ta*] vt to portray, depict; (mostrar) to show; (dito) to retract; **~-se** vr: **~-se (de algo)** to retract (sth)

retrato [xe'tratu] m portrait; (FOTO) photo; (fig: efígie) likeness; (: representação) portrayal; **~ falado** identikit ® picture

retribuir [xetri'bwi*] vt to reward, recompense; (pagar) to remunerate; (hospitalidade, favor, sentimento, visita) to return

retroceder [xetrose'de*] vi to retreat, fall back; **retrocesso** [xe'tro'sesu] m retreat; (ao passado) return

retrógrado/a [xe'trɔgradu/a] adj retrograde; (reacionário) reactionary

retrospectivo/a [xetrospek'tʃivu/a] adj retrospective

retrospecto [xetro'spektu] m: **em ~** in retrospect

retrovisor [xetrovi'zo*] adj, m: (espelho) ~ (rear-view) mirror

réu/ré [xew/xɛ] m/f defendant; (culpado) culprit, criminal

reumatismo [xewma'tʃiʒmu] m rheumatism

reunião [xewni'njãw] (pl –ões) f meeting; (ato, reencontro) reunion; (festa) get-together, party; **~ de cúpula** summit (meeting)

reunir [xew'ni*] vt (pessoas) to bring together; (partes) to join, unite; (qualidades) to combine; **~-se** vr to meet; **~-se a** to join

revanche [xe'vãʃi] f revenge

reveillon [xeve'jõ] m New Year's Eve

revelação [xevela'sãw] (pl –ões) f

revelation

revelar [χeve'la*] vt to reveal; (FOTO) to develop; ~-se vr to turn out to be

revelia [χeve'lia] f default; à ~ by default; à ~ de without the knowledge ou consent of

revendedor(a) [χevẽde'do*(a)] m/f dealer

rever [χe've*] (irreg: como ver) vt to see again; (examinar) to check; (revisar) to revise

reverência [χeve'rẽsja] f reverence, respect; (ato) bow; (: de mulher) curtsey; **fazer uma** ~ to bow; to curtsey

reverenciar [χeverẽ'sja*] vt to revere

reverendo/a [χeve'rẽdu/a] adj reverend ♦ m priest, clergyman

reverso [χe'vεxsu] m reverse

reverter [χevex'te*] vt to revert

revés [χe'vεʃ] m reverse; (infortúnio) setback, mishap; **ao** ~ (roupa) inside out; **de** ~ (olhar) askance

revestir [χeveʃ'tʃi*] vt (paredes etc) to cover; (interior de uma caixa etc) to line

revezar [χeve'za*] vt, vi to alternate; ~-se vr to take turns, alternate

revidar [χevi'da*] vt (soco, insulto) to return; (retrucar) to answer; (crítica) to rise to, respond to ♦ vi to hit back; (retrucar) to respond

revirado/a [χevi'radu/a] adj (casa) untidy, upside-down

revirar [χevi'ra*] vt to turn round; (gaveta) to turn out, go through

reviravolta [χevira'vɔwta] f aboutturn, U-turn; (mudança da situação) turn

revisão [χevi'zãw] (pl –ões) f revision; (de máquina) overhaul; (de carro) service; (JUR) appeal

revisar [χevi'za*] vt to revise

revisões [χevi'zõjʃ] fpl de **revisão**

revista [χevi'ʃta] f (busca) search; (MIL, exame) inspection; (publicação) magazine; (: profissional, erudita) journal; (TEATRO) revue

revistar [χeviʃ'ta*] vt to search; (tropa) to review; (examinar) to examine

revisto etc [χe'viʃtu] vb V **revestir**

revitalizar [χevitali'za*] vt to revitalize

revogação [χevoga'sãw] (pl –ões) f repeal

revogar [χevo'ga*] vt to revoke

revolta [χe'vɔwta] f revolt; (fig: indignação) disgust; ~**do/a** [χevow'tadu/a] adj in revolt, (indignado) disgusted; (amargo) bitter; ~**nte** [χevow'tãtʃi] adj disgusting, revolting

revoltar [χevow'ta*] vt to disgust; ~-se vr to rebel, revolt; (indignarse) to be disgusted

revolto/a [χe'vowtu/a] pp de **revolver** ♦ adj (década) turbulent; (mundo) troubled; (cabelo) untidy, unkempt; (mar) rough; (desarrumado) untidy

revolução [χevolu'sãw] (pl –ões) f revolution; **revolucionar** [χevolusjona*] vt to revolutionize; **revolucionário/a** [χevolusjo'narju/a] adj, m/f revolutionary

revolver [χevow've*] vt to revolve, rotate

revólver [χe'vɔwve*] m revolver

reza ['χeza] f prayer; ~**r** [χe'za*] vi to pray

riacho ['xjaʃu] m brook, stream

ribeirão [xibej'rãw] (BR: pl –ões) m stream; **ribeiro** [xi'bejru] m brook, stream

rícino ['xisinu] m: **óleo de** ~ castor oil

rico/a ['xiku/a] adj rich; (PT: lindo) beautiful; (: excelente) splendid ♦ m/f rich man/woman

ricota [xi'kɔta] f cream cheese

ridicularizar [xidʒikulari'za*] vt to ridicule

ridículo/a [xi'dʒikulu/a] adj ridiculous

rifa ['xifa] f raffle

rifle ['xifli] m rifle

rigidez [xiʒi'deʒ] f rigidity, stiffness; (austeridade) severity, strictness

rígido/a ['xiʒidu/a] *adj* rigid, stiff; *(fig)* strict

rigor [xi'goʃ] *m* rigidity; *(meticulosidade)* rigour (*BRIT*), rigor (*US*); *(severidade)* harshness, severity; *(exatidão)* precision; **ser de ~** to be essential *ou* obligatory; **~oso/a** [xigo'rozu/ɔza] *adj* rigorous; *(severo)* strict; *(exigente)* demanding; *(minucioso)* precise, accurate; *(inverno)* hard, harsh

rijo/a ['xiʒu/a] *adj* tough, hard; *(severo)* harsh, severe

rim [xĩ] *(pl* **-ns)** *m* kidney; **rins** *mpl (parte inferior das costas)* small *sg* of the back

rima ['xima] *f* rhyme; *(poema)* verse, poem; **~r** [xi'ma*] *vt, vi* to rhyme

rímel ['ximew] *(TM) (pl* **-eis)** *m* mascara

rinçar [xĩ'sa*] *vt* to rinse

ringue ['xĩgi] *m* ring

rinoceronte [xinose'rõtʃi] *m* rhinoceros

rinque ['xĩki] *m* rink

rins [xĩʃ] *mpl de* **rim**

Rio ['xiu] *m*: **o ~ (de Janeiro)** Rio de Janeiro

rio ['xiu] *m* river

riqueza [xi'keza] *f* wealth, riches *pl*; *(qualidade)* richness

rir [xi*] *vi* to laugh; **~ de** to laugh at

risada [xi'zada] *f* laughter

risca ['xiʃka] *f* stroke; *(listra)* stripe; *(no cabelo)* parting

riscar [xiʃ'ka*] *vt (marcar)* to mark; *(apagar)* to cross out; *(desenhar)* to outline

risco ['xiʃku] *m (marca)* mark, scratch; *(traço)* stroke; *(desenho)* drawing, sketch; *(perigo)* risk; **correr o ~ de** to run the risk of

riso ['xizu] *m* laughter; **~nho/a** [xi'zoɲu/a] *adj* smiling; *(contente)* cheerful

ríspido/a ['xiʃpidu/a] *adj* brusque; *(áspero)* harsh

ritmo ['xitʃmu] *m* rhythm

rito ['xitu] *m* rite

ritual [xi'twaw] *(pl* **-ais)** *adj, m* ritual

rival [xi'vaw] *(pl* **-ais)** *adj, m/f* rival; **~idade** [xivali'dadʒi] *f* rivalry; **~izar** [xivali'za*] *vt* to rival ♦ *vi*: **~izar com** to compete with, vie with

roa *etc* ['xoa] *vb V* **roer**

robô [xo'bo] *m* robot

robusto/a [xo'buʃtu/a] *adj* strong, robust

roça ['xɔsa] *f* plantation; *(no mato)* clearing; *(campo)* country

roçar [xo'sa*] *vt (terreno)* to clear; *(tocar de leve)* to brush against ♦ *vi*: **~ em** *ou* **por** to brush against

rocha ['xɔʃa] *f* rock; *(penedo)* crag

rochedo [xo'ʃedu] *m* crag, cliff

rock ['xɔki] *m* **= roque**

rock-and-roll [-ã'xɔw] *m* rock and roll

roda ['xɔda] *f* wheel; *(círculo)* circle; **~ dentada** cog(wheel); **em** *ou* **à ~ de** round, around

rodada [xo'dada] *f (de bebidas, ESPORTE)* round

rodamoinho [xodamo'iɲu] *m (na água)* whirlpool; *(de vento)* whirlwind; *(no cabelo)* swirl

rodar [xo'da*] *vt* to turn, spin; *(viajar por)* to tour, travel round; *(quilómetros)* to do; *(filme)* to make; *(imprimir)* to print; *(COMPUT: programa)* to run ♦ *vi* to turn round; *(AUTO)* to drive around; **~ por** *(a pé)* to wander around; *(de carro)* to drive around

rodear [xo'dʒja*] *vt* to go round; *(circundar)* to surround

rodeio [xo'deju] *m (em discurso)* circumlocution; *(subterfúgio)* subterfuge; *(de gado)* round-up; **fazer ~s** to beat about the bush; **sem ~s** plainly, frankly

rodela [xo'dɛla] *f (pedaço)* slice

rodízio [xo'dʒiziu] *m* rota; **em ~** on a rota basis

rodo ['xodu] *m* rake

rodopiar [xodo'pja*] *vi* to whirl around, swirl

rodopio [xodo'piu] *m* spin

rodovia [xodo'via] *f* highway, motorway (*BRIT*), ≈ interstate (*US*)

rodoviária [xodo'vjarja] *f* (*tb*: **estação** ~) bus station; *V tb* **rodoviário**

rodoviário/a [xodo'vjarju/a] *adj* road *atr*; (*polícia*) traffic *atr*

roedor [xwe'do*] *m* rodent

roer [xwe*] *vt* to gnaw, nibble; (*enferrujar*) to corrode; (*afligir*) to eat away

rogar [xo'ga*] *vi* to ask, request; ~ a alguém que faça (algo) to beg sb to do (sth); **rogo** ['xogu] *m* request

rói [xɔj] *vb V* roer

roía *etc* [xo'ia] *vb V* roer

róis [xɔjʃ] *mpl de* rol

rol [xɔw] (*pl* **róis**) *m* roll, list

rolar [xo'la*] *vt, vi* to roll

roldana [xow'dana] *f* pulley

roleta [xo'leta] *f* roulette; (*borboleta*) turnstile

rolha ['xoʎa] *f* cork

roliço/a [xo'lisu/a] *adj* (*pessoa*) plump, chubby; (*objeto*) round, cylindrical

rolo ['xolu] *m* (*de papel etc*) roll; (*para nivelar o solo, para pintura*) roller; (*para cabelo*) curler; (*col: briga*) brawl, fight; **cortina de** ~ roller blind; ~ **compressor** steamroller

Roma ['xoma] *n* Rome

romã [xo'mã] *f* pomegranate

romance [xo'mãsi] *m* novel; (*caso amoroso*) romance; ~ **policial** detective story; **romancista** [xomã'siʃta] *m/f* novelist

romano/a [xo'manu/a] *adj, m/f* Roman

romântico/a [xo'mãtʃiku/a] *adj* romantic

rombo ['xõbu] *m* (*buraco*) hole; (*fig: desfalque*) embezzlement; (: *prejuízo*) loss, shortfall

Romênia [xo'menja] *f*: **a** ~ Romania; **romeno/a** [xo'menu/a] *adj, m/f* Rumanian ♦ *m* (*LING*) Rumanian

romper [xõ'pe*] *vt* to break; (*rasgar*) to tear; (*relações*) to break off ♦ *vi* (*sol*) to appear, emerge; (: *surgir*) to break through; (*ano, dia*) to start, begin; ~ **em pranto** *ou* lágri-

mas to burst into tears; **rompimento** [xõpi'mẽtu]*m* breakage; (*fenda*) break; (*de relações*) breaking off

roncar [xõ'ka*] *vi* to snore; **ronco** ['xõku] *m* snore

ronda ['xõda] *f* patrol, beat; **fazer a** ~ de to go the rounds of, patrol; ~**r** [xõ'da*] *vt* to patrol; (*espreitar*) to prowl ♦ *vi* to prowl, lurk; (*fazer a ronda*) to patrol; **a inflação ronda os 30% ao mês** inflation is in the region of 30% a month

roque ['xɔki] *m* (*XADREZ*) rook, castle; (*MUS*) rock

rosa ['xɔza] *adj inv* pink ♦ *f* rose; ~**do/a** [xo'zadu/a] *adj* rosy, pink

rosário [xo'zarju] *m* rosary

rosbife [xoʒ'bifi] *m* roast beef

rosca ['xoʃka] *f* spiral, coil; (*de parafuso*) thread; (*pão*) ring-shaped loaf

roseira [xo'zejra] *f* rosebush

roseta [xo'zeta] *f* rosette

rosnar [xoʒ'na*] *vi* (*cão*) to growl, snarl; (*murmurar*) to mutter, mumble

rossio [xo'siu] (*PT*) *m* large square

rosto ['xoʃtu] *m* face

rota ['xɔta] *f* route, course

rotativo/a [xota'tʃivu/a] *adj* rotary

roteiro [xo'tejru] *m* itinerary; (*ordem*) schedule; (*guia*) guidebook; (*de filme*) script

rotina [xo'tʃina] *f* routine; **rotineiro/a** [xotʃi'nejru/a] *adj* routine

roto/a ['xotu/a] *adj* broken; (*rasgado*) torn

rótula ['xɔtula] *f* kneecap

rotular [xotu'la*] *vt* to label; **rótulo** ['xɔtulu] *m* label

roubar [xo'ba*] *vt* to steal; (*loja, casa, pessoa*) to rob ♦ *vi* to steal; (*em jogo, no preço*) to cheat; ~ **algo a alguém** to steal sth from sb; **roubo** ['xobu] *m* theft, robbery

rouco/a ['xoku/a] *adj* hoarse

round ['xãwdʒi] (*pl* ~**s**) *m* (*BOXE*) round

roupa ['xopa] *f* clothes *pl*, clothing; ~ **de baixo** underwear; ~ **de cama** bedclothes *pl*, bed linen

roupão [xo'pãw] (pl -ões) m dressing gown

rouxinol [xoʃi'nɔw] (pl -óis) m nightingale

roxo/a ['xoʃu/a] adj purple, violet

royalty ['xɔjawtʃi] (pl -ies) m royalty

rua ['xua] f street; ~ principal main street; ~ sem saída no through road, cul-de-sac

rubéola [xu'bɛɔla] f (MED) German measles sg

rubi [xu'bi] m ruby

rublo ['xublu] m rouble (BRIT), ruble (US)

rubor [xu'bo*] m blush; (fig) shyness, bashfulness; ~izar-se [xubori'axsi] vr to blush

rubrica [xu'brika] f (signed) initials pl; ~r [xubri'ka*] vt to initial

rubro/a ['xubru/a] adj (faces) rosy, ruddy

ruço/a ['xusu/a] adj grey (BRIT), gray (US), dun; (desbotado) faded

rude [ˈxudʒi] adj (ingênuo) simple; (grosseiro) rude; ~za [xu'deza] f simplicity; rudeness

rudimento [xudʒi'mētu] m rudiment

ruela ['xwela] f lane, alley

ruga ['xuga] f (na pele) wrinkle; (na roupa) crease

rúgbi ['xugbi] m rugby

ruge ['xuʒi] m rouge

rugido [xu'ʒidu] m roar

rugir [xu'ʒi*] vi to roar

ruibarbo [xwi'baxbu] m rhubarb

ruído ['xwidu] m noise; **ruidoso/a** [xwi'dozu/oza] adj noisy

ruim [xu'ĩ] (pl -ns) adj bad; (defeituoso) defective

ruína ['xwina] f ruin; (decadência) downfall

ruins [xu'ĩʃ] pl de ruim

ruir ['xwi*] vi to collapse, go to ruin

ruivo/a ['xwivu/a] adj red-haired ♦ m/f redhead

rujo etc ['xuju] vb V rugir

rulê [xu'le] adj: gola ~ polo neck

rum [xũ] m rum

rumar [xu'ma*] vt (barco) to steer ♦ vi: ~ para to head for

ruminar [xumi'na*] vt to chew; (fig) to ponder ♦ vi (tb fig) to ruminate

rumo ['xumu] m course, bearing; (fig) course; ~ a bound for; sem ~ adrift

rumor [xu'mo*] m noise; (notícia) rumour (BRIT), rumor (US), report

rupia [xu'pia] f rupee

ruptura [xup'tura] f break, rupture

rural [xu'raw] (pl -ais) adj rural

rush [xʌʃ] m rush; (a hora do) ~ rush hour

Rússia ['xusja] f: a ~ Russia; **russo/a** ['xusu/a] adj, m/f Russian ♦ m (LING) Russian

rústico/a ['xuʃtʃiku/a] adj rustic; (pessoa) simple; (utensílio, objeto) crude

S

S. abr (= Santo/a ou São) St

SA abr (= Sociedade Anónima) Ltd (BRIT), Inc. (US)

sã [sã] f de são

Saara [sa'ara] m: o ~ the Sahara

sábado ['sabadu] m Saturday

sabão [sa'bãw] (pl -ões) m soap

sabedoria [sabedo'ria] f wisdom; (erudição) learning

saber [sa'be*] vt, vi to know; (descobrir) to find out ♦ m knowledge; a ~ namely; ~ fazer to know how to do, be able to do; que eu saiba as far as I know

sabiá [sa'bja] m/f thrush

sabido/a [sa'bidu/a] adj knowledgeable; (esperto) shrewd

sábio/a ['sabju/a] adj wise; (erudito) learned ♦ m/f wise person; (erudito) scholar

sabões [sa'bõjʃ] mpl de sabão

sabonete [sabo'netʃi] m toilet soap

sabor [sa'bo*] m taste, flavour (BRIT), flavor (US); **~ear** [sabo'rja*] vt to taste, savour (BRIT), savor

.(US); ~**oso/a** [sabo'rozu/ɔza] adj tasty, delicious

sabotagem [sabo'taʒē] f sabotage

sabotar [sabo'ta*] vt to sabotage

saca ['saka] f sack

sacada [sa'kada] f balcony

sacar [sa'ka*] vt to take out; (dinheiro) to withdraw; (arma, cheque) to draw; (ESPORTE) to serve; (col: entender) to understand ♦ vi (col: entender) to understand; ~ **sobre um devedor** to borrow money from sb

sacarina [saka'rina] f saccharine (BRIT), saccharin (US)

saca-rolhas m inv corkscrew

sacerdote [sasex'dɔtʃi] m priest

saciar [sa'sja*] vt (fome, curiosidade) to satisfy; (sede) to quench

saco ['saku] m bag; (enseada) inlet; ~ **de café** coffee filter; ~ **de dormir** sleeping bag

sacode etc [sa'kɔdʒi] vb V **sacudir**

sacola [sa'kɔla] f bag

sacolejar [sakole'ʒa*] vt, vi to shake

sacramento [sakra'mētu] m sacrament

sacrificar [sakrifi'ka*] vt to sacrifice; **sacrifício** [sakri'fisju] m sacrifice

sacrilégio [sakri'lɛʒu] m sacrilege

sacro/a ['sakru/a] adj sacred

sacudida [saku'dʒida] f shake

sacudir [saku'dʒi*] vt to shake; ~**se** vr to shake

sádico/a ['sadʒiku/a] adj sadistic

sadio/a [sa'dʒiu/a] adj healthy

safado/a [sa'fadu/a] adj shameless; (imoral) dirty; (travesso) mischievous ♦ m rogue

safári [sa'fari] m safari

safira [sa'fira] f sapphire

safra ['safra] f harvest

saga ['saga] f saga

sagaz [sa'gajʒ] adj sagacious, shrewd

Sagitário [saʒi'tarju] m Sagittarius

sagrado/a [sa'gradu/a] adj sacred, holy

saguão [sa'gwãw] (pl ~**ões**) m yard; (pátio interno) courtyard, patio; (entrada) foyer, lobby

saia ['saja] f skirt; ~**-calça** (pl ~**s-calças**) f culottes pl

saiba etc ['sajba] vb V **saber**

saída [sa'ida] f exit, way out; (partida) departure; (ato: de pessoa) going out; (fig: solução) way out; (COMPUT: de programa) exit; (: de dados) output; ~ **de emergência** emergency exit

sair [sa'i*] vi to go (ou come) out; (partir) to leave; (realizar-se) to turn out; (COMPUT) to exit; ~**se** vr: ~**se bem/mal de** to be successful/unsuccessful in

sal [saw] (pl **sais**) m salt; **sem** ~ (comida) salt-free; (pessoa) lacklustre (BRIT), lackluster (US)

sala ['sala] f room; (num edifício público) hall; (classe, turma) class; ~ **(de aula)** classroom; ~ **de espera/ (de estar)/de jantar** waiting/living/dining room; ~ **de operação** (MED) operating theatre (BRIT) ou theater (US)

salada [sa'lada] f salad; (fig) confusion, jumble

sala-e-quarto (pl ~**s ou salas-e-quarto**) m two-room flat (BRIT) ou apartment (US)

salão [sa'lãw] (pl ~**ões**) m large room, hall; (exposição) show; ~ **de beleza** beauty salon

salário [sa'larju] m wages pl, salary

saldar [saw'da*] vt (contas) to settle; (dívida) to pay off; **saldo** ['sawdu] m balance; (sobra) surplus

saleiro [sa'lejru] m salt cellar

salgadinho [sawga'dʒiɲu] m savoury (BRIT), savory (US), snack

salgado/a [saw'gadu/a] adj salty, salted

salgar [saw'ga*] vt to salt

salgueiro [saw'gejru] m willow; ~ **chorão** weeping willow

salientar [saljē'ta*] vt to point out; (acentuar) to stress, emphasize; **saliente** [sa'ljētʃi] adj prominent; (evidente) clear, conspicuous; (importante) outstanding; (assanhado) forward

salina [sa'lina] f salt bed; (empresa) salt company

saliva [sa'liva] f saliva

salmão [saw'mãw] (pl –ões) m salmon

salmo ['sawmu] m psalm

salmões [saw'mõjʃ] mpl de **salmão**

salmoura [saw'mora] f brine

salões [sa'lõjʃ] mpl de **salão**

saloio [sa'loju] (PT) m (camponês) country bumpkin

salpicar [sawpi'ka*] vt to splash; (polvilhar, fig) to sprinkle

salsa ['sawsa] f parsley

salsicha [saw'siʃa] f sausage; **salsichão** [sawsi'ʃãw] (pl –ões) m sausage

saltar [saw'ta*] vt to jump (over), leap (over); (omitir) to skip ♦ vi to jump, leap; (sangue) to spurt out; (de ônibus, cavalo): ~ **de** to get off

salto ['sawtu] m jump, leap; (de calçado) heel; ~ **de vara/em altura/em distância** pole vault/high jump/long jump; ~**-mortal** (pl ~**s-mortais**) m somersault

salubre [sa'lubri] adj healthy, salubrious

salutar [salu'ta*] adj salutary, beneficial

salva ['sawva] f salvo; (bandeja) tray, salver; (BOT) sage; ~ **de palmas** round of applause

salvação [sawva'sãw] f salvation

salvador [sawva'do*] m saviour (BRIT), savior (US)

salvaguardar [sawvagwax'da*] vt to safeguard

salvamento [sawva'mẽtu] m rescue; (de naufrágio) salvage

salvar [saw'va*] vt to save; (resgatar) to rescue; (objetos, de ruína) to salvage; (honra) to defend; ~**-se** vr to escape

salva-vidas m inv (bóia) lifebuoy ♦ m/f inv (pessoa) lifeguard; **barco** ~ lifeboat

salvo/a ['sawvu/a] adj safe ♦ prep except, save; **a** ~ in safety

samambaia [samã'baja] f fern

sanar [sa'na*] vt to cure; (remediar)

to remedy

sanção [sã'sãw] (pl –ões) f sanction;

sancionar [sãsjo'na*] vt to sanction

sandália [sã'dalja] f sandal

sandes ['sãdɐʃ] (PT) f inv sandwich

sanduíche [sãd'wiʃi] (BR) m sandwich

saneamento [sanja'mẽtu] m sanitation

sanear [sa'nja*] vt to clean up

sanfona [sã'fona] f (MUS) accordion

sangrar [sã'gra*] vt, vi to bleed; **sangrento/a** [sã'grẽtu/a] adj bloody; (CULIN: carne) rare

sangria [sã'gria] f bloodshed; (bebida) sangria

sangue ['sãgi] m blood

sanguessuga [sãgi'suga] f leech

sanguinário/a [sãgi'narju/a] adj bloodthirsty

sanguíneo/a [sã'ginju/a] adj: **grupo** ~ blood group; **pressão sanguínea** blood pressure; **vaso** ~ blood vessel

sanidade [sani'dadʒi] f (saúde) health; (mental) sanity

sanita [sa'nita] (PT) f toilet, lavatory

sanitário/a [sani'tarju/a] adj sanitary; **vaso** ~ toilet, lavatory (bowl); ~**s** [sani'tarjuʃ] mpl toilets

santidade [sãtʃi'dadʒi] f holiness, sanctity

santo/a ['sãtu/a] adj holy ♦ m/f saint

santuário [sã'twarju] m shrine, sanctuary

São [sãw] m Saint

são/sã [sãw/sã] (pl ~s/~s) adj healthy; (conselho) sound; (mentalmente) sane; ~ **e salvo** safe and sound

São Paulo [-'pawlu] n São Paulo

sapataria [sapata'ria] f shoe shop

sapateado [sapa'tʃjadu] m tap dancing

sapateiro [sapa'tejru] m shoemaker; (vendedor) shoe salesman; (que conserta) shoe repairer; (loja) shoe repairer's

sapatilha [sapa'tʃiʎa] f (de balé) shoe; (sapato) pump; (de atleta) running shoe

sapato [sa'patu] *m* shoe

sapo ['sapu] *m* toad

saque[1] ['saki] *m* (*de dinheiro*) withdrawal; (*COM*) draft, bill; (*ESPORTE*) serve; (*pilhagem*) plunder, pillage; ~ **a descoberto** (*COM*) overdraft

saque[2] *etc vb V* **sacar**

saquear [sa'kja*] *vt* to pillage, plunder

saraivar [sarai'va*] *vi* to hail

sarampo [sa'rãpu] *m* measles *sg*

sarar [sa'ra*] *vt* to cure; (*ferida*) to heal ♦ *vi* to recover

sarcasmo [sax'kaʒmu] *m* sarcasm; **sarcástico/a** [sax'kaʃtʃiku/a] *adj* sarcastic

sarda ['saxda] *f* freckle

Sardenha [sax'dɛɲa] *f*: a ~ Sardinia

sardinha [sax'dʒiɲa] *f* sardine

sardônico/a [sax'doniku/a] *adj* sardonic, sarcastic

sargento [sax'ʒẽtu] *m* sergeant

sarjeta [sax'ʒeta] *f* gutter

sarna ['saxna] *f* scabies *sg*

Satã [sa'tã] *m* Satan

Satanás [sata'naʃ] *m* Satan

satélite [sa'tɛlitʃi] *m* satellite

sátira ['satʃira] *f* satire

satisfação [satʃiʃfa'sãw] (*pl* –ões) *f* satisfaction; (*recompensa*) reparation; **satisfatório/a** [satʃiʃfa'tɔrju/a] *adj* satisfactory

satisfazer [satʃiʃfa'ze*] (*irreg: como* **fazer**) *vt* to satisfy ♦ *vi* to be satisfactory; **~-se** *vr* to be satisfied; (*saciar-se*) to fill o.s. up; ~ **a** to satisfy; **satisfeito/a** [satʃiʃ'fejtu/a] *adj* satisfied; (*saciado*) full; **dar-se por satisfeito com algo** to be content with sth

saturar [satu'ra*] *vt* to saturate; (*de comida, aborrecimento*) to fill

saudação [sawda'sãw] (*pl* –ões) *f* greeting

saudade [saw'dadʒi] *f* longing, yearning; (*lembrança nostálgica*) nostalgia; **deixar ~s** to be greatly missed; **ter ~(s) de** (*desejar*) to long for; (*sentir falta de*) to miss;

~**(s) de casa**, ~**(s) da pátria** homesickness *sg*

saudar [saw'da*] *vt* to greet; (*dar as boas vindas*) to welcome; (*aclamar*) to acclaim

saudável [saw'davew] (*pl* –eis) *adj* healthy; (*moralmente*) wholesome

saúde [sa'udʒi] *f* health; (*brinde*) toast; ~! (*brindando*) cheers!; (*quando se espirra*) bless you!; **beber à ~ de** to drink to, toast; **estar bem/mal de ~** to be well/ill

saudosismo [sawdo'ziʒmu] *m* nostalgia

saudoso/a [saw'dozu/ɔza] *adj* (*nostálgico*) nostalgic; (*da família ou terra natal*) homesick; (*de uma pessoa*) longing; (*que causa saudades*) much-missed

sauna ['sawna] *f* sauna

saveiro [sa'vejru] *m* sailing boat

saxofone [sakso'foni] *m* saxophone

sazonado/a [sazo'nadu/a] *adj* ripe, mature

sazonal [sazo'naw] (*pl* –ais) *adj* seasonal

PALAVRA CHAVE

se [si] *pron* **1** (*reflexivo: impess*) oneself; (: *m*) himself; (: *f*) herself; (: *coisa*) itself; (: *você*) yourself; (: *pl*) themselves; (: *vocês*) yourselves; **ela está ~ vestindo** she's getting dressed; (*usos léxicos del pron*) *V o vb em questão p. ex.* **arrepender-se**

2 (*uso recíproco*) each other, one another; **olharam-~** they looked at each other

3 (*impess*) **come~ bem aqui** you can eat well here; **sabe-~ que ...** it is known that ...; **vende(m)-~ jornais naquela loja** they sell newspapers in that shop

♦ *conj* if; (*em pergunta indireta*) whether; ~ **bem que** even though

---

sê [se] *vb V* **ser**

sebe ['sɛbi] (*PT*) *f* fence; ~ **viva** hedge

sebento/a [se'bẽtu/a] *adj* greasy;

(*sujo*) dirty, filthy

sebo ['sebu] *m* tallow; ~**so/a** [se'bozu/oza] *adj* greasy; (*sujo*) dirty

seca ['sɛka] *f* drought

secador [seka'do⁺] *m*: ~ **de cabelo/roupa** hairdryer/clothes horse

secção [se'sãw] (*pl* -ões) *f* section; (*em loja, repartição*) department

secar [se'ka⁺] *vt* to dry; (*planta*) to parch ♦ *vi* to dry; to wither; (*fonte*) to dry up

secção [sek'sãw] (*PT*) = **seção**

seco/a ['seku/a] *adj* dry; (*ríspido*) curt, brusque; (*magro*) thin; (*pessoa: frio*) cold; (: *sério*) serious

seções [se'sõjʃ] *fpl de* **seção**

secreção [sekre'sãw] (*pl* -ões) *f* secretion

secretaria [sekreta'ria] *f* general office; (*de secretário*) secretary's office; (*ministério*) ministry

secretária [sekre'tarja] *f* writing desk; ~ **eletrónica** (telephone) answering machine; *V tb* **secretário**

secretário/a [sekre'tarju/a] *m/f* secretary; **S~ de Estado de ...** Secretary of State for ...

secreto/a [se'krɛtu/a] *adj* secret

sectário/a [sek'tarju/a] *adj* sectarian

sector [sek'to⁺] (*PT*) *m* = **setor**

secular [seku'la⁺] *adj* secular, lay

século ['sɛkulu] *m* century; (*época*) age

secundar [sekũ'da⁺] *vt* to second, support

secundário/a [sekũ'darju/a] *adj* secondary

seda ['seda] *f* silk

sedativo [seda'tʃivu] *m* sedative

sede¹ ['sɛdʒi] *f* (*de empresa, instituição*) headquarters *sg*; (*de governo*) seat; (*REL*) see, diocese

sede² ['sedʒi] *f* thirst; **estar com ou ter** ~ to be thirsty; ~**nto/a** [se'dẽtu/a] *adj* thirsty

sediar [se'dʒja⁺] *vt* to base

sedimento [sedʒi'mẽtu] *m* sediment

sedoso/a [se'dozu/oza] *adj* silky

sedução [sedu'sãw] (*pl* -ões) *f* seduction

sedutor(a) [sedu'to⁺(a)] *adj* seductive; (*oferta etc*) tempting

seduzir [sedu'zi⁺] *vt* to seduce; (*fascinar*) to fascinate

segmento [seg'mẽtu] *m* segment

segredo [se'gredu] *m* secret; (*sigilo*) secrecy; (*de fechadura*) combination

segregar [segre'ga⁺] *vt* to segregate

seguidamente [segida'mẽtʃi] *adv* (*sem parar*) continuously; (*logo depois*) soon afterwards

seguido/a [se'gidu/a] *adj* following; (*contínuo*) continuous, consecutive; ~ **de** *ou* **por** followed by; **três dias** ~**s** three days running; **horas seguidas** for hours on end; **em seguida** next, in a moment; (*logo depois*) soon afterwards; (*imediatamente*) immediately, right away

seguidor(a) [segi'do⁺(a)] *m/f* follower

seguimento [segi'mẽtu] *m* continuation; **dar** ~ **a** to proceed with; **em** ~ **de** after

seguinte [se'gĩtʃi] *adj* following, next; **eu lhe disse o** ~ this is what I said to him

seguir [se'gi⁺] *vt* to follow; (*continuar*) to continue ♦ *vi* to follow; to continue, carry on; (*ir*) to go; ~**se** *vr*: ~**se (a)** to follow; **logo a** ~ next; ~**se (de)** to result (from)

segunda [se'gũda] *f* (*tb*: ~**-feira**) Monday; (*AUTO*) second (gear); **de** ~ second-rate; ~**-feira** (*pl* ~**s-feiras**) *f* Monday

segundo/a [se'gũdu/a] *adj* second ♦ *prep* according to ♦ *conj* as, from what ♦ *adv* secondly ♦ *m* second; **de segunda mão** second-hand; **de segunda (classe)** second-class; ~ **ele disse** according to what he said; ~ **dizem** apparently; ~ **me consta** as far as I know; **segundas intenções** ulterior motives

seguramente [segura'mẽtʃi] *adv* certainly; (*muito provavelmente*) surely

segurança [segu'rãsa] *f* security; (*ausência de perigo*) safety; (*confiança*) confidence ♦ *m/f* security guard;

com ~ assuredly

segurar [segu'ra'] *vt* to hold; *(amparar)* to hold up; *(COM: bens)* to insure ♦ *vi:* ~ **em** to hold; **~se** *vr:* **~se em** to hold on to

seguro/a [se'guru/a] *adj* safe; *(livre de risco, firme)* secure; *(certo)* certain, assured; *(confiável)* reliable; *(de si mesmo)* confident; *(tempo)* settled ♦ *m* confidently ♦ *m (COM)* insurance; **estar ~ de/de que** to be sure of/that; **fazer ~** to take out an insurance policy; **~ contra acidentes/incêndio** accident/fire insurance; **~saúde** *(pl* **~s-saúde)** *m* health insurance

sei [sej] *vb V* **saber**

seio ['seju] *m* breast, bosom; *(âmago)* heart; **~ paranasal** sinus

seis [sejʃ] *num* six

seita ['sejta] *f* sect

seiva ['sejva] *f* sap

seixo ['sejʃu] *m* pebble

seja *etc* ['seʒa] *vb V* **ser**

sela ['sɛla] *f* saddle

selar [se'la'] *vt (carta)* to stamp; *(documento oficial, pacto)* to seal; *(cavalo)* to saddle

seleção [sele'sãw] *(PT* **-cç-)** *(pl* **-ões)** *f* selection; *(ESPORTE)* team

selecionar [selesjo'na'] *(PT* **-cc-)** *vt* to select

seleções [sele'sõjʃ] *fpl de* **seleção**

seleta [se'lɛta] *(PT* **-ct-)** *f* anthology

seleto/a [se'lɛtu/a] *(PT* **-ct-)** *adj* select

selim [se'liŋ] *(pl* **-ns)** *m* saddle

selo ['selu] *m* stamp; *(carimbo, sinete)* seal

selva ['sɛwva] *f* jungle

selvagem [sew'vaʒẽ] *(pl* **-ns)** *adj* wild; *(feroz)* fierce; *(povo)* savage; **selvageria** [sewvaʒe'ria] *f* savagery

sem [sẽ] *prep* without ♦ *conj:* ~ **que** eu peça without my asking; **estar/ficar ~ dinheiro/gasolina** to have no/have run out of money/petrol

semáforo [se'maforu] *m (AUTO)* traffic lights *pl;* (FERRO) signal

semana [se'mana] *f* week; **~l**

[sema'naw] *(pl* **~is)** *adj* weekly; **semanário** [sema'narju] *m* weekly (publication)

semblante [sẽ'blãtʃi] *m* face; *(fig)* appearance, look

semear [se'mja'] *vt* to sow

semelhança [seme'ʎãsa] *f* similarity, resemblance; **semelhante** [seme'ʎãtʃi] *adj* similar; *(tal)* such ♦ *m* fellow creature

sêmen ['semẽ] *m* semen

semente [se'mẽtʃi] *f* seed

semestral [semeʃ'traw] *(pl* **-ais)** *adj* half-yearly, bi-annual

semestre [se'mɛʃtri] *m* six months; *(EDUC)* semester

semi... [semi] *prefixo* semi..., half...; **~círculo** [semi'sixkulu] *m* semicircle; **~condutor** [semikõdu'to'] *m* semiconductor; **~final** [semi'finaw] *(pl* **~finais)** *f* semi-final

seminário [semi'narju] *m* seminar; *(REL)* seminary

sem-número *m:* **um ~ de coisas** loads of things

sem-par *adj inv* unequalled, unique

sempre ['sẽpri] *adv* always; **você vai?** *(PT)* are you still going?; **~ que** whenever; **como ~** as usual; **a comida/hora** *etc* **de ~** the usual food/time *etc*

sem-terra *m/f inv* landless labourer *(BRIT)* ou laborer *(US)*

sem-vergonha *adj inv* shameless ♦ *m/f inv (pessoa)* rogue

senado [se'nadu] *m* senate; **~r(a)** [sena'do'(a)] *m/f* senator

senão [se'nãw] *(pl* **-ões)** *conj* otherwise; *(mas sim)* but, but rather ♦ *prep* except ♦ *m* flaw, defect

senda ['sẽda] *f* path

senha ['seɲa] *f* sign; *(palavra de passe)* password; *(de caixa automática)* PIN number; *(recibo)* receipt; *(passe)* pass

senhor(a) [se'ɲo'(a)] *m (homem)* man; *(formal)* gentleman; *(homem idoso)* elderly man; *(REL)* lord; *(dono)* owner; *(tratamento)* Mr.(.); *(tratamento respeitoso)* sir ♦ *f (mu-*

lher) lady; *(esposa)* wife; *(mulher idosa)* elderly lady; *(dona)* owner; *(tratamento)* Mrs(.), Ms(.); *(tratamento respeitoso)* madam; **o** ~**/a** ~**a** *(você)* you; **nossa** ~**a!** *(col)* gosh; **sim,** ~**(a)!** yes indeed; ~**ia** *(se͡po'ria]* f landlady; **Vossa S~ia** *(em cartas)* you

senhorita [se͡po'rita] f young lady; *(tratamento)* Miss, Ms(.); **a** ~ *(você)* you

senil [se'niw] *(pl* –**is)** *adj* senile

senões [se'nõjʃ] *mpl de* **senão**

sensação [sẽsa'sãw] *(pl* –**ões)** f sensation; **sensacional** [sẽsasjo'naw] *(pl* –**ais)** *adj* sensational

sensato/a [sẽ'satu/a] *adj* sensible

sensível [sẽ'sivew] *(pl* –**eis)** *adj* sensitive; *(visível)* noticeable; *(considerável)* considerable; *(dolorido)* tender

senso ['sẽsu] *m* sense; *(juízo)* judgement

sensual [sẽ'swaw] *(pl* –**ais)** *adj* sensual

sentado/a [sẽ'tadu/a] *adj* sitting

sentar [sẽ'ta*] *vt* to seat ♦ *vi* to sit; ~**-se** *vr* to sit down

sentença [sẽ'tẽsa] f *(JUR)* sentence; **sentenciar** [sẽtẽ'sja*] *vt* *(julgar)* to pass judgement on; *(condenar por sentença)* to sentence

sentidamente [sẽtʃida'mẽtʃi] *adv* *(chorar)* bitterly; *(desculpar-se)* abjectly

sentido/a [sẽ'tʃidu/a] *adj* *(magoado)* hurt; *(choro, queixa)* heartfelt ♦ *m* sense; *(direção)* direction; *(atenção)* attention; *(aspecto)* respect; ~**!** *(MIL)* attention!; **em certo** ~ in a sense; **(não) ter** ~ (not) to be acceptable; **~** **único"** *(PT: sinal)* "one-way"

sentimental [sẽtʃimẽ'taw] *(pl* –**ais)** *adj* sentimental; **vida** ~ love life

sentimento [sẽtʃi'mẽtu] *m* feeling; *(senso)* sense; ~**s** *mpl (pêsames)* condolences

sentinela [sẽtʃi'nɛla] f sentry, guard

sentir [sẽ'tʃi*] *vt* to feel; *(perceber, pressentir)* to sense; *(ser afetado*

por) to be affected by; *(magoar-se)* to be upset by ♦ *vi* to feel; *(sofrer)* to suffer; ~**-se** *vr* to feel; *(julgar-se)* to consider o.s. (to be); ~ **(a) falta de** to miss; ~ **cheiro/gosto (de)** to smell/taste; ~ **vontade de** to feel like; **sinto muito** I am very sorry

separação [separa'sãw] *(pl* –**ões)** f separation

separado/a [sepa'radu/a] *adj* separate; **em** ~ separately, apart

separar [sepa'ra*] *vt* to separate; *(dividir)* to divide; *(pôr de lado)* to put aside; ~**-se** *vr* to separate; to be divided

séptico/a ['sɛptʃiku/a] *adj* septic

sepultamento [sepuwta'mẽtu] *m* burial

sepultar [sepuw'ta*] *vt* to bury; **sepultura** [sepuw'tura] f grave, tomb

seqüência [se'kwẽsja] f sequence

sequer [se'ke*] *adv* at least; **(nem)** ~ not even

seqüestrador(a) [sekweʃtra'do*(a)] *m/f* kidnapper; *(de avião etc)* hijacker

seqüestrar [sekweʃ'tra*] *vt (bens)* to seize, confiscate; *(raptar)* to kidnap; *(avião etc)* to hijack; **seqüestro** [se'kwɛʃtru] *m* seizure; abduction, kidnapping; hijack

---

PALAVRA CHAVE

ser [se*] *vi* **1** *(descrição)* to be; **ela é médica/muito alta** she's a doctor/ very tall; **é Ana** *(TEL)* Ana speaking *ou* here; **ela é de uma bondade incrível** she's incredibly kind; **ele é danado** he's really angry; ~ **de mentir/briga** to be the sort to lie/fight

2 *(horas, datas, números)*: **é uma hora** it's one o'clock; **são seis e meia** it's half past six; **é dia 1º de junho** it's the first of June; **somos seis** there are six of us/them

3 *(origem, material)*: ~ **de** to be *ou* come from; *(feito de)* to be made of; *(pertencer)* to belong to; **sua família é da Bahia** his *(ou* her *ou*

family is from Bahia; **a mesa é de mármore** the table is made of marble; **é de Pedro** it's Pedro's, it belongs to Pedro

4 (em orações passivas): **já foi descoberto** it had already been discovered

5 (locuções com subjun): **ou seja** that is to say; **seja quem for** whoever it may be; **se eu fosse você** if I were you; **se não fosse você**, ... if it hadn't been for you ...

6 (locuções): **a não ~** except; **a não ~ que** unless; **é** (resposta afirmativa) yes; ..., **não é?** isn't it?, don't you? etc; **ah, é?** really?; **que foi?** (o que aconteceu?) what happened?; (qual é o problema?) what's the problem?; **~á que ...?** I wonder if ...?
♦ m being; **~es** mpl (criaturas) creatures

sereia [se'reja] f mermaid
serenar [sere'na*] vt to calm
sereno/a [se'renu/a] adj calm; (tempo) fine, clear
série ['srɛi] f series; (seqüência) sequence, succession; (EDUC) grade; (categoria) category; **fora de ~** out of order; (fig) extraordinary
seriedade [serje'dadʒi] f seriousness; (honestidade) honesty
seringa [se'rĩga] f syringe
seringueiro/a [serĩ'gejru/a] m/f rubber tapper
sério/a ['srju/a] adj serious; (honesto) honest, decent; (responsável) responsible; (confiável) reliable; (roupa) sober ♦ adv seriously; **a ~** seriously; **~?** really?
sermão [sex'mãw] (pl -ões) m sermon; (fig) telling-off
serões [se'rõjʃ] mpl de **serão**
serpente [sex'pẽtʃi] f snake
serpentina [sexpẽ'tʃina] f streamer
serra ['sexa] f (montanhas) mountain range; (TEC) saw
serragem [se'xaʒẽ] f sawdust
serralheiro/a [sexa'ʎejru/a] m/f locksmith

serrano/a [se'xanu/a] adj highland atr ♦ m/f highlander
serrar [se'xa*] vt to saw
sertanejo/a [sexta'neʒu/a] adj rustic, country ♦ m/f inhabitant of the sertão
sertão [sex'tãw] (pl -ões) m backwoods pl, bush (country)
servente [sex'vẽtʃi] m/f servant; (operário) labourer (BRIT), laborer (US)
serviçal [sexvi'saw] (pl -ais) adj obliging, helpful ♦ m/f servant; (trabalhador) wage earner
serviço [sex'visu] m service; (de chá etc) set; **estar de ~** to be on duty; **prestar ~** to help
servidor(a) [sexvi'do*(a)] m/f servant; (funcionário) employee; **~ público** civil servant
servil [sex'viw] (pl -is) adj servile
servir [sex'vi*] vt to serve ♦ vi to serve; (ser útil) to be useful; (ajudar) to help; (roupa: caber) to fit; **~-se vr**: **~-se de** (comida, café) to help o.s. (to); (meios): **~-se de** to use, make use of; **~ de** (prover) to supply with, provide with; **você está servido?** (num bar) are you all right for a drink?; **~ de algo** to serve as sth; **qualquer ônibus serve** any bus will do
servil [sex'viʃ] adj pl de **servil**
sessão [se'sãw] (pl -ões) f (do parlamento etc) session; (reunião) meeting; (de cinema) showing
sessenta [se'sẽta] num sixty
sessões [se'sõjʃ] fpl de **sessão**
sesta ['sɛʃta] f siesta, nap
set ['sɛtʃi] m (TÉNIS) set
seta ['sɛta] f arrow
sete ['sɛtʃi] num seven
setembro [se'tẽbru] (PT S-) m September
setenta [se'tẽta] num seventy
sétimo/a [se'tʃimu/a] num seventh
setor [se'to*] m sector
seu/sua [sew/'sua] adj (dele) his; (dela) her; (de coisa) its; (deles, de-

las) their; (*de você, vocês*) your ♦
pron: (o) ~/(a) sua his; hers; its;
theirs; yours ♦ *m* (*senhor*) Mr(.)
severidade [severi'dadʒi] *f* severity
severo/a [se'vɛru/a] *adj* severe
sexo ['sɛksu] *m* sex
sexta ['seʃta] *f* (*tb*: ~**-feira**) Friday;
~**-feira** (*pl* ~**s-feiras**) *f* Friday; S~-
feira Santa Good Friday
sexto/a ['seʃtu/a] *num* sixth
sexual [se'kswaw] (*pl* **-ais**) *adj* sexual; (*vida, ato*) sex *atr*
sexy ['sɛksi] (*pl* ~**s**) *adj* sexy
s.f.f. (*PT*) *abr* = **se faz favor**
short ['ʃɔxtʃi] *m* (pair of) shorts *pl*
si [si] *pron* oneself; (*ele*) himself;
(*ela*) herself; (*coisa*) itself; (*PT*:
você) yourself, you; (: *vocês*) yourselves; (*eles, elas*) themselves
SIDA ['sida] (*PT*) *abr f* (= *síndrome
de deficiência imunológica adquirida*)
a ~ AIDS
siderúrgica [side'ruxʒika] *f* steel industry; **siderúrgico/a** [side'ruxʒiku/a]
adj: (*usina*) **siderúrgica** steelworks
sg
sidra ['sidra] *f* cider
sifão [si'fãw] (*pl* **-ões**) *m* syphon
sifões [si'fõjʃ] *mpl de* **sifão**
sigilo [si'ʒilu] *m* secrecy
sigla ['sigla] *f* acronym; (*abreviação*)
abbreviation
significado [signifi'kadu] *m* meaning
significar [signifi'ka*] *vt* to mean,
signify; **significativo/a** [signifika'tʃi-
vu/a] *adj* significant
signo ['signu] *m* sign
sigo *etc* ['sigu] *vb* V **seguir**
sílaba ['silaba] *f* syllable
silenciar [silẽ'sja*] *vt* to silence
silêncio [si'lẽsju] *m* silence, quiet;
silencioso/a [silẽ'sjozu/ɔza] *adj* silent,
quiet ♦ *m* (*AUTO*) silencer (*BRIT*),
muffler (*US*)
silhueta [si'ʎweta] *f* silhouette
silício [si'lisju] *m* silicon
silo ['silu] *m* silo
silvar [siw'va*] *vi* to hiss; (*assobiar*)
to whistle
silvestre [siw'vɛʃtri] *adj* wild

sim [si] *adv* yes; **creio que** ~ I think
so
símbolo ['sĩbolu] *m* symbol
simetria [sime'tria] *f* symmetry
similar [simi'la*] *adj* similar
símile ['simili] *m* simile
similitude [simili'tudʒi] *f* similarity
simpatia [sĩpa'tʃia] *f* liking; (*afeto*)
affection; (*afinidade, solidariedade*)
sympathy; ~**s** *fpl* (*inclinações*) sympathies; **simpático/a** [sĩ'patʃiku/a]
adj (*pessoa, decoração etc*) nice; (*lugar*) pleasant, nice; (*amável*) kind;
simpatizante [sĩpatʃi'zãtʃi] *adj* sympathetic ♦ *m/f* sympathizer; **simpatizar** [sĩpatʃi'za*] *vi*: **simpatizar com**
(*pessoa*) to like; (*causa*) to sympathize with
simples ['sĩpliʃ] *adj inv* simple; (*único*) single; (*fácil*) easy; (*mero*)
mere; (*ingênuo*) naive ♦ *adv* simply;
simplicidade [sĩplisi'dadʒi] *f* simplicity; **simplificar** [sĩplifi'ka*] *vt* to sim-
plify
simular [simu'la*] *vt* to simulate
simultaneamente [simuwtan-
ja'mẽtʃi] *adv* simultaneously
simultâneo/a [simuw'tanju/a] *adj*
simultaneous
sinagoga [sina'gɔga] *f* synagogue
sinal [si'naw] (*pl* **-ais**) *m* sign; (*gesto, TEL*) signal; (*na pele*) mole; (:
de nascença) birthmark; (*depósito*)
deposit; (*tb*: ~ **de tráfego**, ~ **luminoso**) traffic light; **por** ~ (*por falar
nisso*) by the way; (*aliás*) as a matter of fact; ~ **de chamada** (*TEL*)
ringing tone; ~ **de discar** (*BR*) *ou*
de marcar (*PT*) dialling tone
(*BRIT*), dial tone (*US*); ~ **de ocupado** (*BR*) *ou* **de impedido** (*PT*) engaged tone (*BRIT*), busy signal
(*US*); ~**ização** [sinaliza'sãw] *f* (*ato*)
signalling; (*para motoristas*) traffic
signs *pl*; ~**izar** [sinali'za*] *vt* to signal
sinceridade [sĩseri'dadʒi] *f* sincerity
sincero/a [sĩ'seru/a] *adj* sincere
sindical [sĩdʒi'kaw] (*pl* **-ais**) *adj*
(*trade*) union *atr*; ~**ista** [sĩdʒika'liʃta]
m/f trade unionist

sindicato [sĩdʒi'katu] m trade union; (*financeiro*) syndicate

síndrome ['sĩdromi] f syndrome; ~ **de Down** Down's syndrome

sinfonia [sĩfo'nia] f symphony

singelo/a [sĩ'ʒelu/a] adj simple

singular [sĩgu'la*] adj singular; (*extraordinário*) exceptional; (*bizarro*) odd, peculiar

sino ['sinu] m bell

sintaxe [sĩ'tasi] f syntax

síntese [sĩ'tezi] f synthesis; **sintético/a** [sĩ'tɛtʃiku/a] adj synthetic; **sintetizar** [sĩtetʃi'za*] vt to synthesize

sinto etc [sĩ'situ] vb V **sentir**

sintoma [sĩ'toma] m symptom

sintonizar [sĩtoni'za*] vt (*RADIO*) to tune ♦ vi to tune in

sinuca [si'nuka] f snooker

sinuoso/a [si'nwozu/za] adj (*caminho*) winding; (*linha*) wavy

sirena [si'rena] f siren

sirene [si'reni] f = **sirena**

siri [si'ri] m crab

Síria ['sirja] f: a ~ Syria; **sírio/a** ['sirju/a] adj, m/f Syrian

sirvo etc [si'sixvu] vb V **servir**

sísmico/a ['siʒmiku/a] adj seismic

siso ['sizu] m good sense; **dente de** ~ wisdom tooth

sistema [siʃ'tema] m system; (*método*) method

sisudo/a [si'zudu/a] adj serious, sober

sitiar [si'tʃja*] vt to besiege

sítio [sitʃju] m (*MIL*) siege; (*propriedade rural*) small farm; (*PT: lugar*) place

situação [sitwa'sãw] (*pl* –ões) f situation; (*posição*) position

situado/a [si'twadu/a] adj situated

situar [si'twa*] vt to place, put; (*edifício*) to situate, locate; **~-se** vr to position o.s.; (*estar situado*) to be situated

slogan [iʃ'lɔgã] (*pl* ~s) m slogan

SME abr m (= *Sistema Monetário Europeu*) ERM

smoking [iʒ'mɔkiʃ] (*pl* ~s) m dinner jacket (*BRIT*), tuxedo (*US*)

só [sɔ] adj alone; (*único*) single; (*solitário*) solitary ♦ adv only; a ~s alone

soar [swa*] vi to sound ♦ vt (*horas*) to strike; (*instrumento*) to play; ~ **a** to sound like; ~ **bem/mal** (*fig*) to go down well/badly

sob [sob] prep under; ~ **juramento** on oath; ~ **medida** (*roupa*) made to measure

sobe etc ['sɔbi] vb V **subir**

soberania [sobera'nia] f sovereignty

soberano/a [sobe'ranu/a] adj sovereign; (*fig: supremo*) supreme ♦ m/f sovereign

soberbo/a [so'bexbu/a] adj haughty, arrogant; (*magnífico*) magnificent, splendid

sobra ['sɔbra] f surplus, remnant; ~s fpl (*restos*) remains; (*de tecido*) remnants; (*de comida*) leftovers; **ter algo de** ~ to have sth extra; (*tempo, comida, motivos*) to have plenty of sth; **ficar de** ~ to be left over

sobrado [so'bradu] m (*andar*) floor; (*casa*) house (*of two or more storeys*)

sobrancelha [sobrã'seʎa] f eyebrow

sobrar [so'bra*] vi to be left; (*dúvidas*) to remain

sobre ['sobri] prep on; (*por cima de*) over; (*acima de*) above; (*a respeito de*) about

sobreaviso [sobrja'vizu] m warning; **estar de** ~ to be alert, be on one's guard

sobrecarregar [sobrikaxe'ga*] vt to overload

sobremesa [sobri'meza] f dessert

sobrenatural [sobrinatu'raw] (*pl* –ais) adj supernatural

sobrenome [sobri'nɔmi] (*BR*) m surname, family name

sobrepor [sobri'po*] (*irreg: como* pôr) vt: ~ **algo a algo** to put sth on top of sth

sobressair [sobrisa'i*] vi to stand out; ~-**se** vr to stand out

sobressalente [sobrisa'lẽtʃi] adj, m

spare

sobressaltar [sobrisaw'ta*] vt to startle, frighten; **sobressalto** [sobri'sawtu] m start; (temor) trepidation; **de sobressalto** suddenly

sobretaxa [sobri'taʃa] f surcharge

sobretudo [sobri'tudu] m overcoat ♦ adv above all, especially

sobrevivência [sobrivi'vẽsja] f survival; **sobrevivente** [sobrivi'vẽtʃi] adj surviving ♦ m/f survivor

sobreviver [sobrivi've*] vi: ~ (a) to survive

sobriedade [sobrje'dadʒi] f soberness; (comedimento) moderation, restraint

sobrinho/a [so'briɲu/a] m/f nephew/niece

sóbrio/a [ˈsɔbrju/a] adj sober; (moderado) moderate, restrained

socar [so'ka*] vt to hit, strike; (calcar) to crush, pound; (massa de pão) to knead

social [so'sjaw] (pl -ais) adj social; ~ista [sosja'liʃta] adj, m/f socialist

sociedade [sosje'dadʒi] f society; (COM: empresa) company; (associação) association; ~ anônima limited company (BRIT), incorporated company (US)

sócio/a [ˈsɔsju/a] m/f (COM) partner; (de clube) member

sociologia [sosjolo'ʒia] f sociology

soco [ˈsoku] m punch; **dar um ~** em to punch

socorrer [soko'xe*] vt to help, assist; (salvar) to rescue; ~-se vr: ~-se de to resort to, have recourse to; **socorro** [so'koxu] m help, assistance; (reboque) breakdown (BRIT) ou tow (US) truck; **socorro! help!**; primeiros socorros first aid sg

soda [ˈsɔda] f soda (water)

sofá [so'fa] m sofa, settee; ~-cama (pl ~s-camas) m sofa-bed

sofisticado/a [sofiʃtʃi'kadu/a] adj sophisticated; (afetado) pretentious

sôfrego/a [ˈsofregu/a] adj keen; (impaciente) impatient; (no comer, beber) greedy

sofrer [so'fre*] vt to suffer; (acidente) to have; (aguentar) to bear, put up with; (experimentar) to undergo ♦ vi to suffer; **sofrido/a** [so'fridu/a] adj long-suffering; **sofrimento** [sofri'mẽtu] m suffering

software [sof'twe*] m (COMPUT) software

sogro/a [ˈsogru/ˈsɔgra] m/f father-in-law/mother-in-law

sóis [sɔjʃ] mpl de **sol**

soja [ˈsɔʒa] f soya (BRIT), soy (US)

sol [sɔw] (pl **sóis**) m sun; (luz) sunshine, sunlight; **fazer ~** to be sunny; **tomar ~** to sunbathe

sola [ˈsɔla] f sole

solar [so'la*] adj solar; **energia/painel ~** solar energy/panel

solda [ˈsɔwda] f weld

soldado [sow'dadu] m soldier

soldar [sow'da*] vt to weld

soleira [so'lejra] f doorstep

solene [so'lɛni] adj solemn; **solenidade** [soleni'dadʒi] f solemnity; (cerimónia) ceremony

soletrar [sole'tra*] vt to spell

solicitar [solisi'ta*] vt to ask for; (emprego etc) to apply for; (amizade, atenção) to seek; ~ **algo a alguém** to ask sb for sth

solícito/a [so'lisitu/a] adj helpful

solidão [soli'dãw] f solitude; (sensação) loneliness

solidariedade [solidarje'dadʒi] f solidarity

solidário/a [soli'darju/a] adj: **ser ~ a ou com** (pessoa) to stand by; (causa) to be sympathetic to, sympathize with

sólido/a [ˈsolidu/a] adj solid

solista [so'liʃta] m/f soloist

solitária [soli'tarja] f (verme) tapeworm; (cela) solitary confinement

solitário/a [soli'tarju/a] adj lonely; (isolado) solitary ♦ m hermit

solo [ˈsolu] m ground, earth; (MÚS) solo

soltar [sow'ta*] vt to set free; (desatar) to loosen; (largar) to let go of; (emitir) to emit; (grito) to let out;

(*cabelo*) to let down; (*freio*) to release; **~-se** *vr* to come loose; (*desinibir-se*) to let o.s. go

solteirão/ona [sowtej'rãw/rɔna] (*pl -ões/~s*) *adj* unmarried, single ♦ *m/f* confirmed bachelor/spinster

solteiro/a [sow'tejru/a] *adj* unmarried, single ♦ *m/f* bachelor/single woman

solteirões [sowtej'rõjʃ] *mpl de* **solteirão**

solteirona [sowtej'rɔna] *f de* **solteirão**

solto/a ['sowtu/a] *pp de* **soltar** ♦ *adj* loose; (*livre*) free; (*sozinho*) alone

solução [solu'sãw] (*pl -ões*) *f* solution

soluçar [solu'sa*] *vi* (*chorar*) to sob; (*MED*) to hiccup

solucionar [solusjo'na*] *vt* to solve; (*decidir*) to resolve

soluço [so'lusu] *m* sob; (*MED*) hiccup

soluções [solu'sõjʃ] *fpl de* **solução**

solvente [sow'vẽtʃi] *adj* solvent ♦ *m* solvent

som [sõ] (*pl -ns*) *m* sound; **~ cd** compact disc player

soma ['sɔma] *f* sum; **~r** [so'ma*] *vt* (*adicionar*) to add (up); (*chegar a*) to add up to, amount to ♦ *vi* to add up; **~tório** [soma'tɔrju] *m* sum

sombra ['sõbra] *f* shadow; (*proteção*) shade; (*indício*) trace, sign

sombrinha [sõ'briɲa] *f* parasol, sunshade

sombrio/a [sõ'briw/a] *adj* shady, dark; (*triste*) gloomy

some *etc* ['sõmi] *vb V* **sumir**

somente [sɔ'mẽtʃi] *adv* only

somos ['sõmoʃ] *vb V* **ser**

sonâmbulo/a [so'nãbulu/a] *m/f* sleepwalker

sonda ['sõda] *f* (*MED*) probe; (*de petróleo*) drill; (*de alimentação*) drip; **~ espacial** space probe; **~gem** [sõ'daʒẽ] (*pl -gens*) *f* (*NAUT*) sounding; (*de terreno, opinião*) survey; (*para petróleo*) drilling; (*para minerais*) boring; **~r**

soneca [so'nɛka] *f* nap, snooze

sonegar [sone'ga*] *vt* (*dinheiro, valores*) to conceal, withhold; (*furtar*) to steal, pilfer; (*impostos*) to dodge, evade; (*informações, dados*) to withhold

soneto [so'netu] *m* sonnet

sonhador(a) [soɲa'do*(a)] *adj* dreamy ♦ *m/f* dreamer

sonhar [so'ɲa*] *vt, vi* to dream; **~ com** to dream about; **sonho** ['soɲu] *m* dream; (*CULIN*) doughnut

sono ['sonu] *m* sleep; **estar com** ou **ter ~** to be sleepy

sonolento/a [sono'lẽtu/a] *adj* sleepy, drowsy

sonoro/a [so'nɔru/a] *adj* resonant

sons [sõʃ] *mpl de* **som**

sonso/a ['sõsu/a] *adj* sly, artful

sopa ['sopa] *f* soup; **sopeira** [so'pejra] *f* (*CULIN*) soup dish

soporífero [sopo'riferu], **soporífico** [sopo'rifiku] *m* sleeping drug

soprano [so'pranu] *f* soprano

soprar [so'pra*] *vt* to blow; (*balão*) to blow up; (*vela*) to blow out; (*dizer em voz baixa*) to whisper ♦ *vi* to blow; **sopro** ['sopru] *m* blow, puff; (*de vento*) gust

sórdido/a ['sɔxdʒidu/a] *adj* sordid; (*imundo*) squalid

soro ['soru] *m* (*MED*) serum

sorridente [soxi'dẽtʃi] *adj* smiling

sorrir [so'xi*] *vi* to smile; **sorriso** [so'xizu] *m* smile

sorte ['sɔxtʃi] *f* luck; (*casualidade*) chance; (*destino*) fate, destiny; (*condição*) lot; (*espécie*) sort, kind; **de ~ que** so that; **dar ~** (*trazer sorte*) to bring good luck; (*ter sorte*) to be lucky; **estar com** ou **ter ~** to be lucky

sortear [sox'tʃja*] *vt* to draw lots for; (*rifar*) to raffle; (*MIL*) to draft; **sorteio** [sox'teju] *m* draw; raffle; draft

sortido/a [sox'tʃidu/a] *adj* (*abastecido*) supplied, stocked; (*variado*) as-

sorted; *(loja)* well-stocked
sortimento [soxtʃi'mɛtu] *m* assortment, stock
sortudo/a [sox'tudu/a] *(col) adj* lucky
sorvete [sox'vetʃi] *(BR) m* ice cream
SOS *abr* SOS
sósia ['sɔzja] *m/f* double
soslaio [soʒ'laju]: **de ~** *adv* sideways, obliquely
sossegado/a [sose'gadu/a] *adj* peaceful, calm
sossegar [sose'ga*] *vt* to calm, quieten ♦ *vi* to quieten down
sossego [so'segu] *m* peace (and quiet)
sótão ['sotãw] *(pl ~s) m* attic, loft
sotaque [so'taki] *m* accent
sotavento [sota'vɛtu] *m (NÁUT)* lee
soterrar [sote'xa*] *vt* to bury
sou [so] *vb V* ser
soube *etc* ['sobi] *vb V* saber
soutien [su'tʃjã] *(PT) m* = sutiã
sova ['sɔva] *f* beating, thrashing
sovaco [so'vaku] *m* armpit
soviético/a [so'vjɛtʃiku/a] *adj, m/f* Soviet
sovina [so'vina] *adj* mean, stingy ♦ *m/f* miser
sozinho/a [sɔ'ziɲu/a] *adj* (all) alone, by oneself; *(por si mesmo)* by oneself
spot [iʃ'pɔtʃi] *(pl ~s) m* spotlight
spread [iʃ'predʒi] *m (COM)* spread
squash [iʃ'kweʃ] *m* squash
Sr. *abr (= senhor)* Mr(.)
Sr.ª *abr (= senhora)* Mrs(.)
Sr.ta *abr (= senhorita)* Miss
status [iʃ'tatus] *m* status
sua ['sua] *f de* seu
suar [swa*] *vt, vi* to sweat
suástica ['swaʃtʃika] *f* swastika
suave ['swavi] *adj* gentle; *(música, voz)* soft; *(sabor, vinho)* smooth; *(cheiro)* delicate; *(dor)* mild; *(trabalho)* light; **suavidade** [suavi'dadʒi] *f* gentleness; softness; **suavizar** [swavi'za*] *vt* to soften; *(dor, sofrimento)* to alleviate
subalimentado/a [subalimẽ'tadu/a] *adj* undernourished

subalterno/a [subaw'tɛxnu/a] *adj, m/f* subordinate
subalugar [subalu'ga*] *vt* to sublet
subconsciente [subkõ'sjɛtʃi] *adj, m* subconscious
subdesenvolvido/a [subdʒizẽvow'vidu/a] *adj* underdeveloped
súbdito ['subditu] *(PT) m* = súdito
subentender [subẽtẽ'de*] *vt* to understand, assume; **subentendido/a** [subẽtẽ'dʒidu/a] *adj* implied ♦ *m* implication
subestimar [subeʃtʃi'ma*] *vt* to underestimate
subida [su'bida] *f* ascent, climb; *(ladeira)* slope; *(de preços)* rise
subido/a [su'bidu/a] *adj* high
subir [su'bi*] *vi* to go up; *(preço, de posto etc)* to rise ♦ *vt* to raise; *(ladeira, escada, rio)* to climb, go up; ~ em to climb, go up; *(cadeira, palanque)* to climb onto, get up onto; *(ônibus)* to get on
súbito/a ['subitu/a] *adj* sudden ♦ *adv (tb:* **de ~**) suddenly
subjetivo/a [subʒe'tʃivu/a] *(PT -ct-) adj* subjective
subjugar [subʒu'ga*] *vt* to subjugate, subdue; *(inimigo)* to overpower; *(moralmente)* to dominate
subjuntivo/a [subʒũ'tʃivu/a] *adj* subjunctive ♦ *m* subjunctive
sublime [su'blimi] *adj* sublime
sublinhar [subli'ɲa*] *vt* to underline; *(destacar)* to emphasize, stress
sublocar [sublo'ka*] *vt, vi* to sublet
submarino/a [subma'rinu/a] *adj* underwater ♦ *m* submarine
submergir [submex'ʒi*] *vt* to submerge; **~-se** *vr* to submerge
submeter [subme'te*] *vt* to subdue; *(plano)* to submit; *(sujeitar)*: **~ a** to subject to; **~-se** *vr*: **~-se a** to submit to; *(operação)* to undergo
submirjo *etc* [sub'mixju] *vb V* submergir
submisso/a [sub'misu/a] *adj* submissive
subnutrição [subnutri'sãw] *f* malnu-

subornar 270 **suicida**

trition
subornar [subox'na*] vt to bribe;
suborno [su'boxnu] m bribery
subscrever [subʃkre've*] vt to sign;
(opinião; COM: ações) to subscribe
to ♦ vi: ~ a to endorse
subscrito/a [sub'ʃkritu/a] pp de
subscrever
subseqüente [subse'kwẽtʃi] adj subsequent
subserviente [subsex'vjẽtʃi] adj obsequious, servile
subsidiar [subsi'dʒja*] vt to subsidize
subsidiária [subsi'dʒjarja] f (COM) subsidiary (company)
subsidiário/a [subsi'dʒjarju/a] adj subsidiary
subsídio [sub'sidʒu] m subsidy; (ajuda) aid
subsistência [subsiʃ'tẽsja] f subsistence
subsistir [subsiʃ'tʃi*] vi to exist; (viver) to subsist
subsolo [sub'sɔlu] m (de prédio) basement
substância [subʃ'tãsja] f substance;
substancial [subʃtã'sjaw] (pl –ais) adj substantial
substantivo [subʃtã'tʃivu] m noun
substituir [subʃtʃi'twi*] vt to substitute; **substituto/a** [subʃti'tutu/a] adj, m/f substitute
subterrâneo/a [subite'xanju/a] adj subterranean, underground
subtil etc [sub'tiw] (PT) = **sutil** etc
subtítulo [subi'tʃitulu] m subtitle
subtrair [subtra'i*] vt to steal; (deduzir) to subtract ♦ vi to subtract
submano/a [su'bumano/a] adj subhuman; (desumano) inhuman
suburbano/a [subux'banu/a] adj suburban
subúrbio [su'buxbju] m suburb
subvenção [subvẽ'sãw] (pl –ões) f subsidy, grant; **subvencionar** [subvẽsjo'na*] vt to subsidize
subversivo/a [subvex'sivu/a] adj, m/f subversive
sucata [su'kata] f scrap metal
succção [suk'sãw] f suction

suceder [suse'de*] vi to happen ♦ vt to succeed; ~ a (num cargo) to succeed; (seguir) to follow; **sucedido** [suse'dʒidu] m event, occurrence
sucessão [suse'sãw] (pl –ões) f succession; **sucessivo/a** [suse'sivu/a] adj successive
sucesso [su'sɛsu] m success; (música, filme) hit; **fazer** ou **ter** ~ to be successful
sucinto/a [su'sĩtu/a] adj succinct
suco [suku] (BR) m juice
suculento/a [suku'lẽtu/a] adj succulent
sucumbir [sukũ'bi*] vi to succumb; (morrer) to die, perish
sucursal [sukux'saw] (pl –ais) f (COM) branch
Sudão [su'dãw] m: o ~ (the) Sudan
sudeste [su'deʃtʃi] m south-east
súdito [sudʒitu] m (de rei etc) subject
sudoeste [sud'weʃtʃi] m south-west
Suécia ['swesja] f: a ~ Sweden;
sueco/a ['sweku/a] adj Swedish ♦ m/f Swede ♦ m (LING) Swedish
suéter ['swete*] (BR) m ou f sweater
suficiente [sufi'sjẽtʃi] adj sufficient, enough
sufixo [su'fiksu] m suffix
suflê [su'fle] m soufflé
sufocante [sufo'kãtʃi] adj suffocating; (calor) sweltering, oppressive
sufocar [sufo'ka*] vt, vi to suffocate
sufrágio [su'fraʒu] m (direito de voto) suffrage; (voto) vote
sugar [su'ga*] vt to suck
sugerir [suʒe'ri*] vt to suggest
sugestão [suʒeʃ'tãw] (pl –ões) f suggestion; **dar uma** ~ to make a suggestion; **sugestionar** [suʒeʃtʃjo'na*] vt to influence; **sugestivo/a** [suʒeʃ'tʃivu/a] adj suggestive
sugiro etc [su'ʒiru] vb V sugerir
Suíça ['swisa] f: a ~ Switzerland
suíças ['swisaʃ] fpl sideburns; V tb suíço
suicida [swi'sida] adj suicidal ♦ m/f suicidal person; (morto) suicide;
~r-se [swisi'daxsi] vr to commit sui-

cide; **suicídio** [swi'sidʒju] m suicide

suíço/a ['swisu/a] adj, m/f Swiss

suíno ['swinu] m pig, hog ♦ adj V gado

suíte ['switʃi] f (MÚS, em hotel) suite

sujar [su'ʒa*] vt to dirty ♦ vi to make a mess; ~-se vr to get dirty

sujeira [su'ʒejra] f dirt; (estado) dirtiness; (col) dirty trick

sujeitar [suʒej'ta*] vt to subject; ~-se vr to submit

sujeito/a [su'ʒejtu/a] adj: ~ a subject to ♦ m (LING) subject ♦ m/f man/woman

sujo/a ['suʒu/a] adj dirty; (fig: desonesto) dishonest ♦ m dirt

sul [suw] adj inv south, southern ♦ m: o ~ the south; ~-africano/a adj, m/f South African; ~-americano/a adj, m/f South American; **sulco** [suw'ku] m furrow

sulista [su'liʃta] adj Southern ♦ m/f Southerner

suma ['suma] f: em ~ in short

sumamente [suma'metʃi] adv extremely

sumário/a [su'marju/a] adj (breve) brief, concise; (JUR) summary; (biquini) skimpy ♦ m summary

sumiço [su'misu] m disappearance

sumir [su'mi*] vi to disappear, vanish

sumo/a ['sumu/a] adj (importância) extreme; (qualidade) supreme ♦ m (PT) juice

sumptuoso/a [sũ'twozu/ɔza] (PT) adj = suntuoso/a

sunga ['sũga] f swimming trunks pl

suntuoso/a [sũ'twozu/ɔza] adj sumptuous

suor [swɔ*] m sweat

super- [supe*-] prefixo super-

superado/a [supe'radu/a] adj (idéias) outmoded

superar [supe'ra*] vt (rival) to surpass; (inimigo, dificuldade) to overcome; (expectativa) to exceed

superficial [supexfi'sjaw] (pl -ais) adj superficial

superfície [supex'fisi] f surface; (extensão) area; (fig: aparência) appearance

supérfluo/a [su'pexflwu/a] adj superfluous

superintendente [superītē'dētʃi] m superintendent

superior [supe'rjo*] adj superior; (mais elevado) higher; (quantidade) greater; (mais acima) upper ♦ m superior; ~**idade** [superjori'dadʒi] f superiority

superlativo [supexla'tʃivu] m superlative

superlotado/a [supexlo'tadu/a] adj crowded; (excessivamente cheio) overcrowded

supermercado [supexmex'kadu] m supermarket

superpotência [supexpo'tēsja] f superpower

superpovoado/a [supexpo'vwadu/a] adj overpopulated

supersônico/a [supex'soniku/a] adj supersonic

superstição [supexʃtʃi'sãw] (pl -ões) f superstition; **supersticioso/a** [supexʃtʃi'sjozu/ɔza] adj superstitious

supervisão [supexvi'zãw] f supervision; **supervisionar** [supexvizjo'na*] vt to supervise; **supervisor(a)** [supexvi'zo*(a)] m/f supervisor

suplantar [suplã'ta*] vt to supplant

suplementar [suplemē'ta*] adj supplementary ♦ vt to supplement

suplemento [suple'mētu] m supplement

súplica ['suplika] f supplication, plea; **suplicar** [supli'ka*] vt, vi to plead, beg

suplício [su'plisju] m torture

supor [su'po*] (irreg: como pôr) vt to suppose; (julgar) to think

suportar [supox'ta*] vt to hold up, support; (tolerar) to bear, tolerate; **suportável** [supox'tavew] (pl -eis) adj bearable; **suporte** [su'poxtʃi] m support

suposto/a [su'poʃtu/ɔʃta] adj supposed ♦ m assumption, supposition

supremo/a [su'premu/a] adj supreme

supressão [supre'sãw] (pl -ões) f
suppression

suprimento [supri'mĩtu] m supply

suprimir [supri'mi*] vt to suppress

suprir [su'pri*] vt (fazer as vezes de)
to take the place of; ~ alguém de to
provide ou supply sb with

surdez [sux'deʒ] f: aparelho para a
~ hearing aid

surdina [sux'dʒina] f: em ~
stealthily, on the quiet

surdo/a ['suxdu/a] adj deaf; (som)
muffled, dull ♦ m/f deaf person;
surdo/a-mudo/a adj deaf and dumb
♦ m/f deaf-mute

surfe ['suxfi] m surfing

surgir [sux'ʒi*] vi to appear; (problema, oportunidade) to arise

surjo etc ['suxju] vb V **surgir**

surpreendente [suxprjẽ'dẽtʃi] adj
surprising

surpreender [suxprjẽ'de*] vt to surprise; ~se vr: ~-se (de) to be surprised (at); **surpresa** [sux'preza] f
surprise; **surpreso/a** [sux'prezu/a] pp
de **surpreender** ♦ adj surprised

surra ['suxa] f (ger, ESPORTE): **dar
uma** ~ **em** to thrash; **levar uma** ~
(de) to get thrashed (by); ~**r**
[su'xa*] vt to beat, thrash

surtir [sux'tʃi*] vt to produce, bring
about

surto ['suxtu] m outbreak

suscetível [suse'tʃivew] (pl -eis) adj
susceptible; ~ **de** liable to

suscitar [susi'ta*] vt to arouse; (admiração) to cause; (dúvidas) to
raise; (obstáculos) to throw up

suspeita [suʃ'pejta] f suspicion; ~**r**
[suʃpej'ta*] vt to suspect ♦ vi: ~**r de
algo** to suspect sth; **suspeito/a**
[suʃ'pejtu/a] adj, m/f suspect

suspender [suʃpẽ'de*] vt (levantar)
to lift; (pendurar) to hang; (trabalho, funcionário etc) to suspend; (encomenda) to cancel; (sessão) to adjourn, defer; (viagem) to put off;
suspensão [suʃpẽ'sãw] (pl -ões) f
(ger, AUTO) suspension; (de trabalho, pagamento) stoppage; (de via-

gem, sessão) deferment; (de encomenda) cancellation; **suspense**
[suʃ'pẽsi] m suspense; **filme de**
suspense thriller; **suspenso/a**
[suʃ'pẽsu/a] pp de **suspender**

suspensórios [suʃpẽ'sɔrjuʃ] mpl
braces (BRIT), suspenders (US)

suspirar [suʃpi'ra*] vi to sigh; **suspiro** [suʃ'piru] m sigh; (doce) meringue

sussurrar [susu'xa*] vt, vi to whisper;
sussurro [su'suxu] m whisper

sustentar [suʃtẽ'ta*] vt to sustain;
(prédio) to hold up; (padrão) to
maintain; (financeiramente, acusação) to support; **sustentável**
[suʃtẽ'tavew] adj (pl -eis) sustain-
able; **sustento** [suʃ'tẽtu] m sustenance; (subsistência) livelihood; (amparo) support

suster [suʃ'te*] (irreg: como ter) vt
to support, hold up

susto ['suʃtu] m fright, scare

sutiã [su'tʃjã] m bra(ssiere)

sutil [su'tʃiw] (pl -is) adj subtle;
~**eza** [sutʃi'leza] f subtlety

T

ta [ta] = **te** + **a**

tabacaria [tabaka'ria] f tobacconist's
(shop)

tabaco [ta'baku] m tobacco

tabela [ta'bela] f table, chart; (lista)
list; **por** ~ indirectly

tabelião [tabe'ljãw] (pl -ães) m notary public

taberna [ta'bexna] f tavern, bar

tabique [ta'biki] m partition

tablado [ta'bladu] m platform; (para
espectadores) grandstand

tablete [ta'bletʃi] m (de chocolate)
bar

tablóide [ta'blɔjdʒi] m tabloid

tabu [ta'bu] adj, m taboo

tábua ['tabwa] f plank, board;
(MAT) table; ~ **de passar roupa**
ironing board

tabuleiro [tabu'lejru] m tray; (XA-
DREZ) board

tabuleta [tabu'leta] f (letreiro) sign, signboard

taça ['tasa] f cup

tacada [ta'kada] f shot; **de uma ~** in one go

tacanho/a [ta'kaɲu/a] adj mean; (de idéias curtas) narrow-minded; (baixo) small

tacha ['taʃa] f tack

tachinha [ta'ʃiɲa] f drawing pin (BRIT), thumb tack (US)

tácito/a ['tasitu/a] adj tacit

taciturno/a [tasi'tuxnu/a] adj taciturn

taco ['taku] m (BILHAR) cue; (GOLFE) club

táctico/a etc [ta'tiku/a] (PT) = **tático** etc

tacto ['tatu] (PT) m = **tato**

tagarela [taga'rela] adj talkative ♦ m/f chatterbox; **~r** [tagare'la*] vi to chatter

Tailândia [taj'lãdʒja] f: **a ~** Thailand

tal [taw] (pl **tais**) adj such; **~ e coisa** this and that; **um ~ de Sr. X** a certain Mr. X; **que ~?** what do you think?; (PT) how are things?; **que ~ um cafezinho?** what about a coffee?; **que ~ nós irmos ao cinema?** what about us going to the cinema?; **~ pai, ~ filho** like father, like son; **~ como** such as; (da maneira que) just as; **~ qual** just like; **o ~ professor** that teacher; **a ~ ponto** to such an extent; **de ~ maneira** in such a way; **e ~** and so on; **o/a ~** (col) the greatest; **o Pedro de ~** Peter what's-his-name; **na rua ~** in such and such a street; **foi um ~ de gente ligar lá para casa** there were people ringing home non-stop

tala ['tala] f (MED) splint

talão [ta'lãw] (pl **-ões**) m (de recibo) stub; **~ de cheques** cheque book (BRIT), check book (US)

talco ['tawku] m talcum powder; **pó de ~** (PT) talcum powder

talento [ta'lẽtu] m talent; (aptidão) ability

talha ['taʎa] f carving; (vaso) pitcher; (NAUT) tackle

talhar [ta'ʎa*] vt to cut; (esculpir) to carve ♦ vi (coalhar) to curdle

talhe ['taʎi] m cut, shape; (de rosto) line

talher [ta'ʎe*] m set of cutlery; **~es** mpl cutlery sg

talho ['taʎu] m (corte) cutting, slicing; (PT: açougue) butcher's (shop)

talo ['talu] m stalk, stem

talões [ta'lõjʃ] mpl de **talão**

talvez [taw'veʒ] adv perhaps, maybe

tamanco [ta'mãku] m clog, wooden shoe

tamanduá [tamã'dwa] m anteater

tamanho/a [ta'maɲu/a] adj such (a) great ♦ m size

tâmara ['tamara] f date

também [tã'bẽj] adv also, too, as well; (além disso) besides; **~ não** not ... either, nor

tambor [tã'bo*] m drum

tamborim [tãbo'rĩ] (pl **-ns**) m tambourine

Tâmisa ['tamiza] m: **o ~** the Thames

tampa ['tãpa] f lid; (de garrafa) cap

tampão [tã'pãw] (pl **-ões**) m tampon; (de olho) (eye) patch

tampar [tã'pa*] vt (lata, garrafa) to put the lid on; (cobrir) to cover

tampinha [tã'piɲa] f lid, top

tampo ['tãpu] m lid

tampões [tã'põjʃ] mpl de **tampão**

tampouco [tã'poku] adv nor, neither

tangente [tã'ʒẽtʃi] f tangent

tanger [tã'ʒe*] vt (MUS) to play ♦ vi: **~ a** (dizer respeito a) to concern; **no que tange a** as regards, with respect to

tangerina [tãʒe'rina] f tangerine

tangível [tã'ʒivew] (pl **-eis**) adj tangible

tanjo etc ['tãʒu] vb V **tanger**

tanque ['tãki] m tank; (de lavar roupa) sink

tanto/a ['tãtu/a] adj, pron (sg) so much; (: + interrogativa/negativa) as much; (pl) so many; (: + interrogativa/negativa) as many ♦

adv so much; ~ ... **como** ... both ... and ...; ~ ... **quanto** ... as much ... as ...; ~ **tempo** so long; **quarenta e** ~s **anos** forty-odd years; ~ **faz** it's all the same to me, I don't mind; ~ **(quanto)** (*como adv*) rather, somewhat; ~ **(assim) que** so much so that

tão [tãw] *adv* so; ~ **rico quanto** as rich as; ~**só** *adv* only

tapa ['tapa] *m ou f* slap

tapar [ta'pa*] *vt* to cover; (*garrafa*) to cork; (*caixa*) to put the lid on; (*orifício*) to block up; (*encobrir*) to block out

tapear [ta'pja*] *vt, vi* to cheat

tapeçaria [tapesa'ria] *f* tapestry

tapete [ta'petʃi] *m* carpet, rug

taquigrafia [takigra'fia] *f* shorthand; **taquígrafo/a** [ta'kigrafu/a] *m/f* short-hand typist (*BRIT*), stenographer (*US*)

tardar [tax'da*] *vi* to delay; (*chegar tarde*) to be late ♦ *vt* to delay; **sem mais** ~ without delay; ~ **a ou em fazer** to take a long time to do; **o mais** ~ at the latest

tarde ['taxdʒi] *f* afternoon ♦ *adv* late; **mais cedo ou mais** ~ sooner or later; **antes** ~ **do que nunca** better late than never; **boa** ~! good afternoon!; **à ou de** ~ in the afternoon

tardio/a [tax'dʒiu/a] *adj* late

tarefa [ta'rɛfa] *f* task, job; (*faina*) chore

tarifa [ta'rifa] *f* tariff; (*para transportes*) fare; (*lista de preços*) price list; ~ **alfandegária** customs duty

tarimbado/a [tarĩ'badu/a] *adj* experienced

tártaro ['taxtaru] *m* tartar

tartaruga [taxta'ruga] *f* turtle

tasca ['taʃka] (*PT*) *f* cheap eating place

tática ['tatʃika] *f* tactics *pl*

tático/a ['tatʃiku/a] *adj* tactical

tato ['tatu] *m* touch; (*fig: diplomacia*) tact

tatu [ta'tu] *m* armadillo

tatuagem [ta'twaʒẽ] (*pl* –**ns**) *f* tattoo; **tatuar** [ta'twa*] *vt* to tattoo

tauromaquia [tawroma'kia] *f* bullfighting

taxa ['taʃa] *f* (*imposto*) tax; (*preço*) fee; (*índice*) rate; ~ **de câmbio/juros** exchange/interest rate; ~**ção** [taʃa'sãw] *f* taxation; ~**r** [ta'ʃa*] *vt* (*fixar o preço de*) to fix the price of; (*lançar impostos sobre*) to tax

taxativo/a [taʃa'tʃivu/a] *adj* categorical, firm

táxi ['taksi] *m* taxi

tchau [tʃaw] *excl* bye!

tcheco/a ['tʃɛku/a] *adj, m/f* Czech

Tcheco-Eslováquia [tʃɛkuʒlo'vakja] *f* = **Tchecoslováquia**

Tchecoslováquia [tʃɛkoʒlo'vakja] *f*: **a** ~ Czechoslovakia

te [tʃi] *pron* you; (*para você*) (to) you

té [tɛ] *prep abr de* **até**

tear [tʃia*] *m* loom

teatral [tʃia'traw] (*pl* –**ais**) *adj* theatrical; (*grupo*) theatre *atr* (*BRIT*), theater *atr* (*US*); (*obra, arte*) dramatic

teatro ['tʃiatru] *m* theatre (*BRIT*), theater (*US*); (*obras*) plays *pl*, dramatic works *pl*; (*gênero, curso*) drama; **peça de** ~ play; **teatrólogo/a** [tʃia'trɔlogu/a] *m/f* playwright, dramatist

tecelão/lã [tese'lãw/'lã] (*pl* –**ões**/~**s**) *m/f* weaver

tecer [te'se*] *vt, vi* to weave; **tecido** [te'sidu] *m* cloth, material; (*ANAT*) tissue

tecla ['tɛkla] *f* key; ~**do** [tek'ladu] *m* keyboard

técnica ['tɛknika] *f* technique; *V tb* **técnico**

técnico/a ['tɛkniku/a] *adj* technical ♦ *m/f* technician; (*especialista*) expert

tecnologia [teknolo'ʒia] *f* technology; **tecnológico/a** [tekno'lɔʒiku/a] *adj* technological

tecto ['tɛktu] (*PT*) *m* = **teto**

tédio ['tɛdʒiu] *m* tedium, boredom; **tedioso/a** [te'dʒiozu/ɔza] *adj* tedious, boring

teia ['teja] f web; ~ **de aranha** cobweb

teimar [tej'ma*] vi to insist, keep on; ~ **em** to insist on

teimosia [tejmo'zia] f stubbornness; ~ **em fazer** insistence on doing

teimoso/a [tej'mozu/ɔza] adj obstinate; (criança) wilful (BRIT), willful (US)

teixo ['tejʃu] m yew

Tejo ['teʒu] m: **o (rio)** ~ the (river) Tagus

tela ['tɛla] f fabric, material; (de pintar) canvas; (CINEMA, TV) screen

tele... ['tele] prefixo tele...; ~**comunicações** [telekomunika'sõjʃ] fpl telecommunications

teleférico [tele'fɛriku] m cable car

telefonar [telefo'na*] vi: ~ **para alguém** to (tele)phone sb

telefone [tele'fɔni] m phone, telephone; (número) (tele)phone number; (telefonema) phone call; ~ **celular** cellphone, mobile phone; ~ **de carro** car phone; ~**ma** [telefo'nɛma] m phone call; **dar um** ~**ma** to make a phone call; **telefônico/a** [tele'foniku/a] adj telephone atr; **telefonista** [telefo'niʃta] m/f telephonist; (na companhia telefónica) operator

telégrafo [te'lɛgrafu] m telegraph

telegrama [tele'grama] m telegram, cable; **passar um** ~ to send a telegram

tele...: **~guiado/a** [tele'gjadu/a] adj remote-controlled; ~**impressor** [teleĩpre'so*] m teleprinter; ~**jornal** [teleʒox'naw] (pl ~**jornais**) m television news sg; ~**novela** [teleno'vɛla] f (TV) soap opera; ~**objetiva** [teleobʒe'tʃiva] f telephoto lens; ~**patia** [telepa'tʃia] f telepathy; ~**scópio** [tele'skɔpju] m telescope; ~**spectador(a)** [teleʃpekta'do*(a)] m/f viewer

televisão [televi'zãw] f television; ~ **a cores** colo(u)r television; ~ **via satélite** satellite television; **aparelho de** ~ television set; **televisionar**

[televizjo'na*] vt to televise; **televisivo/a** [televi'zivu/a] adj television atr

televisor [televi'zo*] m (aparelho) television (set), TV (set)

telex [te'lɛks] m telex; **enviar por** ~ to telex; ~**ar** [teleks'a*] vt to telex

telha ['tɛʎa] f tile; (col: cabeça) head; **ter uma** ~ **de menos** to have a screw loose

telhado [te'ʎadu] m roof

tema ['tɛma] m theme; (assunto) subject; **temática** [te'matʃika] f theme

temer [te'me*] vt to fear, be afraid of ♦ vi to be afraid

temerário/a [teme'rarju/a] adj reckless; (arriscado) risky; **temeridade** [temeri'dadʒi] f recklessness

temeroso/a [teme'rozu/ɔza] adj fearful, afraid; (pavoroso) dreadful

temido/a [te'midu/a] adj fearsome, frightening

temível [te'mivew] (pl **-eis**) adj = temido

temor [te'mo*] m fear

temperado/a [tẽpe'radu/a] adj (clima) temperate; (comida) seasoned

temperamento [tẽpera'mẽtu] m temperament, nature

temperar [tẽpe'ra*] vt to season

temperatura [tẽpera'tura] f temperature

tempero [tẽ'peru] m seasoning, flavouring (BRIT), flavoring (US)

tempestade [tẽpeʃ'tadʒi] f storm; **tempestuoso/a** [tẽpeʃ'twozu/ɔza] adj stormy

templo ['tẽplu] m temple; (igreja) church

tempo ['tẽpu] m time; (meteorológico) weather; (LING) tense; **o** ~ **todo** the whole time; **a** ~ on time; **ao mesmo** ~ at the same time; **a** **um** ~ at once; **com** ~ in good time; **de** ~ **em** ~ from time to time; **nesse** ~ in the meantime; **quanto** ~? how long?; **mais** ~ longer; **há** ~**s** for ages; (atrás) ages ago; **primeiro/segundo** ~ (ESPORTE) first/second half

têmpora ['tɛ̃pora] f (ANAT) temple

temporada [tẽpo'rada] f season; (tempo) spell

temporal [tẽpo'raw] (pl -ais) m storm, gale

temporário/a [tẽpo'rarju/a] adj temporary, provisional

tenacidade [tenasi'dadʒi] f tenacity

tenaz [te'najs] adj tenacious

tencionar [tẽsjo'na*] vt to intend, plan

tenda ['tẽda] f tent

tendão [tẽ'dãw] (pl -ões) m tendon

tendência [tẽ'dẽsja] f tendency; (da moda etc) trend; a ~ de ou em ou a fazer the tendency to do; **tendencioso/a** [tẽdẽ'sjozu/oza] adj tendentious, bias(s)ed

tender [tẽ'de*] vi: ~ para to tend towards; ~ a fazer to tend ou have a tendency to do

tendões [tẽ'dõjʃ] mpl de **tendão**

tenebroso/a [tene'brozu/oza] adj dark, gloomy; (fig) horrible

tenente [te'nẽtʃi] m lieutenant

tenho etc ['tɛɲu] vb V **ter**

tênis ['tenif] m inv tennis; (sapatos) training shoes pl; (um sapato) training shoe; ~ de mesa table tennis; **tenista** [te'niʃta] m/f tennis player

tenor [te'no*] m (MÚS) tenor

tenro/a ['tẽxu/a] adj tender; (macio) soft; (delicado) delicate; (novo) young

tensão [tẽ'sãw] f tension; (pressão) pressure, strain; (rigidez) tightness; (ELET: voltagem) voltage

tenso/a ['tẽsu/a] adj tense; (sob pressão) under stress, strained

tentação [tẽta'sãw] f temptation

tentáculo [tẽ'takulu] m tentacle

tentador(a) [tẽta'do*(a)] adj tempting

tentar [tẽ'ta*] vt to try; (seduzir) to tempt ♦ vi to try; **tentativa** [tẽta'tʃiva] f attempt; **tentiva de homicídio/suicídio/roubo** attempted murder/suicide/robbery; **por tentativas** by trial and error; **tentativo/a**

tentativo/a [tẽta'tʃivu/a] adj tentative

tênue ['tenwi] adj tenuous; (fino) thin; (delicado) delicate; (luz, voz) faint; (pequeníssimo) minute

teologia [teolo'ʒia] f theology

teor [te'o*] m (conteúdo) tenor; (sentido) meaning, drift

teorema [teo'rema] m theorem

teoria [teo'ria] f theory; **teoricamente** [teorika'mẽtʃi] adv theoretically, in theory; **teórico/a** [te'ɔriku/a] adj theoretical ♦ m/f theoretician

tépido/a ['tɛpidu/a] adj tepid

PALAVRA CHAVE

ter [te*] vt 1 (possuir, ger) to have; (na mão) to hold; **você tem uma caneta?** have you got a pen?; **ela vai ~ neném** she is going to have a baby

2 (idade, medidas, estado) to be; **ela tem 7 anos** she's 7 (years old); a mesa tem 1 metro de comprimento the table is 1 metre long; ~ fome/sorte to be hungry/lucky; ~ frio/calor to be cold/hot

3 (conter) to hold, contain; a caixa tem um quilo de chocolates the box holds one kilo of chocolates

4: ~ que ou de fazer to have to do

5: ~ a ver com to have to do with

6: ir ~ com to go and meet

♦ vb impess 1: tem (sg) there is; (pl) there are; **tem 3 dias que não saio de casa** I haven't been out for 3 days

2: não tem de quê don't mention it

---

terapeuta [tera'pewta] m/f therapist

terapia [tera'pia] f therapy

terça ['texsa] f (tb: ~-feira) Tuesday; ~-feira (pl ~s-feiras) f Tuesday; ~ gorda Shrove Tuesday

terceiro/a [tex'sejru/a] num third; ~s mpl (os outros) outsiders

terço ['texsu] m third (part)

terçol [tex'sɔw] (pl -óis) m stye

tergal [tex'gaw] ® m Terylene ®

termal [tex'maw] (pl -ais) adj thermal

termas ['tɛxmaʃ] *fpl* bathhouse *sg*

térmico/a ['tɛxmiku/a] *adj* thermal; **garrafa térmica** (Thermos ®) flask

terminal [texmi'naw] (*pl* -**ais**) *adj* terminal ♦ *m* (de rede, *ELET*, *COMPUT*) terminal ♦ *f* terminal; ~ (de vídeo) monitor, visual display unit

terminar [texmi'na*] *vt* to finish ♦ *vi* (*pessoa*) to finish; (*coisa*) to end; ~ **de fazer** to finish doing; (*ter feito há pouco*) to have just done; ~ **por fazer algo** to end up doing sth

término ['tɛxminu] *m* end, termination

termo ['tɛxmu] *m* term; (*fim*) end, termination; (*limite*) limit, boundary; (*prazo*) period (*PT*: *garrafa*) (Thermos ®) flask; **meio** ~ compromise; **em** ~**s** (**de**) in terms (of)

termômetro [tex'mometru] *m* thermometer

termostato [texmoʃ'tatu] *m* thermostat

terno/a ['tɛxnu/a] *adj* gentle, tender ♦ *m* (*BR*: *roupa*) suit; **ternura** [tex'nura] *f* gentleness, tenderness

terra ['tɛxa] *f* earth, world; (*AGR*, *propriedade*) land; (*pátria*) country; (*chão*) ground; (*GEO*) soil; (*pó*) dirt

terraço [te'xasu] *m* terrace

terramoto [texa'mɔtu] (*PT*) *m* = **terremoto**

terreiro [te'xejru] *m* yard, square

terremoto [texe'mɔtu] *m* earthquake

terreno/a [te'xenu/a] *m* ground, land; (*porção de terra*) plot of land ♦ *adj* earthly

térreo/a ['tɛxju/a] *adj*: **andar** ~ (*BR*) ground floor (*BRIT*), first floor (*US*)

terrestre [te'xeʃtri] *adj* land *atr*

terrina [te'xina] *f* tureen

território [texi'tɔrju] *m* territory

terrível [te'xivew] (*pl* -**eis**) *adj* terrible, dreadful

terror [te'xo*] *m* terror, dread; ~**ista** [texo'riʃta] *adj*, *m/f* terrorist

tertúlia [tex'tulja] *f* gathering (of friends)

tese ['tɛzi] *f* proposition, theory;

(*EDUC*) thesis; **em** ~ in theory

teso/a ['tezu/a] *adj* (*cabo*) taut; (*rígido*) stiff

tesoura [te'zora] *f* scissors *pl*; **uma** ~ a pair of scissors

tesouraria [tezora'ria] *f* treasury

tesoureiro/a [tezo'rejru/a] *m/f* treasurer

tesouro [te'zoru] *m* treasure; (*erário*) treasury, exchequer; (*livro*) thesaurus

testa ['tɛʃta] *f* brow, forehead

testamento [teʃta'mẽtu] *m* will, testament; (*REL*): **Velho/Novo T**~ Old/New Testament

testar [teʃ'ta*] *vt* to test; (*deixar em testamento*) to bequeath

teste ['tɛʃtʃi] *m* test

testemunha [teʃte'muɲa] *f* witness; ~**r** [teʃtemu'na*] *vi* to testify ♦ *vt* to give evidence about; (*presenciar*) to witness; (*confirmar*) to demonstrate; **testemunho** [teʃte'muɲu] *m* evidence

testículo [teʃ'tʃikulu] *m* testicle

teta ['teta] *f* teat, nipple

tétano ['tɛtanu] *m* tetanus

teto ['tɛtu] *m* ceiling; (*telhado*) roof; (*habitação*) home

tétrico/a ['tɛtriku/a] *adj* gloomy, dismal; (*horrível*) horrible

teu/tua [tew/'tua] *adj* your ♦ *pron* yours

teve ['tevi] *vb* V **ter**

têxtil ['teʃtʃiw] (*pl* -**eis**) *m* textile

texto ['teʃtu] *m* text

textura [teʃ'tura] *f* texture

texugo [te'ʃugu] *m* badger

tez [tɛʃ] *f* complexion; (*pele*) skin

thriller ['srila*] (*pl* ~**s**) *m* thriller

ti [tʃi] *pron* you

tia ['tʃia] *f* aunt

Tibete [tʃi'betʃi] *m*: **o** ~ Tibet

tido/a [tʃi'fidu/a] *pp de* **ter** ♦ *adj*: ~ **como** *ou* **por** considered to be

tifóide [tʃi'sidʒi] *adj*: **febre** ~ typhoid (fever)

tigela [tʃi'ʒela] *f* bowl

tigre ['tʃigri] *m* tiger

tijolo [tʃi'ʒolu] *m* brick

til [tʃiw] (*pl* **tis**) *m* tilde

timão [tʃi'mãw] (pl –ões) m (NÁUT) helm, tiller

timbre [tʃi'bri] m insignia, emblem; (selo) stamp; (MUS) tone, timbre; (de voz) tone; (em papel de carta) heading

time ['tʃimi] (BR) m team; **de segundo ~** (fig) second-rate

tímido/a [tʃimidu/a] adj shy, timid

timões [tʃi'mõjʃ] mpl de **timão**

timoneiro [tʃimo'nejru] m helmsman, coxswain

tímpano [tʃipanu] m eardrum; (MUS) kettledrum

tina ['tʃina] f vat

tingir [tʃi'ʒi] vt to dye; (fig) to tinge

tinha etc ['tʃina] vb V **ter**

tinhoso/a [tʃi'nozu/ɔza] adj single-minded

tinir [tʃi'ni] vi to jingle, tinkle; (ouvidos) to ring; (de frio, febre) to shiver; (de raiva, fome) to tremble

tinjo etc ['tʃiʒu] vb V **tingir**

tino ['tʃinu] m discernment, judgement; (intuição) intuition; (prudência) prudence

tinta ['tʃita] f (de pintar) paint; (de escrever) ink; (para tingir) dye; (fig: vestígio) shade, tinge; **tinteiro** [tʃi'tejru] m inkwell

tinto/a ['tʃitu/a] adj dyed; (fig) stained; **vinho ~** red wine

tintura [tʃi'tura] f dye; (ato) dyeing; (fig) tinge, hint

tinturaria [tʃitura'ria] f dry-cleaner's

tio ['tʃiu] m uncle

típico/a ['tʃipiku/a] adj typical

tipo ['tʃipu] m type; (de imprensa) print; (de impressora) typeface; (col: sujeito) guy, chap; (pessoa) person

tipografia [tʃipogra'fia] f printing; (estabelecimento) printer's; **tipógrafo/a** [tʃi'pografu/a] m/f printer

tipóia [tʃi'pɔja] f (tira de pano) sling

tique ['tʃiki] m (MED) tic; (sinal) tick

tíquete [tʃiketʃi] m ticket

tira ['tʃira] f strip ♦ m (BR: col) cop

tiragem [tʃi'raʒẽ] f (de livro) print run; (de jornal, revista) circulation

tira-gosto (pl ~s) m snack, savoury (BRIT); **tirano/a** [tʃi'ranu/a] adj tyrannical ♦ m/f tyrant

tirar [tʃi'ra] vt to take away; (de dentro) to take out; (de cima) to take off; (roupa, sapatos) to take off; (arrancar) to pull out; (férias) to take, have; (boas notas) to get; (salário) to earn; (curso) to do, take; (mancha) to remove; (foto, cópia) to take; (mesa) to clear; **~ algo a alguém** to take sth from sb

tiritar [tʃiri'ta] vi to shiver

tiro ['tʃiru] m shot; (ato de disparar) shooting; **~ ao alvo** target practice; **trocar ~s** to fire at one another

tiroteio [tʃiro'teju] m shooting, exchange of shots

tis [tʃiʃ] mpl de **til**

titubear [tʃitu'bja] vi to totter, stagger; (vacilar) to hesitate

titular [tʃitu'la] adj titular ♦ m/f holder

título ['tʃitulu] m title; (COM) bond; (universitário) degree; **~ de propriedade** title deed

tive etc ['tʃivi] vb V **ter**

to [tu] = **te + o**

toa ['toa] f towrope; **à ~** at random; (sem motivo) for no reason; (inutilmente) in vain, for nothing

toalete [twa'letʃi] m (banheiro) toilet; (traje) outfit ♦ f: **fazer a ~** to have a wash

toalha [to'aʎa] f towel

toca ['tɔka] f burrow, hole

toca-discos (BR) m inv record-player

toca-fitas m inv cassette player

tocaia [to'kaja] f ambush

tocante [to'kãtʃi] adj moving, touching; **no ~ a** regarding, concerning

tocar [to'ka*] vt to touch; (MUS) to play ♦ vi to touch; to play; (campainha, sino, telefone) to ring; **~-se** vr to touch (each other); **~ a** (dizer respeito a) to concern, affect; **~ em** to touch; (assunto) to touch upon; **~ para alguém** (telefonar) to ring sb (up); call sb (up); **pelo que me toca** as far as I am concerned

tocha [ˈtɔʃa] f torch

toco [ˈtoku] m (de cigarro) stub; (de árvore) stump

todavia [toda'via] adv yet, still, however

PALAVRA CHAVE
---

todo/a [ˈtodu/ˈtɔda] adj 1 (com artigo sg) all; **toda a carne** all the meat; **toda a noite** all night, the whole night; ~ **o Brasil** the whole of Brazil; **a toda** (velocidade) at full speed; ~ **o mundo** (BR), **toda a gente** (PT) everybody, everyone; **em toda a** (parte) everywhere 2 (com artigo pl) all; (: cada) every; ~**s os livros** all the books; ~**s os dias/todas as noites** every day/night; ~**s os que querem sair** all those who want to leave; ~**s nós** all of us

♦ adv: **ao** ~ altogether; (no total) in all; **de** ~ completely

♦ pron: ~**s**

♦ mpl everybody sg, everyone sg

todo-poderoso/a adj all-powerful
♦ m: **o T**~ the Almighty

tofe [ˈtɔfi] m toffee

toicinho [toj'siɲu] m bacon fat

toldo [ˈtowdu] m awning, sun blind

tolerância [tole'rãsja] f tolerance; **tolerante** [tole'rãtʃi] adj tolerant

tolerar [tole'ra*] vt to tolerate; **tolerável** [tole'ravew] (pl -**eis**) adj tolerable, bearable; (satisfatório) passable; (falta) excusable

tolher [to'ʎe*] vt to impede, hinder; ~ **alguém de fazer** to stop sb doing

tolice [to'lisi] f stupidity, foolishness; (ato, dito) stupid thing

tolo/a [ˈtolu/a] adj foolish, silly, stupid ♦ m/f fool

tom [tõ] (pl -**ns**) m tone; (MÚS: altura) pitch; (: escala) key; (cor) shade

tomada [to'mada] f capture; (ELET) socket

tomar [to'ma*] vt to take; (capturar) to capture, seize; (decisão) to make; (bebida) to drink; ~ **café** (de manhã) to have breakfast

tomara [to'mara] excl: ~! if only!; ~ **que venha hoje** I hope he comes today

tomate [to'matʃi] m tomato

tombadilho [tõba'dʒiʎu] m deck

tombar [tõ'ba*] vi to fall down, tumble down ♦ vt to knock down, knock over; **tombo** [ˈtõbu] m tumble, fall

tomilho [to'miʎu] m thyme

tona [ˈtɔna] f surface; **vir à** ~ to come to the surface; (fig) to emerge; **trazer à** ~ to bring up; (recordações) to bring back

tonalidade [tonali'dadʒi] f (de cor) shade; (MÚS: tom) key

tonel [to'new] (pl -**éis**) m cask, barrel

tonelada [tone'lada] f ton; **tonelagem** [tone'laʒẽ] f tonnage

tônica [ˈtonika] f (água) tonic (water); (fig) keynote

tônico [ˈtoniku] m tonic; **acento** ~ stress

tonificar [tonifi'ka*] vt to tone up

tons [tõʃ] mpl de **tom**

tontear [tõ'tʃja*] vi (pessoa: com bebida) to get dizzy; (: com barulho) to get a headache; (: com alvoroço) to be dazed; (barulho) to be ruffling; (alvoroço) to be upsetting

tonteira [tõ'tejra] f dizziness

tonto/a [ˈtõtu/a] adj stupid, silly; (zonzo) dizzy, lightheaded; (atarantado) flustered

topada [to'pada] f trip; **dar uma** ~ **em** to stub one's toe on

topar [to'pa*] vt to agree to ♦ vi: ~ **com** to come across; ~**-se** vr (duas pessoas) to run into one another; ~ **em** (tropeçar) to stub one's toe on; (esbarrar) to run into; (tocar) to touch

tópico/a [ˈtɔpiku/a] adj topical ♦ m topic

topless [tɔp'lɛs] adj inv topless

topo [ˈtopu] m top; (extremidade)

end, extremity

toque¹ ['tɔki] m touch; (de instrumento musical) playing; (de campainha) ring; (retoque) finishing touch

toque² etc vb V **tocar**

Tóquio ['tɔkju] n Tokyo

tora ['tɔra] f (pedaço) piece; (de madeira) log; (sesta) nap

toranja [to'rãʒa] f grapefruit

torção [tox'sãw] (pl -ões) m twist; (MED) sprain

torcedor(a) [toxse'do*(a)] m/f supporter, fan

torcedura [toxse'dura] f twist; (MED) sprain

torcer [tox'se*] vt to twist; (MED) to sprain; (desvirtuar) to distort, misconstrue; (roupa: espremer) to wring; (: na máquina) to spin; (vergar) to bend ♦ vi: ~ por (time) to support; ~-se vr to squirm, writhe

torcicolo [toxsi'kɔlu] m stiff neck

torcida [tox'sida] f (pavio) wick; (ESPORTE: ato de torcer) cheering; (: torcedores) supporters pl

torções [tox'sõjʃ] mpl de **torção**

tormenta [tox'mẽta] f storm

tormento [tox'mẽtu] m torment; (angústia) anguish

tornado [tox'nadu] m tornado

tornar [tox'na*] vi to return, go back ♦ vt: ~ algo em algo to turn ou make sth into sth; ~-se vr to become; ~ a fazer algo to do sth again

torneio [tox'neju] m tournament

torneira [tox'nejra] f tap (BRIT), faucet (US)

torno ['toxnu] m lathe; (CERÂMICA) wheel; **em ~ de** (ao redor de) around; (sobre) about

tornozelo [toxno'zelu] m ankle

torpe ['tɔxpi] adj vile

torpor [tox'po*] m torpor; (MED) numbness

torrada [to'xada] f toast; **uma ~ a** piece of toast; **torradeira** [toxa'dejra] f toaster

torrão [to'xãw] (pl -ões) m turf, sod;

(terra) soil, land; (de açúcar) lump

torrar [to'xa*] vt to toast; (café) to roast

torre ['toxi] f tower; (XADREZ) castle, rook; (ELET) pylon; ~ **de controle** (AER) control tower

torrente [to'xẽtʃi] f torrent

tórrido/a ['tɔxidu/a] adj torrid

torrinha [to'xiɲa] f (TEATRO) gallery

torrões [to'xõjʃ] mpl de **torrão**

torrone [to'xɔni] m nougat

torso ['tɔxsu] m torso

torta ['tɔxta] f pie, tart

torto/a ['tɔxtu/'tɔxta] adj twisted, crooked; **a ~ e a direito** indiscriminately

tortuoso/a [tox'twozu/ɔza] adj winding

tortura [tox'tura] f torture; (fig) anguish; ~**r** [tox'tura*] vt to torture, to torment

torvelinho [toxve'liɲu] m (de vento) whirlwind; (de água) whirlpool; (fig: de pensamentos) swirl

tos [tuʃ] = **te** + **os**

tosar [to'za*] vt (ovelha) to shear; (cabelo) to crop

tosco/a ['toʃku/a] adj rough, unpolished; (grosseiro) coarse, crude

tosões [to'zõjʃ] mpl de **tosão**

tosquiar [toʃ'kja*] vt (ovelha) to shear, clip

tosse ['tɔsi] f cough; ~ **de cachorro** whooping cough; **tossir** [to'si*] vi to cough

tosta ['tɔʃta] (PT) f toast; ~ **mista** toasted cheese and ham sandwich

tostão [toʃ'tãw] m cash

tostar [toʃ'ta*] vt to toast; (pele, pessoa) to tan; ~-**se** vr to get tanned

total [to'taw] (pl -**ais**) adj, m total

totalitário/a [totali'tarju/a] adj totalitarian

totalmente [totaw'mẽtʃi] adv totally

touca ['toka] f bonnet; ~ **de banho** bathing cap

toupeira [to'pejra] f mole; (fig) numbskull, idiot

tourada [to'rada] f bullfight; **tourear**

[to'rja⁺] *vi* to fight bulls; **toureiro**
[to'rejru] *m* bullfighter

touro ['toru] *m* bull; **T~** (*ASTROLO-GIA*) Taurus

toxemia [tokse'mia] *f* blood poisoning

tóxico/a ['tɔksiku/a] *adj* toxic ♦ *m* poison; (*droga*) drug; **toxicômano/a** [toksi'komanu/a] *m/f* drug addict

trabalhadeira [trabaʎa'dejra] *f*: ela é ~ she's a hard worker

trabalhador(a) [trabaʎa'do⁺(a)] *adj* hard-working, industrious; (*POL: classe*) working ♦ *m/f* worker

trabalhar [traba'ʎa⁺] *vi* to work ♦ *vt* (*terra*) to till; (*madeira, metal*) to work; (*texto*) to work on; ~ **com** (*comerciar*) to deal in; ~ **de** ou **como** to work as; **trabalhista** [traba'ʎifta] *adj* labour *atr* (*BRIT*), labor *atr* (*US*); **trabalho** [tra'baʎu] *m* work; (*emprego, tarefa*) job; (*ECON*) labo(u)r; **trabalho braçal** manual work; **trabalho doméstico** housework; **trabalhoso/a** [traba-'ʎozu/ozaʲ] *adj* laborious, arduous

traça ['trasa] *f* moth

traçado [tra'sadu] *m* sketch, plan

tração [tra'sãw] *f* traction

traçar [tra'sa⁺] *vt* to draw; (*determinar*) to set out, outline; (*planos*) to draw up; (*escrever*) to compose

traço ['trasu] *m* line, dash; (*vestígio*) trace, vestige; (*aspecto*) feature, trait; ~s *mpl* (*do rosto*) features; ~ **(de união)** hyphen; (*entre frases*) dash

tractor [tra'to⁺] (*PT*) *m* = **trator**

tradição [tradʒi'sãw] (*pl* -**ões**) *f* tradition; **tradicional** [tradʒisjo'naw] (*pl* -**ais**) *adj* traditional

tradução [tradu'sãw] (*pl* -**ões**) *f* translation

tradutor(a) [tradu'to⁺(a)] *m/f* translator

traduzir [tradu'zi⁺] *vt* to translate

trafegar [trafe'ga⁺] *vi* to move, go

tráfego ['trafegu] *m* traffic

traficante [trafi'kãtʃi] *m/f* trafficker,
dealer

traficar [trafi'ka⁺] *vi*: ~ **(com)** to deal (in)

tráfico ['trafiku] *m* traffic

tragar [tra'ga⁺] *vt* to swallow; (*fumaça*) to inhale; (*suportar*) to tolerate ♦ *vi* to inhale

tragédia [tra'ʒɛdʒja] *f* tragedy; **trágico/a** ['traʒiku/a] *adj* tragic

trago¹ ['tragu] *m* mouthful

trago² *etc vb* V **trazer**

traição [traj'sãw] (*pl* -**ões**) *f* treason, treachery; (*deslealdade*) disloyalty; (*infidelidade*) infidelity; **traiçoeiro/a** [traj'swejru/a] *adj* treacherous; disloyal

traidor(a) [traj'do⁺(a)] *m/f* traitor

trailer ['trejla⁺] (*pl* ~**s**) *m* trailer; (*tipo casa*) caravan (*BRIT*), trailer (*US*)

traineira [traj'nejra] *f* trawler

training ['trejniŋ] (*pl* ~**s**) *m* track suit

trair [tra'i⁺] *vt* to betray; (*mulher, marido*) to be unfaithful to; (*esperanças*) not to live up to; ~**-se** *vr* to give o.s. away

trajar [tra'ʒa⁺] *vt* to wear

traje ['traʒi] *m* dress, clothes *pl*; ~ **de banho** swimsuit

trajeto [tra'ʒɛtu] (*PT* -**ct-**) *m* course, path

trajetória [traʒe'tɔrja] (*PT* -**ct-**) *f* trajectory, path; (*fig*) course

tralha [tra'ʎaʲ] *f* fishing net

trama ['trama] *f* (*tecido*) weft (*BRIT*), woof (*US*); (*enredo, conspiração*) plot

tramar [tra'ma⁺] *vt* (*tecer*) to weave; (*maquinar*) to plot ♦ *vi*: ~ **contra** to conspire against

trâmites ['tramitʃiʃ] *mpl* procedure *sg*, channels

tramóia [tra'mɔja] *f* (*fraude*) swindle, trick; (*trama*) plot, scheme

trampolim [trãpo'lĩ] (*pl* -**ns**) *m* trampoline; (*de piscina*) diving board; (*fig*) springboard

tranca ['trãka] *f* (*de porta*) bolt; (*de carro*) lock

trança ['trãsa] f (cabelo) plait; (galão) braid

trancafiar [trãka'fja⁺] vt to lock up

trancar [trã'ka⁺] vt to lock

trançar [trã'sa⁺] vt to weave; (cabelo) to plait, braid

tranqüilidade [trãkwili'dadʒi] f tranquillity; (paz) peace

tranqüilizante [trãkwili'zãtʃi] m (MED) tranquillizer

tranqüilizar [trãkwili'za⁺] vt to calm, quieten; (despreocupar): ~ alguém to reassure sb, put sb's mind at rest; ~-se vr to calm down

tranqüilo/a [trã'kwilu/a] adj peaceful; (mar, pessoa) calm; (criança) quiet; (consciência) clear; (seguro) sure, certain

transação [trãza'sãw] (PT -cç-; pl -ões) f transaction

transbordar [trãʒbox'da⁺] vi to overflow

transbordo [trãʒ'boxdu] m (de viajantes) change, transfer

transcorrer [trãʃko'xe⁺] vi to elapse, go by; (evento) to pass off

transe ['trãzi] m ordeal; (lance) plight; (hipnótico) trance

transeunte [trã'zjũtʃi] m/f passer-by

transferência [trãʃfe'rẽsja] f transfer

transferir [trãʃfe'ri⁺] vt to transfer; (adiar) to postpone

transformação [trãʃfoxma'sãw] (pl -ões) f transformation

transformador [trãʃfoxma'do⁺] m (ELET) transformer

transformar [trãʃfox'ma⁺] vt to transform; ~-se vr to turn

trânsfuga ['trãʃfuga] m deserter; (político) turncoat

transfusão [trãʃfu'zãw] (pl -ões) f transfusion

transgredir [trãʒgre'dʒi⁺] vt to infringe

transição [trãzi'sãw] (pl -ões) f transition

transistor [trãziʃ'to⁺] m transistor

transitar [trãzi'ta⁺] vi: ~ por to move through; (rua) to go along

transitivo/a [trãzi'tʃivu/a] adj (LING) transitive

trânsito ['trãzitu] m transit, passage; (na rua: veículos) traffic; (: pessoas) flow; **transitório/a** [trãzi'torju/a] adj transitory; (período) transitional

transmissão [trãʒmi'sãw] (pl -ões) f transmission; (transferência) transfer; ~ ao vivo live broadcast

transmissor [trãʒmi'so⁺] m transmitter

transmitir [trãʒmi'tʃi⁺] vt to transmit; (RADIO, TV) to broadcast; (transferir) to transfer; (recado, notícia) to pass on

transparência [trãʃpa'rẽsja] f transparency; (de água) clarity; **transparente** [trãʃpa'rẽtʃi] adj transparent; (roupa) see-through; (água) clear

transpassar [trãʃpa'sa⁺] vt = traspassar

transpirar [trãʃpi'ra⁺] vi to perspire; (divulgar-se) to become known; (verdade) to come out ♦ vt to exude

transplante [trãʃ'plãtʃi] m transplant

transportar [trãʃpox'ta⁺] vt to transport; (levar) to carry; (enlevar) to entrance, enrapture

transporte [trãʃ'pɔxtʃi] m transport; (COM) haulage

transtornar [trãʃtox'na⁺] vt to upset; (rotina, reunião) to disrupt; **transtorno** [trãʃ'toxnu] m upset, disruption

trapaça [tra'pasa] f swindle, fraud; **trapacear** [trapa'sja⁺] vt, vi to swindle; **trapaceiro/a** [trapa'sejru/a] adj crooked, cheating ♦ m/f swindler, cheat

trapalhão/lhona [trapa'ʎãw/'ʎona] (pl -ões/~s) m/f bungler, blunderer

trapézio [tra'pɛzju] m trapeze

trapo ['trapu] m rag

traquéia [tra'kɛja] f windpipe

traquejo [tra'keʒu] m experience

trarei etc [tra'rej] vb V trazer

trás [trajʃ] prep, adv: para ~ backwards; por ~ de behind; de ~ from behind

traseira [tra'zejra] *f* rear; *(ANAT)* bottom

traseiro/a [tra'zejru/a] *adj* back, rear ♦ *m (ANAT)* bottom

traspassar [traʃpa'sa*] *vt (rio etc)* to cross; *(penetrar)* to pierce, penetrate; *(exceder)* to exceed, overstep; *(transferir)* to transmit, transfer; *(PT: sublocar)* to sublet

traste ['traʃtʃi] *m* thing; *(coisa sem valor)* piece of junk

tratado [tra'tadu] *m* treaty

tratamento [trata'mẽtu] *m* treatment

tratar [tra'ta*] *vt* to treat; *(tema)* to deal with; *(combinar)* to agree ♦ *vi:* ~ **com** to deal with; *(combinar)* to agree with; ~ **de** to deal with; **de que se trata?** what is it about?

trato ['tratu] *m* treatment; *(contrato)* agreement, contract; ~**s** *mpl (relações)* dealings

trator [tra'to*] *m* tractor

trauma ['trawma] *m* trauma

travão [tra'vãw] *(PT: pl* -**ões**) *m* brake

travar [tra'va*] *vt (roda)* to lock; *(iniciar)* to engage in; *(conversa)* to strike up; *(luta)* to wage; *(carro)* to stop; *(passagem)* to block; *(movimentos)* to hinder ♦ *vi (PT)* to brake

trave ['travi] *f* beam; *(ESPORTE)* crossbar

através [tra'vɛʃ] *m* slant, incline; **de** ~ across, sideways

travessa [tra'vɛsa] *f* crossbeam, crossbar; *(rua)* lane, alley; *(prato)* dish; *(para o cabelo)* comb, slide

travessão [trave'sãw] *(pl* -**ões**) *m (de balança)* bar, beam; *(pontuação)* dash

travesseiro [trave'sejru] *m* pillow

travessia [trave'sia] *f (viagem)* journey, crossing

travesso/a [tra'vɛsu/a] *adj* mischievous, naughty

travessões [trave'sõjʃ] *mpl de* **travessão**

travessura [trave'sura] *f* mischief, prank

travões [tra'võjʃ] *mpl de* **travão**

trazer [tra'ze*] *vt* to bring

trecho ['treʃu] *m* passage; *(de rua, caminho)* stretch; *(espaço)* space

trégua ['trɛgwa] *f* truce; *(descanso)* respite

treinador(a) [trejna'do*(a)] *m/f* trainer

treinamento [trejna'mẽtu] *m* training

treinar [trej'na*] *vt* to train; ~**se** *vr* to train; **treino** ['trejnu] *m* training

trejeito [tre'ʒejtu] *m* gesture; *(careta)* grimace, face

trela ['trɛla] *f* lead, le.ash

treliça [tre'lisa] *f* trellis

trem [trẽj] *(pl* -**ns**) *m* train; ~ **de aterrissagem** *(avião)* landing gear

tremeluzir [tremelu'zi*] *vi* to twinkle, glimmer

tremendo/a [tre'mẽdu/a] *adj* tremendous; *(terrível)* terrible, awful

tremer [tre'me*] *vi* to shudder, quake; *(terra)* to shake; *(de frio, medo)* to shiver

tremor [tre'mo*] *m* tremor; ~ **de terra** (earth) tremor

trêmulo/a ['tremulu/a] *adj* shaky, trembling

trenó [tre'nɔ] *m* sledge, sleigh *(BRIT)*, sled *(US)*

trens [trẽjʃ] *mpl de* **trem**

trepadeira [trepa'dejra] *f (BOT)* creeper

trepar [tre'pa*] *vt* to climb ♦ *vi:* ~ **em** to climb

trepidar [trepi'da*] *vi* to tremble, shake

três [treʃ] *num* three; ~-**quartos** *m inv (apartamento)* three-room flat *(BRIT)* ou apartment *(US)*

trespassar [treʃpa'sa*] *vt* = **traspassar**

trespasse [treʃ'pasi] *m* = **traspasse**

trevas ['trɛvaʃ] *fpl* darkness *sg*

trevo ['trevu] *m* clover; *(de vias)* intersection

treze ['trezi] *num* thirteen

triagem [tri'aʒẽ] *f* selection; *(separação)* sorting; **fazer uma** ~ **de** to make a selection of, sort out

triângulo ['trjãgulu] *m* triangle

tribal [tri'baw] (*pl* **-ais**) *adj* tribal

tribo ['tribu] *f* tribe

tribulação [tribula'sãw] (*pl* **-ões**) *f* tribulation, affliction

tribuna [tri'buna] *f* platform, rostrum; (*REL*) pulpit

tribunal [tribu'naw] (*pl* **-ais**) *m* court; (*comissão*) tribunal

tributar [tribu'ta*] *vt* to tax; (*pagar*) to pay

tributário [tribu'tarju] *m* tributary

tributo [tri'butu] *m* tribute; (*imposto*) tax

tricô [tri'ko] *m* knitting; **tricotar** [triko'ta*] *vt*, *vi* to knit

trigêmeo/a [tri'ʒemju/a] *m/f* triplet

trigo ['trigu] *m* wheat

trilha ['triʎa] *f* (*caminho*) path; (*rasto*) track, trail; ~ **sonora** soundtrack

trilhão [tri'ʎãw] (*pl* **-ões**) *m* billion (*BRIT*), trillion (*US*)

trilho ['triʎu] *m* (*BR: FERRO*) rail; (*vereda*) path, track

trilhões [tri'ʎõjʃ] *mpl de* **trilhão**

trimestral [trimeʃ'traw] (*pl* **-ais**) *adj* quarterly; ~**mente** [trimeʃtraw'metʃi] *adv* quarterly

trimestre [tri'meʃtri] *m* (*EDUC*) term; (*COM*) quarter

trincar [trĩ'ka*] *vt* to crunch; (*morder*) to bite; (*dentes*) to grit ♦ *vi* to crunch

trincheira [trĩ'ʃejra] *f* trench

trinco ['trĩku] *m* latch

trinta ['trĩta] *num* thirty

trio ['triu] *m* trio; ~ **elétrico** music float

tripa ['tripa] *f* gut, intestine; ~**s** *fpl* (*intestinos*) bowels; (*vísceras*) guts; (*CULIN*) tripe *sg*

tripé [tri'pɛ] *m* tripod

triplicar [tripli'ka*] *vt*, *vi* to treble; ~-**se** *vr* to treble

tripulação [tripula'sãw] (*pl* **-ões**) *f* crew

tripulante [tripu'lãtʃi] *m/f* crew member

tripular [tripu'la*] *vt* to man

triste ['triʃtʃi] *adj* sad; (*lugar*) depressing; ~**eza** [triʃ'teza] *f* sadness; gloominess

triturar [tritu'ra*] *vt* to grind

triunfar [trjũ'fa*] *vi* to triumph; **triunfo** [tri'ũfu] *m* triumph

trivial [tri'vjaw] (*pl* **-ais**) *adj* common(place), ordinary; (*insignificante*) trivial; ~**idade** [trivjali'dadʒi] *f* triviality; ~**idades** *fpl* (*futilidades*) trivia *sg*

triz [triʒ] *m*: **por um** ~ by a hair's breadth

troca ['trɔka] *f* exchange, swap

trocadilho [troka'dʒiʎu] *m* pun, play on words

trocado [tro'kadu] *m*: ~(**s**) (small) change

trocador(a) [troka'do*(a)] *m/f* (*em ônibus*) conductor

trocar [tro'ka*] *vt* to exchange, swap; (*mudar*) to change; (*inverter*) to change *ou* swap round; (*confundir*) to mix up; ~-**se** *vr* to change; ~ **dinheiro** to change money

troco ['trɔku] *m* (*dinheiro*) change; (*revide*) retort, rejoinder

troféu [tro'fɛw] *m* trophy

tromba ['trõba] *f* (*do elefante*) trunk; (*de outro animal*) snout

trombeta [trõ'beta] *f* trumpet

trombone [trõ'bɔni] *m* trombone

trombose [trõ'bɔzi] *f* thrombosis

trompa ['trõpa] *f* horn

tronco ['trõku] *m* trunk; (*ramo*) branch; (*de corpo*) torso, trunk

trono ['trɔnu] *m* throne

tropa ['trɔpa] *f* troop; (*exército*) army; **ir para a** ~ (*PT*) to join the army

tropeçar [trope'sa*] *vi* to stumble, trip; (*fig*) to blunder

trôpego/a ['tropegu/a] *adj* shaky, unsteady

tropical [tropi'kaw] (*pl* **-ais**) *adj* tropical

trópico ['trɔpiku] *m* tropic

trotar [tro'ta*] *vi* to trot; **trote** ['trɔtʃi] *m* trot; (*por telefone etc*) hoax call

trouxe *etc* ['trosi] *vb* V **trazer**

trova ['trɔva] *f* ballad, folksong

trovão [tro'vãw] *m* (*pl* **-ões**) *m* clap of thunder; (*trovoada*) thunder; **trovejar** [trove'ʒa*] *vi* to thunder; **trovoada** [tro'vwada] *f* thunderstorm

trucidar [trusi'da*] *vt* to butcher, slaughter

trufa ['trufa] *f* (*BOT*) truffle

truncar [trũ'ka*] *vt* to chop off, cut off

trunfo ['trũfu] *m* trump (card)

truque ['truki] *m* trick; (*publicitário*) gimmick

truta ['truta] *f* trout

tu [tu] (*PT*) *pron* you

tua ['tua] *f de* **teu**

tuba ['tuba] *f* tuba

tubarão [tuba'rãw] (*pl* **-ões**) *m* shark

tuberculose [tubexku'lɔzi] *f* tuberculosis

tubo ['tubu] *m* tube, pipe; ~ **de ensaio** test tube

tucano [tu'kanu] *m* toucan

tudo ['tudu] *pron* everything; ~ **quanto** everything that; **antes de** ~ first of all; **acima de** ~ above all

tufão [tu'fãw] (*pl* **-ões**) *m* typhoon

tulipa [tu'lipa] *f* tulip

tumba ['tũba] *f* tomb; (*lápide*) tombstone

tumor [tu'mo*] *m* tumour (*BRIT*), tumor (*US*)

túmulo ['tumulu] *m* tomb; (*sepultura*) burial

tumulto [tu'muwtu] *m* uproar, trouble; (*grande movimento*) bustle; (*balbúrdia*) hubbub; (*motim*) riot; **tumultuado/a** [tumuw'twadu/a] *adj* riotous, heated; **tumultuar** [tumuw'twa*] *vt* to disrupt; (*amotinar*) to rouse, incite

túnel ['tunew] (*pl* **-eis**) *m* tunnel

túnica ['tunika] *f* tunic

Tunísia [tu'nizja] *f*: **a** ~ Tunisia

tupi [tu'pi] *m* Tupi (tribe); (*LING*) Tupi ♦ *m/f* Tupi Indian

tupiniquim [tupini'kĩ] (*pej*) (*pl* **-ns**)

adj Brazilian (Indian)

turbante [tux'bãtʃi] *m* turban

turbilhão [tuxbi'ʎãw] (*pl* **-ões**) *m* (*de vento*) whirlwind; (*de água*) whirlpool

turbina [tux'bina] *f* turbine

turbulência [tuxbu'lẽsja] *f* turbulence; **turbulento/a** [tuxbu'lẽtu/a] *adj* turbulent

turco/a [tuxku/a] *adj* Turkish ♦ *m/f* Turk ♦ *m* (*LING*) Turkish

turfe ['tuxfi] *m* horse-racing

turismo [tu'riʒmu] *m* tourism; **turista** [tu'rista] *m/f* tourist ♦ *adj* (*classe*) tourist *atr*

turma ['tuxma] *f* group; (*EDUC*) class

turno ['tuxnu] *m* shift; (*vez*) turn; (*ESPORTE, de eleição*) round; **por** ~**s** alternately, by turns, in turns

turquesa [tux'keza] *adj inv* turquoise

Turquia [tux'kia] *f*: **a** ~ Turkey

tusso *etc* ['tusu] *vb* V **tossir**

tutano [tu'tanu] *m* (*ANAT*) marrow

tutela [tu'tela] *f* protection; (*JUR*) guardianship

tutor(a) [tu'to*(a)] *m/f* guardian

tutu [tu'tu] *m* (*CULIN*) beans, bacon and manioc flour

TV [te've] *abr f* (= *televisão*) TV

U

úbere ['uberi] *m* udder

ufanar-se [ufa'naxsi] *vr*: ~ **de** to take pride in, pride o.s. on

Uganda [u'gãda] *m* Uganda

uísque ['wiʃki] *m* whisky (*BRIT*), whiskey (*US*)

uivar [wi'va*] *vi* to howl; (*berrar*) to yell; **uivo** [i'wivu] *m* howl; (*fig*) yell

úlcera ['uwsera] *f* ulcer

ulterior [uwte'rjo*] *adj* (*além*) further, farther; (*depois*) later, subsequent; ~**mente** [uwterior'mẽtʃi] *adv* later on, subsequently

ultimamente [uwtʃima'mẽtʃi] *adv* lately

ultimato [uwtʃi'matu] *m* ultimatum

último/a ['uwtʃimu/a] adj last; (mais recente) latest; (qualidade) lowest; (fig) final; **por ~** finally; **nos ~s anos** in recent years; **a última** (notícia) the latest (news)

ultra- [uwtra-] prefixo ultra-

ultrajar [uwtra'ʒaʰ] vt to outrage; (insultar) to insult, offend; **ultraje** [uw'traʒi] m outrage; (insulto) insult, offence (BRIT), offense (US)

ultramar [uwtra'maʰ] m overseas; **~ino/a** [uwtrama'rinu/a] adj overseas atr

ultrapassado/a [uwtrapa'sadu/a] adj (idéias etc) outmoded

ultrapassar [uwtrapa'saʰ] vt (atravessar) to cross, go beyond; (ir além de) to exceed; (transgredir) to overstep; (AUTO) to overtake (BRIT), pass (US); (ser superior a) to surpass ♦ vi (AUTO) to overtake (BRIT), pass (US)

ultra-som m ultrasound

ultravioleta [uwtravjo'leta] adj ultraviolet

ular [ulu'laʰ] vi to howl, wail

PALAVRA CHAVE

um(a) [ũ/'uma] (pl uns/~s) num one; **~ e outro** both; **~ a ~** one by one; **à ~a (hora)** one (o'clock)
♦ adj: uns cinco about five; uns poucos a few
♦ art indef **1** (sg) a; (: antes de vogal ou 'h' mudo) an; (pl) some; ela é de ~a beleza incrível she's incredibly beautiful
2 (dando ênfase): estou com ~a fome! I'm so hungry!
3 ~ ao outro one another; (entre dois) each other

---

umbigo [ũ'bigu] m navel

umbilical [ũbili'kaw] (pl –ais) adj: cordão ~ umbilical cord

umbral [ũ'braw] (pl –ais) m (limiar) threshold

umedecer [umede'seʰ] vt to moisten, wet; **~-se** vr to get wet; **umedecido/a** [umede'sidu/a] adj

damp

umidade [umi'dadʒi] f dampness; (clima) humidity

úmido/a ['umidu/a] adj wet, moist; (roupa) damp; (clima) humid

unânime [u'nanimi] adj unanimous

ungir [ũ'ʒiʰ] vt to rub with ointment; (REL) to anoint

ungüento [ũ'gwẽtu] m ointment

unha ['uɲa] f nail; (garra) claw; **~da** [u'nada] f scratch; **~r** [u'naʰ] vt to scratch

união [u'njãw] (pl –ões) f union; (ato) joining; (unidade, solidariedade) unity; (casamento) marriage; (TEC) joint; **a U~ Soviética** the Soviet Union

unicamente [unika'mẽtʃi] adv only

único/a ['uniku/a] adj only; (sem igual) unique; (um só) single

unidade [uni'dadʒi] f unity; (TEC, COM) unit; **~ central de processamento** (COMPUT) central processing unit; **~ de disco** (COMPUT) disk drive

unido/a [u'nidu/a] adj joined, linked; (fig) united

unificar [unifi'kaʰ] vt to unite; **~-se** vr to join together

uniforme [uni'fɔxmi] adj uniform; (semelhante) alike, similar; (superfície) even ♦ m uniform; **uniformizado/a** [unifɔxmi'zadu/a] adj uniform, standardized; (vestido de uniforme) in uniform; **uniformizar** [unifɔxmi'zaʰ] vt to standardize

uniões [u'njõjʃ] fpl de **união**

unir [u'niʰ] vt to join together; (ligar) to link; (pessoas, fig) to unite; (misturar) to mix together; **~-se** vr to come together; (povos etc) to unite

uníssono [u'nisonu] m: **em ~** in unison

universal [univex'saw] (pl –ais) adj universal; (mundial) world

universidade [univexsi'dadʒi] f university; **universitário/a** [univexsi'tarju/a] adj university atr ♦ m/f (professor) lecturer; (aluno) university student

universo [uni'vɛxsu] *m* universe; *(mundo)* world

unjo *etc* ['ũʒu] *vb* V **ungir**

uns [ũʃ] *mpl de* **um**

untar [ũ'ta*] *vt* *(esfregar)* to rub; *(com óleo, manteiga)* to grease

urânio [u'ranju] *m* uranium

urbanidade [uxbani'dadʒi] *f* courtesy, politeness

urbanismo [uxba'niʒmu] *m* town planning; **urbanista** [uxba'niʃta] *m/f* town planner

urbano/a [ux'banu/a] *adj* *(da cidade)* urban; *(fig)* urbane

urgência [ux'ʒẽsja] *f* urgency; **com toda ~** as quickly as possible; **urgente** [ux'ʒẽtʃi] *adj* urgent

urina [u'rina] *f* urine; **~r** [uri'na*] *vi* to urinate ♦ *vt* *(sangue)* to pass; *(cama)* to wet; **~-se** *vr* to wet o.s.; **urinol** [uri'nɔw] *(pl -óis)* *m* chamber pot

urna ['uxna] *f* urn; **~ eleitoral** ballot box

urrar [u'xa*] *vt*, *vi* to roar; *(de dor)* to yell; **urro** ['uxu] *m* roar; yell

urso/a ['uxsu/a] *m/f* bear; **~-branco** *(pl* **~s-brancos)** *m* polar bear

URSS *abr f* (= União das Repúblicas Socialistas Soviéticas) **a ~** the USSR

urtiga [ux'tʃiga] *f* nettle

urubu [uru'bu] *m* vulture

Uruguai [uru'gwaj] *m*: **o ~** Uruguay

urze ['uxzi] *m* heather

usado/a [u'zadu/a] *adj* used; *(comum)* common; *(roupa)* worn; *(gasto)* worn out; *(de segunda mão)* second-hand

usar [u'za*] *vt* *(servir-se de)* to use; *(vestir)* to wear; *(gastar com o uso)* to wear out; *(barba, cabelo curto)* to have, wear ♦ *vi*: **~ de** to use; **modo de ~** directions *pl*

usina [u'zina] *f* *(fábrica)* factory; *(de energia)* plant

uso ['uzu] *m* use; *(utilização)* usage; *(prática)* practice

usual [u'zwaw] *(pl -ais)* *adj* usual; *(comum)* common

usuário/a [u'zwarju/a] *m/f* user

usufruir [uzu'frwi*] *vt* to enjoy ♦ *vi*: **~ de** to enjoy

usurário/a [uzu'rarju/a] *m/f* *(avaro)* miser ♦ *adj* avaricious

usurpar [uzux'pa*] *vt* to usurp

úteis ['utejʃ] *pl de* **útil**

utensílio [utẽ'silju] *m* utensil

útero ['uteru] *m* womb, uterus

útil ['utʃiw] *(pl -eis)* *adj* useful; *(vantajoso)* profitable, worthwhile; **utilidade** [utʃili'dadʒi] *f* usefulness; **utilização** [utʃiliza'sãw] *f* use; **utilizar** [utʃili'za*] *vt* to use; **utilizar-se** *vr*: **utilizar-se de** to make use of

uva ['uva] *f* grape

V

v *abr* (= *volt*) v

vá *etc* [va] *vb* V **ir**

vã [vã] *f de* **vão**

vaca ['vaka] *f* cow; **carne de ~** beef

vacilante [vasi'lãtʃi] *adj* hesitant

vacilar [vasi'la*] *vi* to hesitate; *(balançar)* to sway; *(cambalear)* to stagger; *(luz)* to flicker; *(col)* to slip up

vacina [va'sina] *f* vaccine; **~r** [vasi'na*] *vt* to vaccinate

vácuo ['vakwu] *m* vacuum; *(fig)* void; *(espaço)* space

vadiação [vadʒia'sãw] *f* vagrancy

vadiar [va'dʒja*] *vi* to lounge about; *(não trabalhar)* to idle about; *(perambular)* to wander

vadio/a [va'dʒiu/a] *adj* *(ocioso)* idle, lazy; *(vagabundo)* vagrant ♦ *m/f* idler; vagabond, vagrant

vaga ['vaga] *f* wave; *(em hotel, trabalho)* vacancy

vagabundo/a [vaga'bũdu/a] *adj* vagrant; *(vadio)* lazy, idle; *(de má qualidade)* shoddy ♦ *m/f* tramp

vagão [va'gãw] *(pl -ões)* *m* *(de passageiros)* carriage; *(de cargas)* wagon; **~-leito** *(pl* **vagões-leitos)** *(PT)* *m* sleeping car; **~-restaurante** *(pl* **vagões-restaurantes)** *m* buffet car

vagar [va'ga*] *vi* to wander about; *(barco)* to drift; *(ficar vago)* to be vacant

vagaroso/a [vaga'rozu/ɔza] *adj* slow

vagem ['vaʒẽj] *(pl —ns) f* green bean

vagina [va'ʒina] *f* vagina

vago/a ['vagu/a] *adj* vague; *(desocupado)* vacant, free

vagões [va'gõjʃ] *mpl de* **vagão**

vaguear [va'gja*] *vi* to wander, roam; *(passear)* to ramble

vai *etc* [vaj] *vb* V **ir**

vaia ['vaja] *f* booing; **~r** [va'ja*] *vt, vi* to boo, hiss

vaidade [vaj'dadʒi] *f* vanity; *(futilidade)* futility

vaidoso/a [vaj'dozu/ɔza] *adj* vain

vaivém [vaj'vẽj] *m* to-ing and fro-ing

vala ['vala] *f* ditch

vale ['vali] *m* valley; *(escrito)* voucher; **~ postal** postal order

valente [va'lẽtʃi] *adj* brave; **valentia** [valẽ'tʃia] *f* courage, bravery; *(proeza)* feat

valer [va'le*] *vi* to be worth; *(ser válido)* to be valid; *(ter influência)* to carry weight; *(servir)* to serve; *(ser proveitoso)* to be useful; **~-se** *vr*: **~-se de** to use, make use of; **~ a pena** to be worthwhile; **~ por** *(equivaler)* to be worth the same as; **para ~** *(muito)* very much, a lot; *(realmente)* for real, properly; **vale dizer** in other words; **mais vale ... (do que ...)** it would be better to ... (than ...)

valeta [va'leta] *f* gutter

valete [va'lɛtʃi] *m (CARTAS)* jack

valha *etc* [va'ʎa] *vb* V **valer**

valia [va'lia] *f* value

validade [vali'dadʒi] *f* validity

validar [vali'da*] *vt* to validate; **válido/a** ['validu/a] *adj* valid

valioso/a [va'ljozu/ɔza] *adj* valuable

valise [va'lizi] *f* case, grip

valor [va'lo*] *m* value; *(mérito)* merit; *(coragem)* courage; *(preço)* price; *(importância)* importance; **~es** *mpl (morais)* values; *(num exame)* marks; *(COM)* securities;

dar ~ a to value; **~izar** [valori'za*] *vt* to value

valsa ['vawsa] *f* waltz

válvula ['vawvula] *f* valve

vampiro/a [vã'piru/a] *m/f* vampire

vandalismo [vãda'liʒmu] *m* vandalism

vândalo/a ['vãdalu/a] *m/f* vandal

vangloriar-se [vãglo'rjasi] *vr*: **~ de** to boast of *ou* about

vanguarda [vã'gwaxda] *f* vanguard; *(arte)* avant-garde

vantagem [vã'taʒẽj] *(pl —ns) f* advantage; *(ganho)* profit, benefit; **tirar ~ de** to take advantage of; **vantajoso/a** [vãta'ʒozu/ɔza] *adj* advantageous; *(lucrativo)* profitable; *(proveitoso)* beneficial

vão¹/vã [vãw/vã] *(pl —s/~s) adj* vain; *(fútil)* futile ♦ *m (intervalo)* space; *(de porta etc)* opening

vão² *vb* V **ir**

vapor [va'po*] *m* steam; *(navio)* steamer; *(de gas)* vapour *(BRIT)*, vapor *(US)*; **~izador** [vaporiza'do*] *m (de perfume)* spray; **~oso/a** [vapo'rozu/ɔza] *adj* steamy, misty

vaqueiro [va'kejru] *m* cowboy

vara ['vara] *f* stick; *(TEC)* rod; *(JUR)* jurisdiction; *(de porcos)* herd; **salto de ~** pole vault; **~ de condão** magic wand

varal [va'raw] *(pl —ais) m* clothes line

varanda [va'rãda] *f* verandah; *(balcão)* balcony

varar [va'ra*] *vt* to pierce; *(passar)* to cross

varejeira [vare'ʒejra] *f* bluebottle

varejista [vare'ʒiʃta] *(BR) m/f* retailer ♦ *adj (mercado)* retail

varejo [va'reʒu] *(BR) m (COM)* retail trade; **a ~** retail

variação [varja'sãw] *(pl —ões) f* variation

variado/a [va'rjadu/a] *adj* varied; *(sortido)* assorted

variar [va'rja*] *vt, vi* to vary; **variável** [va'rjavew] *(pl —eis) adj* variable; *(tempo, humor)* changeable

varicela [vari'sɛla] *f* chickenpox

variedade [varje'dadʒi] f variety

varinha [va'riɲa] f wand; ~ **de condão** magic wand

vário/a [ˈvarju/a] adj (diverso) varied; (pl) various, several; (COM) sundry

varíola [va'riola] f smallpox

varizes [va'rizif] fpl varicose veins

varrer [va'xe*] vt to sweep; (fig) to sweep away

várzea [ˈvaxʒa] f meadow, field

vasculhar [vaʃkuˈʎa*] vt (pesquisar) to research; (remexer) to rummage through

vaselina [vazeˈlina] ® f vaseline ®

vasilha [vaˈziʎa] f (para líquidos) jug; (para alimentos) dish; (barril) barrel

vaso [ˈvazu] m pot; (para flores) vase

vassoura [vaˈsora] f broom

vasto/a [ˈvaʃtu/a] adj vast

vatapá [vataˈpa] m fish or chicken with coconut milk, shrimps, peanuts, palm oil and spices

Vaticano [vatʃiˈkanu] m: **o** ~ **the** Vatican

vau [vaw] m ford

vazamento [vazaˈmẽtu] m leak

vazão [vaˈzãw] f (pl -ões) f flow; (venda) sale; **dar** ~ **a** (expressar) to give vent to; (atender) to deal with; (resolver) to attend to

vazar [vaˈza*] vi to empty; (derramar) to spill; (verter) to pour out ♦ vi to leak

vazio/a [vaˈziu/a] adj empty; (pessoa) empty-headed, frivolous; (cidade) deserted ♦ m emptiness; (deixado por alguém/algo) void

vazões [vaˈzõjʃ] fpl de **vazão**

vê etc [ve] vb V **ver**

veado [ˈvjadua] m deer; **carne de** ~ venison

vedado/a [veˈdadu/a] adj (proibido) forbidden; (fechado) enclosed

vedar [veˈda*] vt to ban, prohibit; (buraco) to stop up; (entrada, passagem) to block; (terreno) to close off

vedete [veˈdɛtʃi] f star

veemente [vjeˈmẽtʃi] adj vehement

vegetação [veʒetaˈsãw] f vegetation

vegetal [veʒeˈtaw] (pl -ais) adj vegetable atr; (reino, vida) plant atr ♦ m vegetable

vegetariano/a [veʒetaˈrjanu/a] adj, m/f vegetarian

veia [ˈveja] f vein

veículo [veˈikulu] m vehicle; (fig: meio) means sg

veio [ˈveju] vb V **vir** ♦ m (de rocha) vein; (na mina) seam; (de madeira) grain

vejo etc [ˈveʒu] vb V **ver**

vela [ˈvɛla] f candle; (AUTO) spark plug; (NAUT) sail; **barco à** ~ sailing boat

velar [veˈla*] vt to veil; (ocultar) to hide; (vigiar) to keep watch over; (um doente) to sit up with ♦ vi (não dormir) to stay up; (vigiar) to keep watch; ~ **por** to look after

veleiro [veˈlejru] m sailing boat (BRIT), sailboat (US)

velejar [veleˈʒa*] vi to sail

velhaco/a [veˈʎaku/a] adj crooked ♦ m/f crook

velhice [veˈʎisi] f old age

velho/a [ˈvɛʎu/a] adj old ♦ m/f old man/woman

velocidade [velosiˈdadʒi] f speed, velocity; (PT: AUTO) gear

velocímetro [veloˈsimetru] m speedometer

velório [veˈlɔrju] m wake

veloz [veˈlɔʒ] adj fast

vem [vẽj] vb V **vir**

vêm [vẽj] vb V **vir**

vencedor(a) [vẽseˈdo*(a)] adj winning ♦ m/f winner

vencer [vẽˈse*] vt (num jogo) to beat; (competição) to win; (inimigo) to defeat; (exceder) to surpass; (obstáculos) to overcome; (percorrer) to pass ♦ vi (num jogo) to win; (vencimento) to give in; **vencimento** [vẽsiˈmẽtu] m (COM) expiry; (data) expiry date; (salário) salary; **de** gêneros alimentícios etc) sell-by

vencido/a [vẽˈsidu/a] adj: **dar-se por** vencido to give in;

date; **vencimentos** mpl (ganhos) earnings

venda ['vẽda] f sale; (pano) blindfold; (mercearia) general store; **à ~** on sale, for sale

vendaval [vẽda'vaw] (pl **-ais**) m gale

vendedor(a) [vẽde'do*(a)] m/f seller; (em loja) sales assistant; **~ ambulante** street vendor

vender [vẽ'de*] vt, vi to sell; **~ por atacado/a varejo** to sell wholesale/retail

veneno [ve'nɛnu] m poison; **~so/a** [vene'nozu/ɔza] adj poisonous

venerar [vene'ra*] vt to revere; (REL) to worship

venéreo/a [ve'nɛrju/a] adj: **doença venérea** venereal disease

Venezuela [venc'zwela] f: **a ~** Venezuela

venha etc ['vɛɲa] vb V **vir**

ventania [vẽta'nia] f gale

ventar [vẽ'ta*] vi: **está ventando** it is windy

ventarola [vẽta'rɔla] f fan

ventilação [vẽtʃila'sãw] f ventilation

ventilador [vẽtʃila'do*] m ventilator; (elétrico) fan

ventilar [vẽtʃi'la*] vt to ventilate; (roupa, sala) to air

vento ['vẽtu] m wind; (brisa) breeze; **~inha** [vẽ'twiɲa] f weathercock, weather vane; (PT: AUTO) fan; **~so/a** [vẽ'tozu/ɔza] adj windy

ventre ['vẽtri] m belly

ventríloquo/a [vẽ'trilokwu/a] m/f ventriloquist

ventura [vẽ'tura] f fortune; (felicidade) happiness; **venturoso/a** [vẽtu'rozu/ɔza] adj happy

ver [ve*] vt to see; (olhar para, examinar) to look at; (televisão) to watch ♦ vi to see ♦ m: **a meu ~** in my opinion; **vai ~ que ...** maybe ...; **não tem nada a ~ (com)** it has nothing to do (with)

veracidade [verasi'dadʒi] f truthfulness

veranear [vera'nja*] vi to spend the

summer; **veraneio** [vera'neju] m summer holidays pl (BRIT) ou vacation (US); **veranista** [vera'niʃta] m/f holidaymaker (BRIT), (summer) vacationer (US)

verão [ve'rãw] (pl **-ões**) m summer

verba ['vɛxba] f allowance; **~(s)** f(pl) (recursos) funds pl

verbal [vex'baw] (pl **-ais**) adj verbal

verbete [vex'betʃi] m (num dicionário) entry

verbo ['vɛxbu] m verb; **~so/a** [vex'bozu/ɔza] adj wordy, verbose

verdade [vex'dadʒi] f truth; **de ~** (falar) truthfully; (ameaçar etc) really; **na ~** in fact; **para falar a ~** to tell the truth; **~iro/a** [vexda'dejru/a] adj true; (genuíno) real; (pessoa) truthful

verde ['vexdʒi] adj green; (fruta) unripe ♦ m green; (plantas etc) greenery; **~jar** [vexde'ʒa*] vi to turn green; **verdor** [vex'do*] m greenness; (BOT) greenery

verdura [vex'dura] f (hortaliça) greens pl; (BOT) greenery; (cor verde) greenness

verdureiro/a [vexdu'rejru/a] m/f greengrocer (BRIT), produce dealer (US)

vereador(a) [verja'do*(a)] m/f councillor (BRIT), councilor (US)

vereda [ve'reda] f path

veredicto [vere'dʒiktu] m verdict

verga ['vexga] f (vara) stick; (de metal) rod

vergonha [vex'gɔɲa] f shame; (timidez) embarrassment; (humilhação) humiliation; (ato indecoroso) indecency; (brio) self-respect; **ter ~** to be ashamed; (tímido) to be shy; **vergonhoso/a** [vexgo'nozu/ɔza] adj shameful; (indecoroso) disgraceful

verídico/a [ve'ridʒiku/a] adj true, truthful

verificar [verifi'ka*] vt to check; (confirmar) to verify

verme ['vexmi] m worm

vermelho/a [vex'meʎu/a] adj red ♦ m red

vermute [vex'mutʃi] *m* vermouth

vernáculo/a [vex'nakulu/a] *adj:* língua vernácula vernacular ♦ *m* vernacular

verniz [vex'niʒ] *m* varnish; (*couro*) patent leather

verões [ve'rõjʃ] *mpl de* **verão**

verossímil [vero'simiw] (*PT* -osí-) (*pl* -eis) *adj* likely, probable; (*crível*) credible

verruga [ve'xuga] *f* wart

versado/a [vex'sadu/a] *adj:* ~ em clever at, good at

versão [vex'sãw] (*pl* -ões) *f* version; (*tradução*) translation

versátil [vex'satʃiw] (*pl* -eis) *adj* versatile

versículo [vex'sikulu] *m* (*REL*) verse

verso ['vɛxsu] *m* verse; (*linha*) line of poetry

versões [vex'sõjʃ] *fpl de* **versão**

vertente [vex'tẽtʃi] *f* slope

verter [vex'te*] *vt* to pour; (*por acaso*) to spill; (*traduzir*) to translate; (*lágrimas, sangue*) to shed ♦ *vi:* ~ de to spring from; ~ em (*rio*) to flow into

vertical [vextʃi'kaw] (*pl* -ais) *adj* vertical; (*de pé*) upright, standing ♦ *f* vertical

vértice ['vextʃisi] *m* apex

vertigem [vex'tʃiʒẽ] *f* (*medo de altura*) vertigo; (*tonteira*) dizziness; vertiginoso/a [vextʃiʒi'nozu/ɔza] *adj* dizzy, giddy; (*velocidade*) frenetic

vesgo/a [veʒgu/a] *adj* cross-eyed

vesícula [ve'zikula] *f:* ~ (biliar) gall bladder

vespa ['veʃpa] *f* wasp

véspera [veʃpera] *f:* a ~ de the day before; a ~ de Natal Christmas Eve

veste ['vɛʃtʃi] *f* garment

vestiário [veʃtʃjarju] *m* (*em casa, teatro*) cloakroom; (*ESPORTE*) changing room; (*de ator*) dressing room

vestíbulo [veʃ'tʃibulu] *m* hall(way), vestibule; (*TEATRO*) foyer

vestido/a [veʃ'tʃidu/a] *adj:* ~ de

branco *etc* dressed in white *etc* ♦ *m* dress

vestígio [veʃ'tʃiʒju] *m* (*rastro*) track; (*fig*) sign, trace

vestimenta [veʃtʃi'mẽta] *f* garment

vestir [veʃ'tʃi*] *vt* (*uma criança*) to dress; (*pôr sobre si*) to put on; (*trajar*) to wear; (*comprar, dar roupa para*) to clothe; (*fazer roupa para*) to make clothes for; ~-se *vr* to get dressed

vestuário [veʃ'twarju] *m* clothing

vetar [ve'ta*] *vt* to veto

veterano/a [vete'ranu/a] *adj, m/f* veteran

veterinário/a [veteri'narju/a] *m/f* vet(erinary surgeon)

veto ['vɛtu] *m* veto

véu [vɛw] *m* veil

vexame [ve'ʃami] *f* shame, disgrace; (*tormento*) affliction; (*humilhação*) humiliation; (*afronta*) insult

vez [veʒ] *f* time; (*turno*) turn; uma ~ once; algumas ~es, às ~es sometimes; ~ por outra sometimes; cada ~ (que) every time; de ~ em quando from time to time; em ~ de instead of; uma ~ que since; 3 ~es 6 3 times 6; de uma ~ por todas once and for all; muitas ~es many times; (*freqüentemente*) often; toda ~ que every time; um de cada ~ one at a time; uma ~ ou outra once in a while

vi [vi] *vb V* **ver**

via¹ ['via] *f* road, route; (*meio*) way; (*documento*) copy; (*conduto*) channel ♦ *prep* via, by way of; em ~s de about to; por ~ terrestre/marítima by land/sea

via² *etc vb V* **ver**

viaduto [vja'dutu] *m* viaduct

viagem [vja'ʒẽ] (*pl* -ns) *f* journey, trip; (*o viajar*) travel; (*NAUT*) voyage; viagens *fpl* (*jornadas*) travels; ~ de ida e volta return trip, round trip

viajante [vja'ʒãtʃi] *adj* travelling (*BRIT*), traveling (*US*) ♦ *m* traveller (*BRIT*), traveler (*US*)

viajar [vja'ʒaʳ] *vi* to travel

viável ['vjavew] (*pl* -**eis**) *adj* feasible, viable

víbora ['vibora] *f* viper

vibração [vibra'sãw] (*pl* -**ões**) *f* vibration; (*fig*) thrill

vibrante [vi'brãtʃi] *adj* vibrant; (*discurso*) stirring

vibrar [vi'braʳ] *vt* to brandish; (*fazer estremecer*) to vibrate; (*cordas*) to strike ♦ *vi* to vibrate; (*som*) to echo

vice ['visi] *m/f* deputy

vice- [visi-] *prefixo* vice-; **~presidente/a** *m/f* vice president; **~versa** [-'vɛxsa] *adv* vice-versa

viciado/a [vi'sjadu/a] *adj* addicted; (*ar*) foul ♦ *m/f* addict; **~ em algo** addicted to sth

viciar [vi'sjaʳ] *vt* (*falsificar*) to falsify; **~-se** *vr*: **~-se em algo** to become addicted to sth

vício ['visju] *m* vice; (*defeito*) failing; (*costume*) bad habit; (*em entorpecentes*) addiction

viço ['visu] *m* vigour (*BRIT*), vigor (*US*); (*da pele*) freshness; **~so/a** [vi'sozu/ɔza] *adj* (*plantas*) luxuriant; (*fig*) exuberant

vida ['vida] *f* life; (*duração*) lifetime; (*fig*) vitality; **com ~** alive; **ganhar a ~** to earn one's living; **modo de ~** way of life; **dar a ~ por algo/por fazer algo** to give one's right arm for sth/to do sth; **estar bem de ~** to be well off

vide ['vidʒi] *vt* see; **~ verso** see over

videira [vi'dejra] *f* grapevine

vidente [vi'dẽtʃi] *m/f* clairvoyant

vídeo ['vidʒju] *m* video; **videocassete** [vidʒjuka'setʃi] *m* video cassette *ou* tape; (*aparelho*) video (recorder);

videoteipe [vidʒju'tejpi] *m* video tape

vidraça [vi'drasa] *f* window pane; **vidraceiro** [vidra'sejru] *m* glazier

vidrado/a [vi'dradu/a] *adj* glazed; (*porta*) glass *atr*; (*olhos*) glassy

vidrar [vi'draʳ] *vt* to glaze

vidro ['vidru] *m* glass; (*frasco*) bottle; **fibra de ~** fibreglass (*BRIT*), fiberglass (*US*); **~ de aumento**

magnifying glass

viela ['vjɛla] *f* alley

vier *etc* [vjeʳ] *vb V* **vir**

viés [vjɛʃ] *m* slant; **ao** *ou* **de ~** diagonally

vieste ['vjɛʃtʃi] *vb V* **vir**

Vietnã [vjet'nã] *m*: **o ~** Vietnam; **vietnamita** [vjetna'mita] *adj, m/f* Vietnamese

viga ['viga] *f* beam; (*de ferro*) girder

vigário [vi'garju] *m* vicar

vigência [vi'ʒẽsja] *f* validity; **vigente** [vi'ʒẽtʃi] *adj* in force, valid

viger [vi'ʒeʳ] *vi* to be in force

vigia [vi'ʒia] *f* watching; (*NÁUT*) porthole ♦ *m* night watchman; **vigiar** [vi'ʒjaʳ] *vt* to watch; (*ocultamente*) to spy on; (*presos, fronteira*) to guard ♦ *vi* to be on the lookout

vigilância [viʒi'lãsja] *f* vigilance; **vigilante** [viʒi'lãtʃi] *adj* vigilant; (*atento*) alert

vigília [vi'ʒilja] *f* wakefulness; (*vigilância*) vigilance

vigor [vi'goʳ] *m* energy, vigour (*BRIT*), vigor (*US*); **em ~** in force; **entrar/pôr em ~** to take effect/put into effect; **~ar** [vigo'raʳ] *vi* to be in force; **~oso/a** [vigo'rozu/ɔza] *adj* vigorous

vil [viw] (*pl* **vis**) *adj* vile

vila ['vila] *f* town; (*casa*) villa

vilão/lã [vi'lãw/lã] (*pl* **~s/~s**) *m/f* villain

vilarejo [vila'reʒu] *m* village

vim [vĩ] *vb V* **vir**

vime ['vimi] *m* wicker

vinagre [vi'nagri] *m* vinegar

vinco ['vĩku] *m* crease; (*sulco*) furrow; (*no rosto*) line

vincular [vĩku'laʳ] *vt* to link, tie; **vínculo** ['vĩkulu] *m* bond, tie; (*relação*) link

vinda ['vĩda] *f* arrival; (*regresso*) return; **dar as boas ~s a** to welcome

vindicar [vĩdʒi'kaʳ] *vt* to vindicate

vindouro/a [vĩ'doru/a] *adj* future, coming

vingança [vĩ'gãsa] *f* vengeance, revenge; **vingar** [vĩ'gaʳ] *vt* to avenge;

vingar-se *vr*: **vingar-se de** to take revenge on; **vingativo/a** [vĩga'tʃivu/a] *adj* vindictive

vinha[1] *etc* ['viɲa] *vb* V **vir**

vinha[2] *f* vineyard; (*planta*) vine; **vinhedo** [vi'ɲedu] *m* vineyard

vinho ['viɲu] *m* wine; ~ **branco/ rosado/tinto** white/rosé/red wine; ~ **seco/doce** dry/sweet wine; ~ **do Porto** port

vinil [vi'niw] *m* vinyl

vinte ['vĩtʃi] *num* twenty

vintena [vĩ'tena] *f*: **uma** ~ twenty, a score

viola ['vjɔla] *f* viola

violação [vjola'sãw] (*pl* –**ões**) *f* violation; ~ **de domicílio** housebreaking

violão [vjo'lãw] (*pl* –**ões**) *m* guitar

violar [vjo'la⁺] *vt* to violate; (*a lei*) to break

violência [vjo'lẽsja] *f* violence; **violentar** [vjolẽ'ta⁺] *vt* to force; (*mulher*) to rape; **violento/a** [vjo'lẽtu/a] *adj* violent

violeta [vjo'leta] *f* violet

violino [vjo'linu] *m* violin

violões [vjo'lõjʃ] *mpl de* **violão**

violoncelo [vjolõ'sɛlu] *m* 'cello

vir[1] [vi⁺] *vi* to come; ~ **a ser** to turn out to be; **a semana que vem** next week

vir[2] *etc vb* V **ver**

viração [vira'sãw] (*pl* –**ões**) *f* breeze

virada [vi'rada] *f* turning; (*guinada*) swerve

vira-lata ['vira-] (*pl* ~**s**) *m* (*cão*) mongrel

virar [vi'ra⁺] *vt* to turn; (*página, disco, barco*) to turn over; (*copo*) to empty; (*transformar-se em*) to become ♦ *vi* to turn; (*barco*) to capsize; (*mudar*) to change; ~**-se** *vr* to turn; (*voltar-se*) to turn round; (*defender-se*) to fend for o.s.

virgem ['vixʒẽ] (*pl* –**ns**) *f* virgin; **V**~ (*ASTROLOGIA*) Virgo

vírgula ['vixgula] *f* comma; (*decimal*) point

viril [vi'riw] (*pl* –**is**) *adj* virile

virilha [vi'riʎa] *f* groin

viris [vi'riʃ] *adj pl de* **viril**

virtual [vix'twaw] (*pl* –**ais**) *adj* virtual; (*potencial*) potential; ~**mente** [vixtwaw'mẽtʃi] *adv* virtually

virtude [vix'tudʒi] *f* virtue; **em** ~ **de** owing to, because of; **virtuoso/a** [vix'twozu/oza] *adj* virtuous

virulento/a [viru'lẽtu/a] *adj* virulent

vírus ['viruʃ] *m inv* virus

vis [viʃ] *adj pl de* **vil**

visão [vi'zãw] (*pl* –**ões**) *f* vision; (*ANAT*) eyesight; (*vista*) sight; (*maneira de perceber*) view

visar [vi'za⁺] *vt* (*alvo*) to aim at; (*ter em vista*) to have in view; (*ter como objetivo*) to aim for

vísceras ['viscera] *fpl* innards, bowels

viseira [vi'zejra] *f* visor

visita [vi'zita] *f* visit, call; (*pessoa*) visitor; **fazer uma** ~ **a** to visit; ~**nte** [vizi'tãtʃi] *adj* visiting ♦ *m/f* visitor; ~**r** [vizi'ta⁺] *vt* to visit

visível [vi'zivew] (*pl* –**eis**) *adj* visible

vislumbrar [viʒlũ'bra⁺] *vt* to glimpse, catch a glimpse of; **vislumbre** [viʒ'lũbri] *m* glimpse

visões [vi'zõjʃ] *fpl de* **visão**

visom [vi'zõ] (*pl* –**ns**) *m* mink

visor [vi'zo⁺] *m* (*FOTO*) viewfinder

visse *etc* ['visi] *vb* V **ver**

vista ['viʃta] *f* sight; (*MED*) eyesight; (*panorama*) view; **à ou em** ~ **de** in view of; **dar na** ~ to attract attention; **dar uma** ~ **de olhos em** to glance at; **fazer** ~ **grossa (a)** to turn a blind eye to; **ter em** ~ to have in mind; **à** ~ visible, showing; (*COM*) in cash; **até a** ~! see you!

visto/a [ˈviʃtu/a] *pp de* **ver** ♦ *adj* seen ♦ *m* (*em passaporte*) visa; (*em documento*) stamp; **pelo** ~ by the looks of things

visto *etc vb* V **vestir**

vistoria [viʃto'ria] *f* inspection; ~**r** [viʃto'rja⁺] *vt* to inspect

vistoso/a [viʃ'tozu/oza] *adj* eye-catching

visual [vi'zwaw] (*pl* –**ais**) *adj* visual; ~**izar** [vizwali'za⁺] *vt* to visualize

vital [vi'taw] (*pl* –**ais**) *adj* vital;

~**ício/a** [vita'lisju/a] adj for life

vitamina [vita'mina] f vitamin; (*para beber*) fruit crush

vitela [vi'tɛla] f calf; (*carne*) veal

vítima [vi'tʃima] f victim

vitória [vi'tɔrja] f victory; ~**-régia** (*pl* ~**s-régias**) f giant water lily; **vitorioso/a** [vito'rjozu/ɔza] adj victorious

vítreo/a [vi'trju/a] adj (*feito de vidro*) glass atr; (*com o aspecto de vidro*) glassy; (*água*) clear

vitrina [vi'trina] f = **vitrine**

vitrine [vi'trini] f shop window; (*armário*) display case

viúvo/a [vi'uvu/a] m/f widower/widow

viva [viva] m cheer; ~! hurray!

vivamente [viva'mẽtʃi] adv animatedly; (*descrever, sentir*) vividly; (*protestar*) loudly

vivaz [vi'vajʒ] adj lively

viveiro [vi'vejru] m nursery

vivência [vi'vẽsja] f existence; (*experiência*) experience

vivenda [vi'vẽda] f (*casa*) residence

vivente [vi'vẽtʃi] adj living

viver [vi've'] vt, vi to live ♦ m life; ~ **de** to live on

víveres [viveref] mpl provisions

vívido/a [vividu/a] adj vivid

vivissecção [vivisek'sãw] f vivisection

vivo/a [vivu/a] adj living; (*esperto*) clever; (*cor*) bright; (*criança, debate*) lively ♦ m: os ~s the living

vizinhança [vizi'ɲãsa] f neighbourhood (*BRIT*), neighborhood (*US*)

vizinho/a [vi'ziɲu/a] adj neighbouring (*BRIT*), neighboring (*US*); (*perto*) nearby ♦ m/f neighbour (*BRIT*), neighbor (*US*)

voar [vo'a'] vi to fly; (*explodir*) to blow up, explode

vocabulário [vokabu'larju] m vocabulary

vocábulo [vo'kabulu] m word

vocação [voka'sãw] (*pl* ~**ões**) f vocation; **vocacional** [vokasjo'naw] (*pl* ~**ais**) adj vocational; (*orientação*) careers atr

vocal [vo'kaw] (*pl* ~**ais**) adj vocal

você(s) [vo'se(f)] pron (*pl*) you

vodca ['vɔdʒka] f vodka

voga ['vɔga] f (*NAUT*) rowing; (*moda*) fashion

vogal [vo'gaw] (*pl* ~**ais**) f (*LING*) vowel

voile [vwali] m: **cortina de** ~ net curtain

vol. *abr* (= *volume*) vol

volante [vo'lãtʃi] m steering wheel

volátil [vo'latʃiw] (*pl* ~**eis**) adj volatile

voleibol [volej'bɔw] m volleyball

vôlei [volej] m = **vôlei**

volt ['vɔwtʃi] (*pl* ~**s**) m volt

volta ['vɔwta] f turn; (*regresso*) return; (*curva*) bend, curve; (*circuito*) lap; (*resposta*) retort; **dar uma** ~ (*a pé*) to go for a walk; (*de carro*) to go for a drive; **estar de** ~ to be back; **na** ~ **do correio** by return (*post*); **por** ~ **de** about, around; **à** *ou* **em** ~ **de** around; **na** ~ (*no caminho de* ~) on the way back

voltagem [vow'taʒẽ] f voltage

voltar [vow'ta'] vt to turn ♦ vi to return, go (*ou* come) back; ~**-se** vr to turn round; ~ **a fazer** to do again; ~ **a si** to come to; ~**-se para** to turn to; ~**-se contra** to turn against

volume [vo'lumi] m volume; (*pacote*) package; **volumoso/a** [volu'mozu/ɔza] adj bulky, big

voluntário/a [volũ'tarju/a] adj voluntary ♦ m/f volunteer

volúpia [vo'lupja] f pleasure, ecstasy

volúvel [vo'luvew] (*pl* ~**eis**) adj fickle

volver [vow've'] vt to turn ♦ vi to go (*ou* come) back

vomitar [vomi'ta'] vt, vi to vomit; **vômito** ['vomitu] m (*ato*) vomiting; (*efeito*) vomit

vontade [võ'tadʒi] f will; (*desejo*) wish; **com** ~ (*com prazer*) with pleasure; (*com gana*) with gusto; **estar com** *ou* **ter** ~ **de fazer** to feel like doing

vôo ['vou] (*PT* **voo**) m flight; **levantar** ~ to take off; ~ **livre** (*ESPOR*-

TE) hang-gliding

voraz [vo'raʒ] *adj* voracious

vos [vuʃ] *pron* you; *(indireto)* to you

vós [vɔʃ] *pron* you

vosso/a ['vosu/a] *adj* your ♦ *pron:*
(o) ~ yours

votação [vota'sãw] *(pl* –ões) *f* vote,
ballot; *(ato)* voting

votante [vo'tãtʃi] *m/f* voter

votar [vo'ta*] *vt (eleger)* to vote for;
(aprovar) to pass; *(submeter a votação)* to vote on ♦ *vi* to vote; **voto**
['vɔtu] *m* vote; *(promessa)* vow; **votos** *mpl (desejos)* wishes

vou [vo] *vb* V **ir**

vovó [vo'vɔ] *f* grandma

vovô [vo'vo] *m* grandad

voz [vɔʒ] *f* voice; *(clamor)* cry; **a
meia** ~ in a whisper; **de viva** ~
orally; **ter** ~ **ativa** to have a say;
em ~ **alta/baixa** aloud/in a low
voice; ~ **de comando** command;
~**erio** [voze'riu] *m* hullabaloo

vulcão [vuw'kãw] *(pl* ~**s** *ou* –ões) *m*
volcano

vulgar [vuw'ga*] *adj* common; *(pej:
pessoa etc)* vulgar; ~**idade** [vuwga-
ri'dadʒi] *f* commonness; vulgarity;
~**izar** [vuwgari'za*] *vt* to popularize;
~**mente** [vuwgax'mẽtʃi] *adv* commonly, popularly

vulgo [vuwgu] *m* common people *pl*
♦ *adv* commonly known as

vulnerável [vuwne'ravew] *(pl* –eis)
adj vulnerable

vulto ['vuwtu] *m* figure; *(volume)*
mass; *(fig)* importance; *(pessoa importante)* important person; ~**so/a**
[vuw'tozu/ɔza] *adj* bulky; *(importante)* important; *(quantia)* considerable

W

walkie-talkie [wɔki'tɔki] *(pl* ~s) *m*
walkie-talkie

watt ['wɔtʃi] *(pl* ~s) *m* watt

X

xadrez [ʃa'dreʒ] *m* chess; *(tabuleiro)*
chessboard; *(tecido)* checked cloth

xale ['ʃali] *m* shawl

xampu [ʃã'pu] *m* shampoo

xarope [ʃa'rɔpi] *m* syrup; *(para a
tosse)* cough syrup

xelim [ʃe'lĩ] *(pl* –ns) *m* shilling

xeque ['ʃeki] *m (soberano)* sheikh;
pôr em ~ *(fig)* to call into question;
~**-mate** *(pl* ~s-mate) *m* checkmate

xerife [ʃe'rifi] *m* sheriff

xerocar [ʃero'ka*] *vt* to photocopy,
Xerox ®

xerocópia [ʃero'kɔpja] *f* photocopy

xerocopiar [ʃeroko'pja*] *vt* = **xerocar**

xerox [ʃe'rɔks] ® *m (copia)* photocopy; *(máquina)* photocopier

xícara ['ʃikara] *(BR)* f cup

xilofone [ʃilo'fɔni] *m* xylophone

xilografia [ʃilogra'fia] *f* woodcut

xingar [ʃĩ'ga*] *vt* to swear at ♦ *vi* to
swear

xinxim [ʃĩ'ʃĩ] *m (tb:* ~ **de galinha)**
chicken ragout

Z

zagueiro [za'gejru] *m (FUTEBOL)*
fullback

Zâmbia ['zãbja] *f* Zambia

zanga ['zãga] *f* anger; *(irritação)* annoyance; ~**do/a** [zã'gadu/a] *adj* angry; annoyed; *(irritadiço)* bad-
tempered

zangão [zã'gãw] *(pl* ~**s** *ou* –ões) *m*
(inseto) drone

zangar [zã'ga*] *vt* to annoy, irritate
♦ *vi* to get angry; ~**-se** *vr
(aborrecer-se)* to get annoyed; ~**-se
com** to get cross with

zangões [zã'gõjʃ] *mpl de* **zangão**

zarpar [zax'pa*] *vt (navio)* to set
sail; *(ir-se)* to set off; *(fugir)* to run
away

zebra ['zebra] f zebra

zelador(a) [zela'do*(a)] m/f caretaker

zelar [ze'la*] vt, vi: ~ **(por)** to look after

zelo ['zelu] m devotion, zeal; **~so/a** [ze'lozu/oza] adj zealous; (diligente) hard-working

zerar [ze'ra*] vt (conta, inflação) to reduce to zero; (déficit) to pay off, wipe out

zero ['zeru] m zero; (ESPORTE) nil; **~quilómetro** adj inv brand new

ziguezague [zigi'zagi] m zigzag; **~ar** [zigiza'gja*] vi to zigzag

Zimbábue [zi'babwi] m: o ~ Zimbabwe

zinco ['ziku] m zinc

-zinho/a [-'zipu/a] sufixo little; **florzinha** little flower

zipe ['zipi] m = zíper

zíper ['zipe*] m zip (BRIT), zipper (US)

zodíaco [zo'dʒiaku] m zodiac

zoeira ['zwejra] f din

zombar [zõ'ba*] vi to mock; ~ **de** to make fun of; **~ia** [zõba'ria] f mockery, ridicule

zona ['zɔna] f area; (de cidade) district; (GEO) zone; (col: local de meretrício) red-light district; (: confusão) mess; (: tumulto) free-for-all; ~ **eleitoral** electoral district, constituency

zonzo/a ['zõzu/a] adj dizzy

zôo ['zou] m zoo

zoologia [zolo'ʒia] f zoology; **zoológico/a** [zo'lɔʒiku/a] adj zoological; **jardim zoológico** zoo

zuarte ['zwaxtʃi] m denim

zumbido [zũ'bidu] m buzz(ing); (de tráfego) hum

zumbir [zũ'bi*] vi to buzz; (ouvido) to ring ♦ m buzzing; ringing

zunido [zu'nidu] m (de vento) whistling; (de inseto) buzz

zunzum [zũ'zũ] m buzz(ing)

zurrar [zu'xa*] vi to bray

PORTUGUESE VERB FORMS

1 Gerund. **2** Imperative. **3** Present. **4** Imperfect. **5** Preterite. **6** Future. **7** Present subjunctive. **8** Imperfect subjunctive. **9** Future subjunctive. **10** Past participle. **11** Pluperfect. **12** Personal infinitive.

Etc indicates that the irregular root is used for all persons of the tense, e.g. **ouvir 7** ouça, ouças, ouça, ouçamos, ouçais, ouçam.

abrir 10 aberto
acudir 2 acode **3** acudo, acodes, acode, acodem
aderir 3 adiro **7** adira
advertir 3 advirto **7** advirta *etc*
agir 3 ajo **7** aja *etc*
agradecer 3 agradeço **7** agradeça *etc*
agredir 2 agride **3** agrido, agrides, agride, agridem **7** agrida *etc*
AMAR 1 amando **2** ama, amai **3** amo, amas, ama, amamos, amais, amam **4** amava, amavas, amava, amávamos, amáveis, amavam **5** amei, amaste, amou, amamos (*PT*: amá-), amastes, amaram **6** amarei, amarás, amará, amaremos, amareis, amarão **7** ame, ames, ame, amemos, ameis, amem **8** amasse, amasses, amasse, amássemos, amásseis, amassem **9** amar, amares, amar, amarmos, amardes, amarem **10** amado **11** amara, amaras, amara, amáramos, amáreis, amaram **12** amar, amares, amar, amarmos, amardes, amarem
ansiar 2 anseia **3** anseio, anseias, anseia, anseiam **7** anseie *etc*
apreçar 7 aprece *etc*
arrancar 7 arranque *etc*
arruinar 2 arruína **3** arruíno, arruínas, arruína, arruinam **7** arruíne, arruínes, arruíne, arruínem

aspergir 3 aspirjo **7** aspirja *etc*
atribuir 3 atribuo, atribuis, atribui, atribuímos, atribuís, atribuem
averiguar 7 averigúe, averigúes, averigúe, averigúem
boiar 2 bóia **3** bóio, bóias, bóia, bóiam **7** bóie, bóies, bóie, bóiem
bulir 2 bole **3** bulo, boles, bole, bolem
caber 3 caibo **5** coube *etc* **7** caiba *etc* **8** coubesse *etc* **9** couber *etc*
cair 2 cai **3** caio, cais, cai, caímos, caís, caem **4** caía *etc* **5** caí, caíste **7** caia *etc* **8** caísse *etc*
cobrir 3 cubro **7** cubra *etc* **10** coberto
colorir 3 coluro **7** colura *etc*
compelir 3 compilo **7** compila *etc*
crer 3 crê **3** creio, crês, crê, cremos, credes, crêem **5** cri, creste, creu, cremos, crestes, creram **7** creia *etc*
cuspir 3 cospe **3** cuspo, cospes, cospe, cospem
dar 2 dá **3** dou, dás, dá, damos, dais, dão **5** dei, deste, deu, demos, destes, deram **7** dê, dês, dê, demos, deis, dêem **8** desse *etc* **9** der *etc* **11** dera *etc*
deduzir 2 deduz **3** deduzo, deduzes, deduz
denegrir 2 denigre **3** denigro,

denigres, denigre, denigrem **7**
denigra *etc*
despir 3 dispo **7** dispa *etc*
dizer 2 diz (dize) **3** digo, dizes,
diz, dizemos, dizeis, dizem **5**
disse *etc* **6** direi *etc* **7** diga *etc*
8 dissesse *etc* **9** disser *etc* **10**
dito
doer 2 dói **3** dôo (*BR*), doo (*PT*),
dóis, dói
dormir 3 durmo **7** durma *etc*
escrever 10 escrito
ESTAR 2 está **3** estou, estás,
está, estamos, estais, estão **4**
estava *etc* **5** estive, estiveste,
esteve, estivemos, estivestes,
estiveram **7** esteja *etc* **8** estivesse *etc* **9** estiver *etc* **11** esti-
vera *etc*
extorquir 3 exturco **7** exturca
etc
FAZER 3 faço **5** fiz, fizeste, fez,
fizemos, fizestes, fizeram **6**
farei *etc* **7** faça *etc* **8** fizesse
etc **9** fizer **10** feito **11** fizera
etc
ferir 3 firo **7** fira *etc*
fluir 3 fluo, fluis, flui, fluímos,
fluís, fluem
fugir 2 foge **3** fujo, foges, foge,
fogem, fogem **7** fuja *etc*
ganhar 10 ganho
gastar 10 gasto
gerir 3 giro **7** gira *etc*
haver 2 há **3** hei, hás, há, have-
mos, haveis, hão **4** havia *etc* **5**
houve, houveste, houve, hou-
vemos, houvestes, houveram
7 haja *etc* **8** houvesse *etc* **9**
houver *etc* **11** houvera *etc*
ir 1 indo **2** vai **3** vou, vais, vai,
vamos, ides, vão **4** ia *etc* **5** fui,
foste, foi, fomos, fostes, for-
am **7** vá, vás, vá, vamos,
vades, vão **8** fosse, fosses,
fosse, fôssemos, fôsseis, fos-
sem **9** for *etc* **10** ido **11** fora *etc*
ler 2 lê **3** leio, lês, lê, lemos,

ledes, lêem **5** li, leste, leu, lemos, lestes, leram **7** leia *etc*
medir 3 meço **7** meça *etc*
mentir 3 minto **7** minta *etc*
ouvir 3 ouço **7** ouça *etc*
pagar 10 pago
parar 2 pára **3** paro, paras,
pára
parir 3 pairo **7** paira *etc*
pecar 7 peque *etc*
pedir 3 peço **7** peça *etc*
perder 3 perco **7** perca *etc*
poder 3 posso **5** pude, pudeste,
pôde, pudemos, pudestes, pu-
deram **7** possa *etc* **8** pudesse
etc **9** puder *etc* **11** pudera *etc*
polir 3 pule **5** pulo, pules, pule,
pulem **7** pula *etc*
pôr 1 pondo **2** põe **3** ponho,
pões, põe, pomos, pondes,
põem **4** punha *etc* **5** pus, pu-
seste, pôs, pusemos, pusestes,
puseram **6** porei *etc* **7** ponha
etc **8** pusesse *etc* **9** puser *etc*
10 posto **11** pusera *etc*
preferir 3 prefiro **7** prefire *etc*
prevenir 2 previne **3** previno,
prevines, previne, previnem **7**
previna *etc*
prover 2 provê **3** provejo,
provês, provê, provemos, pro-
vedes, provêem **5** provi, pro-
veste, proveu, provemos, pro-
vestes, proveram **7** proveja
etc **8** provesse *etc* **9** prover *etc*
querer 3 quero, queres, quer **5**
quis, quiseste, quis, quise-
mos, quisestes, quiseram **7**
queira *etc* **8** quisesse *etc* **9** quiser *etc* **11** quisera *etc*
refletir 3 reflito **7** reflita *etc*
repetir 3 repito **7** repita *etc*
requerer 3 requeiro, requeres,
requer **7** requeira *etc*
reunir 2 reúne **3** reúno, reúnes,
reúne, reúnem **7** reúna *etc*
rir 2 ri **3** rio, ris, ri, rimos,
rides, riem **5** ri, riste, riu, ri-

mos, ristes, riram **7** ria *etc*

saber 3 sei, sabes, sabe, sabemos, sabeis, sabem **5** soube, soubeste, soube, soubemos, soubestes, souberam **7** saiba *etc* **8** soubesse *etc* **9** souber *etc* **11** soubera *etc*

seguir 3 sigo **7** siga *etc*

sentir 3 sinto **7** sinta *etc*

ser 2 sê **3** sou, és, é, somos, sois, são **4** era *etc* **5** fui, foste, foi, fomos, fostes, foram **7** seja *etc* **8** fosse *etc* **9** for **11** fora *etc*

servir 3 sirvo **7** sirva *etc*

subir 3 sobe **3** subo, sobes, sobe, sobem

suster 2 sustém **3** sustenho, sustens, sustém, sustendes, sustêm **5** sustive, sustiveste, susteve, sustivemos, sustivestes, sustiveram **7** sustenha *etc*

ter 2 tem **3** tenho, tens, tem, temos, tendes, têm **4** tinha *etc* **5** tive, tiveste, teve, tivemos, tivestes, tiveram **6** terei *etc* **7** tenha *etc* **8** tivesse *etc* **9** tiver *etc* **11** tivera *etc*

torcer 3 torço **7** torça *etc*

tossir 3 tusso **7** tussa *etc*

trair 2 trai **3** traio, trais, trai, traímos, trais, traem **7** traia *etc*

trazer 2 (traze) traz **3** trago, trazes, traz **5** trouxe, trouxeste, trouxe, trouxemos, trouxestes, trouxeram **6** trarei *etc* **7** traga *etc* **8** trouxesse *etc* **9** trouxer *etc* **11** trouxera *etc*

UNIR 1 unindo **2** une, uni **3** uno, unes, une, unimos, unis, unem **4** unia, unias, unia, uníamos,

uníeis, uniam **5** uni, uniste, uniu, unimos, unistes, uniram **6** unirei, unirás, unirá, uniremos, unireis, unirão **7** una, unas, una, unamos, unais, unam **8** unisse, unisses, unisse, uníssemos, unísseis, unissem **9** unir, unires, unir, unirmos, unirdes, unirem **10** unido **11** unira, uniras, unira, uníramos, unireis, uniram **12** unir, unires, unir, unirmos, unirdes, unirem

valer 3 valho **7** valha *etc*

ver 2 vê **3** vejo, vês, vê, vemos, vedes, vêem **4** via *etc* **5** vi, viste, viu, vimos, vistes, viram **7** veja *etc* **8** visse *etc* **9** vir *etc* **10** visto **11** vira

vir 1 vindo **2** vem **3** venho, vens, vem, vimos, vindes, vêm **4** vinha *etc* **5** vim, vieste, veio, viemos, viestes, vieram **7** venha *etc* **8** viesse *etc* **9** vier *etc* **10** vindo **11** viera *etc*

VIVER 1 vivendo **2** vive, vivei **3** vivo, vives, vive, vivemos, viveis, vivem **4** vivia, vivias, vivia, vivíamos, vivíeis, viviam **5** vivi, viveste, viveu, vivemos, vivestes, viveram **6** viverei, viverás, viverá, viveremos, vivereis, viverão **7** viva, vivas, viva, vivamos, vivais, vivam **8** vivesse, vivesses, vivesse, vivêssemos, vivêsseis, vivessem **9** viver, viveres, viver, vivermos, viverdes, viverem **10** vivido **11** vivera, viveras, vivera, vivêramos, vivêreis, viveram **12** viver, viveres, viver, vivermos, viverdes, viverem

VERBOS IRREGULARES EM INGLES

present	pt	pp	present	pt	pp
arise	arose	arisen	**dig**	dug	dug
awake	awoke	awaked	**do** (3rd	did	done
be (am, is,	was,	been	person;		
are;	were		he/she/it		
being)			does)		
bear	bore	born(e)	draw	drew	drawn
beat	beat	beaten	dream	dreamed,	dreamed,
become	became	become		dreamt	dreamt
befall	befell	befallen	drink	drank	drunk
begin	began	begun	drive	drove	driven
behold	beheld	beheld	dwell	dwelt	dwelt
bend	bent	bent	eat	ate	eaten
beset	beset	beset	fall	fell	fallen
bet	bet,	bet,	feed	fed	fed
	betted	betted	feel	felt	felt
bid	bid,	bid,	fight	fought	fought
	bade	bidden	find	found	found
bind	bound	bound	flee	fled	fled
bite	bit	bitten	fling	flung	flung
bleed	bled	bled	fly (flies)	flew	flown
blow	blew	blown	forbid	forbade	forbidden
break	broke	broken	forecast	forecast	forecast
breed	bred	bred	forget	forgot	forgotten
bring	brought	brought	forgive	forgave	forgiven
build	built	built	forsake	forsook	forsaken
burn	burnt,	burnt,	freeze	froze	frozen
	burned	burned	get	got	got, (US)
burst	burst	burst			gotten
buy	bought	bought	give	gave	given
can	could	(been	go (goes)	went	gone
		able)	grind	ground	ground
cast	cast	cast	grow	grew	grown
catch	caught	caught	hang	hung,	hung,
choose	chose	chosen		hanged	hanged
cling	clung	clung	have (has;	had	had
come	came	come	having)		
cost	cost	cost	hear	heard	heard
creep	crept	crept	hide	hid	hidden
cut	cut	cut	hit	hit	hit
deal	dealt	dealt	hold	held	held

present	pt	pp	present	pt	pp
hurt	hurt	hurt	send	sent	sent
keep	kept	kept	set	set	set
kneel	knelt,	knelt,	shake	shook	shaken
	kneeled	kneeled	shall	should	—
know	knew	known	shear	sheared	shorn,
lay	laid	laid			sheared
lead	led	led	shed	shed	shed
lean	leant,	leant,	shine	shone	shone
	leaned	leaned	shoot	shot	shot
leap	leapt,	leapt,	show	showed	shown
	leaped	leaped	shrink	shrank	shrunk
learn	learnt,	learnt,	shut	shut	shut
	learned	learned	sing	sang	sung
leave	left	left	sink	sank	sunk
lend	lent	lent	sit	sat	sat
let	let	let	slay	slew	slain
lie (lying)	lay	lain	sleep	slept	slept
light	lit,	lit,	slide	slid	slid
	lighted	lighted	sling	slung	slung
lose	lost	lost	slit	slit	slit
make	made	made	smell	smelled,	smelled,
may	might	—		smelt	smelt
mean	meant	meant	sow	sowed	sown,
meet	met	met			sowed
mistake	mistook	mistaken	speak	spoke	spoken
mow	mowed	mown,	speed	sped,	sped,
		mowed		speeded	speeded
must	(had to)	(had to)	spell	spelt,	spelt,
pay	paid	paid		spelled	spelled
put	put	put	spend	spent	spent
quit	quit,	quit,	spill	spilt,	spilt,
	quitted	quitted		spilled	spilled
read	read	read	spin	spun	spun
rid	rid	rid	spit	spat	spat
ride	rode	ridden	split	split	split
ring	rang	rung	spoil	spoiled,	spoiled,
rise	rose	risen		spoilt	spoilt
run	ran	run	spread	spread	spread
saw	sawed	sawn	spring	sprang	sprung
say	said	said	stand	stood	stood
see	saw	seen	steal	stole	stolen
seek	sought	sought	stick	stuck	stuck
sell	sold	sold	sting	stung	stung

present	pt	pp	present	pt	pp
stink	stank	stunk	throw	threw	thrown
stride	strode	stridden	thrust	thrust	thrust
strike	struck	struck, stricken	tread	trod	trodden
			wake	woke, waked	woken, waked
strive	strove	striven			
swear	swore	sworn	wear	wore	worn
sweep	swept	swept	weave	wove, weaved	woven, weaved
swell	swelled	swollen, swelled	wed	wedded, wed	wedded, wed
swim	swam	swum			
swing	swung	swung	weep	wept	wept
take	took	taken	win	won	won
teach	taught	taught	wind	wound	wound
tear	tore	torn	wring	wrung	wrung
tell	told	told	write	wrote	written
think	thought	thought			

NÚMEROS

NUMBERS

um (uma)*	1	one
dois (duas)*	2	two
três	3	three
quatro	4	four
cinco	5	five
seis	6	six
sete	7	seven
oito	8	eight
nove	9	nine
dez	10	ten
onze	11	eleven
doze	12	twelve
treze	13	thirteen
catorze	14	fourteen
quinze	15	fifteen
dezesseis (BR), dezasseis (PT)	16	sixteen
dezessete (BR), dezassete (PT)	17	seventeen
dezoito	18	eighteen
dezenove (BR), dezanove (PT)	19	nineteen
vinte	20	twenty
vinte e um (uma)*	21	twenty-one
trinta	30	thirty
quarenta	40	forty
cinqüenta (BR), cinquenta (PT)	50	fifty
sessenta	60	sixty
setenta	70	seventy
oitenta	80	eighty
noventa	90	ninety
cem (cento)**	100	a hundred
cento e um (uma)*	101	a hundred and one
duzentos/as*	200	two hundred
trezentos/as*	300	three hundred
quinhentos/as*	500	five hundred
mil	1 000	a thousand
un milhão	1 000 000	a million

* "um" etc, "dois" etc and the hundreds (duzentos etc) agree in gender with their noun: trinta e uma pessoas. NB: 2 000 is **duas** mil before a feminine noun.

** "cem" is used when not followed by a lower number: cem mil, cem mulheres etc; "cento e" is used when a lower number follows: cento e vinte dias.

NÚMEROS

primeiro/a, 1º/1ª
segundo/a, 2º/2ª
terceiro/a, 3º/3ª
quarto/a, 4º/4ª
quinto/a
sexto/a
sétimo/a
oitavo/a
nono/a
décimo/a
décimo primeiro/a
vigésimo/a
trigésimo/a
quadragésimo/a
qüinquagésimo/a (BR),
   quinquagésimo/a (PT)
sexagésimo/a
setuagésimo/a (BR),
   septuagésimo/a (PT)
octagésimo/a
nonagésimo/a
centésimo/a
milésimo/a

As Frações etc

um meio
um terço
dois terços
um quarto
um quinto
zero vírgula cinco, 0,5
três vírgula quatro, 3,4
dez por cento
cem por cento

Exemplos

ele vai chegar no dia 7 (de maio)

ele mora no número dez
está or é no capítulo sete
ele mora no sétimo (andar)
ele chegou no sétimo (lugar)
uma parte de um sétimo
escala um para vinte e cinco mil

NUMBERS

first, 1st
second, 2nd
third, 3rd
fourth, 4th
fifth
sixth
seventh
eighth
ninth
tenth
eleventh
twentieth
thirtieth
fortieth
fiftieth

sixtieth
seventieth

eightieth
ninetieth
hundredth
thousandth

Fractions etc

a half
a third
two thirds
a quarter
a fifth
(nought) point five, 0.5
three point four, 3.4
ten per cent
a hundred per cent

Examples

he's arriving on the 7th
   (of May)
he lives at number 10
it's in chapter 7
he lives on the 7th floor
he came in 7th
a share of one seventh
scale one to twenty-five
   thousand

AS HORAS

que horas são?

é ... (midnight, noon, one o'clock)
são ... (other times)

meia-noite
uma hora (da madrugada) (BR), uma hora (da noite) (PT)
uma e dez
uma e quinze (BR), uma e um quarto (PT)
uma e meia
quinze para as duas (BR), duas menos um quarto (PT)
dez para as duas (BR), duas menos um quarto (PT)
meio-dia
uma (hora) (da tarde), treze horas
seis (horas) (da tarde), dezoito horas
dez e meia (da noite *or* da manhã), vinte e duas horas e trinta

a que horas?

à uma hora
às duas e quinze (BR), às duas e um quarto (PT)
às três e pouco
por volta das quatro e meia
às quatro em ponta
das seis às oito
são quase nove horas
em vinte minutos
há quinze minutos

THE TIME

what time is it?

it's ...

midnight, twelve p.m.
one o'clock (in the morning), one (a.m.)
ten past one
a quarter past one, one fifteen

half past one, one thirty
a quarter to two, one forty-five
ten to two, one fifty

twelve o'clock, midday, noon
one o'clock (in the afternoon), one p.m.
six o'clock (in the evening), six p.m.
half past ten (at night), ten thirty (p.m.)

at what time?

at one
at a quarter past two, at two fifteen
just after three (o'clock)
at about half past four
at four sharp
from six to eight
it's nearly nine o'clock
in twenty minutes
fifteen minutes ago

DATAS

DATES

The days of the week and the months start with a capital letter in Portugal and a small letter in Brazil.

hoje	today
todo dia	every day
ontem	yesterday
hoje de manhã	this morning
amanhã à noite	tomorrow night
anteontem à noite	the night before last
anteontem	the day before yesterday
noite passada/ontem à noite	last night
há dois dias/seis anos atrás	two days/six years ago
amanhã à tarde	tomorrow afternoon
depois de amanhã	the day after tomorrow
toda quatra-feira, na quarta	every Wednesday, on Wednesday
ele vai às quartas	he goes on Wednesdays
"Fecha às sextas"	"closed on Fridays"
de segunda a sexta-feira	from Monday to Friday
até quinta-feira	by Thursday
um sábado em março	one Saturday in March
daqui a uma semana	in a week's time
na outra terça	a week next/on Tuesday/ Tuesday week
no domingo retrasado	a week last Sunday
nesta/na próxima/na última semana	this/next/last week
em duas semanas *ou* em una quinzena	in two weeks *or* a fortnight
duas semanas na segunda-feira	two weeks on Monday
na primeira/última sexta-feira do mês	the first/last Friday of the month
mês que vem	next month
ano passado	last year
o primeiro dia de janeiro, primeiro de janeiro	the 1st of January, January 1st
o segundo dia de maio, dois de maio	the 2nd of May, May 2nd
eu nasci em 1967	I was born in 1967
o aniversário dele é no dia cinco de junho	his birthday is on June 5th (*BRIT*) *or* 5th June (*US*)

no dia 18 de agosto de 1992	on 18th August (*BRIT*) or August 18th
em 89	in '89
a primavera de 87	in the Spring of '87
do dia 19 até o dia três	from the 19th to the 3rd
qual é a data?/que dia é hoje?	what's the date?, what date is it today?
a data de hoje é 28, hoje é 28	today's date is the 28th, today is the 28th
1965 – mil e novecentos e sessenta e cinco	1965 – nineteen (hundred and) sixty-five
exatamente seis anos atrás	6 years to the day
no fim do mês	at the end of the month
em fim do mês	at the month end (*ACCOUNTS*)
semana que acaba em 30/7	week ending 30/7
diariamente/semanalmente/ mensalmente	daily/weekly/monthly
anualmente	annually
duaz vezes por semana/mês/ano	twice a week/month/year
bimensalmente	bi-monthly
no ano 2006	in the year 2006
4 a c.	4 B.C., B.C. 4
70 d.C.	70 A.D., A.D. 70
no século XIII	in the 13th century
nos *or* durante os anos 30	in *ou* during the 1930s
em 1940 e poucos	in 1940 something

CABECALHO DE CARTAS

HEADING OF LETTERS

nove de julho de 1993

9th July 1993 or 9 July 1993

(veja também o texto principal do dicionário)

(see also the main text of the dictionary)